HISTOIRE ET DESCRIPTION

DE

LA SUISSE

ET DU

TYROL,

PAR

M. PH. DE GOLBÉRY,

CORRESPONDANT DE L'INSTITUT.

PARIS,

FIRMIN DIDOT FRÈRES, ÉDITEURS,

IMPRIMEURS-LIBRAIRES DE L'INSTITUT DE FRANCE,

RUE JACOB, N° 56.

M DCCC XXXIX.

L'UNIVERS.

HISTOIRE ET DESCRIPTION

DE TOUS LES PEUPLES.

SUISSE ET TYROL.

TYPOGRAPHIE DE FIRMIN DIDOT FRÈRES,
RUE JACOB, N° 56.

PRÉFACE.

Nous offrons à nos lecteurs une histoire de la Suisse depuis les temps les plus anciens jusqu'au jour où s'est arrêtée l'impression de cet ouvrage. Nous y joignons une statistique et une description de chacun de ses cantons, en faisant connaître leurs institutions, leurs richesses agricoles et commerciales et les beautés de la nature.

Il n'existe pas encore d'ouvrage aussi complet sur ce sujet.

Digne des républiques de l'antiquité, la Suisse a possédé un historien aussi grand que les plus illustres de la Grèce et de Rome; mais le chef-d'œuvre de Jean de Müller finit où commence la guerre de Souabe.

Robert Glutz-Blotzheim n'a continué cet admirable livre que jusqu'aux querelles religieuses : celles-ci ont trouvé un habile narrateur dans Hottinger.

Meyer de Knonau, l'un des savants les plus recommandables de notre époque, en reprenant les faits anciens, a raconté l'histoire de son pays jusqu'en 1816. Enfin l'illustre Zschokke l'a suivie jusqu'en 1833. Nous y avons ajouté les faits les plus récents.

Notre ouvrage n'est donc point fondé sur des investigations; il est extrait de ceux que nous venons de citer; à chacun il a emprunté ce qu'il importait de savoir de cette noble histoire; surtout il s'est attaché à reproduire les belles pages de Jean de Müller sur les batailles vraiment épiques de Morgarten, de Sempach, de Næfels, de Granson et de Morat, et les récits de Glutz-Blotzheim sur Dornach, Marignan, Pavie, etc.

Les descriptions nous appartiennent; elles sont le résultat de nos fréquents voyages dans ce beau pays.

Deux ouvrages ont principalement contribué à nous fournir les données statistiques : l'un est une description de la Suisse sous forme de dictionnaire, publiée par M. le pasteur Lutz, de 1827 à 1835, *Vollstaendige Beschreibung des Schweizerlandes*; l'autre est une collection d'annuaires classés par cantons; elle est des plus célèbres auteurs de la Suisse, entre autres de M. Meyer de Knonau. Nous avons consulté aussi la statistique du Valais par le pasteur Bridel, le dictionnaire du canton de Vaud par M. Levade, etc., etc.

Avec des guides aussi sûrs, il est difficile d'errer, et l'on peut, sans y mêler aucune idée d'amour-propre, compter sur l'utilité d'un livre composé de pareils éléments.

La description du Tyrol est aussi le résultat de voyages personnels, et M. Auguste Lewald en ayant publié un nouveau en 1835, nos souvenirs se sont ranimés de ses charmantes inspirations et de ses piquantes remarques.

REMARQUES.

Page 101 et dans tout le cours de cette histoire, on appelle Jean XXII le pape déposé par le concile de Constance. Il est reçu néanmoins que ce pape est compté pour le XXIIIe; mais dans un ouvrage où l'on a principalement suivi Jean de Müller, on n'a point voulu changer sa chronologie qui, selon nous, doit prévaloir sur l'usage. En effet, on ne compte pas Jean XV, élu en 985, qui ne fut pas sacré, si bien que Jean XIX, dans ses propres bulles, prenait le nom de Jean XVIII. L'Art de vérifier les dates reconnaît aussi que Jean XXI devrait être appelé Jean XX, et ainsi de suite.

Page 276, 1re colonne, ligne 26, au lieu de : *le ciseau de Thorwaldsen a fait ressortir de cette masse informe*, lisez : *le génie de Thorwaldsen*. C'est Ahorn qui a exécuté le projet de Thorwaldsen, ainsi qu'on peut le voir à la page 327.

Page 248, 1re col., ligne 5, après les mots : *et, en 1584*, il faut supprimer toute la fin du paragraphe. Les détails de l'escalade qu'il contient devaient être placés à la page suivante; le paragraphe devra donc se terminer ainsi : et, en 1584, Genève toujours menacée se fortifia contre ses entreprises par une alliance perpétuelle avec Zürich. L'alliance contractée par les Suisses avec Henri IV, mécontenta beaucoup le duc de Savoie; dès 1588, il avait tramé une conspiration contre Genève; après l'avènement de ce roi, il redoubla d'efforts, mais Genève lui fit la guerre, et quoique mal soutenue par Berne son alliée, elle prit à ce prince Versoix, Thonon, Évian, etc. Elle mit aussi un gouverneur à Gex au nom du roi de France.

EXPLICATION DES PLANCHES DE LA SUISSE.

Quelques fautes se sont glissées dans le numérotage des planches; les n°ˢ 29 à 32 sont répétés, au lieu de 30 à 35; les n°ˢ 69 à 72 paraissent deux fois, sans préjudice de la suite. La suscription de la planche des bains de Pfeffers porte, par erreur du graveur, *Pestel*; celle du Moutreux, *Moutren*.

Planches.	Pages.
1 Pont de Saint-Maurice, l'ancien Agaunum des Romains; puis le siège de l'abbaye où furent conservées les reliques de saint Maurice, chef de la légion thébaine qui fut massacrée à peu de distance de là.	9 et 10
2 Pierre, pertuis, inscription romaine que l'on croit tracée de l'an de Rome 160 à l'an 169, et dédiée à Marc-Aurèle et à Vérus.	8
3 Lausanne, prise du chemin du Signal; c'est la ville telle qu'on la voit aujourd'hui: elle existait chez les Romains sous le nom de Lousonium.	29
4 Wuflens, château dont la fondation est attribuée à la reine Berthe, au dixième siècle.	17 et 18
5 Monastère du Saint-Bernard, fondé, selon l'opinion commune, par Bernard de Menthon, au dixième siècle, quoiqu'il y ait des mentions antérieures d'environ cent ans.	18
6 Château de Habsbourg au bord du lac Lucerne: ce n'est pas celui qui fut le berceau de cette illustre famille.	164
7 Martigny, l'ancien Vitodurum des Romains, avec le fort la Bâtie, château du moyen âge: ce fut là que Sergius Galba eut à combattre les Nantuates et les Veragres.	6
8 Serment du Gruttli: Walter Fürst, Melchtal et Stauffacher le prêtent, le mercredi avant la Saint-Martin de l'an 1307, sur une pelouse qui domine le lac Lucerne.	44
9 Maison de Guillaume Tell à Bürglen.	44
10 Chapelle de Guillaume Tell au bord du lac: c'est le lieu où il s'élança de la barque de Gesler, lorsque celui-ci voulut le conduire à Kussnacht.	45
11 Fontaine sur l'emplacement où Guillaume Tell abattit la pomme et refusa de s'incliner devant le chapeau ducal.	44
12 Tour du château de Gesler près de Kussnacht: c'est celui où se rendait Gesler, lorsqu'à une très-petite distance de là, au dessus d'un chemin creux, Guillaume Tell lui perça le cœur d'une flèche.	45
13 Lac d'Egeri, près duquel fut livrée la célèbre bataille de Morgarten, le 15 novembre 1315.	50
14 Tour du grand Saint-Christophe à Berne, appelée vulgairement Tour de Goliath.	346
15 Genève, vue de Cologny.	26
16 Zürich avec la tour du Wellenberg, où fut enfermé Waldmann.	58
17 Cascade de la Handeck sur le chemin du Grimsel, non loin de Guttanen.	353
18 Fribourg, vue prise dans la vallée.	71
19 Château de Werdenberg au canton de Saint-Gall.	74
20 Viége, en allemand Fischbach, dans le haut Valais.	75
21 Chapelle d'Arnold de Winkelried à Sempach, sur le lieu où périt ce héros, le 9 juin 1386.	83
22 Fontaine d'Arnold de Winkelried à Stanz.	id.
23 Champ de bataille de Naefels, 9 avril 1388.	87
24 Sources du Rhin dans le voisinage du Crispalt.	94
25 Vue de Rapperschwyl.	173
26 Vue de Bregenz.	98
27 Vue de la ville de Baden, d'où partaient toujours les ducs d'Autriche quand ils attaquaient les Suisses.	105
28 Vue de Wildkirchlein, ermitage fréquenté au pays d'Appenzell, près de Weisbad.	374
29 Chute du Rhin à Laufen, près Schaffhousen.	369
30 Chemin des Echelles entre Albinnen et les bains de Louèche.	401
31 Sion avec les forts Valerie et Majorie.	286
32 Chemin du Righi du côté de Weggis.	136
33 Bains de Pfeffers; quelques exemplaires portent par erreur *Pestel*: on ne voit ici que le haut du précipice au fond duquel sont les bains.	378
34 Abbaye d'Linsiedeln, fondée par Meinrad, sur le lieu où Meinrad, fils du comte de Reichenau, avait établi une chapelle.	23 et 285
35 Pont sur le Rhin, au canton des Grisons.	94
36 Porte de Gruyère, joli bourg du canton de Fribourg, ancienne résidence des comtes de ce nom.	362 et 273
37 Montanvert et la mer de glace dans la vallée de Chamouny en Savoie.	410
38 Staubach.	348
39 Calcaggia, auprès du Stretto di Saalvedro, vallée du Tésin.	140
40 Porte du Righi, sur le chemin de Weggis.	136
41 Pont de Montreux, entre Vevay et Chillon.	397
42 Wetterhorn, entre l'Oberhassli et la vallée de Grindelwald.	349
43 Château d'Angenstein (canton de Bâle), domaine des comtes de Thierstein. Ce vieux château sert d'habitation; l'intérieur est réparé, l'extérieur a toujours le même aspect.	367
44 Chapelle et ancien château de Vorburg sur la Birse, près de Delémont, fondé par Hugues IV, comte d'Égisheim.	346
45 Porte de Saint-Paul à Bâle, celle d'où l'on sort pour aller à Saint-Jacques.	160
46 Château de Granson, pris et repris par les Suisses.	189
47 Ossuaire de Morat, où étaient conservés les ossements recueillis sur le champ de bataille du 22 juin 1476.	195
48 Château de Dorneck, près duquel fut livrée la célèbre bataille de ce nom, le 22 juillet 1499.	215
49 Lugano, vue prise du portail de l'église, à côté du Salvador, dont on n'aperçoit pas la cime.	392
50 Pont du Diable: on voit le pont ancien devant celui de la nouvelle route.	92

EXPLICATION DES PLANCHES.

Planches.	Pages.
51 Galerie de Gondo (l'une de celles de la route du Simplon)...	402
52 Clarens, au pied du Châtelard. Souvenirs de la nouvelle Héloïse...	397
53 Auberge de Locarno. (Il y a par erreur Locharno dans quelques épreuves)...	205
54 Bellinzona, avec les châteaux de Schwytz, Uri, Unterwald.	
55 Thun, pris par les Bernois sur Rodolphe de Kybourg.	115
56 Château de Chillon, captivité de Bonnivard. Ce fort fut pris ensuite par les Bernois.	80
57 Martinsloch, au pays de Glarus; montagne, à travers laquelle le soleil se présente deux fois par an comme dans un cadre.	246
58 Interlacken, au bord du lac de Brienz, bourg formé autour d'un très-ancien monastère; dans le lointain, la Jungfrau.	340
59 Pont de la Kander, sur la route de Berne au Grimsel.	347
60 Auberge de Matten, dans le Simmenthal, au canton de Berne: c'est le type de l'architecture des villages suisses...	id.
61 Costumes: Schwytz, Unterwalden...	id.
62 id. Glaris, Appenzell, Uri...	313
63 id. Saint-Gall, Genève, Vaud, Argovie, Thurgovie...	338
	375

Planches.	Pages.
64 id. Neufchâtel, Valais, Grisons, Tésin...	379
65 id. Berne, Bâle...	366
66 id. Fribourg, Schaffhousen, Zürich...	360
67 id. Soleure, Lucerne...	358
68 id. Schwytz, Zug...	336
69 Portrait de Guillaume d'Afri, qui se distingua dans Morat, où commandait Adrien de Bubenberg...	197
70 Lucerne avec ses ponts sur le lac...	326
71 Le lion de Lucerne, sculpté, d'après le modèle de Thorwaldsen, par Ahorn.	276
72 Hôtel de ville de Berne.	238
73 Portrait d'Érasme.	235
74 Cathédrale de Berne, dont le projet a été conçu par Mathieu de Steinbach, fils d'Erwin de Steinbach, architecte de la cathédrale de Strasbourg.	118
75 Cathédrale de Bâle.	365
76 Intérieur de la cathédrale de Fribourg.	361
77 Pont suspendu à Fribourg, terminé en 1834.	id.
78 Hôtel de ville et cathédrale de Lausanne, consacrés en présence de Rodolphe de Habsbourg.	399
79 Intérieur du château de Wuflens, aujourd'hui habité par des fermiers de M. Senarclans.	17 et 18
80 Portrait du peintre Holbein, mort en 1554.	366

PLANCHES DU TYROL.

Planches.	Pages.
1 Inspruck, capitale du Tyrol...	415
2 Hottingen, village voisin d'Inspruck...	426
3 Kuffstein, forteresse sur la frontière de Bavière...	423
4 Arco, vieux château de la famille de ce nom, au bord de la Sarca.	444
5 Finstermünz, à la descente du Tyrol, vers le Vorarlberg.	452
6 Landeck, forteresse de l'Engadine...	id.

Planches.	Pages.
7 Château du Tyrol, l'antique Teriolis, vallée de Meran.	445
8 Scheuna, à l'entrée de la vallée de Passeyer.	447
9 Brandis, vallée de Meran.	446
10 Salurn, vallée de Trente.	437
11 Inspruck; intérieur d'une rue de la ville vieille.	425
12 Trente; vue générale avec le vieux château.	438

OBSERVATIONS ET CORRECTIONS.

Pag. 8, 1re col., lign. 32, décemvirs, lisez: duumvirs.
— 11, 2e col., lign. 49, et page 12, 1re col., lign. 2, 2e col., lign. 33 et 52, au lieu de Didier, lisez: Théodoric le grand, autrement Thierry, roi des Ostrogoths, nommé Dietrich (Didier), par Jean de Müller.
— 14, 1re col., lign. 35, Donatius, lisez: Donatus, et 2e col., lign. 36, Hilarius, lisez: Hilaris.
— 16, 1re col., lign. 13, et 2e col., lign. 56, et page 17, 1re col., lign. 13, l'évêque de Lyon, lisez: de Sion.
— 17, 1re col., lign. 37, d'Astollingen, lisez: d'Agilolfingen.
— 40, 2e col., lign. 36, l'évêque de Saint-Gall, lisez: l'abbé.
— 61, 2e col., ligne 12, Ulinger, lisez: Alinger.
— 77, 1re col., lign. 25, Grégoire IV, lisez: Grégoire XI.
— 86, 1re col., lign. 36, trève de six mois, lisez: de dix-huit mois.
— 91, 2e col., lign. 12, indiqua Bourges, lisez: Bourg.
— 99, 2e col., lign. 3, Ferdinand, lisez: Frédéric.
— 163, 1re col., lign. 47, Metz, lisez: Mels.

Pag. 168, 1re col., lign. 23, saint Foëlée, lisez: Jotelé.
— 174, 1re col., lign. 12, de Sierre, lisez: de Sienne.
— 216, 1re col., lign. 15, Maximilien qui était à Landau, lisez: Lindau.
— 226, 1re col., lign. 19, 2e col., lign. 34, Thomas de Fou, lisez: de Foix.

DATES A CORRIGER.

— 9, 1re col., lign. 13, Balbinus et Pupienus, 216, lisez: 217, et Balbinus au lieu de Balbienus.
— 98, 2e col., lign. 50, le 13 février, lisez: le 13 janvier.
— 207, 2e col., lign. 51, l'an 1481, lisez: 1487.
— 224, 2e col., lign. 52, 20 novembre, lisez: 29 novembre.
— 243, 1re col., lign. 21, et pag. 244, 2e col., lign. 24, au lieu de juin, lisez: octobre.
— 247, 2e col., lign. 19, 1552, lisez: 1553.
— 253, 1re col., lign. 17, 1784, lisez: 1684.
— 264, 1re col., lign. 43, page 285, 1re col., lign. 52, page 287, 1re col., lign. 10, page 294, 1re col., lign. 29, au lieu d'août lisez: avril.
— 300, 1re col., lign. 3, le 2 mai, lisez: le 2 juin.

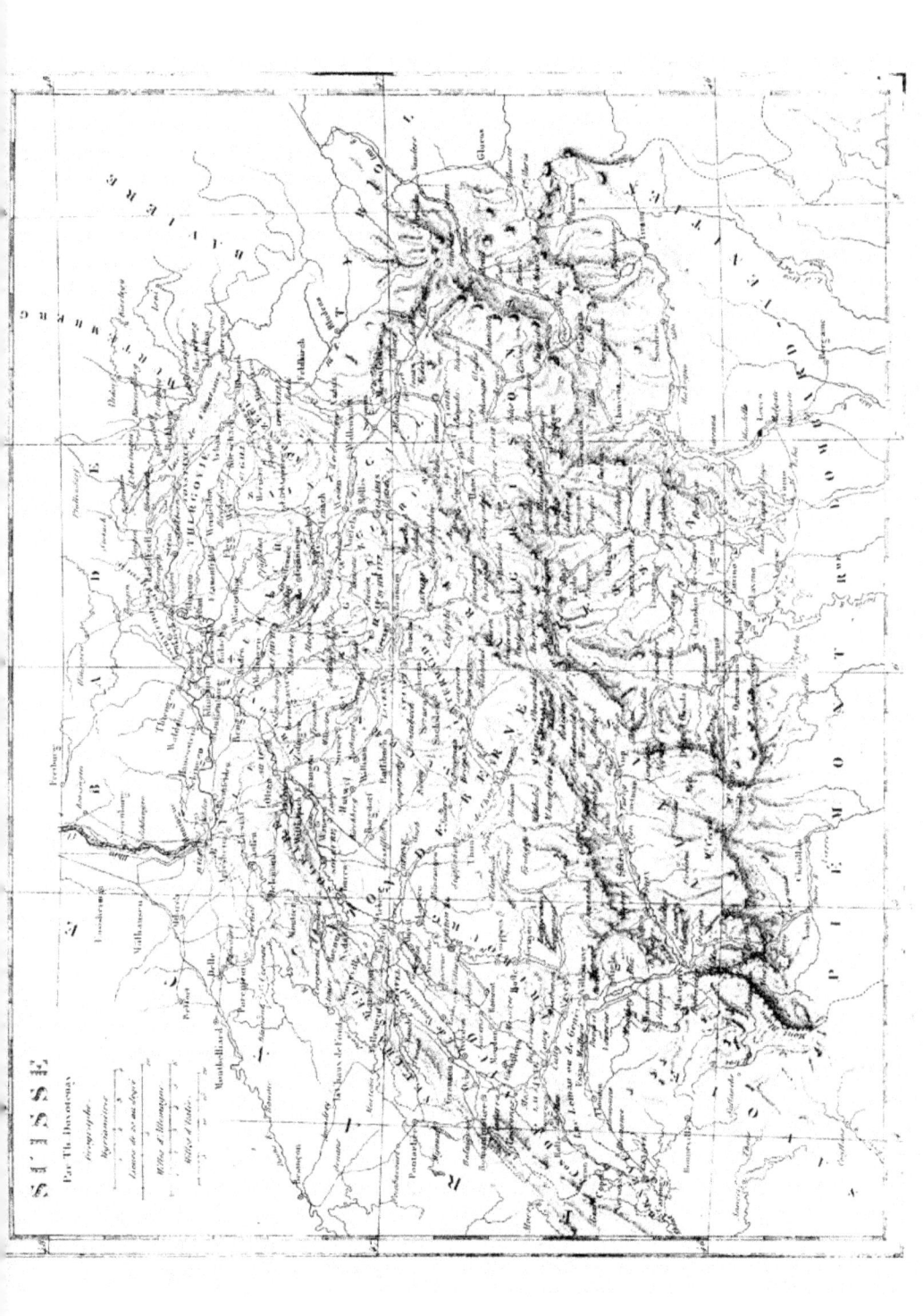

L'UNIVERS,

OU

HISTOIRE ET DESCRIPTION

DE TOUS LES PEUPLES,

DE LEURS RELIGIONS, MOEURS, COUTUMES, ETC.

SUISSE.

PAR M. DE GOLBÉRY,

CORRESPONDANT DE L'INSTITUT.

Il est, au centre de l'Europe, un pays que la nature semble avoir destiné à représenter éternellement l'image des premiers âges du monde, un pays où ses phénomènes se répètent toujours avec une ineffable grandeur, où les hommes mêmes ont retenu quelque chose de la simplicité des anciens jours. La Suisse est comme le noyau de notre hémisphère, comme le réservoir de la Gaule, de la Germanie, et de l'Italie. Des roches amoncelées s'élèvent au-dessus de la région des nuages; elles apparaissent inclinées, menaçantes pour le voyageur, et le sol de la vallée en est quelquefois obstrué. Magnifique et sublime désordre qui retient quelque chose du chaos! on dirait que dans la création ces matériaux épars ou entassés étaient demeurés sans emploi; on se croirait dans le laboratoire de la Divinité. Au fond de ces crevasses profondes, grondent et mugissent des torrents d'écume; sur les incommensurables parois dont ils déchirent la base, croissent çà et là quelques arbres verts, et sur leurs cimes se pressent et se resserrent des forêts plus épaisses. Enfin la crête des Alpes présente aux feux du soleil sa robe de neige, et ses glaciers aux teintes blanches et rosées. Ils s'alignent majestueusement autour des vertes plaines de la Lombardie : depuis la Méditerranée jusqu'aux monts Euganéens, brille dans les airs cette resplendissante ceinture, limite abrupte, impénétrable et mystérieuse entre la civilisation antique et la barbarie, asile de peuples que l'histoire ne rencontre que pour prononcer leur nom, que pour dire quel sang ils ont versé, quelle conquête ils ont rêvée, ou quels Romains ont péri dans leurs défilés. Admirables avant d'être admirées, les beautés de la Suisse demeurèrent inconnues à la Grèce, et Rome ne pénétra que fort tard chez ces peuples alpestres, qui envoyaient leurs fleuves à toutes les nations. Le Rhône, le Rhin, le Tésin, l'Adda, l'Adige étaient illustrés par des victoires, mais leurs sources, leurs affluents, les vallées profondes que parcourent leurs ondes, les lacs qu'elles traversent, les rocs que depuis le premier jour du monde agite à chaque minute le battement de leurs cascades, Rome semble ne les avoir pas aperçus; et même dans les lieux où ses légions ont pénétré, elles ont laissé des vestiges de leur présence, mais rien, absolument rien qui atteste qu'elles en aient emporté quelque souvenir, ni que ce peuple si grand dans l'histoire ait été ému à l'aspect des solennités de la nature.

Il faut bien se garder d'appliquer le nom d'Helvétie à tous les pays qui composent aujourd'hui la Suisse. Ses vingt-deux cantons comprenaient autrefois dans leur étendue, la Rauracie, une partie de la Rhétie, les Lepontii, les Seduni, les Véragres, les Nantuates et une multitude d'autres peuplades gauloises ou germaniques. On ne s'attend pas à lire ici les nombreuses dissertations par lesquelles on a recherché l'origine de chacune d'elles. Les premiers jours des nations sont toujours perdus pour l'histoire; trop heureux quand la tradition s'en empare; car si la tradition est incertaine et vaporeuse, si elle admet le merveilleux, si elle entoure le berceau des nations de fictions amusantes ou flatteuses, du moins elle retient des souvenirs et constate des croyances. L'histoire d'un peuple sans tradition serait comme une journée sans matin. La Suisse n'a point à rappeler ces naïfs récits; toutefois elle pourrait revendiquer sa part des fictions grecques sur les Hyperboréens : les vers échappés de la lyre de Pindare et l'ignorance des géographes favoriseraient cette prétention. Ces illusions mythologiques ne furent pas de longue durée; le Ligurien, le Gaulois des rives du Pô, l'Ombrien, l'Étrusque apprirent que des hommes libres et belliqueux cachaient leur indépendance dans ces montagnes, et que des populations entières pouvaient menacer leur territoire, et bientôt, à la terreur des fictions succéda un effroi plus fondé. L'existence de ces montagnards se révéla non plus par de vaines chimères, mais par des faits sanglants. A travers les défilés des Alpes, se précipita ent des flots de populations barbares; accourues des extrémités septentrionales du monde, elles refoulaient sur elles-mêmes, puis entraînaient vers le sud les nations intermédiaires. La civilisation était menacée; sans la valeur des Romains, la nuit cimmérienne eût dans son obscurité enveloppé et la Grèce et l'Italie; d'épaisses ténèbres eussent à jamais séparé, les lumières de l'antiquité des lumières des temps modernes, si l'Étrurie, si Rome après elle, n'avaient eu le loisir d'écrire leurs annales autrement que par des clous enfoncés au temple du Capitole ou dans celui de Nortia; si, avant l'arrivée des Barbares, le christianisme ne se fût élevé sur le trône des Césars pour conserver à la ville éternelle une victoire intellectuelle, quand déjà la victoire des armées n'était plus possible; enfin si cette religion sublime n'eût fait subir aux vainqueurs la loi des vaincus.

L'apparition des Cimbres n'est que le premier acte connu de cette grande émigration; l'histoire n'atteint plus que par conjecture les primitifs mouvements du genre humain, et ces temps où les nations se répandaient sur la terre et voyageaient comme voyagent les individus. Elle a retenu le nom des Celtes, nom que l'ignorance chez les Grecs, et chez les modernes un excès d'érudition, a doué d'une élasticité qui pourrait égarer. Pour la saine critique il ne peut englober les populations germaniques; mais il appartient aux races gauloises, pénètre jusqu'au fond de l'Ibérie, règne exclusivement sur la Bretagne, et s'établit sur la rive droite du Rhin. L'Helvétie était peuplée de Celtes à l'époque glorieuse où Jules César parut; il le dit formellement : ses habitants vers la Gaule étaient limitrophes des Séquani, qui du Jura descendaient jusqu'aux limites actuelles des départements du Haut et du Bas-Rhin. Là se constatait, par la présence des Belges, un autre refoulement de nations, une migration dont la tradition avait retenu la date, quoique d'une manière vague et générale. Les Belges, dit César, ont passé le Rhin dans la plus haute antiquité; ils ont expulsé les nations gauloises : or ces Belges sont pour la plupart des Germains d'origine. On ajoute que leur valeur sut résister aux Cimbres, et ce grand fait de l'invasion cimbrique dans les Gaules commence

SUISSE.

pour nous l'histoire de la Suisse.

Un canton helvétien, le pagus Tigurinus, se joignit aux Cimbres, aux Teutons, aux Ambrons, quand trois cent mille combattants vinrent des extrémités de l'Orient fondre sur la Gaule. Les Gaulois, renfermés dans leurs villes, en étaient réduits à manger la chair de leurs vieillards. Les Barbares parurent près de Marseille, et Silanus fut battu. Alors, pour empêcher les vainqueurs de se répandre en Italie, le consul Lucius Cassius franchit les Alpes Pennines, descendit la vallée d'Entremont et passant sur le sol où est aujourd'hui Martigny, vint camper au bord du Léman. Là se trouvait le jeune et vaillant Divicon, le premier Helvétien dont la postérité ait retenu le nom. Pour Cassius, il y allait de la grandeur de Rome, pour Divicon du salut de la patrie. Ces Romains qu'il allait combattre avaient déjà soumis l'Italie, le trône d'Alexandre était tombé devant eux, la Grèce leur obéissait et l'Asie jusqu'au Taurus; Carthage n'était plus, et de l'Oronte au Durius les nations obéissantes tremblaient devant les légions. Cette première action des Helvétiens précéda de quatorze cents ans l'époque où leur patrie devint une république digne par son héroïsme des temps fabuleux de la Grèce et de l'Italie. La rencontre eut lieu en l'an de Rome 646, et il est probable que ce fut à l'extrémité du lac, à l'endroit où s'élève Villeneuve, à l'aspect des Diablerets et de la Dent du midi. Là les bords du Léman sont entrecoupés de collines et le sol est mouvant sous les marais du Rhône. L'avantage des lieux était tout entier pour les indigènes : le consul Cassius périt, et avec lui son lieutenant L. Pison; l'élite de l'armée romaine mourut en combattant : pour elle les communications étaient impossibles aussi bien que la retraite, il fallut négocier, donner des otages et passer sous le joug.

Les Helvétiens sont mêlés aux autres événements de la guerre des Cimbres : une armée consulaire de quatre-vingt mille hommes fut taillée en pièces. Ces désastres rappelaient aux Romains effrayés les jours néfastes où Brennus leur fit payer une rançon. Heureusement les Cimbres perdirent en excursions, au pied des Pyrénées, un temps que Rome sut mieux employer : à leur retour ils trouvèrent Marius qui les dispersa, et remporta sur eux la célèbre victoire d'Aix.

Ce n'était point cependant la dernière expédition des Cimbres; unis aux Tigurini, que commandait Divicon, ils franchirent le Brenner, battirent le consul Catulus, et vinrent camper dans les champs appelés Raudiens, non loin de Vérone. Marius accourut; il était consul pour la cinquième fois avec Manius Aquilius. A la fin de juin, en l'an de Rome 652, il parut sur les bords de l'Adige; les Cimbres se formèrent en carré; ils occupaient, en tout sens, un espace de trente stades. Leur cavalerie, bardée de fer et remarquable par la beauté de son armure, composait un corps séparé; elle prit la fuite devant les Romains; mais ceux-ci, trop ardents à la poursuite, donnèrent imprudemment dans le piège. Le corps de bataille des Cimbres les prit en queue, tandis que la cavalerie faisait volte face. Déjà ces vallées retentissaient des cris de victoire des Barbares : c'en était fait des lois, des arts, de la civilisation.... Marius alors voua des victimes au grand Jupiter, et le soleil vint diviser le brouillard et frapper les Cimbres au visage; éblouis et aveuglés par la poussière qu'un vent impétueux leur envoyait, ils ne purent plus tenir. Les Romains se montrèrent dignes de leurs ancêtres dans cette mémorable journée, et les Cimbres moururent.

Cependant les Helvétiens gardaient les défilés de l'Adige : ils quittèrent les gorges du Tyrol et rentrèrent dans leur patrie. Protégée par les Alpes, par le Jura, par le Rhin, elle était inexpugnable; mais cette patrie, qui contient aujourd'hui plus de douze cent mille habitants, était alors trop étroite pour quatre cent mille. Les rives des lacs étaient cachées par d'impénétrables forêts, la nature sauvage ne cédait qu'aux efforts de la culture, et une nation belliqueuse s'accommodait mieux de la conquête et des expéditions lointaines que de défrichements opérés sans suite, sans intelligence et par conséquent sans succès. Ce fut donc un excédant de population qui, cinquante ans après l'expédition des Cimbres, fit concevoir à toute la nation la pensée funeste de l'émigration. Ce n'était point d'ailleurs un vain caprice, une extravagante manie de courses. Le Nord n'avait point repris son immobilité; il envoyait sans cesse de nouvelles générations au bord du Rhin. Il y avait alors chez les Helvétiens un homme puissant, Orgetorix; il possédait plus de dix mille esclaves, et gagnait les pauvres par ses largesses. Chef militaire, il suscita la guerre pour s'emparer du pouvoir suprême qui, durant la paix, appartenait aux magistrats. Orgetorix s'était assuré du concours des Séquaniens et des Éduens; la noblesse était à lui. Il parut donc dans l'assemblée de la nation et dit qu'il était indigne de guerriers qui avaient vaincu les Romains et les Germains de cultiver péniblement une terre ingrate, et de se retrancher derrière leurs montagnes quand ils pouvaient fixer eux-mêmes leurs limites, et sans autre rempart que leur valeur, occuper à leur choix les plus riches contrées de la Gaule. La proposition fut agréée, et les quatre cantons résolurent de quitter le sol habité par leurs aïeux: hommes, femmes, enfants, troupeaux, tout devait se mettre en marche; l'époque de l'exécution fut fixée à la troisième année. Il fut décidé aussi que l'on inviterait à faire partie de l'expédition les Rauraques, qui habitaient avec le canton de Bâle une partie de la Haute-Alsace et de la Souabe, puis les Tulingiens et les Latobriges, peuples dont le territoire n'est pas bien déterminé, enfin les Boïens, qui étaient établis sur les bords du lac de Constance.

Mais Orgetorix ne vécut pas jusqu'au temps fixé pour l'exécution du projet qu'il avait inspiré; on l'accusa d'affecter la souveraine puissance, on se saisit de sa personne; et lui, l'homme élu par la nation, l'ambassadeur du peuple auprès des Séquaniens et des Éduens, dédaigna de répondre à l'accusation, et prévint le supplice par sa mort, ainsi que l'indique une expression d'Orose (*). Ce funeste événement n'arrêta point l'élan national : à l'époque qu'il avait fixée, les Helvétiens se réunirent, une dernière fois, en assemblée générale, et marquèrent le jour du départ. Chacun rentra dans sa demeure, on chargea sur des chariots les vieillards impotents, les femmes, les enfants et des vivres pour trois mois; puis on mit le feu à douze villes, à quatre cents villages et à tous les édifices du pays. Après cette destruction on marcha au rendez-vous: c'était le lieu où le Rhône s'élance avec impétuosité du sein du lac, où l'on admire aujourd'hui la superbe Genève. Il y vint aussi vingt-trois mille Rauraques, hommes et femmes, vingt-six mille Tulingiens, quatorze mille Latobriges et trente-deux mille Boïens. Mais le corps le plus nombreux était celui des véritables Helvétiens, qui comptaient deux cent soixante-trois mille personnes. A leur tête on revoyait Devicon qui, cinquante ans auparavant, avait vaincu le consul. Toute la Gaule était dans la stupeur; mais Jules César commandait la Province, et déjà il était accouru vers le point menacé.

A Genève deux envoyés des Helvétiens le vinrent trouver; ils demandaient passage à travers les terres des Romains, promettant de n'y causer aucun dégât. Dans ce moment, César ne pouvait opposer qu'une seule légion à quatre-vingt-douze mille hommes; il dit qu'il y réfléchirait. Au bout de quelques jours, les Helvétiens ayant renouvelé leur demande, César répondit catégoriquement qu'il ne le souffrirait pas. Déjà il avait élevé sur la rive méridionale du Rhône une muraille haute de seize pieds, longue de neuf mille pas et flanquée de tours :

(*) *Ad mortem coactus.*

de toutes parts il avait réuni des levées. Après de vains efforts pour rompre cette ligne de défense, les Helvétiens marchèrent à travers le territoire des Séquaniens que leur ouvrit Dumnorix, le gendre d'Orgetorix. Ce Dumnorix voulait aussi s'emparer du pouvoir et régner sur ses compatriotes les Séquaniens. Trois passages peuvent avoir été livrés par cette nation : on cite celui où est aujourd'hui le fort l'Écluse, les Clefs et Sainte-Croix. Il est plus probable que l'on choisit le premier : le Rhône y laisse à peine la place qu'il faut à un char, et sur la rive opposée des parois de rochers retombent à pic dans ses ondes bouillonnantes. La troupe s'avança lentement à travers mille difficultés et parvint enfin jusqu'à la Saône, elle y fabriqua, tant bien que mal, des nacelles et des radeaux. En vingt jours trois cantons franchirent la rivière, les Tigurini fermaient et couvraient la marche. Enfin on partit pour les fertiles contrées de la Saintonge.

César, apprenant que les Helvétiens se dirigeaient vers le nord de la Province pour s'établir dans le voisinage, laissa le commandement du pays des Allobroges à Labiénus, courut en Italie, y leva deux légions, en retira trois des quartiers d'hiver, et revenant par la vallée d'Ossola, il dispersa les Centrones, les Graïocèles et les Caturiges, peuples des Alpes qui voulaient empêcher son passage. Bientôt il reparut chez les Vocontiens et les Allobroges, franchit le Rhône chez les Ségusiens (dans le Bugey), et rejoignit l'arrière-garde des Helvétiens. De toutes parts lui arrivaient des plaintes amères sur les ravages qu'ils commettaient. Les Éduens, ces anciens amis du peuple romain, imploraient vivement son secours. Ce secours ne se fit pas attendre : Labiénus, qui était resté près de Genève, accourut et attaqua dans la nuit les Tigurini, qui étaient encore sur la rive gauche, et le lendemain il fit sa jonction avec César.

Plus étonnés qu'épouvantés de la rapidité de ces opérations, les Helvétiens dépêchèrent à César le vieux Divicon, qui lui demanda de désigner lui-même le pays dont sa nation prendrait possession. Le langage de ce noble guerrier fut orgueilleux ; il mêla la menace à la prière ; il avertit César de ne point compter sur un succès éphémère, lui rappela le consul Cassius, et lui dit que ce lieu pourrait acquérir, par sa défaite, une célébrité funeste aux Romains. Le langage de César ne fut pas moins hautain : il exigea que le dommage causé aux Éduens et aux Allobroges fût réparé sur-le-champ, et demanda des otages. *Les Helvétiens*, répliqua Divicon, *ont appris de leurs pères à en recevoir, non à en donner, et les Romains devraient s'en souvenir.* »

César suivit donc l'armée helvétienne. Il avait quarante mille hommes ; sa cavalerie, forte de quatre mille, fut d'abord mise en fuite par cinq cents cavaliers que dirigeait Dumnorix, Éduen du parti contraire aux Romains. Après quinze jours de marches et d'escarmouches, César fit un mouvement vers la droite, et s'avança sur Bibracte. Les Helvétiens le suivirent ; aussitôt il rassembla son infanterie, et disposa son ordre de bataille. Il eut soin de mettre en première ligne ses vieilles bandes, plaçant derrière elles, et les légions de nouvelle levée et les Gaulois, auxquels il ne se fiait pas. Les Helvétiens entourèrent de chariots tout leur bagage, y placèrent les femmes, les enfants, les vieillards, et donnèrent à leur corps de bataille une grande profondeur. D'abord ils chassèrent la cavalerie romaine qui inquiétait leurs mouvements. Au moment de la rencontre, César descendit de cheval, commanda à tous ses cavaliers de l'imiter, et de réserver les chevaux pour la poursuite. Aussitôt la lutte s'engagea : d'abord les javelots des Romains, lancés de haut, s'attachaient aux boucliers de l'ennemi, qu'ils embarrassaient de la longueur de leur manche. Profitant de cette circonstance, César ordonna à ses soldats de mettre le glaive à la main, ils pénétrèrent dans les rangs à la faveur du désordre. La position des

Romains était trop avantageuse ; les Helvétiens se retirèrent à mille pas ; mais, pendant que César les suivait, les Tulingiens et les Boïens l'attaquèrent en flanc. En même temps le corps de bataille, qui s'était posté sur le revers d'une montagne, profitait, pour une nouvelle attaque, de la supériorité de sa position ; César fit faire une conversion à sa troisième ligne pour soutenir l'effort des Boïens et des Tulingiens. L'action dura la journée entière : des deux côtés même courage, même acharnement. Le soir, les Helvétiens, après avoir éprouvé des pertes immenses, se retirèrent, les uns sur la montagne, les autres vers les chariots, où se trouvaient leurs biens les plus précieux. Là, le combat se prolongea jusqu'au milieu de la nuit. Les femmes et les enfants s'enfuirent vers la montagne en poussant des cris lamentables ; enfin la poursuite dura quatre jours et quatre nuits, jusqu'au pays des Lingones. César ne se mit en marche que le troisième jour, et fit avertir les Lingones qu'il les traiterait en ennemis, s'ils accueillaient les Helvétiens : réduits au désespoir, ceux qui avaient survécu à leur malheureuse nation implorèrent la pitié du vainqueur. César répondit aux envoyés que les Helvétiens eussent à l'attendre : il vint en effet ; et il exigea non-seulement des otages, mais la remise de toutes les armes. Effrayés de se voir ainsi sans défense, six mille hommes du *Pagus Urbigenus* prirent la fuite, se dirigeant vers le Rhin. Les Gaulois les ramenèrent, et ils furent massacrés. Alors les Helvétiens et les Latobriges obéirent aux ordres de César ; ils étaient au nombre de cent dix mille. Le général romain leur commanda de rentrer dans leur patrie, de rebâtir leurs villes et leurs villages ; il promit de pourvoir à leur subsistance, et les abandonna au gouvernement de leurs propres magistrats, les déclarant amis et alliés du peuple romain. Mais pour garder les défilés du Jura, il fonda à Noviodunum (Nion) une colonie équestre. Désormais le nom de Rome protégea l'Helvétie contre les Germains, et l'Italie s'en fit un boulevard : car cette nouvelle alliance rendait les Alpes impénétrables à ses ennemis.

On s'étonne qu'un peuple si vanté dans les temps modernes par l'amour du sol qui l'a vu naître, apparaisse pour la première fois dans l'histoire comme ayant abandonné sa patrie ; néanmoins il ne se trouvait dans cette émigration aucun des ancêtres des libérateurs du moyen âge. On ne voit pas que le montagnard d'Uri soit descendu des sombres vallées de la Reuss, ni que le pâtre de Schwytz ait abandonné les bords de son lac. Ce nom, qui est devenu celui de la Suisse, était inconnu aux habitants de l'Helvétie.

César dompta les Véragres et les Nantuates, peuples du Valais qui gênaient les communications et rançonnaient les négociants. Sergius Galba prit chez eux ses quartiers d'hiver avec la 12ᵉ légion. Il s'établit à Octodurus (Martigny), bourgade située au débouché de la Dranse dans la vallée. Le camp fut fortifié sur la droite de la rivière. Cependant les Véragres avaient résolu d'exterminer les Romains : un jour ils parurent avec les Seduni sur toutes les hauteurs et fondirent avec impétuosité sur le camp de Galba. Ses valeureux soldats avaient à lutter contre des adversaires toujours plus nombreux ; déjà ils étaient presque tous blessés ; déjà le fossé était comblé et le rempart entamé. Tout à coup Sextus Baculus et Volusenus conseillèrent une sortie audacieuse, qui fut exécutée à la fois par toutes les portes du camp. Les Véragres n'avaient point encore compris le projet des Romains quand ceux-ci étaient maîtres des hauteurs. Dix mille Barbares tombèrent sous leurs coups, le bourg fut réduit en cendres, et le pays demeura aux vainqueurs, qui néanmoins accordèrent à ces montagnards les droits que le Latium n'avait acquis qu'après de longues guerres et en vertu de son antique alliance avec Rome.

Sous le règne d'Auguste le pays appelé aujourd'hui canton des Grisons, ceux d'Uri, de Saint-Gall, d'Apenzell, auront subi le joug en même temps

SUISSE.

que la Rhétie et la Vindélicie. Il est inutile de recommencer l'histoire générale de l'empire, nous ne rappellerons que les faits qui ont un rapport direct à la Suisse. Munatius Plancus fut envoyé chez les Rauraques, qui habitaient les bords du Rhin, à l'endroit où le fleuve se recourbe vers le Nord pour servir de frontière à la Gaule. Il y fonda une colonie sous le nom d'Augusta Rauracorum. Les ruines de son enceinte, son théâtre, les vestiges de ses temples sont encore visibles; c'était une cité vaste et populeuse, un poste militaire, qui devait à la fois surveiller la Germanie, observer les Rhétiens et garder les défilés du Jura; on lui conféra les droits des villes italiques. En général les Helvétiens jouirent de tous les avantages compatibles avec l'état de soumission. Chaque cité avait deux magistrats (*duumviri*), la nation se réunissait en assemblée politique; Noviodunum d'une part, Ebrodunum (*verdun*) de l'autre, envoyaient leurs bois de construction vers les deux mers, par le Rhône et par le Rhin : Cully avait son Bacchus, et la vigne était fertile déjà sur les bords du Léman. Du côté de la Germanie, le pays se gardait au moyen d'un fort occupé par ses propres troupes. Cependant toute la contrée prenait, sous le patronage romain, une physionomie romaine. Les noms propres, les dignités civiles et militaires, les clientèles, tout reparait dans les inscriptions, comme dans l'Italie, comme dans le reste de la Gaule, et l'histoire du pays se confond avec celle de l'empire et s'écoule vers le moyen âge sans caractère distinctif, comme sans origine connue.

Tandis que Rome voyait succéder Galba à Néron, Othon à Galba, Vitellius à Othon, les légions de la Germanie supérieure s'agitaient de perpétuelles séditions. Les Helvétiens avaient une garnison à Vindonissa; la XXI° légion s'empara violemment de la solde qui lui était destinée. Vindonissa était située sur la frontière septentrionale, au confluent de l'Aar et de la Limmath, non loin du Bœtzberg, embranchement septentrional du Jura. Cette violence n'était qu'une première manifestation du mouvement préparé en faveur de Vitellius. Les Helvétiens interceptèrent des lettres qui le prouvaient : fidèles à Galba, dont ils ignoraient la mort, ils arrêtèrent les traîtres qui portaient ces lettres à l'armée de Pannonie. Aulus Cécina servait dans ces contrées, homme d'une taille élevée, d'un caractère belliqueux, audacieux dans ses entreprises, sans respect pour les dieux ni pour les hommes, mais cher aux soldats, parce qu'il livrait au pillage les villes et les campagnes. Cécina voulut punir les Helvétiens de ce qu'il appelait un attentat, et mit tout à feu et à sang. Les bains de la ville moderne de Baden attiraient déjà un grand concours d'étrangers; ses eaux salutaires étaient sous la protection d'Isis; tout fut détruit. Cependant les Helvétiens se donnèrent un chef, Claudius Sévérus, et défendirent leur forteresse; mais sans connaissance de l'art militaire, ils ne prirent pas soin de garder leurs passages. Tout à coup un corps de réserve les prit en queue au détour d'une montagne : c'étaient des Rhétiens formés à l'école des Romains. Les Helvétiens ayant à se défendre contre les légions qui leur faisaient face et contre ce nouvel ennemi, furent saisis de terreur, et jetant leurs armes, ils cherchèrent à gagner le Bœtzberg; mais ils furent suivis par une cohorte de Thrace, accoutumée à vaincre les difficultés des lieux. Dans cette occasion, ils perdirent des milliers de guerriers. Lorsqu'on sut à Aventicum toute l'étendue de ce désastre, Julius Alpinus, qui gouvernait la nation, envoya des députés pour se soumettre au vainqueur. Aulus Cécina exigea le supplice de Julius Alpinus, et déclara que l'empereur seul pouvait pardonner à la nation. Tout était dans le deuil et dans le désespoir : Julia, jeune prêtresse de la divinité tutélaire d'Aventicum, se rendit au camp romain et se jeta aux genoux de Cécina. Ce fut en vain, il fit mourir le père de cette jeune fille. Une touchante inscription retrouvée dans les ruines rappelle sa barbarie :

c'est l'épitaphe de cette infortunée. *Je repose ici, moi Julia Alpinula, fille malheureuse d'un malheureux père, prêtresse de la déesse Aventia. Je n'ai pu écarter la mort qui menaçait mon père; il était dans sa destinée de périr cruellement. J'ai vécu XXIII ans.*

Cent vingt-cinq ans après avoir imploré la clémence de César, les Helvétiens envoyaient leurs ambassadeurs aux pieds de Vitellius; pour arriver jusqu'à lui, il leur fallut traverser les rangs d'une soldatesque insolente, qui leur tenait le poing sous le visage, et demandait à grands cris qu'on exterminât un peuple qui avait osé porter les mains sur des Romains. Mais Claudius Cossus, le chef de la députation, fut si pathétique dans l'expression des malheurs de son pays, il sut si bien amollir ces cœurs endurcis, qu'ils se joignirent à lui pour supplier Vitellius, et la nation fut sauvée.

Le père de Vespasien avait fait sa fortune en Helvétie : le règne de cet empereur fut favorable au pays. Il établit à Aventicum une colonie de vétérans; elle fut appelée *colonia Flavia, pia, constans, emerita, Arenticum Helveliorum;* elle eut ses deux décemvirs ou curateurs, et ses décurions. Cette cité devint le siége du commerce et du luxe. Les temples y étaient nombreux; outre la déesse Aventia et le génie d'Aventicum, on y révérait Apollon, Jupiter, Auguste. Il y avait un collége de médecins et d'autres professeurs. Une inscription aujourd'hui encastrée dans l'église paroissiale d'Avanches l'atteste formellement.

Une longue paix régna sur l'Helvétie, la Rhétie, le Valais; l'industrie et le travail pénétrèrent dans les Alpes : on sut tirer partie de leurs arbres, de leurs plantes, de leurs oiseaux; on arracha le marbre des entrailles de la terre; on gravit le roc, asile des chamois; et de la profondeur des lacs on retira des poissons inconnus. Dès lors le lait des vaches suisses était renommé, les fromages avaient de la célébrité; l'agriculture faisait des essais : on perfectionna la charrue, et la vigne de Rhétie produisit un jus rival du Falerne. Le soleil, sous le nom de Belenus, la lune, sous le nom d'Isis, étaient particulièrement révérés. Les sylphes protégeaient les hommes, et les dieux mânes eurent aussi leur culte.

Les pays qui composent aujourd'hui la Suisse étaient répartis entre différentes provinces; l'Helvétie proprement dite appartenait à la Gaule, la Rauracie à la Germanie supérieure, la Rhétie à l'Italie. Sous Adrien, l'Helvétie fut adjointe à la Séquanie, et le Valais confié à l'autorité du gouverneur de Rhétie, qui commandait jusqu'au confluent de l'Inn et du Danube. Genève avait toujours appartenu aux Allobroges. Ces divisions, étant fondées sur la disposition des lieux, ont survécu long-temps à l'empire. La *Notitia imperii* et les itinéraires indiquent beaucoup de lieux d'habitation. Winterthur s'y retrouve sous le nom de Vitodurum; Coire sous celui de Curia. Soleure est l'antique Salodurum, Bienne était appelée Petinesca; Vevay, Viviscum, Lausanne, Lousonium, et sur le revers méridional des Alpes, Clavenna se retrouve dans Chiavenne, etc., etc.

De nombreuses inscriptions rappellent les travaux du grand peuple. La colonie d'Aventicum avait fait construire des routes; sur les frontières des Rauraques, à l'endroit où est aujourd'hui Tavannes, on admire une roche percée que le vulgaire appelle *pierre-pertuis;* le cintre sous lequel passe la route a été, selon la tradition, voûté par les Romains; l'inscription que nous allons transcrire semble confirmer cette opinion. Toutefois, la plupart des auteurs attribuent cette singularité à la nature même, et se prévalent surtout de l'inutilité du travail en ce qu'il était possible de passer à côté du roc.

Dans une dissertation spéciale j'ai établi qu'il convenait de lire l'inscription ainsi :

Numini augustorum via facta per M. Dunnium Paternum duumviri co-

Ioniæ Helveticæ : ce que l'on peut traduire convenablement : *A la divinité des Augustes, les duumvirs de la colonie helvétique qui ont fait faire ce chemin par M. Dunnius Paternus.* On se demande de quels Augustes il est question. De 160 à 169, Marc Aurèle et Verus ont régné ensemble ; c'est à eux que je m'arrêterais de préférence, quoiqu'on ne puisse le décider d'une manière absolue. Caracalla et Geta ont aussi gouverné ensemble de 211 à 212 ; enfin Balbienus et Pupiénus, en 216 ; mais il ne régnait pas entre eux la même concorde. D'ailleurs les noms de Marc Aurèle et de Verus apparaissent fréquemment sur les monuments de l'Helvétie. Il y a lieu de croire que de 160 à 169, on fit d'une grotte un passage, qu'on y établit la route pour communiquer avec la Rauracie et la Séquanie, et qu'on dédia le tout aux Augustes qui avaient ordonné ces travaux.

L'histoire des incursions de Barbares est commune à tout l'empire, et ce fléau atteignit la Rhétie dès l'an 162. Deux cent soixante-quinze ans s'étaient écoulés depuis les tentatives des Cimbres, lorsque Gallien partageait l'empire avec trente tyrans, il y eut une grande irruption de Barbares. Au pays de Glarus ils trouvèrent des positions fortifiées par Adrien, *Castra-Rhætica.* Aujourd'hui encore le nom de Gastern rappelle ces souvenirs, aussi bien que *Terzen, Quarten, Quinten* ; mais les positions furent enlevées par Eroch, chef des Alemanni, qui, en 265, pénétra jusqu'à Ravenne avec une armée de cent mille hommes.

Les expéditions de Claudius, d'Aurélien, de Probus, passèrent sur la Suisse, mais sans y laisser de souvenirs plus spécialement applicables à ce pays. Qui voudrait compter ces flots de Germains, de Bourguignons, d'Alemanni, d'Hérules qui se répandirent tour à tour sur toutes les provinces de l'empire ? Rappelons seulement que Constance Chlore battit les Alemanni auprès de Vindonissa.

Non loin de St.-Maurice, les montagnes qui pressent les bords du Rhône s'écartent et s'arrondissent en amphithéâtre. Au-dessus du fleuve s'élève l'incommensurable et neigeuse Dent de Morclaz ; la plaine semble s'affaisser sous le poids de cette masse immense. A gauche, sur le revers de la Dent du midi, s'allonge une suite de rocs alignés contre la base de ces hauteurs, comme une muraille d'enceinte. Là, sont les débris de l'antique chapelle de Verolliez ; plus haut l'ermitage de Cex, et partout les souvenirs de saint Maurice et de la légion thébéenne que l'histoire conteste, que la légende retient et que la critique ne détruit point. Écoutons ce récit : En 301, Constance Chlore voulait passer en Bretagne, et craignant quelque irruption du côté de la Germanie, il pria Maximien de veiller sur cette frontière. Maurice commandait une légion levée dans la Thébaïde ; elle s'appelait Jovia Thebea Felix, et on la disait composée des plus vaillants soldats de l'empire. L'armée marchait à travers le Valais, et cette légion était près d'Agaunum quand fut donné le signal d'une grande persécution contre les chrétiens. Maximien Hercule lui ordonna vainement des massacres, elle était chrétienne et s'y refusa. L'empereur la fit par deux fois décimer, mais toujours les soldats résistèrent à l'exécution de ses ordres impies. Enfin, sans tenir compte d'une sublime allocution des chefs de la légion, il la fit passer au fil de l'épée. Saint Maurice, Exupère, Candide moururent sans résistance, et l'on raconte que les martyrs Urse et Victor reçurent la mort à Salodurum. Au milieu de ces majestueuses vallées on aime à ressaisir de grands souvenirs, à célébrer les premiers jours du christianisme dans les lieux où la puissance de l'Éternel se révèle par les plus grandes beautés. Cette légion de six mille six cents hommes était sans doute cantonnée entre Agaunum et Octodurum ; là se précipitait, à sa vue, l'admirable cascade qui du haut des Alpes jette la Sallenche dans le Rhône. Il semble que, pour rejoindre le sol, cette rivière ait voulu creuser dans ces montagnes un lit profond; mais arrivée à ces parois qui dominent verticalement les marais du fleuve, elle se précipite brusquement de trois cents pieds d'élévation, parce que le lit qu'elle s'était fait lui manque subitement : forte de l'impulsion qu'elle a reçue, elle se soutient encore quelque temps dans les airs; enfin, quand cette masse d'eau cesse d'obéir à ce mouvement, elle décrit une courbe majestueuse dans laquelle des nappes d'argent roulent et se meuvent sur elles-mêmes. Qu'un rayon du soleil vienne à frapper cette chute, les couleurs de l'arc-en-ciel s'y peignent; mais au lieu de l'immobilité qu'elles gardent au firmament, elles reçoivent de la course de l'onde un mouvement toujours renouvelé : elles courent, s'agitent et se croisent avec la cascade, dont le poids fait rejaillir du bassin et ramène en sens inverse une poussière humide qui remonte en colonne frémissante le long de la grande gerbe, reçoit, comme elle, ces belles couleurs natives, et les mêle selon le mouvement des gouttes aériennes à travers lesquelles s'élance le torrent. On dirait qu'il vient d'enlever aux roches du Valais les pierres les plus précieuses, on croirait voir s'agiter une poussière mélangée de topaze, de rubis et d'émeraude. Pour mieux jouir de ce spectacle, il faut se placer entre Miéville et la cascade : mais l'effet général est plus surprenant pour ceux qui viennent de Martigny; parce qu'ils ne voient pas arriver la Sallenche, parce qu'à leurs yeux elle paraît s'élancer du roc comme la source salutaire que la baguette du législateur divin fit jaillir miraculeusement de la pierre d'Horeb.

Les modernes ont donné l'ignoble nom de Pisse-vache à cette merveille. A quelques pas plus loin un torrent s'échappe au niveau du sol; une fissure partage la montagne du haut en bas. Le Trient, qui en sort, n'a point de bords, point de rivages; il arrive mystérieux; il semble interdire toute recherche sur son origine, sur les lieux qu'il a parcourus, et se hâte de regagner le Rhône, comme s'il éprouvait quelque gêne à couler en plein air sans être protégé par cet immense escarpement, comme si le voisinage de la majestueuse Sallenche était pour lui un sujet d'humilité.

Ces beautés sont éternelles; le sentiment religieux se fortifie à leur aspect, et la légion thébéenne en a pu concevoir une foi plus ferme. A peu près vers le temps où les marais du Rhône se rougissaient du sang des martyrs, Sion recevait des établissements nouveaux. Le fort Valérie prenait le nom de la fille de Dioclétien épouse de Galère; à en juger par une inscription, ce fort aurait été construit vers le 12ᵉ consulat de Dioclétien. D'autres prétendent, aussi sur la foi d'une inscription, qu'il tient son nom d'une autre Valérie, mère de Campanus, préfet du prétoire de Maximien. Les restes d'antiquités y abondent, et l'on remarque encore une belle galerie percée dans le roc.

Postérieurement à cette époque, le pays est qualifié de désert, et c'est sans doute dans ce temps que périt Aventicum, car dès la fin de ce siècle (quatrième) Ammien Marcellin parle des ruines d'Aventicum. On voit encore son enceinte, et dans une prairie s'élève une colonne qui atteste la magnificence du temple de Junon. L'amphithéâtre est recouvert de gazon; mais les fragments de statues, d'autels, les tombeaux, les inscriptions se présentent en foule à l'observation de l'antiquaire.

L'expédition d'Arbétion eut lieu peu de temps après que Constance, fils de Constantin, eut accordé la paix aux Barbares. Ce général fut envoyé vers Bregenz; il passa les Alpes à Chiavenna, descendit du Splugen et vint sur les bords du lac de Constance, alors entouré d'épaisses forêts. Il devait combattre les Alemanni Lentienses, qui infestaient sans cesse les frontières de l'empire. Arbétion s'engagea dans les défilés au milieu d'une forêt qui, du lac, s'étendait jusqu'à l'Arlenberg. Les Lentienses, profitant d'un brouillard, sortirent de leurs embuscades, taillèrent en pièces un grand nombre de Romains et dix tribuns, et donnèrent l'assaut au camp; mais une sortie heureusement exécutée le sauva. En 354, Julien fit marcher vingt cinq mille hommes à travers le désert des Helvétiens pour le venir joindre chez les Rauraques. Il est évident qu'alors Augusta n'existait plus. Les victoires de cet empereur auront pour quelque temps garanti l'Helvétie, comme le reste de l'empire, dont elle partagea la faiblesse et les malheurs. Plusieurs peuplades étrangères s'établirent ou furent établies en Suisse à l'époque de la grande émigration des peuples.

Lorsque les Francs parurent dans la Gaule pour la première fois, Aétius, général romain, se méfiant des dispositions des Bourguignons, que les empereurs avaient reçus au bord du Rhin, leur assigna pour demeure les terres autrefois occupées au pied des Alpes par les Allobroges et les Helvétiens. Quelques années après, en 450, parut le fléau de Dieu, Attila; sur-le-champ tous les Barbares s'unirent à Aétius pour le combattre. Une grande bataille fut livrée; les historiens diffèrent: le roi des Bourguignons, Gundahar, périt-il dans cette lutte? ou bien faut-il rapporter à 436 le désastre éprouvé par ce peuple? On veut que son fils ait trouvé la mort dans la bataille de 450. On compare les textes de Jornandès et d'Idacius et les récits poétiques mais traditionnels du célèbre poëme des Niebelungen sur la vengeance de Chremhield; mais en ne prenant que les faits historiques, on fait aux Bourguignons établis en Suisse une large part des conquêtes qu'après la mort d'Aétius et d'Attila ils firent de concert avec les Visigoths, ceux-ci en Espagne, ceux-là en Provence. Les pays de Berne et de Fribourg, le Valais, la Savoie, le Dauphiné étaient couverts de leur population. Ces contrées avaient été long-temps presque désertes; ils purent se les partager sans obstacle. Alors l'Helvétie romaine retenait peu de traces de son ancienne splendeur: le Léman voyait Noviodunum abandonnée par son évêque; Aventicum avait perdu jusqu'à son nom pour s'appeler Pagus Villiacensis, ou Wilachgau, et sauf quelques chalets du Jura, le désert s'étendait jusque vers Romain-Moutier: c'est ce qui explique comment les plus anciennes familles sont de race bourguignone; comment sur les deux rives du Jura les mêmes noms se répètent; comment enfin il y a dans la langue tant de mots étrangers au latin; mais la race alemanique occupait de plus vastes contrées. En Suisse, on la trouve assise au-delà du pays appelé Uechtland, que baignent les lacs de Neufchâtel, de Berne et de Bienne.

L'Argau, les rives de la Reuss, le lac de Constance, la Rhétie, enfin tout le cours du Rhin jusqu'à Cologne obéissaient aux Alemanni. Ceux-ci étaient pâtres, les Bourguignons agriculteurs. Les Alemanni n'avaient que des troupeaux et des armes; ils détruisaient les villes, ils exerçaient le pillage et servaient chez les peuples voisins. Aussi la Suisse bourguignone se civilisa, tandis qu'il fallut à la Suisse alemanique une nouvelle invasion.

Les Francs alors se tenaient vers le Rhin inférieur, dans des pays que les Romains n'avaient jamais soumis complètement; ils se jetèrent sur la Gaule. Le siége de l'empire était à Byzance. L'autorité de son chef était de peu de secours contre l'oppression des tyrans romains. Il arriva souvent que les villes elles-mêmes en appelèrent à Chlodowig, chef des Francs: à sa première bataille il avait à peine l'âge d'Alexandre au Granique. La victoire de Tolbiac ne fut qu'un choc entre les Francs et les Alemanni, qui se disputaient Cologne: les Alemanni firent place aux Francs.

Les Ostrogoths avaient obtenu de Zenon la concession de l'Italie; une multitude d'Alemanni vaincus par Chlodowig se dirigea vers le Pô et vint dans les terres du roi Didier. La Rhétie faisait partie du gouvernement d'Italie; elle comprenait le Tyrol, une partie de la Souabe, les Grisons, les Alpes d'Appenzel, de Glarus et d'Uri jusqu'à un rocher, limite de la Bourgogne, sur lequel Dagobert, roi des Francs, fit tailler une demi-lune. Didier confia le commandement de la Rhétie à Servatus; il avait pour soldats une milice locale, les Bréones, sévèrement disciplinés. Nous ne savons pas assez quelle était alors la langue des Goths pour juger s'il s'en est conservé quelque chose dans le dialecte suisse. Depuis deux mille ans, environ, les nations les plus diverses se sont répandues dans ces contrées, et il n'y a guère plus de trois cents ans que l'histoire est écrite par des indigènes ; il nous est donc impossible de discerner ce qui dans chaque vallée, depuis le Prettigau jusque vers Vérone, est d'origne taurisque, rhétienne, cimbrique, alemanique, gothique ou germanique. Ainsi dans le cinquième siècle la Suisse romane était bourguignone, la Suisse allemande était alemanique et franque, et la Rhétie obéissait aux Ostrogoths. Les rois francs étaient catholiques ; l'arianisme dominait en Bourgogne et en Rhétie.

La Bourgogne ne fut pas exempte des ravages des Visigoths ; elle subit aussi des dissensions intestines. Gondebaud avait fait décapiter Chilpéric, son frère, qui avait essayé de le détrôner. Ce Chilpéric était le père de Clotilde. L'histoire de France nous la fait connaître : elle nous dit comment l'espoir de venger son père et le désir de convertir le roi des Francs lui firent accepter la main de Clovis; elle décrit son départ et l'incendie des bourgades qui signala son passage ; enfin elle rapporte la victoire de Clovis, la soumission, puis la révolte de Gondebaud, qui s'empara de tout le pays situé entre Aventicum et l'Aar, et qui poussa même ses incursions jusqu'au Tésin et aux rives du Pô. Mais l'événement le plus remarquable de ce règne est l'assemblée tenue à Genève pour mettre des bornes à l'autorité royale. Les lois de Gondebaud y furent solennellement abrogées en la 36e année de son règne ; et bientôt l'on fit un code nouveau qui régit aussi les Suisses, et dans lequel on remarque, à travers beaucoup d'ignorance et de superstition, des germes féconds de civilisation et de progrès.

Genève, deux fois détruite sous les empereurs, fut restaurée par Gondebaud. On retrouve encore les fondations de ses murailles dans lesquelles se rencontrent beaucoup de débris plus anciens. A la même époque s'élevèrent, au-dessus de Lousonium, les premières cabanes près desquelles se forma bientôt Lausanne. Protesius, le Vénitien, fuyant l'aspect de l'Italie ravagée, était venu chercher un asile sur le Sauvabelin. Les ermitages se multiplièrent dans les vallées des Alpes et du Jura, et ces contrées s'ouvrirent à de plus nombreuses populations, comme si les hommes s'associaient plus volontiers à ceux qui semblent les fuir.

Gondebaud, déjà vieux, réunit sa cour à Quadruvium, non loin de Genève. Ce lieu est aujourd'hui appelé *Quarne*. Là son fils fut élevé sur le bouclier et proclamé roi. Gondebaud avait régné 50 ans. Le premier soin du nouveau roi fut de déférer au vœu du pape. Il réunit les prélats de ses états à Épaone, et dans ce concile furent réglés plusieurs points de discipline ecclésiastique et de dogme, mais Sigmond n'en fut pas pour cela meilleur. Il avait épousé, en premières noces, une fille de Didier, roi des Ostrogoths, et il en avait eu un fils ; après la mort de la reine, il épousa une femme de sa suite, et sur les instigations de cette femme, offensée par le fils de son ancienne maîtresse, il l'avait fait tuer. Didier envoya, pour venger cet attentat, Tolonic et une armée considérable, et Sigmond n'eut d'autre ressource que de fuir à Saint-Maurice, où il alla se prosterner au pied des autels. Mais Clotilde vivait encore ; elle n'avait point oublié la mort de son père ; elle avait pour fils quatre rois, et il y en avait trois qui régnaient sur des peuples francs ; elle les excita donc à reprendre l'héritage de leur aïeul, à se venger sur le fils du meurtrier. Chlodomir d'Orléans, Clotaire de Soissons et Childebert de Paris s'allièrent avec Didier. La victoire ne fut pas douteuse : Sigmond, découvert parmi les religieux, fut emmené à Orléans, où lui, sa femme et ses deux fils furent décapités. La Suisse alors obéit pour la plus grande partie au roi des Ostrogoths. Godemar combattit encore plusieurs années contre les Francs, et la chute du royaume de Bourgogne fut consommée par sa défaite. En 534, les Francs étendirent leur domination sur toute la Suisse; la Rhétie même fut conquise par eux.

A partir de cette époque, il y eut un patrice chargé du gouvernement de la Bourgogne; son autorité s'étendait sur la Savoie, Genève, le Valais, Berne, Fribourg et Soleure. La partie alemanique de la Suisse obéit à un duc, et la Rhétie eut un président. Les habitants de ces provinces prirent, avec les autres Bourguignons, une part active à la vengeance des Ostrogoths contre Milan, en 538. Cette malheureuse cité expia sa révolte par le massacre de tous ses habitants, et les femmes furent emmenées en captivité. Les Suisses auront fait partie aussi de l'expédition de Bucelin et de Lantahar contre Narsès; ils auront éprouvé les mêmes malheurs après avoir exercé sur l'Italie les mêmes pillages. Bientôt les Lombards vinrent prendre la place des Ostrogoths. Ils trouvèrent ou bâtirent Bellinzona, pénétrèrent jusqu'au Saint-Gothard, et passèrent dans le Valais où ils éprouvèrent plusieurs défaites, entre autres, près de Bex, en 574.

Lorsque le faible Thierry succéda à son père Childebert, Protadius acquit la dignité de maire du palais; en haine de la noblesse qu'il voulait opprimer, il suscita une guerre contre l'Austrasie, mais il périt dans une sédition. Brunehaut, qui l'aimait, ne se contenta point de le pleurer, elle le vengea en faisant périr Welf, son ennemi. Theudelane, petite-fille de Brunehaut, reçut d'elle le pays de Vaud et l'Uchtland. Cette reine altière éprouva dans ses vieux jours les effets de la vengeance des nobles. Thierry n'existait plus; elle vivait chez cette même Theudelane au château d'Orbe, dans un défilé du Jura, sur des roches escarpées. Tout-à-coup elle fut arrêtée et livrée au roi des Francs. — Les maires du palais devinrent de plus en plus puissants. Alors Alethée, patrice des Alpes, de la race des anciens rois, entreprit de chasser les Francs du pays. Il était déchiré d'une violente passion pour Bertrade, femme de Clotaire. La cour était à Marlenheim, en Alsace. Alethée y envoya l'évêque de Sion, qui prédit à Bertrade que, d'après l'observation qu'il avait faite des astres, son royal époux n'avait pas une année à vivre, et que le patrice Alethée ressaisirait le sceptre de Bourgogne et le déposerait à ses pieds. L'évêque termina en offrant à Bertrade de fuir dans son château de Sion; mais la reine révéla cette conversation, et le patrice fut décapité, tandis que l'évêque fut confiné pour le reste de ses jours dans un cloître.

Au temps de Dagobert, vivait, dans les vallées du Jura, un Trévirois de noble race, nommé Germanus, que peut-être on appelait ainsi à cause de son origine. Il fonda, au milieu de ces forêts, de ces roches bizarres qui s'alignent en forteresses ou qui descendent parallèles vers la Birse, un monastère dont nous ne voyons plus que le portail. Dans une autre vallée, non moins pittoresque, Vandergesils, riche et noble, vint fuir le monde et la cour, offrant l'hospitalité à quiconque hasardait ses pas sur le sentier périlleux qui conduisait à sa retraite, voisine des sources du Doubs. Telle est l'origine des abbayes de Moutier et de Sainte-Ursane. C'est dans ce même temps que saint Imier vint avec Albert, son valet, fertiliser les environs de Porentrui et l'Arguel, déserts qui appartenaient alors à l'évêque de Lausanne, successeur de ceux d'Avenches. Saint Imier fit ensuite un pèlerinage en Terre-Sainte, et quand il revint, ses établissements sur les bords de la Suze, au pied du majestueux Chasseral, étaient dans l'état le plus prospère. Il n'y avait point de villes sur les rives du lac de Bienne; quelques fermes étaient répandues autour de celui de Morat, et plus loin, vers le sud, s'offrait le triste aspect des ruines d'Aventicum. Non loin de là vivait Marius, auteur d'une chronique, noble bourguignon, qui passait l'été à la culture, l'hiver à faire des vases sacrés. La maison et l'église qu'il bâtit donnèrent naissance à la ville de Payerne. Nommé évêque d'Avenches, il transféra ce siége à Lausanne. Le Léman, si riche d'habitations, n'avait alors, sur ses bords les plus fertiles, que des débris plus tristes que la roche qui retombe dans la profondeur de ses eaux, plus déserts que les sommets des Diablerets ou la croupe rocailleuse de la Dent d'Oche. D'une part, les ruines de Lousonium; à l'opposite, vers Saint-Gengolf, celles de Tauretunum, engloutie dans le lac avec les flancs de la montagne qui s'y précipita ; vers le midi, Noviodunum aussi ravagée. En un jour de désastre, le lac s'éleva subitement à une hauteur telle, qu'il couvrit les villes, les villages et les églises, et que des populations entières périrent. Il rompit le pont de Genève, à l'autre extrémité du Léman. Le diocèse de Lausanne avait alors une immense étendue : il comprenait, d'une part, tout le Jura, de l'autre, tout le cours de l'Aar, jusqu'à son embouchure, et par suite de l'ancienne réunion de ces pays avec la Séquanie, il ressortissait à l'archevêché de Besançon. Bientôt, après Marius, vint Donatius, qui prêcha le christianisme dans les montagnes et fonda Romain-Moutier dans le Jura. Quand des solitaires écossais se répandirent sur la France pour y prêcher leur religion, saint Colomban, chassé de Luxeuil où il avait fondé une abbaye, obtint du roi d'Austrasie la permission d'annoncer à l'Helvétie les vérités du christianisme. Ascapha était le nom du lieu où depuis s'est élevé Schaffhouse; à Zürich il n'y avait qu'un château fort, et la Suisse alemanique n'avait guère que des bourgades éparses. Les solitaires les parcoururent. Saint Gall trouva beaucoup de résistance ; on lui répondait que jusqu'à ce jour les dieux du pays avaient su dispenser, comme il le fallait, la pluie et les beaux jours, et qu'on leur demeurerait fidèle.

Alors saint Colomban et saint Gall mirent le feu au temple, précipitèrent les offrandes dans l'eau et s'enfuirent à Arbon, au bord du lac de Bregentz. Là se trouvait un temple de Wodan. Ces pieux voyageurs brisèrent les idoles, consacrèrent une église et plantèrent un jardin de beaux arbres fruitiers. Peu sensibles à ces bienfaits, les Barbares obtinrent du duc l'expulsion des religieux. Gall se retira donc chez le prêtre Willeram, car il était malade : Colomban partit avec Sigebert pour le pays des Lombards, mais il resta dans les plus affreuses solitudes des Alpes, et non loin des sources du Rhin, il fonda Disentis, tandis que son compagnon créait auprès d'Arbon l'abbaye de Saint-Gall. Il n'y avait encore que des cellules quand il mourut, et le couvent s'éleva, 65 ans plus tard, sous la protection de Pepin d'Héristal, maire du palais.

Long-temps avant l'arrivée de saint Gall, Fridolin, également venu d'Écosse, avait établi dans une île du Rhin le couvent de Seckingen. Deux seigneurs, Urso et Landulphe, lui donnèrent, dans le milieu des Alpes, près de la source de la Limmath, de vastes pâturages : c'était le pays de Glaris, qui fut ainsi nommé parce que Fridolin établit, près de la principale habitation, une église de Saint-Hilaire. La prononciation locale de *Hilarius* produisit *Glaris* et *Glarius*. Ce pays fut donc une dépendance de l'abbaye de Seckingen. Il était cultivé depuis l'époque des Romains, qui, pour couvrir la Rhétie, avaient un camp sur le bord du lac de Wahlenstadt : une charte de 965 qualifie encore cette position de Portus Rivanus. Nous avons déjà cité les noms de Terzen, Quarten, Quinten, qui indiquent les numéros de cohortes ; mais les populations effrayées s'étaient enfuies dans les montagnes. Depuis la chute de l'empire, ce n'était plus qu'un désert; le christianisme seul put rappeler dans les vallées, autour des couvents, les habitants dispersés.

L'origine de Zürich est contemporaine. Deux frères, Ruprecht et Wickard, l'un duc, l'autre prêtre, avaient des domaines sur l'Albis. Le lieu où s'écoule la Limmath avait toujours été fréquenté par les marchands qui traversaient la Rhétie pour se rendre d'Italie dans la Gaule, mais les ruines des anciennes villes étaient couvertes de broussailles ; les forêts s'étendaient de ce désert jusqu'au pays d'Arbon ; les Alemanni en combattant l'empire, les Francs en subjuguant les Alemanni, avaient tout dévasté. Ruprecht commença par établir un monastère à l'endroit où la Limmath devient fleuve. Sept fois le jour, ses religieux devaient louer le Seigneur. Wickard, de son côté, fonda l'abbaye de Saint-Léger, à l'endroit où le lac de Lucerne rend la Reuss à son cours ; cette rivière reparaissait d'abord sous la forme de marécages malsains et inaccessibles à la navigation. On conçut l'heureuse idée d'agrandir le lac ; une digue accomplit ce projet, et ce lac fut ouvert aux communications, jusqu'à l'endroit où la Reuss prend un cours déterminé. Telle est l'origine de Lucerne, qui appartient, comme celle de Zürich, comme celle de Glarus, de Saint-Gall, de Dissentis, à ce septième siècle, à cette renaissance de l'humanité, qui semblait s'éveiller à la voix du christianisme pour ressaisir les bienfaits de la civilisation, que le découragement lui avait fait abandonner.

Les conquêtes des Arabes ébranlaient l'Europe; la Bourgogne, et par conséquent la Suisse, en furent menacées, jusqu'à la victoire de Charles Martel. D'un autre côté, une peuplade venue de Hongrie pénétra dans la Rhétie et voulut franchir le Saint-Gothard; mais elle fut cernée et taillée en pièces par les habitants, dans les environs de Dissentis. La puissance des maires du palais grandissait chaque jour : les ducs se révoltaient quelquefois contre leur autorité : dans une de ces séditions, Saint-Gall fut ravagé par les troupes du duc Godefroi. Ce fut à la suite d'une autre révolte que Pepin abolit le duché d'Alemanie. Des comtes administrèrent ce pays, sous la surveillance de *Missi*

cameræ, envoyés de la chambre. Les évêques conservèrent leur dignité, mais ils négligèrent leurs devoirs, et perdirent leur importance. Il se passe deux siècles sans qu'on entende parler de ceux de Lausanne. On ignore pendant près de quatre cents ans ce qui concerne les chapitres de Bâle et les évêques du Valais. L'histoire semble muette depuis la fin du règne de Dagobert, décrite par Frédégaire, jusqu'à l'époque où les chartes jettent quelque jour sur les annales des peuples.

Sous le règne de Charlemagne s'établit la puissance des évêques de Coire; l'abbaye de Dessentis prit des accroissements considérables. Confondue dans le reste de l'empire, la Suisse ne fournit point à l'histoire de faits spéciaux; seulement on se souvient qu'Isambert, comte de Thurgovie, sauva l'empereur, menacé par un sanglier, à une chasse près d'Aix-la-Chapelle. Dans ce temps, les comtes de Lenzbourg rappelaient, en perdant leur origine dans la nuit des temps, les anciens Alemanni Lentienses. Ils couvrirent l'Argovie de fondations. Les couvents, les villages, les villes semblaient naître à leur voix. Les vallées de Schwytz et d'Unterwalden reçurent aussi leurs établissements. Meinrad, fils du comte de Hohenzollern, avait pris dans le couvent de Reichenau le goût de la vie retirée; il s'établit d'abord près du lac de Zug ; puis, après des jeûnes et des prières, il s'avança dans le désert, au pied du mont Etzel, et y demeura de longues années, jusqu'à ce qu'il fût assassiné par des brigands, qui furent livrés au supplice. Quatre-vingts ans après l'événement, l'abbaye de Notre-Dame-des-Ermites s'établit au milieu des ronces et des bois qui avaient recouvert le sol cultivé par Meinrad. Déjà Saint-Gall avait pris des accroissements notables; la science y était cultivée ; les religieux lisaient les meilleurs écrits des Pères de l'Église. Sans eux nous serions privés de beaucoup d'écrits de Cicéron, nous n'aurions ni Quintilien, ni Ammien Marcellin.

Le monastère de Lucerne était placé sur la frontière de la Thurgovie et de l'Argovie. Pepin l'avait donné à l'abbaye de Murbach en Alsace. Les domaines de ces religieux sont ensuite devenus le siége de villes assez considérables, telles que Sarnen, Stanz, Alpenach, Kusnacht. Il paraît que Pepin se réserva le pays qui, des Alpes et de l'Aar, s'étend au Jura, car on l'appela *Comitatus Pippinensis*. Ces possessions étaient fort importantes pour surveiller les Alemanni et garder les passages de la France et de l'Italie. L'évêque de Lyon gouvernait le Valais. Les prélats et la noblesse allaient à la diète de l'empire.

En 827, Louis-le-Débonnaire donna à son fils Charles-le-Chauve la Rhétie, la Souabe et l'Alsace, dont les frontières s'approchaient alors beaucoup des Alpes. Lothaire, après avoir fait la guerre à ses frères et à son père, joignit au royaume d'Italie le Valais, le pays de Vaud et l'Alsace. Après qu'il se fut retiré dans le monastère de Prum, ses trois fils se réunirent à Orbe pour y partager ses états. Ils ne purent s'entendre ; mais plus tard la Rhétie et l'Italie furent attribuées à Louis ; Sion, Genève, Lausanne et le comté de Pepin à Lothaire, tandis que Charles eut Lyon et la Provence. Bientôt Lothaire céda ses possessions à Louis, mais il garda le couvent du Saint-Bernard et le comté de Pepin. Lothaire avait épousé la fille de Boson, comte de Bourgogne, et la dédaigna pour une concubine. Alors Hubert, son frère, se révolta pour la venger ; mais les troupes de Lothaire furent victorieuses dans un combat livré près d'Orbe. Ce prince étant mort, Louis prit l'Alsace, Bâle, le pays de Soleure et Lucerne, dépendance de Murbach ; Charles-le-Chauve eut Lyon, Genève et Lausanne.

Après la mort de Louis-le-Bègue, les prélats de Bourgogne se réunirent et députèrent vers Boson, pour le prier d'être roi. Doué d'un grand courage militaire et de qualités aimables, ce seigneur s'était élevé à la faveur de la passion que Charles-le-Chauve éprouvait pour sa sœur Richilde. Il avait reçu de ce prince le gouvernement de la Provence, du comté de Vienne, de l'abbaye de Saint-Maurice et du Valais. Lorsqu'on lui offrit la couronne, il se montra incertain, irrésolu ; enfin il accepta, et fut couronné par Aurélien, évêque de Lyon. Il y avait 345 ans que les Francs avaient détruit le premier royaume de Bourgogne. Mais Louis et Carloman se liguèrent avec Charles-le-Gros, et vinrent assiéger Vienne, qui fut prise, ce qui n'empêcha pas que Charles ne donnât à Boson l'investiture du royaume, soit en sa qualité de tuteur de Charles-le-Simple, soit qu'il considérât la Bourgogne comme un ancien patriciat de l'empire. C'est de la sorte que les empereurs acquirent un droit sur le royaume d'Arles, cette ville étant la principale du territoire de Boson.

A cette époque les évêques de Lausanne continuèrent à être élus par le peuple, sous la présidence du clergé. Le pape Jean VIII, prétextant sa souveraineté sur tous ces sièges, défendit d'introniser un évêque de Lausanne sans son consentement. Il le donna pour l'évêque Hiéronyme, et le soutint quand Charles-le-Gros voulut l'expulser comme partisan de Boson. Ce même pontife s'engagea dans une querelle avec l'archevêque de Vienne. Un légat de Genève voulant maintenir l'évêque Optandus qu'il avait consacré, et que Boson et l'archevêque ne reconnaissaient point ; ce dernier le fit jeter dans les fers, jusqu'à ce qu'il cédât lui-même aux excommunications fulminées par le pape.

Après neuf ans de règne, Boson mourut, laissant un fils mineur appelé Louis. L'empire était alors usurpé sur Charles-le-Gros, par Arnolphe, fils illégitime de Carloman. La France, l'Italie étaient arrachées aussi à leurs souverains. La Bourgogne ne fut pas plus tranquille. Rodolphe, fils de Conrad, qui avait vaincu Hubert près d'Orbe, se créa roi de tout le haut pays ; il assembla des prélats et des seigneurs à Saint-Maurice dans le Valais, et par l'influence de l'évêque de Lyon l'assemblée lui conféra la couronne. Louis et ses descendants se contentèrent du royaume d'Arles. Arnolphe essaya d'abord de susciter une guerre à Rodolphe, mais il vint à Ratisbonne, et conclut une transaction avec les grands de la Souabe. Plus tard, quand Arnolphe entreprit une expédition en Italie, Rodolphe comprit qu'elle ne serait point sans danger pour ses états, surtout à raison de la protection que le roi d'Arles obtenait du monarque allemand : il occupa donc le col d'Ivrée dans les Alpes. Aussitôt Arnolphe marcha contre lui par le Saint-Bernard, tandis que Zwentibold, son bâtard, remontait le Rhin pour faire diversion. Les Allemands vinrent par Saint-Maurice à Bex, et se répandirent le long du lac sur tout le pays de Vaud ; mais ils ne purent que le ravager, et furent obligés de l'abandonner, parce que Rodolphe tira parti de la difficulté des lieux. L'évêque de Lyon, qui l'avait beaucoup secondé, fut investi du comté du Valais, dont la possession est importante et pour la Bourgogne et pour le Milanez. Rodolphe régna 24 ans, et transmit son royaume à son fils du même nom.

Cependant, depuis Pepin, la Suisse alémanique, comprenant Kybourg, Zurich, Saint-Gall, Raperschwihl, était sous l'autorité des officiers de la chambre qui gouvernaient la Souabe. Cette charge appartenait à Erchanger et Berthold, deux frères de la maison d'Astolfingen, qui, dans des temps fort reculés, possédait le duché de Bavière. Erchanger et Berthold s'étaient vaillamment battus contre les Hongrois. Alors, se distinguait de tous ses contemporains Salomon, évêque de Constance, abbé de Saint-Gall, de Pfeffers et de deux autres monastères. La magnificence de ce prélat et les donations qu'il recevait de la couronne excitaient la colère des officiers de la chambre ; ils le firent deux fois arrêter ; et après des aventures assez romanesques, ils se virent contraints de céder. Burghard, comte de Souabe, qui l'avait soutenu, fut fait duc, et l'administration des officiers de la chambre cessa quand Erchanger et Berthold eurent été mis à mort et leurs biens confisqués.

Il paraît que Rodolphe et Burghard se disputaient la possession de l'Argovie ; le premier passa la Reuss, et vint près des ruines de Vitodurum, non loin du château de Kybourg, où il fut battu par les Souabes ; mais le duc Burghard lui donna en mariage sa fille Berthe, qui fut plus utile à son peuple que ne l'eût été la conquête de beaucoup de provinces.

Après avoir désigné Berthe comme la fille de Burghard, comme l'épouse de Rodolphe, l'histoire se tait ; à peine si les chartes font mention de la fondatrice de Payerne, de la tour de Gourze, de Wufflens ; mais les monuments ont traversé les siècles : ils ont fixé la tradition au pied de leurs antiques créneaux. Le nom de la reine Berthe est toujours dans les souvenirs. Le peuple parle encore de cette princesse, de sa piété, de sa haute sagesse, de son inépuisable charité, de son ardent amour du travail. On la représente filant au milieu de ses femmes : Wufflens, dit-on, était sa principale résidence. Le merveilleux des récits populaires n'a point abandonné ce château. L'ouragan quelquefois mugit à travers ses vastes greniers et dans ses nombreuses tourelles : ici la nature est grande, imposante, et l'âme accessible à la superstition s'effraye à la voix imaginaire des nocturnes visiteurs de ces lieux, fantômes presque millénaires, que chaque nuit ramène parmi les hommes, que chaque jour rejette dans la tombe, effroi mystérieux de la postérité, après avoir été l'amour des contemporains.

La fondation de Wufflens est reportée plus haut que l'époque où vécut Berthe ; mais cette opinion est sujette à contradiction. Le style d'architecture est bien celui de son époque : une forme hexagone, un double château dans la même enceinte, des créneaux, des galeries et des tourelles en saillie supportées sur des contre-forts. Il y a dans cette construction une originalité que le dessin seul a pu faire connaître. Du haut de ces galeries, la vue se repose sur de fertiles vignobles, et par delà les collines elle s'arrête sur la blanche surface du lac; dans ses profondeurs se reflètent les Jumelles, la dent Doche, le roc d'Enfer, et tout ce que les Alpes du Chablais ont de plus sombre et de plus abrupt. Puis, à travers une échancrure de ces remparts de la nature, apparaissent le mont Blanc, et ses croupes neigeuses, et ses supports de rochers. Tel était le séjour de Berthe, quand les seigneurs italiens appelèrent Rodolphe à leur secours contre le roi Bérenger. Il y courut; mais après des succès divers, il se vit trompé par les artifices de la marquise d'Ivrée, qui mit sur le trône Hugues, comte de Provence, dont elle était la sœur. En vain Burghard de Souabe assiégea Milan, ce beau-père de Rodolphe périt assassiné. C'était le temps où les Magyares se répandaient sur l'Europe : ils se chargèrent de venger Bérenger et ravagèrent la Lombardie, la Souabe et la Rhétie. On les appelait Turcs ou Hongrois, parce que ce dernier nom signifie *étranger*. Néanmoins Rodolphe agrandit ses états : Henri-l'Oiseleur lui donna une partie de la Suisse alémanique, et notamment Muri et Églisau. Il mourut en 937.

A peine son fils Conrad eut-il été proclamé roi à Chavornay, que de toutes parts les Barbares se précipitèrent dans ses états. Les Sarrasins venaient des côtes de France; les Hongrois arrivaient de la Rhétie; en passant à Bâle, ils massacrèrent l'évêque. A leur approche, Berthe s'enfuit dans une tour, à l'endroit où est aujourd'hui Neufchâtel. Conrad eut recours à la ruse : il promit aux Hongrois son appui contre les Sarrasins; puis il avertit ceux-ci de se garder des Hongrois; et quand ils se furent mutuellement exterminés, il eut bon marché du reste de leurs armées.

Cette apparition des Barbares décida Berthe à la construction de la tour de Gourze, que l'on voit à deux mille pieds au-dessus du lac, sur l'une des plus hautes cimes du Jorat : à l'opposite sont les roches de la Savoie; à l'est se présentent, au-dessus des montagnes du Valais, les formes bizarres et dentelées des Diablerets, puis la large et blanche dent du Midi, qui ressemble à une forteresse aérienne. A la base de ces rocs immenses le Rhône s'ouvre un passage au milieu des broussailles. Il se glisse inaperçu dans le Léman, et le noble château de Chillon attire à lui seul l'attention du voyageur vers le fond de ce magnifique tableau.

Ces incursions des Barbares n'étaient, dans tous les esprits, que l'affreux prélude de l'accomplissement de la période millénaire, terme fixé par Dieu même à la création. La piété des grands se manifestait par des fondations. Berthe éleva Payerne, abbaye de l'ordre de Cluny, et la dota de son douaire. Les matériaux de l'église furent tirés d'Aventicum. La charte de fondation existe encore; les plus grandes imprécations menacent quiconque toucherait aux revenus du monastère. « Que sa portion soit avec ceux qui « ont dit à l'Eternel : *Retire-toi de* « *nous*. Qu'il soit avec Dathan et « Abiron, que la terre engloutit vi- « vants. Qu'il soit assimilé à Judas, « qui trahit son Seigneur, etc., etc. »

Berthe s'était remariée à Hugues, roi d'Italie; mais ce second époux n'eut point de part à ses vœux : elle recommande l'âme de Rodolphe, son premier mari, son propre salut, et celui de ses fils.

Alors aussi, Bernard de Menthon, moine de la vallée d'Aoste, vint s'établir sur la montagne de Jupiter Penninus. Le souvenir de ce dieu se conserva long-temps dans le nom de Mont-Joux(*). Les richesses du monastère s'étendaient en Sicile, en Italie, dans le pays de Vaud et dans le Valais. Il en fut suc-

(*) Bernard de Menthon passe pour le fondateur de ce couvent; mais plus de cent ans auparavant les chartes rappellent un Valgaire, abbé de Mont-Joux, un évêque de Lausanne, Hartmann, qui en fut aumônier. Enfin dans une convention de 859, Lothaire, roi d'Austrasie, s'était réservé cet hôpital. On voit que Bernard de Menthon en fut plutôt le restaurateur que le fondateur.

cessivement dépouillé. Les religieux, placés sur le point le plus élevé du passage (à 7476 pieds au-dessus de la mer), parcourent ces déserts de neige, où le froid, pendant sept à huit mois de l'année, est de 22 degrés, où il gèle chaque matin, même en été. Ils sont suivis de chiens dont l'intelligence et le dévouement seraient incompréhensibles, si l'expérience n'était là pour confondre notre incrédulité. Ces animaux explorent les vastes solitudes de neige dont le monastère est entouré; ils se mettent à la recherche des voyageurs, les découvrent au fond des précipices, les retirent du milieu des avalanches, les ramènent et les guident; et si ces infortunés sont hors d'état de les suivre, les chiens courent au couvent, avertissent les religieux, et le secours ne se fait pas attendre. C'est, de toutes les pieuses fondations, la plus salutaire; car il passe annuellement de sept à huit mille voyageurs au mont Saint-Bernard. Il y a souvent plusieurs centaines de personnes nourries et abritées dans ce refuge; et malgré toutes ces précautions, il périt beaucoup de malheureux, dont on range les corps à côté les uns des autres dans une chapelle située au-dessous du monastère. La rigueur du climat les préserve de la putréfaction, et ils se dessèchent après avoir été reconnaissables pendant plusieurs années. Dans le cours de cette histoire, nous rappellerons quelles armées ont passé le Saint-Bernard : Desaix y repose, et sur le sommet des Alpes il garde pour la postérité le grand souvenir de Marengo; il atteste le passage héroïque et presque miraculeux de l'armée française, dont il commandait une division. Bonaparte s'est arrêté dans ces lieux : qu'importe qu'on leur conteste la présence d'Annibal!

La maison prévôtale du couvent est à Martigny, l'Octodurus des Romains, sur le lieu même où les Veragres, les Nantuates et les Seduni assiégèrent autrefois Sergius Galba. Ce bourg, situé à l'entrée de la vallée d'Entremont, a été souvent ravagé par les eaux de la Dranse. En 1818, l'Europe fut effrayée d'une lamentable catastrophe. L'écroulement des glaciers avait arrêté la rivière dans la vallée de Bagnes : un lac s'était formé : tout à coup cette barrière se rompit, plus de 500 bâtiments furent renversés, Martigny fut inondé : la violence des eaux détruisit tout un faubourg; l'on se souviendra toujours de ces terres amoncelées, de ces rochers éboulés; les débris des maisons, les arbres déracinés gisent encore sur le sol, et l'on voit, de nos jours, la trace du limon sur les murailles de quelques habitations. Des travaux ont été entrepris pour prévenir le retour de ces malheurs, qui, déjà dans les siècles précédents, avaient porté la désolation sur ces belles contrées.

Le Saint-Bernard et Martigny nous ont, un instant, éloignés de Conrad et des dernières années du royaume de Bourgogne. Le règne de ce prince n'offrit rien de remarquable. Quand il mourut, après un règne de 57 ans, les Bourguignons se réunirent à Lausanne, et nommèrent pour roi son fils Rodolphe III.

Conrad laissait de plus trois filles : les alliances qu'elles contractèrent, ayant eu beaucoup d'influence sur les destinées du pays, l'histoire ne peut les négliger. Gisèle, c'était l'aînée, épousa Henri, duc de Bavière, et lui donna pour fils l'empereur Henri II; Berthe fut mariée à Odon de Blois et de Chartres, comte de Champagne, et après sa mort elle s'unit au roi de France Robert; enfin Hermann II, duc de Souabe, fut l'époux de Gerberge, troisième fille de Conrad. Le nouveau roi était d'un caractère timide et efféminé; à ce défaut il joignait l'injustice. Il entreprit de dépouiller un de ses seigneurs. Les grands craignirent que cet exemple ne leur devînt funeste : ils avaient élu Rodolphe, ils s'armèrent pour le déposer : déjà il avait été vaincu, c'en était fait de sa puissance... Il ne dut la conservation de sa couronne qu'au respect inspiré par les vertus d'une femme. Adélaïde, fille de la reine Berthe, était veuve de l'empereur Othon-le-Grand : sa parole fut toute-puissante, et la paix fut donnée à Rodolphe. Il continua donc son règne triste et languissant : alors un roi n'avait de puissance que celle qu'il savait acquérir ; mais quand il régnait avec supériorité, sa puissance n'avait plus de bornes que la confiance de la nation. La couronne de Bourgogne n'était pas riche ; de plus, on administrait mal ; on vendait même les biens héréditaires du roi : il ne vivait guère que des réserves qu'il avait établies sur ses donations aux monastères. Ce fut lui qui donna au chapitre de Lausanne Ivonant, à celui de Bâle Moutier-Granval, Arguel et Saint-Ursanne. Il restitua aussi dans leurs droits et possessions les abbayes de Romain-Moutier et de Saint-Maurice ; mais il n'y avait dans tout cela rien de magnanime : la haine et la crainte étaient les seuls mobiles de la conduite de Rodolphe. Toujours faible, toujours défiant, il cherchait ses appuis au dehors ; il imagina donc d'instituer pour héritier l'empereur Henri II, le fils de sa sœur Gisèle. Cet acte alarma le comte de Champagne, autre neveu de Rodolphe, qui avait des prétentions au trône, et peut-être des droits sur les biens de sa succession. D'autres grands s'opposèrent à l'accomplissement de cette volonté, qui blessait manifestement le principe électif : on se préparait à la guerre ; mais Rodolphe s'enfuit à Strasbourg, où était Henri II, et là il lui fit solennellement la remise de sa couronne, comme s'il en eût été le maître absolu, comme s'il ne l'eût pas obtenue du choix libre de la nation ! Les Bourguignons refusèrent donc de reconnaître l'empereur qu'ils n'avaient point élu roi. Celui-ci envoya une armée commandée par Werner, évêque de Strasbourg. Ce prélat était accompagné de ses frères Radbod de Habsbourg et du chevalier Lancelin : on marcha jusqu'au lac de Genève ; là il y eut une bataille où le comte de Poitiers, général de l'armée bourguignone, fut complétement battu. Il fallut donc subir le joug et se soumettre à l'empereur.

Pour la première fois nous avons prononcé le grand nom de Habsbourg ; nous devons un souvenir à l'origine de cette maison ; les destinées de la Suisse ont été long-temps balancées par son influence, et cependant elle doit sa naissance à un proscrit. Gontran, issu de la famille des ducs d'Alsace, et l'un des descendants d'Étichon, avait encouru la disgrace de l'empereur Othon. Landgrave d'Alsace et du Brisgau, ce Gontran avait pris part à la révolte de Henri-le-Querelleur, d'Eberhard, duc de Franconie, et de Giselbert, duc de Lorraine : ils étaient soutenus par Louis d'Outremer, roi de France. Eberhard et Giselbert périrent au combat d'Andernach : Gontran, dépouillé de ses dignités, se retira dans les terres qu'il possédait en Argovie, et s'appela comte d'Altenbourg et de Vindisch. Alors régnait sur la Bourgogne Rodolphe II, qui lui avait fait don de Moutier-Granval et de presque tout l'Arguel ; mais Conrad II, d'accord avec Othon, fit décider, par une assemblée de seigneurs et de prélats, que ces domaines ne pouvaient appartenir à un laïque : ils lui furent retirés. L'auteur de l'illustre lignée dont la puissance s'étendit jusqu'à l'Indus et aux Cordilières, s'occupait humblement à se faire des vassaux de tous les campagnards voisins des seuls domaines qui lui fussent restés. Il se permit mainte usurpation, et, plus d'une fois, il convertit en prestations, des usages, des services dus à la seule bienveillance. Son fils Lancelin se conduisait de même envers les habitants de Muri, qui l'avaient choisi pour protecteur. Ratbod, petit-fils de Gontran, celui-là même qui prit part à l'expédition de Werner, pour Henri II, s'unit à Ida, fille de Ferri, duc de Lorraine, qui était par sa mère la nièce de Hugues Capet. Muri fut son douaire et devint une abbaye fondée pour expier les exactions de Lancelin et de Ratbod. Ratbod bâtit le château de Habsbourg, dont le nom a beaucoup exercé les étymologistes : on donne la préférence à l'opinion que l'idée de bien héréditaire (*terra aviatica*) y est exprimée au moyen du changement du *v* en *b* ; *Burg*, comme on sait, signifie château. Habsbourg est au-dessus de l'Aar, sur une colline boisée ; la tour, d'environ 73 pieds d'élévation, domine les bains sulfureux de Schintznach, magnifique établissement où les baigneurs se rendent en foule. Au sud les collines se divisent, la vue s'étend au loin sur les plaines de l'Argovie ; un mamelon isolé en occupe le centre, et sur son sommet l'antique résidence des comtes de Lenzbourg, prévôts des monastères de Zürich et descendants des Welfes de Ravensbourg ; dans le fond du tableau, l'immense et blanche barrière que les glaciers donnent pour limite au monde germanique ; l'Aar, qui en est descendue, occupe à elle seule le fond du vallon ; et lorsqu'on s'approche de ces bords, lorsqu'on pénètre dans la forêt de Wulpelsberg, on se croirait dans le lieu le plus retiré, et ce pays, que la Limmath, la Reuss sillonnent, à peu de distance de l'Aar pour s'écouler avec le Rhin vers l'Océan septentrional, n'offre plus qu'un paysage agreste, étranger aux grandes scènes de la nature comme aux souvenirs majestueux de l'histoire (*).

L'empereur Henri mourut avant Rodolphe ; Conrad II, duc de Franconie et fils d'Adélaïde d'Egisheim, lui succéda. L'impératrice Gisèle sa femme était nièce de Rodolphe. Odon, comte de Champagne, renouvela ses prétentions : il était plus proche parent ; mais Conrad prétendit qu'en donnant à Henri II la Bourgogne, c'était à l'empire et non au fils de sa sœur aînée que Rodolphe avait fait cette libéralité. Il avançait encore d'autres raisons qui n'étaient guère plus solides. La meilleure de toutes fut la prépondérance que lui donnait la couronne impériale. Il vint à Bâle, où Rodolphe se rendit aussi : là, sur les supplications de sa nièce Gisèle, le roi de Bourgogne institua pour héritiers l'empereur Conrad, et Henri, le fils qu'elle lui avait donné.

Cependant Ernest de Souabe était

(*) Notre planche 7 représente un autre château de la famille de Habsbourg, situé au bord du lac de Lucerne.

aussi fils d'une sœur de Rodolphe, il entra dans l'Argovie, mais il fut battu ; une seconde tentative eut une issue plus défavorable encore ; Ernest et Werner y périrent. Rodolphe, qui n'avait plus de la royauté que le titre, mourut en 1032 : avec lui finit le royaume de Bourgogne.

Odon de Champagne s'empara tout aussitôt de la Suisse française, et monta sur le trône d'Arles. Dès que Conrad l'apprit, il accourut ; mais, faute de machines de guerre, il ne put assiéger ni Morat, ni Neufchâtel. Le froid était d'ailleurs excessif. L'empereur se rendit à Payerne, où il se fit élire roi par ses adhérents. La discorde et la guerre exerçaient partout leurs ravages. Le clergé interposa sa bienfaisante influence. Hugues, évêque de Lausanne, réunit à Romont les archevêques d'Arles, de Vienne et de Besançon, et tous les évêques de ces contrées : il fut décidé que nul chrétien ne prendrait les armes contre un chrétien, à partir du mercredi, au coucher du soleil, jusqu'au lundi matin ; la même défense fut faite pour l'Avent jusqu'au jour qui suit l'Épiphanie ; enfin on excepta aussi le temps qui s'écoule depuis la Septuagésime jusqu'au 8° jour après Pâques. On déclarait exclu de la communauté chrétienne quiconque, après trois sommations de l'évêque, persisterait à enfreindre ce règlement. La paix est un don de Dieu ; l'Église se montrait digne de sa sainte mission.

Cependant Odon fit de nouvelles tentatives, et l'empereur revint avec une armée sur les bords du Léman ; il y fut rejoint par Héribert, archevêque de Milan, et le margrave Boniface, qui passèrent le Saint-Bernard. L'empereur s'empara de Genève et soumit Odon ; mais cet infatigable adversaire reprit encore les armes et périt enfin dans une bataille que lui livra le duc de Lorraine auprès de Bar-le-Duc. Conrad vint ensuite à Soleure, ville que, depuis Pepin, le monastère de Saint-Ours rendait florissante ; il fit élire son fils, Henri, roi de Bourgogne et lui donna la couronne ; c'était le troisième du nom. Henri IV porta à son tour toutes les couronnes de son père. Quand il fut excommunié ; quand les évêques, les chapitres, les grands, les villes se partagèrent en factions; quand les uns se déclarèrent les défenseurs du saint-siége, les autres ses implacables ennemis, Rodolphe, fils de Cunon de Rheinfelden, gouvernait la Souabe et la Bourgogne cisjurane. Berchtold de Zähringen, l'un des plus puissants seigneurs de la forêt Noire, s'était d'abord montré son ennemi acharné; mais tous deux se réunirent contre l'empereur. L'évêque de Lausanne, ceux de Bâle, Sion et Constance, suivirent le parti contraire. La Rhétie était impériale, Coire papiste. Berchtold et Rodolphe occupèrent les cols des Alpes; mais à Vevay, Henri négocia avec Adelaïde, veuve d'Odon; Amédée, comte et abbé de Saint-Maurice, l'escorta jusqu'en Italie, où il alla faire pénitence à Canossa. Ces divisions se prolongèrent quand l'anti-César Rodolphe fut élevé au trône par la diète de Forzheim. Le comte de Lenzbourg, seigneur de Baden et de Zug, fidèle à Henri, prit les légats du pape qui revenaient de l'élection. C'étaient un abbé de Marseille, un savant italien, nommé depuis évêque d'Aversie, et environ six cents moines qui leur servaient d'escorte. En récompense de sa fidélité, l'évêque de Lausanne eut les terres impériales et les domaines de Rodolphe dans la Suisse romande et devint chancelier du royaume d'Italie. Ce fut alors que l'ancienne Aventicum fut relevée et entourée de murailles.

Berchtold de Zähringen ravagea les terres de l'évêché de Bâle, qui avait été considérablement enrichi par les donations de Henri III; mais il mourut de dépit en apprenant les victoires de l'empereur. Son fils, aussi appelé Berchtold, était gendre de l'anti-César Rodolphe, et continua la guerre. C'était un guerrier intrépide; il détruisit de son glaive les donations faites à son préjudice à l'évêché de Bâle. L'adversaire le plus puissant de ce seigneur était Ulrich d'Eppenstein, abbé de Saint-Gall, qui fit preuve d'une fermeté et d'un courage à toute épreuve.

Après s'être bien défendu, il se retira à Agen, et tous les religieux s'enfuirent dans les Alpes. Rodolphe ayant nommé pour abbé un moine appelé Luttold, on brisa les insignes de sa dignité, plutôt que de les lui remettre. Dès que Rodolphe fut tombé, Ulrich d'Eppenstein reparut, battit le comte de Tockenbourg et se remit en possession de ses terres.

Le château de Tockenbourg s'élevait sur un rocher entre Lutisbourg et Wyl : on le croyait imprenable; Ulrich d'Eppenstein s'en empara : alors les seigneurs résolurent de punir l'abbé de son audace. Berchtold de Zähringen vint des bords du lac de Constance; les troupes de Diethelm de Tockenbourg suivirent le cours du Rhin. Mais Ulrich sut se débarrasser de ses redoutables ennemis, et ce fut lui qui leur donna la paix. Saint-Gall grandit sous sa longue administration ; jamais cet homme extraordinaire n'était abattu par l'infortune, jamais le succès ne l'égarait à des entreprises au-dessus de ses forces.

Après la fin malheureuse de Rodolphe, son fils Berchtold de Rheinfelden eut à disputer le duché de Souabe à Frédéric de Hohenstaufen, gendre de l'empereur Henri; il mourut, et ses biens passèrent à Berchtold de Zähringen, son beau-frère... Mais le succès de ses armes était douteux, la lutte avait été bien longue, les peuples étaient fatigués. Berchtold de Zähringen se conduisit en homme sage et juste ; il se rendit à Mayence, où était l'empereur, et fit volontairement la remise du duché de Souabe à Frédéric de Hohenstaufen. L'empereur, en récompense, l'investit de ses droits sur la ville et le monastère de Zürich. Tel fut le commencement de la puissance bienfaisante des Zähringen sur la Suisse.

Avant de continuer le récit des événements, jetons les yeux sur quelques établissements où l'esprit religieux ouvrait un asile à la prière. Nous avons dit comment Meinrad autrefois s'établit au milieu des solitudes et des bois. Non loin du lac dont les nombreuses sinuosités séparent Schwytz d'Unterwalden, au pied du Mythen, qui élève dans les airs sa pyramide de roc, et du Hacken, dont la cime se recourbe comme une corne effilée, saint Grégoire, fils d'un roi d'Angleterre, beau-frère de l'empereur Othon, vint terminer sa vie; il avait fui le tumulte de la cour, et s'était prosterné près de la tombe des apôtres, puis il partit de Rome, pour cacher sa vie dans le désert et le recueillement; ce fut vers la fin du X° siècle. L'empereur fit bâtir un couvent à la place de sa cellule. Dès lors ce couvent reçut beaucoup de nobles dépouillés par le droit d'aînesse, beaucoup d'hommes repentants des erreurs de leurs jeunes années. L'image de Marie attirait les pèlerins par milliers; ni la barbarie, ni les horreurs de la guerre ne purent les arrêter, et Notre-Dame-des-Ermites, dont le nom (Einsiedeln) rappelle la solitude, demeura l'un des plus célèbres pèlerinages du monde, et fut pour la Suisse ce que Delphes était pour la Grèce; mais la foi l'emporte sur l'erreur et le culte du vrai Dieu perpétué d'âge en âge se propage de nation en nation. Là, dans la cour circulaire du monastère se coudoient les costumes les plus variés; on y entend s'y mêler et se confondre les langues les plus diverses. Les croyances ajoutent aux vérités de la religion quelques fables chrétiennes; ainsi Jésus imprima ses cinq doigts sur une plaque d'argent le jour même de la dédicace, et les pèlerins ne manquent pas de faire entrer leurs doigts dans les cinq trous. Ils boivent aux quatorze tuyaux de la fontaine, parce que Jésus s'est, dit-on, désaltéré à l'un de ces tuyaux. La cour est entourée de boutiques où les chapelets abondent, où les petites figures de la Vierge se vendent à la livre. Quand le saint-siége et l'empire se combattaient, Einsiedeln reçut de nombreuses donations, et il n'y avait guère d'infortune qui n'y cherchât un asile. Le seigneur de Wollhausen ayant vu périr ses fils dans une inondation, se consacra à la vie religieuse, devint abbé de Notre-Dame-des-Ermites, et mourut après avoir élevé le monastère à un haut degré de prospérité.

Nous avons parlé de l'abbaye de Muri fondée par Ida de Lorraine, qui voulut expier les usurpations et les cruautés de son époux Ratbod. Suivant les conseils de Werner, évêque de Strasbourg, frère de Ratbod, elle consacra toutes ses possessions à saint Pierre. L'advocatie devint un fief féminin de la famille de Habsbourg. Les comtes y rendaient la justice; mais, en cas d'oppression, l'abbé pouvait choisir pour protecteur du couvent un autre membre de leur famille. Les premiers religieux de Muri furent envoyés d'Einsiedeln et le premier prévôt fit venir des cloches de Strasbourg. On enrichit la maison de manuscrits des saintes Écritures. Le livre de la Sagesse y arriva de Saint-Gall, Reichenau fournit le livre des Martyrs. Dans la suite, la bibliothèque devint fort riche, et l'abbé fut, au siècle dernier, élevé au rang des princes de l'empire. A une lieue de Muri, l'un d'eux acquit une maison de campagne remarquable par la beauté du site; la vue s'y promène au loin sur les cantons de Zug et de Schwytz, au sud, jusque sur la ligne des glaciers; au nord, jusque sur les montagnes de la forêt Noire.

En l'an 1083, pendant que Henri IV assiégeait Grégoire VII dans Rome, Conrad de Seldenbüren bâtit le couvent d'Engelberg au canton d'Unterwald, dans une sauvage vallée des alpes Surènes. Là sont le Walenstock, l'Arni, le Gemspiel, le Spitzstock et tant d'autres pics à la cime glacée. Il est des jours où le soleil ne se montre point aux habitants de ce gouffre profond; mais quand les autres contrées sont déjà plongées dans l'obscurité, le Titlis fait encore briller sa couronne rosée par-dessus les glaciers d'alentour. Des sentiers escarpés conduisent au canton d'Uri et dans l'Oberhasli. Dieu seul apercevait les pieux bénédictins qui, dans cette solitude, venaient prier pour la terre. Conrad de Seldenbüren leur donna des biens en Thurgovie, et les illustres nobles de Bonstetten comptent aussi parmi les premiers bienfaiteurs de l'abbaye. Calixte II les soumit immédiatement à l'autorité du saint-siége, et en reçut l'hommage sur l'autel de Saint-Pierre. Le fondateur Conrad périt assassiné un jour qu'il accomplissait une mission de l'abbé.

Les fondations de Saint-Alban, près de Bâle, de Bellelay, d'Interlacken, et de beaucoup d'autres couvents, datent de cette époque. Alors les ducs de Zähringen, outre leur qualité de protecteurs de Zürich, étaient landgraves de Bourgogne, et y exerçaient les droits impériaux. Ce pays s'étendait sur la rive orientale de l'Aar, depuis Aarwangen jusqu'à Thun. Berchtold de Zähringen avait hérité ce landgraviat de son beau-père Rodolphe, car c'était un bien allodial ; en conséquence, il présidait aux assemblées, rendait la justice en plein air, faisait la revue des armes, escortait les voyageurs, percevait les péages, conférait les fiefs et battait monnaie, etc., etc. Une suite d'événements favorables vint développer cette puissance naissante. Ce fut d'abord la révolte de Renaud de Champagne, qui refusa de reconnaître aucune autorité sur la Bourgogne à Lothaire, empereur récemment élu. La race masculine de Conrad, qui avait soumis ce royaume à ses armes, était désormais éteinte. La mort de Henri V avait été suivie du meurtre de Guillaume III, comte de la Haute-Bourgogne ou Franche-Comté. De Bâle aux rives de l'Isère, Renaud était suzerain de beaucoup de seigneurs. Il ne vint point à Spire faire son hommage à l'empereur. Celui-ci le mit au ban, et, voulant élever la maison de Zähringen, pour abaisser les ducs de Souabe, il chargea de sa vengeance le duc Conrad, et l'investit de tout ce qu'il aurait à conquérir : Renaud fut vaincu et conduit captif à l'empereur, qui ne lui laissa que la Franche-Comté. Le reste fut soumis au duc de Zähringen ; mais cette grandeur fut un instant compromise, lorsque, à l'avénement de Conrad de Hohenstaufen au trône impérial, le duc se déclara du parti de son compétiteur. Déja Frédéric, le neveu de l'empereur, avait pris Zürich, ravagé le territoire et détruit bon nombre de châteaux. Le duc de Zähringen se soumit, et, grace à la médiation de saint Bernard, il reçut l'investiture, non seulement de ses anciennes possessions, mais encore d'une partie de celles de Renaud. Berchtold IV succéda à Conrad de Zähringen. Bientôt moururent et l'empereur et Renaud ; alors Frédéric de Hohenstaufen épousa Béatrix de Bourgogne, et posséda tous les états de Renaud : les Zähringen eurent le gouvernement des pays au-delà du Jura ; ils administrèrent pour l'empereur le royaume d'Arles, les chapitres de Sion, Genève et Lausanne. Le Valais obéissait à l'évêque de Sion. Othon, fils de l'empereur, gouvernait une partie de l'Argovie. Frédéric était le plus puissant seigneur du pays de Coire, qu'il tenait du comte de Pfüllendorf, oncle de l'empereur son père, et beau-père d'Albert de Habsbourg, surnommé le Riche.

Berchtold IV fit entourer de murailles beaucoup de bourgades, et il bâtit des villes libres. Maître des fleuves et des chemins, il était intéressé à élever le produit des péages, en assu... multipliant les relations commerci... D'ailleurs la puissance des seigneurs, qui se montraient trop souvent rebelles, ne pouvait que diminuer en présence de bourgeoisies indépendantes. L'amour de la liberté, l'appât du gain, le besoin du repos, réunirent bientôt de nombreuses populations. Le duc de Zähringen leur donna des institutions semblables à celles de Cologne, et ce fut pour ce motif qu'on y portait les appels des causes difficiles et douteuses. Du reste, il y avait beaucoup de simplicité dans le droit : la justice était rendue, sous la présidence d'un prévôt, par douze ou vingt-quatre conseillers. Nul ne pouvait appeler son concitoyen devant un juge étranger, et nul étranger n'était admis à déposer contre un bourgeois. La liberté individuelle était garantie, excepté dans les accusations de vol et de fausse monnaie. La cité pourvoyait à la gestion des biens des mineurs ; le tuteur infidèle était déchu de sa propre fortune. Le conseil établissait des taxes pour les comestibles, et il était interdit aux bouchers d'acheter du bétail dans les 15 jours qui précèdent la Saint-Martin, et dans les 15 jours qui la suivent, attendu qu'à cette époque les particuliers faisaient leurs provisions. On démolissait la maison du meurtrier, et le sol restait vacant une année. Jamais le prince n'imposait à la ville l'admission d'un bourgeois; jamais non plus il n'empêchait personne de la quitter. Si un serf l'habitait un an sans que son maître l'eût réclamé, il était libre. On ne devait le service militaire au duc que dans les environs, et il fallait que chaque soir le guerrier pût coucher dans sa demeure.

Tels furent les principes généraux qui présidèrent à la formation des bourgeoisies. Fribourg en jouit en 1178. Le duc voulait que, située au milieu des possessions des comtes de Neufchâtel et de Gruyère, non loin des terres de l'évêque de Lausanne, cette ville servît de citadelle à la noblesse inférieure. Il composa son territoire en grande partie des possessions de Payerne. Cet établissement naissant avait beaucoup d'ennemis; on fut obligé d'imposer, pour payer des soldats, les maisons et les couvents. Les missives de Berchtold sont elles-mêmes une preuve de cet état de guerre : *salut et victoire sur l'ennemi*, dit-il dans une lettre de 1179.

Quelques années plus tard (1191), Berchtold V suivit les exemples de son père : il battit les seigneurs qui se croyaient blessés dans leurs priviléges, et commença par fonder Berthoud et Moudon; mais voulant aussi prendre une position redoutable à ses ennemis, il jeta les yeux sur Berne, jusque-là simple hameau situé sur une colline que les eaux de l'Aar entourent. Dans le lointain, les Alpes présentent leurs cimes neigeuses au-dessus des montagnes boisées, sur lesquelles on voit, dans les forêts, de nombreux châteaux forts. Berchtold chargea Cunon de Bubenberg de ceindre Berne de murailles. Placée sous la protection immédiate de l'empire, libre du joug des grands, la cité prospéra; un grand nombre de nobles y briguèrent le droit de bourgeoisie. Avec les Bubenberg, on y vit les Erlach qui, deux fois, sauvèrent la patrie, et qui donnèrent à la ville sept bourgmestres. Il arriva des bourgeois de Zürich et de Fribourg en Brisgau; les ouvriers, les commerçants y affluèrent. Les premières constructions furent en bois. Avant que le martyr saint Vincent fût patron de Berne, l'évêque de Lausanne y bâtit une église en l'honneur de la Vierge.

Genève, quoique agitée de querelles entre ses évêques et ses comtes, rivalisait, ainsi que Lausanne, avec Fribourg et Berne. La Suisse allemande voyait s'élever de plus en plus Bâle et Zürich. Quatre chevaliers et un certain nombre de bourgeois et d'artisans administraient Bâle sous l'autorité de l'évêque, qui chaque année désignait les électeurs parmi les chanoines, les chevaliers et les bourgeois, et qui nommait le bourgmestre. Bâle était alors la ville la plus considérable de toute l'Helvétie et de toute la Rhétie. La grandeur de Zürich se manifestait de plus en plus : entrepôt de tout le commerce entre l'Allemagne et l'Italie, elle échangeait les fers, les vins, les harengs, pour les produits méridionaux; en même temps elle prenait dans ses relations avec la Lombardie, des idées libérales, qui de là se répandirent dans toutes les villes germaniques des bords du Rhin. Les prédications du célèbre Arnold de Brescia, disciple d'Abailard, y enseignèrent la liberté d'examen.

La maison de Savoie était devenue bien puissante et s'était emparée d'une grande partie des biens de Saint-Maurice; il y avait eu plusieurs collisions déjà entre ses comtes et le duc de Zähringen, qui n'hésita point à les attaquer de vive force, lorsque l'empereur Philippe, soit par erreur, soit qu'il voulût abaisser Berchtold, conféra Moudon à Thomas de Savoie. Les Valaisans avaient pris parti pour le comte de Savoie; Berchtold alla les attaquer jusque sur le Grimsel : mais les seigneurs, ses alliés, combattirent comme s'ils craignaient d'accroître sa puissance par une victoire; il fut obligé de se retirer, et le pays demeura libre sous l'autorité du vainqueur Warin, évêque de Sion.

La Suisse germanique s'enorgueillissait de l'illustration toujours croissante des Habsbourg et des Kybourg, et il était évident qu'ils disputeraient à la Savoie l'héritage des Zähringen. Outre l'advocatie de la riche abbaye de Seckingen, et par conséquent du pays de Glarus, les comtes de Habsbourg gouvernaient tout ce qui avait obéi aux Lenzbourg dans l'Argovie, tandis que les possessions que ces mêmes comtes avaient dans les montagnes, étaient échues aux Kybourg, qui bâtirent Diessenhofen, en lui donnant les droits dont jouissaient les villes des comtes de Zähringen. Hartmann, qui en était le fondateur, créa aussi Winterthür. Les empereurs recherchaient l'amitié de ces seigneurs, qui brillaient dans les jeux chevaleresques, et qui souvent, le faucon sur le poing, se rendaient à cheval à leur église, où l'on donnait au cavalier un repas, au cheval de l'avoine, au faucon un œuf.

Il nous reste à parler des illustres maisons de Rapperschwyl et de Tockenbourg. Les comtes de Rapperschwyl, dont la prospérité se fondait sur l'agriculture et sur les péages des extrémités de la Rhétie, habitaient les déserts des Alpes; leur unique plaisir était la chasse, leur bonheur était concentré dans l'intérieur de leur château. Rodolphe un jour revenait d'une expédition lointaine; son intendant accourut au devant de lui; à son air triste, le comte s'aperçut qu'il allait apprendre quelque funeste événement. « Dis ce que tu voudras, s'écriat-il, pourvu qu'il ne t'échappe pas un mot contre ma comtesse ma bien-aimée, la joie de ma vie. » Le serviteur était prêt à l'accuser d'infidélité; il frémit de terreur, et dit qu'il craignait une irruption de l'ennemi, et que pour la prévenir, il convenait de bâtir une ville et un château fort à l'endroit où les deux rives du lac de Zürich se rapprochent : ce fut l'origine de Rapperschwyl.

Henri de Tockenbourg, non moins illustre par sa noblesse, et non moins puissant, ne tint pas une conduite aussi sage. Une fenêtre du château était restée ouverte, un corbeau enleva l'anneau nuptial de la comtesse Ida; un de ses serviteurs le ramassa. Le comte l'ayant reconnu, courut chez Ida, la précipita du haut de la tour, et fit attacher le serviteur à la queue d'un cheval, qui le traîna de rocher en rocher. Cependant la comtesse s'était suspendue à un buisson : la nuit venue, elle se débarrassa des ronces, se cacha dans la forêt, y vécut de racines, et fut enfin découverte par un chasseur. Son innocence était déjà reconnue. Les prières du comte ne purent la décider à revenir au château; elle s'enferma dans le couvent de Fischingen, où elle mena une vie exemplaire par sa piété et sa résignation.

C'est sous la domination des ducs de Zähringen que, pour la première fois, on prononce le nom de Schwytz. Jusque-là ce nom, qui devint celui de toute la nation, était tellement ignoré, que les religieux d'Einsiedeln purent le dérober à la connaissance de l'empereur. Cette petite peuplade habite les prairies qui s'étendent au pied du Hacken; de noires forêts couronnent les montagnes, et, dans les régions plus élevées, des rocs décharnés semblent ceindre d'une muraille insurmontable la demeure de ces pâtres. Quant à leur origine, l'histoire ne la connaît pas, la tradition l'entoure de merveilleux. C'est la Suède, c'est la Frise, en proie à la famine, qui expulsent le dixième de leur population. Le sort en décidait, et quiconque en était frappé, partait. Six mille hommes marchèrent en trois divisions, avec femmes, enfants, fortune. Ils jurèrent de ne se quitter jamais. La victoire les enrichit : au bord du Rhin ils battirent Pierre de Franconie, qui voulait s'opposer à leur passage, puis ils supplièrent le ciel de leur accorder une terre où ils pussent en paix garder leurs troupeaux, et le ciel les dirigea vers le pays de Brochenbourg, où ils bâtirent Schwytz. La population s'accrut; il fallut extirper les forêts, il fallut émigrer vers le Brunnig et remonter jusqu'à l'Oberhasli.

Telle est la narration locale : la certitude historique manque à ses détails, car la mémoire des peuples ne retient pas les dates. Ainsi rien de précis sur l'époque de cette émigration, ni sur cette famine du Nord : la langue primitive des habitants de Schwytz s'est éteinte peu à peu, et il est bien des noms, bien des circonstances qui se sont effacés avec elle. Cette peuplade a long-temps joui d'une entière liberté : une charte de Frédéric II, datée de 1240, atteste qu'elle s'est librement soumise à l'empire. Le duc de Souabe y rendait la justice au nom du souverain; du reste on se confiait en la protection des comtes de Lenzbourg. Les affaires majeures ne se décidaient qu'en assemblée générale et d'un commun consentement. La nature même enseignait l'égalité. On élisait un landamann, qui devait être de condition libre et de bonnes vie et mœurs; la pauvreté n'était pas un motif d'exclusion; tandis qu'on recherchait pour juges ceux qui possédaient quelques biens. Les querelles de peu d'importance étaient jugées par sept ou neuf hommes; on en appelait le double quand l'honneur était attaqué; enfin, quand il s'agissait de causes plus graves, le juge se faisait assister de beaucoup plus d'assesseurs, ou on les lui adjoignait. Il existait encore naguère un usage bizarre, celui de prendre, pour décider les petites affaires, les sept premiers passants. Quant aux jugements criminels, ils étaient rendus par les gouverneurs au nom de l'empereur.

Les premières habitations furent Schwytz, Altdorf et Stanz ; peu à peu les bourgades et les églises se multiplièrent; indépendantes les unes des autres, elles demeurèrent unies contre l'étranger, et l'on considéra toujours Uri, Schwytz, Unterwalden, comme formant une même population. Leurs vallées s'ouvraient toutes vers le lac; mais l'Oberhasli se sépara peu à peu de cette petite fédération, et n'eut ni les mêmes amis ni les mêmes ennemis.

Heureux et inconnus, les futurs libérateurs de l'Helvétie furent dénoncés à l'empereur Henri V, par Gérard, abbé d'Einsiedeln : au sommet des plus hautes montagnes, leurs troupeaux rencontraient ceux du monastère ou de ses vassaux; mais quand Henri II imagina de donner au couvent les solitudes voisines, les habitants de Schwytz les tenaient déjà de leurs pères, et l'on avait caché leur existence, afin de pouvoir d'autant plus étendre la donation. Ils refusèrent d'abandonner leur héritage, l'abbé les cita au tribunal des grands de Souabe. Schwytz n'y voulut point comparaître, alléguant que le pays ne relevait que de l'empereur. L'affaire fut portée devant ce prince (1114) à Bâle; le comte Rodolphe de Lenzbourg défendait Schwitz, le comte Ulrich de Rapperschwyl, prévôt d'Einsiedeln, parlait pour l'abbaye. Vainement le monarque condamna les pâtres; forts de leurs droits, ceux-ci demeurèrent en possession, sans que, sous Henri V, ni sous les deux règnes suivants, on essayât de les inquiéter; et lorsque, trente ans après, Conrad voulut faire exécuter la sentence, les habitants répondirent que si la protection de l'empereur n'était bonne qu'à leur enlever les droits de leurs aïeux, ils sauraient bien se protéger eux-mêmes. En vain on les mit au ban de l'empire; en vain l'évêque de Constance les excommunia, cela ne les empêcha point de faire leur commerce habituel avec Lucerne et Zürich. Ils continuèrent à jouir de leurs pâturages, et contraignirent leurs prêtres à célébrer le service divin.

Frédéric Barberousse leur fit dire de ne se point inquiéter des moines, et de lui fournir leur contingent : aussitôt six cents jeunes gens de Schwytz passèrent en Italie pour combattre, sous les ordres du comte de Lenzbourg. Quand l'empereur fut excommunié, quand les foudres du concile de Lyon frappèrent Frédéric II, il se vit trahi par ses princes, par son chancelier et même par ses fils. Mais toutes ces punitions, tous ces dangers ne purent ébranler l'attachement des Suisses pour les Hohenstaufen.

Long-temps après la mort du dernier comte de Lenzbourg, Unterwalden choisit pour protecteur Rodolphe de Habsbourg, aïeul de l'illustre empereur de ce nom. L'advocatie de l'abbaye de Murbach, en Alsace, l'avait rendu puissant à Lucerne et dans ces contrées. Othon IV l'avait fait gouverneur des trois cantons forestiers. Ce Rodolphe eut principalement à rétablir la bonne harmonie entre l'abbaye d'Einsiedeln et les habitants; il opéra une transaction. Les Suisses néanmoins souffraient impatiemment la suprématie de sa maison, qui, à tort peut-être, avait réclamé ce droit du chef des comtes de Lentzbourg. Les choses étaient en cet état, lorsque Berchtold de Zähringen mourut. Il y avait 90 ans que durait la puissance de sa maison sur la Bourgogne; il y en avait 27 de la fondation de Berne, et cette même année vit naître Rodolphe de Habsbourg, qui fut empereur.

A la mort du duc de Zähringen, ce fut son beau-frère, le comte Ulrich de Kybourg, qui lui succéda pour ses possessions et ses droits sur la Bourgogne. Alors les domaines de Souabe échurent aux ducs de Teck et aux comtes de Furstemberg, ceux du Brisgau aux margraves de Baden, dont l'aïeul était fils du premier Berchtold. Hartmann de Kybourg, fils du comte Ulrich, s'unit à la fille de Thomas de Savoie; Berne et Zürich furent entièrement affranchies, parce que leur sol était impérial. Fribourg, bâtie sur des terres héréditaires, eut pour la protéger une branche de la maison de Kybourg. Quant au gouvernement de la Bourgogne, Henri, le fils aîné de l'empereur, en fut investi, et, après lui, plusieurs illustres seigneurs.

Vingt années s'écoulèrent au milieu de querelles particulières sans importance. Les habitants des campagnes se livraient avec sécurité à leurs travaux; les villes fondaient de plus en plus leurs institutions. Bâle devança toutes les autres par la bonne organisation de ses tribus et par les alliances qu'elle conclut avec les cités rhénanes, pour affranchir le pays des brigandages, des exactions et des ravages de la guerre. Soleure s'était formée, peu à peu, autour de l'église vénérée de Saint-Ours. C'est là que se réunissait la bourgeoisie : il y avait un conseil pour les petites affaires; celles d'une plus grande importance étaient décidées par les plus nobles et les plus honorés. Depuis deux cents ans, Schaffhousen était un hameau de bateliers, ainsi que l'indique son nom, qui est l'équivalent de *Schifhausen*. L'abbé du couvent de tous les Saints l'entoura de murs et l'unit à la Thurgovie, en jetant un pont sur le Rhin. L'empereur y mit un gouverneur. L'abbé nomma chaque année un prévôt et des conseillers nobles; les autres étaient élus. Dans l'origine, la noblesse était fort puissante; mais les richesses passèrent peu à peu à la bourgeoisie.

Berne, pendant long-temps, ne posséda qu'un pâturage et des droits d'usage dans les forêts; mais elle sut résister à toutes les attaques, et s'éleva bientôt au même degré de puissance qu'autrefois les Zähringen. Jetons un regard sur sa constitution, elle nous expliquera sa prospérité. Pour gage de sa fidélité, il fallait que chaque bourgeois possédât une maison : tous s'engageaient à se défendre les uns les autres et à combattre pour la ville. Chacun pouvait poursuivre, comme l'eût fait un parent, la mort d'un citoyen, soit qu'il en rendît plainte, soit qu'il eût recours au combat singulier : il y eut même, en 1285, un duel entre un homme et une femme, et la femme l'emporta dans ce combat judiciaire. Les Bernois étaient majeurs à 14 ans; dans leur 15ᵉ année, ils prêtaient serment à l'empire, à la cité, aux magistrats. Il y avait deux cas où ils pouvaient se faire justice à eux-mêmes : le premier, quand on les attaquait dans leur demeure; le second, quand l'étranger dont ils avaient à se plaindre venait dans leur ville. Droit de bourgeoisie et honneur étaient synonymes pour eux; chez eux la justice consistait à faire prévaloir l'honneur de la ville. Autant ils étaient fiers envers les ennemis, autant ils étaient soumis à leurs parents : une loi voulait que le fils qui habitait avec sa femme la maison maternelle, laissât à sa mère la meilleure place au foyer. Tous les ans on élisait le prévôt et les conseillers; mais pour décider des affaires militaires, de finance, de tutelle, de succession, on établit un banneret (venner), et dans la suite, il y en eut quatre. Les jugements rendus à Berne ne pouvaient être infirmés que par la cour de l'empereur.

L'Oberland bernois était alors la propriété d'une multitude de seigneurs: les comtes de Gruyères possédaient la vallée de la Sarine; le Frutigen passa des seigneurs de ce nom aux sires de Wadichwyl, puis à ceux de la Tour de Chatillon; Brienz et le Grindelwald appartenaient aux nobles de Stratlingen, de Brandis, d'Umspunnen, de Rinkenberg. Les montagnards d'Oberhasli avaient, comme ceux de Schwytz, un landamann. Toutes ces vallées étaient fortifiées. Lorsque le duc de Zähringen eut créé Berne, il accourut de l'Oberland beaucoup d'hommes libres; il en vint de l'Argovie et de l'Uechtland. Cependant plusieurs seigneurs, en briguant le droit de bourgeoisie, voulurent conserver leurs demeures fortifiées. Il en résulta une ligue, une association et des intérêts communs depuis Soleure jusqu'au sommet des Alpes. Ce fut le commencement de la grandeur de Berne, dont le territoire s'étend encore jusqu'au sommet du Grimsel. Elle ne tarda point à se montrer digne de cette origine et de l'alliance militaire que signala sa naissance; et tandis que d'autres villes s'élevaient par les lois, les professions, le commerce, Berne essaya ses armes contre les comtes de Kybourg, porta la guerre dans la Suisse romande, devint arbitre de grands différends, exerça le pouvoir impérial et s'unit par des traités à Fribourg, à Laupen, à l'Oberhasli, à Bienne et aux villes rhénanes.

A la mort d'Ulric de Kybourg, son second fils eut le gouvernement des pays qui obéissaient aux Zähringen. Bientôt le landgraviat de la rive orientale de l'Aar fut conféré en fief aux comtes de Bucheck; le landgraviat de la rive occidentale advint aux comtes de Neufchâtel. A Lausanne, on avait accueilli avec joie la nouvelle de la mort du duc de Zähringen. Berchtold de Neufchâtel, évêque, convoqua le chapitre, les chevaliers et la bourgeoisie, et, maudissant sa mémoire, remit l'évêché au gouvernement de la Vierge. Cette cérémonie s'accomplissait sur les ruines de la ville réduite en cendres trois ans auparavant. L'évêque avait voué une croisade, mais il ne voulait partir que quand la ville aurait été rebâtie. Pour reconstruire l'église, il fit faire des quêtes dans toute la chrétienté. C'est aujourd'hui l'un des plus beaux monuments du style gothique. L'évêque mourut le jour même qu'il avait fixé pour son départ. Cependant les comtes de Kybourg ne renonçaient pas à l'advocatie, dont il avait disposé en faveur de la Vierge; Aimon de Faucigny acheta leurs droits. Les élections à l'évêché causaient des troubles graves; le trône impérial ébranlé permettait aux grands de se disputer les dignités avec plus d'ardeur. En 1239, un parti choisit pour évêque Philippe de Savoie, un autre, Jean de Cossonay. Le baron de Faucigny soutenait la prétention de la maison de Savoie; en vain la paix fut négociée. Lorsque Jean de Cossonay eut pris possession de son évêché, Faucigny fit une nouvelle irruption dans Lausanne. Les citoyens de la ville haute se battirent contre ceux de la ville basse, qui devint encore la proie des flammes. Mille hommes de Berne et de Morat vinrent, au nom de l'empereur, prendre fait et cause pour Jean de Cossonay; ils occupèrent la porte de Saint-Marius. Pierre de Savoie, de son côté, se précipita dans la ville à la tête de six mille hommes : le pillage, le sang, la dévastation étaient partout. L'autorité impériale

l'emporta; mais les comtes de Savoie devenaient de plus en plus redoutables. Déjà ils possédaient dans le pays de Vaud plusieurs domaines; déjà leur château de Chillon les rendait maîtres des abords du lac vers le Valais. Pierre de Savoie était le septième fils du comte Thomas; il profita des troubles de l'empire pour accomplir de grandes entreprises; il avait toutes les qualités d'un chevalier, toute la sagesse qu'il faut à un prince, et ses contemporains admiraient en lui un grand homme. Ce fut un de ceux dont le nom devint populaire, dont le souvenir se mêla à toutes les traditions. Voici ce que dit à son égard celle de Berne : « Notre
« cité ne possédait pas au-delà de
« l'Aar un pouce de terre pour y ap-
« puyer un pont. On acheta un pré,
« et l'on commençait à travailler ;
« déjà le pont s'avançait au milieu de
« la rivière, quand tout à coup survint,
« de la part du comte de Kybourg,
« une interdiction de continuer les
« travaux. Les bourgeois poursui-
« virent leur entreprise les armes à la
« main; mais comment résister au
« comte de Kybourg? On était dans
« la plus grande anxiété. Alors quel-
« qu'un vanta l'héroïsme de Pierre
« de Savoie, jeune prince sans états,
« quoique frère de puissants potentats.
« Deux citoyens, déguisés en moines,
« allèrent le trouver à Chillon. Il ac-
« courut et négocia avec le comte de
« Kybourg, dont le frère avait épousé
« sa sœur; puis il vint lui-même tra-
« vailler au pont, pour encourager le
« peuple par son exemple. Dans la
« suite, cinquante jeunes Bernois le
« rejoignant au moment où il allait
« livrer une bataille, Pierre jura que,
« s'il remportait la victoire, il ne re-
« fuserait rien de ce que les Bernois
« lui demanderaient. Dieu et nous
« l'avons fait vainqueur. Alors le ban-
« neret de Berne : L'or ni l'argent ne
« pourraient nous séduire, dit-il ; mais
« rendez-nous le titre qu'autrefois
« vous donna notre ville. Soyez notre
« ami, ne soyez plus notre maître.
« Pierre fut consterné de cette de-
« mande inattendue ; mais il avait

« promis : il remit aux Bernois le
« titre qu'ils réclamaient, et fut,
« jusqu'à sa mort, leur plus fidèle
« allié. »

Quoi qu'il en soit de cette tradition, Pierre de Savoie affermit sa puissance à la faveur des désordres qui affligeaient le règne de Guillaume de Hollande. Mœrell, dans le Valais, et, dans le pays de Vaud, Payerne, Vevay, Morat, recherchèrent sa protection. Il marcha contre l'évêque de Sion, s'empara de cette ville, en démolit les murs, détruisit les châteaux de Blandra, de Mangepan, et vint jusqu'à Brigg et à Gombs. A son retour, il trouva les prélats assemblés à Saint-Maurice avec l'évêque de Sion et Jean de Cossonay, évêque de Lausanne, et reçut de leurs mains l'anneau du chef de la légion thébaine. Le comte ordonna que cet anneau resterait toujours en la posses- sion de l'aîné de ses descendants. Dans ce temps, il reçut foi et hommage du comte de Gruyères. Ulric d'Aar- berg, de la maison de Neufchâtel, re- connut tenir de lui Arconciel et Illens, et le Valais conclut avec Berne une alliance de deux ans. Pierre imposa une amende de vingt mille marcs d'ar- gent à Rodolphe, comte de Genève, qui avait refusé son hommage, et, pour sûreté de la somme, il s'empara de ses châteaux.

Il avait passé sa jeunesse à la cour d'Angleterre, il était comte de Rich- mond, seigneur d'Essex et de Douvres. Lorsque l'empire se divisa entre Al- phonse de Castille et Richard de Cor- nouailles, celui-ci comptait principale- ment sur Pierre de Savoie, qui n'eut point de peine à se faire investir des droits des Kybourg à la mort du der- nier de ces comtes. Les chroniques de la Suisse romande rapportent la tradi- tion suivante : « Sous le règne de Ri-
« chard, les hauts barons, qui souf-
« fraient impatiemment la puissance
« de Pierre, se liguèrent avec les
« villes, et choisirent un chef qui les
« conduisit contre Chillon; mais Pierre
« eut recours à la ruse, les surprit et
« les soumit. Le comte de Savoie par-
« courut ensuite toute la contrée,

« s'empara de Moudon, prit Romont
« de vive force et y bâtit la tour qui
« porte encore son nom. Il éleva de
« ces tours à Morat, à Iverdun et en
« beaucoup d'autres endroits. Puis il
« comparut devant le chef de l'empire;
« son armure était moitié de fer, moitié
« d'or, parce qu'il devait ses états en
« partie à sa valeur, en partie à sa
« richesse. Pendant son absence, les
« comtes de Gruyère, de Genève et de
« Montfaucon, se révoltèrent. Mais
« il accourut à la tête de troupes an-
« glaises, et leur fit voir combien leur
« résistance serait inutile. Enfin il
« fonda la puissance des comtes de Sa-
« voie sur le pays de Vaud et jusque
« sur les pays allemands. Cette puis-
« sance néanmoins ne s'exerça qu'avec
« le concours des états. Le gouverneur
« siégeait à Moudon. Dès que l'assem-
« blée était demandée par l'intermé-
« diaire des syndics de cette ville, elle
« devait être convoquée dans les trois
« semaines. On nomme, comme y ayant
« eu séance, le commandeur de Chaux,
« le prévôt de Romain-Moutier, l'abbé
« de Hautecrest, le prévôt de Payerne,
« celui du Saint-Bernard et de Saint-
« Claude, etc. A la tête de la noblesse
« étaient les comtes de Romont de
« Gruyères et de Neufchâtel; enfin
« venaient les représentants des qua-
« tre bonnes villes : Moudon, Iver-
« dun, Morges et Nion, et ceux des
« dix villes inférieures. »

La partie allemande n'était pas moins agitée des querelles de l'empire avec le saint-siége; l'abbé de Saint-Gall se faisait remarquer par sa fidélité; il ne craignit pas d'attaquer Louis, duc de Bavière, et devint ensuite médiateur entre ce prince et l'empereur. A Zürich, le pape interdit le service divin; mais la bourgeoisie ordonna au clergé de quitter la ville, s'il ne voulait s'acquitter de ses devoirs. De Schwytz on envoya six cents hommes contre Diethelm de Tockenbourg, au secours de l'abbé de Saint-Gall, Conrad de Busnang, et l'on combattit les Guelfes en Italie. Struthan de Winckelried fut armé chevalier par l'empereur en récompense de ses exploits. C'est la première fois que ce grand nom paraît dans l'histoire.

Au vieux Rodolphe avait succédé dans l'advocatie de Schwytz, Albert de Habsbourg, qui, de son union avec Helwige de Kybourg, eut pour fils Rodolphe, l'illustre guerrier de l'interrègne, le grand empereur, qui rendit au trône tout son éclat. D'abord il n'eut que le landgraviat d'Alsace et le comté de sa femme dans l'Argovie. Rodolphe se sentait dominé par une ambition invincible; il avait le caractère bouillant, impatient, et son ardeur pensa le perdre. Il n'avait pas quarante ans, que déjà il était odieux à sa famille, déshérité par le frère de sa mère, et excommunié par l'Église pour la seconde fois, car il venait de brûler le couvent de Sainte-Marie-Magdeleine dans un faubourg de Bâle. C'est sans doute pour se racheter de cet anathème qu'il marcha contre Ottocaire, roi de Bohême, et contre les incrédules de Prusse, qui, pour garder leur liberté et leurs dieux, soutinrent contre les chevaliers de l'ordre Teutonique une guerre de 50 ans. Il vint ensuite se mettre au service de l'évêque de Strasbourg, qui était en guerre avec cette ville : le but de Rodolphe était d'obtenir qu'il lui fît rétrocession des biens que Hartmann de Kybourg son oncle avait conférés à ce siége d'une manière irrévocable, pour le punir d'un outrage qu'il en avait reçu. Mais comme l'évêque ne faisait rien pour Rodolphe, il lui signifia de chercher ailleurs ses défenseurs et prit parti pour la ville contre lui. Colmar et Mulhausen tombèrent en son pouvoir, et Gauthier de Géroldseck n'eut plus de repos jusqu'à sa mort : Henri, son successeur, comprit le danger qui le menaçait, et rendit la donation. Le vieux Hartmann vivait encore ; il supplia Rodolphe de venger son honneur contre les habitants de Winterthur, qui avaient abattu son vieux château presque sous ses yeux : Rodolphe ne se fit pas attendre : mais tandis qu'il marchait, ce dernier des Kybourg, landgrave de Thurgovie, fermait les yeux ; alors vinrent de Baden, de la

Thurgovie, de la Rhétie une multitude de nobles, des prélats, des abbés, des magistrats. L'héritier de Kybourg rendit les derniers devoirs à son oncle, reçut l'hommage de ses vassaux et pardonna la rébellion de Winterthur. C'est ainsi qu'en un jour il acquit plus de domaines que ne lui avaient valu de conquêtes tous ses exploits passés.

Rodolphe de Habsbourg était de taille élancée, ses membres étaient assez maigres, son front dégarni de cheveux, son nez très-aquilin; il avait le visage pâle, l'expression de la physionomie sérieuse; cependant ses manières étaient si prévenantes, que dès l'abord il inspirait la confiance. Dans ses premières expéditions, comme dans la suite, lorsqu'il supportait tout le poids des affaires publiques, il aimait la plaisanterie. Du reste, la plus grande simplicité dans ses mœurs; jamais il ne mangeait de mets recherchés, et il se montrait encore plus sobre de boisson; dans les champs, il se nourrit plus d'une fois de carottes qu'il venait d'arracher. Il portait habituellement un vêtement bleu, et ses guerriers le virent souvent le raccommoder de cette même main qui avait gagné tant de batailles. Rodolphe eut des enfants de Gertrude, de la maison de Hohenbourg; on ne dit pas qu'il lui ait toujours été fidèle; mais il apportait de la modération jusque dans ces écarts, et le temps ne lui manqua jamais ni pour le travail, ni pour les grandes actions.

Quand lui advint la riche succession de Kybourg, l'empire était dans l'état le plus déplorable. Richard de Cornouailles, qu'il ne reconnaissait pas pour empereur, était le prisonnier de Simon de Montfort. Nul prince n'avait assez de puissance, de sagesse ou de crédit pour occuper le trône des souverains dont le second Frédéric avait terminé la série. Le lien social semblait rompu; il n'y avait plus d'unité, plus de surveillance ni d'autorité. La force du corps ou le nombre des soldats l'emportaient toujours. Les excès et les désordres de ces soldats étaient tels, qu'il ne restait plus aux pillards de quoi piller, aux guerriers de quoi se nourrir. Rodolphe avait passé sa jeunesse dans les combats; son caractère, ni les circonstances ne comportaient un retour à des idées pacifiques; d'ailleurs ses ressources ne suffisaient pas à ses dépenses, car il ne possédait, dans la plupart de ses domaines, que le droit d'advocatie. Ce droit il l'exerçait à Aarau, à Baden, à Bubicon, à Mellingen, à Windisch, à Sursée, etc., etc. Telle était la liberté de ces temps-là, que peu de princes se soucieraient aujourd'hui de la puissance de leurs ancêtres, si elle était restreinte dans les limites où ils en jouissaient. Il eût été facile à Rodolphe d'opprimer les villes, de leur prendre leur territoire, de seconder la noblesse: il fit tout le contraire; il se déclara le protecteur des bourgeois et des campagnards contre les grands. Parmi eux il eût trouvé des rivaux de naissance et de richesse: non moins guerriers, les citoyens des villes obéissaient plus volontiers à son commandement; ils subissaient la discipline, condition essentielle de la victoire, et leurs lois elles-mêmes les avaient accoutumés à l'ordre, tandis que dans leurs relations sociales, ils avaient pris plus de finesse, plus d'aptitude aux stratagèmes, aux fausses attaques et aux ruses de tout genre qui souvent prévalaient dans ces guerres anciennes.

Le comte Henri de Rapperschwyl, après avoir parcouru la terre sainte et l'Égypte avec Anna de Homberg sa femme, fonda, sur les bords de la Limmath, le monastère de Wettingen, et lui donna plusieurs possessions dans le pays d'Uri. L'abbé s'étant refusé à payer les charges publiques, il avait fait appuyer ses prétentions par l'empereur. Les habitants ne voulurent pas se soumettre à ces prétentions du clergé; ils se liguèrent avec Zürich, qui s'engagea à protéger leurs vallées contre toute incursion, à faire même des expéditions communes contre les châteaux. C'était le temps où Eccelino di Romano, célèbre Gibelin, ébranlait de ses exploits l'existence de toutes les villes guelfes. Ces divisions s'agitèrent jusque dans Uri; il n'était plus possible d'arrêter l'effusion de sang. Rodolphe de Habsbourg fut appelé; il se fit assister de quatre seigneurs, et l'on jura la paix. Chaque parti donna vingt otages; ceux qui oseraient l'enfreindre, encourraient de plus une amende de cent vingt marcs d'argent, la perte de l'honneur, celle des priviléges de noblesse. Zürich avait fait de Rodolphe son capitaine; ce fut pour lui l'occasion de guerres continuelles avec les comtes de Rapperschwyl, de Tockenbourg, de Regensberg, avec l'abbé de Saint-Gall, et Henri de Neufchâtel, évêque de Bâle, qui tous étaient unis de fiefs ou de parenté. Quelques-uns enviaient à Rodolphe la succession de Kybourg, à laquelle ils étaient aussi appelés par le sang.

Les comtes de Regensberg avaient de vastes possessions le long du Rhin dans le Klégau, sur les bords de la Limmath, autour du lac de Zürich, et jusque sur le Brunnig. Une députation de la bourgeoisie de Zürich fut mal accueillie : « Votre ville, dit le seigneur, est entourée de mes possessions, comme le poisson est enveloppé dans le filet : soumettez-vous, je vous gouvernerai avec douceur. » Aussitôt on eut recours à Rodolphe; il ne se fit pas attendre : son arrivée remplit de terreur Lutold de Regensberg et ses alliés. Bientôt on lui dit que Rodolphe allait faire le siége de son château; pour se défendre, il fit des efforts très-dispendieux, réunit des troupes, fit des provisions, le tout en pure perte : Rodolphe n'avait voulu que détourner son attention. Il le trompa souvent par de faux rapports sur ses projets; puis tout à coup il se jeta sur son château de Wulp, qu'il eût été facile de garder, le prit et le rasa. Lutold engagea plusieurs de ses domaines, et fortifia ses châteaux de la Limmath et des environs de Zürich, au point qu'ils paraissaient imprenables. Alors Rodolphe fit diversion : il jugea que le temps apporterait quelque peu de relâche à cette vigilance extraordinaire; en attendant il alla mettre le siége devant Uezenberg,

pour affranchir le commerce d'Italie des exactions des comtes de Tockenbourg, maîtres de ce fort. Ce siége se prolongeait; Rodolphe allait le lever, en rendant hommage à la prévoyance de l'ennemi, qui avait si bien approvisionné la place. Les bravades trahissent quelquefois l'impuissance de leurs auteurs; du haut des tours on jeta aux assiégeants des poissons vivants. Le comte de Habsbourg vit par là qu'un sentier devait conduire du rocher à la rivière; il le découvrit et prit Uezenberg. Il s'empara ensuite de Baldern sur l'Albis : ses cavaliers eurent ordre de prendre des fantassins en croupe; ceux-ci se cachèrent dans les broussailles, et quand la garnison de Lutold se mit à la poursuite des cavaliers, qui étaient peu nombreux, ces hommes placés en embuscade entrèrent dans le château. Ce fut aussi par ruse que Rodolphe prit le château de Glanzenberg, qui domine la Limmath. Il cacha dans des bateaux qui passèrent rapidement à la vue de ce fort, des guerriers qui en sortirent inaperçus : tout aussitôt, les bateliers jetèrent des vêtements à l'eau, et crièrent comme s'ils eussent souffert un naufrage; les soldats du château accoururent, croyant faire un riche butin; mais l'embuscade saisit le moment favorable et le château passa au pouvoir de l'adroit vainqueur. Il ne fut pas moins habile pour se rendre maître d'Uetlibourg, vieux château qui s'élève au-dessus de Zürich : tous les jours il en sortait douze cavaliers montés sur des chevaux blancs, et ils dévastaient toute la contrée. Rodolphe acheta secrètement douze chevaux pareils, se tint informé de l'instant où l'expédition était sortie, puis, à la chute du jour, feignant d'être poursuivi par les habitants de Zürich, il arriva rapidement aux portes du château, et la garnison trompée se hâta de lui en ouvrir les portes.

Voici un trait d'un genre différent : il prouve combien Rodolphe était plein d'une noble confiance en lui-même. Il était en guerre avec l'abbé de Saint-Gall, qui était venu au château de

Wyl, pour faire de là une incursion sur les terres de Kybourg, Rodolphe ayant négligé de rendre foi et hommage à raison de celles qui relevaient de l'abbaye. Plus de neuf cents chevaliers célébraient la fête de l'évêque, quand tout à coup on annonça le comte de Habsbourg : l'abbé ne fit qu'en rire, croyant que c'était quelque plaisanterie; mais sa surprise fut grande quand il vit, en effet, entrer Rodolphe, qui était parti de Bâle, suivi seulement de deux chevaliers. « Seigneur abbé, dit-il, j'ai des fiefs qui relèvent de votre saint. Vous savez pourquoi j'ai négligé de les recevoir, c'est assez de discorde; je m'en rapporte aux arbitres, et je ne suis venu que pour vous dire qu'il n'y aura jamais de guerre entre l'abbé de Saint-Gall et le comte de Habsbourg. » Cordialement accueilli, il se mit à table, et raconta une aventure qui venait d'ensanglanter le carnaval de Bâle. A la suite de quelques excès de la part de la jeune noblesse, les bourgeois avaient massacré plusieurs chevaliers; d'autres avaient été obligés de fuir. Rodolphe ajouta que, quelque difficile que fût sa position, il négligerait toutes ses autres querelles, plutôt que de souffrir cet excès d'insolence, et qu'il saurait châtier ce peuple et son évêque. Les assistants jurèrent que c'était la querelle de la noblesse entière, et l'on marcha contre Bâle, qui fut obligée, après des pertes considérables, d'acheter la paix. Toutefois cette paix ne fut pas de longue durée. L'évêque détruisit le château d'Ottmarsheim, ravagea une petite ville d'Alsace et refusa d'en donner satisfaction. Rodolphe revint mettre le siège devant Bâle; il occupait la hauteur de Sainte-Marguerite, au village de Binningen, que l'on croit être l'ancien Arialbinum des Romains. Un jour qu'il faisait le tour de la place avec une suite peu nombreuse, les assiégés exécutèrent une brusque sortie, et il ne dut son salut qu'à la rapidité de son cheval. Peu de temps après, Henri de Pappenheim, maréchal, et Frédéric de Hohenzollern, burgrave de Nuremberg, vinrent annoncer qu'au nom de l'assemblée des électeurs, Louis, palatin du Rhin et duc de Bavière, avait proclamé Rodolphe roi des Romains, et l'avait mis à la tête de l'empire germanique, en considération de sa vertu et de sa sagesse. Rodolphe en fut plus étonné que ceux qui le connaissaient. Les Bâlois le prièrent d'entrer dans leur ville; il oublia le passé, leur pardonna, et se rendit à Brisach, où l'attendaient sa femme et toute la noblesse d'Argovie, ainsi que les députés de Zürich et des villes; puis il courut à Aix-la-Chapelle, pour y recevoir des mains de l'archevêque de Cologne la couronne de Charlemagne. Son règne fut bienfaisant pour la Suisse; il accrut la prospérité des villes et leur conféra de nouvelles libertés. Zürich surtout demeura l'objet de sa prédilection; cent hommes de cette ville le suivirent contre Ottocaire. Il pardonna à Berne de s'être emparée des revenus de l'empire; il conféra à Lucerne, jusque-là propriété de l'abbaye de Murbach, les droits de Berne; il en fit jouir aussi Laupen, et obtint pour Bienne les libertés de la ville de Bâle. Ce fut lui qui rendit à l'empire Mulhousen, que quelques années auparavant il avait affranchie du joug de l'évêque de Strasbourg. Il ne se montra pas moins libéral envers la noblesse et le clergé. Il éleva au rang des princes de l'empire, l'abbé d'Einsiedeln et l'évêque de Lausanne. Rodolphe était venu dans cette ville pour assister à la dédicace de la cathédrale. Grégoire X accomplit cette auguste cérémonie en présence d'un grand nombre de princes et de prélats. Le luxe déployé dans cette occasion fut poussé à l'extrême; les vêtements de Rodolphe coûtèrent neuf cents marcs d'argent, plus que n'en avait en revenus le plus riche seigneur. On cite encore Ulrich de Gutingen, abbé de Saint-Gall, qui, pour payer son hôte, fut obligé de vendre à la maison de Habsbourg sa seigneurie de Gruningen. L'empereur conçut la grande pensée de reconstituer le royaume de Bourgogne en faveur de Hartmann son fils, et conféra ses droits sur le royaume d'Arles, à Charles d'Anjou son gendre.

Cependant la puissance de la Savoie grandissait toujours. Pierre, en mourant avait laissé le gouvernement du pays à son frère Philippe, et les Bernois, fatigués de l'anarchie et de l'interrègne, s'étaient rangés sous sa protection, jusqu'à ce qu'en deçà du Rhin, un roi ou un empereur devînt assez puissant pour qu'on lui pût obéir avec sécurité, en lui payant les droits de monnoyage et d'appel. L'archevêque de Besançon lui concéda, comme biens inaliénables, la ville et le château de Nion. Laupen, Morat et le château impérial de Gumminen reconnurent son commandement; en un mot, la maison de Savoie devenait aussi puissante dans la Suisse française que celle de Habsbourg l'était devenue dans la Suisse allemande. Une collision semblait inévitable. Le pape et Édouard d'Angleterre parvinrent à l'empêcher, quand les Bernois se rangèrent sous l'autorité de Rodolphe; mais la guerre n'en éclata pas moins quelques années plus tard, et voici à quelle occasion :

Philippe avait épousé Alix, de la maison de Franche-Comté : or, l'advocatie de Porentrui, à laquelle prétendaient les comtes de Ferrette et de Montbéliard, relevait de cette maison. De son côté, l'évêque de Bâle, qui avait acheté cette contrée pour le chapitre, leur disputait cette charge. On se mit en campagne, et l'évêque fut battu par Otton, comte de la Haute-Bourgogne, Renaud de Montbéliard et Thiébaud de Ferrette. Ils se mirent en possession de Porentrui, sans se soucier des ordres de l'empereur. Rodolphe les en expulsa et les poursuivit jusque sous les murs de Besançon, où il battit de nouveau les comtes. La place était imprenable, Rodolphe fut donc fort content de l'occasion que Fribourg lui offrit, de marcher contre Philippe de Savoie, beau-père du comte Otton.

Le comte Éberhard de Habsbourg-Lauffenbourg avait vendu à l'empire les droits qu'avait sur cette ville sa femme, fille du comte Hartmann; mais Marguerite de Savoie, veuve du premier Hartmann, se crut lésée : les revenus de Fribourg lui avaient été destinés en mariage il y avait 63 ans. Philippe de Savoie son frère, qui espérait se prévaloir un jour d'un droit de succession, imposa, sous prétexte d'indemnité, de nouveaux droits à la ville. L'empereur alors lui envoya l'évêque de Lausanne, pour lui faire des représentations, auxquelles il répondit en vieux guerrier qui n'a rien perdu de son ardeur. Une expédition des troupes impériales dans la Suisse romande en fut la conséquence immédiate; on mit le siége devant Payerne; on s'avança jusqu'à Lausanne. celui qui fit paraître le plus de valeur, Celui dont les exploits obligèrent Philippe à la paix, ce fut le jeune Hartmann, le fils de l'empereur. Quoiqu'il ne fût pas l'aîné, Rodolphe espérait le faire monter sur le trône impérial; Édouard d'Angleterre voulait lui donner sa fille; mais le prince, à peine âgé de 18 ans, périt avec toute sa suite. Il naviguait sur le Rhin, pour rejoindre son père; le fleuve, auprès de Brisach, est entrecoupé d'îles nombreuses. La nacelle s'engagea dans un tourbillon, elle heurta contre un arbre et chavira vis-à-vis de Rhinau. Hartmann était parvenu à se rendre maître du courant; mais il voulut sauver un de ses compagnons, et partagea le sort de tous; ainsi Rodolphe se vit frappé dans ce qu'il avait de plus cher, et, huit jours après, il investit ses deux autres fils de ses fiefs d'Autriche.

Bientôt une seconde guerre éclata : Philippe de Savoie avait chassé de Lausanne et l'évêque et la noblesse, dont il fit démolir les maisons. Sourd aux ordres de l'empereur, il ne céda que quand celui-ci, après des actions d'une audace extraordinaire, eut pris Morat et réduit Payerne. Les médiateurs de ce nouveau traité furent le pape Martin, la reine Marguerite, veuve de saint Louis, et le roi Édouard. Le comte de Savoie abandonna Payerne et Morat, et désormais il se vit contraint de renoncer à ses vues sur Fribourg et Lausanne; mais il fut reçu sous la protection de l'empire, avec le titre de fidèle prévôt impérial. Après la mort de Philippe, son successeur Amédée affermit la puissance de la Savoie par son intervention dans les affaires de Genève, où le comte Aymon s'était permis contre la bourgeoisie et l'Église, des usurpations que son frère Robert, l'évêque, ne savait pas arrêter. Le clergé et le peuple invoquèrent l'autorité du comte de Savoie. Amédée répondit à ce qu'on attendait de lui; mais après la mort d'Aymon et de Robert, Guillaume de Conflans étant évêque, il ne voulut point quitter le château fort situé dans l'île du Rhône, et prétendit conserver les droits qu'Aymon exerçait en qualité de vicedome, jusqu'à ce qu'on lui eût payé les frais de la guerre, qu'il n'évaluait pas à moins de 40 mille marcs d'argent. En vain l'évêque l'excommunia : Amédée en appela au saint-siège. Aidé des intrigues de son parti, il parvint à conclure une transaction fort avantageuse, en vertu de laquelle il acquit le titre de vicedome, ce qui lui donnait à Genève presque toute l'autorité juridique et commerciale; or Genève était à cette époque le centre du commerce entre l'Allemagne, la France et l'Italie. Cependant le comte de Genève, aidé du dauphin, fit une irruption dans la ville. L'évêque, de peur qu'on ne le crût d'intelligence avec lui, se hâta de l'excommunier. Expulsés de Genève, les soldats du comte prirent dans le Faucigny beaucoup de châteaux; Nion se joignit à eux. On soupçonnait les intentions de l'évêque; on pénétra dans sa maison, on massacra ses yeux plusieurs des siens. Il s'enfuit dans une église, et de là dans le jardin des dominicains. Ces troubles firent émigrer beaucoup de Genevois, qui n'étaient ni pour le comte de Savoie, ni pour son adversaire; ils s'établirent à Vallengin. Vers le même temps, Rodolphe ayant reçu à foi et hommage le comté de Neufchâtel, en conféra la suzeraineté à son beau-frère, Jean de Châlons, l'un des plus riches seigneurs de la Haute-Bourgogne. Les princes d'O-

range descendent de cette illustre lignée. L'empereur fit aussi une expédition contre Otton, palatin de Haute-Bourgogne, qui voulait rompre ses liens avec l'empire, pour s'attacher à Philippe-le-Bel. L'armée du comte était protégée par le Doubs, Rodolphe le franchit; et comme le roi de France n'envoyait pas de secours, il y eut un traité conclu par l'intervention de Robert, duc de Bourgogne, frère de l'impératrice, et par les soins de Guillaume de Champvent, évêque de Lausanne, et toutes choses demeurèrent en leur état. On était alors occupé à combattre Berne; voici à quelle occasion : un enfant avait été tué; la superstition en accusa les juifs : quelques-uns furent mis à la question et roués, tous bannis. Ils invoquèrent l'autorité de l'empereur, qui ordonna leur réintégration. On n'y défera point, et vers la fin de mai 1288, Rodolphe, qui avait aussi à soumettre Otton, parut devant Berne à la tête de quinze mille hommes, et campa sur l'isthme de la presqu'île; mais les murailles d'une part, l'Aar de l'autre, enfin l'escarpement, paralysèrent tous les efforts de l'armée impériale. En vain des masses de bois enflammé et de soufre brûlant furent dirigées vers le pont, ces brûlots échouèrent contre des palissades. On ne put pas davantage mettre le feu à la ville, quoiqu'elle eût été récemment reconstruite en bois à la suite d'un incendie. On n'avait point d'argent pour subvenir aux frais d'une armée permanente; la ruse et la force avaient échoué, il fallut donc se retirer. Les Bernois passèrent le reste de l'année en expéditions contre les seigneurs de l'Oberland; ceux-ci se retranchèrent vainement derrière des ouvrages qui fermaient la vallée, au pied du Stockhorn à celui du Niesen; cette porte du pays, comme on l'appelait, fut enfoncée, et les châteaux de Wimmis et de Jagberg furent pris. Frappé de si beaux exploits, Antoine de Blankenbourg, qui gardait Jagberg, se fit bourgeois de Berne, et s'y maria. Il ne doutait pas que les plus hautes destinées ne fussent réservées à une ville dont les citoyens étaient aussi libres, dont les guerriers étaient aussi valeureux. Ici la nature est grande, et sa majesté devait communiquer aux actions des hommes un caractère d'élévation et de dignité. Les bords riants du lac de Thoun contrastent avec les immenses montagnes qui le dominent; c'est entre le Stokhorn et le Niesen que la Kauder lui amène rapidement les eaux des vallées voisines. Le Stockhorn, à la cime acérée, à la croupe large et massive, est comme la limite des Alpes; il s'élève de 6767 pieds au-dessus du niveau de la mer et de 4987 au-dessus du lac. A côté de lui le Niesen s'habille d'une noire forêt et relève sa crête encore plus haut. La Sibne, la Kauder mugissent à leur pied. Plus loin l'Abendberg continue cette chaîne vers l'Oberland; plus gracieux, moins élevé, il offre sa base aux battements des vagues du lac, tandis que des troupeaux se reposent sur son plateau. Non loin de là, on admire, on aime la vallée à travers laquelle l'Aar roule son onde du lac de Brienz à celui de Thoun. Mais notre récit nous ramène à Berne, nous arrache à ces beaux lieux, dans lesquels notre imagination séjournerait à jamais, lors même que nous ne les aurions aperçus que quelques instants.

Au printemps de l'année suivante, en avril, Brugger, banneret de Berne, était assis sur le pont; tout à coup il remarque une troupe étrangère : cet homme intrépide saisit sa bannière, appelle les bourgeois de sa rue et attend l'ennemi de pied ferme. C'était Rodolphe, le fils de l'empereur, qui amenait d'Argovie des troupes nombreuses. Brugger vendit chèrement sa vie, les Bernois eurent le temps de s'avancer. Quand ils accoururent, Walo de Gruyères apercevant la bannière aux mains des ennemis, se jeta au milieu d'eux en désespéré, la leur arracha et la rapporta toute sanglante et toute déchirée; depuis lors, l'ours qui y était peint fut représenté dans un champ rouge en scie blanche; cela signifiait que la bannière avait été reconquise au prix du sang des citoyens. Les Impériaux regardèrent leur expédition comme avortée, et la guerre fut abandonnée. Les juifs ne furent reçus qu'après la mort de Rodolphe, et après avoir payé 1500 marcs d'argent pour indemnité du mal que la ville avait souffert par leur faute.

Saint-Gall avait été agitée par la discorde. L'abbé Berthold de Falkenstein, que Rodolphe avait autrefois abordé si franchement, n'existait plus : un parti avait choisi Henri de Wartenberg, un autre Ulrich de Guttingen: leurs disputes, les dilapidations des biens les plus précieux, la vente des vases sacrés, importent moins à l'histoire que la perfidie de Reinbold de Ramstein, leur successeur, envers les habitants d'Appenzell. Ce canton s'était formé de l'établissement d'une chapelle au milieu des pâturages alpestres, et son nom même révèle cette origine. La population s'était accrue considérablement; suivant l'exemple des autres vallées, elle s'était créé un landamann : c'était Hermann de Schœnenbühl, de noble maison. L'abbé avait donné son assentiment à l'élection. Il invita le landamann à le venir trouver à son château de Clanx, qui domine Appenzell; mais une fois qu'il y fut entré, il le retint captif jusqu'à sa mort; puis il préleva soixante-dix marcs d'argent sur ses biens, comme si son âme elle-même eût été sa prisonnière, comme s'il eût prétendu s'en faire payer la rançon!

Le successeur de Reinbold était de l'illustre maison de Montfort, issue de Fortifels, près de Werdenberg. L'évêque de Coire, son frère, avait contribué beaucoup à son élection. La puissance de Rodolphe était alors florissante : il aimait à s'entourer des grands de l'empire; mais les revenus de Saint-Gall et la fortune de Montfort ne comportaient pas de grandes dépenses, et l'abbé se hâta de regagner sa solitude. Malheureusement il n'en donna pas de motifs suffisants, et l'empereur crut voir dans cette retraite un acte d'hostilité à sa personne. L'abbé vivait fort simplement, voyageait souvent en France, en Italie, et ne se faisait suivre que d'une ou deux personnes. Cette économie sévère indisposa les religieux, qui y virent la critique de leur luxe. Ils l'accusèrent, et Rodolphe n'était que trop disposé à écouter leurs plaintes : un légat fut chargé de les examiner ; et quoiqu'au fond il n'y eût rien à lui reprocher, Guillaume de Monfort fut mis au ban et excommunié. L'abbé, doué de beaucoup de fermeté, ne s'en émut point : alors des expéditions furent dirigées contre lui ; on envahit ses terres. Schwarzenbach avait été érigé en ville par l'empereur, on lui permit d'attaquer l'abbé ; mais celui-ci s'en empara. Toutefois, se voyant abandonné de ses amis, qui cédaient l'un après l'autre à la puissance de Rodolphe, il prit le parti de se soumettre. Quand il arriva, l'empereur jouait aux échecs et le reçut fort durement. Les négociations furent rompues, parce qu'il exigea qu'on lui livrât le château d'Iberg : l'abbé préféra subir la colère de l'empereur, qui vint lui-même à Saint-Gall pour y établir un nouvel abbé, et pour lui enlever le peu d'amis qui lui restaient.

Cependant Frédéric de Montfort, évêque de Coire, et Henri de Busnang, gendre du comte de Bregenz, qui était frère et de l'abbé et de l'évêque, essayèrent de faire diversion en retenant Hugues de Werdenberg leur cousin, qui voulait combattre contre l'abbé. Jean de Werdenberg, les battit ; l'évêque fut pris, et, après une longue captivité, il essaya de descendre de son donjon ; mais les draps qu'il avait attachés les uns aux autres se rompirent, et l'infortuné prélat se brisa sur le roc. L'abbé tint quelque temps dans le château de Tockenbourg ; informé qu'on allait le livrer, il s'enfuit et se cacha ; un batelier le reçut dans sa barque et le mit, la nuit, de l'autre côté du lac, où il séjourna d'abord à Sigmaringen, puis à Tetnang, enfin en Rhétie, dans le château d'Apremont, qu'il fut encore obligé de quitter pour Bregenz, car Rodolphe était venu à Constance, et le faisait chercher avec le plus grand soin. Au moment où il craignait le plus pour sa liberté, arrive de Saint-Gall une députation de la bourgeoisie, qui réclamait sa présence avec ardeur ; l'empereur son persécuteur venait d'expirer. L'abbé convoqua le chapitre et les nobles, et devant toute l'assemblée confirma les droits que la ville avait acquis pour ses possessions et pour la liberté individuelle.

Il y avait dix-huit ans que, selon l'expression de Rodolphe, la divine Providence l'avait élevé de la cabane de ses pères au palais impérial ; il était âgé de 74 ans, lorsqu'il fut atteint d'une maladie. Il voulait reposer à Spire, où dormaient déjà tant d'empereurs et de princes ; mais il mourut en route à Germersheim, petite ville qu'il avait fondée. C'était un homme d'un grand sens, et par là même un homme de bien. Neuf ans auparavant il avait investi ses fils Albert et Rodolphe du duché d'Autriche, de la Styrie, de la Carinthie, etc., etc. Ce duché d'Autriche avait été naguères l'objet d'une prédilection particulière de la part des deux Frédérics : ils avaient décidé que le prince d'Autriche serait désormais archiduc de l'empire d'Allemagne ; qu'il aurait la prééminence sur tous les princes non électeurs ; qu'il recevrait ses fiefs à cheval, et pourrait les faire passer à ses filles à défaut de fils, ou même en disposer librement par testament, s'il n'avait point d'enfants. Convoqué de droit à toutes les diètes, il ne devait pas être tenu d'y assister. Ses tribunaux jugeraient sans appel. Il ne contribuerait aux charges de l'empire que selon sa volonté. L'empire ne pourrait rien acquérir chez lui ; quant à lui, il s'agrandirait et prendrait pied partout où il le jugerait à propos, etc.

D'un autre côté, la maison de Habsbourg étendait ses possessions dans l'Helvétie : les fils de l'empereur venaient d'acquérir Lucerne de Berthold de Falkenstein, abbé de Murbach. Il y avait cinq cents ans que cette cité prospérait sous le régime paternel de cette abbaye ; tous les bourgeois désiraient le maintien de leurs institutions, qui leur assuraient une entière indépendance. Tout était à leur disposition, les lois, les impôts, les traités, la paix et la guerre; ils élisaient leurs magistrats, à l'exception d'un amman, ou maire, désigné par l'abbé, de l'agrément du peuple. Pour n'être point soumis à un autre pouvoir, la bourgeoisie avait payé à l'abbé de Murbach une somme de 260 marcs d'argent : la condition de ce sacrifice était l'inaliénabilité de la ville; mais six ans n'étaient pas écoulés, que déjà la vente était accomplie. Le monastère de Saint-Léger, la ville de Lucerne, cinq villages d'Alsace furent conférés aux princes, ainsi que Kusnacht, Stanz, Alpenach, Sarnen, etc., le tout pour deux mille marcs d'argent de Bâle. Lucerne ne tarda pas à en ressentir les funestes effets; on exigea des impôts et des prestations, les aumônes des couvents s'arrêtèrent; mais il fallut se soumettre, et parmi cette population consternée, il ne se trouva que deux moines dont la voix courageuse osât critiquer la validité de l'acquisition; ils allèrent mourir dans une prison lointaine. Zürich, plus heureuse dans la conservation de ses priviléges, jouissait de toute la faveur que lui donnait, aux yeux de l'empereur, la vaillante troupe qu'elle lui avait envoyée pour combattre Ottocaire. Le cloître des Frères Mineurs offrait aux regards des citoyens les écussons de ceux qui étaient tombés dans cette guerre. Ils les voyaient avec orgueil, comme autrefois les Athéniens contemplaient dans le Pœcile la bataille de Marathon. Zürich s'était déjà unie avec Schwytz, pour le maintien de ses droits, pour la protection de son commerce. Une atmosphère d'indépendance a toujours couvert cette Suisse, qu'on nous représente comme affranchie au XIVᵉ siècle. Le serment du Grutli, Guillaume Tell et Morgarten n'ont fait que constater sa liberté.

Albert, resté seul des quatre fils de Rodolphe, a été jugé diversement par la postérité; pour les uns il a été un sujet de haine, les autres lui ont voué toute leur admiration, et il mérita l'une et l'autre. Il était doué d'une constance inébranlable; ambitieux et avide d'argent, il était vaillant guerrier et fut souvent secondé par la fortune; mais il ne pouvait supporter que l'on mît des bornes à sa volonté, et possédait au plus haut degré cette intolérance contre la liberté, que les flatteurs qualifient de haute sagesse et de fermeté. Du reste, il avait le sentiment de l'ordre, et rien ne lui plaisait tant que le courage dans un guerrier, l'érudition dans un prêtre, ou la modestie dans une femme. Quant à lui, la tempérance fut la règle de sa vie; il ne s'abandonna point à la volupté, et quoique fort passionné, ne se laissa jamais entraîner par la colère à aucune parole indiscrète. Ce fut le premier qui s'entoura de cavalerie hongroise, de cuirassiers, de chevaliers en uniforme. Il conduisait à sa suite de nombreuses machines de siége. Ce prince ne fut aimé de personne. Il avait commencé son oppression par le duché d'Autriche : les magistrats de Vienne se virent obligés de lui apporter les clefs de la ville nu-pieds sur le Calemberg, où il déchira devant eux les titres sur lesquels ils fondaient leurs libertés. Albert aspirait à la couronne de Hongrie, de Bohême, au landgraviat de Thuringe, et cette ambition fut déçue : selon la réflexion de Jean de Müller, il est impossible que celui-là règne sur tous, que tous haïssent. Albert avait un extérieur peu gracieux; affligé d'une maladie d'yeux, il était naturellement sérieux et ne prenait jamais part à la gaieté. Il était âgé de 43 ans, lorsque la mort de son père le fit unique administrateur de ses états héréditaires, car son frère Rodolphe n'existait plus.

Alors se réunissaient déjà les habitants d'Uri, de Schwytz et d'Unterwalden; ils renouvelèrent l'ancienne alliance. « Que chacun sache, y est-il dit, que les hommes de la vallée d'Uri, la commune de Schwytz, ainsi que les hommes des montagnes d'Unterwalden se sont juré de prendre fait et cause les uns pour les autres, et de se préserver mutuellement de toute atteinte à leur fortune ou à leur personne, tant chez eux qu'au dehors. Que quiconque a un seigneur, lui obéisse, comme c'est son devoir. Il ne sera plus admis désormais de juge qui ne soit du pays; on n'en recevra point qui ait acheté sa charge. Les plus sages décideront les différends qui s'élèveront entre les membres de la ligue; celui qui ne s'y soumettrait pas, y sera contraint. » Cette convention était suivie de quelques dispositions pénales contre différents crimes capables de troubler la paix publique.

Dans le même temps se formait une autre alliance non moins dangereuse pour Albert. L'évêque de Constance, tuteur de son neveu Hartmann de Kybourg, apprenant que l'indépendance de cette branche de la maison de Habsbourg était menacée, se ligua avec Amédée de Savoie. On convint de reprendre Laupen, Guminnen, et tout ce que Rodolphe avait enlevé à cette maison, et l'on se chargea aussi de protéger les habitants de Berne, droit qu'Amédée avait reçu tout récemment à prix d'argent. Bientôt l'abbé de Saint-Gall et la ville de Zürich entrèrent dans cette ligue : le caractère d'Albert inspirait un éloignement général. Son beau-frère, Wenceslas, roi de Bohême, fut lui-même l'un des plus puissants promoteurs de l'élection d'Adolphe de Nassau. Albert, déchu de ses espérances, alla se faire investir de ses fiefs.

Les bourgeois de Zürich, sous le commandement de Frédéric, comte de Tockenbourg, battirent les habitants de Winterthür, qui marchaient pour Albert. Son gouverneur, le comte Hugues de Werdenberg, vint à leur secours. Les Zürichois espéraient opérer leur jonction avec les troupes de l'évêque de Constance, dont ils étaient séparés par les débordements de la Thur. Par malheur, un de leurs messagers tomba au pouvoir de l'ennemi. Le comte Hugues, averti de leur projet, chargea un homme sûr de porter, comme si elle venait de l'évêque, la lettre suivante : « Nous avons appris votre victoire avec plaisir; demain à midi nous vous rejoindrons. Celui qui vous porte cette lettre connaît mieux les chemins que votre messager, faites-nous savoir par lui de quel côté il faut opérer notre jonction. » Hugues eut soin d'adapter à sa lettre le cachet d'une missive qu'il avait autrefois reçue de l'évêque, puis il fit fabriquer une bannière épiscopale, et en prévint le magistrat de Winterthür, qui avait aussi reçu des renforts de Schaffhousen. Les Zürichois comptant d'autant plus sur l'arrivée de l'évêque, qu'ils voyaient sa bannière, furent brusquement attaqués, battus et mis en déroute; ce qui les obligea à faire leur paix en particulier. Dans ce temps-là même, Albert assiégeait et prenait le château de Nellenbourg, puis il renferma l'abbé de Saint-Gall dans Wyl, jusqu'à ce que celui-ci se vit obligé de s'enfuir dans son couvent. Bientôt après la ville fut brûlée et ses habitants passèrent à Schwarzenbach.

Le gouvernement d'Adolphe de Nassau fut favorable aux libertés des villes; elles obtinrent des droits nouveaux, et notamment Zürich, Berne, Mulhousen. L'évêque de Sion soutint dans le Valais la cause de Berne, et contraignit au repos les seigneurs de Raron, d'Eschenbach et de Weissembourg. L'Helvétie resta fidèle à l'empereur Adolphe, que menaçaient les intrigues d'Albert. L'évêque de Saint-Gall vivait à la cour d'Adolphe, dont il avait toute la faveur. Dans la bataille qui décida du sort de l'empire, il se montra digne du grand nom des Montfort, et combattit avec sa troupe jusqu'à ce que le souverain lui-même périt, soit de la main de son rival, soit à côté de lui. Ce prélat guerrier s'enfuit à Saint-Gall, où l'intervention de son fidèle ami Henri de Klingenberg lui obtint quelque repos. Mais telle n'était pas sa destinée : il mourut quand son âme ardente n'avait plus à subir de malheurs, comme s'il n'eût paru sur cette terre que pour y donner le spectacle imposant de ce que peut la constance pour vaincre l'infortune. Après la bataille, l'Helvétie se trouvait en présence d'un vainqueur irrité de l'affection qu'elle portait à son rival. Les Waldstetten surtout s'alarmèrent des dispositions d'Albert. Le nouvel empereur était à Strasbourg, où il confirmait les priviléges de beaucoup de villes. L'ambassade des cantons l'y trouva. *J'aviserai*, leur répondit-il, *à vous proposer bientôt une autre organisation*. Le bruit se répandit que le parti d'Albert l'avait emporté dans Fribourg, que les comtes de Savoie et leurs grands vassaux préparaient la guerre contre Berne. Louis, comte de Vaud, Pierre de Gruyères et Rodolphe de Neufchâtel étaient de cette expédition. Les Bernois et leurs alliés de Soleure étaient, pour le nombre, bien inférieurs à leurs ennemis: néanmoins ils ne demandèrent point la paix; un peuple libre s'expose toujours à périr, quand il cède au plus fort dans une cause juste. Lorsqu'on annonça aux Bernois que l'ennemi avait franchi leurs limites, ils marchèrent sous la conduite d'Ulrich, châtelain d'Erlach, homme de cœur et d'expérience. L'ennemi était en bonne position sur la hauteur appelée Donnerbühl, et il couvrait toute l'étendue du Jammerthal (vallée des larmes). Les Bernois s'avancèrent fièrement jusqu'auprès de ses rangs: Erlach donna le signal, et les citoyens coururent au combat pour sauver leur liberté. L'aile gauche de l'ennemi en fut épouvantée; d'un autre côté, Erlach avait fait passer l'Aar à une partie des siens, et cette attaque inopinée jeta la confusion parmi les chevaliers; l'enthousiasme des Bernois leur inspira une terreur panique, et presque tous périrent dans la fuite. Ce fut près d'Oberwangen que se décida le combat. Les vainqueurs rapportèrent au dôme de Saint-Vincent dix-huit bannières, et rendirent graces au Dieu des batailles du succès de leur juste cause.

Cette victoire ébranla la puissance des comtes de Savoie dans le pays de Vaud, ceux de Neufchâtel recherchèrent l'alliance de Berne. Cependant l'empereur, irrité contre Zürich, s'était campé sur la montagne qui domine la ville; il pillait les campagnes, il enlevait les troupeaux. Zürich déclara au monarque qu'elle ne refusait pas de lui obéir, pourvu que la liberté lui fût assurée comme autrefois; qu'au surplus elle accepterait des arbitres pour connaître des plaintes des vassaux de Kybourg et de celles qu'elle y opposait à son tour. Les bourgeois n'en continuaient pas moins à s'occuper de leurs affaires; du haut de la montagne, l'armée voyait sur les places publiques des marchés populeux, des murs bien gardés, une jeunesse belliqueuse parcourant les rues en bon ordre. Albert manquait de machines; il avait peu de troupes. Il accéda donc à ces propositions, confirma les libertés de Zürich et fut reçu dans la ville. Burkard de Schwanden, prévôt impérial de Glarus, avait été du parti d'Adolphe de Nassau: Albert détruisit les châteaux de Schwanden, de Soole et de Schwendi, qui lui appartenaient ainsi qu'à son feudataire Berthold de Schwendi; alors Burkhard de Schwanden s'enfuit, devint commandeur de Saint-Jean, prit part à la glorieuse conquête de Rhodes, et fut enfin grand-maître de l'ordre en Allemagne. Albert cependant s'empara de la prévôté de Glarus au profit de sa maison: les Tschudi, les Freuler, les Stuki, etc., se retirèrent les uns à Uri ou à Schwytz, les autres à Zürich. Albert contraignit aussi Jean de Schwanden, frère de Burkhard, abbé d'Einsiedeln, à lui livrer la prévôté héréditaire des domaines pour lesquels l'abbaye avait été en contestation avec Schwytz, et il prit aux Tockenbourg la belle seigneurie d'Embrach. L'impératrice affranchit le couvent des religieuses de Steinen de tout tribut. Enfin, les hommes libres de Laax vers la Rhétie, derrière Uri et Glarus, les habitants du col d'Ursern, et les péages échus à l'empire par l'extinction des Rapperschwyl, passèrent bientôt en la propriété de la maison de Habsbourg, qui administrait encore, au nom de l'empire, l'Oberhasli, Unterséen, le couvent d'Interlacken jusqu'aux glaciers, et tout le cours de l'Aar jusque dans l'Argovie; Albert étendit à tel point sa puissance par des usurpations et des achats, que l'Autriche elle-même vit avec déplaisir cette importance extraordinaire qu'il donnait à ses possessions occidentales, et qu'il encourut universellement le reproche d'ambition.

Il supportait impatiemment les libertés qui mettaient des bornes a son pouvoir; il les attaquait en Allemagne, en Autriche, en Styrie. Ce fut en conséquence de ces principes qu'il dépêcha aux Suisses les comtes d'Ochsenstein et de Lichtenberg, pour leur exposer que, dans leur intérêt, comme dans celui de leur postérité, ils feraient bien de se placer sous l'éternelle protection de la maison impériale; que déjà le monarque possédait les villes et les contrées voisines, et l'advocatie de tous les couvents dont les biens étaient situés chez eux, enfin tous les domaines des Lenzbourg et des Kybourg. Il ajoutait que des paysans résisteraient difficilement aux armes de l'empereur; mais que celui-ci préférait ouvrir ses bras à ses chers enfants. Il rappelait ses aïeux, tous prévôts de Lenzbourg, et son père Rodolphe toujours victorieux. Ce n'était point, disait-il, l'ambition qui le déterminait à offrir sa protection aux Suisses; il n'avait nulle prétention sur leurs troupeaux; mais Rodolphe son père lui avait dit, et l'histoire lui avait appris combien ce peuple était vaillant. Albert, qui aimait les braves, était jaloux de les conduire à la victoire; il espérait les enrichir par le butin, créer parmi eux des chevaliers et leur conférer des fiefs. — Les nobles, les hommes libres et le peuple entier répondirent : Qu'ils se souvenaient encore de Rodolphe, et qu'ils n'oublieraient jamais combien ils avaient eu à se louer de son administration; mais que l'indépendance de leurs aïeux leur plaisait, qu'ils voulaient la conserver; et ils prièrent le prince d'imiter son père, en confirmant leurs droits comme il l'avait fait. Après cette réponse, ils envoyèrent Werner d'Attinghausen à la cour de l'empereur, pour réclamer la sanction authentique de leurs libertés, et pour demander un prévôt impérial, ayant juridiction de vie et de mort; mais Albert faisait la guerre aux électeurs, et il était d'un abord difficile. Il se contenta de déléguer la juridiction à ses baillis de Rotenbourg et de Lucerne, et défendit à Uri de frapper d'aucun tribut les biens du couvent de Wettingen. Schwytz, se voyant sans protecteur, conclut une ligue de dix ans avec Werner, comte de Honberg, aussi disgracié, et lui fournit un contingent contre Gastern, qui appartenait au prince. Cependant ils continuèrent à réclamer un prévôt qui administrât au nom de l'empire, afin qu'il ne parût pas que leur obéissance à la maison d'Autriche fût une obligation héréditaire. Albert désigna Hermann Gessler de Bruneck, et Bérenger de Landenberg, tous deux d'un caractère altier, oppresseur, et tous deux capables de servir sa mauvaise humeur contre ces montagnards, afin de faire naître un prétexte à leur ravir leurs anciennes franchises. Landenberg s'établit dans un château de l'empereur, au pays d'Unterwalden. De mémoire d'homme, il n'y avait eu de château fort dans le pays de Schwytz: Gessler fit bâtir, au-dessus d'Altdorf, Twing-Uri, dont le nom seul fut un sujet d'indignation, parce qu'il impliquait la domination la plus absolue.

Werner d'Attinghausen surpassait tous les autres Suisses par sa noblesse, par son âge, par son expérience des affaires. Il possédait d'immenses richesses héréditaires, et se distinguait par un ardent amour de la patrie. Chez un peuple comme celui-là, beaucoup de familles se perpétuent dans la gestion des affaires publiques, en conservant les anciennes mœurs; tels furent les descendants de Rodolphe de Fibereck, qui vivait dans ce temps; tels encore les Béroldingen, dont le manoir était près du Rutli. Le même esprit régna toujours dans la maison de Winkelried, dont le glorieux aïeul avait tué le *lindwurm* (*). A Schwytz, on révérait Werner Stauffacher : son père avait bien administré, et lui-même était un bon landamann. Le peuple se confiait en de tels hommes, il les connaissait et se souvenait de leurs pères. Ici, comme chez les anciens Germains, les maisons étaient éparses à la lisière des forêts, dans les prairies, sur le penchant des montagnes, au bord des sources. Cette nation n'aimait pas les innovations : chaque jour ressemblait à pareil jour de l'année précédente, et se représentait, encore le même, l'année suivante. Les occupations étaient uniformes, le temps ne manquait pas à la méditation : aux jours de fête, quand la population descendait des montagnes vers l'église, les Suisses se communiquaient leurs pensées. On peut se convaincre, en étudiant ces campagnards, que le peuple de Schwytz est toujours fier de sa liberté, que les anciennes mœurs règnent encore à Unterwalden, que la probité et le patriotisme ne se sont point éteints dans Uri.

Les gouverneurs exerçaient le pouvoir avec la plus grande tyrannie : la moindre faute donnait lieu à de longues détentions ; souvent même il fallait les subir loin du pays. On éleva les droits de douanes à la sortie, on défendit parfois l'exportation. Toutes les représentations furent vaines. Le clergé était dévoué à l'empereur, parce qu'il ne voulait pas contribuer aux charges publiques. L'ambition donnait aussi à la maison d'Autriche quelques jeunes gens comme Wolfenschiess, qui obtint du souverain le commandement du château de Rozberg. Les gens de bien étaient plongés dans une profonde douleur : ce qui les blessait le plus, c'est ce dédain orgueilleux que les gouverneurs affectaient envers le peuple ; ils appelaient *noblesse des paysans*, toutes les antiques familles du pays. Un jour, dans le village de Steinen, Gessler passait à cheval devant la maison de Stauffacher, à l'endroit où depuis on révère la chapelle de la Croix : cette maison, comme celles des riches du pays, était remarquable par la beauté de la charpente et par la multitude de ses petites fenêtres ; elle était de plus ornée de figures et chargée de sentences. Gessler dit en présence de Stauffacher : *Jusqu'à quand souffrira-t-on que ces paysans possèdent d'aussi belles demeures?* Il y avait dans l'île de Schwanau, qui s'élève si riante au milieu du lac Lowertz, un bailli, qui fit violence à la fille d'un habitant d'Art. Un matin, Wolfenchiess vit une belle femme assise sur un pré ; ayant su par ses réponses que son mari était absent, il lui ordonna de préparer un bain ; déjà il se disposait à en abuser, mais, sous prétexte de s'aller déshabiller, elle sortit pour appeler son mari, qui tua Wolfenchiess. On cherchait partout Baumgarten (c'était le nom de cet époux outragé) ; on voulait aussi venger la mort du bailli de Schwanau ; mais Gessler en fut empêché par la révolte des habitants d'Art. Cependant la femme de Stauffacher ne pouvait oublier le propos outrageant que s'était permis Gessler, au sujet de sa maison ; les anciennes mœurs donnaient aux femmes un caractère plus hardi : elle excita Stauffacher à prévenir les maux dont on était menacé. Celui-ci passa le lac et se rendit à Uri, chez son ami Walther Furst d'Attinghausen. Un jeune homme de cœur et d'intelligence se tenait caché chez lui : il était de Melchthal, au canton d'Unterwald, et s'appelait Erni An der Halde. Pour une faute légère, Landenberg lui avait enlevé ses bœufs ; son vieux père se plaignant beaucoup, un insolent valet lui avait répondu que les paysans, s'ils voulaient manger du pain, eussent à traîner eux-mêmes la charrue. Ces paroles allumèrent le courroux du jeune Erni, et d'un coup de bâton il cassa le doigt du valet. Le gouverneur eut la barbarie de faire crever les yeux du vieillard père d'Erni. Quoique la vengeance des tyrans pût devenir terrible, on convint qu'il valait mieux s'exposer à la mort que de porter plus long-temps ce joug. Il fut

(*) C'était un monstre qui se tenait dans un autre voisin du couvent d'Engelberg et qui dévorait les passants.

résolu que chacun de son côté sonderait les dispositions de ses amis et de ses parents, et pour se revoir, on indiqua le Ruttli : c'est une prairie au milieu des forêts, sur une hauteur entourée des ondes du lac et flanquée de rochers; lieu remarquable par la majesté du site, solitude solennelle interposée entre les frontières d'Unterwalden et d'Uri. Le navigateur est saisi de respect à la vue de ses bords escarpés, de ses roches battues par les ondes : les nacelles qui sillonnent le lac lui semblent encore chargées de libérateurs. Leurs conférences se répétèrent souvent dans le silence des nuits; Furst et Melchthal y arrivaient par des sentiers détournés, et Stauffacher dans sa barque; on y voyait aussi Rudenz, le fils de sa sœur. Les réunions grossissaient chaque jour, la confiance était entière; on n'avait qu'une pensée; plus grand était le danger, plus étroit devait être le lien qui unissait les opprimés. Enfin, dans la nuit du mercredi qui précéda la Saint-Martin, Furst, Melchthal et Stauffacher amenèrent chacun dix hommes, dont les dispositions leur étaient connues. Ces trente-trois patriotes ne redoutaient ni l'empereur Albert, ni la puissance de l'Autriche : animés d'un saint enthousiasme, saisis d'une religieuse émotion, ils se donnèrent tous la main et jurèrent que, dans ces graves circonstances, nul d'entre eux n'agirait selon ses propres inspirations; que nul, jamais, n'abandonnerait les autres. Ils se promirent de maintenir le peuple dans la possession de ses antiques libertés; afin que cette alliance profitât à jamais à tous les Suisses, il ne serait point porté atteinte aux droits, aux propriétés des comtes de Habsbourg; leurs prévôts, leurs vassaux, leurs soldats ne perdraient pas une goutte de sang; mais cette liberté que les Suisses avaient reçue de leurs aïeux, ils la voulaient transmettre pure à leurs descendants. Ces points une fois arrêtés, Walther Furst, Werner, Stauffacher et Arnold Ander Halden de Melchthal levèrent les mains au ciel et jurèrent, *au nom du Dieu qui a fait les empereurs et les paysans, et duquel tous tiennent également les droits inaliénables de l'humanité, de défendre valeureusement, et par de communs efforts, leur liberté menacée.* Les trente l'ayant entendu, chacun leva la main à son tour, et répéta ce même serment au nom de Dieu et de tous les saints; puis chacun retourna dans sa cabane et prit soin d'hiverner ses troupeaux.

Sur ces entrefaites, il arriva que le gouverneur Hermann Gessler fut tué par Guillaume Tell, habitant d'Uri, du village de Burglen. C'était le gendre de Walther Furst, et l'un des trente conjurés. Le gouverneur, soit par un soupçon tyrannique, soit qu'on l'eût averti qu'il se préparait des mouvements, voulut savoir quels étaient ceux qui supportaient le plus impatiemment son pouvoir. Les moyens symboliques étaient assez ordinaires dans ces temps et chez ces peuples : ce fut donc un chapeau qui représenta la dignité ducale. Gessler voulait contraindre les amis de la liberté à rendre hommage aux insignes d'un prince qu'ils ne reconnaissaient pas. Un jeune homme, Guillaume Tell, refusa de s'incliner devant le chapeau; il avait mis quelque véhémence dans l'expression de sa pensée. Le gouverneur se saisit de sa personne; il ordonna que Tell, dont on vantait l'adresse, abattît d'un coup de flèche une pomme placée sur la tête de son fils. Tell réussit; puis, dans une entière confiance en l'assistance de Dieu, il osa dire que s'il eût été moins heureux, il eût vengé son fils. Craignant ses parents et ses nombreux amis, le gouverneur ne voulut pas que Tell fût enfermé dans Uri; mais au mépris des statuts, qui s'opposaient à ce qu'un Suisse subît une captivité lointaine, il l'emmena au-delà du lac. A peine le navire eut-il approché du Ruttli, que, des profondes vallées du Saint-Gothard, l'ouragan que l'on appelle le Fœhn s'élança sur le lac avec sa violence accoutumée; les vagues s'élevaient sur les vagues, les ondes mugissaient contre le roc et menaçaient de briser ce frêle esquif. Saisi de frayeur, Gessler ordonna d'enlever les fers des mains de Tell, qu'il connaissait pour un habile nautonnier, et dont la vigueur paraissait le seul moyen de salut. La barque avait déjà repris sa course, elle glissait rapidement le long des écueils ; on était parvenu au pied de l'Axenberg. Là, Tell s'élança sur une saillie de rocher, gravit la montagne, et s'enfuit tandis que les secousses de la nacelle et la fureur du lac présageaient à Gessler une mort prochaine. Il échappa néanmoins à ce danger, et se rendit à Kusnacht ; mais Tell, traversant le pays de Schwytz, se posta sur son passage au-dessus d'un chemin creux, et, d'une main assurée, le perça d'une flèche. Ainsi mourut Gessler avant l'heure indiquée pour la délivrance, sans que le peuple opprimé y ait contribué, et par le seul effet de la juste colère d'un homme libre ! Qui pourrait blâmer l'action de Guillaume Tell ? Ce serait ne pas comprendre combien le dédain, l'oppression, l'anéantissement de la liberté sont intolérables pour un jeune homme ardent, valeureux, indépendant. Il faut juger ce héros comme on juge les libérateurs d'Athènes et de Rome. Le ciel réserve de pareils hommes pour sauver les peuples et pour punir les tyrans. L'action de Tell inspira plus de courage à ces montagnards ; mais en même temps la surveillance de Landenberg et de tous les commandants redoubla ; les conjurés gardèrent le silence, et la 1307ᵉ année s'accomplit.

On a contesté la vérité de l'histoire de Guillaume Tell ; on a voulu y voir le reflet, la copie d'une tradition danoise. Mais il est bien établi que le Tocco des Danois était entièrement inconnu aux Suisses. Il aurait vécu avant la seconde moitié du douzième siècle, et la migration des Suisses, si on la veut toutefois admettre, est de beaucoup antérieure. Cette nation n'a pu emporter le souvenir d'un fait qui n'était pas encore arrivé. La première édition du livre de Saxo, où il en est parlé, a paru à Paris en 1486. D'un autre côté, il est constaté qu'en 1388, il y avait à l'assemblée d'Uri 114 personnes qui se souvenaient d'avoir connu Guillaume Tell, dont l'existence est d'ailleurs attestée par les chroniques, qui sont d'accord avec la tradition et les chants populaires. La consécration religieuse donnée à cette tradition par l'établissement de chapelles dans tous les lieux illustrés par ses actions, en est une autre preuve.

A la première heure de l'année treize cent huit, un jeune homme d'Unterwalden, du nombre de ceux qui avaient juré, sur le Ruttli, d'affranchir les Waldstetten, fut hissé au moyen d'une corde, dans la chambre d'une servante, au château de Rozberg. Vingt patriotes attendaient dans les fossés ; il les fit monter comme l'avait fait monter sa maîtresse. Les jeunes gens prirent le commandant et sa garnison. — A Sarnen, le gouverneur Landenberg descendait du château pour se rendre à la messe : il rencontra vingt habitants d'Unterwalden, qui, selon l'usage du pays, venaient lui offrir pour étrennes des veaux, des chèvres, des agneaux, des poules et des lièvres. Satisfait de leur générosité, le gouverneur leur ordonna de déposer leurs offrandes dans le château ; dès qu'ils y furent entrés, l'un d'eux sonna du cor : aussitôt chacun tira de ses vêtements un fer qu'il attacha à son bâton, et de la forêt voisine accoururent trente de leurs compagnons : la garnison se rendit à eux. Alors fut donné le signal, et toute la contrée au-dessus et en dessous du Kernwald se mit en mouvement ; de sommet en sommet, les signaux se répétaient. Les hommes d'Uri s'emparèrent du château. Stauffacher, à la tête de ses guerriers de Schwytz, vint au lac Lowertz, où ils prirent le château de Schwanau. Mais les Suisses se contentèrent de reconquérir leur liberté, Landenberg jura de ne plus reparaître dans leur pays, et rejoignit l'empereur : le dimanche suivant, l'éternelle alliance fut de nouveau et solennellement jurée. Dans Melchtbal, le vieux père aveugle recevait quelque consolation à sa triste existence ; l'époux revenait à Alzeil, près de l'épouse fidèle; Walter Furst honorait publiquement son gendre; à Steinen, la femme de Stauffacher accorda l'hospitalité à tous les libérateurs du Ruttli, à tous les combattants de Lowertz.

Cependant Albert vint, au commencement du printemps, dans ses possessions héréditaires de l'Autriche antérieure, comme pour se préparer à la guerre contre la Bohême. Il refusait l'investiture des fiefs de l'empire à Othon de Granson, évêque de Bâle; car il était mécontent de ce que le prédécesseur de ce prélat eût acquis le Sisgau, qu'il voulait pour lui-même. Il s'en fallut de peu que l'évêque ne se saisît de sa personne, pendant un séjour qu'il fit à Bâle. Le camp impérial était établi à Rheinfelden: accompagné des électeurs ecclésiastiques, de Louis de Bavière, des évêques de Strasbourg et de Spire, le monarque parcourut l'Argovie et la Thurgovie; enfin de Winterthür il vint à Baden.

Jean, l'unique fils de son frère, le suivait: ce prince était mécontent; il avait atteint sa majorité, mais il ne pouvait obtenir qu'on lui délivrât la portion de son père dans les biens de Habsbourg. Albert voulait, dit-on, conquérir pour lui quelques terres en Saxe. Ce qui augmentait encore l'indignation du duc Jean, c'est que Léopold, son cousin, jouissait d'immenses domaines: excité par la noblesse, qui était fatiguée de l'ambition d'Albert, il insista pour que ses droits fussent enfin respectés, mais toujours en vain. Ces refus constants lui arrachaient les plaintes les plus amères. Les jeunes seigneurs pensèrent qu'il ne devait y avoir aucune garantie pour le suzerain, quand il brisait lui-même le lien féodal. Ce jeune prince se concerta donc avec Walther d'Eschenbach, Rodolphe de Balm, Rodolphe de Wart et Conrad de Tegerfeld: ils résolurent de tuer Albert; mais au jour fixé pour l'exécution, ils hésitèrent et laissèrent échapper l'occasion. L'un des conjurés s'étant confessé, reçut pour pénitence l'obligation d'avertir l'empereur: celui-ci crut que c'était une ruse imaginée par son neveu, pour obtenir, au moyen d'une fausse terreur, la remise de ses biens. Il écouta froidement cet avis, et n'en tint pas compte. Enfin, le jour même où le crime fut accompli, Jean avait supplié l'électeur de Mayence et l'évêque de Constance de faire à Albert de nouvelles représentations. Celui-ci ne donna que de vagues assurances, et pretexta, pour le moment, l'occupation que lui donnait la guerre de Bohême. Le jeune prince se tut, et se retira le cœur plein d'amertume. Albert alors le rappela, et cherchant à l'apaiser, lui offrit cent chevaux à son choix. A table on apporta des couronnes; Albert les distribua aux convives, et donna les plus belles à son neveu. Dans ce moment, on annonça que l'impératrice approchait: on résolut d'aller au-devant d'elle. L'empereur croyait avoir adouci les dispositions de Jean par ses prévenances; mais c'en était fait, ce prince lui avait juré une haine éternelle, et quand on se leva de table, il dit aux conjurés: *Il va monter à cheval avec peu de suite.*

Avec Albert étaient Landenberg, le gouverneur expulsé d'Unterwalden, et Eberhard de Waldsée, qui avaient fait haïr son autorité par leurs excès, puis le comte Burghard de Hohenberg, Hugues de Werdenberg, le vainqueur de Winterthur et beaucoup d'autres seigneurs. L'on descendit gaiement du château de Baden jusqu'au passage de la Reuss, près de l'antique Vindonissa. Là, sous prétexte de ne pas trop charger la nacelle, les conjurés isolèrent l'empereur de sa suite et passèrent seuls avec lui. Il était à la vue de Habsbourg, au milieu des ruines de la ville romaine, et chevauchait entre Eschenbach et Wart. Balm les suivait: le duc Jean retardait le départ du bateau pour écarter les amis de son oncle. Quand il le rejoignit, on l'avertit que le moment était propice. « C'en est assez, s'écria-t-il, en se jetant au-devant d'Albert; » tout aussitôt Eschenbach saisit la bride; l'empereur étonné crut d'abord que l'on plaisantait. *Voici* lui dit Jean, *voici le prix de l'injus-*

tice, et de sa lance il lui traversa la gorge, Balm lui fendit la tête, Eschenbach le frappa au visage. Wart était muet de stupeur ; après avoir jeté un cri, Albert tomba baigné dans son sang. Une pauvre femme avait tout vu ; elle accourut, le releva, et ce monarque mourut dans ses bras. Dans ce moment, son vieux chancelier, l'évêque de Strasbourg, arrivait ; il baisa ses joues ensanglantées et le fit charger sur un chariot : toute la ville de Brougk sortit pour voir ce triste spectacle. Castelen poursuivit les meurtriers, et ne put ramener que trois de leurs gens, auxquels les tourments de la question n'arrachèrent aucun aveu. Nul empereur d'Allemagne ne mourut d'une mort si cruelle, ni avant Albert, ni après lui.

Le duc Jean s'était élancé sur le cheval d'Albert, et les conjurés se dispersèrent, comme s'ils n'eussent absolument rien prévu, rien médité : depuis lors ils ne se revirent jamais. Le duc s'enfuit d'abord à Einsiedeln avec un jeune homme de son âge, puis il erra dans les forêts. On ne sait quand, ni en quel lieu le remords mit fin à la vie du sire de Balm. On n'a plus entendu parler de Tegerfeld. Eschenbach et Wart se renfermèrent dans le château de Falkenstein.

Comme l'on croyait à une conspiration générale contre toute la maison d'Albert, le comte de Hohenberg conduisit son fils Léopold au château de Baden : l'impératrice Élisabeth confia sur-le-champ le gouvernement de ces pays au comte de Strasberg et à Henri de Griessenberg, tous deux d'une fidélité éprouvée. Toutes les villes, tous les châteaux se mettaient en défense ; on rendit la paix à l'évêque de Bâle ; on implora le secours des Waldstetten, que peu de jours auparavant Albert menaçait encore de sa vengeance. Ce fut alors qu'on s'éleva, sur le rivage du lac, la tour de Stanzstadt. Les Suisses fortifièrent les passages de leurs vallées, et ils répondirent à la demande qui leur fut adressée : *Nous ne voulons point venger celui qui ne nous a jamais fait de bien, sur ceux qui ne nous ont jamais fait de mal ; et sans prendre aucune part à leur action, nous laisserons en paix ceux qui respecteront notre repos.* Soleure, qui envoya des troupes aux fils d'Albert, Berne, qui se contentait de vivre en paix avec eux, renouvelèrent leur ancienne alliance. La famille d'Albert fit de vains efforts pour assurer le trône à Frédéric ; ce fut Henri de Luxembourg qui s'en rendit maître, graces à l'appui de Pierre Aichspalter, évêque de Mayence, qui entraîna le suffrage des autres électeurs.

Le duc Léopold vint mettre le siège devant le château de Wart, le prit, et le démolit après avoir massacré tous les serviteurs de Rodolphe : bien que Jacques de Wart fût innocent du crime de son frère, le duc le réduisit en un tel état de misère, qu'il finit ses jours dans une misérable cabane du village de Neftenbach. Balm avait le château de Farwangen, Léopold se le fit ouvrir par une capitulation qui accordait la vie sauve à ses défenseurs ; mais lui-même et sa sœur Agnès, veuve du roi de Hongrie André, firent décapiter sous leurs yeux, dans la forêt, soixante-trois nobles et d'autres hommes de guerre, qui ne cessèrent de protester de leur innocence. Les vassaux du seigneur d'Eschenbach eurent le même sort à Maschwanden. La reine Agnès allait étouffer au berceau un enfant dont les cris avaient attiré son attention, mais les soldats le lui arrachèrent. Cette princesse, âgée de vingt-huit ans, était d'une férocité atroce ; sa vengeance sévit aveuglément contre des milliers d'innocents, *Je me baigne dans la rosée de mai*, disait-elle, quand le sang coulait à grands flots. Frédéric et Léopold allèrent ensuite mettre le siège devant le château de Schnabelburg sur l'Albis, près de Zürich ; ce château appartenait à Eschenbach ; une partie de ses possessions sur la Sil fut donnée à la ville de Zürich. Vers le même temps, l'empereur mit tous les conjurés au ban de l'empire ; ils furent déclarés dignes de mort ; l'arrêt portait que leurs femmes seraient considérées comme veuves ; qu'ils seraient *interdits à leurs amis, permis à leurs ennemis*, et que tous ceux qui leur donneraient asile seraient traités en complices.

Le duc Jean parvint à gagner l'Italie, déguisé en moine : dans la suite, il fut vu à Pise par l'empereur Henri ; depuis lors on ne sait ce qu'il est devenu ; on ignore s'il mourut jeune ou vieux, si ce fut chez les Augustins de Pise ou dans sa terre de l'Eigen. On ne sait pas même si l'aveugle, qui demandait l'aumône sur le Marché-Neuf à Vienne, était en effet le fils de Jean, comme il le prétendait. Walther d'Eschenbach, après avoir rendu à sa femme les biens qu'il tenait d'elle, vécut trente-cinq ans dans le pays de Wurtenberg en pauvre berger, et ne se fit connaître qu'à sa mort. Il fut inhumé selon son rang, dernier rejeton d'une race illustre, dont il ne reste rien que les échos de la poésie populaire. Le baron de Wart était allé à Avignon demander au pape l'absolution de son crime ; il fut livré aux enfants d'Albert par son parent Thiébaut de Blâmont, et condamné au supplice : cependant il n'avait été que simple témoin de ce forfait.... Attaché sur la roue, il s'écria : « Je meurs innocent, mais les coupables eux-mêmes n'ont pas tué un roi ; ils ont tué celui qui, contre les lois de l'honneur et du serment, avait trempé sa main dans le sang de son seigneur et maître le roi Adolphe ; celui qui, en dépit des lois divines et humaines, détenait injustement les domaines de son neveu Jean ; celui qui eût été plus digne que moi de souffrir ce que je souffre. Dieu me pardonne mes péchés ! » Sa malheureuse épouse, après avoir, au nom de Dieu et par le dernier jugement, supplié la reine Agnès de lui accorder la vie, demeura sous la roue trois jours et trois nuits, et quand il eut rendu le dernier soupir, elle vint à pied à Bâle, où elle mourut de douleur. Cette cruelle exécution eut lieu, selon les uns, à Brougk, théâtre du crime, selon les autres, à Winterthur, dans le voisinage du château de Wart.

Après toutes ces cruautés, la reine Agnès bâtit sur le lieu même où Albert avait été tué, le monastère des Frères-Mineurs et un couvent de femmes de l'ordre de Sainte-Claire. Ils s'élevèrent sur les débris d'un palais de l'antique Vindonissa. Agnès se sentait de l'éloignement pour la vie mondaine ; elle se fixa dans le voisinage du monastère, où elle suivit toutes les pratiques de la plus austère dévotion et de la plus entière humilité. Cependant ce fut en vain qu'elle essaya d'attirer dans l'église de son couvent Berthold Strobel d'Offtringen, vieux guerrier de Rodolphe de Habsbourg, ermite qui vivait dans un creux de rocher au-dessous de Brougk avec Nicolas de Bischoffszell.... Il répondit à ses instances : « Femme, c'est mal servir Dieu que de verser le sang innocent, et de fonder des couvents du produit de la rapine. Dieu n'aime que la bonté et la miséricorde. »

Les Waldstetten avaient été menacés par Albert des plus sévères châtiments : sa mort changea la face des choses. L'empereur Henri confirma leurs priviléges, reconnut leur immédiateté, et approuva ce qu'ils avaient fait contre les gouverneurs de la maison d'Autriche. Trois cents confédérés le suivirent dans son expédition au delà des Alpes. De nouvelles discussions éclatèrent entre le monastère d'Einsiedeln et les campagnards voisins. Zürich intervint ; il lui importait que le repos fût établi dans un pays que traversait le commerce pour se rendre au Saint-Gothard. La paix fut bientôt rompue, car deux familles de Schwytz étant allées en pèlerinage à Notre-Dame-des-Ermites, furent l'objet des reproches, puis des voies de fait des religieux. Le landamman assembla le canton et la guerre fut résolue. Il y eut encore une autre guerre de peu d'importance, quoique d'assez longue durée, entre Jean de Séedorf, du pays d'Uri, et Rodolphe Tschudi, de Glarus : on se battait dans le Linthal, dans le Schächenthal jusqu'au pied des glaciers, à des endroits où le voyageur le plus audacieux trouve à peine un sentier. Jean de Seedorf était surnommé le Diable parmi les bergers. Un jour que Rodolphe Tschudi lui avait brisé toutes ses armes, il arracha un pin et tua neuf de ses ennemis.

Lucerne, qui obéissait aux ducs, envoya un grand navire appelé l'Oie (die Gans), pour faire une incursion dans le pays d'Unterwalden. Ses guerriers allaient débarquer à Stantzstadt, quand le gardien de la tour les signala; en même temps, il fit rouler une meule sur le bâtiment. D'un autre côté, le hasard amena un bâtiment d'Uri, et les Lucernois périrent de plus d'un genre de mort. A Schwytz, on investit subitement Einsiedeln, et l'on emmena les religieux captifs. L'abbé Latold de Regensberg était au château de Pfeffikon, le comte de Rapperswyl et celui de Tokenbourg intervinrent et obtinrent la liberté des prisonniers. C'était dans le temps où Frédéric d'Autriche et Louis de Bavière briguaient la couronne impériale. Les Waldstetten n'avaient point oublié les dangers dont les menaçait la puissance d'Albert; on se déclara donc pour Louis de Bavière; ce qui exaspéra beaucoup le duc Léopold, qui était d'un caractère dur, emporté, et qui jamais n'écoutait que la violence de son caractère. L'abbé de Saint-Gall et l'évêque de Constance excommunièrent les Waldstetten. On les avait mis au ban de l'empire, mais Louis les en releva. Léopold cependant résolut de pénétrer dans ce pays à la tête d'une armée; il pensait que ce ne serait pour lui qu'un jeu. Il avait menacé d'écraser ces paysans sous son pied, et il fit bonne provision de cordes, tant pour les emmener que pour les pendre. Il est peu de princes qui se doutent de ce que peut un peuple opprimé. Léopold dédaignait l'inexpérience et l'inhabileté de ces campagnards. Quelques voisins puissants, craignant la prépondérance qui résulterait de cette guerre en faveur de l'Autriche, essayèrent de se faire médiateurs; mais les conditions imposées aux Waldstetten n'étaient pas acceptables. « Que le duc essaie de nous envahir, répondit-on, nous l'attendrons avec l'aide de Dieu. » Ils firent bien de préférer le danger à une paix désavantageuse : l'expérience ne nous apprend que trop combien le découragement est funeste aux peuples. On venait de célébrer à Bâle l'union de Frédéric avec Isabelle d'Aragon, et de Léopold avec Catherine de Savoie. Léopold se mit en marche, passa près de Soleure, qui refusait de reconnaître son frère pour empereur, et vint au château de Baden, où l'on tint conseil. L'on y résolut d'opérer contre les Waldstetten une triple attaque : il fallait en finir, d'un seul coup, avec ces Suisses rebelles : dès qu'ils en seraient informés, leur ligue ne manquerait pas de se dissoudre. Leur résistance serait faible partout. Les postes furent assignés à tous les chefs. On pensait qu'il serait aisé à Othon de Strasberg, Landvogt d'Oberhasli, de pénétrer dans l'Unterwalden à la tête de quatre mille hommes de l'Oberland. Plus de mille hommes devaient attaquer ce pays du côté du lac, sous les ordres des baillis de Wollhausen, de Rotenberg et de Lucerne.

Léopold était grand de taille et d'un extérieur chevaleresque. Il conduisit deux colonnes sur Zug. A la tête de son ordre de bataille, était la cavalerie, qui faisait l'orgueil et la force de son armée. Des rives de la Thur et de l'Aar était accourue toute la noblesse de Habsbourg, de Lenzbourg et de Kybourg. Parmi les plus vaillants et les plus fidèles, se distinguait le maréchal de Hallewyl, triste encore du coup fatal que dans un tournoi il avait porté à son noble adversaire, le comte de Katzenelienbogen; après lui, marchait Landenberg, dévoré de la soif de se venger; puis les Gessler, non moins animés; les Bonstetten, qu'une longue domination avait instruits des moindres détours de ces sauvages contrées. On nomme aussi Henri Montfort de Tettnang, que l'orgueil nobiliaire, ou le zèle pour les ducs d'Autriche, faisait l'ennemi des Waldstetten; les comtes de Thoun et de Lauffenbourg, rivalisant à qui ferait ses premières armes avec le plus d'éclat; Tockenbourg, qui marchait à regret, mais qui obéissait à la reconnaissance, parce que les ducs lui avaient donné le gouvernement de Glarus et de Gastern. On comptait encore dans cette armée, Werner de Homberg, qui tenait en fief des terres d'Einsiedeln. Lorsqu'on fut arrivé à Zug, on vit se joindre à l'expédition quiconque, par une haine invétérée contre les citoyens, s'était fait l'ennemi de la liberté, quiconque, cédant à la crainte, obéissait aux ducs d'Autriche. Il vint, de plus, cinquante Zurichois uniformément vêtus, car ils étaient liés par un traité envers Einsiedeln, et leur ville de Pfeffikon était sous l'autorité de l'abbé. Enfin, le comte d'Urikon commandait, sous la bannière du chapitre, les soldats de l'abbaye.

En présence du danger, les campagnards de Schwytz conservèrent toute leur fermeté : le pays était gardé par un retranchement qui s'étendait depuis la tour qu'on voit sur le chemin d'Einsiedeln, jusqu'à celle appelée Schoren. Aussitôt qu'on fut averti de l'approche de l'ennemi, on prit les armes. A la nuit tombante, débarquèrent à Brunnen, au pays de Schwytz, quatre cents hommes d'Uri, et, peu d'heures après, il en vint trois cents d'Unterwald, les autres guerriers étant restés pour défendre leur patrie vers le Brunnig, du côté de l'Oberland. Tous marchèrent au bourg de Schwytz à travers les prairies. A Schwytz était Rodolphe Reding de Biberegk, vieillard trop faible pour que ses jambes le pussent porter, mais qui avait une grande expérience de la guerre. Le peuple l'écoutait toujours avec avidité, et toujours suivait ses avis. « Avant « tout, dit-il, il faut chercher à vous « rendre maîtres de vos opérations, « afin qu'il dépende de vous, non de « l'ennemi, de commencer l'attaque, « de choisir le lieu, le moment, le « genre du combat. Vous acquerrez « cet avantage en prenant une bonne « position. Pour le nombre, vous êtes « de beaucoup inférieurs à l'ennemi ; « tâchez que le duc ne puisse faire « usage de sa force, et que votre pe- « tite troupe ne s'expose que dans le « moment décisif. Sans doute, ajou- « ta-t-il, le duc ne viendra point de « Zug à Art, le défilé est beaucoup « trop long entre la montagne et le « lac; au contraire, le chemin qui con- « duit à travers la forêt vers le lac « d'Egeri, est beaucoup moins dange- « reux, parce que le défilé est plus « court. Il faudra donc bien saisir le « moment. La hauteur de Morgarten « vous offre un retranchement natu- « rel, la prairie va rejoindre le Sattel; « du haut de cette montagne vous pour- « rez agir avec beaucoup d'avantage, « vous jetterez l'effroi dans les rangs « ennemis, vous les prendrez en flanc « ou en queue, vous couperez leur « ligne. Le succès vous sera d'autant « plus facile, qu'ils vous méprisent ; « d'ailleurs, la guerre défensive est « toujours favorable à ceux qui con- « naissent le mieux la contrée. »

Quand le vieux Reding eut ainsi payé sa dette à la patrie, quand il eut reçu les remerciements de la troupe, ces montagnards, obéissant à l'antique usage de leurs pères, se jetèrent à genoux, pour implorer le secours de Dieu, leur unique maître ; puis ils partirent au nombre de treize cents, et se postèrent sur le mont Sattel. Il y avait alors, comme il arrive toujours dans des temps de discorde, des exilés du pays de Schwytz; dès qu'ils avaient appris le péril dont était menacée la liberté de leur pays, ils vinrent au nombre de cinquante sur les frontières, pour solliciter la permission de se montrer dignes de leur origine en combattant vaillamment pour la cause commune. Les confédérés ne crurent pas qu'il fût bienséant de changer une loi dans la crainte d'un danger : ils refusèrent donc de recevoir les exilés; les cinquante se postèrent en dehors des limites sur le Morgarten, et résolurent de sacrifier leur vie pour la patrie.

Cependant apparaissait l'aurore du 15° jour de novembre de la treize

SUISSE.

cent quinzième année, et bientôt le soleil jeta ses premiers rayons sur les casques et les cuirasses des chevaliers et des guerriers. On voyait au loin briller les glaives et les lances : l'armée couvrait toute la contrée. C'était la première qui pénétrât dans ces lieux, l'histoire n'a retenu le souvenir d'aucune autre. Montfort de Tettnang introduisit la cavalerie dans le défilé : bientôt les chevaux occupèrent tout l'espace qui est entre la montagne et le lac; les rangs étaient fort serrés. En ce moment même, les cinquante exilés poussèrent de grands cris, et firent rouler du haut du Morgarten des rocs amoncelés pour en écraser l'ennemi; d'autres pierres étaient lancées avec vigueur et portaient la confusion et l'effroi parmi les cavaliers. Les treize cents hommes placés sur le Sattel, voyant le désordre des chevaux, descendirent en bon ordre et de toute l'impétuosité de leur course, et tombèrent sur les flancs de l'armée; ils brisaient les armures à coups de masse et dirigeaient avec habileté le fer de leurs lances et de leurs piques, portant toujours de nouveaux coups et frappant d'une main assurée. Dans cette mêlée périrent Rodolphe, comte de Lauffenbourg, de la maison de Habsbourg, trois Boustetten, deux Hallwyl, trois Urikon, quatre Tockenbourg. On assomma deux Gessler, et Landenberg ne fut plus épargné. De leur côté, les guerriers d'Uri perdirent le fils et le neveu de Walther Fürst, le sire de Beroldingen, et Hospital, qui, contre la volonté de son propre fils, combattait pour la liberté du pays. La cavalerie autrichienne se trouvait gênée, non-seulement parce que l'espace lui manquait, mais encore parce que les chevaux ne pouvaient tenir sur le sol à demi gelé : quelques-uns sautaient dans le lac, effrayés qu'ils étaient de cette confusion : d'autres, voyant la fleur de la noblesse moissonnée, se refoulèrent sur l'infanterie, qui ne se doutait pas encore de l'événement, et qui ne put ouvrir ses rangs aux fuyards faute d'espace. Il mourut beaucoup de soldats sous les pieds des chevaux; beaucoup plus encore furent tués par les Suisses. Tous les Zurichois tombèrent sur la place où ils étaient postés; Léopold s'échappa par des sentiers détournés, à travers lesquels l'emmena un guide sûr. Il arriva pâle et désespéré à Winterthur; quand il fut parti, toute l'armée s'abandonna à la déroute la plus désastreuse. La bataille n'avait duré qu'une heure et demie. Les Suisses, dont la perte était peu considérable, n'eurent plus qu'à tuer leurs ennemis, dont ils firent un grand carnage. La victoire fut complète, grace au courage et à l'habileté de cette poignée de braves, grace à la présomption et à l'impéritie des oppresseurs.

En ce même jour, le comte de Strasberg franchit inopinément le Brunnig, tandis que dans l'Unterwald on ne savait encore rien de précis sur ses mouvements, ni sur la force de son expédition. A la tête de quatre mille hommes, il envahit, sans éprouver de grandes difficultés, Lungern, Saxeln et Sarnen; enfin, il parvint à l'extrémité du golfe d'Alpenach, précisément dans le temps où les troupes de Lucerne essayaient d'opérer un débarquement à Burgistadt. L'Oberwald et l'Unterwald s'envoyèrent mutuellement demander du secours. Les deux messagers se rencontrèrent. Des deux côtés on fit des efforts inouïs pour arrêter l'ennemi jusqu'au retour des trois cents guerriers qui étaient allés à Schwytz. Celui qui les venait réclamer, apprit, en débarquant à Brunnen, quel avait été le brillant succès de la matinée, car on ramenait ses compatriotes en triomphe, et déja ils regagnaient leurs bateaux. Mais quand les guerriers d'Uri et de Schwytz voulurent les suivre à Unterwald, pour en chasser l'ennemi, cette petite troupe, jalouse de combattre seule, s'excusa sur ce que les magistrats du pays n'avaient point fait d'appel aux confédérés. Néanmoins il fut impossible de retenir cent hommes de Schwytz; on partit donc au nombre de quatre cents. Le vent étant favorable, le trajet fut rapide: on parut subitement à Buochs, où les Lucernois éprouvèrent une défaite si rude, que dans leur fuite plusieurs tombèrent dans l'eau. Aussitôt cette troupe se précipita vers l'Oberwald en poussa t des cris de victoire. Strasberg était à Alpenach, quand il vit aux mains des confédérés des drapeaux qu'il croyait être dans le pays de Schwytz; il connut par là le sort de Léopold, et, saisi de terreur, ordonna la retraite. Vainement il fit des efforts pour couvrir sa marche, il fut blessé à la main gauche, et dans le moment même tous les siens prirent la fuite vers Winckel. La victoire était complète, quand arrivèrent trois cents hommes de Schwytz et quatre cents d'Uri. Les cinquante exilés de Schwytz furent rétablis dans leur patrie. Les Suisses résolurent de fêter chaque année l'anniversaire de la bataille de Morgarten, à l'égal d'une fête d'apôtre, car le Seigneur avait visité son peuple et l'avait délivré de ses ennemis. Tous les ans des messes sont célébrées pour ceux qui ont péri en affranchissant la patrie, et leurs noms sont lus à haute voix au peuple assemblé. Les habitants de Waldstetten continuèrent à se réunir au Rutli, pour délibérer de leurs affaires communes: Unterwald fixa pour lieu de ses délibérations l'emplacement du château de Landenberg. Quelquefois la jeunesse se rendait sur le théâtre de ces brillants exploits; on rappelait les vertus des ancêtres, on lisait le récit de leurs combats à l'endroit même où ils les avaient livrés.

Louis de Bavière accueillit ces nouvelles avec beaucoup de joie, et les trois cantons renouvelèrent à Brunnen l'ancien pacte de leur fédération; pacte qui de tous les confédérés faisait une seule nation, malgré les montagnes, malgré le lac qui les séparait. On stipula de nouveau que le pays tout entier ne serait qu'un camp pour la défense commune: on décréta que quiconque était vassal eût à obéir à son seigneur. Il fut établi que nul canton n'admettrait de protecteur sans le consentement des autres; condition désormais essentielle à toute convention avec l'extérieur. On exigea aussi le consentement général pour réintégrer dans leur patrie ceux qui en avaient été bannis pour cause de meurtre enfin, les habitants des trois cantons, eux et leur postérité, s'engagèrent à combattre les uns pour les autres, tant à l'intérieur qu'à l'extérieur, et sans indemnité, contre tous ceux qui leur feraient violence, ou tenteraient de la leur faire; corps et biens, conseil et action, on se promit en tout une mutuelle assistance.

A la suite de cette guerre, Glarus rechercha l'amitié des cantons; le pays de Gastern, au contraire, penchait pour la cause des ducs, et gardait quelque rancune d'incursions que les Suisses avaient faites dans l'Oberland. Othon de Strasberg, autrefois enrichi des dépouilles d'Eschenbach et de Balm, se vit réduit à un tel état de détresse, qu'il lui fallut vendre non-seulement Urspunnen, et les domaines qu'il tenait de l'empire, tels que l'Oberhasli et Laupen, mais encore son château héréditaire. Alors vint, au nom de Louis de Bavière, Jean de Weissenbourg, et la bourgeoisie de Thoun put conclure avec Unterwald un traité. Le commerce fut ouvert aux uns et aux autres, sans que les baillis de Léopold à Interlachen pussent l'empêcher. Lui-même enfin conclut la paix pour une année, tandis que Louis de Bavière confirma et affermit la liberté des Suisses.

La trêve s'était renouvelée et durait depuis six ans, lorsque après la bataille de Muhldorf, Léopold, dominé par la soif de venger son frère captif, essaya de gagner Charles IV, roi de France, en lui offrant la couronne imperiale. Dans ces négociations, il fut expressément stipulé qu'on lui soumettrait les cantons: ceux-ci cependant avaient juré fidélité à l'empire; et tandis que Louis de Bavière confisquait, pour la seconde fois, au profit de cet empire, les domaines que les ducs avaient dans ces contrées, Glarus refusait de marcher contre les Waldstetten et s'alliait aux confédérés.

SUISSE.

Le seul comte Jean de Rapperschwyl obéit à l'injonction de Leopold; mais, faible et sans aucun zèle pour cette cause, il ne fit aucun exploit digne d'être retenu.

Lorsque le pape excommunia Louis de Bavière, les Suisses n'en tinrent compte. Ils interrogèrent leurs prêtres, leur demandant s'ils voulaient chanter et prier comme par le passé, ou bien s'ils préféraient être tous chassés du pays. Le clergé demeura et continua ses fonctions. Les Waldstetten suivirent Louis de Bavière, quand il marcha contre Rome. Le traité qui termina les différends de l'empereur avec les princes d'Autriche, par la médiation de Jean, roi de Bohême, ne fut pas favorable à quelques villes libres qui font aujourd'hui partie de la Suisse. Le souverain céda aux ducs Albert et Othon Rheinfelden, Schaffhousen, Zürich et Saint-Gall. Les habitants de Zürich prièrent les cantons de se joindre à eux pour envoyer une députation à l'empereur, et réclamer leur liberté qu'ils avaient défendue autrefois et contre Regensberg et contre la Souabe. La bourgeoisie se préparait à la résistance, les églises étaient peuplées de religieuses, qui jour et nuit invoquaient le ciel pour la cause commune. Les Waldstetten, qui n'avaient pour leur commerce aucun débouché, quand les ducs leur fermaient Lucerne, n'hésitèrent point; leurs envoyés parurent à Ratisbonne avec ceux de Zürich. Ceux de Saint-Gall y étaient déjà. L'empereur prit en considération la valeur et la fidélité des cantons; il affranchit Zürich, et respecta dans Saint-Gall la considération religieuse; mais Rheinfelden, Schaffhousen, etc., furent aliénées avec Brisach et Nellenbourg. Rheinfelden était entourée des domaines des ducs, elle ne pouvait guère échapper à leur puissance. Schaffhousen, quoiqu'elle eût un grand amour pour son indépendance, devait succomber. Jean de Habsbourg, comte de Lauffenbourg et Rapperschwyl, était landgrave du Klegau. Le comte de Nellenbourg, qui administrait pour les ducs, étendait ainsi son autorité jusqu'à ses portes. D'ailleurs elle était agitée de dissensions intérieures entre l'abbé, les couvents et les bourgeois. La préture de la ville, qui relevait du couvent, avait été long-temps confiée à la maison de Randenbourg; les conseillers et les bourgeois prenaient part à l'administration. La justice était indépendante, grâce à Rodolphe de Habsbourg. L'égalité des droits, la responsabilité de tous, faisaient les bases de ce petit gouvernement; et quoique humble encore, quoique construite en bois, Schaffhousen était libre et heureuse, quand Louis la vendit pour une modique somme d'argent. Des carrières voisines permettaient de remplacer ses frêles édifices par des édifices plus solides; déjà les maisons garnissaient les fertiles coteaux que baigne le Rhin; les vignobles, les prairies, les jardins descendaient jusqu'à sa rive. Rien n'était épargné pour la prospérité de l'agriculture et du commerce, mais sous la dépendance des ducs. Il fallut subir leur destinée; prospérer, quand ils prospéraient, souffrir, quand ils souffraient; et bien souvent l'impôt ne suffisant pas à leurs besoins, il fallait sacrifier et son sang et sa fortune.

Vers ce temps, les Suisses passèrent le Saint-Gothard, et, pour la première fois, allèrent porter la guerre dans le Val Levantine contre Galéas Visconti. Dans les querelles des Guelfes et des Gibelins, entre Côme et Milan, on avait exercé sur les voyageurs quelques actes de violence : Zürich joignit deux cents hommes à l'expédition, qui franchit le pont du Diable, la riante vallée d'Ursern, descendit à Airolo, et, sans être arrêtée par le vieux château lombard qui garde ce défilé, s'avança jusqu'à Faido et à Giornico, où Franchino Rusca accourut de Côme, pour se constituer médiateur de ce différend et garantir la sécurité du passage. Le traité fut conclu à Côme par Jean d'Attinghausen, chevalier et landamman d'Uri. Ce fut après ces événements que Galéas Visconti fit construire la chapelle du Saint-Gothard. Là, une muraille de rochers se présente perpendiculaire, comme pour fermer la vallée; elle quitte brusquement la chaîne orientale de cet étroit défilé et va rejoindre les montagnes à l'opposite. Le Tessin a, dit-on, pratiqué l'ouverture qu'on y remarque; autrefois elle retenait ses eaux et dans les hauts lieux formait un lac; aujourd'hui, on admire cette étroite ouverture, à travers laquelle bouillonne l'onde impétueuse qui bat les flancs du roc, ces mélèses suspendus, renversés, dont les racines sont à découvert, ces cimes inclinées qui retombent vers la rivière, parce que la terre végétale manque pour en supporter le tronc. Tout cela forme un tableau grandiose et bizarre; c'est comme le portail que la nature élève au-devant d'un monde inconnu. La chapelle que le voyageur voit à droite de ce défilé, l'avertit d'implorer la Divinité avant de hasarder son existence au milieu des frimas; plus loin, tout sera danger pour lui. Les rayons d'un beau soleil, les eaux du ciel peuvent faire éclater sur lui le tonnerre des avalanches et le jeter dans des précipices incommensurables. Le son de la voix, le bruit des pas, l'ébranlement du sol, tout enfin, depuis l'explosion d'une arme à feu jusqu'au souffle d'un être vivant, tout peut détacher la masse prête à s'écrouler dans l'abîme. La chapelle adossée à cette paroi de roc est d'une structure simple et élégante. De l'autre côté du Tesin, après avoir franchi ce passage, qui a près de deux cents pas de longueur, on voit au sommet la vieille tour lombarde, dans laquelle jadis Charlemagne fit enfermer le roi Didier.

Les Suisses portèrent aussi leurs pas vers l'Oberhasli : toute cette contrée était en proie à la plus grande fermentation; les partis étaient plus que jamais divisés. La famille de Kybourg possédait le château de Thoun, à l'endroit où l'Aar reprend son cours, à l'issue du beau lac que dominent au loin le Stockhorn à la pointe acérée et le majestueux Niesen. La blanche Jungfrau élève derrière eux sa robe de neige; de vertes prairies occupent le fond de la vallée, et par delà les ondes, des arbres fruitiers d'une belle végétation et des champs fertiles s'étendent jusqu'à Interlachen, où cette belle nature se reflète dans un autre lac plus riant, et cependant plus majestueux que le premier. Les Kybourg régnaient sur ces belles contrées, et sur le landgraviat de Bourgogne, dans l'Argovie supérieure, que leur avait conférée Léopold; mais dans le sein de la maison de Kybourg s'éleva une dissension funeste. Le jeune Hartmann profita de l'absence de son frère Eberhard, qui faisait à Bologne ses études ecclésiastiques, pour le frustrer de sa part des revenus paternels. Eberhard étant accouru pour revendiquer ses droits, devint la risée de tous, parce qu'il était d'une taille chétive. Il était au château de Landshut, chez son frère : tout à coup celui-ci le fit saisir au milieu de la nuit, et l'enferma dans Rochefort, château du comté de Neufchâtel. Hartmann était gendre du comte Rodolphe de Neufchâtel. Il fallut bien alors qu'Eberhard acceptât pour arbitre le duc Léopold, dont la sentence fut très-partiale. Quoi qu'il en soit, on célébra la réconciliation des deux frères dans un festin où furent invités beaucoup de seigneurs des environs. Hartmann n'aimait point son frère; il ne put s'abstenir de quelques traits piquants. Eberhard avait aussi ses partisans; on en vint aux armes, il y eut une mêlée, et, sur un sombre escalier, Hartmann fut tué, soit par le seigneur de Worb, soit par son propre frère. Cette scène d'horreur, qui se passait au château de Thoun, fit accourir les bourgeois. Ils arrivèrent précisément dans le moment où l'on précipitait le cadavre du haut de la tour; plusieurs s'enfuirent, d'autres furent retenus. Eberhard offrit à la ville de Berne d'y prendre droit de bourgeoisie et de la reconnaître pour suzeraine de son château. A ces conditions, les Bernois soumirent les habitants de Thoun. Eberhard paya chaque année un marc d'argent, et Berne fit fabriquer un beau vase en commémoration de l'événement.

Nous passerons rapidement sur des faits de peu d'importance, tels que les différends des comtes de Nidau, de la maison de Neufchâtel avec Gérard de Wippingen, évêque de Bâle; la fondation de la Neuve-ville par celui-ci; sa fuite de Landeron, et la vengeance infructueuse que les Bernois voulurent en tirer. Après la mort du duc Léopold, Eberhard, qui précédemment avait refusé de marcher avec les Waldstetten, se ligua avec ces cantons, leur assura le passage libre du Brunnig et prit chez eux beaucoup d'influence. Les Bernois cependant se déclarèrent pour le saint-siège : Louis de Bavière, atteint par les foudres de Rome, leur avait autrefois conféré la préfecture de Laupen. N'importe, la politique de ces bourgeois exigeait qu'ils en agissent ainsi, pour s'agrandir aux dépens de l'empire : ils n'hésitèrent pas, et chassèrent Jean de Weissembourg, gouverneur de l'Oberhasli, qui était resté fidèle à l'empereur, puis ils s'emparèrent du château de Grasbourg, dans le Siebenthal, et d'autres châteaux qui étaient occupés par le sire de la Tour et qui relevaient de Neufchâtel. Ils attaquèrent sans ménagement les comtes de Gruyères; enfin, ils allèrent dégager Othon Lombard, leur citoyen, que tenaient bloqué le comte Pierre de Gruyères et les sires de la Tour de Châtillon. En un mot, on voyait d'un côté tous ces seigneurs, de l'autre, un sénat magnanime, mettant au-dessus de tout les droits des citoyens qu'il représentait, et l'un et l'autre parti s'inquiétaient moins de l'empereur et du pape que de la domination et de la liberté. Ce fut dans ces circonstances que l'Unterwald prit fait et cause pour l'Oberhasli, auquel Jean de Weissembourg venait d'imposer des charges plus lourdes qu'il ne pouvait les supporter. On résolut d'attaquer le château d'Unspunnen; mais il y eut dans l'exécution indiscrétion et précipitation. Dix-huit hommes de l'Oberhasli périrent, et cinquante furent entraînés dans le château; ils y demeu-

rèrent captifs deux ans entiers, jusqu'à ce qu'enfin le landamman de leur pays s'adressât aux Bernois, en leur promettant de reconnaître leur souveraineté sur l'Oberhasli. Les Bernois avaient encore d'autres griefs contre Jean de Weissembourg. Pour en finir, il ouvrit ses portes et vendit sa préfecture au prix qu'il l'avait achetée; il devint bourgeois de Berne et prit part au gouvernement de la cité, qu'il renforça de tous ses châteaux.

Cependant les Waldstetten allaient, de leur côté, se fortifier d'une accession plus importante encore. Lucerne avait beaucoup à se plaindre des ducs; les guerres où l'avait entraînée son obéissance avaient eu pour elle le funeste résultat d'interrompre ses relations avec les cantons voisins, et de lui fermer le passage du Saint-Gothard. La ville avait été obligée d'étendre ses fortifications : d'ailleurs, elle était administrée par les gens du duc, les nobles et des conseillers, qui, désignant eux-mêmes leurs successeurs, se souciaient peu de la faveur du peuple. Il s'était élevé une contestation avec les ducs; les Lucernois ayant refusé de recevoir la monnaie de Zophingen, y furent contraints; en même temps on aggrava l'impôt. De toutes parts on s'assemblait sur les places publiques; il y fut décidé qu'on demanderait aux Waldstetten une trève de 20 ans. Les nobles, très-mécontents de cette résolution, voulurent, sous différents prétextes, faire venir des troupes de l'Argovie; le sire de Ramschwag, commandant du château de Rotenbourg, amena trois cents cavaliers, la nuit, aux portes de Lucerne; mais des avis salutaires étaient partis du sein de la noblesse même; les bourgeois, prévenus du danger, ne laissèrent entrer avec lui que quelques hommes. Ramschwag, réduit aux voies de persuasion, ne put rien sur les esprits. A son départ, il fut suivi des principaux du parti du duc; alors fut résolue, d'une manière solennelle, l'accession à la ligue suisse. Schwytz accueillit Lucerne sans crainte des conséquences. Cette fois encore on respecta les droits des Habsbourg. Ce traité est un modèle de justice et de modération. Cependant les terres de la ville furent ravagées : ses citoyens, exaspérés contre leurs ennemis, voulurent marcher sur l'Argovie, et furent surpris et défaits par Ramschwag ; mais le contingent de Schwytz, qui arrivait en suivant les bords du lac de Zug, les vengea dans l'instant même et les rallia. Cette guerre n'eut pas d'importance ; seulement elle donna aux Lucernois l'occasion de faire preuve d'une grande fermeté. Les nobles n'avaient point renoncé à leurs projets : ils eurent recours à la conspiration. Ils se donnèrent rendez-vous sous une arcade, a l'endroit où le lac baigne leur cité, et déjà ils se préparaient au massacre des citoyens, quand un jeune garçon, qu'ils n'avaient point aperçu, s'enfuit effrayé du froissement des armes ; ils le saisirent, mais n'eurent point la cruauté de le tuer. Cette commisération sauva Lucerne ; le jeune garçon, qui n'avait obtenu sa liberté qu'en prêtant serment de ne raconter à aucun être vivant ce qu'il avait vu, courut à la salle où buvaient les bouchers ; là, s'adressant au poêle, il lui fit le récit de tout ce qu'il savait. Aussitôt les bourgeois s'armèrent, et les conjurés cherchèrent à regagner furtivement leur demeure ; mais on les reconnaissait à leurs manches rouges. Dans la nuit même, on dépêcha vers les cantons, qui envoyèrent trois cents hommes à Lucerne. L'aristocratie perdit dès lors le gouvernement des affaires : trois cents bourgeois composèrent l'assemblée délibérante, et la république ainsi constituée décida de l'impôt, de l'emploi des revenus, de la guerre et de la paix.

Parmi les alliés des cantons se trouvait un homme heureux à la guerre, vainqueur de tous ses ennemis, le baron Donat de Vatz ; mais il souillait ses actions valeureuses par une odieuse cruauté. A l'exemple des tyrans de l'antiquité, il se complaisait aux plaintes de ses victimes : il renfermait ses prisonniers dans des tours profondes, et quand la faim leur arrachait des cris de désespoir, il en jouissait, disant que c'était le chant de ses oiseaux. Donat de Vatz était l'un des plus puissants seigneurs de la Rhétie ; il n'y avait guère de domaine qu'il ne possédât ou qu'il n'administrât. Il mourut en impie, en blasphémant Dieu et les sacrements. Alors la noblesse, comme affranchie de son joug, se jeta sur les Waldstetten. On vit s'armer les Belmont, les Montalto, les Fams, les Ilanz, et jusqu'aux Maffei de Palanza : chacun voulait à l'envi mériter la faveur de l'Autriche. L'abbé de Dissentis se montra le plus ardent : il ordonna aux habitants d'Ursern de fermer aux cantons le passage du Saint-Gothard ; mais ce pays se prévalut de son droit de neutralité ; l'abbé marcha contre Ursern. Il y trouva les guerriers d'Uri, qui battirent ses troupes. Franchino Rusca et le podestat Beccaria, qui gouvernaient Côme, affranchirent les habitants des Waldstetten et d'Ursern de tout droit de péage, tant à Côme qu'à Bellinzona. Bientôt l'abbé de Dissentis mourut ; il eut pour successeur un Attinghausen, dont le parent Jean d'Attinghausen était landamman d'Uri : leur considération apaisa tous ces différends, et la paix fut avantageuse aux cantons. Les ducs étaient épuisés par la guerre de Bohême ; ils ne virent donc dans leurs possessions antérieures que pour établir une paix ou *trève de Dieu*, qui comprenait l'Alsace, la Souabe, la Rhétie, les Alpes. Les plaintes contre Lucerne furent soumises à l'empereur : celui-ci nomma neuf arbitres de Bâle, Zürich et Berne, et ils confirmèrent, en connaissance de cause, l'éternelle alliance conclue par Lucerne avec les Waldstetten.

Genève, à cette époque, ne présentait pas l'aspect de magnificence que donnent aujourd'hui à cette belle cité les beaux édifices de ses quais, et les belles promenades qui entourent son enceinte ; mais à l'extrémité du lac, le Rhône renaissait avec la même impétuosité ; le Salève s'élevait aussi grand au-dessus des ruines romaines que nous ne voyons plus, et des tours du moyen âge qui ont disparu après elles. D'une part, les Alpes du Chablais et les abruptes montagnes de la Savoie, couronnées par la cime neigeuse du Mont-Blanc; de l'autre, les riantes plaines qui bordent le Jura, puis cette limpide surface du lac, spectacle immense et majestueux, toujours renouvelé dans tous les temps pour tous les peuples, pour les Romains, pour les Bourguignons, pour les Suisses, et pour toutes les générations que Dieu garde encore à la terre. Aujourd'hui la prospérité, le commerce, les lettres rendent cette cité l'une des plus florissantes du monde; mais à l'époque dont nous rappelons les événements, une organisation compliquée ouvrait un vaste champ aux prétentions des comtes de Genève, des comtes de Savoie, des évêques, des dauphins. Le sang coulait à chaque instant dans les rues, sur les places publiques. Le comte de Genève et celui de Savoie y avaient chacun un château fort. L'évêque Aymon du Quart et Guillaume de Joigny, seigneur de Gex, favorisaient le comte de Genève. Amédée de Genève excita le comte d'Entremont, son homme lige, à se déclarer pour le dauphin, qui succédait à tous les droits de Pierre de Savoie, comte de Faucigny. Tandis que le comte de Savoie assiégeait Entremont, Amédée parut devant Genève. On l'introduisit, ainsi que le dauphin, dans la ville basse; ils montèrent au bourg du Four; mais des hauts lieux et de l'île du Rhône se précipitèrent sur eux les bourgeois du parti savoyard, et ils furent obligés de fuir en laissant beaucoup des leurs sur la place. Le comte Amédée étant mort, son fils Guillaume soutint mal ses partisans; mais l'évêque, secondé par l'archevêque de Vienne, excommunia les bourgeois qui l'avaient expulsé. Ces foudres ne furent pas sans effet, les grands du parti de la Savoie furent obligés de quitter la ville. Aymon du Quart fut proclamé prince de Genève; mais la prévôté fut formellement assurée au comte de Savoie. Tels étaient à Genève les événements peu avant l'arrivée de Henri de Luxembourg, empereur, qui favorisait beaucoup le comte Amédée de Savoie.

Plus tard, sous l'épiscopat de Pierre de Faucigny, des Genevois ayant tué un sujet du comte de Genève, les princes de Savoie, Édouard et Aymon, vinrent occuper la ville avec des troupes, montèrent le bourg du Four et s'emparèrent du château du comte, qui avait voulu tirer satisfaction de cet attentat, et qui avait refusé d'acquitter ses obligations de vassal dans une guerre contre le dauphin. Les prières et les menaces de l'évêque ne purent rien sur la multitude; plus turbulents que sages, tous se jetaient dans les bras de la Savoie; tous les lieux fortifiés lui étaient livrés. Ces différends eurent pour résultat d'étendre sa suzeraineté. Le roi de France, Philippe de Valois, intervint comme médiateur, et, bientôt après, un violent incendie consuma le palais épiscopal et les plus beaux édifices de la ville haute. A cette époque, la Suisse romande avait pour principaux seigneurs les Granson, qui s'enrichirent d'Aubonne, les Montfaucon, qui étaient comtes de Montbéliard, les Neufchâtel, les Gruyères. Moudon était la résidence de la puissante maison de Savoie, dont le pouvoir se fortifiait de plus en plus dans ces belles contrées, et s'affermissait aussi dans la région que Charlemagne avait donnée au chapitre de Sion, et qui du lac Leman s'étend au Saint-Bernard.

Au milieu d'une époque de barbarie, il importe de signaler un trait qui honore les habitants de Soleure. Ils s'étaient déclarés pour Louis de Bavière; en conséquence, le duc Léopold était venu mettre le siège devant leur ville. Des pluies battantes avaient tellement grossi l'Aar, que les eaux emportèrent le pont, dans un moment où il était chargé de soldats du duc d'Autriche. Au lieu de se réjouir de la perte de leurs ennemis, les assiégés vinrent à leur secours avec des bateaux, les recueillirent, puis les ayant réchauffés et nourris dans la ville même, ils les renvoyèrent au camp. Touché de tant de générosité, Léopold se présenta aux portes avec trente cavaliers et fit don aux habitants d'une bannière en signe de sa reconnaissance.

A Zürich cependant se préparaient des événements qui devaient à jamais influer sur le destin de la Suisse. Jetons un regard sur cette cité, qui élève ses édifices au bord d'un des plus beaux lacs de la terre, dont les eaux, semblables à celles d'un large fleuve, partagent de fertiles coteaux, qui sont chargés de prairies, de vergers et de vignobles. L'œil reconnaît sur les collines, au milieu du vignoble et des forêts, les blanches habitations du rivage; dans le lointain, Richterschwyl et Rapperschwyl, bourgades entre lesquelles les deux rives se rapprochent assez pour qu'un immense pont les puisse réunir. A l'horizon, par delà ce riche tableau, une longue et noire muraille de roches, et les glaces éternelles de Glarus et d'Appenzell. Que le soleil vienne faire briller leurs cimes rosées, qu'il communique son éclat aux ondes du lac, qu'il anime ces coteaux, qu'il dore ces innombrables villages, et l'imagination la plus brillante ne pourra créer aucun tableau qui surpasse la réalité. Dès les temps les plus anciens, ce pays fut riche de tout ce que l'industrie et le commerce peuvent accumuler de bienfaits : c'était le centre de toutes les affaires importantes pour l'Italie, l'Allemagne, les Pays-Bas et une partie de la France. La constitution de Zürich ajoutait encore à tant de prospérité le bienfait de la liberté. La communauté nommait un conseil, qui administrait avec les juges ecclésiastiques; tous s'engageaient à défendre chacun, et chacun se vouait à la même obligation envers tous. On ne recevait de bourgeois que ceux qui par serment promettaient de se mettre pour dix ans, au moins, à la disposition de la république, et de l'assister de leurs conseils, de leurs bras, de leurs deniers : chacun donnait caution d'acheter ou de bâtir une maison. Avant de recevoir un citoyen, la ville s'assurait que son admission dans les premiers six mois n'entraînerait la cité à aucune guerre. Le son de la cloche rassemblait la commune au lieu le plus élevé de la ville, sur l'emplacement de l'ancien palais : là, on votait et l'on délibérait en plein air. On décidait quel serait, en cas d'élection douteuse, l'empereur reconnu par Zürich; si l'on ferait la guerre, si l'on prendrait un protecteur : on y déterminait le prix des denrées; on y fixait les poids et mesures, etc., etc. Enfin, tous les quatre mois on élisait le conseil, et tout citoyen était obligé de prendre part à l'élection, sous peine de perdre ses droits.

Le conseil se composait de douze chevaliers et de vingt-quatre bourgeois partagés en trois sections : c'était le gouvernement, le pouvoir exécutif, la cour de justice. On n'admettait aucune intervention étrangère, aucune démarche : les protecteurs d'un criminel étaient punis comme lui. L'amende ne pouvait être infligée que du consentement des trois sections et dans certains cas déterminés : autrement, il fallait l'assentiment de tous, ou de cent bourgeois au moins. La considération de certaines familles maintint long-temps les dignités municipales dans leur sein, et cet ordre de choses marchant d'amélioration en amélioration, se perpétua pendant des siècles, et se consolida avec les mœurs simples du pays. Enrichis par le commerce, des bourgeois devenaient chevaliers, mais ils ne changeaient point de nom, et ne rougissaient pas de leur boutique. La confiance s'accrut au point que fort souvent les étrangers portaient leurs différends devant les magistrats de Zürich, sûrs à l'avance d'une décision éclairée. Le prévôt de la ville et celui de l'abbaye ne pouvaient exécuter les sentences qu'ils rendaient en matière de dettes que lorsqu'elles avaient reçu la ratification du conseil. Il y avait trois chanoines élus par la ville et les deux chapitres pour juger les différends entre prêtres et bourgeois.

Par une disposition sage, on dé-

SUISSE.

truisit à jamais l'esprit de coterie, en punissant d'une amende de dix marcs et de démolition de sa maison, quiconque fonderait une association ou une maîtrise autres que celles créées pour les métiers : la patrie s'oublie trop souvent dans ces réunions. Quand deux citoyens se mettaient en hostilité, on les bannissait l'un et l'autre. La ville avait de bonnes murailles, de fortes tours, des fossés profonds; on ne permit l'établissement d'aucun faubourg, d'aucune maison fortifiée dans le voisinage. Le code pénal était simple : le meurtrier était puni de bannissement et de déchéance des droits de cité; l'étranger subissait la peine capitale. Si le meurtre était involontaire, il y avait amende de 20 marcs, et de moitié seulement, si l'homicide n'était pas bourgeois; car le bourgeois vit non seulement pour lui, mais pour le salut de tous. Si le criminel se réfugiait dans la demeure d'un prêtre, on l'en arrachait; s'il fuyait chez un citoyen, on n'employait la force qu'après que celui-ci avait refusé de le livrer. L'injure pouvant allumer la colère, on punissait son auteur, sans aucune plainte de la part de l'insulté, de peur qu'il ne se fît justice à lui-même. Si la partie qui perdait son procès se répandait en invectives contre les juges, ceux-ci quittaient le siége, et ne consentaient à reprendre leurs fonctions qu'après que satisfaction leur était donnée. Ce sentiment de dignité personnelle faisait de chaque bourgeois un ami sûr, un ennemi dangereux, un homme libre, un guerrier courageux, et tel était le citoyen, tel le peuple entier. Dans les mœurs, il y avait cordialité, simplicité : il était défendu d'inviter à la noce la plus splendide au delà de la vingt mères de famille, et d'y appeler plus de quatre musiciens (deux hautbois, deux violons) et de deux chanteurs. La police des cabarets était sévère, l'heure de la retraite invariable; on n'y buvait que du vin du pays. Enfin, les femmes publiques, assujetties jusqu'alors à porter des bonnets rouges, furent entièrement supprimées. Les Juifs, comme partout en ces temps-là, éprouvaient mainte avanie : il leur était défendu de se mettre à la fenêtre, ou de se montrer en aucune façon du jeudi saint au samedi saint, ni de faire aucun bruit dans leurs maisons. Le gouverneur impérial n'intervenait que rarement dans les affaires de Zürich ; il ne paraissait au conseil que quand il y était appelé. Les affaires cap'tales étaient de sa compétence, mais vu la douceur des mœurs, il y en avait peu, et la jalousie des bourgeois contre tout pouvoir étranger fut pour beaucoup dans la modération des lois, et dans l'éloignement que les Zürichois montrèrent pour la peine de mort. Cette belle constitution, au surplus, s'était formée à la longue; elle n'était pas, comme celles de l'antiquité, la conception d'un homme de génie, l'œuvre et la gloire d'un seul ; le temps et l'expérience l'avaient élaborée, et la volonté libre des citoyens y ajoutait toujours quelque nouvelle disposition.

L'aisance amène le loisir, les relations sociales se multiplient avec les jouissances. Zürich ne demeura point étrangère au mouvement intellectuel : les inventions nouvelles, les exercices de l'esprit, la poésie même occupaient un grand nombre de ses notables habitants. Le nom de Roger Manesse est encore célèbre : les troubadours ou *Minnesinger* de l'Allemagne accoururent en foule à son château de Manegk et à Zürich. Il nous a laissé un recueil de vers de plus de cent quarante auteurs. Leurs chants retentissaient dans tous les châteaux de la Thurgovie, comme dans l'Oberland bernois : Hadloub les répétait sur sa lyre. Conrad de Muri fit revivre la mythologie; à Zürich Boner fit son recueil de fables ingénieuses. Dans les nuits solitaires de son château, Lutold de Regensberg apprenait de son esprit familier les secrets de la philosophie ; Wolfram d'Eschenbach y chanta les aventures merveilleuses de Guillaume d'Orange et peut-être aussi les Niebelungen. cette Iliade germanique. Eschenbach traduisait, avec un rare bonheur, les chants provençaux. Jean de Wart, les comtes de

Tockenbourg, Werner de Honberg, Jean de Habsbourg et de Rapperscæwyl, et une multitude de seigneurs et de bourgeois s'abandonnaient au culte des Muses : les uns chantaient l'amour et les plaisirs, et les autres, sur un ton plus grave, se plaignaient de la décadence des mœurs. Leurs créations ont autant de grace que de force ; souvent il y a de l'élévation, plus souvent du sentiment, toujours du naturel et de la simplicité. Telle était l'heureuse Zürich, libre, riche, tranquille ; depuis le sommet du Saint-Gothard jusqu'aux rives du Rhin, elle ne voyait que des alliés, et l'emportait sur tous en prospérité, en intelligence, en institutions civiles et militaires.

Mais une révolution se préparait ; des partis se formaient dans le conseil : on accusa les dominateurs de partialité. A entendre les factieux, il n'y avait plus de sécurité pour les citoyens, plus de fidélité dans l'administration des revenus publics : l'arbitraire et l'orgueil étaient partout. Rodolphe Broun, membre du conseil, était le principal auteur de ces plaintes ; il ameutait les bourgeois, leur représentait la tyrannie comme insupportable, promettait de braver tous les dangers, pourvu qu'on le secondât. Le bon droit, le nombre n'étaient ils pas du côté du pauvre ? Pour lui, il risquerait ses biens, sa liberté, sa vie pour sauver le peuple de l'oppression. Alors on vit s'attacher à sa suite quiconque avait un sujet de mécontentement, quiconque, comme lui, avait été frappé d'une amende, ou murmurait de l'impôt : il eut pour partisans ceux qui se plaignaient d'avoir perdu des procès, ceux qui attendaient tout d'un changement, et cette ardente jeunesse, toujours prête à se jeter dans toutes les entreprises hasardeuses. Il y avait d'ailleurs un charme secret dans le renversement d'un pouvoir, et dans la création d'un autre ordre de choses.

Au mois de mai 1335, la commune étant réunie pour les élections, un homme du peuple s'avança, et demanda qu'il fût rendu compte des revenus publics : cette réclamation fut appuyée par les chevaliers Manesse et Glaris, et par deux autres amis de Broun, membres du conseil. L'assemblée était en proie à la plus grande agitation. Broun savait que dans tout commencement la modération est le plus sûr moyen de succès. Chacun put donc s'en retourner librement : on regarda cette scène comme une tempête qui n'aurait point d'effet, et l'on crut apaiser le peuple en temporisant, au lieu de recourir à des mesures de vigueur pour s'assurer le repos. Six semaines après, il y eut une violente émeute : le peuple se précipita vers le lieu des séances du conseil : les magistrats, saisis de terreur, s'enfuirent la plupart de la ville. Cet événement fut suivi d'une réunion dans un couvent, où la souveraine puissance fut décernée à Rodolphe Broun. Le gouvernement devait changer de forme. Provisoirement Broun s'adjoignit Roger Manesse, Henri Biber, Jean de Hottingen et Jacques Broun le chevalier. Les anciens magistrats furent bannis ; leurs enfants mêmes furent privés de toute participation au pouvoir. A la fin de cette même année 1335, Rodolphe assembla les bourgeois, et l'on convint d'une constitution qui le fit bourgmestre à vie, et lui donna un conseil de chevaliers, de bourgeois et d'artisans. Tous les chevaliers et tous les bourgeois qui ne vivaient pas d'une profession, composèrent une association guerrière, appelée *constable* ; la bannière de Zürich lui était confiée. Le bourgmestre désignait deux chevaliers, deux écuyers et quatre autres personnes à son choix, pour élire treize membres du conseil dans le constable, dont six chevaliers et sept bourgeois. Tous les métiers furent répartis en treize tribus composées de maîtres et de compagnons. Toute contestation sur une élection devait être décidée par le bourgmestre, qui recevait les serments de tous les chefs de tribus. Les chefs, les treize conseillers du constable et lui composaient le conseil. A la mort de Broun, on

SUISSE.

élirait pour bourgmestre, soit Henri Biber, soit Roger Manesse, soit Jean de Hottingen, soit enfin Jacques Broun. Les pouvoirs des conseils duraient de la Saint-Jean-Baptiste jusqu'à la Saint-Jean l'évangéliste. Quinze jours auparavant on renouvelait les électeurs. On ne porta point atteinte aux droits de l'empereur Louis de Bavière, qui sanctionna ces statuts : ils reçurent aussi l'approbation d'Élisabeth de Mazingen, abbesse par la grâce de Dieu, et du comte de Tockenbourg, abbé du grand chapitre.

L'esprit de ce gouvernement fut favorable au commerce, mais préjudiciable à l'agriculture, dont les produits se vendaient à vil prix : on défendit l'exportation des matières premières et l'importation des matières ouvrées. Quelques citoyens ayant demandé la faculté d'acheter librement au dehors des objets de première nécessité, il fut décrété que quiconque à l'avenir reproduirait cette demande, serait banni pour cinq ans, ou puni corporellement. Cependant Jean de Rapperschwyl avait recueilli les fugitifs, qui se vengeaient de la confiscation de leurs biens, en saisissant les revenus des propriétés rurales de leurs ennemis ; ils avaient d'ailleurs des intelligences dans Zürich. Rodolphe Broun, prétextant une conspiration, fit punir ceux qui lui portaient ombrage : quiconque quitta la ville sans sa permission, était banni à perpétuité. Il fut interdit aux amis, aux parents, de se réunir à plus de cinq et même à plus de trois ; quiconque, le soir, sortait sans lumière, ou quiconque ouvrait sa maison après le couvre-feu, était sévèrement puni. Le bourgmestre avait le droit de s'emparer de tous les chevaux. Il se fit accorder une garde et soixante marcs d'argent pour la payer.

Rodolphe Broun fit quelques expéditions guerrières ; l'une d'elles contre Jean de Rapperschwyl, de concert avec Diethelm de Tockenbourg, neveu de l'abbé. On attaqua de toutes parts le château de Grünau, que se disputaient ces seigneurs ; mais Jean de Rapperschwyl, habile et courageux, ne tint pas compte du nombre, et, du haut du Buchberg, se précipita sur l'ennemi. Les Zürichois s'enfuirent en désordre dans leurs bateaux, et Diethelm fut fait prisonnier. On ne sait si ce fut dans cette occasion que Broun fut blessé. Quoi qu'il en soit, il voulut relever sa réputation, et fit une nouvelle expédition. Cette fois le nombre l'emporta : Jean périt en combattant, et près de lui le jeune chevalier Ulinger, dont la valeur venait de venger sa mort. Les habitants de Rapperschwyl, exaspérés par cette double perte, coupèrent leur prisonnier Diethelm par morceaux : l'intervention de Louis de Bavière et des ducs d'Autriche rétablit la paix. Une autre fois, Broun, du consentement des ducs détruisit le château de Schauenbourg, dans lequel ses ennemis tenaient conseil, et seconda les habitants des bords du lac de Constance dans leurs campagnes contre le château d'Alstetten; il fut l'allié fidèle de Saint-Gall, de Schaffhousen et de Bâle. Pendant quatorze ans cet ordre de choses fut florissant ; mais Broun avait trop d'ennemis, son pouvoir s'était établi sur trop d'infortunes particulières : les exilés, les familles déchues du pouvoir, les parents des condamnés le haïssaient. Ils voulaient rétablir l'ancienne constitution : à leurs yeux c'était un devoir ; et quel que fût l'évènement, une seule nuit devait mettre fin à leurs longs malheurs. On s'assura des dispositions du comte de Rapperschwyl, qui avait à venger son père tué à Grünau. On avertit Bérenger de Hohenlandenberg et Ulrich de Bonstetten : parmi sept cents conjurés, chose surprenante, il ne se trouva ni un traître, ni même un indiscret. Au moment fixé pour l'exécution, Ulrich de Bonstetten vint sous prétexte de visiter sa parente, religieuse du monastère : le comte de Rapperschwyl prétexta des affaires ; il entra dans la ville à minuit, et Bérenger de Landenberg fut hissé par-dessus les murs. Un portier avait été gagné ; il laissa entrer les soldats de Rapperschwyl. On voulait décapiter, à la maison de ville, le bourgmestre et ses principaux complices. Malheureusement un garçon boulanger sommeillait derrière le fourneau de l'auberge où l'on s'était réuni ; il entendit tout, et se hâta de prévenir son maître, qui se rendit chez Rodolphe Broun. Celui-ci revêtit promptement la cuirasse, le boulanger sonna l'alarme. Rodolphe courut sans bas, sans souliers à la maison commune, non sans s'exposer à de grands dangers, car les conjurés tuèrent son valet, qui marchait devant lui ; heureusement pour lui qu'il savait le mot d'ordre. Arrivé à l'hôtel de ville il en ferme la porte, appelle au secours et pousse de grands cris. Les artisans accoururent les premiers : les femmes mêmes se mêlèrent au combat, jetant par les fenêtres des casseroles, des pots et des pierres. Cependant les conjurés s'étaient emparés de la place du marché : Rodolphe les attaqua ; là périt Bérenger de Haut-Landenberg, avec Ulrich de Mazingen et cinq anciens conseillers ; enfin, il fallut céder et s'enfuir. Les bateaux étaient submergés sous le poids des fuyards ; d'autres se précipitaient des murailles ; d'autres encore étaient écrasés ; Jean de Rapperschwyl et Ulrich de Bonstetten furent pris dans les fossés. Ils furent enfermés dans la tour de Wellenberg, sur un rocher que les flots du lac battent de toutes parts. Trente-sept citoyens furent, les uns décapités, les autres roués, et chacun fut mis à mort devant sa maison. On prolongea leurs tourments, afin d'effrayer à jamais quiconque voudrait conspirer contre Broun. Sept jours après, il alla mettre le siège devant Rapperschwyl, où Schaffhousen lui envoya des secours : la ville se rendit le troisième jour, après avoir stipulé le maintien de ses libertés.

Cependant les comtes de Rapperschwyl et de Bonstetten ne réclamaient point la délivrance de leur frère. Broun menaça de ravager le pays. Pour prévenir ces désastres, la reine Agnès, qui vivait encore à Königsfelden, s'interposa en faveur des habitants, sans que jamais il fût parlé de délivrer les prisonniers. Mais les nobles de Walner, dont le château était à Freudenstein, près de Soulz en Alsace, tenant des terres des Habsbourg de Rapperschwyl, enlevèrent à vingt-cinq marchands de Zürich pour 358 ducats de marchandises : par forme de représailles, Rodolphe Broun fit saisir cent pèlerins de Bâle et soixante de Strasbourg, qui se rendaient à Notre-Dame-des-Ermites. Les évêques et les villes impériales du Brisgau intervinrent. Inflexible tant qu'il ne craignait rien, le bourgmestre céda, quand il vit que le commerce de Zürich avec Francfort était compromis ; il voulut traiter de la paix avec les jeunes comtes de Rapperschwyl, qui lui répondirent que leurs fiefs appartenaient à l'Autriche, et qu'ils ne feraient rien sans les ducs. Ils souffrirent même patiemment qu'il leur vînt enlever comme otages soixante des principaux habitants de Rapperschwyl. Le château fut renversé, les murs de la ville démolis ; les habitants se flattaient que, désormais sans défense, ils n'auraient plus rien à redouter de la guerre ; mais tout à coup au mois de décembre, par un froid rigoureux, Rodolphe Broun leur enjoignit de quitter leurs demeures, et y mit le feu, acte d'une froide et imbécile barbarie. Rodolphe ne savait ni conserver une conquête, ni la rendre inutile à l'ennemi.

Ce fut en 1351, cinq mois après s'être rendu coupable de cette horrible destruction, qu'il envoya demander le secours des Waldstetten, en leur proposant une alliance éternelle. Les cantons avaient toujours compris l'importance dont serait pour eux l'indépendance de Zürich. Les envoyés de Schwytz, Uri, Unterwalden et Lucerne vinrent donc à cet appel, et le 1er mai on signa l'acte de confédération, qui devait être renouvelé tous les dix ans, mais qui portait en lui-même la clause de perpétuité.

Cependant la captivité de Jean de Habsbourg et d'Ulrich de Bonstetten se prolongeait, et, dans les premiers jours du mois d'août, Albert, duc d'Autriche, fils de l'empereur de ce nom, et petit-fils de Rodolphe, vint à

Brougk, où se réunirent les députés des villes d'Alsace et du Brisgau. Dans cette réunion, il se plaignit amèrement des Zürichois et des cruautés qu'ils avaient exercées sur la ville de Rapperschwyl. Il exposa en même temps ses griefs contre les Suisses. Les députés de Rapperschwyl excitèrent une commisération universelle. Les magistrats des villes promirent de venger leur malheur. Le duc fit comparaître les envoyés de Zürich, et leur ordonna de reconstruire le Vieux et le Neuf-Rapperschwyl, et de réparer pécuniairement le dommage. Ils répondirent qu'ils n'en feraient rien; que l'auteur de tout le mal était le comte Jean; que lui seul avait commencé les hostilités. Albert se prépara donc à la guerre, et les Zürichois implorèrent le secours des cantons, et dépêchèrent des députés à l'empereur Charles IV, qui promit d'intervenir pour le maintien de la paix. Le 13 octobre, les Suisses entrèrent dans la ville, bannières déployées; Albert vint camper près de ses remparts. Cependant les Bâlois n'eurent pas de peine à le déterminer à choisir des arbitres; Zürich en nomma de son côté: l'un d'eux était le seigneur de Balm, prévôt de Berne. Ils soumirent leur décision à la reine Agnès, à Kœnigsfelden; mais elle mit beaucoup de partialité dans son jugement. Les Waldstetten virent avec déplaisir les Zürichois donner des otages. L'arrêt blâmait toute leur conduite; il ordonnait la reconstruction des deux Rapperschwyl; enfin il embrouillait tellement les clauses relatives à la délivrance de Habsbourg et de Bonstetten, qu'il y avait dans cette pièce germe à de nouvelles discordes. Malgré ce que ce traité avait de désavantageux, les parents des otages déterminèrent la cité à le jurer; mais bientôt les contestations recommencèrent, car les conseillers du duc ne voulaient que gagner du temps. On jeta les otages dans les fers, sous prétexte que les captifs, dont cependant il n'était pas fait mention expresse, n'étaient pas encore libres. Les Suisses indignés coururent aux armes. Dans ces circonstances, Albert demanda un contingent à Glarus. Ce pays, administré sous la protection de l'empire, appartenait à l'abbesse de Sekingen, et ne devait de contingent que pour sa défense. Depuis que les Habsbourg avaient acquis l'advocatie du couvent et le fief de la prévôté de Glarus, beaucoup de griefs avaient éloigné d'eux les habitants. Ils leur reprochaient leur réunion à Gastern, la présence d'un gouverneur dans le château fort de Naefels, la suppression du landamman, leur magistrat populaire, etc. Le gouverneur était alors un chevalier de famille rhétienne, Werther de Stadion; on lui répondit que le pays n'était pas tenu de prendre part aux guerres des ducs d'Autriche. Albert voulut employer la force, mais les Suisses le devancèrent; ils firent occuper les vallées de Glarus au milieu de l'hiver. L'alliance s'établit entre les cantons et ce petit pays, qui sur-le-champ fournit deux cents hommes à la garnison de Zürich. Stadion, qui avait pris la fuite, essaya d'une surprise. Il vint de Rapperschwyl avec beaucoup de soldats; à son approche, les Glarnais s'assemblèrent sur le Rutifeld, non loin de Naefels. Le gouverneur n'avait à soutenir que l'honneur de son nom; ses adversaires combattaient pour tout ce qui est cher à l'homme. Stadion périt et beaucoup de nobles avec lui. Les vainqueurs tuèrent vingt-deux bourgeois de Wesen et raserent le château de Naefels.

Pendant que le duc rassemblait son armée, il y avait près de Baden une troupe de soldats de Bâle, de Strasbourg et de Fribourg en Brisgau. Ils ne cessaient de ravager les terres de Zürich. Le bourgmestre résolut de les battre avant l'arrivée des renforts qu'ils attendaient. Ils étaient instruits de ses projets, et tandis qu'il s'avançait le long de la Reuss, vers Tätwyl, ils lui dressèrent un piège, dans lequel il donna. Le pays est composé de jolies vallées dominées par des collines boisées et sillonnées par la Limmath, la Reuss, l'Aar et une multitude de ruisseaux. Il eût été facile à un guerrier habile d'y prendre une bonne position, mais Broun n'était informé de rien; il ne sut pas même que des sources de l'Adige était arrivé Burghard d'Ellerbach, l'un des chefs les plus expérimentés de l'armée du duc, et que la petite troupe qu'il espérait combattre avec avantage s'élevait maintenant à quatre mille hommes, tandis qu'il n'en avait que quinze cents. Quand il l'apprit, il n'était plus temps d'y remédier, car il était cerné. Pâle de terreur, il s'enfuit secrètement à sa maison de campagne, croyant abandonner les siens à une mort certaine. Manesse, après l'avoir vainement cherché, se précipita à la tête des Zürichois, puis, affectant une confiance qu'il n'avait pas, « Le salut de la patrie est entre nos mains, dit-il; combattez vaillamment; nous ne sommes point abandonnés : nos concitoyens accourent, et le conseil de guerre a décidé que Rodolphe irait au-devant d'eux, pour les mieux guider. En son absence, c'est à moi que le commandement est confié. » Aussitôt il donna le mot d'ordre et attendit l'ennemi. On dit qu'il eut soin de placer beaucoup de juments à l'endroit où chargea la cavalerie, ce qui empêcha les cavaliers de gouverner leurs chevaux. Pendant plus de trois heures, et jusqu'à la nuit, il soutint un combat inégal. Déjà les forces des soldats s'épuisaient, quand tout à coup, sur une hauteur, retentit le cri : *A nous, saint Félix!* C'était le mot d'ordre. Cent cinquante campagnards de Richterschwyl, Wadischwyl et Pfæffikon l'avaient appris en chemin et ils venaient se joindre à l'armée, sans savoir que déjà elle était engagée. Leur apparition décida la victoire. L'ennemi fut repoussé jusque sous les murs de Baden. En reconnaissance de ce succès, les Zürichois vouèrent une procession à Einsiedlen. Elle se renouvela tous les ans avec une grande solennité pendant cent soixante et dix ans, et il fallait qu'il y assistât un homme par foyer domestique. Après cet acte de lâcheté, il semblerait que le bourgmestre dût être perdu dans l'esprit de la bourgeoisie : il en fut tout autrement.

Le peuple l'alla chercher, bannière déployée, pour le ramener dans Zürich; car il avait fait répandre le bruit que la noblesse conspirait contre les artisans.

Au printemps, les préparatifs du duc n'étant pas encore terminés, mille soldats vinrent à Küsnacht par l'isthme qui sépare le lac de Zug de celui de Lucerne : ils brûlèrent les habitations, et déjà s'en retournaient chargés de butin, quand, par une audace extraordinaire, quarante-deux Suisses se jetèrent sur eux pour le leur enlever. Ces braves perdirent dix-sept hommes, et les vingt-cinq autres continuèrent à combattre avec acharnement autour des cadavres. Les Autrichiens, ne pouvant comprendre cette témérité, crurent que ce n'était qu'une fausse attaque pour cacher une embuscade, et s'enfuirent. Mais les Suisses ne faisaient, en agissant ainsi, que suivre la loi de leur pays. Quiconque fuyait devant l'ennemi était puni de mort, et sa descendance était déshonorée jusqu'à la troisième génération. On se vengea du désastre de Küsnacht par la destruction du château de Habsbourg, qui, du haut du Rotenflue, domine le lac de Lucerne.

Les Suisses comprirent l'importance dont serait pour eux la possession de Zug, ville fondée autrefois sous les comtes de Lenzbourg, et dominant un pays ouvert, entouré de collines et de châteaux, dont les maîtres avaient pris chez elle droit de bourgeoisie. Le duc n'y avait qu'une faible garnison d'archers strasbourgeois. A l'approche des Suisses, les campagnards se déclarèrent pour eux. Zug, mal préparée à la défense, obtint une courte trêve, pendant laquelle on dépêcha vers le duc Albert à Kœnigsfelden un député appelé Hermann. Le duc l'écouta négligemment, continuant à s'entretenir avec son fauconnier; et comme Hermann en témoigna sa douleur, *Allez*, répondit le prince, *on reprendra ce qui aura été pris*. A cette nouvelle, Zug ouvrit ses portes aux Suisses, et jura de s'unir à leur ligue pour le maintien de ses droits et de sa liberté.

Albert avait de plus vastes plans : il voulait soumettre les cantons eux-mêmes. L'électeur de Brandebourg, fils de Louis de Bavière, le comte de Neufchâtel, ceux de Monfort, de Würtenberg, d'OEttingen, de Furstenberg, de Nellenbourg, de Kybourg, de Hochberg, lui amenèrent ou lui envoyèrent des secours. Il avait, pour lui, les ducs d Urslingen et de Teck, cinq évêques, Lindau, Fribourg, Bâle, Strasbourg et Schafhousen. En vertu de traités exécutés a regret, le contingent de Berne arriva aussi avec les alliés de Laupen, de Morat, de Payerne, de Soleure. Les Suisses déjà avaient secouru les Bernois à la glorieuse bataille de Laupen (*); ils ne devaient pas les revoir parmi leurs ennemis. Avec les Bernois étaient Erlach, Bubenberg et Weissembourg Il y avait, en tout, trente mille hommes et quatre mille cavaliers. Le commandement supérieur était confié au comte Eberhard de Würtenberg: les Zürichois se défendaient eux-mêmes, et leurs alliés campaient sur le Zürichberg. La première opération des Autrichiens fut de jeter un pont sur la Limmath; les assiégés le brisèrent. L'ennemi, ayant trouvé un gué, ravagea tout le pays entre cette rivière et la Sil. Une sortie des Lucernois faillit devenir funeste aux fourrageurs, mais ils furent sauvés par la cavalerie qu'on envoya à leur secours. Ce fut le seul exploit de l'expédition. L'électeur de Brandebourg offrit sa médiation, qui fut acceptée par Albert et par les Suisses; ceux-ci se souvenaient de l'amitié de Louis de Bavière, son père. Au point du jour, il n'y avait plus devant Zürich que les Bernois, qui partirent aussi, n'ayant pas jugé convenable de faire retraite la nuit.

Les plénipotentiaires se réunirent à Lucerne chez Louis de Brandebourg au commencement d'octobre. Des conditions équitables furent proposées et acceptées : les otages furent rendus à Zürich, qui, à son tour, remit en liberté Jean de Habsbourg-Rapperschwil; Ulrich de Bonstetten avait été accordé, un an plutôt, aux larmes d'une mère âgée de 80 ans, et aux prières de l'abbé de Saint-Gall, son parent. Bonstetten épousa la fille de Roger Manesse, vainqueur de Tätwyl. Nous dirons comment, à la fin de cette même année, Berne entra dans la confédération.

Le duc Albert, apres avoir rendu les derniers devoirs à sa femme, Jeanne de Ferette, dont il conserva les immenses domaines, exigea, comme si ç'eût été une condition de la paix, une entière renonciation de Zug et de Glarus à la confédération. Ces cantons résistèrent. Albert alla trouver l'empereur, et se plaignit à la diète de Worms; puis il arma de nouveau. Charles IV avait fait à Zürich un premier voyage, et s'était montré favorable aux cantons; mais quand il y revint pour se constituer juge, les Suisses réservèrent leurs droits et leur ligue. L'empereur irrité dit que ces alliances étaient nulles; que les membres de l'empire ne pouvaient en conclure aucune sans l'approbation du souverain, et il leur donna deux jours pour réfléchir. Les députés, après s'être consultés, déclarèrent qu'ils resteraient fermes dans l'observation de leurs serments. Tout aussitôt des ordres furent donnés dans tout l'empire, et l'on se disposa à réduire à l'obéissance ces montagnards qui méconnaissaient l'autorité impériale. En juin 1354, un message parti de Ratisbonne déclara solennellement la guerre aux confédérés. Sur ces entrefaites, Jean de Rapperschwyl vendit cette ville au duc Albert. Le 2 août, des troupes autrichiennes passèrent sous les murs de Zürich pour aller prendre possession du comté. On rebâtit le fort, la ville et les murailles. Cette cession mettait à la disposition d'Albert les pèlerinages d'Einsidein, le commerce et les relations de Zürich avec Glarus et Schwytz. Il s'empara bientôt aussi d'un retranchement voisin d'Obermella, et fit un grand carnage de la petite garnison Trois semaines n'étaient pas révolues que

(*) Nous en parlerons plus tard, quoiqu'elle ait lieu dès l'année 1337 : il eût été difficile d'interrompre l'histoire de Zurich.

5e *Livraison.* (SUISSE.)

l'empereur vint camper devant Zürich à la tête de plus de quarante mille hommes. Les habitants faisaient beaucoup de sorties, non-seulement pour se tenir en haleine, mais encore pour avoir occasion de parler aux soldats ennemis, et de les instruire des véritables causes de la guerre. Le but n'était pas, disaient-ils, de réduire à l'obéissance une seule ville, mais de faire décider par la violence que les États de l'empire n'avaient pas le droit de se liguer entre eux, ce qui, cependant, était le seul moyen de se garantir de l'oppression des grands. Sous divers prétextes, des bourgeois de Zürich venaient dans le camp, où ils racontaient des faits, où ils discutaient des questions, où ils accusaient l'audace et l'ambition des Habsbourg. En même temps, un drapeau à l'aigle impériale flottait sur la tour en signe de fidélité. Les députés des confédérés, ceux de beaucoup d'autres villes, et même des seigneurs, vinrent à la tente de l'empereur, en demandant la paix pour la Suisse. Malgré les efforts du duc d'Autriche, Charles reconnut qu'il n'était pas juste d'attaquer les peuples de l'empire contre le vœu des États ; et le lendemain de cette sentence, on partit dans le plus grand désordre, chacun se disputant la prérogative d'ouvrir la marche. L'Autriche continua ses incursions, et couvrit ce pays de cavaliers hongrois, qui firent encore plus de mal à ses alliés qu'à ses ennemis.

Charles IV envoya aux confédérés des traités à signer ; non en assemblée générale, mais chaque État devait y accéder séparément. C'était un essai pour diviser les Suisses. Rodolphe Broun y fut pris, ou feignit de s'y laisser prendre : il signa au nom de Zürich, ainsi que quelques conseillers qu'il avait convoqués. A Zug, on y mit plus de précaution, et, croyant remarquer que certaine clause compromettait la confédération, on en référa au landamman de Schwytz. Lucerne, Uri, Unterwald furent prévenus de refuser leur adhésion, et de toutes parts des députés vinrent à Zürich. Dans cette assemblée, ceux de Schwytz demandèrent qu'il fût donné lecture à haute voix de la pièce signée par Broun. Elle indigna les assistants, surtout en ce qu'Albert appelait les cantons *ses Waldstetten*, en ce que les différends devaient, désormais, être jugés à Uznach par ses arbitres et par ceux de Zürich, en ce qu'il y était stipulé que les Zürichois, tout en gardant les anciens traités, n'en exécuteraient aucun de préférence à celui-ci. Rodolphe Broun s'excusa par les plus frivoles prétextes : les envoyés du duc étaient pressés, il n'avait pas eu le temps de lire ; il avait, selon ses loyales habitudes, signé de confiance. Dans ces circonstances, ajoutait-il, le parti le plus sage était de faire à l'empereur de simples remontrances. On convint de demander des explications à ce prince : il les promit. Il était alors en Moravie. On attendait encore, lorsque, l'année suivante, Zürich conclut un traité avec Albert de Bucheim ; c'était une promesse de secours mutuels entre les villes et les ducs pour tout le pays du Rhône au Jura, pour la Franche-Comté, les Vosges, la vallée de la Kinzig, l'Arlenberg, et jusqu'au Septimer ; par conséquent ce rayon était beaucoup plus étendu que le territoire pour lequel la ville était engagée avec les Waldstetten. Le gouverneur autrichien devait seul décider quand il y aurait lieu à demander le secours. Il est vrai qu'on assura l'exécution des autres traités ; mais l'année précédente, Broun en avait conclu un qui mettait l'alliance autrichienne au-dessus de celle des cantons.

L'empereur prononça enfin sa sentence sur le sens de ce traité : sous peine d'encourir sa disgrâce, il fut interdit aux Suisses de compter Zug et Glarus parmi les confédérés. On en délibéra à Lucerne ; mais Zürich resta neutre. Les Suisses dirent qu'ils repoussaient cet arrêt, et qu'ils s'en reposaient de l'avenir sur Dieu et sur leurs bras. Les autres cantons, avec plus de douceur, jugèrent qu'il ne fallait accepter le traité que quand on en aurait rayé les mots *ses Waldstetten*, et sous condition expresse que l'incorporation de Zug et de Glarus serait reconnue; et comme Albert de Bucheim voulait les contraindre au serment, Schwytz envahit ce territoire, se fit jurer et jura fidélité. Bucheim ne put l'empêcher; il fut donc bien aise d'accepter la médiation de Pierre de Thorberg, et de conclure un armistice. Quand Bucheim et les envoyés de Zürich vinrent à Vienne, Albert était fort souffrant, et son fils aîné Rodolphe ne permit point qu'on l'entretînt des affaires des cantons.

Ces différents traités avec l'Autriche ternirent la réputation de Rodolphe Broun; d'ailleurs, il s'était secrètement dévoué à la cause des ducs : et il en avait reçu des sommes considérables. Il mourut en 1360, le 18 décembre. C'était une âme à basses inclinations; il se montra fort habile dans les grandes affaires, cruel dans la prospérité, et lâche dans les dangers. Autant ses contemporains s'étaient occupés de lui par la contrainte qu'il leur imposait, autant la postérité se montra oublieuse à son égard. On ne se souvenait pas bien de la date de sa mort, et on la reportait même à une époque postérieure de quinze ans. S'il eût atteint cette époque, il aurait vu encore ses fils et ses parents bannis de Zürich et de toute la confédération pour des forfaits atroces.

Nous allons remonter le cours des années pour ajouter à l'histoire de Zürich celle de Berne. Unie à Soleure, elle détruisit le château de Lundshut, qui appartenait au comte de Kybourg. Dans cette guerre, la défense fut acharnée. Les vassaux de Kybourg combattaient du haut d'un cimetière, et tout ce qu'ils avaient de plus cher, ils l'avaient réuni sur la tombe de leurs aïeux : ils se battaient et mouraient jusqu'au dernier homme. Mais Berne était animée de l'esprit le plus belliqueux : la cloche se faisait-elle entendre : Où faut-il courir? s'écriaient les bourgeois; et la jeunesse se précipitait au dehors. Du haut des murs d'Eschi, de Haiten, de Strættlingen ou de Schœnberg, les mercenaires des seigneurs imploraient la pitié de ces guerriers, en paraissant devant eux la corde au cou. Vainement le comte de Kybourg essayait de dresser des embûches à ces braves, leur contenance les faisait échouer. Beaucoup de seigneurs périrent. La reine Agnès envoya de l'Argovie soixante chevaliers, et parvint à peine à obtenir la paix.

Berne n'était pas alors ce qu'on la voit aujourd'hui : cité populeuse, opulente, régulièrement bâtie, ses rues, prolongées en arcades, chargent le sommet d'une montagne de plus de cent pieds d'élévation : une magnifique cathédrale s'élève sur une esplanade; ce chef-d'œuvre de l'art gothique est entouré d'une belle promenade. L'Aar fait de la montagne une presqu'île, et les faubourgs de la ville bordent ses quais. On dirait que ce fleuve s'arrête avec complaisance sous les murs d'une cité qui soumet à ses lois son cours tout entier, depuis les glaciers du Grimsel, depuis la chute mugissante qui, dans une prison de rocher, l'unit à la chute non moins écumeuse, non moins bruyante de la Handek, jusqu'au riant vallon de Meyringen, jusqu'au lac délicieux de Brientz. Devenue moins tumultueuse, elle s'écoule calme et limpide, traverse Interlaken, Neuhaus, et leurs riches prairies, à la vue de la neigeuse Jungfrau. Puis, quand elle a porté au bassin de Thoun les eaux du Reichenbach, du Staubach, et les deux Luschine, elle arrose l'heureuse et fertile vallée qui s'étend au pied du Niesen et du Stockhorn, s'avance vers Berne, et court parmi les vallons spacieux et gazonnés que sillonnent de belles avenues de cerisiers. Enfin elle tourne et enlace cette capitale, baigne les murs de Soleure, et se hâte de précipiter vers le Rhin toutes les ondes que le versant septentrional des Alpes et la pente occidentale du Jura envoient en tribut à l'immense mer du Nord. Plusieurs sites des environs de Berne offrent le magnifique aspect des glaciers, barrière éternelle entre les peuples germaniques et les chaleureuses contrées du midi.

Au XIV° siècle, l'enceinte de **Berne**

renfermait beaucoup de jardins; les maisons étaient en bois, et il n'y avait guère de remarquable que l'immense muraille qui soutenait l'esplanade de l'église. On la doit, dit-on, à Matthieu de Steinbach, qui, d'après une tradition, serait fils d'Erwein de Steinbach, auquel on attribue une si grande part à l'érection des cathédrales de Fribourg et de Strasbourg. Une noblesse nombreuse et des familles patriciennes se partageaient le pouvoir. Les empereurs aimaient la cité; heureux quand ils en étaient reconnus, les campagnards y trouvaient protection. Pour la confiance dans les dangers, pour la vertu, pour la valeur et la fortune militaires, Berne ne le cédait en rien à Rome primitive. Ces qualités eurent une grande influence sur l'avenir de la confédération; Berne y accéda bientôt, et nous allons raconter les événements qui amenèrent ce grand résultat.

A l'époque où commencèrent les guerres de l'Angleterre contre la maison de Valois, en l'année même où Louis de Bavière assemblait les électeurs pour délibérer sur son excommunication, enfin, en la 157° de l'existence de Berne, la 1333° de J. C., les comtes et les seigneurs de l'Uechtland, de l'Argovie et de la Bourgogne, conspirèrent sa perte, et elle se vit abandonnée de tous ses alliés, sans pouvoir invoquer l'appui d'aucun protecteur. Il était arrivé que des vassaux du comte de Nidau, de la maison de Neufchâtel, avaient enlevé des chariots de grains à des gens que protégeait Berne. Rodolphe de Nidau était un seigneur fort distingué, habile à la guerre; il s'était battu longtemps contre les infidèles; il faisait de sa puissance un bon usage. Les petites villes d'Erlach et de Nidau lui devaient leurs franchises et leurs murailles. Les comtes de Neufchâtel et Gérard de Valengin lui étaient fort dévoués, et il avait, pour lui, l'intérêt de la haute Bourgogne, de la Savoie et des ducs d'Autriche, enfin la protection spéciale de Louis de Bavière. Dans le même temps, Eberhard de Kybourg, l'irréconciliable ennemi des Bernois, se plaignit du refus qu'ils fai-

saient de recevoir sa monnaie. Louis l'écouta avec faveur, car les Bernois ne voulaient point le reconnaître, soit que, Guelfes, ils obéissent aux ordres du pape, soit qu'ils fussent impatients de toute espèce de joug. Les seigneurs, et même les députés de Soleure, se réunirent au château de Nidau, où l'on convint, d'un commun accord, de renverser de fond en comble cette orgueilleuse cité, qui ruinait sans cesse le pouvoir de la noblesse, et le voulait transporter au peuple.

Le peuple de Berne ne s'en émut pas beaucoup; le vénérable Jean de Bubenberg assembla le conseil, où, dans une délibération pleine de calme et de dignité, il fut décidé *qu'on ferait droit à de justes réclamations, mais que la violence serait repoussée par la violence*. On proposa donc une conférence aux nobles; elle eut lieu à Burgdorf. Là, Gérard de Valengin exigea d'abord qu'on se soumît à l'empereur Louis de Bavière, et qu'on lui payât, à lui, 300 marcs d'argent pour indemnité de ses sommations précédentes. Eberhard de Kybourg prétendit se faire rendre la seigneurie de Thoun, annonçant qu'il ne permettrait plus à aucun de ses vassaux de se faire recevoir citoyen de Berne. Rodolphe de Nidau se plaignit de l'insubordination que répandait parmi ses gens cette faculté de devenir bourgeois. Le comte de Gruyère reprocha à la république d'avoir admis les deux frères de Weissembourg, qui relevaient de sa suzeraineté, et demanda le paiement de leurs dettes. En appuyant cette prétention, les Fribourgeois ajoutèrent que l'empereur les chargeait de reprendre Laupen, fief de l'empire. Les Bernois répondirent qu'ils reconnaîtraient Louis de Bavière dès qu'il serait réconcilié avec le saint-siége, qu'ils rendraient Thoun dès que le comte aurait payé ses dettes, et que de cette somme ils libéreraient envers le comte de Gruyère les seigneurs de Weissembourg, leurs bourgeois. Quant à la réclamation de Laupen, elle leur parut nulle comme partant d'un empereur sans qualité. Enfin l'admission des bourgeois, dirent-ils, continuera sur le même pied, car jamais elle n'a servi de prétexte à soustraire des serfs à l'autorité de leur maître. Après cette explication, on se sépara. Les Bernois essayèrent, dans une nouvelle conférence, de rappeler Fribourg à des sentiments d'amitié et d'alliance; mais les députés qui s'étaient abouchés à Blamnat avec ceux de Fribourg, revinrent annoncer qu'il ne fallait rien espérer de ce côté.

Les hostilités commencèrent par des rapines, en attendant que l'armée fût réunie. Des troupes arrivèrent de l'Argovie, de la Souabe, de l'Alsace. Sept cents seigneurs, douze cents chevaliers, trois mille cavaliers et plus de quinze mille fantassins s'avancèrent : les rapports les plus effrayants indiquaient leur marche. Berne se fiait en elle-même, en sa réputation, en la justice de sa cause. Les seigneurs faisaient entendre les menaces les plus folles, et lui prodiguèrent leurs ironiques dédains.

Les principaux efforts de l'ennemi se portèrent sur Laupen; Antoine de Blanckenbourg, qui y commandait, demandait vivement à être secouru. Le sénat comprit combien il importait de dissimuler tout sentiment de crainte. Le vieux schultheiss, Jean de Bubenberg, se leva et jura de sacrifier sa fortune et sa vie plutôt que d'abandonner Laupen. Ce serment fut répété par les sénateurs et par les bourgeois. Il fut décrété que tout père de deux fils en enverrait un à Laupen. Six cents hommes tout armés partirent : Rodolphe de Muhleren portait la bannière. Laupen une fois investi, les alliés ne doutaient pas de leur succès, et se livraient à des jeux chevaleresques. Lorsqu'ils furent tous rassemblés, Jean de Savoie allait se rendre à Berne pour se faire médiateur : c'était l'ordre de son père; mais les seigneurs saisirent la bride de son cheval et le retinrent, en le suppliant de combattre pour ses amis avec la même valeur qu'il l'avait fait en Flandre pour le roi de France.

Berne cependant hésitait sur le choix d'un chef militaire : il y avait parmi ses guerriers beaucoup de braves, mais pas un qui eût en lui-même assez de confiance pour prendre le commandement d'une armée régulière. Pendant ce combat d'une sage modestie, Rodolphe d'Erlach entrait à cheval dans la ville; il était de la maison des nobles d'Erlach, que Berne comptait parmi ses fondateurs. Ulrich d'Erlach, père de celui-ci, était le vainqueur illustré par la célèbre journée du Donnerbühl. Quoique dans la force de l'âge, il s'occupait presque uniquement d'agriculture et avait acheté beaucoup de terres au schultheiss Bubenberg et au comte d'Aarberg. Il était en même temps homme lige du comte de Nidau; mais celui-ci lui avait permis d'embrasser la cause de Berne dont il était citoyen. Peu m'importe, lui disait-il, j'ai deux cents casques et cent quarante chevaliers, je ne tiens pas à un seul homme. Fort bien, lui répondit Erlach, j'accepte ce titre d'homme, et c'est en homme aussi que je saurai combattre. L'apparition d'Erlach à Berne réveilla les glorieux souvenirs de la bataille du Donnerbühl; il fut nommé général par acclamation, et le schultheiss Bubenberg lui remit la bannière. Aussitôt Erlach harangua la bourgeoisie : « J'ai assisté, dit-il, à six batailles, et toujours le petit nombre l'a emporté sur la multitude. La discipline est le seul moyen de succès : sans elle aussi, la valeur est impuissante. Vous êtes des hommes libres, vous resterez libres, mais seulement à la condition d'obéir sous les armes. Je ne crains point l'ennemi : Dieu et vous m'en ferez raison. Je soutiendrai avec vous le combat, et nous le terminerons comme l'a terminé mon père. » Alors chacun éleva la main et jura *de lui obéir à la vie et à la mort, sans contradiction et en toutes choses.*

Cependant Laupen était dans le plus grand danger, malgré la valeureuse défense de Bubenberg; les vivres s'épuisaient, les machines de guerre entamaient les murailles. On implora le secours des cantons. Jean d'Attinghausen réunit les guerriers d'Uri, et Weydmann ceux de Schwytz. Guillaume Tell et Stauffacher prirent part à cette expédition ; neuf cents guerriers passèrent le Brunnig et descendirent dans les délicieuses vallées que baignent les lacs de Brientz et de Thoun. Comme Erlach délibérait sur la manière de combattre : *Sur-le-champ*, s'écrièrent-ils, *et jusqu'à la dernière goutte de sang*. Soleure se montra fidèle à Berne, quoique menacée elle-même par les Autrichiens. Le 20 juin, à minuit, le signal de la marche fut donné. Jean Baselwind, prêtre, avait harangué les guerriers : *L'ennemi*, dit-il, *est fier du nombre, mais Dieu humilie l'orgueil et bénit la valeur ; quiconque meurt pour la patrie gagne le ciel ; quiconque survit au combat est réservé par Dieu même à la gloire, à la liberté. Saint Vincent et saint Ours ont conquis le royaume des cieux en sacrifiant leur vie pour une juste cause.*

Outre les neuf cents auxiliaires des cantons, l'armée se composait de trois cents hommes du Hassli, de trois cents du Siebenthal, de quatre mille Bernois, de quatre-vingts casques de Soleure. Le prêtre Baselwind ouvrait la marche et portait le saint-sacrement. Il était minuit ; mais la lune éclairait la marche. Du haut des murs, les femmes, les enfants jetèrent un dernier regard sur leurs époux, sur leurs pères ; et bientôt la forêt déroba ces braves à leur vue. Alors le schultheiss Bubenberg et les anciens du sénat restèrent en permanence pour attendre des nouvelles, pour veiller à la sûreté de la ville. Les églises étaient remplies d'une multitude de femmes, d'enfants, de vieillards ; tous étaient prosternés devant les saints autels, tous désiraient et craignaient à la fois le résultat de la journée.

Erlach arriva en bon ordre : vers midi, il se posta sur le Bramberg, auprès de Laupen ; une forêt couvrait ses derrières. Les cavaliers coururent de côté et d'autre, provoquant l'ennemi par leurs sarcasmes. Les cantons, Oberhasli, Siebenthal et Soleure demandèrent à soutenir le choc de la cavalerie. Erlach marcha en personne contre l'infanterie ; il s'était entouré de jeunes gens des tribus des tanneurs et des bouchers. *Où sont-ils*, s'écria-t-il, *où sont-ils ces joyeux compagnons, toujours parés de fleurs, toujours prêts à la danse. A eux aujourd'hui l'honneur, le salut de Berne. Ici la bannière, c'est ici qu'est Erlach.* Aussitôt ils accoururent, criant : *Nous voici ; c'est près de vous que nous combattrons.*

D'abord les frondeurs coururent à l'ennemi, lancèrent chacun trois pierres, rompirent leurs rangs et se retirèrent ; ensuite on précipita des chars de fer dans ces lignes ébranlées. Les guerriers qui les montaient ne pouvaient rétrograder : il y eut un instant d'hésitation : le retour des frondeurs trompa ceux qui n'avaient point d'expérience, et ils s'enfuirent dans le bois ; ce que voyant, Erlach s'écria avec l'accent de la joie : « Amis, la victoire est à nous, les lâches nous abandonnent. » Puis, saisissant la bannière, il exécuta une charge impétueuse sur l'infanterie ; le terrain ne permettait pas à l'ennemi de se déployer. Là périt Fulistorff en laissant échapper la bannière de Fribourg ; là tombèrent beaucoup de braves. Rien ne déconcertait la jeunesse bernoise ; elle mit en fuite ces bandes nombreuses ; la déroute fut complète. D'abord les Suisses étaient accablés par la cavalerie ; mais eux-mêmes parvinrent à la vaincre : selon leur usage, ils avaient serré leurs rangs et fait un si bon usage de la fronde que beaucoup de chevaux en furent blessés ; alors la confusion se mit dans ces escadrons. Rodolphe de Nidau et le comte Gérard périrent non loin l'un de l'autre. Tel fut aussi le sort de Jean de Savoie, que son père avait envoyé pour médiateur, et dont il espéra vainement le retour. Il resta sur le champ de bataille trois comtes de Gruyère et onze autres comtes ; il mourut une innombrable quantité de fuyards. Quand le baron de Blumenberg l'apprit : *Dieu préserve Blumenberg*, s'écria-t-il, *de survivre à de pareils hommes !* et il se précipita au milieu des Suisses, qui le tuèrent. Toute la contrée était couverte d'armes, de cadavres; on y remarqua vingt-sept bannières.

Quand les guerriers revinrent de la poursuite, toute l'armée se mit à genoux pour rendre grâces à Dieu d'avoir béni la valeur des troupes et le commandement d'Erlach. Le général remercia les alliés. « Quand nos descendants apprendront cette victoire, dit-il, ils en estimeront davantage le prix de l'alliance; ils n'oublieront pas quels furent leurs aïeux. » On passa la nuit sur le champ de bataille. Le lendemain, ce fut encore le prêtre Baselwind qui ouvrit la marche; après lui venaient les bannières conquises, les armes et les cuirasses. De retour à Berne, Erlach déposa le commandement, satisfait d'avoir, comme son père, sauvé la république. Berne et les cantons se jurèrent une éternelle amitié; les guerriers reçurent une indemnité pour les dommages qu'ils avaient soufferts. On voua une procession annuelle et des distributions aux pauvres en commémoration de ce grand événement.

Cependant la guerre continuait. Le seigneur de Burgistein, qui avait reçu la fausse nouvelle de la défaite des Bernois, en avait témoigné sa joie. Ils prirent son château et le tuèrent. Les amis du seigneur voulurent affamer Berne; ils se livraient à des pillages, contre lesquels il fallait toujours se tenir en garde. La jeunesse s'accoutumait ainsi aux expéditions militaires. On cite, comme preuve de son ardeur, la prise de Hutwyl, qui appartenait au Kybourg, et que les cavaliers emportèrent sans même attendre l'arrivée de l'infanterie. Laupen, ayant fait une expédition contre Fribourg, perdit vingt-deux hommes. Erlach sortit de Berne à la tête de trois bannières, sans dire quel était son projet. Arrivé près de Fribourg, il cacha une embuscade sur le Schœnenberg, ordonnant de ne bouger que quand il brandirait son épée. Aussitôt, il s'avança vers la ville, se fit attaquer et poursuivre, et donna ensuite le signal. L'ennemi fut trompé; pris en queue; il perdit plus de quatre cents hommes, et un grand nombre de fuyards se précipita dans la Sane. En cette circonstance, Erlach rétablit la discipline par un juste exemple de sévérité: quelques hommes, avides de pillage, avaient quitté trop tôt l'embuscade pour prendre des chevaux; quand ils furent cernés, il ne permit pas qu'on les secourût. *Qu'ils demeurent la proie de l'ennemi*, dit-il, *puisqu'à notre salut ils ont préféré le butin*.

Peu de jours après, les Bernois reparurent encore devant Fribourg; ils mirent le feu au pont, et il s'en fallut de peu que toute la ville, qui était bâtie en bois, ne pérît dans cet incendie. Leur vengeance atteignit les ennemis de la république dans les lieux les plus retirés, les plus formidables. Il s'établit un adage portant: *Dieu s'est fait bourgeois de Berne*. Pendant que la jeunesse entreprenait le siége de Thoun, Ellerbach parut subitement sous les murs de Berne. Les vieillards firent alors comme les anciens de Lacédémone après le désastre de Leuctres, ils armèrent leurs membres affaiblis, et, quand la jeunesse accourut, l'ennemi était déjà vaincu. Enfin les seigneurs, Fribourg, et la reine Agnès elle-même, désirèrent la paix. Elle fut conclue en 1341, à Uberstorf. Un bel hommage fut rendu à la vertu d'Erlach: la maison de Neufchâtel n'était pas assez puissante pour se charger de la tutelle des fils de Rodolphe de Nidau; elle fut confiée au vainqueur de Laupen, et cette confiance ne fut pas trompée. Berne, elle-même, s'engagea, comme elle l'avait promis avant la guerre, à ne recevoir au droit de bourgeoisie aucun des vassaux de Nidau. La paix ne fut interrompue qu'envers les comtes de Gruyère, qui, de concert avec les sires de Raron et de la Tour de Châtillon, attaquèrent Jean de Weissembourg. A cette occasion, Pierre Wendschatz portait dans un combat la bannière de Berne: s'étant engagé dans un défilé, il fut battu; mais il n'abandonna point sa bannière; quoique blessé à mort, il réunit ses forces, et la lança par-dessus les ennemis; cette action eut lieu dans le Siebenthal. Les

Bernois attaquèrent et démolirent le château de Gruningen; et comme Pierre de Gruyère le voulait secourir, ils le mirent en grand danger. Alors Clarembold et Ulrich au bras de fer, dont la mémoire s'est conservée à Villars-sous-Mont, le couvrirent de leur corps, et lui donnèrent le temps d'attaquer l'ennemi en flanc. Les Bernois furent forcés à la retraite.

Malgré la peste noire qui enlevait plus du tiers de la population, les Bernois résolurent de venger la mort de leur banneret Wendschatz, qui avait péri au défilé de Laubeck. C'était un temps de deuil et d'horreur : la seule ville de Bâle vit mourir douze mille de ses habitants. Les cimetières ne suffisaient plus, les fossoyeurs manquaient aux morts. Dans un esprit de pénitence, il se formait des troupes de flagellants; les juifs étaient impitoyablement mis à mort; et pendant que la terreur dictait aux uns des actes d'expiation, la superstition des actes de barbarie, d'autres, par un système contraire, se livraient à toutes les débauches, pour jouir promptement d'une vie qui leur échappait. Les guerriers bernois se moquèrent des pénitents; ils dansèrent avec les filles du Siebenthal, donnèrent l'assaut, et détruisirent le château de Laubeck. Pierre de Gruyère obtint la paix par la destruction du château fort de Vanel, dans le pays de la Sane. Ses hautes et robustes murailles, chargées d'antiques sapins, font encore aujourd'hui l'admiration du voyageur.

Charles IV confirma les priviléges de Berne; et en moins de onze ans depuis la bataille de Laupen, Fribourg, Soleure, Bienne, Avenches, Payerne, sollicitèrent le droit de bourgeoisie : elle se fit arbitre entre Avenches et la maison de Neufchâtel, entre Payerne et Fribourg; mais elle n'accrut ses domaines que du seul village de Thorberg qu'elle acheta. Il est triste d'être obligé de lui reprocher l'ingratitude. Jean de Bubenberg eut le sort de tant de grands hommes des républiques anciennes. Son caractère était élevé; il ne savait pas s'abaisser à d'humbles habitudes de popularité; on l'accusa d'affecter les airs hautains des princes, de s'enrichir de présents, de vendre la justice, et Bubenberg, après avoir gouverné l'État dans les temps les plus difficiles, fut condamné, ainsi que plusieurs de ses amis, à un exil perpétuel. Quatorze ans après, lorsqu'on proposa de le rappeler, le greffier prétendit ne pouvoir trouver certain passage des statuts que l'on invoquait en sa faveur : alors un bourgeois lui jeta à la figure une poignée de cerises. Le greffier ayant laissé tomber le livre, le bourgeois fit lui-même la lecture du passage qu'il invoquait; le rappel fut prononcé, et l'on alla chercher Bubenberg et ses fils, qui rentrèrent en ville bannière déployée, au milieu des acclamations du peuple. Jean de Bubenberg, le fils, fut proclamé schultheiss.

Erlach eut une fin bien tragique; ce héros périt victime d'un parricide. Depuis longtemps il habitait Richenbach, sur les bords de l'Aar, non loin de Berne. Il se livrait uniquement aux soins de l'agriculture; connaissant la versatilité populaire, il avait vécu loin des emplois, au milieu de sa famille, composée de deux fils et d'une fille. Celle-ci était mariée à Jobst Rudenz d'Unterwalden, qui vint un jour dans la solitude de son beau-père, pour l'entretenir d'une contestation d'intérêt. Sa mauvaise conduite lui attira de sévères reproches de la part d'Erlach. L'épée de Laupen était suspendue à la muraille : enflammé de colère, Rudenz s'en empara et tua le vieux héros. Les chiens alors le poursuivirent jusque dans la forêt voisine. Tous les Bernois, nobles et bourgeois, se mirent à la recherche du meurtrier; mais on ne put le découvrir, et l'on ignore comment il finit ses jours.

Nous avons vu les Bernois devant Zürich, où ils marchaient contre leur gré, mais pour obéir à une faible obligation résultant d'anciens traités avec l'Autriche. Les députés de Schwytz, d'Uri, d'Unterwalden, se réunirent dans Lucerne, où vinrent aussi les Bernois. Là fut jurée l'alliance, et Berne prit rang après Zürich. Peu de temps après, Gersau, qui s'était formée d'une réunion de pâtres du Rigi, fut admise dans la ligue. Brientz haïssait le seigneur de Ringenberg, son maître. Ses vassaux envoyèrent demander du secours à Unterwalden. Les anciens déclarèrent *qu'il ne fallait soustraire aucun serf à son maître; que Ringenberg étant bourgeois de Berne, ils eussent à l'accuser devant cette cité.* Mais la jeunesse l'emporta : on admit Brientz à la combourgeoisie, et cette imprudente décision faillit allumer la guerre. Ce différend dura quinze ans, pendant lesquels les Bernois firent plus d'une expédition contre Brientz.

Jean de Vienne, évêque de Bâle, ordonna à ses sujets de Bienne de renoncer à leur alliance avec Berne. Les bourgeois résistèrent, et l'évêque fit jeter les principaux citoyens dans les fers. Bienne implora le secours de Berne, qui, avec son contingent, envoya neuf cents hommes des Waldstetten. Quand ils arrivèrent, Bienne était déjà en cendres; ses habitants étaient exposés à toutes les rigueurs de l'hiver. Les confédérés rasèrent le château épiscopal; mais ils ne purent rien contre la Neuve-Ville où s'était retiré l'évêque, et, après un siège de dix jours, ils furent obligés de renoncer à leur entreprise, faute de machines de guerre. Dès que l'hiver s'adoucit, ils reparurent dans l'Arguel, au val Saint-Imier. L'évêque avait un poste sur le rocher de Pierre-Pertuis et ses troupes étaient concentrées à Moutier. Les Bernois forcèrent le passage, et les troupes de Soleure arrivèrent sur Moutier par un sentier escarpé. D'abord le combat ne leur fut point favorable; mais, à l'arrivée des Bernois, Jean de Vienne fut obligé de prendre la fuite. Néanmoins, il nourrissait des idées de vengeance, et il annonça qu'il abattrait la forêt de Bremgarten, voisine de Berne. Pour effectuer cette menace, il s'avança jusqu'à Olten, où il fut arrêté par un débordement de l'Aar; d'ailleurs, le comte Rodolphe de Nidau, son vassal, l'empêcha d'aller plus loin, prévoyant les funestes suites que pourrait avoir pour ses terres une aussi folle entreprise. Des médiateurs intervinrent.

Berne fut condamnée, par des arbitres, à une restitution de trente mille florins, elle qui n'avait alors que, tout au plus, deux mille livres pesant de revenu; mais on soupçonna l'aristocratie d'avoir elle-même inspiré cet arrangement pour humilier la basse classe. L'ancienne constitution était ébranlée : elle voulait que tous les ans, à Pâques, on adjoignît au schultheiss et au sénat deux cents bourgeois, et que les affaires d'un intérêt général fussent portées devant toute la commune. Il s'était établi des divisions dans la noblesse, et chez les bourgeois des associations particulières. Quand Bubenberg fut exilé, le gouvernement organisa un véritable ostracisme. L'exil pour cinq ans était prononcé sur de simples soupçons; les membres du gouvernement juraient de révéler au schultheiss et aux conseillers tout ce qui viendrait à leur connaissance. La terreur inspirée par ces associations était si grande, qu'on éloignait pour un mois quiconque était sorti, après le couvre-feu, sans lumière. Il fut défendu de paraître cuirassé dans la ville. En cas de sédition, le schultheiss était, par le fait, investi du pouvoir dictatorial. Les choses étaient en cet état quand Bubenberg fut rappelé.

La décision des arbitres ne fit qu'exaspérer le peuple. Les réunions se multiplièrent. Le conseil s'assembla avec ce qu'il avait de partisans dans les deux cents, et fit occuper l'hôpital voisin par des hommes en armes. Il fallait effrayer : on imagina une conspiration, et l'on fit saisir le garde de la tour de Saint-Vincent, qui, disait-on, devait sonner le tocsin à un signal convenu. On le mit à la question, et il avoua; puis, conduit au supplice, il jura, par ce Dieu devant lequel il allait paraître, que les tourments avaient seuls pu lui arracher cet aveu mensonger. Il y eut à ce sujet beaucoup d'arrestations, et beaucoup de citoyens quittèrent volontairement leur patrie. Si la constitution de Berne ne tomba point aux mains des tribus, comme à Zürich, ce fut grâce à l'existence du grand conseil, qui protégeait les bourgeois contre l'oligarchie du sénat, et le sénat contre la démocratie. A la suite des troubles dont nous avons retracé l'esquisse, l'évêque Jean de Vienne n'obtint que le dixième de l'indemnité demandée. Le gouvernement lui représenta que l'on craignait le peuple, et il fallut bien qu'il s'en contentât. Ce fut aussi l'occasion de lois somptuaires; les mœurs étaient d'ailleurs fort sévères : on interdit les jeux, on mit des bornes au luxe des repas funèbres; l'irréligion, le doute même étaient sévèrement réprimés. Sur la dénonciation de l'official de Lausanne, un habitant de Bremgarten, nommé Lœfler, fut brûlé vif. On voulait, à cet esprit fort, donner un avant-goût des flammes éternelles : en arrivant au lieu du supplice, il dit au bourreau, sans s'émouvoir : *Mon ami, il n'y a pas assez de bois*, et mourut presque avec indifférence. L'aspect de Berne était tout militaire; la ville était dans un pays ouvert, au milieu de seigneurs hostiles. A Zürich, au contraire, les arts de la paix, le développement intellectuel étaient plus favorisés. Lucerne languissait encore sous la puissance des Habsbourg, qui était un obstacle à l'établissement d'une véritable liberté. Zug et Glarus supportaient patiemment cette puissance, dont ils n'avaient plus tant à redouter l'excès. Les cantons, fidèles à leur vie pastorale, étaient toujours prêts à combattre pour la liberté et pour leurs alliés. Tel était l'état de la Suisse à l'époque de la paix de Thorberg.

Saint-Gall était entouré de pays autrefois déserts, aujourd'hui florissants; ils ne s'accommodaient plus de l'autorité absolue de l'abbé. La ville, sauf quelques prestations en argent, relevait de l'empire. Les montagnards, pour tout ce qui ne dépendait pas de l'abbé, obéissaient à Ulrich de Königseck et à Albert de Werdenberg, auxquels Louis de Bavière avait conféré la prévôté impériale. Le château de Clanx, près d'Appenzell, était gardé pour l'abbé, celui de Rosenberg appartenait aux barons de Roschach. Trois frères, leurs créanciers, le surprirent; mais, quelques temps après, le commandant les tua tous, et les jeta par-dessus les murailles. Après les malheurs des règnes précédents, Saint-Gall se reposait sous l'administration bienfaisante de Hermann de Bonstetten; il était juste et désintéressé; surtout il secondait toutes les entreprises utiles : ainsi il permit à Appenzell de conclure un traité avec Schwytz et Glarus; ainsi il accorda des libertés à la ville de Saint-Gall, et fut modéré dans ses demandes. Mais il eut un mauvais successeur; Georges de Wildenstein revint sur tout ce qu'il avait fait, obtint de Charles IV l'interdiction, à Appenzell, de se liguer avec Schwytz, et la défense, à Saint-Gall, de soutenir les religieux contre l'abbé. Cette rigoureuse administration fit entrer Saint-Gall, Appenzell, Hundwyl, Tuffen et Urnäsch dans une ligue que quelques princes et trente-deux villes avaient formée contre tout pouvoir illégitime ou oppresseur. Les petits pays dépendants de Saint-Gall nommaient annuellement treize magistrats, qui veillaient aux droits du peuple et répartissaient l'impôt. Les querelles continuèrent avec Cunon de Stauffen, abbé, qui succéda à Wildenstein, lequel s'était rangé exclusivement sous la protection de la maison d'Autriche. La ligue des villes mit un frein à ses prétentions, et l'obligea de confirmer les droits qu'elle avait reconnus à Saint-Gall.

Dans les Grisons, Rodolphe de Werdenberg, seigneur de Sargans, et successeur du cruel Donat de Vaz, faisait la guerre au baron de Ræzunz son parent, pour la succession des Freyberg. Le combat eut lieu à Tomiliasca. Ræzunz tomba en son pouvoir, mais le frère de Werdenberg fut pris ainsi qu'un autre de ses alliés. L'abbé de Pfeffers fut médiateur, et Ræzunz garda la succession. Dans ce pays, la puissance des évêques de Coire allait toujours croissant. Le même Rodolphe de Werdenberg, dans une guerre contre les sires de Belmont, fut arrêté dans le pays de Lugnez par une troupe de femmes qui le battirent. Belmont, à la faveur de cet exploit, eut le temps de reprendre l'avantage ; il tua beaucoup de chevaliers du parti de Rodolphe, qui lui-même fut fait prisonnier (1355). On rapporte que dans le même temps, un géant des Waldstetten vint en Rhétie avec de valeureux guerriers; la tradition ne donne plus de détails sur ses actions; seulement elle veut qu'en 1550 on ait retrouvé à Valendaz les immenses ossements de ce géant, qui s'appelait Kun, ce qui est la même chose que Kuentz ou Conrad.

Du côté de l'Italie, les Visconti s'étaient emparés de toutes les possessions de l'évêché de Coire, Plurs, Bormio, Poschiavo, Bellinzona. Quand le vicomte d'Este, sous prétexte de restaurer la liberté en Lombardie, eut conjuré la perte des Visconti, l'évêque de Coire essaya de reprendre ces riches domaines ; mais ce fut pour son malheur. Sollicités par les Visconti, les cantons permirent à leur jeunesse de franchir le Saint-Gothard, pour secourir Milan. Trois mille guerriers firent, pour la première fois, connaître la valeur suisse en Italie.

Le Valais n'était en communication avec la Rhétie que par le pays d'Ursern. Le Saint-Gothard réunit autour de lui toutes les vallées ; elles aboutissent au grand réservoir de l'Europe ; sept lacs en couvrent la sommité, et leurs eaux s'échappent bouillonnantes vers les différentes régions de la terre. La Reuss va mugir dans les âpres roches des Schellenen ; le Rhin s'écoule à travers les sauvages et abruptes contrées des Grisons; le Tésin, de chute en chute, blanchit de son écume le val Levantine et s'écoule dans le Pô : enfin, le Rhône sort de son immense glacier comme d'une voûte mystérieuse, se répand en marais dans les vallées, se mêle au lac Léman, se réveille impétueux à Genève et va se perdre dans la Méditerranée. Les sources de Reuss et du Tésin ne sont séparées que par un très-petit espace, couvert de roches éboulées et sillonné d'un sentier. C'est à ce point culminant que s'arrête toute végétation; là viennent converger et le val Lev tine et Dissentis, et les Schellenen et le Valais. Celui-ci est placé entre le Milanais et la Savoie ; son histoire est mêlée à leur histoire. Avant d'en rapporter les principaux événements, il faut accorder un regard aux institutions de ce pays. Jean de Müller les comparait à celles de la Béotie. Depuis un temps immémorial, dit-il, le conseil ne fait rien sans la participation des sept dizains (ils sont aujourd'hui au nombre de treize); ainsi les onze Béotarques n'entreprenaient rien d'important sans avoir préalablement consulté les sénats des villes. C'est Sion qui est la Thèbes de cette nouvelle Béotie ; mais Thèbes comme elle était avant que Philolaüs adoucit ses mœurs sauvages par des lois. La puissance de l'évêque était salutaire; il la tenait des empereurs et des évêques de Coire. Cette puissance arrêtait les usurpations des grands et des magistrats. Ce fut grâce à son influence que Sion et Viége ne se divisèrent pas, comme Thèbes et Platée. A Sion, la commune élisait elle-même ses bourgmestres et son consul. A Viége, deux syndics administraient la ville ; mais la noblesse y était plus hautaine, plus puissante. Les états, qui seuls décidaient de la paix et de la guerre, s'assemblaient dans le château de Majorie, qui domine Sion, et qui était la résidence de l'évêque. La population du Valais n'est pas généralement belle et forte comme celle du canton de Berne et des autres parties de la Suisse. Trop de crétins y sont mêlés, pour que le voyageur ne soit point péniblement affecté du spectacle qu'elle présente. Ces êtres, véritable intermédiaire entre l'homme et la brute, traînent une existence inutile au milieu de leurs compatriotes. Leur rire imbécile, leur regard fixe, leur goitre aussi volumineux que leur tête, inspirent encore plus de dégoût que de pitié; ils ont un extérieur sale et rebutant, des jambes grêles et chancelantes, et ne profèrent que des sons inarticulés ; enfin ils demandent leurs aliments à la fange des ruisseaux, comme les animaux les plus immondes. On affirme que la présence d'un crétin dans une famille est regardée comme une faveur du ciel, soit que ce malheureux devienne le bouc émissaire chargé de l'expiation de tous, soit à raison de la bienveillante pitié dont la Providence entoure l'imbécillité. Mais ce préjugé, s'il a jamais existé, s'est beaucoup affaibli. Une remarque plus juste, c'est que les étrangers qui se marient dans le Valais donnent presque toujours naissance à des crétins; ce qui prouve que ce n'est pas un vice du sang, mais une influence du climat, puisqu'elle se fait plus vivement sentir à ceux qui n'en ont pas une même habitude ; enfin, il est médicalement établi que le dessèchement des marais du Rhône serait le meilleur remède à cette calamité.

Mais revenons aux siècles écoulés. Parmi tous les nobles se distinguait Antoine de la Tour de Châtillon. A Berne, en présence de l'empereur Charles IV, il jeta le gant aux magistrats de cette ville, et Cunon de Ringenberg le ramassa ; mais Charles empêcha le duel. A cette époque aussi, Guichard de Tavelli gouvernait l'évêché avec sagesse, et, dans le bas Valais, administrait pour les comtes de Savoie. Non loin de Sion, sur une roche brisée, s'élève, contre la chaîne septentrionale, l'antique château de Séon. Le seul évêque l'habitait avec son chapelain. Un jour se présentèrent les gens de son neveu, Antoine de la Tour, avec lequel il était en contestation. Les uns prétendent que c'était pour des terres, les autres disent que Châtillon accusait l'évêque de vouloir livrer le pays à la Savoie. Tavelli s'étant refusé aux demandes de son neveu, les envoyés le saisirent, et malgré ses prières, malgré ses cris, le précipitèrent du haut des murs : ses membres brisés se dispersèrent en lambeaux sur les flancs de la montagne. L'indignation fut générale dans le Valais, car Guichard de Tavelli était adoré par le peuple; mais les Raron, les Blandra et d'autres grands se déclarèrent pour Châtillon. Cependant cinq dizains sur sept armèrent pour venger cet attentat; ils prirent et rasèrent le château de Gradez ; et, près du pont de Saint-Léonard, remportèrent une victoire complète sur les nobles. De son côté, Amédée de Savoie, qui est célèbre sous le nom de comte Vert, appuyait de ses troupes l'élection au siége de Sion d'Édouard de Savoie, prince d'Achaïe. Bien que le comte de la Tour lui eût vendu Châtillon, l'armée vengeresse prit et rasa ce château. En vain le seigneur de Brandis vint du Siebenthal pour secourir son parent de la Tour; il périt dans le Valais : le comte de la Tour fut obligé de quitter la contrée, et vécut à la cour de Savoie, faisant partie des conseils du prince et se distinguant par ses lumières. Dès que la peste eut tué le comte Vert, le haut Valais prit les armes, chassa Édouard d'Achaïe, envahit le bas Valais et le Chablais, et arbora sur le fort Majorie les couleurs milanaises. Amédée, que les tournois avaient fait connaître sous le nom du comte Rouge, et qui brûlait de signaler sa valeur, convoqua des guerriers de la haute Bourgogne, du pays de Vaud, du Dauphiné, du Piémont. Il se prévalut des traités de son père avec Berne, et fit venir mille hommes aux limites de l'Oberland et du Valais ; enfin, les neveux de l'évêque Amédée et Louis de Savoie, princes de Modène, passèrent le Saint-Bernard avec une troupe nombreuse. On vit accourir les Coïgny, les Montfaucon, les Montbéliard, les Gruyère, les Granson. Ce fut le baron de Granson qui arma chevalier le comte de Savoie. Attaqués de tous les côtés à la fois, les Valaisans résistant à peine aux Bernois, et voyant leur pays ravagé, consentirent à une paix désavantageuse. Ils reçurent l'évêque qu'ils avaient chassé, et, ne pouvant réparer le dommage souffert par le comte de la Tour, ils promirent de lui engager Sion, Gerstenberg, Majorie et Châtillon. Les dizains inférieurs conclurent ce traité contre le gré des dizains supérieurs; ils promirent même aux comtes de Savoie de combattre contre ceux-ci de concert avec eux. Amédée ayant été obligé de s'éloigner à cause des troubles du Montferrat, confia le soin de cette guerre à Rodolphe de Gruyère, qui franchit le Sanetsch, entraîna à sa suite les soldats de Savoie, les gens de Sierre et de Louèche, et vint camper à Viége, pour pénétrer dans les hautes vallées. Ses troupes passaient la nuit dans ces nombreuses granges groupées les unes auprès des autres, comme les maisons d'un village; les habitants y mirent le feu, et tout aussitôt Pierre de Raron, commandant des Valaisans, fit une brusque attaque. Le comte de Gruyère eut beaucoup de peine à échapper. Les vainqueurs prirent le château de Blandra. Pour se venger, les Savoyards tranchèrent la tête aux deux fils de Raron. Le vicariat de l'empire, conféré à la maison de Savoie par Charles IV, l'éleva fort haut; mais en même temps les comtes rendirent peu à peu Genève à ses anciennes institutions, et, grâce à la médiation de Grégoire IV, le pouvoir des évêques redevint ce qu'il était du temps d'Acron. La puissance de la maison de Savoie, son intervention dans les affaires du Valais et du pays de Vaud, se fondèrent surtout sur ce vicariat impérial, en vertu duquel elle connaissait souverainement de tous les appels. Les comtes confirmèrent toutes les institutions de Lausanne, et ils apaisèrent les différends entre les chanoines et les bourgeois. Les foudres de l'Église effrayaient si peu ceux-ci, que Lausanne étant en interdit, on vit des laïques singer une procession, et porter, en guise d'hosties, de petits morceaux de navet. D'après la constitution qui régissait l'évêché, l'évêque était élu par le chapitre, excepté quand le pape le nommait; ce qui était considéré comme illégal : si bien que ces évêques ne figurent pas dans la chronique épiscopale. L'empereur accordait aux évêques les droits régaliens, c'est-à-dire, le droit de battre monnaie, les grands chemins, les péages, les poids et mesures, les grandes amendes, les forêts. En revanche, le chapitre devait à l'empereur des prières; il devait l'héberger quand il venait à Lausanne. Les bourgeois étaient tenus de faire les guerres de l'évêque à leurs frais pendant un jour; ils le défrayaient quand il se rendait à la cour pour les affaires du pays. Dans la ville, le pouvoir exécutif appartenait à un sénéchal. Les grandes affaires étaient portées devant une cour composée de laïques, principalement de la rue du Bourg. Les habitants de cette rue étaient ses conseillers, rien ne devait les empêcher d'accourir à son appel; leurs maisons étaient franches de redevances.

Bâle prospérait surtout par le commerce, et ses citoyens enrichis pourvoyaient abondamment aux besoins de la cité. Un événement affreux vint troubler le bonheur public; environ mille ans après la chute de l'Augusta des Rauraques, en l'année de notre ère 1356, le 8 novembre, à 6 heures du soir, la ville entière s'écroula, renversée par des secousses de tremblement de terre; les églises, ni les murailles d'enceinte, ne furent préservées; le feu se déclara, et consuma les débris depuis Saint-Alban jusqu'à la porte Saint-Jean. On rapporte que du sol jaillirent des sources d'eau soufrée. Dans le même instant, les rochers du Blauen se partagèrent, et dans les diocèses de Bâle et de Constance, quatre-vingt-quatre châteaux tombèrent. Le Jura fut tout ébranlé, et des forêts s'abîmèrent dans ses flancs entr'ouverts.

Le duc Albert était alors l'ennemi de Bâle : on lui fit observer que la nature elle-même lui livrait la ville; qu'il la prendrait sans résistance. *A Dieu ne plaise!* répondit-il; *Albert d'Autriche ne tuera point ceux que le bras de Dieu a blessés;* et il envoya quatre cents ouvriers pour aider aux Bâlois à enlever les décombres : en peu d'années le désastre fut réparé. Au commencement de son règne, Charles IV s'y présenta : la ville était en interdit; car, dix-huit ans auparavant, elle avait précipité du haut de la terrasse de l'église dans le Rhin, le légat du pape, qui était venu pour excommunier Louis de Bavière. Les bourgeois demandèrent à être relevés du ban. Charles leur dépêcha l'évêque de Bamberg, pour leur imposer la condition de ne reconnaître désormais d'autre empereur que celui que le pape reconnaîtrait, et de n'obéir à aucun autre pape créé par l'empereur. Les Bâlois envoyèrent alors Conrad de Berenfels et Conrad Mœnch, parent de celui qui avait péri l'année précédente à côté de Jean de Laxembourg, père de Charles. Ces députés dirent: Sachez, évêque de Bamberg, que feu Louis de Bavière n'est point un hérétique à nos yeux, et que nous acceptons pour empereur celui qu'élisent les électeurs. Du reste, nous vous ouvrirons nos portes quand vous nous aurez donné l'absolution.

L'évêque Jean de Vienne, le destructeur de Bienne, appela, contre Bâle même, le secours de Léopold d'Autriche : les Bâlois lui avaient brûlé Porentrui. Pour prix de l'alliance, il céda le petit Bâle à Léopold, et la ville finit par lui en confirmer la possession pour une indemnité de vingt-deux mille florins. Peu de temps après, une orgie de seigneurs fut célébrée au petit Bâle avec tant de débauches, qu'ils passèrent le pont au galop, arrivèrent sur la place de la cathédrale, et foulèrent sous leurs chevaux les habitants, outrageant aussi les femmes et les filles. La colère du peuple pensa coûter la vie au duc : Égon de Furstenberg s'enfuit. Trois seigneurs furent tués dans la cour des nobles d'Eptingue. Ces désordres donnèrent lieu à la création d'un tribunal électif, renouvelé de six mois en six mois, et composé de dix nobles et de dix bourgeois. Il jugeait les différends entre la noblesse et la bourgeoisie. Bientôt aussi le zunftmeister (chef des tribus) eut entrée au conseil, et l'on adjoignit trente-six membres des tribus au conseil des nobles. Jean de Vienne, continuant ses excès, ne craignit pas d'attaquer le comte de Thierstein sur un grand chemin. On lui prit Liestal, et il fut obligé d'engager le Porentrui à Henri de Montfaucon, comte de Montbéliard.

Schaffhouse avait une organisation plus populaire. La division des propriétés de la noblesse rapprochait les seigneurs de la bourgeoisie. Les habitants du Klégau et du Hégau s'y faisaient fréquemment recevoir. L'esprit militaire établit bientôt sa supériorité sur la domination ecclésiastique. Des entreprises communes aux nobles et aux citoyens, des efforts et des dépenses pour réparer les pertes d'un incendie, établirent une bienveillance mutuelle sous l'autorité de Léopold : on adjoignit au conseil des douze, qui assistaient l'avoyer, d'autres corps délibérants, composés pour moitié de chacun des deux ordres.

Pendant que Zürich se disputait avec Rodolphe l'archiduc et ses successeurs, à raison du pont qu'il avait jeté sur le lac à Rapperschwyl, apparut en Alsace et en Franche-Comté le terrible Arnold de Cervola, à la tête d'une troupe, tantôt de vingt mille, tantôt de quarante mille hommes, qui avaient combattu sous le prince de Galles à la bataille de Poitiers ; ces bandes erraient par toute la France. Cervola, après avoir essayé sa valeur pour le roi Jean et pour le prince Philippe, se mit à leur tête, sous le nom de l'archiprêtre, parcourut divers pays, et s'avança vers Bâle, qui était à peine relevée de ses ruines, et dont les fossés étaient encore comblés par les débris des anciennes murailles. Voyant cette ville en danger, quinze cents hommes de Soleure et de Berne accoururent. « Amis, dirent-ils, on nous envoie pour « vous sauver ; nous risquerons tout « pour vous ; placez-nous au poste du « péril. » Il vint aussi trois mille hommes de Zürich et des Waldstetten, de Zug et Glarus. L'archiprêtre changea de route et surprit Metz.

Enguerrand, comte de Coucy et de Soissons, déclara la guerre aux ducs Albert et Léopold, au sujet de la dot de sa mère, la fille de Léopold qui combattit à Morgarten ; cette dot se composait de l'Argovie et de l'Alsace. Enguerrand était gendre du roi d'Angleterre, Édouard III ; il attira donc aisément à sa suite beaucoup de guerriers anglais, fatigués de l'inaction où les laissaient la vieillesse de leur roi et l'épuisement du prince de Galles. Aussi son expédition est-elle regardée comme la seconde incursion d'Anglais dans ces contrées, quoiqu'il eût sous ses ordres des Flamands, des Lorrains, des Comtois. Ses soldats arrivèrent en Alsace par Montbéliard et par Saverne. Coucy lui-même commandait quinze cents casques; il avait près de lui Jewan-ap-Eynion-ap-Griffith; c'était un descendant des guerriers qui, neuf cents ans auparavant, s'étaient retirés dans le pays de Galles, à l'approche des Anglo-Saxons. Pour lui, il avait défendu Henri de Transtamare et le trône de Castille contre le prince Noir lui-même, et redoutait peu Édouard d'Angleterre. Beaucoup de comtes et de nobles marchaient encore avec Enguerrand, et dans ses troupes on distinguait surtout six mille Anglais aux casques dorés, à la cuirasse brillante. Ils étaient bien montés, portaient de beaux cuissards, et leurs harnachements étaient d'argent. Cette troupe ne causait point de dégât, n'acceptait que du pain et du vin, et protégeait le paysan quand il implorait son appui; enfin, sans les excès des jeunes gens envers les femmes, on n'aurait eu aucune plainte à faire, car leur général attendait de la discipline sécurité et victoire.

Léopold implora le secours des Waldstetten; mais Schwytz, à l'assemblée des cantons, soutint qu'il n'y avait nulle raison de défendre l'Argovie au profit de Léopold, qui n'avait jamais fait de bien aux confédérés, contre Coucy, qui ne leur avait jamais fait de mal. Berne représenta que son territoire était menacé, et qu'elle ne pouvait pas, à l'exemple des montagnards, se contenter d'attendre l'ennemi. Zürich fit de même. Ces villes organisèrent donc une ligne de défense depuis l'Aar au Rhin. Coucy s'avança, et pendant trois jours Bâle vit défiler ses troupes. La consternation fut générale: tous les passages qui devaient être gardés venaient d'être abandonnés. L'ennemi campa dans les villages qui sont entre Buren et Olten, sur les deux rives de l'Aar. Tout le pays, depuis le lac de Neufchâtel jusqu'aux Alpes, et jusqu'aux frontières de Zürich, fut dévasté, pillé, mis à contribution; il en résulta une telle famine, que les loups pénétraient jusque dans les villes. L'Entlibuch seul sut se préserver par la valeur de ses habitants, qui repoussèrent toujours l'ennemi. Leur exemple inspira une noble ardeur aux Lucernois et à l'Unterwald. Bien que Lucerne fût fermée, la jeunesse franchissait les murailles, on se rassemblait dans l'Entlibuch. Enfin, cette troupe se jeta sur un corps de trois mille hommes qui, de Wallisau, se rendaient à Ruszwyl, dépendance du château de Wollhausen. Quoique les agresseurs ne fussent que six cents, ils taillèrent les Anglais en pièces auprès du village de Buttisholtz, au sud-ouest du lac de Sempach, dont le nom devait être bientôt illustré par une plus grande action. On y montre encore un monticule appelé *Engländer-Hügel*, ou mont des Anglais, parce qu'ils y furent entassés et recouverts de terre. Les vainqueurs revinrent dans leur pays sur des chevaux anglais, avec de riches armures.... L'un des seigneurs fugitifs s'étant enfermé dans son château, et voyant passer un paysan revêtu d'une armure: *Oh! noble chevalier de noble sang*, s'écria-t-il dans sa douleur, *se peut-il qu'un paysan porte ta cuirasse!* Un guerrier d'Entlibuch l'ayant entendu, lui cria: *Cela s'explique aisément; car aujourd'hui nous avons mêlé le noble sang au sang des chevaux.*

Les Bernois aussi faisaient une guerre de partisans. Le soir de Noël, ils partirent auprès d'Ins avec les habitants de Laupen et de Nidau, et jetant de grands cris, ils surprirent la troupe du sire de Frant. Le redoutable Jewan-ap-Eynion-ap-Griffith avait trois cents chevaux à Frauenbrunnen, couvent entre Soleure et Berne: à la Saint-Jean l'évangéliste, par une des nuits les plus froides de l'hiver, ils l'éveillèrent deux heures avant le jour, en poussant de grands cris. On se battit avec acharnement, surtout dans le cloître; il y périt beaucoup de chevaliers. Le feu prit au couvent; déjà huit cents Anglais étaient tombés; Jewan prit la fuite. Les Bernois revinrent dans leur ville avec trois bannières, chargés de butin, en chantant une chanson dans laquelle Berne est appelée *la demeure des héros.*

Lorsque Enguerrand vit s'accroître de jour en jour le nombre des ennemis, lorsqu'il vit ses troupes épuisées par le froid et la faim, il reprit le chemin de l'Alsace. Il n'avait pu conquérir que Buren et Nidau, que l'Autriche lui céda en garantie de la dot de sa mère. C'était un brave, renommé par la noblesse de son caractère et la prudence de ses conseils. Il eut la générosité de refuser le titre de connétable de France, parce qu'Olivier Clisson lui en paraissait plus digne. Coucy combattit en héros à la bataille de Nicopolis, tomba au pouvoir de Bajazet, et mourut en Asie.

Rodolphe de Kybourg venait d'acquérir un château fort appelé Bipp, non loin de Soleure. Il offrait ses services en aventurier. Après avoir fait la guerre en Italie sans profit pour lui, il revint dans sa patrie et conçut l'audacieux projet de s'emparer de Soleure par une surprise nocturne, de prendre Aarberg aux Bernois, et de rentrer en possession de Thoun, que Hartman son père leur avait engagée. On croit que le duc Léopold n'ignorait pas ce coupable projet. Il était en contestation avec Soleure sur la possession de quelques villages. Rodolphe de Kybourg s'entendit avec Jean de Stein, chanoine de Saint-Ours, dont la maison touchait à la muraille, et en obtint qu'il le laissât pénétrer dans la ville. Il convint ensuite avec Thiébaut de Neufchâtel, en haute Bourgogne, que lui-même et ce seigneur se trouveraient chacun avec cent lances devant Soleure dans la nuit de la Saint-Martin : un tiers du butin, un tiers des prisonniers seraient abandonnés aux soldats pour leur paye; le reste serait partagé. Rodolphe resterait maître de Soleure, et Thiébaut lui fournirait vingt lances qu'il garderait tant qu'il en aurait besoin. Chez le chanoine, on préparait des cordes, et, pour surprendre les magistrats sans qu'ils fussent avertis, des draps enveloppèrent le battant de la cloche du tocsin. Déjà la nuit descendait des montagnes, déjà les guerriers s'approchaient des murailles.

Vers minuit, la garde d'une porte fut appelée vivement par une voix inconnue. Un paysan de Rümisberg avait eu connaissance du complot, et était accouru par des chemins détournés. Son récit se trouva confirmé quand on voulut sonner le tocsin, et que la cloche ne rendit aucun son. On s'empara de Jean de Stein; on sonna toutes les cloches, on éveilla toute la bourgeoisie, on courut aux murailles. Dans sa rage, Rodolphe ravagea les jardins et les fermes voisines; il faisait pendre aux arbres tous ceux qu'il rencontrait. Le chanoine, après avoir été dégradé de ses dignités ecclésiastiques par l'évêque de Lausanne, fut écartelé à Soleure. On prit même à l'abbaye la dîme qu'elle avait à Selpach; il fut décrété qu'annuellement on ferait présent à Jean Rott, le paysan de Rümisberg, d'un habit rouge et blanc (ce sont les couleurs de la ville). Ce cadeau se perpétua en faveur de l'aîné de ses descendants, et, en commémoration de ce fait, une inscription en caractères fondus fut placée sur le portail de l'église de Saint-Ours.

Le lendemain, la ville envoya à Berne, lui rappelant qu'elle l'avait secourue, et lui demandant de participer à sa vengeance : tout aussitôt les Bernois s'emparèrent de tout le pays de Thoun; puis, comme Rodolphe était l'homme lige de Léopold, les confédérés se réunirent à Lucerne, et la diète députa quelques-uns de ses membres vers Léopold. On lui demanda quelle part il prenait à la tentative et au malheur du comte; Léopold dit : *Qu'il réponde seul de ce qu'il a fait sans moi; je n'empêcherai pas les Suisses de lui faire la guerre.* Les hostilités recommencèrent bientôt : nous ne nommerons pas ici tous les châteaux pris par les Bernois sur les Kybourg et leurs amis; mais l'attaque de Bourgdorf mérite d'être rapportée. C'était la principale ville de la maison de Kybourg. Berne y appela les Waldstetten, qui y envoyèrent toutes leurs forces, ainsi que Lucerne. Zürich fournit quatre cents hommes; il y en eut deux cents de Zug, autant de Glarus. En y joignant les contingents de Neufchâtel et de la Savoie, enfin les Bernois eux-mêmes, l'armée comptait plus de quinze mille hommes. Les machines et le train de siége ne manquaient pas. Après un siége de trois semaines, on conclut une suspension d'armes, et il fut convenu que Burgdorf se rendrait si elle n'était secourue. Contrairement à cette convention, le comte Henri de Montfort jeta deux cents hommes dans la place. Trois cents autres vinrent à travers l'Argovie autrichienne, et campèrent à peu de distance des confédérés. Le délai expiré, Berthold de Kybourg prétendit que Montfort lui faisait violence, et l'empêchait d'ouvrir la ville, comme il l'avait promis. Les Suisses, qui manquaient de tout, se retirèrent. A Berne, on en murmura; on dit, on répéta que si Rodolphe de Kybourg n'avait eu quelques hommes liges parmi les sénateurs, il ne s'en serait pas tiré à si bon marché. On accusait d'ailleurs ce petit nombre de familles qui se perpétuaient dans le pouvoir et constituaient une aristocratie. On se plaignait qu'on n'eût pas remboursé aux bourgeois l'emprunt levé pour l'acquisition de Thoun. Le mécontentement éclata vers le carnaval; la bourgeoisie se réunit, destitua tous les conseillers qui lui déplaisaient, et ne maintint que l'avoyer Othon de Bubenberg et quatre autres. On ne se porta à aucun excès, et l'on jura une convention qui ramenait à la franche exécution de la constitution de Frédéric, en assurant le renouvellement annuel du conseil et l'exclusion des hommes liges de seigneurs étrangers. L'affaire de Burgdorf se termina par une vente à l'amiable. Berne paya les dettes des Kybourg, et le 7 août 1354, l'avoyer de Burgdorf ouvrit aux Bernois cette cité, fondée comme Berne par le duc Berthold de Zähringen. Les comtes abandonnèrent à regret leur vieille résidence, et se réservèrent le château de Landshut et les droits du landgraviat. Berne confirma aux citoyens de Burgdorf et de Thoun la possession de leurs libertés, en les félicitant de n'avoir désormais pour maîtres que ceux qui relevaient immédiatement de l'empire. En général, les Bernois profitèrent du désordre des affaires des ducs d'Autriche: pour payer ces importantes acquisitions, leur patriotisme se condamna à d'immenses sacrifices; pendant dix ans, chacun donna pour impôt le quarantième de sa fortune. Les comtes de Kybourg devinrent bourgeois de Berne. Tel fut le résultat de l'audacieuse entreprise de Rodolphe contre Soleure.

Le dédain des seigneurs pour le peuple et les exactions des baillis excitaient l'indignation générale. Le duc Léopold lui-même prévoyait ce qu'il en pouvait résulter de malheurs; souvent il le prédisait. Les villes se liguaient les unes avec les autres pour assurer la liberté du commerce, tandis que le pâtre, fier de son indépendance, restait sans alarme au milieu de ses montagnes inaccessibles. Les nobles se voyant en butte à la haine universelle, conclurent une vaste alliance, qui fut appelée l'Association du Lion; elle s'étendait jusque dans les Pays-Bas, et devint d'autant plus redoutable que les faibles mains de Wenceslas laissaient échapper les rênes de l'empire. Bâle se joignit à la société du Lion, et cet exemple fut suivi par beaucoup d'autres villes. Les Bâlois promirent d'assister la société par l'envoi de cinq lances, chacune de cinq chevaux, et de porter ce secours dans les diocèses de Bâle, de Strasbourg, et dans le Wurtemberg. Les chevaliers s'engagèrent à prendre fait et cause pour la ville dans tout le rayon de la ligue, en Alsace, en Lorraine, en Souabe, en Franconie. Bientôt la ligue du Lion s'unit à la société de Saint-Georges, au comte Éberhard de Wurtemberg, aux villes de Souabe et de Franconie. On stipula que Léopold serait

6 *Livraison.* (SUISSE.)

secondé dans toutes ses guerres; mais les villes se détachèrent peu à peu de cette alliance. Les seigneurs et les chevaliers, dont les habitudes sympathisaient avec celles du duc, y furent plus fidèles. Cinquante-une villes des bords du Rhin, de la Souabe et de Franconie, demandèrent à être admises dans la confédération suisse. Les pâtres de Schwytz rejetèrent cette demande au nom des quatre cantons. Ils disaient qu'il ne leur fallait, pour garder leur indépendance, que l'aide de Dieu, de leur bras droit et de leurs défilés. Quant aux affaires d'autrui, ils ne voulaient point s'en mêler. Cependant Zürich, Berne, Soleure et Zug conclurent un traité de neuf ans avec les villes allemandes. Lucerne s'engagea à combattre si Zürich l'en sommait. Léopold était venu à Zürich vers cette époque; il avait récemment acquis Lauffenbourg de la même branche de Kybourg qui avait vendu aux Bernois Thoun et Burgdorf, et à son frère Rapperschwyl. Là il reçut les envoyés de Schwytz, qui se plaignaient d'un péage, et ceux de Lucerne, qui demandaient l'abolition de celui de Rotenbourg. Léopold maintint celui-ci et supprima l'autre. Les Lucernois en furent très-mécontents. Sur ces entrefaites, le duc déclara la guerre à la ligue des villes, et rechercha l'amitié des Suisses : à cet effet, il leur envoya Müller, bourgeois de Zürich, Louis de Hornstein et Ulrich de Ferette. Les Suisses y mirent pour condition que, dans les états voisins, Léopold abolirait tous les péages. Pendant la négociation, le prince avait divisé l'alliance des villes; il était moins disposé à rien céder. Dès lors ses baillis prirent un langage plus hautain, et les Suisses, pleins de méfiance, purent prévoir une rupture. On était dans ces dispositions, quand la foire annuelle de Saint-Thomas en fit naître l'occasion. Soit vérité, soit invention, on répandit le bruit que les Zürichois en voulaient profiter pour s'emparer de Rapperschwyl, où elle se tenait. Ils n'attendaient, disait-on, que l'arrivée des bateaux de Glarus, que l'on avait vus à Pferlikon chargés d'hommes bien armés. Trompé ou trompeur, le commandant de Rapperschwyl fit, en toute hâte, venir Henri Gessler avec la garnison de Gruningen, fort voisin de Rapperschwyl. Les Zürichois s'embarquèrent, et ceux de Glarus, avertis à temps, n'arrivèrent point. L'Autriche accusa les uns et les autres de violation des traités.

Quelques jours après, le seigneur du château de Rotenbourg, où était le nouveau péage, étant sorti avec ses gens, pour assister à une fête religieuse, les magistrats de Lucerne ne purent contenir la jeunesse, qui s'empara de ce fort par une incursion subite, le démantela, et de ses murailles combla ses fossés. Lucerne ne se borna pas là, elle donna droit de bourgeoisie aux habitants de l'Entlibuch. Pierre de Thorberg auquel était engagé l'impôt, fit mettre à mort les auteurs de cette négociation, car il accablait le pays sous le poids de ses exactions, et il voyait avec peine le prix de ses rapines échapper à sa cupidité; tout annonçait une guerre prochaine. Les confédérés étaient encore aigris de la tentative de Rodolphe de Kybourg sur Soleure; les Zürichois songeaient avec indignation à l'insulte de Rapperschwyl. Lucerne, prévoyant la vengeance des nobles, appelait les cantons à son aide : ils vinrent se ranger sous son avoyer Pierre de Gundoldingen. Il fallait punir Pierre de Thorberg de ses cruautés. Les châteaux de Wollhausen et de Kapfenberg furent rasés. On attaqua et détruisit Baldegk, qui appartenait au seigneur de Hunenberg, puis l'antique Lielen et Rheinach; on marcha sur Schaftlangen, et, dans le trajet, on fut rejoint par les habitants de Sempach, petite ville de l'Argovie, relevant des ducs : ils désiraient depuis longtemps se joindre aux Suisses. Quand Léopold vint en Argovie, l'exaspération des grands était telle, qu'en moins de douze jours les Suisses reçurent les déclarations de guerre de cent soixante-sept seigneurs, tant laïques qu'ecclésiastiques. Parmi leurs ennemis, on voyait trois margraves de Baden, puis Eberhard et Ulrich de Wurtemberg, des Landenberg, des Kybourg; quiconque voulait effacer les souvenirs de Morgarten, de Tætwyl, de Laupen; quiconque avait un nom à transmettre, une épée à illustrer. Vingt messages apportèrent aux confédérés les défis des grands : on voulait ainsi renouveler incessamment leur effroi; les uns n'étaient pas encore lus que déjà on en apportait d'autres.

Les Waldstetten appelèrent les Bernois, qui répondirent qu'il s'en fallait encore de quelques mois que leur trêve avec Léopold ne fût expirée, qu'ils étaient épuisés d'argent; enfin on refusa, et la gloire de Sempach manquera toujours à Berne. Cependant les hostilités commençaient. Les bourgeois de Mayenberg trahirent leur garnison suisse : deux cents hommes de Lucerne et de Zug, attirés hors de la place, furent taillés en pièces par l'ennemi caché dans une embuscade; le reste de la garnison mit le feu à la ville et s'en alla. D'un autre côté, Reichensée, fidèle aux confédérés, fut prise, et tout ce que la flamme ne dévora point tomba sous le fer. Quoique Glarus fût ouvert aux forces ennemies, il y eut beaucoup de noblesse dans sa conduite. On fit dire au duc que la cause des confédérés était celle de Glarus; seize cents hommes de ce canton, des Waldstetten, de Zug et de Lucerne, allèrent prendre position dans Zürich. Les troupes de Léopold s'étaient rassemblées à Baden, d'où l'on était parti soixante et onze ans auparavant pour Morgarten. Le duc voulut qu'un corps considérable demeurât à Brouck, sous le commandement de Jean de Bonstetten, afin que Zürich en fût toujours menacée. Quant à lui, il irait avec les chevaliers punir Sempach de sa défection, puis il s'emparerait de Lucerne, le boulevard des Waldstetten, avant que les confédérés pussent quitter Zürich. Dès que les Suisses connurent sa marche, ils pensèrent que les grands coups seraient portés à l'endroit où était Léopold, et que rien d'important ne se ferait sans lui. Ils résolurent donc d'abandonner Zürich à la garde de ses citoyens, et ils marchèrent sur Sempach, selon la belle expression de Jean de Müller, le petit nombre contre le grand nombre, avec Dieu et pour la patrie. Chemin faisant, beaucoup de braves s'associaient à cette vaillante troupe. Le jour même où ils arrivèrent dans l'Argovie, les Bernois parurent devant le château de Hasenbourg, non loin de Sempach : en apparence, cette expédition avait pour but de terminer leur différend avec la veuve de Jean d'Aarberg; mais ils voulaient, sans doute, se tenir à portée de couvrir Lucerne, si Léopold eût remporté la victoire, ou de le prendre en queue, afin que les confédérés eussent le temps de se rallier.

Sempach est situé au milieu de collines boisées; un lac réfléchit dans ses ondes limpides les vergers fertiles qui l'entourent. Les confédérés se postèrent sur les hauteurs, dans une forêt d'où leurs regards pouvaient parcourir le champ de bataille de Butishottz, sur lequel naguère les campagnards de l'Entlibuch avaient vaincu les bandes aguerries d'Enguerrand de Coucy. Le 9 juin ils virent arriver l'ennemi. C'était une belle cavalerie, aux armes resplendissantes, à l'aspect belliqueux; chaque baron avait sa troupe, chaque avoyer marchait à la tête des guerriers de sa ville; les mercenaires composaient l'infanterie : enfin on amenait un grand train de machines pour réduire Sempach. Les Suisses distinguaient dans ces rangs, Hermann de Grunenberg, contre lequel ils avaient pris Rotenbourg, les Gessler, leurs éternels ennemis, et une multitude de seigneurs; mais le plus remarquable par sa beauté, son air martial et son ardeur, c'était Léopold lui-même, alors âgé de trente-sept ans. Ses troupes ravageaient les moissons, et ses chevaliers caracolaient autour des murailles, insultant les bourgeois, et se promettant de vaincre les paysans suisses sans attendre l'infanterie. Voyant l'ennemi sur les hauteurs, le duc ne se souvint pas que les attaques de cavalerie se font

6.

avec avantage en montant; il jugea convenable de faire mettre pied à terre à ses cavaliers, et ne réfléchit pas qu'ils auraient de la peine à se mouvoir sous leur pesante armure. Il fit serrer les rangs et croiser les lances: c'était une forêt impénétrable. Le landgrave d'Alsace, Jean d'Ochsenstein commandait sous Léopold, et Frédéric de Zollern, surnommé le comte Noir, conduisait l'avant-garde avec Jean d'Oberkirch; mais l'avant-garde fut mise à la queue; il fallait que le champ fût libre à l'impétuosité des chevaliers. Cependant Jean de Hasenbourg, en vieux guerrier qui avait observé l'ordre de bataille des Suisses, avertit cette noblesse que l'orgueil ne servait qu'à se perdre, qu'il serait bon de faire venir le corps de Bonstetten. On se rit de sa prévoyance, et Léopold repoussa les conseils de ceux qui l'engageaient à ne point exposer sa personne. Quoi, s'écria-t-il, *je serais donc impassible spectateur de la mort de mes chevaliers! Ici, dans mon pays, pour mon peuple, je saurai vaincre ou périr avec vous.* Quand la noblesse mit pied à terre, les Suisses, qui ne l'eussent point attaquée dans la plaine, sortirent de la forêt : leurs armes étaient faibles et courtes; la plupart, pour toute défense, s'étaient attaché une planche au bras gauche en guise de bouclier. Quatre cents Lucernois, neuf cents hommes des Waldstetten, cent combattants de Glarus, Zug et Gersau, c'était toute l'armée; mais dans leurs mains avaient passé quelques-unes des hallebardes de Morgarten; mais la mort n'était à leurs yeux qu'un passage à l'immortalité : ils tombèrent à genoux, et, selon le vieil usage, ils invoquèrent Dieu. Pendant ce temps, Léopold armait des chevaliers. Le soleil était déjà fort élevé, la journée était chaude et le ciel orageux.

S'étant relevés après leur prière, les Suisses coururent à travers champs en poussant de grands cris; ils furent reçus par une muraille de boucliers hérissée de lances. La bannière de Lucerne l'attaqua sans hésiter; mais en vain elle cherchait à y pénétrer: les Autrichiens s'étendaient en demi-lune à droite et à gauche, et menaçaient de cerner la petite armée des confédérés. L'avoyer de Lucerne, Petermann de Gundoldingen, tomba blessé à mort, et autour de lui beaucoup de braves. « *Frappez sur les lances, elles sont creuses,* » s'écria Antoine du Pont, Milanais, qui combattait dans le contingent d'Uri; mais les efforts des Suisses étaient sans résultat, car les lances brisées étaient remplacées à l'instant même. Heureusement que les mouvements de l'ennemi étaient difficiles, et que sa demi-lune ne s'achevait point; mais les rangs étaient immuables et fermes, et déjà plus de soixante Suisses étaient morts. On redoutait quelque embûche, on craignait l'arrivée de Bonstetten.

Dans cet instant d'indécision, un homme d'Unterwald, Arnold Strutthan de Winkelried, s'élança à la tête des confédérés : *Compagnons*, dit-il, *je vais vous frayer un passage: prenez soin de ma femme et de mes enfants.* Aussitôt il embrasse quelques lances, les réunit, les enfonce dans sa poitrine, et les entraîne dans sa chute. Les confédérés franchissent son cadavre, se serrent les uns à la suite des autres; l'ennemi étonné cherche à remplir le vide; on se foule, on s'écrase, et beaucoup de seigneurs périssent étouffés sans être frappés. Du haut de la forêt, de nouveaux combattants accourent : le terrible bâtard de Brandis, l'orgueilleux Friesberg, expirent en ce moment. Ceux qui gardaient les chevaux voyant le sort du combat tourner contre leurs maîtres, s'enfuirent avec eux. La bannière d'Autriche tomba, Ulrich d'Aarbourg la releva, l'agita et tomba lui-même; Léopold alors la reçut de sa main défaillante et l'éleva de nouveau au-dessus de sa troupe. La bannière de Tyrol, celle de Habsbourg étaient déjà renversées, et sur elles Ulrich d'Ortenbourg, Thuring de Halewyl. Là périrent les Lichtenstein, quatre frères de Habsbourg, Hermann d'Eschenz et ses deux fils, le margrave de Hochberg, Othon de

Paris, conseiller du duc, le comte de Thierstein, Pierre d'Aarberg, le noble chevalier de Mullinen avec cinq guerriers de son nom. Léopold s'écria : *J'ai conduit à la mort tant de « comtes, tant de chevaliers; je veux « loyalement mourir avec eux, »* et, se dérobant aux regards de ses amis, il chercha la mort dans les rangs ennemis; mais il ne voulait pas mourir sans tuer beaucoup de Suisses : déjà tombé, il lutte contre la pesanteur de son armure, pour se relever et combattre encore. Un guerrier de Schwytz survint pendant qu'il essayait de se mettre debout : *« Je suis le prince d'Autriche, »* lui cria Léopold; mais soit qu'il ne l'entendit pas, soit qu'il ne le crût pas, ou qu'il pensât que le combat ne connaît pas de distinction, il le tua. Alors Matterer, qui portait la bannière de Fribourg en Brisgau, l'aperçut, laissa échapper sa bannière et se jeta sur son corps pour le préserver : il mourut en remplissant ce pieux devoir, et dans le même lieu combattit jusqu'à la dernière goutte de son sang Rodolphe de Schœnau.

Quand les Autrichiens connurent cet événement, ils prirent la fuite. Les chevaliers demandaient leurs chevaux; mais une poussière lointaine leur fit connaître l'infidélité de leurs gardiens. Accablés sous leurs armures, étouffés de chaleur, épuisés de soif, ils ne pouvaient plus que vendre chèrement leur vie. Les confédérés perdirent le landamman d'Uri et un landamman d'Unterwald; l'avoyer Petermann de Gundoldingen était expirant sur le champ de bataille; un Lucernois vint lui demander ses dernières volontés : *Dis à nos concitoyens*, répondit-il, *de ne pas conférer désormais la charge d'avoyer pour plus d'une année ; dis-leur que c'est le dernier conseil de Gundoldingen, et qu'il leur souhaite à jamais bonheur et victoire.* Dans l'armée ennemie, le vieux Hasenbourg était mort avec Jean d'Ochsenstein, qui s'était moqué de sa prudence. On comptait parmi les tués, Sigefroi d'Erlach, d'une maison dont les armes ne devaient pas être heureuses contre la liberté, un Rathmshausen, un Berenfels, un Flachsland, tous les Reinach, à l'exception d'un seul (*), qu'on avait emporté parce qu'il s'était blessé par maladresse au commencement de la bataille, en voulant abattre le bec de sa chaussure, comme l'avaient fait les autres chevaliers en mettant pied à terre. La plupart des avoyers des villes autrichiennes périrent, et les Suisses s'emparèrent de presque toutes les bannières. Nicolas Thut, avoyer de Zofingen, déchira la sienne; et quand on le découvrit parmi les cadavres, il en tenait encore le bâton serré entre ses dents. Depuis, on inséra dans le serment des avoyers de Zofingen, la promesse de conserver la bannière comme Nicolas Thut. Il resta sur le champ de bataille six cents cinquante comtes, barons ou chevaliers. Las de tuer, les Suisses s'abandonnèrent au désir du butin, les Autrichiens au désir de vivre. Le lendemain, une troupe de fuyards fut atteinte à Sursée et taillée en pièces, puis on accorda une trêve pour enterrer les morts. Le duc et soixante autres chevaliers furent portés à Kœnigsfelden, et vingt seigneurs de l'Argovie ayant été rendus aux sépultures de famille, tout le reste fut inhumé sur la place. Deux cents confédérés reçurent les derniers devoirs à Lucerne. Les vainqueurs restèrent trois jours sur le champ de bataille, puis ils se mirent en marche avec quinze bannières, et rentrèrent dans leur patrie en chantant leur victoire.

Le fils du duc Léopold leur envoya une nouvelle déclaration de guerre, et les hostilités continuèrent sur différents points. Les Bernois, à l'expiration de la trêve de Thorberg, brûlèrent beaucoup de châteaux, ravagèrent le pays de Fribourg et se fortifièrent dans l'Oberland, en recevant sous leur protection l'Ober-

(*) Ce Reinach vint ensuite s'établir en Alsace. C'est de lui que sont issues les diverses branches de cette illustre famille à laquelle appartient M. le baron de Reinach, pair de France.

siebenthal. Cependant les Fribourgeois se montrèrent subitement à la vue de Berne; au lieu d'en être effrayée, toute la population s'élança sur l'ennemi et le battit. De leur côté, les Lucernois et les Zürichois rasèrent des châteaux, dont ils jetaient quelquefois la garnison par-dessus les murs. Les Zürichois se distinguèrent surtout dans un combat contre un commandant autrichien, Truchsès de Waldbourg; l'action eut lieu près de Krähenstein. Cinq attaques furent vaillamment repoussées par un petit nombre de braves, que le chevalier Pierre Dürr, leur capitaine, avait réunis dans l'association du Renard, et qui devaient mourir l'un pour l'autre, comme chez les Thébains le bataillon des amis.

Le tour de Glarus était venu de donner aux armes des confédérés un nouvel éclat. Wesen, au bord du lac de Wahlenstadt, était ennemie de ce pays : il y avait eu déjà des combats. Les Waldstetten furent forcés de l'occuper; la garnison s'enfuit. Pour remplacer le gouverneur autrichien, Zürich, les Waldstetten, Glarus, eurent à nommer tour à tour un magistrat, dont les fonctions dureraient quatre mois. La possession de cette ville était importante, parce qu'elle interceptait les relations des cantons avec Glarus, et en rendait par conséquent la conquête plus facile aux Autrichiens. Il y eut une trêve de six mois avec les ducs; cette trêve est appelée la *méchante paix*, à cause de toutes les perfidies qui signalèrent sa courte durée. Les esprits s'aigrirent de plus en plus : l'exaspération en vint à ce point que quiconque, chez les Suisses, aurait porté sur son chapeau ou sur son casque des plumes de paon, eût été à l'instant mis en pièces, parce que c'était l'ornement favori des ducs. Il n'y avait plus de paon dans tout le pays; la haine inspirée pour tout ce qui rappelait ce symbole, était telle, qu'un jour les rayons du soleil ayant produit les couleurs de cet oiseau dans le verre d'un buveur, il le brisa d'un coup d'épée en proférant mille imprécations. Les Glarnais profitèrent de ce repos momentané pour se donner des lois sages, tout en respectant les droits de l'abbaye de Seckingen, dont l'advocatie appartenait aux ducs; mais ils interdirent à tout habitant du pays d'en être le receveur, sachant trop ce que le désir d'un emploi lucratif peut inspirer de sentiments bas et serviles.

Wesen regrettait ses anciens maîtres; les bourgeois tramèrent une conspiration; ils se ménagèrent des intelligences avec le comte de Werdenberg et Sargans, et avec Arnold Bruch, commandant de Windegk. Des soldats cachés dans des tonneaux furent introduits et gardés au fond des caves. Pour éviter les soupçons, on affecta de demander des renforts à Glarus, sous prétexte du voisinage des Autrichiens, et en effet, Arnold Bruch simula plusieurs attaques. Glarus envoya donc cinquante hommes. Cinq jours avant l'expiration de la trêve, Conrad d'Au, que le pays avait nommé gouverneur, assembla la communauté et lui fit part des moyens de défense qu'il avait préparés. On l'écouta avec une feinte approbation; mais, dans la nuit, vinrent du côté du lac les troupes de Sargans, et de l'autre côté, celles de Rapperschwyl, de Kybourg, de Tockenbourg, etc. Il y eut tout à coup six mille hommes devant Wesen. A un signal donné, on éclaira la ville, on rompit les ponts, on ouvrit les portes; Conrad d'Au, le banneret Tschudi et trente Glarnais furent massacrés, vingt-deux sautèrent du haut des murs dans le lac. Au point du jour, ils rencontrèrent leurs compatriotes, qui venaient renforcer Wesen, et ils prirent position avec eux sur la frontière, incertains de leur salut.

Pendant trois semaines, mille guerriers demeurèrent sous les armes, à l'entrée de la vallée : également éloignés d'un fol orgueil et d'un découragement funeste, ils firent des propositions de paix; mais il leur fut répondu avec une intolérable hauteur. On exigea qu'ils obéissent comme des serfs, qu'ils n'eussent plus de lois que la volonté du maître, plus d'alliances que celles qu'il autoriserait, et surtout on leur ordonna de rompre tout pacte avec les Suisses. De plus, on les condamnait à payer le dommage souffert par Wesen. Ces conditions, quoique fort dures, eussent été acceptées ; mais celle qui devait changer leurs rapports avec les cantons, leur parut intolérable ; ils refusèrent, et subirent les dédains des conseillers autrichiens et la risée des habitants de Wesen. On arma donc, et l'on se rassembla dans cette ville. Le commandement supérieur fut conféré à Jean de Werdenberg. Pierre de Thorberg et Jean de Werdenberg conduisirent, l'un le contingent de la Thurgovie, l'autre celui de l'Argovie. Jean de Klingenberg (le continuateur de la chronique de son père) était entouré de la noblesse de Schaffhouse, du Hégau et de la forêt Noire. La bannière d'Autriche était portée par le baron de Sax. Le 8 août, au soir, Matthieu Ambühl, qui gardait le défilé du Næfels avec deux cents hommes, fut averti de l'attaque ; le nombre des ennemis était d'environ six mille. Les enfants s'enfuirent et se réfugièrent au haut des montagnes avec les bestiaux et les provisions. On envoya demander du secours à Schwytz, à Unterwalden et à Lucerne ; mais on était intercepté de Zürich. Trente jeunes gens de Schwytz, et, la nuit suivante, vingt autres, devancèrent le contingent, impatients de se mesurer avec l'ennemi et de sauver Glarus.

Les Autrichiens se mirent en marche le jeudi 9 août, à quatre heures du matin, et parurent devant le retranchement qui, d'une montagne à l'autre, fermait la vallée. Ambühl ne put y tenir, parce que le comte de Werdenberg descendait d'une montagne à la tête de mille hommes, pour le prendre en queue. Après avoir fait assez de résistance pour qu'on eût le temps de s'assembler, il se retira. L'ennemi pénétra avec une irrésistible impétuosité dans l'intérieur du pays. Cependant le tocsin sonnait, et l'on accourait de tous côtés. Ambühl, qui n'avait que cinq cents hommes, s'adossa au Ruti, montagne escarpée, de peur qu'on ne pût tourner sa position ; il y planta la bannière de Glarus, et les habitants, à la vue de cette bannière, traversaient les rangs ennemis pour le rejoindre. L'Autrichien, méprisant leur petit nombre, s'occupait à prendre des troupeaux, à piller les granges ; il mettait le feu au bourg de Næfels, et pénétrait jusqu'à Notstall. La cavalerie chargea la petite troupe de Glarus ; le terrain était pierreux et défavorable aux chevaux qui, fréquemment atteints par les frondeurs, étaient blessés, effarouchés, et mettaient le désordre dans les rangs. Après une courte prière, les Glarnais font une vigoureuse attaque. Habiles et intrépides, ils jettent beaucoup de cavaliers à bas de leurs chevaux. Tout à coup retentit un cri de guerre dans une vallée voisine ; c'étaient les jeunes gens de Schwytz que l'on prit pour l'avantgarde d'un corps plus nombreux. Les Glarnais répétèrent ces cris. La terreur passa dans les rangs ennemis ; ces sons inaccoutumés, l'aspect sauvage de ces Alpes couronnées de glaces éternelles, la résistance héroïque de ces pâtres, tout contribua à la déroute des agresseurs. Elle fut complète dès neuf heures du matin. Saisis de terreur, beaucoup d'Autrichiens se précipitèrent dans la Linth. Albert et Rodolphe de Landenberg moururent ensemble, Bonstetten y termina sa carrière, et Sax tomba en défendant la bannière d'Autriche. Tockenbourg et Montfort perdirent le leur en fuyant. Les Autrichiens furent poursuivis jusqu'au pont de Wesen, qui rompit sous eux, et les chevaliers, pesamment armés, s'abîmèrent dans le lac de Wahlenstadt. Il périt dans cette bataille cent quatre-vingt-trois nobles et chevaliers, et plus de deux mille cinq cents soldats. Les vainqueurs prirent onze bannières et dix-huit cents cuirasses. La nuit suivante, Wesen fut évacué, et les bourgeois se retirèrent sur le mont Ammon. Les Glarnais, après avoir remercié Dieu, la Vierge et saint Fridolin, leur patron, et saint Hilaire, dont le nom est devenu celui du pays, passèrent la nuit sur le champ de bataille, et, le lendemain, de grand matin, vinrent à Wesen qu'ils brûlèrent. Terrible vengeance d'une trahison détestable !

En commémoration de cette journée, il fut ordonné que chaque année, le premier jeudi d'avril, un homme de chaque maison viendrait à Næfels. On y fait des processions et des prières; l'on s'arrête à onze endroits, et quand on arrive à la sixième station, sur le lieu où était plantée la bannière de Glarus, on lit au peuple assemblé l'histoire de la bataille de Sempach, de la trahison de Wesen et de la victoire de Næfels. On récite aussi les cinquante et un noms des Glarnais tués, et l'on fait mention encore de Conrad d'Au et de deux hommes de Schwytz. La messe est ordinairement suivie de réjouissances et de fêtes populaires.

Deux jours après la bataille, sept cents Zürichois, qui étaient en chemin pour se joindre aux Glarnais, ayant appris leur délivrance, s'arrêtèrent et firent venir des machines de guerre pour assiéger Rapperschwyl. Le duc Léopold, tué à Sempach, y avait mis une garnison italienne que lui avait envoyée Barnabé Visconti, son beau-frère. Le douze avril, les Zürichois donnèrent le premier assaut; les Glarnais vinrent aussi, et après eux ceux de Schwytz, Zug, Lucerne, Unterwald et Uri; enfin ceux de Berne, et, à la fin du mois, ceux de Soleure. Il y avait six mille hommes : l'on résolut un assaut général. Pierre de Thorberg, qui commandait dans la place, en fut effrayé. Il parlait de reddition; mais les habitants, pleins d'ardeur et de haine contre les Zürichois, n'y consentirent point. L'attaque dura neuf heures; déjà soixante hommes avaient pénétré dans une cave; malheureusement ils apportèrent du vin à leurs camarades, ce qui les fit découvrir. Les projectiles les empêchèrent de recevoir du renfort, et dans l'intérieur les femmes leur jetèrent de l'eau bouillante et les contraignirent de se retirer. Le lendemain, les confédérés abandonnèrent leur camp en mettant le feu aux machines.

Trois jours après la bataille de Næfels, Berne et Soleure prirent Buren, occupée par les Autrichiens, quoique engagée à Enguerrand de Coucy. Faute de solde, ces mercenaires se répandaient dans le pays et le pillaient. Les cavaliers des Bernois lancèrent des matières inflammables dans la ville, et en donna l'assaut. Les Bernois prirent aussi Jean du Rosay dans Nidau, qu'il gardait pour Enguerrand de Coucy. Ce gentilhomme picard capitula, non sans avoir bravement tenu la place pendant six semaines. On trouva dans un cul de basse fosse l'évêque de Lisbonne et le prieur d'Alaçova, qui avaient été pris et dépouillés par les soldats du château; ils étaient dans un état pitoyable. Berne les rendit à la liberté et leur donna les moyens de retourner dans leur patrie. De Nidau les Bernois marchèrent contre Unterséen et Umspunnen, qui, depuis la décadence de la maison d'Eschenbach, appartenaient aux Kybourg. Après s'en être emparées, les troupes revinrent contre Fribourg, qui fut secourue par les Bourguignons. Il y eut auprès du Schœnenberg une bataille sanglante pendant laquelle il s'eleva une telle poussière, qu'on ne distinguait ni amis, ni ennemis. Les Bernois voulurent attirer les cavaliers bourguignons dans une embuscade, mais ils s'en aperçurent et prirent la fuite. Les Bernois, victorieux partout, poussèrent leurs incursions dans l'Argovie jusqu'à Frick, et prirent le cimetière, où l'on avait réfugié tout le butin du pays. Zürich n'était pas moins active; elle défiait Kybourg, emportait d'assaut le cimetière d'Embrach, brûlait Baden, secourait les guerriers de Zug et les maintenait en possession de leur butin. Ceux-ci ne furent pas toujours heureux : la veille de Noël, le chevalier Jean de Hospital et 42 bourgeois de Zug périrent près du château de Hunenberg, pour avoir, sans précaution, attaqué un parti autrichien. L'embuscade dans laquelle ils tombèrent a fait nommer ce lieu Todtenhalde (colline des morts).

Les ducs d'Autriche, dont les soldats étaient abattus, le trésor épuisé, les possessions menacées, et qui d'ailleurs avaient à craindre la Pologne, conclurent avec les Suisses une paix de sept ans; les villes médiatrices furent Constance, Rothwyl, Ravensbourg, Bâle, Ueberlingen, Lindau; les négociateurs, le comte de Thierstein, prélat d'Einsiedeln, et Burgard Wyss, prélat de Wettingen. Il fut stipulé que les Suisses garderaient toutes leurs acquisitions: que tous ceux qui avaient juré leur alliance continueraient d'en faire partie. Ils s'engagèrent à rendre la ville de Wesen, mais à condition qu'aucun de ceux qui avaient faussé leurs serments à leur égard ne pourrait l'habiter durant la paix. Les Lucernois purent établir un gouverneur du pays de Sempach. Il fut convenu que les Suisses n'étendraient leur droit de bourgeoisie qu'à ceux qui viendraient se fixer chez eux. On prévit les différends qui pouvaient naître, et on régla, à l'avance, la manière dont ils seraient décidés par des arbitres.

Quatre ans après la conclusion de la paix, le jeune duc Léopold essaya de profiter de quelques intrigues pour détacher Zürich de la confédération. Il négocia secrètement avec le bourgmestre Schœn et quelques conseillers; mais les Suisses apprirent ces menées; ils accoururent de Schwytz, Unterwald, Zug et Glarus, et demandèrent la convocation du grand conseil. Le bourgmestre protesta qu'il ne faisait rien contre l'intérêt de la confédération, et dès le lendemain il envoya au duc un traité, dont chaque clause était une véritable trahison, en ce qu'il livrait toutes les nouvelles conquêtes aux armes de Léopold. Quand on l'apprit, ce fut une indignation universelle, et le 8 juin 1393, parurent à Zürich les envoyés de toutes les villes, qui exigèrent de nouveau la convocation du conseil. Ils étaient si animés, leurs discours étaient si vifs, que la bourgeoisie accourut devant la maison de ville et sur le pont. Là, on entendit le récit et les plaintes de ces ambassadeurs. La foule croissait toujours, les esprits étaient dans la plus grande agitation, la menace était dans toutes les bouches. Le grand conseil décida que le bourgmestre, les chefs de tribus et les deux conseillers seraient provisoirement suspendus; puis, quand on eut une plus ample connaissance du traité, on décréta qu'ils seraient bannis, et l'on modifia la constitution; désormais les bourgmestres n'eurent plus qu'un pouvoir semestriel.

Dans l'intervalle, les envoyés des huit cantons et de Soleure fixèrent des règles pour la guerre; elles furent rédigées en une convention qu'on appella traité de Sempach, parce que la guerre de Sempach en fut principalement l'occasion. On y établissait la sécurité des propriétés et du commerce; on y prévoyait le cas de défense commune; on y prononçait des peines contre les lâches qui déserteraient le combat; les blessés mêmes devaient rester sur le champ de bataille; le pillage ne commencerait jamais qu'après la victoire, etc., etc. Le duc d'Autriche apprenant toutes ces propositions, et comptant bien plus sur ses intrigues que sur ses armes, demanda la prolongation de la paix, qui fut stipulée pour vingt ans. Elle fut encore plus avantageuse aux Suisses que la première.

La prospérité de leurs villes s'accrut de riches possessions; cependant la plus entière justice présidait à leur conduite. Zürich, à laquelle les seigneurs de Hallwyl réclamaient la seigneurie de Horgen, concourut d'abord à la nomination d'un arbitre, puis se condamna elle-même avant le jugement; mais la cité acquit Kusnacht, Goldbach, Meila, au bord du lac, Hœngk, sur la Limmath. Les Manesse léguèrent leurs biens à la patrie. Le duc lui vendit aussi le château de Rheinfelden, à l'embouchure de la Glatt dans le Rhin; les Gesler cédèrent l'importante forteresse de Grunningen avec la juridiction de Stæfa. Bientôt Zürich acquit encore Regensberg et Bulach. Dans toutes ces transactions, son but était moins de s'enrichir que de ranger sous sa bannière des guerriers capables de défendre sa liberté. C'est dans le même esprit qu'elle reçut dans sa bourgeoisie beaucoup de seigneurs qui ne trouvaient plus un appui assez solide dans la défaillante maison de Habsbourg. Ainsi la combourgeoisie fut stipulée pour dix ans avec le comte de Thaierstein, abbé d'Einsiedeln, pour son château de Pfeffikon. Jean de Bonstetten fit les mêmes conventions pour ses châteaux d'Uster, Sax et Willberg. D'autres les imitèrent en grand nombre. Lucerne aussi étendit ses domaines, acquit des châteaux et posséda l'Entlibuch que les ducs lui engagèrent. Mais les Bernois surpassèrent tous les confédérés en puissance; ils eurent successivement tout l'Oberland, le Simmenthal, et Frutigen, qui appartenait à ce même Châtillon dont les gens avaient précipité l'évêque de Sion du haut des murs de Sion. Les pâtres de ces sauvages contrées firent preuve d'un grand amour de la liberté. Ils se cotisèrent pour se racheter du tribut, et de vieilles chansons répètent que, pour y parvenir, ils jurèrent de demeurer sept ans sans manger de la chair de leurs bœufs. Les Bernois prirent pied dans l'Emmenthal; le célèbre Pierre de Thorberg lui-même s'étant dégagé de la suzeraineté de Kybourg, fonda une chartreuse et leur en conféra l'advocatie. Egon de Kybourg leur abandonna le fort de Bipp, et Soleure prit part à cette acquisition, qui avait une grande importance en ce que cette place est sur les confins des diocèses de Bâle, Constance et Lausanne. En même temps, les comtes de Kybourg cédèrent à l'avoyer de Berne leur landgraviat de Bourgogne tel qu'ils le possédaient depuis Thoun jusqu'au pont d'Aarwangen.

Soleure augmenta ses possessions du fort de Balm, qui était entre les mains des comtes de Nidau, et elle acquit les châteaux de Falkenstein, qui gardent les défilés du Jura, et sont comme les portes du pays. Après la bataille de Sempach, Bâle acheta le petit Bâle, que Jean de Vienne son évêque avait aliéné au duc Léopold. Bientôt elle reçut de son évêque les défilés des deux Hauenstein et le bourg de Liestall. Fribourg s'unit enfin à Berne : la ligue fut jurée à Laupen; des arbitres furent constitués pour terminer désormais les différends. On stipula la franchise mutuelle du péage, et l'on conclut une alliance offensive et défensive; enfin il fut établi que Fribourg aurait avec les Suisses les mêmes rapports que Berne elle-même. Peu de temps après, Fribourg conclut aussi une alliance avec Bienne.

La noblesse avait perdu beaucoup de guerriers dans les batailles : à Schaffhousen, l'influence de la bourgeoisie s'était relevée à raison de la diminution des familles de chevaliers. D'ailleurs, les nobles étaient les plus zélés pour l'exécution des lois : ils eussent exilé de leur association quiconque ne se serait pas soumis à la constitution. Celle-ci reçut de notables changements dans l'année qui suivit la bataille de Sempach. Plus tard, on la changea encore, et on la modela, en quelque sorte, sur celle de Zürich. Toute la bourgeoisie fut divisée en douze tribus, qui délibèrent sur les affaires publiques, qui nomment les deux conseils et qui pourvoient à la défense de la patrie. Il ne faudrait pas confondre ces tribus avec de simples corporations d'ouvriers.

Il s'éleva une contestation entre la ville de Zug et les communes rurales, qui prétendaient, à leur tour, garder la bannière et le sceau du canton : pour apaiser cette querelle, la confédération s'arma tout entière. La jeunesse de Schwytz, contrairement à l'avis de ses magistrats, était venue au secours des campagnards; la bannière avait été violemment arrachée aux bourgeois. Mais les cantons rendirent une décision contraire, et Schwytz fut frappé d'une restitution pécuniaire. Pour la première fois on voit les cantons décider ensemble les affaires intérieures de l'un d'eux.

Il y avait deux cent quarante ans que Cunon de Bubenberg avait bâti Berne, sous le duc de Zähringen, lorsque le 14 mai, vers cinq heures du soir, le feu se déclara et consuma plus de cinq cents maisons ; alors tombèrent toutes les demeures des anciens héros, des chevaliers, des bourgeois ; les flammes consumèrent les hôpitaux, les couvents ; et la population, sans nourriture, épuisée de travail et presque sans vêtements, mêlait ses cris plaintifs au fracas des murailles qui s'écroulaient de toutes parts. Dans cet affreux malheur, Berne reçut des villes voisines des témoignages d'un intérêt bien vif : Fribourg oublia sa récente inimitié, et cent hommes avec douze chariots travaillèrent à l'enlèvement des décombres. Laupen, Thoun, Aarberg, Burgdorf firent de même : de tous côtés arrivaient des provisions, des secours en argent et des consolations. Au lieu des frêles édifices qui composaient la ville primitive, on vit s'élever des rues régulières avec de belles arcades. C'est à cette époque que l'on construisit l'immense muraille que porte la terrasse de Saint-Vincent. Dans le temps où l'on rétablissait Berne, Lucerne se fortifiait de tours et de murailles, et Bâle en entourait ses faubourgs.

A Neufchâtel, deux conseillers du comte fabriquèrent une charte qu'ils attribuèrent à son père, comme s'il eut, avant de mourir, affranchi la ville de son autorité. Ce fut une joie tumultueuse parmi le peuple ; le comte était consterné. Il invoqua le secours des Bernois. Des députés de Berne, de Fribourg, de Soleure et de Bienne accoururent ; l'un d'eux ayant examiné ce titre avec une attention scrupuleuse, découvrit la fraude. Les faussaires furent mis à mort. Vers la même époque, Granson perdit l'illustre famille qui en portait le nom. Othon avait autrefois séduit la femme du seigneur d'Estavayer : celui-ci en gardait une rancune profonde. Amédée VII, comte de Savoie, étant mort à la chasse, on répandit le bruit qu'il avait péri par le poison, que l'auteur de ce crime était Othon de Granson, et qu'il l'avait commis dans l'intérêt d'Amédée de Piémont. Ce fut bientôt une chose arrêtée. Le roi de France, le duc de Bourgogne, Louis d'Orléans, les ducs de Berri et de Bourbon, oncles des comtes de Savoie, firent faire des recherches sur les causes de sa mort ; ils se convainquirent de l'innocence d'Othon de Granson ; elle fut affirmée par le duc de Bourgogne devant Richard d'Angleterre. Mais l'envie et la vengeance n'étaient point apaisées : tout à coup se présenta Gérard d'Estavayer : il accusa Othon de haute trahison, et offrit de le combattre en champ clos à Moudon : le jeune Amédée de Savoie indiqua Bourges. Toute la noblesse y accourut, attirée par la nouveauté du spectacle, et par le nom d'Othon de Granson, célèbre par sa bravoure et par ses chants poétiques. Là, Gérard d'Estavayer répéta son accusation et son défi, mais il demanda que le combat eût lieu dans le pays de Vaud. Othon lui donna un formel démenti et voulut combattre sans délai. Son discours fut noble et touchant. Amédée prit les voix de son conseil ; puis : « Au nom du Père, du Fils et du Saint-« Esprit. Amen. Nous voulons et dé-« cidons par cette présente sentence, « que gage de bataille soit et se « fasse. Que chacun fasse son devoir : « Dieu fera connaître la vérité. » Le jour du duel fut fixé au sept août. Les champions durent combattre avec armes pleines *sans aucunes pointes offendables*. Ils entrèrent dans la lice avec une lance, deux épées et une dague. Ils avaient fourni chacun vingt-deux garants de leur comparution. Othon aurait pu facilement se dispenser d'y venir ; il était malade : mais il avait l'âme trop élevée, trop fière pour décliner le péril. Le signal fut donné, les lances pointées ; les chevaliers se coururent sus, et Othon de Granson tomba. Tous les biens de sa maison furent confisqués par Amédée, sans égard à Guillaume de Granson, frère du défunt. Deux ans plus tard, le dernier des Montfaucon périt à la bataille de Nicopolis, et Montbéliard passa aux Wurtemberg. Les Cossonex s'éteignirent dans le même temps.

Au-dessus du pays d'Uri, en gravissant le Saint-Gothard, le voyageur se trouve comme intercepté de l'univers, au milieu d'une fissure profonde, à travers laquelle la Reuss s'échappe en mugissant : sa blanche écume humecte au fond de l'abîme les roches verticales qui s'élèvent dans les airs à plusieurs mille pieds. Une route aujourd'hui, autrefois simple chemin, permet l'accès de ces lieux terribles, où la voûte céleste s'aperçoit à peine, où gronde un torrent furieux, dont les battements ébranlent la masse incommensurable du roc. Cette vallée, ou plutôt cette crevasse n'admet aucune végétation : de Gœschenen au pont du Diable il n'y a que des blocs de pierre, et cependant la clochette des chevreaux retentit sur ces hauteurs décharnées. Seuls, de tous les animaux, ils osent se suspendre à cet effroyable escarpement. Le nom de cette vallée (les Schellenen) ne rappelle que le bruit du torrent. Jadis il n'y avait aucun passage ; la Reuss ne trouvait d'issue que pour elle-même : en s'échappant de cette fissure, elle retombait en poussière à plus de mille pieds. Les sciences n'avaient pas encore ouvert le monde au travail de l'homme, mais il sut triompher de l'obstacle en créant un danger. À l'endroit où est aujourd'hui le trou d'Uri, il suspendit des chaînes, il y attacha des planches : au siècle dernier seulement, le ciseau a taillé la roche, a percé une route que l'on appelait le Trou d'Uri ; elle a deux cents pieds de long. Aujourd'hui l'explosion de la poudre a élargi le passage, et il est praticable pour des voitures ; mais l'ancien pont est contemporain des planches et des chaînes, qui maintenant ont disparu. Ce n'est plus une merveille depuis qu'un pont nouveau présente à côté de lui sa large croupe et son arche non moins audacieuse. Mais la tradition ne s'est point condamnée au silence ; elle n'en déclare pas moins l'impuissance de l'homme et le pouvoir du démon : le pont est et sera toujours celui du diable. Jadis, dit cette tradition, le gouffre de la Reuss, la roche d'Uri et les Schellenen séparaient le nord du midi : Ursern, au milieu de l'Allemagne et de l'Italie, était inaccessible de toutes parts. C'était au sommet des Alpes comme l'aire de l'aigle. Le démon promit ce domaine à l'homme, et lui en fraya le chemin ; mais il ne voulut consentir à jeter le pont qu'en s'assurant la possession d'une âme : le premier être qui le franchirait serait à lui. La proposition acceptée, le démon court dans la vallée, en rapporte les matériaux, et déjà l'arche majestueuse se recourbe d'une rive à l'autre. Mais l'homme trompa Satan : au lieu d'une âme humaine, il ne lui livra que celle d'un bouc ; un bouc, en effet, fut le premier être qu'on y fit passer. Furieux du subterfuge, le diable veut détruire son ouvrage ; il va quérir une roche incommensurable pour en écraser le pont ; déjà il est près de Gœschenen, quand, sous les traits d'une vieille, la Vierge se présente ; elle se signe, prononce le nom du Seigneur, et la roche s'échappe des mains du malin. On la montre encore dans la prairie de Gœschenen avec l'empreinte de ses ergots.

Ursern, au milieu de ces horreurs sublimes de la nature et de la tradition, offre un spectacle nouveau. Après avoir affronté les Schellenen, après avoir marché avec précaution dans l'obscurité de la voûte d'Uri, un paysage ravissant s'offre à la vue. Au fond du tableau, avant que la route du Saint-Gothard reprenne son âpreté et ses escarpements, une roche isolée porte le château de Hospital : un de ses maîtres en descendit autrefois pour vaincre avec les Suisses à Morgarten. À gauche est Andermatt, et de l'un à l'autre de vertes prairies sillonnées par les eaux de la Reuss, qui s'écoule limpide après avoir réuni dans le village de Hospital les eaux qui lui descendent du Saint-Gothard, et celles que lui envoie la majestueuse Furca, dont la double pointe se montre au-dessus de Réalp. À l'opposite, depuis le trou d'Uri au clocher resplendissant d'Andermatt, le pied de la montagne est tapissé d'étables, où l'on fait hiverner le bétail. Au-dessus de ce village est une forêt dont les arbres sacrés ne doivent jamais être coupés : il est défendu d'y toucher sous peine de la vie, parce que seuls ils garantissent le pays des avalanches : un peu plus loin est le chemin des Grisons. Peut-être dans nos contrées la vallée d'Ursern ne ferait-elle pas sur le voyageur la même impression ; mais, soit qu'il arrive des sources du Rhône, pour visiter celles du Rhin, soit qu'il vienne de l'Italie et du Tésin pour franchir l'Adula, pour redescendre dans les Waldstetten, les terribles beautés qui viennent d'étonner son imagination, le préoccupent ; puis à la vue de cette nature si gracieuse, de cette Reuss si tranquille encore, et qui sera tout à l'heure si torrentueuse, il est saisi d'un sentiment indéfinissable, il s'abandonne à une douce contemplation ; et si la cloche du soir appelle à l'église du hameau, si l'étoile brille au firmament, si la lune jette sa placide clarté sur cette douce contrée, l'âme, en quelque sorte interceptée de la terre, s'exalte d'un sentiment doux et religieux, elle prend son essor vers l'auteur de tant de merveilles, elle joint sa fervente prière à la prière accoutumée du villageois. Tout paraît sublime, tout, jusqu'au monotone refrain du chapelet ; car dans ces solitudes, dans cet antique laboratoire de la création primitive, on oublie le monde, on ne peut penser qu'à Dieu, on n'a d'autre langage que la formule adoptée par l'Église pour converser avec lui.

Faut-il s'étonner que ces contrées aient été négligées : Ursern n'apparaît dans l'histoire que pour se joindre à Uri. Les empereurs ne lui avaient point donné de gouverneur pour exercer la juridiction capitale Il arriva, un jour, qu'un forfait en rendit l'exercice indispensable. L'abbé de Dissentis ne pouvait disposer de ce pouvoir ; mais le landammann d'Uri en était investi. On s'adressa donc à lui, et l'on envoya deux juges à Ursern, pour connaître du fait devant le peuple. La vallée garde encore son amman particulier et son conseil ; mais Uri en confirme le choix. Cette union d'Uri avec Ursern prépara la conquête du Val Levantine. Voici à quelle occasion les Suisses portèrent leurs armes en Italie et se firent un territoire sur le revers méridional des Alpes. Quelques habitants d'Uri avaient conduit leurs bestiaux au marché de Varèse, les employés du duc de Milan les confisquèrent pour une difficulté de tarif. Toutes les réclamations auxquelles donna lieu cette saisie, furent vaines. Au bout de six mois, Uri et Unterwald saisirent leurs bannières et descendirent du Saint-Gothard à travers les gorges profondes où le Tésin se brise en écume, où le roc refuse un lit à la rivière. Le Monte Piottino, le défilé de Dazio furent bientôt franchis. C'était en l'an 1402 ; les Visconti y levaient l'impôt et y exerçaient la juridiction, et le pays était agité de querelles des Guelfes et des Gibelins. Le peuple s'empressa d'accueillir les guerriers qui leur apportaient la liberté : on jura de se soumettre à leurs institutions, de recevoir d'eux des juges, de leur payer l'impôt, de les affranchir de tout droit de péage, et de leur demander des secours. Quatre ans après, Albert de Sax, baron de Misox, ayant disputé la possession de Bellinzona à Visconti, son fils Henri se laissa gagner et la lui livra ; mais Visconti manqua aux promesses qu'il avait faites, et les seigneurs de Misox essayèrent de reprendre cette ville. Ils voulurent aussi punir quelques bourgades de s'être attachées à la ligue suisse. Dès qu'on le sut à Uri, on s'arma ; malgré les frimas et les avalanches, on franchit le Saint-Gothard le 24 décembre et l'on parut devant Faido. L'un des Sax était mort ; et comme l'on pensait que Giovanni Visconti l'avait fait empoisonner, ses parents eux-mêmes demandèrent la combourgeoisie d'Uri et d'Unterwald. Les Suisses stipulèrent que Bellinzona leur serait désormais ouverte, pour leur servir de place d'armes ; ils exigèrent un tribut, et chargèrent les seigneurs de l'entretien de la route ; enfin ils établirent une franchise complète de péage pour les gens d'Uri, d'Unterwald, du Val Levantine et d'Abiasco.

Cependant les barons de Sax continuaient la guerre contre Facino Can, gouverneur de Visconti; d'un autre côté, Luther Rusca reprenait les châteaux de Come et de Locarno, et, dans ce désordre général, on enleva les troupeaux de quelques pâtres de Faido. Les auteurs de cette spoliation commandaient à Domo d'Ossola: quand on leur dit que les Suisses voulaient venger leurs alliés de Faido, ils se prirent à rire : « Qu'ils viennent, répondirent-ils, nous allons leur crever leurs goîtres ». Mais bientôt on sut qu'ils étaient venus, et qu'ils avaient pris déjà le retranchement qui ferme le pays; on vit arriver les fuyards effrayés, et il ne fut plus temps de songer à la défense. Francisco Brogno, magistrat de Domo d'Ossola, ouvrit la ville à l'ennemi. On le confirma dans la possession de sa charge, et on lui laissa une garnison, en décidant que Domo d'Ossola appartiendrait à la confédération. Brogno était fidèle à son serment. Les seigneurs feignirent de vouloir accéder à la ligue suisse, et l'ayant attiré au-dehors de la ville, ils massacrèrent la garnison. Les Suisses ne tardèrent pas; dès le printemps (1411) il parut quatre cents hommes de Zürich. Les châteaux furent assiégés, démantelés : celui de Formazzo s'écroula avec toute la garnison. Les Milanais n'osèrent se mesurer avec les Suisses. Ceux-ci gardèrent Domo jusqu'à ce que les troupes de Savoie et Carmignuola, l'un des premiers capitaines du temps, vinssent l'occuper en 1414.

Dans le même temps, il se formait une ligue nouvelle dans la Rhétie. Cette antique patrie de la population étrusque a toujours conservé un langage et des mœurs qui ne ressemblent en rien au langage et aux mœurs des autres pays. La chaîne de l'Adula élève au-dessus de ses vallées le Crispalt, voisin d'Uri, d'où s'échappe le Rhin antérieur; le Luckmanier, où la source du Rhin a la forme d'un lac. Près du Splugen descend la principale source de ce fleuve; mais avant d'y arriver, il y a reçu déjà seize ruisseaux. Lugnez sépare le Rhin du milieu, du Rhin postérieur qui tombe des glaciers de l'incommensurable Vogelberg, suit le Rheinwald, arrose les champs fertiles de Schams, et vient se cacher dans les gouffres de la terrible Via Mala, à travers l'une des gorges les plus affreuses et les plus remarquables qu'il y ait en Suisse : il passe ensuite à Tusis, à Rhœzuns, et se mêle près de Reichenau au Rhin antérieur. La haute Rhétie s'arrête en deçà de Coire: nous n'avons point à en décrire la partie méridionale, ni les vallées qui s'ouvrent vers Bellinzona, Chiavenna, Pallanza. C'est une véritable forteresse de la nature, un asile pour de vieilles populations, qui survivent aux générations dont elles ont couvert d'autres contrées, et qui gardent à jamais leur physionomie primitive. L'Engadine a conservé encore l'usage du latin. Les évêques de Coire étendaient leur pouvoir, d'une part, sur l'Inn et le Tyrol, de l'autre sur la Suisse; mais depuis longtemps les seigneurs avaient ruiné leur influence. Les plus redoutables étaient les barons de Sax et ceux de Rhœzuns, les comtes de Werdenberg, Monfort, ceux de Tockenbourg, et les abbés de Dissentis. Ulrich Brun, baron de Rœzuns, beau-frere du comte de Tockenbourg, eut quelques contestations avec l'évêque; il fut secondé par l'abbé et les Glarnais, et vint mettre le siège devant Coire; néanmoins la querelle tourna à l'avantage de l'évêque. Cinq ans après, Jean Zann, l'abbé, Ulrich de Rœzuns et Albert de Sax jurèrent une alliance avec Glarus; elle devait durer tant que durerait la vallée, tant que durerait la montagne, et chacun des contractants promettait d'assister l'autre dans toutes ses guerres, dans tous ses périls. L'évêque considéra ce traité comme un acte d'hostilité : des troupeaux de Glarus furent saisis à leur passage; alors les bergers s'appelèrent de toutes parts au combat. Au mois de juin, un contingent d'Entlibuch, de Zug, de Schwytz et d'Appenzell se joignit à Glarus; on passa le Kirenzen, et l'on vint en Rhétie par Sargans. Le pillage fut continué jusqu'à ce qu'on jugeât l'indemnité suffisante; il fallut que le gouverneur autrichien de Sargans intervînt pour négocier la paix. L'évêque était de la maison de Werdenberg; il conclut avec Jean son parent une convention qui réunissait en une sorte de fédération leurs vassaux des vallées de Schanis, de Tomiliasca, de Vaz, et même ceux qui habitaient les roches décharnées de l'Avers, de l'Adula et du Septimer. L'exemple des Suisses gagnait même les grands. Les détails de leurs querelles, de leurs entreprises, de leurs actions, n'appartiennent pas à l'histoire générale. Elle porte ses regards avec plus d'intérêt sur la liberté naissante; elle s'arrête avec complaisance sur les pics glacés d'Appenzell, sur cette population agreste qui ne prit les armes que pour demeurer indépendante, et n'apprit l'art de la guerre que de la victoire. La renommée redira toujours les noms de Speicher, du Stœss, de Wolfshalde, où vinrent échouer les efforts des abbés de Saint-Gall et de l'Autriche; elle dira qu'en moins de cinq ans, ces paysans ont vaincu dans quatre grandes batailles, pris de nombreux drapeaux, cinq villes, soixante-cinq châteaux, et répandu la terreur depuis Kybourg jusque dans la vallée de l'Adige. Lorsque de Saint-Gall on gravit la montagne, la vue se repose sur de riches pâturages alpestres, parsemés d'habitations. Derrière ces pâturages s'élèvent de hautes murailles de rochers, et par-dessus le Gamor et le haut Sentis, des glaces éternelles. Des sommités d'Appenzell on découvre le Tyrol et la Souabe, et vers le sud, la grande chaîne des Alpes. Appenzell est isolé; les sources de la Thur, les vallées de Sargans et de Monfort le séparent de la chaîne de l'Adula. Les rois francs avaient donné ce pays à l'abbaye de Saint-Gall, qui le faisait administrer, qui en percevait le tribut. L'abbé Cunon de Stauffen était d'un caractère dur et impérieux; il méprisait ces pâtres et leur avait imposé des maîtres dont les exactions devenaient intolérables.

Il prit fantaisie au commandant du château de Schwendi de frapper d'un impôt le beurre, le lait et le fromage; et ceux qui se refusaient à le payer étaient dévorés par deux chiens qui le suivaient partout. Ce tyran poussait la cupidité jusqu'à ouvrir les sépultures, afin d'en retirer les vêtements des morts. Il se fit une ligue secrète entre tous les villages d'Appenzell : au jour fixé, on s'empara des châteaux dont les commandants prirent la fuite. Mais l'abbé de Saint-Gall s'était confédéré avec les villes de Souabe; elles envoyèrent des députés. Les montagnards demandèrent à proposer désormais les magistrats que nommerait l'abbé. Les députés n'accueillirent point cette demande, prononcèrent la dissolution de la ligue, et, pour toute satisfaction, promirent que l'abbé et ses baillis seraient à l'avenir d'une entière modération. Cependant la ville de Saint-Gall aussi avait à se plaindre de lui, car il manquait aux promesses solennelles de la mettre en possession de libertés plus grandes. Il y eut encore une sédition à Wyl que l'on écrasait d'impôts; le mécontentement éclatait à Bernhardzell, à Wyttenbach, à Waldkirch. L'abbé jugea nécessaire de faire quelques concessions auxquelles il se prêta de mauvaise grâce. Quant aux griefs d'Appenzell, il ne les écoutait même pas; et comme il n'apparaissait pas qu'il se mît en mesure de faire la guerre, il était évident pour tous qu'il attendait quelque puissant secours. Pour prévenir ce malheur, les habitants prirent les armes, et en avertirent la ville qui s'était unie à leur cause. Celle-ci fit à l'abbé une énergique déclaration : pour toute réponse il transféra son siége à Wyl, ne laissa qu'un moine à Saint-Gall, et fit cesser le service divin. Les dix villes avec lesquelles l'abbaye était confédérée, interposèrent alors leur médiation : on choisit pour arbitre l'ancien bourgmestre d'Ulm, Jean Ströhlin; mais dans sa partialité il prononça l'annulation de la ligue de Saint-Gall et d'Appenzell. Quand on notifia cette décision, l'exaspération fut portée à son comble. On envoya dans tous les cantons ; mais deux seulement acceptèrent l'alliance. Glarius fit proclamer que tout ami de la liberté pourrait aller soutenir la cause d'Appenzell : il partit deux cents hommes. Schwytz envoya Pierre Lœri pour commander les guerriers, et Werner Amsel pour être landamman. Ce canton conclut avec Appenzell un traité de combourgeoisie.

Les villes résolurent de dompter ces montagnards ; et dès le commencement de mai 1403, les contingents de Constance, Ueberlingen, Ravensbourg, de Wangen, de Buchhorn, de Lindau, se mirent en marche. Saint-Gall se joignit à eux. Du haut des rochers, les gardes avancées d'Appenzell donnèrent le signal. C'était le premier combat : les vieillards bénirent les guerriers. Bientôt deux mille hommes des divers villages se trouvèrent réunis sous le commandement de Jacques Hartsch : ils se postèrent sur le Vœgelinseck, auprès du village de Speicher, sur le chemin de Saint-Gall. La descente n'est pas trop rapide : mais il s'y trouve un chemin creux, qui était entouré de bois : tandis que l'ennemi passait la nuit du 14 au 15 mai à l'abbaye et chez les bourgeois, cette petite armée, après quelques instants de sommeil, faisait des dispositions de défense dont on le croyait peu capable.

Dès l'aurore les cavaliers sortirent de Saint-Gall ; ils étaient suivis de l'infanterie au nombre de cinq mille hommes : lorsque cette longue file arriva au chemin creux, les deux cents Glarnais et les trois cents de Schwytz qui occupaient le bois, ne bougèrent point ; au haut de ce chemin il y avait quatre-vingts Appenzellois, que l'ennemi prit pour une grand'garde. Cette poignée de braves attaqua les cavaliers avec impétuosité, et dans le moment même Glarus et Schwytz se jetèrent sur l'infanterie à la faveur du chemin creux. Les soldats des villes voyant le danger, redoublèrent d'efforts pour forcer le passage et sortir du défilé ; mais tout à coup parut le gros de l'armée d'Appenzell, qui d'abord s'était tenu caché derrière les hauteurs. Dans l'impossibilité de se développer, la cavalerie se refoula sur l'infanterie, et la confusion s'accrut d'un malentendu : les chefs avaient l'intention d'amener le combat sur un autre terrain ; ils pensaient que les Appenzellois ne manqueraient pas de les poursuivre, et, dans cette intention, ils crièrent *zurück, zurück* (arrière, arrière). Ce mouvement rétrograde fut pris pour une fuite ; les soldats se précipitaient les uns sur les autres, et les Suisses en profitèrent pour rompre la colonne. Le nombre des morts fut très-considérable : les deux bourgmestres de Saint-Gall périrent ; quatre bannières et plus de six cents cuirasses demeurèrent au pouvoir des vainqueurs. Ils tombèrent à genoux, remerciant Dieu d'avoir accompli, presque sans perte, leur premier exploit pour la patrie.

Cependant l'abbé ne renonçait pas à ses projets ; il sollicita l'intervention de la maison d'Autriche ; le duc Frédéric était à Inspruck. On lui représenta qu'Appenzell serait bientôt une seconde Suisse ; que si on n'étouffait le mal dans sa racine, la noblesse était perdue, et l'expédition fut résolue. Un homme se sépara de la cause des grands, c'était le comte Rodolphe de Werdenberg, Monfort à la bannière noire. Il vint à Appenzell, fit assembler le peuple, et dit : « Amis, « vous me connaissez : issu de la no- « ble maison de Monfort, je ne le « cède à personne pour la naissance ; « mais est-il quelque chose de plus « noble que la liberté. Les malheurs « des temps passés ont créé des distinc- « tions entre les hommes ; votre main « valeureuse saura redresser les torts « des siècles : les braves comme vous « et moi sont frères. Mes ancêtres et « moi nous avons régné : pour prix « de nos services, l'insatiable Autri- « che nous a enlevé nos domaines. « J'apprends, amis, que le duc, qui « est en Tyrol, vient vous attaquer : « les opprimés doivent faire cause com- « mune. Confiez-vous à moi, Monfort « n'a jamais trompé personne ; je ne « puis vous offrir que mon glaive et

« mon sang, je combattrai comme l'un « de vous. » Quand les Appenzellois le virent si ferme dans sa résolution, ils l'accueillirent, car ils le savaient vaillant et sage. L'on se jura mutuelle amitié. Dès lors le comte se dépouilla de son armure, et revêtit un sarrau de toile comme les pâtres. Il fut nommé commandant, et dans chacun de ses soldats il avait un ami. Des retranchements furent construits; on renouvela l'alliance avec Saint-Gall; et pendant que le duc faisait ses préparatifs, les troupeaux parcouraient paisiblement les pâturages.

Au commencement de juin, les troupes de Frédéric franchirent l'Arlenberg. Arbon fut désigné comme point de réunion : là vinrent les plus illustres seigneurs: le comte de Lupfen, gouverneur, le comte de Montfort, maître de Brienz et de Kybourg, Hartmann, comte de Thierstein, le margrave de Baden-Hochberg, Marquard, évêque de Constance, Cunon, abbé de Saint-Gall. L'armée la plus considérable remonta le Rhin : on voulait surprendre le pays du côté de Gaiss, pendant que toutes les forces d'Appenzell se concentraient près du Speicher. Mais Appenzell ne tarda pas à connaître ce plan : partout on faisait des vœux pour sa cause. Le jour de la Fête-Dieu le ciel était chargé de nuages et bientôt la pluie tomba. Les Autrichiens arrivaient par Altstetten, ils ne trouvèrent point de résistance aux frontières : deux cents archers ouvrirent les retranchements pour se procurer un passage; ils parvinrent donc au Stœss; mais la pluie rendait le gazon fort glissant. Tout à coup se montrèrent sur la hauteur quatre cents hommes d'Appenzell avec quelques guerriers de Schwytz et de Glarus; ils roulèrent sur l'ennemi des blocs de rocher et des pièces de bois : quiconque n'en était pas atteint, continuait à gravir la montagne; alors se présenta l'armée d'Appenzell en entier. Les archers autrichiens ne purent tirer aucun parti de leurs arcs que l'humidité avait relâchés. Dans le combat, on vit Uly Rottach s'adosser à une étable, tenir tête lui seul à douze hommes, en tuer cinq, et comme on mettait le feu à l'écurie, se précipiter dans les flammes, afin que personne ne pût se vanter de l'avoir vaincu. Cependant le comte Rodolphe donna le signal; il était nu-pieds comme les autres, afin de se tenir plus ferme sur le gazon. Pendant que ces braves se précipitaient sur l'ennemi, celui-ci se crut pris en flanc : les femmes, vêtues de blanc, avaient paru sur une hauteur pour assister au combat. Les chemises qu'elles avaient mises sur leur vêtement, les firent prendre pour des guerriers. En ce moment, l'action devint sanglante. L'avoyer de Winterthür périt avec quatre-vingt-quinze de ses bourgeois; il en tomba environ autant de Feldkirch. Le torrent ensanglanté apprit à la vallée les hauts faits des montagnards, et le carnage fut d'autant plus grand que les retranchements étaient un obstacle à la fuite. Quand les restes de cette armée furent descendus dans la vallée du Rhin, les Appenzellois se jetèrent à genoux et s'écrièrent : *Dieu* a combattu pour nous; il nous a donné la *pluie du ciel*.

Frédéric, qui ravageait tout sur son passage, vint devant Saint-Gall; mais la ville était trop bien défendue. Il n'avait point de machines, et se vit forcé de reprendre le chemin d'Arbon. Quatre cents hommes de Saint-Gall coururent se poster sur le Hauptlisberg, où il fallait qu'il passât. Les Autrichiens marchaient sans ordre. L'attaque fut aussi terrible qu'inattendue. Hermann de Thierstein tomba, ainsi que Jean de Klingenberg, le fils de celui qui avait péri à Næfels. La bannière de Schaffhousen fut prise. En vain Frédéric présenta la bataille, les agresseurs ne se montraient que dans les défilés, et ces attaques réitérées suivirent l'ennemi jusqu'auprès d'Arbon, où le duc d'Autriche apprit la malheureuse issue de son expédition du Stœss. Fatigué de tant de malheurs, le duc ordonna la retraite, et fit ouvertement toutes les dispositions nécessaires : sa troupe se mit en marche vers la vallée du

Rhin, comme pour passer le fleuve; mais cette conduite cachait une surprise. Il voulait au moins que l'expédition fût signalée par un avantage quelconque. Les Autrichiens devaient gravir rapidement la montagne appelée Woifshalde, surprendre Appenzell, soumettre le pays, ou tout au moins le piller; mais une fille à laquelle on s'était adressé pour savoir le chemin, prévint les habitants. Quatre cents hommes se montrèrent inopinément : l'ennemi, qui savait que la fuite lui était funeste, prit position près d'une église. Là, s'engagea un combat des plus opiniâtres; ce ne fut qu'après avoir perdu quarante-quatre des leurs, que les Appenzellois triomphèrent du nombre, et purent venger leur mort par la mort de dix fois autant d'Autrichiens. De la vallée Frédéric vit accourir les fuyards sans ordre, sans bannière; il maudit cette guerre et repassa le Rhin.

Le comte de Montfort marcha à la tête de ses braves compagnons, et rentra dans ses domaines après avoir pris, rasé, ou reçu à composition beaucoup de châteaux. Ce fut ensuite le tour de la noblesse de Thurgovie; elle fut battue près de la chapelle de Saint-Afra. En reconnaissance des services de Schwytz, on entreprit à Noël, et malgré la rigueur de la saison, la conquête de la vallée de Wægi et de la Marche inférieure, et on la donna à ce canton. Frédéric de Tockenbourg, le gouverneur d'Autriche, essaya en vain de la reprendre.

En 1406, les guerriers de Saint-Gall et d'Appenzell firent deux expéditions pour venger le comte de Montfort, de son parent qui avait marché avec les ducs; deux fois ils l'expulsèrent, vinrent à Pludenz et de là dans le Prettigau; puis voyant les Tyroliens disposés à la liberté, ils appelèrent de nouveaux renforts. On combattit près de Landeck : les troupes du duc vaincues, on accourait de toutes parts et jusque des bords de l'Adige, pour se ranger sous les drapeaux d'Appenzell. Il s'en fallut de peu que tout le Tyrol n'entrât dans la ligue suisse, et que l'Italie ne fût à jamais fermée aux Allemands ; mais Appenzell étant menacé, les vainqueurs se retirèrent chargés de butin, et détruisirent plusieurs châteaux avant de rentrer dans leurs cabanes. Puis, en attendant l'hiver, ils allèrent avec les contingents de Schwytz et de Saint-Gall mettre le siége devant Wyl, pour contraindre l'abbé qui s'y était retiré à revenir à Saint-Gall : il voulut d'abord soutenir un siége; mais se voyant abandonné de tout le monde, il ouvrit ses portes, et après avoir recommandé son âme à Dieu, il descendit dans la cour où étaient les confédérés : sa démarche était chancelante, sa physionomie exprimait l'embarras; accablé par les années et plus encore par le chagrin, Cunon fit pitié à ses ennemis. Quelques-uns cherchèrent à le rassurer, et l'aidèrent à monter à cheval. De retour à Saint-Gall, il se mit sous la protection de la ville et d'Appenzell.

L'année suivante 1407, douze cents hommes prirent les armes pour forcer la noblesse de Thurgovie à une paix durable; ils présentèrent le combat devant Constance, prirent Andolfingen, ravagèrent le territoire de Winterthür, sans que Frédéric, qui était en Tyrol, osât venir au secours des siens. Enfin on alla faire le siége de Bregenz, et l'on prit d'abord la ville et le château d'Elggau, et, pour punir l'évêque de Constance de son excommunication, on lui enleva Bischofszell. Brégenz est à l'extrémité du lac, au pied d'un rocher abrupte, et bien fortifié. L'armée y arriva le 8 décembre : à un froid rigoureux succéda un dégel, qui amena subitement de grandes inondations; rien n'émut les assiégeants. Toutefois il s'était formé une ligue de la noblesse; pour se défendre des progrès de l'insurrection, elle résolut de dégager Bregenz : huit mille hommes marchèrent rapidement, sans que les Appenzellois en pussent rien apprendre. Le 13 février 1408, un épais brouillard couvrait le lac. Enfin l'approche de l'ennemi fut annoncée aux assiégeants, qui prirent position contre le Riet. Le combat fut terrible : Conrad Kupferschmied, de Schwytz, qui commandait le siége, fut tué et quatre-vingts hommes avec lui ; mais la retraite se fit en bon ordre, et avec une telle contenance, que personne ne voulut obéir à Béranger de Hohenlandenberg, quand il commanda la poursuite. Saint-Gall et Appenzell perdirent en cette occasion leurs machines de siége. Au printemps, l'empereur Robert vint à Constance, où se trouvèrent aussi les seigneurs et les députés d'Appenzell, de Saint-Gall et de leurs alliés. On examina les griefs réciproques. La décision de l'empereur offre des caractères singuliers : il commence par annuler toutes les alliances conclues par Appenzell, Saint-Gall, etc., puis il ordonne aux ducs d'Autriche, qu'il remet en possession de leurs droits, de conserver à leurs sujets les libertés accordées par leurs aïeux. Il annule les excommunications fulminées par les évêques de Constance et d'Augsbourg, déclarant qu'il n'a pas le droit d'en agir ainsi, quant à celles qui viennent du pape : enfin, il confie le maintien de cette décision à ces évêques, aux chevaliers du bouclier de saint George (c'était le nom de la ligue), et même à Appenzell dont les droits étaient si singulièrement méconnus.

Sûrs de pouvoir toujours défendre leurs montagnes, les Appenzellois conclurent une trêve de deux ans avec Frédéric d'Autriche ; mais pour faire comprendre à l'empereur le peu de cas qu'ils faisaient de sa décision, ils n'envoyèrent personne à Heidelberg, quoiqu'il dût connaître de leurs différends avec l'abbé de Saint-Gall. En même temps ils jurèrent de garder à jamais leurs libertés, et adoptèrent, au lieu du drapeau particulier de chaque village, une bannière commune à tout le pays. Le jugement de l'empereur soumettait Appenzell à l'abbé sans restriction ; on refusa de s'y conformer. Robert mourut secourir l'abbé, qui s'estima heureux de rentrer, par la médiation de Schwytz, dans la jouissance de ses revenus, en abandonnant presque tous ses droits politiques.

La trêve avait laissé Appenzell en possession du Rheinthal ; dès qu'elle fut expirée, Ferdinand dirigea sur ce point une expédition de sept mille hommes commandée par le comte Hermann de Soulz. Il y avait quatre cents hommes d'Appenzell dans Rheineck, deux cents dans Altstetten. On fit semblant de vouloir soutenir devant Rheineck une bataille rangée ; cela donna le temps aux habitants de sauver leurs effets, puis chacun mit le feu à sa maison et suivit les Appenzellois dans leurs montagnes. Le comte de Soulz resta trois semaines devant Altstetten, uniquement pour attendre Frédéric ; car ce prince briguait la réputation militaire. Il vint enfin, et amena douze mille combattants ; mais il était accompagné de musiciens et de dames. Après une fête nocturne, il se mit à la tête des troupes : remarquable par la beauté et par la richesse de son armure, il harangua solennellement les soldats, et donna l'assaut. Mais quelle fut sa surprise, il n'y avait personne dans la place : à la faveur de la nuit, les bourgeois étaient partis avec femmes et enfants, sous l'escorte de leur petite garnison. Irrité autant que honteux, le duc fit brûler cette ville qui lui appartenait ; il en démolit les murs, et se retira ; car il était au pied de la funeste montée du Stoess. Bientôt les sept cantons reçurent Appenzell dans leur union. Ce fut le jour de la Sainte-Catherine 1411. Dès l'année précédente, le comte de Tockenbourg avait conclu avec ces mêmes montagnards une alliance de quinze ans, le baron de Sax une ligue de cinq ans. Il importait à la cause commune que l'ardeur des Appenzellois ne les entraînât pas à des guerres dangereuses pour la confédération ; ils promirent donc de ne jamais prendre les armes sans le consentement des Suisses ; il fut convenu de plus qu'ils assisteraient ceux-ci gratuitement et qu'ils payeraient une solde aux troupes qu'on leur enverrait.

Vers le même temps, Bâle, qui était parvenue à une grande prospérité et qui avait reçu de nombreux bourgeois, fut le théâtre de grands désordres. Sa constitution inclinait à la démocratie; mais les grands s'appuyaient sur l'Autriche et surtout sur le gouverneur d'Alsace. D'autre part, le comte de Soulz et la ville de Rheinfelden faisaient la guerre à cette cité : et tandis que les Bâlois assiégeaient Istein, on ravageait Liestal et Homberg. Précédemment les Autrichiens étaient venus devant Bâle ; l'arrivée des contingents de Suisse et de Strasbourg les avait forcés de se retirer. Louis de Bavière, landvogt supérieur d'Alsace, assembla un congrès à Kaisersberg, où la paix fut conclue. Le château d'Istein fut ensuite démoli.

Le 28 mai 1412, la paix conclue entre les Suisses et l'Autriche fut prolongée pour cinquante ans; elle fut commune à leurs alliés de Soleure et d'Appenzell. La possession de la Marche fut confirmée à Schwytz, sauf les droits féodaux et celui de rachat. Seize villes des États autrichiens promirent d'observer ce traité, qui fut promulgué le 8 juin dans tous les pays intéressés. Il y avait à peu près cent ans que les ducs avaient attaqué les pâtres voisins d'Einsiedeln, et maintenant ils en étaient réduits à se réjouir d'une convention qui était un véritable hommage à la supériorité des Suisses.

A l'époque où Sigismond de Luxembourg occupait le trône impérial, au commencement de l'hiver de 1414, se réunirent à Constance, non loin des frontières suisses, les envoyés de toutes les puissances ecclésiastiques et temporelles, pour y délibérer sur les affaires de l'Église. C'était pour l'esprit humain une grande époque ; la discussion se mêlait à la foi, les querelles des Albigeois se ranimaient sous une autre forme, et bientôt Rome devait trouver de plus redoutables ennemis. Malheureusement on avait trop négligé, dans la religion, ce qu'elle a de sublime ; on l'avait trop mêlée aux affaires de la terre, trop abaissée à n'être qu'un moyen du gouvernement. Les traditions se perdaient, les formes symboliques étaient devenues inintelligibles au milieu de cette société dont les croyances étaient dégénérées en pratiques. Une population originale, étrange, répandue sur toute l'Europe chrétienne, faisait un contraste tranché avec les chrétiens : les juifs, toujours plus opprimés, réclamaient l'accomplissement d'un grand événement ; la venue du Messie était d'autant plus désirée qu'ils étaient plus persécutés. C'étaient à peu près les seuls qui eussent de l'ardeur pour leur culte. L'Église, au contraire, se ressentait encore du long séjour des papes à Avignon. Grégoire XI étant venu mourir à Rome, le peuple se présenta en armes devant le palais, exigeant avec menace que l'on nommât un pape italien ; déjà deux cardinaux avaient refusé, quand un Vénitien fut présenté au peuple sous le nom d'Urbain VI. Dès qu'il fut nommé, il se porta à des actes de violence contre tous les cardinaux du parti français, et les fit arrêter. Sur ces entrefaites, on créait un autre pape à Fondi. C'était Robert, cardinal de Genève, l'objet de la haine particulière d'Urbain. Un jurisconsulte napolitain, Spinelli, prouva que l'élection d'Urbain était nulle comme dictée par la violence. On affirma qu'il avait promis d'abdiquer au bout de quelques jours, et qu'il ne s'était prêté à cette apparente exaltation que pour apaiser le peuple irrité. Clément VII, c'était le nom sous lequel Robert de Genève s'était fait introniser, se rendit à Avignon, et le schisme éclata : Urbain fit expirer dans de cruels tourments tous ses captifs. Le désordre était partout, car il n'y avait pas une dignité ecclésiastique qui ne fût conférée à la fois par l'un et par l'autre pontife, pas un prêtre qui ne se crût en droit d'appeler suppôt de l'Antechrist celui qu'un autre pape lui opposait. Les choses en étaient encore là, et les deux séries rivales de souverains pontifes se perpétuaient, quand Wenceslas fut déposé de l'empire, quand Charles VI tomba en démence, quand le roi Richard, fils du prince Noir, du vainqueur de Poitiers, le plus beau, le plus accompli des princes de son temps, expira dans sa prison, quand la chrétienté se vit tout entière menacée depuis le triomphe de Bajazet à Nicopolis. En France, les dissensions des ducs de Bourgogne et d'Orléans continuaient à désoler, à ruiner les plus belles provinces; en Angleterre, la Rose blanche et la Rose rouge divisaient la nation: enfin, le Danemark et la Suède se combattaient avec acharnement, et l'empire grec tombait et s'écroulait sous les pas des Turcs.

Trente et un ans après l'établissement de ce schisme, les cardinaux réunis à Pise destituèrent les deux papes, et choisirent Alexandre V, de l'île de Candie. Ce fut principalement par l'influence du cardinal de Cossa, homme à la fois habile et audacieux, auquel il ne manquait pour se faire le restaurateur de l'Église que de la vertu. Benoît XIII, appelé Pierre Luna, et Grégoire XII, qui était Angelo Cornaro, ne voulurent point se soumettre à la décision qui les déposait. Ladislas, roi de Naples, en profita pour s'emparer de Rome. Cossa, qui était devenu pape lui-même à la place d'Alexandre V, ne put résister à l'armée de ce roi, qui conquit tous les États romains. Jean XXII, excommunié par les deux anti-papes, méconnu par une grande partie de l'Église, sans secours de la part de la France ravagée, s'enfuit à Bologne, précisément dans le temps où l'empereur Sigismond entrait en Lombardie. Il allait en Italie pour rétablir les affaires de l'Église; mais il n'avait ni troupes, ni argent, et n'avait même pu arrêter les progrès de Venise en Dalmatie. En vain il fit un appel aux Suisses contre Visconti, la diète de Lucerne se borna à permettre aux volontaires de prendre part à l'expédition. Il s'en présenta six cents à Bellinzona, et Guichard de Raron, valeureux capitaine du Valais, alla rejoindre Sigismond, en passant le Simplon avec cent cavaliers et six cents fantassins; mais quand on vit qu'au lieu d'attaquer avec audace, l'empereur négociait, ces guerriers se lassèrent d'attendre à leurs dépens et de souffrir les hauteurs de la noblesse allemande. Le légat de Jean XXII convint avec Sigismond d'un prochain concile, et, contre le gré du pape, on désigna pour cette réunion Constance, que l'on croyait située au centre de la chrétienté, et qui se trouve dans l'un des plus beaux pays de la terre, à l'embouchure d'un lac immense, à l'endroit où le Rhin s'en échappe pour entrer immédiatement dans celui de Radolfszell, à la vue des glaciers de Saint-Gall et d'Appenzell.

Pendant que l'on convoquait le concile, Sigismond revint en Allemagne par la Suisse; il franchit le Saint-Bernard, et quand il arriva à Romont, il y trouva les envoyés de Berne qui l'invitèrent à visiter leur cité. L'empereur avait à sa suite le comte Amédée de Savoie, le marquis Théodore de Montferrat et huit cents cavaliers. Il traversa Fribourg, et entra dans Berne le jour de la Saint-Ulric, au mois de juin. Cinq cents jeunes garçons, ornés de couronnes aux armes de l'empire, sortirent pour le recevoir; le plus beau portait la bannière, puis venaient les prêtres et les moines, enfin l'avoyer, Petermann de Krauchthal: le sénat, le conseil et la bourgeoisie bordaient les rues. Sigismond marcha sous un dais porté par les quatre bannerets. Le lendemain, il reçut des députés de toute la confédération; pendant les trois jours que dura son séjour, on donnait le vin à discrétion, et, chose bizarre, les filles publiques eurent ordre de recevoir sans payement les seigneurs de la suite de Sigismond, à raison de quoi la ville eut un mémoire assez considérable à payer. L'empereur repartit pour Soleure, charmé d'un accueil si libéral. Les envoyés de la confédération ne le quittèrent qu'à Bâle, d'où il se rendit à Aix-la-Chapelle, se fit couronner, et revint à Constance.

Cependant le pape fit son entrée solennelle le 28 octobre. A Trente, il avait été rejoint par Frédéric d'Autriche. Son cortège était de six cents chevaux. Il était arrivé d'Italie, de France, d'Allemagne, d'Angleterre, de Suède, de Danemark et même de Constantinople, des envoyés de tous les souverains et des députés des villes, des églises et des écoles. On rivalisait de luxe, on prodiguait des trésors accumulés par des générations entières : c'était à qui aurait les plus beaux chevaux, les plus riches vêtements, les plus magnifiques armures. Les cardinaux et les prélats s'apprêtaient à se signaler par leur savoir et par leur éloquence. Beaucoup d'étrangers accouraient comme à un spectacle. L'Europe attendait, les âmes pieuses priaient. Jean XXII n'avait franchi les Alpes qu'avec répugnance, et plus par peur de Ladislas, qui le poursuivait, que par déférence pour l'empereur. Dès qu'il sut que Ladislas était mort et que Rome était rentrée dans l'obéissance, il maudit son voyage. Toutefois, il espéra que dans très-peu de séances le concile aurait confirmé les opérations de celui de Pise; il se confiait dans le grand nombre de ses prélats, et, pour grossir le chiffre de ses voix, il conférait des titres nouveaux ; mais il fut bien déçu quand on décréta que les suffrages seraient comptés non par la majorité des voix, mais par celle des nations, car il n'avait pour lui que l'Italie. Tout ce qui était au nord des Alpes était compris sous trois noms, France, Angleterre, Allemagne : ce ne fut qu'à la 22ᵉ séance que l'Espagne fut admise à former une cinquième nation. Le Nord l'emporta donc, et sur l'avis du cardinal Pierre d'Ailly, on décréta que ce qui s'était fait à Pise sous l'influence du pape actuel n'était pas digne d'examen. On exigea l'abdication des trois papes ; après quoi on procéderait, disait-on, à la purification de l'Église, sans autre crainte que de Jésus-Christ, le seul grand prêtre. Jean XXII eut beau s'intriguer pour prévenir ce résultat : l'esprit, la sagacité échouèrent. Les choses en étaient là, quand Sigismond entra à la tête de mille chevaux. Ami de la pompe, fier de sa suprématie, il voulait que Frédéric d'Autriche, qui alors était à Schaffhousen, vînt recevoir de lui l'investiture de ses fiefs; Frédéric s'y refusa. Ce fut le commencement d'une mésintelligence qui eut de graves conséquences. L'empereur recourut aux Suisses pour s'en faire promettre assistance contre Frédéric ; mais ceux-ci observaient religieusement leur trêve de cinquante ans; il y eut donc quelque hésitation. Frédéric, pendant qu'on délibérait, se soumit, de peur que les Suisses n'acceptassent les propositions de Sigismond ; puis il excita celui-ci contre eux; mais Sigismond n'en tint compte, et les en avertit. On vit alors arriver les envoyés de toutes les villes et cantons, et l'empereur eut soin de leur reprocher en présence de Frédéric tous les griefs dont ce prince avait fait l'objet de secrètes délations. Les députés suisses parurent fort surpris. Frédéric demanda un délai pour réunir les preuves de ses allégations ; alors l'empereur feignant l'étonnement, lui répondit qu'il eût été mieux, avant de porter plainte, de s'assurer de l'exactitude de ses griefs. Quelque temps après, Frédéric fit dire à la diète tenue à Lucerne, qu'il avait été trompé par ses subordonnés, qu'il venait de les en punir, mais qu'il comptait sur le maintien de la paix avec une nation si loyale. Les Suisses répondirent qu'il les avait bien jugés.

Le concile força Jean XXII à abdiquer la dignité pontificale ; il lut la formule prescrite, et déposa la couronne avec une apparente sérénité qui attendrit beaucoup les assistants. Le patriarche d'Antioche le félicita au nom de tous les pères de la grandeur du sacrifice qu'il faisait à la paix de l'Église; l'empereur lui baisa les pieds, et vint dîner chez lui. Cependant Jean XXII s'apercevait que les suffrages ne se porteraient pas sur lui quand il s'agirait de donner un nouveau chef à l'Église ; il réfléchit qu'il lui suffirait d'être libre, pour régner encore sur un grand nombre de croyants. Il avait d'abord gagné la faveur de l'empereur en lui prêtant des sommes considérables, il la perdit en refusant de nouvelles avances ; d'un autre côté, Frédéric d'Autriche, son ami, était accusé par les évêques de Coire, de Trente et de Brixen, de les avoir spoliés, et d'avoir attenté à la liberté des deux premiers. Ce prince craignait l'issue de ces plaintes, et n'était pas fâché que le concile fût dérangé par l'éloignement du principal personnage : il favorisa donc les projets de départ de Jean XXII. On cite encore comme y ayant donné les mains l'archevêque de Mayence, de la maison de Nassau, et le duc de Bourgogne.

Ce dessein ne demeura pas tellement secret que l'empereur n'en apprît quelque chose. Il fit de vives remontrances à Jean XXII, qui prodigua les protestations les plus énergiques contre cette allégation. Il affirma qu'il ne quitterait Constance qu'à la clôture du concile. Mais se voyant trahi, et sachant que les Anglais demandaient son arrestation, il précipita l'exécution de son plan. On célébrait alors beaucoup de tournois, car il y avait plus de cent quinze mille étrangers à Constance, et dans les environs, et l'on y comptait trente mille chevaux. Le 21 mars de l'année 1415, Frédéric d'Autriche entreprit un combat chevaleresque contre le comte de Celley, beau-frère de l'empereur. La lice était dans cette belle plaine qui sépare les deux lacs; tous les yeux étaient fixés sur les illustres champions. Jean XXII profita de l'occasion ; déguisé en postillon, il s'échappa sur un mauvais cheval : suivi d'un seul garçon, il s'embarqua à Ermatingen, et s'en vint en descendant le Rhin jusqu'à Schaffhousen, qui est située au milieu des possessions et des châteaux de Frédéric. Celui-ci, secrètement averti, se laissa vaincre par Celley; puis, réunissant quelques affidés, il entra avec eux dans la maison d'un juif, et leur révéla son secret. Le comte de Lupfen s'écria : *Achevez sans moi ce que vous avez commencé sans moi.* Mais Jean Truchsess de Diessenhoffen protesta qu'il n'abandonnerait jamais le duc; il le suivit donc et ils allèrent rejoindre le pape.

Quand on sut que le pape avait disparu, la consternation s'empara des grands et des pères du concile. Le peuple furieux s'en prenait aux Italiens et aux Autrichiens. Les uns et les autres fuyaient à cheval, à pied, en bateau; toutes les boutiques furent fermées. L'empereur et le prince Louis, palatin du Rhin, parcouraient les rues à cheval pour calmer les esprits. On appela tous les prélats à la cathédrale, tous les grands chez Sigismond. Le concile dépêcha vers le pape trois cardinaux et l'archevêque de Reims. L'empereur fit dire à Frédéric qu'il s'exposait, s'il ne revenait, à la perte de tous ses fiefs. Le pape répondit qu'il s'était séparé d'une journée de marche de son cher fils l'empereur et du concile, uniquement parce qu'il avait besoin de prendre l'air et de se donner du mouvement; mais il écrivit aux cardinaux que la cause de son départ était dans sa juste défiance des intentions de l'empereur. Cette conduite inspira un profond mépris pour lui aux pères du concile, et il s'en fallut de peu que, sur la motion de Jean Gerson, chancelier de l'université de Paris, on ne saisît ce moment pour décréter que l'autorité des conciles était supérieure à la puissance des papes. Il fut résolu que le concile n'en continuerait pas moins ses opérations: douze pères furent choisis parmi les cinq nations, sans la permission desquels nul prêtre ne pourrait s'éloigner, et l'empereur ordonna aux nobles des châteaux de prendre et d'arrêter tous ceux qui n'en seraient pas munis. Quant à Frédéric, il refusa de revenir; à raison de quoi les grands et les prélats le déclarèrent coupable de haute trahison et déchu de ses fiefs. Le concile l'excommunia pour avoir, semblable à Pharaon, endurci son cœur, pour avoir résisté aux larmes de l'Église affligée, pour être demeuré sourd aux conseils de ses amis, aux avertissements de l'empereur, comme le serpent aux conjurations, etc., etc. Sigismond, en punition du mal qu'il avait fait aux évêques de Brixen, de Trente et de Coire, et d'autres méfaits encore, défendit de l'héberger, de lui donner à manger ou à boire, de lui fournir des fourrages, etc. Il annula en même temps tous les traités conclus avec lui, et l'absolution fut donnée à l'avance pour toute rupture de convention.

De toutes les parties de l'empire arrivaient à Frédéric des déclarations de guerre. L'armée marcha le 28 mars sous le commandement de Frédéric, burgrave de Nurenberg, le premier électeur de Brandebourg de sa race, et l'aïeul des rois de Prusse. Les Suisses, réunis à Lucerne, répondirent aux demandes de l'empereur, qu'il y avait à peine trois ans qu'ils avaient conclu avec le duc d'Autriche une trêve de cinquante ans, et qu'il serait peu généreux de la rompre maintenant qu'il était dans le malheur. La réponse de Berne fut simplement dilatoire. Cependant le burgrave avait déjà réduit Stein; Diessenhoven lui avait ouvert ses portes; il marchait sur Schaffhousen. Quoique située dans un bas-fond entre les collines qui bordent le Rhin, cette ville pouvait tenir contre un ennemi qui manquait de machines de siége. Le burgrave pénétra donc dans l'intérieur de la Thurgovie, et prit position devant Frauenfeld. De là il fit dire aux habitants de Schaffhousen : que s'ils résistaient à l'empereur, leur maître, ils subiraient toutes les horreurs d'un siége; que s'ils obéissaient, ils seraient dégagés de la puissance de l'Autriche et reprendraient leur immédiateté. Il leur donna six jours pour délibérer. Il y avait 85 ans que Louis de Bavière avait engagé cette cité aux ducs d'Autriche. Les bourgeois s'assemblèrent, et la cause de la liberté prévalut : on fournit à l'empereur le prix du rachat, et à cet effet on s'imposa une taxe extraordinaire, qui se percevait encore en 1689. Ce fut le 6 avril que Schaffhouse affranchie jura fidélité à l'Empire : toute la Thurgovie se soumit.

De nouvelles instances de Sigismond assemblèrent une nouvelle diète à Bekenried, non loin du rocher de Guillaume Tell et du Ruttli, sur les frontières d'Uri et d'Unterwald. Les envoyés de l'empereur insistèrent beaucoup sur le devoir d'obéir à l'Église; ils citèrent l'exemple des villes et des seigneurs. Les montagnards suisses, Zürich, Zug, Lucerne et Glarus, répondirent qu'ils ne pourraient jamais se persuader que ce qu'on leur demandait pût se concilier avec leur réputation de bonne foi et de loyauté, qu'ils préféraient à tout au monde. Mais à Berne, quand on vit que déjà la Thurgovie était conquise, on sortit avec toute la jeunesse, en y joignant les contingents de Soleure, de Neufchâtel et de Bienne, et l'on se jeta dans l'Argovie. Les Fribourgeois, ne pouvant prendre les armes contre le duc leur maître, voulurent cependant seconder Berne leur alliée : ils envoyèrent donc sept cents hommes pour y tenir garnison. Le siége de Zofingen fut entrepris; ce qui fit craindre à Zürich que l'Argovie elle-même ne fût conquise par les Bernois, et que leur domination ne s'étendît jusqu'à ses portes. Cette ville envoya donc des députés à l'empereur, pour le prier d'interroger des jurisconsultes, afin de savoir si la trêve de cinquante ans pouvait être rompue; on demanda l'assurance que les terres conquises en commun ne seraient données en fief qu'aux confédérés, qu'elles ne seraient rendues que de leur consentement, qu'il serait pourvu aux frais de la guerre, etc., etc. Enfin, les scrupules des Suisses n'y tinrent plus : réunis à Schwytz, pressés par Sigismond, par les pères du concile, convaincus par une consultation des grands, des jurisconsultes et même des principaux ambassadeurs, ils reconnurent que leur devoir le plus sacré était celui qui les obligeait envers l'Empire. Il fut stipulé que les terres conquises sur l'Autriche appartiendraient aux confédérés, et que la bannière impériale marcherait avec eux dès qu'ils entreraient en campagne. Les Suisses envoyèrent donc à Frédéric leur déclaration de guerre.

L'Argovie se voyant menacée : une assemblée de députés des villes et de la noblesse se réunit à Sursée. Les députés des villes voulaient que le pays se constituât en république et s'adjoignît à la confédération, en se déclarant neutre. Les nobles étaient contraires à ce parti; ils étaient ennemis de l'égalité. Cette opposition mit quelque lenteur dans l'exécution; et quand les magistrats partirent pour porter ces propositions aux Suisses, Ulrich Walker, avoyer de Lucerne, avait déjà fait invasion dans la contrée. De tous côtés les Suisses arrivaient, et il n'était plus temps de négocier. Zofingen ouvrit ses portes aux Bernois, Sursée aux Lucernois. Les conquêtes des uns et des autres s'étendirent avec rapidité. Bientôt les Bernois furent devant Aarau. De leur côté, les troupes de Zürich franchirent l'Albis, entrèrent dans le bailliage de Knonau, et s'emparèrent du cours de la Reuss. Dans cette guerre, le pont du lac entre Rapperschwyl et Richterschwyl fut brûlé. Aarau cependant se rendit au bout de trois jours, et jura fidélité à Berne et à Soleure, qui lui promirent leurs secours. Tous les droits des ducs devaient être exercés dorénavant par ces deux cités. Leurs conquêtes se poursuivaient presque sans résistance. Un Rodolphe de Reinach essaya de soutenir un siége dans son château de Trostbourg. Il y était bien approvisionné; mais l'ennemi ne lui donna point le temps de consommer ses vivres; il fut pris avec une étonnante dextérité, et la flamme de son château incendié jeta sur le pays une horrible clarté. Cependant elle n'effraya point le seigneur de Thuring du château de Hallwyl. Ce fort était au bord du lac, son enceinte était entourée de fossés profonds, les murailles étaient d'une hauteur immense; rien ne résista aux machinistes bernois. Une épaisse fumée couvrit bientôt le lac, et porta au loin la nouvelle de la chute de Hallwyl. De là les vainqueurs vinrent à Ruod. Lentzbourg, et même l'antique château de Habsbourg que commandait Wolen, acceptèrent la loi de ces républicains. Les confédérés prirent Bruneck, le château des Gessler, et se vengèrent ainsi de l'oppression soufferte 108 ans auparavant. Les Bernois s'arrêtèrent au confluent de l'Aar et de la Reuss, et se reposèrent sur les Suisses du soin de s'emparer de Baden; enfin le siége se prolongeant, ils envoyèrent cinquante cavaliers, mille fantassins et des machinistes.

Le pape Jean et le duc Frédéric, malgré les neiges qui couvraient la forêt Noire, s'étaient rendus à Fribourg en Brisgau. Ils y apprirent ces désastreuses nouvelles, la conquête de l'Alsace par le comte palatin, et le siége de Seckingen par les Bâlois. Frédéric ne manquait pas de ressources; le Tyrol lui était dévoué, cent soixante seigneurs avaient pris fait et cause pour lui, les ducs de Bourgogne et de Lorraine l'eussent secondé, le pape ne le laissait point manquer d'argent: mais il s'abandonna lui-même; il empêcha le pape de se rendre en France, et vint à Constance. Le jour de l'humiliation de ce rival, Sigismond eut soin d'inviter les principaux prélats des quatre nations. Il s'assit à l'extrémité du réfectoire du couvent. Frédéric entra: le duc Louis et l'électeur de Brandenbourg le conduisaient par la main. Trois fois il se mit à genoux. *Que voulez-vous?* lui cria l'empereur. *Puissant monarque*, répondit pour lui le prince bavarois, *Frédéric mon cousin est ici; je vous supplie de lui pardonner; il se rend à discrétion et s'engage à vous livrer aussi le pape, sous la seule condition que celui-ci ne souffrira aucun préjudice ni dans sa personne ni dans ses biens.* Alors Sigismond d'une voix altérée: *Duc Frédéric, accomplirez-vous cette promesse. — Oui, je demande grâce à Votre Majesté.* Le ton sur lequel ces mots furent prononcés, émut les assistants: tout aussitôt Frédéric fit cession à l'empereur de toutes ses terres, depuis le Tyrol jusqu'en Alsace, et se retournant vers les assistants: *Seigneurs italiens*, dit-il, *vous connaissez la splendeur et la réputation des ducs d'Autriche: apprenez par ma soumission ce que peut un empereur d'Allemagne.* Cependant les confédérés pressaient le siége de Baden: Mannsberg défendait le château fort. Déjà la brèche était pratiquée par les machinistes bernois, lorsqu'on sut ce qui se passait à Constance : le commandant promit de se rendre au bout de huit jours, s'il ne recevait point la nouvelle de la réintégration de Frédéric; mais Frédéric lui-même était absorbé par de plus grandes infortunes, et ce qui occupait uniquement son fidèle serviteur n'était qu'une faible portion de ses contrariétés. L'électeur de Brandebourg fut envoyé à la suite du pape, avec ordre de le ramener de gré ou de force. Abandonné de tous, privé de sa liberté, désespérant de lui-même, Jean XXII fut entraîné à Radolfszell, à la pointe du petit lac à travers lequel le Rhin s'échappe vers Schaffhousen. On ne se crut plus obligé à aucun ménagement à son égard, et l'on fit sur toute sa vie une enquête de mœurs dans laquelle on lui reprocha l'ambition, la débauche et des voluptés de tout genre. Frédéric ne put le secourir ; tout ce qu'il put obtenir, c'est que Baden ne fût point abandonné aux confédérés, non plus que Waldeck, château des Hallwyl. Les confédérés représentèrent qu'ayant pris Baden sur Burghard de Mannsberg, ils abandonneraient difficilement cette proie. L'empereur s'irrita, et dépêcha pour en prendre possession Conrad, comte de Weinsberg, et Frédéric, comte de Tockenbourg; mais quand ils arrivèrent, le fort était en flammes, et les archives étaient chargées sur des chariots que l'on conduisait à Lucerne. Les Suisses s'excusèrent sur ce que Winterthür avait attaqué les Zürichois malgré la paix. Dès lors ils avaient, disaient-ils, démoli le château de Baden par voie de représailles. Nous avons pénétré, ajoutèrent-ils, dans ces appartements où l'empereur Albert menaçait les Waldstette, où l'on méditait l'attaque de Morgarten, l'expédition de Sempach ; nous avons renversé ce repaire de tyrans. Que ce soit pour jamais, et les acclamations, les cris de joie saluaient l'écroulement des créneaux.

Le pape Jean XXII refusa de lire le factum qu'on lui porta contre lui-même, et fut déposé. Il vécut ensuite une année à Heidelberg, fut plus sévèrement gardé à Mannheim, et au bout de deux ans parvint à s'échapper et gagna Florence. Après qu'il eut été déposé, Grégoire XII, âgé de 88 ans, se démit de sa dignité. Benoît XIII continuait à se dire pape dans un coin de l'Espagne. L'empereur aimait les voyages, il entreprit d'aller le faire abdiquer. Pour se procurer de l'argent, il fit semblant de réclamer la souveraineté de l'Argovie ; mais il n'insista pas, et dit que du moins il ne pouvait priver l'Empire de ses revenus. Les confédérés étaient épuisés par la guerre, Zürich se chargea de tout. Jacques Glentner, l'ancien bourgmestre, fut chargé de négocier avec l'empereur. Dans une séance solennelle, Sigismond recommanda aux pères du concile d'employer en délibérations utiles au salut de l'Église le temps de son absence, puis il partit, suivi de quatre prélats des quatre nations, de l'électeur de Brandebourg, du duc Louis d'Ingolstadt, du comte Frédéric de Tockenbourg, de Jean de Lupfen, du comte d'OEttingen et de quatre mille chevaux. D'abord il descendit le Rhin jusqu'à Bâle, où l'attendaient les envoyés bernois, qui lui payèrent cent mille florins, pour lesquels il leur engagea tout ce qu'ils avaient conquis dans l'Argovie, à la condition que le rachat ne pourrait se faire jamais qu'au nom de l'Empire et de leur plein gré. De Bâle, l'empereur passant le Hauenstein, traversa Soleure et vint à Aarberg. Le comte Amédée et beaucoup de nobles de Savoie vinrent lui rendre leurs devoirs. Il y demeura trois jours. Ce fut là que se conclut la négociation entamée au nom de Zürich par Glentner. Il fut stipulé que l'empereur, entreprenant un grand voyage dans l'intérêt de l'Église, et voulant pourvoir au bien-être de ses sujets, désirait que Baden, Mellingen, Bremgarten et Sursée, villes nouvellement conquises pour l'Empire, ne fussent pas sans défense ; qu'à ses yeux personne n'était plus capable de les bien protéger que les citoyens de la fidèle ville de Zürich; que par ces motifs il en gageait à leur ville ces seigneuries pour 4500 florins. Les Zürichois furent autorisés à admettre dans le bénéfice du marché leurs alliés. Le rachat ne pourrait avoir lieu que par un empereur, pour l'Empire, et du gré de Zürich; enfin, dans ce cas, il serait payé, outre le remboursement du rachat, six mille florins. Sigismond partit après cette transaction, passa par Morat, le pays de Vaud et Genève, entra en France et de là en Espagne. A son arrivée, il trouva Benoît XIII très-peu disposé à se démettre de la papauté. Ce pontife lui fit une harangue de sept heures pour établir ses droits, et régna encore longtemps malgré toutes les protestations de l'Église. Sigismond ne revint à Constance qu'après dix-huit mois; car il alla à Paris et à Londres, espérant concilier les rois de France et d'Angleterre, et les réunir ensuite contre les Turcs; pensée louable, mais qui ne lui réussit pas plus que le projet de faire abdiquer Benoît XIII.

Les confédérés, se rappelant qu'à l'avance on leur avait abandonné leurs conquêtes, se réunirent pour en régler le gouvernement. Une antique vertu dicta la conduite d'Uri. La guerre que nous venons d'achever, disaient ses représentants, n'était pas la nôtre, c'était celle de Frédéric. Comment, chers confédérés, comment aurions-nous pu nous approprier des terres à son préjudice, lorsque nous étions engagés envers lui par une paix de cinquante ans? Puisque l'empereur a fait la paix, ne retenons rien de ce qu'il pourrait rendre au malheureux prince d'Autriche. Nous, du pays d'Uri, nous ne prendrons aucune part à ce qui ne nous appartient pas. Nos pères nous ont appris à placer la bonne foi au-dessus de tout. L'assemblée regarda cette opinion comme une morale intempestive. On convint que le comté de Baden et les bailliages conquis seraient administrés en commun, et que Zürich, Lucerne, Schwytz, Zug, Unterwald et Glarus nommeraient un gouverneur dont les fonctions dure-raient deux ans, et que chaque année il rendrait compte aux députés de ces cantons. Berne garda ses propres conquêtes; Uri ne voulut rien. Cette campagne eut encore d'autres résultats : il fut fait remise à Glarus de toute suprématie autrichienne; l'advocatie d'Einsiedeln fut alors donnée à Schwytz; Zug choisit un gouverneur dans son sein : enfin Unterwald put jouir de toute l'autorité dont Landenberg avait autrefois abusé; elle fut confiée désormais à son landamman, qui administra aussi les conquêtes faites dans le val Levantine. Nous n'avons point à parler du séjour de Jean XXII à Heidelberg, de sa déposition, de sa détention à Mannheim, de sa fuite en Italie, non plus que du supplice de Jean Hus, acte de barbarie par lequel le concile crut affermir la foi. L'empereur, qui ne voulait que de l'argent pour ses voyages, fit semblant de revendiquer les conquêtes des confédérés, puis il transigea.

Les différends de Frédéric avec le concile et l'empereur amenèrent, en 1417, une nouvelle expédition de Zürich et de Constance contre Feldkirch, qui avait été cédé à Frédéric de Tockenbourg sur Frédéric d'Autriche. Les troupes de Constance avaient une grande machine de guerre, qui s'appelait le Schupfen et qui lançait dix quintaux; elle fit brèche à la muraille, et le fort se rendit. Sigismond fit alors un mémorable voyage en Suisse, côtoya le lac de Constance, remonta le cours du Rhin, visita les champs de bataille où Appenzell avait acquis tant de gloire, puis se dirigea vers le lac de Wahlenstadt, dont les ondes perfides faillirent l'engloutir au milieu d'une affreuse tempête. Sur les ruines de Wesen, il trouva la députation des Glarnais, et se fit raconter la bataille de Næfels. De là il se rendit à Einsiedeln, en suivant le chemin des pèlerins. Les envoyés de Schwytz l'y attendaient. Encore saisi de l'impression religieuse que lui avait faite la sainteté du lieu, il descendit de Schindelegi vers le magnifique lac de Zürich, s'embarqua à Richterschwyl, et naviguale au milieu de ces innombrables villages et de ces fertiles coteaux. La cité tout entière, constable et tribus, nobles, bourgmestre et bourgeois, se porta au-devant de lui, et lui fit don d'un bocal rempli de florins d'or. On le reconduisit au delà de l'Albis dans la belle vallée de Diétikon, où l'attendaient les Lucernois. A Lucerne, il alla se prosterner dans l'église de Saint-Léger, puis il parcourut toutes les sinuosités du lac, vint à Unterwalden, dont un Arnold de Winkelried était landamman, passa devant Gersau, qui conserve toujours sa charte d'affranchissement, débarqua à Brunnen, et fut reçu par le jeune Ital Reding, fils du landamman. Il était à Schwytz, quand la nouvelle que l'on pressait l'élection d'un pape le fit subitement retourner à Constance; et en effet, le jour de la Saint-Martin, l'évêque Othon Colonna, de Rome, fut élevé à la dignité pontificale par vingt-deux cardinaux et par trente électeurs que leur avait adjoints le concile; ce fut Martin V. Il choisit pour patron le saint du jour de son élection.

Bientôt l'empereur conclut un traité de paix avec Frédéric, auquel les Suisses refusèrent de rendre la Thurgovie. Les conditions de la paix furent solennellement proclamées sur la place publique à Constance, et le pape nouveau entreprit à son tour un voyage en Suisse. Le départ fut solennel; il se rendit à sa barque suivi de quinze cardinaux et de beaucoup d'évêques; l'empereur conduisait son cheval avec l'électeur de Brandebourg; le dais était porté par quatre comtes; le duc Frédéric et le duc de Bavière tenaient la housse du cheval. On arriva ainsi à Gottlieben, et le soir le bateau s'arrêta à Schaffhousen. Martin y parut tout autre que trois ans auparavant, quand il était le fidèle compagnon de la fuite de Jean XXII. Le rivage était couvert de jeunes garçons vêtus de blanc et couronnés de fleurs; le clergé, les magistrats, la noblesse, la bourgeoisie le conduisirent au couvent de Tous les Saints. De Schaffhousen le pontife alla à Baden et à Lentzbourg; il resta trois jours à Soleure, dix à Berne, où on lui fit de riches cadeaux, entre autres huit foudres de vin de Bourgogne et de vin du Rhin, huit bœufs gras, quarante moutons, beaucoup de poules, etc., etc. Il fut bien reçu aussi à Fribourg, vint à Lausanne et à Genève, passa en Italie et établit son siége à Florence.

Dans le Valais s'agitaient d'autres événements; Guichard de Raron excitait le mécontentement général par ses relations avec la Savoie, à laquelle il avait facilité la conquête du val d'Ossola. Ce seigneur ne rendait pas compte de la succession d'Antoine de la Tour de Châtillon; il n'avait point payé ceux qui l'avaient suivi en Italie près de Sigismond: enfin les confédérés, et surtout Unterwald, ne lui pardonnaient point ses propos insultants. Il avait dit que s'il se fût trouvé à Domo d'Ossola quand la ville fut surprise par les confédérés, pas un n'aurait échappé. Ceux-ci se plaignirent à la ville de Berne, dont Raron était bourgeois; mais Berne répondit que depuis qu'il n'avait tenu compte de ses exhortations précédentes, elle l'abandonnait à lui-même. Quelques soldats savoyards ayant passé le Simplon pour venir à Brigg, on les désarma et on les chassa, en leur enjoignant d'annoncer à leurs pareils que les Savoyards eussent à se garder de remettre les pieds dans le Valais. Pour échapper aux conséquences de cette action, les habitants de Brigg résolurent de soulever tout le pays; ils eurent recours à la Matze. Ils taillèrent un morceau de bois en figure humaine, l'entourèrent d'épines, et cette figure devint le symbole du faible opprimé. Chacun de ceux qui s'engageaient à porter secours enfonçait un clou dans le tronc de l'arbre sur lequel on l'avait hissée. La nuit, on allait l'attacher à un arbre voisin de la route, et dès le matin, quand la foule était rassemblée, ses défenseurs écoutaient les discours des curieux. Tout à coup un homme audacieux détachait la Matze, et se plaçait à côte d'elle: alors on demandait : *Matze, de quoi te plains-tu? Matze, pourquoi es-tu là?* La Matze gardait le silence; puis on appelait à grands cris un ami du pays qui se voulût faire l'avocat de la Matze et répondre pour elle. *Ils veulent te secourir*, s'écriait-il, en s'adressant à la Matze; *désigne-nous l'homme que tu crains: serais-ce Sillinen?.... Asperling?.... Henngarten?* Toujours même silence. A chaque nom on articulait un nouveau genre d'oppression dont on supposait que la Matze pouvait se plaindre. Enfin l'homme s'écria : *Te plains-tu des Rarons?* et la Matze s'inclina en signe d'affirmation. Eh bien! camarades, s'écria son défenseur, elle a parlé; que quiconque la veut sauver, lève la main. On reconnut que la violence avait fait taire les lois, qu'à la violence il fallait opposer la violence, et dans tous les dizains se répandit la nouvelle que la Matze en voulait au gouverneur, à l'évêque, à tous les Rarons. Au jour fixé, on suspendit la Matze devant toutes les maisons de leur parti; on les pilla, on dispersa les meubles, on consomma les comestibles. Dès que Raron le sut, il craignit le sort de Châtillon, il s'enfuit à Berne, qui lui objecta sa désobéissance passée, et il n'obtint de Fribourg qu'une simple médiation, à condition de déposer le gouvernement du Valais. Guichard de Raron n'était point un méchant homme; mais il avait montré trop de dédain pour la grossièreté valaisanne, trop de prédilection pour les mœurs de Savoie; il avait par son influence fait établir à Sion des statuts fort sages sur la propreté, la salubrité publique et sur la police des marchés. Vainement il espérait que sa renonciation aux affaires apaiserait ses ennemis. On craignait l'effet du temps et la puissance de ses châteaux. Le peuple se précipita sur celui qui domine Sierre et le démantela; puis on passa la Dala, et l'on attaqua une tour de Raron et un château de l'évêque à Louèche; tout fut pris, pillé, dévasté, démoli. De là on se porta sur Beauregard, à l'endroit où la vallée s'enfonce dans les Alpes d'Aoste. Raron, qui avait supporté patiemment les premiers désastres, recourut de nouveau à Berne; mais cette cité, uniquement occupée de l'Argovie et de Frédéric, ne put l'écouter. Il fallut alors se jeter dans les bras de la Savoie, qui s'empressa d'envoyer Amédée de Challant pour occuper le fort de Majorie, le château de Tourbillon et Gerstenberg dans le pays de la Sane. Le sire de Raron réunit tout ce qu'il put se procurer de vivres, appela à lui ses plus vaillants soldats, s'entoura de sa femme Marguerite de Ræzuns, de l'évêque, de tous les vieillards, de tous les enfants de sa maison, et fortifia Séon où il s'établit, tandis que Beauregard était défendu par de fidèles serviteurs; mais pressés par la famine, ceux-ci furent obligés de capituler, et l'on vit de loin les flammes qui dévoraient l'antique Beauregard au haut de sa roche inaccessible. Les secours de la Savoie jetèrent dans le pays une telle exaspération, que cette puissance eut à trembler pour la possession du Chablais; sans tenir compte de Raron, elle se hâta de traiter en remettant les châteaux, non à l'évêque, mais au chapitre; aussitôt les Valaisans les prirent et les détruisirent. Guichard de Raron ne se laissa point abattre par l'infortune : il vint à Berne et harangua le conseil, lui rappela de quelle hauteur il était tombé, parla des vicissitudes de la fortune qui pouvaient atteindre aussi leur cité, et vanta la générosité qui convenait à cette république; enfin, il représenta que de toute sa grandeur passée il ne lui restait rien, et que la seule chose qui le pût délivrer, c'est qu'il était citoyen de Berne. Ce discours émut toute l'assemblée; on ne put lui résister

Cependant le dizain de Conches, dans le haut Valais, aux sources du Rhône, s'éleva contre les projets de Raron. Ce pays est habité par des pâtres, la contrée est âpre et sauvage, elle se couvre de rocs éboulés, et ne se pare que de gazons alpestres aux teintes grisâtres et cendrées. Un vif amour de la patrie, un esprit d'indépendance toujours soutenu, rendaient ces montagnards dignes du voisinage de Waldstetten : ils implorèrent le secours de leurs guerriers ; ils dirent qu'ils avaient repoussé Raron parce qu'il avait appelé l'étranger, parce qu'il avait excité la Savoie à la conquête du val d'Ossola. « C'est aux hommes libres, ajoutèrent-ils, qu'il appartient de se donner de mutuels secours ; en dépit des Bernois, il faut conquérir pour les cantons, pour le haut Valais, ce pays que la nature rapproche de leurs demeures. » Conches promit donc sa coopération, et pour récompense demanda qu'Uri et Unterwald la protégeassent contre Berne du côté du Grimsel. Ces cantons accédèrent à ces propositions et y firent consentir Lucerne. On jura un traité d'éternelle alliance, et il fut décidé que les différends du Valais avec Berne seraient terminés par la simple médiation des confédérés et sans effusion de sang. Le traité, sans compromettre en rien l'indépendance des contractants, stipulait encore beaucoup d'avantages réciproques pour le commerce et l'agriculture.

À peine le traité eut-il été juré, et avant même qu'il fût écrit, les bannières d'Unterwalden et d'Uri, les troupes de Lucerne, et par entraînement Zürich et Schwytz, franchirent le Saint-Gothard, tandis que ceux de Conches descendirent par Altbrunn. Le comte Carmagnuola gardait le val d'Ossola pour Milan et pour la Savoie. On prit Domo d'Ossola, on renversa Matarello, on chassa Carmagnuola, et la bannière de Savoie, conquise par un guerrier d'Unterwald, demeura suspendue désormais dans l'église de son village. Zürich et Schwytz achevèrent la soumission du pays par une dernière victoire remportée à l'entrée du val Divédro, issue mystérieuse du Simplon, immense fissure entre d'incommensurables montagnes, d'où s'échappe en bouillonnant la Dovéria. De leur côté, les Valaisans empêchèrent la Savoie d'envoyer des renforts, et les arrêtèrent en chemin.

Sur ces entrefaites, on apprit dans tous les dizains que l'empereur, après avoir vainement commandé le rétablissement de Raron, avait chargé les Bernois d'exécuter sa volonté. Ceux-ci, n'ayant pas mieux réussi, s'emparèrent de quelques effets appartenant à des Valaisans qui se trouvaient à Frutigen pour passer la Gemmi. Ces voies de fait eurent un résultat contraire à celui qu'on en attendait : Brigg, Naters et Viége, se joignirent à l'alliance suisse, comme avait fait Conches. Le siége de Séon fut entrepris en commun, et en même temps on gravit les sentiers escarpés qui, de Louèche, s'élèvent avec les roches entassées de la Gemmi, sillonnent ses masses pierreuses, s'avancent sur le précipice et paraissent redoutables au voyageur le plus intrépide. On ne craignit pas d'y hasarder des troupes ; on parut à Frutigen, et l'on reprit ce qui appartenait aux Valaisans.

Il y eut à ce sujet une diète et des conférences fort animées à Lucerne ; enfin, on résolut d'arrêter le cours des hostilités : la médiation d'Unterwald et d'Uri d'une part, de Fribourg de l'autre, eut pour résultat de faire rendre Séon. La dame de Raron, ses enfants, sa suite et l'évêque Guillaume, purent sortir du château, et dans ce moment même le peuple s'y précipita muni de torches enflammées et y mit le feu. Cinq dizains, entre autres Sierre et Sion, jurèrent l'alliance de Waldstetten : ce fut une occasion de pourvoir à la défense du pays, et de reviser les lois dans l'intérêt de la liberté et du bien-être des citoyens.

Nous ne parlerons pas de quelques incursions de Guichard de Raron dans le Valais. Après beaucoup de discussions, les confédérés convoquèrent une diète dans l'Oberhassli ; Guichard y comparut ainsi que ses adversaires. Les Bernois y appelèrent des délégués de toutes les villes, pour qu'ils pussent apprécier la justice de leur cause. Quant aux Valaisans, ils refusèrent de remettre, selon l'usage, les choses en leur état. Zürich fit de vaines instances, et Berne somma les confédérés de protéger Raron, son citoyen. On indiqua un nouveau rendez-vous sur les bords du lac de Brientz, et l'on y appela les alliés des Valaisans, que l'on prétendit obligés à marcher avec Berne contre eux, en vertu d'une alliance beaucoup plus ancienne. Ils répondirent que le Valais n'était justiciable de personne, et que nul n'avait le droit d'entraver l'exécution des décisions des états. Rien ne se conclut : Raron se mit en route, surprit Sion, en brûla une partie, pilla le reste, dévasta tout le pays, et s'en revint sans éprouver d'échec. Les Bernois n'avaient ni favorisé, ni empêché cet acte d'audace ; mais ils annoncèrent que la guerre civile allait éclater; car Unterwalden et Uri répondirent à leurs messages, que leur ligue avec Lucerne précédait de vingt ans celle qui les unissait à Berne, et qu'ils avaient promis à Lucerne leurs secours contre Raron. Le danger était imminent; on choisit des arbitres dans les cantons non intéressés. Le débat s'ouvrit à Zürich ; Raron y fut attaqué par l'archevêque André, administrateur de Sion, qui était l'envoyé du chapitre, et il y eut dans sa réponse une touchante dignité. Il fut jugé qu'avant tout il serait réintégré dans ses biens, qu'ensuite il donnerait satisfaction à tous les griefs. Les adversaires de Raron se livrèrent aussitôt au pillage, et sous prétexte qu'avant le traité ceux de Sanen l'avaient secondé, ils se jetèrent dans l'Oberhassli et enlevèrent les troupeaux. Berne réunit les contingents de Soleure, Fribourg, Neufchâtel et Valengin; on passa les défilés du Sanetsch, et l'on en chassa les Valaisans. Enfin, sur de nouvelles négociations, les cantons engagèrent le Valais à accepter la décision des arbitres.

Berne cependant fit une seconde expédition : il n'y vint pas moins de treize mille hommes de Fribourg, de Soleure, de Bienne, de Neufchâtel; il y eut aussi trois cents hommes de Schwytz. Vers la fin de l'automne, ils se jetèrent sur le dizain de Conches, tandis que les environs de Sierre étaient envahis par une autre expédition partie de Sanen et de Gruyère. Lucerne, Uri, Unterwalden, ne voulurent point soutenir leurs alliés au prix d'une guerre civile. D'abord l'armée des Bernois jeta la terreur dans le dizain de Conches; les dévastations commencèrent à Châtillon, qui n'est qu'à une lieue de la sauvage Furca; plusieurs villages furent incendiés ; déjà les vainqueurs marchaient sans obstacle sur le village d'Ulrichen. Tout à coup se révèle l'existence d'un héros berger. Thomas in der Bündt, couvert d'une peau d'ours, se met à la tête de deux cents de ses compatriotes, et il attaque brusquement l'ennemi. Néanmoins, il allait succomber sous le nombre, quand Jacques Munichow accourut avec quatre cents hommes rassemblés au son du tocsin. Leur arrivée ranima le courage de Thomas in der Bündt. Il se forma derrière les Bernois, près de l'hôpital du Grimsel, une embuscade de montagnards qui n'avaient plus rien à perdre, parce que leurs maisons avaient été brûlées. Le combat devint terrible : Thomas fit des prodiges de valeur, mourut, et laissa à la postérité un nom à jamais glorieux. Si le contingent de Schwytz n'eût forcé les Valaisans à reprendre leur première position, c'en était fait des Bernois. Ceux-ci n'osèrent pas pénétrer plus avant. L'autre expédition fut arrêtée avec la même valeur dans le dizain de Sion, et le lendemain la contrée fut libre d'ennemis. La retraite fut très-périlleuse, les Valaisans l'inquiétèrent sans cesse; il s'en fallut de peu que l'arrière-garde ne fût massacrée. De nos jours encore on voit entre Ulrichen et Munster deux croix de bois; l'une porte : *Ici les Bernois ont perdu une bataille, le* 29 *septembre* 1419; l'autre rappelle un fait d'armes plus ancien de deux siècles : Berthold de Zæhringen y avait été battu à l'époque où il prétendait faire valoir ses droits sur l'advocatie de Sion. Les Valaisans se montrèrent en plus d'une rencontre dignes de faire partie de la ligue suisse, dans laquelle Uri, Unterwalden, Lucerne, les avaient en quelque sorte engagés ; mais le traité ne fut pas ce que pouvaient désirer les amis de la liberté; tout en faveur de Raron, il leur imposait des restitutions et des amendes sans fin. Des conférences eurent lieu, pour les confédérés, à Zug; pour les autres, à Évian en Savoie. Guichard de Raron fut réintégré dans ses domaines; il vécut encore dix-huit ans, et mourut loin de sa patrie. Jamais sa puissance ne se releva; sa noblesse, sa richesse, ses alliances, ses qualités chevaleresques, ne purent compenser le seul bien qui lui manquât, mais le plus nécessaire de tous, l'amour de son peuple.

Les guerres hussites agitèrent aussi la Suisse. Les Bohémiens virent dans le manque de foi du concile envers leur compatriote, une manifestation de l'antique aversion des Allemands pour leur nation : ils se dirent victimes de la cause de Dieu contre l'Antechrist, et proclamèrent l'intention d'extirper tous les vices par le fer et par le feu. Ces fanatiques s'exaspéraient en lisant et relisant les passages de la Bible qui flétrissent la conduite des pervers. Reconnaissant tous ces vices dans le clergé et n'en voyant pas la réforme, Ziska, leur chef, se déclara un nouvel Attila, un fléau de Dieu; toute impureté, toute escroquerie, toute oisiveté, appelait la colère de ces inflexibles rigoristes; le luxe même était puni de mort. Ces excès surpassent tout ce qu'on a jamais rapporté de l'inquisition, et justifient en quelque sorte les terribles représailles de l'armée allemande. Les Suisses, chez lesquels on avait prêché une croisade contre les Hussites, furent appelés à la diète tenue, entre Pâques et la Pentecôte de 1421, à Nuremberg. Quiconque avait atteint l'âge de douze ans fut astreint à jurer qu'il dénoncerait tous les individus qui lui paraîtraient suspects d'hérésie. Le contingent des villes et des abbayes fut déterminé; Zürich, Bâle, Mulhousen, y prirent part; mais toute l'armée allemande, forte de près de cent cinquante mille hommes, fut dispersée par les Hussites devant Saaz, sans coup férir et par le seul effet de la peur. Une seconde fois les forces allemandes marchèrent avec les contingents suisses; on vint en Bohême, à Miesz; mais cette fois encore il suffit de l'aspect des Hussites pour tout disperser. Toute la contrée fut ravagée, et pendant dix-huit ans la qualité de roi de Bohême ne fut qu'un vain titre.

Une troisième sommation appela les Suisses à Nuremberg. Le pape Martin et son légat n'épargnèrent rien de ce qui pouvait exciter les esprits; mais la confédération s'excusa sur sa pauvreté; Zürich seule envoya deux cents hallebardiers, qui rejoignirent en route le contingent d'Ulm. Cette cité avait besoin de l'appui de Sigismond. Frédéric, électeur de Brandebourg, commandait l'armée, forte d'environ cent mille hommes; les troupes d'Albert d'Autriche, gendre de l'empereur, soutenaient ses opérations; mais à l'approche de l'invincible ennemi, tous les Bavarois s'enfuirent à Ratisbonne; l'électeur Frédéric se retira dans la forêt de Frauenberg, et le reste se dispersa, en abandonnant armes et bagages. La Suisse ne prit plus aucune part aux mouvements occasionnés par les Hussites.

La dépravation des mœurs ecclésiastiques, les superstitions, les débauches de tout genre, faisaient désirer généralement la convocation d'un concile, et même on regardait les progrès des Hussites comme une punition infligée par le ciel, à raison de l'insouciance avec laquelle on avait abandonné les réformes délibérées d'abord à Constance, puis à Pavie. Bâle était indiquée pour une nouvelle réunion. Le pape Martin, pressé par le cardinal-légat, Julien Césarinus, ne put différer davantage; mais à peine les pères s'étaient-ils rassemblés qu'il mourut, et fut remplacé sur le trône pontifical par Gabriel Condulmer, Vénitien, qui prit le nom d'Eugène IV. Il craignait l'autorité des conciles, et les haïssait; il ne négligea donc rien pour entraver les opérations de celui de Bâle; il fulmina même des bulles qu'ensuite il fut obligé de rétracter. On décréta la suprématie des conciles sur les papes comme sur tous les évêques, soit que ces conciles eussent été convoqués par ordre du pape ou malgré lui. On sut concilier à l'Église tout ce que le parti hussite renfermait d'hommes sages et prudents, et par là on affaiblit notablement cette secte. On eut recours à des mesures très-sages et très-modérées pour ramener les prêtres à la chasteté; on permit et on recommanda l'enseignement des langues orientales. Ce concile opéra beaucoup de bien; quelques personnes lui attribuent une intervention salutaire dans les affaires de la France et de l'Angleterre.

Frédéric d'Autriche ne s'empressait pas de racheter ses domaines; il aimait mieux accaparer des trésors que de rentrer en possession de terres qu'il ne pourrait défendre contre les confédérés. Il laissa donc Kibourg à Cunégonde de Tockenbourg, et Frédéric de Tockenbourg put conserver Gastern, Sargans et Feldkirch. L'empereur céda ses droits de suzeraineté à la ville de Zürich, qui acquit aussi les autres contrées des bords de la Glatt jusqu'au pont de Schaffhousen, seigneurie dont s'enorgueillissait autrefois le grand Rodolphe, et dont aujourd'hui encore les empereurs et les rois d'Espagne ont retenu le titre.

Sigismond était dans la vingtième année de son règne, lorsque l'idée lui vint de se faire couronner par le pape Eugène IV. Il ne demanda rien aux princes et aux villes; seulement Zürich et Berne furent chargées d'engager les confédérés à l'escorter au delà des monts. Zürich lui donna huit cents hommes, sous le commandement de Rodolphe Stussi, bourgmestre. Ils le suivirent jusqu'à Milan; mais quand ils l'eurent quitté, Sigismond se vit délaissé de tout le monde; il fallut négocier avec le pape. Le jour de son couronnement, il fit chevaliers Rodolphe Stussi, Godefroi Escher, et Hennemann d'Offenbourg, riche particulier de Bâle; mais, ce qui est beaucoup plus important, il conserva et augmenta les priviléges de diverses villes de la confédération, leur accorda des droits de haute justice, de monnaie, etc., etc. A son retour, Sigismond parut si inopinément à Bâle, que le concile, le chapitre, les magistrats, eurent à peine le temps de se porter à sa rencontre; les chanoines étaient recouverts de l'armure chevaleresque. L'empereur feignit de s'étonner de ne point voir d'ecclésiastiques, et lorsqu'ils revinrent vêtus conformément à leur état, il dit *qu'il les trouvait vénérables précisément parce qu'ils ne rougissaient pas de le paraître.*

Déjà nous avons parlé de la conquête du val Lévantine et de l'occupation de Bellinzona. Les confédérés devaient éprouver près de cette place leur premier revers, et cependant y signaler à jamais leur valeur. On se rappelle le double fort de Schwytz et d'Uri, et sur la montagne opposée les créneaux d'Unterwald, puis l'enceinte de la ville resserrée entre les deux rocs, et derrière Bellinzona cette longue avenue du Saint-Gothard, à travers laquelle s'échappe le Tésin mugissant dans son lit de roches, et roulant de nombreuses et bouillonnantes cascades. Quiconque est descendu de la cime des Alpes, quiconque a parcouru cette magnifique vallée et ses terrasses de forêts, en retient un éternel souvenir : enfin, quand la vue se repose sur les prairies qui s'étendent au pied du monte Cenere, le long du val Versasca, et jusqu'au lac Majeur; quand ces ineffables beautés d'une nature si grande et pourtant si riante se mêlent aux souvenirs historiques; quand les noms de Tschudi, de Carmagnuola, de François Ier, le souvenir des exploits des Suisses, des Condottiéri et des Français, raniment ces riches tableaux, alors il semble qu'en nous se révèle un sens nouveau; on dirait que l'histoire a imprimé sa trace sur les beautés de la création. L'homme instruit du passé ne jouit pas seulement du présent, tous les siècles sont à lui, et la pensée, fécondée par la mémoire, est plus puissante encore que la sensation.

Philippe Visconti ne négligeait aucune intrigue pour se rendre maître de Bellinzona, que les comtes de Sax occupaient en leur qualité de combourgeois d'Unterwald et d'Uri. Ce poste était la clef de l'Italie. Un mariage de la fille de Jean de Sax avec Lothaire Rusca lui fournit l'occasion désirée,

8e *Livraison.* (SUISSE.) 8

Après avoir tenté diverses menées, il entretint des intelligences dans la place. Agnolo della Pergola, l'un de ses commandants, la surprit, et permit à la garnison suisse de se retirer librement. Domo d'Ossola eut le même sort, et les Milanais s'avancèrent dans le val Lévantine, jusqu'au pied du Saint-Gothard. C'était là faute des confédérés, qui avaient trop tardé à déférer à l'avertissement d'Uri et d'Unterwald. Cependant ces deux cantons ne doutaient pas de la vengeance, et, dans la persuasion qu'ils seraient soutenus, ils marchèrent jusqu'à Giornico, où ils reçurent la réponse des alliés. Elle portait qu'on leur donnerait assistance jusqu'au Platifer, défilé qui est au milieu du val Lévantine; mais qu'il n'était point question de Bellinzona dans les traités; que d'ailleurs Uri et Unterwalden eussent préalablement à procurer à l'armée des vivres à bon compte. C'était évidemment de la mauvaise volonté; car les cantons approvisionnaient ordinairement ceux dont ils exigeaient ce service. Uri et Unterwald reconnurent donc la nécessité de se retirer, et lorsque la diète se réunit à Lucerne, le 24 juin, ils se plaignirent amèrement de l'interprétation littérale que l'on donnait aux traités. Ils soutinrent que leurs pères auraient mieux compris la gloire et l'intérêt des Suisses, que surtout ils ne se seraient pas laissé enfermer derrière le Saint-Gothard; qu'ils savaient trop bien que pour leur sécurité il fallait que leur domination descendît jusqu'aux plaines de la Lombardie, et que tous les défilés fussent en leur pouvoir. Lucerne n'hésita point : son exemple fut suivi par tous les confédérés, excepté par Berne. Saint-Gall et Appenzell donnèrent leurs meilleures troupes. L'avoyer de Lucerne, Ulrich Walker, embarqua dans sept bateaux ses bourgeois et ses campagnards. Le contingent de Zug, sous le banneret Colin, les rencontrèrent sur le lac. Avec Colin étaient ses deux fils, émules de la vertu de leur père. Du golfe d'Alpnach arrivèrent les soldats de l'Oberwald; Unterwald quitta le rivage à Stanzstadt. Les petites bourgades de Weggis et de Gersau se signalèrent aussi. A Brunnen, on vit s'embarquer quatre cents archers que Zürich envoyait en avant de son corps d'armée. Uri attendait à Fluelen le débarquement de ces secours; sa bannière était déployée, ses guerriers prêts à marcher. L'armée remonta le cours de la Reuss, et parvenue aux lieux où le Saint-Gothard s'élève vers les cieux, on mit les archers en avant; trois mille hommes les suivirent en quatre divisions; enfin, on réserva pour l'arrière-garde les troupes qui arrivaient par les défilés et par le lac. De son côté, le duc envoya par le lac Majeur et par le monte Cenere l'élite de ses soldats, six mille cavaliers et dix-huit mille fantassins, sous la conduite du célèbre Carmagnuola. Fils d'un pauvre paysan de Saluces, ce chef ne devait son élévation qu'à sa valeur et à ses talents militaires. Il fut honoré de l'alliance du duc, et considéré comme le plus ferme soutien de l'État. Dans cette circonstance il jugea convenable de dissimuler ses forces, et se renferma dans Bellinzona.

Cependant les Suisses parcouraient sans obstacle le val Lévantine : seulement il n'y avait pas un ordre bien suivi dans leur marche, et Schwytz, qui faisait le premier corps de l'arrière-garde, se tenait à une journée du gros de l'armée. L'union était d'ailleurs troublée par quelques fâcheux souvenirs : on reprochait à Uri d'avoir affecté d'être plus généreux que les autres dans la conquête de l'Argovie; Schwytz, de son côté, accusait Lucerne de vouloir lui aliéner les esprits. Son contingent, malgré les plaintes les plus amères, ne pressa donc point sa marche, et s'arrêta même à Pollegio, à l'issue des défilés, sous prétexte d'y attendre Glarus. Peut-être les autres confédérés voulurent-ils vaincre sans eux; quoi qu'il en soit, ils eurent l'imprudence de passer la Moesa et de s'approcher de la place. Carmagnuola envoya des cavaliers, que des guides sûrs conduisirent à travers des sentiers difficiles, et qui tout à coup parurent sur les derrières des Suisses, et s'emparèrent de leurs bagages et de leurs convois de vivres. Si Schwytz ne se fût arrêté à Pollegio, si l'on eût marché dès le soir même, comme le conseillait Tschudi, qui partit avec vingt-quatre chevaux, le convoi eût été protégé, et les Suisses ne se seraient pas trouvés dans la triste nécessité d'accepter le combat sans en choisir le temps et le lieu.

Le 30 juin 1422, au point du jour, les confédérés étaient devant Bellinzona, dans les champs d'Arbédo; Lucerne était en avant, au centre Unterwald et Uri, Zug adossé à la montagne. Glarus et Schwytz accoururent pour se joindre à eux. La bannière de Zürich, Appenzell et Saint-Gall, descendaient encore le Saint-Gothard; mais il n'y avait dans les opérations ni ensemble, ni direction. L'avoyer de Lucerne, investi du commandement en chef, était découragé de la perte des bagages. La confiance s'était retirée de lui, et chacun se conduisait d'après les inspirations de l'impatience et du courage personnel; on ne soupçonnait pas même le nombre des ennemis. Six cents hommes environ se dispersèrent sans en avoir reçu l'ordre, et pour chercher des provisions, ils remontèrent la Moesa. Le reste de l'armée était en désordre, et la plupart des soldats s'étaient déshabillés à cause de la chaleur. Carmagnuola en fut bientôt informé; aussitôt Pergola s'avança à la tête de la cavalerie; l'infanterie, divisée en trois corps, suivait, et devait attaquer de tous côtés à la fois, ou bien renforcer successivement les corps engagés. Les confédérés ne prirent conseil que de leur valeur, et Pergola s'aperçut bientôt que l'impétuosité de ses cavaliers ne produisait point son effet accoutumé. Les Suisses ne frappaient que les chevaux, s'inquiétant peu du cavalier; mais, dès que celui-ci était à terre, on le tuait sans rémission. Lucerne fit des prodiges et perdit un grand nombre de guerriers. Le banneret, se voyant en danger, roula son drapeau et le jeta sous ses pieds, déterminé à mourir sur place : il n'en combattit pas avec moins d'ardeur, et son exemple fut si bien imité, que les Lucernois prirent la bannière de Milan. Carmagnuola fit alors emmener les chevaux. Les Milanais attaquèrent à leur tour avec une infanterie supérieure; Carmagnuola prit les confédérés en flanc : il fallut céder. On se pressait à reculons, la face tournée contre l'ennemi; on voulait gagner la hauteur; mais déjà le général milanais l'avait fait occuper. Les Suisses serraient de plus en plus leurs rangs, et leurs hallebardes elles-mêmes entravaient leurs mouvements, à cause des crochets du manche qui se prenaient aux vêtements. Malgré les obstacles de tout genre, trois mille confédérés soutinrent, de quatre côtés, l'effort de vingt-quatre mille Italiens bien armés, bien équipés, ayant à leur tête l'un des plus célèbres capitaines de son temps. Le premier qui parla de reddition fut tué par les siens, ce qui n'empêcha pas l'avoyer de Lucerne et quelques autres de planter leurs hallebardes en terre, pour demander quartier. Cet exemple ne fut point suivi : les Suisses pensèrent que le plus grand service qu'ils pussent rendre à la patrie était de prouver que rien n'était capable de vaincre leur nation, rien que la mort, et que la mort même était impuissante pour leur inspirer l'effroi. Ainsi tomba le landamman Jean Rot, qui avait vaillamment combattu. Il y eut dans sa fin autant de bonheur que de gloire; car s'il eût vécu quelques années encore, il eût été témoin de l'exil de son fils unique, justement condamné pour s'être laissé corrompre par un prince étranger. La bannière d'Uri échappa des mains de Henri Puntiner de Brunberg, qui périt en combattant; mais elle fut sauvée par les braves qui se précipitèrent autour de son cadavre. Colin se montra digne de sa vie passée : il tomba sur la bannière de Zug. Un de ses fils la retira baignée de son sang et l'agita sur sa tête. Le jeune Colin mourut aussi vaillamment : il arracha la bannière du bâton auquel elle était attachée, s'en enveloppa et périt. Alors Jean Landwing, digne de son amitié, la reprit et l'éleva de nouveau sur le contingent de Zug. On la conserve encore teinte du sang du père et du fils, et durant quatre siècles la dignité de banneret n'est sortie qu'une fois de la famille de ces héros, pour honorer celle de Landwing. Dans cette bataille sanglante, qui dura de neuf heures du matin à cinq heures du soir, il périt trois cent quatre-vingt dix-neuf Suisses, et trois fois autant d'Italiens. Déjà les confédérés avaient renoncé à toute autre espérance qu'à celle de mourir; déjà Carmagnuola comptait douloureusement le nombre des tués qu'il lui en avait coûté pour ne conquérir que des cadavres, lorsque tout à coup de grands cris se firent entendre sur ses derrières : les six cents Suisses répandus dans la vallée de Misox accouraient. On crut généralement que c'était le second corps d'armée des confédérés. Malheureusement les ponts étaient rompus et la Moesa débordée; ce renfort inattendu ne put donc produire un effet décisif. Cependant Carmagnuola, peu jaloux de soumettre son armée à de nouvelles épreuves, se retira dans Bellinzona.

Quand la bataille eut cessé, ce fut un aspect bien douloureux; chacun cherchait parmi les morts un parent, un ami. On y voyait Pierre Colin et son héroïque fils; plus loin, le landamman d'Uri et le brave Puntiner; à travers le sang qui les couvrait, se dessinaient encore, mâles et vigoureux, les traits de leur visage intrépide. Les reproches se mêlaient aux regrets : on accusait Schwytz de cette nuit funeste perdue à Pollegio; Schwytz, à son tour, se plaignait de la précipitation et de l'imprudence des alliés : mais le remords l'emporta sur l'aigreur, et pour venger tant de braves immolés, Schwytz passa et repassa sous les murs de Bellinzona, appelant au combat et provoquant avec dédain Carmagnuola, qui ne jugea pas convenable de sortir. Ces guerriers marchèrent jusque vers Domo d'Ossola. Le val Léventine resta en la possession des Suisses, et personne n'osa inquiéter leur retraite. Lorsqu'on sut à Lucerne que les soldats partis dans sept navires en remplissaient à peine deux, les magistrats craignirent une manifestation trop douloureuse; il fut défendu d'attendre les arrivants sur le port ni dans les rues. Chacun observait l'arrivée des bateaux, du haut des édifices : on vit flotter la bannière, mais percée de toutes parts; celle de Milan ne fut pas déployée, le deuil était trop grand. Il se changea bientôt en colère quand on connut les accusations dont l'avoyer était l'objet; il s'en fallut de peu que le peuple ne courût à sa demeure. Le conseil prévint ces excès en promettant de le juger. Trois mois après, une sentence prononça qu'il était à la vérité sans intelligence et sans courage, mais qu'il n'avait pas mérité de peine, et qu'il serait plus juste de punir ceux qui avaient élevé un pareil homme sur le siége occupé autrefois par l'illustre Pierre de Gundoldingen. Le conseil y ajoutait une haute considération politique : si nos généraux sont responsables du mauvais succès, comme l'étaient ceux de Carthage, ils ne songeront qu'à leur propre conservation, ils n'entreprendront plus de ces actions hardies auxquelles souvent nous avons dû notre salut.

En général les cantons étaient fatigués de ces expéditions transalpines : ils se refusèrent longtemps à l'exécution des traités, qu'ils interprétaient à leur manière, alléguant qu'il y avait quelque injustice à soutenir un peuple contre son souverain, et qu'il ne fallait pas même permettre les enrôlements volontaires. On prétendait aussi empêcher Uri et Unterwald d'agir seuls, sous prétexte que la coopération des autres cantons leur donnait ce droit, et que cette guerre était désormais l'affaire de tous. Enfin, Zug et Glarus se déclarèrent favorables à la cause d'Uri et d'Unterwald, et au bout de trois ans tous les autres cantons, moins Berne. Quatre mille cinq cents hommes environ passèrent le Saint-Gothard, mais sans aucune bonne volonté, trouvant partout à faire naître des objections, et déclarant Bellinzona inexpugnable. On vint ainsi jusqu'aux bords de la Moesa, où l'armée se dispersa sans avoir vu l'ennemi. Appenzell seul demandait à combattre pour venger les victimes tombées à Saint-Paul.

Un guerrier de Schwytz, Petermann Rysig, vit avec impatience le retour de l'expédition ; il assembla tous ceux qui avaient été témoins de sa valeur en d'autres occasions. Dès qu'on sut qu'il voulait entreprendre quelque chose, on lui fit dire de toutes parts qu'on marcherait sous sa conduite, et qu'il n'eût qu'à fixer le jour et le lieu du rendez-vous. Trois cents hommes de Schwytz et deux cents autres s'y trouvèrent à la mi-septembre. On descendit à Airolo, puis, du val Lévantine, on se dirigea par le Monte-Valdoso sur Domo d'Ossola, d'où les Milanais s'enfuirent précipitamment. Le duc de Milan en fut très-effrayé : Carmagnuola n'était plus avec lui ; la présence des Suisses pouvait fortifier la ligue conclue entre Venise, Florence et la Savoie. Il était urgent de les chasser : on y employa tout ce que le Milanais avait de forces. Rysig fut sommé de se retirer, et l'on promit de protéger sa marche jusqu'aux frontières suisses. Il répondit *que, sans doute, on n'avait point présumé qu'une garnison suisse pût jamais céder à de simples paroles.* Alors l'ennemi éleva des potences pour annoncer quel serait le sort de cette garnison ; vaine menace, qui ne produisit qu'un appel aux confédérés. La bannière de Schwytz se mit en mouvement ; deux des plus vénérables magistrats du pays se rendirent au sein du conseil de Berne, et rappelèrent que quatre-vingt-six ans auparavant Schwytz avait délivré les Bernois devant Laupen ; ils vantèrent l'attachement de leur canton pour Berne, son inébranlable fidélité ; enfin Berne céda et prit les armes. La bannière fut confiée à Ital Hezel de Lindenach ; l'avoyer Rodolphe Hoffmeister eut le commandement, et sous lui Ulrich d'Erlach et Nicolas de Gisenstein. Cinq mille hommes vinrent par Thun, Unterseen, Brienz, l'Oberhassli, et de là dans le Valais, où ils furent reçus comme s'ils n'eussent jamais été ennemis. Schwytz et Uri s'étaient hâtés de franchir le Saint-Gothard : ils étaient renforcés des contingents de Lucerne et d'Unterwalden. Soleure envoya le sien ; Zürich fournit seize cents hommes ; il y avait mille guerriers du Tockenbourg, sept cents de l'évêché de Coire. La bannière d'Appenzell et les montagnards du haut Valais marchèrent aussi. Cette armée, dont Berne ne composait que le tiers, inspira une salutaire terreur. Aux sources de la Doveria, onze cents Milanais, postés sur un rocher, firent rouler des pierres sur les Suisses ; mais ceux-ci, habitués à ce genre de combat, surent les éviter, et prirent la position. Le second retranchement fut emporté de même, et l'effroi fut grand dans l'armée qui assiégeait Rysig. Le duc se trouva très-heureux quand il apprit que les Suisses voulaient bien négocier. Le val d'Ossola demeura soumis aux sept cantons ; Berne ne voulut point partager une conquête aussi éloignée, et qui l'eût forcée souvent à se séparer d'une partie considérable de ses troupes. Mais bientôt les confédérés renoncèrent non-seulement au val d'Ossola, mais encore à Bellinzona et au val Levantine qui leur était si dévoué. Le chambellan Zoppo, envoyé du duc de Milan, avait su les prendre par la ruse. Il parvint à obtenir de Lucerne, d'Uri et d'Unterwalden, une paix séparée, et se créa dans les autres cantons de telles relations qu'il put enfin vaincre la résistance de l'Oberwald, qui était la plus opiniâtre. Les confédérés reçurent deux cent trente et un mille florins pour ce qu'ils possédaient dans le Milanais ; on les affranchit de la taxe, on abaissa certains droits en faveur de leurs négociants, on en supprima d'autres, et après ces avantages, qui devaient durer dix ans, les droits devaient être modérés. Il fut stipulé que les routes seraient bien entretenues, et que le passage serait accordé aux troupes armées quand elles ne dépasseraient pas soixante hommes, et qu'elles iraient servir dans un autre pays. C'était là une paix de marchands, et non de guerriers. Les Suisses faisaient ainsi le sacrifice de leurs conquêtes dans l'année même qui vit Philippe Visconti perdre Bergame au profit de Venise, Verceil et d'autres places au profit de la Savoie. Il y avait vingt-quatre ans qu'ils possédaient en commun ces belles contrées.

Berne était devenue la capitale d'un vaste État; la puissance de ses armes, la splendeur de ses richesses avaient peu de rivales. En l'an 229 de sa fondation, il y eut une grande assemblée de conseillers et de bourgeois, et l'on y résolut la construction d'une cathédrale digne de cette cité. Il y avait cent ans déjà que le sol et les fondations en étaient préparés par les soins de l'habile Matthieu de Steinbach, fils du célèbre Erwin, architecte de la cathédrale de Strasbourg. Le pape Martin n'avait point oublié l'accueil que lui avait fait Berne; il recommanda les aumônes et proclama des indulgences en faveur de ceux qui concourraient à l'érection du nouvel édifice. Le 11 mars, après la messe, toute la population se rendit processionnellement sur l'esplanade où il devait s'élever: l'avoyer et le prêtre qui avait officié posèrent la première pierre. Ce fut l'ouvrage de beaucoup d'années. Dans le temps où fut décrétée cette belle construction, le conseil et les bourgeois, justement orgueilleux des actions de leurs ancêtres, et voulant que le même esprit d'héroïsme et de liberté devînt l'héritage de la postérité, ordonnèrent à Conrad Justinger, greffier de la ville, de réunir en corps d'ouvrage toutes les indications éparses sur l'histoire de la patrie, et d'interroger les vieillards aux longs souvenirs, pour apprendre d'eux ce qu'ils avaient appris de leurs ancêtres. Justinger s'acquitta de ce devoir avec zèle, mais avec simplicité et bonne foi.

Le gouvernement de Berne ne craignait point l'ennemi, ne soupçonnait point ses sujets et ses alliés, et se montrait fraternel pour ses citoyens. La lutte entre les tribus et les magistrats s'était entièrement évanouie. On donna aux quatre tribus les plus anciennes le droit de fournir seules les bannerets; il en fut de cela comme à Rome du consulat, qui demeura longtemps aux patriciens, même après que le droit en eut été accordé aux plébéiens. Les bannerets aussi continuèrent à être choisis presque exclusivement dans la noblesse. Du reste, chaque tribu faisait la police dans son sein, et jugeait les petites affaires, les rixes, etc. Le clergé était trop abandonné aux plaisirs pour exiger des mœurs sévères de la part des autres. Quiconque contribuait de ses deniers à la construction de l'église, ou au payement de la rançon des chrétiens esclaves, se livrait à une entière sécurité sur le pardon de ses péchés. On regardait aussi comme fort agréable à Dieu l'usage d'admettre à sa table un pauvre les jours de fête et le dimanche. L'or et l'argent brillaient dans le mobilier des Bernois, et il était assez ordinaire de léguer à un ami la coupe dans laquelle on avait bu à la mutuelle amitié. La puissance de Berne s'était rapidement accrue pour plusieurs causes: d'abord les seigneurs la servaient sans rétribution, et souvent lui concédaient sur leurs terres des droits de juridiction exercés par leurs ancêtres; puis elle avait un système d'impôts répartis assez également et dans la proportion des fortunes sur tous ses citoyens et ses sujets; enfin la cité, au lieu d'opprimer les villes de second ordre, se montrait bienfaisante envers elles. Ainsi, quand Burgdorf se plaignit que ses murailles tombaient en ruine, Berne affranchit de tout impôt huit villages à condition qu'ils contribueraient à relever l'enceinte et les tours de cette ville. On lui permit aussi de renouveler son alliance avec Soleure. Berne conclut un sage traité avec Lucerne sur les différends entre les villes, entre les seigneurs et celle-ci, sur les arbitrages, sur les limites des deux États. Elles avaient été déterminées l'année précédente, en 1420, entre le comté de Willisau, appartenant à Lucerne, et l'Argovie bernoise. Bientôt Henri de Bubenberg, baron de Spiez, gouverneur d'Aarbourg, présida devant Lenzbourg une assemblée des états; là comparut la noblesse de l'Argovie, là vinrent les députés de toutes les communes, et, au nom de Berne, Ulrich d'Erlach, chevalier seigneur de Jægistorf, avec Rodolphe de Ringoltingen, seigneur de Landshut : on rechercha, à l'aide de témoignages et sous la foi du serment, quels étaient, dans l'ancien état de l'Argovie, les droits seigneuriaux. Les Bernois acquirent Aarwangen, et, de concert avec Fribourg, Grasburg, seigneurie qui était engagée à la Savoie, et que ces deux cités rachetèrent en commun. Soleure cependant s'agrandissait aussi, et, profitant de la détresse de ses voisins, elle acheta au chapitre de Bâle la ville d'Olten, si importante par le pont qu'elle possède sur l'Aar. D'un autre côté, Jean de Falkenstein lui vendit Balistall. Soleure devenait ainsi maîtresse des défilés du Jura. Elle rivalisait avec Berne de zèle et d'efforts pour la construction d'une église : il n'était point de ville dont l'ambition ne fût d'avoir un beau monument religieux et une cloche sonore.

Il y avait environ soixante et dix ans que le chapitre de Bâle était en décadence, surtout à raison des prodigalités de l'évêque Humbert de Neufchâtel au profit de ses amis et de ses parents. Un autre évêque s'en fit le restaurateur : ce fut Jean de Fleckenstein, issu d'une noble famille d'Alsace; arrivé au siége de Bâle dans les circonstances les plus difficiles, il réunit les qualités du prélat à celles du prince. Thiébaut de Neufchâtel possédait à titre d'engagement Saint-Ursanne, le val Saint-Imier et beaucoup de châteaux; partout les impôts et les revenus étaient assignés à des créanciers, et il se commettait de telles exactions que les populations de Délémont et du val de Moutier émigraient en foule. L'évêque, accompagné de celui de Worms et de celui de Spire, ses parents, parut tout à coup dans Bâle à la tête de quatre cent cinquante cavaliers, non pour faire une vaine parade, mais pour effrayer Thiébaut de Neufchâtel, et le disposer ainsi à consentir au rachat. Aussitôt l'évêque se fit envoyer des députés de toutes ses terres, promit de faire des sacrifices personnels, et obtint une contribution de quatre mille florins, à l'aide desquels il put racheter les impôts. Mais Thiébaut ne voulait point vendre ses domaines; alors les comtes de Saarwerden, de Linanges et Louis de Lichtenberg, l'un des héros de son temps, intervinrent; l'évêque mit à la tête de six cents cavaliers Jean de Thierstein, et le fit commandant des troupes du chapitre. Les Bâlois y joignirent un contingent sous les ordres de Burghard ze Rhyne, et en moins de trois jours les châteaux engagés à Thiébaut de Neufchâtel furent repris; mais la guerre continua : Hesingen fut brûlé par Thiébaut; Florimont se rendit à lui, en haine d'excès commis sur les femmes par les troupes du chapitre. Bâle et les alliés de l'évêque firent de nouveaux efforts : on renforça l'armée, on assiégea, on prit Héricourt, et Thiébaut, qui ne s'attendait pas à de si vigoureuses attaques, finit par abandonner ses droits pour la somme de dix mille florins.

A cette époque, Bâle entra aussi dans la ligue des dix villes alsaciennes dont le but était de rétablir la paix en Alsace et dans le Brisgau, sous les ordres du palatin du Rhin. Sept députés, siégeant à Brisach, connaissaient des contestations qui auraient pu troubler le repos public dans ces provinces. Il y eut une expédition contre Bernard, margrave de Baden. Bâle y fournit dix-huit cents fantassins et deux cent cinquante cavaliers, toujours sous le commandement de Burghard ze Rhyne. On brûla Rastadt. La division se mit ensuite entre le contingent de Strasbourg et celui de Bâle, et le différend qui avait fait mouvoir toutes ces forces en fut plus aisément terminé par la médiation des envoyés de l'empereur Sigismond. Mais, pour faire une diversion utile au margrave de Baden, le prince de Châlons avait fait irruption dans le Sundgau; aussitôt l'ancien bourgmestre Reich de Reichenstein marcha contre lui, et l'armée qui revenait de l'expédition le rejoignit; on s'avança sur Belfort. Le prince de Châlons se retira.

L'année 1426 présente un fait de peu d'importance en lui-même, mais qui caractérise cette époque de licence et de désordre où chacun se faisait justice à lui-même. Un serviteur de Rodolphe de Wessenberg, Thomas Oberrot, avait été arrêté dans un village bâlois, tant pour vol que parce qu'il avait tué le chasseur du baron de Ramstein; il s'évada, mit le feu au village, et suspendit aux branches d'un arbre une déclaration de guerre aux Bâlois. Ce qui les blessa le plus, c'est qu'il répandait partout des écrits contre leurs magistrats, en leur reprochant d'avoir voulu le corrompre pour lui faire commettre une trahison.

Nous donnerons encore quelques détails propres à faire juger de l'état de la législation, qui était bien plus dans les usages et dans les souvenirs que constatée par l'écriture. Pour prouver les accusations de meurtre, de brigandage, d'incendie, d'hérésie, etc., il fallait sept témoins ou le combat judiciaire. Lorsqu'après le couvre-feu un assassin s'était introduit dans la maison d'un homme qui vivait seul, si cet assassin était tué, il suffisait pour justifier le bourgeois qu'il arrachât trois brins de paille de son toit et qu'il amenât son chien en laisse, ou, à défaut de chien, qu'il apportât son chat ou son coq; en présence de ces objets il jurait devant les juges qu'il était innocent, et qu'en tuant son adversaire, il avait cédé à la nécessité de se défendre. Tous les ans, avant le carnaval, les jeunes gens se réunissaient en présence de l'avoyer : c'était l'époque des mariages; il assignait aux hommes libres des femmes de condition libre, aux serfs les femmes de leur condition. Les mésalliances entraînaient la confiscation de corps et de biens, et cependant l'infraction aux prohibitions pour parenté, et la bigamie elle-même, n'étaient punies que d'amende. Tels étaient les usages de la Sisgovie et des cantons voisins.

En 1428, se présenta à Bâle un chevalier étranger; il s'appelait Juan de Merlo. «Ma noble race est espagnole, dit-il; j'ai parcouru cent pays, un millier de villes, mais je n'ai trouvé personne qui osât se mesurer avec Juan de Merlo.» Irrité de cette bravade, Henri de Ramstein lui jeta le gant: on convint de courir chacun une lance, de se porter trois coups de hache et quarante coups de sabre. Le juge suprême du combat fut Guillaume de Rœteln, et avec lui Jean de Thierstern, Thuring, baron de Hallwyl, Rodolphe de Ramstein, et Églof de Rattssamhausen. De toutes parts on accourait; peuple et nobles, tous voulaient voir l'issue de ce combat qui intéressait si éminemment l'honneur des armes allemandes : la foule fut si grande que les magistrats craignirent des désordres : la plupart des portes demeurèrent fermées; les autres furent occupées par des troupes, tandis que des cavaliers parcouraient les rues pour observer le moindre mouvement. Sur le Rhin étaient vingt bateaux chargés de soldats; enfin, les gardes des tours étaient prêts à sonner le tocsin. La lice s'ouvrit enfin dans la ville haute, sur la grande place de la cathédrale : on vit paraître le bourgmestre de la ville, ze Rhyne, le sénat et le grand conseil en armes, les dames nobles de Bâle et des environs, les chevaliers et les citoyens. Les deux champions entrèrent dans la lice; ils combattirent à la lance, à la hache, au glaive, avec tant d'ardeur, de dextérité, de courage et de vigueur, qu'on eût dit que du succès de ce combat dépendait la prééminence chevaleresque de l'Espagne ou de l'Allemagne. Ils eurent beau se surpasser, beau faire des prodiges, ils ne réussissaient qu'à se concilier l'admiration universelle, sans pouvoir se porter aucun coup décisif. Enfin, Jean de Thierstein, voulant honorer la valeur de l'étranger, entra dans la lice, et l'arma chevalier.

De plus grands événements appellent nos regards sur la Rhétie et sur la ligue naissante des Grisons, qui fut jurée sous un tilleul non loin du village de Trunz, le 15 mars de la 1424ᵉ année de l'ère chrétienne. Il convient de rappeler les circonstances qui préparèrent cette grande ligue, et de dépeindre en peu de mots l'état du pays. Depuis la mort de Donat de Vaz, la puissance des seigneurs s'était affaiblie, car, d'une part, les communes s'étaient rapprochées ; de l'autre, ses descendants n'avaient point cet héroïsme et ce prestige guerrier qui commandent la soumission. Sur les bords du Rhin postérieur, entre Tusis et le Splugen, s'étend la belle vallée de Schams, ainsi nommée des six rivières qu'elle jette dans le fleuve naissant (Sexaminensis). Cette vallée, dans laquelle on pénètre après avoir affronté les bruyantes profondeurs et les escarpements de la Via-Mala, est l'une des plus fertiles et des plus peuplées de tout le pays. Elle était dominée par les redoutables châteaux de Bærenburg et de Fardun ; tous deux appartenaient au comte de Werdenberg Sargans, qui avait commandé à Næfels contre les Glarnais. La tradition répétait, et les chroniques ont recueilli de nombreux outrages prodigués par les commandants des châteaux aux habitants de ces contrées. Celui de Bærenburg forçait les passants à manger avec le bétail dans l'auge des porcs ; celui de Fardun envoyait paître ses troupeaux à travers les moissons ; et Jean Chialdéraire ayant tué deux de ses chevaux, fut longtemps détenu pour ce fait ; enfin, le bailli de Guardoval, dans l'Engadine, exigea d'Adam Camogasch qu'il lui livrât sa fille pour en faire sa concubine. Camogasch ordonna à sa fille de revêtir ses plus belles parures, et sortit pour exciter les braves à la vengeance ; ils s'embusquèrent autour du château. Cependant Camogasch parut avec sa fille ; aussitôt le commandant se précipita vers elle ; mais il paya de sa vie cette dernière débauche, car le fort fut surpris, et toute la garnison périt. Le commandant de Fardun invita un jour Chialdéraire à partager son repas, et, par un excès d'insolence, il cracha dans les mets qu'il lui fit servir ; mais celui-ci saisissant son hôte d'un bras vigoureux, le contraignit à les manger lui-même, puis il insurgea le peuple et s'empara des châteaux. Le pays était d'ailleurs accablé par les continuelles dissensions qui s'agitaient entre la ville de Coire, l'évêque, les Werdenberg et les Rœzuns : il serait fastidieux d'en raconter les détails. Il éclata une sédition dans Coire, et l'évêque, obligé de prendre la fuite par une porte dérobée, ne fut réintégré par la médiation de Zürich qu'après le pillage de son château. Il était bourgeois de cette cité ; mais, voyant qu'elle ne l'appuyait que dans les limites de l'équité et de la justice, il conclut un traité avec les ducs d'Autriche pour mieux opprimer son peuple : la ville de Coire en surprit une copie qu'elle envoya à Zürich.

Cette dangereuse alliance d'une part, l'esprit inquiet de l'évêque de l'autre, enfin, la hautaine domination des employés des seigneurs, devinrent des causes de fermentation ; de valeureux montagnards se réunirent dans les forêts ; mais l'histoire a oublié le nom de celui qui le premier parla le langage de la liberté : il n'a d'autre monument que la république des Grisons elle-même. Les hommes les plus connus pour leur valeur et leur vertu se voyaient la nuit non loin de Truns, dans une belle vallée, au pied d'une montagne escarpée. On dit que les chefs des villages étaient tous des vieillards à la figure vénérable, à la barbe grise ; et l'on ajoute que l'abbé de Dissentis, Pierre de Pontaningen, seconda leur entreprise. On pensa que l'ensemble et la force de la volonté contraindraient les seigneurs à la justice : tous les Rhétiens de la montagne, tous ceux des sources du Rhin s'entendirent ; ils choisirent parmi eux les plus anciens et les plus considérés, et les envoyèrent aux seigneurs pour leur notifier leur résolution, et pour en obtenir une constitution libre. L'assentiment de l'abbé de Dissentis entraîna celui de Jean, Henri et Ulrich de Rœzuns. Jean de Sax que, dans la guerre de Bellinzona, nous avons vu se déclarer pour Milan contre les Suisses, imita cet exemple, car il avait besoin du peuple contre l'évêque et contre Henri de Werdenberg. Les députés ne furent pas moins heureux envers un autre Werdenberg, Hugues de la bannière noire, le frère de celui qui avait naguère combattu pour Appenzell contre les ducs d'Autriche. Le seul récalcitrant fut donc Henri de Werdenberg à la bannière blanche; il écouta les conseils de subordonnés orgueilleux et imprudents; ce qui n'empêcha pas ses campagnards de Laax, les communes du pays de Schams et du Rheinwald d'entrer dans la ligue. Ce fut donc vers le milieu du mois de mars 1424 que l'on vit se rallier à Truns Pierre de Pontaningen, abbé de Dissentis, les trois frères Ræzuns, Jean de Sax, Hugues de Werdenberg, les vassaux de Dissentis, les bourgeois d'Ilanz, les habitants des vallées de Lugnetz, Vatz, Flims, ceux de Truns, Tamins, Schams, Tschapina, Tusis, etc.; les seigneurs, les magistrats, les anciens s'assirent sous le tilleul; la foule les entourait; et, levant les mains au ciel, on jura la ligue suivante, qui existe encore.

« Sans distinction et à tout jamais,
« nous sommes amis et alliés; nos
« corps, nos biens, nos terres, nos
« soldats sont à notre disposition mu-
« tuelle; nous nous aiderons du con-
« seil et des armes; nous userons du
« droit réciproque de vente et d'achat;
« nous veillerons à la sécurité des
« routes, et nous maintiendrons la
« paix. Nul ne pourra se faire justice
« à lui-même, ni porter atteinte à la
« liberté et à la propriété d'autrui; on
« devra s'en rapporter à la décision
« du tribunal dont l'accusé est justi-
« ciable, selon le droit et l'usage. On
« respectera dans leurs personnes et
« leurs propriétés les nobles et les ro-
« turiers, les riches et les pauvres. On
« jure en commun qu'à la mort des
« abbés de Dissentis, on ne portera ja-
« mais aucun empêchement à l'élection
« faite par les religieux, non plus qu'à
« leurs droits, revenus, libertés, et
« l'on s'engage même à les protéger. Si
« des rixes trop graves ou d'autres
« causes dépassaient la puissance des
« juges ordinaires, s'il en résultait une
« guerre, l'abbé nommerait trois ar-
« bitres, les barons de Ræzuns trois, les
« comtes de Sax tout autant, le Rhein-
« wald deux, Flims pareillement deux.
« Ces arbitres pourront, selon l'im-
« portance de la cause, s'en adjoindre
« d'autres; et si les voies de douceur
« restent sans succès, la sentence qu'ils
« prononceront devra être exécutée
« contre les récalcitrants, au moyen
« du concours de toute la ligue. » On convint que ces affaires graves seraient décidées en assemblée générale à Truns, et que, pour plus de solennité, l'alliance serait jurée de nouveau tous les dix ans. Elle devait durer tant qu'il y aurait des montagnes et des vallées; et nul désormais n'y serait admis sans le consentement de tous. L'abbé réserva son alliance avec Uri, Schwytz et Unterwald; les barons de Ræzuns et le comte de Sax stipulèrent que rien ne serait changé à l'accomplissement de leurs devoirs envers chacun. Cette fédération de montagnards romans et allemands a pris le nom de ligue supérieure, à cause de sa position géographique; et, dans la suite, elle a communiqué aux trois unions rhétiennes celui de ligue grise ou Grisons; soit parce que, dans une haute antiquité, on appelait *grises* les plus hautes sommités des Alpes, soit parce que ce peuple avait coutume de se vêtir en gris.

Vers le même temps, et peut-être quelques mois plustôt, les sujets du monastère et de la seigneurie de Ræzuns, de Tomilicasca, du Heinzenberg, et de la plaine, se réunirent et se promirent un mutuel appui contre toute injuste violence, lors même qu'elle viendrait de l'évêque ou des barons. Les seigneurs de la haute et basse Juvalta, ceux de Schauenstein et d'Ehrenfels, accédèrent à la convention, et il ne resta plus à l'évêque et aux frères de Ræzuns d'autre parti à prendre que de la confirmer et d'y apposer leur sceau. Le même désir d'être gouvernés avec justice pénétra au delà du Rhin chez les habitants des plus sauvages contrées, dans la grande commune d'Obervaz, dans les fermes dispersées d'Avers, et jusqu'à Stalla, village situé bien plus haut que la région où s'arrêtent les forêts. Furstenau, à l'embouchure de l'Albula, et la vallée de Bergun, étaient animés des mêmes sentiments : le ciel semble avoir tout refusé à ces montagnards ; ils ne connaissent aucun des biens auxquels trop souvent les peuples sacrifient les droits de l'humanité ; néanmoins ils envoyèrent leurs anciens à une réunion des Grisons qui eut lieu à Ilantz, et furent admis à participer à la ligue éternelle. La troisième fédération se forma dans les dix hautes justices dans lesquelles régnait Frédéric, comte de Tockenbourg, celui-ci ayant conclu une alliance pour vingt ans avec Conrad Planta de Cernez, et avec les habitants de l'Engadine, dans la vue de s'attacher le peuple, et de se procurer des soutiens contre le duc d'Autriche, les barons de Ræzuns, et les comtes de Werdenberg.

Cependant, malgré le repos que ces ligues donnèrent au pays, les Werdenberg et l'évêque de Coire étaient toujours en querelle. L'empereur Sigismond intervint pour que ces seigneurs reconnussent tenir du chapitre de Coire Schams, Tomils, les châteaux de Bærenburg et Ortenstein ; mais le peuple n'avait point oublié la violence des châtelains. En vain Sigismond ordonna de le contraindre à l'obéissance : il fallut des excommunications souvent répétées et toujours plus sévères ; Schams ne s'en alarmait point, et ne voyait dans ces actes de colère qu'un abus des choses les plus saintes ; toutefois on fut obligé de céder à la croyance des peuples voisins qui craignaient plus ces armes spirituelles que le nombre des ennemis. La ligue de Truns sauva ces montagnards.

Mastino Visconti avait donné à l'évêque de Coire, pour prix de l'hospitalité qu'il en avait reçue, la grande vallée qu'arrose l'Adda, et les contrées qui, du Splugen, s'étendent vers le lac de Côme : néanmoins la suzeraineté en demeura au duc de Milan, et cette donation ne fut longtemps qu'un titre vain. Ces pays étaient toujours divisés entre les Gibelins et les Guelfes. Dans l'origine les premiers étaient les partisans de l'empereur ; maintenant ils l'étaient du pouvoir en général, comme les Guelfes étaient devenus les soutiens de la liberté. Les Guelfes obéissaient à deux capitaines, les frères Nicodémo et Francisco, fils de Tébaldo ; le chef de l'autre parti était Jean Rusca, fils de Franchino, homme d'une rare beauté, d'un mérite distingué, et jouissant de toute la faveur du duc Philippe. Le parti guelfe n'avait l'avantage que dans le centre de la Valteline, où il se fortifiait du voisinage et des dispositions du pays de Poschiavo, qui relevait aussi de l'évêque de Coire. Le duc était en proie à l'inimitié de la ligue italienne, particulièrement de Venise, qui, maîtresse des mers, affermissait maintenant sa puissance sur terre : déjà la prise de Brescia et de Bergame avait rapproché la Valteline de sa domination. Georges Cornaro eut ordre de s'en emparer, et il ne lui fallut que huit jours pour envahir tout le pays depuis le lac de Côme jusqu'à Bormio, conquête qui entraîna la soumission du val Sassina. Vetturi partit de ce lieu pour pénétrer au cœur du Milanais. Le succès inspira la confiance ; une troupe de Vénitiens marchait avec un entier dédain de l'ennemi : des campagnards de Bormio l'attaquèrent et la taillèrent en pièces dans les plaines de l'Adda, en un lieu que l'on appelle encore Fumarogo, parce que, dit-on, ils y brûlèrent les morts. D'un autre côté, Pierre Brunor marchait contre Vetturi avec une petite troupe dont les montagnes dissimulaient la faiblesse, et que des cris, le bruit des tambourins et des trompettes faisaient paraître beaucoup plus nombreuse.

Piccinino, l'un des meilleurs capitaines de l'Italie, suivit avec une incroyable rapidité la rive occidentale du lac de Côme. Cornaro, à Sorigo, franchit un pont de bois, et parut dans les champs qui divisent les maisons éparses de Delibio : là il eut affaire à un ennemi fort de trois mille hommes, qui s'était retranché entre le fleuve et la montagne, et qui le repoussa. Jean Rusca conseilla à Piccinino d'attendre les montagnards qui, en effet, prirent Cornaro en queue : son armée fut fort maltraitée ; quelques fuyards regagnèrent Bergame par des sentiers de montagnes ; la plupart des chefs mirent bas les armes. Mais Venise, qui ne pouvait posséder tranquillement Brescia et Bergame qu'autant qu'elle serait maîtresse de la Valteline, envoya sur-le-champ des forces supérieures sous le commandement de François de Gonzague. La paix de l'année suivante en maintint la souveraineté au duc de Milan, et stipula aussi l'échange des prisonniers. On éluda ce traité, on feignit que Cornaro était mort, tandis que, dans les cachots, on le mettait à la torture pour lui arracher les secrets de Venise : il sut souffrir et se taire. Après un intervalle de plus de dix ans, il reparut au milieu des siens, et ils reçurent avec joie celui qui avait si noblement expié la faute commise à Delibio.

Nous allons rappeler quelques faits de l'histoire intérieure de la Suisse, et nous reprendrons ensuite la série des événements. L'hiver de 1434 à 1435 fut l'un des plus froids que l'on eût jamais soufferts. Le Rhin était gelé dans tout son cours ; on traversait à cheval le lac de Zürich et celui de Constance : on y voyait des traîneaux et même des chariots. Les magistrats de Zürich rendirent une ordonnance qui défendait de faire aucun mal aux oiseaux que le besoin attirait parmi les hommes ; cette ordonnance recommandait même de leur jeter du pain. Dans les montagnes suisses, quand un hiver rude est suivi d'un printemps trop doux, il arrive toujours de grandes catastrophes : le 4 mars de l'année 1435, le sol manqua sous une partie de la ville de Zug : la rive trembla ; quelques maisons s'entr'ouvrirent ; la population, saisie d'effroi, restait ou fuyait, selon que chacun écoutait ou l'intérêt ou la peur. A cinq heures du soir il se fit une explosion soudaine ; la terre laissa échapper des torrents de poussière : deux rues, plusieurs tours et la muraille d'enceinte s'abîmèrent. Soixante personnes périrent en ce moment : entre autres, Colin, le chef de la république, le greffier Wikard, et tous les titres de la ville. L'enfant de cet infortuné fut porté par les eaux, tandis que sa mère mourait en voulant le sauver. Tous les confédérés témoignèrent leur intérêt à Zug, et Zürich envoya sur-le-champ des chariots chargés de vêtements et de provisions. Depuis cette catastrophe, on agrandit la ville vers l'intérieur à l'opposite du lac.

Glarus offre, vers cette époque, un exemple remarquable de combat judiciaire. Un homme riche cheminait vers le canton d'Uri ; il était suivi de son beau-frère qui, dans la vue de s'approprier sa fortune, le poussa au fond d'un précipice ; mais Blumer, c'était le nom de sa victime, ne se fit aucun mal, sauvé comme par miracle. Il accusa Heintz, son beau-frère. Celui-ci eut recours à la calomnie : il répandit parmi ses parents le bruit que Blumer se rendait coupable du crime honteux de bestialité ; que, l'ayant surpris, il avait résolu, pour l'honneur de la famille, d'en faire justice lui-même et sans éclat. Blumer nia le fait : on comparut devant les juges : de part et d'autre, les assertions étaient pareilles ; de part et d'autre, même apparence de sincérité. Dans le doute, on résolut de s'en rapporter au jugement de Dieu ; et, le 12 août 1423, tous les habitants de Glarus, de l'un et de l'autre sexe, moins les parents des deux champions, se rendirent au lieu où se faisaient les exécutions. Le landamman Tschudi y présida soixante juges : les deux beaux-frères entrèrent dans la lice demi-nus et le glaive en main ; et tous les assistants adressèrent de ferventes prières à Dieu pour qu'il fît triompher l'innocence. Le signal donné, la lutte s'engagea ; enfin Blumer atteignit Heintz, et lui porta plusieurs coups de pointe qui lui enlevèrent l'espérance de vivre. Aussitôt il confessa son crime à haute voix, soupira et mourut.

Un des effets du concile de Constance fut la prospérité du commerce de Saint-Gall et l'agrandissement de cette ville; en effet l'affluence des étrangers fut telle à Constance, qu'elle avait à loger quatre ou cinq fois autant de monde qu'elle en pouvait contenir; la fabrication des toiles, qui faisait sa principale industrie, en fut interrompue; les fabricants cherchèrent un lieu moins incommode, et s'établirent à Saint-Gall, qui sur-le-champ ajouta plusieurs rues à l'ancienne ville, et vit doubler ses revenus. De la sorte, elle put acheter les libertés les plus importantes, acquérir des propriétés, et devenir ville impériale. Consumée par les flammes, ses habitations de bois firent place à de belles maisons en pierre, et pour qu'il n'y eût plus de toits d'étéles ou de chaume, la ville fournit des tuiles aux pauvres.

A l'époque où Henri de Mangisdorf fut élevé à l'abbaye de Saint-Gall, Appenzell refusa de jurer obéissance à ses baillifs, et de payer les impôts et les revenus. Ces montagnards pensaient que Cunon y avait renoncé par sa tyrannie, et qu'ils avaient à jamais reconquis ces droits par leur valeur. Plusieurs autres communes imitèrent cet exemple. Quoique l'abbé eût préféré le jugement des villes de Souabe, parce qu'il doutait de l'équité des Suisses, il fallut bien s'en rapporter à ceux-ci, et même les supplier d'accepter cette mission qui n'était pas de leur goût; car on ne pouvait manquer de déplaire à Appenzell ou de méconnaître la justice. Toutefois les deux parties leur ayant donné plein pouvoir, ils acceptèrent : Zürich, les Waldstetten, Zug et Glarus nommèrent quatorze juges, la plupart élevés en dignité, et connus pour leurs lumières et leur probité. Ils mirent plus de dix mois tant à étudier l'affaire qu'à des essais de conciliation entre les parties, qu'on faisait venir tantôt à Baden, tantôt à Zug, tantôt à Saint-Gall ou à Lucerne. Les quatorze allaient vers le prince abbé, puis ils revenaient près des montagnards. Le prince et les Appenzellois ne négligeaient pas non plus les démarches envers les confédérés. Enfin, on annonça solennellement le jour de la décision; là, les députés d'Appenzell arrivèrent sans aucun pouvoir. Alors les confédérés réunirent la population à Hundwyl; mais ils eurent beau prêcher, presser, supplier, les Appenzellois répondaient toujours que Dieu et leurs bras les avaient fait libres; qu'il n'était pas besoin de jugement pour cela. En vain on changea le jour et le lieu où l'arrêt devait être prononcé; l'abbé fut le seul qui déclara s'y soumettre. Enfin, le 26 mai 1421, les juges décidèrent que la ligue d'Appenzell était valable, ainsi que les traités conclus par cette ligue; ils fixèrent à 25 marcs d'argent, rachetables par 650, les redevances envers l'Empire, désormais engagées à l'abbé. Ils réservèrent les droits de l'Empire et de l'empereur; ils évaluèrent encore d'autres droits en nature, et firent des règlements sur l'emploi de la dîme; enfin ils respectèrent les propriétés particulières de l'abbé. Hérisau fut autorisé à se racheter de ses prestations.

Cette sentence, empreinte du cachet de l'équité, déplut aux deux parties; car l'abbé aurait voulu qu'on lui soumît Appenzell, et Appenzell, à son tour, aurait désiré un affranchissement complet de tous les droits de l'abbé : aussi les habitants n'y eurent-ils aucun égard, disant que Dieu était pour la justice, et que la justice c'était la liberté. L'abbé se plaignit au pape, à l'empereur, à l'évêque de Constance, aux confédérés; le tout en vain. Les avertissements que donnèrent ces derniers ne furent pas plus efficaces. Zürich alla jusqu'à dire que si Appenzell refusait encore l'obéissance, on l'abandonnerait comme parjure. On ne voit pas la moindre trace de soumission, et cependant on voit deux fois Appenzell franchir le Saint-Gothard pour assister les confédérés dans leurs guerres d'Italie. Enfin, en 1425, les foudres ecclésiastiques entreprirent de vaincre cette résistance : l'évêque de Constance fulmina une bulle d'excommunication au nom du pape Martin V, et fit défendre de dire la messe, de célébrer des mariages, de donner l'extrême-onction, ni d'assister les mourants. Il fut interdit à tous les chrétiens d'entretenir les moindres rapports avec Appenzell ou avec l'un de ses habitants. Ceux-ci se réunirent, firent comparaître les prêtres, et chassèrent ceux qui ne voulaient pas continuer leurs fonctions. S'il arrivait que l'un d'eux prononçât des malédictions, on le tuait. Quant aux indécis, on courait chez eux, on les menaçait de coups. L'absence de relations avec le voisinage n'était pas un embarras; tant que Dieu laisserait croître l'herbe, tant qu'il y aurait des troupeaux, de la laine et du lait, on ne s'en inquiéterait pas. Mais dès que les Appenzellois apprenaient que quelqu'un avait mal parlé d'eux, qu'il fût seigneur ou paysan, prêtre ou laïque, il ravageaient ses propriétés, pillaient ses biens, prenaient ses gens, et remontaient dans leurs solitudes chargés de butin et joyeux du succès. Ils disaient qu'au besoin leur patrie serait leur cimetière, et qu'ils sauraient y défendre leur liberté contre l'univers entier. L'abbé de Saint-Gall se vit contraint de fuir dans la forêt Noire; l'évêque de Constance éprouva aussi les effets de leur vengeance.

Alors s'éleva contre Appenzell un nouvel et dangereux ennemi, c'était Frédéric de Tockenbourg, le citoyen de Zürich, qui l'était aussi de Schwytz. Cette dernière alliance étant arrivée à son terme, les Appenzellois, ne se sentant plus retenus par aucun lien, reçurent quelques-uns de ses sujets dans leur ligue, et firent des actes de violence contre ceux qui étaient leurs ennemis. L'abbé de Saint-Gall, Égloff de Blaarer, se servit de ces faits pour irriter Frédéric de Tockenbourg. A peu près dans le même temps, d'autres vassaux de Tockenbourg furent admis à Glarus. La guerre pensa éclater, mais des arbitres furent nommés. Le comte était soutenu par Zürich; les confédérés jugèrent que Glarus avait eu tort : ils engagèrent le comte à recevoir sans châtiment ceux qui reviendraient, à condition qu'ils lui prêteraient foi et hommage dans le délai d'un mois. Cependant Frédéric marcha contre Appenzell à la tête de quinze cents hommes, et vint près de Magdenau. Un autre corps longea les montagnes du sud de l'Appenzell, passa par Gambs-Sax, descendit par le Rheinthal et par Alstetten, se dirigeant vers Gais, en traversant le célèbre champ de bataille du Stœss. Gais, que fréquentent aujourd'hui les voyageurs, est situé au pied du Gaebris, au milieu de vastes prairies; du sommet de la montagne, la vue s'étend sur tout le canton d'Appenzell, parcourt ceux de Saint-Gall, et de Thurgovie, le lac de Constance, la Souabe et le Rheinthal. A l'est sont les montagnes du Vorarlberg et du Tyrol; au sud les éternels glaciers. Gais est dans le fond; il ne faut que trois heures pour se rendre à Appenzell par Trogen, Speicher et Vogliseck. Le comte de Tockenbourg voulait irriter son ennemi, en faisant parcourir ses limites par deux armées. Il espérait qu'en attaquant l'une et l'autre, les Appenzellois partageraient leurs forces.

Frédéric n'avait point encore assemblé toutes ses forces; la division qui se trouvait dans le Rheinthal apprit que la bannière d'Appenzell se portait contre lui à Hérisau. Elle crut que le pays qu'elle était chargée d'observer était dégarni, et courut l'occuper; mais, soit que les Appenzellois ne l'eussent pas encore quitté, soit que, pour éviter une surprise, ils eussent gardé Gais, l'ennemi fut déçu dans son attente, et sur le champ de bataille du Stœss il trouva la population dans une position avantageuse : il y périt beaucoup de soldats de Tockenbourg; le reste s'enfuit à Alstetten.

Frédéric l'ayant appris, donna à tous ses capitaines l'ordre d'accourir, reçut des volontaires de Zürich, partit de Magdenau, fit le tour des Rodes extérieures au nord-ouest, et vint jusque dans les plaines de Gossau, à environ une lieue de Hérisau, qui en était séparé par une forêt que des piétons pouvaient à peine parcourir. En même temps, le comte fit opérer une fausse attaque sur Urnæschen : il voulait ainsi couper la route, ou, si la bannière était déjà près de Hérisau, la faire rétrograder pour la défense du pays; enfin il pouvait espérer qu'Appenzell même serait surpris. Ces soins furent infructueux, les Appenzellois gardaient tous les accès. Il suffit des habitants de Hundwyl et d'Urnæschen pour repousser l'attaque. Cependant le village de Gossau était la proie des flammes; Frédéric voulait à la fois le punir et attirer son ennemi dans la plaine. A cet aspect, à la vue de quelques troupes de Tockenbourg, on ne put plus contenir la bouillante jeunesse de Hérisau; elle s'élança des retranchements et se précipita sur l'ennemi, dont la poursuite fut facile; mais quand on vit tout à coup, à l'issue du bois, Frédéric à la tête de forces supérieures et en bon ordre de bataille, l'effroi gagna les imprudents vainqueurs. Cependant ils se montrèrent braves, et moururent en combattant; il en tomba quatre-vingts : nul ne se rendit, et la bannière fut rapportée au retranchement; enfin la forêt fut si bien gardée, que Frédéric, ne jugeant pas convenable de pousser son avantage plus loin, s'en revint à Saint-Gall.

Trois jours plus tard, Frédéric essaya de pénétrer dans le pays du côté de Bernang et par Hoheneck : là périrent aussi ceux qui le combattaient avec le plus d'impétuosité; mais il ne put entrer dans leur patrie. Il avait perdu beaucoup de monde; la neige vint au secours des Appenzellois; d'ailleurs les châteaux du Rheinthal n'avaient plus ni portes ni fenêtres; il se pourrait que Frédéric eût manqué de logement; il se retira donc au couvent à Magdenau.

Cependant Zürich et Schwytz engageaient successivement les confédérés à contraindre Appenzell à l'obéissance. Après l'affaire de Gossau, beaucoup de volontaires de ces deux cantons allèrent joindre Frédéric de Tockenbourg. Les confédérés, voyant le danger, obtinrent une trêve de quinze jours pour négocier la paix à Beckenried. Uri et Unterwald témoignèrent beaucoup d'intérêt à la cause d'Appenzell, et l'hiver rendit impossible la reprise des hostilités. Au printemps de 1429, les députés de Bâle, de Schaffhousen, de Saint-Gall, ceux de Constance et d'Ulm, (les deux villes qui étaient à la tête de la fédération souabe), vinrent se joindre à ceux des confédérés, pour presser enfin la conclusion du traité. Dans Appenzell, les hommes les plus sages désiraient l'exécution de la sentence des quatorze. C'est à ce parti qu'on en revint, sauf quelques modifications commandées par le temps. Les arrérages dus à l'abbé de Saint-Gall furent évalués en argent; il fut obligé de lever à ses frais l'excommunication. L'évêque de Constance s'engagea à envoyer son coadjuteur pour consacrer de nouveau les églises, et des ecclésiastiques pour donner l'absolution, même à ceux qui avaient tué des prêtres. Cette paix, conclue à Constance, eut pour effet non-seulement le repos, mais une véritable amitié, qui dura tant que vécut l'abbé Égloff Blaarer de Wartensée. Ce fut même à la demande de ce prélat que l'empereur concéda aux Appenzellois le droit de haute justice : la liberté faisait tous les jours de nouveaux progrès, et les habitants rachetèrent successivement beaucoup de droits exercés sur eux par des nobles étrangers.

Jusqu'ici nous avons vu la liberté suisse se développer; l'histoire ne nous a fait connaître que des traits de patriotisme et de dévouement : partout où la fédération est menacée, la nation naissante accourt sans égard au nombre ou à la valeur des ennemis, et la Providence elle-même semble protéger ces nobles efforts. Désormais des dissensions, des guerres intestines vont diviser les confédérés : l'ambition et la soif d'acquérir obscurciront leurs antiques vertus, mais du moins l'héroïsme ne les abandonnera jamais; et si nous avons à gémir quand nous verrons Zürich et Schwytz s'attaquer avec acharnement, et les ducs d'Autriche se faire des alliés parmi les descendants de ceux qui avaient brisé leur joug, d'un autre côté les fastes de cette république fédérative s'enrichiront des trophées de Saint-Jacques, de Granson, de Morat, et de tant d'autres que la postérité admire encore.

Ce fut la mort du dernier comte de Tockenbourg et le partage de sa succession qui donnèrent lieu à ces agitations, et plus tard causèrent l'intervention de l'Autriche et de la France. Frédéric expira le 30 août 1436, ne laissant qu'un fils illégitime, sa veuve et des collatéraux, et n'ayant fait aucune disposition qui pût régler les prétentions des uns et des autres, ni déterminer les droits de Zürich et de Schwytz, avec lesquels il avait conclu des traités de combourgeoisie, en stipulant certains avantages en leur faveur.

Zürich, qui prévoyait les désordres, conséquence inévitable de la mort prochaine de Frédéric, lui avait adressé une députation à Feldkirch, où il était entouré d'une foule de parents avides. Le bourgmestre de Zürich, Rodolphe Stussi, y avait aussi envoyé son fils, jeune homme fort vain et peu digne d'appartenir à un magistrat aussi distingué que l'était son père. Ce jeune homme fut la risée de la cour à cause de son sot orgueil, et quant à sa mission, il ne pouvait même la comprendre, comment l'eût-il accomplie? Il s'aperçut bientôt qu'il était en butte aux railleries des seigneurs, en avertit son père et se retira. D'un autre côté, Frédéric de Tockenbourg venait de perdre à Zürich un procès assez important. Telles étaient les dispositions de mutuelle défiance, quand vint le message. On lui représenta que, vu son grand âge, le terme de sa vie pourrait n'être pas éloigné, que le traité de combourgeoisie liait ses héritiers pour cinq ans, et que Zürich avait intérêt à les connaître. On ajoutait que depuis 25 ans, il tenait à titre d'engagement la seigneurie de Windeck, d'abord de l'Autriche, puis de l'empereur, et que depuis plus de huit ans, l'empereur en avait permis le rachat à la ville de Zürich; avantage qu'on ne jugeait pas à propos de différer.

Le comte répondit froidement qu'il aviserait; il indiqua une conférence à laquelle assisteraient des envoyés de Berne et de Schwytz; car plus il se refroidissait envers Zürich, plus il tenait à sa liaison avec Schwytz. Alors ce canton avait pour landamman Ital Reding de Bibberegg, arrière-petit-fils de celui dont les conseils assurèrent la victoire de Morgarten. Ital Reding était fort riche, et ses qualités populaires lui avaient concilié l'estime de tous ses concitoyens, à tel point qu'on eût dit qu'il régnait dans ce canton démocratique; il était courageux, entreprenant, infatigable, et digne en tout d'être le rival de Stussi et de faire échouer ses projets.

Le Rhin divisait en deux portions les domaines immenses de la famille de Tockenbourg. Sur la rive gauche elle possédait, outre les vallées dont la réunion compose le pays qui porte son nom, la Marche de Tuken, la seigneurie d'Uznach, la seigneurie de Windeck et Gaster, les châteaux de Nydberg et Freudenberg, Sargans, le château de Wartau, le Rheinthal, enfin beaucoup de vassaux et de terres dans la Thurgovie. Toutes ces contrées sont belles, pittoresques, fertiles; elles entourent les montagnes d'Appenzell. Au delà du Rhin, Frédéric de Tockenbourg tenait les bords du lac de Constance, Montfort, Feldkirch, Musinen, Wallgau, les forêts de Bregenz, Mayenfeld, le château de Marschlin; enfin l'étroit passage du Rhéticon et le cours de la Lanquart lui ouvraient l'accès du pays des dix justices, qui maintenant forment le tiers de la république des Grisons.

Au jour indiqué comparurent à Rapperschwyl cinq membres du conseil de Zürich; des députés de Schwytz vinrent pour défendre la cause de Frédéric; enfin ceux de Berne y siégeaient tant comme médiateurs que comme concitoyens des principaux intéressés. On reconnut avec Schwytz qu'il était impossible d'exiger du comte qu'il choisît sur le champ son héritier, et l'on adopta un nouvel ajournement. On se revit donc trois mois plus tard, et Soleure aussi envoya ses députés. Cette fois Zürich renonça à faire expliquer Frédéric sur l'institution d'un héritier, mais elle exigea que le peuple de Tockenbourg jurât immédiatement d'observer l'alliance pendant cinq ans après la mort du comte; on demanda que ce serment fût prêté par les magistrats, et l'on exigea comme sûreté, sinon la remise du château de Windeck, du moins un titre qui en assurât la possession à Zürich. Pour que le comte de Tockenbourg pût nommer un héritier, il fallait que l'empereur l'y autorisât: il obtint facilement cette faveur. Frédéric ne fit qu'une réponse évasive aux prétentions de Zürich, et deux années s'écoulèrent au milieu de ces intrigues, la comtesse espérant trouver un appui dans cette ville. Enfin, le comte s'étant rendu à Sargans avec son neveu Wolfhard de Brandis, que favorisaient Nicolas de Wattewyl, banneret de Berne, Ital Reding et Jean de Yberg, landamman de Schwytz, il déclara devant ses conseillers, devant les baillis de Tockenbourg et Uznach, convoqués à cet effet, que Brandis lui succèderait dans ces deux pays, à charge d'observer envers Zürich l'alliance de cinq ans, et de garder avec Schwytz une éternelle et inviolable combourgeoisie. Néanmoins cette déclaration ne fut que verbale; le secret fut recommandé à tous, le comte se réservant d'en rédiger le titre dès qu'il aurait déterminé ses parents à renoncer à leurs prétentions pour une indemnité en argent; mais tout cela ne décidait rien, car il répondit aux Zürichois, inquiets du résultat de cette réunion, qu'après sa mort ils eussent à s'adresser à la comtesse. On croit que Frédéric éprouvait un malin plaisir à jeter tout le monde dans l'incertitude, et qu'il se complaisait à l'idée du désordre qui suivrait sa fin.

Dès qu'il eut fermé les yeux, Frédéric d'Autriche, qui résidait à Inspruck, se réjouit de cette occasion de racheter les terres qui, dans de mauvais jours, avaient été engagées aux Tockenbourg: Zürich s'apprêta à prendre Windeck; mais Schwytz les devança tous, et reçut à Tuken le serment des habitants de la Marche su-

9ᵉ *Livraison.* (SUISSE.)

périeure que Frédéric de Tockenbourg lui avait donnée en signe d'amitié. L'empereur voyant que ce seigneur était mort *ab intestat*, prétendit rentrer dans tous les fiefs masculins, et en disposer comme de terres appartenant à l'Empire. Quant aux vassaux, ils se réunirent pour se donner une administration commune: le Prettigau surtout jura une fédération dont les conditions sont semblables à toutes celles qui fondèrent les républiques suisses.

La comtesse fit, de son côté, plusieurs dispositions: d'abord elle prolongea pour tout le temps de sa vie l'alliance de cinq ans avec Zürich; puis elle donna à cette ville Uznach et Schmérikon, ne s'en réservant que l'usufruit. Quant à la tour de Grunau, selon l'intention de Frédéric, elle en confirma la possession à Schwytz. Mais quand les magistrats de Zürich voulurent recevoir le serment d'Uznach, les habitants s'y refusèrent, alléguant qu'il fallait préalablement décider si la comtesse avait eu le droit de disposer d'eux. Ce refus, dont rien ne put vaincre l'opiniâtreté, mit le bourgmestre de Zürich en grande colère. *Savez-vous bien*, s'écria-t-il, *que vous nous appartenez, vous, votre ville, votre pays, vos fortunes, tout, jusqu'à vos entrailles.* Ils répondirent froidement: *Nous verrons.*

Zürich ne fut pas plus heureuse en offrant aux habitants de la seigneurie de Windeck le droit de bourgeoisie. L'Autriche avait déjà déposé le prix du rachat, et tout ce pays était disposé en sa faveur. Zürich demanda l'intervention de Schwytz, et probablement ce fut pour forcer ce canton à s'expliquer: car déjà ses dispositions lui étaient suspectes. Le landamman répondit que l'affaire était assez grave pour être traitée en assemblée générale, et qu'il enverrait la réponse: mais cette réponse ne vint pas, et Zürich comprit le silence. Après quelques négociations, le duc d'Autriche était rentré en possession de Sargans, Freudenberg, Nydberg, Windeck et Wesen, dont il avait opéré le rachat.

9

Mais les campagnards de ces contrées s'accommodaient mal de cet état de choses qui ne leur promettait aucune sécurité : ils eurent recours à Schwytz et à Glarus : le duc lui-même, bien aise d'être consulté, permit au pays de Gaster et de Sargans de conclure une alliance de trente ans. Cette négociation n'était pas terminée quand Zürich interdit toute communication avec Gaster et Sargans : le bruit se répandit que cette ville envoyait une armée; les campagnards y opposèrent une autre armée, et repoussèrent le contingent de la ville de Sargans qu'ils accusaient d'infidélité à la cause de la liberté. Le duc se plaignit en vain de la conduite de Zürich; elle réclama Windeck que l'empereur lui avait promis, et dit qu'elle pouvait ouvrir son marché à qui il lui plairait. Sargans refusa d'accéder à l'alliance de Schwytz, et le duc la céda bientôt à Henri de Werdenberg, dont le père l'avait vendue à l'Autriche. Schwytz et Glarus fournirent à Henri l'argent du rachat; Zürich négocia avec les campagnes, et conclut une alliance d'après laquelle Wahlenstadt, Flums, Milz, Ragatz, Grœtschin, ne feraient jamais la guerre contre elle, et ne donneraient passage à personne pour l'attaquer. On se devait prêter secours mutuellement contre l'Autriche; si les châteaux étaient repris par les habitants, ils seraient en tout temps ouverts aux troupes de Zürich.

Schwytz ne put voir de sang-froid que Zürich, contre le gré du souverain du pays, et au moment où il avait autorisé son alliance avec ce pays, le gagnât de vitesse pour exercer dans ces contrées une plus grande autorité que le souverain lui-même, de telle sorte que l'alliance projetée devint impossible. Aussi, le jour même où le bourgmestre naviguait sur le lac de Wahlenstadt pour aller recevoir les serments, Ital Reding et Ulrich Wagner, de la part de Schwytz, et de la part de Glarus, Jost Tschudi et Jean Galiati, réunirent près de Waltwyl les habitants du Tockenbourg, et leur firent, malgré quelques hésitations des magistrats, jurer une alliance avec leurs cantons. Ils parcoururent ensuite le pays, continuant à recevoir les serments. Le duc d'Autriche reprocha vivement aux Zürichois la conduite qu'ils avaient tenue envers Sargans, et leur refusa toute prétention sur Windeck. Les héritiers se disputaient toujours la succession, lorsque l'empereur imagina de disposer en faveur du comte de Schlik, son chancelier, des fiefs masculins qui, disait-il, ne pouvaient appartenir à la veuve; il lui donna donc le Tockenbourg, Uznach, la Prettigau et le pays de Davoz : ce fut dans cette affaire, déjà si embrouillée, une nouvelle complication.

A Zürich, lorsqu'on vit comment, par un traité d'alliance, Schwytz et Glarus s'étaient emparés de Windeck, Uznach et Tockenbourg, comment les lettres impériales elles-mêmes détruisaient toute espérance de posséder Windeck, on se sentit profondément offensé, et, malgré la rigueur de l'hiver, on envoya des troupes sur la frontière. Schwytz en fit autant, Glarus l'imita. Toute la confédération en fut effrayée, et le 31 décembre vinrent à Zürich les députés de Berne, Lucerne, Unterwald et Zug; ils supplièrent de retirer les troupes et offrirent leur médiation. Ils allèrent ensuite à Schwytz et à Glarus, et obtinrent à grand'-peine que l'on se soumît à la décision que rendraient les confédérés dans une réunion indiquée à Baden, et dont les délibérations ne devaient pas durer plus de quinze jours. Cependant les hostilités continuaient et les habitants de Gaster prirent Wesen et s'emparèrent de deux bâtiments zürichois pendant qu'on traitait de la paix. L'amertume s'en accroissait de jour en jour, et la diète allait se dissoudre, quand les députés des villes se rendirent de nouveau à Zürich, tandis que ceux des campagnes allèrent à Schwytz et à Unterwald. On indiqua une autre réunion à Lucerne; Zürich s'y montra plus exigeante que jamais; Henri de Werdenberg venait de conclure avec Schwytz une alliance pour toutes ses seigneuries; d'un autre côté les partisans de Zürich ne cessaient d'agir pour elle, et Glarus, pour empêcher ces mouvements, fit marcher trois cents hommes sur Quarten. L'exaspération était telle à Lucerne, que l'on ordonna que désormais les affaires se traiteraient par écrit, car les injures les plus graves avaient été proférées par le bourgmestre Stussi contre Schwytz. *Espérez-vous, dit-il, l'emporter sur Zürich aux yeux des confédérés de Zug : il est vrai qu'à Bellinzona vous avez réparé vos fautes ; Colin et Puntiner en déposeraient si Carmagnuola ne les eût tués avec quatre cents autres braves. Lucerne aussi vous doit de la reconnaissance ; vous lui avez épargné des frais de transport : elle a vu revenir sur deux bateaux ses guerriers qui en remplissaient sept a leur départ.* La réponse de Schwytz fut noble et élevée, celle de Glarus amère et ironique. Stussi, le bourgmestre, était originaire de ce pays : on lui rappela la bassesse de sa naissance et la nouveauté de sa noblesse. On examina successivement les griefs réciproques ; enfin les quinze juges prononcèrent que l'alliance de Schwytz avec le Tockenbourg serait maintenue, si dans trois fois quinze jours Schwytz prouvait qu'à Sargans le feu comte l'avait permise ; mais cette alliance ne regardant que Schwytz, le serment prêté aux Glarnais serait regardé comme non avenu, à moins que les héritiers du comte ne lui rendissent sa force en étendant jusque-là la permission donnée par leur auteur. Il fut jugé que Schwytz ne devait aucune réparation pour Uznach, attendu que Zürich n'en était point en possession ; de plus, que Windeck avait pu être compris dans l'alliance de l'agrément du duc, à moins que Zürich ne prouvât que la faculté du rachat lui appartenait. On s'abstint de prononcer sur Sargans et Grunau, parce que le compromis n'en parlait pas, et l'on déclara mal fondés tous les autres reproches que s'adressaient les parties.

Zürich fut irritée et surtout humiliée de cette sentence. Une disette étant survenue, les communications avec Uznach et le Gaster furent de nouveau interdites, et l'on fixa à une modique ration ce que pourrait acheter de grains chaque habitant de Schwytz, de Glarus ou d'Einsiedeln. Schwytz, cependant accomplit les conditions imposées, et l'alliance fut étendue à Glarus par les héritiers réunis à Feldkirch. Il fut même stipulé que si jamais ces héritiers voulaient aliéner leurs domaines, Schwytz et Glarus auraient la préférence. La comtesse de Tockenbourg avait renoncé à toute réclamation, et par conséquent les droits que Zürich prétendait tenir d'elle s'évanouissaient. Ital Reding donna lecture de toutes ces pièces, quand il fallut comparaître de nouveau à Lucerne ; la colère de Zürich s'en accrut ; et quand la conduite des campagnards de Sargans donna lieu à une guerre avec l'Autriche, elle s'empressa d'y prendre part : elle considéra comme rupture quelques vexations des baillis envers ceux qui lui avaient prêté serment. Les confédérés se réunirent à Zug, et interdirent toute hostilité avant qu'on eût épuisé les voies de conciliation. Il était trop tard. Irrité des violences des paysans, Ulrich Spiesz, baillif de Freudenberg, exécuta une sortie, fit des prisonniers et emmena treize cents têtes de bétail. On déclara la guerre à Zürich, à l'évêque de Coire et aux Grisons : alors vinrent à Schwytz et à Glarus des envoyés de Zürich ; ils demandèrent le passage pour faire la guerre contre le duc d'Autriche, affirmant que Henri de Werdenberg ne serait l'objet d'aucune hostilité : le passage fut accordé ; mais Schwytz ni Glarus ne purent se décider à une coopération active. La réunion fut indiquée à Schméricon ; l'armée arriva dans trente bateaux, sous le commandement du bourgmestre Stussi : elle traversa Uznach sans difficulté ; mais les habitants du Gaster résistèrent, disant qu'ils n'accorderaient point de passage contre le duc d'Autriche leur seigneur, à ceux qui leur avaient coupé les vivres dans la disette. Les envoyés de Schwytz firent cesser la résistance ; cependant ils ne fournirent ni câbles, ni chevaux pour traîner les bateaux vers le lac de Wahlenstadt, et les Zürichois eurent beaucoup de peine à remonter la Linth. Quelques jours après ils prirent Nydberg et Freudenberg. Les bruits les plus alarmants se répandirent; on croyait que Schwytz allait envahir les bords du lac pour intercepter l'armée de Zürich. Aussitôt cette ville envoya dix-huit cents hommes aux frontières, au pied du mont Etzel, près d'Einsiedeln. Schwytz, de son côté, fit occuper l'Etzel, la Marche et Uznach. Il était résolu déjà que dès que l'armée de Zürich attaquerait le comte Henri, on lui couperait la retraite. L'exaspération était grande; les avant-gardes s'insultaient mutuellement. Les confédérés prévinrent les malheurs dont on était menacé, et telle fut la modération de Schwytz, que ce canton consentit à ce que les députés décidassent, sans sa participation, les différends du comte Henri et de Zürich, à raison des sujets qu'elle avait reçus à combourgeoisie sans son consentement. Le commandant de Freudenberg ne voulut entendre à aucune proposition; il brava tous les dangers, toutes les menaces, et, sans la trahison qui débaucha sa garnison, il ne serait point sorti du château. Quand il fut parti avec six braves seulement, on y mit le feu, et les Zürichois revinrent à Walenstadt.

L'abbé de Saint-Gall perdait à l'alliance du Tockenbourg avec Schwytz et Glarus plusieurs avantages. Le bourgmestre Stussi sut profiter de son mécontentement, et ce prince allait être reçu bourgeois de Zürich, quand Schwytz prévint cet événement en promettant de respecter tous ses droits, et en concluant avec lui et la ville de Wyl un traité d'alliance pour vingt ans. Enfin le concile de Bâle s'interposa pour établir une trève entre Zürich et l'Autriche, car une guerre pouvait compromettre la sûreté des communications et la prospérité du commerce de tout le pays. Mais il ne fut pas possible d'obtenir la paix, parce que d'une part, le duc s'était assuré que la plupart des cantons observeraient fidèlement la trève conclue pour cinquante ans; et que de l'autre, Zürich ne voulait pas perdre ses conquêtes en négociations; mais personne n'étant disposé à reprendre les hostilités, la trève se prolongea. Schwytz ne négligeait pas ses intérêts, et le duc ayant abandonné au pays de Gaster le commandement du château de Windeck, Ital Reding fit si bien que l'on convint de le remettre à Schwytz, et que la cour d'Inspruck y consentit; elle engagea même à ce canton et à Glarus pour trois mille florins du Rhin, le pays de Gaster, la montagne d'Ambden, les villes de Wesen et de Walenstadt, et l'advocatie du couvent de Schennis. Il fut seulement stipulé qu'en cas de guerre contre l'Autriche, le Gaster demeurerait neutre. Les héritiers de Tockenbourg engagèrent Uznach aux mêmes conditions pour une somme de mille florins.

Au milieu de ces agitations et pendant que le concile de Bâle négociait, il se commettait des hostilités de propre mouvement de la part des vassaux du duc d'Autriche. Tantôt les jeunes gens de Feldkirch couraient attaquer à l'improviste la ligue grise, tantôt ils passaient le Rhin pour exercer des rapines à Sargans et à Wartau. On se doutait bien à Sargans que s'ils n'étaient favorisés par les habitants de Werdenberg, ces excursions n'auraient pu se faire avec autant de succès. On voulut s'en assurer et les en punir : par une sombre nuit d'hiver, huit cents hommes se présentent devant cette petite ville; le bruit des armes et des chevaux éveille les bourgeois qui accourent comme s'ils avaient à s'entendre avec une expédition partie de Feldkirch. Aussitôt la petite armée de Sargans fit un grand carnage de ces traîtres et pilla toute la contrée. Cette vengeance des nouveaux sujets de Zürich n'était qu'un acte de malveillance parmi beaucoup d'autres : nous citerons la déplorable histoire du baillif d'Oberholz au pays d'Uznach; il fut jeté dans les fers pour avoir prêté serment à Schwytz, tandis que, selon les Zürichois, son bailliage faisait partie de la seigneurie de Gruningen que lui avait cédée l'Autriche. Les représentations des confédérés n'y purent rien; enfermé dans la tour de Wellenberg, il fut condamné à une amende dix fois plus forte que ne le comportaient les lois de son pays. Ce qu'il y a d'étrange, c'est qu'au mépris des dispositions des traités, Zürich offrit de s'en rapporter au jugement de l'empereur, demanda que rejeta Schwytz, et de part et d'autre les vexations continuèrent. Enfin les confédérés voyant l'existence de leur ligue compromise, se réunirent à Berne où fut rédigée une note que l'on signifia d'une part à Schwytz et a Glarus, de l'autre à Zürich : on leur faisait connaître qu'on avait résolu d'employer la force contre ceux qui ne s'y soumettraient pas. Zurich y avait tort sur plusieurs points essentiels : on lui reprochait d'avoir fermé son marché à ses alliés; on soumettait l'affaire du baillif d'Oberholz à une délimitation ; on renvoyait la ville à traiter avec Henri de Sargans de ce qui concernait ses sujets, reçus contre son gré au droit de bourgeoisie; on laissait Uznach à Schwytz, etc., etc. A Zürich cette note fut lue, commentée et réfutée en assemblée générale, et l'on résolut d'en venir aux dernières extrémités plutôt que de subir ces conditions. Schwytz les accepta sans difficulté.

Deux jours avant l'expiration de la trêve, les Zürichois se mirent en mouvement; et le 3 mai, environ quatre mille hommes, sous le commandement du bourgmestre, vinrent à Pfeffikon avec la bannière de la ville. Schwytz, instruit de ce mouvement, avait occupé, dès la veille au soir, le mont Etzel qui sépare le lac de la sauvage vallée de la Sil. Ital Reding commandait ce corps, tandis que Wagner, à la tête d'une autre troupe, gardait la Marche qui pouvait être inquiétée par l'ennemi. On vit accourir les habitants du Gaster, et ceux de Tockenbourg ; Pierre et Guichard de Raron couvrirent la frontière inférieure; enfin les Glarnais, conduits par Tschudi, marchèrent pour renforcer Reding sur l'Etzel. Dans le pays de Sargans, les campagnes s'insurgeaient pour Zürich; et le château tenait pour Schwytz et Glarus, qui y avaient garnison. La guerre civile était imminente; de part et d'autre, on appelait à grands cris l'intervention des confédérés. Le bourgmestre Stussi envoya au landamman de Schwytz une lettre sans salut, sans lui donner la qualité d'allié; c'était plutôt une citation devant l'empereur, accompagnée de la menace de se faire justice à soi-même. Après quelques instants de délibération, les guerriers de Schwytz répondirent du haut de leur montagne : leur lettre n'avait rien d'irritant; tout en témoignant du respect pour le roi des Romains, on rappelait que, d'après les traités, les confédérés ne devaient avoir d'autres juges qu'eux-mêmes; on reprochait à Zürich d'avoir décliné cette juridiction. On lui offrait encore de désigner pour arbitres tels magistrats, telles villes qu'elle voudrait. Dans la nuit même, Zürich déclara la guerre, et Stussi, son chef, se dirigea vers la Marche. Reding fit avertir ceux qui la défendaient, et suivit avec ses troupes les sommités de l'Etzel. Alors arrivèrent des députés d'Uri et d'Unterwalden : « On verra bientôt flotter nos enseignes », disaient-ils ; mais ils supplièrent de ne rien précipiter, de ne pas verser le sang des confédérés sans épuiser tous les moyens de négociation. En même temps accourut un coureur de Lucerne, porteur d'une lettre conçue dans le même sens. Déjà Reding promettait d'obtempérer à leur prière, quand des coups de feu se firent entendre dans le lointain : c'était une reconnaissance faite par cent Zürichois; ils voulaient s'assurer si le corps de Reding n'avait point quitté sa position; sans s'en apercevoir, ils avaient traversé les avant-gardes, et, tombant sur le corps principal, ils l'avaient attaqué. Aussitôt ils furent cernés, et tentèrent de regagner leur corps, en abandonnant leur bannière, et laissant sur la place beaucoup de morts, de haches, de brassards et de cuirasses. La terreur qu'ils jetèrent dans leur troupe fut telle que la retraite eut lieu immédiatement. Reding vint se ranger devant l'ennemi à l'issue de la forêt;

il aurait pu profiter de cet avantage, mais les alliés obtinrent de lui qu'il reprît sa position sur l'Etzel. Aussitôt que le bourgmestre de Zürich eut connaissance de ce désastre, il abandonna la Marche, que d'ailleurs il avait trouvée bien defendue, et s'en revint à Pfeffikon.

Uri et Unterwalden envoyèrent leurs contingents, bien plus pour appuyer la médiation, que pour faire la guerre. Toute cette armée campait à Meïnradszell avec Schwytz. Les deux partis étaient peu disposés à un accommodement; mais la nature vint au secours des bonnes dispositions des confédérés : des torrents de pluie rendirent impossible toute opération militaire. Il arriva aussitôt vingt députés d'Uri, d'Unterwalden, trente de Berne, Lucerne, Zug et Soleure, et des députés d'Appenzell, Saint-Gall, Constance, Winterthür, Baden, Schaffhousen, Rhinfelden, Fribourg, Bâle, et même de Strasbourg ; car l'imminente dissolution de la fédération alarmait tous les esprits : on négociait, on suppliait, on stipulait toujours de nouveaux délais, ne fussent-ils que de douze heures. Enfin, voyant que les voies de conciliation demeuraient impuissantes, Adam Riff, l'un des députés de Strasbourg, prit un langage plus ferme, et, à force de menaces, parvint à une trêve d'un an, pendant laquelle Zürich s'engageait à laisser passer les provisions de grains et de vin dont avaient besoin Schwytz, Einsiedeln, Glarus et leurs alliés. Au bas de ce traité, on lit, à côté de la signature de Henri de Bubenberg, chevalier et l'un des plus célèbres conseillers de Berne, celle de Burkard de Muhlenheim, issu d'une des plus illustres maisons d'Alsace.

Mais si les troupes rentrèrent dans leurs foyers, les dispositions mutuelles n'en furent pas meilleures : Zürich trouva un prétexte pour refuser des provisions à ceux qui n'étaient pas les alliés de Schwytz au temps où se conclut la fédération. D'un autre côté Sargans, excitée par un esprit turbulent, et soutenue par Zürich, déniait toute obéissance à son seigneur : les plaintes devenaient de plus en plus amères. Enfin Zürich viola les droits de la confédération au point de porter plainte contre Schwytz et Glarus, et de les accuser, devant l'empereur Albert II, de méconnaître l'autorité et la prérogative impériale ; on terminait par une prière de les contraindre à subir sa juridiction. Albert fit ce que demandait Zürich ; mais on reçut la nouvelle de sa mort avant de lui avoir répondu, et l'affaire n'eut pas de suite.

Avant la mort de ce monarque, le comte de Montfort de Tettnang avait obtenu pour lui et ses cohéritiers l'investiture de tous les domaines de Frédéric de Tockenbourg. Le pays de ce nom échut à Petermann et Hildenbrand de Raron ; les comtes de Tettnang et de Sax Masox eurent la plus grande partie des justices du Prettigau, et Wolfhard de Brandis les seigneuries de Mayenberg et de Malaus. Une sage administration honora ces seigneurs, qui tous concédèrent à leurs vassaux de grandes libertés, et les firent participer à la nomination de leurs magistrats. Il en fut de même du pays de Davoz, échu à Cunégonde de Werdenberg ; il serait trop long d'énumérer tous ses priviléges. Les Rarons jurèrent bientôt une alliance avec Schwytz et Glarus, et l'on se promit de la renouveler tous les cinq ou tous les dix ans, bien qu'elle dût être éternelle.

Cependant la peste exerçait de grands ravages, soit qu'elle fût la conséquence de la disette, soit qu'un étranger l'eût apportée à Bâle, où le concile avait attiré une immense population. La chaleur de la saison accroissait l'intensité de la maladie : à Berne, il mourait environ vingt-quatre personnes par jour ; à Bâle, plus de cent. Le quart de la population de Zürich périt ; il y eut quatre mille victimes à Constance. En général, nulle maison n'était épargnée, et souvent, en rentrant chez soi, on rencontrait le prêtre qui venait d'administrer le saint viatique à des parents que quelques heures plus tôt on avait quittés bien portants. Les fossoyeurs ne suffisaient plus au travail ; les porteurs et les chariots manquaient au nombre des morts : on se hâtait de les jeter dans une fosse commune. La peste ravageait avec plus de fureur parmi les pères du concile ; elle les suivait quand ils fuyaient, et l'on regardait comme des héros ceux qui restaient à leur poste. De ce nombre fut le cardinal d'Arles, qui dit cette noble parole : « J'aime mieux, au péril de ma vie, sauver le concile, que de sauver ma vie au péril du concile. » Il vit donc avec douleur, mais sans en être ébranlé, périr et le jeune Pontanus et le vénérable duc de Tek, patriarche d'Aquilée. Quatre cents personnes se rendirent, avec croix et bannières, dans la forêt Noire ; d'autres allèrent, au nombre de cinq cents, implorer Notre-Dame des Ermites, et le concile, pour la fléchir, ordonna de célébrer l'immaculée conception.

Les alliés et les villes impériales ne négligeaient rien pour assurer la paix : il y avait réunion sur réunion, conférence sur conférence. Un jour qu'on était assemblé à Zug, les envoyés de Zürich déclarèrent qu'ils s'en rapporteraient au futur roi des Romains, ou que s'ils acceptaient la juridiction des confédérés, ce ne serait pas sans l'adjonction de quelques autres villes. Les confédérés en furent justement blessés ; ils communiquèrent cette prétention à Schwytz et à Glarus, qui ne voulurent accepter aucune modification aux bases de la confédération. Ils dirent qu'il fallait la conserver telle que la leur avaient transmise leurs pères, et qu'ils s'en remettaient à Dieu du succès de leur cause. Les confédérés néanmoins réussirent à établir une espèce de *statu quo* qui dura toute la saison ; et si les querelles se réchauffèrent, c'est que Zürich, en laissant arriver des provisions à Rapperschwyl, faisait jurer qu'il n'en serait rien vendu aux habitants de Schwytz et Glarus. On alla jusqu'à gêner la récolte des vignes du landamman de Glarus, jusqu'à empêcher de porter du poisson à l'abbaye d'Einsiedeln, jusqu'à refuser le salaire à de pauvres veuves qui avaient moissonné pour les Zürichois, et dont les enfants mouraient de faim. La mesure était comble : Schwytz et Glarus jurèrent de se venger, et dix hommes de chaque canton se réunirent à Lachen, dans la Marche, pour arrêter le plan de campagne. On résolut de faire une brusque attaque sur Sargans, pour empêcher Zürich de recevoir des secours de Rhétie, et pour appuyer le comte Henri ; d'ailleurs cette expédition inattendue exigeait peu de monde, et donnait le temps de préparer de plus grandes forces. Huit cents hommes furent envoyés à Wesen ; la bannière du pays fut portée sur l'Etzel ; les habitants du Tockenbourg, les Rarons, etc., parurent sur les frontières de Zürich, et Glarus, allié des Rhétiens, obtint leur neutralité, quoiqu'ils fussent aussi les alliés du pays de Sargans qu'on allait envahir.

Le 25 octobre, tout se mit en mouvement ; le comte de Sargans, Henri de Tettnang, Wolfhard de Brandis et Henri de Sax déclarèrent la guerre au peuple de Sargans, et malgré la neige, qui tombait abondamment, une partie des huit cents hommes postés à Wesen traversa le lac, tandis que l'autre en côtoyait la rive. Le Rouchybenberg, où s'arrêtèrent ces derniers, était occupé par trois mille hommes. La position du petit corps d'armée devenait très-critique ; car on ne pouvait faire un pas en avant ou en arrière sans risquer d'être pris à la fois en tête et en queue. L'intrépidité des soldats fit disparaître le danger : ils montèrent comme à l'assaut. Les guerriers de Sargans, se voyant abandonnés par leur chef, oublièrent qu'ils étaient dix fois plus nombreux ; ils s'enfuirent, à en perdre haleine, jusque dans les murs de Wahlenstadt, où ils furent vivement poursuivis. On leur fit dire que les murs ne protégeraient personne, et que tout serait mis à feu et à sang : aussitôt Walhenstadt fit implorer la clémence des vainqueurs.

Le comte Henri, qui arrivait de Vaduz avec sept cents hommes, opéra bientôt sa jonction avec Schwytz et Glarus; on alla occuper Sargans, d'où l'on appela tout le pays à l'obéissance. De toutes parts on se soumettait : le comte Henri rentra en possession de tous ses biens vendus ; on annula les serments de combourgeoisie prêtés à Zürich et les traités conclus avec Coire et la Rhétie, et l'on défendit d'en conclure jamais aucun sans l'autorisation du souverain. Ainsi le pays de Sargans fut soumis en moins de trois jours, et sans effusion de sang. Weibel, l'auteur de ces désordres, comparut à Wahlenstadt, non plus dans l'attitude superbe d'un ennemi : il se jeta aux genoux de son maître, et en obtint sa grâce. Dès le 1er novembre, Reding et Tschudi repartirent avec leur troupe sans avoir perdu un seul homme; ils emmenèrent une pièce prêtée aux insurgés par Zürich, et le jour même ils arrivèrent à Lachen, où étaient rassemblés les députés des confédérés et de beaucoup de villes et de seigneuries. Ils entrèrent bannière déployée à la tête de jeunes guerriers dispos et bien équipés. Ils y eurent connaissance d'une alarme à laquelle avait été en proie le couvent d'Einsiedeln. Le bruit s'était répandu que Zürich faisait une invasion ; tout aussitôt le tocsin avait armé tout le pays ; la bannière avait marché sur l'Etzel. Bientôt cependant l'on s'aperçut qu'au lieu d'ennemis, il n'arrivait qu'une caravane de pèlerins étrangers. Dans les cantons, au contraire, tout était prêt : les contingents de Weggis et de Gersau occupaient l'Etzel; il arrivait des guerriers d'Unterwalden et de la Sane.... Néanmoins les confédérés demandaient la tenue d'une assemblée.

Weggis et Gersau, dont nous venons de parler, attireront quelques instants notre attention. Weggis avait d'abord appartenu au couvent de Pfeffers; les seigneurs de Ramstein, puis ceux de Hertenstein le tenaient en fief de cette abbaye; Lucerne acquit les droits de ces derniers; enfin, en 1378, Weggis conclut un traité d'alliance avec les Waldstetten. En temps de guerre ses soldats marchaient toujours sous la bannière de Schwytz. Gersau, qui dispute à Saint-Marin l'honneur d'être la plus petite république du monde, après avoir appartenu à la maison de Habsbourg et à celle de Moos, s'allia aux Waldstetten vingt ans avant Weggis, et prit une part glorieuse à la bataille de Sempach. L'un et l'autre sont situés sur le flanc occidental du Rigi, au bord de ce lac des quatre cantons, si pittoresque, si varié par la multitude de ses golfes, par ses forêts, ses abruptes rochers. Près de Weggis, ses rives sont gracieuses : elles n'ont pas ce sauvage aspect qui rend le lac si redoutable vers sa pointe méridionale. Un chemin escarpé conduit de Weggis au sommet du Rigi. Des rochers, disposés de la manière la plus bizarre, forment tantôt de vastes enceintes, tantôt d'incommensurables parois chargées d'inaccessibles terrasses, tantôt enfin d'étroits passages sous lesquels le voyageur passe comme sous un majestueux portail. En 1795, au mois de juillet, un torrent de fange descendit du Rigi, et emporta plusieurs maisons; des bruits souterrains s'étaient fait entendre, des crevasses s'étaient entr'ouvertes: le courant avait plusieurs toises de hauteur, et, pendant quinze jours, il charria sur une largeur d'un quart de lieue ses flots bourbeux jusqu'au lac. Dans ces lieux la nature est terrible, non moins que majestueuse. De l'autre côté du Rigi, le voyageur frémit encore à la vue des énormes rochers qui ont plus récemment englouti Goldau. Une longue déchirure laisse à nu le roc vif sur toute la hauteur de Rossberg; au pied de cette montagne un clocher s'élève au-dessus des débris : les maisons sont demeurées couvertes sans qu'on ait pu en retirer les habitants. Une jeune fille a survécu, sauvée miraculeusement, après plusieurs jours de détresse. Retirée des décombres, elle a raconté comment le son des cloches parvenait à son oreille, comment elle se nourrissait de quelques fromages, attendant avec effroi la mort, pour l'instant où elle aurait consommé le dernier. On se souvient encore qu'une noce célébrée au bord du lac de Zug, périt presque entière : dans ce terrible moment, elle quittait Arth pour revenir à Goldau; le fiancé et le beau-père survécurent seuls au désastre, parce qu'ils s'étaient arrêtés quelques instants de plus à l'auberge pour payer la dépense. Du haut de Rigi, ces affreux monuments de destruction, qui couvrent le sol depuis le lac de Zug à celui de Lowertz, sont encore un sujet d'effroi et de douleur; et quand la vue s'égare au loin sur dix-sept lacs, quand elle se repose sur la majestueuse chaîne de glaciers que le soleil dore à son lever, ces scènes grandioses, ces solennités de la nature ont une mélancolie à laquelle se marie l'amertume de ce funeste souvenir. Mais l'on se trouve plus à l'aise quand on interroge l'histoire, quand on demande des faits à cet héroïque canton de Schwytz ou que l'on s'approche du vieux monastère d'Einsiedeln, où le christianisme entier semble représenté par ses pèlerins, où toutes les nations, toutes les langues se confondent. Non loin du Mythen à la cime recourbée du Hacken, à la pointe crochue, et dans le fond des forêts, un magnifique édifice remplace la vieille demeure des premiers religieux. La cour circulaire renferme la fontaine à laquelle la tradition veut que Jésus se soit désaltéré, et les pèlerins boivent à ses quatorze tuyaux; de même qu'ils entrent leurs doigts dans les trous d'une plaque sur laquelle il imprima les siens lors de la dédicace. La cour est entourée de boutiques où l'on vend des chapelets et des images de la Vierge.

L'Etzel, où se postait ordinairement le contingent de Schwytz, est situé de la manière la plus favorable pour observer le pays : on y découvre tout le lac de Zürich avec ses riches coteaux, ses belles habitations, et l'œil pénètre le long de l'Albis dans la vallée de la Limmath jusqu'à Baden. En face est la chaîne de montagnes qui sépare le canton de Zürich du Tockenbourg, à l'est les pics glacés de l'Appenzell, au sud-est le Schennis et le Rothenberg, la Linth et l'extrémité du lac de Wahlenstatt, enfin le Waeggithal et la vallée de la Sil. Aucun genre de spectacle ne manque à l'admiration : ni la profondeur des forêts, ni les formes acérées du roc, ni le miroir limpide des ondes, ni les neiges éternelles des glaciers.

Les ambassadeurs des confédérés réunirent la communauté de Schwytz près du calvaire de Lachen. Il y en avait trois du concile et du vieux duc de Savoie qu'une partie de la chrétienté vénérait comme pape sous le nom de Félix V; il y avait aussi beaucoup de députés des villes et des seigneuries; mais la patience de Schwytz et de Glarus était enfin lassée : ces cantons exigèrent trente mille florins d'indemnité, et stipulèrent les plus dures conditions. Adam Riff, ammeister de Strasbourg, reconnut franchement qu'il ne fallait plus rien espérer. Les déclarations de guerre partirent immédiatement, et mille hommes d'Uri et d'Unterwalden étant venus s'établir au pied de l'Etzel, comme pour forcer Schwytz à accepter une médiation, n'empêchèrent pas qu'on ne marchât sur la frontière. On brûla le pont de Schindellegi de peur de surprise, et l'on campa sur les terres de Zürich, où l'on soupa du produit du pillage. L'armée n'était que de deux à trois mille hommes. Au coucher du soleil, Stussi conduisit six à sept mille hommes à la rencontre de l'ennemi. Les avant-postes s'approchèrent de très-près, et s'appelèrent au combat; mais Reding ne jugea pas convenable de l'engager à l'entrée de la nuit, en pays ennemi, et contre des forces doubles des siennes. Le bourgmestre fit occuper une hauteur près de Wollrau, derrière Schindellegi; il y plaça cinq cents hommes du pays, tous connaissant bien les sentiers; Uri et Unterwalden allèrent se poster près du pont de la Sil, pour délibérer sur le parti qu'il fallait prendre. Zürich avait beaucoup de partisans parmi eux à raison des droits de l'abbesse : les suffrages se déclaraient en majorité pour cette ville. Tout à coup Werner de Frauen, banneret d'Uri, interrompt l'assemblée : *Dieu nous garde,* s'écria-t-il, *de voir le banneret d'Uri porter la bannière contre ceux qui ont toujours accepté les décisions de la confédération, pour ceux qui les ont toujours rejetées!* Toute la troupe s'écria : *Le banneret a raison.* Aussitôt un messager partit pour annoncer à Schwytz l'accession d'Uri et d'Unterwalden, et un autre courut à Pfeffikon déclarer la guerre au bourgmestre. Celui-ci en fut épouvanté : d'abord il ne croyait pas que ces cantons prissent jamais une part active à la guerre; en second lieu, il prévoyait l'influence de cet exemple et de ces paroles sur toute la fédération. Dans la nuit même il leur adressa de touchantes remontrances, dont l'effet fut tel que le matin avant de marcher, Uri et Unterwalden supplièrent d'en venir à des arrangements, et de ne point combattre des alliés. Schwytz répondit qu'il y avait nécessité, et dès lors on se mit en mouvement. Mais la surprise fut grande : le jour commençait à peine à poindre, on vint annoncer qu'il n'y avait plus d'armée de Zürich; on fit explorer le pays avec précaution, et les éclaireurs reconnurent que sur le lac il y avait cinquante-deux bateaux se dirigeant vers la rive opposée. Ce pouvait être une ruse : peut-être l'ennemi voulait-il choisir pour le combat un lieu plus favorable. Tschudi et Reding firent avancer leur armée avec lenteur et en bon ordre. Cependant les paysans accouraient en pleurant pour supplier qu'on épargnât leurs demeures; ils dirent que vers minuit il s'était fait un grand bruit dans le camp, que le bourgmestre avait été accablé de reproches, et que toutes les troupes s'étaient dispersées ou embarquées à Pfeffikon sans aucun ordre; qu'aussitôt les habitants s'étaient enfuis dans le fort. Reding le fit sommer par son fils : le pont était chargé de paysans, de femmes, d'enfants; chacun cherchait à sauver ce qu'il avait de plus précieux. L'abbé d'Einsiedeln implora la clémence du vainqueur pour cette foule suppliante : il était leur seigneur; mais, dans cette circonstance, ils avaient obéi à un traité de combourgeoisie avec Zürich. Ils y renoncèrent à jamais, et Schwytz fit occuper le château, puis la langue de terre qui s'avance dans le lac vis-à-vis de Rapperschwyl; ensuite l'on marcha sur le bourg de Richterschwyl, dont les riches coteaux s'élèvent de degré en degré au-dessus des belles ondes du lac jusqu'aux forêts de l'Etzel. Les hommes de Wollrau, que le bourgmestre avait mis en embuscade, vinrent faire leur soumission. Il y eut beaucoup de pillage; Pfeffikon ne fut pas épargné par Uri et Unterwalden, et le poste de l'isthme de Hurde, vis-à-vis de Rapperschwyl, poursuivit sur le lac les bateaux qui conduisaient à Zürich les provisions ou les effets qu'on voulait sauver; car, dans ce temps-là, il n'y avait point d'administration qui pourvût aux besoins des soldats : chacun emportait de quoi se nourrir un certain temps, s'en remettant à son bras et au hasard du soin de pourvoir à l'avenir.

Les Zürichois, après leur fuite, avaient abordé à Urikon, et, après s'être mutuellement reproché cet acte de faiblesse, ils avaient repris leurs bateaux pour retourner à Zürich, au grand étonnement des guerriers ennemis, qui, du rivage, voyaient leurs mouvements et s'écriaient : *Dieu leur a ôté tout courage!* Lucerne envoya douze cents hommes à Schwytz, et Zug, qui avait aussi déclaré la guerre, fit occuper les contrées qui s'étendent de l'Albis à la Reuss; il y vint encore un petit corps de Schwytz et de Glarus. Les rives du lac étaient gardées, et, d'un autre côté, deux mille Bernois marchèrent à Adlischwyl, tout près de Zürich, où il y a un pont sur la Sil; Soleure suivit. La noblesse de l'Argovie les imita, passa l'Aar, et se posta à Mellingen. De toutes parts Zürich était menacée; ses campagnes étaient ravagées, et chacun envoyait dans sa patrie les dépouilles des églises. Les horreurs de la guerre n'épargnaient rien dans ce malheureux pays : l'ennemi incendiait Horgen marchait sur

Gruningen, et de son côté Raron envahissait le territoire. Le désordre était à son comble; en ville il y avait encombrement de fuyards; on pillait les provisions; on exigeait pour prix du transport la moitié des objets; enfin, on dépeignait sous les couleurs les plus formidables les soldats de Schwytz, auxquels on attribuait une taille de géant et une inaltérable soif de sang. Toutes les expéditions de Zürich furent infructueuses; ses alliés n'étaient pas plus heureux. Pendant qu'Ulric de Lommis gardait la frontière à Elgg avec huit cents hommes, Bérenger de Landenberg, surnommé le Mauvais, qui avait été bourgeois de Zürich, se ligua avec les seigneurs de Raron, et prit le château de Lommis, qui fut pillé, brûlé et rasé. De là il marcha sur Elgg, dont la garnison avait été retirée par Zürich : le fort et la petite ville de ce nom capitulèrent. Ses soldats se répandirent ensuite dans toute la contrée, menaçant la ville de plusieurs points à la fois, et commettant des excès de tout genre. Les plus fidèles se soumettaient en rachetant à prix d'argent la destruction de leurs châteaux : ainsi Gaudenz de Hofstetten, ainsi Henri de Hettlingen, tous deux citoyens de Zürich. Landenberg et Raron attaquèrent Gruningen, tandis que Ruti et Bubikon, qui avaient été gardés par des troupes de Zürich, étaient désormais abandonnés et avertis de se défendre, sous peine de se voir enlever plus tard par Zürich ce que l'ennemi leur aurait laissé; et, en effet, on en agit ainsi envers Kybourg. Mais Gruningen n'en tint compte, et regardant cet abandon comme une renonciation, elle envoya, au delà du lac, prévenir le commandant, qui tenait pour Schwytz et Glarus la presqu'île de Hurden. Aussitôt, le fils de Reding vint à la tête de onze cents hommes, et reçut les serments de tous : seulement il fallut sommer le château. Le bourgmestre avait échoué dans une expédition sur ce point : il s'en était honteusement retourné avec ses cinq cents hommes, laissant à l'ennemi le champ libre et la faculté de brûler le beau château de Liebensberg : Gruningen se rendit.

Les villes impériales intervinrent; il y eut de nouvelles conférences non loin de Zurich, qui se repentait de son obstination, et proposait de prendre pour arbitre le Truchses de Walbourg, gouverneur de l'Empire en Souabe; elle acceptait aussi le jugement des confédérés. Schwytz et Glarus exigèrent qu'on leur laissât leurs conquêtes pour indemnité. On conclut d'abord une trêve, et l'heureuse annonce en parvint à Zürich en même temps que la nouvelle affligeante de la reddition de Gruningen. Les négociateurs eurent beaucoup de peine à modérer les prétentions de Schwytz et Glarus, qui objectaient le serment prêté aux habitants de quelques pays, à Gruningen, par exemple, de ne point souffrir que jamais ils rentrassent sous la domination de Zürich. Les confédérés, convaincus que rien n'est plus funeste à une fédération que la conquête au profit des uns et au préjudice des autres, parvinrent enfin à faire accepter les conditions suivantes : Schwytz et Glarus garderaient ce que Zürich avait au-dessus du lac de Wahlenstadt, c'est-à-dire, Sargans; Schwytz conserverait aussi Pfeffikon, Hurden, Wollrau. La liberté du commerce fut expressément stipulée. Du reste, remise serait faite de tous les pays conquis aux Bernois, qui les restitueraient à Zürich, intermédiaire jugé nécessaire pour relever Schwytz du serment de ne pas les abandonner. Il fut stipulé aussi que Zürich ne se permettrait aucune réaction. A ce sujet, on engagerait Raron à rendre ses conquêtes, sinon Zürich pourrait le citer au tribunal des confédérés. Ces conditions et d'autres moins importantes furent lues en plein air à l'armée de Schwytz et Glarus, à Kilchberg, où était la bannière, et le soir même les députés allèrent en donner connaissance à la bourgeoisie de Zürich. On fixa jour pour les rédiger à Lucerne, et, dès le lendemain matin, les troupes se retirèrent. Ainsi finit la première guerre des confédérés contre Zürich; mais la paix ne fut pas de longue durée.

Avant de rapporter comment Zürich s'unit à la maison d'Autriche, nous ferons mention de quelques faits contemporains, et d'abord d'une nouvelle expédition contre Bellinzona. Philippe Visconti régnait toujours; mais aux grands capitaines qui lui avaient conquis des provinces, il préférait des jeunes gens sans expérience. Carmagnuola et Sforce l'avaient successivement abandonné. Dans le temps où la bannière d'Uri revenait, pour la première fois, de l'Etzel, on refusait de rendre justice à quelques habitants d'Ursern et l'on méconnaissait les traités à leur égard. Uri et l'abbé de Dissentis participèrent à la vengeance : avec une incroyable rapidité ils prirent le val Lévantine et Bellinzona. C'en était fait du duc et de sa puissance, si Uri et la Rhetie se fussent liguées avec Venise. Ses armes n'étaient pas heureuses en ce moment, et le seul général qui lui restât, Piccinino, venait d'éprouver de nombreux échecs. Visconti eut donc recours à la médiation. On vit arriver, au nom des villes, Stussi, le bourgmestre de Zürich; au nom des campagnes, Ustéri d'Unterwalden; puis le noble Gaspard de Curten accourut de Brigg pour représenter le Valais. On convint d'une trêve de six mois, qui expira lors de la seconde expédition contre Zürich, à laquelle on ne voit pas de contingent d'Ursern, parce qu'il gardait sans doute la frontière d'Italie. Dans le traité qui fut conclu ensuite à Lucerne, on stipula une indemnité en argent et une franchise de péage, et pour garantie on abandonna pour quinze ans tout le val Lévantine, à la seule condition de bien administrer. Tous les confédérés, y compris Soleure et l'abbaye de Dissentis, purent commercer librement jusqu'aux portes de Milan. Le passage du Saint-Gothard avait alors d'autant plus d'importance, que dans toutes les disettes Zürich fermait son marché à Uri, Schwytz et Unterwalden, ainsi qu'à Glarus. Il était d'un grand avantage pour la fédération de posséder la belle vallée du Tésin, dont les roches profondes reçoivent dans cette rivière écumeuse les cascades de tous les sommets voisins. Les affluents de la Rhétie viennent ensuite grossir ces eaux, qui, d'un cours plus paisible, s'écoulent à travers de belles prairies, quittent Bellinzona, baignent la base du monte Cenere, et courent se perdre dans le lac Majeur, auprès de Locarno. Nulle part la nature n'apporte plus de variété dans ses tableaux. Le val Tremola, au haut du Saint-Gothard, présente dans son aridité d'étonnants effets de nuages : reposant sur les flancs de la montagne et dans les cavités du chemin, ils s'élèvent tout à coup en trombe serrée vers le firmament; on les croirait lancés par une force inconnue, tant il y a, dans ce mouvement d'ascension, de rapidité et de soudaineté. Çà et là on voit, sur le gazon d'un gris cendré et parmi les rochers, des chevaux errants qui, sur les limites de la végétation, disputent au désert ses derniers pâturages. Plus bas on retrouve la région des forêts; puis Airolo et le Stretto di Salvédro, porte de rocher d'où le Tésin s'écoule avec furie; enfin, la bruyante et riche gerbe aquatique qui, du haut des monts les plus escarpés, s'élance dans le fleuve, et que l'on appelle Calcaggia. Cette colonne a ce caractère particulier, qu'elle rebondit en spirale comme l'onde lancée par les narines d'un dauphin, parce que ses eaux sont d'abord arrêtées par un rocher qu'elle franchit avec fracas. Une poussière aquatique s'agite autour de la gerbe principale, et, recevant les rayons du soleil, embellit cette cascade humide de tout l'éclat des couleurs de l'arc-en-ciel. C'est comme une gaze flottante, ou comme l'ombre fugitive qui suit le mouvement des corps. Plus loin, à Faido, il existe une autre cascade d'une grande beauté : c'est aussi un torrent qui se précipite dans le Tésin; mais la Piumona se divise à ses divers étages en trois, quatre ou cinq nappes : elle les réunit, les sépare encore, les croise et les replie sur elles-mêmes en forme de tresses. Si la douce clarté de la lune vient à l'éclairer, on dirait une cascade de feu : tout est bruit, mouvement, écume. La végétation qui l'entoure est sombre et majestueuse : les arbres se succèdent en galeries serrées, et leurs cimes s'élèvent à l'envi les unes des autres d'étage en étage. Au sommet sont trois grandes roches décharnées, au milieu d'une verte pelouse : ce sont comme trois siéges gigantesques destinés à recevoir les génies de ces lieux sauvages.

Non loin de Giornico il est une cascade qui n'a rien de commun avec la Calcaggia, rien avec la Piumona : celle-ci s'attache aux flancs de la montagne; c'est un magnifique serpent d'argent qui s'agite et paraît se débattre en longs anneaux sur toute la longueur de la côte, comme pour dégager sa queue retenue au sommet par quelque obstacle invisible. A l'opposite, un torrent se replie en zigzag, pareil à ces routes qui sillonnent de leurs rampes les descentes trop rapides. Enfin, parmi les nombreuses chutes d'eau qui décorent cette belle vallée, nous remarquons encore celle qui est voisine du pont de la Bugera ; du haut d'un sommet dont l'œil atteint à peine l'élévation, tombe et retombe quatre fois une cascade brillante des feux du soleil : on dirait qu'elle va s'élancer de toute son impétuosité contre une chapelle adossée au rocher; mais tout à coup elle s'arrête, se détourne, et, reprenant un nouvel élan, elle rejaillit trois fois encore. Sa dernière chute part de si haut, que la vallée ne reçoit de ce ruisseau qu'une poussière humide chassée par le vent. Le Tésin est souvent impétueux, jamais malfaisant; il ne se répand point en marais infects; il laisse aux habitants le sol nécessaire à l'agriculture et féconde leurs prairies. D'agréables demeures bordent le rivage et la route, et se présentent éparses sous de magnifiques châtaigniers. La vigne serpente le long des murailles, s'arrondit en berceaux, ou se recourbe en guirlandes sur le gazon. Ce pays, aussi riche que pittoresque, était d'une grande importance pour la Suisse. Cette fois la possession lui en fut assurée pour quinze ans, et se perpétua pour l'avenir.

La marche des événements nous amène à décrire aussi la chute du Rhin; car ce fut vers cette même époque que les châteaux de Laufen et de Wœrth furent pris et repris. Ils appartenaient aux nobles de Fulach, race antique, qui précéda de longtemps l'établissement de Schaffhousen. Laufen est au sommet de la montagne qui domine le Rhin. Aujourd'hui l'on descend par ses jardins sur une estrade en bois, que les battements éternels du fleuve ébranlent sans cesse, et que la rapidité de ses ondes semblent faire rétrograder avec une étonnante célérité. Il serait difficile de donner une idée de cette chute majestueuse, dont le mugissement retentit au loin dans tout le pays, dont l'écume toujours renouvelée se brise et lutte sans relâche contre les piliers de roc qui l'emprisonnent et la forcent à se partager. Cette cataracte est la plus grande qu'il y ait en Europe; la hauteur de la chute est de soixante à soixante-quinze pieds. Sur la rive droite est la tour de Wœrth, où cette merveille se présente sous un autre aspect; on y a pratiqué une chambre obscure, et quelques voyageurs poussent l'originalité jusqu'à préférer ce spectacle au spectacle majestueux que leur donne la nature.

Conrad de Fulach avait été bourgmestre à Schaffhousen; ses deux petits-fils possédaient les châteaux de Laufen et de Wœrth, quand tout à coup il s'éleva sur la provenance du fief une contestation dont le fond ne nous est pas connu. Au nom des ducs d'Autriche la noblesse surprit le château, qui, dépourvu de provisions, ne put tenir. Cependant il était impossible de le cerner; d'un autre côté, le bruit de la cataracte est si fort, qu'aucun mouvement ne devait être entendu de l'ennemi. La garnison en descendit homme à homme au moyen d'une corde; un seul y demeura, et, quand le jour fut venu, il entama des négociations, et obtint des conditions avantageuses. L'ennemi fut très-surpris de le voir sortir seul du château; mais on respecta la parole donnée. Les nobles établirent un commandant pour l'Autriche. Cependant les Fulach avaient beaucoup de partisans à Schaffhousen; ils formèrent une troupe de guerriers déterminés, et, connaissant bien les abords de Laufen, ils le surprirent la nuit et égorgèrent le gouverneur. Cet événement changea les dispositions de Schaffhousen, qui, d'abord favorable à l'Autriche et à la noblesse, le devint beaucoup plus aux confédérés.

L'avénement de Frédéric III au trône impérial devait influer beaucoup sur les affaires des cantons. C'était le petit-fils de Léopold, tué à Sempach; il n'avait pas encore vingt-cinq ans quand il fut élu. Son caractère était calme, ferme, prévoyant et surtout patient. Comme s'il eût prévu que sa destinée serait de survivre à tous ses ennemis, il attendait tout du temps. Son principe était de laisser les partis en proie à leurs propres fureurs, de profiter des occasions, et de risquer le moins possible. Sur-le-champ il conçut le projet de rentrer en possession des domaines que lui avait enlevés la fédération suisse : la noblesse de l'Argovie l'y encourageait, les villes n'y répugnaient pas, et leurs magistrats en conféraient tantôt à Sursée, tantôt à Rheinfelden. A Zürich, une paix humiliante n'avait produit que des germes de haine et de discorde. Le bourgmestre vit donc avec un grand plaisir ces dispositions de l'Argovie. C'eût été une noble occasion de se mettre à la tête de la fédération, et de prouver que son union était indissoluble; de la sorte, Zürich se fût attiré l'admiration et la reconnaissance de la postérité : elle préféra la vengeance, et subit la condition de la faiblesse humaine, dont une haute sagesse et des sentiments magnanimes peuvent seuls préserver. Rien n'est d'un caractère plus bas que le premier message adressé par cette cité au gouverneur de l'Autriche antérieure, Guillaume de Baden Hochberg. Zürich y disait qu'il fallait bien se garder de considérer comme de l'inimitié les différends qui l'avaient séparée de l'Autriche, que ce n'étaient que de simples malentendus, bien éloignés du caractère de haine qui animait d'autres pays voisins. « A Morgarten, disait-on, nous avons combattu fidèlement contre les Suisses, comme nous l'avions fait autrefois contre Ottocaire. Des dissensions civiles nous ont rendus les ennemis d'Albert, nous ont faits les alliés des Suisses; mais nos mains sont pures du sang versé à Sempach et de la mort de Léopold. » La suite du discours ne décèle pas moins de bassesse, et l'on conçoit que le margrave n'ait pu y croire. Il renvoya les ambassadeurs à l'arrivée de l'empereur, et promit de l'instruire de leurs dispositions.

Henri Schwend, bourgmestre, et Michel Graf, greffier de Zürich, trouvèrent Frédéric à Saltzbourg; la conférence fut indiquée à Inspruck. Là ils ne se bornèrent plus aux protestations dont tous les renégats politiques accompagnent leur défection, ils promirent de restituer Kybourg : c'était à peu près la moitié de leur territoire. L'empereur ne s'engagea point; il désira qu'ils voulussent bien suivre sa cour jusqu'à ce qu'il eût, soit avant, soit après son couronnement, pris un parti définitif sur toutes les aliénations faites, au préjudice de sa maison, par Sigismond. Ils allèrent donc avec lui, par Nuremberg, Francfort, Mayence, jusqu'à Aix-la-Chapelle. A Francfort on conclut le traité qui avait été négocié pendant la route avec beaucoup de seigneurs, entre autres l'évêque d'Augsbourg, celui de Chiemsée, le margrave, le gouverneur de Souabe. C'était, outre les chartes ordinaires de franchise et d'immunité, une convention qui constituait un système politique tout nouveau, et une alliance qui était comme le premier acte de ce système. Zürich y cédait Kybourg; la Glatt, depuis le lac de Greiffensée jusqu'au Rhin, serait désormais la frontière, à l'exception du péage de Kloten et de la seigneurie d'Audelfingen, qui, provisoirement, restaient engagés aux Zürichois. Le commandement du fort de Kybourg serait toujours confié à un noble du pays, mais sur la présentation de Zürich, et Henri Schwend, négociateur de ce traité, en serait investi le premier. En cas de nouvelle aliénation de la seigneurie, la ville aurait toujours la préférence à prix égal. L'Autriche se réservait encore le rachat d'autres engagements, mais toujours à la condition que les gouverneurs seraient nommés avec la participation de la ville. Par un article secret, les ambassadeurs promirent la réintégration du comté de Baden dans les domaines de l'Autriche : on convint aussi de racheter le pays de Gaster, qui était au pouvoir de Schwytz; Uznach et le Tockenbourg auraient le même sort; enfin, on organisait une fédération : à sa tête serait Zürich, sous la protection de l'Autriche; on y ferait entrer le margrave, Bregenz, Constance, Frauenfeld, Saint-Gall, Appenzell, Schaffhousen, le comte de Montfort, l'évêque de Coire, les Grisons de la ligue supérieure; enfin, Rheineck, les villes autrichiennes, les villes forestières, et au delà du Rhin Pludenz, Feldkirch et la forêt Noire.

Cependant les envoyés des confédérés étaient en route pour venir, selon l'usage établi, demander au nouveau souverain la confirmation de leurs libertés : ceux de Bâle et de Berne arrivèrent peu de jours après la conclusion de ce traité. On ne le connaissait pas; mais la grande faveur dont jouissait Zürich parut suspecte aux cantons. On en conféra, et il fut convenu que, pour éprouver cette cité, on renouvellerait l'antique alliance; car on était persuadé que la solennité de ces serments excluait toute dissimulation, et que Zürich refuserait de les prêter, ou se laisserait entraîner dans de meilleures voies; mais cette cérémonie ne souffrit aucune difficulté : rien dans la lettre du nouveau pacte ne blessait les anciennes relations. Les confédérés se tinrent pour satisfaits.

Mais leurs députés n'eurent pas lieu de l'être. Quatre-vingts villes impériales demandaient la confirmation de leurs privilèges; outre leurs envoyés, il y avait à Francfort tous les possesseurs de grands fiefs qui venaient les recevoir de l'empereur, à la tête de leurs vassaux, avec tout le faste et le luxe des cours les plus riches. Les Suisses attendaient toujours qu'on voulût bien leur donner audience, et c'était avec inquiétude; car le jour même de son couronnement Frédéric avait manifesté l'intention de rentrer dans les possessions dont sa maison avait été privée par Sigismond. Quand ils comparurent, il leur fut dit que l'on confirmerait leurs immunités, dès qu'ils auraient reconnu les droits de l'Autriche, notamment sur l'Argovie. Ils répondirent qu'ils étaient sans pouvoir pour le faire. L'empereur remit cette affaire au temps où il viendrait dans ses possessions antérieures et à Zürich, ajouta-t-il : paroles d'autant plus significatives pour les Suisses, que la froideur du bourgmestre Schwend et du greffier les avait depuis longtemps blessés. La rumeur publique leur fit deviner que Zürich avait déjà fait bon marché de ses droits sur l'Argovie. A leur retour il y eut une assemblée à Lucerne : on somma Zürich d'y comparaître et de s'expliquer sur son alliance avec l'Autriche. Tout à coup survinrent, au nom de l'empereur, Guillaume de Grunenberg et Thuring de Hallwyl. *Si vous tenez l'Argovie de l'Empire*, dirent-ils, *rendez-la à son chef; si c'est une conquête, elle a été faite pendant la trêve de cinquante ans et doit être restituée.* Les députés dirent que pour répondre il leur fallait de leurs cantons des instructions spéciales; que d'ailleurs Zürich, dont la présence était si nécessaire, n'était pas représentée. On s'y rendit; on voulut connaître les articles du nouveau traité. Les envoyés exigèrent que des députés de Zürich vinssent avec eux dans l'Argovie pour exhorter les villes à la fidélité. Zürich ne pouvait s'y refuser sans paraître en contradiction avec la conduite qu'elle avait toujours tenue; elle fit donc cette démarche, qui la mit en fausse position envers l'Autriche. Plusieurs villes montrèrent des dispositions favorables; mais à Zofingen l'avoyer Martin dit : *Nous nous félicitons de ce que la volonté de Dieu nous a réunis aux confédérés; nous sacrifierons pour eux nos biens et notre vie, et serons inébranlables dans notre fidélité pour Berne, notre souveraine.* Bubenberg et Erlach en furent vivement émus. Cela n'empêcha point qu'on ne reçût dignement les seigneurs qui se portaient au-devant de Frédéric, car en ce moment il s'approchait. Dès que les Zürichois l'eurent invité à paraître dans leur ville, il se mit en chemin, et y fut reçu avec un grand enthousiasme; on cria *vive l'Autriche!* on affectait surtout de répéter ce cri quand on apercevait des confédérés; on se parait aussi de plumes de paon, signe distinctif de cette maison. A son entrée, l'empereur était suivi d'un cortége de princes et de comtes; il y avait mille chevaux. La commune fut rassemblée dans la grande église et prêta le serment de fidélité à l'Empire; on lut ensuite le traité d'alliance : tous le jurèrent, et le serment fut prêté, au nom de Frédéric, par le margrave, par Grunenberg et par Hallwyl. Le lendemain, plus de trente navires étaient préparés; on navigua vers Rapperschwyl, où les anciens sentiments de fidélité pour l'Autriche se ranimèrent, où Frédéric fut reçu avec enthousiasme. Le soir même il revint à Zürich, alla à Winterthür, à Kybourg, et ordonna à la plus grande partie de sa cour de l'attendre à Constance. Frédéric visita le château de Baden, dont les ruines l'intéressèrent; puis il alla prier à l'autel de Kœnigsfelden, sur le lieu même où avait péri Albert. Il implora le ciel pour l'âme de son grand-père tué à Sempach : entouré des tombes de sa famille, il s'inclina sur celle de sainte Agnès et de sa respectable mère. Cette nuit même il alla coucher à Brugk, et le lendemain il aperçut, sur le Wulpelsberg, le château de ses pères, celui de Habsbourg. Chaque pas lui rappelait un souvenir ou glorieux ou mélancolique, et les plus douces comme les plus pénibles impressions l'agitaient tour à tour. Mais reprenant le cours de son voyage, il visita Soleure, Berne, Fribourg, Lausanne, Genève, revint à Besançon, où Philippe le Bon l'accueillit au sein de la cour la plus brillante de l'époque. De là il vint à Bâle par Montbéliard; il entra enfin dans Constance, où l'attendaient beaucoup de grands et d'ambassadeurs. Les députés des cantons s'étaient souvent présentés; Frédéric leur avait aussi donné rendez-vous dans cette ville. Ils avaient d'autant moins de confiance, que la veille de son arrivée les habitants du pays de Sargans, alliés de Schwytz, avaient été mis au ban de l'Empire, sur la plainte de Zürich. Ce fut Rodolphe d'Erlach qui porta la parole au nom des six cantons; il le fit avec assurance, *certain*, disait-il, *d'obtenir ce que ne leur avait encore refusé aucun chef de l'Empire, et ce qu'ils méritaient et mériteraient encore par leur fidélité à remplir leurs devoirs.* L'évêque de Brixen, investi de la confiance de l'empereur, dit *que la concession ne leur serait pas refusée; mais que l'empereur ayant aussi des droits à conserver, il fallait préalablement remettre les choses en l'état où elles étaient avant la trêve de cinquante ans.* Erlach répondit : *L'empereur Albert, votre prédécesseur immédiat, et comme vous de la maison d'Autriche, n'a point fait cette difficulté, et cependant de son temps, comme aujourd'hui, nous possédions l'Argovie.* Des deux côtés on persista, et l'évêque annonça que Frédéric consulterait les électeurs, ou s'en rapporterait au palatin du Rhin, ou prendrait sur-le-champ l'avis des princes et des seigneurs présents. L'un des ambassadeurs s'écria : *Que l'empereur refuse s'il le veut de confirmer nos droits, cela ne nous empêchera point de juger nos malfaiteurs : nous attendons quiconque oserait nous attaquer.*

Assez mécontent de tout ceci et de Constance même, l'empereur s'embarqua sur le lac, vint à Arbon, et de là à Saint-Gall, où il passa trois jours au milieu des réjouissances. Cette ville prêta le serment des villes impériales; mais elle refusa toute accessi n à la ligue de Zürich, dont elle prévoyait bien les conséquences. On ne négligea rien pour y faire entrer Appenzell : on lui représenta qu'il ne fallait rien refuser au chef de l'Empire; que de lui dépendait encore la confirmation de sa liberté; que Schwytz ne lui avait accordé qu'une alliance inégale, d'après laquelle les services d'Appenzell seraient gratuits, tandis que ceux de Schwytz seraient payés. Le canton répondit que les serments prêtés étaient au-dessus de toute considération, et que dans Appenzell l'honneur et la bonne foi l'emporteraient toujours sur ce qui n'était qu'utile ou avantageux.

Après le départ de Frédéric, qui recommanda spécialement le salut de Zürich au gouverneur des provinces antérieures et à la noblesse, elle obtint, ainsi que Rapperschwyl, la promesse d'une garnison autrichienne. Cette trahison indigna les confédérés, et vers le nouvel an, 1443, ils eurent de fréquentes conférences. A toutes les remontrances, Zürich répondait que la partialité des confédérés l'avait seule obligée à rechercher une autre alliance, et qu'il était trop tard pour l'en détourner; qu'enfin il n'était rien de plus naturel que de voir une ville impériale en relation avec le chef de l'Empire, sans aucun préjudice des traités antérieurs. Thuring de Hallwyl arriva bientôt avec sa garnison, reçut les serments de la commune, et fit substituer à la croix blanche, signe distinctif des confédérés dans toutes leurs guerres, la croix rouge d'Autriche. Les aigles, les plumes de paon furent portées par les habitants à l'envi l'un de l'autre. Un Alsacien, Louis Meyer, d'Huningue, vint à Rapperschwyl avec sa troupe. On faisait contre les Suisses les plans les plus hostiles pour l'été suivant. D'après les uns, il fallait occuper l'Etzel, le Sattel, l'Albis, et ravager Schwytz, Arth et Zug; d'après les autres, il fallait attaquer à la fois de deux côtés. Pour exciter la guerre, Zürich n'aurait qu'à réclamer la seigneurie de Windeck, ou bien Rapperschwyl braverait Schwytz et Glarus, et appellerait ensuite Zürich à son secours. Il ne fut pas besoin de ces détours, les partisans de cette ville n'attendirent point ses ordres pour se porter à la frontière. Zug et Schwytz en firent autant de leur côté. La vue des croix rouges d'Autriche, à la place de celles qui leur avaient si souvent servi de signe de ralliement dans leurs glorieuses campagnes, souleva toute leur colère. Depuis lors il fut impossible de parler en bien de l'Autriche et de la noblesse, et l'on ne put sans péril porter une plume de paon. Cette haine était poussée à tel point, qu'un jour deux buveurs étant au cabaret, et le soleil jetant sur un verre les couleurs de l'arc en ciel, le verre fut brisé avec violence d'un coup de sabre, parce que ces couleurs jouaient la queue de paon. On arrachait partout les armes de Habsbourg, et de part et d'autre les partis exerçaient vexation sur vexation; les soldats étrangers enlevaient les denrées qu'on portait au marché de Rapperschwyl, ou ils en volaient le prix, ou même ils poussaient dans le lac les campagnards qui passaient le pont.

Cependant les confédérés se préparaient à la guerre; Ital Reding se rendit à Appenzell, où fut tenue une assemblée générale le 1er mars. Là il rappela les services que Schwytz avait rendus à ce pays, fit la lecture d'un nouveau traité qui lui assurait une indépendance et une égalité entière; mais rien ne put ébranler la résolution de rester neutre: on craignait le courroux de l'empereur, on craignait que les vivres ne pussent plus arriver dans le canton. Ital Reding s'en retourna plein de dépit. Le pays de Gaster, Wesen et Windeck, déclarèrent qu'ils ne feraient jamais la guerre à l'Autriche à moins qu'il ne fallût défendre Schwytz et Glarus. Tous les esprits s'exaltaient; Zürich devenait de plus en plus suspecte; on excluait ses envoyés des délibérations communes. A Rapperschwyl, où l'on s'attendait continuellement à une attaque, la garnison sortit un jour en armes, car on avait vu la bannière de Schwytz venir de Hurden; mais c'étaient des enfants qui jouaient sur le pont, en arborant un mouchoir et en portant des bâtons sur les épaules. Une assemblée tenue à Brunnen cita Zürich à comparaître à Einsiedeln, pour s'expliquer sur le traité et pour se soumettre au jugement de la fédération; mais Zürich prétendit que, d'après la confédération même, elle avait pu conclure ce traité, déclina le jugement, et envoya dire qu'elle s'en rapporterait à la décision des princes, des nobles et des villes, ou bien qu'elle en appelait à Berne ou à Soleure. Les confédérés acceptèrent un arbitre de l'une de ces deux villes, pour le cas où il y aurait partage entre leurs propres juges. L'affaire ne s'arrangea point, et l'on se porta aux frontières. Le 18 mai, Ital Reding prit position sur l'Etzel avec la bannière de Schwytz, et la guerre fut déclarée tant à Zürich qu'à l'Autriche. Uri et Unterwalden, qui venaient avec leur contingent, en furent ébranlés : ils reprochèrent à Schwytz d'avoir, sans leur participation, fait une démarche qui pouvait avoir d'aussi graves conséquences pour toute la confédération, puis se retirèrent; mais ils reparurent dans la nuit, en disant qu'ils acceptaient les faits accomplis, et qu'ils sauraient remplir leur devoir; en même temps ils se portèrent au secours de Zug, qui était menacée par les Zürichois.

Deux jours après la déclaration, six à sept cents hommes de Rapperschwyl s'embarquèrent pour faire une reconnaissance, passèrent des deux côtés de l'île d'Ufnau et vinrent aborder à Freyenbach. Les collines et les forêts ne leur avaient pas permis de juger la force de l'ennemi. De leur côté, les Suisses craignirent que ce ne fût une ruse pour les faire descendre de leurs hauteurs et pour les prendre ensuite en queue. Reding n'envoya donc que cent hommes bien armés, avec ordre d'explorer les projets de la troupe débarquée, de combattre, et de demander du renfort s'il en était besoin. Ces cent hommes commencèrent par faire évacuer le village; mais il fut repris, grâce à la supériorité du nombre, et les Suisses furent renfermés dans le cimetière, d'où ils sortirent avec tant d'impétuosité qu'il fallut leur céder une seconde fois le village, et le reprendre encore sur eux. Un nouveau combat s'engagea dans le cimetière; mais personne n'allait demander du secours. Les ordres étaient mal exécutés dans ces temps où chacun se conduisait selon son libre arbitre : on craignait en s'éloignant de paraître fuir. Cependant il arriva des renforts de Pfeffikon et de la montagne, dans le moment où déjà Albert de Landenberg et l'avoyer Steiner de Rapperschwyl se croyaient sûrs de la victoire. Pensant que c'était Ital Reding et la bannière, ils en furent effrayés, et cherchèrent leur salut dans leurs vaisseaux. Meyer et Schwend en donnèrent l'exemple; Landenberg eut beau crier, commander, combattre, il mourut en voulant retenir les fuyards; l'avoyer de Rapperschwyl et son fils furent aussi laissés parmi les morts. L'effet moral de cette bataille fut très-grand; la confiance des ennemis de Schwytz s'affaiblit, et deux jours après elle s'évanouit, quand fut perdue pour eux la grande bataille du Hirzel.

A Bar étaient postés Uri et Unterwald pour couvrir Zug, dont les troupes gardaient le pont de la Sil à Bauenwaag. Les Lucernois marchaient sous le commandement de Petermann de Lutishofen; Jean Puntiner, magistrat depuis trente ans et historien de son canton, était commandant d'Uri; Jean Muller et Mehri Zelger conduisaient les troupes d'Unterwald. Le retranchement de Horgen, près du Hirzel, était gardé par cinq cents paysans zürichois des bords du lac. On était de part et d'autre convenu de ne se point attaquer sans avertissement préalable. Cependant le margrave, Guillaume de Baden, Thuring de Hallwyl et le bourgmestre Stussi, descendaient de l'Albis à la tête de cinq mille hommes, la plupart Autrichiens. Il y avait des Alsaciens, des Souabes, de la cavalerie française, beaucoup de comtes, de seigneurs, de chevaliers, et quiconque voulait gagner la faveur de l'empereur ou se venger des souvenirs de Næfels ou de Sempach. On y comptait le méchant Berenger de Landenberg, Henri de Bitsche, des Andlau, des Gerolseck, des Waldner. Les bourgeois de Zürich obéissaient à Mayer de Knonau. Il paraît qu'on voulut profiter du moment où la bannière de Schwytz flottait au bord du lac pour pénétrer dans ce canton, par Art et Morgarten, et le mettre à feu et à sang. Pour y parvenir, il fallait d'abord vaincre les trois bannières des confédérés; mais Stussi commit l'impardonnable faute de ne point faire éclairer sa marche; il arriva donc sur le territoire de Bar sans savoir que l'ennemi y était. Parvenu au milieu de l'Albis, où le chemin se partage, le margrave, le bourgmestre et la plus grande partie de l'armée, se dirigèrent, par le couvent de Cappel, vers le pays de Zug, tandis que Mayer de Knonau marcha vers le Hirzel, à travers les forêts de la Sil. On croyait que Zug gardait ce dernier point, et que le passage serait entièrement libre pour arriver à Schwytz à travers son territoire. Pour déclaration de guerre, Stussi mit le feu au village de Blikenstorf, le premier du pays de Zug, et son avant-garde courut vers Bar. Aussitôt se déployèrent les bannières des trois cantons. Saisis d'effroi, le bourgmestre et le margrave firent un mouvement rétrograde, quoique ce lieu fût propre à déployer leur cavalerie. Enflammés de colère, à cause de l'incendie de Blikenstorf, les confédérés poursuivirent les Autrichiens jusqu'au couvent de Cappel, où ils s'arrêtèrent pour prendre du repos. Revenus à leur position sur l'Albis, le bourgmestre et le margrave reprirent une partie des troupes qu'ils avaient envoyées au Hirzel, persuadés que le retranchement était parfaitement défendu par sa position. Mais les confédérés, connaissant l'avantage de cette position, résolurent de la tourner, ils passèrent les montagnes et la Sil, et gravirent le Staig malgré la difficulté des lieux. Ils étaient environ trois à quatre mille. Néanmoins, ils firent avertir les Suisses, qui se reposaient de leur victoire à Freyenbach, et les prièrent d'accourir avec Glarus. Vers le coucher du soleil, d'insultantes provocations excitèrent le courroux des confédérés. Les chefs, remarquant qu'ils s'attroupaient, les supplièrent de ne rien entreprendre, leur représentant que la journée allait finir, que le terrain était défavorable, qu'il valait mieux attendre l'arrivée de Schwytz et Glarus. En vain ils firent former le cercle; en vain ils parlèrent le langage de l'autorité, rien ne put arrêter les soldats; ils s'écriaient : *Nos chers alliés de Schwytz ont fait leur part de besogne ; aujourd'hui même nous allons faire la nôtre!* et sur-le-champ ils gravirent la montagne à l'endroit le plus escarpé. L'avoyer et les landamman élevèrent les bannières, et suivirent le mouvement qu'ils n'avaient pu empêcher.

La bataille s'engagea donc; elle fut terrible, car les Zürichois profitèrent de tout l'avantage que leur donnaient leur position et les machines de guerre. Leurs adversaires n'avaient pour eux que leur colère et leur impétuosité. Là périt l'avoyer de Lutishofen, victime d'une guerre qu'il aurait voulu empêcher; là tomba Jean Muller, qui avait négocié la dernière paix; Mehri Zelger, landamman d'Unterwalden, mourut, ainsi qu'un grand nombre d'illustres guerriers. Les fossés étaient comblés de morts; on entendit crier : *Tuez, tuez toujours!* et à l'instant on passa sur les cadavres pour donner l'assaut, et l'on pénétra dans les retranchements. Alors le désastre fut du côté de Zürich, qui perdit Mayer de Knonau. Le carnage fut grand et la fuite désordonnée. La consternation se répandit dans tout le pays, et les vainqueurs, calculant le prix de leur succès, ne purent que s'affliger. Le contingent de Zug, qui vint les rejoindre dans la nuit, ne comprenait rien à cet exploit. On lui montra la bannière d'Entlibuch, qui avait eu les dangereux honneurs du poste du péril, et qui était percée de cent coups de feu. Parmi les tués, les chefs se distinguaient encore par les traits mâles et menaçants de leur physionomie. A cet aspect leurs braves soldats pleuraient; puis, par un sentiment contraire, ils se réjouissaient de la victoire; enfin ils louèrent Dieu qui la leur avait donnée.

Désormais il ne s'agissait plus pour les confédérés que d'envahir le territoire de Zürich. Le margrave et le bourgmestre quittèrent l'Albis pour le défendre; Hallwyl consulta les guerriers pour savoir s'il ne serait pas plus opportun de marcher audacieusement contre l'ennemi affaibli par sa victoire.

10.

Plus de deux mille levèrent la main pour cette noble détermination; mais le margrave ne le voulut point : il vit bien, malgré cette démonstration, que la confiance manquait à l'armée, et il ordonna la retraite, promettant d'amener à l'avenir beaucoup plus d'auxiliaires.

Le dimanche, pendant la messe, les soldats de Lucerne, Uri, Schwytz, Unterwald, Zug et Glarus, se jetèrent sur le village de Horgen, y mirent le feu, par représailles de l'incendie de Blikenstorf, et, pénétrant dans l'église, ils la pillèrent, frappèrent les crucifix, jetèrent les hosties au vent, et reprochèrent à la Vierge d'habiter aussi les églises des Zürichois. Ils maltraitèrent le prêtre, et violèrent les femmes dans l'église même. De là ils coururent à Talwyl : le prêtre vint au-devant d'eux avec le saint sacrement ; mais ils se moquèrent du dieu de Zürich. En général, ces montagnards si doux, si probes dans la paix et quand nulle passion ne les agitait, ne connaissaient plus de bornes à leur emportement, l'humanité faisait place à l'ardeur guerrière; ils ne respectaient plus rien, et le sentiment religieux, l'un des plus nobles caractères de ces hommes rustiques, s'évanouissait lui-même devant leur fureur. Ils continuèrent à ravager les bords du lac, et demeurèrent trois jours à Kilchberg sans que personne osât les attaquer. Zürich se plaignait amèrement de ces chevaliers, qui, jusque-là, s'étaient excusés sur ce qu'ils ne pouvaient combattre dans les montagnes, et qui ne défendaient pas même la plaine. Les confédérés passèrent l'Albis, reçurent le serment de Maschwanden, et campèrent à Lunkofen, où ils attendirent la bannière de Berne.

Berne avait longtemps hésité. Erlach était encore dans Zürich quand les envoyés de Schwytz vinrent rappeler à ses concitoyens les secours qu'ils leur avaient donnés à Laupen, et les serments mutuels, qui remontaient à une époque antérieure à l'accession de Zürich. On n'hésita plus, et, quoique Erlach y fût encore, on vint déclarer la guerre, ce qui n'empêcha pas qu'il ne fût reconduit dans sa patrie avec une sauvegarde. En reconnaissance de ce procédé, Erlach ne prit aucune part aux hostilités.

On avait, en vain, sommé Bremgarten, qui est sur une presqu'île de la Reuss; on l'assiégeait, quand arrivèrent, sur l'autre rive du fleuve, les troupes de Berne et de Soleure avec des coulevrines. La place fut bientôt réduite aux abois; les murs menaçaient de s'écrouler; il fallut capituler. Les magistrats de Baden apportèrent aussi les clefs de leur ville, et dans l'une et dans l'autre on jura fidélité aux alliés, pour le septième de souveraineté qui avait appartenu à Zürich, et qui fut abandonné à Berne. Tout le pays entre la Reuss, la Limmath et le Rhin, se soumit. Il n'y eut de résistance qu'à Neu-Regensberg : on le prit et on le brûla, et le château de Gruningen capitula dès qu'il sut qu'il ne pouvait recevoir de Zürich aucun secours. Ce fut le dernier acte de la campagne; on n'avait point de munitions pour faire le siége en règle de Rapperschwyl ; d'ailleurs les Bernois étaient indisposés, parce que deux habitants d'Unterwalden avaient, au mépris des traités, tué à coups de hallebarde le landvogt Kilchmatter. L'indignation avait été universelle. L'on rendit une loi, de l'assentiment de tous les cantons; elle portait peine de mort, non-seulement contre les auteurs de ce crime, si on parvenait à les saisir, mais encore elle menaçait du supplice de la roue quiconque, à l'avenir, tuerait les prisonniers qu'il était chargé d'escorter.

Un mois après avoir déclaré la guerre, les Suisses rentrèrent dans leurs foyers, vainqueurs à Freyenbach, vainqueurs au Hirzel, et après avoir conquis Bremgarten, Regensberg et Gruningen: ils étaient la terreur de l'ennemi. Le margrave comprit qu'il lui fallait des renforts étrangers; mais les Turcs d'une part, les Hussites de l'autre, menaçaient l'Allemagne; l'Autriche elle-même était déchirée de dissensions intérieures; il n'y avait rien à espérer de ce côté. Le margrave alors s'avisa d'un expédient nouveau, il s'adressa aux Armagnacs. Quand le duc d'Orléans eut été assassiné, Bernard d'Armagnac, qui depuis fut connétable, forma, pour défendre la maison d'Orléans, les troupes qui portèrent son nom, et qui obéirent ensuite à son fils, Jean d'Armagnac. Ces intrépides guerriers, qui ne vivaient que de leur épée, étaient devenus la désolation de nos provinces : la paix une fois rétablie, le roi de France ne pouvait les entretenir; ils cherchèrent donc leur salut dans le pillage, et se permirent des entreprises de tout genre. Le peuple effrayé les avait surnommés les *écorcheurs*. Sans s'inquiéter davantage du comte d'Armagnac, ils continuaient à dévaster les contrées où les avaient appelés ses intérêts, et se répandaient dans beaucoup d'autres. A l'époque dont nous retraçons l'histoire, Charles VII et le duc de Bourgogne, voulant en préserver le pays, avaient pris environ trente mille Armagnacs à leur solde. Le margrave envoya vers le duc de Bourgogne le chevalier Pierre de Morimont; mais celui-ci ne fit qu'une réponse évasive, disant qu'il marcherait en personne pour châtier ces paysans de leur orgueil, mais qu'auparavant il désirait que l'empereur l'investît des Pays-Bas, et y joignît le duché de Luxembourg, auquel il avait, disait-il, des droits incontestables. L'empereur, quand il en fut informé, préféra s'adresser au roi de France, que son âge, sa puissance, ses victoires, plaçaient au premier rang des souverains d'Europe : il le pria donc de se charger de la cause de tous les rois. Ce fut le célèbre Æneas Sylvius qui rédigea la lettre : c'est un véritable manifeste de nos jours, avec les sophismes et les altérations de fait qui peuvent justifier d'injustes prétentions. Quoi qu'il en soit, cette négociation traîna en longueur. Pierre de Morimont ne revint à Zürich qu'à la fin de l'année, et quand déjà le margrave et cette ville eurent éprouvé de nouveaux désastres.

Nous ne parlerons pas des tentatives inutiles qui avaient pour objet de reprendre Bremgarten, ni des excursions dirigées contre le comté de Baden, non plus que des représailles de Glarus aux environs de Rapperschwyl. Tout à coup six bannières des confédérés, au nombre de cinq mille hommes, rentrèrent en campagne : c'étaient Schwytz, Uri, Unterwalden, Glaris, Zug et Lucerne. Elles prirent position de Hedingen jusqu'à Bonstetten, et n'étaient séparées de Zürich que par l'Albis. En vain le concile, le pape qu'il avait élu, les évêques de Bâle et de Constance, voulurent arrêter cette marche. Le 22 juillet toutes les bannières partirent de Hedingen sous le commandement d'Ital Reding et de Jost Tschudi : on gravit l'Albis, et on s'avança sur Zurich. Les étroits sentiers de la montagne et les chemins creux étaient occupés par les Zürichois : leurs gardes s'étendaient jusqu'à la pointe de l'Uetlibourg. Le jour n'était pas encore venu, que déjà leurs chiens accouraient effrayés aux avant-postes, parce que trois chiens des Suisses les poursuivaient avec fureur. Bientôt on découvrit quelques chevaux, puis des jeunes gens qui accouraient, et l'on ne put plus douter de l'approche de l'ennemi. On voulut d'abord l'attendre près d'un chemin creux; mais les surprises si faciles dans les montagnes, où l'on ne juge pas les mouvements d'une armée, effrayèrent les timides, et beaucoup de soldats s'enfuirent. En effet, des jeunes Suisses et des Glarnais apparurent dans une position qui dominait celle-là. Aussitôt les gardes se mirent dans une telle déroute, qu'il n'y eut plus que onze hommes pour protéger la fuite; cinq furent tués, et le passage devint libre : désormais l'Albis n'était plus un rempart pour Zürich. Le conseil, présidé pour la dernière fois par le bourgmestre Stussi, était en proie à de cruelles inquiétudes. On envoya en toute hâte les cavaliers en avant, et toute la population prit les armes sans distinction d'âge ni de rang. On se précipitait dans les rues, aux portes de la ville, sur le pont de la Sil, sans attendre l'ordre de personne. Dans le lointain on voyait avec effroi les bannières des confédérés descendre de l'Albis. Jean de Rehberg alla les reconnaître avec sa cavalerie : il vint annoncer qu'ils étaient environ six mille, bien disposés au combat, et que par cette raison-là même il ne fallait pas l'accepter. Il conseilla de faire rentrer toute la bourgeoisie, se chargeant de harceler les Suisses et de les fatiguer. Cette proposition était trop sage pour être agréée : on convint seulement de placer l'infanterie entre la ville et la Sil.

Bientôt Schwytz et Glarus arrivèrent et prirent position tout près de l'infanterie de Zürich, en avant du village de Reden; la cavalerie accourut jusqu'à un fossé, derrière lequel les Suisses attendaient leur corps d'armée; puis elle faisait feu, fuyait et revenait encore. Cela incommodait beaucoup Ital Reding; il eut recours à la ruse, et fit marcher le gros de son armée sur Wiedikon, le long de la montagne, afin d'intercepter les Zürichois de leur ville; en même temps il garda sa position. Il choisit aussi plusieurs jeunes gens, et leur fit coudre sur la poitrine des croix rouges comme les portait l'ennemi, en leur recommandant de se placer sur ses derrières dans les environs de Friesenberg, comme s'ils faisaient partie de l'armée de Zürich, et de jeter le désordre dans cette armée dès que l'attaque serait commencée. Il en arriva comme l'avait prévu Reding : la multitude ne voulut point obéir au plan arrêté en conseil ; il sembla honteux aux Zürichois d'attendre l'ennemi derrière la Sil. Ils passèrent donc la rivière, et s'établirent sur des prairies entourées de haies, entre Wiedikon et la très-antique chapelle de Saint-Jacques. Là, ils se firent apporter des provisions, mangèrent, burent, et poussèrent des cris de provocation. Ils virent bien le corps ennemi qui suivait la montagne, mais ils s'imaginèrent que, n'osant combattre, ce corps se dirigeait sur Wiedikon pour se rendre en Argovie, ou pour camper sur les pâturages du Hard, entre la Limmath et la Sil, où l'on en aurait bon marché.

Quand on vit descendre de Friesenberg les deux cents Suisses destinés à l'embuscade, on hésita quelques instants; mais à leurs croix rouges on les prit pour la garnison de l'Uetlibourg.

On n'était pas arrivé à Wiedikon que déjà l'impatience des Suisses engagea le combat contre les cavaliers qui les harcelaient; ceux-ci, repoussés par une colonne serrée, furent très-étonnés de trouver leur infanterie en deçà de la Sil. Comme il ne cessait d'arriver des renforts de la ville, on se déploya en ordre de bataille dans la prairie le long des haies, et dès que l'ennemi fut à portée de fusil, on exécuta des décharges; la cavalerie n'en fut point rassurée, et courut pêle-mêle vers les portes de la ville : c'est à peine si quelques braves descendirent de cheval pour se joindre aux Zürichois. Au moment où l'armée des confédérés s'approchait de la haie, où la mêlée s'engageait, les deux cents qui s'étaient embusqués tout près du pont s'écrièrent avec force : *Fuis, Zürich, fuis; sauve qui peut!* et en même temps, ils coururent vers le pont pour couper la retraite, et les Zürichois purent alors les reconnaître, parce qu'ils avaient conservé sur le dos la croix blanche des confédérés. La terreur fut portée à son comble; c'était à qui arriverait le premier au pont. Rodolphe Stussi se conduisit comme il convenait à sa réputation et à sa haute position : il jugea indigne de fuir comme toute l'armée, saisit sa hache, se posta sur le milieu du pont, et d'une voix tonnante cria : *Arrêtez, citoyens, arrêtez;* c'était en vain, la foule se précipitait de plus en plus : lui, calme, inébranlable, comme s'il eût été au conseil, voyait tomber beaucoup de braves. L'ennemi s'avançait; Stussi insulta l'un des fuyards. *C'est toi*, s'écria celui-ci, *c'est toi qui as fait tout le mal*, et il le perça de sa lance. L'armure de ce grand homme fit résonner le pont de la chute de son corps immense. On veut aussi qu'un Lucernois de Merischwanden, appelé Luthard, se soit mis sous le pont, en ait enlevé un madrier, et du bas en haut ait porté à Stussi le coup mortel; le bourgmestre fut grand dans la mort. Cependant l'ennemi arriva dans les faubourgs : le pont-levis était levé, les bourgeois périssaient sans pouvoir rentrer; enfin on l'abaissa pour les recevoir. A la faveur de la mêlée, quelques Suisses parvinrent dans l'intérieur de la ville. Rodolphe Küng de Glarus prit la bannière de Zürich, et tua celui qui la portait. Le bruit se répandait que le bourgmestre était mort, que l'ennemi entrait : la consternation était à son comble; un paysan, rencontrant le greffier Michel Graf, le tua dans sa colère, en s'écriant : *Voilà le fruit de tes mauvaises écritures*. La confusion était telle qu'on avait oublié de refermer les portes de la ville; alors une femme appelée Zieglerin, fit preuve d'un grand courage; elle s'avança et abaissa la herse. Rodolphe Küng venait de prendre la bannière; il comprit que ses compagnons et lui étaient perdus, et, par un sentiment d'héroïsme digne des anciens jours, il voulut sauver sa conquête, et passa la bannière de Zürich à travers les barreaux de la herse aux Suisses qui étaient accourus pour entrer après lui; puis il mourut en vendant chèrement sa vie. Les Zürichois se rallièrent, et firent avec beaucoup de succès usage de leurs machines. La ville fut sauvée. Cependant l'incendie consumait au loin les villages, et les confédérés se livraient à mille excès divers. Les Glarnais, entre autres, traînèrent le corps de Stussi derrière une haie, et de la graisse de ses entrailles frottèrent leurs lances, leurs bottes et leurs souliers, parce qu'il était leur compatriote, et qu'ils le regardaient comme un traître à la cause de la liberté. Quelques auteurs disent qu'il vivait encore quand il subit ces indignes traitements.

D'après l'antique usage de leur pays, les confédérés restèrent trois jours sur le champ de bataille, en signe de victoire; puis ils passèrent la Limmath à Baden pour marcher sur Rapperschwyl, dont ils voulaient faire le siége. Ils défilèrent de nouveau sous les murs de Zürich, et repoussèrent vigoureusement une sortie qui n'eut d'autre effet que de les exciter au pillage; dans cette circonstance, ils détruisirent le Krattenthurm, maison forte située sur la hauteur. L'armée se déploya devant Rapperschwyl, qui envoya demander des secours au margrave; mais ce prince reconnut qu'il serait dangereux d'affaiblir la garnison, de peur que le parti autrichien ne succombât dans l'intérieur de la ville sous les efforts du parti suisse. Il ne pouvait rien espérer que de l'arrivée des Armagnacs, et dans cette vue, il proposa un armistice, et se servit pour négocier de l'évêque de Constance, qui, à son tour, s'adjoignit l'abbé d'Einsiedeln. Rapperschwyl résistait avec courage : les brèches étaient toujours réparées sur-le-champ; néanmoins les Suisses se montrèrent peu disposés à la suspension d'armes. Ils exigèrent l'évacuation de Zürich par les Autrichiens; ils demandèrent la conservation de leurs conquêtes, et voulurent que, pendant les huit mois que durerait la trêve, les négociations de la paix eussent lieu à Baden; ils ne se doutaient pas de ce qu'on tramait contre eux au sujet des Armagnacs. Le margrave, mieux avisé, et ne voulant que gagner du temps, autorisa l'évêque à consentir à tout. Pendant ce temps, Bâle et Berne prenaient de vive force la ville de Laufenbourg, et une assemblée de députés des seigneurs et des villes punissait Seckingen des vexations que les Bâlois avaient eu à souffrir de sa part, et la forçait à leur en demander pardon. Les confédérés, quoiqu'ils ne fussent que possesseurs provisoires des terres conquises, exigeaient le serment de tous, et le margrave chargea Thuring de Halwyl de déclarer à l'empereur que les possessions de l'Autriche dans les provinces antérieures, y compris l'Alsace, se jetteraient infailliblement entre les bras du duc de Bourgogne, si lui-même ne pourvoyait promptement à leur défense.

Les négociations, toujours remises, et enfin entamées à Baden, n'avaient rien de sincère : on parlait de l'annulation du traité conclu par Zürich avec l'Autriche, de la remise des conquêtes, etc., etc. Mais on élevait des difficultés, et pendant ce temps, on excitait le peuple de Zürich contre quelques magistrats vertueux et bons citoyens, qui périrent victimes de sa fureur. On les accusa d'intelligence avec l'ennemi; les Suisses, disait-on, ont leurs représentants dans le conseil. Ne sont-ils pas instruits de tout? Peut-on dire que Henri Meisz et Ulmann Zœrnli-Trinkler soient des citoyens de Zürich? Oui, par leur naissance, par leur place; mais, au fond, ce sont des Suisses, traîtres à la guerre, traîtres dans les négociations. A ces discours, on joignait des imputations calomnieuses.

Telles étaient les dispositions des esprits, quand les députés apportèrent à Zürich les propositions de la paix. Le nouveau bourgmestre les avertit qu'ils ne pouvaient sans danger se montrer en public, et les engagea à attendre à leur auberge la réponse du conseil. Meisz était l'un de ces députés au congrès. Quand lui et ses quatre collègues voulurent faire leur rapport, il se forma des attroupements d'hommes armés. La maison commune fut cernée; on se précipita vers la salle, en s'écriant : *Les traîtres siégent encore au conseil*. On saisit Meisz, on le traîna avec ses collègues dans la tour du Wellenberg, prison construite sur un rocher, au milieu du lac. Puis le bruit se répandit que les Suisses arrivaient pour les délivrer, et le peuple courut aux murailles pour apercevoir de loin leur bannière. Quand on jugea Meisz et les députés à la diète, on ne put leur trouver de crime : aussi la majorité se déclara-t-elle pour leur conserver la vie, les uns les acquittant, les autres ne prononçant qu'une amende; mais en comptant les voix on adopta un genre de calcul qui fit prévaloir le parti le plus sévère. Henri Meisz, Jean Bluntschli et Ulmann Zœrnli furent décapités. Jean Brunner fut enfermé et frappé de deux mille florins d'amende. Beaucoup d'autres furent privés de leurs dignités. Pour toute réponse aux propositions, Zürich dit qu'elle s'en rapporterait volontiers à l'arbitrage des évêques de Constance et de Bâle, et des villes qui avaient leurs envoyés à Baden, ou de toutes autres, ensemble ou séparément. Les confédérés, en témoignant de la confiance dans ces juges, réclamèrent contre cette désignation, qui violait les traités de la ligue perpétuelle. Le margrave offrit aussi de s'en rapporter aux princes de Wirtemberg ou de Savoie, ou à la ville de Berne, ou à celle de Soleure. Les confédérés répondirent qu'ils n'avaient rien à démêler avec l'Autriche, sinon de lui signifier de ne se point immiscer dans leurs affaires. Ils commençaient à connaître la marche des Armagnacs, et refusèrent toute prolongation de trêve. Le lendemain du jour où elle expira, on brûla les châteaux de Spiegelberg et Griessenberg en Thurgovie; ils appartenaient à la femme du margrave. Les sept bannières reparurent à Kloten, et le siége de Rapperschwyl fut repris avec vigueur. Pendant trente et une semaines on manqua d'eau à la vue du lac; on n'avait de bois de chauffage que les meubles, et bientôt il fallut manger les chevaux et même les rats et les souris. Ce siége néanmoins n'offrit pas de circonstance extraordinaire; les efforts des confédérés se portèrent sur Greiffensée, dont la garnison excitait par des vexations les plaintes fréquentes du voisinage, et notamment de Gruningen, qui leur appartenait. Frédérich de Tockenbourg avait cédé à Zürich le château de Greiffensée qu'il tenait de la maison de Hohenlandenberg; au bord du lac du même nom que le château s'était formée une petite ville. Jean de Breitenlandenberg tenait la place avec soixante et dix braves; c'était un guerrier actif, entreprenant et téméraire, que, pour cette raison, on avait surnommé *Wildhannes* (Jean le Sauvage). Il avait plus d'une fois témoigné son mépris à Gruningen, qui, deux fois en deux ans, s'était rendue à l'ennemi. Aussitôt qu'il eut connaissance de l'approche des Suisses, il renvoya à Zürich toutes les bouches inutiles ; il avait résolu de tenir jusqu'à l'arrivée des Armagnacs : son honneur lui commandait de tout essayer pour conserver la place. Le premier mai, après-midi, les Suisses se montrèrent en force sur les prairies qui bordent le lac, et à la lisière du bois derrière le château. Wildhannes comprit qu'il ne pourrait garder la ville, et y mit le feu. A minuit l'incendie était général ; quelques femmes qui étaient restées, s'enfuirent avec leurs enfants, en poussant de grands cris. Les Suisses en eurent pitié, les nourrirent et les envoyèrent à Zürich. Bien approvisionné et riche en munitions, quoique privé de toute communication, Wildhannes tenait bon, et son feu causait beaucoup de ravages, sans que les murs du château fussent ébranlés par les Suisses. Il y avait vingt et un jours que le siége durait : en vain on proposa de faire une puissante diversion sur Baden ou sur Wesen, ou de simuler une attaque dans un lieu voisin de Greiffensée pour délivrer la garnison ; tels n'étaient pas les plans des chefs : Greiffensée fut abandonné à ses propres ressources. Mais les confédérés se lassaient ; déjà il était question de départ, quand un paysan, appelé Maler, soit cupidité, soit méchanceté, indiqua l'endroit par lequel le château pouvait être miné le plus aisément. Les Suisses s'approchèrent dès la nuit suivante, et placés sous une machine recouverte d'un toit, ils travaillaient avec ardeur, lorsque Wildhannes fit précipiter du haut des créneaux l'immense pierre qui servait de maître-autel à l'église. Le toit fut rompu, et les travailleurs tués. Les Suisses préparèrent une seconde machine ; dix maréchaux accompagnèrent les travailleurs pour réparer sans relâche leurs instruments. Cette fois on jeta du haut des murs des tonnes remplies de pierres ; mais le toit était solide, et ne put être enfoncé. A cet endroit on avait compté sur le rocher ; le mur n'était pas épais, il renfermait du bois et du remblais : déjà on allait y mettre du feu, et c'en était fait de la place. Dans ces circonstances la garnison proposa de capituler : *Vous êtes nos prisonniers*, dirent les confédérés, *et vous voulez traiter ! — Eh bien*, répliqua Wildhannes, *nous brûlerons le château avec tout ce qu'il renferme, et nous nous ensevelirons sous ses ruines*. Les assiégeants ne voulurent pas perdre le butin ; la garnison n'avait point de prêtre, et ne voulut point mourir sans confession. La convention fut donc conclue verbalement ; mais en de tels termes que les assiégés crurent y trouver sécurité, tandis que Reding y chercha un tout autre sens.

La porte était si bien fermée que les assiégés eux-mêmes ne purent l'ouvrir ; les Suisses entrèrent donc par la brèche, aidés par les soldats de Wildhannes, qui leur donnaient la main. Ceux-ci en descendirent tristement et garrottés ; on les conduisit dans les prés entre Greiffensée et Naenikon. Là il y eut une délibération fort agitée sur le sort qu'il convenait de leur faire subir. Un homme de Schwytz demanda qu'ils fussent tous mis à mort, à l'exception d'un seul, car il voulait sauver Ulrich Kupferschmidt, d'une bonne famille de Schwytz, qui avait pris du service à Zürich, et qui, fidèle à son serment, s'était si fort distingué qu'on le regardait comme le premier après Wildhannes. Un autre fit remarquer qu'il ne serait pas juste de faire périr les trente soldats de Greiffensée, puisqu'ils s'étaient conduits en fidèles sujets. Holzach, capitaine du contingent de Menzingen, près de Zug, voulut enfin faire entendre la voix de l'humanité. Il fit voir que la conduite de Wildhannes avait été loyale et courageuse, qu'il se serait déshonoré s'il eût agi autrement, que ses soldats n'avaient pas dû l'abandonner. Des murmures accueillirent son noble discours. Ital Reding jura que quiconque parlait ainsi n'était qu'un traître, un Zürichois. Holzach, indigné, s'écria : *Personne plus que moi ne chérit la cause que nous défendons ; mes serments ont dicté mes conseils ; je suis aussi pur que toi et tous les tiens en-*

semble. J'ai donné mon conseil en conscience : *Dieu vengera le sang innocent*. La querelle s'échauffait; la rage était à son comble. *Eh bien*, s'écria Reding, *que les habitants de Greiffensée vivent, que Wildhannes et les autres meurent*. Des voix alors lui crièrent : *Hypocrite, bois, bois tout le sang, ou deviens humain tout à fait*. Wildhannes était présent : *Tuez-moi, tuez-moi*, dit-il d'une voix forte; *mais les autres, quel est leur crime?* Les vieillards, les femmes, les enfants des malheureux captifs vinrent se précipiter aux pieds des vainqueurs pour demander la vie de ceux qui n'avaient combattu que pour gagner de quoi les nourrir. L'assemblée en devint plus tumultueuse : quiconque inclinait à la clémence était appelé traître. Enfin, au moment de voter, la terreur était partout. Autour de Reding les mains se levèrent pour voter un massacre général; les hommes de bien s'enfuirent pénétrés de douleur, et jetant des cris d'indignation. Mais les auteurs de ce cruel arrêt s'endurcirent aux pleurs des femmes et des vieillards, dans la funeste pensée que le bien public commandait cet exemple, et qu'à l'avenir personne ne résisterait quand on saurait quel serait le prix de l'opiniâtreté.

Après une courte confession, Wildhannes s'avança au milieu du cercle et dit : *Le Tout-Puissant l'a voulu, celui qui sait tout le voit. Compagnons, je mourrai le premier, car je ne veux pas que l'on puisse penser que celui qui a vécu et combattu avec vous, à quelque prétexte ou quelque espoir de se séparer de vous à votre dernière heure*. Puis se tournant vers le bourreau : *Maître Pierre, fais ton office*. Après lui ce fut Ulrich Kupferschmidt, puis un valet de ville de Zürich; le bourreau s'arrêta, interrogea Reding d'un regard suppliant. Il espérait qu'on ferait grâce aux hommes de basse condition. Pendant les premières exécutions, des pigeons blancs avaient passé au-dessus de l'assemblée, et ce signe d'innocence avait ému tous les esprits : Reding toujours cruel, dit au bourreau : *Si tu ne veux faire ton office, d'autres le feront envers toi-même*. Celui-ci continua donc tristement à abattre les têtes. Quand il en fut venu au dixième homme, il le mit de côté, disant que, d'après un droit impérial pratiqué de toute éternité dans les grandes exécutions, le dixième homme revenait à l'exécuteur... *Fais ton métier et ne bavarde pas, lui cria Reding*. Plus de vingt cadavres étaient autour lui; l'exécuteur, à une nouvelle supplique, reçut pour réponse un nouvel ordre. Il en fut de même au trentième, au quarantième. Le jour baissait, la terre refusait le sang dont elle était saturée, il s'en formait de grandes mares. Au cinquantième, Reding ordonna d'apporter des flambeaux, et ce fut à leur clarté que tomba la soixantième tête. En ce moment, Pierre saisit la main tremblante d'un jeune garçon; il n'y avait plus qu'un vieillard, l'un et l'autre avaient presque perdu connaissance. Le bourreau intercédait toujours, Reding ne fit point grâce, mais il paraît s'en être allé après le soixantième supplice. Ils furent sauvés. Quelques auteurs disent qu'on épargna dix personnes, les unes dans un âge fort avancé, les autres dans l'enfance. Une horreur profonde pénétra tous les assistants. La terre demeura stérile en ce lieu, et les superstitions populaires racontaient les plaintes des victimes. Ainsi les anciens pensaient que l'âme séparée du corps avant le temps, s'arrête autour de lui, soupire et se montre errante aux hommes effrayés. Gaspard de Bonstetten retrouva le corps de Wildhannes, et le rendit à la sépulture ordinaire des Laudenberg. Une petite chapelle fut élevée sur le lieu de l'exécution. Toutes les semaines l'on y disait la messe et l'on répandait de l'eau bénite sur les tombes. On révéra longtemps les ossements entassés de ces guerriers; enfin l'autorité elle-même les fit disperser. Les confédérés brûlèrent Greiffensée, puis Dubelstein, château du brave Paul Gœldli, bailli de Greiffensée, et la grande Moos, château de la famille de Schwend, enfin Werdegg, appartenant aux Hunnwil, et tout ce que les Laudenberg possédaient à Pfefflikon. Pendant ce temps, cinq cents hommes de Schwytz et de Glarus chassaient les Autrichiens de Nydberg et Freudenberg au pays de Sargans.

On voulait contraindre Zürich à faire la paix avant l'arrivée des Armagnacs. Le bannières se réunirent à Hongg, à une lieue de la ville. Uri, Schwytz et Glarus venaient de Gruningen; Lucerne, Zug et Unterwalden, de Baden; Berne s'y joignit avec quatre cents hommes de Soleure. Zürich ne fut point prise au dépourvu. L'esprit patriotique s'y réchauffa : tout fut rasé autour de la ville, à une portée d'arquebuse. On voulait que l'ennemi ne trouvât ni fruits pour se nourrir, ni maisons, ni granges, ni murailles à la faveur desquelles il pût s'approcher pour tirer de plus près; on creusa de profonds fossés, des lignes de circonvallation, des remparts, et l'on y mit des pièces : tous les pouvoirs furent suspendus, et les clefs de la ville furent données à Guillaume de Baden, investi du commandement suprême : le brave chevalier Jean de Rechberg commanda spécialement les troupes de Zürich. Six cents bourgeois se relevaient chaque jour pour la défense des murailles et des tours. Il se forma une société d'abord de seize, puis de soixante hommes grands et robustes, qui, sous le nom de *boucs*, devaient, comme les chefs du troupeau, se porter partout où serait le danger. Il régnait dans toutes ces dispositions un tel accord, une telle activité, qu'on songeait à peine à la guerre, et que la crainte même se changea en gaieté. Les portes restèrent ouvertes, on dansa sur les boulevards, et l'ennemi n'entendait de son camp que le cri moqueur qui imitait le beuglement de la vache, et celui-ci, *A moi! Autriche.*

Le 1ᵉʳ juin 1444, Zug passa la Limmath, entre Höngg et Alstetten; Soleure et Berne suivirent, et le camp fut appuyé à la Sil, près du couvent de religieuses. De l'autre côté de la Limmath, étaient Lucerne, Glarus et Scwhytz, plus près Uri et Unterwalden. On comptait environ vingt mille Suisses bien pourvus de machines de guerre. Un pont mettait les deux corps d'armée en communication. Le siège se faisait avec d'autant plus d'ardeur que l'on voulait prévenir l'arrivée de l'ennemi ; mais ce fut en vain : il dura soixante jours sans résultat. Les confédérés, endurcis au combat, étaient beaucoup plus vaillants qu'habiles, ils n'entendaient rien à l'art des sièges. En général on visait mal, on choisissait plus mal ses positions. Les boucs parvinrent à s'emparer de trois chariots chargés de vins du lac de Genève; on le but à la vue de l'ennemi ; on prit aussi des convois de bétail ; enfin, une sortie pour enclouer les canons bernois donna lieu à un combat de deux heures, pendant lequel il fut tiré seize mille coups d'arquebuse et de carabine.

Cependant les assiégeants s'impatientaient de l'inaction; il fallut céder à leur valeur ; mille hommes de Zug reçurent ordre d'attaquer au point du jour un moulin voisin du couvent de religieuses entre l'Aar et la Sil. On pensait que la garnison ne laisserait pas consumer la maison d'Othon Werdmuller voisine du moulin, car c'était l'un des citoyens les plus considérés; et mille hommes encore devaient profiter du moment où elle porterait secours, pour prendre un retranchement d'assaut; afin de mieux assurer le succès, on ferait une fausse attaque vers la ville. Mais Werdmuller défendit sa maison avec quelques amis, et la garnison ne bougea point. Pendant l'assaut, on lançait sur l'ennemi de la chaux vive; d'autres furent précipités du haut des échelles. Les *boucs* firent des merveilles, et les Suisses furent repoussés.

Cependant le margrave envoya vers l'empereur deux habitants de Zürich : on en référa à la diète à Nuremberg. Les grands d'Allemagne avaient chacun leurs occupations : ils s'excusèrent de ne pouloir participer à une guerre entreprise sans leur aveu. Les villes pensèrent que c'était l'affaire de l'Autriche, et que d'ailleurs il ne fallait point porter de dommage à des villes et à des cantons avec lesquels on avait jusque-là vécu en bonne harmonie. Cham, l'un des députés de Zürich, lut un récit des malheurs de la patrie. L'empereur renouvela ses instances : tout ce qu'il put obtenir, ce fut une réponse qui sous de pompeuses promesses cachait la volonté de ne rien faire du tout.

Charles VII était bien aise d'occuper au dehors l'esprit inquiet de son fils, et de se défaire en même temps des Armagnacs. Vers la Pentecôte, il déclara qu'il serait permis au dauphin d'aller avec ses chevaliers et une forte armée chercher des ennemis à combattre. Tous se disposaient ; ils étaient en marche, quand de nouveaux événements les appelèrent plus spécialement vers Bâle, et préparèrent la mémorable bataille de Saint-Jacques : nous allons les rapporter en peu de mots.

La noblesse d'Argovie, quoique liée de combourgeoisie avec les villes, tenait en grande partie à la maison d'Autriche, dont elle recevait tout son éclat. Tel était Marquard de Baldeck, possesseur du château de Schenkenberg et faisant partie de la bannière de Brugk, ce qui le soumettait à Berne. Dans la guerre de Zürich, Baldeck avait pris le parti de la noblesse ; ce que les Bernois ne voulurent tolérer, car le château de Schenkenberg pouvait inquiéter beaucoup la marche de leurs troupes, soit sur Laufenbourg, soit sur Zürich. Ils chassèrent donc Baldeck, puis, sur la prière de l'évêque de Bâle, ils le rétablirent ; mais Baldeck, au lieu d'en être reconnaissant, ne cessait de se plaindre qu'à lui seul, de tous les seigneurs, il ne fût plus permis de faire la guerre aux Bernois. Chez lui se trouvaient son frère, Jean de Baldeck et Thomas de Falkenstein, autrefois gendre de Jean. Les Falkenstein avaient été sous la tutelle de Berne : ils étaient d'une très-antique noblesse, possédaient beaucoup de châteaux, et Thomas était landgrave de la Sisgovie. Mais l'un et l'autre étaient capables des plus folles entreprises. Jean avait engagé à l'Autriche son château de Farnsbourg, et il en dépensait le prix à Seckingen avec une maîtresse. Thomas, sur les instigations de la noblesse, résolut de tenter un coup de main, pour la réussite duquel tous les moyens seraient bons. Les Falkenstein avaient droit de bourgeoisie à Brugk ; ils y étaient accueillis avec respect : on disait que du camp de Zürich, ils allaient chercher l'évêque de Bâle pour qu'il mît la dernière main à une convention qui ferait cesser tous les maux du pays. Leur passage fut donc un jour de fête, et le jour suivant un jour de sécurité. Dans la nuit du lendemain, le garde de la tour au-dessus du pont de l'Aar entendit frapper ; on lui cria : *Compère, ne connais-tu pas Falkenstein? Voici monseigneur de Bâle, nous apportons la paix, ouvrez; nous sommes pressés, nous courons au camp de nos seigneurs les Bernois.* Le portier, qui connaissait Falkenstein, n'hésita point. Deux valets à la livrée de Bâle passèrent, et la nuit ne permit pas de voir que le compagnon de Falkenstein, au lieu d'un évêque, était Jean de Rechberg, enveloppé dans son manteau. Il y avait une suite nombreuse. Les cavaliers arrivaient deux à deux : c'étaient, disait-on, des secrétaires, des valets, des députés, etc. Le portier s'en étonna et voulut refermer la porte pour aller prévenir le magistrat : aussitôt sa tête vola dans la rivière. Plus de quatre cents cavaliers pénétrèrent alors dans la ville en poussant de grands cris : les bourgeois accourus à ce tumulte furent massacrés ; les issues étaient gardées, et les magistrats furent enfermés avec les principaux citoyens au nombre de soixante et dix ; on pilla les objets les plus précieux. Falkenstein allait faire décapiter les magistrats qui avaient reçu ses serments, qui l'avaient honoré, aimé, quand Rechberg lui reprocha sa cruauté. Les campagnes s'armèrent pour venger Brugk, et ses oppresseurs y mirent le feu : les portes en étaient fermées, toute la population allait périr. Les cris des femmes et des enfants effrayèrent Falkenstein lui-même. Il rendit les clefs à une vieille femme, mais la ville devint un monceau de cendres. Pendant qu'on emmenait les captifs, Thomas de Falkenstein se montra une seconde fois avide de leur sang : *Ne ferait-il pas aussi bon moissonner ici*, s'écria-t-il, *qu'à Greiffensée?* Ce fut encore Rechberg qui les sauva, et ils furent enfermés dans la tour située au milieu du Rhin, à Laufenbourg.

Falkenstein se retira dans le château de Farnsbourg, non loin de Rheinfelden. Berne, Lucerne, Soleure et Bâle l'envoyèrent assiéger. Ces guerriers étaient brûlants du désir de se venger; il ne paraissait pas qu'il y eût des murailles ou des rochers capables de résister à leurs assauts; on proposa de capituler, mais sans succès. Jean de Rechberg alors exhorta la garnison à tenir jusqu'à ce qu'il eût appris si l'on pouvait espérer des secours. Dans la nuit il trouva moyen de traverser le camp des ennemis, courut vers le dauphin, et dirigea de ce côté la marche des Armagnacs. Il n'eut pas de peine à y déterminer le prince, car le pape désirait surtout la dispersion du concile de Bâle; il mettait à ce prix la confirmation de la pragmatique sanction de saint Louis. Le roi, au lieu de dix mille hommes qui lui avaient été demandés, en envoyait cinquante mille. Un corps d'armée fut dirigé sur Metz, un autre sur Toul et Verdun, un troisième sur l'Alsace. Le dauphin marcha vers le Sundgau, par Montbéliard. Une déclaration annonçait qu'on venait châtier les Suisses ennemis de tout pouvoir institué par Dieu, et rendre à la France sa limite naturelle, le Rhin. Les paroles les plus pacifiques terminaient cette pièce, où l'on demandait néanmoins des subsistances pour vingt-quatre mille hommes. Les plus vaillants et les plus illustres seigneurs de France étaient avec Louis. La noblesse alsacienne vit leur arrivée avec joie, on se porta au-devant d'eux. Les princes de l'Empire et Sigismond lui-même en conçurent de graves inquiétudes; ils comprirent qu'il était temps de songer à des mesures de précaution.

Bâle pourvut tout aussitôt à la défense de sa vaste enceinte; ce qui était d'autant plus difficile, que là aussi la noblesse s'était séparée de la bourgeoisie. On éleva un boulevard devant la porte qui regarde le Suntgau, on rasa les maisons extérieures, et l'on fit des provisions pour un an. Le dauphin cependant accourait pour dégager Farnsbourg, puis Zürich; il voulait punir les Suisses, dissoudre leur fédération, venger la noblesse, et tirer pour la France et pour lui-même le plus grand parti possible de son expédition. A l'approche de ces troupes, les campagnards, effrayés de leurs excès, se sauvaient dans Bâle, où l'on accueillait quiconque apportait ses provisions pour un an, et consentait à vendre le reste à bon prix à la ville. Au camp devant Zürich, on ne s'émut pas beaucoup des rapports qui arrivaient les uns après les autres sur les forces des Armagnacs, et l'on se contenta d'envoyer six cents hommes de plus devant Farnsbourg.

Le dauphin s'avança par Landscron, château de Burgard, Mönch, la vallée de Leymen et celle de la Birse jusqu'à Pfeffingen. Il envoya le comte de Sancerre à la tête de huit mille hommes occuper la plaine de Munchenstein, en prolongeant le Wartenberg dernière pointe du Jura. Ce corps était soutenu par le maréchal de Dammartin qui s'établit à Mutenz. Bâle avait envoyé un de ses conseillers, Seevogel, aux confédérés pour leur représenter le danger qu'ils couraient en se laissant intercepter, et pour accélérer leur marche. Les Suisses ne firent qu'en rire : *Je ne suis point timide*, s'écria Seevogel; *ce que je dis est vrai : l'ennemi s'approche; mais je reste avec vous, et vous verrez si j'ai du cœur*.

Il fut décidé, pour satisfaire à l'ardeur de l'armée, que dans la nuit quinze cents hommes iraient pousser une reconnaissance vers Prattelu pour explorer la position et la force de l'ennemi, mais qu'on éviterait le combat, et que surtout on ne passerait point la Birse. La marche fut précipitée et s'exécuta avec une sorte de rage. Le 26 août, à 8 heures du matin, les Suisses rencontrèrent les Armagnacs. Ceux-ci étaient avertis de leur arrivée par des éclaireurs et par la garnison de Farnsbourg. Le maréchal de Dammartin développa sa division, envoya cent cavaliers pour attirer l'ennemi, cent autres pour les soutenir, et cent encore pour le prendre en flanc. Quant aux Suisses, Seevogel et Matter eurent beau disposer la bataille, il fallut les abandonner à leur impétuosité. Le maréchal reconnut bientôt qu'il ne devrait le succès qu'à l'avantage du nombre ; il se replia sur Mutenz. Malheureusement ni la fatigue, ni le danger ne purent rendre les Suisses dociles à la voix de leurs chefs. Ils mettaient en fuite plus de milliers d'hommes qu'eux-mêmes n'en avaient de centaines, et forcèrent les Français de repasser la rivière. De la hauteur où ils étaient, c'est-à-dire, du rivage de la Birse, ils voyaient la campagne jonchée de morts, Bâle bien défendue ; la poussière leur dérobait la connaissance du reste. Quant à eux, ils n'avaient point éprouvé de pertes ; ils avaient conquis des drapeaux, des chevaux, des caisses, des provisions et des munitions : forts de leurs succès, on ne put les retenir. Ils voulurent passer la Birse, parce qu'il y avait là six cents hommes qui semblaient les braver et les provoquer.

Non loin du rivage étaient les troupes du maréchal : plein d'admiration pour les Suisses, ce corps avait fait sa jonction avec le dauphin, qui envoya huit mille hommes pour observer la place, de façon qu'elle ne pût secourir l'ennemi, ni le recevoir. En effet, trois mille hommes sortirent de la porte Saint-Alban, espérant faciliter aux Suisses les moyens de se retirer dans la place. Ces trois mille hommes allaient être coupés, quand les gardes de la tour jetèrent des grands cris et firent tous les signaux d'alarmes. Cette troupe rentra tristement dans ses murs. Cependant les chefs suisses rappelaient les ordres qu'ils avaient donnés en quittant Farnsbourg ; ils faisaient ressortir les avantages de la position qui permettait d'attendre des secours en gardant le cours de la Birse ; ils réclamaient l'obéissance au nom de l'honneur et du serment, le tout en vain : on eût dit que les ombres vengeresses de Greiffensée poursuivaient les soldats. Ils se jetaient dans la Birse et gravissaient la rive opposée sous le feu des pièces ennemies, et en face de ses innombrables bataillons.

Toute l'artillerie française fit feu : alors Jean de Rechberg avec six cents cavaliers allemands, et après lui toute la puissance des Armagnacs, s'avancèrent avec impétuosité contre les Suisses : ceux-ci ayant passé la Birse et longé l'étang de Saint-Alban, étaient parvenus près de Saint-Jacques, non sans éprouver des pertes notables. Il ne leur fut plus possible de se reformer, car cinq cents hommes se trouvaient interceptés entre l'étang et la rivière, et cernés de toutes parts ; les autres se virent forcés de se frayer un chemin vers Bâle ; mais dans ce moment même les Bâlois étaient contraints à la retraite par les Armagnacs postés à Sainte-Marguerite. Les cinq cents Suisses, épuisés à force de vaincre, fatigués de la marche et certains de la mort, s'emparèrent du cimetière de Saint-Jacques. Mais leur perte était évidente, ainsi que la destruction de ceux qui étaient dans la plaine. Le dauphin voulait leur offrir une capitulation, bien persuadé que chacun vendrait chèrement sa vie. Alors Pierre de Morimont supplia le maréchal de Dammartin de n'épargner personne, tant la noblesse était irritée contre les bourgeois et les paysans.

Trois fois les Suisses repoussèrent les assaillants du cimetière de Saint-Jacques, tandis que leurs valeureux compagnons périssaient dans la plaine ; deux fois ils exécutèrent de sanglantes sorties, répandant partout la terreur et la mort. Il fallut pour renouveler l'assaut les exhortations et les reproches des chefs ; enfin l'artillerie renversa la muraille derrière laquelle étaient retranchés les Suisses. Des chevaliers allemands pénétrèrent dans le cimetière : les Armagnacs mirent pied à terre, le combat eut lieu d'homme à homme, et l'on mit le feu à la tour dont les Suisses avaient détruit l'escalier. Après plusieurs semaines on trouva sous les voûtes, quatre-vingt-dix-neuf hommes étouffés, desséchés et debout contre les murs. Tous les autres, sans aucun sentiment de la douleur, arrachaient souvent de leurs blessures les traits dont ils étaient percés et les renvoyaient à l'ennemi; en vain leur sang s'écoulait, en vain les forces les quittaient. Ils combattaient toujours : l'un se défendait à genoux et l'autre d'un seul bras. Nul n'expirait qu'il ne se fût entouré de cinq ou six cadavres. Après dix heures de combat, à l'exception de dix hommes qui avaient été coupés de leur corps dès le passage de la Birse, tous les Suisses étaient couchés sur le champ de bataille. Il y en avait, tant à Saint-Jacques que dans la plaine, onze cent quatre-vingt-dix. Au contraire, du côté de Pratteln, et jusqu'à la Birse, gisaient onze cents chevaux et huit mille morts; à Saint-Jacques, Jost Reding, frère du landamman, était tombé avec tous ceux de Schwytz. Un seul osa leur survivre; ses nombreuses blessures ne lui servirent point d'excuse, et il fut toujours l'objet de la haine publique. Glarus avait perdu Tschudi, fils du landamman, et Werner Ædli respirait encore, quoique évanoui sous le poids de sept blessures. Il vécut, et, dans une vieillesse avancée, fut le chef de son canton. Le capitaine d'Uri, Arnold Schik, Jean Matter, capitaine des Bernois, et le Bâlois Seevogel, dont le courage n'était plus douteux, dormaient sur le champ de douleur avec tous leurs soldats. L'histoire a retenu un trait d'héroïque justice qu'il ne faut pas omettre : l'un des plus ardents moteurs de la guerre, Burkard Mönch, était resté pendant la bataille renfermé dans son château de Munchenstein. Après la victoire, il se promenait avec d'autres cavaliers, et pendant que leurs chevaux foulaient aux pieds les cadavres, il se réjouissait de voir un de ces héros aux prises avec la mort : pour rendre ses derniers moments plus amers, il s'écria, en riant : *Nous nous baignons aujourd'hui dans les roses*. L'indignation rendit la vie au guerrier : *Mange une de ces roses*, dit-il, et d'une main assurée, il lui lança une pierre sur la visière, et lui écrasa les yeux, le nez, la bouche. Aveugle et sans voix, Burkard mourut en moins de trois jours, et ne fut point inhumé dans la sépulture de ses pères.

Le dauphin jura que jamais il n'avait vu de pareils hommes, ni remporté une victoire qui lui laissât à déplorer la perte de l'ennemi, autant que la sienne. Dammartin, Sancerre, les Pères du concile, tout ce qu'il y avait dans ce pays d'illustres étrangers, s'unirent dans une commune admiration de ces braves qui avaient de beaucoup surpassé l'action des Thermopyles. Louis leur fit rendre les derniers devoirs par les Bâlois. On prit soin de ceux qui respiraient encore. Soleure et Berne firent lever le siége de Farnsbourg et celui de Zürich, car le bruit se répandit que ces villes étaient elles-mêmes menacées par les principales forces de France et de Bourgogne. Un émissaire de Thuring de Hallwyl avait pénétré dans Zürich, et y avait donné la nouvelle du massacre des Suisses. La joie qu'on fit éclater demeurera comme une tache éternelle dans l'histoire de cette ville : on sonna toutes les cloches, on fit retentir les fanfares. Les assiégeants n'en connaissaient pas la cause; mais du haut des murs on leur criait les noms de Birse et de Farnsbourg; enfin un messager de Bâle vint annoncer le désastre. L'artillerie de Berne fut conduite à Baden sur la Limmath, et la bannière avec celle de Soleure se concentra à Lenzbourg. Zug et Lucerne prirent ensemble une position, et toutes les autres bannières rentrèrent dans leurs cantons. Les Zürichois avaient fait une sortie, et jeté beaucoup de désordre dans l'arrière-garde, en se rendant maîtres de tout ce qu'on n'avait pas encore enlevé du camp.

Mais des querelles s'élevèrent entre le dauphin et l'empereur : Louis se plaignait de ce qu'on n'eût point pourvu à l'entretien de son armée, quoiqu'il fût venu dans l'intérêt de la maison d'Autriche ; il demandait pour continuer la guerre qu'on lui livrât le trésor de Sigismond, attendu que par un article secret, il était dit qu'il épouserait une princesse française. Frédéric se récriait contre cette publication d'un article secret, il se refusait à livrer à l'avance des sommes qui appartenaient à son parent, se plaignant de ce que les troupes du dauphin campaient chez ses sujets au lieu de faire la guerre aux Suisses ; enfin il accusait Louis de traiter avec eux, et en effet on négociait. Le duc de Bourgogne ne se souciait de voir régner sur la Suisse, ni la France, ni l'Autriche ; il fit sous main disposer à la paix les confédérés réunis à Zophingen, et il y employa les comtes de Valengin et de Neufchâtel, qui étaient liés avec Berne de combourgeoisie. Les conférences eurent lieu à Ensisheim. Le dauphin y conclut la paix avec les nobles, bourgeois, campagnards de Bâle, Berne, Lucerne, Soleure, Uri, Schwytz, Unterwalden, Zug, Glarus, et leurs sujets, et promit d'en agir envers Louis, duc de Savoie, Jean, comte de Fribourg et Neufchâtel, Jean, comte d'Arberg et Valengin, comme si jamais il ne leur eût fait la guerre. On stipula liberté entière du commerce dans tous les États du roi très-chrétien et du dauphin. Celui-ci s'engageait à contraindre à la paix les nobles qui avaient déclaré la guerre à Bâle et aux cantons. En conséquence de ce traité, il ne viendrait point avec son armée dans les cantons. Il essayerait de se faire médiateur entre eux, Zürich et l'Autriche, sans que le mauvais succès de cette négociation pût en rien invalider le traité, qui devait être juré sur l'Évangile par tous les chefs présents et par tous ceux qui surviendraient. Il fut signé le 28 octobre 1444. Bâle, beaucoup d'autres villes, et le pape Félix V, crurent devoir acheter le repos en satisfaisant à une contribution en argent réclamée par le dauphin ; mais les Suisses ne donnèrent pas un denier, et deux mois après le malheur de Saint-Jacques, on les voit traiter avec la France d'égal à égal.

Depuis la levée du siège de Zürich, les Suisses n'avaient pas cessé de tenir la campagne et de faire du mal à l'ennemi. Le lac était à eux, parce qu'il était croisé en tout sens par un grand vaisseau portant plus de soixante-dix hommes et de l'artillerie. Glarus était rentré dans la possession du pays de Sargans, momentanément envahi par les Autrichiens pendant le siège. Cependant les déclarations de guerre de tous les seigneurs allemands arrivaient les unes après les autres. Ils tentèrent une surprise sur Baden : un matin, à la faveur du brouillard, et revêtus des insignes des confédérés, ils s'introduisirent dans la ville ; mais les bourgeois, éveillés par le bruit des cavaliers, coururent aux armes et les chassèrent, non sans perdre leur brave avoyer. Les essais de négociations, que l'évêque de Bâle et les villes de Souabe firent à Constance, avortèrent, les Suisses ne voulant ni céder un pouce de terre, ni payer un florin d'indemnité. Ils serraient Rapperschwyl de si près, que les chats, les souris y étaient regardés comme les mets les plus délicats, et qu'on voyait des enfants mourir de faim. Le duc Albert ravagea le bailliage de Gruningen. Deux vaisseaux fabriqués à Brégenz furent vus sur le lac à Meila : on les avait fait venir jusqu'à Diessenhoven sur le lac de Constance et sur le Rhin ; de là, ils avaient été amenés sur des chariots à Zürich, où on les avait chargés de provisions pour Rapperschwyl, tandis que le duc Albert et le margrave protégeaient l'expédition par terre. Dans le même temps le pays de Sargans fut surpris par Brandis, arrivé de l'autre rive du Rhin avec six mille hommes ; il entra dans Walenstadt avant que Glarus pût y porter secours : il fallut se borner à garder la frontière. Au milieu de l'hiver, on vengea cette surprise en ravageant les terres de Brandis au delà du Rhin, en revenant devant Sargans, en le pillant, en y mettant le feu, tandis que le comte se renfermait timidement dans les murs du château et gémissait sur les résultats de son expédition. A Bâle, la conduite de la noblesse amena une mesure qui priva des droits de cité tout homme qui ne renoncerait pas aux fiefs étrangers. Elle affligea les Baerenfels, les Rotberg, les Offenbourg, et d'autres familles qui avaient rendu de grands services à la patrie, dans la guerre comme dans la paix; mais elles ne sacrifièrent point à l'esprit de parti. On fit des expéditions contre les châteaux des seigneurs qui avaient favorisé les Armagnacs: celui de Blotzheim appartenant aux d'Eptingen; celui de Durmenach aux Flaxlanden, furent pris tous deux. Quelques excès de Pierre de Morimont furent sévèrement réprimés. Les Bâlois firent aussi une incursion sur Otmarsheim, ne respectant ni la sainteté du monastère, ni les dames qui y vivaient. Soleure envahit la seigneurie de Ferette. Rheinfelden s'unit à Bâle pour dix ans, malgré la noblesse qui occupait la citadelle. Elle est au milieu du fleuve, sur un rocher que battent les flots écumeux du Rhin. La ville était comme le boulevard de l'Argovie; la voyant attaquée, Berne, Soleure et Bâle y envoyèrent garnison; déjà Jean de Falkenstein avait tenté l'assaut. Les confédérés rompirent le pont, qui du fort communique avec la rive droite, pour empêcher les provisions d'arriver: alors on attacha une corde au moyen de laquelle les provisions passaient dans une corbeille, de la tour de la rive droite au fort. Les machines de l'arquebusier Stuber y faisaient de fortes brèches; il ne paraissait plus tenable. Le duc Albert entreprit de porter secours, mais il ne put tenir sur la rive du Rhin, tant le feu était bien dirigé. Dans le fort, les nobles craignaient pour la vie de Hallwyl et de Jean de Falkenstein, dont les assiégeants ignoraient la présence, car les Autrichiens avaient donné l'exemple de décapiter les prisonniers. La garnison proposa donc de se rendre si on lui promettait qu'elle pourrait se retirer. Sur la question qu'on lui en fit, Ulrich Schütz jura qu'il n'y avait point de nobles. A la chute du jour, ces implacables ennemis de la Suisse sortirent à la faveur d'un déguisement. Ils descendirent le Rhin jusqu'au petit Huningue, et dans la nuit ils vinrent par un détour, rejoindre le duc qui était à Seckingen. Les Bâlois retrouvèrent parmi les décombres la pièce qu'ils avaient abandonnée devant Farnsbourg. On prit beaucoup d'artillerie, une quantité de provisions, et l'on trouva toute la correspondance de Guillaume de Grunenberg sur la marche des Armagnacs.

Dix mille hommes de Bâle, Soleure et Berne, marchèrent sur Seckingen en ravageant le pays. Cette petite ville s'était formée peu à peu autour du couvent de Saint-Fridolin, autrefois propriétaire de Glarus. On sut gré à ce canton de ne point envoyer de troupes contre l'abbesse de Saint-Fridolin, son ancienne princesse, et de regarder comme des alliés les bourgeois de la ville. Uri, Unterwald et Lucerne prirent part à l'expédition. Les Bâlois et les Bernois se disputèrent la préséance pour donner l'assaut, et cette querelle empêcha les confédérés de réussir aussi bien qu'ils le faisaient ordinairement avec des forces de beaucoup inférieures. Nous ne ferons qu'une simple mention de l'expédition contre Neubourg, entreprise pour se venger de quelques pillages: elle fut l'occasion de rendre à la noblesse ses droits, et l'on comprit, après un premier désastre, qu'on avait besoin de l'habileté de quelques chevaliers. A la fin de cette expédition, le bâtard de Ramstein fut noyé, malgré toutes les promesses qu'il faisait pour racheter sa vie par la plus riche rançon.

Une autre expédition fut tentée par Jean de Rechberg pour s'emparer furtivement de toute l'Argovie; mais Pilgrimm de Heudorf qui devait amener quatre mille Autrichiens, ne parut point. Rechberg fut donc repoussé des murs de Brugk, à peine relevés de leur récent désastre; il y fut même blessé: sa présence d'esprit put seule le tirer de ce mauvais pas. Le frère du bourgmestre Stussi fit aussi la tentative de surprendre Baden, il y parut dans l'arrière-saison à la tête de quatre mille hommes. Il avait des intelligences dans la place; mais elle fut si bien défendue qu'il fallut se retirer.

11ᵉ *Livraison.* (SUISSE.)

Sur ces entrefaites on se disputait la possession du lac de Zürich, comme de grandes puissances rivalisèrent depuis pour l'empire des mers. Zürich faisait construire des bâtiments et de grands radeaux; Schwytz l'imitait, son radeau avait cent vingt pieds de long et portait six cents hommes et de l'artillerie. Il était entouré d'une galerie et surmonté d'un toit. L'effet de cette machine qu'on appelait l'*Ours*, était terrible. Le duc Albert étant à Zürich, les soldats de Schwytz dirent qu'ils voulaient lui donner un feu de joie, et ils allèrent sous ses yeux, sans que personne osât les en empêcher, incendier le village de Zollicon; toutefois ils pensèrent être les victimes de leur témérité : un ingénieur imagina une machine à crochets amarrée avec une corde à la porte de Zürich; cette machine se cramponna si bien à leur radeau sous les pontons, qu'on put l'attirer vers la ville; heureusement pour l'équipage que le câble rompit. Rapperschwyl désormais s'approvisionnait par terre et par eau. Dans une de ces escarmouches, le commandant de Gruningen, Werner OEbli, tua de sa main tout autant d'ennemis qu'il avait rapporté de cicatrices de la bataille de Saint-Jacques : il avait brigué la conduite des avant-postes, uniquement parce que la mort l'avait épargné sur ce champ de bataille. Sur le lac, les Zürichois opposèrent à l'Ours, l'Oie et le Canard. Il y eut un combat naval fort opiniâtre entre l'île d'Ufnau et Maenidorf; les bâtiments des confédérés furent mis hors de combat.

Par une des plus froides nuits d'hiver, le garde de nuit de Wollrau, non loin de Pfeffikon, au-dessus du lac, aperçut des vaisseaux ennemis; il vit qu'à Rapperschwyl il se faisait de grands mouvements. D'un autre côté, Jean de Rechberg arrivait par terre avec des soldats de la forêt Noire, accoutumés à gravir les sentiers les plus escarpés; enfin Rapperschwyl fit une descente sur la presqu'île de Hurden; ces forces étaient considérables, c'était toute la bannière. Rechberg avait brûlé le pont de Schindellegi pour ôter tout moyen de retraite ou de renforts aux Suisses peu nombreux qui étaient à Pfeffikon. Aussitôt que le feu se manifesta sur le passage de l'ennemi, le capitaine des Suisses crut que c'était une ruse pour l'attirer loin du lac où se ferait la principale attaque. Il y avait erreur de part et d'autre, comme il arrive au clair de lune; les confédérés ne connaissaient pas la force de Rechberg, et celui-ci était loin de se douter qu'il n'avait affaire qu'à deux cents hommes : se croyant trahi, il se retirait, quand la plus grande partie de la garnison de Pfeffikon se porta sur Wollrau. Chacun donnait avec fureur sur l'ennemi qui cherchait à regagner la hauteur. La confusion était telle que les Zürichois se tuant eux-mêmes, égorgèrent leur banneret et plusieurs membres du conseil; enfin le soleil parut, et ce corps, mieux avisé, s'efforça de regagner le lac pour faire sa jonction avec les navires. Les Suisses prirent position sur une hauteur d'où ils redescendirent avec impétuosité, quand les Zürichois se furent postés près du cimetière de Uf-Grâzzen, derrière un fossé et une haie. Ils attendaient là du renfort; mais Pfeffikon était entre eux et Hurden, où les bâtiments des Suisses avaient été fort maltraités et abandonnés. On les amenait, quand un guerrier qui portait ordinairement la bannière devant le banneret qui venait de périr, la tira furtivement de son manteau et la montra aux équipages; à cette vue ils comprirent l'étendue du désastre et se retirèrent, laissant quelques vaisseaux pour charger les morts. Pfeffikon n'avait pas été entamé : on entendait çà et là des troupes qui accouraient au secours de Schwytz. Rechberg, pour couvrir son départ, mit le feu aux maisons de Freyenbach; les confédérés n'avaient perdu que quinze hommes; mais leurs navires étaient au pouvoir de Zürich qui les brûla.

Quelques petits combats près du lac de Walenstadt et dans la Thurgovie, une surprise inutilement tentée sur Wyl, tels sont les événements de peu d'importance qui suivirent cette action. Les Autrichiens voulurent aussi envahir Appenzell. On s'était réuni au château de Rheineck, on avait gravi la montagne près du champ de bataille de Wolfshalde, lorsqu'une brusque attaque occasionna une fuite générale. La noblesse y perdit beaucoup de monde; le seul exploit qui mérite d'être rapporté avec quelque détail, c'est la bataille de Ragatz, parce qu'elle eut de l'influence sur les négociations entamées depuis si longtemps, toujours infructueuses, toujours abandonnées ou transférées de ville en ville.

Le chevalier de Rechberg persuadé qu'on ne pourrait vaincre un ennemi aussi redoutable que par des masses, eut recours à Wolfhard de Brandis; ils levèrent une armée de six mille hommes dans les pays qui séparent le lac de Constance de l'Adige, et la réunirent à Vaduz. La circonstance paraissait favorable : Bâle et Soleure redoutaient les soldats des Armagnacs, Berne était en dissension avec Soleure. Le projet était de passer le Rhin. Appenzell en avertit les confédérés. Les Glarnais désiraient prendre possession définitive du pays de Sargans, d'où l'ennemi pouvait toujours les inquiéter, ce qui les empêchait souvent de prendre part à des expéditions lointaines : on voulut donc surprendre l'ennemi au delà du Rhin pour se rejeter sur Sargans; mais le contingent d'Appenzell, on ne sait pourquoi, manqua au rendez-vous. Cela n'empêcha pas les Suisses de s'avancer en vainqueurs jusqu'à Ragatz. Ils passèrent le Rhin plus d'une fois, et punirent Brandis en ravageant les terres de ses vassaux. C'en était fait du pays de Vaduz, si une crue subite du fleuve n'eût mis fin à ces incursions. Déjà il y avait lieu de supposer que la campagne se terminerait sans action décisive, et les confédérés se tenaient à Metz sans soupçonner aucune attaque. Toup à coup Rechberg passa le Rhin avec toute son armée et s'établit à Ragatz. Les onze cents confédérés en furent promptement informés : ils ne songèrent pas à la retraite : loin de là, ils prirent position sur une hauteur; on hésitait si on attendrait l'ennemi ou si on l'irait chercher. Les Glarnais regardant leur bannière où était l'image révérée de saint Fridolin, s'écrièrent : *Celui qui par amour pour son Dieu est venu des extrémités de la terre, n'obtiendra-t-il pas de Dieu que demain, jour de sa fête, sa bannière soit triomphante comme toujours? Dieu et saint Fridolin sont avec nous.* On marcha donc à l'ennemi, en silence et les rangs serrés, en se dirigeant sur Wongs.

Le lendemain, quand les Suisses se mirent en mouvement, l'armée de Rechberg était à peine éveillée; il s'avança à la tête de quelques cavaliers, reconnut Ital Reding, et derrière lui les Suisses. Aussitôt il rentra pour ranger ses troupes, les cavaliers au centre, l'infanterie aux deux ailes, l'artillerie en avant, un corps de réserve sur les derrières. On voulait faire une trouée au moyen de l'artillerie; la cavalerie devait ensuite y pénétrer et sabrer tout ce qui se présenterait, tandis qu'à droite et à gauche l'infanterie prendrait l'ennemi en flanc. Ital Reding, digne de son père par son courage, son habileté, son éloquence, et Jost Tschudi, respecté depuis trente ans dans les diètes et dans les batailles, firent chacun aux soldats de courtes allocutions. L'ordre de bataille de l'ennemi n'était pas encore complété, que déjà Schwytz et Glarus avaient donné avec vigueur. Les cavaliers de Rechberg attaquèrent : son artillerie n'avait pu jouer avec succès, et bientôt une charge irrésistible fut exécutée par les Suisses. La noblesse se rappela involontairement les massacres de Sempach et Næfels, elle ne put tenir en présence des mêmes ennemis. Bientôt l'armée se débanda, les chevaliers fuyaient à bride abattue, les fantassins étaient tués par centaines; tout eût péri sans un mouvement de la réserve. Chacun voulait être le premier à repasser le Rhin, on ne cherchait pas même le gué; beaucoup de chevaliers se noyèrent, et les confédérés en tuèrent encore en les visant au milieu du fleuve. L'artillerie et les magasins tombèrent en leur pouvoir. On

11.

fêta saint Fridolin, et l'on consomma gaiement les vivres préparés pour six mille hommes. L'ennemi fut entièrement découragé, et l'on résolut de célébrer éternellement cette journée. Toutefois la victoire n'eut pas le résultat qu'on en devait attendre; faute d'artillerie on ne put prendre ni Sargans, ni Walenstadt; le pays rentra donc sous l'ancienne domination En général, les cantons ne s'inquiétaient pas assez de l'intérêt de chacun d'eux en particulier; au lieu de protéger Glarus, ils se contentèrent d'avoir ajouté à leurs trophées un impérissable fait d'armes.

Le commandeur de Saint-Jean, Hugues de Montfort, faisait de grands efforts pour amener la conclusion de la paix; ami des deux partis, il indiqua une conférence sur le lac même, auprès de Wædischwyl, sa commanderie. Les plénipotentiaires avaient chacun un navire; pour lui, il passait et repassait en nacelle, et les exhortait à la concorde. Rechberg assurait qu'il était disposé à la paix; mais il voulait toujours qu'on rendît à l'Autriche ce dont on s'était emparé pendant le concile de Constance, et à Zürich, ce qu'on lui avait pris. L'électeur palatin, ceux de Mayence et de Trèves, intervinrent; la négociation du lac n'ayant pas eu d'effet, ils indiquèrent une réunion à Constance : les seigneurs avaient perdu leur arrogance depuis la journée de Ragatz. Le palatin y vint avec une suite de trois cents chevaux, et les grands maîtres des ordres teutoniques et de Saint-Jean. Les confédérés y envoyèrent les hommes les plus habiles et les plus considérés, tels que l'ancien avoyer de Berne, Rodolphe Hofmeister, et Ital Reding. Le comte de Neufchâtel y parut pour le duc de Savoie; on y vit aussi beaucoup de conseillers des villes impériales. Les réjouissances et les plaisirs conciliaient les esprits; de son côté, le palatin ne négligea rien pour mener son ouvrage à bonne fin; enfin, le 9 juin, les préliminaires furent signés entre le duc Albert, les villes de Zürich, de Bâle, de Fribourg, de Berne, et tous les confédérés. Cette convention remettait à des arbitres le soin de prononcer entre Zürich et les Suisses : il en devait être choisi deux par chacune des puissances belligérantes, pour commencer leurs opérations dans deux mois à Kaiserstuhl, et les terminer dans vingt et un mois au plus tard : s'ils ne pouvaient s'accorder, ils choisissaient eux-mêmes un sur-arbitre dans une ville libre de l'Empire. Ital Reding ne consentit qu'avec peine à cette dérogation aux traités de la confédération, qui faisaient décider tous les différends à Einsiedeln sans aucune intervention étrangère. Cette nouvelle fut reçue avec enthousiasme dans toutes les parties de la Suisse; le dimanche, jour de la Trinité, les cloches sonnèrent, et firent connaître à tous que ces temps de malheur étaient enfin écoulés.

Devant les arbitres comparurent les envoyés des confédérés et ceux de Zürich; la principale difficulté consistait à décider si cette ville avait pu se liguer avec l'Autriche sans violer ses devoirs envers la fédération : Zürich demandait à en être affranchie; elle réclamait de plus les conquêtes faites sur elle et des indemnités. Au fond, tout dépendait de la solution de la première question. Les deux arbitres suisses décidèrent que Zürich rentrerait dans la confédération. Les deux arbitres de Zürich comprenaient bien qu'il devait en être ainsi, mais ils n'osaient le dire, et se jetèrent dans des moyens dilatoires; car, agir autrement, c'eût été s'exposer à de grands dangers de la part de la populace. Il fut donc convenu que le sur-arbitre déciderait, et l'on choisit Pierre d'Argun, bourgmestre d'Augsbourg, homme puissant, qui, dans sa ville, jouait à peu près le rôle qu'avait si longtemps soutenu Rodolphe Brun à Zürich. Il fallut que le palatin, les électeurs, et ses concitoyens eux-mêmes, le suppliassent d'accepter cette mission délicate. Enfin, il s'y décida, essaya vainement de concilier les uns avec les autres, étudia tous les titres, et se réserva le droit de prendre conseil où il voudrait, et de prononcer ensuite avec une entière autorité. Environ trois mois plus tard, il convoqua les intéressés à Lindau, fit de nouveaux efforts pour parvenir à une transaction, puis, levant solennellement les mains, jura de décider le litige comme il convenait à un homme juste; tous les esprits étaient dans la plus vive émotion. *Pierre Goldschmid*, dit-il, *et Ital Reding ont bien jugé; il faut que Zürich s'en tienne à tous les articles de la ligue éternelle.* Ces paroles produisirent un effet indicible, on eût dit que la foudre était tombée sur Zürich; la consternation y fut universelle, on songeait même à une nouvelle guerre. De la part du bourgmestre Argun, il y avait du courage à se montrer si indépendant; il était en rapports fréquents avec les souverains, surtout avec Frédéric III; d'ailleurs Rechberg et les chevaliers de la Souabe pouvaient s'en venger. Il se montra grand dans cette circonstance. Désormais ami, et non plus juge, il fit venir à Baden les députés des deux parties en présence de ceux de cinq villes impartiales : là il fut reconnu, malgré les répugnances des confédérés, que pour cette fois seulement il serait nécessaire de choisir un sur-arbitre étranger pour terminer le différend qui devait se débattre à Einsiedeln, devant les arbitres qui avaient précédemment siégé à Kaiserstuhl : là s'élevèrent de grandes difficultés sur les indemnités prétendues, sur la rupture du traité avec l'Autriche, sur la remise des conquêtes. Les arbitres rendaient des décisions absolument opposées, et ne s'accordaient pas sur le choix d'un départiteur : l'abbé d'Einsiedeln resta dépositaire des pièces, et on se sépara. Après bien des débats, on se revit au couvent de Cappel, entre Zürich et Zug; il fut décidé que Zürich reprendrait tout ce qu'on lui avait pris : Wadischwyl, possession de Saint-Jean, devait être la limite entre Schwytz et Zürich, comme par le passé. Quant à la question autrichienne, on la remettait toujours à un arbitre; mais on ne put s'accorder; on se borna à en présenter plusieurs, dont les noms furent envoyés, sans aucune observation, à Ueberlingen, avec prière à l'avoyer et au conseil de cette ville de le désigner parmi tous ces candidats. Ueberlingen ne refusa point ce service à l'amitié des Suisses, et désigna Henri de Bubenberg, chevalier, seigneur de Spiesz, avoyer de Berne. Après avoir lu et relu, médité et consulté pendant un mois, ce magistrat, dont toute la Suisse révérait la sagesse, fixa un jour où l'on revint à Einsiedeln : là il déclara que le jugement de Pierre Goldschmid et Ital Reding devait l'emporter, dit que la ligue de Zürich avec l'Autriche était illégale, l'annula, l'abolit. Ainsi finit la guerre qui, depuis quinze ans, ensanglantait et ravageait ce beau pays; elle ne changea presque rien à la circonscription des États.

Les différends avec l'Autriche furent plutôt assoupis que terminés par un traité : chaque seigneur avait à porter des plaintes plus amères les unes que les autres, chacun accablait les confédérés de réclamations. Les Suisses s'en inquiétaient peu, faisaient valoir leurs droits, et répondaient que c'étaient des faits de guerre dont personne n'avait à rendre compte, qu'enfin il y avait compensation. Il n'y eut pas moins d'amertume dans le litige de Bâle avec l'Autriche. Enfin toutes ces notes, ces plaidoyers écrits, cessèrent par l'audacieux coup de main de Guillaume de Grunenberg sur Rheinfelden. Cette ville, toute dévouée aux Suisses, n'avait dans ses murs que des plénipotentiaires de Bâle, Berne et Soleure, dont la présence attestait le droit de leur cité : cependant l'Autriche l'avait engagée à Grunenberg. Impatient de ne pouvoir s'en emparer, il pria l'infatigable Rechberg de le seconder; Thomas de Falkenstein, l'auteur des malheurs de Brugk, ne manqua pas de s'y joindre; on y vit aussi Blumeneck, et Hastadt, illustre seigneur d'Alsace; enfin, on promit tout le secours des Bourguignons et des Français. En un jour de fête, pendant le service divin, parurent devant Rheinfelden des bateaux chargés de bois, sur lesquels étaient quelques hommes en longs habits gris. *Ce sont des pèlerins*, dirent les bateliers; *ils reviennent de Notre-Dame des Ermites, et veulent dîner.* Mais tout à coup ces prétendus pèlerins jettent leurs manteaux, et l'on voit briller les cuirasses ; la garde des portes fut égorgée; cent vingt combattants cachés dans le bois s'élancèrent aussitôt dans la ville : tout ce qu'on trouva dans les rues fut tué, les magistrats furent enfermés; il n'est sorte d'excès ni de désordre qu'on ne se permît. Les malheureux habitants sautaient, les uns à bas des murailles, les autres dans le Rhin; enfin, on chassa toute la population, hommes, femmes, enfants, sans leur laisser un denier pour leur subsistance. Ils furent recueillis à Bâle, tant à l'hôpital que chez des particuliers. Les vainqueurs se partagèrent le butin; ils eurent chacun trois cents florins. Les Bâlois en tirèrent vengeance; ils battirent Rechberg auprès de Heffüngen, blessèrent Thomas de Falkenstein, et punirent Grunenberg par la destruction de Binzheim. En vain Eptingen eut l'insolence de leur déclarer la guerre en son nom et de la part de son chien (c'était peut-être un jeu de mots, une allusion aux Armagnacs, car le chien s'appelait Dauphin), ils brûlèrent son château de Blochmont sur le Blauen; pour lui, il fut pris et jeté dans les fers. Les événements hâtèrent la conclusion de la paix; elle fut négociée à Brisach, par l'évêque Frédéric et le margrave Jacob, le palatin étant déjà atteint de la maladie dont il mourut peu de temps après. Rhemfelden fut rendue à l'Autriche, et le duc permit de rétablir les anciens bourgeois. Dès que les seigneurs l'apprirent, ils brisèrent les portes, les fenêtres, les fourneaux, chargèrent sur des chariots tout ce qu'on pouvait emporter, et ne laissèrent à ces infortunés que des propriétés dévastées.

La guerre avait coûté à Zürich des sommes immenses; la peste, la disette et les combats avaient réduit sa population d'environ moitié; jamais le prix des loyers n'avait été si bas. La ville avait sur le margrave une créance de vingt et un mille florins; les soldats étrangers devaient aux bourgeois. Les Suisses, oubliant tout ressentiment, secondèrent Zürich pour opérer la rentrée des sommes que l'on n'avait avancées à l'ennemi que pour leur faire la guerre. Cette union fit comprendre au duc d'Autriche que la possession de Kybourg ne serait pas paisible; il la céda en compensation de cette prétention, et s'arrangea avec le margrave, dont il acheta les droits sur Bregenz et Hohenek.

Les boucs, ces braves défenseurs de Zürich, n'avaient point encore fait leur paix; les Suisses n'oubliaient point les offenses et les maux qu'ils en avaient soufferts. Voyant qu'ils étaient obstacle au bien public, ils se présentèrent devant le bourgmestre et le conseil, et dirent qu'ils sauraient pourvoir à leur existence, suppliant seulement qu'on leur gardât les sentiments paternels qu'on leur avait montrés jusqu'alors. Aussitôt ils quittèrent la ville, et achetèrent, de l'autre côté du Rhin, un château appelé Hohenkrayen; là ils attendirent du temps et du refroidissement des haines un meilleur sort. Ils ne laissaient point passer une seule assemblée sans intercéder, mais toujours sans succès; si bien qu'à la longue ils trouvèrent des défenseurs même parmi les Suisses, et qu'un jour Friesz, landamman d'Uri, dit que *s'ils se portaient à de nouvelles hostilités, que s'ils s'emparaient de la personne d'un illustre confédéré, on ne pourrait leur en vouloir*. Ce discours fut rapporté aux boucs. Or il arriva qu'un jour Friesz s'en revenait de Zürich sur un bateau, à un endroit où des arbres ombrageaient une baie du lac; tout à coup il en sortit deux nacelles chargées d'hommes armés : c'étaient les boucs. Ils lui crièrent : *Landamman Friesz d'Uri, vous êtes notre prisonnier, ne craignez rien*. Lui, sans manifester d'émotion, dit en passant à leur bord : *Je vous ai donné un bon conseil, camarades; mais franchement je ne croyais pas qu'il dût m'atteindre*. On le conduisit à Hohenkrayen, où il fut très-honorablement traité, et il écrivit aux confédérés qu'il fallait maintenant acheter trois cents florins la paix qu'ils n'avaient pas voulu donner. Ital Reding fit passer la somme, et les boucs promirent une fidélité aussi inébranlable que l'avait été leur courage. Leur société dura autant que la Suisse.

Dans les dernières années de cette guerre, le concile de Bâle fut dissous, par l'effet des intrigues de plusieurs grands que Nicolas V avait gagnés. Éneas Sylvius, qui devait son élévation au zèle qu'il avait montré pour cette assemblée, fut désormais l'un de ses plus ardents antagonistes. Bâle, pour l'honneur et pour l'intérêt de ses habitants, résista à trois ordres de l'empereur, jusqu'à ce qu'une sentence rendue à Gratz, par la cour impériale, les rappelât à l'obéissance. On se soumit avec douleur. Il était temps que les Pères s'en allassent : quelques heures de plus, ils étaient exposés à toutes sortes d'insultes. La translation à Lausanne fut décidée une heure plutôt que l'on n'avait coutume de se réunir; et, en commémoration de cette précaution contre de turbulents adversaires, l'horloge fut pour toujours avancée d'une heure. Cinq cents hommes armés accompagnèrent les Pères jusqu'au col du Hauenstein : là ils étaient attendus par une escorte de Soleure et de Berne, qui les conduisit à Lausanne. Félix V abdiqua, se retira à Ripaille, délicieux séjour au lac de Genève, sur la rive de Savoie. Le concile avait eu pour principal objet la réforme de l'Église, la fin du schisme des Hussites, la réunion des Églises d'Orient et d'Occident. Il y avait dans son sein assez de constance, de lumières et de talents; mais les intrigues de cour, les ambitions des pontifes et des souverains, paralysèrent ces résultats, et l'Église arriva au siècle suivant sans s'être mise à l'abri des entreprises de réformateurs nouveaux.

Une des idées de ce siècle était que l'homme, dans lequel réside une portion du souffle divin, règne sur toutes les créatures; que sa domination a péri parce qu'il s'est éloigné de Dieu, mais que pour la ressaisir il lui suffit de s'en rapprocher. De là les croyances les plus absurdes; de là ces conjurations, ces excommunications contre les animaux nuisibles, les épizooties, les blessures, les orages. Guiliaume de Chalant, évêque de Lausanne, célèbre par sa sainteté, maudit l'anguille; son successeur, Georges de Saluces, accabla de ses malédictions les sangsues, ennemies des truites, puis les vers, les cigales et les souris. En 1499, on donna une assignation aux hannetons qui ravageaient le canton de Berne, et on leur nomma un défenseur. D'après cela, il était naturel qu'on crût aux prodiges. Le jour de Saint-Félix et de Sainte-Régula, patrons de l'église de Zürich, un bruit extraordinaire, semblable à une explosion, se fit entendre dans la nef à minuit; ce prodige avait déjà annoncé le grand incendie de 1280. Près de Mellingen, jaillit tout à coup une source de sang; dans l'Argovie, il fit subitement grand jour à minuit; on eût dit ensuite que la nature était renversée, tant l'agitation fut terrible; puis un grand calme s'établit. A Eberseck, parurent des cadavres entassés; il y eut de la neige au mois d'août, il y eut des oiseaux dont la présence présage la mort, des naissances monstrueuses, des cris plaintifs, des cliquetis d'armes, etc.; on eût dit que la nature tout entière et les esprits eux-mêmes prenaient part aux malheurs de la délirante humanité.

Une guerre s'éleva bientôt entre la Savoie et Fribourg. Guillaume d'Avenches, avoyer de cette ville, était feudataire de la Savoie; le truchsés ou sénéchal de Diesenhoven, l'offensa gravement : soit à l'occasion de cette querelle, soit dans toute autre contestation, Guillaume d'Avenches fut jeté dans les fers. Il renonça aux formes judiciaires; et, sûr de l'affection des citoyens, il déclara s'en rapporter au jugement de la commune. On n'osa poursuivre; on le contraignit de jurer qu'il resterait à Fribourg et ne se vengerait pas; mais, dès qu'il fut libre, il courut vers son suzerain. La Savoie exigea satisfaction de la part du sénéchal, et saisit les marchandises que Fribourg envoyait à Genève. De son côté, Fribourg s'empara des biens de Guillaume d'Avenches, et ces représailles amenèrent des hostilités auxquelles Berne prit part. Ringoltingen, son avoyer, l'un des seigneurs les plus puissants de l'époque, avait projeté un mariage important pour son fils, et l'avoyer Felga de Fribourg venait de le faire échouer. Un autre sujet de mécontentement s'élevait entre les deux cités : Pierre, ce bourreau qui avait montré tant de compassion à l'horrible exécution de Greiffensée, venait d'être tué dans un cabaret, à la foire de Fribourg, et ses compagnons avaient été blessés. On voyait d'ailleurs avec répugnance l'esprit autrichien qui régnait dans la jeunesse de Fribourg, et les plumes de paon dont elle affectait de se parer. Albert d'Autriche envoya du secours d'abord sous le commandement de Louis Meyer de Huningue, puis sous celui de Pierre de Morimont. Les Fribourgeois combattirent vaillamment à Villarsel, à Montenac, à Saint-Fodele. Tout à coup les Bernois s'avancèrent par Morat et par Avenches, et Henri de Bubenberg serra la ville de si près, qu'elle subit pendant plusieurs jours un véritable blocus. Cependant les Fribourgeois surprenaient Schwartzenbourg, et l'incendie des villages apprenait à la ville de Berne le désastre, dont elle fut bientôt vengée. L'avoyer de Bubenberg s'avança par des sentiers difficiles, et parut inopinément avec huit cents hommes, auxquels il avait eu soin de faire prendre des croix rouges, pour qu'on les crût Autrichiens. Passant la rivière à gué, il s'empara d'une bonne position. L'ennemi avait des forces doubles; mais l'attaque fut si brusque, qu'il lui tua plus de quatre cents hommes. Bubenberg reprit le butin, le renvoya aux habitants de Schwartzenbourg, et rentra dans Berne.

Cependant la Bourgogne, la France, et les confédérés eux-mêmes, intervinrent; la médiation fut confiée à la sagesse de Jean de Neufchâtel. Le traité ne fut pas avantageux pour Fribourg; dix de ses conseillers furent envoyés vers le duc de Savoie, pour demander pardon le genou en terre. Les conditions furent en général aussi défavorables; le mécontentement s'exhalait en reproches mutuels; enfin, le duc Albert d'Autriche résolut d'y venir pour apaiser les partis : il se fit suivre de Thuring de Hallwyl, et montra beaucoup de partialité, ordonnant à l'avoyer et aux conseillers d'attendre ses ordres. Au bout de quelques jours, Hallwyl les apporta : il fallut qu'ils se laissassent tous enfermer; puis on exila l'avoyer et ses conseillers à Fribourg en Brisgau, et l'on renouvela tout le conseil, à l'exception de cinq membres. Hallwyl fut nommé gouverneur, Thierry de Montreux remplaça l'avoyer Felga : beaucoup de citoyens s'enfuirent près de Guillaume d'Avenches, qui avait quitté la ville dès l'arrivée du duc d'Autriche. L'audace criminelle de Hallwyl alla jusqu'à faire pendre à un arbre le président du tribunal supérieur, sans même lui permettre l'approche des sacrements. Berne intervint : elle ne pouvait, non plus que la Savoie, souffrir que l'Autriche dominât exclusivement à Fribourg; l'Autriche, de son côté, comprenait qu'elle serait infailliblement expulsée par la Savoie, créancière de fortes sommes : elle négocia donc elle-même. Mais, avant de partir, Hallwyl eut recours à une perfidie dont le but était d'empêcher les riches de racheter leur liberté : pour cela, il fallait priver les habitants de leurs droits au remboursement de leurs prétentions, et même de leurs objets précieux. Le gouverneur annonça donc une nouvelle visite du duc Albert; il ne s'agissait de rien moins que d'une conciliation universelle; la solennité de la réception se préparait; Hallwyl emprunta à cet effet toute l'argenterie des principaux citoyens. Au jour indiqué, il sortit comme pour aller au-devant du duc, et emmena Felga et tous les grands. A peine avaient-ils fait une lieue, qu'on vit paraître de la cavalerie; le gouverneur alors se retourna, et remit à Felga une charte par laquelle Albert renonçait à sa souveraineté; le prix de l'affranchissement était ce qu'il devait à la ville, et l'argenterie que venait de lui extorquer le gouverneur.

Immédiatement après, Fribourg eut un autre danger à courir : des paysans voulaient s'emparer du conseil et des soixante, les tuer, et prendre possession de leurs maisons. Meyer de Huningue, de chef militaire, était devenu bon bourgeois, en se mariant à Fribourg ; sa sagacité et sa valeur sauvèrent sa nouvelle patrie : tous les conjurés qu'il put saisir furent décapités. Ce fut au milieu de ces calamités que les Fribourgeois entreprirent la construction de leur tour, haute de trois cent soixante-cinq pieds ; ils suivirent un plan que l'un des exilés avait rapporté de Fribourg en Brisgau. La domination de la Savoie fut reconnue : ce fut le comte de Gruyère, seigneur, ami de la cité, qui en prit possession le 10 juin 1452 ; tous les magistrats étant rassemblés dans l'église de Saint-Nicolas, Louis et ses successeurs furent déclarés protecteurs : on abjura tout rapport avec Albert, dont l'indigne conduite fut justement flétrie. Le duc promit en échange que les percepteurs seraient ses seuls employés, qu'il n'établirait aucun château, aucun ouvrage qui pût inquiéter la ville ; il fit remise de sa créance, et accorda encore d'autres avantages. Peu de temps après, Salicetti, qui avait été surpris dans Avenches et jeté dans les fers, fut remis en liberté par l'influence de la Savoie et sur la foi de sa parole ; mais l'ayant méconnue, il fut repris et décapité. On détruisait tout ce qui rappelait l'ancienne servitude, et la tour du château de Zæhringen fut démolie. Berne, voyant l'esprit de liberté se développer, restitua toutes les conquêtes qu'elle avait faites.

Le comté de Neufchâtel légué à un margrave de Baden, le Valais rapproché de Berne par la sagesse d'un de ses évêques, quelques démêlés ecclésiastiques dans les Waldstetten, tels sont à peu près les faits contemporains. Alors aussi on allait se prosterner devant le vénérable Nicolas de Flue, dont on admirait la sainteté. On se précipita vers son ermitage quand un incendie consuma la ville de Sarnen : on lui demanda des prières. Il parut sur la montagne, pria Dieu pour son peuple, et l'élément destructeur cessa ses ravages. Il avait fait la guerre avec courage ; mais il refusa la dignité de landamman, et continua à se vouer à la prière dans son agreste ermitage ; ses conseils et ses vertus devaient un jour sauver la patrie et la liberté. On montre encore les ruines de son ermitage dans les affreuses solitudes du Melchthal.

Les guerres qui éclatèrent entre Venise et les Sforce, après la mort de Philippe Visconti, donnèrent lieu à plusieurs expéditions d'Uri vers l'Italie, et bientôt le val Lévantine fut entièrement abandonné à ce canton. Dans les Grisons, la noblesse conspira contre la ligue populaire : Henri de Werdenberg Sargans organisa la ligue noire, ainsi nommée soit à cause de la couleur des vêtements, soit à raison de tout autre signe. Jean de Rechberg conduisait cette noblesse : à la faveur de la nuit, on put traverser Tamins, Ræzuns, Domleschg, et s'emparer des défilés du pays de Schambs. Henri de Ræzuns faisait partie de l'expédition, et l'évêque de Coire la favorisait. L'affaire était des plus dangereuses pour les Suisses ; car Milan s'associant à la ligue, ils étaient pris en queue, et c'en était fait de leur indépendance. La petite troupe s'avança donc ; d'abord elle évita les villages, choisissant de préférence les prairies ; et, quand on entendit résonner les pas des chevaux, les habitants du pays de Ræzuns n'en conçurent aucune inquiétude, parce que les seigneurs, pour mieux couvrir leurs projets, avaient annoncé une partie de chasse ; mais quand vint le jour, quand les pâtres les aperçurent, ils poussèrent de grands cris. Quoique Schambs fût déjà intercepté de toute communication, on prit les armes ; tout le Rheinwald retentit du bruit des cors. Les hommes du désert accoururent, et la noble troupe, qui avait pénétré jusqu'au pied du château de Bœhrenbourg, en frémit d'effroi, chercha son salut dans la fuite, et ne trouva que la mort. Le seigneur de Ræzuns, empêché par son embonpoint, espérant d'ailleurs qu'on ignorait sa participation, se laissa prendre.

Il fut conduit devant le tribunal de Valendaun et condamné au dernier supplice. Déjà le bourreau s'apprêtait à lui trancher la tête, et, selon l'usage, lui demandait pardon de ce que son devoir l'obligeait à faire; Henri le pria de l'achever d'un seul coup. Aussitôt l'exécuteur, pour lui montrer son habileté, partagea en deux un cheveu qui flottait au gré du vent. La fermeté du baron n'y tint pas. Heureusement son valet eut une inspiration qui lui sauva la vie. *Amis*, dit-il aux assistants, *mon maître reconnaît sa faute, il ne peut se la pardonner et désire la mort; mais il voudrait mourir comme ont vécu ses pères. Il vous souvient avec quelle cordialité ils vous traitaient, et combien de fois ils ont fraternellement vidé avec vous le bon vin qu'ils possédaient. Le baron, avant de descendre au tombeau, demande à faire comme ils ont fait.* Et en même temps le valet distribuait aux assistants du pain, du vin et des viandes, disant à tous que son maître n'avait pu résister aux séductions de l'évêque, leur rappelant sa jeunesse, son affection pour eux. Tout à coup ces guerriers se levèrent, et tous, d'une voix, crièrent : *Grâce, grâce à Henri!* Il abjura la ligue noire, et fit serment d'éternelle fidélité à la ligue grise. Cependant la multitude se précipita sur les châteaux : Werdenberg, Sargans, Ortenstein, Sans, Canova et Bæhrenbourg, furent emportés, démolis ou brûlés, et le pays de Tomilz se vit affranchi. Rink, le commandant de Baldenstein, au confluent de l'Albula et du Rhin, accéda aussi à la ligue et renonça à ses fiefs; Coire, qui avait conclu un traité de combourgeoisie avec Zürich, fut entièrement incendiée en 1464, et l'empereur, à cette occasion, lui accorda des libertés qui furent pour elle une source de prospérité : elle fut déclarée indépendante de toute juridiction, on lui fit remise de beaucoup de redevances.

A Saint-Gall il se préparait de grands événements : le fils d'un boulanger de Wangen, Ulrich Rech, employé à l'administration de l'abbaye, excitait les religieux contre la conduite molle et insouciante de l'abbé Gaspard de Landenberg. Ce prélat, tout entier à l'étude et à la prière, se souciait peu du pouvoir temporel, et laissait les cantons s'approprier la principale influence sur les affaires; il venait de conclure avec eux un traité dont les dispositions soulevèrent tout le pays, et même Appenzell. On résista; les religieux protestèrent : l'abbé, fatigué des menées d'Ulrich, le fit jeter dans les fers. L'affaire en était là, quand arriva, de la part du saint-siège, le cardinal Éneas Sylvius Picolomini : il fit un sort assez riche à l'abbé, mais il le reconnut incapable de gouverner, et l'élévation d'Ulrich Rech fut confirmée par le pape. Il n'avait que trente ans, gouverna sept ans comme administrateur, et fut vingt-huit ans abbé. C'était un homme de belle taille, maître de lui-même, prévenant pour ceux qu'il estimait, dur et terrible pour les autres. A côté de son lit était une table noire et de la craie, afin qu'il ne lui pût échapper aucune des idées que la nuit fait naître dans les grandes âmes : toute la vie de Rech fut une continuelle activité; il n'avait qu'une passion, qu'une pensée, c'était de rétablir les affaires de Saint-Gall, et d'en être en quelque sorte le second fondateur. Dès qu'il eut reçu les serments de ses inférieurs, il conclut une transaction avec la ville, sous l'assistance d'un envoyé de Berne, et stipula en faveur de l'abbaye tout ce que les titres anciens lui permirent d'exiger.

Appenzell continuait à recevoir en combourgeoisie des vassaux de différents seigneurs; ce qui l'exposait, à chaque instant, au ban de l'Empire : la protection que ce canton accorda aux habitants du Rheinthal, lui attira une disgrâce de ce genre. A la demande des Peyer de Hagenwyl, les Appenzellois avaient marché vers le château de ces seigneurs; il y avait dans l'intérieur du fort un de leurs compatriotes exilé : il y mit le feu; aussitôt l'ennemi profita de l'incendie; mais, au lieu de récompenser le traître, on l'envoya à Berne, où il fut écartelé : puis on indemnisa les Peyer, et tout le Rheinthal demeura soumis à Appenzell. De son côté, Ulrich ne négligeait rien pour se l'approprier; mais il eut beau s'intriguer, ces montagnards comprenaient trop de quelle importance il était pour eux d'avoir à leur disposition le Rhin et le lac. Leurs affaires furent décidées à Lucerne avec quelque partialité pour l'abbé : il éleva ses prétentions à vingt mille florins, et offrit de faire remise de six mille, si on lui cédait le gouvernement du Rheinthal. Les menaces n'y purent pas davantage. Tous les hommes en état de porter les armes se rassemblèrent; il fut décidé qu'on rejetterait la sentence de Lucerne, et qu'on n'en accepterait plus aucune des sept cantons. La majorité était acquise à l'abbé, puisque quatre cantons avaient conclu avec lui un traité de protection. L'abbé somma les confédérés d'exécuter leur sentence; mais il fallut la changer, et surtout en retrancher tout ce qui blessait l'honneur d'Appenzell.

Le Tockenbourg devait bientôt accroître les domaines de Saint-Gall : Petermann de Raron en était le seul maître; il le vendit, à la fin de l'année 1468, au prince abbé pour quatorze mille cinq cents florins; l'empereur confirma cette acquisition; et les traités d'alliance du Tockenbourg avec Schwytz et Glarus furent à l'instant renouvelés. La sage administration d'Ulrich Rech lui procurait les ressources nécessaires à ces immenses acquisitions.

Les Zürichois se relevaient de leurs malheurs; ils s'agrandissaient beaucoup. L'archiduc Sigismond, voyant Wintertür entourée de leurs possessions, l'engagea à Zürich pour dix mille florins. Tous les citoyens de cette ville s'imposèrent une taxe payable pendant quatre ans; mais les habitants de Wædischwyl et de Richterschwyl n'y voulurent point contribuer. Ils représentèrent qu'ils appartenaient à l'ordre de Saint-Jean. On envoya quarante hommes au château de Wædischwyl; ils répandirent le bruit que c'était pour reprendre Pfeffikon; et, tout aussitôt, Schwytz mit quatre cents hommes sur les frontières. Zug et Glarus intervinrent : quinze cents Zürichois arrivèrent, et les rebelles s'enfuirent; on eut peine à empêcher l'effusion du sang; enfin, les confédérés, réunis à Berne, condamnèrent les récalcitrants à payer, mais ne leur imposèrent aucune peine à raison de leur insurrection.

Les grands chemins étaient infestés de brigands, qui ne respectaient ni le sexe, ni l'âge, ni le caractère ecclésiastique, ni le titre révéré des ambassadeurs. Ils se livraient, dans les environs de Liestall, à des actes d'une atroce barbarie. Un jour, une femme n'ayant pu apporter que la moitié de la rançon exigée pour son mari, on la contraignit à le voir exécuter au château de Farnsbourg. Une autre payait dix florins pour que l'on ne coupât qu'une des mains de son mari; et on les lui livra toutes deux dans un panier. Guillaume de Runz gouvernait pour Albert ce château redoutable; il fit donner la question à un étranger, pour le forcer à déclarer que les Bâlois avaient résolu de s'y introduire par une petite porte; puis il le fit écarteler à Rheinfelden, et l'on commença par lui arracher le cœur. Dans ce temps d'horreur, Bâle était florissante par l'ordre, la sagesse, et la vigueur de son gouvernement. Burgard de Rotberg avait suivi l'empereur à Rome; il en rapporta une charte de franchise qui, d'année en année, était lue devant le conseil et les citoyens. La jeunesse, sous la conduite de Berenfels, et de Flaxlanden, alla prendre, sur le sommet des Vosges, l'immense château de Hohenkœnigsbourg, d'où les nobles exerçaient leurs brigandages sur tous les pays voisins. La ville avait surtout à redouter l'ambition du jeune comte de Thierstein, possesseur du château de Pfeffingen, allié de Berne et de Soleure; il exigea dix-sept mille florins, sous prétexte que son père les avait dépensés dans une guerre pour l'Autriche contre leur ville. On paya; mais ce n'était pas l'affaire du comte Oswald de Thierstein. Dans la nuit du nouvel an, il fit mettre le feu à une auberge, et vint s'emparer d'une porte par le secours de deux cents soldats qu'il avait gagnés, et qui furent ensuite bannis; alors il établit un péage sur la route, et Soleure le soutint; mais les Bâlois brûlèrent son établissement, et emmenèrent ses employés. On lui dénonça son droit de bourgeoisie. La police, les lois prirent le dessus, et triomphèrent de toutes ses mauvaises passions. Énéas Sylvius Picolomini, de Sierre, l'âme du concile, alors qu'il n'était encore qu'un pauvre jeune homme ignoré, n'avait point, au comble de la grandeur, oublié la ville de Bâle. Il résolut d'y fonder une université, quand, sous le nom de Pie II, il occupa le trône pontifical ; car son amour pour les sciences était toujours le même. Cette faveur lui fut demandée par une députation du chapitre et des bourgeois, qui le trouva à Mantoue le 12 novembre 1459 ; il en témoigna une grande joie ; ses paroles furent dignes de lui : l'installation solennelle eut lieu le 4 août suivant, et l'on confirma toutes les franchises de l'université. Dès le commencement, il y eut deux cent vingt élèves. La ville s'enrichit aussi de nouvelles acquisitions : elle acheta Farnsbourg aux Falkenstein, et Sissach aux Eptingen.

Le margrave Albert était surnommé Achille pour sa valeur, sa beauté, sa vigueur. Il avait suscité une guerre à la ville de Nuremberg ; huit cents Suisses arrêtèrent le cours de ses prospérités. A Pellerent, il voulut vainement soutenir leurs efforts ; son drapeau et sa trompette tombèrent entre leurs mains. La paix fut la conséquence de cet exploit, et les Suisses reçurent de riches présents. On les appelait partout où l'on avait de grandes entreprises à former ; ainsi ils prirent, pour l'électeur palatin, le château de la Petite Pierre (Lulzelstein), en basse Alsace. Charles VII conclut avec eux un traité d'amitié ; c'était le premier depuis l'extinction de la domination franque.

Mais une acquisition importante se préparait : l'inconséquence et a maladresse des ennemis de Schaffhousen la poussèrent dans la ligue suisse : Sigismond l'avait rendue à l'Empire, déclarée inaliénable, et dotée de libertés considérables ; puis, réconcilié avec l'Autriche, ce même empereur avait exigé que la ville rentrât sous la domination des archiducs. Son successeur, quoiqu'il fût de la maison d'Autriche, ne put l'obtenir ; il se vit même obligé de confirmer les libertés données autrefois par Sigismond. Les habitants étaient en perpétuelle contestation avec le comte de Lupfen pour des droits de chasse, et avec l'héritière de Habsbourg Laufenbourg, qui, du château de Balm, où étaient ses fils, harcelait le commerce et lui faisait éprouver des pertes considérables. Les comtes de Sultz se livraient aux mêmes brigandages. Pour venger quelques marchands d'Ulm, les citoyens s'armèrent, prirent la comtesse de Laufenbourg et ses fils, pillèrent et brûlèrent Balm, Neubourg sur l'Ottersbühl, et même le château de Rheinau. L'expédition rentra triomphante au son de la cloche de Balm, qui avait si souvent retenti pour le malheur de Schaffhousen.

La première pensée de la comtesse fut de faire mettre Schaffhousen en interdit ; et l'empereur lui prescrivit de prêter serment à son frère Albert, qui gouvernait l'Alsace et la Souabe. L'affaire des comtes de Sultz fut traitée pécuniairement : l'Autriche eut recours aux intrigues ; elle essaya de semer des divisions dans la bourgeoisie et dans le conseil. La maison de Fulach était alors l'une des plus puissantes, et tenait le château de Laufen au-dessus de la cataracte. Sur l'autre rive, au pied de cette même chute, le château de Woerd appartenait au principal agent des menées des ducs. Les seigneurs firent au bourgmestre une sommation si insolente, qu'il éprouva quelque peine à la communiquer au peuple. Le ton ironique dans lequel elle était conçue irrita tous les esprits ; on gagna du temps ; et, pendant que Hendorf attendait impatiemment les clefs de la ville, on prévint les Suisses. Tout à coup les cloches s'ébranlèrent, les trompettes sonnèrent, et tous les yeux se tournèrent vers la ville : là, les seigneurs purent voir, sur le pont du Rhin, les députés de Berne, Lucerne, Schwytz, Zürich, Zug et Glarus. Ils se séparèrent, non sans s'adresser mutuellement de vifs reproches ; ils furent même sur le point d'en venir aux mains. La bourgeoisie, réunie à l'église de Saint-Jean, jura l'alliance suisse pour vingt-cinq ans. Les Fulach, d'abord ébranlés, ne l'abandonnèrent plus.

Plusieurs nobles prirent des Strasbourgeois qui revenaient des bains de Pfeffers, et les retinrent prisonniers dans les châteaux de Hohenkræhen et Églisau, jolie ville qui repose aujourd'hui sur les deux rives du Rhin. Ce fut pour Zürich l'occasion d'acquérir cette possession, car elle vengea fraternellement l'insulte faite à Strasbourg ; et tandis qu'une autre troupe de guerriers châtiait Thengern, les terres du comte de Sultz et le Klekgau furent aussi ravagées. La médiation de Schaffhousen et des Fulach arrêta le cours de ces dévastations ; mais Zürich garda Églisau pour indemnité. Pour prouver aux citoyens de Strasbourg avec quelle rapidité Zürich les secourrait toujours, on embarqua dans une nacelle une bouillie et un rôti, et l'on descendit le Limmath et le Rhin, avec une telle vitesse, que le soir même l'un et l'autre plats purent être servis encore chauds sur la table de l'ammeister de Strasbourg. Cette gageure s'accomplissait en un jour de fête ; et, pour la bien célébrer, l'on se livra à toutes sortes d'exercices de gymnastique. Le tir, qui eut lieu à Constance, eut des suites plus funestes : un habitant notable ayant refusé un denier de Berne, le Lucernois qui l'offrait s'échauffa ; les Suisses prirent parti pour lui ; la querelle devint générale, et ils se retirèrent tous en se plaignant de la violation de l'hospitalité. Lucerne appela aux armes, et marcha la première : Unterwald, Uri, Schwytz, Zug, Glarus, Zürich, et enfin Berne et Soleure, envoyèrent leurs troupes ; la Thurgovie fut ravagée ; Weinfelden tomba au pouvoir des confédérés, et l'on ne put les apaiser qu'en leur payant une forte indemnité. Le vieil évêque de Constance, Henri de Hewen, voyant quelle était la puissance des Suisses, et prévoyant qu'ils seraient bientôt maîtres de la Thurgovie, mit sous leur protection tout ce qu'il possédait dans ce pays, et se ligua avec eux pour assurer le repos de ses derniers jours.

A leur retour de l'expédition, les guerriers d'Uri, Schwytz et Unterwald, parurent à la porte de Rapperschwyl, et demandèrent le passage. Cette ville n'avait cessé d'être attachée à l'Autriche, et de conspirer la perte de la Suisse ; elle avait épuisé la mesure de ses souffrances : fatiguée de se voir délaissée par ses souverains, elle s'abandonnait à la faction dite des *Turcs*, sans doute parce qu'ils prêchaient l'obéissance à la fatalité ; tandis que leurs adversaires, les *chrétiens*, prônaient la souffrance et la fidélité. Quelques actes de sévérité barbare envers ces Turcs, avaient indisposé toute la population contre les ducs : bien que la garnison eût été retirée, et que les détenus eussent recouvré leur liberté, la ville était endettée par suite de ses efforts pour une cause dont elle était victime : l'arrivée des confédérés fut donc accueillie avec joie ; leur confraternité avec les Turcs s'étendit bientôt à tous, et l'on résolut de la perpétuer. Dans la nuit même, Rapperschwyl accéda à la confédération qui ne s'inquiéta guère de ce qu'en dirait l'Autriche. Quand la nouvelle en parvint à Wintertür, il ne fut question de rien moins que de massacrer tous les Zürichois qui se trouvaient présents, car on supposait qu'ils agiraient de même ; mais on les trouva profondément endormis, et ils ne furent pas moins étonnés de la nouvelle qu'on leur portait. Sigismond cependant vint s'établir à Constance avec sa cour : son entrée fut magnifique ; il était suivi d'une noblesse et d'une cavalerie nombreuse. Son extérieur était agréable, sa parole séduisante et sensée ; il avait pour lui l'amitié et la médiation de Charles VII.

Un favori disgracié s'était emparé du château de Beseno, près de Trente ; mais, chassé du Tyrol par l'évêque, il s'enfuit à Zürich avec sa femme, acheta le gouvernement d'Eglisau, et s'y fortifia pour braver l'archiduc. Des différends avec celui-ci et le saint-siége, sur l'intronisation de l'évêque de Brixen, servaient merveilleusement la haine de ce favori, appelé Gradner, seigneur de Windischgrætz. Toutes les démarches tentées pour faire accepter un cardinal ami du pape, Éneas Sylvius, furent inutiles ; ce cardinal, fils d'un pauvre pêcheur, appelé Kretz, avait pris le nom de Cusanus, parce qu'il était du village de Cus, dans le pays de Trèves. Le chapitre ne l'avait point élu, et ne le voulait pas plus que Sigismond, recevoir de la main du pape. Pendant que Cusanus, en route pour Rome, séjournait à Bruneck, Sigismond l'y vint surprendre, s'empara du château où il s'était réfugié, et le contraignit à lui faire toutes les concessions qu'il demanda : le prélat promit tout, et on lui permit de poursuivre son chemin. Les difficultés finirent par se compliquer ; enfin, Éneas Sylvius excommunia Sigismond, et cita devant lui tous les Tyroliens auteurs de la résistance. En même temps, le pape engagea François Sforce à marcher contre cet archiduc ; les Suisses ne perdirent point cette occasion. Bernard Gradner les excitait : le 14 septembre, jour de la grande solennité d'Einsiedeln, les bannières se déployèrent ; on vint à Rapperschwyl ; on renouvela les serments, on passa la Tœss, on parut devant Wintertür, on s'empara de toute la Thurgovie : l'alliance fut jurée à Frauenfeld. Puis les confédérés passèrent le Rhin, sommèrent le château de Fussach, que défendait le baron de Mulleg, et précipitèrent du haut des murailles les guerriers qui leur avaient tué du monde. Torenburen et Bregenz furent mis à contribution ; le Vorarlberg trembla, mais la petite troupe victorieuse rentra dans ses foyers.

La noblesse répondit à l'appel de Sigismond ; elle se réunit à Wintertür pour reconquérir ses possessions ; mais les Suisses accoururent de toutes parts. La ville fut assiégée ; le feu y prit de tous côtés. La résistance fut des plus opiniâtres : les femmes même travaillaient et jetaient de l'eau bouillante du haut des murs. Au milieu des dangers de cette attaque, les Suisses, pour ôter aux habitants tout espoir de secours, envoyèrent une partie de leurs forces contre Diessenhoven ; on y mit le feu, et on le prit au moment même où il allait être dégagé. Il se fit, de part et d'autre, des prodiges de valeur : le siège de Wintertür s'était converti en blocus, et bientôt Sigismond vendit cette ville à prix d'argent. Dans l'intervalle, la confédération avait envoyé deux mille combattants à l'électeur palatin contre Adolphe de Nassau ; ils avaient assuré la victoire à Seckenheim, où il fit prisonniers trois princes et de nombreux seigneurs. Ces braves ne se refusaient au redressement d'aucune injustice ; ils allèrent, au cœur de l'hiver, venger contre l'abbé de Kempten un de ses employés, dont il avait blessé l'honneur et les intérêts. Trois cents hommes firent le tour du lac de Constance à travers mille difficultés, combattirent des forces quadruples, et tuèrent le jeune Walter de Hoheneck, qui commandait pour l'abbé.

Cette aventureuse manie d'expéditions était la conséquence naturelle de la grande réputation de valeur que s'étaient faite les confédérés. Quand Charles VII eut fini son règne, les traités furent renouvelés avec Louis XI ; ce qui n'empêcha pas que, sans congé de leurs supérieurs, cinq cents hommes de l'Oberland ne se joignissent au comte de Charolais dans la guerre du bien public, et que six cents autres ne fussent amenés au prince de Calabre, qui tenait aussi pour les seigneurs contre le nouveau roi. Monthléry et le pont de Charenton furent témoins de la valeur suisse. La cavalerie royale ne put rompre leurs rangs serrés ; mais, de retour de cette expédition, ils furent punis ; ceux de Berne, de vingt-quatre heures d'emprisonnement et trois florins d'amende, applicables à la construction de Saint-Vincent. Philippe de Comines dit que ce furent les premiers Suisses qui vinrent en ce royaume, « Et ont été ceux qui ont donné le bruit à ceux qui sont venus depuis, car ils se gouvernoient très-vaillamment en tous les lieux où ils se trouvoient. » Ailleurs il dit : « Les Suisses prenoient frommage sans peler, et buvoient merveilleux traits en très-beaux pots de terre. » La politique commandait à Berne une alliance avec la France; mais elle avait plus de penchant pour Philippe de Bourgogne; et, de son vivant, elle conclut avec lui et le comte de Charolais un traité semblable à celui qui déjà l'unissait à Louis XI; Zürich, Fribourg et Soleure y furent comprises.

Par suite des querelles entre les Hendorf d'une part, et les Fulach et Schaffhousen de l'autre, querelles dont la possession du château de Laufen était la principale cause, le bourgmestre de Schaffhousen, se rendant à Engen pour les affaires de la ville, fut tout à coup attaqué dans un chemin creux par Hendorf, qui le fit conduire à Villingen, où il fut jeté dans un cul de basse fosse, et on le maltraita si fort, qu'il perdit toute sa fortune pour se racheter. Vers le même temps, les prétentions des seigneurs alsaciens devenaient dangereuses à Mulhousen, petite bourgade qui avait pris de grands accroissements depuis que, s'affranchissant de la protection de l'évêque de Strasbourg, elle avait reçu de Rodolphe de Habsbourg le titre de ville impériale, et les libertés les plus étendues; mais elle avait sans cesse à se défendre, et souvent ses faubourgs étaient brûlés par l'ennemi; enfin, elle envoya une députation à Berne : depuis longtemps elle était en relations d'amitié avec Soleure et Bâle. Un meunier retenait six deniers à son garçon; les magistrats ayant différé de connaître de l'affaire, le garçon quitta la ville en menaçant d'y mettre le feu; il alla plus loin, et glissa des déclarations de guerre sous la porte. On voulut le payer; on envoya donc un sergent au cabaret d'un village appelé Brunstatt, où il était; mais dès qu'il s'en aperçut, il s'enfuit; puis, sous prétexte qu'il ne trouvait point de justice, il vendit ses droits au seigneur de Regisheim, d'une famille depuis longtemps ennemie de Mulhousen. Celui-ci déclara l'avoir désintéressé; mais il éleva ses prétentions si haut, qu'on vit bien que le ton amical de sa communication n'était qu'une feinte; en effet, il commença par enlever dix Mulhousiens, et envoya par une vieille femme, la déclaration de guerre qu'il faisait à la ville; puis il dénonça les Mulhousiens à Hallwyl, le gouverneur autrichien. Alors Berne, Soleure et Fribourg conclurent avec Mulhousen une alliance de vingt-cinq ans; mais d'abord elles n'envoyèrent que cent hommes, comptant sur la puissance de leur nom. Cependant le Rheingrave avait pourvu à la punition des perturbateurs. Hermann Klée (c'était le nom du garçon meunier) s'était retiré, avec plusieurs gentilshommes, dans le triple château d'Egeisheim, au sommet des Vosges, d'où la vue s'étend sur toute l'Alsace, sur le Rhin, sur les monts de la Souabe. Les bourgeois de deux villes impériales, Turckheim et Kaisersberg, marchèrent sous la conduite de Pierre Stützel. Le château fut pris et brûlé; Hermann Klée y fut tué, et cette antique demeure des comtes d'Alsace, ce berceau de toutes les familles princières de l'Europe, est en ruine depuis quatre siècles, parce qu'un meunier a refusé six deniers à son garçon.

Cependant Mulhousen continuait à être en butte aux plus insultantes provocations de la part des vassaux des seigneurs. Pour railler ses citoyens au sujet de leur alliance avec les Suisses, on s'approchait de leurs remparts, et on imitait le beuglement des vaches : on ravageait toutes ses possessions, et la ville, non moins que Schaffhousen, payait cher son association à une confédération aussi éloignée. Les citoyens se précipitèrent sur les terres des agresseurs; la Suisse préparait une armée. Le 24 juin 1468, une guerre générale fut annoncée à Sigismond, pour venger Schaffhousen et Mulhousen. Adrien de Bubenberg passa le Hauenstein avec sept mille Bernois, et traversa rapidement l'Argovie.

Quelques jours auparavant, il y avait eu une action assez importante dans les environs de Mulhousen : les ennemis s'étaient réunis en grand nombre à Brunstatt; ils s'embusquèrent, et, faisant enlever des femmes qui allaient aux champs, ils étaient ainsi parvenus à attirer quatre-vingts hommes de la garnison. Tout à coup la cavalerie se montra : après quelque confusion, les Suisses firent bonne contenance; et, malgré les renforts arrivés à l'ennemi, ils repassèrent l'Ill en bon ordre. Eux-mêmes avaient reçu quelques secours; enfin ils remportèrent la victoire. Les Bernois marquaient partout leur approche par l'incendie et la dévastation : tel fut le sort du beau village de Habsheim, qu'on appelait la ville de bois, parce que les seigneurs s'étaient entourés de planches. Brunstatt, Zillisheim et Fremmingen ne furent pas mieux traitées. Le château de Schweighausen fut attaqué, quoiqu'on n'eût pas d'artillerie, et la garnison l'abandonna furtivement pendant la nuit. Les bannières réunies arrivèrent ensuite dans le célèbre champ du Mensonge, plaine que la perfidie des fils de Louis le Débonnaire semble avoir maudite; vaste désert au milieu d'une des plus fertiles contrées de la terre. Vainement on y défia la cavalerie ennemie, en lui rendant outrage pour outrage, elle n'y vint point; on brûla des villages et des châteaux et les faubourgs de Thann, et la petite ville de Waltwyler se rendit. Les Suisses prirent les châteaux qui la dominent sur les sommités des Vosges. Mille hommes se portèrent ensuite dans la forêt Noire, au secours de Schaffhousen; le succès ne fut pas moins complet de ce côté; on fit le siége de Waldshut; Werner de Schynen y commandait : cette place domine le Rhin, non loin de l'embouchure de l'Aar; les assiégeants s'établirent sur les deux rives. Le bruit se répandit que Sigismond arrivait avec des forces considérables; aussitôt les confédérés portèrent leur armée à quinze mille hommes, et l'approvisionnèrent complétement. La brèche s'établit; vainement deux mille Autrichiens tentèrent de renforcer la place, en se présentant sur la rive gauche, où il n'y avait qu'un poste d'observation; la terreur qu'inspiraient les Suisses était si grande, que toute l'armée de l'archiduc se dispersa sur la fausse nouvelle que les cantons armaient; les incursions des confédérés n'eurent plus aucun frein. Waldshut était serrée de près et manquait de vivres; on allait livrer l'assaut, quand arrivèrent des députés de Louis de Bavière, de Rodolphe de Baden, et des villes. Berne voulait qu'on lui livrât Waldshut et le Hauenstein, boulevards de la puissance helvétique; elle refusait toute indemnité en argent. Les guerriers réunis déclarèrent qu'ils n'avaient point quitté leurs foyers pour rapporter de l'argent, mais pour conquérir à la patrie des villes et des forts. Mais les confédérés acceptèrent les conditions proposées, et Berne finit par se contenter de la liberté de Mulhousen et de Schaffhousen. La paix de Waldshut consacra leur union avec la Suisse : il fut stipulé une indemnité de dix mille florins; et, faute de payement dans les dix mois, les magistrats de Waldshut entreraient dans la ligue, et lui prêteraient serment. L'archiduc rendit au bourgmestre de Schaffhousen la rançon qu'on lui avait extorquée.

Toutefois ce n'était qu'un simulacre de paix; les nobles ne cessaient d'exciter Sigismond contre les Suisses; lui-même, la veille de la signature, s'était ligué de nouveau avec l'association du bouclier de Saint-Georges. Par caractère il aurait préféré le repos; mais on ne lui laissa point suivre son goût, qui l'eût ramené en Tyrol, dans ses possessions; on le força, en quelque sorte, à un voyage en France, car on se souvenait de Louis XI et de l'expédition des Armagnacs. Le roi le reçut bien, le secourut dans ses embarras de finance; mais il ne manqua point de prétexte pour repousser toute proposition de faire la guerre aux Suisses. Sigismond se rendit à Arras, où Charles le Téméraire se livrait au luxe et au plaisir. Le duc de Bourgogne reçut son hôte avec magnificence, et lui fit parcourir ses États. Pendant ce voyage, Sigismond engagea toutes ses possessions d'Alsace, et fit entrevoir à Charles l'alliance de Maximilien avec sa fille. La soumission de la Suisse, la possession de toutes les contrées qui s'étendent de la mer du Nord jusqu'aux Alpes, ces vues étaient trop séduisantes pour ne pas être adoptées avec ardeur; Charles avança les sommes dont Sigismond avait besoin; celui-ci paya les obligations stipulées dans le traité de Waldshut; et le comte de Neufchâtel, de la maison de Baden, vint à Ensisheim prendre possession de la haute Alsace, au nom du duc de Bourgogne; il était accompagné de Pierre de Hagenbach, qui joue dans l'histoire d'Alsace, un rôle sanglant et d'exécrable mémoire. Le gouvernement du pays fut donné à ce Hagenbach que les Mémoires de Commines nomment Archambault, et qui, né dans le Suntgau, possédait déjà toute la confiance de son maître : celui-ci ne voulut visiter cette province que quand ce fidèle serviteur l'aurait organisée.

Plus jeune de onze ans que Louis XI, Charles de Bourgogne était de taille moyenne, mais de constitution robuste; il avait le teint basané, les cheveux noirs, les yeux noirs, et le nez aquilin : sa physionomie était d'une expression mâle et guerrière. Il tenait beaucoup de son aïeul Jean sans Peur : assidu au travail, il se levait de grand matin, et lisait les anciens, admirant surtout Alexandre, le vainqueur de Cannes, et l'inimitable César. Son esprit concevait les plus vastes plans; il en commençait l'exécution avec ardeur, et se roidissait contre les obstacles. Après avoir combattu à côté de son père, après avoir ensuite contraint le roi à la paix à Montlhéry, après avoir humilié Gand, il croyait que tout lui serait possible : ne prenant conseil que de lui-même, et de sa volonté faisant sa loi, il vivait toujours l'épée au poing, comme le dit Olivier de la Marche. La fortune le favorisa longtemps : Charles se montrait assez assidu aux exercices de piété, et se faisait suivre de reliques magnifiquement enchâssées; il savait jeûner et pratiquer des aumônes, et, en général, il avait trop d'estime de lui-même pour s'abandonner aux excès de table ou au vin; ses plaisirs étaient la musique, la chasse au sanglier, le jeu d'échecs qu'il entendait à merveille. Ses ennemis lui tinrent peu de compte de sa chasteté, et lui reprochaient de se livrer aux honteux excès de quelques héros de l'antiquité; mais cette opinion n'a point prévalu : il y avait trop d'élévation dans l'esprit de Charles pour qu'elle pût s'accréditer. Aucun prince contemporain n'était entouré d'une cour plus splendide : dans les solennités, le duc portait un vêtement évalué à plus de cent mille florins d'or, à cause des pierreries qui l'ornaient; la vaisselle de ce prince, les tapis qui le suivaient à la guerre, étaient d'une magnificence inouïe; les repas étaient somptueux; mais il y mangeoit peu, ne prenant de plaisir qu'aux propos de table. En général, il se montrait fort gai, et voulait que, dans ses expéditions, le porte-étendard *fût personnage d'esprit et jovial pour inventer quelque chose gaillarde.* Il était abordable en tout temps, et rendait la justice deux fois la semaine, toujours avec exactitude; et toujours aussi il se montra terrible contre toute infraction à la discipline. Il mettait un soin particulier à l'organisation de son armée; trois cents pièces d'artillerie, deux mille fourgons, marchaient avec elle. Il réunissait aux manœuvres des temps anciens, des inventions nouvelles. Il était défendu de jurer, de jouer aux dés : on punissait l'atteinte à la fidélité conjugale, même dans des villes prises d'assaut; mais, à chaque compagnie, on adjoignait trente femmes, dont pas une ne devait appartenir à un seul. Charles aimait ses soldats; quand ils étaient blessés ou malades, il avait soin d'eux comme l'eût fait un père. Devant l'ennemi, il visitait lui-même les postes, et ne se couchait qu'habillé.

Pierre de Hagenbach était à peine en Alsace, qu'il donna aux Suisses des sujets de mécontentement. D'abord il fit arborer le drapeau de Bourgogne sur le château de Schenkenberg, qui appartenait aux Bernois. Ceux-ci envoyèrent Guillaume de Diesbach à la cour de Louis XI, pour resserrer leurs liens avec la France; et, quoiqu'il y eût alors dans cette ville une révolution qui écartait la noblesse des affaires, Adrien de Bubenberg, toujours prêt à sacrifier ses intérêts personnels, obtint de la confédération la promesse que nul des États ne se joindrait au duc de Bourgogne. Hagenbach renonça à son entreprise. Cependant, comme les seigneurs autrichiens voyaient avec peine que Charles, depuis trois ans qu'il possédait l'Alsace, n'eût encore rien tenté contre les Suisses, Bilgeri de Höwdorf, qui s'était mis au service de Bourgogne, dans la seule intention de se venger des confédérés, saisit, près de Brisach, quelques marchands de Berne, de Lucerne, et de Schwytz, qui se rendaient à la foire de Francfort, pilla leurs marchandises, et les conduisit à Schuttern, petite ville forte de la seigneurie de Geroldseck; mais les Strasbourgeois arrivèrent bannière déployée, prirent la place et la démantelèrent; car Pierre de Hagenbach s'était rendu odieux à toute la contrée, non moins qu'autrefois Gessler aux anciens d'Uri et de Schwytz. Les villes impériales d'Alsace, toujours attachées à la cause de la liberté, tournaient leurs regards vers la Suisse, la secouraient et la vengeaient en toute occasion. Charles ne manifestait encore aucune intention hostile; il désavoua Höwdorf; il fit dire aux Suisses que le but de sa vie était l'expulsion des Turcs; qu'il en avait déjà traité avec Naples; mais qu'il comptait d'abord sur eux pour dompter le déloyal Galéas Sforce; il promettait même de l'argent. Cependant il faisait la conquête du pays de Gueldres; et l'orgueil de Hagenbach s'en accroissait; il ne ménageait plus ni les bourgeois, ni les nobles; il chassa Thuring de Hallwyl, de Landserre; se moqua de l'alliance de Mulhousen avec la Suisse, et lui promit ironiquement d'en faire le chef-lieu de la haute Alsace, dès qu'elle serait bourguignone.

Cependant l'empereur vint à Bâle avec son fils Maximilien et une suite nombreuse. On le reçut avec splendeur, et Pierre de Hagenbach alla lui rendre hommage avec quelques Bourguignons. De là, il conduisit ce souverain à Trèves, où, le lendemain de son arrivée, Charles le Téméraire fit son entrée solennelle à la tête de huit cents chevaux, de six mille fantassins et de sa garde, au milieu de laquelle il parut magnifiquement vêtu. Près de lui était sa fille Marie, ravissante de beauté et couverte de diamants : sa cour avait enchéri sur sa magnificence accoutumée. Partout le bruit se répandait qu'il allait être créé un royaume de Bourgogne dont le siége serait à Besançon, et qui, de l'embouchure du Rhin, s'étendrait jusqu'à la Méditerranée; on allait jusqu'à marquer le jour du couronnement. La Suisse en frémit d'indignation. *Confédérés*, écrivait Berne, *songez-y bien, conservons l'honneur et nos antiques libertés*. Les inquiétudes étaient d'autant plus vives, qu'à Bâle déjà Hagenbach s'était permis les propos les plus injurieux pour les Suisses en général, et pour Berne en particulier. Cependant l'empereur n'était pas sans défiance; il pensait que Charles, une fois qu'il aurait atteint son but, ne voudrait plus donner sa fille à Maximilien; et, trois jours avant celui qui était fixé pour le couronnement, il partit pour Cologne sans prendre congé du duc. Cette conférence n'eut d'autre résultat que la jalousie et la haine, et il ne fut plus question du vicariat de l'Empire, que Charles voulait s'attribuer. Encore enflammé de colère, le duc vint en Alsace à la tête d'une armée, et la terreur se répandit dans tout ce pays désolé par les excès de Pierre de Hagenbach. Le peuple fuyait, les campagnards se réfugiaient dans les villes impériales;

Colmar ferma ses portes, Brisach fut écrasée par les violences des Flamands, épuisée par le séjour du prince. A Ensisheim, le duc passa la revue de ses troupes; à Thann, se présentèrent deux anciens avoyers de Berne, Nicolas de Scharnachthal et Petermann de Wabern. Le duc avait autour de lui l'électeur de Cologne, les ambassadeurs d'Aragon et de Venise, ceux de l'électeur palatin et du duc de Bretagne; il reçut donc froidement les Bernois, qui se plaignirent de la conduite de Höwdorf, des propos insultants de Pierre de Hagenbach et de ses atteintes au commerce de Mulhousen. Ils demandèrent que sévère défense lui fût intimée de renouveler ces outrages envers une république qui s'était toujours montrée amie de la Bourgogne. Selon l'étiquette de la cour, ils furent obligés de parler à genoux. Le duc leur ordonna de le suivre à Dijon, d'où il les renvoya sans réponse. En Alsace, les cruautés de Hagenbach ne frappèrent pas moins la noblesse que le peuple, que les villes impériales. Les seigneurs cherchèrent à rapprocher l'Autriche des Suisses : Strasbourg, Schlestadt, Colmar et Bâle, leurs évêques et le comte palatin, y contribuèrent puissamment. De son côté, Louis XI concluait un traité secret et s'engageait à des subsides. Charles l'apprit à Dôle : aussitôt il envoya le sire de la Baume à Berne et à Fribourg, et chargea le comte de Romont de représenter aux Suisses qu'il n'avait pris possession de l'Alsace et du comté de Ferrette que pour leur éviter un plus dangereux voisin. Il devait leur rappeler qu'il n'avait mis aucune entrave au commerce; que s'ils avaient à se plaindre de quelques insultes particulières, il en punirait les auteurs. Les ambassadeurs furent bien reçus partout, et partout on renouvela les assurances de paix et d'amitié, en se plaignant seulement de la conduite de Hagenbach envers Mulhousen. L'intérêt de la France et celui des ducs d'Autriche s'opposèrent à cette conciliation : ces derniers se rapprochaient de plus en plus des Suisses; enfin, à Constance, il fut conclu une alliance qui confirmait les conquêtes des Suisses, et sanctionnait les résultats obtenus à Morgarten, à Sempach, à Næfels : on assura la liberté du commerce, on régla les juridictions, et l'on comprit dans ces stipulations les quatre villes forestières qui, dans les dangers, devaient toujours être ouvertes aux Suisses. Strasbourg et Bâle avancèrent à Sigismond le prix du rachat du Suntgau; et, pendant que cet archiduc parcourait la Suisse aux acclamations universelles, pendant que Diesbach, l'avoyer de Berne, apportait le traité à Louis XI, on sommait le duc de Bourgogne de recevoir la somme dont il était créancier. Hagenbach cependant se fortifiait dans Thann et dans Brisach, place inaccessible, située au haut d'un rocher, qu'au temps des Romains le Rhin laissait sur la rive gauche, qu'il entourait de ses ondes au dixième siècle, et que, de nos jours, il sépare de l'Alsace. Le gouverneur s'y présenta brusquement le vendredi saint, contraignit le curé à lui dire une messe complète, constitua le conseil de la ville à son gré, et se livra à des débauches de tout genre; le jour de Pâques, il voulut forcer tous les habitants à travailler à sa tête de pont; il fit jeter en prison un bourgeois qui ne consentait pas à se laisser désarmer. Le frère de ce bourgeois s'élança sur Hagenbach, qui fut précipité du haut de l'escalier, et courut à la place, où il voulait assembler ses soldats; mais il y fut arrêté par quelques bourgeois qui l'amenèrent au bourgmestre. On reconnaissait dans tout ceci l'influence de Louis XI et celle de Sigismond : il fallait pour rendre la guerre inévitable un grand acte de violence. Les soldats wallons et lombards s'estimèrent fort heureux qu'on leur permit de quitter la ville. Hagenbach fut conduit en prison, où il resta pendant qu'Hermann d'Eptingue parcourait l'Alsace à la tête de deux cents cavaliers, et recevait les serments de tous au nom de Sigismond, qui était alors à Bâle. Antoine de Montreux rendit le château de Thann, et la joie universelle se manifesta jusque dans des chansons populaires qui nous sont

12.

parvenues. Charles fit une réponse insolente à la sommation, et ne parut pas se soucier beaucoup du sort de Hagenbach, comme s'il eût voulu, en le laissant périr, se préparer un sujet de vengeance. Cependant arrivaient à Brisach les députés de la plupart des villes suisses et alsaciennes; le peuple aussi accourait en foule; la haine et la curiosité attirèrent plus de huit mille personnes. Après quelques semaines de captivité, le gouverneur fut conduit sur la place publique, devant un tribunal composé de vingt-six juges et d'une grande quantité d'assesseurs. Iselin de Bâle était chargé de l'accusation au nom du landvogt, Hermann d'Eptingue : il reprocha à Hagenbach d'avoir versé le sang innocent, écrasé le pays par ses gens de guerre et ses taxes, violé les lois des villes impériales, porté atteinte à la pudeur des femmes et profané des religieuses. Le défenseur de l'accusé était Jean Irmy, aussi de Bâle : il soutint qu'Hagenbach ne devait compte de son administration qu'au duc de Bourgogne; et, quant à ce qui regardait ses galanteries, il dit que toutes les femmes avaient reçu le prix de leurs complaisances. *Nulla invita usum esse; omnes pretium accepisse.* L'accusé parla lui-même fort longtemps avec calme, dignité, et comme un homme qui ne craint pas la mort. Il entendit sa sentence sans en être ému. « Pierre de Hagenbach, dit « un héraut, je suis fâché de te dire « que tes actions te font perdre l'honneur chevaleresque et la vie. On « m'ordonne de t'arracher les insignes « de tes distinctions; mais je ne les « vois pas. Ainsi donc, au nom de notre « protecteur céleste saint Georges, et « en vertu des serments que tu as toi-« même prêtés, je te déclare, à la face « de l'univers, toi, Pierre de Hagen-« bach, déchu des honneurs de la che-« valerie. Et vous, chevaliers, vous, « jeunes gens, qui aspirez à la cheva-« lerie, souvenez-vous de cet exemple « et de vos devoirs. » Il était nuit; à la lueur des flambeaux, les juges, tous à cheval, sortirent de la ville : Hagenbach marchait au milieu d'une foule innombrable. « Je vois la mort avec « indifférence, disait-il; je gémis sur le « sang que fera verser cette journée; « mon maître me vengera. Vous que « j'ai gouvernés trois ans et demi, par-« donnez-moi le mal que j'ai fait; j'é-« tais homme, priez pour moi. » Il voulut que sa chaîne d'or et seize beaux chevaux fussent vendus au profit de l'église de Brisach, et c'est ce qui explique comment son buste en bois fut longtemps exposé sur un autel, où les bonnes femmes l'allaient invoquer, pensant que c'était l'image de quelque saint. Hagenbach eut la tête tranchée; le corps fut rendu à la sépulture de sa famille.

Quand Charles apprit la mort d'un homme qui lui était si dévoué, il jura de sacrifier plutôt sa vie que sa vengeance; mais il avait alors trop d'occupations, car il voulait soutenir l'électeur de Cologne qui avait été déposé; et, d'un autre côté, la France l'inquiétait beaucoup. Il se vengea donc sur un jeune seigneur innocent. Henri de Wurtemberg avait été élevé près de lui, sous la surveillance de Hagenbach; mais son père le lui avait retiré à cause des mœurs dépravées de ce favori. Ce seigneur tenait le château de Montbéliard; le duc de Bourgogne le fit arrêter à Luxembourg, pour s'assurer d'une place qui était importante si la guerre éclatait. Dès que les Bâlois le surent, ils comprirent ce projet, et envoyèrent des renforts à la garnison; il en vint aussi de Berne. Tout à coup se présenta Olivier de la Marche, conduisant, comme il le rapporte lui-même, le jeune comte, qui tremblait sous ses chaînes; car on menaçait de le tuer si Montbéliard n'était à l'instant rendu aux Bourguignons. Point de réponse. — Aussitôt un tapis de velours est déployé; on ordonne à Henri de se mettre à genoux comme pour recevoir la mort; on lève sur lui le couteau, et on renouvelle la sommation. Alors Burgard Stein, qui commandait la place, s'écria du haut des remparts : « Mon maître « est entre vos mains contre le droit « des gens, vous le tuerez si vous vou-« lez, mais vous ne tuerez point la

« maison de Wurtemberg; je dois fidé-
« lité à tous ses comtes, et tous, nous
« le vengerons. » Le jeune Henri ne
fut point décapité; on le traîna encore
quelques mois à la suite des troupes;
mais, rendu à la liberté, il conserva
toujours un caractère timide, funeste
suite de cette terrible émotion.

Le duc de Bourgogne, René, était
encore bien jeune; les circonstances lui
paraissaient difficiles; il fallait choisir
en effet entre la violence du parti de
Bourgogne et l'astuce non moins dangereuse du roi de France. Sous prétexte de le protéger, Charles envoya
des garnisons dans son pays; il stipula
que le passage lui serait toujours accordé, dit que René nommerait les
commandants de ses places, et que le
duc de Bourgogne les payerait. Louis XI
alors dépêcha vers René le sire de
Craon de la Trémouille, lui offrit sa
protection, celle de l'Empire, l'appui
des Suisses..... René n'hésita point, se
sépara de Charles, et se joignit à la
ligue des villes alsaciennes, méprisant
le danger, et préférant le parti de l'honneur. Louis renforça son alliance avec
la Suisse : on convint d'avoir toujours
et les mêmes amis et les mêmes ennemis. La nouvelle en parvint à Bâle en
même temps que celle de la marche
d'Étienne de Hagenbach, frère du gouverneur décapité, qui s'avançait à la
tête de six mille cavaliers picards et
lombards, et d'une nombreuse infanterie de Bourgogne. Sans aucune déclaration préalable, il ravageait déjà le
Suntgau, brûlant et pillant tout sur
son passage, massacrant hommes et
femmes, répandant sur le sol les saintes
hosties, et faisant pendre aux arbres
des enfants de trois ou quatre ans.
Aussitôt les Bâlois firent occuper Delle,
et les Bernois indiquèrent une diète à
Lucerne. Quelques paysans de Ferrette
tentèrent une hasardeuse attaque sur
Blamont; mais leur audace ne fut pas
heureuse: ils périrent presque tous accablés par un corps plus nombreux
qu'ils osèrent charger en rase campagne, malgré un temps affreux qui ne
leur permettait pas de faire usage de
leurs armes.

Le duc était alors à la tête de soixante
mille hommes devant Nuys, à quatre
lieues au-dessous de Cologne. Il avait
tenté cinquante-six assauts et perdu
quinze mille hommes; mais ni la faim,
ni la destruction des maisons, ni l'é-
boulement de dix-sept tours, n'avaient
pu ébranler la constance des assiégés,
qui tenaient depuis onze mois. L'empereur fit un appel aux Suisses; la
France négociait toujours; Nicolas de
Diesbach, avoyer de Berne, lui était
tout dévoué, et les cantons s'en
remirent à Berne de la décision qu'il
fallait prendre. La déclaration que cette
cité fit au duc de Bourgogne et à ses
commandants militaires, au nom de
tous les confédérés, était simple et
noble; elle fut portée au camp de Nuys
par un héraut, qui la prononça au duc
lui-même. *Berne! Berne!* s'écria-t-il
en fureur, et il grinça les dents.

Les Suisses entrèrent sur-le-champ
en Franche-Comté, et se présentèrent
devant Héricourt, où était la garnison
qui avait ravagé le Suntgau. L'armée
des confédérés se composait de trois
mille hommes de Berne, sous le commandement de Nicolas de Scharnachthal et de Petermann de Wabern, anciens avoyers, de mille hommes des
quatre villes forestières, de quinze
cents hommes de Zürich; Jean de Berenfels commandait un corps d'élite de
Waldstetten, Zug, Glarus et Saint-
Gall. La bannière de Bâle était suivie
de deux mille guerriers; et les chevaliers de la Souabe, désormais les amis
des Suisses, rivalisaient avec les villes
d'Alsace. C'était à qui montrerait le
plus de zèle; on avait une nombreuse
artillerie, mais l'on était mal approvisionné. Le froid devint excessif, et
l'armée qui souffrait, sans que les machines ou l'artillerie pussent entamer
les remparts, demandait à grands cris
l'assaut, qu'on refusait à son ardeur.
Tout à coup l'ennemi apparut avec des
forces considérables : d'une part, Thi-
baut de Neufchâtel, maréchal de Bourgogne; de l'autre, Jacques de Savoie,
comte de Romont, qui n'avait pas
moins de huit mille fantassins et douze
mille chevaux. Le 13 novembre, le

comte de Romont attaqua les avant-postes de Zurich : Keller, qui commandait pour ce canton, laissa les contingents d'Alsace observer la place, et prit une bonne position couverte par un bois et un étang, pour ne pas être débordé par la cavalerie; pendant ce temps, l'avoyer de Scharnachthal marchait avec Berne, Lucerne, Fribourg, Soleure et Bienne, par un sentier de la forêt, pour se présenter subitement à l'ennemi. Après le terrible silence que les Suisses observaient pendant la prière, s'éleva tout à coup un grand cri de guerre : la jeunesse bernoise et les arquebusiers sortirent de leur embuscade. La cavalerie italienne n'était pas habituée à l'impétuosité suisse : après avoir tenu peu de temps, elle s'abandonna à une fuite désespérée. *Nous ne pouvons les atteindre!* s'écrièrent les Suisses, et tout aussitôt la cavalerie d'Autriche et d'Alsace fondit sur les Bourguignons. *Frappez! frappez!* disaient les confédérés, *nous ne vous abandonnerons pas*; et en effet on pénétra dans le camp ennemi à Passavant; l'ennemi ne dut son salut qu'à la nuit. On mit le feu aux bagages, et au lieu de le boire, on fit couler le vin, pour que le soldat conservât l'usage de ses sens; on prit beaucoup de drapeaux et de pièces. Les Suisses virent avec peine que l'on eût fait des prisonniers : pour répandre devant eux la terreur, ils n'accordaient quartier à personne. On accepta donc la rançon de Bourguignons, de Picards et de Savoyards; mais dix-huit Lombards furent brûlés, sept semaines après, pour avoir pillé et profané des églises, et s'être livrés à la sodomie. Trois jours après la bataille, Héricourt se rendit. Malheureusement on n'avait point enterré les morts, et il en résulta une maladie contagieuse; cette circonstance, jointe aux pluies d'hiver et au manque de vivres, détermina les confédérés à la retraite : ils remirent la place à l'archiduc et y laissèrent aussi garnison. Ce premier exploit put faire juger de l'importance de la guerre : l'Allemagne, la France, l'Italie, avaient les yeux ouverts sur la Suisse. L'hiver ne se passa point dans l'inaction : plusieurs châteaux, plusieurs postes fortifiés, tombèrent au pouvoir des confédérés; et, pendant que l'empereur voulait les entraîner devant Nuys, ils poursuivaient leurs conquêtes. Charles persistait toujours à assiéger cette place; en vain le roi Édouard lui représentait l'inutilité de ses efforts, en vain ses meilleurs conseillers lui disaient de s'arranger avec les Suisses, il avait sans cesse la menace à la bouche; il n'était question de rien moins que de brûler Berne et Fribourg, et d'élever un monument de leurs ruines. Enfin, il conclut une alliance avec Sforce, qui promit d'envoyer Guillaume de Montferrat avec une armée pour châtier l'orgueil et l'entêtement des Allemands.

Treize cents hommes de Berne, Lucerne et Soleure, franchirent le Jura; ils attaquèrent Pontarlier, dont les murs étaient en mauvais état, mais qui était gardée par une bonne citadelle; elle fut prise néanmoins après quatre heures d'assaut. Contents de ce succès, les vainqueurs négligèrent d'explorer le pays. Le comte de Roussy, et Louis de Châlons, frère du prince d'Orange, vinrent avec douze mille hommes occuper les défilés. Les Suisses étaient mal équipés; ils payèrent d'audace, et, du haut des murs de Pontarlier, ils tuèrent beaucoup de monde aux Bourguignons, puis ils mirent le feu à la ville et à quelques villages, et se retirèrent en conduisant le butin au milieu de leurs colonnes. A Berne, on en fut très-irrité : c'était une honte pour les Suisses de désespérer ainsi de la victoire. Le chevalier de Diesbach alla à la rencontre de ce petit corps avec deux mille cinq cents hommes : Fribourg, Soleure, Bienne, envoyèrent successivement leurs contingents. Quand on rencontra la petite armée en retraite, on vit flotter deux bannières conquises et beaucoup de drapeaux; dès qu'elle sut le mécontentement dont elle était l'objet, elle s'enflamma d'une ardeur nouvelle, et tous ensemble revinrent à Pontarlier. Tout fuyait à l'approche de Diesbach; déjà il s'en retournait satisfait d'avoir prouvé que les Suisses ne craignaient point l'ennemi, lorsque tout à coup, dans une vaste plaine, cinq corps de cavalerie, chacun de deux mille chevaux, se déployèrent à la vue de ses soldats: lui, sans hésiter, fit placer des chariots sur ses flancs, se mit en ordre de bataille, et fit si bonne contenance qu'on n'osa l'attaquer.

Granson et son château tombèrent immédiatement après au pouvoir des Suisses, qui donnèrent l'assaut sans artillerie et même sans échelles, tandis que les bourgeois effrayés se précipitaient dans les nacelles pour gagner l'autre rive du lac: le château se rendit deux jours plus tard. Les habitants d'Orbe envoyèrent leurs clefs; mais le commandant du château, Nicolas de Joux, répondit à la sommation: « Nous « avons des arquebuses, de la poudre, « du plomb, des provisions, et, ce qui « vaut mieux encore, nous sommes « décidés à mourir plutôt que d'imiter « le déshonorant exemple de Granson. » Les maisons voisines du château furent incendiées de peur que l'ennemi ne s'y établît. Après avoir éteint le feu, les Suisses se précipitèrent avec fureur vers les murailles; ils furent reçus à coups de pierres et d'arquebuse. Alors on plaça sur la tour de l'église une pièce bernoise, qui fit beaucoup de mal à la garnison. Le bourreau de Berne (les exécuteurs des ordres de la justice n'étaient pas infâmes) parvint à briser une porte: il périt en cette occasion, regretté de tous ses compatriotes, car il était aussi brave qu'humain. Les confédérés eurent à combattre de cour en cour, d'escalier en escalier, dans les appartements, sur les créneaux, dans les greniers; les corridors étaient obstrués de morts; la fumée et la flamme étouffaient les guerriers: on jetait les vaincus du haut des créneaux sur des roches escarpées; le commandant eut la tête fendue, Château-Belin et tous les nobles furent précipités; toute la garnison périt. De là on marcha sur Joigne, qui est encore plus fort que le château d'Orbe: c'était la clef de la Bourgogne, de la Savoie, de la Suisse. La garnison demanda du temps pour répondre à la sommation, et elle essaya de s'échapper en descendant des murailles au moyen de cordes; mais les Suisses s'en aperçurent, donnèrent l'assaut, et passèrent les Bourguignons par les armes. Yverdun, Estavayer, Morat, s'empressèrent de fournir des vivres à l'armée. Après une aussi belle expédition, les Bernois voulurent fêter dans leur ville la bannière de Lucerne, on se mit en marche. A une lieue de la ville, à Bumpliz, l'un des sites les plus délicieux de cette belle Helvétie, Nicolas de Scharnachthal, l'ancien avoyer, vint à la rencontre des guerriers avec quatre cents jeunes garçons élégamment vêtus; ils chantaient des louanges pour célébrer l'arrivée des Lucernois, qui furent reçus et traités dans toutes les tribus.

Sur ces entrefaites, l'empereur violait sa foi; et, pour obtenir à Maximilien la main de Marie de Bourgogne, il abandonna le roi de France, sacrifia le duc de Lorraine et Sigismond, et se ligua subitement avec Charles le Téméraire. Louis XI ne tarda pas à conclure un armistice pour neuf ans, en promettant de réduire par la force des armes le Suntgau, Ferrette, *et les villes et places à l'environ*. Louis ne réservait point la sûreté des Suisses; lui aussi était perfide, lui aussi espérait encore la main de Marie pour le dauphin. Les Suisses, comptant que les princes ne se tiendraient pas mieux parole entre eux qu'ils ne l'avaient observée envers eux, n'en furent point émus: seuls ils bravèrent tous les obstacles; à la guerre de Bourgogne, ils ajoutèrent encore celle de Savoie.

Cependant le château de Chavilliers, près de Porentrui, était brûlé par les Bourguignons, et l'évêque de Bâle trouvait peu d'appui dans ses sujets et dans les citoyens de la ville, parce qu'il avait trop favorisé la noblesse, trop marqué son dédain pour la bourgeoisie. Les Bourguignons ne s'arrêtèrent pas là; ils incendièrent près de quarante villages. L'ammestre de Strasbourg et le gouverneur autrichien accoururent à Berne, et demandèrent quatre cents hommes pour envahir la Franche-Comté, par où devait arriver Charles. « Ils ne manquaient pas de soldats, disaient-ils ; mais ils avaient besoin surtout de la terreur que répandait le nom des Suisses. » Berne en donna mille, et n'accepta de solde que pour quatre cents ; il vint des renforts de Soleure et de Fribourg ; Bâle amena cinq cents Suisses qu'elle avait à sa solde ; Diesbach vint à l'armée ; Lille-sur-Doubs fut pris et brûlé. Il n'y avait pas de jour sans entreprise : mais la plus remarquable fut le siége de Blamont, pourvu de robustes murailles et bien approvisionné. Les Bernois furent menés à l'assaut par Jean de Buttikon, gendre de Wabern, et par Rodolphe d'Erlach, auquel il avait promis sa fille ; l'Autriche et Bâle attaquaient de l'autre côté. Tout ce que peuvent le courage et l'art fut tour à tour essayé ; outre les projectiles ordinaires, on lançait sur les assaillants des ruches dont les abeilles en fureur piquaient tous les soldats au visage. La chaleur était excessive ; les forces physiques ne répondaient pas à la valeur ; il fallut s'arrêter, et le feu de la place redoubla. Tout à coup se répandit le bruit que le bâtard de Bourgogne arrivait avec une armée ; Diesbach blessé envoya demander du secours ; Nicolas de Scharnachthal s'avança aussitôt à la tête de deux mille cinq cents hommes ; Berne écrivait : « Soyez dignes de vos ancêtres, qui ont toujours bravé la mort pour l'honneur ; Berne tient à sa réputation de constance dans les dangers. Éloignez de l'armée quiconque par mollesse ou mauvaise volonté manifesterait des intentions contraires ; on remplacera ces lâches par des hommes auxquels l'honneur est plus cher que la vie. » Ce noble langage adoucit les derniers moments de Nicolas de Diesbach ; il alla mourir à Porentrui. C'était le premier à la guerre et dans les conseils ; il était grand devant les rois, et n'avait que quarante-cinq ans quand il expira. Ses restes furent inhumés dans la chapelle de sa famille, à l'église Saint-Vincent, à Berne.

A sa blessure s'était jointe une maladie contagieuse, qui se répandit aussi dans Blamont. Cette place, fatiguée des longueurs du siége, sans espoir d'être prochainement secourue, se rendit enfin ; c'était la plus forte de la contrée. Les renforts de Berne n'étaient pas arrivés ; il fallait aux Suisses une expédition : Grammont fut victime de leur ardeur ; c'était un château bien fort, bien approvisionné. La garnison ne fit que rire de leur tentative ; mais les arquebusiers, s'étant excités et défiés les uns les autres, gravirent la montagne et firent sauter la porte ; les bravades alors firent place à la terreur. Les Suisses pénétrèrent dans les caves ; le bâtard de Grammont s'enfuit dans la tour, et ne dut son salut qu'à la complaisance avec laquelle il indiqua tout ce que les vainqueurs pouvaient désirer : on eut pitié de quelques Lombards qui s'enfuyaient déguisés en femmes. De là on se précipita sur Valant, qui se rendit. Cette double conquête s'était accomplie en moins de quatre heures, et n'avait coûté qu'un seul homme. On brûla ces deux châteaux, on en démolit beaucoup d'autres ; mais le pays était en proie aux maladies et à la famine. L'armée se sépara.

Les troupes de Sforce franchissaient tantôt le mont Cenis, tantôt le Saint-Bernard, et ces passages étaient favorisés par Iolande, duchesse de Savoie, sœur de Louis XI, qui ne négligeait rien pour servir la cause de Charles de Bourgogne, cherchant à détacher les villes d'Alsace de l'Autriche, et les cantons suisses de Berne. Pour venir au secours des habitants, qu'écrasaient ces marches perpétuelles de Lombards, Berne s'empara d'Aile et des Ormonds. Il y eut à cette occasion un fait remarquable. Le seigneur de Torrens avait reçu dans son château deux cents soldats pour les conduire à Charles : les paysans d'OEsch et de Sanen l'attaquèrent ; il s'enfuit après avoir fait semblant de capituler. Le château pris et brûlé, les paysans s'en allaient, quand, à la tête de quatre cents chevaux, arriva l'évêque de Genève pour escorter les Lombards à travers le pays de Vaud, ou les appuyer dans leur entreprise; mais quand il vit les débris fumants du château de Torrens, il fit dire aux Suisses, dont il ne connaissait pas le petit nombre, que lui aussi haïssait les Lombards, qu'il venait punir leur audace, et remerciait les confédérés de l'avoir prévenu; il ajouta que, pour preuve de sa sincérité, il allait faire jeter à l'eau douze Lombards tombés en son pouvoir. Ces incursions eurent un effet salutaire, en ce que le haut Valais se ligua avec Berne et entra dans la confédération.

Le comte de Romont exerçait toutes sortes de vexations; il faisait arrêter les voyageurs par des soldats déguisés en brigands, il attaquait les bourgeois de Fribourg, il chassait d'Yverdun des marchands suisses qui étaient venus pour acheter du vin; à son arrivée, ils furent obligés de sauter par-dessus les murs de la ville. Berne n'hésita point: la déclaration de guerre fut prompte et énergique, et encore plus prompte l'expédition qui devait punir ces excès. Le haut Valais, Fribourg, Soleure, Bienne, Neufchâtel, suivirent la bannière de Berne, et l'on se présenta devant Morat, qui fut sommée à l'entrée d'une nuit pluvieuse. Le commandant s'enfuit, parce que la bourgeoisie voulait se rendre: elle se rendit en effet en se joignant à la confédération suisse, qui reçut ses serments, confirma et constitua ses libertés, et lui donna alternativement des gouverneurs de Berne et de Soleure; Payerne se soumit aussitôt. Estavayé avait bravé toutes les sommations; la porte fut enfoncée avec une impétuosité sans exemple; le carnage fut grand; Claude d'Estavayé, qui avait fait tirer sur les parlementaires, se sauva dans une tour; ses prières ne furent point accueillies; en vain il offrit toutes ses richesses pour obtenir la vie; tout périt par le fer; le plus grand nombre se précipitait dans le lac, et des bâtiments, chargés de fuyards, chaviraient sous le poids de ces malheureux. Onze soldats étrangers furent livrés au bourreau de Berne, homme sanguinaire, qui les attacha à une même corde pour les jeter dans le lac: la corde rompit, et le bourreau fut tué à l'instant pour avoir si mal fait son office; enfin, les jeunes gens obtinrent leur grâce des guerriers, dont l'indignation venait de se tourner contre cet homme cruel. Romont, la résidence du comte, Moudon, la capitale du pays de Vaud, envoyèrent leurs clefs; Yverdun fit mine de résister et ne le put; Pierre de Blay, qui la défendait avec trois cents hommes, eut la permission de se retirer. Ainsi l'imprudente et méchante conduite du comte de Romont fut pour la glorieuse Berne l'occasion de conquérir en peu de temps tout le pays qu'il possédait. Cette campagne fut terminée par un fait d'armes terrible: Pierre de Cossonay occupait un château fort dans le défilé où est la petite ville appelée les Clés; voyant qu'elle ne pouvait tenir, il la brûla. Les Suisses marchèrent à l'assaut bravant les projectiles, sapant les murs, enfonçant les portes; quelques-uns des assiégés sautaient du haut des murs et se brisaient sur le roc: il importait aux Suisses de venger le meurtre de quelques députés fribourgeois et bernois. Déjà la fumée s'élevait au-dessus de la tour où s'étaient enfuis Cossonay et le capitaine de Croix, auteurs de ces méfaits: on ne permettrait pas même la confession, qu'ils demandaient à grands cris et au poids de l'or; mais plusieurs Suisses captifs parurent au haut des murs, et dirent que de cette condition dépendait leur salut. La garnison fut conduite à Orbe; le valet de Cossonay racheta sa vie en se faisant le bourreau de Sainte-Croix et de quatre condamnés; le supplice de ces malheureux eut lieu dès le lendemain, et la forteresse fut démantelée; quant à la garnison de Morges, elle s'enfuit jusqu'à Genève. Cette ville avait aussi maltraité des ambassadeurs de Berne; elle était savoyarde, bourguignone; elle avait armé six cents hommes contre les Suisses: ils allaient l'assiéger, lorsqu'une députation du clergé et de la bourgeoisie parvint à les fléchir: une contribution assez considérable absorba le douzième de la fortune de chaque particulier. Les contingents se retirèrent chacun dans sa patrie, après avoir rendu à Dieu de solennelles actions de grâces dans l'église de Lausanne.

Cependant l'évêque de Genève, tout entier à la cause de Bourgogne, rassembla plus de douze mille hommes, et se jeta dans le haut Valais, pour châtier les montagnards qui arrêtaient les renforts envoyés par les Lombards. D'abord étonnés de cette brusque attaque, les Valaisans fuirent devant lui; mais on vit bientôt paraître, au haut des montagnes, les guerriers de Berne, Soleure et de l'Oberland : Uri brava les neiges éternelles du Crispalt, et franchit la sauvage Furca. Les Suisses, malgré leur petit nombre, se précipitèrent sur l'ennemi; trois cents nobles de Savoie tombèrent, et plus de mille soldats. L'évêque en fut tellement effrayé qu'il ne sut garder aucune position : Martigny, Saint-Maurice, furent abandonnés; tout obéit aux Valaisans, qui prirent possession de l'abrupte et sauvage vallée d'Entremont jusqu'au Saint-Bernard. Le combat avait eu lieu le 13 novembre, jour qui fut à jamais célébré. Le margrave de Baden, Neufchâtel, négocia une trêve de six semaines. On rapporte qu'à cette époque les Valaisans détruisirent les murailles qui fermaient leur pays, et ne laissèrent subsister que celles qui les séparaient de la Savoie, dans la sauvage vallée de la Valorsine, où le torrent gronde dans l'abîme, où les mélèses, renversés par la tempête, suspendent sur ce précipice leur cime desséchée. La limite, du côté du canton de Vaud, est en quelque sorte pratiquée par la nature : le long du Rhône, une longue rue sert d'avenue à Saint-Maurice; elle n'a qu'un seul rang de maisons, vis-à-vis d'une haute paroi. Le Rhône la baigne; et, de l'autre côté de ce fleuve, une tête de pont donne ouverture sur le canton de Vaud; une porte se ferme sur le pont, une autre sur ce canton : là est écrite la devise *liberté et patrie*. Il semble que ce bel ouvrage, qui n'a qu'une arche et qu'on dit être de construction romaine, se jette d'une montagne à l'autre, comme un crampon, pour sceller leurs bases, pour unir les Alpes du Chablais à la chaîne que surmontent les majestueux et redoutables Diablerets.

Jusqu'ici nous n'avons raconté que les premiers actes, et en quelque sorte le prélude de cette guerre; Charles n'y a point encore paru : le moment est venu où le héros doit animer de sa présence ce terrible drame. L'empereur et le roi de France ayant abandonné René, le duc de Bourgogne envahit la Lorraine : les villes d'Alsace ne manquèrent point à leur allié; mais les Suisses étaient occupés ailleurs. La jeunesse bourguignone se flattait de prendre à la course tout le duché de Lorraine. Charles y pénétra par Luxembourg; il avait avec lui Romont et et Château-Guyon : rien n'était épargné dans cette marche. Le duc fit désarmer une petite troupe d'Allemands qui avait rendu à ses troupes Bar-sur-Orne; et, malgré la capitulation, il fit pendre tous ces soldats. Il était devenu cruel depuis que la fortune lui était contraire; il brûlait les villes, il égorgeait les habitants, il violait sa parole; abandonné des hommes droits et fermes, il se livrait sans réserve aux conseils perfides des flatteurs; et quand sonna l'heure des grands revers, il se vit enfin tout seul. René se bornait à la défense des places; il résolut d'implorer le secours du roi. *Pâques Dieu!* s'écria celui-ci, *quoi! Charles serait en Lorraine! — Je marcherai moi-même contre lui*. Enfin, il envoya huit cents lances; mais des instructions secrètes portaient de ne rien entreprendre Louis sacrifiait René au désir d'obtenir l'extradition du connétable de Saint-Pol. Le duc de Bourgogne fit son entrée dans Nancy; il rêvait les plus beaux projets : cette ville, embellie par ses soins, serait la capitale d'où il dicterait des lois aux Allemands et aux Français, où l'on se presserait autour de lui, où l'on briguerait sa faveur. Une fois reconnu par les États de Lorraine, il ordonna à tous ses chefs de se tenir prêts à marcher contre les Suisses dès le commencement de janvier.

Dans les premiers jours de l'an 1476. Charles, duc de Bourgogne, passa près de Nancy la revue d'une armée de trente mille hommes bien choisis, bien équipés, et pourvus de tout jusqu'à l'abondance. Il résolut de franchir le Jura, au delà duquel il recevrait des renforts : là il pourrait aisément venger le comte de Romont et ses propres injures. Il ne doutait pas qu'il ne soumît bientôt les Suisses, qu'il ne punît les villes d'Alsace de la mort de Pierre de Hagenbach, et n'établît enfin sa domination sur tous les États qui avoisinent les Alpes, en Allemagne, en France, en Italie. Il partit le 14 janvier; à la huitième étape, il était à Besançon, où se trouvait la formidable artillerie qui avait si longtemps tenu les Pays-Bas en respect, et devant laquelle s'étaient soumises Liége et toute la Lorraine. Il avait encore renchéri sur le luxe de son père, et son camp était suivi de *grande bande de valets, marchands et filles de joyeux amour, multitude qui bruyait de loin.* C'était une procession bachique qui marchait contre la race des héros de Sempach et de Laupen. Mais ce luxe n'était pas entièrement déraisonnable : Charles s'attendait à être rejoint par beaucoup de princes d'Italie; il voulait ensuite prolonger dans leur pays sa marche triomphale. A Besançon déjà, le prince Frédéric de Tarente, fils du roi de Naples, lui amena quinze mille hommes; il était brave, et prêt à se distinguer, dans l'espoir d'obtenir la main de Marie.

Dès qu'on sut que le duc de Bourgogne s'avançait vers le défilé de la tour de Bayard, le margrave de Bade, Neufchâtel, courut mettre ses États sous la protection de Berne; il vint exposer au grand conseil la douleur dont il était pénétré : quoiqu'il fût citoyen de cette cité, son fils Philippe, seigneur de Badenweiler, était avec Charles. On fit donc occuper Neufchâtel par deux cents hommes de Berne, autant de Soleure, et cent du margraviat; le défilé fut gardé par les riverains du lac de Bienne, et l'isthme qui le sépare de celui de Neufchâtel fut confié à quatre cents Badois. Berne remercia le comte de sa fidélité, et lui permit de laisser son fils avec le duc. Ordre fut donné à la garnison suisse de Montbéliard de faire bonne contenance, à Bâle de fournir du secours. On demanda de la cavalerie à la ville de Strasbourg, et à Oswald de Theorstein, gouverneur de l'Alsace autrichienne. « Nous espérons, disait la lettre, en faire une prompte et bonne fin. » Déjà des partisans ennemis avaient dépassé les *Clés,* ou bien ils avaient gravi les sentiers des pâturages escarpés qui couvrent les cimes du Jura; ils avaient surpris Aubonne, et arrêté, au bord du lac de Genève, quelques messagers bernois. D'un autre côté, on était informé de l'arrivée de huit mille Savoyards, qui n'attendaient, à Chambéry, que l'invasion des Bourguignons pour se joindre à eux. Berne appela donc aux armes tous les confédérés.

Orbe ni Joigne n'étaient gardées; mais Yverdun et Granson avaient une garnison suisse. Le comte de Romont avait des intelligences dans la première de ces villes, qui lui avait toujours été fort dévouée. Dans une nuit où l'on venait de fêter un gouverneur qui partait, et où l'on avait fait faire bonne chère à la garnison, des moines, dont le couvent touchait le mur de la ville, firent entrer Romont et quinze cents hommes, qui passèrent la rivière sur la glace. Aussitôt on entendit la trompette et les cris : *A moi, Bourgogne! vive Bourgogne! ville gagnée!* Dans le moment, les habitants se précipitèrent sur les soldats logés dans leurs maisons; ils n'étaient que soixante-dix, et reposaient comme en pleine paix. Ces braves parvinrent à se réunir dans une rue; et, frappant de leurs hallebardes, ils se frayèrent un chemin vers la citadelle, non sans perdre plusieurs des leurs. Il fallut bien lever le pont-levis; mais six hommes se présentèrent : on l'abaissa pour les recevoir. L'un d'eux fit des prodiges de valeur, tuant tout ce qui arrivait à sa poursuite, et reprenant toujours le même trait, pour s'en servir contre de nouveaux assaillants. Le comte de Romont fit sommer le château sous peine de mort; mais, de tous les créneaux, arrivait une pluie de pierres. Les fossés furent comblés de paille, on y mit le feu ; et, lorsqu'on s'y attendait le moins, les Suisses exécutèrent une impétueuse sortie, dans laquelle le comte fut blessé. Ils prirent des provisions dans les maisons voisines, et firent parvenir à Berne l'avis qu'ils sauraient tenir leur poste. La garnison de Payerne, composée de quatre-vingts hommes, vint les renforcer. Les habitants crurent que c'était l'avant-garde des confédérés : hommes, femmes, enfants, tout s'enfuit, et le comte de Romont en agit de même. A Granson, une trahison semblable avait livré le commandant Brandolf de Stein aux Bourguignons ; mais la garnison tint bon dans le fort : en vain on lui présenta son chef, en déclarant que son salut dépendait de la reddition de ce poste. Lui-même encouragea les siens, disant qu'il aimait mieux mourir que de racheter sa vie au prix d'une perte pour sa cause.

L'armée bourguignone s'approchait de plus en plus ; les Suisses mirent le feu au château d'Yverdun, et se frayèrent un passage vers Granson. Cependant Charles n'avait pu passer par le défilé de la tour de Bayard ; Matter de Berne, qui commandait ce fort, se moqua de toutes ses menaces. Les Bourguignons étaient donc arrivés, par Rivière, Joigne et Orbe, sur Granson. Tout le pays de Vaud fut inondé de leurs bataillons : à Lausanne, Campobasso s'était fait ouvrir les portes avec les quinze mille Italiens du prince de Tarente ; Genève avait été mise à contribution. L'armée s'étendait de la Baume, par Sainte-Croix, jusqu'à Vaumarcus ; elle comptait plus de cinquante mille combattants, et le camp ressemblait à une ville de commerce ou à une résidence de prince, tant il y régnait d'activité et d'abondance. La tente de Charles dominait tout, du haut d'un plateau qui en occupait le centre ; elle se distinguait par un luxe oriental : pour lui, il était plein de confiance ; car ces mêmes troupes avaient pris Liége, humilié la France et conquis la Lorraine. Il fit donner l'assaut sans délai, perdit deux cents hommes, et prit Granson, après trois heures de nouvelle attaque ; mais Georges Stein garda la citadelle avec huit cents hommes. Le feu continuait jour et nuit ; Stein tomba malade, et le maître de l'artillerie eut la tête emportée d'un boulet : pour comble de malheur, plusieurs barils de poudre sautèrent, tuèrent beaucoup de monde, et les provisions s'épuisaient ; on n'avait plus que du gruau d'avoine.

Dans ce temps là même, Nicolas de Scharnachthal, avoyer de Berne, vint occuper Morat à la tête de huit mille hommes, et avec lui l'excellent capitaine Jean Hallwyl, bien connu des nobles rois de la famille d'Hunnyade ; Pierre de Fauciguy amena cinq cents hommes de Fribourg ; il en vint huit cents de Soleure, deux cents de Bienne ; toutes les villes s'émurent de Strasbourg jusqu'à Inspruck ; Louis XI promettait..... mais il observait et gagnait du temps. C'est à la petite armée de Morat que deux soldats, échappés de Granson, signalèrent la détresse de sa garnison. On hasarda trois bateaux sur le lac de Neufchâtel ; car on n'était pas encore en mesure d'attaquer l'ennemi ; mais ils ne purent que se faire voir, sans aborder. Le duc, furieux d'être arrêté depuis deux jours devant cette petite forteresse, commandait de nouveaux efforts. Les murs étaient éboulés, les hommes épuisés. Dans ces circonstances, une déception devait triompher de leur valeur : l'indigne seigneur de Ronchamp, qui avait autrefois connu en Suisse plusieurs des guerriers de la garnison, vint la féliciter de sa belle réponse (elle avait fait savoir à Charles qu'elle n'ouvrirait ses portes que par ordre des confédérés). « Ils ne peuvent plus vous secourir, dit-il : Fribourg est prise, et tous ses habitants sont enterrés sous ses décombres ; Berne a remis ses clefs au duc, Soleure s'est soumise. Si vous persistez à tenir, aucune force humaine ne peut vous sauver ; le duc m'a permis de vous offrir une capitulation ; croyez-en ma parole, vous vous retirerez libres, sains et saufs. » Comment croire que la perfidie fût poussée à ce point! Ronchamp reçut de l'argent pour récompense, et la place se rendit, malgré la protestation du jeune Muller, l'un des chefs. Il n'avait que trop bien jugé cette ruse. Quand les Suisses furent menés au camp de Charles : *Quelles gens sont ceci?* s'écria-t-il, comme s'il ne savait rien du stratagème de Ronchamp; et aussitôt ils furent attachés dix par dix, livrés au prévôt, et, pour la plupart, pendus à des arbres : d'autres, par exemple Jean Muller, furent à diverses reprises plongés dans le lac. Ils moururent sans s'adresser de reproche, avec un calme, une fermeté qui parut terrible à l'ennemi. Ce fut le dernier jour de l'honneur de Charles, le dernier de sa fortune.

Le lendemain, il s'avança avec ses archers du corps jusqu'à Vaumarcus, château qui, du haut d'un roc escarpé, dominait la route de Granson à Neufchâtel; il fut occupé, ainsi que les hauteurs voisines. De leur côté, les confédérés envahirent Boudry et d'autres villages voisins; l'avoyer de Scharnachthal avait transféré son quartier général de Morat à Neufchâtel; il y fut rejoint par deux mille cinq cents hommes de Zürich, Baden et de la Thurgovie, avec eux un redoutable héros, Jean Waldmann. Peu d'heures après, arrivèrent les contingents de Bâle et de Strasbourg, Colmar, Kaisersberg, Schlestadt; le soir, le célèbre avoyer Haszfurter et dix-huit cents Lucernois; enfin, le jour où Charles faisait égorger la garnison de Granson, il vint plus de quatre mille montagnards, et Schwytz marchait en avant sous les ordres du petit-fils d'Ital Reding; Saint-Gall, Appenzell, ne se firent point attendre, et Hermann d'Eptingue amena la cavalerie de l'archiduc : le jeune margrave de Bade, Neufchâtel, en fut prévenu, et en informa promptement le duc de Bourgogne. Indignés du massacre de Granson, brûlant du désir de le venger, les confédérés éprouvaient quelque embarras de l'excellente position qu'avait su prendre le duc.

Celui-ci se disposait à marcher sur Berne par Neufchâtel et Arberg : dès qu'il eut connaissance de l'approche de l'ennemi, il fit publier que chacun eût à se tenir prêt au combat pour le lendemain de grand matin. *Marchons à ces vilains*, disait-il, *ce ne sont pas gens pour nous*. Il se mit à la tête des Italiens et des Savoyards, confia l'avant-garde au brave bâtard de Bourgogne, Antoine, et au prince d'Orange, et l'arrière-garde au duc de Clèves et à Frédéric d'Egmont. Antoine était la vivante image de son père, Philippe de Bourgogne; il était robuste de corps et fort d'esprit, parfait autant que peut l'être un homme : le duc l'estimait, mais ne se confiait point en celui dont la rude franchise s'opposait trop souvent à ses projets désordonnés.

Les confédérés, dont les forces n'atteignaient pas au tiers de la force numérique de l'armée de Bourgogne, n'avaient d'autre but que d'anéantir cet avantage, en profitant habilement des forêts et des hauteurs. La droite de Charles était appuyée au lac, la gauche au Jura, dont le pied était défendu par des marais et des fossés profonds; au nord, devant l'ennemi, les rivages de l'Arnou étaient garnis d'une puissante artillerie; les bagages, rangés sur les derrières, composaient comme un rempart, protégé lui-même par de nombreuses pièces : la position était trop forte. Dans le conseil des Suisses, les uns proposèrent de tourner le lac pour attaquer l'ennemi en queue; les autres, de se précipiter sur le front des Bourguignons : l'avis qui prévalut était calculé habilement. D'après le caractère bien connu du duc, en attaquant Vaumarcus sous ses yeux, et pour ainsi dire à sa barbe, on était sûr qu'il n'y tiendrait pas, que sa colère prévaudrait sur les plans les mieux arrêtés, et qu'il sortirait de sa position. En effet, les conseils d'Antoine n'y firent œuvre, Charles se mit en mouvement contre l'avis de tous ses capitaines.

Dès le lendemain 3 mars, de grand matin, tandis qu'il rectifiait déjà son ordre de bataille, un petit corps de Schwytz et de l'Oberland vint dans le camp des Lucernois, où l'on se hâtait d'achever la messe : Rosemboz en donna le signal d'une hauteur voisine de Vaumarcus. Charles, qui ne s'attendait pas à tant d'audace, n'avait pris inspection des lieux que pour une marche. L'avant-garde allait sans inquiétude, et les Suisses eux-mêmes ne se croyaient pas si près de l'ennemi, ni que le duc eût déjà levé le camp; ils estimaient n'avoir affaire qu'à Rosemboz et le chargèrent. Arrivés sur la hauteur, leur vue embrassa cette immense armée. Dès qu'on les vit engagés, Berne, Fribourg, et tous les autres confédérés, accoururent, mais avec calme et sang-froid. Dans les vignes, les Suisses, selon l'usage de leurs pères, tombèrent à genoux, et, les bras étendus, invoquèrent le dieu des armées. L'ennemi, qui ne connaissait pas cet usage, crut qu'ils demandaient *merci*, et de longs éclats de rire retentirent sur toute la ligne bourguignone.

Un grand cri de guerre succéda à cette moquerie, et, se formant en coin, les Bourguignons voulurent enfoncer les rangs des confédérés; mais les lances les arrêtèrent : profitant d'un instant d'hésitation, les confédérés pénétrèrent avec vigueur dans leurs bataillons, tandis que deux autres chefs valeureux, Mullinen et Schwartzmurer, marchaient sur les corps d'armée qui voulaient déborder le carré formé par les Suisses. Au centre de ce carré flottaient les bannières; il était hérissé de lances, et des rangs intérieurs partaient de continuelles arquebusades.

L'artillerie du duc de Bourgogne, placée trop haut, avait produit peu d'effet; il voulut donner sur ce carré la lance en arrêt, et six mille hommes de cavalerie, commandés par Château-Guyon, exécutèrent une charge, dont le résultat devait être de pénétrer jusqu'aux bannières. L'impétuosité de cette charge fut terrible : là il y eut, disent les chroniques, une épouvantable bataille. Deux fois le brave Château-Guyon saisit de sa main la bannière de Schwytz; mais Elsner de Lucerne lui arracha la sienne, et un Bernois le tua. Non loin de là tombèrent Jean-Marie de Luxembourg, oncle de Romont, Lalain, Poitiers, Ligny, Méry, et Piétro de Lignano, chef des Milanais. Tout à coup des accents terribles appelèrent les regards des deux armées sur les hauteurs de Bonvillers et de Champigny : des troupes fraîches en couvraient le sommet. A trois heures après-midi, le ciel s'éclaircit, et les feux du soleil vinrent dorer toutes ces resplendissantes armures. « Qu'est ceci? demanda Charles à Brandolf de Stein, qui était son prisonnier. — Ce sont, dit Stein, les véritables Suisses, les montagnards qui ont défait les Autrichiens : là sont aussi les bourgmestres de Zürich, de Schafhousen, la Tschudi et sa troupe. » Trois fois retentit le cornet d'Uri et la rustique corne d'Unterwald : sons inconnus! redoutables présages de mort aux Bourguignons, étonnés aussi de l'aspect martial de ces braves! Charles comprit le danger; il parcourut les rangs pour rendre le courage aux siens, qui déjà étaient fatigués de leurs inutiles efforts, puis il combattit avec eux. Tout à coup un feu général et bien dirigé partit de toute l'armée des Suisses, et, sans perdre de temps, ils attaquèrent corps à corps. Ils accoururent de tous côtés; il en sortait des chemins creux, il en paraissait derrière les haies : une terreur panique saisit les Bourguignons. Par un mouvement habilement combiné, leur cavalerie devait entraîner l'ennemi dans une position défavorable; mais l'infanterie s'y trompa, prit ce mouvement pour une fuite, et s'enfuit elle-même. Charles voulut s'y opposer; il vint réprimer les fuyards à la tête de la cavalerie; il frappait lui-même ses soldats, mais en vain : la terreur était universelle; les uns couraient se cacher dans les vallées du Jura, les autres s'embarquaient sur le lac; d'autres encore tâchaient de regagner Granson. La déroute fut complète : Charles jeta un douloureux regard sur les quatre cents pièces qu'il fallait abandonner, et sur les richesses de son camp; puis, suivi de cinq cavaliers seulement, il s'enfuit, et ne s'arrêta point qu'il ne fût arrivé à Nozeroy, au delà du Jura, où il trouva le prince de Tarente, qui, le premier, lui donna quelque consolation.

SUISSE.

Cependant les Suisses, de retour de la poursuite, se jetèrent à genoux pour remercier Dieu de la victoire. Ceux de Berne s'indignaient à la vue de leurs compatriotes pendus aux arbres de Granson : en pleurant, ils reconnaissaient parmi les braves des parents, des amis. Aussitôt ils donnèrent l'assaut avec rage; il fallut bien se rendre. Alors commença la vengeance : pour chaque Suisse que l'on décrochait, on pendait au même arbre un Bourguignon; on en précipita plusieurs du haut de la tour sur les rochers; et, si l'on en épargna quelques-uns, ce fut uniquement pour les échanger contre Brandolf de Stein. La garnison de Vaumarcus aurait eu le même sort; mais Rosemboz parvint à s'échapper la nuit sans être aperçu. Le soir même de la bataille, Nicolas de Scharnachthal, le plus ancien des chevaliers, voulut récompenser les héros; il arma chevalier Hallwyl, Waldmann, Rolle de Bonstetten, Schwartzmurer et Hermann de Mullinen.

Le butin fut immense: évalué alors à trois millions, il équivaudrait, de nos jours, à une somme décuple; sans compter les munitions, les chevaux, l'artillerie, les vivres, on prit vingt-sept bannières et cinq cent cinquante drapeaux. Les confédérés se partagèrent ces divers objets, et l'artillerie fut répartie entre les places frontières. On admirait surtout la magnificence des tentes, celle où était la chapelle, une autre qui renfermait la chancellerie; enfin, le pavillon du duc de Bourgogne, un des plus beaux et des plus riches du monde. L'or, les pierreries, étaient partout : les diamants les plus riches de la terre furent trouvés par des hommes qui n'en connaissaient pas la valeur, et vendus à vil prix. Le régent était le troisième pour la grosseur, le premier pour la beauté; il appartint d'abord aux Lucernois, puis aux rois de Portugal, enfin, à la couronne de France.

Après être restés trois jours sur le champ de bataille, les confédérés retournèrent dans leurs foyers, bannières déployées, et toute la Suisse parut être un vaste camp. Dès le commencement de la guerre, Louis XI, sous prétexte d'une dévotion particulière, s'était rendu à Lyon pour observer les événements de plus près : les Suisses étaient mécontents de son manque de foi; il craignait qu'ils ne s'accommodassent avec Charles contre lui, et avait couvert leur pays d'émissaires qui lui rendaient compte de tout. Quand il apprit la bataille de Granson, il en témoigna une joie extraordinaire, ne se lassant point de se la faire raconter; il ne se plaignait que de ce qu'il eût péri un trop petit nombre de gens. Cela ne l'empêcha point de recevoir avec distinction l'envoyé de Charles, qui vint lui porter des assurances d'hommage et d'amitié; mais il fit de riches présents et de plus vives protestations aux vainqueurs.

Cependant l'attitude ferme de Charles, la véhémence de ses actions, l'activité de ses préparatifs, imposèrent encore silence à ses ennemis cachés. Il avait d'immenses ressources; il ne craignit pas de pousser à l'extrême toutes les mesures qu'il prenait pour une nouvelle attaque : ainsi il leva un homme sur six, un denier sur six, s'empara des métaux qui pouvaient servir à la guerre, et les fit rechercher jusque dans les maisons de ses sujets. Le roi de France n'osa bouger, et Galéace Sforce permit toujours la levée et le passage des soldats enrôlés pour le duc de Bourgogne. Les Suisses ne gardèrent ni Joigne ni les Clés, soit qu'ils voulussent de nouveau l'attirer sur le terrain où il avait été vaincu, soit qu'il ne leur parût pas possible de remettre ces forts en état aussi promptement que cela eût été nécessaire. Ils firent quelques expéditions heureuses à Lille-sur-Doubs et à Delle; mais l'empereur défendit aux villes impériales de les seconder; le pape leur créa aussi des entraves; les princes craignaient que leur victoire ne tournât au profit de la France. Cependant Charles mit en mouvement toutes les garnisons, toute l'artillerie de Bourgogne et des Pays-Bas : déjà il avait quinze cents pièces et soixante mille hommes, déjà Romont avait repris possession du pays de Vaud. Alors Berne se conduisit comme aux jours glorieux de Laupen : toute famille qui comptait deux adultes en armait un ; on appelait les citoyens, les confédérés à la défense de Morat, que l'on nommait l'*ouvrage avancé* de Berne, position importante qu'il fallait garder.

Depuis longtemps, Adrien de Bubenberg vivait retiré à sa campagne ; c'était le chef du parti bourguignon : dans le danger commun, ses compatriotes firent un appel à son patriotisme ; il accourut, et on le reconnut général : on jura de conserver Morat sous ses ordres, et de lui accorder tout ce qui serait nécessaire. Quinze cents hommes sortirent avec lui, Fribourg en envoya quatre-vingts, Waldmann vint avec mille Zürichois, les cavaliers d'Autriche accoururent avec Hermann d'Eptingue, et les villes impériales d'Alsace ne manquèrent point à l'appel. Il en était temps : Charles était déjà à Lausanne ; le pays était ravagé par ses troupes, qui n'épargnaient ni le sexe ni l'âge ; il fallait fuir dans les Alpes, ou se résoudre à souffrir les plus mauvais traitements. La consternation était partout, et toujours de nouvelles troupes venaient grossir cette armée déjà si nombreuse. Elles n'arrivaient pas néanmoins sans difficulté : au Saint-Bernard, les Valaisans tombèrent sur un corps de quatre mille Lombards, en tuèrent plus de quatre cents, et dispersèrent les autres, qui périrent de faim ou s'abîmèrent dans les crevasses des glaciers. Des Savoyards en grand nombre s'avançaient sous le commandement d'Antoine d'Orly, gouverneur de Nice : ils furent chassés ou taillés en pièces par les Fribourgeois. A peine Charles eût-il quitté Lausanne, que le commandant bernois de l'Obersiebenthal se jeta sur Vevay et sur la tour du Peil, forteresse qui s'élève dans le milieu du lac ; et, pour châtier les habitants d'avoir donné du secours aux Italiens et aux Savoyards, il massacra tout ce qui était en état de porter les armes, détruisit les maisons et frappa une forte contribution.

Dans la pensée de faire une démonstration imposante, le duc de Bourgogne avait passé une belle revue de toute son armée sur le plateau qui domine Lausanne, auprès du Signal, et jusqu'à la forêt de Sauvabelin. C'est l'un des sites les plus délicieux, à la fois, et les plus majestueux de la terre : le lac Léman se présente dans toute son étendue ; on admire, au sud et à l'ouest, ses fertiles coteaux, et dans le lointain, à sa pointe méridionale, le Salève, qui domine Genève, le mont Blanc, qui élève sa blanche coupole au-dessus des rocs noirâtres du Chablais, dont les parois retombent perpendiculaires dans le lac, immense muraille dont la base s'entr'ouvre çà et là pour recevoir quelques habitations, Saint-Gengolfe, Meillerie, Évian, Thonon, tandis qu'à l'opposite le Jura s'éloigne des rivages, et laisse une belle plaine à l'agriculture. Rien de plus grand, de plus imposant que ces Alpes du Chablais, que ces roches inaccessibles, dont les pointes se dessinent si variées sur l'azur d'un beau firmament, tandis que le lac reflète et renverse leurs neigeuses images. Plus il se recourbe vers l'est, plus le tableau devient sombre : le Rhône arrive à travers les marais, et, sur les cimes qui dominent son embouchure, les magiques Diablerets, roches étranges, forteresses de l'éternité, bravent, par leur ressemblance même avec les tours du moyen âge, ce que l'architecture humaine a de fragile et d'insuffisant. Ils jettent sans cesse sur la vallée des débris nouveaux, et ces ruines de tous les siècles auront encore des débris pour les derniers jours du monde. En face est la blanche Dent du Midi qui jamais ne se dépouille de ses neiges, qui brille encore de la couleur rosée des feux du soleil, quand l'ombre de la nuit a noirci le lac, et Lausanne, et Vevay, et Meillerie, quand déjà le soleil est descendu derrière ce long rempart du Jura. La nature semble se complaire ici aux plus singuliers effets : des vapeurs légères s'envolent en fumée de ces cimes aériennes, ou se groupent en nuages, ou s'allongent en ceinture le long des montagnes, comme pour en diviser la hauteur. Il est impossible, en présence de ces merveilles, de ne se point abandonner à une contemplation, à une rêverie qui absorbe toutes nos pensées; et s'il s'y mêle un souvenir historique, il faut qu'il soit grand, majestueux comme la nature même; il faut que l'événement ait terminé les différends de la terre, affermi la liberté d'un peuple, renversé la tyrannie d'un homme; si cet événement a fondé le bonheur des générations qui se succèdent dans ces lieux magiques, il aura droit d'intéresser à jamais celui qui les admire : alors la nature même devient historique, et ses plus grandes beautés semblent acquises par la victoire à ceux qu'elle favorise de tant de merveilles.

Charles en était peu frappé; sombre et pensif, il était encore sous la terrible impression de Granson; ce Jura lointain lui laissait apercevoir les défilés par lesquels il avait fui; à l'opposite, le Saint-Bernard lui rappelait le récent désastre des Italiens qui n'avaient pu le rejoindre : il n'y avait en lui que colère, haine et dépit. « Oui, dit-il en parlant aux soldats, la fortune nous fut un jour infidèle..... Mais vous devant qui trembla la France, vous qui avez dompté Liége, anéanti la Lorraine, ne vengerez-vous pas votre maître de ces paysans? Qu'ai-je donc fait à la Suisse? qui a fait périr mon gouverneur Hagenbach? qui m'a forcé à la guerre? qui a porté la dévastation dans nos paisibles provinces? L'orgueil de ces gens pourra-t-il anéantir l'honneur de la Bourgogne et la mémoire de mon père? Non, je le jure! il n'en sera pas ainsi. Je vous abandonne tout le butin fait sur l'ennemi; à vous les habitations, les villes, les richesses des Suisses..... à moi la seule vengeance! Oui, par saint Georges! nous nous vengerons! » L'armée répondit par les cris de *Vive Bourgogne*, et partit.

Charles se dirigea d'abord vers le lac de Neufchâtel, espérant attirer les confédérés dans un pays qui lui fût plus favorable. Mais l'impatience l'emporta : il résolut de marcher par Morat sur Berne et Fribourg. Il envoya donc le comte de Romont avec quatre mille hommes pour occuper le terrain qui sépare les lacs; il voulait ainsi prendre Morat des deux côtés; le gros de l'armée alla vers Payerne et Avenches. Adrien de Bubenberg, avec sa petite troupe de Bernois, rencontra les avant-postes, fit un prisonnier, et connut la marche des Bourguignons. « Appelez les confédérés, écrivait-il à sa cité; je tiendrai dans Morat, ne craignez rien, ne précipitez rien. » Il reçut ensuite le serment de la garnison et des habitants de cette ville : on jura de tuer quiconque donnerait un conseil timide, ou ferait entendre des paroles peu dignes de la valeur suisse, quel qu'il fût, riche ou pauvre, général ou soldat, Bubenberg lui-même, s'il s'oubliait. «Compagnons, s'écria-t-il dans sa noble inspiration, veillez! dans Morat réside le salut de la patrie; veillez! la Suisse n'a qu'un seul boulevard, c'est votre valeur, c'est votre fermeté. »

Depuis les chalets voisins des glaces éternelles jusqu'à l'embouchure de l'Aar, tout se mit en mouvement : les guerriers arrivaient jour et nuit; ils coururent occuper les ponts de la Sarine à Laupen et à Gumminen. On ne voulut ni les rompre, ni fermer les portes de Morat; la sécurité devant être surtout dans la vigilance, le conseil de cette ville était en permanence; une grand'garde placée sur la tour se tenait en correspondance de signaux avec les éclaireurs du dehors. Des cavaliers furent dépêchés à Strasbourg : on ne demanda plus rien à Louis XI, qui avait promis peu auparavant d'occuper la Savoie, mais n'en avait rien fait. Les secours ne se firent point attendre : Bâle envoya deux mille hommes, Louis d'OEttingen amena le contingent de Strasbourg, Colmar, Schlestadt, Kaisersberg, et des autres villes d'Alsace. Le jeune duc de Lorraine, René, se rendit à Morat par Zürich; il avait en vain compté sur les promesses du roi; maintenant, il s'était enfui avec cent soldats, et quelques pièces d'or que lui avait données la

13ᵉ *Livraison.* (SUISSE.)

comtesse d'Harcourt de Vaudémont, son aïeule. Pendant qu'il entendait la messe sur la frontière de Lorraine, une pauvre vieille lui jeta une bourse remplie d'or sur les genoux, en disant : *Monseigneur, pour aider à notre délivrance.* Les Strasbourgeois l'escortèrent, et les confédérés lui donnèrent une garde.

Morat avait de bonnes murailles, de robustes tours, et un double fossé flanqué de remparts et de bastions; d'un côté, un pays montueux coupé par la Sarine, vers la route de Berne, Fribourg, Laupen; de l'autre, un lac profond et des marais dangereux; au sud, et vers Avenches, des champs vastes et fertiles. Romont était posté au nord, sur l'isthme et dans les vignobles. Il lui prit fantaisie de s'emparer des terres qui avaient appartenu à son oncle d'Orange : des guides le conduisirent par les marais au delà de la Broye, et de grand matin il surprit Ins; mais les campagnards accoururent au premier signal, hommes et femmes, se faisant arme de tout. Il en fut tellement déconcerté, qu'après avoir enlevé quelque bétail, il se hâta de regagner le gros de l'armée. Dans le même moment, le duc organisait l'attaque dans la forêt de Fou; Romont se montra avec ses douze mille hommes, et, le long du lac, le grand bâtard de Bourgogne déploya ses trente mille soldats. La ville fut cernée; à peine si la nuit une nacelle en donnait quelquefois des nouvelles aux confédérés. Les sommations repoussées, on essaya d'ébranler la garnison par des billets qu'on lançait dans la ville. « Paysans, y était-il dit, rendez-vous : on ne pourrait fabriquer assez d'or pour vous racheter. Nous viendrons bientôt vous pendre; confessez-vous. » On essaya verbalement quelques moyens de corruption. Enfin, Romont ordonna l'assaut; les Bourguignons renversèrent une grande partie de la muraille; ils voulurent entrer, et coururent sus, en criant avec joie : *Ville gagnée!* Mais ils n'avaient renversé que des pierres, et se brisèrent contre une muraille vivante. Ils perdirent là sept cents hommes et le maître qui faisait manœuvrer la principale pièce. Dans la nuit même, la brèche fut réparée, et de vigoureuses sorties réussirent aux Suisses : d'Orly fut tué avec ce qui lui restait de Savoyards. Il arriva des renforts de Neustadt et de Cerlier, moins pour le combat, que pour empêcher les travailleurs de succomber à la fatigue. Charles écumait de rage; il envoya des Bourguignons pour s'emparer des ponts de Laupen et de Gumminen. Inutile tentative! Les campagnards, ayant à leur tête le curé de Neueneck, suffirent pour défendre le passage de la Sarine, et maintenir les communications avec Berne.

A Morat, Adrien de Bubenberg avait tout prévu : il maintenait la discipline et le silence, et personne ne témoigna d'émotion ni d'étonnement, quand le duc fit défiler sous les murs son immense armée, aux grands cris de guerre des soldats et au son de ses musiques. Si Adrien fût tombé, sa fin eût été belle comme la mort des héros de Saint-Jacques. Charles renouvela l'assaut contre ces murs démantelés, ouverts de tous côtés. Les cris des guerriers, le cliquetis des armes, le tonnerre de l'artillerie, ne purent émouvoir la garnison. Elle doutait parfois du succès, quand elle voyait les fossés comblés, les échelles appliquées, les murs détruits; mais Bubenberg répétait les mots magiques de patrie, d'honneur, et sa grande âme passait dans toutes les âmes. Plus de mille Bourguignons étaient étendus dans les fossés, et ceux qui emportaient les morts étaient tués à leur tour. Trois heures d'assaut étant demeurées sans résultat : Charles désespéré fit sonner la retraite.

« Tant qu'il y aura du sang dans nos veines, écrit Bubenberg à Berne, après avoir pendant dix jours et dix nuits soutenu l'effort de soixante mille hommes, tant qu'il y aura du sang dans nos veines, pas un de nous ne cédera. » On pressait de tous côtés l'arrivée des confédérés : Jean Waldmann, qui était dans Berne, accusait la lenteur de Zürich; il racontait les dangers de Morat, et comment on avait croisé le fer jusque dans les souterrains. « L'ennemi, dit-il, est trois fois plus nombreux que vous ne l'avez vu à Granson ; mais il nous appartient, il n'échappera pas à notre glaive. » L'empressement répondit à ces instances : Jean de Breitenlandenberg amena trois mille hommes de Zürich ; avec eux vinrent les guerriers de la Thurgovie et de Sargans. On partit le 18 juin : des pluies continuelles rendaient la marche fort difficile, et cependant l'on fit près de vingt-cinq lieues en deux jours et demi. Près de six cents hommes tombèrent de fatigue ; mais ils rejoignirent bientôt. La population de Berne passait la journée en prières ; le peuple se précipitait dans les églises ; d'un instant à l'autre on s'attendait à une bataille générale ; mais Waldmann, qui savait combien le repos est nécessaire, laissa prendre quelques heures de sommeil aux confédérés, et, à dix heures du soir, il fit sonner le départ. La ville était illuminée ; devant toutes les maisons se trouvaient des tables garnies de provisions que l'on donnait aux soldats. Le chant de guerre fut entonné, et longtemps encore il retentit, en s'affaiblissant toujours, jusqu'à ce que les détours de la vallée et l'éloignement en eussent dérobé les accents aux Bernois. La nuit était fort pluvieuse et l'obscurité complète.

Dès le matin du 22 juin les nuages parurent se dissiper ; on célébra la messe à Gumminen. Après que l'armée eut pris quelques rafraîchissements, Waldmann disposa son ordre de bataille ; il avait trente quatre mille combattants d'une telle ardeur, que la plupart refusèrent leur déjeuner. On décida qu'une partie de l'armée et les paysans de la Broye tiendraient en échec le corps de Romont, et que le reste se jetterait sur le duc. Ces dispositions se faisaient dans la forêt de Morat, à l'abri d'une colline. Jean de Hallwyl, de la noblesse d'Argovie, se chargea du commandement de l'avant-garde ; il était citoyen de Berne, et se connaissait en hommes et en batailles, car il s'était formé dans les guerres des Huniades ; avec lui marchaient les Waldstette, l'Oberland et l'Entlibuch. La cavalerie occupait les ailes ; le duc René conduisait des arquebusiers, des hallebardiers, de l'artillerie ; Waldmann tenait le centre avec toutes les bannières des confédérés ; la ligue inférieure y était aussi ; Guillaume Herter de Strasbourg partageait avec lui le commandement ; autour des bannières, de longues lances, des haches et des hallebardes ; enfin, l'arrière-garde venait sous les ordres de Gaspard de Hertenstein, l'un des principaux citoyens de Lucerne, auquel ses cheveux gris n'avaient rien ôté de sa fermeté ni de son courage.

Le duc de Bourgogne s'en réjouit beaucoup, car il avait voulu chercher l'ennemi dès la veille ; il donna donc le signal. Il rangea son infanterie en colonnes profondes, en face de l'avant-garde ennemie ; aux ailes la cavalerie, en avant l'artillerie, couverte par une haie et protégée par un fossé. Tout à coup le ciel s'obscurcit de nouveau, et il tomba une pluie battante. Les chefs des Suisses contenaient autant que possible l'ardeur de leur monde. Avant de sortir de la forêt, les comtes de Thierstein, d'OEttingen et Guillaume Herter, armèrent chevaliers René, duc de Lorraine, et les principaux capitaines, sans distinction de naissance ; on passa sur les cérémonies d'usage. Quand les armées s'approchèrent, les chiens des Suisses aperçurent ceux des Bourguignons ; plus forts et plus sauvages, ils se jetèrent sur eux avec fureur, et les chassèrent vers leurs maîtres effrayés de ce présage. A la vue des Bourguignons, Hallwyl commanda *halte*. « Braves confédérés, dit-il, voici devant vous les meurtriers de vos frères de Granson et de Brie. Vous avez désiré la vengeance ; mais ils sont nombreux, songez-y ; songez aussi qu'en ce même jour, il y a cent trente-sept ans, vos aïeux, à Laupen, ont renversé d'innombrables ennemis. Le même Dieu gouverne la terre, le même courage vit en vous. Que chacun combatte comme si le succès de la journée, le salut de la patrie dépendait de lui seul. Frères, afin que celui qui sauva nos aïeux soit avec nous aussi, recueillez-vous et priez. » Il dit, et les Suisses tombent à genoux. Dans ce moment, le soleil, pénétrant les nuages, se montra dans tout son éclat. « Braves, s'écria Hallwyl, levez-vous, et songez à vos femmes et à vos enfants. Dieu éclaire notre route; allons, en avant! »

Les Bourguignons, qui avaient passé à la pluie une grande partie du jour, conclurent, de l'attitude de l'ennemi, qu'il voulait les attirer hors de leur position. L'eau avait pénétré dans les fourgons et détendu les arcs des archers. Vers midi, on se disposait à rentrer dans le camp, lorsque, par une habile manœuvre, l'avant-garde suisse menaça de profiter d'une ouverture qui existait dans la haie où était rangée l'artillerie. Elle commença donc son feu, et fit de grands ravages. Dans cette première attaque, il périt beaucoup de confédérés et de Lorrains; le duc René eut son cheval tué sous lui, et combattit longtemps à pied. Néanmoins les pièces tiraient en général trop haut. Charles était déjà plein d'espoir. Bientôt une troupe, envoyée par Hallwyl, tourna le retranchement, et prit les Bourguignons en flanc, en poussant de grands cris. Les confédérés, profitant du désordre, descendirent dans le fossé et le franchirent; attaquant les artilleurs corps à corps, ils tournèrent les batteries contre les Bourguignons, et les contraignirent d'abandonner leur position et de fuir vers le gros de l'armée, qui était encore intact entre Courtlevon et Bec la Grange. Là commandaient le prince d'Orange et Philippe de Crèvecœur; à la gauche, appuyée au lac, était le bâtard Antoine avec Adolphe de Ravenstein; à la droite, Charles en personne, le prince napolitain, et un duc de Sommerset avec les Anglais et ce qu'il y avait de mieux en cavalerie; derrière Morat, le comte de Romont, qui ne parvenait pas à se faire jour. Les Suisses ne donnèrent pas à Charles le temps de se reconnaître; ils balayèrent les hauteurs de Courgevaux; Waldmann se précipita sur le centre, et Bubenberg ne craignit pas de sortir de Morat, et de porter le désordre dans les troupes lombardes qui stationnaient sous les arbres, le long du lac. Les grands coups néanmoins se portèrent à l'endroit où était le duc; sa garde et les Anglais firent des prodiges de valeur : mais, toujours refoulés par les Suisses, ils portèrent le désordre dans la cavalerie. Le duc de Sommerset n'eut pas de peine à la rallier; et dans le moment où, par ordre du duc, il allait exécuter une charge pour couvrir la retraite de l'infanterie et lui donner le temps de se reformer, il fut atteint d'une balle et mourut. Déjà quinze cents gentilshommes étaient tombés. On vit bientôt paraître sur les hauteurs, derrière l'armée, le corps de Hertenstein, et le comte de Gruyère alla couper la route de Lausanne; enfin, la bannière du bâtard de Bourgogne tomba sous les coups d'un homme de Hassli; le découragement gagnait tous les rangs. Charles reconnut sa destinée, s'enfuit, et avec lui trois mille cavaliers, qui se dispersèrent loin du champ de bataille. Pour lui, il courut jour et nuit, et parvint, suivi de trente cavaliers seulement, sur les bords du lac de Genève.

Sur le champ de bataille cependant la mort était partout : les confédérés couvraient la route jusqu'à Avenches; ils tuaient sans quartier pour personne, et répétaient sans cesse *Brie! Granson!* Au milieu du désespoir général, plusieurs milliers de cuirassiers et de Lombards voulurent traverser la vase qui s'étend le long du lac, près de Morat. Leur intention était de rejoindre Romont et son corps d'armée; ils marchaient dans l'eau, où la pesanteur des chevaux et des armures les enfonçait dans le limon; d'autres étaient recueillis par des nacelles, mais aussitôt tués par le feu de la place; et, de tant de milliers, il ne se sauva qu'un seul cuirassier. S'ils étaient parvenus au delà de Morat, ils n'y auraient plus trouvé Romont. Dès qu'il apprit que les Suisses avaient pris le retranchement, il ne douta plus de la perte de l'armée bourguignonne; il fit donc plusieurs décharges contre la ville pour l'occuper d'elle-même, et subitement il passa la Brie et marcha sur Estavayer.

C'était dans le camp grande confusion de valets, de marchands, de femmes; car, en place des *préciosités* de Granson, dit la Chronique de Neufchâtel, il s'y trouvait deux mille joyeuses demoiselles. On se sauvait dans les bois, on se cachait dans les fours des villages voisins. Les Suisses laissèrent courir toutes ces filles. On compta plus de quinze mille morts jusqu'à Avenches; tout le reste était en déroute, sans ordre ni commandement; la poursuite avait cessé, que les Bourguignons fuyaient toujours à travers le pays de Vaud, qu'ils avaient tant ravagé. Redoutant le Saint-Bernard, les Lombards coururent à Genève, où ils furent égorgés dans une émeute populaire.

Les Suisses arrivés à Avenches craignirent d'être pris en queue par Romont, dont ils ignoraient la retraite, ou bien ils ne voulurent pas exposer le butin; ils tournèrent donc leur marche contre lui et le regagnèrent : toute son artillerie, tous ses bagages furent pris, et ses troupes se débandèrent; lui-même n'échappa qu'à la faveur de la nuit. Le champ de bataille de Morat offrait un majestueux spectacle : au milieu de ces morts innombrables, les vainqueurs à genoux, le bruit des instruments et des fanfares de victoire, des cavaliers, ornés de branches d'arbre, courant à Berne, à Fribourg, à Soleure, pour annoncer cette héroïque action. Les cloches retentirent; et, jusque dans les glaciers, les échos répétèrent ces accents de l'allégresse publique.

Louis XI avait disposé des estafettes depuis la frontière jusqu'à Lyon; quand Dubouchage et Philippe de Comines lui annoncèrent cette bonne nouvelle, il les gratifia chacun de deux cents marcs d'argent. Le butin des vainqueurs ne valait pas celui de Granson; il n'y avait d'abondance que dans les munitions et les provisions; le duc René reconnut et reprit ses canons. La magnificence régnait dans la demeure du duc, composée de pièces rapportées; il y avait aussi du luxe dans la chapelle, dans la garde-robe et dans l'ameublement; on donna la maison au duc René, et l'on porta à l'hôtel de ville de Morat un beau portrait de Charles le Téméraire. Du reste, à l'exception de quelques caisses réservées pour un partage régulier, chacun prit ce qu'il voulut, ou ce qu'il put. L'ancien usage voulait qu'on demeurât trois jours sur le champ de bataille, pour voir si personne ne viendrait contester le succès : on s'y conforma. Les morts furent enterrés dans de grandes fosses avec de la chaux vive; plus tard, on en retira les ossements, qu'on réunit dans une chapelle monumentale. Qui croirait que ce monument d'un peuple libre ait pu être renversé par une armée républicaine, et que des généraux aient été assez ignorants pour venger la mémoire de l'ennemi de la France, comme si les Français eussent été les vaincus, comme si les Italiens, les Flamands, les Savoyards, intéressaient notre gloire? L'inscription était simple et belle; la voici :

D. O. M. (Deo optimo maximo). Caroli inclyti et fortissimi, Burgundiæ ducis, exercitus Moratum obsidens, ab Helvetiis cæsus, hoc sui monumentum reliquit.

Le sénat de Fribourg a fait élever une colonne à la place où était autrefois la chapelle.

Le troisième jour, l'armée se mit en marche pour regagner ses foyers; en avant Hertenstein et l'arrière-garde, puis Hallwyl et Waldmann, avec les bannières conquises et le butin chargé sur des chariots. Dans la plaine de Bumplitz, le fils de Scharnachthal vint avec toute la jeunesse bernoise féliciter les vainqueurs, qui furent fêtés pendant deux jours; en même temps douze mille hommes allaient occuper le pays de Vaud : là les confédérés reçurent des ambassades de la Savoie, de Genève et de France, pour demander la paix. Charles ne s'arrêta qu'à Gex, où il passa quatre jours : le comte de Romont vint l'y rejoindre; le prince de Tarente n'y parut pas; car depuis longtemps on l'abusait en lui faisant espérer la main de Marie de Bourgogne. En général, le duc pouvait remarquer combien il avait perdu en considération dans toute la chrétienté. Tantôt il se livrait à des accès de rage, tantôt il tombait dans un profond abattement : négligé dans ses vêtements, il ne prenait plus de nourriture; souvent il s'élançait de son siége, grinçait des dents, s'arrachait les cheveux, et se livrait aux plus violents emportements contre les gens qui l'entouraient; il ne se confiait qu'en l'amitié de Campobasso, et c'était précisément celui qui le trahissait. Les médecins eurent recours à des potions calmantes, *et lui firent user en son manger force conserves de roses pour le rafraîchir.*

Ses actions cependant portaient toutes l'empreinte de la colère : il fit saisir, par Olivier de la Marche, Iolande de Savoie, sœur de Louis XI, qui avait toujours été pour lui, même contre son frère, et qui, dans cet excès d'infortune, le venait voir pour le consoler. A son retour, elle fut enveloppée avec toute sa suite; le jeune duc de Savoie fut sauvé à la faveur des ténèbres. Olivier prit la duchesse en croupe, et elle fut conduite à un château voisin de Dijon. Dans ses noirs pensers, Charles regardait sa liaison avec cette princesse comme la cause de tous ses malheurs; il voulait d'ailleurs se rendre maître de toute la maison de Savoie, et faillit tuer Olivier de la Marche, quand il sut que l'aîné des fils avait échappé, grâce à la prudence de Rivarol, son précepteur. Charles partit pour Salins; il y rassembla les états, comptant en obtenir des subsides. La réunion eut lieu dans la principale église, où le duc parla deux heures; il rappela tous ses griefs contre les Suisses, représenta quelle honte il y aurait à céder. « La fortune se peut vaincre, disait-il, après Cannes est venue la bataille de Zama; il ne sera pas dit que les nobles Bourguignons auront été abattus en deux jours, etc., etc. » Il conclut en demandant quarante mille hommes, et le quart de la fortune de chacun. L'assemblée témoigna son admiration pour sa constance, et prit du temps pour délibérer; dès lors Charles prévit un refus. Le lendemain, il menaça de transférer sa résidence dans les Pays-Bas : « Vous pourrez alors, ajouta-t-il, donner à l'ennemi ce que vous aurez refusé à votre souverain. » Mais l'orateur des états lui fit une réponse ferme et digne, et termina en réclamant la paix; pour toute consolation, il offrit trois mille hommes, qui défendraient la frontière en cas d'attaque. Les états firent proposer la paix aux confédérés réunis à Fribourg; mais ceux-ci refusèrent la proposition, parce qu'elle n'était point autorisée par le duc; néanmoins ils n'entreprirent rien. On ne régla dans ce congrès que les affaires intérieures, et l'on convint de rendre le pays de Vaud à Philibert de Savoie, dès qu'il aurait payé cinquante mille florins pour les frais de la guerre; les Bernois gardèrent Morat.

Après la séparation des membres du congrès, les héros de Morat se rendirent auprès de Louis XI, qui avait désiré les voir. Il était à Plessis-lez-Tours, et les reçut comme des hommes qui avaient assuré son repos et, dans l'avenir, seraient les plus fermes soutiens de la France; il leur parla beaucoup du siége de Morat et de la bataille, s'informa des moindres détails, et se les fit répéter avec complaisance. Toute la cour traita magnifiquement les Suisses. Louis insista pour l'entière destruction de la puissance de Charles et le rétablissement de René; il pria les Suisses d'envoyer en Lorraine trente mille hommes, promettant de payer les cinq sixièmes de la solde, et d'attaquer l'ennemi de son côté; il fit ensuite de riches présents, et décora Adrien de Bubenberg de l'ordre de Saint-Michel. Le roi de Hongrie, Mathias, voulut se faire médiateur de la paix; l'empereur et le pape l'essayèrent aussi : Charles n'en était pas éloigné; mais il se refusait obstinément à rétablir le duc de Lorraine, condition sans laquelle les confédérés ne voulaient point traiter. Le duc de Bourgogne, ayant réuni les débris de son armée, passa une nouvelle revue à Rivière; il y apprit que René avait reparu dans son duché à la tête de quinze mille hommes, et que Rubempré pouvait à peine se maintenir dans Nancy. Il y accourut à marches forcées; mais la place s'était rendue trois jours avant son arrivée. Campobasso avait retardé l'arrivée des secours qu'on attendait des Pays-Bas : ce traître, élevé à la cour de Provence, où il avait connu le jeune René, voyant la fortune de son maître compromise, avait fait offrir à Louis XI de l'abandonner dans une bataille ou de le tuer. Cet astucieux monarque en prévint le duc, afin qu'il lui en sût gré, s'il tenait compte de l'avertissement, ou qu'il se perdît plus sûrement, si le conseil d'un ennemi renforçait la faveur de Campobasso, et c'est ce qui arriva. Ce chef infidèle avait négocié avec René, qui se servait à cet effet de son maréchal du palais, Cifron de la Vachière, et fit promettre à Campobasso le comté de Vaudémont. La Vachière fut pris par les Bourguignons, pendant qu'il essayait de pénétrer dans Nancy; d'abord Campobasso voulut le sauver, en représentant au duc qu'on pourrait l'échanger pour d'autres prisonniers; mais le duc persistant à le faire pendre, malgré les instances des comtes de Nassau et de Chimay, Campobasso osa dire que la Vachière n'avait fait que son devoir. Charles courroucé le frappa de son gantelet au visage. Le perfide sut dissimuler son dépit; il courait d'ailleurs un plus grand danger : la Vachière, pour sauver sa vie, déclara qu'il avait à faire une importante révélation. Le duc crut que ce n'était qu'un expédient : « Faites-le parler à Campobasso, s'écria-t-il. — Eh bien! qu'on le pende, qu'on le pende promptement, répondit Campobasso. — Ce que j'ai à dire au duc vaut plus qu'un duché, criait toujours la Vachière; » et on courut en avertir Charles; mais Campobasso gardait l'antichambre. Le malheureux fut donc pendu à la vue des habitants de Nancy, qui offraient des sommes immenses pour le racheter. En compensation de ce crime, ils pendirent à leur tour cent vingt Bourguignons.

Le duc René, laissant dans la place une garnison forte et déterminée, sortit avec douze cavaliers seulement, et se rendit à Strasbourg, à Berne, à Zürich. Là Waldmann triompha de tous les obstacles; il harangua l'assemblée des citoyens et le conseil, parla du mérite du jeune duc, des services qu'il avait rendus à la confédération, etc., etc. Une diète eut lieu à Lucerne, et l'expédition fut résolue à une forte majorité. René n'avait demandé que six mille hommes; peu de jours après, il put en passer huit mille en revue sous les murs de Bâle. Waldmann amena six cents Zürichois; le contingent de Berne obéissait à Brandolf de Stein, que nous avons vu à Yverdun et à Granson; les villes d'Alsace se rangèrent sous Guillaume Herter de Strasbourg; Oswald de Thierstein ne manqua pas au rendez-vous; il donna même ses fils en otages, pour obtenir une somme qui manquait à René; car il était devenu le maréchal du palais de ce prince, après avoir été disgracié par l'archiduc Sigismond. Lorsqu'on se mit en marche, un Lorrain courut en porter la joyeuse nouvelle à Nancy; plus heureux que Cifron, Thierry, un drapier de Mirecourt, traversa les lignes bourguignonnes, alla remercier Dieu dans l'église, et remplit la ville d'allégresse et d'espoir.

Le jour de Noël, après la messe, l'armée se mit en mouvement : à Blotzheim, elle trouva René, qui, la hallebarde sur l'épaule, fit la route à pied comme le dernier soldat; il donna une pièce d'or à chaque porte-enseigne. Il y avait quinze mille hommes; le froid était très-vif; on manquait de vivres; cependant il n'y eut d'excès commis qu'envers les juifs, dont on pillait les propriétés. On passa par Ensisheim, Colmar, Schlestadt et le val de Viler. Parvenu au sommet des Vosges, René put d'un coup d'œil parcourir une partie de ses États. Partout, sur sa route, il recevait des témoignages d'une touchante affection. A Lunéville se réunirent toutes les troupes :

on parla de Granson, de Morat, de la double fuite de Charles, de la valeur de René, qui ne pouvait se lasser de remercier les Suisses, et de leur recommander le salut de son peuple. Charles n'était pas bien informé de cette marche; son armée était mal disposée; elle souffrait de la faim, du froid, et manquait de tout : les officiers étaient d'avis de lever le siége et d'attendre des renforts. Le duc, quand il apprit le nombre des ennemis, dit avec hauteur qu'il ne fuirait jamais devant un jeune homme, et se mit en marche. Tout le monde murmurait; plus de trois cents hommes avaient eu les pieds ou les mains gelés; quelques chefs l'abandonnèrent. Le roi de Portugal, Alphonse, grand oncle de Charles, était au camp pour offrir sa médiation; on voyait avec effroi la maison de Bourgogne menacée d'extinction. Pour toute réponse, Charles lui demanda s'il voulait défendre Pont-à-Mousson contre les Lorrains.

Le cinq janvier, le duc René et les confédérés vinrent à Saint-Nicolas; ils égorgèrent les Bourguignons, les jetèrent dans la Meurthe, ou, du haut des tours de l'église, les précipitèrent sur des lances fichées en terre; d'autres furent pendus aux arbres. Le duc Charles assembla promptement son conseil. « Les voici, dit-il, les voici encore, ces gueux. Qu'en dites-vous? » Tous furent d'avis de la retraite sur Pont-à-Mousson, et, au besoin, sur Luxembourg. L'hiver donnerait le temps de refaire l'armée, tandis que René n'avait pas de quoi payer aussi longtemps les Suisses, et ne pourrait pas davantage les faire revenir une fois qu'ils seraient partis. Enfin ils dirent qu'il n'était rien qu'on ne pût reprendre par le génie de Charles et la valeur de ses braves. Le duc répondit : « Mon père et moi, nous avons toujours battu les Lorrains ; me faudra-t-il fuir devant ce jeune homme? » Et il alla disposer son ordre de bataille.

On donna l'assaut à Nancy, en épuisant contre la ville tout ce qu'on avait de projectiles ; René l'entendit, remarqua des signaux de détresse, et convoqua son conseil. La nuit sembla longue à son impatience ; et, dès le point du jour, on marcha sur la Neuveville : un brouillard épais couvrait le pays. Charles le Téméraire monta un beau cheval noir, appelé le *Moreau*; dans le même moment, le cimier de son casque se détacha et tomba sur sa selle ; c'était un lion d'or. Il dit en latin *Hoc signum est Dei* (c'est un avertissement de Dieu) ; puis il donna à un de ses serviteurs des paquets cachetés, contenant des dispositions à suivre après sa mort, et partit au galop pour prendre position à Jarville, à une demi-lieue de Nancy. Le front de son armée était protégé par un fossé, la gauche par une haie, la droite par la Meurthe ; ici commandait Galiot, à gauche Josse de Lalain. Charles lui-même s'était réservé le centre ; il avait près de lui le bâtard Antoine et Baudouin, qui dirigeait une longue colonne d'infanterie. La cavalerie était répartie sur les ailes ; d'une part, sous Galiot, de l'autre sous Campobasso ; trente couleuvrines, postées sur une hauteur, devaient balayer la route de Nancy. L'avant-garde de René était de sept mille hommes et de deux mille cavaliers, commandés par Oswald de Thierstein, qui avait sous lui le bâtard de Vaudémont, Bassompierre et l'Étang. Le corps de bataille était de huit mille hommes d'infanterie, de quinze cents chevaux à droite, et cinq cents à gauche. L'arrière-garde n'était que de huit cents hommes, qui devaient se porter partout, selon le besoin.

L'aile droite du duc de Bourgogne se trouva subitement dégarnie. Campobasso, arrachant son écharpe rouge et sa croix de Saint-André, passa dans l'armée de René avec cent soixante lances. Il dit que la déshonorante violence à laquelle Charles s'était porté envers lui ne lui permettait pas de le servir plus longtemps ; il regrettait de ne lui avoir pu faire plus de mal, et promit de bien le combattre en ce jour. Les confédérés ne voulurent point marcher à côté d'un traître ;

ils déclarèrent que cela ne convenait ni aux mœurs de leurs ancêtres, ni à l'honneur de leurs armes. Campobasso alla donc occuper le pont de Bouxières aux Dames, pour intercepter la route de Luxembourg, et s'emparer, en cas de déroute, de beaucoup de seigneurs bourguignons, peut-être de Charles lui-même. Il espérait se faire payer de fortes rançons, et se venger de ce prince ; et il avait laissé dans son armée douze affidés capables de tout.

Pendant que René marchait encore sur la Neuveville, deux exilés rejoignirent les confédérés ; ils promirent de révéler, sous la seule condition de leur pardon, toutes les mesures prises par Charles, et d'indiquer aussi les moyens de les paralyser. Jaloux d'épargner le sang des braves, les chefs ne repoussèrent pas ce bienfait ; on connaissait ces deux hommes, on les accepta pour guides. René montait un cheval grison, nommé *la Dame* : c'était celui qu'à Morat il avait substitué au cheval tué sous lui. Il portait l'antique costume de Lorraine, robe de drap d'or, à une manche de drap gris, blanc et rouge. Il se posta à l'aile droite, à la tête de la cavalerie lorraine, avec ses amis de Linanges, de Bitche, de Salm. A gauche, le vaillant Guillaume de Ribeaupierre conduisait la cavalerie, brûlant de prouver que Charles n'en aurait pas aussi bon marché que dans Pont-à-Mousson. La terre était gelée, l'atmosphère brumeuse, et la neige tombait. L'ennemi, trompé par l'obscurité, tira sa bordée avant que les Suisses fussent à portée de canon. Au moment d'attaquer, ils firent leur prière à genoux, après avoir passé le ruisseau d'Hervillecour. Guillaume Herter fit occuper une hauteur que Charles avait négligée ; le soleil aussitôt se montra brillant et chaud comme en un jour d'été. Dès que le duc se vit tourné, il commanda à Galiot de renforcer l'aile gauche, et de donner une autre direction à l'artillerie. Trois fois sur la colline retentit le terrible cor d'Uri, et trois fois une mortelle angoisse traversa le cœur de Charles, car il l'avait entendu à Granson et à Morat. Sur-le-champ Herter, Waldmann, Eptingen et toute l'infanterie, descendirent sur les Bourguignons ; ils arrivèrent à la grande course en franchissant la haie, tuèrent tout ce qui desservait les pièces, et pénétrèrent dans le flanc de l'ennemi comme un impétueux torrent. Charles combattait en soldat intrépide, et se portait partout en général expérimenté ; couvert de sang, il haranguait, pressait, excitait, ou réprimait les fuyards. Autour de lui étaient Galiot, Contay, Nassau, Neufchâtel, tous dévoués, tous prêts à mourir pour un prince qui se montrait digne de l'honneur de son père Philippe, et du surnom de *Sans Peur*, qu'avait porté son aïeul. Il tomba en cet endroit plus de cinquante Suisses et Lorrains; cependant Lalain et Galiot furent grièvement blessés, Rubempré périt, au grand déplaisir des Lorrains eux-mêmes, dont il avait protégé le malheur. La garnison de Nancy ayant fait une sortie, les Bourguignons virent sur leurs derrières les flammes qui consumaient le camp ; ils prirent aussitôt la fuite. *A Luxembourg !* tel fut le dernier ordre ; *à Luxembourg !* tel fut le cri de tous. Messire Antoine, le bâtard de Bourgogne, se rendit ; ainsi firent le jeune margrave, comte de Neufchâtel, Jehan de Montfort et Olivier de la Marche, qui dit : *Nous avons perdu en celuy jour, honneur, chevance et espérance de resourse*. L'armée trouva le pont de Bouxières occupé par Campobasso, qui l'attaqua, et tua beaucoup de fuyards, tandis que d'autres se jetaient à l'eau ; ceux qui parvenaient jusqu'à Pont-à-Mousson étaient tués par les paysans. La victoire avait été décidée à deux heures après midi, et l'on ne cessa de tuer qu'à deux heures du matin. Cependant on ignorait ce qu'était devenu le duc Charles. Étourdi d'un coup de masse, il avait été entraîné par le torrent de la déroute vers son quartier général de Saint-Jean. A quelque distance de Nancy, à l'endroit où s'élève un monument, sur des terres aujourd'hui fertiles, se trouvait un marais ou un étang, formé par les eaux de la rivière de Laxou. Comme il passait à la queue de l'étang, il se trouva embarrassé dans le bourbier : les forces manquèrent à lui-même et à son cheval. Il tomba, la glace se rompit; et, pendant que Charles le Téméraire faisait des efforts pour se relever, l'ennemi l'atteignit et ne le reconnut point. Il reçut une blessure au fondement, une autre à la hanche; le cheval s'enfuit enfin et le laissa étendu sur la glace. Beaucoup de nobles bourguignons trouvèrent ici la mort. Claude Beaumont, châtelain de Saint-Dié, l'acheva. Charles lui avait crié. *Sauve le duc de Bourgogne*. Comme il était sourd, il comprit *vive le duc de Bourgogne*, et lui enfonça dans la tête une hallebarde qui de la tempe traversa jusqu'aux dents. Un jeune Romain, Jean-Baptiste Colonna, le vit tomber. Quand le combat s'éloigna, des inconnus le dépouillèrent. René n'arrêta la poursuite qu'aux portes de Metz; là, il s'informa de ce qu'était devenu le duc de Bourgogne. On le chercha en vain pendant toute une journée; enfin Campobasso, averti par Colonna, se rendit sur le lieu indiqué. En ce moment, une blanchisseuse qui avait servi Charles cherchait les anneaux que portaient les tués; elle retourna son corps : « Dieu, c'est le prince ! » s'écria-t-elle. Il était presque méconnaissable, la gelée l'avait gonflé, le sang caillé le défigurait; mais, quand il fut lavé, le bâtard de Bourgogne, Olivier de la Marche, un médecin portugais et ses domestiques, amenés sur le terrain, s'écrièrent : « C'est bien lui ! » et se mirent à pleurer amèrement. On reconnut la cicatrice de Montlhéry, et les signes particuliers de son corps. Ses ennemis mêmes en furent émus. Il fut ensuite solennellement exposé à Nancy, dans une maison devant laquelle on remarque encore des pavés en marbre noir. René, selon l'usage des chevaliers qui ont tué un ennemi, vint avec une barbe d'or qui descendait jusqu'à la ceinture, et en habit de deuil, et s'approchant, à la tête de sa cour, des restes de Charles; *Chier cousin*, dit-il, *vos âmes ait Dieu. Tous nous avez fait moult maux et douleurs.*

Il s'en fallut de peu que ce grand événement n'eût pour résultat de faire accéder à la ligue suisse toutes les contrées voisines du Jura et des Vosges. Une fédération de peuples libres se serait étendue de l'Engadine à la Saône, de Strasbourg à Bellinzona. La Franche-Comté avait beaucoup de patriotes qui voulaient se jeter dans les bras des Suisses; mais l'astucieux Louis XI, sous prétexte de protéger Marie de Bourgogne, et de peur qu'une invasion étrangère ne l'empêchât de disposer librement de sa main, occupa le pays par ses troupes, et bientôt il fit valoir des prétentions personnelles. De son côté, l'empereur fit savoir aux états qu'avant sa mort Charles avait promis l'alliance de Marie avec Maximilien, et leur écrivit pour réclamer leur soumission au nom de l'Empire. Pour avoir l'appui des Suisses, Louis XI promit de payer lui-même les cent mille florins qu'ils exigeaient de la Franche-Comté; il leur représenta que le mariage de Marie, en mettant cette province au pouvoir de l'Autriche, leur donnait de trois côtés leur ennemi héréditaire pour voisin. L'empereur faisait les mêmes promesses, mais on se souvenait de l'abandon où il avait laissé la confédération; les raisons de Louis prévalurent; on lui envoya six mille hommes. D'un autre côté, cinq mille volontaires bravèrent les ordres de leurs cantons, et suivirent les ambassadeurs de Bourgogne; ils allèrent jusqu'à Gy en Franche-Comté; là ils furent battus par les Français, et, quand ils rentrèrent en Suisse, ils furent, la plupart, punis fort sévèrement. Il y eut enfin une diète à Zürich. On envoya des ambassades en France et dans les Pays-Bas pour négocier : trois héros de Morat, Waldmann, Bubenberg et le landamman d'Uri, Imhof, vinrent trouver Louis XI, qui les reçut si froidement que la défiance s'empara de l'esprit de Bubenberg : pour conserver sa liberté, il crut devoir prendre la fuite, et partit déguisé en musicien : ses collègues cependant s'étaient laissé éblouir par les artifices du roi ; ils ne cessaient d'écrire combien était grande sa magnificence, combien sa puissance était redoutable ; et s'en revinrent chargés de présents, en se moquant des craintes puériles de Bubenberg. L'ambassade suisse, à son arrivée dans les Pays-Bas, assista aux solennités du mariage de Maximilien avec Marie ; elle fut plus richement traitée que l'autre ; tout souvenir de la guerre semblait anéanti. L'impression que produisit cet accueil sur la diète eut de grands résultats : l'armistice avec la Bourgogne fut prolongé, et l'on projeta une alliance perpétuelle avec la maison d'Autriche. Une année s'était écoulée depuis la mort de Charles ; enfin, dans les premiers jours de la 1478ᵉ année, on vit, à Zürich, les députés des huit cantons, ceux des villes d'Alsace, de Maximilien, de Louis XI, et René en personne. Il y eut une telle affluence de seigneurs et d'agents diplomatiques, que plus de quatre cents personnes prenaient part aux délibérations. La foule était si grande dans la ville, qu'à Berne l'on finit par imposer une amende à ceux qui se rendraient à Zürich sans motif. Les confédérés conclurent paix et alliance avec Maximilien et Marie ; et, pour cent cinquante mille florins, renoncèrent à tout ce que la guerre leur donnait de droits sur la Franche-Comté. Sur ces entrefaites, Dôle tomba au pouvoir du roi par une surprise nocturne ; le massacre, le sacrilége, l'incendie désolèrent cette malheureuse cité : Salins, Arbois, Poligny se rendirent ; Vesoul fut brûlé, et Besançon contraint de reconnaître l'autorité de Louis. Des Suisses ayant pris part à cette expédition, plusieurs d'entre eux furent punis de mort à leur retour. La bataille de Guinegate eut lieu sans la participation des confédérés : la Bourgogne, ancien fief de France, fit retour à la couronne ; et la Franche-Comté fut laissée à Marie comme fief féminin. Dans tous les traités, les deux partis réservèrent leur alliance avec les Suisses.

De retour de la bataille de Nancy, la jeune génération helvétique se livrait à toutes sortes de plaisirs. Le carnaval fut bruyant : on le passait en fêtes, en revues. Ce fut alors que le vieux Frischi, An der Halde, institua la singulière cérémonie de la coupe. C'était un grand bocal de buis, artistement ciselé, que l'on promenait processionnellement dans les villes et dans les campagnes ; usage qui dura plus de trois cents ans. Frischi avait autrefois vaincu les Autrichiens, il avait aussi combattu les Bourguignons. On choisissait, pour porter le bocal, un homme de sa taille : avec lui, était une femme vêtue comme autrefois celle de Frischi. Le cortége était précédé de chevaliers, et l'on faisait boire tous les passants. Cet usage fut aboli en 1784.

Au milieu de toutes ces distractions de la jeunesse, il se propageait des germes de discorde au sujet du butin fait sur les Bourguignons ; la Savoie ne s'empressait point de payer les sommes promises par le traité : on accusait les députés de la diète assemblée à Fribourg, de songer plus à leurs intérêts qu'à ceux du pays. La fermentation des esprits était violente. *A Genève, à Genève*, criait-on de toutes parts ; et il se formait des rassemblements dans lesquels on préparait une expédition. La jeunesse d'Uri se rendait à Wæggis, lieu indiqué pour la réunion ; à Brunnen elle fut rejointe par celle de Schwytz ; il vint des guerriers de Stanz, de Buochs, d'Alpenach, de Glarus et de Zürich. Quand les Bernois surent que ces jeunes gens, au nombre de sept cents, allaient traverser leur territoire, et qu'ils montraient des dispositions hostiles à plusieurs de leurs seigneurs, ils appelèrent aux armes trois mille campagnards. Les aventuriers témoignèrent beaucoup d'indignation de ce qu'on leur interdit l'entrée de la ville. Ils s'en firent donc ouvrir les portes ; et, sans commettre aucun excès, allèrent à Fribourg : là ils reçurent des renforts. Le pays de Vaud trembla ; le commerce était anéanti. Heureusement on négocia ; les bijoux de Iolande furent donnés en gage du futur payement; Genève fut mis à contribution, et tout rentra dans l'ordre.

Il y avait vingt-cinq ans que Fribourg reconnaissait la suprématie de la Savoie : le 23 août 1477, elle fut déclarée entièrement libre par les commissaires de la duchesse régente qui rentra en possession du pays de Vaud, Strasbourg lui ayant avancé les frais de la guerre, qu'elle devait solder. Le Chablais fut aussi rendu à la Savoie par les Valaisans; mais ils gardèrent le bas Valais, cette belle avenue du Rhône, qui s'écoule rapidement entre les immenses parois de rochers aux cimes variées et bizarres, aux flancs escarpés, à la base fertile, longue galerie de Sion à Martigny, jusqu'à l'endroit où s'élève le sentier de la Forclaz, où se retire vers le Saint-Bernard le sauvage vallon d'Entremont. Tout à coup, et par une brusque inflexion, le fleuve et le pays lui-même semblent se recourber, et se tournent vers Saint-Maurice, où mugit la Sallenche, où repose la légion thébéenne, où la Dent du Midi et celle de Morclaz sont comme les impostes de ce portail grandiose, comme des chapiteaux surmontés de neige, tantôt dorés du feu du soleil, tantôt voilés par une pesante couche de nuages. Peu de temps après, la possession d'Aigle fut assurée aux Bernois; et les ducs de Savoie confirmèrent toutes les libertés du pays de Vaud.

A Milan, Galéas Sforce venait de périr sous les coups des conjurés : le trône pontifical était occupé par Sixte IV, fils d'un pêcheur génois, grand homme qui a laissé d'immortels travaux, et dont la politique était profonde. Il lui importait d'abaisser Milan, dans l'intérêt de la liberté génoise; et, pour que Laurent de Médicis n'en pût être secouru, il tourna ses regards vers les Suisses dont la gloire jetait tant d'éclat : il envoya à Berne les évêques de Catane et d'Anagni, pour y prêcher le jubilé et y porter des indulgences. Ces républicains étaient pieux : on fit aux légats un accueil solennel: de toutes parts on accourait ; plus de cent confesseurs remettaient les péchés, absolvaient des excès de la guerre de Bourgogne, et réhabilitaient les morts eux-mêmes. Les deux légats négociaient secrètement. Néanmoins, comme il était impossible de rien décider sans le concours du peuple, il fallut entamer l'affaire d'un autre côté : on s'adressa donc à Uri que l'on indisposa facilement contre Milan; et l'on s'intrigua si bien, qu'il suffit d'une contestation sur la propriété d'un petit bois de châtaigniers, pour faire prendre les armes à toute la confédération.

Les habitants du val Lévantine se prétendaient propriétaires d'une forêt où des sujets de Milan avaient fait des coupes. Ils s'en plaignirent à la jeunesse d'Uri, qui ne put être contenue, et franchit le Saint-Gothard. Aussitôt, pour légitimer cette action, le canton leva la bannière et fit un appel aux confédérés. Toute médiation fut vaine : Berne, Lucerne, Zürich, blâmaient l'entreprise; mais comment abandonner un canton qui avait si bien mérité de la patrie? Adrien de Bubenberg, le héros de Morat, vint avec trois mille Bernois. Soleure, Fribourg envoyèrent leurs contingents : Waldmann commanda celui de Zürich. On était au mois de novembre. Checco, le premier ministre de la régente, envoya sur-le-champ le comte Borelli pour garder la frontière, avec un corps de dix-huit mille hommes ; il avait fait une réponse insolente à la déclaration des Suisses; ils n'en tinrent compte : en montant à la course l'âpre et tumultueuse vallée des Schellenen, où mugit la Reuss, ils eurent à regretter soixante guerriers écrasés par une avalanche, détachée peut-être par la commotion que produisaient leur marche et leurs cris, comme si le génie de la montagne les voulait punir d'avoir interrompu le silence de ces solennelles solitudes. Bientôt ils furent devant Bellinzona; et, dès leur arrivée, la première enceinte fut escaladée, et la seconde reçut une large brèche; mais on ne voulut ni prendre de force, ni piller une ville dont le commerce était si important. Les Suisses passèrent donc le Mont-Cenere qui s'élève à gauche du lac Majeur, et ils s'apprêtaient à descendre sur Lugano, quand les sentiers de ces mystérieuses vallées et de ces forêts épaisses se chargèrent de neige, quand l'atmosphère brunit et s'obscurcit au point de ne plus permettre la marche. Le conseil ordonna donc la retraite; on ne garda que la frontière; c'est à peine si on laissa six cents hommes d'Uri, de Zürich, Lucerne et Schwytz, dans le village de Giornico.

Borelli voulut s'emparer d'une position qui désormais préviendrait toutes les incursions des Suisses dans le Milanais. Pour tourner la petite garnison de Giornico, un corps reçut l'ordre de franchir les montagnes qui séparent le val Versasca du val Lévantine, et d'en descendre à point nommé. Le général en personne vint à Poleggio, à la tête de quinze mille hommes. A l'aspect des armes d'Uri, le soldat en fureur se livra au pillage et au plus grand désordre. Giornico, avec ses ruines des antiques Lepontii, avec ses fortifications des Lombards et ses tours du moyen âge, occupe, sur les deux rives du Tésin, tout le fond de cette sauvage, étroite et profonde vallée. En remontant vers le Saint-Gothard, la vallée se rétrécit et s'escarpe de plus en plus. Ce sont des abîmes incommensurables, des galeries de rochers qui, d'étage en étage, portent des forêts dont nul ne peut approcher; des montagnes apparaissent inclinées l'une vers l'autre, comme si du haut des cieux, leurs rochers allaient se précipiter dans le torrent. Au sud, au contraire, la nature prend un aspect plus riant; sans être moins abruptes, les montagnes font, autour du fleuve, place à quelques prairies; le ciel s'adoucit et se réchauffe du voisinage de l'Italie.

Dès qu'on fut informé de la marche de l'ennemi, le juge Stanga, capitaine des Lévantins, conseilla d'inonder sur-le-champ la route et les prairies, et de munir de clous et de crampons la chaussure des soldats. Bientôt toute cette surface humide fut gelée : les chevaux des Lombards ne pouvaient tenir; les fantassins ne s'avançaient qu'avec peine, appuyés sur leurs hallebardes. Du haut des remparts les Suisses riaient de ce spectacle. Aussitôt Theilig, capitaine des Lucernois, exécuta une sortie. Il repoussa sans peine un ennemi qui ne pouvait se tenir, et qui ne put reprendre pied qu'une lieue plus loin; la supériorité du nombre ne lui servait à rien, puisqu'il n'avait point de place pour développer ses forces. Déjà beaucoup de nobles étaient tombés; les canons étaient pris; les Lombards s'enfuirent, et les six cents Suisses eurent la gloire de poursuivre quinze mille hommes jusqu'à la Moesa : plus de quinze cents morts italiens couvraient les champs; des chevaux de prix, des mulets, et les bagages furent ramenés à Giornico. Le brave Stanga avait été blessé; au retour il mourut devant sa maison. Milan, consterné, supplia Louis XI d'obtenir la paix. Ce roi en chargea Bertrand de Brosses; le val Lévantine fut à jamais conféré en fief à Uri, au nom du grand chapitre de Milan : les vallées de Brugiasca et Abiasco eurent le même sort; et l'on stipula des avantages commerciaux.

Pendant que les Suisses combattaient le duc Charles, il s'était élevé une guerre assez violente entre le Tyrol et les Grisons; on l'appelait la guerre des poules, parce que le chef tyrolien avait juré, dans sa rage, qu'il ne laisserait pas même la vie à une poule; elle fut sanglante, terrible; plusieurs châteaux tombèrent. Sigismond étendait de plus en plus ses acquisitions dans les dix justices; il les engagea à Gandenz, comte de Kirchberg, qui commanda de la sorte à Davos, dans le Prettigau, à Belfort et à Coire. Quand l'archiduc veulut exercer le droit de rachat, les États, qui chérissaient leur seigneur, invoquèrent le secours des Suisses, et en même temps ils dépêchèrent une ambassade à Inspruck. L'archiduc leur conféra d'immenses libertés; et, pendant cent soixante et dix ans, ils en jouirent sous la protection de l'Autriche.

Après les guerres que nous avons racontées, les Suisses devinrent l'objet de l'admiration universelle : tous les souverains recherchaient leur alliance. Le grand Hunyade conclut avec eux un traité, afin d'assurer la sécurité de la Hongrie pendant qu'il combattait les Turcs. Les vainqueurs de Morat devinrent médiateurs universels : en moins de deux ans ils traitèrent avec Rome, avec la France, avec la Savoie, avec Milan ; et ils s'interposèrent quinze fois dans des différends étrangers. Mais, à l'intérieur, il s'établissait des divisions ; les pâtres des cantons primitifs voyaient avec peine toute la puissance passer dans les villes ; ils luttèrent longtemps contre l'admission de Soleure et Fribourg ; et, quand Lucerne prit part à une nouvelle ligue entre les diverses cités, Schwytz, Uri et Unterwald réclamèrent comme si c'eût été une infraction à la primitive fédération. On se réunit à Beckenried, non loin du Ruttli, en 1478 ; mais ce congrès n'eut pas un résultat bien satisfaisant, et la défiance s'accrut à tel point que Lucerne fortifia son port. Elle redoutait surtout Peter Am Stalden de l'Entlibuch, fils, petit-fils de guerriers morts pour la patrie ; il avait été le capitaine de l'Entlibuch dans la guerre contre les Bourguignons : le bruit se répandait qu'il voulait détacher son pays de l'obéissance dans laquelle le tenait Lucerne, et il avait fait condamner les auteurs de ces allégations. Cependant il était fréquemment visité par son parent Henri Burgler, landamman d'Unterwald, qui ne cessait de lui vanter le bonheur d'un peuple libre, et de reprocher aux Lucernois leur esprit de domination. Il parla du secours qu'on pourrait obtenir du jeune Bubenberg qui revenait de terre sainte, et auquel obéirait tout l'Oberland. « Pourquoi, disait-il, Pierre Am Stalden, le chef des braves qui ont si vaillamment combattu, ne serait-il pas landamman de l'Entlibuch affranchi ? Qu'est-il besoin d'un gouverneur ? Traitez votre Franckhausen comme nous avons traité notre Landenberg, la Suisse vous admirera, et la postérité célébrera votre nom. » Peter Am Stalden se laissa entraîner à ces discours. On choisit le jour de Saint-Léger, où toute la ville est livrée aux plaisirs, où les étrangers y accourent en foule ; Burgler promit d'amener beaucoup d'hommes d'Unterwald ; et la nuit on devait faire entrer dans Lucerne une troupe venue du golfe d'Alpenach : l'on égorgerait l'avoyer, le conseil et les cent ; puis l'on mettrait le feu à la ville, et l'on abattrait ses murailles et ses tours...... Les espérances de Peter Am Stalden ne purent se contenir ; il lui échappait parfois des propos qui retentirent jusqu'à Lucerne. On ordonna au gouverneur de venir en ville, et de se faire accompagner de Peter, comme s'il ne s'agissait que d'une promenade. Dès son arrivée, on arrêta celui-ci, et, sans lui donner le temps de se reconnaître, l'avoyer lui fit subir un interrogatoire en présence des principaux membres du conseil, auxquels il avait obéi à la guerre : on lui communiqua les renseignements recueillis sur ses projets : atterré par ces reproches, Pierre Am Stalden ne pouvait proférer un seul mot ; enfin, arrachant ses vêtements, il montra les cicatrices de ses blessures, se jeta à genoux, et demanda grâce. Cependant Burgler niait tout ce que déclarait son complice, l'accusait de mensonge et de légèreté, et réclamait son supplice. Pierre Am Stalden offrit de le confondre ; mais il ne vint point ; après avoir attendu quatre mois, les magistrats condamnèrent leur prisonnier qui fut décapité au lieu d'être livré au supplice de la roue : seule faveur qu'il put obtenir de ses glorieuses actions.

Les querelles sur le partage du butin n'étaient pas encore apaisées : on s'était réuni à Stanz peu de jours avant cette exécution. Là, on mit en discussion la manière de compter les suffrages entre Lucerne et les Waldstette. Lucerne comptait sur l'appui des villes, et ne voulait point céder : on s'échauffa beaucoup, on se menaça, et, après trois jours, on se sépara avec de telles démonstrations de colère, que l'on répétait partout, dans le bourg de Stanz, *ce que n'ont pu ni l'Autriche ni la Bourgogne, la discorde le fera, le dernier jour de la Suisse est arrivé.* Le patriotique pasteur Henri Im-Grund ne put entendre ces paroles sans frémir; il se souvint alors de son vénérable ami, le frère Nicolas de Flue, prit son bâton et s'achemina vers l'ermitage solitaire, en gravissant les montagnes escarpées qui dominent les beaux lacs de Sarnen et de Lungern, à la vue du majestueux et noir Pilate, au-dessus des riants paysages qui, de Stantz et d'Alpenach, s'étendent vers le Brunnig et l'Oberland. Nicolas de Flue habitait les affreuses solitudes du Melchthal, à une lieue de Saxeln. Le pieux ermite avait, pendant cinquante ans, vécu dans le monde; il avait combattu à Winterthür, à Dissenhoven, à Ragatz, et partout s'était montré aussi valeureux qu'humain. Jamais il n'avait voulu être landamman: père de dix enfants, il les avait élevés dans le sentiment religieux qui guida toute son existence : de bonne heure il s'était accoutumé à la tempérance et aux privations; du consentement de sa famille, il se retira dans l'étroite et perreuse vallée au fond de laquelle gronde la Melch, n'ayant pour oreiller qu'une pierre, et ne se couvrant que dans les froids les plus âpres. Il vécut ainsi pendant vingt ans, avec une telle réputation d'abstinence, que le peuple crut longtemps à une tradition selon laquelle Nicolas de Flue ne prenait d'autre nourriture que la sainte hostie qu'il recevait une fois par mois. La nuit était avancée quand parut dans sa cellule son ami le pasteur de Stanz. « La réunion que vous avez conseillée, dit-il, prend une malheureuse issue. Venez : sauvez la patrie. — Va, répondit l'ermite, annonce-leur que le frère Nicolas veut aussi faire ses propositions; » et le pasteur courut. Il était temps; déjà l'on s'embarquait. L'ermite le suivit de près : c'était un homme de haute taille, que l'âge n'avait point affaibli, maigre et décharné; il avait la peau basanée, la barbe et les cheveux gris, le regard serein, l'expression bienveillante, mais grave. Il vint nu-pieds, la tête découverte, et s'appuyant sur son bâton. A son aspect vénérable, toute l'assemblée se leva. « Chers confédérés, dit-il, c'est un vieillard, c'est un homme débile qui vient, à la voix d'un ami, vous parler de la patrie. L'art et la science me sont étrangers. Je ne puis donner que ce que je tiens de Dieu, de ce Dieu qui accorda la victoire à vos pères, et qui bénit aussi vos armes confédérées! A qui devez-vous vos triomphes? A l'union, à la concorde; et maintenant, vous vous divisez sur le partage du butin! Vous, habitants des villes, je vous supplie de renoncer à des droits qui sont pénibles pour vos alliés; vous, campagnards, songez à la valeur que Soleure et Fribourg ont déployée en combattant pour vous : recevez-les franchement dans la ligue. N'étendez pas trop loin votre territoire, ne vous immiscez pas dans les querelles étrangères; soyez bons voisins, et ne vous montrez redoutables qu'à ceux qui voudraient vous opprimer. Surtout évitez les dissensions : aimez-vous les uns les autres. Confédérés, que le Tout-Puissant soit avec vous, qu'il vous soit propice comme il le fut jusqu'à ce jour. » Dieu donna effet à ses nobles paroles; en moins d'une heure la réconciliation fut opérée. De Stanz au Saint-Gothard, de Zürich au Jura, retentirent des cris d'allégresse, et partout on bénissait, on célébrait le nom de Nicolas de Flue. La confédération s'établit sur une nouvelle base : Gruyère, le Jura, Neufchâtel, et le Hauenstein, y participèrent; on confirma les anciennes conventions et les stipulations de Sempach, et l'on se promit de les renouveler de cinq ans en cinq ans. Le frère Claus (Nicolas de Flue) était retourné dans sa cellule : les confédérés le comblèrent de présents destinés à l'ornement de sa chapelle. Il mourut le premier jour du printemps de l'an 1481, entouré de sa femme et de ses enfants, au moment où s'accomplissait sa soixante et dixième année. Ce fut un deuil général dans toute la confédération. Unterwald lui rendit les derniers devoirs au cimetière de Saxeln. L'on conserve aujourd'hui ses ossements dans un cercueil précieux, qui attire beaucoup de pèlerins. On voit, à Sarnen, un beau tableau de Wursch, qui le représente quittant sa retraite pour rétablir la paix entre ses compatriotes.

Nous passerons rapidement sur quelques événements de moindre importance, tels que les différends du pape Innocent VIII avec les Suisses. Une terrible invasion, faite à Bormio, mit en fuite le gouverneur milanais : les Grisons prirent Pusclave, et s'avancèrent au delà du Splugen jusqu'à Chiavenna, et les fuyards coururent au lac de Côme. Enfin Ludovico Moro et René Trivulce vinrent, à la tête de troupes milanaises, plutôt pour offrir la paix que pour combattre. On leur rendit Chiavenna; Pusclave demeura aux Grisons. Ceux-ci firent aussi une brillante expédition pour Sigismond contre les Vénitiens, à Roveredo. Il y vint quatre cents guerriers de Zürich, de Berne et de la Thurgovie; pour la première fois, on employa les bombes, qui produisirent un effet terrible : la place se rendit; mais il fallut bientôt céder à des forces supérieures, incendier la ville, se retirer devant le célèbre Roberto, jusqu'à ce que la valeur des Suisses et des Alsaciens l'emporta sur le nombre à la glorieuse bataille de Galiano, d'où les cadavres des vaincus, emportés par l'Adige, vinrent épouvanter Vérone.

Bientôt une querelle de peu d'importance dans son origine, éclata entre l'évêque de Sion et le duc de Milan : les Valaisans pillèrent les vallées voisines du Simplon. Tout à coup ils furent attaqués de trois côtés par les frères Trivulce, dans les défilés voisins de Ponticello, et perdirent huit cents hommes. Dans une autre expédition, Berne, Fribourg, Soleure, Gruyère, se déclarèrent pour le duc de Savoie, et contribuèrent glorieusement à la prise de Saluces, dont la résistance était secondée par la France. Enfin ils combattirent aussi pour Charles VIII contre le duc de Bretagne. Huit mille Suisses marchèrent sous le commandement de Louis de la Trémouille, à la bataille de Saint-Aubin; un bourgeois de Saint-Gall s'empara de la personne du duc d'Orléans. Mais abandonnons ces expéditions partielles d'un peuple dont la valeur se mêlait à tous les combats, et dont la guerre semblait le premier besoin : nos regards vont se fixer sur de tristes objets : des vainqueurs de Granson, de Morat, de Giornico, porteront leurs têtes sur l'échafaud, ou s'en iront mourir dans l'exil. La fameuse histoire de Waldmann est comme une page sanglante, dans ce beau livre des annales d'un peuple héroïque; il ne dépend pas de nous de l'en arracher.

Qui ne se rappelle avec intérêt, avec admiration l'héroïque conduite de ce chef dans la guerre de Bourgogne : c'était le fils d'un pauvre paysan de Blikestorf, au canton de Zug; il était encore enfant quand le bourgmestre Stussi mit le feu à son village; plusieurs de ses parents tombèrent à Saint-Jacques. Robuste, beau et plein d'ardeur, il ne put rester longtemps au foyer domestique, et se voua d'abord à la modeste profession de tanneur à Zürich. Là, il eut des relations intimes avec une femme qu'il épousa après la mort de son mari, et il dut à ce mariage, outre autres avantages, celui d'être, dans la suite, le beau-père de l'historien Edlibach. Les déportements, l'audace de Waldmann l'avait rendu cher à la jeunesse : il était maître de tribu quand éclata la guerre de Bourgogne. Il combattit à Mulhousen, Walshut, Héricourt; mais depuis qu'il eut dirigé la marche des Bernois, hâté l'arrivée du contingent du Zürich, commandé à Morat, il acquit une grande influence sur toutes les affaires de la Suisse. Le roi de France, Iolande de Savoie, le duc de Milan, recherchèrent à l'envi son amitié. Estimé dans Zürich, dont il avait fait prospérer les armes, il brigua et obtint la qualité de bourgmestre : parvenu, de la sorte, au plus haut degré des honneurs, il rêva la réforme de sa patrie adoptive : il organisa donc une société d'hommes les plus distingués, qui tous les jours se réunissaient à des repas communs pour s'occuper des réformes projetées. On s'y moquait des abus et quelquefois des prêtres, imprudences dont les suites furent terribles. On lui pardonna moins encore d'avoir soumis le clergé aux lois civiles et aux règlements de police, et d'avoir fait prévaloir les droits de la bourgeoisie sur ceux de la noblesse. Toutefois il poussa souvent la haine contre les abus jusqu'à l'oppression, et fit peser un joug fort dur sur les habitants des campagnes qu'il poursuivit dans leurs excès de cabaret, et jusque dans les plaisirs les plus innocents des fêtes de village. Les impôts qu'il levait ne parurent pas assez motivés; il oublia qu'il avait à régir un peuple libre, et défendit les réunions des paysans. Bientôt des ennemis cachés, se constituant ses admirateurs, le poussèrent dans leur hypocrisie à des mesures trop brusques, à des réformes trop rapides.

Mais il est, dans la vie de cet homme de bien, un trait cruel et sanglant qui prépara, qui précipita même sa perte: un des héros de Giornico, Frischhannes Theilig, de Lucerne, faisait le commerce de draps; ses affaires l'amenèrent à Zürich. Waldmann savait que ce guerrier s'était plus d'une fois répandu en critiques amères sur son administration, et quoique dans ce moment Theilig tînt la conduite la plus prudente, il le fit inopinément arrêter. Sourd aux prières d'une femme éplorée, sans égard pour une ambassade venue de Lucerne, le bourgmestre le fit décapiter. Il se moquait de la hauteur de sa taille : *Fût-il aussi élevé qu'une tour*, répondit-il ironiquement, *il faut qu'il tombe*. Impitoyable pour quiconque l'offensait, Waldmann fit, plus tard, noyer un homme obscur qui avait mal parlé de lui, car il gouvernait en maître et sans opposition. Il recevait des subsides de l'Autriche, et passait pour en toucher aussi de Milan. Sa magnificence accréditait ces bruits, et il se livrait trop souvent à la débauche; ce qui affaiblissait le respect inspiré d'abord par ses grandes actions. On oublia, en présence de ces violences, jusqu'à la grandeur que de nouvelles acquisitions de terres et de châteaux assuraient à Zürich.

Néanmoins Waldmann continuait à rendre des lois somptuaires, à opprimer les paysans. Ceux-ci furent portés au dernier point d'exaspération par une ordonnance qui leur interdisait la chasse, et commandait de tuer tous les chiens : des agents de Zürich en abattirent plus de quatre-vingts dans le voisinage du lac. Il y eut dans beaucoup de villages une résistance opiniâtre. Les représentations furent vaines. L'esprit d'insurrection gagna : à Meila des jeunes gens résolurent de braver l'interdiction de boire, et l'on roula un tonnelet de vin sur la place publique. Bientôt quinze cents hommes furent sous les armes. Les magistrats envoyés de Zürich pour les haranguer ne purent rien sur eux. Enfin, le 4 mars 1489, cette multitude, grossie de l'accession de beaucoup de communautés, parut sous les murs de la ville: des médiateurs accoururent de toute la Suisse. Vingt-quatre paysans furent admis devant le conseil. Waldmann, toujours inflexible, leur répondit avec colère; mais les campagnards allèrent établir un camp à Zollicon, où les renforts leur arrivaient sans cesse. Enfin ils s'adressèrent aux confédérés. Le différend paraissait apaisé; mais l'orgueil du bourgmestre introduisit dans la transaction des expressions offensantes pour les paysans. Le mécontentement gagna la ville même, et pour sauver son autorité, il fut obligé de revenir en toute hâte d'un voyage qu'il avait fait à Baden. Aussitôt il fit occuper les tours et disposer des gardes. Six mille rebelles venaient de se réunir à Kusznach; en même temps on attaquait plusieurs villes et plusieurs châteaux. Un jour que Waldmann dînait avec les envoyés de la confédération, la sédition se déclara dans Zürich même; on tua l'un des

14e *Livraison*. (SUISSE.) 14

valets de ville, son favori, sous les fenêtres de l'auberge de l'Épée, où il était. On n'avait plus rien à ménager, car on craignait que le lendemain Waldmann ne haranguât les tribus de toute la puissance de sa parole. En effet il allait déjà de l'une à l'autre; tout à coup il entendit sonner la cloche dont on se servait pour convoquer le conseil, et courut à l'hôtel de ville sans pouvoir apprendre qui en avait donné l'ordre : la foule se précipita vers cet édifice. Göldli, l'ennemi de Waldmann, répandait les bruits les plus sinistres : on le chargea d'aller vers le bourgmestre demander qu'on traitât de la paix avec les campagnards. Cependant du milieu de la multitude partaient des cris menaçants : *Ton règne est passé, Waldmann!* disait-on de tous côtés. Il fallut que l'avoyer de Lucerne qui venait de la part des confédérés, livrât le bourgmestre et quelques autres hommes sur lesquels pesait la haine publique. Ils se rendirent sans difficulté, et traversèrent en silence la populace, entre une double haie de lances, jusqu'au bord du lac où un bateau le conduisit dans la tour de Wellenberg. A des accusations fondées se joignirent d'indignes calomnies ; elles furent portées devant un conseil sans discernement présidé par Lazare Göldli. La question fut donnée au vainqueur de Morat sur les plus absurdes reproches de trahison, mais il montra toujours la plus grande constance. Pour assurer sa condamnation, on répandit le bruit que les Autrichiens venaient le délivrer ; à entendre ses ennemis, Églisau était déjà en cendres, et l'ennemi serait à Zürich dans quelques heures. La sentence ne se fit pas attendre. Son confesseur obtint de lui la promesse qu'il ne haranguerait point le peuple : l'arrêt fut exécuté au dehors de la ville ; là Waldmann tournant vers cette cité un dernier regard, invoqua Dieu pour sa patrie, et sa tête tomba : le supplice de ses amis suivit de près le sien.

A Saint-Gall une grande sédition fut secondée par le canton d'Appenzell : l'abbé Ulrich Roesch, homme de génie, qui avait beaucoup enrichi l'abbaye, en voulut transférer le siége à Roschach. Trois ans après qu'il eut posé la première pierre du nouvel édifice, celui-ci étant presque achevé, des bandes tumultueuses parties de Saint-Gall et d'Urnaeschen, se précipitèrent vers le lac et démolirent de fond en comble ce qui avait été construit avec tant de soin. L'abbé implora l'assistance des cantons : toutes les médiations étant demeurées inutiles, ils marchèrent, et les rebelles ne purent tenir. Appenzell s'estima fort heureux d'en être quitte pour la cession du Rheinthal aux confédérés. Saint-Gall, dont le bourgmestre s'enfuit, fut obligé d'ouvrir ses portes et de payer des dommages intérêts considérables. Dans cette occasion la persécution atteignit l'un des héros de Granson, le bourgmestre Farnbühler ; après sa fuite, ses biens furent confisqués : malgré l'intervention de Berne et celle de l'évêque de Coire, il mourut dans l'exil.

La scène va s'agrandir à nos yeux, les Suisses vont se mêler à de plus solennels débats. Maximilien, veuf de Marie de Bourgogne, était fiancé à Anne de Bretagne, et sa fille l'était à Charles VIII. Mais la France ne pouvait souffrir que la maison d'Autriche acquît une province qui lui revenait ; le roi répudia l'alliance de Maximilien, et s'empara de la main d'Anne de Bretagne, double outrage qui ne pouvait être vengé que par la guerre. La réunion des troupes de l'empire fut indiquée à Metz. Les confédérés y accoururent, avides de combats et de butin ; d'autres, sans écouter aucune représentation, se précipitèrent vers la Franche-Comté pour combattre sous les drapeaux français. Les campagnes surtout inclinaient à ce parti ; Berne et les villes tenaient pour l'Autriche. Ces divisions pouvaient amener la guerre civile. Heureusement que Charles VIII, brûlant du désir de conquérir Naples, se hâta de conclure à Senlis une paix désavantageuse. Alexandre VI, Borgia, déshonorait par ses vices le trône pontifical ; Alphonse II occupait celui de Naples ; Louis, duc de Milan, redoutait les prétentions de Jean Galeazzo, qu'il avait spolié de ce duché, et qui avait épousé la fille d'Alphonse. Il appela donc Charles VIII en lui promettant son concours. En 1494, le roi de France partit avec une puissante armée ; il avait avec lui cinq mille confédérés, et sa marche ressemblait plutôt à un triomphe qu'à une expédition. Il fut néanmoins retenu quelques semaines par une maladie, par son intervention dans les affaires de Florence qui résistait aux prétentions des Médicis, enfin par ses négociations avec le pape. Il entra bientôt dans Naples en vainqueur ; et tandis que son esprit aventureux rêvait déjà de lointaines conquêtes, comme la délivrance de la terre sainte, l'Espagne, le pape et Venise, alarmés des progrès de sa puissance, se liguèrent avec l'empereur, et même avec l'astucieux Sforce, qui avait appelé les Français, mais qui s'irritait des prétentions que le duc d'Orléans affichait sur son duché de Milan comme descendant des Visconti. L'alliance fut conclue à Venise le 31 mars 1495. Charles voyant qu'à Naples même le peuple et la noblesse étaient exaspérés contre lui, n'ayant point de flotte, point d'espoir de secours, prit un parti conforme à sa dignité, se fit couronner roi de sa conquête, et prépara sa retraite. Après avoir rapidement traversé l'Italie, il rencontra inopinément l'ennemi dans les plaines de la Lombardie, et n'en fut point ému ; il combattit vaillamment, bravant le nombre et la forte position de ses adversaires ; enfin il franchit le Taro et leur tua dix fois plus de monde qu'il n'en perdit. Cependant le duc d'Orléans était aux abois dans Novare, par une nouvelle défection. Sforze conclut la paix ; paix avantageuse pour le roi, et qui eût facilité de sa part une nouvelle expédition contre Naples, s'il ne se fût perdu dans la mollesse et la volupté. Les confédérés eurent une glorieuse part à cette guerre ; la discorde était dans leur patrie ; mais les magistrats n'avaient pu les empêcher de se joindre aux Français par milliers : ils combattirent partout, à Gênes, à Naples, à Novare pour le duc d'Orléans et pour le roi. Les rescrits impériaux, ni les ordres de Berne, désormais toute autrichienne, ne les arrêtèrent ; mais bien peu de ces guerriers revirent la patrie. Le poignard italien, la faim, la soif, le poison firent périr la plupart de ces braves, et de quinze cents qui avaient marché jusqu'à Naples, il n'en rentra pas cent ; encore étaient-ils atteints de la trop célèbre maladie qui retint longtemps le nom de cette expédition, et qui se propagea d'autant plus que les médecins ignoraient encore l'art de la guérir. La discorde continua, et les campagnes toujours amies de la France, les villes toujours dévouées à l'Autriche, allaient s'entre-déchirer ; on redoutait l'anéantissement de la confédération, lorsqu'un danger plus grand et des menaces de l'étranger firent taire ces dissensions, et rétablirent l'union parmi ces patriotiques et valeureux guerriers.

Cet événement, c'était la guerre de Souabe amenée par les efforts de Maximilien pour replacer la confédération sous le joug de la maison d'Autriche ; d'abord il cacha ses projets et fit inviter les Suisses à entrer dans la ligue dite de Souabe, qui avait été fondée longtemps auparavant pour protéger le commerce contre les rapines de la noblesse et des grands ; ils s'y refusèrent formellement. Bientôt l'empereur appela les peuples germaniques à se réunir contre les Français et les Turcs, et établit un impôt pour subvenir aux frais de cette guerre : au lieu d'obéir, la majorité des cantons renouvela son alliance avec la France. Toutefois Berne, Fribourg et Zürich firent accompagner Maximilien par leurs ambassades quand il partit pour l'Italie. A une diète tenue à Lindau, l'évêque de Mayence menaça les confédérés : *On saura vous donner un maitre*, dit-il, *et ma plume y suffira*. Un Suisse répondit noblement : *D'autres y ont échoué, et vous ne ferez point avec une plume d'oie ce qu'n'ont pu faire les hallebardes*. L'excommunication fulminée par le pape ne fut pas plus efficace pour rompre l'alliance avec la France : on en appela au futur concile ; de nouvelles menaces de Maximilien ne produisirent que des réponses plus énergiques encore, car on avait le sentiment intime de la force et du droit.

Prévoyant la guerre, on arma de tous côtés, et Charles VIII promit de secourir la confédération. Un habitant d'Uri avait à se plaindre de la ville de Constance ; la jeunesse d'Altdorf, celle d'Unterwalden, de Zug, se réunirent. Cette troupe, descendant le lac de Zürich, marcha sur Constance par Winterthur et Frauenfeld ; et si la ville ne se fût soumise à une contribution, la guerre civile allait éclater ; car Berne, Lucerne, Schwytz et Glarus se disposaient à la seconder dans sa résistance. Les ennemis de la Suisse lui conseillèrent ce parti pour empêcher qu'elle n'entrât dans la confédération, comme elle aurait voulu le faire ; mais cette perte fut amplement compensée par l'accession formelle des Grisons, dont les trois ligues se réunirent en une seule qui fut signée à Walenstadt en 1496 ; Berne, Fribourg et Soleure ne prirent point de part à ce traité, conclu pour défendre en commun les droits et les libertés que l'on avait conquis de part et d'autre.

Par suite des mêmes divisions, on vit des confédérés dans les deux armées quand la guerre éclata entre Louis XII et Maximilien ; mais le plus grand nombre suivait les drapeaux de la France. L'empereur s'en irrita ; la confédération se livra, de son côté, à toute sorte d'injures ; on insultait les employés impériaux que le hasard ou leurs affaires amenaient dans les cantons ; enfin, quand la guerre avec Louis XII fut terminée, les conseillers de Maximilien poussèrent à des hostilités dans l'intérêt de quelques vengeances particulières. Le val de Munster prit les armes. En même temps, ils firent un appel à la ligue de Souabe, et la disposèrent à une lutte terrible, voulant que partout où se présenteraient les Suisses, le tocsin assemblât sur-le-champ les populations à des endroits qui furent déterminés à l'avance. En effet, ils accouraient déjà ; mais Berne s'efforçait de maintenir la paix ; il y eut une tentative d'arbitrage, tout allait être apaisé, quand la garnison du château de Gutenberg insulta les Suisses qui rentraient chez eux ; elle alla même jusqu'à faire feu contre leur arrière-garde. Celle-ci s'arrêta et fit revenir le corps qui était en avant. On se mit donc en présence de l'ennemi sur les bords du Rhin ; là les deux troupes s'observèrent pendant plusieurs jours ; enfin la mort d'un Suisse, tué d'un coup de feu, fut le signal de la guerre ; dès que les contingents de Zürich et de Glarus furent arrivés, on commença l'attaque. Mille hommes furent envoyés aux Grisons pour qu'ils pussent soutenir les hostilités. Le Rhin ayant été franchi à gué, la charge fut vigoureuse ; l'ennemi s'enfuit en laissant quatre cents morts sur la place. Les vainqueurs allèrent aussitôt camper devant Vaduz. Le combat de Luciensteig avait laissé une telle terreur dans l'âme de Brandis, le commandant autrichien, qu'il se rendit sur-le-champ, et se laissa emmener captif à Rapperschwyl. Cependant les Tyroliens s'étaient emparés de la petite ville de Mayenfeld ; les confédérés la reprirent, et les traîtres qui avaient livré la place périrent sur l'échafaud ; on apprit aussitôt qu'une armée ennemie était rassemblée à Bregenz, et l'on s'avança en toute hâte vers le lac. On se rencontra à Fussach sur un terrain entrecoupé de fossés et de marais : un brouillard épais vint ajouter l'incertitude à la difficulté des mouvements. Les Souabes avaient un corps de dix mille hommes avec de l'excellente cavalerie : dans ce moment quelques Suisses qui avaient poursuivi l'avant-garde, donnèrent inopinément sur le corps de bataille ; ils appelèrent les soldats qui les suivaient, et se jetèrent à genoux pour invoquer Dieu. Les Impériaux croyant qu'ils demandaient grâce, la refusèrent en poussant des cris ironiques ; en même temps ils lâchèrent leur bordée. Cependant l'armée suisse arrivait sur le terrain ; l'ennemi se crut tourné, et tandis que les chefs voulaient organiser la retraite, il se livra à une fuite désordonnée. Il périt beaucoup de soldats dans les marais, si bien que les corps des uns servirent de pont aux autres; d'autres se jetèrent dans les bateaux qui s'enfonçaient sous leur poids; un plus grand nombre traversa Bregenz. Les Suisses, qui avaient perdu peu de monde, restèrent sur le champ de bataille. Le jour découvrit à leurs regards plusieurs milliers de morts, des armures, des arquebuses, etc., etc. Après y être demeurés trois jours, ils mirent le pays à contribution, et se retirèrent. Telle fut la première campagne.

Il se fit en même temps une autre expédition, de moindre importance, dans le Hégau; elle avait été provoquée par l'insolence et les bravades des chevaliers souabes. Un jour même, Burkard de Randek parut à la tête d'une troupe nombreuse devant Diessenhoven. On résolut de l'en punir : des guerriers de Berne, Zürich, Fribourg et Soleure s'approchèrent du Rhin vers le milieu de février; Schaffhousen fournit des renforts, et plus de dix mille hommes envahirent le pays ennemi. Ils s'avancèrent jusqu'à Friedingen où la discorde éclata entre eux, les Zürichois voulant marcher sur Ueberlingen, les autres ne voulant pas attaquer les villes impériales. Cependant Schaffhousen insistait pour qu'on assiégeât les places dont le voisinage l'inquiétait, et ce parti fut suivi par le plus grand nombre. Plus de vingt villages et beaucoup de châteaux étaient déjà réduits en cendres; on voyait errer sans nourriture, sans vêtements, des femmes, des enfants, des vieillards. La misère était à son comble : chacun des vainqueurs agissait à son gré, et faisait les expéditions que lui dictait son caprice ou le désir du pillage. Il était temps d'y porter remède : la diète institua un serment d'obéissance aux chefs, de fidélité aux drapeaux, et de protection envers les prêtres et les femmes. Les confédérés se partigèrent la garde des frontières; mais deux points surtout attirèrent leur attention : l'un était le Schwaderloch,

sur les montagnes boisées qui dominent Constance; l'autre, Dorneck, château voisin du village du même nom, situé au milieu des défilés que parcourt la Birse. La France ne manqua point l'occasion de renouveler son alliance avec la Suisse, et promit des subsides et de l'artillerie. Louis XII n'exigea qu'une chose, c'était qu'il ne fût point entamé de négociations avec le duc de Milan, son ennemi.

La campagne suivante s'ouvrit par de petites expéditions : Soleure ravagea le Sundgau; pendant ce temps, l'ennemi pillait le village de Dorneck, et l'artillerie du château donnait des signes de détresse. A leur retour, les Suisses trouvèrent leurs adversaires à Reinach : ceux-ci, chargés de butin, occupaient en bon ordre la position de Bruderholtz; mais ils ne tinrent pas contre l'impétuosité de l'attaque, et s'enfuirent, laissant six cents morts sur le champ de bataille. Peu de jours après, les Autrichiens firent invasion dans le comté de Sax; il y eut plusieurs combats dans lesquels Jean Schuler fit des prodiges, fut fait prisonnier, puis renvoyé sans condition par Nicolas de Brandis, qui admirait sa valeur. Enfin dix mille confédérés parurent près de Frastenz; on résolut de donner l'assaut aux retranchements : deux mille braves de bonne volonté escaladèrent la montagne, se jetèrent à terre pour éviter une décharge, et coururent sur l'ennemi avec une impétuosité qui le déconcerta. Mais ce n'était que le commencement de l'action : le gros de l'armée était rangé en coin, et flanqué d'artillerie des deux côtés; les Suisses se jetèrent à genoux, et attendirent dans cette posture les décharges de l'artillerie; puis ils se précipitèrent, à travers la fumée, sur l'ennemi qui demeura inébranlable. Feignant de se disposer à la retraite, les confédérés se concentrèrent; cela induisit les Autrichiens à un faux mouvement, dont les Suisses surent profiter pour une nouvelle attaque. Malgré les efforts de quelques chefs, tout s'enfuit en désordre, et beaucoup de soldats périrent dans un torrent appelé l'Ill,

Quatre mille tués, un grand nombre de drapeaux et de pièces tombés au pouvoir du vainqueur, tel fut le résultat de cette belle journée; mais elle coûta la vie au général des Suisses, Henri Wolleb d'Uri, qui passait pour être aussi prudent que brave.

Cependant les Autrichiens envahissaient la Thurgovie; ils avaient tout égorgé dans les villages voisins de Constance; en vain Lucerne avait voulu porter secours, tout était mis à feu et à sang. Les Suisses, avertis par le son des cloches, accoururent en foule au Schwaderloch. Oswald de Rotz, guerrier expérimenté, arriva le premier, avec quelques centaines d'hommes, d'Unterwald; Rodolphe Has en amena un plus grand nombre de Lucerne. Informés de la position de l'ennemi par leurs éclaireurs, ils se précipitèrent sur lui en poussant de grands cris; surprise au milieu du pillage, l'infanterie ne put résister, la cavalerie seule tint bon. Burkhard de Randeck périt en combattant. Le lac engloutit beaucoup de fuyards. Constance demanda une trêve pour enterrer ses morts; et, quand elle eut été accordée, on vit sortir de ses murs un lugubre cortège de prêtres et de femmes; ils reconnurent en pleurant plus de cent cadavres de leurs citoyens, et les emportèrent pour leur rendre les derniers devoirs.

Une seconde expédition eut lieu dans le Hégau : elle est marquée par de beaux faits d'armes, par la prise de Thiengen, de Kissenberg, de Stuhlingen, et de Blumenfeld. Dans la première de ces villes, les bourgeois furent obligés de défiler en chemise au milieu des confédérés tenant d'une main un morceau de pain, de l'autre un bâton. Vingt gentilshommes, destinés au supplice, obtinrent grâce en jurant de ne point servir contre les Suisses. Un juif, arquebusier, fut pendu; mais s'étant fait chrétien en protestant que la Vierge lui était apparue, il fut décroché et décapité à Blumenfeld. On permit à la dame de Roseneck d'emporter ce qu'elle avait de plus précieux ; elle chargea son mari sur ses épaules : touchés de ce trait de tendresse conjugale, les Suisses lui laissèrent tout ce qu'elle possédait. On brûla ensuite quelques villages d'Alsace. Cependant l'empereur, informé de ces événements, se hâta de conclure un armistice avec le duc de Gueldres, car il avait résolu de combattre les Suisses en personne : arrivé à Fribourg en Brisgau, il publia contre eux un manifeste, et fit un appel à tout le saint-empire. Il venait des troupes des frontières de Hongrie, de la Pologne; il en accourait des Pays-Bas. Les confédérés ne négligeaient rien non plus; ils renforcèrent leurs garnisons; ils envoyèrent demander au roi de France les secours promis. Berne et Soleure organisèrent des postes pour être promptement informées de tout.

Aux sources de l'Adige, sur le sommet d'une montagne, sur un plateau appelé Malserheide, s'étaient retranchés douze mille Tyroliens; de là, ils faisaient mainte excursion sur le territoire des Grisons, et ravageaient toute la contrée ; ce camp était garni de remparts en bois, et défendu par une nombreuse artillerie. Les Grisons résolurent de l'attaquer; une nuit il en vint huit mille en deux divisions, dont l'une devait occuper une hauteur au-dessus de la position, tandis que l'autre attaquerait à un signal donné; mais les Tyroliens furent instruits de ce plan, et se divisèrent en deux corps. Celui qui devait arrêter le mouvement vers la hauteur ne tint pas. Au lever du soleil le combat se dirigea sur le camp; la résistance fut terrible; les Grisons désespérés se virent obligés d'attendre des renforts. Bientôt la terreur passa dans les rangs ennemis : le pont de Glurns rompit sous les fuyards; on ne fit point de quartier, on les cherchait jusque dans les caves ; il périt quatre mille hommes; mais les Suisses eurent à déplorer le massacre des otages enlevés dans leur pays pendant les expéditions : ils furent mis à mort à Méran, où on les gardait. On doit à un homme célèbre, ami du peintre Albert Durer, une histoire excellente de cette guerre. Wilibad Pirckheimer de Nuremberg nous dit que l'empereur assembla tout aussitôt quinze mille soldats, et marcha lui-même à leur tête, en se fiant à la conduite d'excellents guides ; il fallut franchir des montagnes couvertes de neige, souffrir la faim, la soif, le froid, la fatigue ; on arriva ainsi à Bormio, d'où il fallut repartir aussitôt à cause de l'approche de l'ennemi ; en effet, on aperçut les Grisons au haut d'une montagne limite de l'Engadine. Ils roulèrent des quartiers de roc sur les assaillants ; de plus, une avalanche entraîna quatre cents hommes ; et ceux qui n'avaient point péri de fatigue s'estimèrent trop heureux de pouvoir regagner le Tyrol.

Les confédérés venaient de ravager de nouveau le Hégau : dans l'espoir de contraindre l'ennemi au combat, ils assiégeaient Stokach. Maximilien tint conseil de guerre à Ueberlingen, avec les généraux les plus expérimentés : on y voyait Albert, duc de Saxe ; Georges, duc de Bavière ; le margrave Frédéric de Brandenbourg, et le duc Ulrich de Würtemberg. Il fut décidé que l'on fatiguerait les Suisses en les harcelant en plusieurs endroits à la fois, et que les attaques seraient souvent réitérées. Maximilien ne répondit pas même à leurs propositions de paix : les troupes autrichiennes s'assemblèrent dans le Sundgau. Les confédérés reconnurent qu'avant tout, il fallait secourir le canton de Soleure ; mais tout à coup on apprit que l'empereur, sorti de Constance avec des forces immenses, menaçait le défilé appelé Schwaderloch : on s'y porta en masse. Le général des Impériaux en Alsace, le comte Henri de Furstemberg, voulut profiter du moment pour pénétrer en Suisse par Dorneck. Soleure appela de nouveau à son secours : le contingent de Berne fut renforcé de mille hommes sous le commandement de Rodolphe d'Erlach. Lucerne et Zürich envoyèrent des troupes. Dès leur arrivée, les confédérés, réunis à Liestall, se décidèrent à l'attaque : elle eut lieu le 22 juillet, par la plus grande chaleur du jour ; on fit halte près de Gempen, sur une grande prairie, au-dessus de Dorneck.

Du haut d'un rocher, les chefs purent voir le camp ennemi établi dans la belle plaine qui s'étend entre Dorneck, Arlesheim et Reinach, sur les bords de la Birse. Les Autrichiens se livraient aux plaisirs de la table et du jeu : un petit nombre d'hommes sages prévoyaient un danger ; mais le général ne faisait qu'en rire, disant que ceux qui avaient peur pouvaient mettre une cuirasse ou se retirer.

A cette vue, à l'aspect du château en danger, et des habitations détruites, l'avoyer Conrad fut enflammé du désir de la vengeance ; aussitôt il fit descendre sa petite troupe ; et, déjà tout près du camp, il dit à ses frères d'armes : « Souvenez-vous de la valeur de vos pères, « que le nombre n'a jamais effrayés, et « comme eux combattez pour l'honneur et la patrie. » Après la prière accoutumée, il divisa ses soldats en deux corps : ceux-ci arrivèrent dans le camp ennemi à la grande course, en massacrant tout ce qui se présentait. Le général périt un des premiers ; mais bientôt ceux qui avaient eu le temps de se former se présentèrent en bon ordre ; et la cavalerie chargea. Les confédérés formèrent un carré hérissé de lances ; cependant il en périt beaucoup. Un Zurichois parvint à s'emparer de la bannière de Strasbourg. Ce succès n'empêchait pas que le nombre des confédérés ne diminuât, et que l'ennemi ne fût de plus en plus redoutable. Tout à coup un cri de guerre retentit dans le lointain ; les contingents de Lucerne et de Zug accouraient au secours de leurs amis : l'ennemi s'enfuit après une courte résistance, et on le poursuivit jusque fort avant dans la nuit. Le butin fut riche et considérable : on prit plusieurs drapeaux et vingt et une pièces d'artillerie. Plus de trois mille Autrichiens étaient tombés ; les confédérés ne comptaient que cinq cents morts ; encore était-il arrivé, par une de ces méprises si fréquentes à la guerre, qu'il en avait péri beaucoup dans l'obscurité de la nuit, leurs amis les ayant pris pour des Impériaux.

Trois jours après, les confédérés se

présentèrent devant le château de Pfeffingen ; mais la discorde qui s'établit entre eux les empêcha de le prendre : les uns voulaient envahir l'Alsace, les autres demandaient à rentrer dans leurs foyers. Enfin ils allèrent prendre position devant Bâle, qui était déchirée par deux factions contraires, la noblesse dévouée à l'empereur, la bourgeoisie qui tenait pour les confédérés. La bataille de Dorneck avait jeté la terreur partout ; mais Bâle tint encore sa neutralité. Ce fut d'ailleurs le dernier fait d'armes de quelque importance. A cette nouvelle, Maximilien, qui était à Landau, s'embarqua pour Constance. La France, qui venait d'envoyer des secours aux Suisses, offrait sa médiation ; mais l'empereur accepta de préférence celle du duc de Milan. Les prétentions furent d'abord très-contraires ; car, tandis que les Suisses demandaient la conservation de leurs conquêtes et une indemnité pour les frais de la guerre, on exigeait d'eux soumission à l'empire, séparation d'avec les Grisons, punition des auteurs de la rupture. Sur ces entrefaites, Soleure, qui se montrait le plus difficile, ravageait l'Alsace, et la nouvelle de la prise de Milan par les Français rendit plus traitables les envoyés de Sforce. Ils cédèrent la Thurgovie. Soleure put s'emparer de Thierstein et de Buren qu'elle convoitait. Berne fit un excellent usage du prix du butin ; elle le distribua entre les blessés. Telle fut l'issue de la dernière tentative de la maison d'Autriche contre la liberté des Suisses. Pendant cette lutte, ils avaient beaucoup souffert ; il avait fallu livrer huit batailles ; plus de vingt mille hommes étaient tombés de part et d'autre ; plus de deux mille villes, bourgs, villages et châteaux, étaient devenus la proie des flammes ; le pays était ravagé à soixante lieues à la ronde. Ces calamités dûrent faciliter la conclusion de la paix ; et si l'avantage immédiat se réduisit à la cession d'un bailliage, du moins elle eut pour conséquence l'accession définitive de Bâle et de Schaffhousen : la première avait besoin de protection contre la rancune et les excès de la noblesse : le jour où fut lu le traité sur la place publique, elle ouvrit ses portes, et remplaça la garde par une vieille femme avec son rouet, pour montrer que désormais elle n'aurait plus besoin d'autre défense que la terreur inspirée par le nom des Suisses. Bâle eut rang, dans la confédération, avant Fribourg et Soleure.

Environ cinq mille Suisses avaient pris part à la conquête du Milanais : Louis XII leur donna plusieurs sujets de mécontentement ; et tout à coup les dispositions de la diète divinrent favorables à Sforce, qui s'était enfui auprès de l'empereur. Les Milanais, qui avaient accueilli Louis XII en libérateur, ne tardèrent pas à changer de pensée : ce roi était reparti, laissant le commandement à Trivulce, qui ne faisait observer aucune discipline ; de toutes parts, les mécontents couraient rejoindre l'armée du duc. La diète, avant de fournir aucun contingent, exigea de Louis XII les sommes promises ; mais le gouverneur de Dijon, allant de ville en ville, obtint, à prix d'argent, de nombreux enrôlements qui se rassemblèrent à Fribourg, franchirent le Saint-Bernard, et descendirent à Verceil ; secours important pour les Français, réduits déjà à la possession de quelques châteaux forts, car Sforce était revenu, avec la rapidité de l'éclair, de Brixen à travers le Tyrol et les Grisons, jusqu'à Coire, tandis qu'à Milan une émeute avait forcé la garnison de se réfugier dans la citadelle, puis à Novare qui se rendit, à l'exception du château, quand Sforce vint l'assiéger, après avoir fait sa rentrée solennelle dans sa capitale. Une nouvelle armée française s'approchait : la diète voulut se faire médiatrice, ou retirer ses troupes qui servaient des deux côtés, ou, enfin, les ranger toutes sous les mêmes drapeaux, pour qu'on ne vît pas les Suisses égorgeant leurs frères à prix d'argent. Cependant, quand leur ambassade arriva, Sforce était déjà tombé au pouvoir des Français ; il avait été abandonné par les Suisses dans une insurrection au sujet de la solde : ils avaient refusé de combattre, parce que, disaient-ils, beaucoup de leurs concitoyens étaient avec les Français. Ils stipulèrent donc leur départ ; et tout ce que purent obtenir les larmes du duc, c'est qu'il lui serait permis de partir avec eux sous un déguisement. Il se munit d'une hallebarde, se vêtit à l'allemande, et se mêla dans leurs rangs. Mais, arrivé au milieu de la double haie des soldats français, une rumeur se répandit, le bruit courut que le duc était avec les Suisses ; on le réclama. Se voyant trahi, il se présenta de lui-même, et fut conduit en France, au château de Loches, où il fut traité fort durement. Il y resta plusieurs années, supportant son infortune avec constance, et se résignant à la volonté du ciel en expiation de ses fautes.

Immédiatement après, il s'éleva des contestations assez violentes entre Louis XII et les soldats suisses qu'il ne payait pas ; d'un autre côté, Uri avait fait occuper Bellinzona, et ne voulait pas s'en départir ; le roi, au contraire, tenait à s'assurer cette possession. Déjà les Suisses avaient fait des excursions guerrières à Lugano et Locarno, quand on parvint à une médiation dont le résultat fut d'accorder à Uri l'occupation du comté pendant deux ans. Mais il fallut bien en venir à quelque chose de stable. Uri soutenait ses prétentions : ce canton dit fièrement qu'il ne connaissait de droit que celui de ses hallebardes ; il appela les autres à le seconder, et le siége de Locarno fut entrepris. Cette opération ne fut pas heureuse : il périt beaucoup de guerriers, d'autres en plus grand nombre furent pris. Alors les préparatifs devinrent sérieux ; il ne s'agissait de rien moins que d'envahir la Bourgogne, et quatorze mille confédérés se dirigèrent vers Milan, où ils étaient attendus avec impatience. Le 10 avril 1503, Louis fit cession de Bellinzona aux trois cantons de Schwytz, Uri, Unterwalden ; et les trois châteaux forts qui dominent la belle enceinte crénelée de la ville portent aujourd'hui les noms de ces trois pays ; position importante qui ferme tout accès vers cette longue vallée du Saint-Gothard, et fonde la sécurité de la Suisse du côté de l'Italie.

De nouveaux différends ayant éclaté entre Louis XII et Maximilien, ces deux souverains briguèrent l'alliance et les secours des Suisses ; mais les ambassadeurs français l'emportèrent par leurs libéralités et leur magnificence. Huit mille hommes vinrent à Gênes, à l'armée du roi, dont le but était d'empêcher son ennemi de traverser l'Italie pour aller à Rome se faire couronner par le pape. Le parti populaire de Gênes s'étant insurgé contre la noblesse, avait choisi pour doge un teinturier, et nommé des tribuns du peuple. L'arrivée des Français y répandit la terreur : on résolut de défendre une forte position sur une montagne en avant de la ville ; les confédérés contribuèrent beaucoup à la conquête de ce poste dangereux ; il fallut que la place se rendît à discrétion. Le doge et un autre séditieux, Démétrius Giustiani, furent décapités : la description de ce supplice prouve que l'instrument de mort que l'on croyait avoir été inventé dans la révolution française, était déjà connu au seizième siècle.

Cependant Maximilien établit une diète à Constance, et y manda les confédérés qu'il combla de présents ; à cette assemblée, se trouva l'évêque de Sion, Mathieu Schinner, qui fut dans la suite l'âme de toutes les entreprises contre la France. Il était alors évêque de Sion, et devint bientôt cardinal : c'était le fils d'un pauvre cultivateur de Muhlibach, dans le haut Valais ; écolier, il chantait dans les rues pour gagner quelques deniers ; ensuite il fut recueilli par un respectable vieillard qui lui donna charitablement les moyens d'achever ses études à Zürich et à Côme. Devenu curé dans le Valais, Schinner ne cessa point de se livrer à l'étude : sobre et dur à lui-même, il se contentait d'une nourriture grossière, et couchait sur un lit de bois. Ses sermons furent bientôt célèbres : son mérite le fit administrateur de l'évêché, puis évêque; et cette dignité, souveraine dans le Valais, le mit en rapport avec l'Allemagne, la France et l'Italie. Cet homme extraordinaire fut bien utile à la cause de Maximilien; mais cette fois l'empereur renonça à son voyage de Rome, et les confédérés n'eurent point l'occasion de manifester le changement opéré dans leurs dispositions par les agents de Louis XII. Quand Maximilien se fut ligué avec ce roi, on revit six mille Suisses dans l'armée française; ils prirent part à la glorieuse journée d'Agnadel, le 14 mai 1509.

Les intrigues de l'évêque de Sion assemblèrent dans le Valais huit mille hommes, qu'il passa en revue pour les envoyer au souverain pontife; mais quand ils eurent franchi le Saint-Bernard, les Savoyards leur interdirent le passage; puis, sur un faux bruit que Bellinzona était menacée, les Suisses se jetèrent de ce côté. Les Français et les Lombards ne voulurent point leur permettre d'aller plus loin; enfin, quand ils furent arrivés à Varèse, se trouvant dans le dénûment le plus complet, ils acceptèrent de l'argent pour rentrer dans leurs foyers, ce qui excita au plus haut degré la colère du saint-père. Schinner, l'évêque de Sion, eut beaucoup de peine à renouer cette alliance. Un faussaire devait les dédommager de ces désagréments; il imagina et fabriqua deux titres ou prétendus testaments du feu duc de Savoie, et leur donna la date de Chambéry, 17 mai 1489; par ces testaments, le duc donnait aux cantons des sommes immenses. Les allégations de Furno, c'était le nom de cet imposteur, furent accueillies avec empressement; mais le duc de Savoie protestait. La médiation de l'empereur et du roi amenèrent une première transaction en faveur de Berne et Fribourg; mais Furno, qui avait été richement récompensé, ne s'en tint pas là : il produisit un nouveau titre qui gratifiait les autres cantons de donations semblables. Nouvelles plaintes du duc, nouveaux armements des Suisses; et ce prince, heureux d'en être quitte pour trois cent mille florins, se vit obligé de mettre en gage jusqu'à son argenterie et ses bijoux et de se procurer des cautions.

En Italie, les intrigues de Schinner et le mécontentement du canton de Schwytz, au sujet d'une injure dont les Français avaient négligé la réparation, venaient de changer la face des affaires. L'appel de ce canton aux autres Suisses n'était pas resté stérile, et bientôt dix mille confédérés parurent. Vainement le pape avait été cité à un concile à Pise : une émeute populaire dispersa les Pères. Le belliqueux Jules II, bravant et l'empereur, et le roi Louis, et la ligue de Cambrai, se mit à la tête de ses troupes et prit Mirandole; mais il fut moins heureux au siége de Ferrare, malgré l'assistance des Vénitiens. Les Français poursuivirent leur victoire et entrèrent dans Bologne. Le pontife négocia. La France, comme pour insulter les Suisses, conclut une alliance avec les Grisons. Les confédérés marchèrent sur Milan, où commandait un jeune héros, Gaston de Foix, duc de Nemours; mais ils furent obligés de fuir devant Bayard. Les vaincus se livrèrent aux plus coupables excès contre les habitants; leur retraite ressemblait à une fuite; ils coururent ainsi jusqu'à Bellinzona, et perdirent beaucoup d'hommes, de chevaux et de bagages.

Jules ayant suscité contre la France l'inimitié de l'Espagne et de l'Angleterre, une armée s'assembla à Imola; elle était commandée par le vice-roi d'Espagne. A Naples, on voulait sur-le-champ reprendre Bologne; mais Gaston vint la dégager, puis il courut à Brescia, où il défit les Vénitiens, et revint avec la rapidité de l'éclair disperser les alliés à Ravenne et mourir sur le champ d'honneur. Le pape était désespéré. En vain Venise et l'Espagne voulurent relever son courage; l'accession des confédérés fit sur lui une impression plus profonde : confiant en leur valeur, il persista dans le parti de la guerre, et leur prodigua des indulgences, des bénédictions et surtout de l'argent. Les ambassadeurs suisses furent reçus solennellement à Venise; tout le sénat vint au-devant d'eux dans ses gondoles, et tout aussitôt la diète décida, au grand regret de beaucoup de citoyens, que l'on marcherait contre les Français; la jeunesse brûlait de se mesurer avec eux. Le lieu de rassemblement fut indiqué à Coire; car les Grisons prirent part à ce mouvement, malgré le traité récent conclu avec Louis. On s'avança par l'Engadine vers le Tyrol : Ulrich de Hohensax prit le commandement. Vérone envoya ses clefs à l'approche de cette armée, qui fit à Villefranche sa jonction avec les Vénitiens. Les Français n'avaient presque point de soldats : une sordide économie avait affaibli leur armée; partout ils se retiraient à l'approche des vingt mille confédérés et des Vénitiens; ils abandonnèrent le passage du Mincio, celui de l'Oglio, et bientôt le cardinal Schinner entra en triomphe dans Crémone. L'Adda n'offrit pas plus de résistance; on franchit cette large rivière à Pizzighetone. A Pavie, trop d'empressement fit périr une centaine de Suisses qui avaient escaladé les murs. Il y eut, non loin de là, un combat où les lansquenets eurent beaucoup à souffrir, où les Vénitiens reprirent une partie de leur artillerie. Le jour de Saint-Barnabé, 1512, une révolte éclata dans Milan : on démolit les boutiques des marchands français, on massacra les soldats et les partisans de Louis; et les confédérés, à leur entrée, souillèrent leurs succès en violant la tombe de Gaston de Foix, en pillant ce qu'elle avait de métaux précieux : ce qu'elle renfermait de plus beau fut envoyé à l'église de Saint-Vincent, à Berne.

Il s'éleva des différends sur le partage des conquêtes : Venise réclamait tout ce qui lui avait appartenu; le cardinal soutenait que le saint-siège devait tout accaparer, et les Suisses voulaient des conquêtes pour eux. Ils retournèrent enfin dans leur patrie, sans que la campagne eût offert à leur valeur autre chose que de simples escarmouches. Dans sa joie, le pape les gratifia du titre de *protecteurs de la liberté de l'Église*, et leur fit don de plusieurs drapeaux, en recevant magnifiquement leurs envoyés. On rétablit à Milan le fils de Louis Sforce, Maximilien, qui céda aux Suisses Lugano, Locarno et Domo d'Ossola, affranchit leur commerce de tous droits, paya deux cent mille écus, et en promit quarante mille par an. Vers le même temps, Berne s'empara du comté de Neufchâtel, sous prétexte que Louis d'Orléans, possesseur de ce comté pour avoir épousé Jeanne, fille du comte de Baden-Hochberg, servait dans les armées françaises. Soleure prit part à cette occupation, qui excita la jalousie des autres cantons. Par la même raison, Soleure s'empara du château de Thierstein. Les Grisons aussi firent des envahissements, et retinrent pour eux la Valteline et Chiavenna, en vertu des droits de l'évêché de Coire. La confédération déclara toutes ces conquêtes communes. Il fallait encore s'emparer des châteaux de Lugano et de Locarno, dont le siége offrait de grandes difficultés, et n'eut pas le succès qu'on en attendait. Les Français, toujours en possession des citadelles de Crémone et de Milan, menaçaient le nouveau duc jusque dans sa résidence. Il n'était pas le maître chez lui, et se voyait obligé d'obéir au cardinal, à l'ambassadeur de l'empereur, aux confédérés. Le mécontentement devint bientôt général, et l'inconstance publique regretta la domination de Louis XII. Celui-ci traita avec Venise; il conclut un armistice avec l'Espagne; mais ses négociations avec les Suisses n'eurent aucun succès. L'armée, commandée par la Trémouille, Robert de la Marche et la Fayette, s'avança dans les plaines de Lombardie par Suze et Asti, tandis que les Vénitiens secondaient cette expédition en marchant sur Vérone; car on leur abandonnait Bergame et Brescia. Le duc Maximilien, secouru par le vice-roi de Naples, par le saint-siége, par les confédérés, se mit en campagne. L'ennemi s'avançait; Asti et Alexandrie avaient reçu les Français, et Venise s'était déjà emparée de Valeggio et Peschiera; enfin ses troupes s'étaient jointes aux Français à Crémone.

Le duc se vit abandonné de tous ses

amis et trahi par les chefs de son armée; à l'exception de Novare et de Coire, il perdit toutes ses places. Il se retira dans Novare, où il fut bientôt assiégé vigoureusement. La garnison suisse se montrait inébranlable; en vain les murailles tombaient sous le feu de l'artillerie française, ces braves tinrent jusqu'à l'arrivée d'une armée suisse. Les assiégeants cessèrent leur feu et se préparèrent au combat. Les confédérés arrivaient à la fois par le Simplon, le Saint-Gothard et le Splugen; ils marchèrent sur Novare, et ils y arrivèrent dans un moment où les Français, qui s'étaient retirés à une demi-lieue de la place, dans un pays entrecoupé de bois, de fossés et de marais, ne s'attendaient nullement à une attaque aussi prompte. On résolut de ne pas perdre un instant, car on savait qu'ils se gardaient mal; et, dès le point du jour, neuf mille confédérés se mirent en mouvement, prenant le duc dans leurs rangs. Les grand'-gardes furent surprises. La Trémouille monta à cheval à la hâte, Trivulce rangea les bataillons. Les Suisses se partagèrent en trois corps, dont l'un devait prendre les lansquenets par le flanc, tandis que le second marcherait à l'ennemi, et que le troisième observerait la cavalerie. L'artillerie française était terrible; les broussailles rompaient souvent les rangs des Suisses; les armures des cuirassiers français jetaient beaucoup d'éclat sous les rayons du soleil. Les cavaliers parvinrent à s'introduire dans les lignes; le duc s'enfuit, mais les Suisses combattaient avec opiniâtreté; les morts et les blessés étaient à l'instant remplacés. En vain ils essayèrent de culbuter les lansquenets que protégeaient les batteries; les cadavres s'amoncelaient, le sang ruisselait de toutes parts; on était si près que les hallebardes mêmes ne servaient plus, et que l'on ne combattait qu'avec des poignards et des couteaux. Là se trouvaient Nicolas Conrad, le vainqueur de Dorneck, Erni Winkelried, descendant du héros de Sempach, là tomba Ulrich Jacob, brave chef d'Uri qui avait conseillé le combat. On s'exhortait en parlant de Morgarten, de Granson, de Morat. Enfin arriva le corps qui, retardé dans sa marche, devait attaquer le flanc des lansquenets. Ce choc décida du sort de la journée : l'artillerie française fut prise et tournée contre l'ennemi, qui se dispersa et s'enfuit dans le plus grand désordre, malgré une charge brillante de la cavalerie. Il y avait huit mille Français et lansquenets sur le champ de bataille, et la Trémouille était blessé. Les Suisses perdirent quinze cents hommes, et ne purent poursuivre leurs succès faute de cavalerie. Des désastres affreux suivirent cette victoire : les confédérés pillèrent, se débandèrent et regagnèrent isolément leurs foyers; cependant il en resta quelques milliers pour protéger le duché.

En Suisse, les plus grands désordres éclatèrent; Berne, Soleure, Lucerne, en furent principalement le théâtre; plusieurs magistrats furent condamnés à mort par suite de séditions populaires, et sous prétexte qu'ils étaient à la solde de la France. Pour mettre un terme à cette fermentation, la diète réunie à Zürich résolut de faire une invasion dans ce royaume, et, le 27 août 1513, seize mille hommes se réunirent auprès de Besançon, qui leur ferma ses portes. L'empereur y envoya de la cavalerie et de l'artillerie : l'armée, forte de trente mille guerriers, marcha sur Dijon, tandis que le roi était battu à Guinegate par les Anglais. On ne rencontrait de résistance nulle part; les Suisses commettaient d'horribles excès, ne respectant ni les lieux saints ni les tombeaux; leurs prêtres mêmes donnaient l'exemple de ces scandales.

La Trémouille était dans Dijon; il eut peine à réunir six mille hommes; les confédérés campèrent sur les hauteurs voisines. Le lendemain, l'artillerie impériale battait les faibles murailles de la ville; en moins de quarante-huit heures la brèche fut ouverte; la ville paraissait perdue : l'habileté de la Trémouille y pourvut. Connaissant particulièrement plusieurs des chefs ennemis, il en séduisit quelques-uns par ses promesses, d'autres cédèrent à une vieille amitié. Les soldats manquaient de tout; ils étaient mécontents et demandaient à rentrer chez eux. La paix fut conclue à la condition que le roi laisserait aux confédérés le duché de Milan et leur payerait quatre cent mille écus; la Trémouille livra même des otages. L'exécution de cette convention donna lieu dans le cours de l'année à bien des embarras, et les rumeurs diverses qui se répandirent en Suisse y suscitèrent beaucoup de troubles.

Louis XII mourut au milieu des préparatifs d'une nouvelle expédition contre le duché de Milan; et François Ier, qui avait épousé sa fille aînée, à laquelle revenait ce duché, à défaut d'héritiers mâles, brûlait de se signaler par des exploits militaires, comme l'avait fait l'illustre Gaston, dont il enviait la gloire. Dès son couronnement, le nouveau roi prit le titre de duc de Milan. Sa première démarche fut de rechercher l'alliance des confédérés. Ceux-ci reçurent mal le porteur de sa dépêche; ils répondirent que la paix avait été conclue à Dijon, qu'ils en réclamaient l'exécution, et qu'il n'était pas besoin d'ultérieures négociations. François Ier ne fut pas plus heureux envers l'Espagne et l'Empire; mais il se ligua étroitement avec l'Angleterre et Venise : Gênes se déclara pour lui; alors il fit d'immenses préparatifs. Les confédérés, au nombre de quatre mille, s'avançaient contre Gênes; lorsque le pape arrêta leur marche, ils étaient à Novare. Tout à coup les Français débarquèrent dans le port et occupèrent la citadelle, et le doge Fregoso se fit appeler *gouverneur du roi*.

Les Suisses envoyèrent quatorze mille hommes pour mieux défendre le duché de Milan : on vit alors le pape, dont la conduite avait été d'abord fort douteuse, s'unir avec l'empereur et le roi d'Espagne pour maintenir l'indépendance de l'Italie : on ne demanda aux confédérés que des soldats, que l'on promit de payer largement. Après beaucoup d'hésitations et d'incertitudes, ils allèrent occuper les défilés des Alpes vers la France; Colonna y vint aussi avec une troupe d'élite de cavaliers milanais. Tandis qu'une violente sédition éclatait parmi les Suisses, et qu'ils maltraitaient impitoyablement Albert de Stein, l'un de leurs chefs, l'armée française s'avançait avec trois mille lances, quinze cents chevau-légers, vingt mille lansquenets : après eux venaient six mille hommes composant la bande noire, ainsi nommée de la couleur de leur armure et de leurs vêtements; ils étaient commandés par Robert de la Marche. Parmi les autres chefs, on distinguait Lautrec, qui joignait l'impétuosité française au sang-froid espagnol, Bayard, le chevalier sans peur et sans reproche, le duc de Gueldres, qui devait à la France de s'être maintenu dans sa principauté contre l'empereur, Galiot, sénéchal d'Armagnac, René, fils du duc de Lorraine qui avait reconquis son duché sur Charles le Téméraire, Trivulce, la Palice, la Trémouille, et tout ce que la noblesse avait de plus brillant. La Trémouille conseilla de choisir un passage nouveau que l'ennemi ne gardait pas, et à travers lequel un vieux chasseur guida l'armée. Le roi commandait en personne le second corps; l'arrière-garde était confiée au duc d'Alençon, son beau-frère, qui avait déjà combattu à la bataille d'Agnadel. En même temps, Aimar de Prie passait à Gênes par mer à la tête de plusieurs mille guerriers. Pour tromper l'ennemi et l'occuper, on dirigea deux petites divisions vers le mont Cénis et le mont Genèvre, passages ordinaires par où l'on croyait que l'armée française arriverait.

Le trajet fut difficile; il fallut jeter des ponts sur les précipices, faire sauter des rochers, porter des canons. Après cinq jours de travaux extraordinaires, on déboucha dans le comté de Saluces, où l'on prit un peu de repos. Les Suisses et Colonna en furent avertis, mais la division se mit entre eux; les uns voulaient combattre sur-le-champ, les autres se poster sur la rive gauche du Pô : la première opinion prévalut, du moins en partie. Colonna se porta sur Villefranche; mille Français passèrent le fleuve à gué, et entrèrent de toutes parts pendant que les Italiens étaient à table. En vain ceux-ci voulurent se défendre; les habitants avaient caché les selles et enfermé les chevaux; il fallut se rendre. Les Suisses étant accourus ne trouvèrent plus qu'une ville déserte, et commencèrent leur retraite par Pignerol. Le roi leur offrit secrètement de négocier avec eux à Verceil; ils marchèrent jusque-là, quoique divisés entre eux. En passant sous les remparts de Turin, ils les virent couverts de Français; à Chivasso, ils égorgèrent cinq cents habitants, pour venger le meurtre commis sur quelques confédérés qu'ensuite ils retrouvèrent vivants dans une tour où on les avait enfermés. La marche fut très-malheureuse; à Verceil on se partagea; les guerriers de Berne, de Soleure et de Fribourg, prirent le chemin d'Arona; les autres contingents et les volontaires allèrent à Milan; à Novare, ils abandonnèrent de beaux canons qu'ils eussent facilement fait conduire à Bellinzona.

On conclut à Galera une paix qui ne fut point acceptée par tous: quelques corps venus récemment de leur patrie renforcèrent l'armée; ceux qui étaient réunis à Arona repassèrent les monts, tous les autres se réunirent et se préparèrent à de nouveaux combats. Le roi avait fait occuper Tortone, Alexandrie et Pavie, qui lui assurait le passage du Tésin et du Pô. L'armée pontificale ne bougeait pas, malgré les promesses du saint-père, parce qu'il recherchait sous main l'amitié de François Ier. Ce roi s'était campé à Marignan, sur la route de Milan à Lodi; ses cavaliers couraient jusqu'aux portes de la ville; il y avait chaque jour de petits combats. Le cardinal de Sion, se croyant sûr de la victoire, résolut de livrer la bataille. Le 13 septembre, dans l'après-midi, le conseil de guerre étant assemblé chez le duc, et la majorité des chefs confédérés se prononçant pour l'acceptation du traité de Galera, un grand bruit se fit entendre: on disait que l'armée française tout entière s'approchait des portes, que déjà l'on combattait. Aussitôt tous coururent aux armes; le cardinal de Sion monta à cheval revêtu de la pourpre; les Waldstetten, qui avaient toujours voulu la guerre, sortirent avec joie; les autres Suisses marchaient avec moins d'ardeur. Il y avait en tout vingt-quatre mille hommes et huit pièces de campagne.

Le pays est couvert de vertes prairies, de maisons de campagne, de petits bois entrecoupés de canaux et de rivières. L'armée française se tenait alors sans inquiétude dans un camp fortifié par la nature autant que par l'art; le duc de Bourbon, commandant de l'avant-garde, occupait un village sur la route, et soixante-quatre pièces balayaient les approches de son quartier général. Les confédérés se divisèrent en trois corps, et, comme le soleil allait se coucher, on proposa de camper, sage conseil qui ne fut point écouté. L'attaque eut lieu sur-le-champ. Alors Werner Steiner, amman de Zug, commandant de l'avant-garde, prit trois mottes de terre, les lança par-dessus la tête de ses guerriers, et dit: *Au nom de Dieu le Père, le Fils et le Saint-Esprit, que notre cimetière soit ici: ne songez, amis, qu'à l'honneur et à la réputation que nous allons acquérir.*

François Ier ne s'attendait pas à être attaqué; quand retentit la trompette, il allait se mettre à table. Le comte de Guise assembla les lansquenets; Pierre Novare rangea l'infanterie derrière un grand fossé, en rangs serrés, et mit l'artillerie sur les ailes. Les Suisses, par une feinte, attirèrent la bande noire, puis la repoussant, ils franchirent le fossé avec impétuosité. Ils tombaient par centaines sous une grêle de balles; mais l'ennemi ne put tenir: les Gascons, les Basques et les lansquenets cédèrent à cette puissance plus qu'humaine, et la cavalerie ne put les empêcher de se disperser. Déjà l'artillerie et beaucoup de drapeaux étaient en la possession des confédérés, et une multitude de nobles chevaliers avaient péri. Théodore Trivulce fut fait prisonnier; Bayard, *tout doucement*, se *descendit, et jeta son armet et ses cuissots, et puis, le long des fossés, à quatre beaux pieds se retira.* François Iᵉʳ se conduisit comme il convient à un général et à un soldat; les lances se brisaient contre son armure, les coups tombaient sur son casque, les gentilshommes mouraient à ses côtés. Déjà la lune avait remplacé le soleil : à minuit, les ténèbres amenèrent une suspension d'hostilités; mais il fallut que chacun demeurât debout où l'avait surpris l'obscurité, amis et ennemis pêle-mêle. Les tambours, les trompettes, les provocations, les injures, les coups de feu, interrompaient par intervalle cet horrible silence. Les Suisses commirent plusieurs méprises et s'entre-tuèrent parfois les uns les autres; la faim, la soif, l'humidité, leur faisaient beaucoup de mal. Le duc de Milan et ses cavaliers s'en allèrent; il fallait employer d'ailleurs beaucoup de monde à panser les blessés. Le cardinal de Sion réunit les chefs autour d'un grand feu, et l'on pourvut aux dispositions du lendemain. Dans l'armée française, il y avait plus d'activité : on concentrait les forces, on plaçait mieux l'artillerie. Le roi, après avoir tout ordonné, but avec avidité une eau mêlée de sang, seul breuvage qu'il pût se procurer, parce que les cadavres comblaient les fossés, puis il s'endormit sur un affût. Réveillé avant le jour par le sage Galiot, il reprit ses armes, monta à cheval, passa la revue de ses troupes et visita les avant-gardes. Dès l'aurore, les trompes des confédérés retentirent : leur principal corps d'armée chargea, en poussant de grands cris, le centre des Français. Uri et Zürich étaient en avant; on eût dit que les souffrances de la nuit avaient redoublé les forces de ces braves, que n'arrêtait point le feu terrible de l'artillerie. Les lansquenets plièrent : là périt le prince de Talmont, couvert de soixante-deux blessures; c'était le fils unique de la Trémouille; le comte de Guise blessé était caché sous les cadavres; on se battit pour l'en retirer. La perte des confédérés n'était pas moindre; ils cédèrent à leur tour. Les chefs alors supplièrent, exhortèrent, menacèrent; Katzi, le chef de Schwytz, continuait à parler et à combattre, quoiqu'il eût la poitrine percée de plusieurs traits. Les ailes de l'armée française étaient en fuite, le centre seul paraissait vainqueur; il était midi, que l'issue de la bataille était douteuse. Tout à coup des nuages de poussière et des cris annoncèrent l'arrivée des Vénitiens. Alviano prit les confédérés en queue, et, quoique sa première charge demeurât sans succès, il décida du sort de la journée; car sa présence releva le courage des Français et abattit celui des Suisses. Quelques chefs ordonnèrent la retraite, qui, malgré leurs efforts, dégénéra en déroute. Néanmoins bon nombre de guerriers, pénétrés de leur devoir et de leur dignité, se retirèrent à pas lents, portant les blessés sur leurs épaules, et faisant marcher au milieu d'eux l'artillerie, ainsi que les drapeaux qu'ils avaient pris. Ils firent des prodiges de valeur, et rentrèrent dans Milan, non sans perdre une partie des objets qu'ils voulaient conserver. Les Français ne mirent pas trop d'ardeur à les poursuivre. Le roi était saisi d'admiration pour eux; Trivulce, vieilli à la guerre, et qui avait assisté à dix-huit batailles, disait qu'elles n'étaient que *jeux d'enfants*, mais que celle-ci était *un combat de géants*.

Sur le terrain, cependant, la mort continuait à sévir. Quatorze cents Zürichois s'étaient retranchés dans la maison où avait été la veille le quartier général du duc de Bourbon. On les y assiégea, et ils y périrent tous, n'ayant jamais voulu consentir à se rendre. Une autre troupe fut massacrée dans un bois : la cavalerie tuait les hommes isolés, qui souvent étaient dépouillés par les habitants. Les lansquenets se distinguèrent par leurs actes de barbarie : ils ouvrirent le ventre de Puntiner, chef d'Uri qui avait été tué, et donnèrent l'avoine à leurs chevaux dans ses entrailles. Douze mille tués couvraient le champ de bataille; plus de moitié étaient Suisses. C'est là que le roi se fit armer chevalier par Bayard :

à son tour, il conféra la même dignité à d'autres, et lit dire des messes pour le repos des braves, ordonnant qu'une chapelle serait construite en commémoration de la bataille de Marignan. Les confédérés partirent pour leur pays, en maudissant le cardinal et sans pouvoir obtenir leur solde. Maximilien Sforce ne sut défendre que le château; bien approvisionné, il avait encore cinq cents Suisses de garnison, et pouvait tenir fort longtemps. Le héros de Dorneck, Henri Rahn, en fit sortir trois cents malades ou blessés, afin de mieux le défendre : ces malheureux furent impitoyablement massacrés par les paysans, près des fossés de la ville. Milan implora la clémence du vainqueur, qui exigea une contribution de trois cent mille écus et fit occuper la ville, puis il marcha sur Pavie : ses bataillons couvraient la Lombardie, des rives du Pô jusqu'au pied des Alpes. La Suisse fut consternée de cette nouvelle; on se reprochait de funestes divisions, et la diète incertaine ne parvenait à aucune résolution; le mécontentement du peuple était à son comble : les cantons montagnards accusaient hautement Berne, Fribourg et Soleure, de s'être laissé gagner par l'or de la France; il s'en fallut de peu que la guerre civile n'éclatât. Cependant les Français faisaient de grands progrès en Italie; Maximilien Sforce accepta avec joie une transaction qui lui permettait de mener une vie oiseuse et tranquille. Le pape négocia avec François Ier, et lui abandonna ses prétentions sur Parme et Plaisance : ce fut par une sorte de compensation que, de concert avec ce roi, il restreignit les libertés de l'Église gallicane.

On se réunit à Genève pour y traiter de la paix; dix cantons en acceptèrent les conditions et se chargèrent d'y faire accéder les autres. On fixa jour à Zürich pour l'échange des ratifications; mais cette affaire souffrit encore bien des difficultés et des retards. Maximilien et le roi d'Angleterre annonçaient par leurs agents qu'ils allaient attaquer la France; ils excitaient les confédérés à venger leur défaite de Marignan. Ces discours firent un grand effet : peu de cantons restèrent fidèles à leurs engagements de Genève; Zürich trouva des prétextes pour les éluder. Uri et les Grisons ne prenaient part à rien; Glarus, Bâle et Schaffhouse attendaient pour se décider le vœu de la majorité; enfin Schwytz, l'Unterwald inférieur et Saint-Gall acceptaient la paix, mais non l'alliance du roi : on se sépara. L'envoyé de l'empereur, Reichenbach, et le cardinal de Sion s'adressèrent alors aux passions du peuple qui se croyait trahi, et d'autant plus qu'un habitant de Wadischwyl, appelé Baechli, s'accusa lui-même d'avoir conspiré avec d'autres guerriers l'abandon des défilés qu'ils étaient chargés de garder. Il nomma des hommes très-illustres et un grand nombre de complices; enfin il fut décapité, sans qu'on donnât suite à ses révélations vraies ou fausses. Sur ces entrefaites, François Ier fit solder deux cent mille écus aux huit cantons qui étaient restés dans les dispositions qu'ils avaient manifestées à Genève : les cinq autres tenaient leurs assemblées à Schwytz : ils résolurent de marcher avec l'empereur sur le duché de Milan, et il en partit dix mille sous le commandement de Jacob Stapfer. Maximilien entra donc en Italie par Vérone, sans que le duc de Bourbon pût lui opposer de résistance; il songeait même à repasser les Alpes. L'empereur ne sut pas profiter de la circonstance; il éparpilla son armée, la divisa pour une multitude de sièges. Il n'avait plus d'argent; apprenant d'ailleurs qu'il y avait aussi beaucoup de Suisses chez les Français, il craignit une trahison et se retira avec précipitation. Cette faute nuisit beaucoup à la considération dont il jouissait en Suisse, où l'on était divisé au point qu'il y avait deux diètes. Peu de temps après, l'empereur lui-même engagea les confédérés à traiter avec la France, car il s'était réconcilié avec François Ier. On renouvela les négociations, et l'alliance éternelle fut conclue à Fribourg, le 20 novembre 1516. On y stipula des indemnités et des subsides : Bellinzona fut abandonnée aux trois Waldstetten; Lugano, Locarno, Mendrisio, Valmaggia, aux cantons en général.

A la mort de Maximilien, arrivée en janvier 1519, les puissants compétiteurs à l'Empire, François Ier et Charles-Quint recherchèrent également l'assistance des Suisses; mais le cardinal de Sion était toujours là quand il s'agissait de nuire à la France. La diète écrivit aux électeurs une lettre contraire aux prétentions du roi, malgré les avertissements de Zwingli, vertueux curé qui devint depuis si célèbre dans l'histoire de la réformation, et qui prévoyait les dangers que son pays aurait à redouter de la part du nouvel empereur. Charles-Quint fut proclamé. La Suisse jouissait alors d'une tranquillité qui ne fut troublée que par les horribles ravages de la peste. En 1520, les cantons se réunirent pour jurer de nouveau l'alliance éternelle. Peu de temps auparavant, Rotweil, le siége d'un tribunal suprême, s'était uni à la ligue, malgré l'opposition de Bâle, mais cette réunion ne fut que temporaire. L'année suivante, le pape Léon X demanda six mille hommes, auxquels le gouverneur français de Milan, Lautrec, donna passage ; ils allèrent jusqu'à Ancône où ils furent très-bien traités , sans avoir affaire à aucun ennemi, et couchant toutes les nuits dans de bons lits; circonstance à raison de laquelle leurs compatriotes appelèrent ironiquement cette guerre *Leilaken krieg* (guerre des draps de lit). Ils allèrent ensuite baiser les pieds du saint-père, qui les reçut à la tête de trente cardinaux, au bruit des cloches et du canon, arma leurs chefs chevaliers, et les renvoya tous chez eux. A Rome, Albert de Stein et le bâtard de Savoie intriguaient pour que l'on conclût avec François Ier une alliance exclusive, car ce roi rêvait déjà la guerre pour se venger de l'élection de son compétiteur, et il voulut se donner contre lui le puissant appui de la confédération. Cette fois encore se manifesta le patriotisme de Zwingli, qui supplia ses concitoyens

15e *Livraison.* (SUISSE.)

de ne se point immiscer dans les guerres étrangères, de ne plus vendre leurs services, de vivre avec la simplicité et la sobriété de leurs aïeux. Les cantons consentirent aux demandes des envoyés de l'Empire, qui se bornaient à émettre le vœu que la Suisse ne traitât avec aucune puissance avant l'arrivée de Charles en Allemagne. Cependant Lucerne ne prit aucun engagement, et Zürich se montra encore plus contraire à ce parti. La résolution des autres cantons ne tint pas contre les séductions d'Antoine de Lameth ; ses agents et lui-même eurent bientôt vaincu tous les obstacles; Zürich seul persista dans son refus : alors fut jurée à Lucerne cette alliance qui s'est toujours perpétuée depuis.

Jean de Diesbach et Louis d'Erlach amenèrent en France un corps de plus de huit mille hommes; dans ce moment, Charles-Quint, qui était à Worms, envoyait François de Seckingen et le comte de Nassau contre Robert de la Marche, seigneur de Sedan et de Bouillon, qui, fort de l'appui du roi, l'avait osé défier à la diète. Tout fut mis à feu et à sang : Sedan seule put tenir six semaines. Cependant l'empereur s'avançait avec une forte armée vers la frontière de France; les Suisses joignirent le roi entre Dijon et Troyes; on marcha au secours de Bayard qui faisait des prodiges de valeur dans Mezières ; mais le siége en avait été abandonné. Seckingen et Nassau, suivant les Ardennes, allaient rejoindre Charles-Quint qui entrait en Picardie par la Flandre et le Hainaut. Ce mouvement fut arrêté, parce que le roi sut prendre une forte position entre Guise et Saint-Quentin. Des excursions furent entreprises dans le Hainaut; on donna l'assaut à Bapaume et à Landrecies, et l'armée impériale se retira après avoir pénétré jusqu'à Vervins. Malgré les conseils des Suisses, de la Trémouille, de Bayard, du connétable de Bourbon, le roi, égaré par les timides objections du comte d'Alençon, laissa échapper près de Valenciennes l'occasion d'une complète victoire; il ramena son armée à Amiens, et deux mille Suisses tinrent garnison à Abbeville; les autres retournèrent dans leurs foyers.

Charles s'entendit avec Léon X pour rétablir Louis Sforce dans le duché de Milan; des exilés milanais se réunirent à Reggio. Le gouverneur français de Milan ayant eu connaissance de ce plan, il marcha sur cette ville, dont il appela le commandant à un entretien : c'était Guicciardini, le célèbre historien. Celui-ci n'avait négligé aucune des précautions que dicte la prudence : aussi, quand plusieurs cavaliers essayèrent de pénétrer dans la ville, on fit feu du haut des remparts, et Thomas de Fou, le gouverneur de Milan, se laissa conduire dans Reggio, d'où il fut bientôt renvoyé sans rançon. Aussitôt il fit venir huit mille Suisses sous le commandement de Diesbach, et il pressa vivement le retour de son frère Lautrec dont il n'était que le remplaçant : pendant ce temps, Zürich accordait ses troupes au pape, toujours par les menées du cardinal de Sion, toujours malgré les avis du patriotique Zwingli : *Secouez les manteaux de ces cardinaux*, disait-il, *vous en verrez tomber des ducats ; tordez-les, et il en coulera du sang*. Lautrec alla dégager Parme, que les troupes du pape et de l'Espagne assiégeaient. Douze mille Suisses prirent part à cette expédition.

Quand les contingents de Coire et de Zürich voulurent aller dans les États pontificaux, leurs compatriotes au service de France cherchèrent à les attirer; ce fut en vain. Alors les Français inquiétèrent leur marche; il y eut plusieurs combats sur les bords de l'Oglio, et Gotthard de Landenberg prit d'assaut la petite ville de Tagliano sur la rive gauche. Le passage de la rivière fut forcé, et les Français se retirèrent à Chiari, après l'avoir vainement disputé. Parvenus sur le territoire de Mantoue, les Suisses, qui avaient promis de ne point servir contre la France, furent débauchés par de trompeuses nouvelles et par de séduisantes promesses du cardinal de Capoue ; ils se joignirent au camp de Jules de Médicis à Ostiano. Cette division effraya beaucoup Lautrec, car les Suisses ne voulaient pas marcher contre leurs compatriotes; d'un autre côté, les dispositions des Milanais devenaient de plus en plus hostiles, et il avait de justes raisons de se méfier de Venise. Il eut recours aux plénipotentiaires qui dans ce moment étaient près de lui, exigeant qu'ils ordonnassent à leurs compatriotes de quitter Ostiano qui était sur le territoire vénitien. Les ambassadeurs l'avaient fait en vain ; ils se bornèrent donc à interdire en général tout combat en dehors des limites du duché. Lautrec ne pouvant conduire ses alliés contre Ostiano, jeta des garnisons dans Crémone et Pizighetone, et se retrancha derrière l'Adda. Bientôt les Suisses l'abandonnèrent, car leur gouvernement avait rappelé les uns et les autres. Cependant l'astucieux cardinal de Sion sut retenir ceux d'Ostiano. L'Adda séparait l'ennemi des Français ; il le passa furtivement la nuit, vis-à-vis de Vaprio, non loin de Cassano où était le quartier général de Lautrec. Celui-ci prévenu trop tard, ayant d'ailleurs à surveiller Pescaire, qui jetait un pont sur un autre point, envoya son frère. La lutte fut terrible : Jean de Médicis et les confédérés vinrent arracher la victoire aux Français ; Thomas de Fou fut renversé d'un coup de lance que lui porta le vigoureux Salis, et, sans les guerriers qui vinrent le relever, c'en était fait de lui : il fallut abandonner l'Adda et se retirer sur Milan. Les alliés y entrèrent bientôt sans coup férir, après avoir laissé garnison dans la citadelle. Lautrec se retira à Côme, où quatre mille Suisses, qui étaient encore près de lui, le quittèrent; il revint à Crémone par le territoire vénitien.

La mort de Léon X eut une grande influence sur les affaires de l'Europe : le parti français prit le dessus en Suisse; et seize mille hommes furent promis à François Ier qui avait envoyé à Lucerne une brillante et nombreuse ambassade. Cette fois encore Zürich et les Grisons s'y refusèrent; ces troupes, divisées en trois colonnes, franchirent le Simplon, le Saint-Gothard et le Splugen, et, vers le milieu de février 1522, elles se réunirent à Bellinzona. En même temps, Lautrec, qui était resté dans Crémone, passa l'Adda près de Cassano, et mena, vers les Suisses qui s'étaient avancés jusqu'à Monza, un renfort de six mille Vénitiens commandés par Trivulce et Gritti. On marcha contre Milan, dont la citadelle était encore au pouvoir des Français, qui voyaient avec joie les prairies et les vergers de ce fertile pays se couvrir de bataillons amis. Colonna commandait pour le duc, et il avait été rejoint par un guerrier chevaleresque, Freundsberg de Glurns, en Tyrol, qui sut faire traverser à sa troupe le territoire vénitien. Les Français pratiquaient-ils des mines, Colonna y opposait des contre-mines; on répondait au feu des assiégeants; on souffrait sans se plaindre. Colonna pointait, dit-on, les pièces; et ce fut lui qui donna la mort au fils de son frère, dont les Français lui envoyèrent la dépouille, pour qu'il pût lui rendre les derniers devoirs: sa douleur fut grande en apprenant le mal qu'il avait fait. D'un autre côté, François Sforce revenait de Trente avec six mille lansquenets, traversant, sans s'inquiéter des Vénitiens, le territoire de Vérone, et venant à Pavie par Parme et Plaisance, pour se porter sur Milan au premier signal. Déjà Lautrec désespérait de prendre cette place promptement; voulant arrêter l'effet des dispositions du duc, il prit position à Cassina, et les Vénitiens à Benasco. Là, se réunit à lui Jean de Médicis, à la tête de trois mille aventuriers, dont les drapeaux étaient noirs. Bayard s'avançait sur Gênes, apportant de l'argent et conduisant des renforts: Lautrec envoya Montmorency pour protéger sa marche; il lui donna mille Italiens, trois mille Suisses, et de l'artillerie. Cette troupe passa le Tésin, malgré l'opposition vigoureuse de la garnison de Pavie, puis elle prit Novare d'assaut, et revint victorieuse avec Bayard: pendant ce temps, Sforce parvint à s'introduire dans Milan, où il arriva par des chemins détournés, à la grande satisfaction du peuple qui murmurait hautement de son inaction.

Lautrec résolut de relever le courage des siens par une entreprise vigoureuse; Pavie lui sembla facile à surprendre; elle n'avait qu'une faible garnison depuis que Sforce en était sorti. On fit brèche sur-le-champ; mais des Corses et des Espagnols parvinrent à se jeter dans la place. Ce n'était que l'avant-garde de Colonna, qui déjà campait à la grande Chartreuse. Pour comble de malheur, des pluies et des inondations empêchaient les vivres d'arriver; il n'y avait plus d'argent, et les Suisses menaçaient de s'en retourner à Arona. Il fallut songer à la retraite après quelques brillants combats de cavalerie. On prit réciproquement position sur la route de Monza à Milan, non loin d'une terre appelée Bicocca, et dont le parc suffisait à contenir vingt mille hommes. Ce poste fut occupé par les alliés, qui se retranchèrent derrière un chemin creux. Au camp français arrivèrent Albert de Stein et Arnold de Winckelried, exigeant ou le retour des troupes suisses dans leur pays, ou une action décisive. Lautrec leur donna de la cavalerie pour faire une reconnaissance, afin qu'ils pussent se convaincre qu'il y aurait désavantage à combattre. Néanmoins, à leur retour, ils déclarèrent que la victoire était possible. Le général français céda. Que Dieu ait pitié de vous! s'écria le vieux la Palice, mais je combattrai partout à pied et au premier rang; sur quoi Brantôme dit: *Il les devait très bien et biau laisser aller, et les recommander à tous les diables.*

Le soir même, Colonna sut qu'il serait attaqué; il envoya sur-le-champ prévenir le duc d'accourir avec tout ce qu'il avait de troupes disponibles; il vint en effet. Lautrec avait fait de sages dispositions: le maréchal de Foix devait prendre l'ennemi en queue, par un détour qui le conduirait au pont du parc. Jean de Médicis reçut l'ordre de se répandre dans la plaine, avec sa cavalerie légère, pour inquiéter le front de l'ennemi, et lui dérober la marche du gros de l'armée. Derrière lui venaient des travailleurs pour combler les fossés; enfin la principale attaque était destinée aux Suisses. Beaucoup de chevaliers français voulurent combattre dans leurs rangs : l'arrière-garde était composée des Vénitiens sous les ordres du duc d'Urbin et de Gritti. On se mit donc en mouvement le 27 avril 1522, avant le lever du soleil. Les chefs suisses, dans leur impatience, ne donnèrent pas à Lautrec le temps de faire des dispositions. Il fallut les suivre : en vain on leur représentait que l'attaque était prématurée, qu'il fallait attendre que le maréchal de Foix eût accompli sa marche. Ils n'apercevaient pas même la forêt de lances, qui se montrait au fond du ravin, ni ces nombreux bataillons qui avaient mis le genou en terre pour que leur artillerie, placée sur le plateau, pût jouer sans les atteindre. Les Suisses coururent droit à l'ennemi en poussant des cris de provocation; Montmorency et la noblesse française en firent autant. Mais l'artillerie de Colonna eut, en un instant, couché plus de mille hommes sur le carreau, avant qu'on pût recharger les pièces : les Suisses étaient au pied des retranchements; mais ils étaient si hauts qu'un homme en pouvait à peine atteindre la sommité en étendant sa lance. Une grêle de balles vint cribler les rangs serrés des assaillants; il fallut soutenir le feu de plus de quatre mille mousquets. Alors s'avancèrent les lansquenets cachés dans le ravin, et à leur tête Freundsberg qu'Arnold de Winckelried frappa de sa lance, au moment où lui-même tomba percé de plusieurs balles. Les Suisses se retirèrent pour aller se reformer plus loin, sur le premier terrain de leur imprudente attaque.

Cependant Thomas de Foix arrivait sur les derrières de l'ennemi; il pénétra dans le camp, fit prisonnier Landriano, le chef de l'infanterie milanaise, et répandit la terreur dans l'armée qui venait de repousser les Suisses. Certes, s'ils eussent obéi aux sages avis de Lautrec, la victoire eût été pour eux; mais, dans ce moment, les alliés purent se porter tous contre le maréchal de Foix, qui regagna à grand' peine et avec beaucoup de perte le corps principal; la retraite se fit en bon ordre. Pescaire voulait poursuivre; mais les chefs allemands des lansquenets s'y refusèrent, et la cavalerie espagnole fut repoussée par la cavalerie française, sans que Lautrec pût déterminer les Suisses à une nouvelle attaque. Les Vénitiens qui étaient demeurés dans l'inaction, abandonnèrent l'armée et s'en retournèrent à Brescia. Il y avait sur le champ de bataille trois mille confédérés et dix-sept chefs; leurs ennemis, au contraire, avaient perdu peu de monde. Lautrec repassa l'Adda, et les Suisses retournèrent dans leur patrie.

Peu de temps après, les intrigues de la reine-mère amenèrent la défection du connétable de Bourbon, qui, séduit par les promesses de l'empereur, s'enfuit dans ses États après avoir ourdi en France une vaste conspiration. François Ier, ne sachant jusqu'où elle s'étendait, se trouva dans une position fort difficile, et n'osa se rendre en personne à l'armée. Il obtint encore six mille Suisses, et la diète expulsa Stampa, l'envoyé milanais. Il s'établit une ligue entre le pape Adrien, Milan, Florence, Gênes, l'empereur et le roi d'Angleterre. Venise était chancelante dans son amitié pour la France; elle finit par s'allier avec l'empereur, non sans hésitation. En septembre 1523, l'amiral Bonnivet franchit les Alpes; il avait douze mille Français, six mille Allemands, trois mille Italiens, et dix-huit cents lances. Il fit, près de Turin, sa jonction avec dix mille Suisses venus du Saint-Bernard à marches forcées, sous le commandement du maréchal de Montmorency. Cette armée prit Novare, Vigevano, et arriva sur le Tésin avant que les alliés eussent le temps de se reconnaître. Le vieux Colonna accourut, quoique malade, et rassemblant, entre Biagrassa et Bufaloro, le peu de troupes qu'il avait, il voulut empêcher le passage du fleuve. Montmorency avait déjà reconnu plusieurs gués; il jeta un pont. Colonna renforça donc Pavie et Crémone, et se jeta dans Milan avec le reste de ses forces: les fortifications y étaient délabrées, les vivres manquaient, et la consternation était générale: en même temps on reçut la nouvelle de la mort du pape Adrien VI, et les Vénitiens refusèrent de passer l'Adda. Cependant Bonnivet, malgré les conseils de ses officiers, demeura trois jours sur le Tésin, et laissa échapper l'occasion: Colonna, qui déjà songeait à la retraite, en profita: les bourgeois de Milan réparèrent les murailles; et quand Bonnivet parut, treize mille hommes étaient prêts à les défendre. Il demeura dans l'inaction, et épuisa son armée en expéditions sans objet, tandis que les renforts arrivaient de toutes parts aux alliés. Le blocus était illusoire, car l'enceinte était trop vaste pour être bien gardée, et la cavalerie française avait beaucoup souffert. Après avoir tenu la campagne pendant six mois d'automne et d'hiver, Bonnivet se retira derrière le Tésin, sans que Colonna voulût céder à l'impétuosité de ses soldats, ni compromettre sa vieille réputation, en l'exposant aux hasards d'un combat.

Les hostilités continuèrent; mais Bonnivet eut beau présenter la bataille, les alliés aimaient mieux le harceler: les Suisses alors leur firent ce qu'on appela la *mauvaise guerre*, pour venger deux cents de leurs compatriotes que Jean de Médicis venait de faire égorger contre la foi d'une capitulation. Les Grisons, désormais amis de la France, parurent tout à coup sur les derrières des Espagnols, au nombre de cinq mille; mais Jacques de Médicis, qui tenait le château de Musso, au bord du lac de Côme, leur créa beaucoup de difficultés, jusqu'à ce que l'autre Médicis pût revenir sur eux avec son armée. Ils tinrent bon plusieurs jours près de Caprino; mais ils reçurent l'ordre de la retraite pour protéger leurs propres frontières. Bonnivet n'avait plus que Novare et Biagrassa: cette dernière place fut prise d'assaut; le pillage devint fatal aux vainqueurs; et le butin, emporté à Milan, y propagea la peste qui ravageait l'armée française; plus de cinquante mille Milanais périrent en expiation des horreurs commises à Biagrassa. Bonnivet se retira à Romagnano. En avril, environ huit mille confédérés vinrent au secours de leurs compatriotes: la France était épuisée d'argent; elle avait promis de la cavalerie qui ne vint point: les Suisses, irrités, n'eurent plus d'autre pensée que de protéger la retraite des leurs; ils atteignirent ainsi Gattinara, sur les bords de la Sésia. Bonnivet y arrivait de son côté; le passage eut lieu dans un désordre complet: les bateaux s'abîmèrent en grande partie; le pont fut endommagé; beaucoup de Suisses et de Français périrent dans les flots; le général lui-même fut blessé d'un coup de feu au moment où il rassemblait la cavalerie pour charger Pescaire qui tentait le passage. Bayard prit alors le commandement suprême; il mit de l'ordre dans la retraite, et confia l'arrière-garde aux Suisses. On marchait en silence et avec gravité; de temps à autre le héros français engageait avec l'ennemi des combats de cavalerie: une balle lui cassa les reins. En vain Jean de Diesbach voulut l'emporter; lui, le regard fier et tourné contre l'ennemi, l'âme élevée à Dieu, rendit noblement son dernier soupir, au milieu des ennemis, répondant au connétable de Bourbon qui le plaignait: *Ce n'est pas moi qu'il faut plaindre, c'est vous qui combattez contre votre patrie, votre roi, votre serment*. Après sa mort, les Suisses attaquèrent avec fureur, et l'un d'eux, pénétrant jusqu'à Pescaire, fut sur le point de le tuer; sans le dévouement de son neveu qui détourna le coup, c'en était fait de cet habile général. Quatre cents confédérés furent massacrés en cette rencontre: à Ivrée, les Suisses et les Français se séparèrent pour rentrer dans leur patrie.

Le connétable de Bourbon envahit alors la Provence; il fit en vain le siège de Marseille, qui se défendit héroïquement ; quand il apprit que le roi approchait, il voulut tenter l'assaut ; mais Pescaire s'y refusa. Les Suisses envoyèrent, cette fois encore, un corps considérable à François Ier qui le reçut à Avignon, et se mit en marche pour l'Italie : le connétable de Bourbon, voulant être sur les bords du Tésin avant lui, se retira de Marseille, et suivit le littoral avec une armée de quarante mille hommes. « Quantité de « sinistres présages, dit Mézerai, aver- « tissoient le roi de son malheur ; et « les astrologues prédisoient un dé- « sastre signalé en sa personne ; et ce « lui devoit estre un mauvais augure « sur toutes choses de sortir de son « royaume en habit de deuil, car il le « portoit de la mort de la reine Claude, « son épouse. » A l'énumération de ces prodiges, on croirait lire un auteur romain. Il arriva rapidement à Turin ; et le bruit de sa marche jeta la terreur dans Milan ; mais le connétable, passant par le col de Tende, était déjà dans Pavie quand François Ier franchit le Tésin à Vigevano, et le vice-roi de Naples se dirigeait sur Milan, espérant y arriver avant l'ennemi. Ce fut en vain ; les Français avaient battu le duc qui s'était enfui à Pizzighetone : la citadelle seule put être gardée par les alliés ; et leurs troupes sortaient par la porte de Lodi, pendant que la Trémouille et le marquis de Saluces pénétraient dans cette capitale par celle de Verceil, et en prenaient possession au nom de leur souverain. Malheureusement il ne suivit pas l'avis le plus sage, qui était de poursuivre un ennemi incertain, harassé, prêt à jeter ses armes ; il préféra reprendre d'abord ses places de Pavie et d'Alexandrie : alors Pescaire comprit que l'impétuosité française se refroidirait bientôt devant les difficultés de l'entreprise ; il refit son armée, et le connétable de Bourbon alla chercher des secours en Allemagne. Pavie fut investie ; l'assaut, la brèche, l'enlèvement des ouvrages avancés, tout cela fut l'objet d'un instant ; mais le roi s'aperçut bientôt, à la vigueur de la résistance, à l'obstination avec laquelle on réparait les ouvrages endommagés, qu'il fallait avoir recours à un siége en forme ; alors on lui conseilla de détourner le Tésin, et de le faire écouler par un de ses bras, le Gravalone : après d'immenses travaux, une crue subite des eaux détruisit en une heure le fruit des peines des soldats ; l'hiver était froid, la contrée, entrecoupée par les eaux, était fort humide ; le roi eut le tort de s'affaiblir encore par une expédition de dix mille hommes sur Naples. Il espérait attirer ainsi une partie de l'armée ennemie dans le midi de l'Italie. Pendant ce temps, les alliés se renforçaient de troupes allemandes : le 24 janvier, leur armée se mit en mouvement. François Ier se porta au sud-est de Pavie ; sa droite appuyée au Tésin, sa gauche au parc ; ses derrières étaient protégés contre la ville par des retranchements : il mit dans le parc même une partie de sa cavalerie, en abattant les murs sur son flanc en deux ou trois endroits : le camp ressemblait à une grande ville, tant il y avait de mouvement et d'habitations élégantes. L'armée des alliés était de seize cents cavaliers, de seize cents lances, et dix-huit mille fantassins espagnols et allemands : on porte plus haut les forces du roi ; mais le nombre indiqué est inexact, car on lui faisait toujours payer beaucoup plus de troupes qu'il n'en avait en effet. Le 2 février 1525, les alliés s'avancèrent sur Lardirago, sans être arrêtés par la vive résistance des avant-postes : on n'était plus qu'à un mille des Français. Là, les guerriers se jetèrent à genoux, et lancèrent de la terre par dessus leurs têtes, annonçant ainsi qu'ils voulaient vaincre ou mourir, et chantant des airs militaires. Toute l'artillerie impériale se fit entendre à la fois. Le camp fut établi entre Prati, Trelevero et Saint-Lazare, à portée de canon de celui des Français. Le roi, oubliant quel était son rang, défia Pescaire au combat singulier ; mais celui-ci répondit avec modestie qu'un sujet n'était pas digne d'un tel adversaire. Ce brave général était infatigable, ne prenait de repos ni jour ni nuit, visitait les avant-postes, et faisait de fausses attaques; il parvint ainsi à connaître parfaitement la position de l'ennemi. De leur côté, les assiégés faisaient des sorties contre Jean de Médicis, qui les observait de sa position de Lanfranco : il en fit, un jour, un grand carnage; mais, voulant montrer à l'amiral Bonnivet le théâtre de cet exploit, il s'approcha trop de la place, et fut blessé grièvement. Cette perte fit beaucoup de mal à François Ier, car les communications en devinrent plus faciles entre les assiégés et les alliés. Un autre malheur affecta vivement le roi : les Grisons le quittèrent inopinément cinq jours avant la bataille, pour aller au secours de leur frontière contre le châtelain de Musso et d'autres aventuriers excités par l'Autriche. Ils avaient, dit du Bellay, pris la soulde et faict le serment, et cependant ils abandonnèrent le roi prêt à combattre. La honte en revint surtout à Salis, leur chef. Le roi se montra généreux en cette circonstance; mais il eut le tort de s'abandonner à la direction de jeunes gens, au lieu d'écouter les conseils de la Trémouille et de la Palice, qui ne cessaient de le supplier d'abandonner une position aussi dangereuse. Pescaire continuait à se tenir informé de tout; il choisit pour l'attaque la nuit du 24 février, anniversaire de la naissance de Charles-Quint. La veille, il feignit une retraite; puis il occupa les Français par de fausses attaques, tandis qu'à l'opposite il faisait rompre les murailles du parc pour ouvrir un passage à son corps d'armée qui devait opérer sa jonction avec la garnison, dans ce parc même à Mirabello. Par ce mouvement, on arrivait sur l'ennemi du côté le plus faible; on tournait ses retranchements, et on lui coupait la route de Milan et celle du Piémont. Ce plan fut porté à la garnison par un espion; et, du haut des tours, un signal annonça qu'on en était informé. En effet, Pescaire jeta le trouble dans le camp français, au sud et vers Saint-Lazare; tandis qu'à la grande Chartreuse, les ouvriers démolissaient le mur à grand'peine :

l'ouverture ne fut praticable que le matin; on y pénétra deux heures avant le jour. Tout aussitôt ceux qui opéraient la fausse attaque se retirèrent pour rejoindre l'armée dont l'avant-garde était commandée par Alphonse Guasto, proche parent de Pescaire. Les Français furent instruits de ce mouvement par Giustiniani : ce Génois vint faire une reconnaissance, et courut prévenir le roi : pendant ce temps, Pescaire s'emparait de Mirabello, où étaient les bagages, et y fit un riche butin. Au point du jour, le roi, placé sur une hauteur, put juger la marche des alliés; il aperçut une lacune dans leurs rangs, parce que les marais et des débris de murs empêchaient leur artillerie de marcher. Aussitôt il fit ses dispositions. Montmorency, avec mille Français et deux mille Suisses, devait garder le camp retranché et contenir la garnison; quant à lui, il entra dans le parc avec l'armée; à sa droite les Suisses, à sa gauche les lansquenets allemands, et quelque cavalerie sur les ailes. Il conduisait le centre en personne; Jacques Gaillot dirigeait l'artillerie, devenue le front de cette ligne; elle fut placée dans une position avantageuse, qui balayait la route de Mirabello; tandis qu'à l'extrême droite, la cavalerie chargeait avec intrépidité, tuait beaucoup de monde aux alliés, et rendait impossible la marche de leurs pièces. Les alliés faisaient un mouvement rétrograde, leur arrière-garde était coupée; déjà les Français étaient dans l'ivresse de la victoire, et les Suisses poussaient la poursuite avec ardeur. Malheureusement François Ier ne put contenir sa valeur; il se précipita, à la tête de ses gendarmes, sur les escadrons de Lanov, tua de sa main Ferdinand de Castro, et blessa Jean d'Andelot, gentilhomme franc-comtois; ayant ainsi dépassé sa propre artillerie, le roi en paralysait l'effet. Pescaire, déguisé en simple soldat, observait tout au fort de la mêlée; il sut profiter de cette faute; il rétablit le combat, et envoya du secours à son aile gauche qui souffrait le plus : en ce lieu, l'action fut terrible; Richard, duc de Suffolk, le frère du duc de Lorraine, et beaucoup d'autres seigneurs succombèrent. Montmorency accourut, mais il était trop tard ; et, dans ce moment, la garnison exécuta une sortie ; presque tout ce corps fut massacré, sans pouvoir gagner le camp retranché parce que le pont du Tésin avait été rompu : Montmorency tomba au pouvoir de l'ennemi. L'aile droite n'était pas moins maltraitée ; elle s'était engagée dans les broussailles, où il lui était impossible de serrer les rangs ; bientôt elle se vit débordée par les troupes de Pescaire, qui avaient fui devant elle. Les charges de cavalerie n'y pouvaient rien ; les Espagnols reparaissaient partout quand ils avaient fui, et leurs coups se dirigeaient sur les chefs les plus habiles : la Trémouille tomba frappé de deux balles ; Galeazzo San Severino périt avec son cheval. Du Bellay voulait le secourir : Laisse-moi périr, s'écria le vieillard, et sauve le roi. La Palice est pris et tué par un soldat assassin. Bien différent de ces hommes illustres, le comte d'Alençon, beau-frère du roi, donne l'exemple de la fuite ; il entraîne les gendarmes qui jettent le désordre dans le corps de bataille. Les Suisses, vivement pressés, tiennent toujours ; mais ils sont accablés par le nombre. Fleuranges, qui les commandait, cherche à rejoindre le roi ; et Diesbach, pour ne pas survivre à la honte des siens, se précipite au milieu des lances ennemies. Le chef des Glarnais, et celui du contingent de Næfels, meurent en combattant ; Erlach est blessé à mort. Le combat n'était plus soutenu que par une poignée de braves qui entouraient François Ier. Là encore, il se fait un grand carnage ; le comte de Saint-Pol tombe blessé : il ne revient à lui que parce qu'un soldat espagnol lui coupe le doigt pour ravir son anneau ; le maréchal de Foix a l'épaule fracassée, et va mourir dans Pavie en maudissant les mauvais conseillers du roi. En vain Bonnivet cherche à rassembler les fuyards ; il court se faire tuer dans les rangs ennemis. Le roi, distingué par l'éclat de son armure, la hauteur de sa taille, l'opiniâtreté de sa valeur, combattait devant un petit pont, lorsque le comte de Solm tua son cheval d'un coup de lance. Il eut quelque peine à se relever, car il était blessé : alors un Espagnol le saisit par son panache ; mais le roi le repoussa si rudement qu'il alla tomber à quelques pas de là. Dans ce moment, Pomperant, compagnon du connétable, vint se mettre près de lui pour le protéger, car il n'avait cessé de le respecter : il le supplie de se rendre à Bourbon. François indigné repousse cette proposition. Il fait appeler le vice-roi de Naples, qui, représentant de l'empereur, doit seul recevoir son épée. Lanoy paraît, la prend et en rend une autre à cet infortuné monarque. Plus de dix mille morts et la moitié des Suisses étaient étendus sur le champ de bataille ; le reste fut pris par suite de la lâcheté du comte d'Alençon, qui avait rompu le pont du Tésin. Henri, roi de Navarre, le prince de Talmont, le duc de Nevers, le marquis de Saluces et Fleuranges, étaient au nombre des prisonniers, ainsi que les chefs suisses, Louis et Meinrad Tschudi et Jacques de Roverca. Dès le lendemain, les simples soldats furent renvoyés ; la noblesse et les princes furent mieux traités qu'ils ne l'avaient espéré. Les Suisses s'en allèrent tristement par Come, au nombre de cinq mille hommes, déguenillés, manquant de tout, et toujours insultés par les habitants ; il en mourut beaucoup en chemin. Ce qui donna lieu à un touchant sermon de Zwingli sur la simplicité des ancêtres, qui ne combattaient point pour de l'argent, mais pour la défense du pays.

Il y avait quelque temps déjà qu'Ulrich, duc de Wirtenberg, s'était attiré l'inimitié de l'empereur par le peu d'égards qu'il avait pour la duchesse sa femme, qui était sœur de ce monarque. A la suite d'une intrigue amoureuse, il tua Jean de Hütten à la chasse : c'était le cousin du célèbre Ulrich de Hütten. La vengeance était imminente. Ulrich de Wirtenberg ne vit d'autre salut que dans l'alliance des Suisses ; il ne négligea rien pour l'obtenir. Ces faits remontent à l'époque de la mort de Maximilien. Le duc, ayant pris de vive force Reutlingen, ville impériale, la ligue de Souabe dont elle faisait partie marcha contre lui sous le commandement de Guillaume de Bavière. Le duc avait dix mille fantassins, et trois mille cavaliers ; et les Suisses lui envoyèrent quatorze mille hommes avec d'illustres capitaines, parmi lesquels Albert de Landenberg, Jacques Stapfer, les deux Gœldli, Louis de Diesbach, Gaspard de Mullinen, etc., etc. Ces guerriers, cette fois encore, marchaient contre le gré de la diète, qui somma le duc de les renvoyer. Il cacha cette lettre, et fit égarer le messager qui en avait de semblables pour les Suisses ; si bien que la dépêche fut retardée de plusieurs jours ; puis il paralysa l'effet des menaces de la diète par des cadeaux et des promesses d'argent. Les chefs allèrent ensuite présenter des réclamations à la diète ; mais l'on était irrité contre eux. Le pardon ne fut accordé qu'aux simples soldats. Jean Ziegler fut condamné à la prison, et les autres furent tous plus ou moins punis. Éberhard de Reichasch, que l'on regardait comme l'auteur de ce mouvement, fut condamné par contumace à être décapité ; dépourvu du secours des Suisses, le duc Ulrich fut chassé de ses États, et s'enfuit à Soleure, où sa présence changea en sa faveur la disposition des esprits ; il alla ensuite à la diète à Lucerne. Là, dans une longue harangue, il demanda des secours pour rentrer dans ses États. Ulrich avait gagné tous les cœurs par sa popularité ; et il acquit droit de bourgeoisie. Les Lucernois écrivirent au roi de France pour lui recommander la justice de sa cause. Il serait trop long de rapporter tous les détails de ces négociations, toutes les incertitudes, toutes les fluctuations des divers cantons ; enfin, le duc marcha vers son duché à la tête de dix mille hommes : en chemin, il se vit abandonné par la plus grande partie de cette armée dont il ne payait pas la solde. Les faubourgs de Stuttgard furent attaqués avec impétuosité ; quant à la ville, le duc ne voulant pas l'exposer aux horreurs d'une prise d'assaut, on n'employa point d'artillerie, et l'on se borna à tuer à coups de mousquet tout ce qui se présentait au haut des murailles. Les Suisses vivaient dans l'abondance et la joie, quand arriva subitement de Lucerne l'ordre du retour, et l'accablante nouvelle du désastre de Pavie : on partit sur-le-champ, et malgré les supplications d'Ulrich qui représentait que l'on pouvait aisément réduire la place.

Nous abandonnerons pour quelque temps le récit des événements militaires, pour nous occuper du grand mouvement intellectuel qui signala le commencement du seizième siècle. Depuis longtemps les mœurs étaient relâchées, la doctrine dégénérée, la religion négligée. Le contact de l'Italie fut mortel à la simplicité des montagnards : plus on approchait du saint-siége, plus l'impiété grandissait ; et Rome était de toutes les villes la moins chrétienne. Les légats envoyés par les papes en Suisse, ne se livraient qu'à des intrigues politiques : surtout ils s'efforçaient de prélever sur la crédulité populaire les sommes que le saint-père payait en subsides aux troupes de ce pays ; il n'était rien qu'on ne permît à prix d'argent ou par faveur. Le célèbre cardinal Schinner alla jusqu'à autoriser le mariage entre un moine de Zürich fugitif, et une religieuse de Coire. Les désordres du clergé étaient poussés à l'excès. Les moines mendiants abusaient de l'ignorance du peuple, et faisaient renaître toutes les superstitions du paganisme, interprétant les songes, les prodiges, etc., etc. Au milieu de toutes ces inconséquences, il s'éleva une dispute théologique sur l'immaculée conception : les franciscains soutinrent que la Vierge elle-même avait été conçue sans tache : les miracles ne leur manquèrent pas pour prouver la reconnaissance de la Vierge, et les pèlerins remplissaient leurs couvents, et les comblaient de présents. Ce triomphe indigna les dominicains, depuis longtemps leurs rivaux : ils résolurent de ramener à eux l'attention des chrétiens ; il y eut une assemblée générale de l'ordre. Les dominicains de Berne s'offrirent pour une action d'éclat ; et bientôt ils firent venir de Sursach Jetzer, tailleur fanatique et imbécile, qui désirait être frère lai dans leur couvent. On agit sur son imagination par des apparitions nocturnes, et l'on promit à sa crédulité la venue prochaine de Marie elle-même. Pour s'en rendre digne, il n'y avait sorte d'extravagance ascétique à laquelle il ne se livrât : sa réputation de sainteté ramena la foule chez les dominicains. Ce n'était point assez : il fallait enlever aux franciscains le mérite des cinq plaies : Bollshorft, le moine imposteur qui apparaissait au pauvre tailleur, se présenta une nuit sous les vêtements d'une femme, et lui perça la main d'un clou ; mais les cris de ce malheureux empêchèrent que l'œuvre ne s'accomplît : quelques breuvages soporifiques permirent, la nuit suivante, de simuler les autres plaies au moyen de substances corrosives. A son réveil, on lui persuada qu'il était l'élu de Marie : on échauffa son imagination ; enfin le bruit de son exaltation attira les dévots, et les franciscains furent abandonnés. Malheureusement le héros de cette supercherie, Bollshorft, crut qu'il n'était plus besoin de beaucoup de soins pour entretenir l'erreur de sa dupe. Un jour, qu'il avait oublié de contrefaire sa voix, le tailleur le reconnut. Depuis lors, il fut incrédule à toutes les apparitions ; cependant on obtint de lui qu'il continuerait son rôle d'inspiré : en même temps de vieilles femmes répandaient le bruit que, dans l'église des dominicains, une image de la Vierge avait pleuré. Le tailleur s'y trouva, et les imposteurs l'interrogèrent sur les causes des larmes de la Vierge : il déclara qu'une force invisible l'avait porté là, et l'y retenait jusqu'à ce qu'il eût révélé son secret devant les principaux citoyens. Quand ceux-ci furent assemblés, il leur dit : « La Vierge pleure la perte de la « ville, qui périra parce qu'elle souffre « les mauvaises doctrines des francis- « cains, et reçoit des subsides de la « France. » Quelques hommes, plus prudents que les autres, voulurent s'éclairer sur cette fraude ; et parmi eux était Guillaume de Diesbach, qui avait bien remarqué que l'image ne répandait point de larmes. De son côté, Jetzer l'inspiré soupçonna que, pour se tirer d'embarras, les dominicains songeraient à le faire périr ; et, en effet, ils le contraignirent à avaler une hostie empoisonnée : la force de son tempérament y résista : alors ils lui firent subir mille tourments, et obtinrent ainsi le serment du silence ; mais Jetzer parvint à s'enfuir, et raconta tout ce qu'il savait. Le pape envoya un légat pour en informer de concert avec les évêques de Lausanne et de Sion. Il fallut que le pauvre Jetzer subît encore la question ; mais il demeura inébranlable dans ses déclarations. Les aveux de quelques moines vinrent les confirmer : les imposteurs furent dégradés de la prêtrise et livrés au bourreau, qui s'y prit si maladroitement en mettant le feu au bûcher, que la fureur populaire se tourna contre lui. Cette odieuse intrigue, jointe à l'abus des bénéfices, fit beaucoup de mal à la foi ; mais la plus funeste atteinte lui fut portée par la vente des indulgences, qui, sous Léon X, arriva au dernier degré d'impudence. Le père gardien d'un couvent de Milan vint en Suisse, sous le titre de commissaire général apostolique, et y commit autant d'exactions qu'il se permettait d'extravagances. Nous en rapporterons un trait qui peint bien le mélange de superstition et de bouffonnerie qui est le caractère distinctif de l'époque. A Baden, il conduisait une procession autour du cimetière. Tout à coup il s'écria qu'il voyait les âmes s'élever du purgatoire vers le ciel ; alors un homme, dont l'audace ne dut l'impunité qu'à l'hilarité générale, secoua du haut du clocher un plumon dont le duvet figurait plaisamment ces âmes, en voltigeant autour du prêtre et sur les assistants. L'imposteur fut obligé de fuir. Les évêques et les abbés protestèrent contre cette exploitation des sources de leurs revenus. Zwingli se mit à prêcher contre ce commerce de péchés, et l'entrée de Zürich fut interdite à l'imposteur. En vain Rome voulut détruire l'impression de cette mission ; l'effet était produit. Ce siècle cependant comptait de bien grands hommes, qui, s'éloignant des routes vulgaires, donnaient à la théologie un caractère sublime, et la ramenaient à sa pureté primitive. Tel était Érasme, qui, sans jamais s'écarter de la foi ni du respect dû au saint-siége, trouva dans les Évangiles autre chose que ces misérables querelles de mots où s'était renfermée la doctrine : hardi comme les réformateurs, mais ne s'attaquant qu'aux seuls excès, il eut pour ami, pour compagnon dans Bâle, sa patrie adoptive, un illustre Alsacien, appelé Bild, et connu dans le monde savant sous le nom de Béatus Rhénanus, parce qu'il était de la petite ville de Rhinau. Ce fut ce grand philologue qui retrouva Velleius Paterculus sur les rayons poudreux de l'abbaye de Murbach. Bâle avait possédé aussi, dès la fin du quinzième siècle, Räuchlin, Wessel, Capito, Wittenbach et Pellicanus, qui n'était autre que Conrad Kursner de Rouffach, en Alsace. La philologie, le droit, l'histoire naturelle, la médecine, étaient florissantes. Tant d'études approfondies ne délivraient pas les classes les plus élevées de la croyance à la magie ; et il ne pouvait manquer de naître de grandes révolutions intellectuelles de ces vives lumières et de cette superstition, de cette austérité d'une part, de ces mœurs dissolues de l'autre. Les arts eux-mêmes préparaient cette subversion : il y avait dans la musique quelque chose de lascif, de négligé ; et le pinceau de l'artiste ne représentait le clergé que sous les formes les plus ridicules : telles étaient les admirables peintures du célèbre Hollbein ; telles les représentations de Nicolas Manuel, auteur de la danse des morts de Berne, poëte et philologue. Il faisait jouer dans les rues, sur les places publiques, des pièces où Jésus chevauchait humblement sur un âne : après lui venait le pape, entouré de gardes, et resplendissant du luxe de ses cardinaux, etc. Tout disposait les esprits à la réforme ; et bientôt les prédications de Zwingli, d'abord curé de Notre-Dame des Ermites, puis de Zürich, firent éclater ce vaste incendie. Éloquent, érudit, convaincu, il parlait d'inspiration, se montrait impitoyable pour le vice, bienfaisant et familier envers le pauvre. Zwingli soutenait qu'une vie pure, un entier abandon à Dieu, nous identifiait avec cette source de lumière. Ce Dieu, disait-il, ouvre ses bras à tous ses enfants ; il n'est pas besoin de l'intervention des saints, ni de présents ni de prières prononcées dans une langue inintelligible à celui qui ne doit que l'effusion d'un cœur pur. Par la même raison, il proscrivait les images, les jeûnes, les pèlerinages, les confréries, et toute contrainte : la dévotion n'a de mérite que quand elle est volontaire. Enfin Zwingli déclarait que le purgatoire n'avait été imaginé que dans l'intérêt des prêtres ; il combattait le célibat, et condamnait les indulgences. Les doctrines de ce prédicateur avaient trop de rapports avec celles de Luther, pour qu'on ne le déclarât pas le complice, l'instrument du moine de Wittenberg. Les idées nouvelles faisaient des progrès. Malgré la résistance des évêques au mariage des prêtres, ceux-ci contractèrent des unions nombreuses : on cite comme particulièrement solennelle la noce de Roubli ; Zwingli épousa Anna Rheinhard, veuve de Jean Meyer de Knonau. Tout cela ne s'opérait point sans contestation : Fribourg et Soleure faisaient brûler les livres de Luther, et bannissaient les réformateurs. Les cantons primitifs, les bergers des Alpes, ne consentaient point à détruire les images vénérées à la vue desquelles s'étaient inspirés les libérateurs de la Suisse. En présence des merveilles de la création, leur religion était toute contemplative, leur foi simple et sublime ; d'ailleurs ils n'étaient point frappés de la vue des désordres du clergé : simples et pieux comme les montagnards eux-mêmes, les prêtres d'Uri, de Schwytz, d'Unterwald, ne donnaient que de bons exemples. Lucerne repoussait avec horreur les doctrines de Zwingli. Le peuple, divisé de croyance, était partout dans la plus vive fermentation ; des troubles, des scènes de désordre éclataient de toutes parts, et la guerre civile devenait inévitable. Quelques tentatives de conciliation furent inutiles ; les conférences et les controverses entre Zwingli et les délégués de l'évêque de Constance eurent lieu devant le grand conseil de Zürich, qui décida en théologie comme si c'eût été une affaire de police. Zwingli gagna sa cause, et il fut défendu de prêcher aucune autre doctrine. Une seconde assemblée, à laquelle vinrent beaucoup d'ecclésiastiques étrangers, eut pour résultat l'abolition de la messe. Zwingli fut chargé de rédiger, d'après les saintes Écritures, des articles de foi qui furent distribués à tout ce clergé, à la haute école, aux évêques de Bâle, Constance, Coire, etc., etc. On stipula un délai de six mois pour défier les contradicteurs ; enfin on mit la règle en pratique, et l'autorité fit enlever les images pour éviter les désordres qui avaient eu lieu quelque temps auparavant. Les douze cantons envoyèrent des plénipotentiaires pour faire à la ville des représentations sur son changement de religion, sur les excès qui l'avaient précédé ou accompagné : on offrait de porter, en commun, remède aux abus. Il y fut répondu avec modération. On prouva que de cette multitude de griefs, les uns n'étaient pas fondés, les autres avaient été réprimés ; mais on était mal disposé ; et peu s'en fallut qu'on ne rendît à Zürich tous les traités qui l'attachaient à la confédération. Les magistrats crurent devoir consulter le peuple de la vi.le et des campagnes, et l'éclairer sur les dangers de cette séparation. On ne voulait ni rompre avec les Suisses, ni renoncer à la réforme. Toutefois les villages les plus exposés à l'invasion penchaient pour qu'on en fît le sacrifice, en se bornant à stipuler des conditions raisonnables. Les choses en étaient là quand les deux bourgmestres moururent dans la même semaine, vers le milieu de juin 1524 : tous deux avaient vaillamment combattu dans les guerres de Bourgogne, de Souabe, de Milan : Schmied avait remis à Maximilien Sforce les clefs de cette capitale ; et Marcus Roüsz avait rapporté intacts les drapeaux de Marignan : secondés par un sénat d'hommes distingués, probes, intelligents, ils avaient ajouté à leurs trophées militaires la considération du magistrat, et leur vie avait été longue et glorieuse.

Vers le même temps, la secte des anabaptistes devint redoutable : l'Église nouvelle devait se réunir non dans les temples, mais dans les forêts, sur les montagnes ; on prêchait le néant de la science humaine, l'égalité des chrétiens, la communauté des biens ; on conférait le baptême aux adultes. Des désordres éclatèrent à Zollicon, village voisin de Zürich ; puis à Waldshut, qui, se voyant en danger, appela contre l'autorité la jeunesse de Zürich. Celle-ci partit sans la permission de ses chefs ; on envoya des magistrats pour la rappeler. Bâle et Schaffhousen se firent médiatrices entre Waldshut et l'archiduc ; ce qui n'empêcha pas qu'on ne brisât les baptistaires, les images, et qu'on n'abolît la messe. Les aventuriers accouraient de toutes parts. La révolte se propagea parmi les montagnards du canton de Zürich ; des couvents furent pillés ; et dans ce temps-là même l'Alsace était en feu, et gémissait des ravages de la guerre des paysans. Les habitants de la seigneurie de Kybourg s'étant assemblés près de Tösz ; Zürich y envoya le bourgmestre Walden, à la tête d'une députation : ce magistrat se borna à des exhortations fort modérées ; il lui fut répondu avec emportement : *C'est à nous désormais qu'il appartient de commander ; les citadins iront à pied, et nous monterons à cheval comme les conseillers.* Cependant Rodolphe Lavater, le commandant de Kybourg, parvint à dissiper le rassemblement par les discours les plus adroits : on se sépara en paix, et le danger fut momentanément écarté.

Bâle avait aussi ses agitations : les paysans insurgés étaient assemblés à Liestall ; on pillait les couvents : les tribus s'armèrent pour la défense de la ville. Berne, Lucerne, Fribourg et Soleure envoyèrent des députés pour négocier avec les insurgés. A Schaffhousen, les tribus des vignerons et des pêcheurs refusèrent le serment d'usage, voulant qu'on les fît participer d'abord aux réformes de l'Église. Les autres tribus prirent les armes contre elles ; leur chef s'enfuit, et elles se soumirent aux peines les plus sévères, perdant jusqu'au droit d'élection. A Zürich, de tumultueuses controverses eurent lieu entre les anabaptistes et Zwingli, sous la présidence des magistrats, à l'hôtel de ville et à l'église ; mais plus tard il fallut sévir contre cette secte indocile ; et plusieurs chefs furent noyés ou brûlés vifs, les uns à Zürich, les autres à Vienne et en Tyrol. Le 9 septembre 1527, une diète assemblée à Zürich proscrivit les anabaptistes, et condamna, à l'avance, tous les récalcitrants à être jetés à l'eau.

Cependant, dès 1524, les cantons avaient indiqué à Zug une réunion dont Zürich, Schaffhousen et Appenzell demeurèrent exclus. Les Waldstetten y apportèrent des dispositions violentes ; Berne de la modération ; Soleure voulut être médiatrice. Vadian, réformateur de Saint-Gall, y fut insulté, et s'enfuit. On signifia à Zürich que, si elle ne renonçait pas aux doctrines de Zwingli, Lucerne, Uri, Schwytz, Unterwalden, Zug et Fribourg, ne consentiraient à aucune communauté avec cette ville.

De Zürich les ambassadeurs allèrent à Schaffhousen. L'arrestation d'un pasteur à Stein occasionna une grande insurrection : la multitude arrêtée par la Thur, à cause de la rupture d'un pont, se jeta sur la chartreuse d'Ettingen, la pilla, y mit le feu. Zürich voulut apaiser les cantons par une procédure ; mais la juridiction sur la Thurgovie s'exerçait en commun ; ils réclamèrent l'extradition des coupables, et l'information se fit à Baden, par les délégués de la confédération. Le sous-gouverneur Wirth, et ses fils, qui n'avaient conduit le mouvement insurrectionnel que pour délivrer leur pasteur, furent soumis aux tourments de la question pour des articles de foi. En vain les délégués de Zürich se retirèrent en protestant contre cette violation des traités. Wirth, son fils aîné, et Rutimann, furent décapités. Les supplices sont de mauvais arguments : celui-ci n'arrêta point les progrès de la réforme : Saint-Gall, et Bâle, Berne, Glarus et Appenzell, avaient quelques dispositions à l'adopter ; et, dans les Grisons, Wagner amena plusieurs prêtres à ses opinions. Cependant les cantons ne cessaient d'attaquer, de proscrire la nouvelle religion. Vers ce temps, le docteur Eck, qui avait dignement soutenu une longue argumentation contre Luther, offrit de combattre Zwingli. La conférence fut indiquée à Baden ; mais Zwingli, qui connaissait les embûches qu'on lui préparait, et qui avait sous les yeux le supplice de Wirth, refusa de s'y rendre. Ce fut Œcolampade (en allemand Hausschein) qui défendit les doctrines nouvelles ; il y parut avec simplicité ; les prélats catholiques, et surtout le docteur Eck, déployèrent un grand faste. On discuta sept jours sur la présence réelle, et sept autres sur quatre autres points. La conférence fut suivie d'une décision contraire à Zwingli. Le moine Thomas Murner rédigea contre lui une accusation fort acerbe en quarante points, et le défia de venir se défendre. Zürich, ferme dans sa foi, repoussa les nouvelles sommations qui lui furent adressées, et se plaignit amèrement des insultes que lui prodiguait Thomas Murner ; elle terminait par un appel à la concorde.

Lorsqu'on imprima les procès-verbaux de Baden, Berne ne voulut point que les noms de ses envoyés fussent attachés à cette publication : cela irrita les sept cantons ; mais les élections des magistrats bernois se firent entièrement dans le sens de la réforme. On proclama bientôt la libre prédication de l'Évangile, en déclarant toutefois qu'il ne serait fait au culte de changements essentiels qu'après délibération de l'autorité, quoique de toutes parts on se récriât contre le maintien de cérémonies contraires à la croyance. La réforme gagnait de jour en jour; quelques tribus de Berne, et quelques communes persistaient dans la foi catholique; alors Berne imagina une nouvelle conférence, à laquelle furent conviés les prêtres de toute la Suisse et même de la Bavière, et de pays plus lointains. Les petits cantons, irrités de ce qu'on ne s'en tînt pas à la décision de Baden, protestèrent vivement, défendirent à leurs prêtres de s'y rendre, et refusèrent le passage aux étrangers. La conférence eut lieu le 6 janvier 1528. Cette fois Zwingli s'y rendit, n'ayant pas à redouter pour sa personne les dangers qui l'avaient tenu éloigné de Baden. Il fit imprimer ses thèses à l'avance pour bien fixer les points de la discussion. Le gouvernement de Berne proclama, le 8 février, quand la conférence fut finie, que les évêques qui avaient refusé de s'y rendre, n'étaient pasteurs que pour tondre leurs brebis; il défendit de leur obéir, abolit la messe et les images, permit le mariage des prêtres, et institua le sermon évangélique. La musique elle-même fut proscrite, et le bel orgue de Berne fut brisé. Ce succès des réformateurs répandit au loin son influence, et d'abord sur Saint-Gall : treize articles y furent rédigés, et solennellement adoptés. A Bâle, l'aristocratie et les seigneurs étaient contre la réforme; celle-ci avait le peuple pour elle : il ne fut pas possible d'empêcher plus longtemps l'impression des écrits d'Œcolampade. Les tribus se réunissaient depuis longtemps à des banquets où l'on n'appelait que ses adhérents. Dès l'année 1526, où la peste et la grêle sévirent à l'envi, où la foudre fit sauter un magasin à poudre, on s'accusait mutuellement d'avoir attiré ces calamités sur la ville : les uns en voyaient la cause dans l'audace impie des réformateurs, les autres dans la lenteur avec laquelle on adoptait leur doctrine. Mais, après la conférence de Berne, il ne fut plus possible de contenir le peuple : les charpentiers et les maçons enlevèrent les images de deux églises; on n'osa les punir, car la fermentation croissait. On reçut les envoyés de Zürich et de Berne, et l'ammeistre Sturm de Strasbourg. La paix qu'ils rétablirent fut de courte durée. Peu de jours après, huit cents citoyens s'assemblèrent dans l'église des franciscains, et exigèrent l'expulsion de douze membres du petit conseil; le changement du système électoral et l'institution du prêche évangélique dans tout le pays. Le nombre des insurgés s'accrut; on occupa les portes de la ville, l'arsenal, et l'on mit six pièces de campagne sur la place; il fallut céder, et toutes les images furent à l'instant brisées. Dans un tel désordre, Érasme ne pouvait plus se faire entendre, lui qui ne condamnait que les abus, et qui maintenait la foi; il partit donc avec Glareanus; mais l'université répara ces pertes. Myconius, Paul Phrygio, Sébastien Munster lui donnèrent un nouvel éclat. Schaffhousen, d'abord fort opposée à la réforme, tint longtemps une conduite ambiguë, approuvant les Waldstetten d'une part, de l'autre refusant avec Berne de signer les actes de Baden; enfin elle reçut une ambassade de Saint-Gall, Zürich, Berne et Mulhousen, et y répondit par l'abolition immédiate de l'ancien culte. A Glarus, les choses ne se passèrent pas aussi tranquillement : plus d'une fois on s'arma, plus d'une fois aussi l'on transigea; mais ces arrangements ne satisfaisaient personne, et la réforme triompha. Les dix-huit communes d'Appenzell l'adoptèrent; elle s'établit à Herisau par les prédications d'Ambroise Blarer de Constance. Lucerne, au contraire, goûtait exclusivement les prédications catholiques; elle se livra aux persécutions les plus violentes, et fit décapiter et noyer les protestants, entre autres Hottinger de

Zürich, qui, voulant parler à ses juges, en fut empêché : *Que sa tête tombe*, s'écria l'un d'eux, *et si elle lui repousse, nous adopterons sa foi*. A Schwytz, le bûcher répondait à tous les arguments; il y eut aussi des victimes en Thurgovie. Uri, Schwytz, Unterwald, Zug et Lucerne, se liaient plus étroitement à chaque défection : Soleure et Fribourg se joignirent à leur ligue.

Ces circonstances favorisèrent la rébellion des paysans de l'Oberhassli contre Berne : le couvent d'Interlachen, souverain des vallées de Gründelwald et de Lauterbrunnen, venait de céder tous ses droits à cette cité qui y avait envoyé un gouverneur. L'Oberhassli recevait souvent les avis et les instigations de Lucerne et de l'Unterwald, dont les habitants franchissaient le Brunnig. Tout à coup l'insurrection éclata : le couvent fut occupé; les employés bernois ne trouvèrent de salut que dans la fuite. Berne était inquiète des dispositions du Simmenthal et d'autres lieux; elle envoya des magistrats pour recueillir les plaintes du pays; et, après une session de douze jours, cette commission allégea de beaucoup les charges qu'il avait à souffrir. L'Oberhassli rétablit tout aussitôt la messe. Berne fit des représentations : on indiqua une assemblée. Il y vint trente habitants de l'Oberwald, portant des branches de sapin, symbole et signe de ralliement des catholiques; ils déclarèrent que les cinq cantons protégeraient l'ancienne croyance. Berne dépêcha une ambassade à Unterwald, pour reprocher cette intervention; démarche qui demeura sans effet. Les députés ne purent même se faire entendre. Dans l'Oberhassli, on jura de garder la foi catholique, de ne demander de secours qu'aux sept cantons; enfin trois mille hommes accoururent : ils occupèrent Interlachen et Unterseen, après trois jours d'hésitation; cinq mille Bernois franchirent le lac de Thoun; l'avant-garde s'empara d'Unterseen : le temps était froid; la pluie, la neige tombaient en abondance. Les alliés de l'Oberhassli se hâtèrent de repasser le Brunnig, et l'armée bernoise put entrer dans les vallées de Grundelwald, de Lauterbrunnen et de Hassli, pour y rétablir l'ordre et rechercher les séditieux. A Interlachen, on fit comparaître tous les intéressés; l'on mit à droite ceux dont la fidélité fut reconnue, à gauche les brebis égarées : le canon retentit dans ces profondes vallées, et les échos des glaciers portèrent au loin ce terrible exorde de la harangue d'Erlach. Restitution de tout ce qui avait été pris; payement des frais de la guerre; adoption de la réforme; perte de tous les priviléges, tel fut son arrêt : il fallut prêter à genoux le serment d'obéissance, condition d'amnistie pour la multitude. Le vainqueur emporta les bannières, et l'ours triomphant reprit le chemin de Berne, suivi de l'aigle d'Interlachen, et du bouc de Hassli. On menaça d'un pareil sort l'Obersimmenthal, qui se montrait toujours opposé à la réforme; et des supplices ensanglantèrent ce triomphe. Jean Imsand, vieillard vénérable, ayant été décapité, sa tête fut placée au bout d'une pique, et demeura exposée aux regards des habitants : une nuit on l'enleva, et on y substitua celle d'un chat coiffé d'un bonnet bernois. Depuis on la montra dans l'église de Saxeln, comme relique d'un martyr. Berne ne dissimulait point l'esprit de vengeance dont elle était animée; les cantons, de leur côté, s'unissaient contre elle, et la guerre était imminente : les négociations n'eurent point de résultat. Zürich empêcha d'adopter un traité dans lequel l'Unterwald devait, pour toute réparation, reconnaître ses torts.

En Thurgovie, la domination des cinq cantons devenait impuissante pour arrêter l'esprit novateur que Zürich entretenait. Dissenhoven se permit de graves excès contre le couvent de Sainte-Catherine, situé sur son territoire. Les sœurs, inébranlables dans leur foi, s'enfuirent après avoir subi maint outrage. A Glarus et à Gaster, la discorde fut poussée à l'extrême au sujet d'une arrestation violente que se permit Schwytz. Ce canton avait fait saisir sur sa route Jacques Kaiser, pasteur appelé à Gaster; en vain on le réclama; malgré les protestations de Zürich et de Glarus, il fut brûlé vif. Zürich se voyait menacée de toutes parts; dans cette anxiété, on imagina un traité de combourgeoisie, qui fut d'abord établi entre elle et Constance, où la réforme avait aussi pénétré; puis ce traité fut rendu commun à Berne et à Saint-Gall. De leur côté, les cantons catholiques se liguèrent avec le Valais, et entamèrent des négociations avec l'Autriche. Leur plan était l'anéantissement de la réforme dans les Grisons, le maintien de l'ancien culte, et la guerre contre tous ceux qui s'en écarteraient. Le traité fut signé à Waldshut le 30 avril 1529. Des députés furent envoyés dans tous les cantons catholiques, pour représenter combien cette conduite était contraire aux lois de la fédération; ils en rapportèrent des réponses si dures, que Zürich comprit qu'il était temps de recourir aux armes. Berne fit des exhortations, engagea à ne rien précipiter; mais dans ce temps-là même, on apprit la mort de Jacques Kaiser, acte de cruauté qui porta l'irritation au plus haut degré. On possède encore un plan de campagne, écrit de la main de Zwingli. Divers prétextes donnèrent lieu aux hostilités; on prétendit, entre autres, que l'Autriche venait d'envoyer de l'artillerie aux catholiques. Zürich fit marcher des troupes dans toutes les directions; on engagea Berne à occuper l'Unterwald, et à envoyer quatre mille hommes dans l'Oberhassli; mais Berne voulait encore conserver la paix, et fit de vifs reproches à Zürich sur sa précipitation. La première expédition eut pour objet d'empêcher l'Unterwald d'installer un gouverneur à Bremgarten, et dans le pays sur lequel les cantons et Zürich régnaient en commun. Aussitôt quatre mille hommes marchèrent sur Cappel; parmi eux on distinguait Zwingli lui-même, armé de toutes pièces; en même temps, Lavater, gouverneur de Kybourg, se porta sur Wyl, au pays de Saint-Gall, pour en chasser l'abbé, qui s'enfuit en Souabe. Cependant les cantons envoyèrent à Muri un corps assez considérable; et le corps de Zwingli jugea convenable de se replier sur Cappel, où était le gros de l'armée. Le 10 juin 1529, la guerre fut déclarée aux cinq cantons. La frontière n'était pas encore franchie quand arriva Æbli, landamman de Glarus; les chefs l'entourèrent pour entendre ses exhortations à la paix; il était fort ému, et suppliait de ne point répandre le sang des citoyens, annonçant que des médiateurs venaient de tous les cantons. En effet, il entra dans Zürich des députés de Glarus, Appenzell, Fribourg, Soleure. Une lettre du grand conseil de Berne improuvait la conduite de Zürich, et promettait cinq mille hommes sous la conduite de l'avoyer de Diesbach, uniquement pour sa défense. Berne demandait une assemblée générale à Aarau; elle exigeait la rétractation des injures dont les cinq cantons s'étaient rendus coupables, la renonciation à l'alliance autrichienne, la punition de Thomas Murner. Cette lettre fut communiquée à l'armée; le conseil ayant déclaré que Zürich n'était que là où flottait sa bannière, Zwingli voyait toujours ces accommodements avec peine; il supplia ses compatriotes de ne pas faiblir: des députés du camp se rendirent à Aarau; aux demandes de Berne ils joignirent celle d'une indemnité pour la famille de Jacques Kaiser, et exigèrent que l'on comprît dans le traité Bremgarten, Mellingen, et tout ce qui s'était déclaré pour eux.

Pendant les conférences qui eurent lieu d'abord à Aarau, puis à Steinhausen, plus près du camp, l'armée catholique se renforça. Il vint quatre cents hommes du Valais; il en vint du val Lévantine et du val d'Ossola. Les Lucernois se portèrent de Muri vers Cappel; le camp établi près de Baar comptait déjà plus de huit mille hommes. Zürich aussi voyait s'augmenter ses forces; la Thurgovie, Saint-Gall, envoyèrent mille hommes, vingt-sept bannières bernoises; et des soldats de Bâle, Bienne et Mulhousen vinrent à Bremgarten. Cependant les dispositions de la multitude n'avaient rien d'hostile : on se parlait amicalement aux avant-postes ; et il fut convenu qu'on ne s'attaquerait mutuellement que dans le cas d'absolue nécessité. L'année était pluvieuse, la culture négligée ; cela importait plus aux soldats que les questions théologiques. Un jour les catholiques apportèrent aux avant-postes une grande marmite remplie de lait; les protestants accoururent avec du pain, et l'on mangea gaiement ensemble. L'usage s'établit même de faire prisonniers quelques catholiques, afin de les renvoyer chargés de vivres, parce qu'il y avait disette chez eux.

Sur ces entrefaites, arrivèrent les députés de Steinhausen, apportant les articles de la paix. Les troupes formèrent un carré; on introduisit tous les plénipotentiaires que l'on avait envoyé chercher par une escorte d'honneur. Les bannières de toutes les parties de la Suisse flottaient sur une estrade, où ils montèrent au son des trompettes. Les médiateurs parlèrent d'abord; Æbli conjura l'assemblée de ne point livrer la patrie à l'étranger, en répandant le sang des citoyens : *Nous n'avons*, s'écria-t-il, *d'amis que nous-mêmes*. L'avoyer de Lucerne, Hug, excusa ensuite la conduite des cinq cantons. Un citoyen de Schwytz expliqua le supplice de Kaiser, qui ne cessait d'invectiver les objets du culte de son pays. Il en demanda pardon, disant : *Si nous avons failli, faut-il donc, dans l'intérêt d'un mort, faire périr tant de milliers d'hommes*. Ils se retirèrent, et la délibération commença : Zwingli parla avec une coupable violence, repoussant tout accommodement ; il accusa Hug de recevoir de l'argent de l'étranger, et exigea sa punition préalablement à toute décision. Il s'anima si fort, parla si haut, que les envoyés purent l'entendre, malgré la distance à laquelle ils s'étaient retirés ; et, à l'instant même, il en reçut de justes reproches de l'un des chefs : *Maître Ulrich*, lui cria Jean Escher, *vous voyez que tout présage une paix honorable ; et certes elle est préférable à la plus éclatante victoire sur nos concitoyens*. On reconduisit les médiateurs ; et, le 16 de juin, cinquante Zürichois des plus considérés passèrent dans le camp des cantons, pour y porter la réponse de leur cité ; on tira le canon en leur honneur. Les premières paroles furent pacifiques ; mais bientôt on s'échauffa, et les députés ne durent qu'à leur sauvegarde la faculté de s'en retourner sains et saufs. Cependant les médiateurs, de retour à Steinhausen, avaient travaillé avec succès à la conclusion de la paix : elle portait liberté entière de conscience, abolition de l'alliance avec Ferdinand, satisfaction de la part de Murner de ses invectives contre Zürich et Berne devant les confédérés à Baden. On fit la répartition des frais de la guerre; on émit le vœu de voir supprimer tout subside, tout service étranger ; enfin, on régla les indemnités dues pour le supplice de Kaiser. Malheureusement les cinq cantons ne voulurent pas livrer, pour le lacérer, leur traité avec Ferdinand. On fit rester les troupes qui étaient prêtes à partir ; Berne menaça ; enfin, dans la nuit du 25 juin, cette pièce fut apportée à Cappel. On se réunit dans une salle du couvent; on en exigea la lecture ; mais le courageux et vertueux Æbli s'écria : Il faudra, pour y parvenir, qu'on me passe sur le corps ; puis il découpa ce titre en mille petits morceaux, qui furent aussitôt brûlés par le greffier. Thomas Murner s'enfuit, mais ses biens furent confisqués. Un édit, rendu au nom de toute la confédération, défendit les injures et les calomnies sous les peines les plus graves.

Genève était menacée : la noblesse, le duc de Savoie, le maréchal de Bourgogne, marchèrent contre elle ; il se forma une ligue dite de la Cuiller, parce que les affidés en portaient une en signe de ralliement, pour signifier qu'ils allaient avaler la ville rebelle : elle implora le secours de Berne et de Fribourg. Soleure s'y joignit, et huit mille combattants furent bientôt en mouvement. En traversant le pays de Vaud, on mit en cendres les châteaux des seigneurs ; la terreur précédait les Suisses, et les assiégeants s'enfuirent de Genève avant leur arrivée : le duc de Savoie demanda la paix, et le pays de Vaud donna des otages, et reçut des garnisons à Payerne et à Romont. Mais de plus grands dangers menaçaient les confédérés du côté du sudest : Jacques de Médicis n'avait cessé de se tenir dans le fort de Musso. Martin Beelin fut envoyé à Milan, afin d'interpeller le duc lui-même sur les projets qu'il paraissait avoir concertés avec ce chef, pour s'emparer de la Valteline ; comme il s'en revenait avec une réponse satisfaisante, Médicis le fit tuer près de Come, lui et son fils. Aussitôt il fit invasion dans la Valteline, et s'empara de Morbegno : la population des Grisons s'y précipita avec fureur ; mais elle perdit ses deux chefs, et se replia sur Sondrio. Menacés encore du côté du Tyrol, les Grisons réclamèrent les secours des confédérés, qui leur envoyèrent onze mille hommes : ceux de Zürich passèrent le Septimer ; ceux de Berne arrivèrent par la vallée de Misocco et Bellinzona. Jean de Médicis retira ses troupes de Morbegno ; il alla lui-même au-devant de la garnison, comme s'il avait le dessein d'attaquer les confédérés ; mais, dès qu'il eut fait sa jonction avec elle, il s'embarqua sur le lac de Come, laissant près de trois cents prisonniers entre les mains des Suisses. Ceux-ci tournèrent le lac, forcèrent le passage de Riva, prirent et pendirent Crasso, un des chefs ennemis : enfin le duc de Milan ayant offert son intervention, on lui abandonna le butin, et on renonça au siége de Musso, qui pouvait offrir de grandes difficultés. Le duc se chargea de l'entreprise, promettant de ne mettre bas les armes que quand il aurait réduit la place pour la détruire de fond en comble ; la Valteline serait aux confédérés, le reste de leurs conquêtes lui appartiendrait pour trente mille florins. Les Suisses laissèrent donc douze cents hommes au duc et se retirèrent. Cette guerre ne fut terminée qu'en mars 1532. Les Milanais s'étant emparés des rives du lac de Come, il fallut bien que Musso et Lecco se rendissent. Médicis se retira à Verceil, en donnant caution d'une meilleure conduite.

Les cinq cantons n'avaient point pris part à l'expédition ; ils continuaient à chasser les réformistes : le gouverneur qu'Unterwald avait placé dans le Rheinthal, menait une vie si désordonnée, son administration était si tyrannique, qu'il fut obligé de s'enfuir : au lieu de le remplacer par un homme plus juste, comme le demandaient les habitants, les cinq cantons voulurent le réintégrer ; ils le firent reconduire par leurs députés ; mais il fut saisi au milieu d'eux, sans égard pour leurs protestations, et on l'enferma dans Altstetten. Ces événements précédèrent de peu l'expédition de Musso ; le gouverneur fut remis en liberté par l'intervention de Berne et de Zürich. Cependant les invectives continuaient ; les réformés, poussés à bout, s'assemblèrent à Zürich, où les envoyés des cinq cantons furent mal accueillis : on leur interdit tout passage de comestibles : alors un cri de rage et d'indignation retentit dans les montagnes, car on souffrait beaucoup de la disette, et l'argent était fort rare : on saisit le glaive, la pique, la hallebarde ; on invoqua Dieu à Notre-Dame des Ermites, et l'on marcha contre les oppresseurs.

Des prodiges avaient occupé l'esprit d'un peuple crédule : à Baden, des flots de sang étaient sortis du sol ; à Zug, on avait vu au ciel un bouclier, et sur le Brunnig, une bannière. Des vaisseaux, chargés de guerriers spectres, croisaient sur le lac de Lucerne, et les riverains de la Reuss étaient réveillés par des détonations nocturnes ; enfin les lois de la nature étaient enfreintes par des naissances monstrueuses. Tout annonçait la guerre ; les moins superstitieux en étaient ébranlés ; enfin les ambassadeurs français parcoururent les cantons ; mais leurs efforts pour la paix, aussi bien que les réunions qu'ils indiquèrent à Bremgarten, furent inutiles; les cinq cantons exigeaient toujours la révocation de la mesure qui interdisait de leur porter des vivres. A Zürich, la fermentation était grande: Zwingli était représenté aux citadins comme briguant la faveur des campagnards; à ceux-ci, comme les exposant aux maux de la guerre : on lui imputait les malheurs publics. Il comprit sa situation, et donna sa démission au conseil; mais les bourgmestres et les principaux membres furent chargés de conférer avec lui, et de le détourner de ce parti.

Les cinq cantons obtinrent la neutralité de Glarus; ils s'emparèrent de plusieurs convois de vivres qui, de Zürich, allaient à Wesen; le nonce du pape leur procura un corps italien, sous le commandement de Baptista Isola. Le 8 juin 1531, les confédérés envahirent Hitzkirch : tout s'enfuyait à leur approche, car la vue des images et des autels brisés les portait aux plus grands excès. On courait jusqu'à Bremgarten, et même jusqu'à Lentzbourg. Zürich envoya une avant-garde sous Georges Göldli, pour occuper Cappel, où il prit une position avantageuse : la bannière suivit le surlendemain; on demanda du secours aux villes de la ligue réformée, mais on manquait d'ensemble et de moyens de transport pour l'artillerie. Alors marchèrent des vieillards plus zélés que robustes, des membres du conseil, des prêtres : Zwingli lui-même était à cheval. Pendant que l'on sortait de Zürich, les catholiques attaquaient le camp de Cappel. Là on s'attendait bien à l'être, car la veille on avait vu arriver l'ennemi, on avait remarqué sur le lac de Zug des bateaux chargés de troupes. Le 11, au matin, Göldli alla prendre derrière le couvent une position protégée par un fossé profond, et se tint en ordre de bataille : mais, vers onze heures, ses soldats fatigués étaient allés chercher de la nourriture au couvent et dans les maisons voisines; il n'y avait pas deux cents hommes sous les armes quand on annonça l'approche de l'ennemi. Le tambour réunit l'armée: d'abord un trompette de Lucerne vint remettre la déclaration de guerre, puis Göldli tint conseil. Quelques hommes prudents conseillaient la retraite; le parti contraire prévalut, et déjà les catholiques paraissaient sur les hauteurs voisines, et mettaient leurs pièces en batterie; mais on ne savait pas encore se servir habilement du canon; on tira plusieurs heures sans qu'il en résultât de perte notable. Le gros de l'armée, qui était en marche, entendait au loin cette canonnade; il se hâta d'accourir, mais la montée était rapide; il aurait fallu attendre le grand nombre : Zwingli et Lavater n'y consentirent pas. *Délivrons ces braves*, s'écrièrent-ils, dussions-nous y périr. Il était trois heures quand la bannière arriva sur le champ de bataille. Dans l'intervalle, les catholiques avaient changé de position; profitant d'une faute commise par Göldli, ils s'emparèrent d'un bois de pins qui couvrait le front et l'aile gauche de Zürich. Les cinq cantons ne voulaient combattre que le lendemain, à cause de la fête des *Innocents*. Songez aux *innocents* qui sont dans vos familles, et non à ceux de l'almanach, s'écria Jauch qui avait exploré la position, et qui prit sous sa responsabilité les hasards d'une attaque qu'il entreprit de son propre mouvement, à la tête de trois cents volontaires. Les Zürichois cependant remarquèrent le mouvement de l'ennemi; ils voulurent profiter du désordre occasionné dans sa marche par quelques accidents de terrain, et prendre le bois avant qu'ils y fussent arrivés. Un peu d'hésitation fit avorter ce projet; alors on essaya de s'emparer de la route de Hausen, en faisant occuper la hauteur du Mönchbuhl, qui la domine; mais, pour y parvenir, il fallait passer le long du bois : tout aussitôt les soldats que Jauch y avait cachés firent une décharge; Unterwald surtout brûlait d'en venir aux mains; alors l'armée de Zürich fut forcée de combattre : Lavater et Zwingli étaient au fort de la mêlée, exhortant les guerriers. La victoire fut longtemps disputée : les hommes embusqués dans le bois chargèrent en poussant de grands cris. Le désordre se mit dans les rangs de Zürich : on se disputa vivement la bannière, qui, de main en main, de combat en combat, fut soustraite au vainqueur. La nuit seule put mettre fin à la poursuite, et les débris de l'armée vaincue se réunirent sur l'Albis. Des deux côtés il avait péri beaucoup de monde ; parmi les morts étaient plusieurs abbés, entre autres celui de Cappel, et le seigneur de Geroldseck, qui avait quitté, pour le combat, sa solitude de Notre-Dame des Ermites. Mais le plus grand événement de cette journée si sanglante fut la fin de Zwingli : on le trouva vivant encore, mais blessé à la tête, la cuisse percée de plusieurs coups, et couché au pied d'un poirier. Les catholiques l'interpellèrent pour lui demander s'il voulait se confesser ; ils lui dirent d'invoquer les saints ; comme il ne répondait pas : *Meurs donc*, s'écria le capitaine Vokinger, *meurs, hérétique endurci*, et il lui porta le coup mortel. Le tambour annonça aussitôt le jugement d'un hérétique, et le cadavre fut à l'instant écartelé et brûlé par le bourreau de Lucerne. Cette défaite fut connue dès le soir même à Zürich : la douleur était à son comble : les femmes, les enfants attendaient les arrivants, s'informaient du sort de leurs parents, de leurs maris ; et les cris du désespoir se mêlaient au glaz du tocsin. Ces scènes d'horreur durèrent toute la nuit, à la lueur des flambeaux. On appela tout le monde aux armes ; on écrivit à Berne pour presser l'arrivée des secours ; on renforça la position de l'Albis, et l'on donna l'ordre de se tenir sur la défensive. Les renforts arrivèrent successivement de la Thurgovie, de Glarus, de Wædenschweil ; et bientôt douze mille hommes furent réunis sur l'Albis. Lavater passa une revue, déplora les malheurs de la patrie, la mort de tant de braves, et se plaignit de la lâcheté et de la trahison de quelques hommes pervers : on entendit ensuite le sermon, et l'on reçut le serment des troupes. Les Bernois devaient arriver le lendemain à Bremgarten ; on marcha sur ce point en battant en retraite, et en passant tristement à la vue de Zürich : cette conduite timide avait été tracée par le conseil, qui eût mieux fait d'envoyer des renforts aux habitants de Wædenschweil. Ceux-ci, dans leur généreuse audace, avaient projeté une invasion à Schwytz ; diversion qui eût forcé les cinq cantons à la retraite. Au lieu d'écouter cet avis salutaire, on laissa le pays à découvert, et l'ennemi vint camper sur les terres de Zürich à Ottenbach, afin d'opérer sa jonction avec une autre armée qui observait, au delà de la Reuss, les frontières de l'Argovie, et dans laquelle se trouvaient les Italiens commandés par Isola. Berne et la Suisse occidentale mettaient peu d'ardeur à s'engager dans cette lutte ; on prétextait la nécessité d'observer les Bourguignons, de garder le pays du côté du Valais, etc. Cependant, le 13 juin, l'avoyer Sébastien de Diesbach, toujours dévoué au culte catholique, amena six mille hommes à Lentzbourg : il empêcha une incursion qu'on voulait faire sur le territoire de Lucerne. Les forces envoyées par Mulhouse, Bâle et Soleure, vinrent aussi à Lentzbourg : le 14, on marcha sur Bremgarten : là se trouvaient ceux de Zürich : Schaffhousen, Appenzell, Saint-Gall, grossirent le nombre des guerriers, qui s'éleva désormais à vingt-quatre mille hommes. La seconde bannière de Berne, forte de six mille hommes, vint sous le commandement d'Erlach, l'ancien avoyer. D'autres allèrent occuper le Brünnig, et deux mille autres encore la frontière du Valais.

A l'approche de l'armée, les catholiques se retirèrent avec précipitation ; il y en eut un bon nombre qui regagnèrent leurs foyers menacés d'invasion. A Blikenstorf, les deux armées campèrent en présence l'une de l'autre. Zürich résolut d'attaquer à la fois en tête et en queue la position de l'ennemi, qui était protégée par une formidable artillerie. Le 23 octobre, Frey, avec quatre mille hommes, la tourna en passant par Neuheim et Menzingen.

Cependant on se gardait mal au camp : point de patrouilles, point de grand'-gardes, point de retranchement ; les uns buvaient, les autres dormaient. Chaque corps se croyait indépendant ; il manquait un chef suprême qui pût donner de l'ensemble aux opérations, et maintenir la discipline. Six cents catholiques les plus déterminés s'étaient assez approchés pour reconnaître cet état de choses ; ils avertirent les leurs qui, pour signe de ralliement, mirent des chemises par dessus leurs vêtements : favorisés par le clair de lune, ils sortirent d'un bois, à deux heures du matin, en poussant de grands cris. Leurs adversaires, après plusieurs avertissements, formèrent lentement leurs rangs ; il y eut dans la résistance incertitude, absence de plan. Frey périt l'un des premiers. Il fallut fuir à travers un pays inconnu, que la veille on avait insulté, ravagé : la plupart tombèrent du haut des rochers, ou furent pris par les catholiques ; triste conséquence du mépris qu'ils faisaient de l'ennemi ! Il n'y eut pas moins de deux mille tués ; les prisonniers furent beaucoup plus nombreux. Onze pièces et cinq drapeaux enrichirent le triomphe des catholiques, qui fut annoncé au point du jour par de joyeuses détonations souvent répétées.

Le conseil ne se laissa point abattre à la nouvelle de cet échec : on recommanda aux guerriers l'honneur de la patrie ; on déclara que jamais on ne souscrirait à une paix honteuse ; mais dans le camp régnaient le mécontentement et la désobéissance : on perdait courage, parce que les dispositions des Bernois paraissaient douteuses. Un jour Jacques May, l'un des plus ardents réformés, porta un coup de pointe à l'ours de la bannière, disant qu'il était trop paresseux à l'attaque. La mauvaise saison s'avançait ; les ouragans brisaient les arbres sur la tête des soldats ; il en arriva plusieurs malheurs ; l'on parlait de retraite, et d'autant plus que les cinq cantons ne voulaient entendre à aucune condition que l'on n'eût préalablement évacué leur territoire : on se replia donc sur Bremgarten. Bientôt les catholiques parurent sur les terres de Zürich, au Hirzel, et surprirent un corps qui le gardait, mais il opéra sa retraite en bon ordre. A l'approche de l'ennemi, tout s'enfuyait à Zürich ; le tocsin retentissait dans tous les villages, le danger était imminent ; et Zürich n'obtint de Diesbach, commandant des Bernois, que des réponses évasives. De toutes parts on comprenait la nécessité de la paix ; elle n'était pas moins désirée par les catholiques : l'absence des chefs de famille, la rupture des communications aggravaient encore les maux de la disette. La saison était rude : les catholiques offrirent de traiter séparément avec les campagnes, et annoncèrent, en cas de refus, une vengeance immédiate : Zürich fut obligée de céder ; les négociations eurent lieu près de Daenikon. On y stipula la liberté de conscience, mais la messe dut être rétablie dans le Tockenbourg, à Gaster, à Wesen et à Rapperschwyl, sur lesquels Zürich n'avait aucun droit. Quelques avantages pécuniaires furent concédés aux cantons. Lorsque les conditions furent convenues, les plénipotentiaires descendirent de cheval, se mirent à genoux, et, après avoir invoqué Dieu, ils se donnèrent la main, en répandant des larmes d'attendrissement ; puis ils se séparèrent.

Après cela, les catholiques marchèrent contre les Bernois, par Sins, Muri et Boswyl. Ceux-ci se replièrent en laissant des garnisons dans Bremgarten et Mellingen : bientôt on les rappela au grand désespoir des habitants, qui se voyaient en proie à la vengeance des cantons, pour les avoir exclus de leurs marchés. L'intervention de Zürich n'empêcha point l'occupation, mais ils ne furent point maltraités. Berne traita et paya de grosses sommes pour les dommages causés par ses soldats. Il en fut de même de Bâle, de Schaffhouse, de Mulhouse et de Saint-Gall : l'abbé fut réintégré dans son abbaye ; en général, on ramena les reliques dans les couvents ; on rétablit le catholicisme partout, excepté dans les terres soumises aux cantons réformés. Les suites de cette guerre se firent longtemps sentir; il y eut des mouvements à Zurich, à Berne, à Aarau : partout on exigeait qu'à l'avenir la guerre ne pût être déclarée que d'un commun consentement; partout on se plaignait de la violence des prêtres réformistes, de leur influence sur les affaires. La mémoire de Zwingli n'était plus respectée; et, quand on lui donna pour successeur Büllinger, on lui imposa des conditions si étroites, qu'il ne put les accepter qu'après avoir fait adopter une autre rédaction plus conforme à la liberté de la pensée. Dans le Rheinthal, on exigeait caution des prédicateurs, que, dans leurs sermons, ils n'attaqueraient jamais la paix : les excessives précautions qu'on prenait pour la conserver, prouvaient combien elle était compromise par l'irritation générale. Les événements ne justifièrent que trop ces précautions : le Valais et Soleure accédèrent à la fédération catholique; Berne en conçut de graves inquiétudes, et avertit ses communes de se tenir toujours prêtes; car une clause du traité des catholiques disait qu'aucune ancienne alliance ne devait prévaloir sur le devoir de défendre l'ancienne religion.

Dès l'an 1531, l'empereur avait demandé que le pays de Vaud fût affranchi. Berne ne céda point : à Genève, les doctrines des réformés faisaient de grands progrès : un prédicateur ayant comparé les réformés aux Turcs, aux juifs, Berne envoya une députation pour en obtenir une réparation que l'évêque refusa, et qui fut accordée par l'autorité civile. Le docteur en Sorbonne fut contraint à une rétractation, et s'éloigna. La réforme fut introduite à Genève par Farel et Biret : l'évêque excommunia les citoyens; mais, comme il avait quitté la ville, on déclara le gouvernement vacant. Aussitôt il appela le duc de Savoie à son secours, et reçut les exilés dans son château de Peney. En vain l'empereur somma les Genevois d'obéir au duc de Savoie et à leur évêque : ils se virent bientôt assiégés par sept à huit mille hommes. Les hostilités commencèrent le 10 octobre 1535; il y eut près de Gingins un combat dans lequel quatre cents hommes, venus de Neufchâtel et de Bienne, battirent un corps savoyard huit fois plus considérable; mais Berne les rappela; elle ne se déclara que le 29 décembre. Sept mille hommes, sous le commandement du trésorier Nægeli, se mirent en marche dès le mois suivant : l'entreprise fut conduite avec prudence, activité, résolution : on négligea Avenches qui appartenait à l'évêque de Lausanne, et l'on ne s'arrêta point à faire le siége d'Yverdun. Payerne donna des troupes, et l'on triompha sans peine d'une résistance opposée près de Morges. Le 2 février, l'armée entra dans Genève, puis elle prit Thonon. On convint avec les Valaisans que la Dranse marquerait la limite des conquêtes de part et d'autre. Après s'être emparé de Cluse, on rentra dans le pays de Vaud : là tout se rendit, même Yverdun : plusieurs villes furent abandonnées à Fribourg. On n'épargna plus l'évêque de Lausanne, que l'on soupçonnait d'intelligence avec le duc de Savoie : on lui prit donc Avenches, Luceus, Saint-Saphorin, etc. Le siége de Chillon ne fut pas si rapide; mille guerriers l'investirent, et il ne se rendit que le 30 avril. Cet immense château repose sur un roc au milieu du lac; de vastes et ténébreux souterrains sont creusés dans la pierre; il est à lui seul une île, et n'a de rives que ses murailles hexagones : édifice sorti du sein des ondes, navire immobile, qu'un pont joint à la terre, comme l'ancre retient le vaisseau. Ce pont semble en effet retenir cet aquatique castel près du rivage, tandis que les flots le battent avec la violence des mers les plus orageuses, ou s'aplanissent au loin paisibles et transparents, pour en reproduire l'image renversée. Les Genevois secondèrent les Bernois : quand ils eurent amené leurs barques, le commandant de Rye ne put plus tenir. Dans ces redoutables caveaux, une chaîne retenait Bonnivard, prieur de

Saint-Victor, à Genève, apôtre de la liberté, jeté dans les fers par les ennemis de la raison humaine; pendant six ans il avait langui dans cette prison humide. On montre aujourd'hui l'empreinte de ses pas sur le roc, et son nom tracé sur une paroi. A l'aspect des grandes montagnes, de la dent de Jaman, de la dent du Midi, de ce lac majestueux qui fait plus d'impression encore sur le voyageur quand il sort de ce sombre séjour, on aime à ressaisir le souvenir de cette grande infortune, à répéter la belle composition qu'elle inspira à lord Byron. Aux merveilles de la nature, on associe la grandeur de l'homme, sa constance, sa vertu, et le génie du poëte, les célébrant après trois siècles, afin d'en doter tous les siècles à venir.

Un traité enfin régla les droits de Genève et ceux de Berne : la souveraineté de Berne sur sa nouvelle conquête y est assurée; et, le 18 décembre, elle termina aussi ses différends avec Fribourg; puis la réforme fut prêchée et introduite partout, excepté dans les lieux possédés en commun par ces deux cités, où il resta des catholiques; par exemple, à Eschallens. En cette même année, Calvin arriva dans Genève; c'était un homme d'une puissante érudition, de mœurs sévères, d'un caractère inflexible : il se joignit à Farel pour réformer les mœurs et le culte, partagea sa disgrâce, et fut bientôt rappelé par le vœu unanime des citoyens. Nous n'avons point à examiner ici en quoi sa doctrine diffère de la confession d'Augsbourg; nous dirons seulement qu'il devint le véritable souverain de Genève; que le conseil condamnait quiconque lui était contraire : un magistrat fut destitué, emprisonné, pour avoir eu des liaisons avec ses ennemis. Le bûcher de Servet, arrêté au passage dans cette ville, jette encore une affreuse lueur sur l'intolérance de ce prédicant. Genève devint néanmoins l'asile de tous les réformés fugitifs : les Anglais, les Italiens y accouraient en foule. Ces querelles intérieures firent perdre à la Suisse l'attitude qu'elle avait envers l'Europe : aussi l'Autriche put s'emparer de Constance, et en faire une place d'armes menaçante pour la liberté, parce que les cantons catholiques ne virent dans cet événement que le triomphe de leur foi, parce que Lucerne défendit, sous peine de mort, de la secourir. Déjà un des faubourgs était pris. Les tribus décidèrent, à une majorité de cinquante voix, qu'elles se soumettraient, et la ville se rendit.

Après la mort de François Ier, Henri II demanda le renouvellement de l'alliance; les confédérés furent représentés au baptême de sa fille. Zürich et Schwytz y figurèrent : les négociations et les traités se succédèrent; enfin fut conclu celui de 1552, connu sous le nom de *Capitulation;* il règle les droits des Suisses et le mode de service, la solde, etc., etc. Les historiens suisses s'occupent peu des exploits de leurs compatriotes à l'étranger; ils semblent n'en parler qu'à regret, laissant à l'histoire de France le soin de rappeler et Cerisoles et Sienne et Saint-Quentin, où ils furent vainqueurs ou vaincus, selon que la fortune souriait à la valeur française, ou désertait ses drapeaux. Nous imiterons ces historiens; nous ne donnerons jamais qu'un souvenir à ces grandes actions. Mais l'ambassade des Suisses vers Henri II appartient à leurs propres annales : ce roi étant venu d'Alsace, on les vit à Saverne le supplier d'épargner un pays que l'on pouvait considérer comme le grenier de leur fédération. Les négociations affermirent dix ans plus tard la possession de Berne sur le pays de Vaud : le traité conclu à Lausanne lui donna aussi Nyon, Chillon, Vevai, qui faisaient partie du Chablais, ainsi que Gex et Thonon. La frontière fut fixée au milieu du lac Léman, et sans doute par ce cours imaginaire du Rhône, dont les esprits crédules accueillent la merveille, et que n'a vu nul observateur. En 1570, la paix fut conclue avec le duc de Savoie; il fut stipulé qu'il pourrait venir avec sa suite ordinaire; qu'on ne livrerait point les réfugiés pour cause de religion, et que le commerce serait libre. Cependant le duc ne pouvait se résoudre à abandonner ses prétentions; et, en 1584, il voulut surprendre Genève par un coup hardi. Durant la nuit, on appliqua aux murailles des échelles peintes en noir : déjà on était parvenu au sommet, on descendait dans les rues, et l'on criait *Vive Espagne, vive Savoie, ville gagnée.* Mais les habitants s'éveillent; on combat dans les rues, à la lueur de chandelles placées aux fenêtres; et les Savoyards, qui s'étaient crus maîtres de la place, s'enfuient en laissant deux cents morts.

Nous avons vu la réforme persécutée en Italie; et dans les bailliages des cantons, des baillis ordonnant de fréquenter la messe, des familles fuyant à Zürich et à Genève. En ce temps-là, vécut un des plus nobles défenseurs de la foi, un jeune homme, un prince, Charles Borromée, cardinal à vingt-deux ans, et archevêque de Milan; ses mœurs austères lui permirent de se faire le réformateur du clergé, et de redresser bien des abus : d'un autre côté, il ne négligea rien pour le triomphe du catholicisme. Surtout il se mêla beaucoup aux affaires de la Suisse; se rendit à la cour de l'évêque de Coire; empêcha l'établissement d'écoles réformées dans la Valteline; fut accueilli avec enthousiasme par les cantons catholiques, et fit si bien que le pape entretint désormais un nonce en Suisse. Charles établit, à Milan, un séminaire pour quarante élèves de ce pays, et fonda, à Lucerne, en 1574, un couvent de jésuites; enfin il organisa une ligue pour le maintien de l'Église catholique. Les réformés ayant repoussé le calendrier grégorien, la séparation en fut plus tranchée entre les deux partis. Les députés de sept cantons, Lucerne, Uri, Schwytz, Unterwald, Zug, Fribourg et Soleure, réunis à Lucerne, jurèrent, le 10 octobre 1586, la ligue d'or, qu'on appela aussi ligue Borromée, événement fatal qui répandait la discorde parmi les Suisses. Aujourd'hui encore, les souvenirs de saint Charles Borromée règnent dans tout le Milanais : son corps est dans une chapelle d'argent, sous le magnifique dôme de la cathédrale; et les voyageurs qui ont, à chaque pas, rencontré les monuments de sa grandeur, révèrent ces débris de la fragilité humaine, après avoir admiré, sur le lac Majeur, la colossale statue qui s'élève au-dessus de la colline d'Arona, autant que la colline elle-même s'élève au-dessus du lac : gigantesque monument de l'art du statuaire, image de cent vingt pieds de haut, au haut de laquelle on pénètre par un escalier pratiqué dans ses cavités. A quelques lieues plus loin, à la vue du Simplon et de l'abrupte muraille des Alpes, on admire, vis-à-vis de Fariolo et de Baveno, les délicieuses îles Borromée, ouvrage magique d'un prince de ce nom, véritable cadeau de la féerie à la réalité; mais ces rocs arides n'ont été transformés en jardins, en palais, en village, qu'un siècle plus tard; car cette illustre famille n'a cessé de répandre ses bienfaits sur les régions alpines; et l'hospice du Saint-Gothard, malheureusement anéanti dans les dernières guerres, n'était pas son moindre titre à la reconnaissance de l'humanité.

Les jésuites étaient destinés à agir sur la classe supérieure; on exerça une influence plus générale au moyen des capucins : il y en avait déjà à Locarno; Borromée en établit un couvent à Altorf en 1581. Cependant tous ses essais n'étaient pas également heureux; l'année précédente, le nonce du pape fut expulsé de Berne, où il s'était présenté; et les enfants le poursuivirent dans les rues à coups de pelotes de neige. L'influence catholique amena l'alliance des cantons avec Philippe II; alliance qui lui ouvrait le passage à travers leur territoire, et lui promettait treize mille hommes pour la défense du duché de Milan. Soleure n'accéda point à cette convention, qui date du 12 mai 1587, et fut signée à Lucerne, après que l'ambassadeur d'Espagne eut répandu l'or à pleines mains. A la voix du nonce, près de huit mille Suisses allèrent en France combattre les huguenots, tandis que les cantons réformés et les Grisons étaient dans les rangs opposés; plus d'un champ de bataille vit les confédérés s'entr'égorger pour un vil salaire, ou pour assouvir leur haine fanatique, jusqu'à ce qu'en 1602, une alliance générale fut conclue avec Henri IV, qui avait gagné tous les cœurs par sa bravoure et sa loyauté, et qui paya quatre cent mille écus par an, et promit de solder les arrérages, au grand mécontentement du duc de Savoie, du pape et du roi d'Espagne. Ce fut pour le duc de Savoie une nouvelle occasion de tenter une expédition clandestine sur Genève. Au milieu de la nuit du 11 au 12 décembre, ses troupes, renforcées de Napolitains et d'Espagnols, dressèrent des échelles contre les remparts; mais une sentinelle genevoise tira un coup d'arquebuse; un soldat abattit la herse qui défendait l'entrée de la ville : tous les ennemis qui pénétrèrent dans la place furent massacrés, et cette échauffourée fut signalée par le nom d'*Escalade*. Le peuple en célèbre encore l'anniversaire. Berne et Zürich imposèrent au duc la condition de n'avoir jamais de troupes, de ne bâtir aucune forteresse dans un rayon de huit lieues autour de Genève; il s'y obligea par le traité de Saint-Julien, le 21 juillet 1603.

Avant d'entrer dans l'histoire du dix-septième siècle, nous rappellerons deux faits essentiels, l'un relatif à Mulhousen, l'autre à Appenzell. Un procès entre particuliers eut des conséquences tellement graves, que la première perdit tous ses droits à la fédération. Mathieu et Jacques Finninger actionnèrent un de leurs concitoyens devant une juridiction du voisinage pour la propriété d'un petit bois; mais l'autorité de Mulhousen leur prescrivit de porter l'affaire devant les juges naturels du défendeur. Ils n'obéirent pas, et furent punis; alors ils s'adressèrent aux cantons catholiques et à Appenzell. De son côté, le conseil recourut aux cantons réformés, qui approuvèrent sa conduite. Le landamman Tanner d'Uri et le trésorier Bühler de Schwytz vinrent à Mulhousen, et demandèrent une assemblée des citoyens. Le conseil s'y refusa, et fit jeter en prison les Finninger, dont cette recommandation enflait l'audace. Outragés du peu d'effet de leur intervention, les cantons catholiques renvoyèrent à Mulhousen l'acte d'alliance, après en avoir arraché les sceaux. La fermentation fut grande à cette nouvelle : on accusait l'autorité de cette rupture; on destitua le bourgmestre Ziegler et six conseillers; les violences ne firent que s'accroître. Les confédérés évangéliques résolurent de secourir les opprimés : dix-neuf cents hommes arrivèrent malgré les protestations de la régence autrichienne d'Ensisheim. Les bourgeois appelèrent à leur secours des soldats de l'archiduc. L'artillerie tonnait du haut des remparts, mais cela n'empêcha pas que la ville ne fût prise d'assaut dans la nuit du 15 juin 1587, sous le commandement du brave général d'Erlach. Aussitôt accoururent les députés des villes et de Glarus. Finninger, qui s'était enfui sur le territoire de Berne, fut décapité, et la garnison suisse demeura plus d'un an à Mulhousen, après que le gouvernement eut été reconstitué. En vain cette ville demanda, supplia d'être admise de nouveau dans la fédération : les cantons catholiques se montrèrent inflexibles, et repoussèrent deux fois cette supplique, en 1595 et en 1599. — Appenzell était divisé de religion : les rhodes extérieures avaient adopté la réforme, mais il y avait encore beaucoup de catholiques. L'ancienne religion était restée dominante dans les rhodes intérieures. Un couvent de capucins établi au chef-lieu était une cause d'excitation continuelle; les religieux persuadèrent le peuple et gagnèrent le fanatique landamman Meggelin : un complot fut ourdi; il ne s'agissait de rien moins que d'attirer la jeunesse réformée devant le conseil pour y rendre compte de sa croyance, et de la massacrer si elle n'abjurait. A cet effet, les paysans entourèrent l'assemblée. Mais le complot avait été éventé; les jeunes gens s'étaient armés, et, au signal convenu pour les tuer, ils se jetèrent sur le conseil, et le contraignirent à faire retirer les paysans. Un accommodement provisoire demeura sans effet : la fermentation continua, surtout quand on vit les rhodes intérieures accéder à la ligue avec l'Espagne. Il y avait plus de vingt ans que durait cet état de choses, car l'attentat tenté contre les vingt-sept jeunes gens est du 14 mai 1578. Les réformés étaient persécutés dans les rhodes intérieures, les catholiques dans les rhodes extérieures; à chaque instant on sonnait le tocsin, on faisait des prisonniers; l'intervention fédérale n'avait fait que montrer la partialité des cantons; enfin on prit le seul parti raisonnable, celui de partager le territoire en deux parties distinctes; le 8 septembre 1597 fut signé le pacte de séparation. Les réformés, au nombre de six mille trois cent vingt-deux, s'établirent dans les rhodes extérieures; les catholiques, au nombre de deux mille sept cent quatre-vingt-deux, passèrent dans les rhodes intérieures. L'Appenzell, divisé pour l'administration, continua néanmoins à former un seul et même canton sous le rapport politique, absolument comme le haut et bas Unterwald.

Dans le pays des Grisons, la situation était encore plus déplorable : l'Espagne cherchait à s'emparer de la Valteline pour se mettre en communication directe avec le Tyrol et l'Autriche. A cet effet, nulle intrigue n'était épargnée. La France pénétra ces menées, en avertit Venise, et l'une et l'autre interposèrent leur influence. Les Planta, famille illustre et puissante, tenaient pour l'Espagne; les Salis, non moins grands, dirigeaient le parti français. La corruption était partout. Il y avait cinquante ans déjà que cette lutte durait avec des phases différentes. Le gouverneur espagnol de Milan, Fuentes, imagina de bâtir, au bord du lac de Come, une forteresse qui dominait d'une part la vallée de Chiavenna, de l'autre la Valteline. L'alarme fut grande dans le pays : les communes s'insurgèrent; il fut institué à Coire une commission pour juger les traîtres. Sous ce prétexte, on exerçait une sorte d'inquisition sur toutes les familles. Les cantons réformés appuyèrent momentanément ces troubles, mais ils ne purent empêcher une négociation avec Venise. Aussitôt Fuentes, contrairement à la lettre des traités, construisit un fort à l'endroit où était Musso, coupa toutes les communications, et dirigea tous les convois de marchandises vers le Saint-Gothard. On empêcha deux mille hommes qui s'avançaient pour détruire ce fort d'accomplir leur dessein, et l'on répandit dans le peuple l'opinion que le parti français avait seul causé tous ces maux; enfin on conclut à Milan une convention désavantageuse. Le gouverneur n'en fit pas moins achever ses constructions, malgré les représentations des Suisses. Bientôt il se présenta une nouvelle occasion de désordre. Venise, excommuniée par Paul V, attendait six mille hommes venant de Lorraine. L'Espagne ne voulait pas qu'on leur donnât passage et devint menaçante; mais les troupes qu'on envoyait pour garder la frontière contre les Espagnols s'insurgèrent à la voix de leurs chefs, et demandèrent un refus formel de tout passage et de toute levée au profit de Venise. On reconnut alors les effets de l'or de l'Espagne. De nouveaux tribunaux furent institués; ils frappèrent d'amende les chefs du parti français, puis leur sévérité se tourna contre le parti espagnol : deux de ses chefs, Bééli, gouverneur autrichien de Castels, et Gaspard Baselga, périrent sur l'échafaud. Avant de mourir, Bééli fit connaître son repentir d'avoir sacrifié l'intérêt de sa patrie. Ces supplices étaient motivés surtout par les excès commis dans l'Engadine, où les intrigues de l'Espagne faisaient battre les habitants en bataille rangée, où le canon grondait de part et d'autre. Le sang avait coulé déjà, lorsque les femmes se jetèrent au milieu des combattants, et parvinrent à leur faire poser les armes. Nous n'avons indiqué que quelques-unes des scènes qui agitaient la Rhétie : le retour des mêmes fureurs, des mêmes iniquités jette cette histoire dans de fastidieux détails, que le changement des noms propres ne saurait racheter.

Un échange conclu en 1598, entre l'évêque de Bâle et Berne, abandonnait Bienne à cette dernière cité. Les habitants, craignant pour leur indépendance, appelèrent Soleure et Fribourg à leur aide, et la diète de Baden annula la cession en 1606; mais les Biennois ne tardèrent pas à s'en repentir : Berne fut obligée de protéger les armes à la main le culte protestant persécuté par l'évêque, dans le val de Moutier et à Bienne; enfin ces différends furent terminés à l'amiable par l'intervention des Suisses. Les choses n'allaient pas mieux dans le Valais, où le parti réformé fut entièrement étouffé par un décret de l'évêque. Genève était toujours menacée par le duc de Savoie : on y punit de mort deux Français, du Terrail et la Bastide, pour avoir tramé une conspiration en sa faveur. Quand Henri IV eut été assassiné, la Savoie réveilla toutes ses prétentions sur le pays de Vaud; mais bientôt le désir de s'emparer du Montferrat, le danger dont Milan pouvait menacer cet État, engagèrent le duc à s'allier avec Berne. Ce traité fut conclu par la médiation de l'Angleterre, le 23 juin 1617.

Cette époque fut marquée par des calamités physiques. Au-dessus de Plurs, dans la profonde vallée de Chiavenna, le mont appelé Conto élevait sa cime redoutable : depuis longtemps des fissures et des crevasses déchiraient ses flancs. Après des pluies abondantes, on vit des pâtres accourir en ville pour avertir les habitants du danger qui les menaçait. Les imprudents ne firent que s'en moquer; mais la nuit suivante la cime se détacha; elle engloutit Plurs elle-même et le village de Cilano. Plus de quinze cents personnes demeurèrent ensevelies sous les décombres, qui s'élevaient de plus de cent pieds au-dessus de ces victimes; le cours de la Maira en fut arrêté plusieurs heures. L'effroi fut général, et la superstition en fit son profit, comme elle avait en 1610 exploité la peste ou maladie noire. Cette maladie, venue de pays fort éloignés, avait emporté près de trente-quatre mille personnes; elle ravagea Bâle, Soleure, Fribourg et Berne, elle fit périr cinq mille habitants à Zürich, et sévit de nouveau en 1628. Glarus et le Tockenbourg n'en eurent pas moins à souffrir. Des villages entiers étaient dépeuplés, et la terre demeura inculte faute de bras; partout où le fléau pénétra, il enleva environ le quart de la population.

La barbarie et le fanatisme des hommes nous offrent un plus triste spectacle encore : les solennelles solitudes de la Valteline furent ensanglantées par des massacres pareils à ceux de la Saint-Barthélemy. Tandis que les Planta exilés imploraient, pour asservir leur patrie, le secours de l'empereur Ferdinand II, leur cousin, Jacques Robustelli, appelait sous ses drapeaux tous les gens sans aveu du Milanais. La construction d'une église réformée à Boalzo avait été déjà l'occasion de quelques excès. Le 19 juillet 1620, Robustelli se présenta devant Tirano, où il avait des intelligences; le tocsin sonne, le massacre commence et dure plusieurs jours; on n'épargne ni le sexe ni l'âge; à peine si quelques réformés parviennent à s'enfuir, ou sont recueillis par des catholiques, qui partagent ensuite leur sort. Il n'est sorte de cruauté qui n'ait été exercée sur ces malheureux, et sans parler de ceux qui furent tués ou précipités dans l'Adda; on arracha les entrailles aux uns; d'autres eurent la bouche remplie de poudre à laquelle on mettait le feu; des femmes furent jetées de roc en roc dans les abîmes; enfin l'on exposa sur la chaire la tête du prédicateur Bassa, en lui criant ironiquement de descendre. Le meurtre et l'incendie furent portés jusqu'aux villages des Grisons. Un boucher osa se vanter d'avoir, à lui seul, tué dix-huit individus.

Robustelli se déclara le chef des insurgés; Bormio se soumit, et il constitua le gouvernement. Chiavenna, au contraire, ne voulut pas se séparer des Grisons. Malheureusement les divisions religieuses empêchèrent ce canton de faire justice de ces atrocités. Les communes catholiques de la ligue grise refusèrent de marcher; les deux autres ligues formèrent un corps de deux mille hommes, sous le commandement d'Ulysse de Salis et de Jean Guler. Ce corps franchit les montagnes; il avait déjà soumis la plus grande partie du pays, lorsqu'il éprouva un échec au pont de la Gander. Les Espagnols accouraient en foule, et d'un autre côté un corps autrichien, dirigé par les Planta, envahissait le Munsterthal, vallée de la ligue grise, dont les habitants s'enfuyaient à l'approche d'un ennemi impitoyable. Les Bernois ayant mis en route un corps de deux mille hommes, les cantons catholiques s'opposèrent à ce qu'il passât à Mellingen dans les bailliages libres; ils se dirigèrent donc sur Windisch, où neuf cents Zürichois les vinrent rejoindre; puis, ayant appris que Schwytz était en armes pour leur interdire le passage, ils prirent leur chemin par le Tockenbourg; de détours en détours, on arriva enfin chez les Grisons, puis on s'avança vers Bormio et la Valteline. A Tirano, on rencontra inopinément un corps espagnol soutenu par les insurgés; la bataille s'engagea. Le brave général Mulinen périt et tous les officiers, ainsi que deux cents Bernois, expiant par ce funeste échec le tort grave de n'avoir point éclairé leur marche. Il fallut repasser les montagnes. Cette action est du 11 septembre 1620. L'année d'après, Pompée Planta fut assailli dans son château de Rietberg et tué d'un coup de hache, par dix-huit conjurés, à la tête desquels était Georges Jenatsch, ancien prédicateur. Neuf cents hommes de l'Engadine se jetèrent, sous sa conduite, dans la ligue grise, et furent d'abord repoussés par quinze cents soldats des cinq cantons; mais bientôt, renforcés par les milices du Munsterthal et de Bergun, ils remportèrent à leur tour une victoire signalée. Sébastien de Castelbourg, abbé de Dissentis, auquel on attribuait une grande part de culpabilité dans les massacres de la Valteline, s'enfuit sur les terres d'Uri, ainsi que l'envoyé d'Espagne, et les communes catholiques se réunirent de nouveau aux autres. Les Espagnols furent obligés de se retirer du Bernardin et de la vallée de Misox.

Des négociations étaient entamées entre la France et l'Espagne; il avait été décidé que toutes choses resteraient, à l'égard des Grisons, dans l'état où elles étaient en 1617; mais l'exécution de la convention souffrait des difficultés : pendant que les cantons protestants cherchaient à arranger l'affaire, les Grisons impatients firent une incursion dans la Valteline et en furent repoussés. L'Autriche ne laissa point échapper ce prétexte de nouvelles hostilités. Dès le mois d'octobre, le colonel Balderon, accompagné de Rodolphe Planta, envahit l'Engadine inférieure, et se répandit dans le Prettigau en y commettant les plus graves désordres. Les habitants furent désarmés, puis on les contraignit de prêter serment de fidélité à l'Autriche. L'Engadine supérieure et Poschiavo se soumirent aussi; Meyenfeld et Coire même furent obligées de recevoir des garnisons, tandis que sept mille Italiens et Espagnols s'emparaient de Chiavenna. On arracha à la ligue l'Engadine inférieure et huit justices du Prettigau pour les donner à l'Autriche; et les Grisons, abandonnés par les confédérés, en consentirent la cession moyennant une redevance. L'Autriche y stipula le droit d'entretenir pendant douze ans des garnisons à Coire et à Meyenfeld; toutefois les imprudentes vexations qui signalèrent leur séjour l'abrégea de beaucoup. Une troupe de capucins suivait l'armée pour convertir ceux qui survivaient au carnage. Les prédicateurs furent chassés par les soldats; soixante-quinze églises se trouvèrent sans pasteurs; un porte-enseigne eut l'impudence de se faire porter à dos d'homme sur une montagne, et l'on stimulait du fouet sa malheureuse monture. Rien ne put ébranler la constance des réformés. Enfin l'excès du malheur amena la délivrance. On s'enfuit dans les bois, on s'y rassembla, et l'on conspira pour recouvrer la liberté : tout devint arme entre les mains de ces braves. Ils coupèrent des bâtons de bois vert et y enfoncèrent des clous. On appelait Baldiron le nouvel Holopherne. En vain on l'avertit; il dédaigna tous les avis, croyant qu'il aurait bon marché de cette faible insurrection. Le dimanche des Rameaux fut choisi pour l'exécution : la première attaque eut lieu à Kublis. Le nombre des combattants grossissait à chaque instant; tout le pays suivit cet exemple : quatre cents hommes furent égorgés; les couteaux étaient transformés en poignards, les faux en lances; les fuyards étaient jetés dans la Lanquarl; le fort de Luciensterg fut emporté d'assaut. Au combat du Fläscherberg, six cents ennemis périrent, et la garnison de Castel, également de six cents hommes, jura, en rendant la forteresse, de ne plus servir contre les Grisons; serment qu'elle viola immédiatement. Ces exploits rustiques sont parfois entourés des prestiges de la fable : deux fois de petits moutons blancs apparurent en signe de bonheur, et l'on vit la main droite des parjures tués dans les combats sortir de terre et s'étendre vers le ciel. Si Meyenfeld, où s'étaient retirés les Autrichiens, ne fut pas prise aussitôt, c'est que l'on voulut épargner ses habitants. Les Espagnols s'étaient fortifiés dans Coire; il eût été difficile de les en expulser; mais une montagne s'abattit et détourna la rivière, comme si les phénomènes, ordinairement cause de désastres, venaient aussi prendre part à la défense, comme si cette terre de liberté devait elle-même rejeter ses oppresseurs.

Cependant le peuple des dix justices ne manqua point à la patrie: Rodolphe de Salis, Pierre Guler de Davos et Thuring Enderli de Meyenfeld, le dirigèrent. Les trois fédérations se réunirent : on jura de nouveau l'alliance, et l'on proclama une entière amnistie de tous les faits passés. Mais Baldiron reparut dès le mois d'août à la tête d'une armée de dix mille hommes : femmes, enfants, vieillards, furent immolés à la fureur du soldat, qui se vengeait lâchement de ses défaites précédentes. Les confédérés, incapables d'agir, recommandèrent au roi le salut des Grisons et l'exécution du traité de Madrid : les députés des cantons avaient même obtenu un armistice. L'arrivée de Baldiron était donc tout à fait inattendue; il entra par Schlins dans la basse Engadine : on combattit dans toutes les vallées et sur tous les sommets. Le 5 septembre, il y eut, à Raschnal, commune de Saas, un combat à outrance; il fallut céder au nombre. Néanmoins trente guerriers du Prettigau se jetèrent au milieu des rangs ennemis, pour leur apprendre ce que peut l'homme qui se bat pour son pays; ils ne succombèrent qu'après des prodiges de valeur : autour d'eux la terre était couverte de cadavres. Après cette bataille, les habitants se répandirent dans les bois; les uns trouvèrent un asile chez des coreligionnaires, les autres périrent de faim ou d'une maladie apportée par les Hongrois. Un corps de troupes de Coire se retira morne et silencieux à la vue des ruines et des villages incendiés; secours inutile et tardif que les discordes civiles n'avaient point permis d'envoyer à temps.

La ligue grise et celle de la maison de Dieu envoyèrent des députés à Lindau : il ne s'agissait de rien moins que de la cession de huit justices et de la basse Engadine, de garnisons autrichiennes à Coire et à Meyenfeld; mais l'ambassadeur de France et les cantons protestants s'y opposèrent, et le traité ne fut point conclu. La France pénétrait trop bien les projets de l'Espagne pour ne pas intervenir; et, tandis que le pape Urbain VIII faisait occuper la Valteline, et proscrivait les réformés, elle se ligua avec la Savoie et Venise. Richelieu voyait l'Autriche étendre sa domination au nord des Alpes; l'Espagne régner au sud. Il fit exhorter les Suisses à la concorde, et les engagea dans une expédition pour laquelle Berne fournit trois mille hommes, qui furent rejoints en octobre par trois mille cinq cents Français. Les exilés des Grisons composaient l'avant-garde. Les Autrichiens se retirèrent de tout le pays, sans même tirer l'épée; et la ligue des dix justices rentra dans la confédération; tout le peuple avait pris les armes à l'approche des Français. Les défilés du Tyrol furent occupés; et le marquis de Cœuvres, qui commandait pour la France, Venise et la Savoie, vint à Bormio, prit et rasa le fort de Piatta Mala, s'empara de Tirano, Sondrio, Morbegno, et, vis-à-vis de Fuentes, bâtit un fort qui fut appelé *Nuove Francie*. Le 1ᵉʳ février 1625, on prit d'assaut le fort et la ville de Chiavenna. Un traité conclu entre la France et l'Espagne remit tout en l'état où se trouvaient les choses en 1617, en ne tolérant toutefois que la religion catholique : les forteresses furent données au pape pour être démantelées. Les Grisons n'eurent pas lieu d'être contents de ces stipulations. C'était encore une conséquence de leurs divisions; ils s'unirent donc, et créèrent une administration centrale qui protesta contre cette convention conclue à Monzone dans l'Aragon, et appela les confédérés au secours des Grisons.

Une troisième invasion les menaçait à leur insu. L'empereur ayant fait offrir aux confédérés de garder leurs défilés, ils répondirent à cette étrange proposition, qu'ils se chargeaient eux-mêmes de ce soin. Tout à coup trente mille Autrichiens entrèrent dans les Grisons par Luciensteig, occupèrent Meyenfeld et Coire, et gardèrent tous les passages et tous les ponts jusqu'à Chiavenna. Une partie de l'armée passa en Italie, l'autre resta, et fit peser sur ce malheureux pays tout le poids de l'oppression. Les habitants étaient obligés à travailler aux fortifications : avec ces vexations revinrent la famine et la peste. Le peuple accusait les grands de l'avoir vendu. Le découragement était universel. Le maréchal de Bassompierre, ambassadeur de France, appela les confédérés à la défense des Grisons; mais les six mille hommes qu'il en obtint furent divisés entre le Piémont et les frontières de Lorraine, et il fallut que les Grisons souffrissent en silence; enfin les exploits de Gustave Adolphe vinrent détourner l'attention des Autrichiens; ils eurent besoin de lui opposer toutes leurs forces; d'ailleurs le traité conclu au mois de juin 1630, avec la France, les obligeait à évacuer cette contrée. Le peuple, alors, s'empressa de renouveler le pacte fédéral qui unissait les trois ligues : on leva quelques mille hommes que la France solda, et dont le commandement fut confié au duc de Rohan, ambassadeur de France, qui venait d'arriver à Coire; il méritait cette confiance par sa loyauté, sa prudence, ses talents militaires; mais la paix subsistant encore entre la France et l'empereur, il se refusa à entrer dans la Valteline. Ce ne fut qu'en 1635 qu'une nouvelle rupture lui permit d'agir. Il fit venir une armée française, à laquelle se réunirent quatre mille six cents hommes de Berne, Zürich, Soleure, Fribourg, Uri, Schwytz, et six mille Grisons : aussitôt il s'avança sur Bormio, Chiavenna et Riva, qui ne firent aucune résistance. Mille Vénitiens renforcèrent l'armée. Cependant les Autrichiens, arrivant par la vallée de Munster, reprirent encore une fois la Valteline; c'est alors seulement que commença la campagne : à Mazzo, Rohan leur tua trois mille hommes; et les battit dans la vallée de Freel, à Bormio et à Morbegno, où il périt deux mille Espagnols. Les hostilités continuèrent en 1636, dans les environs du lac de Come. D'abord la France parut disposée à seconder les vues des Grisons; mais elle changea subitement de résolution, et s'en tint, à peu de chose près, au traité de Monzone. Elle se réserva un droit d'arbitrage sur les différends de la Valteline avec les Grisons. L'exaspération fut alors portée au plus haut degré; pour comble de malheur, le duc de Rohan était malade, et voyait ses bonnes intentions paralysées par l'ambassadeur Lanier, dont les airs hautains et les menaces aliénaient tous les esprits. La solde n'était pas payée, et cependant les troupes de la ligue constituaient la principale force de l'armée française. Les Grisons reconnurent qu'ils ne devaient plus compter sur les Français. De ce moment, Jenatsch et quelques chefs qui avaient, comme lui, glorieusement combattu dans la Valteline, s'adressèrent secrètement à l'Espagne et à l'Autriche; il se rendit à Inspruck, dissimulant et son voyage et ses intentions, et trompant le duc de Rohan par de mensongères protestations. Cependant celui-ci eut connaissance de ces menées, et renforça son camp retranché au confluent de la Lanquart et du Rhin. Tout à coup Jenatsch parut à la tête des insurgés : il arrivait des troupes allemandes du lac de Constance ; il venait des Espagnols de l'Italie. Dans ces circonstances, le duc de Rohan s'engagea à évacuer le pays, rappela près de lui le maréchal de Lecques, et se retira avec beaucoup de dignité. En partant, le maréchal dirigeant son pistolet sur Jenatsch : *C'est ainsi que l'on quitte les traîtres*, s'écria-t-il : mais le coup ne partit point. Jenatsch était réservé à la vengeance de Rodolphe Planta, qui le tua deux ans plus tard, dans un bal, parce qu'il avait assassiné son père Pompée Planta. Des traités avec l'Espagne et l'Autriche confirmèrent aux Grisons la possession de Chiavenna, de la Valteline et de Bormio, à condition toutefois que le catholicisme y serait seul toléré.

La guerre de trente ans et le traité de Munster eurent une heureuse influence sur les destinées de la Suisse. Décidés à une entière neutralité, les confédérés voyant que les Impériaux, les Suédois, les Français, forçaient quelquefois le passage sur leurs frontières pour s'attaquer les uns les autres, réglèrent entre eux les contingents à fournir pour la défense du pays et l'inviolabilité du territoire neutre. On inséra au traité de Munster un article spécial, qui déclara la Suisse indépendante de l'Empire et de ses juridictions : jusque-là, les villes prenaient encore sur leurs monnaies le titre de *civitates impe-riales*, et décoraient leurs drapeaux et leurs édifices publics de l'aigle impérial. La chambre de Spire continuait à les citer devant elle; mais voici le fait qui donna lieu à ce grand événement. Florian Wachter, de Schlestadt en Alsace, avait actionné la ville de Bâle pour une prétention de peu d'importance ; néanmoins la procédure avait été si bien conduite, que déjà les frais s'élevaient à plus de quarante mille florins. Les confédérés se plaignirent de la chambre de Spire, protestant contre sa juridiction; mais cette chambre fit exécuter son arrêt, et les marchandises des négociants bâlois furent saisies dans plusieurs pays. Le congrès de Westphalie était alors assemblé ; le bourgmestre Wettstein, muni de pleins pouvoirs des cantons protestants de Saint-Gall et de Bienne, s'y rendit, et les ministres français furent chargés d'intervenir en sa faveur. Obligé de faire face à ses dépenses lui-même, abandonné de tous, Wettstein mit dans sa conduite tant de finesse et de constance, et acquit tant de considération, qu'il réussit au delà de ses espérances ; et l'empereur ne voulant pas que le plénipotentiaire français, le duc de Longueville, en eût tout le mérite aux yeux des Suisses, rendit un rescrit, par lequel les cantons furent affranchis de la juridiction des tribunaux de l'Empire. Spire néanmoins persista dans l'exécution de sa sentence. Le rescrit avait passé dans les traités de Munster et d'Osnabruck, et ce ne fut encore que quelques années plus tard que les droits des cantons furent ouvertement reconnus et triomphèrent de ces tracasseries. La Suisse, dès lors, prit en Europe un rang non contesté, et si le peu d'étendue de son territoire ne lui donnait pas dans le système des grands États une prépondérance plus facile à conserver pendant le moyen âge, du moins elle pouvait faire respecter sa neutralité, servir de contrepoids à tout dérangement de l'équilibre général, et demeurer redoutable à quiconque oserait méconnaître son indépendance. Deux causes l'empêchèrent de prospérer : la première, le service étranger : à cette époque, elle avait vingt-cinq mille guerriers à la solde d'autres puissances; la seconde, les discussions religieuses et les insurrections des campagnes contre les villes. Ces mouvements sont trop importants pour ne pas trouver place dans notre récit.

Les campagnes sujettes des villes se plaignaient des charges que celles-ci faisaient peser sur elles, des impôts nouveaux, des exactions et de la hauteur des baillis et des employés. Ceux-ci, se prévalant de leur titre de bourgeois, traitaient les paysans avec un superbe dédain, et toute justice était refusée à ces malheureux, qui comparaient tristement leur sort avec celui des montagnards des cantons primitifs. L'impôt du sel et le monopole qu'en faisait le gouvernement entraient pour beaucoup dans le mécontentement universel, qui fut porté au comble par une réduction dans la valeur des monnaies. A Berne et à Lucerne on procéda à cette mesure, si dangereuse en elle-même, avec beaucoup de précipitation, et l'on ne donna que trois jours pour verser au trésor les monnaies réduites.

L'insurrection éclata dans l'Entlibuch : des députés avaient été envoyés à Lucerne; ils furent mal reçus, et s'en retournèrent exaspérés; on chassa les huissiers qui venaient exiger des redevances. L'avoyer, suivi de magistrats et d'ecclésiastiques, vint à Schüpfen; mais, au lieu des quarante jurés du pays, il y trouva toute la population en armes : à la tête de ce rassemblement étaient trois hommes vêtus comme les libérateurs du Gruttli. On jugea par là de leurs intentions : aussi les plaintes furent-elles tumultueuses; on réclama contre les percepteurs de l'impôt; on exigea la représentation du titre qui soumettait l'Entlibuch à Lucerne; l'on réclama des lettres de franchises que l'on disait avoir été soustraites; enfin, on se sépara sans rien conclure. Des postes militaires disposés par les insurgés arrêtèrent toute communication avec Lucerne. Pendant que cette ville implorait le secours des cantons catholiques, les insurgés constituaient et juraient une ligue à Wollhausen : là furent rédigés vingt-sept griefs. Entre autres on voulait, si le gouvernement ne consentait pas à rendre à la monnaie sa valeur, payer les intérêts en nature, et les capitaux en biensfonds sur estimation; enfin, on demandait la réduction des dettes aux deux tiers. Il y eut à Willisau une conférence avec les députés des six cantons; mais les insurgés ne cédèrent sur rien et se disposèrent à marcher contre Lucerne, s'emparant de la personne des députés. Aussitôt, les cantons envoyèrent quatre cents hommes pour renforcer la garnison de la ville; Zürich et Berne mirent aussi des troupes sur pied : alors les rebelles implorèrent la médiation de ces députés qu'ils avaient arrêtés, et ceux-ci oublièrent leur injure personnelle par amour pour la patrie; Lucerne, de son côté, était devenue plus flexible. Le conseil savait que la bourgeoisie murmurait contre les patriciens. Les conditions furent arrêtées et acceptées : elles consacraient les droits de la cité et les franchises de la campagne. La dissolution de la ligue de Wollhausen fut prononcée, et il fut dit que désormais le conseil de Willisau élirait lui-même son avoyer.

L'Emmenthal n'était pas plus tranquille, et Berne aussi s'était adressée aux alliés; une diète à Baden venait d'interdire les rassemblements sous des peines sévères : toutes les mesures étaient prises; en cas de danger, Zürich, Glarus, Appenzell, Saint-Gall enverraient leurs troupes à Lentzbourg; Soleure et Fribourg couvriraient Berne; Bâle placerait son contingent à Olten; les cantons occuperaient Bremgarten, Mellingen et Baden; et Schaffhousen attendrait des ordres à Brugk. Le Valais et les Grisons furent avertis de se tenir prêts. On se crut assez fort pour sommer les paysans de déposer leurs griefs, pour informer sur la conduite des baillis, et la diète leur recommanda, non de faire craindre l'autorité, mais de la faire aimer.

Contre l'attente de la diète, la fermentation ne fit que se propager, toute la partie allemande du territoire bernois était en révolte; déjà le peuple avait refusé de marcher contre les insurgés de Lucerne, il ne tarda point à se porter aux mêmes excès. Les bourgeois arrivèrent, et l'on demanda des secours à Bienne, Neufchâtel et Genève. La plupart des villes, tout en les accordant, étaient loin de condamner l'insurrection; on se demandait de quel côté était le bon droit; on rappelait les exactions des baillis qui souvent condamnaient, sous le plus léger prétexte, à de grosses amendes, dont le paysan s'affranchissait ensuite en souscrivant un titre au profit du juge; on n'avait pas oublié l'insolence des subalternes, etc., etc. Aussi plusieurs chefs eurent-ils pour instruction de s'interposer entre les uns et les autres.

Les paysans de Soleure et de Bâle étaient dans les mêmes dispositions que ceux du canton de Berne : un détachement, qu'on envoyait occuper Aarbourg, fut repoussé. Les soldats de Bâle et de Mulhousen étaient à Aarau : ils furent obligés de se retirer en passant au milieu d'une haie de paysans. Heureusement, les députés des cantons évangéliques parvinrent à une transaction qui adoucit la position des campagnards, leur donna des termes pour l'acquittement des dettes, abolit certains impôts, et maintint néanmoins le décret de réduction des monnaies. Les insurgés se soumirent à demander pardon, à genoux, au grand conseil. Amnistie entière fut proclamée, et il en fut de même dans l'Argovie et à Soleure. L'ordre était à peine rétabli, que les orages recommencèrent à gronder sur Lucerne : on ne voulait plus renoncer à la ligue de Wollhausen; les rebelles qui s'étaient soumis à Berne et à Soleure reprirent leur attitude hostile, et firent cause commune avec l'Entlibuch. Nicolas Leuenberger, de Trachselwald, et Christian Schybe, de Erscholzmatt, furent les chefs de cette nouvelle sédition : le premier, plus expérimenté et plus habile; le second, plus hardi, plus entreprenant. Les articles de la fédération furent jurés solennellement à Sumiswald. Comme les riches étaient secrètement dévoués à l'autorité, on se permit beaucoup d'actes de cruauté à leur égard : on leur coupait les moustaches, et souvent les oreilles; on leur appliquait parfois la tête à une meule à aiguiser, que l'on faisait tourner de manière à enlever la peau et la chair. Ces actes de férocité et une démarche inconsidérée envers l'ambassadeur de France, pour demander des troupes, perdirent la cause des révoltés dans tous les esprits, car la fédération était menacée d'une dissolution prochaine. Leuenberger, investi d'une puissance dictatoriale, n'était qu'à une lieue de Berne et menaçait d'interrompre les communications; d'autres divisions avaient investi Aarau et gardaient les postes de Guminen et de Windisch. Les dépêches par lesquelles Berne demandait du secours aux confédérés avaient été interceptées; le désespoir était à son comble. Le gouvernement consentit à négocier, et promit cinquante mille livres, mais uniquement à titre de secours pour les pauvres; il s'engagea à beaucoup d'autres réparations, à charge de soumission de la part des sujets et de renonciation à leur ligue. Cependant arrivaient à Aarberg les troupes du pays de Vaud, qui, n'ayant avec les Allemands aucune intelligence, étaient restées fidèles; et les alliés, sous la conduite du général Conrad Werdmüller, allèrent prendre position à Mellingen. Le général Zweyer couvrit Lucerne avec cinq mille hommes des Waldstetten, de Zug et des bailliages italiens.

Les insurgés avaient enlevé deux pièces de canon à Sursée; ils établirent, près de Mellingen, un camp retranché, et les hostilités s'engagèrent; ils échouèrent dans une tentative sur Zofingen : un armistice ayant été demandé et obtenu par eux, ils envoyèrent des députés au camp. Là on exigea la dispersion immédiate de ces bandes, la punition des fauteurs de ces troubles, l'anéantissement de la ligue. Les paysans de Bâle, Berne,

Soleure, acceptaient ces conditions; mais ceux de Lucerne s'excusèrent, disant qu'ils n'avaient pas de pouvoirs suffisants. Leuenberger passa aussitôt dans l'Argovie supérieure; Erlach s'avançait avec sept mille hommes; il poursuivit deux mille insurgés depuis Langenthal jusqu'à Herzogenbuchsée: après une résistance opiniâtre dans le bois, dans le village, au milieu des flammes qui le consumaient, et derrière les murailles du cimetière, les rebelles prirent la fuite. Ce ne fut pas la dernière action; il y eut encore bien des malheurs; un convoi de poudre du général Zweyer sauta; et, sans un renfort venu de Saint-Gall, il lui eût été impossible de tenir contre l'ennemi. Les Lucernois tiraient quelquefois en l'air, disant qu'ils n'étaient point là pour tuer des paysans, mais pour défendre leur ville. Ces dispositions amenèrent celle-ci à conclure une convention désavantageuse: les cantons protestèrent, et firent désarmer les campagnards. Zweyer s'étant avancé avec ses troupes jusqu'à Sursée, tout se rangea; mais, pendant sa route pour rentrer à Lucerne, l'avoyer fut atteint d'un coup de feu, et l'un de ses compagnons tué. Les Bernois exceptèrent l'Argovie inférieure de leurs mesures de rigueur. Leuenberger fut décapité à Berne; sa tête attachée au gibet, son corps écartelé: le supplice de Schybi eut lieu à Sursée: il y eut encore beaucoup d'autres condamnations.

La paix eût régné à l'avenir, si une même religion eût rassemblé les Suisses au pied des autels; mais la haine du fanatisme s'apaise rarement. On se reprochait mutuellement des griefs nombreux: aux catholiques on imputait à crime la ligue Borromée; aux protestants, des alliances avec la Hollande et l'Angleterre; et en effet, le greffier Stokar de Schaffhousen avait été accueilli par Cromwell avec de grandes démonstrations d'amitié; et les cantons avaient été compris comme alliés du protecteur dans le traité de 1654. De leur côté les catholiques faisaient cause commune avec l'Espagne, la Savoie, l'évêque de Bâle: il était impossible qu'il n'y eût pas exaspération des deux parts; et les ecclésiastiques des deux religions l'entretenaient. Dans le canton de Schwytz on exerçait une véritable inquisition. Un jour six familles d'Arth s'enfuirent à Zürich, demandant asile; et cette cité intervint pour qu'elles pussent faire venir leur fortune. Schwytz n'en tint compte, confisqua les biens, arrêta les parents et même les amis, et accusa les fugitifs d'être des anabaptistes. On fit même entendre aux envoyés que l'on soupçonnait Zürich de fomenter les dissensions religieuses. Ce n'est pas tout: on livra au supplice trois hommes et une femme; trois autres personnes furent envoyées à l'inquisition de Milan. Sur ces entrefaites, Baden augmenta ses fortifications, ce qui fut considéré comme le premier acte d'hostilité. Zürich continuait à demander l'extradition des biens, Schwytz celle des personnes; et comme ce canton ne voulut pas céder aux représentations des cantons, Zürich fit à l'instant occuper Bremgarten et Mellingen. Les réformés exigèrent des catholiques de rompre avec l'Espagne; enfin, sur leur refus, Werdmüller se mit en campagne. Il avait combattu sous les drapeaux de la Suède, de l'Espagne, de la France dont le roi venait de le combler de faveurs; il s'était acquis une brillante réputation, mais elle vint expirer sur le sol de la patrie. D'abord il fit de mauvaises dispositions, et entreprit le siège de Rapperschwyl; opération qui a donné son nom à toute la guerre. Outre les bourgeois décidés à résister à outrance, il y avait dans la place deux cents Espagnols: pendant ce temps, les Zürichois prenaient et pillaient Kayserstuhl et Rheinau, soumettaient la Thurgovie, et occupaient Baden. Berne, se joignant à Zürich, lui envoya ses troupes, et fit garder ses défilés, et notamment le Brunnig. Les catholiques tenaient les passages de l'Albis, ainsi que la ville de Mellingen. L'armée bernoise vint à Dettikon et à Wilmergen; mais elle était sans discipline et ne se gardait pas, parce qu'elle avait confiance dans l'issue des négociations : la plupart des officiers étaient à Lentzbourg. Tout à coup le colonel Pfyffer de Lucerne, à la tête d'un corps de cinq mille hommes environ, se présenta à l'issue du bois : on rit de l'avertissement donné par les avant-postes; on aima mieux s'en rapporter à quelques jeunes gens qui, au retour d'une promenade à cheval, assurèrent qu'il n'y avait aucun danger à craindre. Au moment d'attaquer, Pfyffer reçut des dépêches; mais, présumant bien qu'elles renfermaient la défense de combattre, il les mit dans sa poche, disant qu'il n'avait pas le temps de les lire. Les Bernois, troublés, ne se rangèrent qu'avec hésitation : placés dans un chemin creux, les catholiques dirigèrent un feu terrible sur eux; et, comme ces malheureux n'avaient de munitions que pour deux décharges, ils furent obligés de se replier : aussitôt les Lucernois, excités par leurs prêtres, exécutèrent une charge vigoureuse : la cavalerie ennemie ne put la soutenir, et l'infanterie se dispersa aussi. Une division bernoise qui s'approchait demeura dans l'inaction, et la perte de l'armée eût été entière, sans les soldats qui étaient postés dans les vignes et qui firent bonne contenance. Un bataillon de Zofingen couvrit la retraite; on arriva à Lentzbourg à neuf heures du soir, à la lueur de villages incendiés par le vainqueur. On avait perdu dix pièces, deux cent mille florins, la chancellerie de l'armée, deux étendards, neuf drapeaux, et environ mille hommes tués, blessés ou prisonniers. Les catholiques demeurèrent trois jours sur le champ de bataille, puis ils se retirèrent avec leur butin. Les réformés ne furent pas plus heureux à Rapperschwyl; ils se virent repoussés de ses remparts avec perte. Cependant les deux partis désiraient également la paix : elle fut signée le 7 mars 1656; on laissa à chaque État la faculté d'agir comme il l'entendrait en matière religieuse; la même liberté fut concédée aux individus dans les pays possédés en commun. Mais le repos ne fut pas de longue durée : le jour de la Pentecôte, 1764, un Lucernois traversait la Thurgovie avec quarante-trois recrues qu'il avait enrôlées pour l'Espagne; il suivait des chemins détournés; et ses compagnons, toujours ivres, commettaient beaucoup de désordres. Arrivés à Lipperschwyl, ils entrèrent dans l'église réformée l'épée nue à la main : une femme courut à celle de Wigoldingen, criant que l'on assassinait les habitants de Lipperschwyl. On s'arma, on sonna le tocsin, et l'on courut au lieu menacé : cinq recrues furent tuées, les autres prises ou dispersées. D'autres griefs encore exaspéraient les esprits; un signal destiné à faire connaître les incendies, ayant été mis en flammes on ne sait comment, Zürich et les cinq cantons y accoururent, mais nul ne voulait commencer l'attaque; on négocia, on procéda, on instruisit contre les paysans de Wigoldingen : deux d'entre eux eurent la tête tranchée; deux autres furent exposés au carcan.

Les négociations avec la France, les guerres de cette puissance en Hollande et au delà du Rhin, la prise de possession de la Franche-Comté, enfin quelques tracasseries religieuses à Genève, occupèrent, pendant les années suivantes, l'activité des confédérés; mais, lorsqu'en 1679, le roi fit construire les fortifications de Huningue, Bâle s'en alarma. Cette cité dépêcha vers Louis XIV Abel Socin; il reçut pour réponse que cette forteresse serait aussi profitable aux alliés qu'à la France elle-même. Les cantons intervinrent aussi, se plaignant vivement de la proximité de ces ouvrages militaires. On leur répliqua que Huningue n'était pas plus près de leurs limites que Constance. L'affaire fut conduite mollement; le roi acheva l'exécution de son projet, jeta même un pont sur le Rhin, et le fit protéger par un ouvrage à cornes sur la rive droite; mais le pont et le retranchement disparurent en conséquence du traité de Riswyck. Quelques années plus tard, les fortifications de Landscron ne donnèrent pas moins d'inquiétude aux Bâlois. C'est un vieux château qui appartenait au moyen âge, à la famille du célèbre Burghard Münch, de ce traître qui fut tué à la bataille de Saint-Jacques par un Suisse, pour avoir dit qu'il se baignait au milieu des roses. Landscron présente encore sa vieille tour démantelée aux regards des habitants de l'Alsace; il leur rappelle des souvenirs glorieux des dernières guerres. Du haut de ce donjon la vue s'étend sur le cours de la Birse, sur Harlesheim et ses jardins enchantés. Non loin de là, sur les sommets voisins, d'autres vieux châteaux couronnent l'hémicycle de montagnes qui s'arrondit autour du confluent de la Birse et du Rhin ; mais ces châteaux n'ont point la richesse de souvenirs qui jette tant d'intérêt sur Landscron. En traversant la plaine arrosée par ces deux courants, on le voit au loin, sur les hautes limites de la France, sentinelle monumentale, gardien du passé, orgueil du présent et de l'avenir.

Malgré ce dangereux voisinage, et quoique les pays voisins fussent dévastés par la guerre, Bâle fut le théâtre de discordes fort orageuses. Depuis longtemps le petit conseil s'était en quelque sorte arrogé la puissance législative; il négligeait d'assembler le grand conseil, ne le convoquait guère que pour des affaires de forme, et méconnaissait toutes les prescriptions en matière d'élection. Les familles, dont le pouvoir était d'abord fondé sur la considération, s'arrogeaient le droit d'envahir à elles seules les hauts emplois, ou bien on ne donnait entrée au conseil qu'à des êtres subalternes que l'on pouvait facilement dominer. La même aristocratie se formait à Berne, à Lucerne, à Fribourg: le gouvernement n'était plus guère qu'un pacte entre plusieurs maisons, qui s'assuraient mutuellement l'influence et la richesse ; les autres disparaissaient peu à peu de la scène politique. Le peuple se plaignait amèrement ; on reprochait aux membres du petit conseil de Bâle d'être accessibles à la corruption, de mal administrer les biens ecclésiastiques, de se livrer à des intrigues électorales. En 1690, les travaux d'Huningue fournirent l'occasion d'assembler le grand conseil : les mécontents voulurent le faire rentrer dans l'exercice de ses droits; il y eut des réunions particulières, et une commission prise parmi les membres de l'un et de l'autre. Pendant qu'on revisait ainsi la constitution, il arriva six mille Français dans Huningue : circonstance qui inspira beaucoup de méfiance à la bourgeoisie : le grand conseil finit par craindre beaucoup plus cette dernière, qu'il n'avait craint le petit conseil ; car elle avait aussi ses réunions et ses commissions, et s'était constitué un procureur général : Fatio fut appelé à cette dignité. Les confédérés de Baden envoyèrent des médiateurs ; mais tout à coup les bourgeois fermèrent les portes de la ville, et entourèrent la maison commune ; il fallut destituer beaucoup de membres du grand et du petit conseil. On se plaignait aussi de l'existence d'un conciliabule de femmes : celle d'un chef de tribu fut condamnée à six mille écus d'amende, et à garder quatre ans la maison; punition d'autant plus dure, qu'elle était renommée pour sa beauté. Les troubles se prolongèrent l'espace de plusieurs mois; il fallut que le grand conseil consentît aux exigences du peuple ; enfin, de part et d'autre, on convint d'accepter l'intervention de la diète : le conseil désigna les arbitres qu'il choisissait, ce qui donna lieu à de nouvelles difficultés. Tout à coup éclata une violente sédition, qui donna aux défenseurs de l'ancien ordre de choses un ample prétexte à sévir contre les novateurs ; on maltraita des citoyens, on démolit des maisons. Le procureur général de la commune Fatio répandait partout la terreur, se constituait juge en toute affaire ; il contraignit le grand conseil à l'acceptation de ses conditions et à la déclaration d'une complète amnistie; mais, quand arrivèrent les médiateurs, ils annulèrent tous ces actes, voulant, disaient-ils, que force demeurât à l'autorité : en conséquence, ils firent rentrer au conseil tous ceux qui avaient été exclus. Fatio avait perdu sa popularité; après le départ des médiateurs il fut arrêté; en vain ses partisans essayèrent de le délivrer à main armée, il fut condamné à mort par le grand conseil, ainsi que son beau-frère Moses, et Jean Muller, le chef de la troupe qui avait voulu le délivrer. Après l'exécution, on prononça encore beaucoup d'autres condamnations aux travaux forcés, à l'exil, a la perte des droits de bourgeoisie. Les portes de la ville demeurèrent fermées pendant plusieurs jours. Les procès-verbaux des conciliabules bourgeois furent brûlés par la main du bourreau. Nous n'avons esquissé ces agitations d'une seule ville, que pour donner à nos lecteurs un exemple de ce que devenait, au milieu de ces menées, cette histoire de Suisse naguère si majestueuse : désormais elle se traîne dans une multitude de détails d'administration ; et, pendant que les descendants des héros de Morgarten, de Sempach et de Morat vendent leur sang aux potentats étrangers, les hommes d'un âge mûr se perdent en minutieuses discussions : on croirait lire un journal moderne; et les délibérations des plus grandes cités ne sont plus que des querelles municipales. Nous ne ferons que les indiquer, et nous passerons rapidement sur le dix-huitième siècle, jusqu'à ce qu'enfin de grands événements, dont la Suisse fut le théâtre, aient réveillé cette nation pour l'associer aux fastes de la révolution française, aux exploits de ses guerriers; jusqu'à ce que de nouveaux traités en aient changé la face pour rétablir la confédération sur de nouvelles bases. Ainsi nous ne dirons que peu de chose de la guerre civile qui affligea le Tockenbourg pendant les premières années de ce siècle. La guerre de la succession d'Espagne, contemporaine de celle-là, exerça aussi une influence marquée sur les événements intérieurs de la Suisse; de grands événements eurent lieu dans le voisinage de ses frontières; et souvent les confédérés se virent contraints de suspendre les coups qu'ils se portaient mutuellement, pour jeter sur les parties belligérantes un regard observateur, pour renforcer leurs places, et garantir leur territoire. Du reste, les confédérés tinrent une conduite assez vacillante dans leurs relations politiques, félicitant le roi de France de l'élévation de Philippe V ; et, d'un autre côté, ne voulant pas faire un acte qui impliquât une reconnaissance formelle; puis, s'attirant à la fois le mécontentement de l'Autriche et celui de la France, ils firent occuper les villes forestières au nom de l'empereur, et fournirent des troupes à Louis XIV; ils maintinrent au surplus la neutralité de leur territoire, et voulurent même l'étendre au pays de Baden. Quand le maréchal de Villars battait les Impériaux à Friedlingen, on gardait Bâle et toute la frontière; mais, l'année suivante, on laissa passer les Français par petites divisions de vingt hommes. Bientôt la face des affaires changea : la malheureuse journée de Hochstett, et l'évacuation de la Souabe par les Français, rendit à l'empereur une prépondérance marquée dans les affaires helvétiques. Louis XIV demanda la médiation des cantons; mais les affaires de la France allaient de plus mal en plus mal. Le prince Eugène força, en 1706, les lignes de Turin, et reprit le Modenois, le Mantouan, et le Milanais. Enfin, trois ans plus tard, le général Mercy osa violer la neutralité suisse, et fit invasion en Alsace par le territoire de Bâle, dans la nuit du 20 août 1709; il fut complétement battu dans une glorieuse journée où le comte du Bourg vint à sa rencontre à Hammerstadt, n'ayant à lui opposer que quelques bataillons, et le lendemain Mercy traversait en fugitif, et suivi de quelques cavaliers seulement, ce territoire helvétique qu'il avait foulé avec tant d'orgueil peu de jours auparavant. Ceux qui n'avaient pu l'empêcher de passer le saluèrent de quelques décharges de mousqueterie, pour le tenir à distance de la ville. La France, de son côté, exerçait aussi quelques violences ; elle avait à se plaindre d'un conseiller de Coire, appelé Thomas Masner; cet homme, dévoué à l'Autriche, faisait beaucoup de mal aux marchands français, sous prétexte qu'ils se livraient à la contrebande; il s'était même permis d'arrêter un courrier, et de lui enlever ses dépêches et ses effets. Pour l'en punir, la France eut recours à la ruse; son fils faisait ses études à Genève; là se trouvait aussi un jeune homme, frère de l'interprète français à Coire. Ce jeune homme engagea Masner, l'étudiant, à une promenade; mais, parvenu aux avant-postes français, on le saisit, et on l'enferma dans le fort l'Écluse. Dès que le fait fut connu, Thomas Masner vengea son fils en arrêtant l'interprète français à Coire. L'intervention de du Luc, l'ambassadeur en Suisse, le contraignit à demander pardon : il l'avait fait dans l'espoir que son fils serait aussitôt rendu à la liberté ; il n'en fut rien. Masner eut donc recours à de nouvelles violences; il s'empara du duc de Vendôme, grand prieur de l'ordre de Malte, qui passait à Sargans, et le livra à l'Autriche, pour être détenu à Feldkirch. Il agissait d'accord avec l'Angleterre et la Hollande. La France demandait satisfaction. Les Grisons voulaient à la fois la liberté du prieur et celle du jeune Masner. Schwytz et les autres cantons desquels dépendait Sargans, mirent la tête de Thomas Masner à prix ; mais il bravait ses juges; et, dans ce moment même, son parti le nomma gouverneur de Mevenfeld, où il fit son entrée solennelle. Malgré l'appui de l'Autriche, il n'en fut pas moins déclaré coupable d'avoir blessé la majesté divine, et qualifié de traître, rebelle, brigand; déchu de ses honneurs, il fut exilé; enfin, si on le ramenait, il devait être écartelé. On confisqua ses biens; et l'on eût démoli sa maison, sans les larmes de sa femme. Le chargé d'affaires anglais, Manning, qui avait voulu intervenir pour lui, étant aux bains de Pfeffers, fut attaqué et atteint de dix blessures. Les relations furent interrompues entre l'Autriche et les Grisons; mais bientôt, se voyant négligé par ses protecteurs, Masner vint secrètement à Glarus; découvert et persécuté par l'ambassadeur de France, il s'enfuyait au delà du Rhin, quand sa voiture versa, et il mourut des suites de cette blessure, loin de sa femme, loin de son fils. Ce ne fut qu'à la paix de Baden, en 1714, que ce malheureux, victime et cause innocente de tant de maux, fut rendu à la liberté. Cette paix réunit en Suisse les plus grandes illustrations militaires; on vit à Baden et le prince Eugène et le maréchal de Villars traiter amicalement des affaires de leurs souverains, après s'être vaillamment combattus sur les champs de bataille. Il fallut, en vertu de ces divers traités, que le roi abandonnât ses possessions au delà du Rhin, et démolit sa tête de pont de Huningue, qui inquiétait si fort les Bâlois.

Après ce coup d'œil général sur les événements extérieurs, la guerre du Tockenbourg occupera quelque temps notre attention. Depuis la mort du dernier comte de ce nom, ce pays s'était assuré des franchises; il avait un traité d'alliance avec Schwytz et Glarus; et, quand l'abbé de Saint-Gall acheta, en 1468, les droits que le seigneur de Raron tenait en qualité d'héritier des comtes de Tockenbourg, il chercha à usurper ceux qu'il n'avait point acquis, et négocia avec Schwytz et Glarus pour mettre les siens sous leur protection. Les termes du traité furent tels, qu'il devint facile d'en abuser pour prétendre à la souveraineté. L'abbé, tout en reconnaissant la juridiction des deux cantons, se fait donner le droit de justice et celui de lever des soldats pour ses guerres. Devenus princes de l'Empire, les prélats profitèrent de cette qualité pour étendre leurs prérogatives. Ils commencèrent par contester les libertés du Tockenbourg; dès 1510, ils qualifièrent ses habitants de serfs; en 1539, ils attirèrent à eux tous les appels; en 1540, ils s'arrogèrent la nomination des juges et des membres du conseil, la succession des condamnés, la chasse, la pêche; et les cantons protecteurs donnèrent gain de cause à l'abbaye. Les catholiques n'en étaient point fâchés; car ils ne voyaient, dans ces ambitieux prélats, que des protecteurs contre les réformés ; aussi ces catholiques virent-ils avec plaisir que la nomination à toutes les places, même à celle de pasteurs, dépendît désormais de leur chef spirituel. La déclaration de 1654 mit le comble à l'usurpation ; elle interdit au peuple le droit de s'assembler ; interpréta en faveur de l'abbé les traités anciens conclus avec Schwytz et Glarus. Depuis lors, on ne plaça que des étrangers, ou des hommes qui se dévouaient sans réserve aux volontés du maître : les tribunaux eux-mêmes jugeaient par ordre, et souvent sans qu'on daignât leur communiquer les pièces, et les choses en vinrent au point que le mécontentement gagna les catholiques eux-mêmes. La dureté de l'abbé Léger Burgisser fit éclater le feu qui couvait sous la cendre ; il ordonna de percer une route vers la Souabe, par la forêt appelée Hummelwald. Cette charge imposée à la commune de Wattweil était au-dessus de ses forces ; elle résista. L'abbé traduisit en justice les six envoyés qui lui avaient fait des représentations ; on leur ordonna de se rétracter et à payer l'amende et les frais. Germann, l'un d'eux, fut condamné à mort pour avoir appuyé les mécontents ; mais sa sentence fut commuée en un emprisonnement.

Poussés à bout, les habitants du Tockenbourg s'adressèrent aux Glarnais qui résolurent de protéger leurs libertés ; mais lorsqu'en 1702, ceux-ci voulurent renouveler l'alliance, l'abbé défendit à ses sujets d'aller prêter le serment d'usage : l'exaspération fut grande à ce sujet. L'abbé était aussi en contestation avec Appenzell pour des péages ; enfin on apprit qu'il avait conclu avec l'empereur, un traité et que celui-ci, en qualité d'archiduc d'Autriche, lui enverrait quatre mille hommes, à des conditions qui ne déplaisaient pas moins, telles que l'occupation de Constance et de Bregenz par les troupes de l'abbé, et l'engagement de ne renouveler la capitulation de Milan avec aucun prince, à moins qu'il ne tînt la Lombardie en fief de l'Empire ; il ne s'agissait de rien moins que de remettre sous la puissance de l'abbé Appenzell, Saint-Gall, le Rheinthal. En vain les confédérés, qui en conçurent de l'ombrage, demandèrent la production de ce traité, il éluda cette demande ; mais il lui fut impossible de l'exécuter, car ses sujets refusèrent de marcher sans les autres contingents. Cependant les habitants de Wattweil étaient obligés de subir la corvée infligée par l'abbé ; ils s'apprêtaient à faire la route. Glarus et Schwytz prirent pitié de leur malheur : on disait partout qu'il fallait les secourir ; *que, fussent-ils Turcs ou païens, ils n'en étaient pas moins des confédérés*. L'affaire fut portée à la diète : Zürich et Lucerne, qui étaient aussi protecteurs de Saint-Gall, et les réformés, prirent en général le parti de leurs coreligionnaires : cet intérêt excessif refroidit Schwytz, qui finit par embrasser le parti de l'abbé, sous prétexte que Berne et Zürich excitaient les habitants à l'insubordination. L'abbé déclina leur juridiction, lorsqu'en 1707, ces deux villes lui signifièrent six articles auxquels il aurait à se conformer. Assurés d'une aussi haute protection, les mécontents jurèrent le maintien de leurs droits, et procédèrent sur-le-champ aux élections ; le grand et le petit conseil furent composés en partie de catholiques et de réformés ; on constitua un tribunal d'appel. Cette concorde politique n'empêchait pas les scènes tumultueuses auxquelles donnait lieu la différence des cultes ; on s'insultait, on envahissait les églises. *Ne finirez-vous pas ces hérétiques miaulements*, criaient les catholiques à Heltensweil, et les bancs de l'église devenaient des projectiles pour repousser l'attaque. Zürich résolut enfin d'intervenir à main armée : la défiance était générale entre les cantons réformés et les cantons catholiques ; il s'y mêlait quelques prétentions de souveraineté territoriale : on armait, on s'exerçait : pendant ce temps, un homme qui avait longtemps joui de la faveur populaire à Schwytz, fut accusé d'avoir tramé la vente de la Marche à Zürich ; il fut décapité comme traître, parjure, faussaire, comme fauteur des désordres du Tockenbourg.

Au milieu de ces divisions, les catholiques recoururent à l'empereur; Zürich et Berne l'invoquaient aussi; mais ils s'en reposaient surtout sur la Prusse et l'Angleterre. Les excès d'intolérance religieuse faisaient toujours couler le sang; l'abbé mit garnison dans les châteaux d'Iberg et de Schwarzenbach, les abbayes de Magdenau et de Saint-Jean. Aussitôt Iberg fut investi, et Saint-Jean observé par un poste d'insurgés. Zürich mit un corps de troupes sur la frontière. Un avocat, dont le Tockenbourg avait réclamé le ministère près de la diète, Ulrich Nabholtz de Zürich, prit tant d'influence dans ce pays, qu'il fut bientôt à la tête de tous les mouvements. Cet homme avait de la résolution, de l'éloquence, de la présence d'esprit, et un louable désintéressement. D'abord garçon cordonnier, puis soldat, ses études et ses connaissances historiques l'avaient élevé. Dans les cantons catholiques, l'avoyer Dunler de Lucerne soutenait non moins vivement le parti de l'abbé. Il invita les cantons catholiques à se réunir pour soumettre les révoltés. Il y avait quelque temps déjà que les postes étaient retirés; mais l'abbé avait toujours sa garnison dans Iberg : le 3 mai 1710, les habitants surprirent ce château et ceux de Schwarzenbach et de Lutisbourg; les couvents furent aussi occupés : Berne et Zürich firent à l'empereur, qui les avait menacés de sa colère, une réponse digne et ferme : de toutes parts on menaçait l'abbé de ne plus siéger à la diète avec lui, s'il ne rompait son alliance avec l'Autriche. Le 12 août 1712, les gens du Tockenbourg envoyèrent une déclaration de guerre en forme à l'abbé de Saint-Gall : Nabholtz se mit à leur tête : la campagne s'ouvrit par des pillages; le commandant des troupes de l'abbé, Felber, se retira dans Wyl pour y recevoir des renforts. Nabholtz alla investir la ville avec deux mille six cents hommes, la plupart de Zürich. Les vivres manquaient; les Züurichois se retirèrent : Nabholtz fut obligé de couper des ponts pour garantir sa marche. Son habileté, son intrépidité le préservèrent de tous les dangers. Berne cependant faisait garder toutes ses frontières; elle envoyait quatre mille sept cents hommes dans l'Argovie, sous le commandement du général Tscharner. Schwytz et Lucerne réunirent leurs troupes à Pfeffikon; on appela Soleure, Fribourg, le Valais, l'évêque de Bâle. Bremgarten, Mellingen et Baden furent occupés par les catholiques : toute la Suisse se mit en mouvement. Les Zürichois et les Bernois firent leur jonction en passant l'Aar, non loin du château de Freudnau. Glarus, Soleure, et l'évêque de Constance demeurèrent neutres; Bâle et Fribourg firent d'inutiles efforts pour rapprocher les deux partis. Wyl devint le théâtre des premières actions militaires. Felber était dans la place avec quatre mille hommes, et de l'artillerie autrichienne : les Bernois y vinrent joindre Nabholtz : cet audacieux chef avait été jusque-là entravé dans ses desseins par la jalousie du général zürichois Bordmer : il aurait voulu tenter une brusque attaque, et enlever la place d'assaut. Les Bernois arrivés, on la bombarda : la garnison faisait de fréquentes sorties, et dévastait la Thurgovie; alors Nabholtz imagina de faire une incursion sur l'ancien territoire de l'abbé; il incendia beaucoup de villages : à la vue de cet embrasement, ses soldats sortirent en foule de Wyl pour aller défendre leurs foyers; affaiblie par leur départ, la ville ouvrit ses portes, capitulant avec Berne et Zürich, le 22 mai. Felber, qui avait donné tant de preuves de courage et de dévouement, devint suspect à la multitude; il ne put se sauver à Bernhavdszell que grâce à la protection du vainqueur; mais, deux jours après, on le découvrit dans le presbytère; on le contraignit à monter sur un mauvais cheval, et on le traîna jusqu'au pont de la Sitter. Là il fut tué à coups de fusil, puis coupé par morceaux, et jeté dans la rivière. Le 26, on prit possession de l'abbaye; l'abbé, qui, précédemment, s'était retiré à Rorschach, s'enfuit en Souabe. Les hostilités continuèrent entre les réformés et les catholiques, tandis que les habitants du Tockenbourg se déclarèrent affranchis du joug de l'abbé, renoncèrent à leur alliance avec Schwytz et Glarus, et tentèrent de former avec le pays de Gaster et Uznach, une république indépendante : ils soumirent à la diète un plan de constitution ; mais Berne et Zürich refusèrent leur consentement.

Les catholiques cédaient partout : le pays de Baden, à l'exception de cette ville, s'était soumis aux vainqueurs. Gaspard Wertmüller, avec trois mille Zürichois, vint prendre position devant elle, dans les vignes du Lægerberg : les Bernois, descendant la Reuss depuis Mellingen, la passèrent près de son embouchure, pour attaquer la place du côté opposé ; il avait fallu livrer, chemin faisant, plusieurs combats. Baden se défendait vaillamment contre les Zürichois ; on faisait de vigoureuses sorties ; et des murs de la ville et du cimetière des Capucins, on dirigeait un feu très-vif sur le camp de Wertmüller. Celui-ci répondait avec quarante bouches à feu : le parapet du château s'écroula du haut du rocher sur lequel est bâti ce fort. Tout à coup on vit venir, de l'autre côté des grands bains, le corps bernois de Mellingen ; ils eurent à peine fait quelques décharges que la ville capitula. Le commandant eut la faculté de se retirer, mais sans artillerie. Il y avait cinquante-quatre canons dans la place. A cette nouvelle, toute la Suisse prit les armes ; chacun voulait secourir ses coreligionnaires : le pape donna de l'argent aux catholiques. On vit près de cent cinquante mille confédérés prêts à s'entr'égorger : la France et l'Autriche faisaient marcher des troupes vers la frontière, mais l'Angleterre et la Prusse protégeaient les réformés. Les députés des cantons réunis à Aarau, avaient rédigé un traité : Schwytz, Unterwalden, Zug, qui n'avaient point envoyé de députés au congrès, allaient y accéder malgré les intrigues du nonce et les excitations du clergé, quand tout à coup des hostilités imprévues vinrent briser toutes les négociations.

Le capitaine Akermann, bailli du Nidwald, avait franchi le lac près de Küssnacht, avec un corps franc, ramassant partout les fanatiques sur son passage. Lucerne eut beau s'interposer pour calmer le peuple, on fit feu sur un de ses envoyés. Akermann entra dans le pays de Zug ; Reding, colonel de Schwytz, se joignit à lui ; ils commandaient cinq mille hommes décidés à ne point subir cette odieuse paix : pour enseigne, ils portaient l'image du frère Nicolas de Flue. Bientôt ils passèrent la rivière de nuit à Gislicon, n'osant attaquer les Bernois qui occupaient un autre pont. Ceux-ci ne soupçonnaient aucun danger : il y avait six mille Zürichois près de Knonau, et le gros de l'armée était posté à Muri, l'abbaye offrant aux chefs un quartier général plus commode : personne n'avait songé à tenir les deux armées en communication, en jetant un pont sur la Reuss. Les catholiques marchèrent sur Sins, dont la garnison ne se gardait pas. On surprit et tua beaucoup de Bernois, et d'autant plus aisément que le curé, d'intelligence avec ces partisans, avait ce jour-là donné à dîner à leurs officiers. Ce ne fut qu'avec perte de ses canons que le brigadier Mullinen put se replier sur Muri : trois cents hommes restèrent et se défendirent dans le cimetière, puis dans l'église. Après trois heures de résistance, la fumée étouffa ceux qui étaient dans la tour ; d'autres sautèrent par les fenêtres : on les mutilait, on les faisait déchirer par les chiens. Akermann eut bien de la peine à sauver la vie à cent personnes, parmi lesquelles étaient le brave colonel Meunier. La perte des agresseurs n'était pas moindre. Akermann était blessé, Reding avait péri. Les Zürichois se montrèrent fort indifférents ; ils prétendirent que le vent du nord les avait empêchés d'entendre la fusillade, et ne firent pas même une irruption sur le territoire de Zug, pour opérer une diversion. Les Bernois se retirèrent sur Wolen et Vilmergen.

Akermann vit grossir son armée, qui fut bientôt de plus de douze mille hommes. Quoique Lucerne et Uri eussent signé la paix, les campagnards couraient sous ses drapeaux, tandis que d'autres marchaient contre la ville pour contraindre les magistrats à rompre le traité. Le mauvais temps retint quelques jours le zèle des agresseurs; enfin, le 25, on se jeta sur les Bernois, qui avaient pris position à Meïengrün. L'aile gauche des catholiques, arrivée à Vilmergen, donna le signal à l'aile droite, en tirant deux coups de canon; mais ce corps se fit longtemps attendre, il était mal armé. Vers dix heures du matin, les Bernois, qui occupaient les hauteurs, se formèrent en bon ordre, et sur trois rangs, éloignés d'une portée de mousquet les uns des autres. Les Lucernois, toujours arrêtés par la lenteur de l'aile droite, s'adossèrent à la montagne; et, pendant assez longtemps, on se borna, de part et d'autre, à échanger quelques boulets de canon. Les catholiques de l'aile droite voulurent déborder la gauche des Bernois; la canonnade devint plus active de l'autre côté. Alors les Bernois prirent l'offensive contre le corps du colonel Pfyffer qui conduisait les paysans; la fusillade s'engagea, et la cavalerie vint rétablir l'ordre par une charge exécutée à propos. Les paysans cherchèrent leur salut dans la fuite : l'infanterie, la baïonnette en avant, pénétra dans le bois de chênes, où ils s'étaient réfugiés, et prit quatre pièces et quelques drapeaux. Les fuyards périrent la plupart dans un étang voisin. A l'aile droite, la fortune était différente; les Lucernois, traversant le village de Dintikon, l'avaient culbutée; en vain les corps de la gauche, qui d'abord s'étaient dispersés, se reformaient pour soutenir leurs bataillons; ils étaient entraînés dans la retraite, et pressés à leur tour par des fuyards désormais ralliés, et revenant au combat avec un rare acharnement. Ce mouvement rétrograde des Bernois se faisait lentement et sans désordre : l'ennemi crut qu'il couvrait un stratagème, et ne suivit que de loin; mais le courage des Bernois était abattu : les généraux Tscharner, de Diesbach, et Sacconai, avaient été blessés grièvement. Déjà on était repoussé jusqu'à la haie qui bornait le champ de bataille vers le village de Händschikon; et les chefs prévoyaient qu'au delà de ce terme, il ne serait plus possible de prévenir une déroute complète. Ils retenaient par la manche ceux qui marchaient; ils menaçaient les plus timides de les faire charger par la cavalerie. Les dragons les secondaient : ce ne fut qu'à grand'peine qu'on retint l'artillerie qui était en marche pour Lentzbourg. Enfin le banneret Frisching, quoique âgé de soixante et dix ans, prit le commandement suprême. A sa voix ferme et persuasive, on fit volte-face, et le feu recommença : en même temps il arriva du renfort. Les catholiques n'avaient point de cavalerie; le feu des Bernois était mieux dirigé : l'ennemi fit retraite sur le Hirchsberg, voulant, par ce mouvement, opérer sa jonction avec un renfort qu'il attendait, mais qu'une division bernoise venait de contraindre à un détour. Enfin les coups décisifs furent portés dans une forêt de sapins : deux compagnies dispersèrent les Lucernois à la baïonnette; et, vers six heures du soir, les Bernois remportèrent la plus brillante victoire qui ait jamais ensanglanté ces fatales dissensions civiles. Ils avaient perdu, outre le général Tscharner, deux cent quarante morts, et quatre cents blessés. Dans l'autre armée, on déplorait la mort du brigadier Pfyffer, du colonel Fleckenstein de Lucerne, du colonel Crivelli d'Uri, de beaucoup d'officiers, de trois capucins, de deux prêtres, et de deux mille quatre cents soldats. Sur quatre cent vingt hommes d'Uri, cent vingt-sept seulement revirent leur patrie. On trouva sur les cadavres beaucoup d'amulettes et de chiffres mystérieux. Il y avait cinquante-six ans qu'en ce même lieu les catholiques avaient vaincu les protestants; et il s'en fallut de peu que la victoire ne se déclarât encore pour eux. Cette défaite eut des conséquences terribles: les habitants du Tockenbourg envahirent Uznach et le Gaster; Rapperschwyl ouvrit ses portes aux Zurichois. On était de toutes parts fatigué de la guerre: les plénipotentiaires se réunirent donc de nouveau, et toujours à Aarau: tous les cantons y furent représentés, même ceux qui n'avaient point fait la guerre. On céda Rapperschwyl, le pont et Hurden à Zürich: Berne eut part à la souveraineté de la Thurgovie, du Rheinthal, de Sargans, des bailliages libres; une amnistie générale fut proclamée; les droits des deux religions furent reconnus égaux; enfin Berne et Zürich devaient terminer les différends en ce qui concernait l'abbé de Saint-Gall; mais celui-ci protesta contre le traité: cependant les troupes rentrèrent dans leurs limites respectives, et ce pacte fut substitué à celui de 1532, qui fut annulé. La gêne qui suivit ces désordres fut bien pénible: le val Lévantine demandait une solde et les frais de la guerre; Uri s'y étant refusé, on se saisit de la douane, et de l'argent qui y était; on occupa le Saint-Gothard. A Schwytz, le dénûment était tel, qu'il fallut imposer chaque ménage à quinze écus. Uznach éleva aussi des prétentions contre Schwytz et Glarus. Les Zurichois et les Bernois occupèrent le pays de l'abbé jusqu'à sa mort; son successeur ne fut remis en possession qu'en 1718, après avoir signé la paix. On ne tint pas compte non plus des protestations du pape et du nonce qui fut rappelé à la demande de Lucerne, parce qu'il ne cessait de susciter de nouveaux soulèvements.

A dater de ce moment, la Suisse jouit d'une longue paix; elle ne fournit guère à l'histoire générale que le tableau de tracasseries intérieures. Il n'y a point d'autorité suprême, et, par conséquent, point d'unité. Des mouvements populaires et des menées démocratiques, des intrigues, des séditions et des supplices fatiguent la mémoire de l'historien national, et l'étranger peut se dispenser d'y arrêter ses regards. Toutefois, quelques réformes utiles dans les constitutions, quelques progrès de la liberté, méritent une courte mention. A Genève, les honneurs se concentraient dans les mêmes familles; les patriciens d'une nouvelle espèce séparaient du peuple jusqu'à leurs demeures. Pour briser leur fâcheuse influence, les citoyens demandèrent, en 1706, que les élections eussent lieu au scrutin secret; que le grand conseil nommât lui-même ses membres; que les lois fussent imprimées, etc., etc. On appela des médiateurs de Zürich et Berne, puis on rédigea un projet de réforme. Les contestations sur le mode de le voter occasionnèrent des émeutes; les Bernois vinrent occuper la ville. Un nommé Lemaistre, un Fatio, périrent par la main de la justice. Piaget et la Chena eurent le même sort. Ces agitations durèrent plusieurs années. Zürich, au contraire, procéda avec calme et dignité à la révision de ses institutions: cette amélioration fut due à une légère discussion entre les corps de métier; on détermina avec plus de précision les droits politiques des citoyens; enfin on réunit les lois ainsi perfectionnées en un code, qui fut accepté par les citoyens le 17 décembre 1713. Il y avait déjà vingt-quatre ans que Schaffhousen avait mis un terme aux abus du petit conseil; mais les habitants de la campagne n'en étaient pas soulagés. Le gouvernement occasionna un soulèvement à Welchingen, parce qu'il y avait établi un cabaret pour son compte: l'affaire fut poussée si loin, qu'il s'en fallut de peu que l'Autriche n'intervînt; elle ne fut retenue que par la crainte d'une guerre avec la France. Les évêques de Bâle ayant voulu porter atteinte aux franchises du val de Moutier, la ville de Berne fit marcher quelques bataillons au secours de ses protégés, et rétablit le banneret Wesard, destitué par l'évêque. Celui-ci, après plusieurs années, fut obligé de consentir à une transaction humiliante.

Peu de temps après la défaite de Vilmergen, les cantons primitifs, cédant à une irritation qui suit toujours les revers, imaginèrent de consacrer par une solennité symbolique la conformité de sentiments et de souvenirs qui les unissaient. Plus encore pour exclure les autres que pour honorer le souvenir des héros, ils s'assemblèrent en grande pompe, le 24 juin 1713, sur ce même sommet du Gruttli, où Stauffacher, Walter Furst et Melchthal s'étaient, en présence de trente pâtres, déclarés les libérateurs de la Suisse. Un nouveau serment, une nouvelle alliance semblaient repousser les alliés modernes, et concentrer toutes les grandes actions sur les descendants des guerriers de Schwytz, Uri, Unterwald. Le traité conclu avec le roi de France, en 1715, par les cantons catholiques, accrut encore la défiance; on parlait d'articles secrets, de restitution du pays de Vaud et de Genève à la Savoie, etc., etc. L'exaspération religieuse était loin de se calmer : les protestants portaient si loin leur aversion pour la cour de Rome, qu'ils ne se décidèrent que fort tard à adopter la réforme du calendrier grégorien : ce qui n'était qu'une théorie astronomique devint affaire de parti : Bâle, Berne, Zürich, Schaffhousen, Bienne, Mulhousen, Genève et Neufchâtel, ne se rangèrent aux représentations des protestants d'Allemagne qu'en 1701. Les Grisons et Saint-Gall persistèrent; Appenzell et Glarus firent de même. On destitua des conseillers qui étaient d'un avis différent. Cet état de résistance dura fort longtemps ; Coire ne se rendit qu'en 1784 ; enfin Schalfik, Davos et Susz, après avoir adopté, puis rejeté le calendrier grégorien, ne le reprirent qu'en 1812.

La fermentation était générale : on ne finirait pas, si l'on voulait rendre compte de toutes les contestations qui agitèrent les treize cantons; nous ne signalerons que quelques-unes des ondulations de cette perpétuelle tempête. La seigneurie de Werdenberg, cédée à Glarus au seizième siècle, s'était vu retirer quelques immunités au commencement du dix-huitième. Les habitants demandaient à grands cris la restitution de leurs titres : le landamman de Glarus dit à l'assemblée réunie dans l'église de Grabz : *Je suis vieux, j'ai un pied dans la tombe; j'y descendrai si l'on ne vous tient parole.* Il s'agissait d'obtenir le serment ; il fallut l'arrivée de commissaires de la diète; mais de nouvelles violences produisirent une nouvelle résistance : quarante citoyens jurèrent de sacrifier leurs biens et leur vie pour le salut du pays. Les Glaronnais, à la faveur de la nuit et de divers déguisements, parvinrent à mettre une garnison dans le château de Werdenberg; mais ce fort fut aussitôt cerné. Cependant, à l'apparition d'un corps d'environ deux mille hommes, les insurgés perdirent courage, se dispersèrent et passèrent le Rhin. L'intervention de Nabholtz, envoyé de Zürich, les décida à rentrer dans leurs foyers, et à rapporter leurs armes au château, et tout aussitôt les Glaronnais repartirent malgré une pluie battante. La terreur n'avait fait que peu d'impression. Les vainqueurs s'étaient à peine retirés, que l'insurrection releva la tête; on exigea l'évacuation du château, l'extradition des titres de franchises ; on refusa des livraisons de bois; on s'opposa à la construction d'un pont. Le 2 janvier 1722, revinrent huit cents Glaronnais, à l'approche desquels tout s'enfuit dans la seigneurie de Sax. Cette fois on laissa garnison dans le château; des amendes furent infligées aux communes et aux particuliers; plusieurs furent dégradés, d'autres pendus en effigie. Le temps adoucit la position de ce malheureux pays, et lui rendit quelques libertés ; et les Glaronnais, d'oppresseurs qu'ils étaient, se changèrent volontairement en frères, en amis.

L'Appenzell fut encore plus tourmenté par les séditions. La Sitter partageait en deux parties les rhodes extérieures; il y eut des contestations assez vives pour déterminer quel serait le siége du gouvernement. Trogen avait été d'abord choisi; ensuite il fut statué que l'on alternerait entre ce lieu et Hundweil ou Hérisau : on établit une sorte de balance dans l'élection des membres du conseil et de l'autorité supérieure. Le peuple murmurait hautement contre les magistrats signataires de la paix du Tockenbourg, parce qu'un de ses articles soumettait les différends qui pourraient s'élever avec l'abbé, à la décision de cantons désignés par les parties. On traitait les magistrats de traîtres, pour n'avoir pas soumis cette clause à l'assemblée générale. Plusieurs furent punis d'amende. Quelques décisions des cantons arbitres ayant indisposé davantage Appenzell, on ne connut plus de bornes. Le pays était partagé en deux factions, celle des *mous*, ou modérés, et celle des *durs*, ou emportés. Cette dernière prenait tous les jours plus d'ascendant. A Trogen, la famille des Zellweger jouissait d'une grande considération ; à Hérisau, la famille des Wetter tenait le même rang. Un landamman de ce nom, profitant de la querelle de péage suscitée par Saint-Gall, ne cessait de répéter que le traité de Rorschach, n'ayant point reçu la sanction du peuple, n'était pas obligatoire ; il accusa les Zellweger de s'être laissé corrompre par le gouvernement de Saint-Gall, et d'avoir trahi leur pays.

Cependant les modérés, assemblés à Trogen, déclarèrent qu'il serait fait des poursuites contre les auteurs de ces accusations et de ces calomnies : du reste, Zellweger n'eut pas de peine à rédiger un mémoire justificatif, qui fut lu dans toutes les communes. A Hérisau, une multitude en courroux demanda aux magistrats réunis pour des affaires ordinaires, que l'on convoquât une assemblée générale à Teufen, menaçant de jeter par les fenêtres quiconque s'y refuserait. Ils furent donc obligés de crier à la foule que le traité de Rorschach était nul, faute d'approbation. Le lendemain, Zellweger donna sa démission. Ce furent encore les Zellweger qui empêchèrent les habitants de la section de Trogen de recourir aux armes pour les protéger ; mais, le 20 novembre, avant de se rendre à l'assemblée générale, ils décidèrent qu'ils en appelleraient aux cantons, si les désordres continuaient. Cette délibération retarda leur arrivée ; on rejeta l'article du traité, sans les attendre : en vain ils protestèrent : les magistrats du parti des modérés furent tous destitués. Pendant que la diète examinait l'affaire, les Appenzellois étaient au moment de s'entr'égorger ; des familles entières fuyaient vers d'autres contrées. Une députation de la diète partit précipitamment pour rétablir la paix ; elle avait été reçue convenablement ; mais, après quelques heures, on vit accourir quatre à cinq mille hommes des dix paroisses : la place de Hérisau ne pouvait contenir cette multitude, qui criait : *Sommes-nous encore libres, ou sommes-nous sujets?* Il fallut, malgré la nuit, malgré le froid, que les députés vinssent au flambeau dans une prairie voisine. Les vociférations les plus séditieuses se faisaient entendre ; on fut obligé de promettre que les rebelles, c'est-à-dire les modérés, seraient tenus de se soumettre à la décision de l'assemblée générale de Teufen. L'opposition de Zürich et de Berne se perdit en vaines négociations. La concession faite par les députés n'empêcha point l'effusion du sang : on se battit, à Gaïs, à coups de massue : les emportés, ayant fait venir des renforts de Teufen, eurent l'avantage, et se mirent à piller les caves et les granges des modérés. Ceux-ci réunirent leurs forces à Trogen et à Speicher ; on allait combattre en bataille rangée, lorsque les médiateurs fédéraux firent poser les armes aux deux partis. La faction des emportés déchirait aussi le canton de Zug, où la famille de Zurlauben distribuait les faveurs de la France ; elle en avait obtenu le privilège de la vente du sel de la Franche-Comté ; mais un membre du conseil de la ville, appelé Schumacher, s'était constitué l'ennemi de la France et des Zurlauben, parce qu'il débitait le sel du Tyrol ; il demanda que désormais les subsides de la France fussent partagés par tête entre les habitants, et devint le chef de la faction des emportés. Les communes rurales embrassèrent chaudement sa cause. La France ne consentit point à la répartition décrétée :

aussitôt les *modérés* furent en proie à mille persécutions ; on les destitua de leurs emplois : le landamman Zurlauben fut obligé de s'enfuir, et tout ce qui tenait à la France. Deux ans après, en 1731, Schumacher fut élu landamman, et fit rompre l'alliance avec cette puissance, dont on continuait à proscrire les amis. Schumacher voulut entraîner à la même démarche Schwytz, Uri, Unterwald ; mais peu à peu les emportés, déçus des espérances extraordinaires qu'il leur avait fait concevoir, se rapprochèrent des modérés. On murmurait de ce qu'il faisait fermer les portes de la ville ; il finit par être chassé du conseil, et mis en prison avec ses créatures : on rappela les exilés ; la réaction fut complète. Schumacher fut traîné au pied du gibet, où pendaient encore les images de ses victimes ; on lui en chargea les épaules, et on le reconduisit jusqu'à l'hôtel de ville ; là il fut condamné à trois ans de galères, et à un bannissement perpétuel. La populace demandait sa tête ; on fut obligé de le faire partir avant le jour : il mourut dans la citadelle de Turin, six semaines après son départ. Plus tard il y eut encore des soulèvements au sujet des gratifications envoyées par la France ; les autres cantons rétablirent la paix, en ordonnant une meilleure répartition.

Berne se vit à la veille d'être anéantie par une conjuration des plus redoutables. Au quatorzième siècle, elle avait revisé sa constitution ; et, depuis cette époque, quatre bannerets, assistés de seize électeurs tirés du sein de la commune, faisaient l'élection au grand conseil, parce que l'intrigue avait eu trop de prise sur l'assemblée des citoyens. Cette abolition du suffrage universel ne s'étendit point aux affaires de la cité ; le peuple de la campagne devait continuer à être appelé dans toutes les circonstances importantes La restriction ne tarda point à produire l'abus ; on n'appela plus au grand conseil que des familles privilégiées, et il finit par se recruter lui-même. L'assemblée générale fut de plus en plus négligée ; on ne l'avait plus consultée depuis 1536, époque de la guerre de Savoie. Les citoyens cependant connaissaient leurs droits : en 1710, plusieurs furent exilés ou jetés dans les fers, pour les avoir exposés dans un mémoire au grand conseil. En 1744, le capitaine Samuel Henzi, et vingt-cinq citoyens furent bannis, les uns pour trente ans, les autres pour cinquante. Leur crime était le même : ils demandaient la réforme des abus : il avait couru quelques pamphlets. Peu d'années après cette sentence, Henzi fut autorisé à rentrer dans sa patrie ; mais ses affaires étaient dérangées ; les mécontents se pressèrent autour de lui. On y voyait les négociants Gabriel et Daniel Fueter, de la secte des piétistes, et un teinturier, appelé Gottfried Kulm : on se réunissait dans divers lieux ; enfin l'on choisit pour l'exécution du complot le 13 juillet, jour où Fueter, lieutenant de la place, aurait les clefs à sa disposition. Deux jours après la réunion, où le plan fut arrêté, on révéla le complot : les arrestations commencèrent, et Nicolas Wernier, l'un des conjurés, indiqua, dans son effroi, bon nombre de ses complices, entre autres Henzi, qui cependant s'était retiré de la conspiration, parce qu'il ne voyait pas, dans ceux qu'il s'était associés, de dispositions à la modération. Ce jour-là, il était allé à Burgdorf, pour s'entendre avec l'avoyer Bondely ; mais celui-ci était venu à Berne ; Henzi n'en fit la rencontre qu'à son retour ; alors Bondely, qu'il croyait son ami, voulut se saisir de sa personne, et lui tira un coup de pistolet. Henzi, légèrement blessé, fut conduit en prison au milieu d'une foule curieuse, qui ne lui donna aucune marque d'intérêt ; et cependant le but de la conjuration était, on le savait, de proclamer la liberté, et d'expulser du grand conseil les familles aristocratiques. La procédure ne fut pas longue ; dès le 10, le lieutenant Fueter, Wernier le négociant, et Samuel Henzi furent condamnés à avoir la tête tranchée. Il mourut avec courage ; et, voyant la maladresse du bourreau dans l'exécution des autres condamnés, il s'écria avec indignation : *Quelle boucherie!* D'autres furent emprisonnés ou bannis; en 1780, une tardive amnistie vint au secours de ceux de ces infortunés qui vivaient encore.

Le canton d'Uri ordonna aussi de sanglantes exécutions : souverain du val Lévantine, belle vallée qui, de Bellinzona au Saint-Gothard, sert d'avenue à ce géant des montagnes, ce canton voulut remédier aux abus qui s'étaient glissés dans l'administration des biens des veuves et des orphelins. Les sujets italiens se refusèrent à soumettre annuellement leurs comptes aux autorités d'Altorf; on arrêta même le gouverneur et un autre employé. Par représailles, on retint deux députés du val Lévantine, et l'on appela aux armes Zürich, Zug et les Waldstette, engageant le Valais et Berne à occuper les défilés de leur côté. Un corps de mille hommes gravit le Saint-Gothard, chassa les postes qui le gardaient, malgré des torrents de pluie qui en rendaient les abords dangereux; enfin, le 21 avril 1756, on se précipita sur Airolo; et, comme on sut que le plan des rebelles était de livrer bataille au Platifer, on y marcha bannières déployées; quand ils en aperçurent d'autres encore que celles d'Uri, le courage les abandonna; et, par des feux allumés sur les hauteurs, ils donnèrent le signal de la soumission. Les auteurs de la sédition furent saisis; la population fit la remise de ses armes. Une information judiciaire fut poursuivie avec ardeur; et, le 2 juin, près de trois mille habitants se réunirent dans une petite plaine voisine de Faido, à l'endroit où d'incommensurables montagnes se retirent en amphithéâtre, et présentent leurs roches inclinées et leurs noires forêts à l'admiration, ou plutôt à l'étonnement du voyageur; là ils renouvelèrent le serment d'une fidélité illimitée au canton d'Uri, et renoncèrent aux libertés qui leur avaient été assurées par le pacte de 1713; ensuite on leur ordonna de mettre le genou en terre, et l'on décapita sous leurs yeux **le banneret Furno**, le capitaine général Urs, et le conseiller Sartori : huit autres furent emmenés à Altorf, où ils périrent également par la main du bourreau.

A cette terrible vengeance d'une république, opposons l'exemple plus satisfaisant de la clémence d'un roi; mais ce roi était grand, c'était Frédéric : la principauté de Neufchâtel et de Valengin avait passé dans sa famille par le jugement des états. Ils avaient décidé en faveur de la maison de Brandebourg, à l'exclusion de vingt autres prétendants, lorsqu'en 1707, la maison de Longueville s'éteignit par la mort de Marie, duchesse de Nemours, car Frédéric Ier, descendait de la maison de Châlons-Orange. Neufchâtel, dont les franchises avaient été reconnues par ce monarque, n'en conserva pas moins son rang parmi les alliés helvétiques. En 1766, on voulut empêcher le bailli du roi d'affermer de nouveau ses revenus; Gaudot, c'était son nom, fut cerné dans sa maison; par malheur, on fit feu sur les rebelles, et il fut tué par ces furieux que rien ne pouvait plus contenir. Berne, constituée par les traités arbitre entre les Neufchâtellois et leur prince, avait prononcé en faveur de ce dernier; et les quatre cantons protecteurs envoyèrent des troupes pour rétablir l'ordre : un édit de pacification condamnait Neufchâtel à livrer ses armes, à faire amende honorable, à indemniser la famille de Gaudot. Les principaux coupables étant fugitifs, furent pendus en effigie : la peine du bannissement fut prononcée contre d'autres. Mais le roi de Prusse rendit les armes aux citoyens, adoucit l'impôt, créa une assemblée des communes, sans l'assentiment de laquelle on n'y pourrait désormais rien changer : cette politique loyale et généreuse lui concilia tous les cœurs.

A Lucerne, l'esprit de famille absorbait aussi tous les emplois; on voyait des imberbes succéder à leurs pères. En 1749, le trésorier Léger Meyer, ayant dissipé des sommes considérables, parce que l'insouciance des magistrats lui en avait laissé le loisir, fut condamné au bannissement. Nicolas Schumacher, nouveau trésorier, qui avait concouru à son arrêt, déployait un grand luxe, et se faisait de nombreux amis par les repas qu'il donnait. Tout à coup il déclara qu'il avait été volé; il se trouva un déficit de cinq mille deux cent quatre-vingts florins, et de titres importants. On retrouva ceux-ci dans une grange. Il fut bientôt avéré que le vol n'était qu'une simulation; et Schumacher aussi fut destitué et banni à perpétuité. Son fils Placide se rendit coupable de malversations dans la gestion du bailliage de Heidegg; il s'endetta, s'enfuit, prit du service en Autriche, le quitta bientôt, et revint dans les campagnes de Lucerne, où il excitait des mécontents, en leur faisant le tableau des abus et des désordres dont ils étaient victimes. Il fut arrêté et décapité. Cependant Valentin Meyer, le fils de Léger, s'était fait élever au conseil : le parti contraire avait à sa tête le général Pfyffer. On accusa Meyer d'avoir fait condamner Schumacher pour satisfaire une vengeance de famille; l'indépendance de ses opinions lui fit attribuer un écrit où l'on discutait s'il ne serait pas avantageux à la Suisse de supprimer les ordres monastiques : il eut donc les prêtres pour ennemis. On fit brûler par la main du bourreau une réfutation ironique qu'il en avait faite, et qu'il avait lue dans un cercle d'amis. On courut l'arrêter à sa maison de campagne : il fut interrogé au bout de quarante-trois jours; on ne voulut pas même ouvrir un mémoire qu'il adressait au conseil; on rappela tous les individus bannis à la suite du procès Schumacher, et on le bannit lui-même. Les familles patriciennes se promirent de se ménager réciproquement dans l'intérêt de l'aristocratie. Appenzell fournit à l'histoire de plus tristes exemples encore : la déception d'un vieillard que l'on trompe, en surprenant la bonne foi de sa fille; d'un homme de bien que de l'exil on attire à l'échafaud. Le malheureux Suter, bailli du Rheinthal, était chéri de tous les pauvres pour sa bienfaisance; il fut le compétiteur de Geiger, l'ancien landamman, et l'emporta sur lui pour cette dignité. Geiger forma une ligue secrète contre lui : Suter venait de perdre un procès important, dans lequel il avait engagé les rhodes intérieures; on l'accusa d'avoir trompé le gouvernement par de faux rapports : le conseil lui enleva le sceau de l'État, le déclara déchu de ses fonctions : il protesta en appelant à l'assemblée nationale; mais là il fut arraché de son siége, malgré les mille voix qui s'élevaient en sa faveur. L'infortuné était allé à Notre-Dame des Ermites, quand il apprit que le conseil national venait de le bannir à perpétuité comme impie, perturbateur du repos public : son nom venait d'être attaché au gibet; ses biens avaient été vendus à vil prix pour acquitter les frais du procès. Suter se retira à Constance. Sa demande en révision fut rejetée; et de soixante et quinze hommes qui s'étaient réunis de leur chef pour lui servir d'escorte, quatre furent condamnés à mort; mais on se contenta de les faire fustiger par la main du bourreau; un ami félon déclara que de Constance Suter venait souvent dans les rhodes extérieures pour enrôler des soldats; le peuple accueillit ces bruits. Suter avait une fille mariée à Appenzell; on l'engagea à écrire à son père, pour qu'il vînt à une auberge des rhodes extérieures, où on lui ferait d'importantes communications. Le vieillard sans défiance vint à la prière de sa fille; de là on l'attira à Oberegg, village des rhodes intérieures : on le saisit, on le chargea sur un traîneau pour l'emmener à Appenzell; et ce malheureux vieillard, à l'âge de plus de soixante et quatorze ans, restait attaché sur ce traîneau par un froid des plus rigoureux, pendant que ses gardiens s'arrêtaient dans plusieurs cabarets d'Alstetten. Soumis trois fois à la question, il ne cessa de défendre son innocence; vingt juges protestèrent contre l'arrêt, mais il fut condamné, et subit la peine de mort.

Il existait, à Fribourg, un pouvoir aristocratique, exclusif, se recrutant lui-même, disposant seul des places du grand conseil, permettant seul aux membres de celui-ci l'accès du petit. Ce pouvoir était celui des *secrets*; et la noblesse en était repoussée, quoiqu'elle eût accès au gouvernement. Depuis longtemps quelques familles se maintenaient en possession de cet avantage qui était fort brigué, chaque nomination au grand conseil rapportant des sommes immenses au membre de la chambre secrète qui l'avait provoquée. Pendant longtemps on avait tiré les *secrets* des quatre bannières ou sections : les habitants des districts ruraux de l'ancien territoire déploraient aussi la perte de leurs droits, quand un insolent décret de 1784 prononça l'exclusion de toutes les familles qui n'étaient pas encore en possession de ce privilége. Toutes les tentatives dont le but était de rétablir l'égalité furent vaines.

Dans le village de la Tour de Trême, près de Gruyère, vivait, vers la fin du dix-huitième siècle, Pierre Nicolas Chenaux, homme que les déclarations officielles de l'autorité de Fribourg représentent comme un ambitieux dont les affaires étaient dérangées, comme un turbulent ruiné par de fausses spéculations. Toutefois des renseignements où règne plus d'impartialité, nous le montrent comme un citoyen zélé, instruit, ferme, et ami du peuple. Il connaissait à fond les institutions du pays, et les droits de chacun. D'abord il se refusa aux prétentions de la ville sur la forêt de Soutan, où, malgré les ordres supérieurs, il fit faire une coupe. Il voyait souvent l'avocat Nicolas Castellaz de Gruyère, et Jean Pierre Raccaud de Saint-Aubin : le bruit courait que l'on allait cesser les distributions de sel, et établir de nouveaux impôts : les trois amis avisèrent au moyen de secourir leur pays. Il n'y avait rien à espérer de la supplique : on résolut de procéder par la violence : le jour de la Saint-Jean 1781 fut indiqué pour se rendre à Fribourg pendant l'office divin ; d'autres voulaient qu'on ne perdît pas de temps : ils avaient raison, car, dès le 30 avril, ces projets étaient dévoilés. Chenaux, qu'on essaya en vain d'arrêter, précipita l'exécution du complot. Le 2 mai, on vint à Possieux en force : là, Chenaux somma Fribourg, lui accordant deux fois vingt-quatre heures pour adopter ses réclamations. Le conseil fit fermer les portes de la ville, renforcer la garnison, armer les bourgeois. Le tocsin sonnait dans toutes les communes; Gruyère et le château furent pris par les paysans. Fribourg ayant invoqué le secours des Bernois, il en arriva six cents. Chenaux et sa troupe se retirèrent à Possieux; il eut bientôt plus de deux mille hommes, et Castellaz voulait qu'on s'en rapportât à la décision des treize cantons : une division s'approcha de la place, jusqu'à la chapelle de Saint-Jacques; une autre vint à la porte de Bourgillon; une troisième se plaça à la forêt de la Sense. La garnison sortit le 4 au soir. Le colonel Froideville, qui commandait les dragons bernois, promit amnistie si l'on mettait bas les armes; il ajoutait que tous les griefs seraient examinés soigneusement par les cantons médiateurs. Pendant ce temps, sa troupe débordait les insurgés : quelques centaines d'entre eux se rendirent; on n'en retint que quatre. Tout le reste se dispersa, errant à l'aventure, et selon le chemin indiqué par la terreur. Chenaux, fugitif et caché, fut trouvé pendant la nuit à Avry; il se défendit avec un couteau, et fut tué d'un coup de baïonnette par Henri Rossier, qui, jusque-là, était un de ses affidés : son corps fut ensuite écartelé, et sa tête suspendue à la porte de Romont. Castellaz et Raccaud furent condamnés par contumace à être écartelés; on confisqua leurs biens. D'autres furent punis de peines afflictives et infamantes, et frappés d'amendes plus ou moins considérables.

On publia ensuite, de concert avec les commissaires des confédérés, que l'on allait examiner toutes les réclamations; mais on n'accorda que trois jours pour les présenter; ce qui n'empêcha pas qu'il n'accourût de nombreux délégués. Quant aux citoyens de la ville, ils insistaient pour avoir accès aux archives, afin de connaître leurs droits; mais le conseil éluda cette demande en les renvoyant aux règlements municipaux et à ceux des maîtrisés. Cependant les campagnards, regardant Chenaux comme martyr de la liberté, faisaient des pèlerinages à sa tombe; on s'y rendait processionnellement, avec croix et bannières. Ces scènes, et le mécontentement de la bourgeoisie, intimidaient le gouvernement. Il déclara qu'il voulait admettre parmi les *secrets* des familles de la ville et de l'ancien territoire. Le calme ne dura que peu de temps; et, le 28 juillet 1782, au soir, les quatre sections se réunirent devant la demeure de l'avoyer Gady, apportant une protestation contre la délibération de la conférence des commissaires, qui venait d'être lue en chaire, et qui maintenait la constitution actuelle de Fribourg, en qualifiant les prétentions des bourgeois de téméraires. Tous ceux qui prirent la parole dans cette occasion furent bannis : on punissait les propos les plus innocents. Enfin le gouvernement accorda le titre de bourgeois secrets; c'est-à-dire, habiles à exercer le pouvoir, à seize familles, et promit de remplacer à l'avenir par trois familles chacune de celles qui viendraient à s'éteindre.

L'occupation de Genève par les troupes de Berne, de la France et de la Savoie, fut le principal événement de l'an 1782; les troubles interminables et la lutte opiniâtre entre les aristocrates et les démocrates, amenèrent ce pénible résultat. Une nouvelle constitution fut établie, et les troupes étrangères restèrent environ deux ans.

Ce siècle, entaché encore de sanglants exemples de superstition, ce siècle, où des écrivains furent décapités, parce qu'il était défendu de discuter les actes du pouvoir, fut cependant pour la Suisse une époque de gloire intellectuelle. Elle s'honore d'avoir produit Albert de Haller, naturaliste, médecin, philosophe et poëte. Zürich s'enorgueillit de Salomon Gessner, au langage doux et harmonieux, à l'imagination heureuse et naïve, quoique son style soit parfois maniéré. Bodmer composait des drames historiques, où se faisaient jour des vérités qu'on n'eût point admises sous une autre forme. Alors Bâle possédait Iselin et les deux Balthazar; alors l'Europe répétait avec vénération les noms de Bernouilli, d'Euler, de l'astronome Lambert, de Saussure, de Bonnet, de Tissot, de Zimmermann, etc., etc. Muller, de la grandeur de sa patrie, faisait, au moyen du génie de l'histoire, sa grandeur personnelle. Ce prince des historiens modernes commença sa belle histoire de la fédération en 1785. Quarante ans auparavant, Jean Gessner avait fondé la Société d'histoire naturelle de Zürich; Bodmer en créa une historique; Lausanne en eut une pour les sciences physiques. L'association de Schinznach se forma en 1761; et les hymnes patriotiques de Lavater retentirent dans ces belles contrées; dans la suite, les réunions furent transférées à Olten. Longtemps persécutée, mise en interdiction, cette société triompha de tous ces obstacles; et, tandis que Lucerne défendait de s'y rendre sous peine d'exil, et de correspondre avec elle sous peine d'amende, elle comptait parmi ses membres des princes souverains. Nous n'avons pas encore dit le plus beau titre de la Suisse intellectuelle, nous n'avons point encore nommé Rousseau.

L'époque dont nous allons retracer l'histoire est de celles qui changent la face du monde moral : les institutions politiques des nations subissent de grands déchirements, les bases des sociétés sont ébranlées; des secousses violentes déplacent les pouvoirs, et c'est à peine si, dans ces immenses bouleversements, l'observateur peut reconnaître l'ancienne physionomie des peuples. D'abord les idées nouvelles s'infiltrent dans la société. Chez les grands, la sécurité de la puissance produit l'abus, et l'abus conduit à l'oppression; chez les peuples, le raisonnement naît de la gêne; à la haine du despotisme se joint bientôt la reconnaissance des droits de l'humanité. Les idées qui germaient silencieuses dans quelques esprits élevés, se répandent dans toute une nation ; c'est l'œuvre des siècles. Que l'occasion se présente alors, et ce qui n'était que pensée devient action ; ce qui n'était que plainte se change subitement en colère. Il se fait une explosion terrible, comme se détachent des montagnes ces masses de roc et ces avalanches de terres que les pluies ont goutte à goutte séparées des flancs des Alpes. Mais rien ne résiste à la nature ; les révolutions humaines sont quelquefois comprimées ; et l'histoire maudit, sous le nom flétrissant de sédition, ce que le succès eût inscrit victorieusement dans les annales du monde. Tel applaudit au bûcher de Jean Huss, qui glorifie la réformation de Luther et ses trois siècles de grandeur ; tel célèbre aujourd'hui la gloire des libérateurs du Gruttli, qui eût froidement enregistré sur ses pages inintelligentes le supplice de Walter Furst, Stauffacher et Melchthal, si la valeur des guerriers n'eût empêché le fer du bourreau d'approcher de leurs têtes. Il faut donc se défier des historiens ; il faut, par des exemples récents, juger le passé, et réfléchir que plus d'un libérateur a trouvé son acte de mort dans un greffe criminel. Depuis plus d'un siècle, nous ne rencontrons dans les annales suisses que des supplices d'hommes qui avaient effrayé le pouvoir au nom de l'idée novatrice, ou de ceux qui avaient tenté l'affranchissement de la patrie d'une insupportable domination. On frémit d'horreur au seul souvenir des exécutions dont Uri ensanglanta le val Lévantine ; la domination des Grisons pesait à la Valteline ; le pays de Vaud se plaignait amèrement de celle de Berne. Les cantons aristocratiques eux-mêmes comptaient dans leur sein une multitude sans droit ; à Zürich, les communes riveraines étaient dans une sorte d'ilotisme. Il en était de même du Tockenbourg, de l'Argovie, etc., etc. L'idée révolutionnaire qui, pendant tout le dix-huitième siècle, avait travaillé sans relâche la société française, ne pouvait être arrêtée aux frontières : la conformité de la langue et la proximité exposaient plus particulièrement à ses atteintes l'évêché de Bâle et le pays de Vaud : aussi, quand l'impossibilité arrêta les dépenses d'une cour prodigue, quand le peuple français se fatigua de payer, quand il fallut assembler les états de la nation, et que cette nation revendiqua sa liberté, on vit l'Europe entière se partager entre la cause des courtisans et la cause populaire. Les rois tremblaient, et les peuples grandissaient leur audace. La position des gouvernements cantonaux se compliquait de la présence des régiments suisses en France. A l'affaire de Nancy, celui de Châteauvieux s'insurgea, et l'on punit un soldat de la roue ; vingt-deux furent pendus, quarante et un condamnés aux galères. Il y avait à Paris un club formé de fugitifs fribourgeois ; ce club agissait sans cesse sur l'esprit des soldats, leur disant de s'adresser à ses membres comme aux représentants du pays : il ne s'écoula pas beaucoup de temps sans que les Suisses, officiers et soldats, se fissent affilier aux associations révolutionnaires ; et, malgré les efforts de leurs gouvernements, il y en eut un grand nombre qui se rangèrent sous les drapeaux français. Les doctrines de la liberté fomentaient dans le pays de Porentrui ; et, quand l'évêque Joseph de Roggenbach voulut comprimer l'élan populaire, quand il alla jusqu'à interdire les états du pays, les confédérés refusèrent de seconder ses prétentions tyranniques ; il s'adressa donc à l'Autriche sous prétexte que ses États faisaient partie de l'Empire. Les troupes qui lui furent envoyées éprouvèrent d'abord quelque résistance de la part de Bâle ; mais il fallut bientôt céder. En vain le conseiller de Rengger protesta, disant que, d'après le traité de 1781, les états avaient le droit de faire venir des Français en nombre égal. Ce patriote courageux et d'autres avec lui, furent condamnés au carcan et à la réclusion perpétuelle ; il s'enfuit en France au printemps de l'année suivante, 1792. La guerre ayant éclaté entre la France et l'Autriche,

18.

les Français envahirent le pays de Porentrui sans coup férir, et les Autrichiens se retirèrent devant eux. Les conquérants respectèrent l'Erguel et le val de Moutier, parce qu'ils étaient sous la protection de Berne. Rengger revint à Porentrui ; il mit tout en mouvement ; on chassa les employés de l'évêque, on confisqua leurs revenus. On jura de repousser à jamais et ce prince et l'empereur : ainsi naquit la petite et éphémère république de Rauracie ; après trois mois d'existence, elle se réunit à la France. Il y avait peu de temps que les Suisses venaient de léguer à la postérité un noble fait de courage et de dévouement ; le 10 août désormais devra être inscrit, comme l'une des dates les plus glorieuses, à côté des journées de Morgarten et de Sempach, et la fidélité des guerriers a droit aux hommages de la postérité la plus reculée. Le monument de Lucerne est taillé dans un roc inébranlable, et le ciseau de Thorwaldsen a fait ressortir de cette masse informe les traits majestueux du lion, qui protége encore de sa vigueur expirante les lis et l'écusson sur lequel repose sa tête. La garde suisse, après avoir lutté longtemps contre les Marseillais et le peuple des faubourgs, succomba presque tout entière. Déjà les Marseillais avaient attaqué le régiment bernois d'Ernst ; bientôt on reçut en Suisse la nouvelle des horribles journées des 2 et 3 septembre, et de tous les excès auxquels l'invasion de l'étranger portait les révolutionnaires. Le deuil fut général ; et, comme le délai marqué par les capitulations expirait, on rappela les régiments qui obéirent à cet ordre. Châteauvieux sortit de France par Bitche, et ne donna aux princes émigrés qu'un très-petit nombre d'auxiliaires. La plupart des Suisses rentrèrent dans leur patrie, après un décret que l'ambassadeur Barthélemy lui-même qualifia de déplorable en écrivant à la diète. Ce diplomate avait su se concilier l'amitié de tous ses membres ; il se fit, en plus d'une circonstance, médiateur entre les divers partis, et préserva la Suisse de la colère révolutionnaire, en plaidant sa cause auprès de son gouvernement.

Le danger devenait chaque jour plus pressant : la diète d'Arau n'osa déclarer la guerre, malgré son mécontentement de l'invasion du Porentrui ; les Prussiens fuyaient ; les Français occupaient la Savoie, inquiétaient Genève, envahissaient les Pays-Bas, et franchissaient le Rhin. La Convention appelait les peuples à la liberté, et promettait secours à tous ceux qui se constitueraient en république. Les rhodes intérieures d'Appenzell se mirent en correspondance avec Paris : on songeait peu à la défense commune ; mais Berne, Soleure et Fribourg concertèrent des mesures de précaution ; et Neufchâtel, à la demande de la Prusse, avait été précédemment englobée dans la neutralité des cantons.

Il convient de reporter nos regards sur l'état du pays de Vaud ; il y avait plusieurs années que Berne était en contestation avec lui, pour des impôts et des réparations de routes ; Morges surtout réclamait pour tout le pays l'exemption de contributions, et produisait d'anciens titres : on faisait valoir des franchises, des droits dont on imputait l'anéantissement à Berne. Il se formait des réunions à Lausanne, à Vevay, à Rolle, on y buvait *à la liberté française, à la prospérité des armes républicaines*. Quoique l'ordre n'eût pas été notablement troublé, le gouvernement bernois voulut comprimer ces manifestations : des commissaires arrivèrent avec des troupes, et l'on fit des arrestations. Quelques personnes s'enfuirent : ces exilés ne cessaient d'écrire des lettres pour exciter leurs concitoyens à la révolte ; et des publications incendiaires étaient lues avec avidité.

A Genève, le parti populaire gémissait depuis 1782, sous le pouvoir des *négatifs :* le mécontentement était à son comble ; une querelle de spectacle le fit éclater ; l'autorité avait été obligée de hausser le prix du pain ; et, le 27 janvier 1789, les boutiques des boulangers furent pillées. La troupe ayant tué un jeune homme, l'émeute ne connut plus de bornes : on lança de l'eau bouillante sur les militaires : plusieurs personnes périrent ; les bons citoyens coururent aux armes pour rétablir l'ordre au moyen de la formation d'une garde civique, dans laquelle entrèrent les négatifs eux-mêmes. Il fallut baisser le prix du pain, il fallut accorder le droit de cité aux *natifs* établis depuis quatre générations à Genève. Mais ce n'était point assez : en février 1791, les nouveaux natifs et même les étrangers réclamèrent aussi l'égalité des droits politiques. Zürich et Berne renouvelèrent alors leur ancienne alliance avec les Genevois. Le conseil fut d'autant plus exact à tenir ses engagements envers les citoyens, qu'il ne pouvait plus espérer d'appui du côté de la France. Quand les armées de cette puissance s'avancèrent vers la Savoie, Genève demanda une garnison à Berne et à Zürich ; mais Châteauneuf, l'envoyé de France, protesta qu'il regarderait comme hostilité l'entrée de ces troupes, soutenant que l'acte de médiation de 1782 ne comportait d'intervention que du consentement de toutes les parties. Le général de Montesquiou, qui commandait l'armée, signa une convention favorable à Genève, et y parut bientôt en fugitif pour échapper à la vengeance de son gouvernement. A peine la garnison fut-elle partie, que la populace s'empara de l'arsenal ; et, dans une assemblée générale, on destitua le grand et le petit conseil, qu'on remplaça par un comité de surveillance et par une convention nationale. On se livra à des désordres sans fin, et les meurtres judiciaires de Paris ne demeurèrent pas sans imitation. Enfin, en juillet 1794, dans la nuit du 18 au 19, le parti révolutionnaire s'empara du parc d'artillerie et des postes militaires ; six cents des citoyens les plus considérés furent traînés dans les prisons : les exécutions, les exils, les confiscations étaient prodigués avec une effroyable effusion, et le repos ne se rétablit qu'à la fin de 1796, avec le retour de la constitution de 1782.

Le Valais n'était pas plus tranquille : en septembre 1790, le bailli de Monthey avait été obligé de fuir à Sion : les hauts Valaisans accoururent en armes, et les mutins furent pendus, ce qui assura quelques instants le repos du pays. Les succès des Français favorisaient partout l'insurrection : dans les terres de l'abbé de Saint-Gall, on se plaignait des impôts, de la pauvreté du peuple, de la richesse du monastère, de l'immunité des religieux. Cinq communes réunirent leurs griefs : le nombre des mécontents grossissait chaque jour ; ils n'articulaient pas moins de soixante chefs de plainte ; on nomma des députés ; et, en mars 1795, une assemblée générale, tenue à Gossau, fut présidée par Jean Künzli, boucher sans éducation, mais doué de cette éloquence qui agit sur la multitude. Des commissions négocièrent avec l'abbé Beda Angehrn ; il était né sujet de l'abbaye ; et, dans sa position élevée, il n'avait point oublié les sentiments de la classe populaire : doué d'un naturel bienveillant et d'un esprit sage, il fit au peuple des concessions contre lesquelles protesta son chapitre, supprimant l'esclavage, concédant le rachat des impôts perpétuels, et soumettant aux charges publiques les ecclésiastiques et les fonctionnaires. Il permit, de plus, les assemblées générales et la nomination des autorités locales par le peuple : innovations qui excitèrent le courroux du chapitre dont l'adhésion ne fut qu'apparente : malgré les protestations clandestines, il fallut bien céder, et le nom de Beda fut à jamais béni. Les habitants des deux rives du lac de Zürich ne furent pas heureux dans la revendication de leurs droits : cette capitale les tenait dans une humiliante infériorité qu'elle cherchait à compenser par une excellente administration. Les plaintes contre ses employés étaient fort rares ; mais la ville se réservait le monopole du commerce : on ne permettait même au campagnard que l'exercice des professions les plus indispensables. Il fallait que le fabricant s'approvisionnât de laine à Zürich ; et ce n'est que là qu'il devait revendre sa marchandise ouvrée. Il fallait être de la ville pour occuper un emploi civil ou ecclésiastique : l'exemple de la France anima tous les habitants du désir de s'affranchir de ce joug. *Quoi*, disait-on, *nous, les Suisses, les hommes libres par excellence, nous obéissons comme des serfs.* Quelques paysans de Stæfa donnèrent cours à leurs prédications sur l'égalité et sur les imprescriptibles droits de l'humanité; ils rappelaient en même temps tout ce que l'on avait fait déjà pour la ville. On rédigea enfin une pétition pour demander la liberté du commerce, l'admission de tous aux places, le rachat des rentes perpétuelles, toutes choses qui ne pouvaient s'accorder qu'en renversant l'organisation et les priviléges des tribus et des corporations. Dès que la ville sut qu'on faisait passer cette pétition de commune en commune, elle fit arrêter les plus actifs colporteurs de cet acte : plusieurs furent bannis, d'autres condamnés à l'amende et déclarés infâmes. Ces mesures ne diminuèrent pas le nombre des mécontents; à l'assemblée annuelle de Stæfa, quatre vieillards vénérables annoncèrent qu'ils tenaient de leurs pères que, dans les archives communales, il existait des titres de franchises consacrant des droits tombés en désuétude : *il faut les chercher*, s'écriait-on de toutes parts, et l'on découvrit dans un moulin une convention conclue le jour même de l'exécution du bourgmestre Waldmann, en 1489, entre les habitants de la ville et ceux des campagnes, et dans laquelle les confédérés étaient intervenus comme arbitres. On y avait stipulé la liberté du commerce, condition qui n'avait jamais été abrogée. On découvrit également un titre de 1532 : après le désastre de la guerre de Cappel, Zürich accordait de nombreuses libertés; elle admettait même les campagnes à participer au gouvernement. Munis de ces documents, les députés de Stæfa, de Kusnacht, de Horgen, de Thalwyl et d'Ehrlibach, se rendirent chez les baillis, leur demandèrent avec douceur et respect s'il existait des dispositions postérieures qui les pussent abroger : Zürich ne voulut répondre ni par un aveu, ni par une dénégation : l'un et l'autre parti étaient également dangereux; on se borna donc à traiter les réclamants de séditieux, et on les cita à comparaître pour rendre compte de leur conduite; mais ils ne vinrent point. Les communes déclarèrent que ces particuliers étaient sans qualité pour traiter de leurs intérêts, et demandèrent des négociations directes. Cette réponse leur valut toute la colère de la métropole; elle arma, elle rompit toute communication avec Stæfa; et, un jour que ce village était occupé du service divin, il fut envahi par deux mille cinq cents hommes, avec de l'artillerie. Alors on proclama l'abolition des titres invoqués : celui de 1489 n'avait été consenti, disait-on, que dans des temps difficiles, et pour éviter de plus grands maux; l'autre n'était bon que pour les circonstances, et son effet avait dû cesser avec elles. Les communes ne manquèrent point d'invoquer aussitôt l'appui des sept cantons qui avaient garanti la transaction de 1489. Ils gardèrent le silence, à l'exception cependant de Glarus qui exhorta Zürich à rendre hommage au droit, et à ne point recourir à la force. Stæfa, désarmée et entourée de baïonnettes, fut obligée de renouveler le serment d'obéissance; on punit ses défenseurs et ceux des autres communes d'exils, de réclusions, d'amende et du fouet. Le vieux trésorier Bodmer, bourgeois de Stæfa, qui le premier avait donné le conseil de fouiller les archives, fut conduit au lieu du supplice à Zürich; là, le bourreau agita plusieurs fois le glaive sur sa tête, puis il fut reconduit dans sa prison pour y subir une réclusion perpétuelle avec cinq de ceux qu'on appelait ses complices. La consternation et la terreur produisirent le silence; mais le désir de la vengeance était dans tous les cœurs, jusqu'à ce qu'enfin il éclata de nouveau sous l'empire de circonstances plus favorables.

La cause libérale obtenait tous les jours de nouveaux triomphes : les fugitifs et les exilés provoquaient l'intervention de la France dans les affaires de la Suisse. Les dominateurs actuels des treize cantons, disaient-ils au Directoire, nous ont expulsés de notre patrie; ils sont nos ennemis comme ils sont les vôtres; ils veulent des sujets, non des concitoyens; ils se regardent comme de petits rois; aussi sont-ils secrètement ligués avec tous les rois. Rendez au peuple suisse la liberté qu'il a perdue; il vous attend, il vous appelle. Les hommes libres sont les alliés de tous les défenseurs de la liberté. Dans ce temps-là même, Bonaparte s'immortalisait en écrasant les armées autrichiennes partout où il les rencontrait; il s'emparait de la Lombardie, et contraignant l'empereur à la paix, créait, sous ses pas victorieux, la république cisalpine. Les Grisons étaient en contestation avec la Valteline : le 21 juin 1796, cette contrée signifia qu'elle n'obéirait plus, et demanda une parfaite égalité. Il existait d'ailleurs un fort parti qui désirait être incorporé à la république nouvelle. On choisit Bonaparte pour médiateur : le 22 juillet 1797, il reçut, à Montebello, les députés des Grisons et ceux de la Valteline : Bormio et Chiavenna refusèrent toute réunion avec les Grisons; la vallée de Saint-Jacques tenait seule pour eux. Le général français, malgré cette répugnance, exigeait qu'on admît les seigneuries italiennes, comme une quatrième ligue dans la fédération. Il fixa un délai pendant lequel les Grisons auraient à se décider; les uns espéraient en l'Autriche, les autres craignaient l'immixtion de cette population italienne dans les affaires de la ligue grise; on laissa écouler le délai, et Bonaparte, qui n'aimait pas l'hésitation, prononça la réunion de ce pays à la république cisalpine. Le peuple, assemblé à Sondrio, confisqua, dans son injuste inimitié, les propriétés particulières des Grisons : beaucoup de familles riches furent ainsi ruinées. Quelques semaines s'étaient à peine écoulées que les frontières de la Suisse furent entamées d'une manière non moins sensible du côté de l'ouest : le général Saint-Cyr entra dans le val de Moutier, et s'empara de l'Erguel et de Bienne. Cette fois encore, on voulut temporiser; les constitutions subissaient partout des changements : Berne fixait le nombre des familles admissibles; Zürich se relâchait de sa sévérité sur le monopole; Glarus abandonnait au sort la distribution des magistratures. Le peuple de Bâle murmurait contre la ville; l'Argovie réclamait ses droits contre Berne; et le pays de Vaud voulait confier à la France la revendication des siens. Sur ces entrefaites, Ochs avait été envoyé à Paris pour des intérêts que Bâle possédait en Alsace. La Suisse voulait aussi le Frickthal cédé par l'Autriche à la France. Ochs était un homme habile, mais d'une ambition démesurée; bien accueilli par Rewbel et Bonaparte, il se livra tout entier aux combinaisons françaises, et prépara la révolution qui bientôt s'accomplit. Le conseiller de Tscharner de Berne se présenta au congrès de Rastadt au nom de cette ville, de Zürich, de Lucerne, de Fribourg, de Soleure et de Bienne; et bientôt la diète d'Arau lui adjoignit Pestalozzi. Mais les plénipotentiaires français ne voulurent point les reconnaître; il fut répondu au secrétaire de la légation : *Allez dire à ceux qui vous ont envoyés, que la république française ne connaît point de députation du corps helvétique au congrès de Rastadt.* La diète renonça même au projet de réclamer Mülhousen, qui avait opéré sa réunion avec la France. On voulut imposer à l'étranger par une démonstration, et l'on renouvela le serment fédéral négligé depuis longtemps; mais cette cérémonie ne produisit pas l'effet qu'on en attendait. Bâle ne voulut pas jurer un acte qui, disait-elle, réservait des droits à l'empereur et à l'évêque : l'arbre de la liberté allait être planté : c'est là que commença la révolution, tandis que les riverains du lac de Zürich appelaient le moment de la vengeance, tandis que le pays de Vaud prenait les armes. On était en février de 1798, de cette année si fertile en calamités pour la Suisse; et, le 27 de ce mois, les Français firent leur entrée et parurent aux bords du Léman : aussitôt la diète d'Arau se sépara; le pays de Vaud se déclara indépendant; le Tésin secoua le joug d'Uri, et planta des arbres de la liberté; Lucerne et Schaffhousen affranchirent leurs sujets. Le Directoire français venait de décréter la formation de la république du Léman. Le général Ménard pénétra dans ce pays par Gex, et trois mille hommes vinrent du Chablais débarquer à Ouchy, qui est le port de Lausanne. A cette nouvelle, toute la Suisse fut en fermentation; les riverains du lac de Zürich, les sujets de la Marche, dépendant du canton de Schwytz, invoquaient en leur faveur l'égalité des droits; à Zürich, on apaisa le mouvement en mettant en liberté les condamnés de Stæfa, en restituant les amendes; mais on fit des levées, en proclamant que les doctrines françaises étaient subversives de l'ordre, attentatoires à la religion, et sur-le-champ on envoya un double contingent au secours de Berne. A Bâle aussi, les campagnards s'insurgeaient pour réclamer des titres constitutifs de leur état civil et politique; ce fut dans une de ces émeutes que fut brûlé le célèbre château de Farnsbourg. On planta des arbres de la liberté à Liestall, et Waltenbourg fut incendié comme Farnsbourg et Hombourg. Il fallut que le grand conseil proclamât l'égalité.

Cependant le colonel Weiss, qui commandait les troupes bernoises dans le pays de Vaud, s'était retiré devant l'ennemi; les Français s'étaient avancés jusqu'à Yverdun. A Berne, on ne comprenait pas son mouvement rétrograde. On nomma donc un autre général : ce fut Charles Louis, de l'illustre famille d'Erlach : le moment était d'autant plus critique, que la ville d'Arau, excitée par les révolutionnaires de Bâle, avait aussi planté son arbre de la liberté, et secoué le joug de Berne. Il fallut donc détacher, pour la soumettre, le colonel de Buren et plusieurs bataillons; mais, quoiqu'elle fût rentrée dans l'obéissance, on n'était pas tranquille de ce côté. A cette inquiétude se joignaient le défaut d'ensemble, et la défiance qui empêcha de créer une commission exécutive pour diriger les opérations des cantons réunis, et dont Bâle seule abandonnait la cause. Cependant l'ennemi prenait des dispositions redoutables : le général Ménard, qui s'était d'abord arrêté aux limites du pays de Vaud, venait d'être remplacé par le général Brune; une autre division pénétrait en Suisse par le Mont-Terrible, sous le commandement du général Schauenbourg. Brune, dont toutes les opérations se concertaient avec la marche de son collègue, adressa aux habitants du canton de Berne une proclamation dans laquelle il exposait les griefs de son gouvernement, accusait l'aristocratie bernoise, et promettait l'égalité. Il dit ensuite aux envoyés du sénat qu'il traiterait au nom du Directoire, pourvu que l'on créât sur-le-champ un gouvernement provisoire, que l'on mît en liberté tous les détenus politiques, que l'on rédigeât une constitution libérale, etc., etc.

Le colonel Gross, chef de l'état-major de l'armée bernoise, et commandant du château de Nidau, écrivit au général Schauenbourg qu'il allait commencer les hostilités le soir même : c'était le 1er mars; le mois de février s'était passé en négociations, en armistices, et ces délais refroidissaient les soldats bernois, dont l'enthousiasme faisait place aux principes de la propagande. L'armée suisse était d'environ vingt mille hommes et quatre cent cinquante cavaliers; mais on manquait d'ordre, d'exercice, de discipline; il y avait longtemps qu'on n'avait combattu l'étranger, et l'on se repentait amèrement d'avoir si fort négligé l'art de la guerre, dans un temps où la valeur des ancêtres ne suffisait plus pour la défense de la patrie. Il se fit quelque mouvement dans le gouvernement; des commissions furent substituées au grand conseil; le conseil de guerre fut renouvelé. L'anarchie était partout; aussi, quand le colonel Gross, d'après des ordres nouveaux, voulut rétracter la dénonciation d'hostilité qu'il avait faite à Schauenbourg, celui-ci n'en tint compte. Le château de Dornach, qu'il fit attaquer le jour même, 1ᵉʳ mars, ne résista que vingt-quatre heures; auprès de Vingels, une charge des Bernois fut repoussée. Les Français surprirent et culbutèrent un poste établi près de Lenguau, malgré l'héroïque résistance d'un bataillon de l'Oberland. Les divers efforts pour tenir tête aux Français demeurèrent inutiles; et il n'était pas dix heures du matin que Soleure ouvrait ses portes au vainqueur. L'artillerie bernoise se retira des bords de l'Aar, que rien désormais n'empêchait de franchir. A Buren néanmoins, le passage fut vaillamment disputé par le quartier-maître général de Graffenried, et l'incendie du pont se communiqua à plusieurs maisons de la ville.

Brune envoyait son avant-garde occuper les environs de Fribourg : il y avait dans la place des Bernois et des paysans qui empêchèrent les magistrats de se rendre. Le général ennemi accorda deux heures pour l'évacuation; mais le parlementaire était à peine de retour, que le tocsin sonna dans tous les villages, et les campagnards entrèrent en foule par la porte opposée pour renforcer la garnison. Une nouvelle sommation fut envoyée; alors les magistrats et quelques bourgeois vinrent annoncer qu'ils étaient dominés par les paysans. Les soldats français demandaient l'assaut, et le général fit tirer quelques obusiers, et pratiquer quelques brèches dans les murailles à coups de canon. Dix à douze soldats escaladèrent les remparts, d'autres entrèrent par une porte que l'artillerie avait brisée. Quinze cents Bernois et cinq mille paysans se retirèrent, emmenant des canons et des armes qu'on leur reprit dans la poursuite. La discipline fut observée avec autant d'exactitude que si la ville se fût rendue par capitulation : il avait péri environ quatre cents Suisses; les prisonniers furent renvoyés chez eux. Ce fait est du même jour que la reddition de Soleure.

Le lendemain, 3 mars, Brune envoya sur Morat une colonne commandée par le général Rampon : en cette circonstance, les soldats se portèrent à des excès dont il n'est pas juste de charger la mémoire de Brune. L'ossuaire de Morat fut dispersé; mais on s'abuse quand on regarde ce fait comme un acte de fureur ou d'aveugle vengeance, quand on l'attribue à l'ignorance la plus grossière, quand on soutient que les Français n'avaient que faire de ces ossements de guerriers de tous les pays, et qu'eussent-ils été Bourguignons, ils n'en étaient pas moins les ennemis de la France, dont leur chef méditait le malheur. La dispersion de l'ossuaire n'est pas considérée de même par tous les historiens : Meyer de Knorau reconnaît qu'après trois cents ans les Bourguignons donnèrent aux os de leurs aïeux une sépulture dont ils avaient été privés jusqu'alors. Il y avait en effet dans la colonne du général Rampon deux bataillons composés de soldats de la Côte-d'Or et de l'Yonne. S'ils eussent cédé au ressentiment national, leur action eût été irréfléchie : soldats de la liberté, ils devaient applaudir à la victoire de ceux qui avaient combattu pour elle plus de trois siècles auparavant; mais leur susceptibilité avait pu être excitée par la réponse d'un chef suisse, qui venait de déclarer, sur une sommation française, qu'il n'entendrait pas, sans en tirer vengeance, un langage si hautain, et qu'il ne convenait pas de le lui tenir dans le voisinage de Morat. Peu de mois s'étaient écoulés, depuis que Bonaparte s'était fait conduire à ce même ossuaire, en traversant la Suisse, après le traité de Campo-Formio.

Erlach avait été obligé de repasser la Sarine et la Sense; Rampon se porta rapidement sur Guminen, où il opéra une fausse attaque, tandis qu'une autre colonne attaquait Laupen, et que le général Pigeon tentait à Neueneck le passage de la Sense, pour s'avancer ensuite sur Berne. Le 5, à quatre heures du matin, le passage fut forcé, et le camp ennemi emporté après une action très-vive, dans laquelle les Suisses prouvèrent qu'ils n'avaient point dégénéré. L'action dura cinq heures; ils laissèrent trois mille hommes entre les mains des Français, et huit cents morts couvraient le champ de bataille. Berne, se voyant désormais à découvert, rappela promptement ses troupes de Guminen, où il y avait une artillerie formidable, parce que l'on croyait ce point plus particulièrement menacé. La démoralisation était complète dans l'armée bernoise; les soldats chassaient leurs officiers et les remplaçaient par d'autres. Les Français, avant de remporter la victoire, avaient été souvent repoussés; ils avaient perdu beaucoup de monde, beaucoup de canons. Leur attaque sur Laupen avait échoué : la division de Brune eut probablement été contrainte à se retirer, si Schauenbourg n'eût le jour même fait son entrée à Berne.

Ce général habile et valeureux était l'un des tacticiens les plus habiles de son temps; il excellait à former le soldat, à l'aguerrir, et lui donnait l'exemple des vertus militaires. Doué par la nature d'une force extraordinaire, haut de taille et d'une figure mâle et imposante, il commandait le respect par sa présence, et la confiance ne pouvait manquer à un chef qui, né dans les rangs élevés de la société, avait combattu comme le ferait un simple volontaire. Le 4 mars, son avant-garde occupait le village de Schnottwyl; la 16e demi-brigade se tint à Betterkinden, et le corps de bataille à Lohn, sur la route de Soleure à Berne. Le 5, pendant l'action de Neueneck, les troupes se mirent en marche à la pointe du jour : l'avant-garde rencontra l'ennemi dans le bois. Il s'engagea aussitôt une fusillade; les Bernois avaient de l'artillerie, mais l'artillerie française accourut pour soutenir l'infanterie. Les Suisses, obligés de se retirer, allèrent prendre position sur les hauteurs, en avant de Frauenbrunnen. Cependant la cavalerie française étant huit fois plus nombreuse que la leur, ils furent tournés sur leur gauche et débusqués de leurs batteries. Ils essayèrent de se reformer à Urtenen; repoussés de nouveau de ce poste ainsi que de Hofwyl et Buchsée, ils se mirent à l'abri d'un taillis, et pendant deux heures soutinrent l'effort de l'ennemi dans le Grauholtz. Des abatis étaient jetés sur la route : les Suisses occupaient les hauteurs; à leur droite étaient un bois de sapin et des marais impraticables. Le défilé était protégé par des retranchements qui semblaient impraticables; Schauenbourg fit escalader les rochers par trois compagnies de la 89e demi-brigade, tandis qu'une partie de son infanterie passait par les marais pour tourner la gauche des Bernois, et que l'artillerie légère canonnait les retranchements de la route. Attaqués de flanc et de front, les Suisses ne purent résister; la déroute devint complète; ce qui n'empêcha point le vaillant Erlach de réunir encore les levées appelées landsturm sur le Breitenfeld, en avant de Berne, et d'engager un cinquième combat. Armés de faux et d'instruments aratoires, les paysans se battirent en désespérés; des femmes, de jeunes filles et même des enfants, se mêlèrent aux combattants. Les hussards du 7e et 8e chargèrent avec impétuosité sur les pièces que l'ennemi avait mises en batterie. A midi, le succès des Français était décidé. Les soldats suisses, se croyant trahis par des chefs indignes, tuèrent plusieurs colonels; aux portes de la ville, deux d'entre eux furent sabrés par leurs dragons. Le gouvernement demanda à capituler. Les troupes françaises entrèrent à Berne à une heure après midi : pendant la nuit suivante, le corps d'armée de Brune arriva, et ce général prit le lendemain le commandement en chef de toute l'armée. On avait stipulé la sûreté des personnes et des propriétés, la liberté du culte. Cependant Erlach s'était rendu dans l'Oberland avec l'avoyer Steiger, qui avait partagé tous ses dangers : ils espéraient y organiser une résistance opiniâtre, car le gouvernement y avait envoyé déjà des armes et de l'argent. Leur espoir fut déçu. Partout on imputait à trahison ce qui n'était que désordre et infortune, partout on criait vengeance contre de prétendus traîtres, dont l'hésitation faisait tout le crime. Erlach fut tué par des furieux à Wichtrach, et Steiger eut beaucoup de peine à échapper à une émeute pareille.

Les Zürichois s'étaient avancés sur Aarberg jusqu'à Frienisberg : de la sorte, ils se trouvaient coupés; on leur permit de se retirer avec armes et bagages; les autres contingents avaient déjà opéré leur retraite. On songeait encore à s'opposer à la marche des Français : Zürich se préparait à la défense; Schaffhouse, la Thurgovie et le Rheinthal promettaient des secours; Uri conseillait d'invoquer la médiation de l'Autriche, de la Prusse et de l'Espagne. Tout à coup on arrêta tous ces préparatifs. Le trésor, l'arsenal, les magasins de toute espèce, ne purent contenter le vainqueur; et, comme s'il n'eût rien trouvé qui pût satisfaire aux besoins de l'armée, il accabla le pays de réquisitions; il enleva de plus ces nobles drapeaux, monuments de tant et de si glorieux triomphes. Le général Brune les envoya au directoire exécutif. Toutefois ce n'était pas le plus grand mal que la France pût faire à son ancienne alliée; elle l'affligea d'une constitution, détruisit le système fédéral, et prétendit gratifier de la liberté ceux auxquels elle apportait le funeste cadeau du nivellement et de la centralisation. L'égalité, telle que l'entendait notre révolution, pouvait être un bienfait pour les pays sujets; le Tésin, le canton de Vaud, la Marche de Schwytz et les riverains de Zürich, l'attendaient avec impatience; mais les sept cantons démocratiques, où le pouvoir appartenait aux citoyens, étaient, en fait de liberté, les maîtres et les exemples qu'il fallait étudier. Loin de là, on effaçait violemment leur physionomie nationale, on confondait toutes ces nuances originales, pour obtenir de la fusion un gouvernement esclave de la France, sans pouvoir chez lui et surtout sans considération, parce qu'il était imposé par l'étranger. Cependant Brune avait promis aux Lucernois de ne point occuper leur territoire; nouvelle qui fut proclamée à son de trompe et aux cris d'allégresse de toute une population, qui croyait que l'on respecterait les descendants des libérateurs. Ce n'était qu'une ruse : l'envoyé de France, Mengaud, ne cessait de reprocher aux Suisses, des menées de ce qu'il appelait le parti aristocrate. A Zürich, les autorités étaient obligées de céder la place aux insurgés. La constitution helvétique, tracée par Ochs, ne convenait à personne : le canton de Vaud l'avait adoptée dans les assemblées primaires; il s'agissait maintenant de la faire accepter en Suisse. Le principe de l'indivisibilité est le premier de ses articles; les circonscriptions administratives sont tout ce qui reste du canton; la souveraineté appartient à l'ensemble des citoyens; les titres et les privilèges sont supprimés; aux treize cantons, on ajoute le Léman, l'Argovie, le Valais, Bellinzona, Lugano, Sargans, Saint-Gall, la Thurgovie. La constitution une fois acceptée par les assemblées primaires, ces assemblées nommeraient un député au collège électoral du canton sur cent citoyens; enfin ce collège électoral désignerait quatre membres du sénat et huit du grand conseil, un du tribunal suprême, treize du tribunal cantonal, et cinq administrateurs. Cinq directeurs, nommés par la législature, gouverneraient la république, et pourvoiraient aux ministères, aux ambassades, aux commandements des troupes, etc., etc. Bâle fut la première à proclamer cette œuvre de son concitoyen; mais ses recommandations à d'autres cantons demeurèrent sans effet. A Saint-Gall, les délégués faillirent être assommés par le peuple, et en général les montagnards se montrèrent fort hostiles à ce projet. En Thurgovie, les assemblées primaires furent empêchées par la violence. On était d'autant plus exaspéré, que l'on annonçait, comme un dessein arrêté de la part de Brune, le morcellement de la Suisse en trois républiques. Le gouvernement français ne s'y arrêta point, confirma l'œuvre dOchs, et aux nouveaux cantons ajouta l'Oberland, pour affaiblir Berne d'autant. On frappa d'une contribution de quinze millions les prétendus oligarques. L'arrivée des commissaires Lecarlier et Rapinat fit faire quelques progrès à la constitution dans les cantons du nord et de l'ouest : il n'en fut pas de même des cantons intérieurs; les représentations amicales et modérées du général Schauenbourg, qui venait de succéder à Brune, ne purent décider l'assemblée qui venait de se former à Brunnen. Le langage du chef de l'armée fut plus dur à l'égard des gouvernements provisoires d'Appenzell et du Toggenbourg : on leur accorda douze jours pour tout délai. Arau, chef-lieu désigné, vit bientôt arriver les députés élus au grand conseil, par les cantons de Bâle, Berne, Fribourg, le Léman, Lucerne, l'Oberland, Schaffhouse, Soleure, Zürich. L'assemblée se constitua le 12 avril. Le 15, six cents Français, Schauenbourg et Lecarlier, y vinrent aussi. L'Unterwald supérieur, Engelberg, la Thurgovie, accédèrent à l'instant même, et le comté de Baden, sur l'ordre des Français, envoya aussi des députés, comme s'il eût formé un canton avec les bailliages libres.

A Schwytz et dans le bas Unterwald, on résolut de maintenir l'ancien ordre de choses à tout prix : on appelait la constitution le *livret d'enfer*. Uri et Glarus, sans vouloir prendre l'offensive, se préparèrent à la résistance : on se porta d'abord sur le Brunnig, et la petite république de Gersau, composée d'un seul village, fournit à elle seule quarante-cinq hommes. Glarus sortit aussi de l'inaction : quatre cents hommes franchirent les neiges du Sattel pour aller insurger l'Entlibuch. Pendant ce temps, deux mille six cents hommes se jetèrent sur Brientz, pour soutenir le mouvement de l'Oberhassli, dont le député avait quitté Arau sous prétexte d'affaires personnelles. Néanmoins on n'entreprit rien de grand; chacun craignait pour sa propre vallée, et bientôt Schwytz menacée rappela ses soldats, qui déjà se retiraient devant les Français. Les insurgés n'en prirent pas moins Rapperschwyl. Entre Emsiedeln et le lac de Zürich, se rassemblèrent plusieurs milliers de Suisses; ils accouraient à la voix du curé Marianus Herzog. Zug, dont le contingent était commandé par le colonel Andermatt, avait envahi les bailliages libres; mais, le 26 avril, le général Jordy repoussa ce corps, qui fit une vigoureuse résistance, s'empara de l'abbaye de Muri, y prit vingt canons, et franchit la Sins. Quand il entra à Zug, le conseil délibérait encore sur l'acceptation de la constitution; il fit mettre bas les armes à mille paysans, et conquit en cette occasion douze drapeaux et six mille fusils.

Cependant les Suisses, conduits par Aloyse Reding, s'emparaient de Lucerne, le jour même où Jordy prenait Muri. Les citoyens, qui d'abord avaient voulu résister, furent obligés d'accepter une garnison de l'Entlibuch; elle promit de rétablir ses communications avec les cantons, de ne point invoquer contre eux de secours étranger, et de n'en donner qu'à ceux qui avaient voté le rejet de la constitution. L'arsenal fut laissé à la disposition des libérateurs. Schwytz se montrait digne de l'antique héroïsme : les Français furent vigoureusement repoussés sur la hauteur de Richterschwyl et à Wollrau; ils ne purent forcer le passage de Schindelligi qu'en éprouvant des pertes immenses. A Rothenthurm et sur le Sattel, Schwytz et Uri firent des prodiges de valeur; enfin, à Morgarten, leurs armes furent heureuses : inspirés par ce grand souvenir, par ce premier fait d'armes de leurs aïeux, les soldats poursuivirent les Français, de ces hauteurs célèbres jusqu'à Eggeri. Là, le nombre et la discipline leur apprirent, à leurs dépens, combien les soldats de la république étaient supérieurs aux vassaux de Léopold : il fallut céder. Sur d'autres points, on disputait chaque pas : Immensée et le pied du Rigi ne furent abandonnés qu'après de sanglants combats, et le 3 mai l'action d'Arth demeura sans issue. L'invasion eût été difficile à l'ennemi, sans la fuite du curé Herzog, qui lui laissa la facilité de franchir l'Etzel, montagne qui couvre les abords d'Einsiedeln : ainsi se trouvait tournée la position de Rothenthurm, et le redoutable vainqueur put s'avancer jusqu'au Hacken, qui jette dans les airs sa pointe crochue, et forme, avec le Mythen, l'un des plus admirables points de vue que la création offre à l'admiration de l'homme. Ces cathédrales de roc s'élèvent comme des tours angulaires; leurs masses effilées et recourbées dominent ces solitudes, ces forêts, et cette abbaye, saint pèlerinage ouvert à la foi, asile de la prière, but des vœux et de la dévotion des peuples septentrionaux et des Italiens du voisinage. Là, près du Hacken; non loin d'Einsiedeln, périrent, en combattant pour la patrie, deux cent trente-six braves, qui voulaient la garder pure de toute invasion d'un vainqueur, comme elle l'avait toujours été. Les blessés même continuaient à combattre, et mouraient de nouvelles blessures. Grâce à l'habileté des francs-tireurs, la perte des Français fut décuple. Ils honorèrent le courage malheureux. Le général de Schauenbourg proposa une capitulation : elle assurait aux braves la conservation de leurs armes, la sécurité de la religion catholique, et promettait la retraite des Français. Reding et ses guerriers eurent peine à s'y décider : dans le moment même, des renforts d'Uri débarquaient à Brunnen. Quand on opina : « Mourons, s'écria le premier dont on prit l'avis, mourons de la mort glorieuse de nos ancêtres. » Les prêtres communiquèrent à l'assemblée des dispositions plus pacifiques. Lucerne avait déjà été évacuée à l'approche des Français. Uri accéda à la capitulation, et le haut Unterwald accepta, pour la seconde fois, la constitution helvétique; le pays bas fut plus long à se décider. Appenzell et Glarus se soumirent au directoire d'Arau.

Genève se réunissait à la France : le 26 août, elle perdit l'ombre d'indépendance qu'elle avait conservée jusqu'alors. Le Valais s'insurgeait; l'agent français. Mangourit, fut obligé de s'enfuir de Sion : trois mille hommes des dizains supérieurs étaient venus occuper la ville. Après les avoir battus à Saillon et débusqués de leur position derrière la Morge, torrent profond et impétueux, il les somma de se rendre. Les Valaisans renfermés dans Sion feignirent d'accepter la capitulation; mais un peloton de hussards s'étant approché de la porte, ils firent sur lui une décharge à mitraille. Le soldat furieux escalada les murailles et fit un horrible massacre des insurgés et des habitants : on se défendait de maison en maison. La ville fut abandonnée au pillage pendant six heures; le haut Valais fut envahi et frappé de contributions. Un autre combat, poussé par le 16ᵉ d'infanterie légère jusqu'aux sources de la Morge, fut très-meurtrier; des quartiers de roc roulaient sur les Français, qui perdirent beaucoup de monde. Les prêtres avaient promis aux campagnards le sort des saints de la légion thebaine.

Le directoire helvétique s'occupait de changer les circonscriptions, et d'opérer entre les cantons une fusion qui faisait entièrement disparaître l'ancienne physionomie nationale de cette admirable confédération ; il constitua des cantons absolument nouveaux, et y groupa les électeurs de manière à s'assurer une majorité : ainsi il y eut un canton de la Linth, un canton de Säntis, etc., etc. Au mécontentement de ces innovations, se joignit une profonde indignation contre les proconsuls français, qui, non contents d'enlever les caisses publiques, prenaient celles des hospices, frappaient de fortes contributions, et, sous prétexte d'aristocratie et de fédéralisme, faisaient saisir comme otages des citoyens considérés, pour les envoyer à Hunningen. Rapinat défendit d'obéir aux lois et aux ordres du gouvernement helvétique, quand ils seraient en opposition avec ceux du gouvernement français. Des actes arbitraires, des éliminations violentes faussèrent les institutions politiques avant leur mise en action. Rapinat nomma lui-même des directeurs, et le pouvoir exécutif français se permit de proclamer authentiquement qu'Ochs était le meilleur citoyen de l'Helvétie. Il faut cependant se garder d'ajouter foi aux imputations que l'on s'est si souvent permises contre la probité de Rapinat : revenu pauvre de cette mission, il mourut quinze ans après, sans jamais avoir dérogé aux principes de la délicatesse la plus rigoureuse. Ces exactions étaient pour le fisc, et c'est au nom de la liberté qu'il se constitua le tyran d'un peuple libre.

Les agents de l'Angleterre et les émigrés suisses ne cessaient d'exciter à la révolte; le pèlerinage de Marie des Neiges au Rigi devint le lieu des rassemblements : dans plusieurs localités, on refusa le serment, et le gouverneur de Schwytz fut obligé de s'enfuir. La fermentation était générale; le directoire invoqua de nouveau l'appui du général Schauenbourg. Deux prêtres soulevaient le bas Unterwald, et distribuaient des amulettes et des reliques; ils promettaient le concours des Autrichiens; deux mille hommes étaient prêts et huit canons. Les Français arrivèrent : leurs tentatives de débarquement ayant échoué, et le feu des francs tireurs leur faisant beaucoup de mal, on ne douta plus du succès; des renforts accoururent de Schwytz et d'Uri; mais, le 9 septembre, Schauenbourg ordonna une attaque générale : les Français tombèrent par centaines à l'affaire du Rolzloch, à la chapelle de Saint-Jacques; mais ils arrivèrent par le Melchthal, et prirent l'aile gauche en queue. A Kersitten, ils réussirent enfin à opérer un débarquement, et l'incendie de ce village dispersa les insurgés. Il y eut trois cent quatre-vingt-six victimes, parmi lesquelles on comptait cent vingt-sept femmes et enfants. Les cadavres furent entassés dans la nef de Stanz. On mit le feu à Stunzstad, à Buochs, aux fermes isolées; enfin le pays se soumit, après avoir perdu dans cette lutte près de quatre mille hommes. Le général vainqueur était profondément ému de pitié; il faisait distribuer des rations de pain et de viande aux habitants. Schwytz, envahi dès le 12 septembre, fut désarmé complétement. Bientôt il fut conclu avec la France un traité d'alliance offensive et défensive, qui assurait à cette incommode protectrice la route militaire du Rhin et des Grisons, celle du Valais vers l'Italie, et promettait un traité de commerce. La France prit six demi-brigades suisses à sa solde. L'Autriche s'opposait formellement à ce que la constitution fût adoptée dans les Grisons : elle fut rejetée par la majorité des communes, et la diète assemblée à Ilanz ordonna une levée de six mille hommes; un conseil de guerre se constitua, et négocia avec le général autrichien Auffenberg qui était sur la frontière. Dix bataillons entrèrent dans le pays : on proscrivit les journaux suisses; on chassa les partisans de la France. Dès le mois de mai, Lecourbe, Dessolles et Loison, avaient écrasé ce corps autrichien, après avoir franchi le Rhin près d'Azmoos; ils prirent Luciensteig d'assaut, tandis qu'une autre division, partie de Vettis, avait gravi le Kunkel, et paraissait subitement devant Reichenau. Après une bataille opiniâtre, les Autrichiens concentrés dans Coire furent obligés de capituler : Auffenberg se rendit avec quatre mille hommes. Cependant une autre division, venue du Saint-Gothard, était battue par les montagnards, qui massacraient sans pitié blessés et prisonniers. Les Français eurent bientôt réparé cette perte, et chassé les Autrichiens jusque dans le Tyrol. Les amis de l'Autriche furent conduits à Salins. Les revers de l'armée de Jourdan et la tentative inutile de Masséna contre Feldkirch, ouvrirent le nord et l'est de la Suisse aux ennemis de la France. Il y eut dans l'intérieur beaucoup d'émeutes à comprimer. Le 13 avril, déjà les Autrichiens étaient entrés à Schaffhousen, et le 17 ils occupaient Eglisau. C'est dans cette retraite que le pont de bois sans arche, chef-d'œuvre de l'art du charpentier, fut brûlé par les Français. Déjà l'on regardait la cause de la république française comme perdue : les cantons intérieurs, les villes d'Altdorf et Zug, passaient aux yeux des campagnards pour les repaires de ses partisans; aussi, quand un incendie consuma de fond en comble la première, on ne lui porta aucun secours; la garnison française seule fit des prodiges de dévouement. Le 28 août, une insurrection générale contraignit les Français à évacuer les cantons d'Uri et de Schwytz; mais bientôt le général Soult rentra dans Schwytz, après avoir dispersé tous ces pâtres qui n'avaient d'armes que des bâtons, d'uniforme que les chemises dont ils couvraient leurs vêtements, circonstance à raison de laquelle cette campagne fut surnommée *Hirtenhemdlikrieg*.

Le 8 mai, Soult eut à combattre les insurgés d'Uri, dont le chef, l'historien Vincent Schmied, périt le premier, atteint d'un boulet; le lendemain, il fallut encore combattre à Wasen, puis le 12 au Saint-Gothard. A Dissentis, dans l'autre vallée qui descend d'Ursern vers les Grisons, les Français furent d'abord surpris par une émeute. Après avoir brûlé Dissentis, ils se retirèrent vers l'Italie, tandis que, dans les Grisons, Luciensteig et Coire retombaient au pouvoir des Impériaux, et que M. de Courten conduisait les Valaisans à l'attaque, d'abord à Martigny, puis dans les forêts qui entourent Louèche; mais là, comme à Viége, ils furent vaincus, et les Autrichiens et les Russes venus à Brig pour les secourir repassèrent le Simplon. Lecourbe, qui arrivait de la haute Engadine, porta rapidement sa division sur Bellinzona, pour couvrir le passage du Saint-Gothard et contenir les bailliages italiens qui venaient de prendre part à l'insurrection; ensuite il alla occuper une forte position au haut des Alpes.

Masséna, qui commandait en chef vers le nord de l'Helvétie, eut à combattre les Autrichiens de l'archiduc Charles : à Rorschach et à Diessenhoven, ils avaient pris le parc d'artillerie helvétique. Il fallut se mesurer avec l'ennemi à Wyl, à Andelfingen, à Frauenfeld. Dans ce combat périt le général suisse Weber, dont les troupes avaient déployé une grande valeur. Là étaient Oudinot, Ney, Soult; là, se disputa chèrement la victoire qui demeura aux Français. Ney poursuivit avec tant d'impétuosité l'ennemi qu'il avait devant lui, que la plupart des troupes légères furent jetées dans la Thur, et s'y noyèrent avec leurs chevaux. A Schwarzenbach, où commandait Soult, trois régiments autrichiens furent taillés en pièces. Toutefois l'archiduc accourut avec des renforts, et reprit ses postes de la rive gauche de la Thur; le général Hotze attaqua les Français à Winterthur, où Masséna s'était concentré; l'archiduc y vint en personne; après la résistance la plus opiniâtre, après que Ney eut été deux fois blessé, le général en chef s'apercevant que l'ennemi cherchait à tourner ses ailes, se replia derrière la Tœss. Il fallait bien se retirer, car une autre armée autrichienne venait des Grisons, sons le commandement de Bellegarde; et, quoique Lecourbe le serrât de près, et se fût établi à Wasen, au milieu des Schellenen, Masséna se retira sur l'Albis, et garda la rive gauche de la Limmath, après avoir évacué Zürich, non sans avoir livré des combats très-opiniâtres sur toutes les hauteurs qui précèdent ou dominent la ville. Plus de deux mois s'écoulèrent sans que rien fût changé à la position que tenait chacune des deux armées, depuis le Saint-Gothard jusqu'à l'embouchure de la Reuss et de l'Aar. Il y eut, dans la partie envahie par l'Autriche, et notamment à Zürich, des gouvernements provisoires. Quelques cantons rétablirent leurs anciennes constitutions : beaucoup de Suisses prirent du service dans les armées de la coalition; il y eut même des contingents envoyés officiellement et en corps. On croyait si peu au retour des Français, qu'à Zürich il suffisait d'en émettre l'idée pour être réputé séditieux.

Au mois d'août, les Français, qui avaient reçu des renforts, se reportèrent en avant sur la Linth. Peu de jours auparavant, le général-major autrichien Bay, qui voulait pénétrer dans le bas Unterwald, avait été pris avec toute sa division. Les Français gardaient leurs positions depuis le lac de Lucerne jusqu'à Bâle, où s'appuyait leur aile gauche. Les choses étaient à peu près en cet état quand arrivèrent les Russes. Depuis les Romains, les Allemanni et les Bourgondes, dit Zschocke, jamais la patrie n'avait été affligée de plus de maux.

Masséna avait prévu l'arrivée des Russes pour la seconde quinzaine du mois d'août; il songea à une attaque sérieuse par son aile droite, et pour cela, il voulut tromper l'archiduc. Le 17, à la pointe du jour, il franchit la Limmath, surprit le camp ennemi, et tailla en pièces plusieurs régiments de cavalerie. L'alarme était dans Zürich; l'archiduc accourut avec des troupes fraîches : des deux côtés, les Suisses s'entre-tuèrent avec un acharnement que l'esprit de parti peut seul expliquer. Zürich fut sur le point d'être prise; mais comme Massena n'avait voulu faire qu'une diversion, il rentra dans ses positions sur la rive gauche. Différentes attaques venaient d'avoir lieu; elles avaient toutes le même but : cependant Lecourbe avait chargé l'aile gauche sur tous les points; par des marches savantes il avait su triompher de la difficulté des lieux. Il combattait sur les arides rochers, près de ces glaciers éternels, et dans les régions élevées où se forme le tonnerre; en trois jours il fut maître de toutes les sommités du Saint-Gothard, de la Furca et du Grimsel, et des principaux passages de la vallée de Dissentis. En passant, il avait repris Brunnen, Schwytz, et chassé les Autrichiens du pont de la Muotta. Il les avait ensuite combattus à la chapelle de Guillaume Tell (Tellen Platte). La prise d'assaut du fort de Meyen coûta beaucoup de braves au général Loison; un seul sentier conduisait à ce fort placé sur des rochers coupés à pic au-dessus de précipices affreux : un feu sûr et bien dirigé enlevait tout ce qui se présentait. Cependant la valeur française triompha,

et le corps de Loison fit sa jonction avec les autres dans le Schæchenthal. Lecourbe campait alors à Hirtzfeld ; les Autrichiens, qui étaient encore à Amsteg à l'entrée de la vallée de Madéran, se trouvaient ainsi pris entre deux feux; Lecourbe les battit et leur fit beaucoup de prisonniers; il vainquit d'autres troupes à Gœschenen. Gudin, qui devait arriver par le haut Valais, le Grimsel et la Furca, ne se montrait point : le but de sa marche était de tourner le pont du Diable et le fort d'Uri. Le pont était défendu par une ligne de retranchements couverts par des chevaux de frise; les grenadiers les attaquèrent au pas de charge; mais ils furent ensuite arrêtés par une large coupure que les Autrichiens avaient pratiquée sur le pont même. L'impossibilité de franchir l'abîme contraignit les grenadiers à la retraite. Le 16, on répara le pont sous le feu de l'ennemi; mais tout à coup la division Gudin, descendant de la Furca, vint le disperser : elle fut accueillie aux acclamations des soldats, car elle venait de vaincre les Autrichiens dans leurs postes inaccessibles de la Furca : il y eut encore de brillantes actions près du Crispalt.

Le 16 août, jour où Lecourbe achevait son expédition, les têtes de colonne russes arrivèrent dans Schaffhousen : l'archiduc n'avait cessé de presser leur marche : il avait conçu un projet qui eût coupé toute communication entre les armées françaises de Suisse et de Souabe, et dont le succès eût contraint les Français à une retraite précipitée. Charles tenta le passage de l'Aar à Dettingen, au-dessous de Baden, avec un corps de quarante mille hommes : favorisé par un épais brouillard, il avait fait commencer deux ponts de bateaux : les travaux s'exécutaient sous la protection de trente-huit bouches à feu si avantageusement placées, qu'elles balayaient toute la rive gauche. La position était faiblement gardée; mais, vers midi, le brouillard étant dissipé, les généraux Ney et Heudelet, accourus au bruit de la canonnade, avaient déjà réuni douze mille hommes. Il obtint la faculté de retirer ses pontons, à condition que le feu de l'artillerie cesserait aussitôt.

Néanmoins l'avenir des Français dans ce pays était loin d'être serein ; le maréchal Souvarof, qui s'était concentré à Bellinzona, dirigeait sa marche vers le Saint-Gothard. Korsakof venait d'entrer en Suisse par le nord, et Hotze, avec ses Autrichiens, allait se porter entre la Reuss et la Limmath, pour attaquer le centre de Masséna qui était cantonné sur le mont Albis. Le 23 septembre, les troupes russes d'Italie commencèrent leur mouvement : les belles vallées du Tésin, le Stretto de Salvedro, se remplirent de barbares : les soldats gravissaient avec peine ces hauteurs auxquelles ils n'étaient point habitués. A Airolo, il fallut soutenir un combat des plus opiniâtres ; six cents Français, après s'être défendus douze heures contre deux mille grenadiers, se retirèrent en bon ordre par le val Bedretto. Quand les Russes se virent au milieu des neiges éternelles, qu'ils n'aperçurent plus que des roches éboulées sur un gazon grisâtre, que des précipices sans fond, l'esprit d'insubordination put à peine être contenu. On dit qu'en ces lieux redoutables, Souvarof, voyant ses exhortations inutiles, fit creuser une fosse, s'y étendit sans vêtements, et cria aux mutins : *Couvrez-moi de terre, et abandonnez votre général.* Les soldats, confus de repentir, le prirent dans leurs bras, et le supplièrent de les conduire à l'ennemi. Il n'y avait, pour leur résister, qu'une faible division à Hospital, au pied du Saint-Gothard. Gudin, qui la commandait, évacua la vallée d'Ursern, et alla prendre position sur le Grimsel, passant au pied du glacier majestueux d'où s'échappe le Rhône, puis gravissant la sauvage et périlleuse Mayenwand, où le voyageur glisse à chaque pas, où un incommensurable précipice attend la dépouille mortelle de celui qui serait indocile aux conseils du guide. Le lendemain, le général Aufenberg fit sa jonction avec Souvarof à Amsteg ; Lecourbe se borna dès lors à défendre le passage de la Reuss, près d'Altdorf, afin que les Russes ne pussent pénétrer derrière le flanc droit de l'armée française, par la vallée d'Engelberg et Stanz. Il se plaça, avec quinze cents hommes seulement, sur le versant des Alpes Surènes ; et cette poignée de braves lui suffit pour arrêter, pendant trois jours, les trente mille hommes que Souvarof amenait d'Italie. Le 27 septembre, le général russe voulut forcer le passage de la Reuss ; déjà une solive était jetée sur les traverses du pont de Hirzfeld ; alors, par une inconcevable audace, Lecourbe franchit lui-même la rivière, jeta la terreur dans le camp des Russes, et les chassa d'Altdorf. Souvarof revint précipitamment de son attaque, et Lecourbe lui tint tête jusqu'à la nuit.

Cependant Masséna avait résolu de vaincre les corps de Korsakof et Hotze, avant que Souvarof pût arriver d'Italie. Il fit occuper le canton de Glarus ; ce fut le général Molitor qui fut chargé de cette expédition. Il attaqua l'ennemi qui tenait les sommités du Pragel ; il emporta la position à la baïonnette, et poussa ses adversaires jusqu'au débouché du Kloenthal : là, les Autrichiens s'étaient retranchés dans le village de Netstall. Le général français voulut revenir à l'attaque, après avoir fait occuper la grande route de la vallée de la Linth, auprès de Glarus ; au retour, il se vit intercepté, et fut obligé de se faire jour à travers quinze cents Suisses à la solde de l'Angleterre ; il trouva l'action déjà engagée ; sa troupe avait été prise en queue ; mais il chargea vigoureusement à la tête des grenadiers, et culbuta tout ce qui se trouvait sur son passage. Molitor fut obligé de lutter toute la nuit contre des forces quintuples des siennes. Il s'établit sur une hauteur, et s'entoura de pierres pour s'en servir comme de projectiles, les munitions venant à lui manquer ; les quartiers de roc roulèrent le lendemain matin sur les assaillants : aussitôt les Français profitèrent du désordre, et chassèrent l'ennemi de ses propres positions. Molitor put faire sa jonction avec Soult près de Næfels. En général, il semble dans cette guerre que tous les lieux illustrés par la valeur des Suisses anciens, aient dû, par une sorte de fatalité, devenir funestes aux Autrichiens et glorieux aux Français. L'occupation du canton de Glarus créa de grands embarras pour Souvarof : les Autrichiens se retirèrent sur Walenstadt; le général Hotze porta son quartier général à Kaltbronn, en gardant le beau canal de la Linth, entre les deux lacs, depuis Uznach jusqu'à Wesen.

Masséna ordonna le passage de la Linth, en même temps qu'il opérait celui de la Limmath pour attaquer, avec les généraux Lorges et Mortier, le corps de Korsakof qui était dans Zürich. Soult s'en trouvait séparé de toute la longueur du lac. Les difficultés du passage s'accroissaient de la nature des lieux : on choisit le voisinage de Belten; il fallut construire d'abord sur les marais un chemin de madriers; le bruit des voitures attira l'attention de l'ennemi; mais, tandis qu'on mettait les bateaux à flot, une compagnie de nageurs traversa la Linth, et se jeta inopinément sur les postes autrichiens, qui s'enfuirent en criant *Sauve qui peut*. Le village de Schœnnis fut emporté avec ardeur, pris et repris trois fois, toujours avec un égal acharnement. Le général Hotze, accouru de son retranchement, paya d'exemple, reçut deux coups de feu, et mourut. Ce brave était Suisse, né à Rapperschwyl; il mourut sur le sol de sa patrie, combattant pour des étrangers contre des étrangers, à quelques lieues seulement de la petite ville qui lui avait donné naissance, et pendant que d'autres Français prenaient Schmérikon. Dans la nuit, l'ennemi fut obligé de mettre bas les armes. Wesen, Richtenschwyl et Rapperschwyl tombèrent au pouvoir du vainqueur. Tels sont les faits d'armes contemporains de la bataille de Zürich, tandis que, d'un autre côté, l'héroïque conduite de Lecourbe la rendait possible.

La Limmath fut passée à Dietikon : la rivière y forme un coude dont la convexité est vers la rive gauche, et livre par conséquent le terrain de la rive droite au feu croisé de l'artillerie : de grands bouquets de bois qui donnent au pays un aspect pittoresque, servaient à masquer le débarquement. Le 25, avant le jour, tous les préparatifs étaient achevés; alors chef d'escadron, l'illustre général Foy commandait l'artillerie de la division Lorges; il disposa les bouches à feu avec une rare habileté, s'exposant à tous les dangers, et ne se doutant pas que la plus belle partie de sa gloire serait le prix d'un autre mérite que la valeur militaire. Cette opération se fit avec tant de calme et de silence, qu'elle demeura inconnue aux avant-postes russes, et même aux Français qui garnissaient la rive gauche. A l'appui de ce mouvement, Masséna avait fait opérer de fausses attaques; un corps de réserve tenait en échec les forces que les Russes avaient sur la rive gauche, près d'Altstetten; enfin la division Mortier attira l'attention des Russes vers la Sihl et l'Albis, leur faisant occuper beaucoup de monde en pure perte.

Le passage de la Limmath s'opéra avec tant de rapidité que, trois minutes après les premiers coups de fusil tirés par l'ennemi, il ne restait plus une seule barque sur la rive gauche. Les batteries de Foy avaient culbuté tout ce qui s'avançait pour repousser les assaillants. L'ennemi s'était rallié sur un plateau boisé en avant de son camp; les Français s'avancèrent l'arme au bras, et bientôt virent toutes les troupes du camp rangées en bataille; quoiqu'il n'y eût encore que quelques bataillons, et que les renforts ne pussent arriver que successivement, les soldats ne se déconcertèrent point. La fusillade fut vive et meurtrière : les Russes se soutenaient au moyen de sept pièces de canon : enfin les Français s'avancèrent au pas de charge, et culbutèrent à la baïonnette ces lignes qui semblaient inébranlables. Pendant ce temps, le pont aux travaux duquel présidait Masséna en personne, fut terminé : à neuf heures, l'artillerie légère put passer, et occupa le plateau de Fahr jusqu'à Weiningen. Pendant ce temps, le général Ménard feignant de passer la rivière au confluent de l'Aar, retenait l'ennemi toute la journée; et le brave Mortier, par une vigoureuse attaque contre le village de Wollishofen, attirait six bataillons russes, et les refoulait dans Zürich d'où ils étaient sortis. Les Français du corps de Lorges emportaient à l'assaut les batteries du village de Höngg. Korsakof, comprenant alors l'étendue du danger, réunit tout ce qu'il put de troupes, en forma une colonne serrée de quatorze à quinze mille hommes, et repoussa d'abord les Français qui débouchaient de Höngg; mais Masséna reployant ses ailes sur son centre, et faisant jouer son artillerie sur les flancs de l'ennemi, celui-ci s'arrêta, résista longtemps, et fut entamé de tous côtés par la mitraille. Les Français pénétrèrent à la baïonnette dans les vides qu'avaient faits ces décharges meurtrières : ce fut un effroyable carnage. Les Russes s'enfuirent dans le plus grand désordre. La cavalerie, qui n'avait point encore donné, acheva de disperser leurs bataillons, et les poursuivit jusque dans les faubourgs de Zürich. Le soir même, le général français fit occuper la vallée de la Glatt, et Korsakof ayant donné l'ordre aux troupes qu'il avait près de l'Aar de le rejoindre en toute hâte, elles furent obligées à faire un très-long détour. Le lendemain, Masséna battit complétement les Russes qui voulaient s'emparer de la route de Winterthur, puis il s'occupa de l'attaque de Zürich. Le général Oudinot enfonça à coups de canon la porte de Baden, et pénétra dans la ville au pas de charge, poursuivant l'ennemi de rue en rue. Les grenadiers de la réserve entrèrent du côté opposé par le quartier de la petite ville; tous les magasins, le grand parc d'artillerie et les munitions tombèrent au pouvoir des Français; on retrouva les prisonniers faits dans les dernières affaires. Zürich eut beaucoup à souffrir dans cette journée; mais la perte la plus pénible pour les lettres et l'humanité, la mort de Lavater, attrista par un souvenir amer cette glorieuse bataille. Il sortait pour sauver ceux de ses compatriotes dont la vie était menacée, et pour exhorter le vainqueur à la clémence. Il fut, dit-on, tué par un soldat helvétique, qui s'offensa d'un malentendu. L'armée française partagea la douleur de ses compatriotes.

Après tant de revers, les Russes et les Autrichiens se retirèrent au delà du Rhin. Souvarof, en apprenant la défaite des siens, voulut néanmoins s'avancer sur Zürich par la vallée de la Muotta, et franchir les hautes montagnes de l'Albis. Il envoya une de ses colonnes vers Brunnen et Schwytz; la seconde marcha par Glarus et le Klœnthal; mais le général Molitor ne se laissa point entamer, et ce plan échoua contre sa brillante défense. On n'oubliera point le glorieux combat de Mitlödi, ni la résistance plus glorieuse encore que quelques braves opposèrent aux vingt mille Russes avec lesquels Souvarof s'avançait par le Klœnthal : il espérait trouver encore le général autrichien Jellachich que Molitor venait de battre : le croyant cerné de toutes parts, il lui envoya un officier pour le sommer de se rendre à discrétion. Molitor répondit : *Allez dire au maréchal que le rendez-vous qu'il a donné aux généraux autrichiens est manqué*. Le général français alla plus loin; il osa sommer Souvarof de mettre bas les armes; celui-ci n'y répondit que par une attaque : douze à treize cents soldats intrépides continrent jusqu'à la nuit l'armée entière, puis ils se retirèrent en silence pour aller défendre les ponts de Næfels et de Mollis. Masséna vainqueur arrivait à Schwytz et envoyait ses reconnaissances dans la vallée de la Muotta, où Lecourbe harcelait déjà les Russes. Le pont de la Muotta fut pris et repris. Le 30 septembre, on combattit dans un défilé étroit, qui ne permettait aucun déploiement. Le pont de la Muotta et le village de Brunnen restèrent enfin aux Français. Le combat du lendemain ne fut pas moins sanglant. Souvarof était maître de Glarus. Molitor défendait les passages de la Linth; Næfels fut illustré de nouveau; le pont fut pris et repris jusqu'à six fois. Souvarof se convainquit alors de l'impossibilité de pénétrer plus avant dans la vallée de la Linth : harassé par les combats qu'il avait soutenus depuis Airolo, il renonça à marcher sur Zürich par la vallée de la Sihl, où, de son côté, Masséna aurait bien voulu l'attirer : il prit donc le parti de se jeter dans les Grisons, et se dirigea par Elm sur Ilanz, en abandonnant ses blessés et la plus grande partie de son artillerie et de ses bagages. Les Russes étaient saisis de terreur; mais ils pillèrent l'habitant, et laissèrent de désastreux souvenirs de leur passage. Les Français cherchaient à leur couper la route, et les poursuivaient, poussant en même temps les Autrichiens sur Sargans et Ragatz.

Korsakof cependant essaya de reprendre l'offensive; il repassa le Rhin au pont de Busingen; et, le 7 octobre, voulut attaquer les divisions Lorges et Ménard : Masséna était accouru sur son aile gauche, laissant aux généraux Loison et Mortier le soin de poursuivre Souvarof. Une première charge de la cavalerie russe fit beaucoup de mal aux Français; l'engagement allait devenir funeste, quand une division de grenadiers venant d'Andelfingen rétablit le combat. Les Russes repoussés s'enfuirent au delà du Rhin et vers Diessenhowen. Lorges les avait aussi culbutés à Constance. La division Gazan pénétra dans la place pêle-mêle avec les émigrés. Ces différentes actions, par lesquelles s'illustrèrent les armées françaises, depuis le Saint-Gothard et le Valais, jusqu'au confluent de l'Aar et du Rhin, durèrent quinze jours sans interruption. La bataille de Zürich se compose ainsi d'une multitude de combats partiels, mais combinés les uns avec les autres sur une étendue de plus de trente lieues. Trois corps avaient été complétement défaits; ils avaient perdu plus de dix mille hommes tués ou blessés, quinze à vingt mille prisonniers, cent pièces de canon, quinze drapeaux, et une énorme quantité de chevaux et de mulets. Vers la fin d'octobre, Masséna chassa les Russes du pays des Grisons. L'armée de Souvarof se mit en marche pour rentrer dans sa patrie, avec les débris de celle de Korsakof, en accusant hautement les Autrichiens de sa propre défaite.

Les troupes helvétiques combattaient dans les rangs français; d'autres Suisses s'étaient mis du côté des coalisés. Les exploits que nous venons de rapporter ne sont donc pas étrangers aux habitants du sol : les victoires de la France dans ces contrées sont désormais une partie essentielle de leur histoire; et nous ne pouvions nous dispenser de rapporter ces grandes actions. Il s'en fallut de peu que la liberté française ne s'affermît à jamais dans ces lieux si solennels par les beautés de la nature, et qu'elle ne sortît victorieuse du berceau de Guillaume Tell. En présence des Alpes Surènes, à la vue de ces étroites vallées d'Uri, de ce lac majestueux et sauvage, ou des riantes collines qui bordent celui de Zürich, le voyageur retrouve les vivantes annales de deux peuples destinés à s'estimer et à se protéger mutuellement, l'un par sa prépondérance, l'autre par les forteresses de la nature et la valeur de ses guerriers. Mais la constitution unitaire ne pouvait convenir à cette fédération; et le 18 brumaire allait réagir sur la Suisse, en lui faisant faire un faible retour vers ses anciennes institutions, en détruisant la funeste centralisation qui convenait si peu à ses habitudes, et à l'indépendance de chacun des cantons. Le sénat nomma une commission pour rédiger un nouveau projet de constitution. Les conseils accusèrent le Directoire de haute trahison, et en expulsèrent trois membres, créant ensuite une commission de sept membres, investie du pouvoir exécutif. L'année se passa en intrigues et en révolutions de pouvoir; et il n'y eut guère de remarquable que la réunion des Grisons opérée le 24 juin par le premier consul. Il est inutile de rendre compte de toutes les phases, de tous les actes de ce gouvernement qui ne fut que provisoire, et qui vécut de l'indifférence populaire. Il fallut cependant comprimer quelques mouvements insurrectionnels, surtout sur les bords du Léman.

Les unitaires comptaient sur l'appui du premier consul; les fédéralistes invoquaient l'influence anglaise et autrichienne; mais l'une et l'autre étaient occupées ailleurs. Bonaparte trompa l'opinion de ses amis et celle de ses ennemis: voulant se concilier tous les partis, il dit que le premier consul, respectant l'indépendance helvétique, laisserait aux Suisses le libre choix de leur constitution, mais qu'en ami, il devait leur conseiller de ne point s'attacher à une servile imitation de la constitution française, ajoutant que la centralisation convenait moins aux petits États que le fédéralisme. Toutefois le projet rapporté par les commissaires admettait pour base l'unité, dix-sept cantons, et Berne pour capitale. Berne reprit l'Oberland; Schaffhousen et la Thurgovie furent réunis: le Frickthal fut divisé entre Bâle et l'Argovie. On réunit les Grisons; on ne parla point du Valais, sur lequel le premier consul avait des vues pour en faire une route militaire. Il devait y avoir un sénat de vingt-trois conseillers et deux landamman qui alterneraient, et ce sénat législateur proposerait aux cantons les projets de loi, déclarerait la guerre, etc. Les landamman exerceraient dix ans, et le premier d'entre eux présiderait le petit conseil ou conseil exécutif, composé de quatre membres qui seraient en même temps ministres. La diète devait se composer de soixante et dix-sept députés envoyés par les cantons; c'est elle qui devait élire au sénat, et discuter les projets de loi. Il y aurait dans chaque canton un gouverneur, etc. Il y eut beaucoup de protestations et de refus de serment; aux uns déplaisait la dépendance des cantons; aux autres, la dislocation territoriale. Le mécontentement se manifesta surtout à Schwytz, à Uri; et il fallut envoyer des troupes dans l'Unterwald pour prévenir un soulèvement. Le général Montchoisi se montrait l'adversaire prononcé de l'unité; il ne voyait intimement que des fédéralistes, entre autres Reding et Muller, qui protestèrent contre tous les actes de la diète, et se retirèrent; exemple qui fut successivement suivi par beaucoup d'autres, et pour divers motifs. La révision de la constitution fut terminée au milieu de ces agitations; le nouveau projet attirait tout le pouvoir au sein de la diète, mais il était directement contraire au vœu des fédéralistes, car il soumettait toujours les cantons à un gouverneur nommé sur leur présentation par le petit conseil, et créait un tribunal suprême à Berne; il permettait le rachat des redevances perpétuelles, etc. Les élections furent encore favorables aux unitaires. Cependant on déniait aux auteurs de la constitution le droit de la faire; la commission était, disait-on, illégale, n'ayant d'autre droit que l'acceptation ou le rejet du projet apporté de Paris: il se forma une réunion secrète qui se déclara tout à coup pouvoir, créa une commission exécutive; et, considérant que la patrie était en danger, prononça la dissolution de la diète. Les troupes françaises et la garde bourgeoise favorisèrent ce mouvement: on repoussa les membres du gouvernement qui se présentaient à l'hôtel de ville; enfin l'on proclama la constitution de Malmaison, en nommant les sénateurs, et renvoyant à trois mois la convocation de la diète. Les protestations ne manquèrent pas, et il fallut recourir à des mesures de sûreté, et même de terreur. On imposa la censure aux journaux; on gratifia le pays d'une amnistie. Cette révolution d'octobre 1801 ne plut pas au premier consul; il remplaça Montchoisi par Montrichard, reçut assez froidement le landamman Reding, et ne fut point content des réserves quant au Valais. On suivit quelques conseils qu'il avait donnés à Verninac, son envoyé, et la France reconnut enfin la constitution. Le gouvernement se conduisit d'abord d'après des principes fort modérés; mais le rétablissement de la dîme le rendit impopulaire : il y eut des émeutes ; on planta des arbres de la liberté. Il n'y avait pas moins de division entre le petit conseil et le sénat dans lequel il y avait beaucoup de fédéralistes. Le 27 février, on adopta un nouveau projet qui donnait plus d'importance aux cantons, et qui changeait encore quelques circonscriptions. Ce projet ne satisfaisant aucun des deux partis, le sénat n'osa convoquer la diète, et voulut le faire accepter dans les cantons, dont les assemblées étaient élues d'après un mode fort compliqué, et surtout fort propre à y introduire sans cesse l'influence du gouvernement. Il y eut beaucoup de localités où l'on préféra ne point élire : on rejeta la constitution ; dans d'autres on alla même jusqu'à qualifier le sénat de provisoire. Le bruit courait que la Suisse allait être réunie à la France ; le Valais faisait des efforts toujours renouvelés pour entrer dans la constitution suisse ; mais tout à coup, tandis qu'il gémissait sous l'oppression des armées françaises, Bonaparte le déclara république indépendante. Le 17 août 1802, nouvelle révolution : le petit conseil prorogea le sénat, et indiqua une assemblée générale de notables, toujours pour délibérer sur le projet du 29 mai ; mais Reding accourut ; et, en sa qualité de premier landamman, protesta contre cette illégale décision : il ne reconnut pas non plus au petit conseil le droit de le destituer ; et sa conduite en tout fut digne du vainqueur de Rothenbourg. Les notables se réunirent cependant ; ils étaient la plupart unitaires. Dolder, créé landamman, fut mis à la tête du pouvoir exécutif.

Toutes ces menées, indifférentes à l'histoire générale, servent à démontrer dans quel malaise on précipite un peuple, lorsque, sous prétexte de liberté, on ne lui apporte qu'un funeste nivellement, un oubli de ses mœurs, une abnégation du passé le plus glorieux. Les symptômes d'insurrection se développèrent avec impétuosité dans le Léman : le payement des redevances en fut l'occasion : on brûla d'abord les archives du château de Lassara ; et, quand la révolution du 17 avril fut connue, la fermentation s'accrut à la faveur de cette réaction. Quinze cents hommes marchèrent sur Lausanne pour s'emparer des archives ; le 4 mai, il y eut un petit combat près de Morges ; un capitaine Raymond conduisit des rassemblements vers plusieurs châteaux dont on anéantit les titres : l'insurrection était organisée ; chaque commune soldait sa compagnie. On se fit ouvrir Morges ; on en chargea les archives sur six chariots : insurgés et soldats, Suisses ou Français, tous dansèrent autour du feu ; mais bientôt le général en chef déféra aux réquisitions du gouvernement, qui ordonnait de comprimer la sédition. Trois mille insurgés vinrent en bonne tenue se présenter devant la demeure du commissaire extraordinaire à Lausanne ; à la voix d'un chef de bataillon français, ils se retirèrent et prirent position à Montbenon : en face se rangèrent les Français et les troupes helvétiques ; et le commissaire bernois y vint. Les insurgés demandèrent l'abolition de tous les droits féodaux, déclarant que, dans le cas contraire, ils se réuniraient à la France. Le commissaire alla prendre les ordres de son gouvernement ; mais celui-ci envoya des troupes, et les insurgés, se retirant derrière la Venoge, se firent donner quelques pièces de canon de Morges. La France toutefois improuva leur conduite, et ils se dispersèrent devant ses soldats. L'effet de cette sédition n'en avait pas moins agité les cantons intérieurs : cela contribuait beaucoup aux obstacles que rencontrait la nouvelle constitution que le peuple devait accepter par voie de signature sur des registres ouverts à cet effet. Il est inutile d'esquisser ici cette œuvre éphémère, qui n'était d'ailleurs qu'un pâle juste milieu entre le système fédéral et le système unitaire. La majorité la rejeta dans beaucoup de cantons ; mais, comme on comptait pour acceptants tous les citoyens qui n'avaient point signé, elle n'en fut pas moins proclamée. Sur ces entre-

faites, la France retira ses régiments : rien alors n'arrêta plus les mécontents. Schwytz, Uri et Unterwald s'opposèrent formellement au gouvernement; et les assemblées des états anciens se formèrent aussitôt, et constituèrent à leur gré l'administration de ces cantons, et leurs rapports avec le pouvoir central. Cette résolution fut notifiée à Berne et au premier consul; enfin les trois cantons signifièrent aux autres d'avoir à respecter leur indépendance; de toutes parts, ils recevaient des encouragements; Glarus, Appenzell les imitèrent. Zug et les Grisons étaient en complète agitation. Le gouvernement fit marcher des troupes à Lucerne et par le Brunnig. Le général Andermatt en eut le commandement. Les Unterwaldnais surprirent, dans le col du Ring, au pied du Pilate, les avant-postes helvétiques, et firent une fausse attaque sur Hergisweil; et ce fut en vain qu'Andermatt voulut faire du mal à Stanzstadt, avec ses chaloupes canonnières. Peu de temps après, il se présenta devant Zürich; mais les portes en furent fermées : ayant reçu des renforts, il fit tirer sur la ville qui lui répondit vigoureusement : toutes ses attaques furent repoussées. Trois jours après, il passa le lac hors la portée de canon, et renouvela ses attaques du côté du Zürichberg : la canonnade dura depuis minuit jusqu'au soir : l'enthousiasme des bourgeois pour la défense s'en excitait davantage; et le feu était éteint partout où les bombes et les obus portaient l'incendie. Andermatt échoua complétement, et marcha sur Baden dont les insurgés étaient maîtres, ainsi que de Brugg et de Lentzbourg. Erlach, à la tête des révoltés de l'Argovie, fit son entrée à Soleure : Andermatt opéra sa retraite sur Berne. Les insurgés de l'Oberland faisaient aussi de rapides progrès : Erlach vint aux postes, commença l'attaque; puis, craignant d'être pris entre deux feux, il marcha à la rencontre d'Andermatt. Berne capitula; le gouvernement stipula qu'il pourrait se retirer dans les cantons de Fribourg et de Vaud, où il serait rejoint par les troupes d'Andermatt. La révolution fut complète : les états de l'ancienne confédération furent invités à envoyer des députés à Schwytz; on décréta la formation d'une armée de vingt mille hommes et l'abolition du gouvernement helvétique. Cette réunion solennelle eut lieu en plein air, et l'on y retrouve encore ce grand nom de Reding, qui rappelle si noblement le conseil du vieillard aux guerriers de Morgarten. « Pères de la patrie, s'é-
« cria son noble rejeton, que la justice
« dirige tous nos pas, que l'égalité des
« droits règne dans nos cantons; que
« le peuple affranchi regarde comme
« sienne la liberté du pays, et il la
« défendra jusqu'à la dernière goutte
« de son sang... » C'était là la véritable gouvernement, la véritable assemblée nationale, libre, indépendante; l'autre réunissait des troupes dans le pays de Vaud, et réclamait à grands cris le secours de la France. Le général Bachmann prit le commandement de l'armée des cantons : Fribourg fut attaqué, et les hostilités commencèrent à la fin de septembre; sur les derrières des Helvétiens se formaient de nouveaux corps d'insurgés qui prenaient Orbe, et leur donnaient beaucoup d'occupation. Le 3 octobre, les confédérés attaquèrent sur six points divers; les Helvétiens prirent la fuite après un combat assez opiniâtre; on abandonna même les sommités du Jorat. Andermatt, soupçonné de trahison, fut remplacé par Vonderveid; les autorités allaient fuir sur le sol français quand Rapp arriva à Lausanne, porteur d'une proclamation du premier consul. Il annonce sa médiation, réintègre les autorités, ordonne la dispersion de tout corps de troupes qui n'est pas sous les armes depuis au moins six mois, et demande que trois députés soient envoyés à Paris par le sénat, laissant à chaque canton la faculté d'en envoyer aussi, en admettant tous les citoyens qui ont été landammann ou sénateurs. Schwytz n'accepta point d'abord cette offre; la diète donna l'ordre à Bachmann de se porter en avant, en évitant toutefois de combattre les Fran-

çais ; enfin on répondit à Bonaparte que la Suisse, en se constituant à son gré, en repoussant un pouvoir odieux, ne faisait qu'user du droit que lui reconnaissait le traité de Lunéville. Néanmoins on accepta un armistice, en considération de la France ; mais Rapp insista sur la dissolution immédiate de la diète ; ce qui n'empêcha point que Fribourg ne fût pris par les confédérés en dépit de l'armistice. La diète se sépara peu à peu, sans résolution fixe ; on craignait les troupes étrangères, et l'on recommandait aux cantons de faire la meilleure contenance possible.

Les choses en étaient là quand l'armée auxiliaire fit son entrée dans Berne, et y ramena le gouvernement helvétique. Les protestations arrivèrent de toutes parts : ce gouvernement, odieux parce qu'il était imposé par l'étranger, fut obligé d'abord de siéger dans une auberge. Cependant les élections se firent, et les députés envoyés à Bonaparte furent la plupart choisis parmi les fédéralistes : Berne, Lucerne, Zürich, le Léman et l'Argovie, firent tomber leur choix sur des partisans des innovations, et le réformateur Ochs trouva place dans ce congrès. Après d'assez longs délais, le premier consul nomma, pour conférer avec les députés, Barthélemy, Fouché, Rœderer et Demeunier. Dès la première séance, le premier de ces commissaires lut une lettre du premier consul qui proclamait la constitution fédérale comme base des négociations, y ajoutant l'égalité des cantons entre eux et la neutralité ; il accusait les privilégiés d'avoir toujours différé l'exécution d'un plan qu'il n'avait cessé de conseiller. Les mêmes principes furent encore développés dans un colloque qu'il voulut avoir avec plusieurs députés de la Suisse ; il parla avec cette supériorité de génie qui laisse dans tous les esprits d'ineffaçables souvenirs. Il étonna souvent ses plus grands adversaires par la clarté de ses vues, par la simplicité de l'expression et par la fermeté inébranlable de sa volonté, qui cependant se manifestait avec une douceur pleine de charme et d'amabilité. L'acte fut rédigé quelques jours après : le fédéralisme en était la base. Dans les cantons-villes, on admettait les campagnards aux droits politiques, et les cantons eurent de grands et de petits conseils. On soumit à des conditions de fortune la qualité d'électeur et d'éligible. Les grands conseils devaient être composés en partie de membres élus directement par les tribus dans leur sein ; en partie plus forte de membres désignés par le sort sur une liste de candidats étrangers au district qui les avait désignés. Les Grisons eurent une constitution particulière, et l'on éteignit la juridiction épiscopale. Les cantons démocratiques furent privés de la faculté de délibérer sur tout sujet qui n'aurait point été soumis au conseil administratif au moins un mois à l'avance, et présenté par lui. Il y eut, en tout, dix-neuf cantons classés par ordre alphabétique : Appenzell, l'Argovie, Bâle, Berne, Fribourg, Glarus, Grisons, Lucerne, Saint-Gall, Schaffhousen, Schwytz, Soleure, le Tésin, la Thurgovie, Unterwalden, Uri, Vaud, Zug et Zürich. « La diète, est-il dit dans l'acte, se tiendra alternativement à Fribourg, Berne, Soleure, Bâle, Zürich et Lucerne, qui tour à tour seront cantons directeurs. Le bourgmestre ou avoyer du canton directeur est en même temps landammann et dépositaire des sceaux de la république, et les négociations diplomatiques sont conduites par lui. Chaque canton envoie à la diète un député, qu'il peut faire accompagner par un ou deux conseils ou suppléants : ces députés votent conformément à leur mandat. Les cantons dont la population dépasse cent mille âmes ont chacun deux voix. Le landamman, député né du canton directeur, préside la diète qui s'assemble tous les ans, le 1ᵉʳ juin, sans que la session puisse durer plus d'un mois. Il peut y avoir des sessions extraordinaires. La diète décide de la paix et de la guerre. Ses décisions se forment aux trois quarts des voix, et elle prend toutes les mesures de sûreté générale, et peut autoriser, dans certains cas, les cantons à traiter de leurs intérêts spéciaux avec l'étranger. » Fribourg fut désigné par le premier consul pour exercer d'abord le pouvoir directeur, et lui-même nomma M. d'Afry pour landamman. Un article additionnel promit l'évacuation des troupes françaises immédiatement après l'acceptation de cet acte, dont Bonaparte se fit le garant contre tous les ennemis de l'Helvétie. Ce document est du 30 pluviôse an XI (19 février 1803). Les cantons l'acceptèrent sans qu'il y eût d'abord de résistance notable, et le 27 septembre, il fut suivi d'un traité d'alliance et d'une capitulation qui mettaient au service de la France quatre régiments suisses. Le premier consul y stipula que deux cent mille quintaux de sel seraient annuellement achetés par l'Helvétie; il fit dégager les citoyens suisses de toute redevance envers le diocèse de Constance et le duc de Baden, et repoussa les prétentions de l'Autriche sur quelques villages voisins de Schaffhousen. Il semblait que tout différend dut être à jamais impossible : à Berne, une rixe entre les troupes helvétiques et les Français avait été promptement apaisée, lorsque la dîme et les rentes foncières amenèrent dans le canton de Zürich de nouvelles scènes révolutionnaires. Les troubles commencèrent par des pétitions signées à Wadenschwyl, Winterthur, Bulach, Andelfingen. Dans quelques communes, on se porta à des violences; on empêcha notamment à Meilen de prêter serment à la constitution : des bandes de factieux couraient çà et là, se parant de la cocarde helvétique, et faisant savoir au petit conseil qu'on ne se soumettrait qu'après l'abrogation des lois dont on se plaignait. Le landamman était accouru; mais il ne se dissimulait pas que dans son propre canton, à Bâle, à Soleure et ailleurs encore, il existait beaucoup de mécontents. L'incendie du château de Wadenschwyl fut le signal de la révolte : les chefs se réunirent à Horgen; ils allèrent ensuite insurger Stæfa et Gruningen. Le principal d'entre eux était un cordonnier de Horgen, appelé Welli, homme grossier, sans éducation, mais d'un caractère énergique; il avait fait dans les dernières guerres ses preuves de courage. Le landamman envoya le colonel Ziegler, à la tête des forces de Zürich; la rencontre eut lieu à Oberrieden. Après une escarmouche, les insurgés se retirèrent sur Wadenschwyl et Schauenberg; mais au haut d'une montagne, non loin de Horgen, ils tombèrent sur une division, la prirent en flanc, et s'emparèrent de ses canons, après l'avoir mise en fuite. Ce succès permit à Welli de passer à Stæfa, où sa bande se renforça. De leur côté, les confédérés envoyèrent des troupes fraîches, et le colonel Ziegler se remit en campagne : il se saisit de plusieurs chefs, et Welli lui-même fut arrêté. Les coupables passèrent à un conseil de guerre, et les communes qu'ils avaient égarées furent frappées de fortes amendes. Le calme se rétablit, et se conserva même au milieu de l'agitation générale à laquelle l'Europe était en proie; et quand la coalition de 1805 fut pour Napoléon l'occasion de nouveaux triomphes, la Suisse obtint de toutes les puissances belligérantes que sa neutralité serait respectée. La paix de Presbourg éloigna l'Autriche des frontières helvétiques, donnant le Tyrol à la Bavière, et le pays vénitien au royaume d'Italie, Constance et le Brisgau au grand-duché de Baden. Il s'écoula depuis l'acte de médiation quelques années de prospérité et de bien-être : les révolutions et les guerres civiles avaient réveillé les Suisses de leur sommeil séculaire. Une activité inconnue les animait; les derniers événements multipliaient leurs rapports, et ils n'étaient plus indifférents les uns aux autres comme autrefois; ce qui touchait à l'intérêt d'un canton les frappait tous. Les journaux, les écrits périodiques éclairaient le peuple, entretenaient l'esprit public. Il se forma des sociétés nombreuses pour des objets d'art ou d'utilité publique, pour assurer le progrès des sciences, pour entretenir la concorde et l'amour de la patrie. Ainsi fut creusé le canal de la Linth, ainsi furent desséchés les marais du lac de Walenstadt ; et quand les pluies eurent pénétré la roche décharnée du Rosberg, quand une avalanche de terre descendit avec fracas sur Goldau, écrasant ses demeures et leurs habitants, les souscriptions et l'esprit d'association trouvèrent un remède aux maux que peut adoucir la générosité; mais, au pied de cette immense déchirure, les quartiers de roc recouvrent le village dont le clocher s'élève encore du sein de ces abîmes. Cette horrible solitude était naguère une riante vallée.

En la même année (1806), l'empereur des Français s'étant fait céder Neufchâtel par la Prusse, l'érigea en principauté pour le maréchal Berthier, et lui conféra des droits que n'avait point la Prusse, et que, par conséquent, elle n'avait pu céder. Dans les guerres de 1807 et de 1809, la Suisse maintint encore sa neutralité, se bornant à établir un cordon de troupes sur ses frontières, que menaçait l'insurrection du Tyrol. Napoléon obtint qu'il ne serait plus envoyé de troupes aux puissances auxquelles il faisait la guerre; il devenait de jour en jour plus impérieux. Le mécontentement des Suisses fut grand lorsqu'en 1810 il prononça la réunion du Valais à la France; plus grand encore quand, méconnaissant l'acte de médiation, son propre ouvrage, il fit entrer des troupes dans le canton du Tésin, en exigeant de la confédération la cession de Mendrisio. Il n'eut pas le temps d'accomplir ce dessein, et il entraîna sa belle armée dans les déserts glacés de la Russie. Les Suisses, compagnons de tous ses dangers, se firent remarquer par leur belle conduite au funeste passage de la Bérésina. Le système continental néanmoins pesait sur l'Helvétie; elle gémissait de cette perpétuelle effusion de sang. Les rois, même ceux que Napoléon avait créés, se liguèrent contre lui, et dans le fort de la mêlée leurs armées changèrent lâchement la direction de leur feu. Il reparut cependant à la tête de jeunes soldats, ajouta à sa gloire, à celle de la France, les trophées de Lutzen, de Bautzen; mais les sinistres journées d'octobre, mais la terrible bataille de Leipzig, brisèrent cet instrument du destin, et l'éloignèrent à jamais de l'Allemagne. Incertaine entre son bienfaiteur et le besoin de sa conservation, la Suisse convoqua une diète à Zürich, et garnit sa frontière de soldats, défenseurs de sa neutralité. Toutefois les députés n'obtinrent pas des souverains alliés la reconnaissance de cette neutralité : l'empereur Alexandre exigea le passage du pont du Rhin à Bâle. Quelques Suisses à la solde de l'Angleterre étaient parvenus à représenter leur pays comme hostile au système français, et de Waldshut, où ils se tenaient, ils dirigeaient toutes les affaires, et agitaient le pays de leurs intrigues. Une grande armée autrichienne était sur les bords du Rhin : quelques hommes généreux pensèrent qu'on n'oserait violer le territoire; ils crurent que l'honneur national et la sécurité des races futures exigeaient une résistance; que, fût-elle malheureuse, les vainqueurs auraient à rougir de leur trop facile victoire. Les alliés empêchèrent les députés qui revenaient de Francfort de continuer leur route; on les retint à Fribourg en Brisgau, et on intercepta leurs lettres. Le commandant de Bâle fut mandé à Loerach, au quartier général de Bubna, et le 20 décembre 1813, après minuit, les troupes de la confédération se retirèrent entre l'Aar et la Reuss, sans qu'il y eût de convention à cet égard. Il régnait, en effet, dans toutes les affaires du pays un abandon et un découragement sans exemple jusqu'alors. Les alliés passèrent donc le Rhin sur tous les points, de Grenzach jusqu'à Schaffhousen; on vit des soldats suisses briser leurs armes de dépit et d'indignation. Le 24 décembre, le général de Wattenwyl licencia ce qu'il avait encore d'hommes sous les drapeaux. Le comte Capo-d'Istria se rendit à Zürich, où il déclara que les monarques alliés n'avaient pu respecter une neutralité qui n'existait plus que de nom. Il promit à la Suisse la restitution des pays que lui avait ôtés la France, et dit que désormais la nationalité helvétique serait affranchie de toute influence étrangère. Il se forma dans Zürich une assemblée de députés de divers cantons, qui, sans s'arroger le titre de diète, invitèrent le vorort provisoire à prendre la direction des affaires. Il se faisait partout des révolutions dans le pouvoir, et Berne avait donné l'exemple de l'abolition de l'acte de médiation. Toutes les vieilles prétentions se renouvelaient : Uri voulut soumettre le Tésin. Berne convoitait le pays de Vaud et l'Argovie; elle armait, elle réparait ses fortifications; enfin l'aristocratie de Fribourg occasionna plusieurs soulèvements qu'il fallut comprimer par la force. Berne, Fribourg et Soleure, ne voulaient plus reconnaître que treize cantons. Les trois cantons primitifs, dans une assemblée tenue à Gersau, demandèrent aussi que l'on convoquât une diète des treize cantons. Ces propositions et la sage résistance qu'ils trouvèrent eurent pour effet de diviser l'État. Les envoyés de Glarus, Bâle, Schaffhousen, Appenzell, Saint-Gall, des Grisons, de l'Argovie, de la Thurgovie, du Tésin et de Vaud, se réunirent à Zürich; ceux d'Uri, Schwytz, Unterwalden, Lucerne, Berne, Zug, Fribourg et Soleure, allèrent à Lucerne. Les monarques ne reconnurent que la diète de Zürich. Il s'établit entre les deux réunions un échange de notes, et vers la fin d'août les dissidents rejoignirent leurs collègues à Zürich. La diète, souvent prorogée et longtemps stérile, fut surnommée la *longue diète*. Elle fit prendre possession de l'évêché de Bâle, de Genève, de Chiavenna, de la Valteline et de Bormio, d'où les Suisses chassèrent les troupes italiennes; mais ils furent obligés de se retirer devant trois bataillons autrichiens. Pendant ce temps, Bâle était sous le feu souvent renouvelé de Huningue assiégée; le typhus, apporté par les armées alliées, emportait beaucoup de monde, et la population succombait sous le poids des charges de guerre.

L'ancien abbé de Saint-Gall, Pancrace, faisait de grands efforts près des souverains alliés pour rétablir sa domination; il proposait de partager le canton; d'un autre côté, les mécontents de Sargans et d'Uznach, forts de l'appui de Schwytz, désiraient être réunis à Glarus. Il y avait encore beaucoup d'autres demandes semblables; mais les plénipotentiaires des puissances déclarèrent ne reconnaître la Suisse qu'avec les dix-neuf cantons, tels qu'ils avaient été constitués en 1803; ils rejetèrent la demande de l'abbé de Saint-Gall, et engagèrent les cantons à recevoir Genève et Neufchâtel dans la confédération; enfin ils intervinrent d'une manière bienfaisante dans les démêlés des grands et des sujets du Valais, et empêchèrent les aristocrates de Fribourg de poursuivre ceux qui avaient tenté d'obtenir une représentation plus libérale. Ces conseils étaient sages, mais on ne pouvait s'entendre sur rien; le projet de constitution était rédigé : quelques cantons l'acceptèrent; d'autres exigèrent des modifications; d'autres encore ne se firent pas représenter; Berne alléguait, pour le rejeter, qu'on n'avait pas tenu compte des droits territoriaux de plusieurs cantons. Dans cette confusion, le conseil de Schwytz et trente-deux députés de l'Unterwald inférieur jurèrent l'alliance de 1315, se reportant ainsi au temps de leur gloire, et secouant la gêne incommode que leur imposaient les autres associés d'une ligue qui ne devait la naissance qu'à l'héroïsme de leurs aïeux.

L'anarchie était partout : le Tésin voulait se diviser comme le sont l'Unterwald et l'Appenzell, établir un chef-lieu à Bellinzona, et grouper les autres communes autour de Lugano et de Mendrisio. Il y eut des troubles sérieux; mais les députés des insurgés reçurent l'ordre de quitter Zürich dans les vingt-quatre heures. Les troupes qu'on envoya dans le Tésin furent mal commandées et battues en plusieurs rencontres. Il fallut des renforts; il fallut des jugements criminels et des exécutions. D'autres désordres dans le canton des Grisons furent plus promptement apaisés, parce que la mutinerie venait de l'autorité. Soleure fut plus maltraitée : le 2 mai, deux cents paysans escaladèrent ses murailles, et voulurent rétablir le conseil en vertu de l'acte de médiation; mais les amis du gouvernement nouveau prirent les armes; on se battit dans les rues, et le combat se termina par une capitulation que le conseil ne ratifia point. Cette échauffourée fut suivie de procédures criminelles. Six mois après, le repos de Soleure fut encore compromis; mais cette fois l'émeute n'eut aucune durée. D'un autre côté, l'Argovie et le pays de Vaud armèrent contre Berne; l'Oberland était en insurrection. Des événements plus satisfaisants consolèrent la Suisse de ces déchirements partiels. Le Valais, Genève, et Neufchâtel qui venait de recevoir du roi de Prusse une constitution libérale, demandèrent à être reçus dans la confédération; Bienne voulut être réunie à Berne, son antique protectrice. La diète avait trois députés au congrès de Vienne, et les cantons qui avaient des griefs à faire valoir contre la constitution y dépêchèrent aussi des agents diplomatiques. Il était urgent d'obtenir une médiation : Berne et le pays de Vaud armaient de nouveau; Fribourg, l'Argovie et Soleure, suivaient leur exemple; Uri délibérait s'il ne fallait pas faire cause commune avec Schwytz. Le congrès discutait des questions de limites, quand tout à coup le sol de l'Europe retentit, au loin, ébranlé par la marche triomphale de Napoléon. Alors s'effacèrent toutes ces petites discussions : la diète appela quinze mille hommes à la défense des frontières; les troupes de Berne furent reçues avec joie dans le pays de Vaud, qui armait contre elles quelques jours auparavant. En présence d'un si grand adversaire, toutes les discordes s'oublièrent. Pendant ce temps, le congrès prenait les dispositions suivantes, qui furent arrêtées dès le 20 mars par les plénipotentiaires d'Autriche, d'Espagne, de France, d'Angleterre, de Portugal, de Prusse, de Russie et de Suède : les dix-neuf cantons resteraient tels qu'ils étaient constitués depuis le 29 décembre 1813; le Valais, Genève et Neufchâtel, y seraient ajoutés; l'évêché de Bâle, à l'exception du district appelé Birseck, ferait partie du canton de Berne. On agrandissait le territoire de Genève du côté de la Savoie : les autres dispositions réglaient des indemnités pécuniaires, et la neutralité de la Suisse était de nouveau garantie; enfin on engagea les cantons dissidents à accepter la constitution.

Bientôt l'influence de la coalition entraîna la Suisse à méconnaître tous ses engagements envers son antique amie; elle entra dans la ligue et fit la guerre à la France, mais il faut ajouter que ce fut avec un profond regret. Une armée autrichienne passa le Simplon; une autre franchit le Rhin à Bâle, et fut très-maltraitée par l'héroïque garnison de Huningue. Le général Bachmann fit une invasion en Franche-Comté; il poussa son avant-garde jusqu'à Besançon, où plusieurs bataillons se refusèrent formellement à marcher contre les Français. Les cantons continuaient à se donner une organisation : ceux où régnait le principe démocratique lui accordèrent des développements auxquels s'était opposé l'acte de médiation; les villes s'assurèrent de plus grands avantages. Le 7 août 1815, tous les cantons, moins l'Unterwald inférieur, jurèrent l'alliance éternelle, renouvellement imposant du serment plus solennel et plus majestueux qui avait affranchi les petits cantons cinq cents ans auparavant, avec cette différence toutefois que l'ancien serment avait pour objet de secouer le joug de la maison d'Autriche, et qu'un archiduc assistait au serment nouveau : c'était l'archiduc Jean, alors occupé au siége de Huningue, qui se rendit le 26 du même mois. Il semblait que les grandes actions fussent réservées au petit nombre; et, après avoir entendu ce même serment contemporain de Morgarten, l'Autrichien put admirer le courage de guerriers français dont les prodiges trouveront dans l'histoire une place non moins brillante : quelques troupes suisses étaient avec les assiégeants. Le traité de 1815 ordonna la démolition de cette forteresse ; il assura à la Suisse d'autres avantages, transférant à Genève et au canton de Vaud la souveraineté sur une partie du pays du Gex, et leur donnant toute la rive du Léman pour qu'il n'y eût pas interruption de territoire. Les douanes françaises se retirèrent derrière le Jura. En Savoie, on établit une ligne de neutralité du lac d'Annecy à celui du Bourget et jusqu'au Rhône, et les douanes en furent également retirées. On n'eut point d'égard aux réclamations des Grisons sur les seigneuries italiennes. Quoique la neutralité fût de nouveau sanctionnée, et que l'on protestât contre toute induction à tirer du passage des troupes alliées, on fit entrer la Suisse dans la sainte alliance, conclue le 27 janvier 1817 pour assurer la paix perpétuelle et réaliser le rêve vertueux de l'abbé de Saint-Pierre ; mais quand le repos des rois ne s'établit point sur la liberté des peuples, leurs calculs ne sont, le plus souvent, que des rêves dont le réveil est terrible.

Les contestations et les émeutes locales ne font point partie de l'histoire générale d'un peuple. La Suisse ne manqua point d'agitations pendant les années qui suivirent : les difficultés de péage entre Uri et le Tésin se prolongèrent ; il y en eut d'autres dans Unterwalden au sujet de la possession d'Engelberg. Des régiments furent accordés au roi des Pays-Bas : le roi de France, outre les quatre régiments de ligne, en reçut deux autres pour sa garde ; Naples a des Suisses à sa solde, et dans l'Espagne se retrouvent encore les faibles débris de quelques régiments qui ont survécu à tant de révolutions et d'anarchie. Les affaires ecclésiastiques occupèrent aussi les cantons catholiques en 1814 et en 1815. L'évêque de Constance, prélat étranger, ne devait plus étendre son pouvoir sur le sol de la confédération : on oublia que son autorité avait été souvent protectrice ; qu'elle était d'autant moins à craindre que les prêtres ne pouvaient en attendre aucun appui contre l'autorité civile ; enfin on demanda la séparation, et le pape l'accorda, en créant un vicaire apostolique ; et cet état provisoire dura plus de quinze ans, pendant lesquels Saint-Gall et Glarus se rattachèrent à Coire, où l'on a enfin érigé un évêché qui, sans métropole, relève directement du saint-siége, et comprend les cantons de Lucerne, Zug, Soleure, l'Argovie, la Thurgovie, et tous les pays catholiques de l'ancien diocèse de Bâle.

L'influence étrangère se manifesta d'une manière plus pénible en ce qui concernait l'asile accordé aux réfugiés. On voyait accourir en Suisse l'Allemand dont le crime était d'avoir demandé à son souverain l'accomplissement d'une promesse ; celui qui voulait une constitution pour la patrie qu'il avait délivrée au prix de son sang ; on y voyait le Français qui gémissait sur l'humiliation de la sienne ; l'Italien qui fuyait la domination tudesque ou la persécution papale. Sur cette terre d'hospitalité se retirèrent aussi ces malheureux Grecs, qu'une alliance, qui se disait sainte, laissa huit ans sous le fer ottoman avant de se souvenir qu'ils étaient chrétiens. Les puissances, au lieu de s'applaudir de ce que l'infortune pouvait trouver de consolations chez un peuple libre, n'écoutèrent que leur ombrageuse et chagrine politique ; quiconque sentait battre en sa poitrine un cœur d'homme était suspect ; il ne fallait pas qu'un simple chalet le pût abriter. La France surtout eut à gémir des principes odieux qu'on proclamait en son nom. Les insensés qui compromettaient ainsi sa dignité s'estimèrent bientôt heureux de pouvoir, à leur tour, se réfugier dans cette Suisse hospitalière d'où ils avaient banni leurs ennemis. Ce furent les instances des agents diplomatiques français qui amenèrent les restrictions apportées à la résidence des étrangers et à la liberté de la presse. Le Valais et Fribourg reçurent des jésuites, dont les écoles, ouvertes à la jeunesse, attirent beaucoup d'élèves étrangers, et plus particulièrement des Français. Quelque influence que cet ordre puisse exercer sur l'avenir politique du pays, il faut bien se garder de confondre l'admission des jésuites avec les actes d'une stupide superstition et d'un fanatisme dont l'humanité a souvent à rougir ; la Suisse n'en offre d'ailleurs que de trop fâcheux exemples, même dans ce siècle de lumières : il nous suffira de rappeler le procès instruit sur la mort de l'avoyer Keller à Lucerne, et les prestiges de Clara Wendel.

Ce pays a gagné aux bouleversements de l'Europe un système d'unité qui empêche les cantons de conclure isolément de pernicieuses alliances avec l'étranger, et cependant ne détruit pas le principe de leur souveraineté. L'acte de médiation accordait quelque peu de prépondérance à six d'entre eux ; mais leurs discordes à la nouvelle diète ont changé, à cet égard, l'état de la constitution : le gouvernement ne siège plus que dans trois cantons, Berne, Lucerne et Zürich ; c'est assez pour empêcher les abus qui résultent d'un séjour perpétuel dans la ville qui reçoit les ambassadeurs. Si quelques parties du peuple n'ont qu'une participation restreinte à la direction des affaires, l'ensemble de la nation y a gagné en liberté civile et politique ; et ces restrictions mêmes sont entièrement dans le sens des anciens républicains, libérateurs de la Suisse. La liberté de la presse a d'ailleurs fait de grands progrès depuis 1815, et cette garantie renferme toutes les autres ; Zürich, de ville privilégiée, est devenue canton : l'aristocratie de Berne se montrait de plus en plus rigoureuse jusqu'à la révolution de 1830 ; mais par le soin qu'elle prenait du bonheur de tous, elle s'efforçait de se faire pardonner ce retour aux vieilles idées. Si le gouvernement de Lucerne est plus défectueux, du moins il accueille le mérite dans les emplois. Dans quelques autres cantons, des réclamations se firent entendre : le Tésin entreprit la révision de sa loi fondamentale : l'assemblée législative du canton de Vaud fit de même. La crainte de la sainte alliance empêchait les autres d'agir avec une entière liberté, lorsque tout à coup une révolution nouvelle brisa cette ligue de rois, précipita de son trône celui qui avait heurté le plus rudement l'esprit de son siècle, s'étendit sur la Belgique, lui arracha la Hollande, puis, comme ces brandons qui portent au loin l'incendie, retomba sur la Pologne, et replia contre les armées russes une armée qui devait leur servir d'avant-garde. L'Italie fermentait, s'insurgeait ; l'Allemagne espérait, attendait. Le sol s'affermissait sous les pas des nations, et les trônes semblaient prêts à s'écrouler. Le peuple suisse, qui n'avait point à redouter ces catastrophes, voulut au moins ressaisir des droits qu'il avait perdus à regret : il y eut d'abord des groupes de nouvellistes ; puis on se rassembla par milliers. Dans les cantons d'Argovie, de Thurgovie, de Bâle, de Zürich, de Saint-Gall, de Vaud, de Lucerne, de Fribourg, de Berne, de Soleure, de Schaffhousen, et même dans les rhodes extérieures d'Appenzell et à Schwytz, on présenta aux autorités de très-humbles suppliques pour obtenir des constitutions plus libérales ; on voulait élire des représentants. Les gouvernants tremblaient, et tournaient vers les rois des regards timides, en implorant leur appui contre ce qu'ils appelaient la sédition ; mais les princes avaient à pourvoir à leur propre sûreté ; il fallut donc céder. Les uns le firent avec sagesse, les autres avec hésitation et mauvaise volonté ; ces précautions, ce défaut de franchise, firent naître des émeutes, il y en eut à Frauenfeld, à Saint-Gall, à Lausanne ; il y eut même des révoltes à main armée dans l'Argovie et à Schaffhousen : toutefois on n'eut à déplorer ni effusion de sang, ni violation des propriétés ; la liberté renaissait pure de tout excès. Avant la fin de l'année, on vit assemblés, pour proposer des améliorations, dans quelques cantons, les mandataires spécialement élus par le peuple ; ailleurs les grands conseils. Berne cependant ne voulait pas renoncer à son aristocratie ; les nobles tenaient ferme pour des priviléges reconquis et affermis depuis quinze ans. On espérait l'appui, l'intervention de l'étranger, et des troupes autrichiennes stationnaient en effet dans le Vorarlberg, en Tyrol et en Italie. Enfin le vorort convoqua une diète à Berne ; elle décida que chaque canton avait le droit de se constituer comme il l'entendait ; elle décréta une levée de soixante à soixante et dix mille hommes pour protéger l'indépendance de la Suisse. La nation, pleine d'enthousiasme, fit d'incroyables efforts ; le seul canton des Grisons fournit dix mille hommes au delà de ce qu'on exigeait de lui. Quand les souverains donnèrent aux confédérés des assurances de paix et d'amitié, l'aristocratie de Berne comprit que son règne était passé ; la bourgeoisie refusa de recevoir dans l'enceinte de cette capitale des soldats destinés à comprimer le peuple ; les patriciens alors se rendirent au vœu public, en se parant d'une fausse magnanimité. A la demande des citoyens, on institua une commission législative. Elle reconnut la souveraineté du peuple, les droits égaux de tous, la séparation des pouvoirs législatif, judiciaire, administratif ; la liberté de la presse et de la personne, etc. La plupart des cantons adoptèrent ces bases dans le cours de l'été de 1831. Les vieilles institutions comptaient cependant de nobles et courageux défenseurs : à Berne, Mullinen, d'une des plus illustres familles de la Suisse, et l'un des magistrats les plus intègres, se constitua l'apôtre d'une aristocratie qui avait, durant cinq cents ans, fait la grandeur et la prospérité de la cité. Il accusa la France, lui reprocha les menées révolutionnaires qui égaraient les esprits, prouva le danger d'une subversion au moment d'une guerre générale, et fit briller à tous les yeux les avantages immenses que Berne pourrait recueillir d'une conduite ferme, si elle restait seule debout sur ses antiques bases, lorsque partout autour d'elle on voyait s'écrouler les institutions. Ces nobles paroles trouvèrent peu d'écho ; la majorité décida que le peuple lui-même ferait sa constitution. A Schwytz, les habitants du canton primitif ne pouvaient se décider à partager leurs droits avec les districts soumis ; d'anciennes promesses furent éludées avec astuce, et, depuis 1815, le joug devenait toujours plus pesant. Mécontents de cette déloyauté, la Marche, Einsieldeln, Kussnacht et Pfæffikon se donnèrent une constitution particulière. Le canton demeura quelque temps divisé ; l'exaspération était grande, mais le sang ne coula point comme à Bâle et à Neufchâtel.

Nous avons dit que le roi de Prusse avait accordé déjà une constitution à ce pays ; il en allégea beaucoup les charges, et l'on ne songea point d'abord à se séparer de sa couronne ; mais après le départ de son commissaire, la fermentation générale se communiquant à ce petit pays, le peuple s'assembla, réclama tumultueusement l'indépendance de Neufchâtel, qui devait, disait-on, être une république, et jouir des mêmes droits que les autres cantons. On prit les armes, et, le 12 septembre 1831, le château se rendit aux insurgés. Néanmoins, la confédération ayant envoyé des troupes, ils furent obligés de l'évacuer. La Suisse avait garanti et la souveraineté du roi, et la liberté du peuple ; après avoir rétabli les autorités dans leur siége, les troupes se retirèrent. La bannière de la révolte fut de nouveau levée le 17 décembre ; cette fois il y eut de sanglants combats entre l'émeute et les troupes prussiennes, et ces combats furent suivis d'exils, d'arrestations et de procédures. Elles ne s'arrêtèrent point aux limites de la justice, et trop souvent elles devinrent des persécutions. Il y eut des suspects ; en tout, on reconnaissait le triomphe d'un parti plutôt que le retour de l'ordre.

La guerre civile prit dans le canton de Bâle un caractère beaucoup plus sanglant. La plupart des communes sollicitaient depuis longtemps, et dans la forme la plus respectueuse, le retour des anciennes franchises et l'accomplissement de promesses solennelles. On demandait une assemblée constituante nommée par le peuple. La prière fut dédaignée, la menace aigrit; l'orgueilleux citadin ne voyait dans le campagnard qu'un objet de mépris. Le grand conseil s'avisa de faire lui-même la loi du pays; les bourgeois y étaient en majorité; les membres qui représentaient des communes se retirèrent, réclamant l'égalité de 1798, et protestant que désormais il n'y avait plus de garanties pour leurs commettants. L'indignation des paysans leur eut bientôt mis les armes à la main; on plantait partout des arbres de la liberté; un gouvernement provisoire s'établit à Liestal. Aussitôt le conseil fit marcher des troupes. Les rebelles furent dispersés; on arracha les arbres de la liberté; on chassa les nouvelles autorités. C'était en janvier 1831; vers le même temps, le pays de Porentrui se levait aussi; là, comme à Liestal, les arbres de la liberté assemblaient la population; on marcha vers le val de Moutier et sur Bienne, et Berne ne fut pas moins inquiétée que Bâle, mais du moins ces troubles n'eurent pas d'aussi funestes suites.

A Bâle, quand les troupes ramenèrent les prisonniers, on les traita comme les plus vils criminels, les promenant dans les rues, la corde au cou, et les exposant aux outrages d'une populace insolente. On choisit cet instant de terreur pour proclamer la constitution imaginée par le grand conseil, et l'on jugea les principaux auteurs de la révolte. En vain les confédérés prêchaient la modération, en vain les malheureux campagnards demandaient qu'on les épargnât : fière du succès, Bâle n'écouta rien que son aveugle colère. L'indignation des Suisses amena beaucoup d'auxiliaires aux campagnards; des guerriers prêts à soutenir leur cause accouraient. La ville se hâta de s'entourer de retranchements; elle enrôla des soldats, et redoubla d'insolence; on insultait les paysans qui venaient en ville pour leurs affaires; on maltraitait les étrangers, on violait le secret des lettres. Ces excès eurent leurs conséquences naturelles : l'insurrection éclata de nouveau, et, le 21 avril, Bâle envoya des forces et de l'artillerie contre Liestal. L'amour de la liberté était surpassé encore par une soif de vengeance que rien ne pouvait apaiser : le peuple des campagnes y courut en masse; les troupes ne purent tenir devant ces paysans; après avoir perdu beaucoup de chefs et de soldats, elles se replièrent vers la ville, et se hâtèrent d'y rentrer. Cette fois la fédération s'émut tout entière, et commanda la paix en faisant occuper le pays pour protéger la campagne. On eût rougi de maintenir dans ses injustes priviléges une cité qui ne craignait pas de les acheter au prix du sang. Bâle, de son côté, accusait les confédérés de manquer de foi, et, le 22 février 1832, repoussa de son sein quarante-cinq communes des plus rebelles, chose sans exemple et que le vorort voulut en vain empêcher. Quand les confédérés eurent retiré leurs garnisons, des bataillons nouveaux furent envoyés, à la faveur de la nuit, sous prétexte de protéger les communes paisibles; le 6 août, ils arrivèrent par des détours, et en franchissant le territoire étranger, jusqu'à Gelterkinden. L'expédition ne fut pas heureuse; tout à coup les paysans investirent le village; ce n'était, sur tous les points, que combat, meurtre, incendie; les troupes furent encore massacrées, mises en fuite, et vigoureusement poursuivies; c'en était fait de la ville, si elle n'eût été protégée par ses remparts; elle refusa même d'y recevoir les forces que la confédération envoyait de nouveau; elle rejeta la médiation de la diète, et déclina les conférences qu'on voulait établir à Zofingen. La diète, comprenant alors l'étendue de cet inflexible orgueil, et prévoyant les maux qui pourraient en résulter, prononça d'autorité la division du canton en ville et campagne. Cinquante-trois communes formèrent un nouvel État; seize demeurèrent à la ville. Ces événements servirent de prétexte aux déclamations contre la cause populaire;

on parlait de dissolution générale, d'intervention de l'étranger. Les doctrines antilibérales se servaient de la peur, et propageaient leurs menaces dans les journaux, dans les lieux publics, et jusque dans les écoles; les cantons démocratiques se montraient favorables à Bâle-ville, parce qu'ils suivaient en cela l'impulsion de leur clergé; il y en eut même qui refusèrent de garantir les innovations; alors on vit sept cantons, Zürich, Berne, Lucerne, Soleure, Saint-Gall, l'Argovie et la Thurgovie, conclure entre eux un concordat pour la défense mutuelle de leurs lois fondamentales. Ces sept cantons renferment la majorité de la population suisse; néanmoins cette garantie ne suffisait point pour arrêter les projets des perturbateurs. A Berne, les aristocrates achetèrent secrètement des armes et des cartouches; ils enrôlèrent des hommes sans pain et sans conscience, principalement parmi ceux qui revenaient du service de France. La conspiration n'attendait que le moment d'éclater, quand l'imprudence et l'ivresse de ses agents secondaires la trahirent. Les chefs s'enfuirent, d'autres furent arrêtés; on arma les communes et on leur envoya du canon pour défendre leurs droits; alors le peuple comprit que ses adversaires étaient capables de tout pour ressaisir leurs priviléges. Dans le même temps, Bâle-ville se liguait avec Uri, Unterwald, Schwytz, Neufchâtel et le Valais, qui avaient témoigné leur mécontentement de l'union des autres cantons. On reconnaissait partout ailleurs que les bases adoptées en 1815 ne convenaient ni à l'organisation des cantons, ni même à l'essence de la fédération. Bâle invita donc ses alliés à une conférence où l'on prendrait de grandes mesures. On se réunit à Sarnen, mais le Valais n'y envoya pas de députés; il fut empêché par des divisions intérieures; les autres arrivèrent tous au jour indiqué, 14 novembre 1832. On y décréta qu'il ne serait rien changé à la fédération de 1815; on refusa toute existence politique à Bâle-campagne et aux districts extérieurs de Schwytz, et l'on déclara que s'ils envoyaient des députés à la diète, on refuserait d'y comparaître. Cependant, à Lucerne, se préparait un nouveau projet de confédération; il fut soumis à la diète de Zürich, en mars 1833; elle s'était assemblée à cet effet. Fidèles à leur convention, les cantons de la conférence de Sarnen ne se firent pas représenter; ils envoyèrent leurs députés à Schwytz pour y composer une ligue particulière; ils annoncèrent officiellement que les résolutions de la majorité assemblée à Zürich ne seraient point acceptées par Bâle, Neufchâtel, Uri, Unterwald et Schwytz. Cette audace, qui rompait la confédération sous prétexte de rester fidèle à ses principes, excita l'indignation de la diète; mais elle ne prit point de mesure énergique pour contraindre une minorité factieuse à l'obéissance. Toute son attention était absorbée par ses méditations sur la révision du pacte fédéral. C'est à cette époque que les héroïques Polonais, qui avaient trouvé tant de sympathie chez la généreuse nation française, quittaient le sol d'un pays dont le gouvernement les soumettait sans cesse à de nouvelles privations: trompés dans leur attente, ils se répandirent sur d'autres contrées; les uns gagnèrent la Belgique, d'autres allèrent mourir en Portugal pour don Pèdre; enfin cinq cents de ces braves, échappés à la police française, parurent, en avril 1833, sur le territoire de Berne, pour demander asile aux confédérés; mais on leur interdit à la fois l'accès de la Suisse et le retour en France. En vain ils implorèrent la générosité du gouvernement fédéral; en vain aussi Berne représenta que la charge de leur entretien ne devait pas reposer sur elle seule, les autres cantons lui refusèrent toute assistance, alléguant les uns leur pauvreté, les autres qu'ils avaient assez de réfugiés dans leur pays. D'ailleurs, on crut voir dans ces Polonais des complices de l'insurrection tentée à Francfort; on accusa même Berne de les avoir appelés pour s'en servir, soit contre les aristocrates, soit con-

20ᵉ Livraison. (SUISSE.)

tre les cantons dissidents. Ces événements arrêtèrent toute mesure contre les conférences de Sarnen et de Schwytz; le projet de constitution terminé, on le publia par la voie de l'impression, pour que toute la population pût en prendre connaissance. Quand la diète se réunit de nouveau, le 1er juillet, Schwytz reprit ses assemblées ; la concorde dont on avait besoin dans ces moments solennels pour retoucher le pacte social, sembla s'éloigner à jamais. Alors les Grisons prononcèrent des paroles de conciliation ; par leur conseil, on offrit aux dissidents une transaction amicale, une médiation nouvelle entre Bâle et la campagne, Schwytz et les districts extérieurs ; les membres de la conférence de Sarnen promirent d'assister à une assemblée générale qui fut indiquée pour le 5 août. Dans l'intervalle, malheureusement, le projet rédigé par la diète fut repoussé par le canton de Lucerne, où les menées des moines acquirent une grande influence et furent secondées par leurs adversaires, les libéraux exagérés, qui votaient dans le même sens. Ce fut un grave et sinistre événement : il enfla l'orgueil et les prétentions des ennemis du progrès ; ils voulurent reprendre la direction d'un peuple qu'ils espéraient rendre docile. Il ne fut plus question de conciliation. Il ne s'agissait plus que de détruire l'œuvre de la liberté. Des agents secrets se mirent en campagne; Schwytz arma, Bâle se prépara. Enfin, dans la nuit du 30 au 31 juillet, six cents hommes de Schwytz occupèrent Kussnacht avec de la grosse artillerie. Situé au pied du Rigi, au fond du golfe majestueux qui porte le nom de ce bourg, Kussnacht est riche de grands souvenirs : là, le vieux château de Gessler ; là, le chemin creux où le frappa la flèche vengeresse ; et, dans ce paysage historique, les plus grandes beautés de la nature ; sur les bords du lac, un vieux donjon des Habsbourg ; à l'angle du golfe de Lucerne, le monument que Raynal a consacré au souvenir des libérateurs. Tout est grand, solennel en ce lieu ; mais c'était un pays de dépendance, un district extérieur, et Schwytz venait en quelque sorte écraser le berceau de sa liberté, au nom d'un despotisme non moins odieux et plus injuste que celui dont ses aïeux avaient secoué le joug. Les troupes d'occupation prirent des otages et ne tinrent compte des protestations de Lucerne, qui, sur la menace de continuer l'expédition, plaça mille hommes sur sa frontière. La diète de Zürich sortit enfin de son apathie; elle ordonna une levée de vingt bataillons, différa la convocation indiquée pour le 5 août, et fit un appel à la nation. Les levées s'empressèrent, et furent promptement sur pied. Bâle avait agi de concert avec Schwytz ; elle aussi avait exécuté une sortie meurtrière contre la campagne. La nuit, la bourgeoisie et la troupe, en tout seize cents hommes, se portèrent sur Mutenz avec douze bouches à feu ; on incendia Prattelen, profanant ainsi les grands souvenirs de Saint-Jacques; on tua des hommes désarmés ; et, de combats en combats, on marcha sur Liestal. Mais cette infraction de la foi des traités ne devait pas demeurer impunie : non loin de Frankendorf, près d'une forêt de chênes, la jeunesse attendait les oppresseurs ; elle se montra digne des anciens jours ; le petit nombre osa braver la multitude ; le paysan combattit le militaire aguerri. La mort parcourait les rangs des Bâlois ; ils furent bientôt enfoncés, et leurs enseignes en fuite s'engagèrent dans les bois de la Hard. Les vainqueurs, se précipitant sur les pas des fuyards, ne faisaient point de quartier ; dans leur soif de vengeance, ils couchèrent plus de trois cents bourgeois sur le carreau. C'en était fait de l'orgueil de cette riche cité. Il n'y avait plus dans ses palais que deuil et désespoir. A la première nouvelle de l'invasion, et même avant de connaître l'événement, la diète avait, dans une séance nocturne, décrété que le canton de Bâle serait occupé par dix mille hommes ; ce décret est du jour même où l'on s'égorgeait. Le 4 août, les troupes de la fédération étaient à Schwytz; le 10, elles entrèrent à Bâle. La ligue de Sarnen fut dissoute; on ordonna aux cantons récalcitrants d'envoyer leurs députés à la diète. Neufchâtel seul osa résister; mais à l'approche des bataillons dont on le menaçait, ce canton obéit. La paix fut rétablie, et l'aristocratie, réduite au silence, s'inclina devant la majesté de la représentation nationale. La diète, en effet, se montra bien digne de sa haute mission; sourde à la voix des ambassades étrangères qui intercédaient pour Bâle, elle le fut aussi aux clameurs qui demandaient la mise en jugement des auteurs de ces expéditions. La justice et la modération présidèrent à toutes ses délibérations: elle ordonna, le 19 septembre, que les districts extérieurs seraient réunis à Schwytz sous un gouvernement commun, avec des droits égaux; elle confirma la séparation de la campagne d'avec Bâle, ne laissant à la ville que quelques communes au delà du Rhin. Un tribunal arbitral fut établi à Arau pour opérer le partage de la fortune publique. Bâle est donc aujourd'hui ce qu'étaient depuis plus longtemps Unterwald et Appenzell. Après avoir réglé tous les intérêts, réparti les frais de la guerre et fait justice à tous, la diète se sépara le 16 octobre. Le repos se rétablit dans tous les cantons. Si ces luttes entre quelques districts d'une république qui n'a guère plus de deux millions d'habitants paraissent mesquines, ce ne peut être qu'aux yeux de l'homme qui n'a point le sentiment du beau et de la liberté. Le lecteur philosophe y verra tout autre chose. Pour lui, ces agitations appartiennent à la grande tempête qui agite l'humanité depuis le quinzième siècle. Tour à tour triomphants, les principes les plus opposés couvrent de débris le sol du vieux monde; l'absolutisme est partout en guerre avec le progrès: la liberté triomphe partout de l'obscurantisme. Chez les nations populeuses, chez les souverains puissants, ce sont des ébranlements terribles; et quand les combattants périssent par milliers, quand les armées s'entre-détruisent, quand la guerre se fait à coups d'hommes, l'histoire s'empare de son domaine; à ses pages sanglantes elle ajoute une catastrophe de plus, et la multitude admire et frémit. Mais que sur un théâtre moins étendu la même opposition se manifeste chez une nation qui a conservé son caractère original, son courage héréditaire, alors le vulgaire y fait peu d'attention, et l'on rappelle avec dédain le mot froidement ironique, dont l'esprit superficiel qui régna sur la littérature et sur la philosophie du dernier siècle a voulu flétrir les discordes de Genève. Pour l'observateur, il en est autrement: à peine le tonnerre de la coalition a passé sur la France, et déjà la Suisse se constitue elle-même; on se divise, on se bat dans ces limites, sans s'inquiéter de l'étranger. Les cantons isolés sont faibles, la fédération est forte; sa citadelle, c'est la nature même, ce sont les Alpes d'Uri, ce sont les lacs, c'est la chaîne du Jura, mais c'est bien plus encore le patriotisme des citoyens. On ne lèvera contre eux aucune armée dont le nombre dépasse les bandes vaincues à Granson, à Morat. La France pourrait retrouver Saint-Jacques et l'Autriche Frastenz: l'intérêt même de l'Europe ne permet pas que jamais on agisse de concert contre cette terre de liberté, et, pour la dompter, il faudrait l'union de tous au dehors, la désunion de tous au dedans. La Providence lui épargnera d'aussi mauvais jours; elle gardera au centre de la vieille Europe, cet État digne de l'antiquité, que le moyen âge semble avoir reçu d'elle comme un fidéicommis destiné à la postérité la plus reculée. La révision du pacte fédéral, entravée par le rejet du projet de Lucerne, par la révolte de Schwytz et de Bâle, y devra contribuer: le pays ne manque point d'hommes sages et de patriotes éclairés: ils discuteront l'œuvre émanée de la sagesse du célèbre professeur Rossi. On reproche néanmoins à ce projet quelque complication, et surtout en ce qui concerne le droit d'intervention de la diète dans les affaires des cantons. En général, il a pour but une plus grande unité dans l'organisation militaire, dans les relations extérieures. Il doit y avoir encore d'autres sacrifices de la souveraineté cantonale au principe de la centralisation. Outre la diète, on établit un conseil fédéral et une cour fédérale. Désormais la diète serait composée de quarante-quatre députés ; il y en aurait deux par canton, sans égard au plus ou moins de population. On lui laisse le droit de paix et de guerre ; on lui conserve l'intervention armée dans les affaires des cantons. Le principe du mandat impératif est consacré : chaque canton n'aurait qu'une voix pour décider de ces objets principaux ; et la majorité serait de douze. Quant à tous les autres objets, chaque député voterait selon sa propre inspiration, et l'on compterait la majorité selon les membres présents. Les séances seraient publiques. Le conseil fédéral, véritable directoire exécutif, se devait composer d'un landamman nommé par les cantons, et de quatre conseillers nommés par la diète pour quatre ans. Les affaires eussent été réparties entre quatre départements : intérieur, relations extérieures, guerre, finances. La cour fédérale, pouvoir judiciaire chargé aussi de prononcer sur les violations de la constitution, devait être composée d'un président, de huit juges, et de quatre suppléants, nommés pour six ans, sur des listes de candidats présentés par les cantons et toujours rééligibles. Lucerne aurait été la ville fédérale, siège du conseil ; la cour aurait résidé dans un autre canton. Tel qu'il est, ce projet favorise l'aristocratie, en ce qu'il fait nommer tous les pouvoirs fédéraux par les autorités des cantons, sans tenir compte de la souveraineté du peuple. Soumis aux délibérations des vingt-deux cantons, il fut attaqué par les partisans de la souveraineté absolue comme par les radicaux. Il fut considéré comme une œuvre de juste-milieu. On ignore quel destin lui est réservé ; jusqu'ici on n'a pris encore aucun parti définitif. Les temps sont calmes, et l'avenir, sans doute, sera fondé de manière à prévenir à jamais le retour d'agitations funestes. Que l'on soit Français, Allemand, ou Italien, on ne peut que s'intéresser vivement à une fédération qui comprend sous sa protection trois populations diverses, appartenant à chacune de ces grandes nationalités, et qui les représente noblement sur cette terre d'antique liberté.

Notre narration est accomplie : le lecteur connaît maintenant l'histoire de la Suisse. L'histoire romaine jette sur ce sol d'antiques et sinistres lueurs ; elle le nomme, pour la première fois, comme le tombeau des légions de Cassius ; puis, au moyen âge, lorsque toute idée de grandeur et de liberté semble évanouie, lorsque toutes les nations ont changé de face, une république de pâtres et de montagnards s'élève au milieu des peuples asservis, de ses franchises fait bientôt sa puissance, se maintient à travers tous les orages de l'Europe, et demeure inébranlable au sein des ruines politiques de l'ancien monde, en donnant à ses institutions et à son indépendance des garanties nouvelles. Ce n'est point assez d'avoir retracé les hauts faits des aïeux, il faut nous établir dans la Suisse moderne, nous arrêter quelques instants devant les éternelles beautés de la nature, parler de ses mœurs antiques, de ses usages, de sa richesse, de son état moral et scientifique. Nous diviserons ces rapides aperçus par cantons, et suivrons l'ordre dans lequel ils se sont affiliés à la confédération primitive.

URI.

C'est l'un de ceux que l'on nomme *urkantone* ou cantons primitifs. Il s'étend du sud au nord, depuis les sources de la Reuss jusqu'au lac des Quatre-Cantons, dont il embrasse le golfe méridional en ses âpres rochers. C'est là que les alpes Surènes retombent à pic dans les ondes du lac ;

c'est contre les flancs de ces incommensurables parois que de fréquentes tempêtes brisent la nacelle du voyageur qui se fie à son inexpérience. La vallée de la Reuss descend du Saint-Gothard comme une galerie étroite, profonde, retentissante; car le bouillonnement de la rivière, ses chutes sans cesse renouvelées, l'écume de ses flots assourdissent parfois l'étranger. Le canton d'Uri se compose de deux districts : celui d'Uri proprement dit, et celui d'Ursern, qui avoisine la sommité du Saint-Gothard. C'est quelque chose de ravissant que l'aspect d'Ursern pour qui vient de remonter la sauvage galerie des Schellenen, et de traverser le sombre trou d'Uri : un plateau riant, surmonté de hautes montagnes que des forêts d'une noire verdure protégent contre les avalanches et dont la Reuss baigne les prairies comme un ruisseau limpide; à gauche, le clocher d'Andermatt resplendissant des feux du soleil, et les habitations, et cette ville déserte composée d'étables qui précède le village; en face, et au pied des plus hautes montagnes, Hospital et son vieux château; puis la route qui conduit à Realp, à la Furca et au Grimsel, tandis qu'à l'opposite Andermatt ouvre un passage vers les Grisons et Dissentis. Ce site forme un contraste délicieux, soit que l'on descende depuis deux heures de l'hospice et des lacs, soit que l'on ait parcouru la vallée inférieure au-dessus des gouffres de la Reuss, soit enfin que l'on ait suivi l'audacieux sentier qui, du glacier du Rhône, s'élève au sommet de la Furca, pour conduire ensuite à Realp, au-dessus de nouveaux précipices. Andermatt, Realp ont des couvents de capucins. Quand la cloche du soir appelle à la prière, quand la lune repose sa douce clarté sur ce placide paysage, et que les accents périodiques du chapelet retentissent, accompagnés du doux bruissement de la Reuss, il est impossible de résister au sentiment religieux. Aux limites de deux grandes nations, à l'un des points les plus élevés de l'ancien monde, séparé en quelque sorte de la société moderne, on se croirait, en apercevant ces moines, l'homme d'un autre siècle et presque l'habitant d'un autre monde, car ici rien ne change : la Reuss tombe dans ses abîmes depuis le premier jour de la terre; depuis ce jour aussi ces rochers font blanchir et mugir son onde, et ses majestueux battements sont comme les éternelles pulsations de la nature. Le caractère de l'habitant semble tenir quelque chose de cette perpétuité; il est toujours noble et simple, toujours religieux et patriotique. Les libérateurs de la Suisse sont demeurés fidèles à leur culte comme à leur morale, et, de nos jours encore, on appelle Uri la *conscience de la Suisse*. Ce canton n'a point de villes; à l'orient, des pics chargés de neiges et de glaces forment ses limites : ce sont le Tösz, le Baldus, le Crispalt, le Scheerhorn; au sud, le Saint-Gothard; à l'ouest, le Titlis et le Sustenberg. Le Crispalt n'a pas moins de dix mille deux cent quarante pieds d'élévation au-dessus du niveau de la mer : en langue romane des Grisons, on l'appelle *Cressa-Alta*. Un sentier conduit à Amsteg, dans la vallée de la Reuss, par les profondeurs de la vallée de Maderan ou Kerstelen, entre la Windgelle et le Bristenstock, dont les masses granitiques et les coupoles aériennes surprennent l'homme le plus habitué aux beautés des Alpes. D'autres vallées latérales méritent l'attention : telles sont l'Ertzfelderthal, qui est très-peu visité, et le Meyenthal, qui conduit au Grimsel vers le Valais.

L'industrie des habitants, dont le nombre est d'environ quinze mille, consiste principalement dans l'élève du bétail : le nom d'Uri lui-même, en tant qu'on parviendrait à le rattacher à Urus ou *Auerochs*, attesterait l'antiquité de cette industrie; il serait difficile, en effet, d'imaginer une autre occupation à un pays dont toutes les surfaces sont inclinées presque perpendiculairement, et dont toutes les sommités sont couvertes de glace. On a évalué, dans un dernier recensement, les têtes de la race bovine à dix mille deux cents, tandis qu'il n'y a que douze mille moutons et dix-sept mille cinq cents chèvres. C'est surtout dans les Schellenen qu'il est beau de les voir suspendues à des roches perpendiculaires; c'est, dans ces lieux inaccessibles, le seul être dont la vivacité rappelle que ce désert aussi est la propriété de l'homme. Les Schellenen ont, au surplus, perdu beaucoup de beautés au progrès de la civilisation : le trou d'Uri, merveille de l'imagination d'un ingénieur local, est aujourd'hui une vaste et haute galerie semblable à celle de la route du Simplon; le pont du Diable a fait place, à côté de lui, à un pont non moins hardi, mais qui ne présente plus cette audacieuse courbure au-dessus de l'abîme; il le franchit trop aisément pour la vue, et des voitures de poste parcourent une grande route là où naguère le piéton s'avançait avec défiance. Le commerce, sans doute, a gagné beaucoup à ces travaux; mais quiconque a vu autrefois les Schellenen, le pont du Diable et le pont d'Uri, doit regretter ce que l'art a enlevé à la nature. Il y passe maintenant par semaine plus de trois cents bêtes de somme et plus de quinze mille voyageurs; en hiver, on charge les marchandises sur des traîneaux. Les travaux ont été exécutés par les cantons d'Uri et du Tésin, qui ont donné à la route vingt pieds de largeur et réduit l'ascension à cinq pour cent; en beaucoup d'endroits il a fallu établir des murailles de support. Dès le treizième siècle, il y avait au Saint-Gothard un hospice; en 1431, on y plaça un chanoine appelé Fessarius, dont la mission était de traiter et héberger les religieux qui se rendaient au concile de Bâle. Dans son zèle pour la religion catholique, saint Charles Borromée, archevêque de Milan, y établit un prêtre à demeure, et voulut le doter d'un riche revenu, pour qu'il pût secourir les voyageurs; mais la mort le prévint : Frédéric Borromée, son parent et son successeur, accomplit sa volonté, et vainquit la résistance des habitants d'Arrolo, qui faisaient de cette branche d'hospitalité un revenu communal. Néanmoins il fut très-difficile de décider les religieux à y rester. Enfin, en 1683, le cardinal Visconti y plaça des capucins qui exercèrent la plus bienfaisante hospitalité, et qu'on affranchissait, à cet effet, de la sévérité de leur règle. Il est à remarquer que les rois de France dotèrent cet hospice d'une pension. Le 10 avril 1775, une avalanche enleva tous les bâtiments; on répara ce dommage; mais, brûlé dans les dernières guerres, le couvent n'a pas été reconstruit. Il ne reste plus qu'un vieux bâtiment en pierre, situé entre les trois lacs, au milieu des roches grisâtres du désert. Là se rencontrent les voyageurs; vers midi, ces solitudes s'animent; c'est la halte commune des convois partis d'Andermatt et de ceux qui arrivent d'Airolo : les uns et les autres ont parcouru une égale distance, et, dans la belle saison, c'est un beau spectacle que de voir ces caravanes couvrir au loin ces lieux sauvages, et prendre, aux rayons du soleil, un repas assaisonné par la fatigue. Souvent des amis qui ne se sont pas vus depuis bien des années se reconnaissent dans ces lieux sauvages, où tous les sentiments, toutes les sensations prennent un caractère plus vif. Il n'est pas rare de trouver de vingt à quarante pieds de neige au Saint-Gothard; c'est avec beaucoup de peine que l'on y monte le bois, et l'hospice est tellement humide, qu'on n'y peut conserver de provisions. Cependant la température y est généralement plus douce que dans les vallées. Le passage est souvent interrompu par les avalanches : alors on y fait travailler pour le rétablir, en enlevant la neige, jusqu'à ce qu'une nouvelle avalanche vienne déconcerter les ouvriers. C'est en avril et en mai que les voyageurs courent les plus grands dangers.

Les avalanches ne sont pas les seules calamités de ces contrées : le canton d'Uri souffre, dans sa plus belle vallée, du retour presque périodique d'un ouragan qu'on appelle le Foehn, nom que l'on fait dériver du favonius, ce vent dont Horace a si agréablement célébré le retour comme signe de printemps. Le Foehn est doux et chaud; au sein de l'hiver il adoucit parfois la température; souvent il lui suffit d'une nuit pour développer la végétation, pour fondre la neige; mais tout à coup il descend impétueux des sommités du Saint-Gothard, brise la barque contre les écueils du lac, déracine les arbres, renverse les habitations; il n'est pas encore descendu dans la vallée, qu'on voit tourbillonner les neiges sur les montagnes : alors on connaît son arrivée, et la loi commande d'éteindre tous les feux, car il emporte les tisons du sein des maisons, et en allume au loin de vastes incendies, comme celui d'Altorf en 1798. Le Foehn est, pour ses effets sur la santé, comparable au Sirocco; il affaiblit les nerfs, occasionne de violents maux de tête, et jette l'abattement le plus complet dans les forces morales de l'homme.

Le 27 août 1834 fut un jour de malheur pour Uri; les chaleurs et la longue sécheresse avaient amolli les glaciers : dès le grand matin, et jusqu'à minuit, il tomba une pluie battante accompagnée de tonnerre; les eaux grandirent et descendirent par torrents, faisant des vallées de véritables lacs; le pont de la Kerstel à Amsteg et cinq maisons de ce village furent emportés; Erstfeld, Rinacht, Attinghausen, Seedorf, demeurèrent sous les eaux, ainsi qu'Altorf; et les terres végétales, dont l'industrieux habitant avait çà et là chargé le rocher, furent entraînées comme le sol fertile des bas-fonds, où l'on ne voyait plus que du sable et du limon; enfin la route du Saint-Gothard fut endommagée et rompue en plusieurs endroits.

Les cristallisations sont fort belles dans ce canton : Andermatt en possède de belles collections, et, en général, c'est dans ces contrées qu'il convient d'étudier la géologie, le gisement et la nature des roches; la zoologie, l'ornithologie y sont aussi fort riches. Les ours et les renards ne sont plus aussi nombreux que dans le canton du Tésin. Les pâtres cantonnent tout l'été sur les hautes alpes ou pâturages : là des cabanes et des étables composent, en quelque sorte, des cités de bestiaux. Chaque employé a sa fonction particulière : celui-ci fait les fromages, celui-là garde le troupeau et l'empêche de s'égarer au bord de dangereux précipices; un troisième veille à la propreté du domicile commun. Soir et matin ils se placent devant leurs huttes, et font retentir au loin un choral religieux ou la salutation angélique, et souvent, dans le jour, leur voix fraîche et sonore renvoie aux échos ces airs si mélodieux, si modulés qui sont admirés de tous les musiciens. Quand septembre ramène sur ces sommités le souffle importun des vents, quand les brouillards reposent sur le roc et que la neige des glaciers tourbillonne autour des pâtres, ils redescendent en caravane vers les habitations humaines, et chaque propriétaire reçoit son bétail; les fromages lui sont apportés successivement. Les métayers d'Uri excellent à les fabriquer, et ne vivent presque que de laitage, de riz et de pommes de terre. Le costume des femmes est fort gracieux : leurs tresses, rassemblées dans un réseau, et recouvertes parfois d'un chapeau de paille, ou contenues par une pièce d'argent en forme de glaive ou de flèche, sont d'un fort bon effet. Ursern se rapproche des modes italiennes : des mouchoirs noués en forme de voile y sont très-fréquents. Dans le Schæchenthal, les robes sont de laine rouge et le vêtement supérieur est blanc, le tout recouvert d'un fichu noir. Les femmes ne mettent que des demi-bas, et leur pied nu est protégé par des sandales attachées par des courroies. Le costume des hommes perd chaque jour son caractère primitif, et depuis que le service militaire les oblige à prendre des pantalons, ils ont abandonné leurs petites culottes de cuir noir.

La constitution d'Uri est une démocratie pure; le pouvoir réside dans l'assemblée du peuple, sans aucun privilège pour personne. Il suffit d'avoir vingt ans pour être électeur, éligible et soldat; toutefois, le contingent d'Uri n'est que de deux cent trente-six hommes, et ce canton n'occupe dans la fédération que le quatrième rang. Le peuple fait les lois et les abroge; il nomme les magistrats et les remplace, décide des alliances, de la paix et de la guerre. Le pouvoir exécutif est confié à un conseil appelé *landrath*. Un autre conseil, qui, d'anciennes procédures superstitieuses, a retenu le nom de *malefiz landrath* (conseil du maléfice), juge les affaires criminelles; il est composé du premier et d'hommes élus dans les communes en nombre égal; aussi l'appelle-t-on le double conseil; enfin il y a le triple conseil avec une nouvelle adjonction : celui-ci ne s'assemble que dans des cas fort extraordinaires, pour réprimer les infractions à la constitution. Il y a de plus un conseil privé pour l'administration des finances, et l'on y adjoint des officiers pour en faire un conseil ou comité de la guerre. L'image de l'État se reproduit en petit dans chaque village, car chacun a son assemblée populaire et son tribunal. Le landamman est l'administrateur suprême de tout le canton. C'est une chose majestueuse par sa simplicité et sa couleur antique, que l'aspect de l'assemblée générale; elle a toujours lieu le premier dimanche de mai, à Bœtzligen sur la Gand. Dès la veille, une musique militaire annonce la solennité; le roulement des tambours, l'arrivée des troupes, le mouvement des habitants animent ces belles vallées; c'est un immense cortége, une procession d'environ une lieue; chacun accourt avec un sentiment de fierté nationale, car chacun pourra émettre sa pensée, et se verra à la fois prince et sujet, gouvernant et gouverné. Le service divin commence la cérémonie; puis on se réunit en plein air devant l'hôtel de ville. La milice est précédée de deux hérauts en costume antique rayé de noir et de jaune; on porte les livres de la loi, les sceaux, la pomme de Guillaume Tell, le glaive de la justice, et autres attributs; puis viennent, à cheval, les magistrats habillés de noir et couverts de manteaux de soie. Ils ont des épées, et chaque cheval est accompagné d'un valet. Les principaux chefs et magistrats se placent ensuite sur une estrade, et le landamman régnant prend place à une table au milieu du cercle; il ouvre la séance, et le peuple agenouillé prie à haute voix cinq *pater* et cinq *ave*. Toute réclamation présentée par sept familles au conseil, au moins un mois à l'avance, est alors lue par le greffier. Les pétitionnaires font développer leurs propositions par un orateur. Le landamman recueille les avis, d'abord des magistrats, puis du peuple, et jamais celui qui parle ne peut être interrompu. On vote, en levant la main, sur les diverses questions ou amendements. Quand ces épreuves sont douteuses, on compte les suffrages par groupes particuliers. Le landamman, s'appuyant sur le glaive de la justice, rend compte de son administration, dépose le glaive, et se retire parmi ses devanciers. Alors le greffier prie le plus ancien de ceux-ci de désigner un candidat, et presque toujours il indique pour une seconde année le landamman sortant; mais il est bien rare qu'il gouverne une troisième et surtout une quatrième année. Il revient alors à la table, où il lui est fait lecture de la loi qui règle ses devoirs, après quoi il prête serment, fait un discours, et reçoit de tous le serment civique. Le trésorier rend compte à l'assemblée de l'état des finances; il est ensuite, ainsi que tous les autres employés, soumis à une réélection. On choisit de même les députés à la diète, etc., etc. Après cela, les auberges s'emplissent d'une multitude joyeuse; dans le voisinage, il y a des boutiques et des jeux, et la brigue ainsi que les cadeaux ne sont pas toujours étrangers à l'élection des emplois du second ordre. Les assemblées de district ont lieu huit jours après la réunion générale. Quand il y a lieu de convoquer celle-ci extraordinairement, il n'y a point de solennités, et la délibération a lieu, soit dans une prairie voisine d'Altorf, soit dans l'église de ce bourg, si le temps est mauvais : on ne peut alors s'occuper que de l'affaire urgente qui a motivé la convocation.

Beaucoup de vieilles traditions vivent encore dans ces lieux, où la nature même dispose l'esprit à accueillir les merveilles. Nous avons rapporté l'opinion vulgaire sur le pont du Diable. Il avait promis de joindre les deux escarpements qui, par un abîme profond, séparent Ursern d'Uri; mais, pour prix de ce travail, il fallait lui abandonner le premier être qui franchirait le pont. Les habitants eurent soin d'y faire passer un bouc. Le démon, déçu dans son attente, entreprit alors de briser son ouvrage; il courut vers Goeschenen, et s'empara de la roche immense qui repose encore sur la pelouse avec l'empreinte de ses griffes. Il allait accomplir son funeste dessein : tout à coup une vieille femme se signe, prononce le nom de la Vierge, et Satan n'a plus de force; et la roche lui échappe. Au bas de la vallée de la Reuss, sur la route du Saint-Gothard, il est un autre pont que l'on appelle Pfaffensprung (saut du prêtre ou du moine). On dit que dans la violence de ses désirs, un moine, qui avait ravi une jeune fille à ses parents, franchit tout cet espace pour échapper à leur poursuite, et qu'il l'enleva d'une roche à l'autre. La simplicité, la bonté des habitants d'Uri est fort connue; mais nous ne pouvons mieux résumer en un seul trait ces divers mérites, qu'en rappelant un exemple. Au commencement de ce siècle, pendant les guerres de Suwarow, un officier avait chargé de fardeaux un jeune paysan; ils s'avançaient péniblement vers le Saint-Gothard; mais comme le Suisse n'allait pas assez vite au gré de son exigeant voyageur, il le faisait battre à chaque instant. Quelques jours plus tard, le paysan, parcourant le même chemin, aperçut un blessé qui se mourait sur le bord du précipice; il s'approcha, reconnut son officier, le réchauffa et le conduisit dans une cabane voisine. *N'est-il pas vrai que tu ne me battras plus?* lui dit-il, en refusant toute récompense.

SCHWYTZ.

L'un des trois cantons primitifs unis par le serment du Gruttli, et l'un des pays les plus pittoresques de la Suisse, à laquelle il a donné son nom, quoiqu'il ne tienne dans la fédération que le cinquième rang. Il s'étend l'espace de dix lieues en longueur, sur une largeur de cinq à sept, entre les cantons d'Uri, Glarus, Saint-Gall, Lucerne, Zug et Zürich. Une chaîne de montagnes demi-circulaire, aux roches acérées, aux formes bizarres, en occupe le centre; mais elle ne s'élève point jusqu'à la région des neiges. La principale vallée vient d'Arth, au bord du lac de Zug, jusqu'à la Muotta; il faut y ajouter la vallée de la Sihl et celle de Wœgi. Les pâturages alpestres réunissent chaque année au delà de quinze mille têtes de bétail, et le commerce des bestiaux se fait principalement avec l'Italie. Le nombre des habitants est d'environ vingt-cinq mille, dont dix mille citoyens actifs, c'est-à-dire âgés de plus de vingt ans. Il y a peu de fortunes considérables, mais beaucoup d'aisance : l'esprit militaire domine toujours la population, et l'agriculture en a souffert. Schwytz est une démocratie pure; le pays est divisé en sept districts, ayant chacun son conseil et son tribunal de première instance. On admet dans l'assemblée générale tout homme ayant atteint sa seizième année; aussi cette assemblée ne se réunit que tous les deux ans à Schwytz, le premier dimanche de mai; elle élit alors son landamman, son commandant, son maître de l'artillerie, son trésorier, son député à la diète. Là se décident les affaires de la paix et de la guerre, là se rédigent, se discutent ou s'abrogent les lois. Les assemblées de district ont lieu tous les ans, choisissent leurs magistrats et font leurs lois particulières. Le conseil général compte soixante membres de Schwytz, et trente-six seulement des autres districts, qui, autrefois, étaient dans une entière dépendance. Il délibère préalablement sur les mesures législatives, et veille à la sûreté du pays et à la police. Il lève les milices et rend la justice, excepté quand le fait doit entraîner la peine de mort : celle-ci ne peut être appliquée que par le double conseil, c'est-à-dire par le conseil augmenté d'un égal nombre de citoyens. Il y a aussi un triple conseil de deux cent quatre-vingt-huit membres : deux fois par an il s'assemble pour donner des instructions aux ambassadeurs et aux députés à la diète. Il y a beaucoup de tribunaux de diverse compétence, les uns composés de neuf, les autres de sept juges. Tout homme est soldat; le contingent de Schwytz est de six cent deux hommes. Il n'y a pas longtemps que les querelles intestines sont apaisées : Schwytz voulait toujours traiter en sujets les districts de la Marche, d'Einsiedeln, de Pfeffikon et de Kussnacht; mais cette prétention n'existe plus, et la constitution, jurée le 9 novembre 1833, a consacré l'unité.

Les mœurs antiques de Schwytz offrent quelquefois des exemples d'une touchante hospitalité, comme celle qui fut donnée, en 1487, à plus de deux cents Zürichois qui revenaient d'Altorf, où les avait attirés la fête de la Saint-Martin. A leur retour, ils trouvèrent trois cents hommes de Schwytz assemblés; ils furent accueillis, traités magnifiquement, et reconduits à leur frontière. L'hospitalité s'exerce encore avec beaucoup de cordialité; la bonne foi primitive et la simplicité des anciens jours n'ont rien perdu, et l'étranger qui étudie les mœurs de ce peuple, à la fois si bon, si original, se croirait transporté dans un autre âge non moins que dans un autre pays. Au siècle dernier, une jeune fille attira sur elle la répression des tribunaux; elle avait osé s'attribuer le nom révéré de la famille Reding, et, parcourant les cantons voisins, elle s'était fait remettre, à ce titre, des sommes assez considérables : tout à coup se présente un garçon tisserand qui offre de l'épouser, si on veut lui faire remise de la peine. La jeune fille accepte, et les magistrats scellent de leur assentiment une union qui devint heureuse. Le jeune tisserand n'avait jamais vu celle qu'il sauvait ainsi de la honte; mais, chose bizarre, il allégua que son grand-père déjà avait trouvé le bonheur dans un mariage contracté dans des circonstances pareilles. L'esprit religieux n'est pas moins le caractère propre à l'habitant de Schwytz que l'amour de la liberté; les fondateurs de l'indépendance helvétique ont cependant quelque chose d'exclusif : le serment du Rutli est toujours à leurs yeux l'unique lien patriotique, et souvent, dans le cours des âges, et notamment dans les guerres de la révolution, on les a vus le renouveler, comme pour éloigner des confédérés moins dignes de leur antique vertu. L'histoire est connue de la population, moins par la lecture que par la tradition, et quelquefois celle-ci s'égare et varie ses formes à l'infini, comme le faisait la mystérieuse antiquité, comme le font encore ces naïves croyances catholiques, que la sécheresse des cultes dissidents cherche à soumettre à l'analyse sans les comprendre.

Einsiedeln, Notre-Dame des Ermites. Nous avons dit dans le cours de cette histoire comment le pieux Mainrad se retira dans une cellule du désert : né vers 800, il était fils de Berthold, comte de Sulgen en Souabe, et avait été élevé dans le couvent de Reichenau : après s'être livré à l'instruction publique, il s'était retiré sur l'Etzel; puis il pénétra plus avant dans le désert, où Hildegarde, abbesse de Zürich, lui fit bâtir une chapelle et une cellule en bois : là, il était visité quelquefois par les religieux de Reichenau, mais il n'avait de société habituelle que deux corbeaux qu'il avait apprivoisés. Il était vieux déjà et vénéré de tous, quand deux scélérats le tuèrent. La tradition veut que les corbeaux aient poursuivi ces malfaiteurs jusqu'à Zürich, à l'endroit où est aujourd'hui l'auberge du Corbeau. Les pèlerins qui connaissaient ces oiseaux avertirent l'autorité, et les auteurs du crime furent saisis et livrés au supplice. Au bout de quelques années, un autre ermite vint occuper la cellule, et l'image vénérée, qui était un don de l'abbesse Hildegarde, continua d'attirer les fidèles, qui l'adoraient sous le nom de Notre-Dame des Ermites; peu à peu il s'y forma un couvent sous la règle de saint Benoît. Les annales de l'abbaye rapportent qu'au moment de la consécration de l'église, Jésus lui-même descendit du ciel, entouré d'anges et de saints : ce fut, disent ces traditions, dans la nuit du 13 au 14 septembre. L'évêque de Constance étant venu pour accomplir la cérémonie, une voix d'en haut lui cria par trois fois : « Arrête, frère, arrête, la chapelle est déjà consacrée. » Léon VIII, acceptant le miracle, promit des indulgences à tous ceux qui visiteraient ce saint lieu. Les abbés furent des ducs, et des princes, ou des comtes régnants, dont la nomenclature présente aussi de grands noms historiques. Einsiedeln est, après Notre-Dame de Lorette et San-Jago, le pèlerinage le plus fréquenté de l'Europe; la communion y est administrée annuellement à plus de cent cinquante mille personnes. Des pèlerins accourent des contrées voisines de la France, de l'Allemagne et de l'Italie; on entend parler, sur la place de l'église, les langages les plus divers, et l'on est frappé de la variété des costumes, des physionomies, et même des pratiques religieuses. Les Suisses catholiques considèrent comme une obligation de faire de fréquents voyages à Notre-Dame, et Schwytz surtout y envoie processionnellement chacun de ses districts : le chapitre marche au-devant de certaines processions, en portant les saintes reliques. L'empereur Charles IV y vint, suivi de beaucoup de princes, et l'on vit, en 1793, l'archevêque de Paris y célébrer la messe avec beaucoup de prêtres émigrés. S'il arrive que le 14 septembre soit un dimanche, la solennité en prend un relief extraordinaire; on l'appelle alors la consécration des anges. Dans ces circonstances, il n'y a plus de place pour les pèlerins, qui passent la nuit en plein air ou même dans l'église. Il est cependant des auberges qui en peuvent recevoir jusqu'à trois cents, les lits étant de véritables tiroirs que le jour on fait rentrer sous les autres. Les *ex voto* de tous les siècles sont conservés sur les murailles de l'église; les batailles de Taetwil, de Cappel et de Vilmergen, ont chacune leur image. L'église, bâtie sur une hauteur, offre aux regards de l'étranger sa vaste façade. Une cour en demi-cercle est entourée de boutiques, où se débitent, à vil prix, la chronique d'Einsiedeln, les chapelets et les petites vierges de bois, que l'on achète à la livre. Au centre est la fontaine aux quatorze tuyaux. Le couvent et l'église sont du siècle dernier; ils avaient été cinq fois la proie des flammes. Entre les deux tours apparaît l'image colossale de la Vierge tenant l'enfant Jésus, et flanquée de deux anges. Tout le bâtiment est entouré d'une galerie ornée de statues; il y a aussi une tourelle sur la croix. Les coupoles, garnies de cuivre, font un admirable effet sous les rayons du soleil. Il n'y a pas moins de onze cloches. La façade du couvent se présente avec ses trois étages et ses tourelles latérales. Il y a encore des bâtiments considérables à la partie postérieure, qui est entourée d'une haute muraille et forme plusieurs cours. Dans l'intérieur de l'église, on est tout d'abord frappé de la vue de la chapelle de Mainrad, qui est revêtue de marbre noir et gris : c'est là que se prosternent les pèlerins. Leurs prières, prononcées à haute voix, font encore retentir ces voûtes profondes lorsque les ténèbres sont descendues sur ces vastes solitudes. L'intérieur de l'église a quelque chose de bizarre; au delà de cette chapelle, elle se divise tout à coup en trois nefs; il y a des galeries et des tribunes, et le jour, jeté par les fenêtres de la coupole du centre, produit un bel effet sur les tableaux et les statues. Dans une crypte, dont l'entrée est en avant du chœur, reposent les abbés et les religieux. Le chœur est élevé de quatre pieds au-dessus de l'église. Le maître-autel est d'une grande beauté; on le doit à des artistes de Milan. La sainte Cène en bronze est l'ouvrage de Pozzi; on vante beaucoup aussi les statues des apôtres, qui sont de Babel, et le tableau de Krauss représentant l'Assomption. En général, le défaut de ce monument est d'être trop surchargé d'ornements, mais le sentiment religieux n'en est point blessé. Une église latérale, dédiée à sainte Marie-Madelaine, renferme vingt-huit confessionnaux, chacun portant une inscription qui annonce dans quelle langue y sera reçue la confession. Le trésor est à côté; il renfermait autrefois d'immenses richesses et les vêtements d'apparat de la Vierge; on y comptait trois cent trois diamants, trente-huit saphirs, cent cinquante-quatre émeraudes, huit cent cinquante-sept rubis, etc., etc. Dans la guerre de 1798, la plupart de ces objets précieux ont disparu. La bibliothèque du couvent a vingt-six mille volumes, la plupart relatifs à l'histoire. Jean de Muller a tiré grand parti des manuscrits d'Einsiedeln pour sa belle histoire de la Suisse. Les auteurs classiques y abondent, mais la plupart de ces écrits ont été collationnés. Le couvent possède aussi des cabinets de minéralogie et d'anatomie, de beaux vitraux peints, etc., etc. Ce sont moins ces objets que la foi, que la piété des fidèles qui attirent ici tant d'étrangers. Que l'on traite tant qu'on voudra ce culte de superstition, la tradition sacrée a de profondes racines dans l'esprit des peuples, et le froid raisonnement de quelques individus ne détruira pas aisément la conviction fondée sur l'espérance, ni la piété exaltée par l'aspect des beautés de la nature.

Non loin de Schwytz, le lac Lowertz agite ses ondes au pied du Hacken et du Mythen; séparé du lac des Waldstetten par une croupe qui descend du Rigi, il baigne les sombres débris qui couvrent Goldau et les roches éboulées du Rossberg, montrant au loin la verte et riante île de Schwanau et son vieux donjon. Au temps de la servitude de la Suisse, un bailli l'habitait, tyran cruel aux sujets, complaisant à ses désirs. Il convoitait une jeune fille qui ne put échapper à sa brutalité. Maintenant, à son tour, c'est elle qui le poursuit; fantôme menaçant, elle parcourt chaque année, au bruit du tonnerre, une torche à la main, cette enceinte redoutable. On voit fuir devant elle l'ombre du bailli, jusqu'à ce qu'enfin ce misérable se jette tout armé dans l'abîme. Alors, contente de sa vengeance, la jeune fille remet à l'année suivante cette course expiatoire. Une autre petite île portait le château de Lowertz. La navigation du lac est douce et agréable, mais les tempêtes y sont fréquentes. En 1806, lorsque le Rosberg s'éboula dans la vallée, les ondes furent jetées avec tant de violence sur ces îles, que la chapelle de Schwanau en fut détruite; jusqu'au 2 septembre il y avait eu des pluies continuelles; le ciel était encore chargé de nuages; dès le matin, on remarqua de grandes crevasses dans le gazon, et dans la forêt voisine on entendit le craquement des racines de sapins. D'abord on vit sortir des pierres du sein de la terre; puis il en descendit quelques masses dans la vallée : ces sortes d'avalanches devinrent plus fréquentes vers deux heures de l'après-midi; les blocs roulaient, et un bruit semblable au tonnerre faisait retentir les échos du Rigi. Des nuages et de sombres brouillards s'élevaient des lieux frappés par l'éboulement; une vague anxiété s'empara des habitants des villages voisins, qui cependant étaient loin encore de connaître l'étendue du danger. Tout à coup le terrain compris entre les crevasses se détacha et glissa, laissant à nu une immense déchirure, et roulant avec fracas sur les habitations; les roches saillantes s'abattirent, la verdure disparut sous la terre, les arbres suivaient le mouvement, agités dans tous les sens et battant de tous côtés les uns sur les autres; les oiseaux effrayés s'envolaient vers le Rigi; enfin le craquement devint universel, et toute la masse de la montagne écrasa la vallée. La violence en fut telle, que ces flots de limon, entraînant arbres, hommes, bestiaux et bâtiments, remontèrent, à l'opposite, les flancs du Rigi, et dans cette scène d'horreur retentit le dernier cri des malheureux habitants de Goldau. On entendit le déchirement du Rossberg jusque dans les lointaines vallées d'Uri, jusque dans le canton de Zürich. Il périt quatre cent cinquante-sept personnes, et cent dix maisons furent écrasées. Le pays fut couvert de débris l'espace d'une lieue carrée, et les plus belles prairies disparurent. Il y en avait qui étaient possédées par les mêmes familles depuis plus de cinq cents ans, circonstance unique et qui caractérise bien l'amour des Suisses pour le sol qui les a vus naître. Un père de famille était occupé à recueillir ses fruits dans un verger; il aperçoit le désastre qui le menace, il fuit avec ses deux jeunes garçons, tandis que sa femme se précipite vers sa demeure pour en retirer un enfant au berceau; une servante, âgée de vingt-trois ans, voulut aussi sauver une petite fille de son maître : la terrible avalanche les surprit. Ensevelies sous les débris de la maison, isolées l'une de l'autre dans cette nuit profonde, retenues dans l'attitude la plus gênante par les débris et le limon qui chargeaient et brisaient leurs membres, ces malheureuses se reconnurent à leurs gémissements; puis, se croyant aux derniers jours du monde, elles prièrent de concert, attendant la sentence du Tout-Puissant : quelques heures s'écoulèrent ainsi. Francisca Ulrich entendit les accents sourds et lointains d'une cloche, puis d'une autre : c'était l'*Angelus* de Steinen. Toute la nuit se passa dans cette horrible position. Le froid devenait insupportable, car toutes deux avaient les jambes chargées d'une boue humide. Enfin le jour qui revint éclairer ce désastre ne s'annonça pour elles que par le son de l'*Angelus*; puis, au milieu de leur anxiété, un cri d'effroi et de douleur attira leur attention. Le père de la petite Marianne, qui n'avait cessé de fouiller ces décombres, découvrait à quelques pas plus loin le cadavre mutilé de sa femme. Alors les plaintes des victimes arrivèrent à son oreille, et les travailleurs purent enfin dégager Francisca et Marianne : cette dernière avait la jambe cassée. La servante fut longtemps avant de pouvoir supporter la lumière; elle était couverte de blessures. Tous les ans le désastre de Goldau est l'objet d'une cérémonie religieuse dans l'église d'Art. Il se fait encore de temps à autre des éboulements de rochers, mais ils n'ont pas occasionné de malheurs. C'est du haut du Rigi, sur le plateau le plus élevé, que l'on aperçoit le mieux la vaste déchirure du Rossberg, et le pays que ses débris ont couvert, entre Art et Goldau, depuis le beau lac de Zug jusqu'à celui de Lowertz.

Le Rigi, montagne isolée, entre les lacs de Zug, de Lucerne, de Lowertz, s'élève à une prodigieuse hauteur; c'est le panorama de la Suisse, le rendez-vous général des voyageurs de toutes les nations. On y aperçoit une immense ligne de glaciers que le soleil, à son lever, colore de teintes rosées; la vue s'étend sur dix-sept lacs, et pénètre, au nord, jusqu'à la chaîne des Vosges et aux sommités des deux Ballons d'Alsace. Au bas du Rigi, à une profondeur de quatre mille cinq cents pieds, le lac de Zug; cette ville, Art, Immensée sont à peine perceptibles à la vue, tant est grande l'élévation qui les sépare du Rigi-Kulm; et de l'autre côté du haut du même plateau, quand on avance vers l'ouest, on voit à ses pieds le lac des Quatre-Cantons. L'escarpement est moindre, les montagnes sont d'un aspect moins sauvage, et les golfes nombreux qui se dessinent en face du spectateur ont un caractère gracieux. Les chemins qui conduisent au sommet sont nombreux : on y arrive du côté du sud par Art, Goldau ou Lowertz; Immensée et Kusnachty conduisent du côté du nord; enfin on y vient aussi de Wæggis ou de Gersau : chacune de ces directions a ses beautés particulières. L'ascension se fait d'abord à travers les pâturages et les bois; souvent des degrés sont taillés dans le roc, puis on passe sous des cintres formés par la nature; des rampes ont été placées dans les endroits dangereux. En arrivant d'Art ou de

Goldau, on se repose volontiers à l'auberge appelée *das untere Daechli*, d'où l'on jouit déja d'une bien belle vue; puis viennent les stations, qui mènent le voyageur avec ses religieux souvenirs jusqu'à Sainte-Marie des Neiges, érigée en 1689. Les pèlerins y viennent chercher des indulgences. C'est quelque chose de sublime que d'entendre le *Salve regina* retentir dans ces solitudes, où la prière n'est interrompue par aucune des distractions de la terre. Beaucoup d'auberges sont placées dans le voisinage. Non loin de là, il y a, derrière le rocher, une galerie profonde d'où jaillit une source qui fournit les bains appelés *kaltwasser* (eau froide); elle passe pour guérir les maladies chroniques; on y boit le lait de chèvre, mais l'air y est trop vif pour les personnes dont la poitrine n'est pas robuste. L'hospice n'est pas éloigné de Sainte-Marie des Neiges : il est habité par des capucins. Le bain froid a pour origine la fuite de trois sœurs qui se vouèrent à une sainte retraite; elles firent des miracles, et les pèlerins qui vont à Sainte-Marie des Neiges ne manquent pas de visiter aussi ce lieu et d'y boire à la source; on les voit s'asseoir tout habillés dans l'eau et se sécher ensuite aux rayons du soleil. Il y a pour les gens moins austères une auberge fort commode. Plus on s'est approché de l'hospice, plus l'étroite vallée dans laquelle on gravissait s'est élargie. On peut gagner le Kulm par un sentier escarpé, mais il ne faut pas négliger le Rigi-Staffel. Là se trouve aussi le chemin de Kusnacht, déjà rejoint par celui d'Immensée. Le plus varié cependant est celui de Wæggis, à cause des différents aspects du lac et des pics de l'Unterwald. Le souvenir d'une catastrophe de la nature saisit le voyageur avant même qu'il commence à gravir la montagne; une plage dévastée montre encore les traces du torrent de boue qui descendit lentement des hauteurs en 1795. Un homme travaillant aux champs vit tout à coup sa maison s'avancer vers lui et s'engloutir ensuite dans le lac; les vergers, les prairies y furent entraînés.

L'auberge de Rigi-Staffel a été bâtie en 1816. De là un sentier fort escarpé conduit au Kulm, où les voyageurs sont beaucoup mieux : c'est un véritable belvéder, d'où la Suisse entière se montre dans sa magnificence. C'est chose singulière que de voir réunies dans la salle de Rigi-Kulm ces caravanes d'observateurs de diverses nations. Les chambres à coucher ne laissant de place qu'à un lit, le jour on les quitte pour les appartements du rez-de-chaussée où il se fait un mouvement continuel de gens qui sortent, qui rentrent, qui s'interrogent sur l'état de l'atmosphère. De noirs nuages cachent les glaciers, ou le brouillard dérobe la vue de Lowertz, ou bien il couvre Art et le lac de Zug. Tout à coup ces vapeurs, que l'on croyait si épaisses, se dissipent comme une fumée légère : c'est un voile de gaze, un rideau transparent qui permet de jouir de la vue des lacs : au loin, vous apercevez Sempach et Hallwyl; au sud, un rayon de soleil vient dorer soixante lieues de glaciers. Heureux quand il se présente à l'admiration de l'étranger; mais il en est qui sont demeurés plusieurs jours au Rigi-Kulm sans voir leurs espérances couronnées de succès; il faut alors recourir à la bibliothèque, au piano; la conversation s'engage sur les incertitudes de l'attente; les étudiants fument, et quelques personnes jouent. Le signal a été placé devant l'auberge en 1820; les dames mêmes peuvent y monter sans danger, mais il faut éviter de s'approcher de la paroi dont l'escarpement retombe vers le lac de Zug. Là périt, en 1826, Guillaume de Bonstett, directeur général des forêts de Prusse; l'imprudent avait voulu s'asseoir sur une roche saillante pour mieux jouir du spectacle du soleil couchant; le gazon, humecté par la rosée, le fit glisser, et il tomba dans cet effroyable gouffre, sans que l'on pût retrouver de lui-même autre chose que des lambeaux informes de chairs sanglantes. Quelquefois les nuages offrent un phénomène de réfraction bien étrange : les vapeurs qui s'élèvent de la côte se réunissent au Kulm et en reflètent l'image, ainsi que celle des hommes qui se trouvent sur le sommet; leurs moindres mouvements sont reproduits, et l'arc-en-ciel forme à ce tableau un cadre demi-circulaire. Les effets de lumière et d'optique sont en général fort variés.

A côté du Rigi sont les ruines de la tour de Gessler, et non loin de là une chapelle située sur le lieu d'où partirent les traits vengeurs de Tell; il ne faut pas oublier non plus le petit lac d'Egeri, ni l'imposant souvenir de Morgarten. Le village de Rothenthurm aussi présente sa vieille fortification près de Biberreg, la patrie des Reding, de celui qui exhorta, en 1315, les héros de Morgarten, et de celui encore qui vainquit les Français sur le théâtre glorieux des exploits de sa famille, et se montra grand dans les conseils et inébranlable devant les volontés de Napoléon. Il n'y a presque pas une bataille dans l'histoire suisse à laquelle un Reding n'ait pris part; il y eut quarante-cinq landamman de ce nom.

Gersau, qui a longtemps disputé à Saint-Marin l'honneur d'être la plus petite république de l'univers mérite d'être visité; ce village paraît comme collé contre la base du Rigi, au bord du lac des Quatre-Cantons. Son terrain, alluvion de plusieurs torrents, présente de beaux noyers, de nombreux cerisiers, de riches prairies, le tout entremêlé de roches nues et de déchirures du sol. Il y a quelques chalets bâtis en des lieux fort escarpés. En 1808, une maison fut emportée avec plusieurs de ces chalets, et les débris furent lancés dans le précipice : de sept personnes qui l'habitaient, il ne se sauva qu'une jeune fille, parce qu'elle n'était pas encore couchée, et qu'elle eut assez d'énergie pour se dégager des neiges. Non loin de là, dans un site pittoresque, aux limites de l'Alp, ou pâturage des montagnes, se trouve la chapelle de Kindlismord, dont le nom rappelle le cruel souvenir du meurtre de l'enfant. Une inscription dit qu'un père venait de débarquer sur le rivage avec sa petite fille, et qu'elle lui demandait du pain; il la conduisit au milieu de ces rochers, puis, la saisissant par les pieds, il lui brisa la tête contre la pierre. On voulut, après le supplice, perpétuer la mémoire du forfait par l'érection d'une petite chapelle, qui fut reconstruite en 1814, et agrandie à l'usage des habitations voisines; mais ce hameau a conservé le nom sinistre qui flétrit son origine. Quant à la république de Gersau, on a spirituellement remarqué, d'après l'observation des bateliers, qu'il fallait cinq cent cinquante coups de rame pour passer d'une frontière à l'autre; elle a eu quatre siècles d'indépendance non contestée, et s'est réunie à Schwytz par l'acte de médiation, après avoir été un instant incorporée avec ce canton dans celui des Waldstetten. Le congrès de Vienne ne l'aperçut même pas, et depuis elle a tenté de vains efforts pour ressaisir son indépendance et reconstituer un État et faire une capitale de ses cent soixante et quatorze maisons, où il y a plusieurs manufactures d'étoffes de soie, qui ont aussi des établissements à Brunnen, petit bourg qui sert de port à tout le canton. A l'opposite, vers le lac de Zürich, se trouve la Marche, ce pays de conquête que l'on voulait maintenir à jamais dans la sujétion; il a neuf mille habitants et se compose de dix communes. Là se trouve, dans la géographie ancienne, le *Terminus Helvetiorum*, ou limite entre l'Helvétie et la Rhétie. La Marche a appartenu, dans le moyen âge, aux comtes de Rapperschwyl; elle passa aux ducs d'Autriche, sur lesquels Schwytz la prit. Ce fut l'un de ces ducs, Rodolphe, qui, en 1358, jeta ce pont si audacieux sur le lac, et joignit ainsi la presqu'île de Hurden à Rapperschwyl pour favoriser les pèlerins. On peut le traverser en voiture; mais comme il n'a pas de rampe et qu'il est peu large, cela offre à l'imagination quelque chose d'effrayant. Vu du haut de l'Etzel, ce pont, ce lac, ces îles d'une si douce verdure offrent, avec les glaciers de Glarus, un coup d'œil ravissant.

UNTERWALDEN.

L'un des trois cantons primitifs et fondateurs de la fédération; il est situé à peu près au centre de la Suisse. A l'ouest, il a pour confins le canton de Lucerne; à l'est, celui d'Uri; au midi, celui de Berne; au nord, le lac des Quatre-Cantons et le mont Pilate. Dans sa plus grande longueur il a douze lieues, et sa largeur est de neuf. C'est l'une des plus belles contrées de la Suisse; les vallées sont magnifiques et souvent très-fertiles; le climat y est fort tempéré. Une vaste et épaisse forêt, nommée Kernwald, ou *forêt noyau*, partage et nomme les deux parties de ce canton, que l'on appelle tantôt *Unterwalden* (sous la forêt), ou *Oberwalden* (au-dessus de la forêt). Les expressions *ob dem wald* et *nid dem wald* sont encore plus usitées. Les montagnes s'élèvent à plus de dix mille pieds au-dessus de la mer, et celles du midi sont couvertes de neiges éternelles. La plus élevée est le Titlis. Les principales rivières sont les deux Aa, dont l'une découle du lac de Lungern, tandis que l'autre est un torrent qui se précipite du haut des alpes Surènes. Nous nommerons aussi la Melch, qui donne son nom à une célèbre vallée. Le lac des Waldstetten baigne ce canton, et dans la partie septentrionale il se forme en golfe majestueux, et s'enfonce dans les terres près de Stanzstadt et d'Alpenach. Il y a de plus quatre autres lacs: ceux de Lungern, de Melch, de Sarnen et le Trubsée, ou lac trouble, qui est l'un des plus élevés de toute la Suisse. Toutes ces eaux sont fort poissonneuses. Les parties basses du sol vers les Waldstetten sont riches en excellents fruits; les arbres y réussissent à merveille. Il n'en est pas de même dans les hauts lieux, ni surtout dans la grande vallée d'Engelberg, où l'on ne trouve que de beaux pâturages et d'épaisses forêts. Les plantes légumineuses réussissent; mais le peuple est essentiellement pasteur et montagnard, et s'occupe surtout de l'élève du bétail, en quoi il est favorisé par les belles prairies qui revêtent les croupes inférieures des alpes. La race bovine appartient à la petite espèce, et la pièce ne pèse guère que trois quintaux à quatre et demi. En été, on en envoie plus de dix mille aux hauts pâturages; aussi le commerce d'exportation est-il actif pour le beurre, les fromages, les cuirs, etc. Unterwalden compte vingt et un mille habitants, c'est-à-dire plus qu'Uri et moins que Schwytz; ils sont tous catholiques, appartenant autrefois au diocèse de Constance, et relevant aujourd'hui de celui de Coire: leur attachement à la cause de l'Église les a fait surnommer les pieux Unterwaldnais. Dès le douzième siècle, en 1114 et 1150, on trouve le canton divisé en deux parties, et maintenant ces parties composent comme deux États distincts, qui cependant ne sont acceptés que pour un seul suffrage dans la confédération, où il est le sixième dans l'ordre de la préséance. Unterwalden a trois députés, dont deux sont fournis par Obwalden, un par Nidwalden. On délibère en commun sur les instructions à leur donner: quand il y a dissentiment dans les votes des représentants de ce canton, on fait abstraction complète de leurs voix, et les instructions sont imposées alternativement par la partie supérieure et par la partie inférieure. Elle nomme de concert un banneret et un commandant, le premier choisi dans Obwalden, le second dans Nidwalden. Outre ces magistratures suprêmes, chaque fraction a, sous le même titre, ses deux chefs particuliers. Pour armes, Obwalden a une simple clef dans un champ d'argent; Nidwalden une clef à double barbe. Le clergé est fort nombreux, comme dans tous les cantons primitifs. On y voit trois couvents d'hommes, savoir: des bénédictins à Engelberg, et des capucins à Stanz et à Sarnen. La même ville possède une abbaye de bénédictins, et Stanz a des sœurs de l'ordre de Saint-François. Unterwalden a vu naître beaucoup de grands hommes : à leur tête, nous placerons Arnold an der Halden, l'un des trois conjurés du Gruttli, Arnold de Winkelrieth et Struth de Winkelrieth. Dans les derniers temps, des écrivains recommandables, Joseph Businger et Félix Zelger, se sont voués aux études historiques : on cite aussi d'excellents artistes.

Obwalden est le plus grand des deux États; il absorbe à lui seul les deux tiers du canton; il renferme Sarnen, Kerns, Saxeln, Alpnach, Gyswil, Lungern, et le territoire d'Engelberg, qui lui a été adjugé seulement en 1816. Il règne beaucoup d'aisance dans ces contrées, qui ont en général moins souffert de la guerre que Nidwalden, grâce à la modération des gouvernants et du clergé, qui ont sans cesse exhorté le peuple à la soumission. Le caractère de ces montagnards est franc et bienveillant. Sarnen est le chef-lieu. Le pouvoir suprême réside dans l'assemblée du peuple, à laquelle prennent part tous les citoyens âgés de plus de vingt ans; elle se tient régulièrement en avril, mais le conseil peut la convoquer dans les cas extraordinaires. C'est elle qui élit le landamman et les autres administrateurs du pays, savoir : le banneret, deux commandants, deux enseignes et deux maîtres de l'artillerie; elle adopte ou rejette les projets de loi et autres propositions importantes qui ont préalablement subi l'examen du conseil; enfin elle prend connaissance des comptes, vote l'impôt, accorde le droit de cité, etc., etc. Le conseil se compose des magistrats élus par l'assemblée générale, puis de soixante-cinq conseillers nommés par les communes : il est pouvoir exécutif, administratif et de police, et l'initiative des lois lui appartient; il est chargé aussi de veiller à l'exécution de la constitution et de vérifier les comptes des administrations. Le pouvoir judiciaire en matière civile est exercé dans chaque commune par un tribunal de sept juges que l'on renouvelle tous les ans. Le tribunal d'appel, aussi élu par les communes, est présidé par le landamman. Les contestations sur les testaments sont portées devant une autre juridiction, dans laquelle le conseil entre pour la plus forte part. Le conseil expédie aussi les affaires criminelles de moindre importance; les autres sont soumises, comme à Uri, comme à Schwytz, à un double conseil, ou même, s'il s'agit d'appliquer une peine capitale, à un triple conseil. Le contingent militaire d'Obwalden est de deux cent vingt et un hommes.

Nidwalden, ou la partie septentrionale du canton, a six paroisses et huit mille neuf cent quatre-vingt-sept habitants, la plupart pauvres, oisifs et sans occasion de travail. Les suites de la guerre de 1798 se font encore sentir dans ce malheureux pays : la superstition s'y était jointe à l'héroïsme. Les prêtres distribuaient des reliques et des amulettes qui préservaient des balles et du sabre; mais malgré ce fanatique enthousiasme, le général de Schauenbourg pénétra dans le pays par le Melchthal; il lui en coûta quatre mille soldats, mais tout fut incendié, et le vainqueur emmena le bétail : des femmes, des enfants, des vieillards périrent au nombre de cent vingt-sept, et quarante ans de calme n'ont pas suffi pour réparer ce désastre. Il est vrai qu'en 1815 les Unterwaldnais furent encore exposés à des hostilités, pour avoir soulevé contre le nouvel ordre de choses les cantons voisins; mais cette fois il n'y eut pas de sang répandu; ils en furent quittes pour la perte du territoire d'Engelberg. L'élève du bétail est ici la principale industrie. Stanz est la capitale de cette partie du canton. C'est toujours l'assemblée du peuple qui gouverne et nomme aux magistratures. Il y a quelque différence dans la composition du conseil exécutif et dans ses attributions, ainsi que dans celles des doubles et triples conseils. Les tribunaux ont une autre organisation : les jugements emportant peine capitale ne peuvent être rendus que par le conseil assisté de tous les citoyens qui ont plus de trente-six ans, à l'exclusion des ecclésiastiques et des parents au quatrième degré. Des jurés connaissent de toutes les affaires qui intéressent l'honneur ou la fortune; il y en a onze sous la présidence du landamman ou du gouverneur. Les *sept* ont à décider des affaires civiles, et chacune est soumise préalablement à un tribunal de paix spécial à chaque commune. Tout citoyen est soldat, mais le contingent fédéral n'est que de cent cinquante et un hommes.

L'ancien costume était, dans l'Oberwalden, un habit noir, des culottes courtes descendant à peine aux cuisses, et recouvertes sur le genou de bas blancs; le corps était entouré d'une ceinture de cuir. Partagés sur le front, les cheveux étaient rabattus derrière les oreilles. Les habitants du Nidwalden ont des culottes bleues, un gilet rouge, des bretelles chargées de boutons et des bas fort blancs. Malheureusement le costume national, et surtout celui des femmes, se perd tous les jours davantage : c'était un jupon ample et court d'étoffe brune, ceinture rouge, grand chapeau sans forme, bas bleus bien tirés et souliers élégants; les cheveux tressés en forme de nattes et contenus par une double cuiller d'argent. Leurs souliers sont souvent rehaussés par des talons de métal. Ce costume va fort bien à celles qui sont jolies; mais ce qu'il y a de bizarre, c'est l'habitude de porter à la bouche une courte pipe. Aujourd'hui, par un bizarre assemblage, les modes françaises viennent se mêler à tout ceci. Le paysan de Nidwalden se rase le devant de la tête, et laisse pousser sa chevelure en arrière.

L'abbaye d'Engelberg a été fondée dès le douzième siècle, comme nous avons eu occasion de le remarquer dans le cours de cette histoire. C'est Calixte II qui la nomma du nom des Anges. Elle jouit bientôt du bénéfice de l'immédiateté, et s'enrichit de possessions immenses sur les bords de l'Aar, de la Reuss et dans la vallée de Hassli. Les édifices n'offrent plus rien d'antique à l'observateur; trois incendies les ont fait trois fois rebâtir. Il est peu de vallées où les effets de lumière soient plus beaux sur les cimes des glaciers, surtout au lever et au coucher du soleil, alors que des ombres bien noires couvrent déjà ou couvrent encore le fond de la vallée, les parois des rochers, les fertiles pâturages et les tours du monastère. Le Titlis est le plus gigantesque de tous ces pics; il est revêtu d'une croûte de glace de plus de cent soixante-dix pieds d'épaisseur, et jette sans cesse de tumultueuses avalanches. Ses grottes ont les aspects les plus bizarres : ce sont des tables soutenues par des colonnes, comme les dolmen de pierre du Gaulois, et avec plus d'audace encore : car c'est la puissance de la nature au lieu de l'effort de l'homme. Jean de Muller prétend que les vallées d'Engelberg sont si profondes, que pendant plusieurs mois d'hiver le soleil n'y pénètre pas. Ce phénomène est contesté; mais on en affirme un bien plus étrange, c'est que dans les jours les plus courts, le soleil, à Engelberg, paraît se lever et se coucher deux fois, ce qui vient de la hauteur et des échancrures des montagnes de l'est. Ce district fait maintenant partie de l'Obwalden; il a, tour à tour, appartenu à l'une et à l'autre fraction du canton; autant ce canton est gracieux dans les vallées de Lungern et de Sarnen ou sur les bords du lac, autant il est âpre, imposant dans ces sombres vallées resserrées entre le Titlis et les alpes Surènes. Quand on se rend de Buochs à Stanz, on traverse des prairies de la plus belle verdure que l'on fauche deux fois l'année, quoiqu'elles servent de pâturage au printemps et en automne; le paysage est animé d'un grand nombre d'habitations. En face, on admire la longue chaîne des glaciers qui sépare Uri d'Unterwalden; le Rigi, son plateau, son signal se présentent à l'opposite, puis, à droite, les formes rocailleuses et saccadées du Pilate. En chemin, on s'arrête à la prairie qui sert de *forum* à cette démocratie : là, de petits murs parallèles sont destinés à recevoir des planches sur lesquelles s'assoient, comme le dit spirituellement le voyageur Simon, les quatre ou cinq mille souverains du canton d'Unterwalden, pendant que le chef de l'État, debout sur une plateforme en pierre au milieu de l'assemblée, leur adresse une harangue et leur rend compte de sa gestion.

Non loin de Stanz, sur le revers de la montagne, vivent encore des souvenirs de mythologie populaire qui enrichissent du prestige du merveilleux le beau nom de Winkelried, si célèbre par un exploit véritable. L'aïeul d'Arnold, Struthan de Winkelried, avait été armé chevalier par Frédéric II, après la bataille de Faenza en Italie; mais un combat singulier lui avait attiré la disgrâce du souverain; celui-ci lui donna le choix entre deux partis également sévères : ou l'exil, ou le combat contre le *Lindwurm*. Or ce Lindwurm était un monstre, un dragon, comme l'indiquent encore les noms de *Drachenloch* et *Drachenried*. Struthan n'hésita point; il choisit le danger; il osa braver dans sa grotte cet être redoutable; il pénétra à travers les broussailles dans les détours de cette caverne. Ce devait être un combat comme celui de Persée, ou, si l'on veut des exemples chrétiens, comme celui de saint George. Le monstre dévorait dans le voisinage les moutons, les chèvres, et même les voyageurs. Le chevalier avait eu soin de revêtir sa lance d'une toison; il lui présente cette proie imaginaire, il fuit, et se laisse rejoindre sur le lieu même où l'on voit aujourd'hui une chapelle. Pendant que le Lindwurm se jette sur la toison, Winkelried lui enfonce sa lance dans la gueule, et lui tranche la tête d'un coup de son glaive; mais le souffle empesté du serpent avait atteint sa respiration, et des gouttes de sang avaient pénétré son armure; le héros mourut donc en sauvant son pays. Une autre version dit que, par un excès de joie et en signe de victoire, Winkelried avait, selon la mode du temps, lancé son glaive dans les airs pour le reprendre par la poignée quand il retomberait : le sang qui en découlait l'atteignit, et il expira. Cinq cent quarante-huit ans plus tard, les braves de l'Unterwald résistèrent,

dans ce même lieu, aux Helvétiens et aux Français; on se battit à Saint-Jacques, à Mutterschvand, à Rozberg : c'est la célèbre action de Moosfeld : les femmes et les filles prirent part à la bataille; il en mourut beaucoup. Alors fut brûlée la chapelle destinée à honorer la mémoire des deux Winkelried. On l'a depuis rebâtie, et ce vénérable souvenir, consacré par la religion, arrivera jusqu'à la dernière postérité.

Le Melchthal aussi rappelle les jours de l'affranchissement : c'est là que le vieillard fut aveuglé en punition de la résistance de son fils; c'est de là que vinrent les libérateurs qui prirent le château de Landenberg. On montre encore la fenêtre du vieux donjon où le jeune homme, reçu par sa maîtresse, introduisit, les uns après les autres, les vengeurs de la Suisse. Aujourd'hui l'assemblée du peuple se réunit, pour l'Obwald, dans l'enceinte de l'ancienne cour du château. Sarnen est au sud de ce vieux donjon, au bord du lac qui prend son nom. Ce bourg est entouré de belles prairies, à la vue du Pilate aux roches escarpées; il est riche aussi d'objets d'art; on y voit un plan en relief de tout le canton, auquel on a joint l'Oberhassli : c'est un beau travail réduit au quarante millième, et exécuté par l'habile ingénieur Muller d'Engelberg. Sarnen possède aussi un beau tableau : Nicolas de Flue y est représenté au moment où il quitte sa solitude pour descendre de son ermitage à Alpnach, et pour rappeler les confédérés à la concorde. L'expression de sa figure est confiante et sublime; il paraît néanmoins exténué par le jeûne et la prière. On s'accorde à reconnaître un grand mérite à cette production de Wursch. Les portraits des landammans de 1381 jusqu'à nos jours sont loin de valoir le tableau qui représente Henri Anderhald au moment où on lui crève les yeux.

Après avoir quitté Sarnen, on côtoie son lac, et l'on s'avance vers Lungern et le Brunnig. Le lac de Lungern, plus élevé que celui de Sarnen d'environ quatre cents toises, est beaucoup plus

21.

petit; le site est encore plus pittoresque; mais la spéculation menace de le dessécher. N'oublions pas de parler du joli bourg de Saxeln et de ses chênes; enfin du majestueux rocher appelé Flühle, d'où l'ermite Nicolas éteignit jadis l'incendie de Sarnen par la seule vertu de sa bénédiction. Non loin de là, on voit encore la maison où naquit ce saint dont les fils furent landammans, et un troisième docteur à l'université de Paris; on montre la pierre qui servait d'oreiller au saint ermite. Son image se retrouve sous le toit du pauvre, sur le sentier de la forêt, au milieu du désert, et partout on voit des femmes agenouillées récitant leur chapelet devant ces patriotiques stations. On lit sur les murs extérieurs des maisons des versets de la Bible. Le soir, les pâtres rassemblent leurs troupeaux au son d'un instrument composé de deux pièces de bois creuses : aussitôt la clochette des vaches s'agite au loin de leur course pesante; elles accourent et se réunissent pour rentrer dans les étables. Ce sont ces airs mélodieux dont le son saisit de mélancoliques regrets le Suisse éloigné de sa patrie et lui causent des nostalgies irrésistibles. Il était autrefois défendu en France de les jouer dans les lieux où les régiments tenaient garnison.

Il ne faut pas oublier de rendre compte d'une ascension que le docteur Feyrabend fit au Titlis en 1786; il partit avec dix guides d'Engelberg; après avoir couru beaucoup de dangers et traversé d'immenses amas de glace, ils arrivèrent au sommet qu'on appelle Nollen. Le froid y était si vif, qu'ils ne purent y demeurer que très-peu de temps. En redescendant de cette élévation, d'où la vue s'étend de la Savoie jusqu'au Tyrol et en Carinthie, le docteur Feyrabend avait les yeux très-affaiblis par l'éclat des neiges, et n'en recouvra l'usage qu'après plusieurs jours.

Les sociétés de ce pays sont presque toutes des confréries de religion ou des corporations de métier; elles ont leurs fêtes; nous citerons, comme plus originale que les autres, celle des bergers et des tireurs. En automne, quand les troupeaux sont déjà descendus des montagnes, les chefs des bergers, parés d'immenses bouquets, se rendent à l'église, où l'on a eu soin d'exposer l'image de saint Wendolin, leur patron. On célèbre une messe en reconnaissance de la protection accordée par le ciel à leur vie pastorale, et le sermon roule sur le même sujet. Une musique champêtre attend sur la place la fin de l'office. La procession se met en marche avec le drapeau des bergers : il est fort lourd, et de temps à autre on s'arrête; alors c'est à qui l'agitera avec le plus de force et de dextérité. On va chercher les curés, et tout le monde se rend à l'auberge. La foule, composée d'hommes et de femmes, de jeunes et de vieux, crie, applaudit, excite, et pendant le festin le drapeau est planté à la fenêtre. La même cérémonie recommence après vêpres; et le lendemain, après avoir prononcé l'éloge des morts, on se livre au plaisir de la danse, qui est animée, bruyante, et que les bergers et les bergères savent entremêler de figures particulières. On appelle cette fête *aelperkilvi* : un homme et une femme sont entourés de branches de sapin, et, représentant un couple sauvage, ils balayent sur le passage du cortége, et sont à la disposition des héros de la fête pour toute sorte de services. Au repas, ils apportent avec grande peine, en simulant la fatigue, quelques petits fromages, dont on fait don aux frères capucins qui prennent part à la gaieté publique; puis le sauvage et sa femme s'accusent l'un l'autre dans une chanson burlesque. On croit que ce couple bizarre se rapporte à l'antique tradition qui plaçait des génies dans la forêt. Il n'assiste point à la fête des tireurs.

SUISSE.

LUCERNE.

Ce canton entra en communauté avec Schwytz, Uri, Unterwalden en 1332, et compléta ainsi le nombre des quatre, que l'on appelle *Waldstetten*. Lucerne appartenait dans l'origine à l'abbaye de Murbach en Alsace, qui, la tenant de Pépin, la transmit à l'illustre famille de Habsbourg par voie d'échange. L'abbaye y exerçait un régime fort doux et très-favorable au développement de la liberté. Tel qu'il est aujourd'hui composé, le canton a pour limites, à l'est, l'Argovie, Zug et Schwytz; au sud, Berne et Unterwalden; à l'ouest, encore Berne; au nord, l'Argovie; sa longueur en est de onze à douze lieues; sa largeur de neuf à dix. Le pays est varié par d'agréables et fertiles collines entrecoupées de torrents et de ruisseaux; sans atteindre la région des neiges, les montagnes dépassent quelquefois sept mille pieds d'élévation au-dessus du niveau de la mer: telles sont le Pilate, le Rothhorn et le Thannenhorn. Les principaux courants sont la Reuss, la Wigger, l'Emme, la Luthern et la Sûr. Une partie du lac des Waldstetten s'appelle lac de Lucerne; mais le canton en possède encore d'autres, parmi lesquels ceux de Sempach, de Baldegg et de Rothsée sont les plus beaux et les plus poissonneux. Lucerne est l'une des contrées de la Suisse où la culture des céréales réussit assez pour dépasser la consommation; l'agriculture y fait sans cesse des progrès. L'Entlibuch, à raison de ses magnifiques pâturages et de ses alpes, ne se livre guère qu'à l'élève du bétail. La Luthern et la rivière appelée Wald-Emme charrient un peu d'or.

La population de ce canton est beaucoup plus considérable que celle des trois précédents : d'après les dernières données, il n'y aurait pas moins de cent deux mille huit cent quarante-huit habitants tous catholiques. C'est une race d'hommes forts et sains. Les campagnards, uniquement voués à la culture, se livrent peu aux travaux de l'industrie. Cependant dans l'Entlibuch et à Willisau il y a beaucoup de tissages, et dans le Surenthal on travaille assez bien le coton. Le principal commerce est celui du transit, à cause de la route du Saint-Gothard.

Lucerne a l'honneur d'être une des trois capitales ou Vororts de la Suisse, et de réunir à son tour la diète dans son enceinte; et dans l'ordre de préséance, ce canton est le cinquième. Il est divisé en cinq bailliages, savoir : Lucerne, l'Entlibuch, Willisau, Sursée et Hochdorf; ils sont subdivisés en dix-huit juridictions réparties entre les bailliages selon leur importance. Le gouvernement n'est pas une démocratie ou assemblée de la nation comme dans les petits cantons, c'est une sorte de régime représentatif au moyen de l'élection; un conseil permanent, appelé *taeglicher rath* (conseil journalier ou de tous les jours), exerce la souveraine puissance; il a trente-six membres. Il existe en outre un grand conseil composé de soixante-quatre membres à vie. Ils sont tous présidés par le schultheiss ou avoyer, et on appelle cette réunion de pouvoir *schultheiss rath und hundert der stadt und republik Lucern*, avoyer-consul et les cent de la ville et de la république de Lucerne; à peu près comme on aurait dit : *consules, senatus populusque romanus*. Ce collége compte cinquante membres de la bourgeoisie de Lucerne et cinquante de la campagne, parmi lesquels il y en a toujours trois de Sempach, trois de Sursée, deux de Willisau et un du petit bourg de Munster. L'assemblée adopte ou rejette les propositions du conseil permanent, revise les comptes et nomme les avoyers dans le sein de ce conseil, ainsi que les députés qui doivent représenter le canton à la diète; elle vote en outre l'impôt, confirme ou annule les élections des membres du petit conseil; en elle réside le droit de grâce, ainsi que tous les autres droits de souveraineté. Cette assemblée siège régulièrement quatre fois par an; mais le conseil permanent la convoque autant de fois qu'il le juge à propos. Chaque membre a l'initiative des propositions, mais à condition qu'elles aient préalablement subi l'épreuve de l'autre conseil et l'examen de l'avoyer. Quand douze membres l'exigent, il faut que l'avoyer occupe sur-le-champ le conseil permanent des affaires importantes, et les porte aussitôt devant le grand conseil. L'initiative, le pouvoir exécutif, administratif, judiciaire, sont entre les mains du premier. Le conseil permanent choisit dans son sein un tribunal d'appel de douze membres, qui jugent en dernier ressort au civil et au criminel, sauf les cas qui entraînent la peine de mort, lesquels sont nécessairement soumis au conseil entier. Chaque avoyer exerce et préside un an et à son tour; il fait la correspondance, il signe les lois, rédige les ordonnances de police, et rien ne peut être mis en délibération qu'il n'en ait été averti. En leur absence, les avoyers sont remplacés par les deux plus anciens conseillers; en outre, un magistrat est investi d'une sorte de pouvoir analogue à celui du chancelier; on l'appelle *Rathrichter* ou juge du conseil; il garde les sceaux et conserve les documents émanés de l'autorité; c'est lui encore qui recueille les suffrages et constate les majorités. Pour être électeur, il faut être citoyen, âgé de vingt ans, payer un impôt sur environ six cents francs de France, n'être ni failli, ni incapable; pour être éligible, il faut avoir vingt-cinq ans, posséder au moins six mille francs de France, ou avoir rendu de grands services à l'État. Il faut trente ans d'âge pour faire partie du conseil permanent. Quoique la religion catholique soit celle de l'État, les emplois sont accessibles à tous les citoyens indistinctement. Lucerne fournit dix-sept cent trente-quatre hommes au contingent fédéral. Le clergé relève aujourd'hui de l'évêché de Bâle; autrefois il appartenait à celui de Constance. Il y a dix couvents dans le canton, et l'on s'applique avec un soin particulier à l'amélioration de l'instruction primaire. A la fin de 1826, et après de vives contestations, l'on établit enfin une église réformée, qui fut aussitôt enrichie par les libéralités du roi de Prusse.

Lucerne présente au voyageur qui arrive par le lac une vue délicieuse; à la richesse du paysage, à la beauté des montagnes se joint l'aspect gothique et original de ces clochers bizarres aux pointes acérées, puis de ces tourelles et de ces créneaux, enfin de ces ponts couverts qui traversent le lac comme pour fermer le port et couvrir les bas-fonds : l'un d'eux a mille pieds de long, l'autre treize cent quatre-vingts. Des tableaux, noirs de vétusté, représentent les principaux traits de l'histoire helvétique, avec des légendes en vieux et naïf langage; ce sont aussi des sujets de l'histoire sainte, mais ils rappellent particulièrement les mœurs du seizième siècle. Les ponts offrent aux habitants un grand avantage : on peut s'y promener quelque temps qu'il fasse, et l'on y jouit toujours d'une vue ravissante. A l'extrémité du lac, on voit se lever les pics neigeux d'Uri; à gauche est la belle et imposante croupe du Rigi; à droite, le sombre Pilate avec ses roches et sa religieuse tradition. Deux pointes séparées, aux formes brusques et saccadées, se montrent au loin sur cette masse de rochers; leur surface n'a pas moins de dix lieues. Il y a des grottes et des singularités de la nature qui attiraient autrefois beaucoup de curieux. On s'y rendait en foule avant que le Rigi fût plus connu, plus approprié au désir des voyageurs; mais autrefois il fallait une permission spéciale des magistrats pour les visiter : on s'engageait à ne point profaner le lac en y jetant des pierres, à ne point provoquer le mauvais génie qui habitait le Pilate; les bergers juraient de n'y jamais conduire aucun étranger. Tous les ans le serment se renouvelait, et un huissier allait intimer aux montagnards l'ordre de n'indiquer le chemin à personne. La légende portait que Ponce-Pilate, poursuivi par ses remords, était venu se précipiter, la tête la première, dans un petit lac qui se trouve au sommet de la montagne. Devenu mauvais génie, il déchaînait sur le pays d'horribles tempêtes dès que l'on jetait une pierre dans ce lac; il prodiguait la grêle, le vent, les bourrasques contre ceux qui s'en approchaient; il tirait par les pieds ceux qui s'y baignaient. Le naturaliste Conrad Gesner rompit le charme au seizième siècle. On rapporte aussi que Jean Muller, curé de Lucerne, s'étant concerté avec les magistrats pour aviser aux moyens de détruire cette superstition, arriva au Pilate en 1584, s'étant fait accompagner d'un valet de ville. En présence d'une foule innombrable de curieux, il jeta des pierres dans le lac, criant à Pilate qu'il le défiait; il ordonna de plus à un paysan d'entrer dedans et de le traverser en tous sens. Les bergers demeurèrent stupéfaits, quand ils virent que cela ne causait ni orage ni submersion. La peine de mort a été infligée, dans des temps fort anciens, à plusieurs personnes qui avaient enfreint la défense : sept prêtres furent un jour arrêtés sur le chemin de la montagne, et ce fait remonte à une époque antérieure à l'affranchissement de la Suisse. On voit que ces superstitions rattachent le nom du Pilate à l'histoire du Christ. Il est cependant une autre étymologie plus vraisemblable : c'est que ce nom vient de *mons pileatus*, ou mont couvert d'un chapeau, parce que telle est la forme d'un nuage qui en charge ordinairement la cime.

Il y a sur le Brundelnalpe un admirable écho, ou plutôt une série d'échos disposés en amphithéâtre; il est difficile à l'étranger d'en tirer parti; pour y parvenir, il faut une voix très-forte. Les paysans s'exercent à jeter des sons dans toutes les directions, en pirouettant rapidement sur eux-mêmes : il en résulte une musique bizarre et quelquefois harmonieuse; il semble que les génies de la forêt s'interrogent et se répondent du fond de ces majestueuses anfractuosités; on admire cet effet principalement dans les belles nuits d'été. Sur le sommet du même pic est une statue colossale de saint Dominique; on la croit de trente pieds de haut, au milieu d'une caverne; elle re- présente un homme dont les jambes sont croisées et qui est assis à une table. Un habitant de Lucerne voulut examiner cette statue; il gravit le sommet de la montagne, et se fit descendre au bout d'une corde; mais une saillie de roc l'empêcha d'arriver à l'entrée de la caverne; il se pourvut donc d'une perche crochue pour manœuvrer de manière à tourner le roc; mais par malheur la corde se rompit, et l'imprudent roula dans un abîme sans fond. La masse du Pilate est composée de pierres calcaires mêlées de quartz; il y a beaucoup de pétrifications, et l'on trouve des empreintes de poissons dans les ardoises.

Lucerne possède un des chefs-d'œuvre inspirés par Thorwaldsen : à côté d'une chapelle funéraire, où sont inscrits les noms des braves morts au 10 août, se trouve un petit étang au pied d'une roche perpendiculaire, dont l'immense paroi abrite ce lieu solitaire. L'artiste a représenté, dans le roc même, un lion mourant. La grotte dans laquelle il est couché n'a pas moins de quarante-quatre pieds de long sur vingt-huit d'élévation. Le lion a vingt-six pieds, depuis l'extrémité du museau jusqu'à l'origine de la queue. L'expression en est sublime : à travers la douleur que lui cause le tronçon de lance demeuré dans sa large blessure, on reconnaît son fier courage et son attitude menaçante; il étend sa griffe comme pour se relever contre son adversaire, mais son œil se ferme, et sa face majestueuse semble se contracter pour l'éternel anéantissement. La grotte porte pour inscription : *Helvetiorum virtuti*. L'inscription de la chapelle n'est pas moins noble : *Invictis pax*. Thorwaldsen n'a fait de ce monument que le modèle, et l'a envoyé, de Rome, au colonel Pfyffer; mais il arriva tellement endommagé, qu'il fallut en réunir et en recomposer les fragments. Ce fut un jeune sculpteur de Constance, nommé Ahorn, qui l'imita sur la roche, et l'on y plaça pour gardien l'un des braves du 10 août; mais tout dégénère en trafic : aujourd'hui sa maisonnette est devenue une boutique de vues et de costumes.

Ce qu'il y a de plus remarquable à Lucerne, c'est le plan en relief des alpes qui entourent le lac des Quatre-Cantons. Le général Pfyffer a consacré sa vie à les mesurer et à les modeler, à parcourir cent quatre-vingts lieues carrées; il n'y a pas une maison isolée, pas une croix au bord d'un précipice qu'il n'y ait portée. Chaque lieue occupe l'espace de quinze pouces. Ce travail a l'avantage de présenter les montagnes comme les aperçoit l'aigle : on connaît tous leurs détours, toutes leurs anfractuosités, les sentiers les plus escarpés, les communications les plus ignorées; aussi s'en est-on beaucoup servi dans les dernières guerres.

Munster, bourg qui s'est formé autour d'une abbaye, remonte au huitième siècle : un comte de Lentzbourg y ayant été étouffé par un ours, son père, pour éterniser sa douleur, y fonda une chapelle. L'église de l'abbaye possède encore quatre tableaux qui représentent l'événement. Il règne à Munster un singulier usage : tous les ans, les habitants sortent à cheval, précédés d'un chapelain qui sonne de la trompette; on parcourt la campagne; chaque maison devient station; le propriétaire offre une tartine de beurre à chaque cavalier, qui en fait don aux pauvres. Le sermon commence pendant la procession; le prêtre prêche à cheval et finit sa harangue dans la chaire. Butisholtz, où les Anglais, commandés par le comte d'Armagnac, furent défaits près de la colline qui porte encore leur nom, est un grand village où l'on garde encore le souvenir de cette grande action de simples paysans, qui s'en revinrent couverts de l'armure des gentilshommes.

L'Entlibuch, district le plus méridional du canton de Lucerne, présente un aspect tout à fait original quant aux mœurs et à la physionomie de ses habitants. Cette belle vallée a huit lieues de long; elle est large de deux à quatre. Là sont le Rothhorn, le Tannhorn, et autres pics qui s'élèvent jusqu'à sept mille cinq cents pieds au-dessus du niveau de la mer. On y voit la race d'hommes la plus remarquable de toute la Suisse par sa force, sa beauté et les qualités dont elle est douée. Ces hommes sont naturellement fiers et indépendants, et s'adonnent aux luttes du corps, le métier de pasteur leur laissant tout le loisir nécessaire pour pratiquer cet exercice. Il existe d'ailleurs chez eux des usages assez bizarres. Le lundi gras on s'envoie réciproquement un député à cheval, vêtu d'un costume de parade, et portant à son chapeau des rubans et de petits miroirs. L'ambassadeur arrive dans la commune; un drapeau arboré devant une maison indique le lieu sur lequel doit se porter l'attention. L'étranger paraît, avale un verre de vin, puis il débite, en la lisant, une longue harangue en vers burlesques de sa façon : c'est de l'histoire, c'est de la satire, ce sont des quolibets; il y en a pour les femmes et les filles, et pour toute la population du village, mais il est défendu de nommer les personnages; toutefois les allusions sont souvent assez claires et surtout assez grossières pour offenser profondément les intéressés; mais le caractère d'ambassadeur est sacré; il n'y a pour lui, dans toute cette journée, aucun danger à courir; il peut même choisir et conduire à la salle de danse la plus jolie paysanne; ceux dont il a singé les tics et les manières n'ont pas le plus petit mot à dire. L'ambassadeur prend encore la place d'honneur à souper; enfin il est inviolable tant que dure la fête; mais il doit éviter de s'attarder, car la tombée de la nuit le dépouille des garanties qui protégeaient ses sarcasmes; il faut qu'il s'enfuie, s'il veut échapper aux injures, aux jets de pierres et aux coups de bâton : rentré dans son village, il y est encore fêté par les magistrats. Au siècle dernier, on mêlait à cette cérémonie la représentation d'une guerre : les hommes du village divisés en deux troupes, dont l'une figurait les Suisses, l'autre l'ennemi, prenaient position; dans les deux camps on tombait à genoux pour invoquer Dieu; puis venait un combat gymnastique, genou contre genou, bras contre bras, poitrine contre poitrine. Dans ces sortes de combats, plus d'une Hersilie se jetait au milieu des combattants pour protéger un frère ou un mari vaincu; et quand on ne les écoutait pas, les femmes combattaient aussi; puis venaient les magistrats qui réconciliaient tout le monde. Les accidents fréquents qui résultaient de ces batailles ont fait prononcer l'abolition de l'usage. Des moralistes ont remarqué que les censures vives et anecdotiques du lundi de carnaval avaient un effet salutaire; on évitait les scandales et les mauvaises actions qui auraient pu trouver place dans la harangue équestre de l'envoyé.

Les mariages se font aussi avec des cérémonies bizarres. Quand ils sont conclus, on met la mariée à l'enchère, en ayant soin que le futur ait la dernière mise. Le jour de la noce, une vieille femme habillée de jaune s'empare de la ceinture de la mariée et du bouquet du marié, et jette l'une et l'autre au feu. A la manière dont ils brûlent, elle tire l'horoscope du couple. C'est surtout dans le canton de Lucerne que prévaut l'usage du kiltgang, ou visite nocturne que les garçons rendent à leur belle. Après la prière du soir, ils s'échappent de leur demeure et vont, souvent à plusieurs lieues, à la fenêtre de la bien-aimée, qui en reçoit un bouquet de belles fleurs. La conversation ne finit qu'avec le lever du soleil. On vante beaucoup la constance de ces liaisons, la fidélité des amants, celle des époux. Malheur à qui la tenterait. Si un étranger essayait de se substituer à celui qui est attendu, il s'en trouverait fort mal. On rapporte qu'un jeune voyageur fut plongé dans une fontaine publique, puis suspendu dans un filet au haut d'un arbre, où il fut pendant toute une journée la risée des passants.

Les habitations lucernoises sont fort jolies; les chalets ont un caractère particulier : de petites fenêtres serrées les unes contre les autres, des rideaux très-blancs, des tuiles vertes et luisantes de vernis. Les cimetières sont très-soignés aussi : chaque tombe a ses inscriptions, ses *ex-voto*, ses couronnes. Les souvenirs nationaux sont aussi chers que ceux de la famille; à Sempach, on lit sur la chapelle la date éloquente du 9 juin 1386, et dans l'intérieur les écussons et les noms des oppresseurs : la plupart ont été tracés par les héros de Sempach eux-mêmes; aussi le temps les efface, sans qu'une main moderne ait eu l'audace de les restaurer. La chanson de Sempach est écrite au-dessous d'un tableau fort mauvais, mais très-antique, qui représente l'action d'Arnold de Winkelried.

Le canton de Lucerne, outre les guerriers que nous avons nommés dans l'histoire, possède beaucoup d'hommes célèbres. La première imprimerie de toute la Suisse fut établie à Berominoli près de Lucerne, en 1470, par le chanoine Élie de Laufen. On prétend aussi que les premiers livres imprimés en France sont sortis des presses de Ulrich Hering de Munster. Le lexicographe Stalder a obtenu beaucoup de réputation dans le monde savant; il nous a transmis quelques échantillons des harangues du lundi gras; enfin M. Hottinger, le continuateur de Jean de Muller, est de Lucerne. Il a décrit avec une grande supériorité les guerres de religion qui ont agité la Suisse depuis le seizième siècle.

ZURICH.

Il est borné au nord-est par la Thurgovie, au sud-est par Saint-Gall, au midi par le canton de Schwytz et celui de Zug; ses limites sont à l'ouest l'Argovie, au nord-ouest le duché de Baden et le canton de Schaffhouse. Le territoire de Zürich s'étend l'espace de dix à douze lieues sur une largeur de six à dix. Quand la ville entra dans la confédération, elle n'avait point de possessions, et toute sa richesse consistait en quelques droits sur le lac que lui avait conférés l'empereur Othon Ier. Nous avons vu ses guerriers combattre à Morgarten contre les Suisses pour la maison d'Autriche; elle n'entra dans leur fédération qu'en 1351, après les massacres et les séditions occasionnées par la nouvelle constitution que lui avait donnée Rodolphe Brun. Les terres de Zürich sont très-fertiles. Il y a cent trente-cinq mille arpents de champs labourables, quinze mille six cents de pâturages et soixante mille de forêts, sans compter celles des particuliers. La contrée est d'un aspect riant, dans l'une des plus belles parties de la Suisse; le climat y est en général fort doux, excepté dans les hauts lieux, où la fertilité est aussi beaucoup moindre. Plusieurs chaînes de montagnes traversent ce canton; les plus remarquables sont l'Albis, l'Allmann, dont le nom est significatif pour l'antiquaire, et la Laegerberg. Sur le côté oriental du lac est une autre chaîne qui le sépare du lac appelé Greifensée. Aucun de ces sommets n'atteint la région des neiges, car les plus hautes montagnes n'ont que trois mille six cents pieds au-dessus du niveau de la mer; aussi ont-elles beaucoup de charme pour le voyageur, auquel elles offrent d'admirables points de vue, sans l'exposer à aucun des dangers qu'il court sur les glaciers et dans les alpes du Valais ou de l'Oberland. C'est aux limites du canton de Zürich que le Rhin se précipite en cascade impétueuse au-dessous du château de Laufen. Outre ce fleuve, le canton possède la Reuss, la Limmath, la Thur, la Tösz et la Glatt. Le lac est divisé en grand et petit: ce dernier à partir du pont de Rapperschwyl jusqu'à la pointe méridionale. Il y a encore d'autres petits lacs, entre autres celui de Pfeffikon et celui appelé Durler ou Turlersée: les sites y sont fort pittoresques.

Quoique l'élève du bétail soit ici en grande prospérité, Zürich le cède en ce point à beaucoup d'autres parties de la Suisse: on y compte trois cent soixante-sept taureaux, dix mille trois cent quatre-vingt-cinq vaches, trente et un mille trois cent quatre-vingt-huit bœufs, huit mille quatre cent quinze veaux, deux mille huit cent vingt et un chevaux, trois mille sept cent trente et un moutons, deux mille sept cent dix-sept chèvres, quinze mille treize porcs, deux mille quarante-deux chiens. Les rivières et les lacs sont très-poissonneux; on perfectionne beaucoup l'agriculture; néanmoins on s'occupe plus encore de l'industrie. La vigne réussit à Winterthur et sur les bords du lac. Il y a beaucoup d'eaux minérales. La population est de deux cent vingt-six mille huit cent cinquante-cinq habitants; c'est-à-dire, qu'elle a été portée au quadruple de ce qu'elle était dans les mêmes contrées vers la fin du quinzième siècle. Presque tous professent la religion réformée; il n'y a de catholiques qu'à Dietikon et à Rheinau. Le transit est d'un grand avantage pour ce canton, situé entre l'Italie et l'Allemagne. Dès le douzième siècle, Milan ayant été ravagé par Frédéric Barberousse, des ouvriers apportèrent leur industrie à Zürich. L'esprit du commerce et des affaires fit de grands progrès au dernier siècle. Aujourd'hui il y a près de cent soixante mille broches dans les filatures à la mécanique. Zürich a de plus des teinturiers et des manufactures de drap, et depuis quelques années elle attire à elle les soieries de France et profite des désastres de Lyon.

Dans l'ordre des préséances, le canton de Zürich est le premier: c'est l'un des trois Vororts ou siéges du gouvernement. On divise le canton en onze bailliages, savoir: Zürich, Knonau, Wædenschweil, Meilen, Gruningen, Kybourg, Greifensée, Winterthur, Andelfingen, Embrach et Regensberg. Il y a en tout vingt-six mille six cent quatre maisons, qui sont assurées pour cinquante-deux millions neuf cent cinquante-neuf mille trois cent quarante florins. La souveraineté est exercée, au nom du peuple, par le grand conseil, composé de deux cent douze membres. C'est ce conseil qui vote l'impôt et nomme les envoyés et les députés aux diètes ordinaires et extraordinaires. Il faut que le petit conseil ou conseil de gouvernement lui rende compte de son administration. C'est lui qui choisit ses propres membres, ceux du petit conseil, les conseillers d'État, enfin les deux chefs du canton ou bourgmestres. Dans la règle, le grand conseil s'assemble deux fois par an. Le petit n'a que vingt-cinq membres; il soumet au grand des projets de loi, et fait exécuter les lois existantes; il nomme aux emplois et rend la justice. Les bourgmestres président les conseils chacun à leur tour et pendant une année. Le petit conseil se renouvelle par tiers tous les deux ans; le conseil d'État, composé de cinq membres du petit conseil, est un corps diplomatique; néanmoins il veille aussi à la sûreté intérieure et à la police du canton; c'est lui qui, dans les cas urgents, prend des mesures extraordinaires. Pour l'exercice de leurs droits politiques, les citoyens du canton sont répartis en soixante-cinq colléges électoraux ou tribus; la ville, qui seule avait autrefois des droits politiques, ne possède aujourd'hui que treize de ces tribus. Ces colléges ne nomment que soixante et douze membres du grand conseil, qui se complète lui-même par l'adjonction de cent trente autres membres. Quant aux soixante et douze élus, on les renouvelle par tiers tous les deux ans, mais ils peuvent être réélus. Les contestations passent d'abord en justice de paix; le bailliage en connaît en première instance; enfin un tribunal supérieur de treize membres connaît de toutes les affaires civiles en dernière instance et de toutes les affaires criminelles. Dans celles qui peuvent entraîner la peine de mort, on y adjoint, par la voie du sort, quatre membres du petit conseil. Il y a pour les contestations matrimoniales un tribunal mixte de laïques et d'ecclésiastiques. Zürich donne à l'armée fédérale trois mille sept cents hommes, et une quote-part de soixante et quatorze mille francs de Suisse. Chaque année, le synode, composé de dix chapitres ecclésiastiques, se réunit sous la présidence de l'antistes. On vante beaucoup l'etat de l'instruction primaire dans ce canton. Cette constitution, arrêtée en 1831, portait en elle-même une clause de révision après six ans. Ce terme étant écoulé, on présenta un nouveau projet qui la modifie : d'abord rejeté, il vient d'être adopté après de notables changements. Les priviléges dont jouissait encore la capitale sont entièrement supprimés; l'égalité politique de tous les citoyens est proclamée; la ville ne forme plus qu'un seul cercle électoral; chaque cercle envoie au grand conseil un député sur douze cents âmes de population, et toute fraction au-dessus de six cents est comptée pour le nombre entier; ensuite le grand conseil élit à son tour un député par vingt mille habitants. Si la souveraineté du peuple n'est que représentative en ce qui concerne le canton, elle est entière dans le régime municipal : chaque commune nomme ses magistrats et vote ses charges.

Il y a dans le canton de Zürich beaucoup d'antiquités romaines : Oberwinterthur est l'ancien Vitodurum de l'itinéraire, sur la route des alpes Rhétiennes en Germanie; on en voit de beaux vestiges entre Kloten et Buchs. Il y a des restes d'une autre voie entre Stæfa et Meilen, sur la rive orientale du lac. On a découvert çà et là des restes de bains, et les traditions, les noms de lieux indiquent encore un culte d'Isis; près de Benken sont même les restes d'un temple qu'on attribue à cette divinité égyptienne. Au siècle dernier, on trouva près de Buchs les débris d'un aqueduc et d'un bain de vapeur (vaporarium), et des conduits de chaleur en briques avec l'hypocauste, lieu qui servait de foyer pour toutes les baignoires; Kloten recélait une belle mosaïque et une inscription au génie du *pagus Tigurinus*; enfin on retrouve à Vitodurum les murailles de l'antique Castellum. Les médailles abondent dans le canton de Zürich; il n'est pas moins riche en antiquités du moyen âge, vieux châteaux démantelés, ruines d'édifices religieux : telles sont les fondations de la chapelle *du sang* sur le champ de carnage, où l'héroïque garnison de Grafensée fut si cruellement livrée au supplice.

La collégiale de Zürich est en style

byzantin, et date du dixième ou onzième siècle; la nef est fort élevée, et les piliers qui la séparent des bas-côtés sont carrés et très-massifs. Il paraît que le chœur n'a été construit qu'au treizième siècle; il repose sur une crypte ou église souterraine haute de douze pieds; la tour est ornée de la statue de Charlemagne. On n'a point oublié les ornements bizarres aux chapiteaux et aux corniches : ce sont des animaux et des oiseaux fantastiques, etc., etc. L'église abbatiale du chapitre est du treizième siècle; elle est soutenue par de grands contre-forts; les fenêtres du chœur sont en plein cintre, celles de la nef en ogive. Il y a encore d'autres édifices religieux qui méritent l'attention du voyageur, et sont les uns du treizième, les autres du quinzième siècle. La Wasserkirche (église de l'eau) a eu une destinée bizarre. Charlemagne étant à Zürich, voulut rendre la justice à tous; il fit accrocher une sonnette à la colonne qu'il avait fait ériger en l'honneur des saints martyrs Felix, Régula et Exsuperans, qui avaient été décapités sur le lieu même. Quiconque avait un grief à soumettre à l'empereur, devait agiter la clochette pendant son repos. Un jour qu'elle venait de retentir à son oreille, on y court; il n'y a personne; le bruit redouble, l'on vient encore et personne n'apparaît; mais on aperçoit un énorme serpent suspendu au cordon. Charlemagne le suit jusqu'au bord de la Limmath, où il voit le trou du reptile obstrué par un hideux crapaud. L'empereur le fit tuer, et le lendemain le serpent reparut apportant un riche diamant : c'était un talisman qui conférait à son possesseur l'art de plaire. Charlemagne en fit don à l'impératrice, qui le jeta un jour dans une source d'eau minérale. Telle fut l'origine d'Aix-la-Chapelle. L'empereur fit aussi bâtir une église à l'endroit où le serpent avait son asile. Au quinzième siècle, Waldmann en fit, après Morat, un temple de la victoire. La bibliothèque publique fut fondée en 1628, et contient plus de soixante mille volumes; elle possède beaucoup de lettres originales de Zwingle et de Jeanne Gray, qui écrivait purement le latin, le grec et l'hébreu, quoiqu'elle n'eût que dix-huit ans quand le cruel Henri VIII la fit périr. Quintilien ne nous a été conservé que par le manuscrit qui est dans la bibliothèque de Zürich; il y a aussi un plan en relief des montagnes de la Suisse par M. Muller d'Engelberg, dans les mêmes proportions que celui du général Pfyffer.

M. Meister, auteur fort spirituel, auquel on doit une bonne partie de la correspondance de Grimm, a publié un livre assez curieux, sous le titre de Voyage de Zürich à Zürich : il y dépeint les mœurs de ses concitoyens, et ces habitudes qui les éloignent de la société des femmes pour les concentrer dans un nuage de fumée, au milieu de la boisson, de la politique et des affaires. Il dit : « C'est assez de
« trois à quatre chaises pour douze à
« quinze personnes, qui, deux à deux,
« la pipe à la bouche, ne font qu'ar-
« penter la chambre en long et en large,
« ou former de petits groupes quand il
« s'agit de nouvelles d'un intérêt gé-
« néral; mais c'est au défaut même de
« cet esprit de société et du genre de
« culture qu'il procure, qu'il faut attri-
« buer un bon nombre de bonnes qua-
« lités : une application plus infatigable
« à différents objets d'art et d'indus-
« trie, des goûts plus domestiques et
« plus constants, une manière de voir
« et de sentir plus variée, plus singu-
« lière, plus franche et plus vraie.

« De tous les arts cultivés, et sou-
« vent avec succès, celui dont le goût
« paraît le plus généralement répandu,
« c'est la musique. Cette faculté con-
« traste singulièrement avec le langage
« des habitants de Zürich, le moins
« musical et le moins mélodieux de tous
« ceux que je connaisse. »

Un usage singulier, c'est de faire annoncer la naissance d'un enfant par la plus jeune et la plus jolie servante de la maison. Elle se pare de ses plus beaux habits, et doit porter sous son bras un énorme bouquet composé des plus belles fleurs de la saison, et nul ne peut se dispenser de lui donner une bonne récompense. Les Zürichois sont grands fleuristes, et n'ont guère de rivaux en ce genre que les Hollandais.

On se marie fort jeune à Zürich, et l'on met ordinairement un long intervalle entre les fiançailles et le mariage. Pendant ce temps, on laisse toute liberté aux fiancés, et ils font ensemble des voyages assez longs, sans qu'il en résulte jamais d'inconvénient. Du reste, les sexes sont complétement séparés, et le voyageur Simon, ne voyant jamais aucune femme dans les maisons où il était reçu, s'écria qu'il était assurément dans une ville dont tous les citoyens avaient le malheur d'être veufs ou célibataires.

Zürich est, du reste, la ville qui jouit au plus haut degré des avantages intellectuels ; on l'a surnommée l'Athènes de la Suisse, et elle a donné le jour à beaucoup d'hommes célèbres. Dès le treizième siècle, il y avait une confrérie de poëtes qui se réunissait chez le célèbre Rudger Manesse, chevalier valeureux dont l'histoire répète les exploits, dont les Minnesinger ou troubadours allemands ont retenu les chants. Après lui vient l'infortuné Hadloub, poëte chaleureux, amant dédaigné, dont les vers rappellent encore les chagrins. Au siècle dernier, Bodmer a fait un poëme de Noé qui n'est pas sans mérite, et le célèbre Lavater sut acquérir aussi une gloire toute poétique. Les sciences s'honorent encore des travaux de plusieurs Zürichois : au treizième siècle, Conrad de Muri donna un vocabulaire poétique. Il y eut parmi eux de nombreux philologues : nous citerons Hottinger, l'éditeur de la Divination de Cicéron, et surtout Orelli, qui a comblé tant de lacunes de la littérature classique et publié tant d'inscriptions négligées. L'un des chroniqueurs les plus remarquables était un moine appelé Jean, connu dans le monde savant sous le nom de *Vitoduranus*, c'est-à-dire de *Winterthür*. Au quinzième siècle, Edlibach écrivit une bonne histoire de Zürich. Bullinger, l'auteur de la Chronique helvétique, était aussi de cette ville, ainsi que Haller, son continuateur, et Hottinger, le savant auteur de l'Histoire ecclésiastique. Il serait injuste d'oublier Bodmer, qui a donné les *Scriptores de rebus Helvetiorum* ; Fussli, qui a fait de si bonnes recherches sur l'histoire de sa patrie ; enfin Meyer de Knonau, à qui l'on doit un abrégé de l'histoire de Suisse, une statistique du canton de Zürich et d'autres excellents ouvrages. La philosophie nomme Sultzer, la politique Uesteri, la pédagogie Pestalozzi, enfin l'histoire naturelle s'enorgueillit du beau nom de Conrad Gessner. Le tombeau de Salomon Gessner le poëte est au bord de la Limmath, à l'extrémité d'une belle promenade. Le Premier Navigateur, la Mort d'Abel, sont de charmantes compositions ; les idylles sont entachées d'afféterie, et c'est à tort qu'on a surnommé Gessner le Théocrite de l'Allemagne. Pendant longtemps, on ne connaissait en France de la littérature allemande que ces compositions bizarres, et l'on condamnait toutes les productions d'une nation dont Gessner paraissait l'unique représentant : ces temps d'ignorance sont passés.

Dix-huit grands villages et une multitude de hameaux garnissent les deux rives du lac, et la variété des points de vue est inépuisable : toutefois on ne jouit guère de l'aspect de plus de trois lieues d'étendue, à moins de se placer sur une haute montagne. C'est par ce lac que se fait le transport des marchandises qui arrivent de l'Italie, et Zürich comprend tellement l'importance de ce transit, qu'elle va établir un chemin de fer qui la mettra en communication plus rapide avec Bâle et l'Alsace. Aux jours de marché, les eaux disparaissent en quelque sorte sous la multitude des embarcations. Ebel conseille de visiter le lac en passant à Oberrieden, qu'habita Lavater, à la presqu'île de l'Au, célébrée par Klopstock ; grands souvenirs en présence d'une nature si grande elle-même. Dans sa statistique, Meyer de Knonau a fait des itinéraires pour l'herboriste, le géologue, l'artiste, le négociant, et surtout pour l'historien.

Non loin de Winterthür sont les respectables ruines des châteaux de Kybourg et de Landenberg ; Kybourg semble renaître de ses ruines; la famille de seigneurs guelfes auxquels appartenait ce donjon faisait remonter son origine au delà du septième siècle; elle a confondu son sang dans celui des Habsbourg et des ducs d'Autriche. On a vu comment Sigismond céda, au quinzième siècle, ce château à la ville de Zürich. On y conservait une généalogie des comtes, morceau curieux de paléographie qui a disparu dans les guerres de la révolution.

Regensberg, située au haut du Lægerberg, est une petite ville fort remarquable par la beauté de sa situation; la tour du vieux château domine au loin le pays; elle fut autrefois redoutable aux Zürichois, alors que ses seigneurs harcelaient cette ville de guerres continuelles. Il y a dans le château un puits de deux cent seize pieds de profondeur. Les comtes de Regensberg, qui avaient fondé les couvents de Ruti, de Fahr, et l'abbaye de Wettingen, s'éteignirent dans la première moitié du quatorzième siècle. Tout le nord du canton de Zürich se ressent du voisinage de l'Allemagne: ce n'est plus cette physionomie rustique de l'habitant des petits cantons, ce n'est plus ce langage guttural d'une population primitive, la civilisation a passé son niveau sur l'antique originalité des populations; plus de caractères tranchés, plus de ces coutumes piquantes et bizarres qui distinguent le midi de ce même canton. Nous ne parlerons donc pas de Laupen, dont nous avons décrit le château et la cascade dans le cours de cette histoire, et nous reporterons nos pas vers Richtenschwyl, joli bourg où débarquent les pèlerins qui ont pris des bateaux à Zürich pour se rendre à Einsiedeln. Là sont les jolies îles de Luzelau et d'Ufenau, dans laquelle on voyait autrefois le tombeau du célèbre réformateur Ulrich de Hutten, ami d'Érasme, poëte, guerrier, homme du monde, qui vint finir ses jours dans cette île délicieuse.

Strasbourg en a reçu la visite d'argonautes d'une nouvelle espèce: on avait regretté que Zürich en fût trop éloignée pour lui porter secours en cas de danger; par une bravade des plus originales, un Zürichois s'écria que la distance n'était pas telle qu'on ne pût y porter une bouillie encore chaude. Le 15 juin 1576, Jean Ziegler conçoit l'idée de rejoindre, en seul jour, des tireurs zürichois qui assistaient à des fêtes à Strasbourg. Les jeunes gens s'assemblent; on choisit un costume élégant, un pilote habile. Le plus riche habitant de la ville est pris pour chef; cinq sénateurs, six membres du grand conseil, quarante citoyens l'accompagnent. Une marmite du poids de cent vingt livres renferme une bouillie de quarante livres de millet, et l'on part en ayant soin de poser la marmite sur la cendre chaude. La Limmath, l'Aar, le Rhin reçoivent tour à tour l'audacieuse caravane, qui ne tient compte de la chute de Lauffenbourg, ni des écueils de Seckingen. En vain un repas est préparé sur le pont de Bâle, les navigateurs triomphent, à force de rames, de la paresse du fleuve entrecoupé d'îles; ils sont à Brisach à deux heures après-midi; à neuf heures, ils entrent dans Strasbourg aux acclamations des habitants, et la bouillie est distribuée aux principaux citoyens. « Amis, dirent les Suisses, vous le voyez, nos secours peuvent vous arriver en moins de temps qu'il n'en faut pour refroidir une bouillie. » Des repas, des promenades, des fêtes répondent à leur empressement, et les navigateurs sont encore fêtés à leur retour. La marmite, portant le nom de ceux qui l'avaient apportée, était encore à l'arsenal de Strasbourg au siècle dernier.

ZUG.

Le canton de Zug (il faut prononcer Zoug) est le septième pour le rang qu'il occupe dans la fédération, mais c'est le plus petit de tous: il fut incorporé dans la ligue en 1352. On le partage en bailliage intérieur et extérieur : celui-ci comprend Menzingen, Égeri et Baar ; le bailliage intérieur se compose de Zug, de Cham, de Hunenberg, de Steinhausen, de Risch et Walschweil. La constitution est purement démocratique; il n'y a point de priviléges; le peuple seul est souverain, et sa souveraineté se manifeste soit à l'assemblée générale, soit dans les communes, soit enfin dans le triple conseil. Tout citoyen qui est parvenu à sa dix-neuvième année vote à l'assemblée générale; mais il y a de nombreuses exceptions; on en exclut : 1° les ecclésiastiques; 2° les faillis tant qu'ils n'ont pas payé leurs créanciers ; 3° ceux auxquels la participation à l'assemblée générale a été formellement interdite; 4° ceux qui ont subi une peine infamante; 5° ceux qui sont poursuivis criminellement, dont les droits restent suspendus jusqu'après la décision du tribunal; 6° les interdits et même les prodigues; 7° ceux qui reçoivent l'aumône et leurs enfants. Les habitants sont au nombre de treize mille sept cent trente-huit, tous catholiques; mais ils diffèrent beaucoup entre eux par leurs mœurs, leurs costumes et le genre de leurs travaux. Ils sont généralement bien faits, se distinguent par leur physionomie franche et ouverte, et se livrent avec zèle au travail. Dans les environs de Menzingen et d'Égeri, il n'y a guère qu'une population de pasteurs. La vigne, les céréales, l'élève du bétail occupent les parties les plus riches du canton. Les prairies sont très-productives; on exporte beaucoup de fruits secs, et la récolte des châtaignes est fort abondante. La pêche et les ruches constituent une autre branche de revenu. Il y a beaucoup d'ecclésiastiques dans le canton, et depuis 1728 les prêtres séculiers constituent un ordre de l'État. Deux couvents de religieuses et un de capucins ont survécu aux révolutions.

La ville de Zug est située à l'est du lac, au pied du *Zugerberg* ou montagne de Zug, au milieu d'une contrée délicieuse entrecoupée de collines et de vergers, entourée de jolies maisons de campagne. Elle ne compte guère que deux mille huit cents habitants, y compris les faubourgs. L'industrie et le commerce, entretenus par la communication de l'Italie avec l'Allemagne, lui promettent de prochains et rapides accroissements. L'église de Saint-Oswald est d'une remarquable beauté : on vante surtout un tableau de Jean Brandenberg, peintre de Zug. Près de là sont les tombes des Zurlauben et des Collins, grands magistrats et valeureux guerriers morts pour la patrie. Le couvent de capucins possède un chef-d'œuvre de Carrache représentant l'ensevelissement de Jésus. On garde toujours à l'arsenal le drapeau de Bellinzona, que les deux Collins arrosèrent de leur sang. De grandes calamités ont souvent affligé la ville de Zug et ses environs. En 1435, deux rues, dont les maisons étaient adossées à un rempart de terre, s'abîmèrent dans le lac. On s'aperçut un soir que le sol commençait à s'affaisser, et que plusieurs maisons étaient ébranlées. Les habitants s'enfuirent emportant leurs effets; quelques-uns cependant, croyant que ce n'était qu'un tremblement de terre ordinaire, restèrent chez eux : tout à coup rempart, terres et maisons, descendirent sous les flots. Au milieu de ce désastre, le berceau d'un enfant fut comme miraculeusement déposé par les eaux dans la chapelle de Saint-Nicolas. L'effroi des habitants ne se dissipa que quelques semaines après, et, quand ils redescendirent des montagnes où ils s'étaient réfugiés, ils bâtirent la ville neuve à l'opposite du lac. Les croyances populaires attribuent cet affreux événement aux poissons qui, disent-ils, s'étaient logés dans les interstices des murs et lézardaient le rempart. Quoi qu'il en soit, d'autres maisons eurent le même sort en 1594. En 1795, un incendie consuma une partie de la ville. L'ancienne partie offre un aspect gothique fort original : l'architecture en est sévère; les âges ont donné à l'ensemble une teinte historique; c'est comme la cité d'un autre siècle : toujours des fortifications, toujours des murailles épaisses. Les citoyens de cette place d'armes tiennent à la conservation de leurs monuments avec une louable fierté. Le calme le plus profond règne dans les rues ; à peine si l'on y entend quelquefois le bruit d'un chariot pour interrompre le murmure de ses jolies fontaines, ou faire diversion à la cloche de vêpres ou de matines. La piété n'a point oublié encore saint Oswald, roi breton qui fut le patron de l'église, comme en général la plupart des propagateurs de la foi dans ces contrées, en Souabe et en Alsace, sont venus d'Irlande, d'Écosse ou de l'Angleterre, dès les premiers temps du christianisme. Celui-ci est représenté à la tête d'une armée et dans ses habits pontificaux. La religion étant la principale affaire du pays, elle n'avait rien à souffrir d'une cérémonie burlesque que l'on célébrait encore il y a environ cinquante ans, sous le nom de procession de l'évêque, et que n'avaient pu anéantir les foudres des conciles. Saint Nicolas est le patron des écoliers ; en conséquence, le 6 décembre de chaque année, ils s'abandonnaient à la joie la plus bruyante ; celui qu'on jugeait le plus savant prenait un costume et une mitre d'évêque ; un chapelain, écolier comme lui, le précédait et portait la crosse. Il était suivi par un fou costumé à l'antique, et agitant une vessie pleine de pois ; tous les autres étaient déguisés en chanoines ; enfin venait une troupe vêtue militairement, avec armes, tambour et drapeau. On possède encore un vieux livre d'office où se trouve le cantique que l'on chantait pendant la messe célébrée par les écoliers eux-mêmes. Le prélat imberbe donnait ensuite sa bénédiction au son de nombreuses décharges de mousqueterie. Un banquet terminait la fête, et pendant ce temps le fou courait de maison en maison pour mettre à contribution les marchands de la foire et les habitants eux-mêmes. Chacun donnait volontiers sa pièce de monnaie. Qui ne se souvient à cette description de la messe de l'âne qu'on chantait encore sous Philippe-Auguste ? elle était plus bizarre encore, car c'était un prêtre qui la célébrait en imitant le cri de l'âne à chaque *Dominus vobiscum*, et surtout à l'*ite missa est*. Ces usages nous semblent ridicules, impies ; mais dans ce siècle de simplicité primitive, le burlesque n'était point l'expression du doute et de l'ironie. Le culte des morts a survécu au philosophisme du siècle ; le cimetière de Zug est comme un bosquet entrecoupé de parterres ; chaque tombe a ses fleurs, ses couronnes, et dans l'ossuaire chaque crâne porte le nom de la personne à laquelle il appartenait.

Les costumes sont fort gracieux : les jeunes gens se parent de rubans noués de mille manières diverses sur des vêtements de couleurs fort variées ; leur chapeau de paille est couvert de fleurs ; les culottes sont très-étroites ; des bas à arabesques sont surmontés de jarretières rayées ; enfin la chaussure écarlate est nouée avec des cordons jaunes. Au corset élégant de la jeune fille se placent des rubans d'un rouge vif ; une longue chaîne de similor vient retomber sur un tablier à larges plis ; le jupon est court et serré. Tels sont les habits de fête de la population qui se livre à la danse avec passion le dimanche, après avoir travaillé sans relâche pendant toute la semaine. Le caractère général des physionomies, c'est la franchise et la gaieté. Nulle part on ne trouve autant de filles jolies, et leur coquetterie même est empreinte d'innocence. Il y a plaisir à les voir conduire une barque sur les ondes tumultueuses du lac, quand elles s'abandonnent à la vague qu'elles ne peuvent plus maîtriser sur un frêle esquif construit sans art et presque sans précaution. Il semble qu'à la vue de cette masse imposante du Rigi, auprès des désastres de Goldau, on admire encore plus ces simples et naïves créatures, qui sont comme la plus douce expression de la puissance divine à côté de ce qu'elle a manifesté de plus terrible et de plus grandiose. Ce sont ces délicieux effets de la nature, ces contrastes ravissants qui, à l'insu même de l'habitant, l'attachent si fortement au sol : il ne s'est jamais jeté dans l'aventureuse chance des émigrations. Il n'y a point sur les rives lointaines de l'Ohio, ni sur le sol africain, de Suisses de Zug : le plus simple villageois chérit le sol qui l'a vu naître; il en possède tout le passé, en retient tous les souvenirs, en transmet toutes les gloires à la postérité, jaloux d'y ajouter quelque chose encore, si de nouveaux dangers révélaient de nouveaux héros; heureux cependant de n'avoir point à le faire, et jouissant de tous les avantages de la paix.

Baar est le principal village du canton; il compte plus de deux mille habitants. Sur son territoire, on voit encore les belles ruines du château de Wildenbourg, dont les maîtres autrefois fatiguaient la contrée de leurs excès; enfin, en 1355, un événement y mit fin. Le seigneur avait exigé d'une jeune fille qu'elle vînt à un rendez-vous; forcée d'accéder à ses vœux, elle en avertit son père. Celui-ci, à la faveur de l'obscurité, revêt les habits de sa fille et se présente au lieu indiqué. Sans donner le temps au séducteur de le reconnaître, il se précipite sur lui, le frappe et l'étend mort à ses pieds. Aussitôt il court à Zug, agitant au-dessus de sa tête la hache encore sanglante et appelant le peuple à la liberté. L'indignation s'empare de tous les esprits; on marche au château, on l'attaque, et l'impétuosité des agresseurs triomphe de la résistance. Wildenbourg fut mis en cendres; mais la tradition survit et s'agite encore dans les souvenirs des générations qui passent sur ces ruines; la simplicité populaire s'attache à l'opinion qu'elles renferment des trésors cachés, croyance assez générale dans tous les lieux où les vieux châteaux ont attiré l'attention du vulgaire.

Menzingen n'a de remarquable que le *Finstersée*, très-petit lac dont les bords sont fort élevés. Lorsque le soleil ne l'éclaire pas ou que le ciel est couvert de nuages, ses eaux noirâtres reflètent les bosquets et les pâturages qui l'entourent, et il paraît d'un vert foncé; mais si la lumière du jour fait briller son onde, il ressemble à un beau miroir sans tache. Un autre lac, appelé Bibersée ou lac des Castors, rappelle que les naturalistes du pays, entre autres le célèbre Gessner, affirment qu'autrefois ces animaux habitaient les bords de la Reuss, de la Sihl et de l'Aar. La découverte des bains de Walterschwyl, au seizième siècle, a quelque chose d'étrange. Des pèlerins s'étaient rendus à Jérusalem, et avec eux un chevalier appelé Schwartzmaurer de Zug. Celui-ci fit la connaissance d'un médecin juif qui lui apprit qu'il pourrait se guérir d'une maladie déclarée incurable, en recourant à une source qui, d'après un manuscrit hébraïque, devait se trouver dans la montagne appelée Baarbourg. Le médecin juif prétendit que, quatre siècles auparavant, il y avait sur la montagne un château habité par des Israélites de sa tribu. De retour dans sa patrie, Schwartzmaurer chercha et retrouva la source, et l'on y construisit des bains qui, jusqu'en 1748, ont appartenu à l'abbaye de Wettingen; elle les entretenait en fort bon état, tandis que les nouveaux propriétaires laissent dépérir l'établissement.

Le canton de Zug a fourni à l'histoire suisse des hommes distingués; outre les deux Collins, nous rappellerons Waldmann, le vainqueur de Morat, ce tyrannique bourgmestre de Zürich, qui expia par le supplice et sa gloire et ses torts; Werner Steiner, qui triompha à Dornach et fut l'un des héros de Marignan; il a laissé de précieux manuscrits sur les guerres d'Italie. Les beaux-arts ont été cultivés avec succès par les deux peintres Muller, auxquels on doit de beaux vitraux; Wickhard construisit le beau pont de Sins sur la Reuss. N'oublions pas le sculpteur Christen, simple montagnard, qui d'abord ciselait le bois avec la pointe de son couteau, et le général Zurlauben, qui a écrit une histoire militaire des Suisses au service de France.

GLARIS.

Ce canton fut admis le 8 juin 1352 dans la confédération suisse, où il occupe le septième rang. Il a pour limites, à l'orient, les Grisons et Saint-Gall; au sud, les Grisons et Uri; à l'ouest, Uri et Schwytz; au nord, le lac de Walenstadt, Saint-Gall et Schwytz. Dans sa plus grande étendue, il a douze lieues de long et six de large. C'est un territoire chargé de montagnes les plus abruptes, entrecoupé de vallées les plus sombres et les plus profondes, et le quart de la superficie, tout au plus, est susceptible de culture. Les sommités, couvertes de neiges éternelles, reçoivent sur leur large croupe les feux du soleil; géants majestueux, ces pics font briller leur teinte rosée à plus de onze mille pieds d'élévation au-dessus du niveau de la mer. La plupart des roches sont calcaires, aux couleurs rouges ou noires, ou bien c'est un thonschiefer bleu. Les beautés de la nature semblent se disputer l'espace; on visite avec ardeur, outre la principale vallée, le Klœnthal, le Sernfthal, le Linthal; ici coule la Linth, produit de deux ruisseaux qui s'unissent un peu au-dessus du beau pont appelé Pantenbrücke. Il y a dans ces lieux sauvages des aigles de la grande espèce et des kœmmergeyer, des marmottes, des coqs de bruyère. Les chasseurs de chamois y sont plus audacieux que partout ailleurs, les herboristes plus diligents; ils recueillent la mousse d'Islande, les herbes qui composent le thé suisse, etc. On trouve beaucoup de cristaux et même du marbre. La population est de plus de vingt-huit mille âmes, et les réformés sont huit fois plus nombreux que les catholiques. Chaque commune entretient plusieurs centaines de chèvres, et l'on compte en tout huit mille bêtes à cornes et cinq mille moutons. Le beurre, et le fromage connu sous le nom de schäbzieger, forment la principale branche d'industrie. Les manufactures et le commerce ne prospèrent point. Les Glarnais fréquentent beaucoup les pays étrangers, s'enrichissent et reviennent dans leur patrie.

Le territoire est divisé en quinze districts. Le gouvernement est démocratique; la souveraineté réside dans l'assemblée du peuple; on y décide de la paix, de la guerre, des alliances et de toutes les affaires majeures, et l'on abandonne au conseil l'administration des affaires courantes. Tout citoyen est membre de l'assemblée générale à l'âge de seize ans, à l'exception des condamnés et des faillis. On se réunit chaque année, le deuxième dimanche de mai, auprès de Glaris, et, quatre semaines auparavant, les citoyens sont interpellés par une sommation formelle de soumettre à cette assemblée leurs vues de bien public; mais on ne fait point mention des noms de ceux qui envoient leurs idées aux magistrats, ce qui garantit le canton de cette nuée de publicistes qui s'abattent sur nos gouvernements constitutionnels. Le conseil se compose d'un landamman, d'un gouverneur, d'un banneret, de deux capitaines, deux maîtres d'artillerie, deux porte-enseignes, d'un trésorier, d'un porte-bannière, d'un major, enfin de soixante conseillers élus par l'assemblée générale. Le landamman préside, et, à l'expiration de sa charge, reste membre du petit conseil. A lui appartient l'administration; il fait exécuter les lois, il négocie avec l'étranger et les autres cantons. Le trésorier est comptable envers le conseil, et on fait connaître le résultat des comptes à chaque membre de l'assemblée générale. Une chose bizarre, c'est que, pour le régime municipal et la justice, les religions sont absolument séparées; chacune a ses tribunaux et son assemblée communale, de manière qu'il n'y ait rien de commun entre les réformés et les catholiques. La magistrature suprême, celle du landamman, appartient pendant trois ans à un réformé, puis on la confère pour deux ans à un catholique. Pour les bannerets, on alterne, mais le titulaire reste en possession toute sa vie. Les autres emplois sont ou spéciaux à telle religion, ou répartis dans une proportion semblable. Le dimanche qui précède celui de la réunion universelle sert aux réunions séparées des citoyens des deux cultes; les réformés viennent à Schwanden, les catholiques à Næfels. Là se font les élections des tribunaux, etc., etc. La compétence de ceux-ci est répartie singulièrement : ainsi il y a un tribunal des neuf qui connaît des affaires de l'Église, de l'instruction publique, des successions, des faillites, des injures, des dommages-intérêts; un autre de cinq membres pour juger les ventes, les obligations, les hypothèques; un autre spécial pour les contestations sur les immeubles. Les réformés ont un tribunal d'appel qui juge en dernier ressort les contestations dont l'importance est de plus de cinquante florins. Quand les procès ont lieu entre catholiques et réformés, on y appelle quelques juges catholiques tirés du conseil; enfin il y a pour les réformés un tribunal des mariages, composé du chef de l'État, de deux prêtres et de six juges laïques. Les nominations sont faites à tous les emplois soit par l'élection, soit par le sort. En règle générale, le gouverneur est le successeur du landamman. Il y a un conseil de guerre qui nomme les officiers; tout citoyen est tenu à la défense du pays. Le contingent fédéral est de quatre cent quatre-vingt-deux hommes et de trois mille six cent quinze francs de Suisse.

Glaris, le chef-lieu du canton, est situé contre des parois de montagnes si abruptes, si hautes, que le jour y pénètre à peine; lorsque de l'intérieur des maisons on veut voir le ciel, il faut mettre la tête à la fenêtre. Les rues sont désertes et silencieuses; on n'y entend que le bruissement des fontaines et des ruisseaux. L'architecture est encore celle du moyen âge, et l'on serait souvent tenté de croire que l'on vient de retrouver quelque cité abandonnée depuis des siècles. Du reste, le site est admirable; là se réunissent la majestueuse vallée de la Linth et le sauvage mais riant Klœnthal. Deux ponts en bois franchissent la rivière au pied du Glarnisch. On y compte quatre cent douze maisons et plus de quatre mille habitants, la plupart dans l'aisance. L'église est d'un assez beau style gothique et sert alternativement aux deux religions : c'est là que l'illustre Zwingli, qui en fut curé dix ans, médita et prépara ses audacieuses réformes. On y montre la maison des Tschudi, qui ont donné au canton une si belle série de magistrats, de guerriers, d'historiens. Rodolphe Stussi, le célèbre bourgmestre de Zürich, Worms Æbli, le héros de Saint-Jacques, Jean Æbli, le négociateur de Cappel, étaient aussi de Glaris. « On croirait, dit le voyageur Simon, que Glaris doit être exposée aux avalanches; elles ne l'atteignent pourtant jamais. » En 1593, un épouvantable éboulement couvrit la vallée près de la ville, et le désastre est encore visible; on voit aussi à douze ou treize cents toises d'élévation, sur la face du Glarnisch, l'endroit d'où cette masse s'est détachée. La rivière fut rejetée en dehors de son lit; elle roule maintenant ses flots avec impétuosité au fond d'un abîme. En 1799, les Russes fuyaient après leur défaite de la Muotta; il en tomba beaucoup, et le torrent est si profondément encaissé, que leurs cris ne parvenaient pas jusqu'à leurs camarades qui, les uns après les autres, périrent sans apercevoir le détour qu'il fallait faire. Quelques bêtes de somme chargées d'argent s'y perdirent, et longtemps après l'on retrouvait encore des écus. Le Garnisch est trop perpendiculaire pour que la neige s'y accumule et puisse former des avalanches; mais M. Simon en remarqua sur les pentes du Wigghis : il rapporte que l'une d'elles avait renversé toute une forêt de sapins; cette même avalanche, traversant l'intervalle entre les deux montagnes, et prenant à rebours une autre forêt au pied du Glarnisch, fit de ce côté presque les mêmes ravages que de l'autre, quoiqu'en montant et à une si grande distance du point de départ. Le poëte Gessner de Zürich venait souvent visiter ces lieux en été, et, sur les premières pentes du Glarnisch, une roche est chargée d'assez mauvais vers en son honneur.

Entre la vallée de la Muotta et le Klœnthal se trouve le col du Pragel, à plus de cinq mille pieds au-dessus de la mer; l'armée russe fut obligée de suivre ce sentier dans sa périlleuse retraite. Il y a, non loin de là, un lac d'où le torrent sort au milieu de belles prairies; ses effets d'optique dans les montagnes sont si trompeurs, que l'on croirait voir une petite pièce d'eau; mais il faut trois heures pour en faire le tour.

Le col de Ségneis offre un spectacle singulier dont l'on jouit surtout au village d'Elm : une roche de la montagne appelée Tschlinglenberg présente un portail majestueux; percée de part en part, elle reçoit deux fois par an, en mai et en septembre, les feux du soleil, qui s'y présente comme encadré, et remplit de son orbite cette ouverture, dont on ne juge bien la grandeur qu'à l'aide du télescope. Le Doedi, situé au midi du canton, vers les frontières d'Uri et des Grisons, n'a pas moins de onze mille pieds au-dessus de la Méditerranée.

Dans le cours de cette histoire, nous avons donné déjà l'étymologie du nom de Glaris. De saint Hilaire, en latin *Hilaris*, la pronounciation gutturale a fait Glaris, et, par corruption, Glarus. Cette contrée est encore aussi simple qu'à l'époque où saint Fridolin, fondateur du couvent de Sœkingen, y vint prêcher le christianisme. Le luxe n'a point pénétré dans ces contrées; les maisons des riches ne se distinguent de celles des pauvres que par des contrevents peints en vert. Les chasseurs s'exposent avec une inconcevable audace : on raconte que l'un d'eux, parvenu par une saillie de rocher au haut du Glarnisch, et en quelque sorte suspendu sur l'abîme, osa s'emparer des petits d'un lœmmergeyer ou vautour de la grande espèce. Celui-ci fondit sur l'imprudent agresseur, dont le moindre mouvement eût causé la chute, lui enfonça ses serres dans la poitrine, et l'eût infailliblement tué, si, par une présence d'esprit difficile à comprendre, le chasseur, peu soucieux de sa douleur, n'eût avec précaution ramené le canon de son fusil contre l'oiseau de proie; alors, avec une rare dextérité et sans perdre pied, il atteignit de l'orteil la gâchette de l'arme, et, détournant la tête, fit partir le coup qui le rendit à la vie en le débarrassant de son terrible adversaire; mais il était grièvement blessé, et ne parvint qu'avec beaucoup de peine à regagner sa demeure. Il y a souvent tout autant de péril dans des expéditions d'un genre plus singulier, la chasse aux végétaux : l'herboriste, pour rassembler des plantes médicinales, se munit de crampons; il escalade les rochers, et garnit l'intérieur de sa chaussure de paille hachée pour ne se point blesser les pieds par les poses difficiles qu'il est obligé de prendre; dans un tablier de cuir, relevé en forme de ceinture, est une large pierre à aiguiser pour entretenir sa faux. On voit aussi de simples faucheurs s'aventurer, presque sans y penser, sur des pelouses à peu près verticales où l'herbe croît entre les rochers; quand ils ont ramassé le foin, ils le nouent et le jettent dans le précipice. En hiver, c'est une autre industrie : les ouvriers se font suspendre au bout de longues cordes, et partout où un obstacle arrête les troncs d'arbres déracinés par la tempête ou tombés de vétusté, ils les font rouler jusqu'au fond de l'abîme, au moyen de grandes perches dont ils se servent avec une force incroyable; puis on fait flotter ce bois jusqu'au village. Ces malheureux gagnent ainsi de vingt à vingt-cinq sous par jour.

Nous ne quitterons point le canton de Glaris sans parler de Næfels, située au pied du Rautiberg; là, les grands souvenirs du quatorzième siècle sont encore vivants. Entre ce village et celui d'Ober-Urnen, onze pierres indiquent au voyageur les diverses phases du combat glorieux qui délivra le pays de la domination autrichienne. Chaque année une procession parcourt le champ de bataille; on y prononce les noms de cinquante-cinq citoyens qui ont payé de leur vie la victoire remportée par Pierre Ambuehl, et on y lit publiquement une pièce officielle rédigée en 1389, et qui s'est conservée dans la chronique de Tschudi; la voici : « Au nom de la très-sainte Trinité, Dieu le Père, Dieu le Fils et Dieu le Saint-Esprit. *Amen*. A celles fins que par nous grâces soient rendues au Dieu tout-puissant, à la sainte Vierge Marie, aux glorieux princes du ciel saint Fridolin et saint Hilaire, nos fidèles défenseurs, et à toute l'armée céleste, et de peur que le souvenir des grands secours et soulagements que nous en avons reçus dans notre détresse ne se perde, ceci sera mis en écrit, d'autant que la mémoire et l'entendement de l'homme sont faibles, et que dans la suite des temps on met bientôt en oubli les choses passées; c'est pourquoi nous, le landamman et les hommes du pays de Glaris, savoir faisons à tous ceux qui sont ici présents, et à tous ceux qui y seront par après, que mortelles hostilités et guerres à outrance seraient survenues entre le sérénissime prince et seigneur le duc Léopold d'Autriche d'une part, et les honorables, prudents et avisés nos bien bons amis les fidèles et chers confédérés d'autre part. Et voici les confédérés qui pour lors étaient alliés : Zürich, Berne, Soleure, Lucerne, Uri, Schwytz, Unterwald, Zug et notre pays de Glaris. Or il advint qu'en ces jours-là le susdit duc Léopold d'Autriche marcha contre la petite ville de Sempach en Argau, à dessein d'y endommager les confédérés dans leurs corps et biens. Alors nos bons amis les fidèles et chers confédérés de Lucerne, Uri, Schwytz et Unterwald, entreprirent de le repousser, et marchèrent, le 9 juillet de l'an où l'on comptait 1386, devers Sempach, et là fut occis le susdit Léopold d'Autriche, et avec lui seize comtes et barons; une grande quantité de chevaliers et de gendarmes y furent aussi déconfits et mis à mort. Puis, au milieu du mois d'août, nos bons, fidèles et chers confédérés de Zürich, d'Uri, de Schwytz, et nos gens du pays de Glaris, s'en allèrent contre la ville de Wésen, et la prirent le premier vendredi après la fête de Notre-Dame, et cela bien loyalement, et prêtèrent les gens de Wésen, à nous susdits confédérés, serment à toujours, ce qui resta ainsi sans paix ni trêve jusqu'au prochain jour de saint Gall. Alors fut moyennée une paix par certaines villes impériales jusqu'au jour de la Chandeleur, puis cette paix fut prolongée jusqu'au carême; alors la guerre recommença, et beaucoup d'hommes preux et vaillants du pays s'en vinrent dans la ville de Wésen, afin d'icelle garder et défendre, et afin que notre pays de Glaris demeurât d'autant plus sûr et tranquille; et comme nos gens se fiaient au serment et à l'honneur de ceux de Wésen, quelques hommes de Wésen ont machiné une terrible trame contre les nôtres: ils ont donné, sous le plus grand secret, de méchants avertissements à nos mortels ennemis, tellement qu'au prochain quatre-temps, le samedi de l'an où l'on comptait 1388 depuis la naissance du Christ notre bon Seigneur, s'en vinrent nuitamment et à l'improviste ces mortels ennemis dans la ville de Wésen, dont les portes leur furent livrées par les bourgeois, et les nôtres de Glaris furent occis par l'épée des gens de Wésen et des ennemis, et quelques-uns furent mis à mort dans leurs lits où ils étaient couchés et endormis sans défiance aucune, car ils croyaient prendre leur sommeil chez de bons amis; et ainsi furent déconfits par grande perfidie et pitoyablement occis beaucoup de gens de bien, et ce fut à grande peine que quelques-uns purent se sauver; puis le 9 août, jeudi de la semaine de Pâques de l'année susmentionnée, se rassemblèrent derechef nos mortels ennemis de la seigneurie d'Autriche, faisant quinze mille hommes tant à cheval qu'à pied, et marchèrent vers Næfels en notre pays de Glaris, et rompirent à grande force nos lignes et murs de défense : des nôtres, il n'y avait contre eux que trois cent cinquante hommes, dont trente nous avaient été envoyés en assistance et consolation par nos bons amis, fidèles et chers confédérés de Schwytz, et les ennemis nous tuèrent bien des braves gens; mais ils furent déconfits près de la Rauti, avec le secours de Dieu tout-puissant, de la sainte Vierge Marie, de nos chers et fidèles soutiens dans la détresse, saint Fridolin et saint Hilaire, et de toute l'armée des cieux, et les ennemis furent mis en grande déroute, tellement que nous gagnâmes onze bannières et que nous tuâmes deux mille cinq cents hommes : quant à ceux qui se perdirent dans le lac et dans la Linth, on ne pourrait en savoir le nombre; et périrent aussi plusieurs de ceux qu'on croyait être les auteurs du massacre des nôtres à Wésen. Et pour que par nous tous, les habitants du pays de Glaris, et par nos descendants, grâces soient à jamais rendues au Dieu tout-puissant, à la sainte Vierge Marie, aux glorieux princes du ciel, saint Fridolin et saint Hilaire, nos fidèles aides dans la nécessité, et à tous les saints de Dieu, et pour qu'on n'oublie jamais les grands secours et reconforts que nous en avons reçus quand il nous fut accordé de pouvoir venger le meurtre des nôtres à Wésen, nous, les habitants de Glaris, nous avons établi d'un commun accord, pour nous et nos descendants, une procession dans toutes les églises de notre pays, de sorte que de chaque maison le plus honorable personnage aille tous les ans, le second jeudi du mois d'avril, en grande dévotion par les chemins et sentiers où les nôtres, en pareil jour, ont enduré grande peine et labeur, jusqu'au moulin près des fontaines, et que cela se fasse avant tout à l'honneur et gloire de Dieu, de Notre-Dame, de saint Fridolin, de saint Hilaire et de toute l'armée céleste, et ensuite pour la consolation et le repos de toutes les âmes des nôtres qui ont exposé leur corps afin que notre pays subsistât avec bien et honneur, et qui ont perdu la vie pour cette cause, ainsi que de ceux des nôtres qui ont été mis à mort à Wésen, de même que de tous ceux qui ont combattu en la bataille, lesquels braves gens ne faut jamais oublier; bien au contraire, leur souvenir doit se garder à perpétuité. Au nom de Dieu, et en témoignage public et digne de foi, nous, les gens du pays de Glaris, en commun nous avons fait apposer le sceau de notre pays à ce titre. Donné au mois d'avril, le vendredi avant la Saint-Ambroise de l'an où l'on compte, depuis la naissance de Jésus-Christ, 1389. »

BERNE.

Ce canton, le plus grand de toute la confédération, dans laquelle il occupe le deuxième rang, accéda à la ligue suisse en 1352. Il y avait douze ans que, sous les murs de Laupen, Berne avait reçu les glorieux secours des Suisses et s'était montrée digne de leur appartenir. Nous ne reviendrons point sur son histoire, ni sur ses agrandissements, ni sur les pertes de territoire qu'elle a éprouvées. Tel qu'il est, le canton a pour limites, au nord, l'Alsace, Soleure et l'Argovie; à l'est, Lucerne, Uri, Unterwald; au sud, le Valais; à l'ouest, la Franche-Comté, les cantons de Vaud, Fribourg et Neufchâtel. Il s'étend des sommités glaciales du Grimsel jusqu'aux frontières de France; sa plus grande longueur est de trente lieues, sa plus grande largeur de vingt. On évalue la superficie à quatre cent vingt-cinq lieues carrées. C'est surtout au canton de Berne que l'on peut appliquer ce qu'on a dit de la Suisse en général, qu'elle renfermait tous les climats, depuis celui du Spitzberg jusqu'à celui de l'Espagne. Il n'y a point de véritables plaines, mais, autour de la ville et dans la riante vallée de Thoun, des collines gracieuses et fertiles viennent s'interposer entre les grandes chaînes des Alpes. Les frimas sont rigoureux dans les montagnes de l'Oberland, et au milieu de ces glaciers qui séparent le canton du Valais entre le Grimsel et la Jungfrau. Là sont le Sustenhorn, le Galenstock, le Finsteraarhorn, le Schreckhorn, le Moine, l'Eiger, le Sanetsch, et tant d'autres pics dont les noms sont à eux seuls de majestueuses et imposantes images. Jamais la Jungfrau ne dépouille son éclatante robe de neige, jamais les avalanches ne s'arrêtent. Puis, de l'autre côté de la vallée de la Kander, vaste avenue qui divise la chaîne méridionale, et dont le portail a pour impostes gigantesques le Niesen et le Stockhorn, recommence une nouvelle série de glaciers. Le canton de Berne possède aussi le Jorat depuis la vallée de la Sane jusqu'à l'embouchure de la Broye; cette chaîne rattache les Alpes au Jura. Les rivières sont l'Aar, qui reçoit tous les torrents de l'Oberland, l'Emme, la Birse, le Doubs, la Thiele, la Simme et la Kander. Les plus beaux et les plus poissonneux de tous les lacs, Thoun, Brienz et celui de Bienne, offrent des ressources à la navigation, en même temps qu'ils attirent sur leurs bords de nombreux voyageurs. Outre le gibier ordinaire, il y a dans les montagnes des cerfs, des chamois, des sangliers, et ce qu'il y a de singulier, c'est que les lièvres y deviennent blancs en hiver; dans l'Oberland et dans le Simmenthal, il y a des gazelles, quoiqu'en petit nombre. Les habitants réussissent surtout à l'élève du bétail. D'après le recensement de 1830, on comptait alors onze mille vingt et un bœufs, deux mille deux cent seize taureaux, quatre-vingt-onze mille huit cent soixante et seize vaches, trente-neuf mille trois cent soixante-quatre génisses, vingt et un mille huit cent soixante-deux veaux, six cent quatre-vingt-quatre étalons, dix mille quatre-vingt-douze hongres, onze mille huit cent sept juments, parmi lesquelles cinq mille neuf cent vingt-sept pleines, cinq mille huit cent trente-huit poulains, cent trente mille sept moutons, cinquante-cinq mille huit cent soixante et douze chèvres, cent soixante et quatorze ânes et six mille neuf cent onze porcs. Les vaches du Simmenthal et de la Sane sont les plus grandes de toute la Suisse, et pèsent jusqu'à six quintaux et demi, tandis que les bœufs gras sont de quatorze à vingt-cinq quintaux, ce qui est presque incroyable. Les chevaux du Simmenthal, de la race appelée Erlenbach, sont excellents. Le canton est fort riche en forêts qui sont parfaitement administrées; il possède aussi beaucoup de minerais de fer et de hauts fourneaux; on n'y fabrique pas moins de vingt-trois mille quintaux par an; mais les fabriques les plus importantes sont celles de lin. L'industrie y est en général fort encouragée par le gouvernement. A la fin de 1829, la fortune publique était évaluée à dix millions deux cent quatre-vingt-douze mille cent un francs.

La population est de plus de trois cent mille âmes, dont à peu près quarante mille catholiques et mille anabaptistes. D'après la constitution, la religion réformée est dominante. Il y a en tout vingt-sept bailliages. Avant la révolution opérée en 1832, la souveraine puissance était exercée par l'avoyer, le petit et le grand conseil de la ville de Berne; deux cents membres étaient pris parmi les éligibles de la ville, et quatre-vingt-dix-neuf parmi ceux des villes et campagnes. L'élection de quatre bannerets se faisait dans les tribus; il y en avait quatre: celles des bouchers, des boulangers, des tanneurs et des maréchaux. Les choix étaient faits par des collèges électoraux. L'âge fixé pour l'exercice des droits politiques était de vingt-neuf ans. Quant aux quatre-vingt-dix-neuf, ils étaient élus en partie par les magistrats des villes, en partie par les collèges des bailliages, en partie par le grand conseil lui-même; c'est-à-dire que les villes nommaient dix-sept membres, les bailliages soixante et dix, et que douze membres étaient admis par voie d'adjonction. Les députés des communes avaient besoin de confirmation annuelle. Le grand conseil avait deux sessions annuelles, et se réunissait en outre le premier lundi de chaque mois et toutes les fois que les affaires l'exigeaient. Il exerçait la puissance législative, nommait les députés à la diète, examinait et sanctionnait les décisions de cette diète en ce qui concernait le canton, choisissait les avoyers, les trésoriers et les membres du petit conseil et du tribunal d'appel; il exerçait de plus le droit de grâce, votait l'impôt, entendait les comptes... toutefois il fallait que toute affaire eût été préalablement délibérée dans le petit conseil, composé de deux avoyers, de vingt-trois membres et de deux *secrets* ou *heimlichere*. C'est le grand conseil qui élisait et confirmait annuellement ce petit conseil. Les *secrets* veillaient au maintien de la constitution, et dénonçaient les infractions au grand conseil. Il existait aussi un collége composé du petit conseil et de seize membres désignés par le sort parmi ceux du grand : c'est ce collége qui confirmait, suspendait, destituait à volonté les membres du grand conseil, délibérait sur les changements à faire à la constitution, et préparait dans ses comités tous les travaux importants. Le tribunal d'appel avait pour président un membre du petit conseil avec quatorze assesseurs du grand : dans les affaires capitales, on y adjoignait encore quatre membres du petit conseil. Une organisation judiciaire fort compliquée multipliait et entravait les rouages de cette aristocratie exclusive qui confisquait toutes les libertés, tous les droits au profit de nobles familles, et laissait la véritable bourgeoisie en dehors de toutes les affaires. Voici maintenant quel est le nouvel état du gouvernement bernois : la souveraineté appartient au peuple, et le grand conseil ne l'exerce qu'en son nom. Il se compose de deux cent quarante membres, dont deux cents sont élus par des électeurs choisis eux-mêmes dans les assemblées primaires : ces deux cents nomment les quarante autres. Tout citoyen est électeur et éligible, pourvu qu'il ait accompli sa vingt-neuvième année, et qu'il possède un bien ou une créance hypothécaire de cinq mille francs. Il ne peut y avoir plus d'un tiers de Bernois dans le grand conseil, et tout membre qui a seize ans d'exercice en sort nécessairement. Le landamman, premier magistrat, préside le grand conseil; élu parmi ses membres pour un an, il n'est pas rééligible,

non plus que le vice-président. Le pouvoir exécutif et l'administration sont confiés à un conseil de gouvernement composé de l'avoyer président, et de seize membres nommés à la majorité dans le sein du grand conseil. L'avoyer ne peut pas être en même temps landamman. Le conseil du gouvernement se subdivise en sections de diplomatie, de l'intérieur, de la justice, des finances, de l'instruction publique, de la guerre et des travaux publics. On adjoint sous le nom des seize tout autant de membres du grand conseil, pour les délibérations relatives à tout ce qui concerne la constitution ou l'organisation intérieure; ils participent aussi à l'élection des gouverneurs ou préfets des bailliages, dont les fonctions durent six ans. Un tribunal supérieur connaît en dernier ressort de toutes les affaires civiles ou criminelles, et les juridictions inférieures ne sont plus morcelées à l'infini. Il n'y a de tribunaux spéciaux que pour les contestations commerciales. Telle est la constitution adoptée par le peuple à la suite de la révolution française de 1830, dont les dernières ondulations ont renversé la vieille aristocratie bernoise. Les familles aristocratiques ne cessent de protester contre une organisation qui compromet, disent-elles, tant de siècles de gloire et de prospérité. Le canton fournit à l'armée fédérale un contingent de cinq mille huit cent vingt-quatre hommes, et cent quatre mille quatre-vingts francs de Suisse.

Les bailliages du Jura ou Leberberg ne sont qu'une bien faible compensation à toutes les pertes que les événements de la révolution de 1798 ont fait essuyer au canton de Berne; il possédait le comté de Baden, tout le pays de Vaud, etc. Tel qu'il est encore, ce canton est égal au quart de la Suisse, et c'est sur son territoire que l'on admire les plus grandes beautés de la nature. La ville se distingue par de superbes monuments : nous citerons principalement l'église de Saint-Vincent assise sur une esplanade qui repose sur une gigantesque muraille à robustes contre-forts, au pied desquels sont quelques maisons resserrées entre l'Aar et cette majestueuse construction. Du haut de la promenade plantée sur l'esplanade, on voit cette rivière se recourber autour de la colline et protéger les abords de la ville en ceignant de sa ceinture argentée de son onde les habitations et les terrasses de cette capitale. Nous avons dit déjà que la cathédrale était due aux conceptions de Mathieu de Steinbach; elle a cent soixante pieds de long sur quatre-vingts de large; la tour s'élève de cent quatre-vingt-onze pieds au-dessus de l'esplanade: commencée en 1421 et terminée en 1502, cet édifice appartient à la seconde époque du gothique. Les sculptures du portail sont d'une grande beauté; on admire aussi les vitraux et les ciselures des bancs du chœur. Le monument de l'avoyer de Steiger décore la nef; il a été élevé en 1825: six tables de marbre noir portent inscrits les noms de sept cent deux Bernois morts en combattant pour la patrie.

C'est un spectacle ravissant que celui dont jouit le voyageur sous les marronniers qui ombragent l'esplanade; la description qu'en fait M. de Stapfer est l'une des plus exactes; nos souvenirs aussi ont, après bien des années, toute leur vivacité. Qui pourrait oublier cette blanche ligne de glaciers que plus de dix lieues séparent du spectateur? Et cependant il a peine à se défendre de l'illusion qui les rapproche. Ces lignes dentelées se découpent sur l'azur du firmament, et de noirs rochers semblent se croiser et s'entrecouper les uns derrière les autres. Chaque heure, chaque instant modifie le tableau, en adoucit les teintes ou les rembrunit; c'est le passage d'un nuage, c'est le retour du soleil, c'est l'approche du soir ou la tombée de la nuit. Alors ces géants naguère si brillants deviennent sombres et sévères, leurs masses d'abord imposantes se confondent peu à peu dans l'obscurité et bientôt ressemblent à des nuages; alors se perdent les noms que l'on aimait à se rappeler pour mieux juger les distances, pour ne pas confondre les pics que séparent des lacs ou des vallées, et le voyageur attend avec impatience l'aurore qui doit lui rendre les mêmes beautés sous un nouvel aspect.

On rapporte un événement singulier arrivé à un étudiant le 15 mai 1654: il voulait dompter un cheval fougueux; l'animal effrayé franchit le parapet et tomba de cent vingt pieds de hauteur; le jeune homme fut grièvement blessé, mais il survécut à sa chute, devint pasteur, et vécut jusqu'à l'âge de soixante-trois ans dans un village voisin. Le fait est rapporté par une inscription. Il n'y a pas bien longtemps qu'une malheureuse condamnée aux travaux publics se tua en se précipitant au même endroit. La ville ne présente pas à l'extérieur la même régularité qu'à l'intérieur: les maisons, disposées sur différentes terrasses et entrecoupées de jardins, ont un aspect plus pittoresque que ne le comportent les règles de l'architecture; mais les principales rues sont ornées de galeries en arcades surbaissées; elles sont d'ailleurs larges et bien dallées; enfin un canal construit en moellons carrés promène sans cesse des eaux vives qui enlèvent tous les immondices et contribuent à la salubrité. Il y a, en tout, mille soixante-deux maisons renfermant environ seize mille habitants. La propreté des rues est entretenue par les condamnés, et c'est pour l'étranger un triste spectacle que ces hommes et ces femmes marchant à la voix brutale des surveillants, et serrés au cou par un lourd carcan de fer. Cette peine doit être plus cruelle à celui qui la subit que la mort même.

Les portes de la ville sont la plupart fort belles, celle d'Aarberg surtout, et celle de Morat, où l'on voit une magnifique grille de fer; il faut visiter aussi la maison de correction, le grenier d'abondance, les fontaines qui, au haut de petits obélisques, présentent des statues de guerriers ou de magistrats. Le saint roi David décore celle qui fait face à la tour de Goliath, et semble ajuster de sa fronde la figure colossale sculptée dans une niche; mais cette figure n'est devenue un Goliath que dans la pensée populaire, car elle représente saint Christophe. Berne s'enrichit chaque jour de constructions nouvelles : la colonnade de la porte d'Aarberg est à peine achevée; les ours de celle de Morat viennent d'être posés; on visite l'école vétérinaire, la terrasse de la Monnaie, une nouvelle fosse aux ours, un nouveau pont de bois pour joindre l'Altenberg à l'intérieur... Un événement affreux contrista la ville en 1834 : pendant qu'on y travaillait, un des supports de l'échafaudage rompit, et un grand nombre d'ouvriers et de curieux tombèrent dans l'Aaar et s'y noyèrent. Le musée d'histoire naturelle et d'antiquités est fort riche. Il y a aussi de belles collections particulières; par exemple, M. le major Manuel possède une grande quantité d'objets précieux du Japon, et les frères Müller ont réuni beaucoup d'objets d'art; ils ont retrouvé le secret de la peinture des vitraux.

L'hôpital bourgeois et l'hôpital de l'île, fondé par les religieuses qui habitaient autrefois un petit îlot de l'Aar, offrent beaucoup de ressources à la pauvreté, et, en général, l'administration est très-bienfaisante et surtout fort prévoyante. La bibliothèque de la ville a plus de trente mille volumes et plus de douze cents manuscrits helvétiques, des bas-reliefs de la Suisse, une collection rapportée d'Otaïti par un Bernois compagnon de Coke. Il faut voir encore la bibliothèque et les galeries de tableaux des illustres Mulinen; le cabinet des médailles suisses du docteur Eisenschmidt, les insectes et les coquillages du professeur Studer sont autant de sujets d'étude; surtout il ne faut pas oublier non plus l'arsenal où sont des armes d'époques si diverses, de batailles si glorieuses, véritables archives de l'honneur national.

La nature a plus richement doté le canton de Berne que les armes de ses citoyens n'ont acquis de territoire; un voyageur y pourrait passer sa vie sans avoir une entière connaissance de tout ce qu'il renferme de sujets d'admiration, depuis les gorges de Moutier jusqu'aux sauvages rochers du Grimsel, depuis les bailliages italiens jusqu'à la fertile Alsace. On aime à parcourir la riante vallée qui, des frontières de France, conduit à Porentrui, à Délémont, en prolongeant la base du mont Terrible, où la tradition, malgré l'impossibilité et l'étroite disposition des lieux, veut reconnaître le camp de César et celui d'Arioviste. Ces vallées reçurent les premières les guerriers de la liberté à une époque où notre révolution, pure encore de tout excès, promettait tant de prospérité, qu'elle échangea depuis pour tant de gloire. La vallée de Delémont est fertile; ses dernières montagnes à l'orient dominent Soleure; mais sur sa droite s'ouvre une étroite avenue de laquelle s'échappe à gros bouillons la torrentueuse Birse qui s'entoure de roches verticales. Là, des forgerons sans nombre, et les hauts marteaux de Roche et de Correndelin font mugir au loin les échos des forêts : beautés sauvages, industrie sévère dont l'aspect et le retentissement affectent l'étranger d'une mélancolique admiration; puis il s'arrête à contempler les roches de Saint-Germain et leur disposition singulièrement bizarre : ces créneaux de la nature descendent en lignes parallèles symétriquement ciselées comme des enceintes de châteaux; et sur les sommets sont des remparts imaginaires, architecture militaire fondée par la création, bastions aussi anciens qu'elle-même. La pensée s'y méprend; on attend la sentinelle du vieux donjon; on cherche à comprendre les formes de l'édifice, et la vallée se rétrécit toujours, jusqu'à ce qu'enfin elle s'ouvre sur une autre galerie transversale, espèce de petite plaine qui donne accès à d'autres habitations. De Moutier, de nouvelles gorges conduisent à Tavanes, où la Birse sort impétueuse du rocher même, et fait tourner un moulin dès qu'elle voit le jour. Au haut de la montagne, que la route sillonne en se repliant sur elle-même, est cette roche ou plutôt ce portail avec son inscription à la divinité des Augustes, puis les gorges de Soncevaux, et enfin la hauteur de Bienne, amphithéâtre majestueux d'où l'on peut contempler soixante lieues de glaciers, et Bienne elle-même, et Nidau et Neufchâtel, enfin cette île délicieuse où Rousseau avait trouvé le repos, où il abandonnait sa barque au gré des flots. La France avait établi sa frontière sur la rive de ce lac; Bienne était un chef-lieu de justice de paix : aujourd'hui elle est soumise à Berne, son antique protectrice. Rien n'est plus doux que l'aspect de l'île de Saint-Pierre au milieu de ces ondes si bleues, si resplendissantes des feux du soleil : le sommet est couvert d'une magnifique promenade en marronniers; la vigne et les vergers garnissent le revers oriental; mais à l'ouest, en face du Jura, l'île est abrupte et semble un amas de roches éboulées. Un fermier de l'hôpital de Berne y reçoit de nombreux hôtes pendant la vendange, et la belle saison lui amène sans cesse des étrangers qui ont grand soin d'écrire leurs noms dans la chambre où logeait Rousseau, sur un registre, sur les murailles, et jusque sur le nez de son buste, trop heureux quand leurs prétentieuses et burlesques compositions ne se répandent pas en vers ou en exclamations admiratives, parmi lesquelles on cherche à démêler quelques noms pour savoir si l'on a été précédé, dans ce pèlerinage, par un ami dont on voudrait suivre la trace pour s'en faire un compagnon de voyage. A l'opposite de Bienne et de Nidau, on débarque à Cerlier, d'où la route vous conduit à Aarberg, situé au milieu des collines qui séparent les lacs de Morat, Neufchâtel et Bienne, riche bourgade où tout rappelle l'industrie agricole et l'élève du bétail : c'est un continuel marché, un bruit assourdissant de chariots, de chevaux, de buveurs et de marchands. Située entre deux bras de l'Aar, la commune semble restreinte à une seule rue qui est tellement large qu'on la prendrait pour une place.

L'Oberland bernois est un véritable Éden : une route charmante, plantée de cerisiers, remonte le cours de l'Aar de Berne jusqu'à Thoun, dont le beau lac, les vertes prairies, les noyers majestueux et les hautes montagnes qui entourent le paysage, font un séjour délicieux. La ville, adossée à la chaîne septentrionale, est composée de maisons la plupart assez vieilles; mais les tourelles élancées de son vieux château, et les édifices modernes qui bordent le lac et la rivière, varient beaucoup le coup d'œil. En face sont le Stockhorn à la cime dentelée, le Niesen à la croupe verte et vivace, gigantesques imposes d'une étroite et sauvage vallée que parcourt la Simme. Entre ces géants et le lac arrive la Kander qui descend d'une autre vallée; le long de ses rives, on peut remonter jusqu'au Grimsel, qui retombe en masses de rocher dans un des gouffres du Valais où sont cachés les bains de Louèche. Les hauteurs qui emprisonnent le lac de Thoun sont abruptes; des galeries semblent taillées dans leurs flancs, et différentes zones de forêts interrompent la nudité de ces parois; à la base s'ouvrent quelques carrières de marbre. Lorsqu'on traverse le lac en bateau pour aborder à Neuhaus, on ne cesse de reporter les yeux sur le Blumlis-Alp, la Jungfrau, les deux Eiger, le Schreckhorn : aux lignes anguleuses, aux roches noirâtres qui supportent les glaciers et les neiges, on croirait voir des coupes immenses taillées pour recevoir ces frimas éternels. Plus ces beautés sont sévères et plus gracieuse est la vallée. De Neuhaus à Unterséen et à Interlacken, ce ne sont que riches pelouses de verdure, que belles avenues de noyers à travers lesquels apparaissent les montagnes. Quand un beau soleil éclaire le paysage, quand l'onde de ces lacs blanchit sous la rame, on ne peut se défendre du désir de fixer à jamais sa demeure au milieu de ces sites ravissants; aussi se trouve-t-il à Interlacken une grande quantité d'hôtels et de maisons de campagne où des étrangers de toutes les nations viennent passer la belle saison; c'est un véritable jardin anglais parsemé de pavillons qui rivalisent entre eux de propreté et d'élégance. Les avenues sont soigneusement sablées, les maisons ont toutes des bancs vers la route, les fenêtres sont garnies de fleurs; une brillante société habite ce village, tandis que la population des auberges se renouvelle à chaque heure, envoyant ses chars rapides vers les vallées de Lauterbrunnen et de Grindelwald, à la Wengern-Alp, à la mer de glace, ou naviguant sur les ondes de Brientz à l'impulsion de la rame, mollement cadencée par de jolies batelières, dont les chants retentissent harmonieux jusqu'au lointain rivage.

A l'entrée de la vallée de Lauterbrunnen est le vieux château d'Umspunnen où fut célébrée, en 1805 et en 1808, la fête des bergers des Alpes, en présence d'un grand concours de curieux et d'étrangers. La lutte et le pugilat, les exercices du corps et le tir se succédaient. La lutte a un caractère singulier; pour être vainqueur, il faut avoir trois fois étendu son adversaire sur le dos : il n'est sorte d'artifice, de tour de force ou d'adresse dont un athlète ne soit capable, soit pour triompher, soit pour ne tomber que sur le ventre ou sur le côté afin d'annuler le coup. On trouve dans le charmant ouvrage de M. Théobald de Walsch sur la Suisse une description fort piquante de combats de ce genre entre des jeunes gens d'Oberhassli et de l'Unterwald; le voyageur remarque que dans une lutte qui devait si fortement exciter l'amour-propre, on n'apercevait rien qui indiquât cette animosité ou cet esprit de rancune qu'il serait si naturel d'y supposer.

On passe au pied d'Umspunnen pour se rendre à la vallée de Lauterbrunnen, et, après trois heures de marche sur les bords d'un torrent appelé Lutschine, on arrive à l'auberge voisine du Staubbach, magnifique cascade que son nom suffirait à décrire, puisqu'il signifie rivière de poussière. Ses eaux se précipitent du haut du Pletschberg et tombent à pic de huit cents pieds d'élévation, se divisant en plusieurs gerbes qui se perdent dans les airs avant d'arriver, et que le vent promène comme une vapeur humide; à la base du roc, elles rejaillissent et tournent en divers sens, recevant, avec les rayons du soleil, toutes les couleurs de l'arc-en-ciel, qui se meuvent et se croisent avec rapidité. En hiver, il se forme une accumulation de glace qui a quelquefois trois cents pieds d'épaisseur, et deux stalactites descendent immobiles du sommet de la montagne. On affirme que nous ne voyons de cette chute que la partie la moins remarquable, et qu'en gravissant le Pletschberg on en trouve une plus belle encore. Ce n'est pas le chemin que prennent ordinairement les voyageurs : souvent ils s'enfoncent plus avant dans la vallée, vers l'emplacement où était au quatorzième siècle le village d'Ammerten, solitudes affreuses aboutissant à des glaciers à peine praticables pour des chasseurs de chamois. Il y a une cinquantaine d'années que des mineurs valaisans eurent l'audace de s'aventurer sur cette mer de glace, uniquement pour aller entendre la messe dans leur village; ils revinrent par le même chemin. Il y a plus de vingt chutes d'eau dans la partie sauvage de la vallée; la plus belle est le Schmadribach, à quatre lieues de Lauterbrunnen; il tombe du sommet du Steinberg à travers les échancrures d'un rocher. Beaucoup de personnes la préfèrent au Staubbach; mais la distance à parcourir est si forte, il y a si peu d'objets intermédiaires, qu'on se décide rarement à ce pénible pèlerinage.

Jamais, au contraire, on ne se refuse au voyage de la Wengern-Alp, ascension pénible où l'on emploie plusieurs heures à gravir la haute paroi qui fait face au Staubbach, que l'on voit s'agiter dans les airs comme une gaze au gré du vent. Quelques maisons répandues ou plutôt suspendues çà et là bordent le chemin, mais bientôt ce n'est plus qu'un pâturage grisâtre parsemé de roches. Si le regard plonge dans la vallée, on croit voir une crevasse au milieu des montagnes, mais la belle végétation qu'on vient de quitter en revêt les flancs. Déjà l'on n'en voit plus le fond, la Lutschine et le Staubbach lui-même ont disparu; désormais on s'avance vers des scènes d'un autre genre, on se tourne vers une autre vallée, et bientôt apparaît l'immense Jungfrau. Vue depuis Interlacken, on l'avait considérée comme un magnifique dôme de glace, les détails échappaient à l'observateur; mais à la Wengern-Alp, on la contemple sans illusion, on pourrait compter les vastes et noires arêtes de roc qui convergent vers la coupole et se réunissent au sommet; on voit dans toute leur blancheur ces champs de neige qu'ils supportent et contiennent, car on n'en est séparé que par une profonde tranchée, sorte de fissure étroite dont on ne connaît que l'existence, et dont jamais on ne visite le fond. Malheur à qui s'y hasarderait : c'est le réceptacle de toutes les avalanches. Sans cesse un bruit sourd et lointain avertit le voyageur d'un phénomène nouveau; assis à la Wengern-Alp, devant le chalet du métayer, il cherche longtemps en vain, car ce bruit qui frappe son oreille n'a point encore de cause apparente; enfin il voit tourbillonner la neige, et glisser sur les flancs de la Jungfrau quelque masse que brise le rocher, et dont les débris roulent devant lui dans le Trommeltenthal : c'est le nom du précipice qui le sépare de la Jungfrau... Ce spectacle, tout étonnant qu'il puisse être, ne satisfait point : en vain les petits canons mis à la disposition des curieux provoquent par leurs explosions des avalanches nouvelles; si la nature n'y est disposée, ces tentatives sont vaines... Mais quand un soleil de printemps succède à la pluie, quand la chaleur de ses rayons pénètre ces glaces, un craquement terrible et répété au loin dans ces solitudes annonce un déchirement qui défie le vacarme que ferait une nombreuse artillerie : tout à coup la masse s'ébranle, elle descend d'abord avec lenteur, gagne de vitesse en raison de la distance parcourue, se heurte contre mille obstacles et tombe enfin dans la mystérieuse vallée... Cette merveille s'empare de l'homme au point de le plonger dans une silencieuse méditation, et, tandis que la nature rentre dans le calme, il est impossible qu'il ne demeure pas comme anéanti de ce qu'il vient d'admirer; impression indicible, sentiment pour lequel il n'y a point de parole, pas plus que pour définir la première vue de la mer. La Jungfrau est isolée de toute part; cependant elle semble s'appuyer au sud sur le glacier d'Aletsch, rempart de glace de plus de dix lieues de longueur qui sépare le canton de Berne du Valais : on croirait aussi que le Mœnch et l'Eiger lui servent de support; mais elle se suffit à elle-même, et relève vers les cieux sa tête virginale. Le nom qu'on lui a donné vient, dit-on, de l'impossibilité de l'ascension : la montagne en effet était demeurée vierge de toute visite, lorsque, en 1812, les frères Meyer d'Arau entreprirent d'y monter, et publièrent leur triomphe; mais ils trouvèrent des incrédules. Pour les confondre, ils osèrent renouveler, en 1830, ce périlleux voyage, et, après de grands détours par les glaciers de l'Aar, ils accomplirent leur promesse à la vue des habitants d'Interlacken. Ils ont depuis fait un tracé de leur route, dont peu de personnes seront tentées de vérifier l'exactitude.

Heureux lorsqu'un beau jour permet au voyageur de jouir encore de la vue de la petite Scheideck, d'où il admire la mer de glace et les nombreuses aiguilles du Grindelwald. Le village est situé gracieusement au milieu de jolis bosquets, mais la vallée est sombre et sauvage; ce sont toutes les beautés ou plutôt toutes les horreurs de l'hiver : là sont, comme couronnement aérien, les deux Eiger, les deux Wetterhorn, le Mattenberg, le Schreckhorn, séparés les uns des autres par des déchirures profondes, mais s'élevant brusquement du sein de la verdure; les glaciers entremêlés à leurs roches semblent se grossir chaque année des neiges qu'ils secouent sur les profondeurs voisines. Ici les arêtes des montagnes et leurs escarpements sont plus vifs, plus tranchés qu'à Chamouny, et la mer de glace se rapproche davantage des habitations; elle descend sur des plans inclinés qui s'abaissent jusqu'au niveau du Grindelwald, comme si ces flots immobiles s'étaient arrêtés devant une subite congélation, comme s'ils s'efforçaient encore de s'échapper de l'espace qui les retient entre le Schreckhorn et le Wetterhorn. Dans ces contrées, on appelle *horn* les pics que dans la Suisse française on appelle *aiguilles* : l'un et l'autre nom ont le mérite descriptif, car tantôt ils s'élèvent effilés au-dessus des nuages, tantôt ils se recourbent en cornes bizarres. La mer du Grindelwald, dont on n'aperçoit jamais l'ensemble, a plus de vingt-cinq lieues carrées sur une profondeur de plus de cent toises ; ainsi la flèche la plus élevée de nos monuments religieux ne pourrait atteindre qu'aux deux tiers de cette masse. Le ministre du village s'assura que des pierres jetées dans certaines crevasses mettaient de douze à quatorze secondes pour atteindre l'eau qui en occupe le fond, ce qui, d'après la remarque de M. Simon, suppose cinq cents toises de profondeur au lieu de cent.

Il n'est pas rare au printemps de rencontrer des corps de chamois tués par les avalanches et mutilés par des chutes de pierre : quand le lœmmergeyer les poursuit, ils glissent parfois au fond des abîmes. Rien n'égale l'audace et la dextérité du chasseur qui est exposé aux mêmes dangers, et dont la vie aventureuse est une source inépuisable de traditions, de récits et de croyances populaires, car c'est une vie d'héroïsme, et la poésie épique ne vit plus que dans le peuple et dans sa merveilleuse imagination. Quand le chasseur veut se procurer de jeunes chamois pour les apprivoiser, il guette l'instant où la mère leur donnera le jour, la tue et s'en empare immédiatement. Il faut pour ces entreprises une vue perçante, une marche assurée, une tête forte qui ne s'égare point à l'aspect du précipice, une agilité qui permette d'effleurer en sautant la saillie de roc qui n'offrirait point un appui durable, assez de vigueur pour n'être point embarrassé du poids des provisions. Quand l'animal fatigué se couche, on peut en approcher ; autrement, il a l'odorat très-fin et ne reste jamais à portée de fusil. Comme il répand lui-même une odeur très-forte, les chiens n'en perdent jamais la trace, mais leur présence le chasse dans les lieux les plus inaccessibles, et les chasseurs préfèrent s'en passer. Ordinairement on se munit d'outils pour tailler des degrés dans la glace, d'une lunette, de souliers à crampons et d'une carabine ; le chasseur a soin de passer une chemise par-dessus ses habits pour être moins aperçu au-dessus des neiges ; un observateur, posté derrière des pierres entassées, avertit ses camarades du côté où sont les chamois ; il faut alors se traîner de rocher en rocher, et demeurer immobile dans la neige tant que l'attention du chamois est dirigée de ce côté. Si le chasseur est bien placé sous le vent, il peut recharger son arme plusieurs fois, car les détonations n'effrayent point ces animaux accoutumés au tonnerre des glaciers. On vise de préférence le plus foncé, parce que les chamois rembrunissent à mesure qu'ils engraissent. Le chasseur qui a renversé sa proie accourt en poussant des cris de joie, l'achève si elle vit encore, lui arrache les entrailles pour en diminuer le poids, et la charge sur ses épaules ; souvent même il boit de son sang, parce que l'opinion vulgaire est que cela préserve du vertige. Un chamois ordinaire pèse de cinquante à soixante livres. Quelquefois les chasseurs confient tous leurs fusils à un seul chasseur qui se met à l'affût, et lui amènent la troupe comme le pourraient faire les chiens. Si le passage est trop étroit, le chamois prend de l'audace dans sa frayeur même, s'élance sur son ennemi et le précipite, ou bien on voit la troupe entière se précipiter et périr plutôt que de se laisser prendre : ces exemples cependant sont assez rares, car la moindre saillie du roc suffit à leur sécurité ; on les voit s'arrêter dans des lieux où l'on ne croirait pas qu'un oiseau pût trouver un point d'appui. Depuis que le droit de chasse est illimité, le nombre des chamois a considérablement diminué ; ils marchaient autrefois par troupeaux de cinquante ; il est rare aujourd'hui d'en voir plus de dix réunis ; néanmoins on a pris des mesures pour prévenir leur destruction.

Lorsqu'on a consacré deux jours aux vallées de Lauterbrunnen et du Grindelwald, lorsque des lieux les plus sauvages, des sommets les plus escarpés on revient sur les bords riants du lac de Brientz, la vue se repose avec délices sur ses ondes si douces, sur les jolies habitations qui l'entourent; Interlacken, qu'on avait tant admiré, redouble d'attrait, et l'on se prépare à des excursions nautiques qui, avec moins de fatigues, offrent des plaisirs plus vifs. Sur une longueur de trois lieues, le lac est large d'une lieue, et quoique ses rives soient assez abruptes, les flancs des montagnes offrent un aspect gracieux, depuis le port enchanteur d'Interlacken jusqu'à l'ouverture de la vallée de Meyringen, où le navigateur voit à sa gauche le joli village qui a nommé le lac, à sa droite une gerbe bruyante qui retombe de tout son poids, et verse dans le lac blanchi d'écume les eaux bruyantes du Giesbach. Cette rivière a plusieurs étages, plusieurs chutes de forêts en forêts, de prairies en prairies; à chaque nouvelle rupture du roc, elle présente de nouveaux phénomènes, et non loin du sommet un chalet habité dans la belle saison par le maître d'école de Brientz, dont les filles naguère mêlaient harmonieusement leurs chants à la voix de la nature; mais le retentissement des ondes est éternel, et si l'usage de surprendre le voyageur par des accents mélodieux n'est pas interrompu, d'autres filles sans doute auront succédé déjà à celles qui avaient acquis tant de célébrité dans les itinéraires des touristes. Brientz n'a jamais manqué de fournir son contingent à la beauté; la jeune batelière est encore célèbre, et ses portraits, multipliés à l'infini, sont dans tous les recueils, quoiqu'elle ne soit plus qu'une obscure marchande d'Unterséen dont le temps n'a laissé subsister que la réputation. Les chants des jeunes filles sont en usage aussi au Grindelwald; elles viennent sous les fenêtres de l'auberge, et reçoivent les encouragements et la monnaie des étrangers.

La route de Brientz à Meyringen est riche en sujets d'admiration; en face de la descente du Brunnig sont plusieurs cascades d'une grande beauté; on les vanterait beaucoup si elles ne se trouvaient en quelque sorte annulées par leur position entre le Giesbach et le Reichenbach: telles sont les chutes du Muhlibach, de l'Oltschi et Vendelbach. Mais toute célébrité est absorbée par les belles chutes du Reichenbach: des roches profondes entourées d'une végétation vivace, de pelouses d'un vert tendre, de noirs sapins, des chutes profondes, des masses d'eau retentissante se pliant et se croisant en gerbes brillantes, puis s'écoulant vers une nouvelle anfractuosité pour retomber encore, phénomène sept fois répété avec des formes toujours diverses, avec des accidents toujours nouveaux, voilà tout ce que nous pouvons dire de cette reine des cascades dont le nom seul atteste la richesse et qui peuple Meyringen d'étrangers. Deux beaux hôtels les reçoivent chaque année, et ne suffisent point à cette foule de bonne compagnie; souvent l'étranger est renvoyé chez de simples cultivateurs, et ne paraît aux auberges que pour y prendre ses repas. On se croirait alors dans les plus grandes villes de l'Europe, si la conversation et les projets des convives n'avertissaient sans cesse que ce village n'est que la capitale des solitudes solennelles qui l'environnent, la halte de tous les hommes qui, des extrémités de la terre, sont venus contempler les plus belles scènes de la création. Aussi à Meyringen, comme dans toutes les auberges suisses, on rencontre presque toujours bonne compagnie, non-seulement parce que ces incursions exigent une vie libre d'affaires, une fortune au-dessus du besoin, mais principalement parce que ce retour vers la nature, ce sentiment exquis de ses beautés n'appartient pas aux âmes vulgaires. Sans doute, la mode entraîne à la suite de ces véritables observateurs beaucoup de ces oisifs dont toute l'intelligence se réduit à inscrire dans leur carnet qu'ils ont été là; mais le ridicule en fait justice; on les reconnaît aisément, et bientôt ils deviennent la risée de ceux dont ils peuvent bien suivre les traces, mais dont le naturel et le sentiment leur demeurent étrangers. On a vu des dames toutes surprises de ne pouvoir amener leur calèche jusqu'au Grindelwald ou à Chamouny, et n'avoir point à se présenter au Montanvert avec les mêmes parures qu'à Longchamps. Quelques jeunes femmes se répandaient en quolibets sur les glaciers, les cascades; quelques Anglais passaient endormis dans leurs voitures; mais, en général, la Suisse est le rendez-vous intellectuel de tout ce que les nations ont de personnes distinguées. Le bon ton préside aux conversations de table, et si les mêmes voyageurs se retrouvent pendant plusieurs jours en un même lieu, ils prennent l'habitude de rendre compte les uns aux autres de ce qu'ils ont vu; ils y ajoutent des conseils sur l'emploi du lendemain; les projets se mûrissent, les caravanes se forment. Aussitôt le baromètre est consulté, on court à la fenêtre, on s'avance sur le perron; s'échappe-t-il une vapeur légère du sommet d'un rocher, un nuage s'assoit-il sur les glaciers, l'inquiétude va jusqu'à l'anxiété; on s'interroge, on consulte l'hôte, les guides, on se couche non sans quelque agitation; puis au réveil, quand un ciel serein, un soleil brillant rassemble au pied du perron mulets, guides et voyageurs, on voit partir en longues files cette multitude d'hommes et de dames qui la veille se connaissaient à peine, et qui désormais sont amis au nom de la nature vers laquelle ils semblent députés par tous les peuples... On a remarqué que les voyageurs en Suisse se retrouvent toujours avec plaisir dans le monde, et recommencent volontiers par la pensée leurs aventureuses campagnes.

Meyringen est l'une des stations où l'on s'arrête le plus, soit que l'on se dirige vers l'Unterwald par la belle montagne du Brunnig pour y admirer les lacs de Lungern et de Sarnen, soit que l'on veuille naviguer sur l'heureux lac de Brientz ou gravir les vertes sommités du Giesbach; c'est aussi le point de départ de ceux qui vont au sauvage Grimsel; enfin on admire après le Reichenbach le magnifique glacier de Rosenlawi, près duquel on passe pour aller de Meyringen au Grindelwald. Au fond d'un joli vallon, on aperçoit une maison de bains. Là sont d'immenses masses de glaciers formant les grottes les plus belles, et d'une transparence, d'une blancheur sans égale : ce glacier descend perpendiculaire et dentelé de stalactites entre le Wellhorn, le Stellihorn et l'Engelhorn; ses teintes en s'élevant prennent dans le lointain une couleur bleuâtre; il surpasse beaucoup en beauté les glaciers du Rhône qui sont trop décharnés; d'ailleurs aucun corps étranger, aucune particule terreuse n'en altère la beauté. Une position nouvelle, découverte depuis 1832, attire au Faulhorn de nombreux visiteurs; une auberge construite à huit mille cent quarante pieds au-dessus de la mer, et de deux mille cinq cents de plus que le Culm du Rigi, permet de contempler toute la chaîne des Alpes depuis le Mont-Blanc jusqu'au Tyrol : on y aperçoit le lac de Zug et les forêts de la Souabe par delà celui de Constance. L'auberge a trois étages; elle est établie sur une esplanade, pratiquée de main d'homme, à environ quatre-vingts pieds au-dessous du pic. M. le pasteur Schweizer a publié une topographie du Faulhorn avec une carte en forme de panorama. On est étonné, à cette prodigieuse hauteur, de trouver un gîte aussi commode et d'aussi bons repas.

De Meyringen on remonte le cours de l'Aar pour gravir le Grimsel, longue et pénible journée, prélude des fatigues nouvelles qu'il faudra subir pour descendre dans le Valais, ou bien pour remonter ensuite et redescendre encore la Furca afin de pénétrer par le Saint-Gothard en Italie, ou par Andermatt dans les Grisons. Les peines toutefois sont amplement compensées : le chemin, pendant quelques lieues, offre l'aspect le plus gracieux, puis il se rétrécit et s'entoure de noires forêts; les roches naissent en quelque sorte sous les pas du voyageur; bientôt il n'a plus d'autre sol ; heureux quand la fréquence des passages ou la main des pâtres et des métayers a disposé en degrés les blocs qu'incessamment il faut enjamber. Toutefois ces obstacles sont moins incommodes tant que l'on n'est pas arrivé au village de Guttannen, qui est à trois lieues de Meyringen : déjà les pics les plus arides entourent la vallée, mais la verdure est encore vive. L'Aar traverse cette commune qui n'a d'autres arbres que le cerisier, mais qui cultive encore des céréales. On gravit ensuite de roc en roc sur les flancs arides des montagnes, mais toujours au milieu de la forêt, et, après avoir fait encore deux lieues, on aperçoit quelques chalets de métayers groupés sur une belle pelouse : déjà l'on entend mugir, et l'on ne voit pas encore l'immense gerbe de l'Aar qui s'unit dans les airs avec la Handeck. Ces deux rivières, se précipitant chacune de son côté, arrivent au bord du même escarpement, se heurtent avant de se perdre au fond du gouffre, tombent et rebondissent ensemble, assourdissant de leur bruit le voyageur, et s'il était sans guide, il chercherait longtemps peut-être la cause de ce phénomène. L'industrie des pâtres a pratiqué au haut de la double cascade une sorte de belvéder d'où l'on voit accourir l'un et l'autre torrent ; mais le meilleur point de vue est au pied de cet abîme, à l'endroit où, réunies en un ruisseau impétueux, les ondes s'écoulent plus paisibles. Là une fissure verticale, sans permettre au voyageur de s'approcher, lui laisse apercevoir ce confluent aérien ; la roche semble ébranlée de ces battements saccadés, de ces secousses éternelles : on a peine à se défendre de la peur, et la solidité de ces granits contemporains de la terre ne suffit pas pour bannir l'idée d'une destruction prochaine. C'est de dix heures du matin à midi, et dans les jours sereins, qu'il faut se placer au haut de la Handeck ; c'est alors seulement que le soleil y plonge sa lumière.

En remontant vers le sommet, la végétation disparaît pour faire place à des plages de roches éboulées : au milieu de l'un de ces bassins l'on est surpris tout à coup de la vue d'une habitation ; un amphithéâtre de pierre lui fait face. Sur les flancs de ces masses géologiques retentit la clochette suspendue au collier de chèvres errantes ; vers le soir, elles redescendent en troupeau, et viennent se rassembler dans la cour de l'hospice devenu une auberge. On est parvenu à l'enrichir d'un petit potager où croissent le chou et le navet. Pour arriver au sommet du Seidelhorn, il faudrait encore trois heures : c'est une excursion que l'on n'entreprend point ; mais on se dirige volontiers vers les bords du lac Mort, Todtensée, ou vers la Mayenwand, littéralement muraille de fleurs, dont le revers méridional domine le Valais, route dangereuse, effrayante surtout par l'escarpement ; on marche sur un gazon glissant et le précipice est horrible. L'esprit humain brave ces obstacles : on le conçoit de la part de l'audacieux voyageur ; mais comment imaginer que le commerce ait osé s'aventurer dans ces lieux sauvages ? comment comprendre que la guerre y ait porté l'héroïsme français ? Ses ravages n'ont été réparés qu'en 1822. L'hospice offre maintenant onze chambres commodes.

Le costume des femmes bernoises est fort joli ; on remarque surtout la blancheur de leur linge soigneusement plissé sur le sein et sur les bras ; leur bonnet de gaze noire a quelque chose de la délicatesse et de la transparence des ailes du papillon. Les paysannes portent des chapeaux ornés de fleurs et à larges formes un peu relevées sur les bords ; en général, elles sont presque toutes jolies et gracieuses. La mise de l'Oberhassli est moins avantageuse ; par une bizarrerie du goût, les femmes cherchent à grossir leurs hanches ; elles mettent un corset noir-brun ou foncé, et se couvrent la poitrine d'une large pièce de velours sur laquelle elles placent un fichu rouge qui leur cache entièrement le sein, tandis que le costume bernois, sous la blancheur des plis, en laisse au moins deviner la forme. Le costume des bailliages du Jura n'a rien de remarquable. Les

23ᵉ *Livraison.* (SUISSE.)

femmes de l'Emmenthal ont des jupons si courts que, quand elles travaillent sur le penchant de la montagne, ou bien au haut d'un ravin dans lequel passe le chemin, la décence en est réellement compromise. Nous n'avons point encore parlé de cette belle vallée qui, des environs de Thoun et d'Interlacken, s'étend jusqu'à l'Entlibuch, au canton de Lucerne : on n'y voit ni les glaciers, ni les scènes gigantesques de l'Oberland, mais le pays est riche, fertile, agricole et industriel; ses vallées latérales se terminent en pâturages alpestres très-favorables à l'élève du bétail : les arbres fruitiers réussissent dans les bas-fonds, et les sujets sont exportés dans toute la Suisse. La culture du chanvre est encouragée par des primes, ainsi que le tissage. Les maisons, d'une architecture rustique, sont construites avec beaucoup de goût; la population s'accroît sans cesse.

Il règne chez les montagnards de l'Oberland de naïves croyances qui composent presque toute une mythologie, et se conservent dans les traditions populaires. On s'occupe beaucoup des petits nains lutins de la forêt ou de la montagne (*Bergmännlein*) : ce sont de petits génies dont les caprices sont parfois très-bienfaisants; ils veillent sur l'habitation isolée, ils cultivent le jardin; mais quelquefois aussi il leur prend des fantaisies malfaisantes : alors ils jettent tout pêle mêle dans la maison, font choir les personnes qui l'habitent ou leur jouent mille espiégleries; ils se fâchent surtout lorsqu'on n'a pas l'attention de jeter sous la table une cuillerée de lait qu'il faut leur offrir de la main gauche. Du reste, ils n'en sont pas réduits à ce qu'on leur donne, car ils sont propriétaires de grands troupeaux de chamois qui leur fournissent du lait. En hiver, ils ne se montrent pas, et ils se tiennent alors dans les entrailles de la terre. Quand ils aiment un pâtre, ils lui dérobent parfois une vache et la lui ramènent ensuite plus grasse; ils rassemblent des fagots qu'ils mettent sur le chemin des pauvres enfants qui vont au bois, ou bien ils fauchent les prés, afin qu'on n'ait plus qu'à faner l'herbe; ils assistent à tous les travaux rustiques, soit du fond des broussailles, soit du haut d'une pointe de rocher. Au printemps, ils dansent en ronde au clair de lune, pronostic infaillible d'une année abondante; mais s'ils se glissent à travers les buissons, on prévoit qu'il y aura des orages, des inondations, des avalanches, etc... On a beaucoup de peine à obtenir des paysans le récit de ce que font les *Bergmännlein*, car ils craignent de les irriter par ces indiscrétions, et souvent aussi ils se méfient des intentions des questionneurs trop pressants. Les bruits qui se font entendre au fond des glaciers donnent lieu à des superstitions non moins intéressantes : ce sont les âmes des oisifs condamnées après leur mort à travailler dans ces cavernes pour expier leur nonchalance et leurs écarts; croyance salutaire qu'il serait besoin de répandre partout au lieu de la réfuter.

L'ours de Berne a une grande célébrité, et ces armes vivantes ont toujours été en vénération : on les retrouve sculptées en granit au-dessus de la porte de Morat; il y en a sur toutes les fontaines publiques, et sur les enseignes de presque toutes les auberges du canton. L'heure est annoncée à la grande horloge de Berne par une procession d'ours qui défilent dans les postures les plus grotesques : l'un est à cheval, la lance au poing, un autre joue du fifre, un troisième est coiffé d'un casque. Il existe une fondation de rentes annuelles pour l'entretien des ours qui sont dans les fossés de la ville; enfin le célèbre Martin, tant admiré à Paris, y avait, dit-on, été envoyé par le commissaire du directoire.

Le cours de cette histoire a amené sous les yeux des lecteurs les grands noms d'Erlach, de Bubenberg, de Diesbach, et de tant d'autres guerriers illustres. Ajoutons-y des souvenirs d'un autre genre, et nommons le célèbre numismate Morell, qui fut gardien du cabinet de Louis XIV; Louis de Muralt, qui, sur la fin du même siècle, publia des lettres sur les Anglais et les

Français; Albert Haller, médecin, philosophe, magistrat, orateur et poète; Bernard Tscharner, auteur d'une histoire de la Suisse; Joseph Hennitz, peintre assez habile pour qu'on attribuât quelques-uns de ses tableaux à Jules Romain et d'autres au Corrége; Lory, Wolmar, etc., etc. Mais n'oublions pas la perte récente que cette république a faite dans la personne de l'avoyer de Mullinen, aristocrate inébranlable au milieu de la tempête, savant profond, littérateur distingué, qui avait acquis par lui-même autant de gloire que tous ses aïeux en avaient accumulé depuis le treizième siècle.

SOLEURE.

Le canton de Soleure est presque entouré par celui de Berne, car, au sud, il confine aux bailliages de Wangen, Burgdorf et Fraubrunnen; à l'ouest, à celui de Nidau; au nord, aux bailliages du Jura; pour le reste de son territoire, il touche au canton de Bâle, et du côté de l'est à l'Argovie. C'est de tous les cantons de la Suisse celui dont la forme est la plus irrégulière: elle ressemble à une croix dont les branches seraient mal ajustées; il y a des villages entiers qui se trouvent enclavés dans d'autres territoires, tels sont la vallée de Leimen, interceptée entre les possessions de Bâle, de Berne et de la France, et Lucelle, dont la position est à peu près semblable. La route de Soleure à Rodersdorf par le Passavant traverse deux fois le canton de Berne, une fois Bâle-campagne, et les frontières de France. La plus grande longueur, de Messen à Dornach, est de treize lieues; la plus grande largeur, de Schnottwyl à Erlisbach, de onze lieues et demie, mais il y a des endroits où la largeur n'est que de trois quarts de lieue.

La chaîne du Jura s'aligne majestueusement au-dessus de Soleure; elle fait face aux Alpes comme une longue galerie qui s'étend du nord au pays de Vaud et à Genève, laissant entre elle et les glaciers lointains une plaine fertile et des lacs immenses, tels que le Léman, et celui de Neufchâtel. Le Jura semble s'élever brusquement en pentes praticables; ce sont des superpositions géologiques dans lesquelles les âges seuls ont pu ouvrir quelque accès à la culture. Cette chaîne se montre à peu près comme à leur revers oriental les Vosges, ou comme les Alpes en Lombardie, c'est-à-dire comme un rempart tranché à pic, dont les détails, vus de près, offrent bien quelques ondulations, mais qui de loin, et surtout à la tombée de la nuit, semblent une noire muraille sans aucune gradation intermédiaire.

Au haut de cette ligne majestueuse, il est deux points qui sont comme des belvéders à la disposition des voyageurs: le Hasenmatt ou prairie des lièvres, et le Weissenstein ou roche blanche. A quatre lieues de Soleure et à trois mille cent quatre-vingt-douze pieds au-dessus de l'Aar, la montagne appelée Hasenmatt forme un triangle avec le Rigi et le Molesson au pays de Gruyère, et comme eux il est visité par les amateurs de points de vue. On y admire d'une part les Vosges et les monts de la Souabe; à l'opposite la suite du Jura s'abaissant vers le Jorat et prolongeant les lacs de Bienne et de Neufchâtel; l'Aar parcourant la plaine et se déroulant comme un long serpent d'argent, tandis que sous les feux du soleil une brise légère agite les ondes resplendissantes de Bienne, de Neufchâtel et de Morat; en face, soixante lieues de glaciers, et plus près, dans la même direction, Aarberg et la tour de Saint-Vincent, cathédrale de Berne; enfin, aux pieds de l'observateur, et quoique sur le premier plan, Soleure apparaît petite et resserrée entre ses murailles et l'Aar, tandis que le regard plonge sur tous ses toits, pénètre dans toutes ses rues. Chaque saison varie ce tableau magnifique et produit des phénomènes nouveaux. Le 3 octobre 1826, le professeur Hugi fut témoin d'un singulier effet de réfraction: vers le soir, deux couches de nuages s'étaient groupées autour de ce sommet; le temps était mauvais, l'ouragan sifflait avec fureur; les nuages inférieurs se dispersèrent, mais, à travers la déchirure occasionnée par le vent, on vit se refléter dans la région supérieure, comme dans une glace, l'Aar, le Buchegberg, Lommeswyl, ses prairies et ses maisons : plus au nord se montraient d'autres réverbérations non moins belles. A trois cents pieds plus bas, près d'une déchirure du roc, on voit les ruines d'un vieux château appelé encore Schauenbourg : un sentier conduit vers Moutiers, un autre vers le Weissenstein, d'où l'on jouit d'une vue presque aussi belle, mais plus recherchée encore par les étrangers, à cause des bains et de l'excellente auberge qui s'y est établie depuis peu. Le Weissenstein est le rival du Rigi : une longue pelouse s'étend à la lisière de la forêt et conserve ses neiges plus longtemps que les prairies de la plaine; mais, au fort de l'été, il n'y a pas de plus agréable position que la pointe de rochers qui la termine au nord. Le docteur Keller a fait une carte appelée Panorama du Weissenstein; ce lieu a été décrit aussi par d'autres auteurs. Ce fut la ville de Soleure qui, en 1826, fit bâtir l'auberge : c'est la plus belle construction qui soit si haut placée; les bains sont, dit-on, d'un effet merveilleux. Le Weissenstein est moins élevé que le Hasenmatt de quatre cent soixante et treize pieds.

Les parties basses du canton sont marécageuses; faute de pente, l'Aar s'écoule lentement à travers mille détours, sans que les ruisseaux qui s'y précipitent parviennent à lui donner aucune impulsion. Les eaux stagnantes et les marais nuisent à la fertilité du pays; aussi entreprend-on de creuser un nouveau lit à l'Aar, à la Thiele et à l'Emme : ce sont de grands travaux qui exigent l'abaissement de plusieurs collines. Les cantons de Berne et Fribourg y contribuent activement; mais il faut combiner la rectification du cours des rivières avec le dessèchement des marais, de peur d'augmenter le mal au lieu d'y remédier. L'Aar cause quelquefois des dégâts considérables dans la ville, qu'elle coupe en deux portions inégales; la rupture des glaces menace les deux ponts, et les pluies trop abondantes produisent des inondations.

La population du canton, d'après le dernier recensement fait en 1829, est de cinquante mille cent vingt-deux habitants des deux cultes. Il y avait en 1827 onze mille deux cent quatre-vingt-dix-huit maisons et bâtiments accessoires, dont six mille neuf couverts en tuiles; on comptait quatre mille six cent soixante et onze chevaux, vingt-sept mille sept cent soixante et treize taureaux, bœufs, vaches ou veaux, treize mille neuf cent quarante-neuf moutons, cinq mille neuf cent quarante-deux chèvres, seize mille quatre cents porcs. Cependant l'élève du bétail n'y prospère pas : malgré les prohibitions et les encouragements de l'autorité, les métayers du Jura préfèrent vendre leurs veaux pour acheter des sujets de l'Oberland. Le territoire est divisé en trente-six mille trois cent vingt-deux arpents de terres labourables et trois cent vingt-cinq de vignes; les prairies, jardins et vergers, couvrent trente-sept mille cinq cent quatre-vingt-trois arpents, les pâturages treize mille quatre cent cinquante-huit; enfin les forêts peuvent être évaluées à cent cinquante mille; elles sont fort bien administrées. Dans les derniers temps, on a fait d'heureux essais de culture des vers à soie. Les fonderies et les forges sont la principale industrie. Les revenus cantonaux ne dépassent point trois cent soixante mille francs de Suisse.

Le canton est divisé en neuf bailliages. Ce fut en 1481, à la réunion de Stanz, qu'il fut admis dans la confédération, où il occupe le dixième rang. Soleure fut longtemps la résidence des ambassadeurs français, qui attiraient au service de leur roi beaucoup de jeunes gens de bonne famille, et répandaient en même temps le goût du luxe et de la dépense.

Voici quelle était, avant 1830, la constitution du pays : le grand conseil avait non-seulement le droit de voter les propositions faites par le petit conseil, il pouvait sommer celui-ci de présenter des projets de loi sur les sujets qu'il lui signalait; au grand conseil seul appartenait le vote de l'impôt et la disposition des biens de l'État... Il recevait les comptes, nommait les députés à la diète, leur donnait des instructions, et jugeait la manière dont ils accomplissaient leur mandat; les traités, les capitulations étaient dans ses attributions; enfin il avait le droit de grâce sur les condamnés à mort, mais il ne l'exerçait qu'à l'époque de ses réunions, au printemps et en automne. Le grand conseil, avant la réforme de la constitution, nommait lui-même ses membres, en partie par l'élection immédiate, en partie sur de triples présentations; il choisissait dans son sein les membres du petit conseil, ceux du tribunal d'appel et du tribunal de canton; il désignait aussi parmi les membres du petit conseil les deux avoyers.

Les élections se faisaient à la majorité absolue et au scrutin secret. Chacune des onze tribus de Soleure comptait quatre membres dans le grand conseil; les autres bailliages en avaient chacun quatre, trois ou seulement deux; outre cela, il y avait trente-cinq places à l'élection libre du grand conseil, sans l'intermédiaire d'aucune présentation; mais il fallait que, sur ce nombre, vingt-quatre fussent pris dans la ville même. Dans les bailliages, le sort désignait quinze électeurs par tribu. Pour être présenté au grand conseil, il fallait avoir vingt-quatre ans, une fortune de deux mille francs, et être domicilié depuis dix ans sur le territoire du collège électoral. Le petit conseil n'avait que vingt et un membres. Quatorze juges pris dans le grand conseil, sous la présidence de l'ancien avoyer, formaient la cour d'appel. Quand il pouvait être prononcé une peine de mort, on adjoignait à ce tribunal quatre membres du petit conseil. Tout cela fut modifié à la réunion de Ballstall, le 22 décembre 1830. Là fut proclamée la souveraineté du peuple : ses représentants siégent au grand conseil au nombre de cent neuf; ils sont nommés par les collèges électoraux et par le conseil lui-même. Le petit conseil ou conseil administratif est composé de dix-sept membres et d'un président, et quand il s'agit de nommer à des emplois qui ne sont pas au choix de la grande assemblée, dix membres de ce grand conseil prennent part à la délibération. Le système judiciaire a aussi subi quelques modifications. Les conseils et les tribunaux se renouvellent par tiers tous les deux ans.

Dans les temps les plus reculés, la partie du canton située à gauche de l'Aar faisait partie de l'évêché de Lausanne et de celui de Bâle, qui, tous deux, relevaient de l'archevêché de Besançon, tandis que les pays à droite de l'Aar appartenaient au diocèse de Constance. La révolution et les guerres qui en furent la suite avaient changé toutes ces circonscriptions. Aujourd'hui il s'est formé un nouvel évêché à la place de celui de Bâle, et Soleure en est le chef-lieu ; il comprend les cantons de Berne, Bâle, Zug, Lucerne, l'Argovie. Le chapitre est de vingt et un chanoines. L'église de Saint-Ours est fort remarquable : on y arrive par un triple perron dont chaque étage compte onze degrés. La nef a deux coupoles surmontées par une plus grande; la tour a deux cents pieds d'élévation; à la façade sont de belles fontaines. Le tout est d'un style moderne, car la cathédrale n'a été achevée qu'en 1773. La ville est fort jolie, mais elle a peu de monuments antiques. L'église des jésuites est dans le genre italien; celle des franciscains possède un tableau qui passe pour être de Raphaël. D'une architecture irrégulière, l'hôtel de ville est remarquable cependant par deux beaux salons. L'arsenal a la plus belle collection d'armes de toute la Suisse; mais la tente de Charles le Téméraire, au lieu d'y être conservée, a été découpée en chasubles qui servent au culte dans la cathédrale, ainsi qu'un manteau de pourpre provenant de Louis XVI. Du reste, les drapeaux de Morat, Dornach et Bruderholz, sont à l'arsenal. La bibliothèque renferme des livres précieux sur l'histoire de Suisse, Robert Glutz - Blotzheim, qui était l'un des meilleurs historiens de sa patrie, ayant pris soin de l'enrichir.

Ce canton est riche encore en antiquités romaines : près du village d'Altreu, l'élévation du sol et les restes d'un ancien pavé révèlent la direction de la voie militaire d'Aventicum à Salodurum (nom romain de Soleure). Altreu s'appelait Alta-Ripa, et c'est là que la voie franchissait l'Aar, car, à partir de ce point, on la retrouve sur la rive droite. Une singularité, c'est que le droit de récolter le gazon qui croît sur ses vestiges, c'est-à-dire sur une étendue d'environ une demi-lieue de long et vingt pieds de large, appartenait au valet de ville de la commune de Grenchen. Dans le voisinage des bains d'Attisholtz, il y a des vestiges d'aqueduc romain; quelques mosaïques ont paru çà et là; enfin il y a beaucoup de restes de constructions à Olten. Les antiquaires ambitieux prétendent même attribuer aux Romains les murailles de la ville. L'enceinte de Soleure, à l'ouest, porte sur des fondations ouvrage de ce grand peuple, et dans la rue dite du Lion est un mur appelé *Heidenmauer* ou mur des païens; il n'y a peut-être nul endroit où l'on puisse mieux décomposer le ciment pour en bien étudier les éléments. Sur la colline dite de Hermann, on a déterré deux colonnes de marbre de huit pieds d'élévation sur un diamètre d'un demi-pied; on les a placées près de l'église de Saint-Ours, mais elles sont enveloppées de lames de cuivre, en sorte qu'il est impossible à l'observateur de les voir à travers cet étui. Depuis une vingtaine d'années, on a découvert beaucoup de tombeaux romains à Grenchen, à Haegendorf, à Metzerlen, à Wetterswyl : la plupart étaient dans les hauts lieux, et ressemblaient assez aux sépultures que les antiquaires allemands désignent par le nom de *hunengræber*; mais d'autres caractères, ainsi que la présence de médailles romaines, ne permettaient pas cette supposition.

Près du bois appelé Attisholtz, une magnifique statue de Vénus a été retirée du sol; elle appartient maintenant à la famille de Bezenval; elle est en marbre de Carrare. Deux inscriptions romaines sont exposées à la vue des passants au pont d'Olten; elles paraissent avoir couvert des tombes. Il y en a un grand nombre d'autres dans le vestibule de l'hôtel de ville à Soleure, et toutes proviennent des fouilles opérées pour rebâtir l'église de Saint-Ours : l'une est d'un Severianus à sa fille Mimorina; il y en a d'indéchiffrables. Les dieux Mânes ont leur dédicaces. Quelques noms célèbres sont ici reproduits, par exemple Corbulon; plus loin, c'est la touchante plainte d'une mère qui a perdu son fils. Parmi les divinités honorées, on rencontre Apollon et Epona : cette dernière inscription a été tracée par un soldat de la 22e légion, et *Salodurum* y est qualifié de *vicus*. Ce fait se rapporte au deuxième consulat d'Antonin Élogabale, en l'an de Rome 972, de notre ère 129; enfin au-dessus de la ville, à l'église Sainte-Catherine, près de l'ossuaire, il y a une inscription érigée par Statilius Paternus et Maiugeneia Marcellina à leur fils Statilius Apronius.

Dans l'ancienne église de Saint-Ours, il y avait d'autres monuments qui ont péri sans qu'on sache ce qu'ils sont devenus, par exemple une inscription à Mercure. En 1794, on voyait encore sur un des glacis de la ville une pierre milliaire du temps de Trajan.

Le costume des paysannes de Soleure est fort joli : les femmes portent un jupon noir, les filles un jupon rouge; leur corset est surmonté d'une pièce d'estomac; souvent ces vêtements sont bariolés de fleurs; un bonnet recouvert d'un chapeau de paille, un fichu blanc avec une écharpe noire, telle est la simplicité d'une mise qui doit beaucoup de charme à la propreté et surtout à la nature, car les Soleuroises sont presque toutes jolies; souvent les cheveux retombent sur les épaules en double tresse. Olten a son costume particulier : la chaussure est rehaussée par de larges talons; au bas du corset, une sorte de ceinture portée en sautoir donne prise au danseur; mais tout cela disparaît devant le fatal niveau des modes françaises : toutefois il y a encore un caractère local dans les vêtements de femmes, et le bandeau d'argent qui brille aux jours de fête sur le front des jeunes filles leur sied fort bien.

Olten est l'Ultinum des Romains. Non loin de là sont quelques vieux châteaux du moyen âge, par exemple celui de Graders, riche en traditions merveilleuses, celui de Salis, autrefois appelé Oberwartburg : une pièce de canon toujours chargée avertit le pays tout entier dès qu'un incendie éclate, et le nombre de coups fait connaître si le feu a pris dans le lointain ou dans le voisinage ; les habitants accourent au pied du roc, où le gardien leur dit à travers un porte-voix quel est le lieu qui a besoin de secours. Ce château était, dit-on, la propriété des comtes de Frobourg ; il était comme le poste avancé de celui qui porte encore leur nom. Il ne faut pas chercher bien loin l'étymologie de Salis ; elle n'a rien de commun avec l'illustre famille de ce nom : ce château n'est ainsi appelé que parce que Sali, l'un de ses gardiens, eut pendant quinze ans une soif si ardente, qu'il vidait chaque nuit une tonne d'eau, outre ce qu'il buvait dans la journée. On jouit ici d'une vue superbe sur Zofingen, sur Olten, sur Aarbourg, sur les Alpes lointaines, sur le Jura voisin. Non loin de là se réunissent les routes de Neufchâtel à Aarau, et de Bâle en Italie par Lucerne.

Entre les broussailles, sur un roc qui domine Trimbach, s'élèvent encore les mélancoliques débris du château de Frobourg. La tradition, pour donner une idée de la richesse des comtes, rapporte que, quand on amenait la dîme, le premier chariot entrait déjà dans son enceinte, quand le dernier n'avait point encore dépassé la porte d'Olten. La Birse entoure le pied de la montagne et lui fait un fossé naturel. Derrière le sentier qui gravit l'escarpement, on ne découvre que forêts et rochers, et la famille des comtes autrefois si puissants s'est éteinte, comme si le tremblement de terre qui renversa l'édifice n'avait été que l'accomplissement d'une destruction déjà commencée par la mort.

A une demi-lieue de Soleure, vers le nord, est le petit village de Saint-Nicolas avec un château à tourelles pointues, à double rang de créneaux, appartenant à la noble famille de Besenval. Il y a de très-beaux tableaux. Non loin de l'église du village s'ouvre une espèce d'antre ou crevasse de rochers entourée d'une belle végétation qui en cache les abords. Au fond de cette retraite est un ermitage taillé dans la pierre ; seulement quelques constructions en forment la modeste façade ; la chapelle est en face : on monte à l'un et à l'autre par plusieurs degrés. Un petit torrent, tantôt bruissant au milieu des cailloux, tantôt mugissant et brisant son écume impétueuse, descend le long du sentier. Un jour, excité par Satan, ce torrent menaça d'engloutir sainte Verène, dont la chasteté irritait le malin ; mais la sainte se cramponna au roc. Autrefois il n'y avait pas de chemin ; cependant les habitants de Soleure venaient chaque année le vendredi saint pour y prier. Le baron de Breteuil, émigré français, établit le sentier qui existe aujourd'hui. Au pied d'un rocher couvert de mousse est une pierre sépulcrale environnée de cyprès : c'est un monument à Robert Glutz-Blotzheim, qui mourut à Munich, en 1818, à l'âge de trente-deux ans ; il avait commencé par quelques essais historiques insérés dans les journaux. En 1806, il imprima un écrit très-marquant intitulé : *De l'intérêt actuel de la Suisse*. Enfin, il entreprit la suite du bel ouvrage de Jean de Müller. Il ne fut pas trop inférieur à son modèle, au jugement de Zschokke. Glutz-Blotzheim a poussé plus loin que Müller, l'exactitude et l'amour de la vérité, mérite qui rachète beaucoup de défauts.

FRIBOURG.

Reçu dans la fédération, en 1481, avec Soleure, ce canton y tient le neuvième rang. Il est limité, à l'est et au nord, par le canton de Berne; au midi, par celui de Vaud; à l'ouest, par le lac de Neufchâtel. Sur une superficie de vingt-six à vingt-sept milles géographiques carrés, il a soixante-huit mille six cent soixante et dix arpents de prés, quatre-vingt-dix-neuf mille trois cent soixante et onze arpents de terres labourables, trente-quatre mille quatre cent quatre-vingts de forêts, trois mille trente et un de pâturages, seize mille six cent soixante et un d'alpes ou pâturages de montagnes, enfin sept cent trente-neuf de vignes. En 1830, on y comptait douze mille trois cent quatre-vingts chevaux, quarante-sept mille sept cent quarante-deux bêtes à cornes, vingt-trois mille cent trente-quatre moutons, cinq mille cent quarante-trois chèvres, seize mille trois cent soixante et dix-huit porcs. Entre les mois de mai et d'octobre, vingt mille vaches parcourent les alpes; et, pendant ce temps, chacune produit deux quintaux de fromage. On en exporte annuellement plus de quarante mille quintaux, la plus grande partie en Piémont. Une autre industrie non moins active est celle des ouvrages en paille nattée et tressée qui rapportent près de trois cent mille francs. D'après un recensement de 1831, la population s'élevait à quatre-vingt-six mille sept cent soixante-neuf habitants, dont cinq mille cent seulement professent la religion réformée. Le clergé compte six cent quatre-vingt-huit individus, parmi lesquels deux cents moines et deux cent quatre religieuses. Depuis 1818, les jésuites sont à la tête de l'enseignement; et la confiance est si grande, qu'on leur envoie de nombreux élèves des pays voisins, et surtout des provinces de France limitrophes de la Suisse.

Dans le cours de cette histoire, nous avons rendu compte des agitations politiques auxquelles avait donné naissance l'esprit exclusif et aristocratique des familles privilégiées de Fribourg. Au moment de la révolution de juillet, voici quelle était la forme de son gouvernement. Dans le petit conseil, vingt-huit membres, dans le grand, cent dix et un avoyer pour président, exerçaient ensemble la souveraine puissance; quoique le grand conseil fût plus nombreux, car il comptait cent seize membres patriciens de Fribourg, et trente-six des autres villes et de la campagne. Le petit conseil se divisait en conseil d'État de treize membres; treize autres formaient le tribunal d'appel. Le conseil d'État gouvernait et rendait compte de sa gestion au grand conseil, dont les membres étaient institués à vie. Il fallait, pour l'initiative des lois, la réunion des deux sections du petit conseil; la même condition était exigée pour appliquer la peine de mort. Les deux avoyers présidaient alternativement l'un et l'autre conseil pendant une année chacun : le corps électoral, qui proposait aux places vacantes, était permanent et se composait de membres du grand conseil. Outre cette section, il y avait celle des *secrets*, ou conseil de censure, choisis parmi des familles privilégiées en dehors même des conseils, à condition que, sur sept membres, il y en aurait toujours un de chacun de ces conseils. C'était une espèce de sénat conservateur chargé de veiller au maintien de la constitution, et de contrôler la conduite morale des membres du grand conseil, ainsi que de réprimer tout abus de pouvoir. Les secrets s'assemblaient tous les ans, le jour anniversaire de la bataille de Morat; et, de leur pleine puissance, ils pouvaient, s'ils étaient unanimes, destituer les membres du grand conseil, à moins qu'ils ne fussent en même temps membres du petit. Les secrets jouissaient de cette dignité pendant trois ans, mais n'avaient aucun traitement. A la fin de 1830 parut une députation de Morat pour deman-

SUISSE.

der la réforme de la constitution; elle fut très-mal accueillie; et, si l'on n'eût redouté une insurrection, on eût mis en prison tous ceux qui la composaient. Nous avons dit comment les paysans envahirent ensuite la ville; il fallut enfin céder et promettre une organisation plus libérale. On reconnut l'égalité de tous; on abolit les privilèges des villes et de la naissance. Le canton a treize districts dont les députés forment le grand conseil. Ils sont élus par des électeurs choisis eux-mêmes dans les assemblées primaires. Le grand conseil est renouvelé par tiers tous les trois ans, de manière à ce que les fonctions de ses membres durent neuf ans. Cette assemblée est investie de la souveraineté; elle fait les lois, soit sur la proposition du conseil d'État, soit sur l'initiative d'un de ses membres. Elle nomme le conseil d'État, les députés à la diète, et choisit son propre président, qui a titre d'avoyer, et le chancelier. Il y a un membre du grand conseil par mille âmes de population. Le conseil d'État a treize membres dont les fonctions durent huit ans; et le renouvellement se fait par fractions de deux membres. Le conseil se donne un président qui est avoyer; mais l'avoyer qui préside le grand conseil ne peut jamais cumuler les deux présidences. Les membres du tribunal d'appel sont nommés à vie, choisissent leur président et leur greffier, et sont obligés de savoir l'allemand et le français. Il y a, pour juger les vices de forme, un tribunal de cassation; enfin chaque district a son bailli nommé par le conseil d'État; il juge les délits dont la connaissance excède la compétence des autorités communales; outre cela, il y a des tribunaux de district, des juges de paix et des juridictions pour les orphelins : ces rouages sont fort compliqués. La constitution peut être revisée de trois ans en trois ans. Le contingent fédéral est de douze cent quarante hommes et de dix-huit mille six cents francs de Suisse.

Il est peu de villes d'un aspect aussi original que celui de Fribourg. Un promontoire de rochers, coupé par la Sarine; au milieu de deux plateaux une vallée, ou plutôt une déchirure profonde garnie de maisons sur les deux rives; un pont en bas; un autre de fil de fer qui réunit par-dessus la ville les deux hauteurs, et rejoint les quartiers supérieurs; ceux-ci sont entourés de grandes murailles, de tours antiques, et surmontés de nombreux clochers : un quartier allemand, un quartier français; si bien que la moitié de la population n'entend pas l'autre. Il y règne une grande activité; on y compte plus de cent auberges ou cabarets. La tour de l'église de Saint-Nicolas a deux cents pieds de haut; c'est l'une des plus élevées de toute la Suisse; elle date de 1470. Au-dessus du portail est un relief fort remarquable, qui représente le jugement dernier : les diables emportent dans des paniers des papes, des évêques, des empereurs et des rois. L'hôtel de ville est l'ancien fort des ducs de Zæhringen. Il y a une multitude de couvents : des franciscains, des augustins, des capucins, des visitandines, des ursulines, etc., etc.

L'une des plus grandes merveilles de l'art est le pont en fil de fer, qui fut solennellement inauguré le 19 octobre 1834; suspendu sur un abîme de cent soixante et quatorze pieds de profondeur, il traverse l'espace qui sépare les sommets, franchit toute la ville basse, et arrive, après un trajet de neuf cent vingt-cinq pieds, à la roche opposée, conservant partout une largeur de vingt-deux pieds; huit câbles, tressés chacun de cinq cents fils de fer, le soutiennent dans les airs; et le poids que peuvent supporter ces fils de fer étant pour chacun de douze quintaux, il s'ensuit que la charge du pont pourrait être de cinquante-sept mille six cents quintaux. Deux tours massives, munies de crampons et de pièces de bois, et adossées aux rochers, servent de points d'appui; les ferrements ont soixante pieds d'enfoncement dans le roc vif. L'on peut maintenant parcourir en cinq minutes un intervalle que l'on ne pouvait franchir qu'en trois quarts d'heure, après une descente et une montée fort escarpées.

On parle dans le canton divers langages, principalement l'allemand, le français et le patois roman, idiome qui se subdivise en dialectes appelés lo Gruerin, lo Guetzo et lo Broyard. Nous donnons un échantillon de celui qui est usité à Estavayer. On chante encore dans les soirées d'été, sur la place de Moudon, des rondes connues sous le nom de *Coraoulés*. L'une de ces chansons déplore le sort d'un couple pauvre : le mari n'a trouvé chez sa femme que misère; l'épouse n'a pas rencontré plus d'aisance dans la famille de son mari. Elle lui dit : *Quand les autres mangeront, nous regarderons; quand les autres riront, nous pleurerons.*

Quan lé-s - aoutrou mézeron nos voiterin
Quan le-s - aoutrou riretron nos plioterin.

Il paraît que ces patois sont une dégénération de la langue romane; mais vouloir y reconnaître du celtique, indiquer les mots qui en sont dérivés, c'est plutôt de la folie que de la science. Du reste, chacun a compris au seul nom de ces dialectes, que le Gruerin se parle dans le pays de Gruyère; le Guetzo est en usage dans la partie moyenne du canton, et le Broyard dans les districts que parcourt la Broye. L'allemand bernois domine dans une partie du district de Morat, dans les vallées de Jaun, de Pfaffigen, Redingen et de Gurmelz; mais le français fait tous les jours des progrès. Autrefois les actes du gouvernement étaient rédigés en allemand.

Les Fribourgeois, et surtout les Fribourgeoises, sont en général bien faits; les mœurs sont assez pures; les habitudes simples; la religion domine toutes les actions : des fêtes nombreuses sont entremêlées de réjouissances et de danses. Il en est une qui dure trois jours, sous le nom de dédicace générale des danses. La moisson et la vendange sont aussi célébrées auprès de Morat; mais, le 22 juin, on n'oublie jamais le glorieux anniversaire de la bataille. La fête de Saint-Nicolas réunit les bergers, et trop souvent ils se battent à coups de poing. S'il arrive qu'un spectateur plante son couteau dans le plafond ou dans la muraille, la rixe cesse à l'instant; mais ordinairement les champions vont se rejoindre plus loin.

La route de Fribourg à Vevai est l'une des plus agréables de la Suisse. Nous citerons la petite ville de Bulle, située dans une vallée très-fertile. En 1805, elle fut entièrement dévorée par le feu, à l'exception du château et du couvent de capucins. C'est le dépôt principal des fromages connus sous le nom de Gruyère; et c'est au marché de Bulle que se fixent les prix de l'année. Tout près de là est une majestueuse montagne, le Molesson, rival orgueilleux du Rigi et du Weissenstein : ses formes bizarres sont surmontées d'une croix qui est de six mille cent quatre-vingts pieds au-dessus de la mer. De nombreux troupeaux paissent sur ses flancs. Les Alpes se déploient en face du spectateur jusqu'au Mont-Blanc; mais les bases de ces géants sont dérobées à la vue par des montagnes moins hautes. On suit de l'œil le cours de la Broye et de la Sarine; on repose sa vue sur le Léman, à l'immense nappe d'eau, puis sur le lac de Neufchâtel, sur l'onde historique de Morat; ce magnifique bassin s'étend même jusqu'à celui de Bienne : vers le sud on distingue, au pied des noires parois du Chablais, Évian, Thonon, une partie de Genève, Morges, Rolle, Nyon; à l'ouest, Romont, Estavayer, Neufchâtel, Morat, Avenche, Payerne, Bulle et Gruyère. Cet horizon n'aurait de fin que par la faiblesse de la vue humaine, si le Jura ne formait à l'occident un rideau dont le bleu plus foncé se nuance avec majesté sur un ciel serein. Le château de Gruyère est aussi à une lieue de Bulle : ses maîtres conservèrent longtemps leur pouvoir au milieu de toutes ces républiques; mais ceux que n'avaient dompté ni l'esprit de liberté ni les conquêtes bernoises perdirent leurs domaines par une expropriation vers le milieu du seizième siècle. Le vieux donjon démantelé est encore sur son roc, et l'on décrit toujours la salle où l'on égorgeait le bœuf, l'égout par lequel son sang s'écoulait, le lieu où on le rôtissait, celui où il était servi aux nobles de Gruyère, assis sur une banquette de maçonnerie qui règne tout à l'entour, enfin la chambre de la torture, encore en usage longtemps après qu'on eut cessé de rôtir le bœuf, et lorsque déjà la souveraineté avait passé des nobles comtes aux républicains suisses. Le voyageur Simon, auquel nous empruntons ce récit, ajoute que cette chambre redoutable servait de cabinet de toilette à madame la baillive.

De la vallée de Gruyère on s'achemine péniblement vers la dent de Jaman qui la termine ; il faut trois heures pour arriver au sommet ; là, on peut jeter un dernier regard aux forêts et aux chalets épars de cette contrée si tranquille. De l'autre côté, c'est un spectacle éblouissant, c'est le lac de Genève, où se reflètent d'une manière douce et harmonieuse les pics acérés du Chablais et les Diablerets ; c'est le Rhône qui arrive des extrémités du Valais.

Si nous portons nos pas vers la limite occidentale du canton de Fribourg, nous trouvons son territoire intercepté par quelques districts du canton de Vaud. Là se conservent encore la vieille tour de la Molière, et la vue magnifique que sa belle situation a fait surnommer autrefois *Helvetiæ oculus*. Les nobles de la Molière virent ravager leur château dans les guerres de Bourgogne ; puis il fut entièrement détruit en 1536 par les Fribourgeois ; aujourd'hui il sert de signal. De toutes parts ces ruines sont entourées de précipices profonds : on n'y a d'accès que du côté du petit village vaudois, appelé Paqui. Là se retrouve encore la tradition de trésors cachés dans les puits : le diable est expressément chargé de la conservation de celui de la Molière.

Au bord du lac de Neufchâtel est la charmante petite ville d'Estavayer ; elle n'est entourée de remparts que du côté de terre. Son château, mélange d'architecture ancienne et moderne, renferme une prison souterraine dans laquelle on descend par une échelle de plus de vingt pieds de haut. A chaque angle du bâtiment principal, il y a des oubliettes pratiquées dans des tours de forme ronde. Le gouverneur jouissait autrefois du singulier droit de manger à lui seul toutes les langues des bœufs tués à la boucherie. Dans l'église des dominicains, il y a un beau tombeau de marbre blanc, c'est celui du fondateur, Guillaume de Stæfis ou d'Estavayer ; c'est le même nom traduit en allemand.

Le canton de Fribourg possède une société médicale, une société de naturalistes, toutes deux fondées en 1822. Il n'y a pas longtemps, il s'en est formé une d'antiquaires. Celle-ci a été instituée par M. de Fegeli, mort à Baden en 1831 ; elle a fait exécuter des fouilles, et possède déjà une fort belle collection. Il y a beaucoup d'établissements de bienfaisance et de fondations pieuses.

BALE.

Situé au nord de la Suisse, ce canton a pour limites, à l'est, l'Argovie et Soleure, qui fait aussi sa frontière méridionale ; à l'ouest, une prolongation du canton de Berne et la France ; au septentrion, le duché de Baden ; il a huit lieues de long sur six de large. Ses principales rivières sont l'Ergoltz et la Birse ; il est, en général, très-fertile et possède de riches prairies et de belles forêts. Les habitants sont au nombre d'environ cinquante mille, dont six mille catholiques dans le district de la Birse, appelé Birseck, qui est un démembrement de l'ancien évêché. Le canton de Bâle occupe le onzième rang dans la fédération, dans laquelle il entra en 1501. Voici quelle était son organisation avant la dislocation de Bâle-campagne. Divisé en six districts, Bâle, Liestall, le district inférieur, Sissach, Waldenbourg et

Birseck, il avait une constitution démocratique. Chaque district avait ses tribus ou colléges électoraux, desquels n'étaient exclus que les mineurs, les interdits, les domestiques et les faillis. Le grand conseil, composé de cent cinquante membres, était le pouvoir législatif, et nommait les députés à la diète, votait les impôts, recevait les comptes, etc. Dans la règle, il s'assemblait tous les deux mois; soixante de ses membres étaient élus par le peuple, et ils s'en adjoignaient quatre-vingt-dix. Pour être éligible, il fallait être âgé de vingt-quatre ans, et posséder une fortune de cinq mille francs de Suisse. Le petit conseil était chargé du pouvoir exécutif, et comptait vingt-cinq membres, tous du grand conseil, et y conservant leurs droits; il était tribunal supérieur, conseil d'État, etc., et il se rassemblait toutes les fois que le bien du service l'exigeait. La présidence des conseils appartenait alternativement à deux bourgmestres élus par le grand dans le sein du petit. Il y avait, en outre, un tribunal d'appel, composé de douze membres du grand conseil. Tout citoyen, et même tout étranger domicilié, est tenu au service militaire, et le contingent du canton est de neuf cent dix-huit hommes, et de vingt-trois mille neuf cent cinquante-huit francs de Suisse. Les fabriques de ruban sont les plus productives de toute la Suisse, et comptent plus de deux mille quatre cents métiers. En général, l'aisance est grande à Bâle-campagne. Autrefois on voyait, d'une part, une ville privilégiée, et, de l'autre, des paysans sujets. Nous avons dit par quels événements s'opéra la séparation : chaque fraction possède à la diète un demi-suffrage. Désormais Bâle-ville fournit à la fédération quatorze mille cent quarante-cinq francs; la campagne, huit mille huit cent cinq : la ville, une compagnie d'artillerie et quatre pièces, enfin une compagnie d'infanterie ; la campagne, trente-deux cavaliers, cinq compagnies d'infanterie et l'état-major du bataillon. Toutes les collections, tous les établissements publics ont été partagés. Voici maintenant quelle est la constitution. La souveraineté de la ville réside dans l'assemblée des citoyens, qui ne reconnaît aucun privilége de naissance ou de famille ; tous sont égaux devant la loi, et éligibles aux emplois; nul ne peut être enlevé à ses juges naturels; le service étranger est interdit : on a proclamé le droit de pétition et la liberté de la presse, ainsi que la tolérance religieuse, quoique le culte réformé soit celui de l'État. On renouvelle périodiquement les membres du grand et du petit conseil, mais les tribunaux sont permanents. Le grand conseil ou pouvoir législatif, composé de cent dix-neuf membres, est élu par les citoyens répartis en tribus; le petit n'en compte que quinze, qui sont en même temps membres du grand : tous les dix ans une commission, nommée par ce dernier, délibère sur les changements à introduire dans la constitution.

Bâle-campagne a poussé plus loin l'application du principe de la souveraineté du peuple : si, dans les quinze jours de la publication d'une loi faite par le conseil, les deux tiers des citoyens protestent contre elle, elle demeure sans effet. Les communes ont des droits très-étendus ; toute autorité agit au nom du peuple souverain, et sous la réserve de l'appel à ce peuple. Les fonctions ne sont que temporaires; mais, dans les limites de leur durée, on n'en peut être privé que par un jugement. Un landrath ou conseil du pays, composé de cinquante-huit membres, exerce le pouvoir législatif; ils sont nommés pour six ans ; et cinq citoyens forment le conseil de gouvernement. Ceux-ci sont choisis par le landrath, qui les prend indistinctement parmi tous les citoyens actifs. La constitution doit être revisée tous les six ans par un conseil législatif investi à cet effet d'un mandat spécial. Les quatre districts de Bâle-campagne sont Waldenbourg, Sissach, Liestall et Arlesheim. Il y a, en tout, soixante et quatorze communes, sans compter celles qui appartiennent encore à la ville, pour laquelle elles forment un district *extra muros*.

Le Rhin partage Bâle en deux portions inégales, réunies par un pont de pierre sur les deux rives, et de bois au milieu ; il est fort large, et l'on y jouit d'une vue admirable, d'une part sur Huningue, la France et le grand-duché, de l'autre, sur la Suisse. Le petit Bâle, ou quartier de la rive droite, est en plaine ; tandis que la ville, proprement dite, s'élève, par des rues toujours inégales, jusqu'à la belle cathédrale dont l'esplanade offre un point de vue ravissant. Le Rhin se déploie à ses pieds : fortement encaissé, il jette avec rapidité ses ondes bleuâtres vers les îles qui bientôt feront languir son impétuosité au milieu de mille détours. Cette disposition du fleuve est fort nuisible au commerce bâlois ; elle empêche la navigation des bateaux à vapeur, qui jamais n'ont pu remonter au delà de Strasbourg. La ville a de magnifiques palais ; elle est fort grande, mais il n'y a de mouvement que sur le pont ; partout ailleurs le silence est absolu et la solitude complète. Il y a beaucoup de rues dans lesquelles ne peut pénétrer aucune voiture, et ce sont précisément les plus belles ; les mœurs des habitants contribuent aussi à cette atmosphère de monotonie et d'ennui qui se répand sur leur cité. Ils sont naturellement graves ; la spéculation est leur principale affaire : renfermés dans leurs comptoirs, les riches ne se réjouissent que le dimanche ; et, comme c'est à leurs maisons de campagne qu'ils se rendent de préférence, la ville n'en est que plus triste. Du reste, l'observation des fêtes est poussée à une extrême rigueur ; on se refuse à l'affaire la plus urgente pendant le service divin. L'université existe toujours, malgré les contestations de Bâle-campagne ; mais l'étranger, qui a parcouru les villes d'Allemagne où il y a des étudiants, ne se douterait même pas qu'il y en a une dans Bâle, s'il ne le savait par son livret ; tant est grande, même sur la jeunesse, l'influence de cet engourdissement général, à moins toutefois qu'on ne préfère supposer que ces étudiants sont les plus studieux et les plus sédentaires de l'univers. A en juger par quelques anecdotes, il y avait plus de gaieté au moyen âge. Il n'est pas un étranger qui n'ait accordé quelque attention au *Lalli*, figure grimaçante, qui, du haut de la tour du pont, tire et retire sa langue rouge à chaque oscillation du balancier de l'horloge : c'est, dit-on, une provocation aux habitants du petit Bâle, imaginée à une époque où la rive droite avait d'autres maîtres ; l'histoire ajoute que ceux-ci élevèrent, vis-à-vis de cette langue, un objet fort peu décent que la pudeur nous défend de désigner.

La cathédrale est d'une très-belle architecture ; heureusement elle a survécu aux tremblements de terre et aux incendies qui ont affligé la ville ; de belles tombes la décorent. Sous le porche on montre celles d'OEcolampade, de Bernouilli, de l'impératrice Anne ; dans l'intérieur, celle d'Érasme : cet illustre Hollandais avait fait de Bâle sa seconde patrie. Un profil du célèbre peintre Hollbein exprime admirablement tout ce que son caractère avait de profond, et cependant de spirituelle raillerie : près de là, celui de Luther, par le même artiste. L'intérieur de l'église, comme tous les temples réformés, est nu et sans ornement. Les tours sont d'un bel effet ; l'une a deux cent trois pieds, l'autre deux cents d'élévation. Les peintures dont Hollbein avait orné les orgues n'existent plus. La salle du concile est environnée de bancs où s'asseyaient les prélats.

L'arsenal est fort beau ; riche en armes modernes, il possède la cuirasse de Charles le Téméraire, puis celles des Armagnacs tués à Saint-Jacques, avec une infinité d'armes du moyen âge, plus meurtrières les unes que les autres : par exemple, des masses terminées en forme d'étoile, avec des pointes de fer ; elles pénétraient dans le crâne de l'ennemi assommé, et rendaient toute blessure mortelle. L'hôtel de ville est très-bizarre ; il est chargé de peintures de l'époque de la réformation ; on y voit des papes et des évêques précipités dans les flammes de l'enfer. La bibliothèque possède beaucoup de manuscrits, d'incunables et de dessins originaux, entre autres de Hollbein, et des correspondances des premiers réformateurs ; on évalue à trente-six mille le nombre des volumes. La Société de lecture en possède une autre de vingt mille ; et il y en a beaucoup d'autres encore appartenant à diverses spécialités de la science. On voit dans la salle du musée plusieurs antiquités, la plupart d'Augst (Augusta Rauracorum), et un tableau de la Passion, encore de Hollbein. M. de Walsch, que nous avons plusieurs fois cité, rapporte un trait fort singulier de ce peintre, qui était d'un caractère original et bizarre. « Il avait, dit le « spirituel voyageur, fait marché avec « un apothicaire, pour lui peindre à « fresque la façade de sa maison ; l'ou« vrage avançait lentement par suite « des longues libations que le peintre « altéré faisait au cabaret voisin, où « l'impatient pharmacopole venait sou« vent le relancer. Hollbein imagina « un moyen ingénieux pour se sous« traire à son importunité ; ce fut de « peindre au-dessous de son échafau« dage, que recouvrait une toile, deux « jambes pendantes, qui firent telle« ment illusion que l'argus lui adressa « désormais des compliments sur son « infatigable assiduité. »

Il y a dix-sept ans environ que l'on a détruit la fameuse danse des morts, qu'on a généralement attribuée à Hollbein, mais qui, en réalité, avait été retouchée par Glauber, peintre qui vécut cinquante ans après lui. Ce sujet tout philosophique rappelait l'idée si noblement exprimée par Horace, et plus tard par Malherbe ; il montrait la mort faisant danser rois et paysans, guerriers et prélats. On prétend cependant que la conception était due à des mascarades usitées au moyen âge, et non à une contemplation religieuse. Quoi qu'il en soit, des masques couraient les rues, avec les attributs de la mort ; des danses s'exécutaient ensuite dans les cimetières en l'honneur des trépassés ; on leur donnait le nom de danses *macabres*. La superstition s'y attacha, et les représentations se multiplièrent à l'infini. La plus célèbre de toutes fut celle de Bâle, qui avait été décrétée par le concile pour transmettre à jamais le souvenir de la peste du quinzième siècle. Ces tableaux faisaient le tour d'un cloître. Bâle a encore un musée d'histoire naturelle, de physique et de chimie.

Le vêtement des femmes se distingue par la variété des couleurs ; elles portent communément un mouchoir de soie sur le cou, et leurs cheveux sont tressés, tandis que les jeunes filles laissent flotter les leurs. La jupe de coutil noir, à plis serrés, recouvre un jupon rouge, tous deux assez courts pour laisser voir une assez forte jambe chaussée d'un bas rouge, ce qui est d'un assez vilain effet. Le corset de couleur sombre, échancré par derrière, est relevé par l'éclat de belles manches d'un blanc très-propre. Tel qu'il est, ce costume paraît l'un des moins avantageux de la Suisse. Les hommes n'ont plus rien qui les distingue de tous les autres paysans du Sundgau ou du duché de Baden.

Accordons notre attention aux plus belles ruines qu'une cité romaine ait léguées à la postérité : près des villages de Basel-Augst et de Kaiser-Augst, sont les restes encore majestueux de l'ancienne Augusta des Rauraques, fondée au règne d'Auguste par Munatius Plancus, détruite au cinquième siècle par les barbares. Une vaste enceinte et des monuments épars attestent la grandeur de cette capitale ; les murailles ont, à certains endroits, presque toute leur hauteur ; on peut les suivre fort loin : tantôt elles s'abaissent vers le sol, tantôt elles s'élèvent ; mais il n'en existe qu'un seul côté ; au centre environ, on remarque les débris de quelques temples assez heureusement restaurés dans les dessins de M. Parent-Réal, auteur d'un ouvrage sur ce sujet. Le théâtre est d'une grande beauté. L'enceinte est composée de deux murailles unies entre elles par des piliers en forme de tours carrées : au dedans une autre série de tours rondes alterne avec ces piliers, de manière à rejoindre le pourtour intérieur de la double muraille aux endroits où elle ne renferme point de piliers. Outre ces supports, on remarque encore quelques restes de contre-forts extérieurs, qui s'élèvent de treize pieds au-dessus du sol ; l'enceinte en a trente-trois. Chacun de ces murs a environ quatre pieds d'épaisseur. Les couloirs qui mènent à l'orchestre en sont aussi revêtus ; et, comme l'enceinte, ils sont flanqués de tours circulaires ; il n'y avait d'escalier que dans le couloir du centre, qui s'élevait vers les gradins supérieurs Les deux autres aboutissaient de plainpied à l'orchestre. L'état de décadence où est ce théâtre a fait disparaître les gradins, et les massifs de maçonnerie sont surmontés de grands arbres et de broussailles. Les antiquaires ont calculé qu'il y avait place pour douze mille spectateurs. Ce monument offre un beau sujet de comparaison avec le théâtre de Mandeure, assis ou plutôt creusé au revers d'une colline, et dont les accidents de terrain ont favorisé la construction.

On visite avec plaisir les magnifiques jardins d'Arlesheim, puis le vieux château d'Angenstein, domaine autrefois des comtes de Thierstein, tour haute dont les immenses murailles renferment aujourd'hui des appartements fort élégants. La mousse envahit les créneaux ; le luxe moderne et le goût le plus exquis se sont logés dans les étages inférieurs... Bâle est la patrie du célèbre mathématicien Euler ; il y naquit le 15 avril 1707.

SCHAFFHOUSEN.

C'est le douzième canton, dans l'ordre des préséances ; il fut reçu dans la confédération en 1501. Le contingent de ce canton, en hommes, est de quatre cent soixante-six ; en argent, de neuf mille trois cent vingt francs de Suisse ; son territoire est comme une tête de pont sur la rive droite du Rhin ; il est en quelque sorte enclavé dans le grandduché de Baden, qui l'entoure au nord, à l'est et à l'ouest ; tandis qu'au sud il est coupé de la Suisse par le Rhin, qui, à la rive gauche, baigne la Thurgovie et une partie des terres de Zürich. Le sol appartenant à Schaffhouse n'est pas même contigu ; ainsi à l'est, il y a un district, celui de la ville de Stein, qui n'a aucune liaison avec le reste, et à l'est, un autre district, plus petit encore, en est entièrement séparé. Le canton a environ six lieues de long sur une largeur de trois ; sa superficie est de huit milles d'Allemagne carrés. Il y a beaucoup de montagnes, et surtout de collines calcaires, de gypses, d'argile, d'airain et de pétrifications. Le sommet le plus élevé est le Randen, qui a douze cents pieds de hauteur au-dessus du Rhin. Les habitants excellent à cultiver la vigne et les céréales. L'industrie n'y est point aussi active, et l'on a vu périr presque toutes les fabriques qui s'y étaient établies, à l'exception d'une filature, d'une manufacture d'acier et de quelques tanneries. On retire annuellement trente mille quintaux d'airain des mines, et on en alimente les hauts fourneaux de Laufen.

Le nombre des habitants est de vingtsix mille cent quatre-vingt-cinq, presque tous réformés, à l'exception du tiers de la population de Ramsen. Pour l'exercice des droits politiques, ils sont partagés en vingt-quatre tribus, dont douze appartiennent à la ville, douze à la campagne ; il n'y a de condition, pour voter dans ces tribus, que d'avoir accompli sa vingtième année. On y élit le petit et le grand conseil qui est composé de soixante et quatorze membres ; le choix ne peut porter que sur des citoyens nés dans le canton ; mais cette condition n'est pas requise pour être électeur. Les deux conseils, petit et grand, exercent la souveraine puissance, et sont législateurs ; mais le petit conseil, formé de vingt-quatre membres du grand, est investi du pouvoir exécutif et de l'administration; à lui appartient l'initiative des lois; à lui le jugement définitif des contestations judiciaires et administratives; mais, quand la peine de mort est prononcée, le grand et le petit conseil réunis peuvent exercer le droit de grâce. On les renouvelle de quatre en quatre ans, et ils sont présidés alternativement par deux bourgmestres. Les membres du grand conseil ne reçoivent d'indemnité que quand ils sont en même temps du petit. Toutefois les conseillers campagnards ont droit à des frais de voyage et de séjour. Les actes portent pour suscription : *Les bourgmestres et conseils de la ville et du canton de Schaffhousen.* Les artisans constitués en tribus se réunissent tous les ans en synode, sous la présidence du pasteur de la principale église, et en présence de commissaires du gouvernement.

Le mouvement général des esprits en 1830, à la suite de la révolution française, agita particulièrement le canton de Schaffhousen : les tribus de la campagne se réunirent et demandèrent la réforme de la constitution, une représentation plus étendue de leurs intérêts, et le partage du domaine public et communal, ainsi que la convocation d'une assemblée constituante. Le gouvernement y accéda par une proclamation du 30 janvier 1831, se déclara provisoire, et prit des mesures pour préparer la réunion de l'assemblée. Mais, quelque sagesse que les conseils eussent apportée dans leur conduite, ils ne purent empêcher quelques scènes tumultueuses et même sanglantes, à l'occasion des élections et de la ratification de la nouvelle constitution. Celle-ci fut acceptée le 2 juin, à une grande majorité; mais il fallut, l'année suivante, l'intervention des confédérés pour assurer l'exécution de la clause qui séparait les biens communaux de la ville d'avec le domaine de l'État.

Voici les principaux traits de la nouvelle constitution : la souveraineté émane de l'ensemble des citoyens actifs, mais ils l'exercent par voie de représentation. Les emplois sont accessibles à tous, sans aucune préférence ni privilége de naissance, de lieu ou de famille. Les personnes et les propriétés sont inviolables. La presse jouit d'une entière liberté, et le droit de pétition appartient à tous. Chacun doit prendre part aux charges publiques et au service militaire. Il est défendu d'en prendre à l'étranger, et l'on ne doit accepter de lui ni titres, ni places, ni honneurs. Le grand conseil est désormais composé de soixante et dix-huit membres, dont cinquante élus par les tribus, quarante-huit par les campagnes : il exerce le pouvoir législatif, nomme et surveille les diverses autorités. Il a un président et un vice-président, élus chacun pour un an. Le conseil exécutif ou petit conseil est réduit à onze membres. C'est toujours lui qui rédige les instructions pour la diète et qui prépare les projets de lois. Deux bourgmestres le président alternativement chacun pendant un an. Le canton est divisé en six districts : Schaffhousen, Stein, Thayngen, Neuenkirch, Unterhallau et Schleitheim; il y a, dans chacun, un tribunal de première instance, et tous sont soumis à un tribunal d'appel de onze membres, qui connaît aussi des cas matrimoniaux et des affaires correctionnelles et criminelles. Il y a un juge de paix et un conseil municipal par commune. La nouvelle constitution a laissé subsister le principe du renouvellement des conseils et des autorités de quatre ans en quatre ans.

Les revenus du canton, pour 1830, ont été de cent quarante-deux mille neuf cent soixante-huit florins, et les dépenses de quatre-vingt-quatorze mille cent cinq. Il y a longtemps qu'il jouit du bienfait des caisses d'épargnes, et les assurances s'élèvent, pour les propriétés bâties, à six millions trois cent quatre-vingt-dix-sept mille deux cent quatre-vingt-quinze florins, à raison de quatre mille cent quatre-vingt-une maisons, nombre dans lequel le district de Schaffhousen figure pour dix-huit cent cinquante-trois. Cette ville a sept mille habitants ; quoique vieille, elle est fort jolie ; ses rues sont très-propres, mais un peu désertes ; assise sur le penchant d'une colline, elle s'aligne le long du Rhin, au delà duquel elle possède un faubourg. Les édifices les plus remarquables sont les églises de Saint-Jean et de tous les Saints, enfin l'hôtel de ville, et tous appartiennent à l'architecture du moyen âge. Le pont sur le Rhin était cité comme l'une des merveilles de la Suisse. C'était le chef-d'œuvre du charpentier Grubenmann : construit en 1758, il fut brûlé le 13 août, en 1799, par les Français qui se retiraient devant les Autrichiens. On en conserve encore, à la bibliothèque de la ville, un petit relief en bois ; il n'était que d'une seule arche de trois cent quarante-deux pieds, et avait coûté quatre-vingt-dix mille florins. On dirait que la petite ville de Stein a voulu réparer cette perte en construisant un pont magnifique, dallé en pierre sur des couches de bois et des lames de cuivre. Celui de Schaffhousen servait autrefois de promenade et presque de casino politique. Le plus célèbre des écrivains de l'Allemagne, Gœthe, vint dans cette ville en 1797, et il peint d'un seul mot, mais de couleurs fort piquantes, les divers personnages qu'il a rencontrés dans son hôtel. Nous allons faire connaître à nos lecteurs quelques passages d'une correspondance qui ne fut publiée qu'après sa mort.

« Il y a, dans notre nature, un vif désir de trouver des mots pour décrire tout ce que nous voyons ; mais le besoin de voir de nos propres yeux ce qu'on nous a dépeint est peut-être encore plus vif. Dans ces derniers temps, les Anglais et les Allemands sont ceux qui ont le plus cédé à ce penchant. L'artiste qui présente à nos regards une contrée dont la description est connue nous cause un grand plaisir, et nous sommes reconnaissants aussi envers celui qui, dans un poëme ou dans un roman, fait agir ses personnages aussi bien qu'il le peut. Mais, soit qu'ils raniment des souvenirs, soit qu'ils éveillent notre imagination, le poëte ou l'écrivain nous procurent de grandes jouissances en nous transportant vers d'autres contrées, et même nous les parcourons volontiers leur livre à la main ; cela nous paraît plus commode, l'attention en est plus soutenue, et nous accomplissons notre route dans la société d'un ami dont les entretiens nous amusent et nous instruisent... C'est pour nous exercer en ce genre que nous donnons ici, sous la forme d'une simple esquisse, la description de la chute du Rhin, sans la dégager des courtes annotations d'un livre-journal. Souvent encore on peindra, souvent on décrira ce phénomène, et toujours le spectateur en sera étonné ; il essayera de communiquer ses sensations, mais toujours il laissera quelque chose à dire, et jamais le sujet ne sera épuisé.

« Le 17 septembre au soir. Descendu à la Couronne. Ma chambre est ornée de gravures qui représentent l'histoire des malheurs de Louis XVI... Je résolus d'écrire les tristes méditations qu'elle m'inspira. Le soir, à table, des émigrés, une comtesse, des officiers de Condé, des prêtres. — Le 18 septembre. A six heures et demie, départ pour la chute du Rhin. Couleur verdâtre de l'eau ; les hauteurs sont couvertes de nuages, le pied des montagnes en est dégagé ; le château de Laufen y cache sa tour, on ne l'aperçoit qu'à demi. La vapeur liquide de la chute semble se confondre avec le nuage et monter avec lui.

« Pensée qui se reporte à Ossian ; le nuage plaît à celui dont l'âme est agitée de fortes impressions. On arrive par Uwiesen, village dont les vignobles sont sur la hauteur, les champs dans le fond. Le ciel s'éclaircit lentement, les nuages passent encore sur les sommets. — *Laufen*. On descend sur la roche calcaire. Les différentes parties de la chute vues de l'échafaudage en bois ; — rochers perpendiculaires du milieu ; ils sont usés par le frottement ; l'eau les heurte, et se précipite avec violence contre cet obstacle ; leur résistance ; l'un en haut, l'autre en bas ; ils sont complétement submergés. Vagues rapides, tourbillons dans la chute, tour-

24ᵉ *Livraison*. (SUISSE.)

noiements dans le bassin. Dans sa course, l'eau apparaît verdâtre ; quand elle se brise, elle prend une légère teinte de pourpre. Ses flots écumants se jettent sur les rives à droite et à gauche ; le mouvement retentit au loin, mais l'eau reprend sa course et sa couleur verte. — Idées que fait naître la violence de la chute, inépuisable et continuelle puissance de la nature. Destruction, immobilité, durée, mouvement, retour immédiat au repos !... D'une part, des moulins, de l'autre, une estrade. Il était donc possible de renfermer dans ces limites l'admirable aspect de ce beau phénomène. Les entours sont des vignes, des champs, des bosquets.

« Jusqu'ici les nuages permettaient de distinguer à merveille tous les détails : le soleil se montra jetant obliquement ses rayons sur l'ensemble. La lumière partagea la masse aquatique ; et, divisant ses parties antérieures et postérieures, donna en quelque sorte un corps à l'ensemble. La lutte des courants entre eux parut prendre une nouvelle force, parce que l'on apercevait mieux leurs directions et leurs divisions. Dans le fond, des colonnes rejaillissantes se distinguèrent de la poussière humide, et la moitié d'un arc-en-ciel vint illuminer l'ensemble. Plus la contemplation durait, et plus aussi le mouvement paraissait gagner en vitesse. En général, il faut que ce qui est parfait nous prédispose à le comprendre ; ce n'est qu'après quelque temps que nous nous élevons jusque-là. C'est ainsi que les personnes belles nous paraissent toujours plus belles, les spirituelles toujours plus spirituelles... La mer engendre la mer ; si on voulait se figurer les sources de l'Océan, c'est ainsi qu'il faudrait se les représenter. — Lorsqu'on est parvenu à ramener le calme dans son esprit, l'imagination remonte le cours du fleuve jusqu'à sa source, et l'accompagne ensuite dans la direction opposée. — Quand on redescend de l'estrade vers la rive, on est impatienté de la manie d'établir partout des parcs. Il est bien d'aider à la nature, mais il est dangereux de réaliser certaines fantaisies d'imagination, quand les plus grandes scènes de la nature elles-mêmes restent en arrière de l'idéal. — Nous traversons le fleuve. — La chute vue de la partie antérieure. — Toujours belle, on en juge mieux les parties ; ses variétés prennent de plus grands développements ; on calcule mieux les divers effets, depuis l'onde indomptable à droite jusqu'à celle dont l'industrie a su tirer parti à gauche.

« Au-dessus de la cataracte, on admire ces belles parois de rochers, et l'on juge, ou plutôt l'on conjecture quelle est la marche du fleuve à son arrivée : à droite, le château de Laufen. J'étais placé de manière à voir, sur le premier plan, le petit château de Wörth et la digue. Là sont encore des roches calcaires, et telle est probablement aussi la nature des roches du milieu du fleuve. — Petit château de Wörth. J'y entrai pour boire un verre de vin. Aspect du maître. A la muraille était suspendu le portrait de Trippel. Je demandai au maître s'il était son parent. Cet homme s'appelle Gelzer, et il en est le cousin germain par sa mère. Ses aïeux lui ont transmis le bail du petit château, du péage, de la vigne, de la pêche au saumon..... etc. A dix heures, je repassai le fleuve ; le soleil éclairait toujours la chute ; les masses de lumière étaient entremêlées de masses d'ombre jetées par les rochers du centre et par ceux de Laufen... Je revins à l'estrade, et je compris que mes sensations précédentes étaient déjà mélangées d'autres impressions, car le fleuve me parut se précipiter plus rapidement qu'auparavant ; l'arc-en-ciel était dans sa plus grande beauté, et plongeait dans ces eaux qui menaçaient de le renverser, et cependant le reproduisaient toujours. — Considérations sur ma sécurité à côté de cette incroyable puissance... La contrée que nous avons parcourue au retour est riche de culture ; il y a de nombreux villages ; elle est comme parsemée de maisons. En face sont les châteaux de Hohentwyl en Souabe, et les rochers d'Engen ; à droite et dans le lointain, les grandes montagnes de la Suisse. »

Cette description, à la fois philosophique et saccadée, ressemble à de simples notes. Goëthe n'avait à sa disposition que de grandes pensées ; il dédaignait les grandes phrases, et son admiration se manifestait par de fréquentes visites. Il rend compte, dans la même lettre, d'une excursion qu'il a faite l'après-midi. L'aspect de Schaffhousen, ses champs entourés de haies, sont très-bien décrits, et toujours d'un seul trait, d'un seul mot. « Je n'ai rien vu dans la ville qui fût de bon ou de mauvais goût : c'est comme un pont entre l'Allemagne et la Suisse, etc. » Nous n'avons pu donner que la moitié de cette charmante lettre. Schaffhousen est la patrie de l'illustre Jean de Müller, historien digne de l'antiquité. S'il se perd dans les détails, s'il est complet pour tous les temps, pour tous les lieux, du moins son lecteur aime à se perdre avec lui. D'ailleurs tout est grand dans cet héroïque pays, tout est noble avec un tel narrateur. Thucydide et Tacite ne sont pas plus profonds dans leurs sévères compositions ; Tite-Live n'est pas plus inspiré que l'historien moderne de cette république à la couleur antique, aux traditions patriotiques et sacrées ; et quand les noms de quelques solennités guerrières viennent prendre place dans les annales du monde, Jean de Müller est toujours historien, toujours véridique ; mais telle est l'habileté du narrateur, que l'on croirait entendre la poésie épique se réciter en quelque sorte elle-même, et dominer à l'avance les générations à venir qui écouteront cette voix imposante avec la même admiration pour Morgarten, Sempach, Næfels, Laupen, Granson, Morat, et Jean de Müller lui-même, car lui aussi est une des gloires du pays.

APPENZELL.

Appenzell avait depuis longtemps affranchi son territoire : souvent menacée, son indépendance avait toujours triomphé, grâce à l'héroïsme de ses habitants. Plusieurs traités particuliers lui assuraient la protection des Suisses ; cependant ils intervenaient aussi de temps à autre pour l'abbé de Saint-Gall. Enfin, en 1513, un canton nouveau vint porter à treize le nombre de ceux qui formaient la fédération. Appenzell fut le dernier de ces treize, et pendant longtemps quelques pays devenus aussi membres de l'association n'en furent que les alliés. Les événements de la révolution française, les guerres qui en ont été la suite ont changé la position de ces républiques, ont donné à la Suisse Genève, Neufchâtel et les Grisons ; mais, pendant trois siècles, on disait les treize cantons, et ce fut l'accession d'Appenzell qui fit prévaloir cette locution jusqu'en 1798.

Ce canton est le treizième aussi dans l'ordre des préséances ; il est situé à l'est de la Suisse et se trouve enclavé dans celui de Saint-Gall ; sa plus grande longueur est de dix milles d'Allemagne, sa plus grande largeur de six ; sa superficie a été calculée à dix milles et demi carrés, dont deux trois quarts aux rhodes intérieures. La hauteur des montagnes en rend le climat fort inégal et fort variable. Au sud, le canton est borné par une ligne de rochers interrompue par d'étroites vallées ; c'est comme la ligne avancée des Alpes. Le Sæntis et le Camor sont les pics les plus élevés, et la Sitter s'élance du sein de vallées escarpées et pierreuses. On divise le canton en rhodes intérieures et extérieures, et ce partage fut une des conséquences de la réformation, comme on l'a vu dans le cours de cette histoire. Les catholiques possèdent les rhodes intérieures, qui sont les moins fertiles et les moins peuplées ; il y a dans la partie protestante de fort jolis villages et une belle culture. En général, le canton est riche en pâturages, et il y entretient jusqu'à vingt-trois mille vaches. La race bovine est beaucoup plus grande qu'à Glarus, Uri et Unterwalden. On travaille fort bien la laine, la mousseline, etc.

Les rhodes intérieures comptent trente-neuf mille quatre cents habitants répartis en neuf communes ou rhodes; la partie catholique en a treize mille cinq cents; en tout, cinquante-deux mille neuf cents. Ces deux parties réunies n'ont à la diète qu'une seule voix. Les instructions sont délibérées en commun; la présidence de la députation alterne entre les deux députés. Dans les rhodes extérieures, les plus riches communes sont Trogen et Speicher. Hérisau, Teufen et Gaïs, se sont aussi élevées à un haut degré de prospérité. La constitution y est démocratique et repose sur le principe de la souveraineté du peuple, qui s'assemble tous les ans, le dernier dimanche d'avril, tantôt à Hundwyl, tantôt à Trogen, pour élire ses magistrats, dont les fonctions sont annuelles aussi. Il suffit d'être âgé de seize ans pour exercer les droits politiques. Les traités, les lois, la guerre, la paix dépendent de cette assemblée; elle seule confère le droit de bourgeoisie. La seconde autorité est celle d'un conseil composé des fonctionnaires et des capitaines, ainsi que d'un certain nombre de conseillers; ils disposent des emplois, font les règlements militaires, etc., etc. Le grand conseil s'assemble deux fois par an, en automne et au printemps; il est composé de dix fonctionnaires et de tous les capitaines des communes; il réunit le pouvoir exécutif au pouvoir judiciaire. Il y a, outre cela, de petits conseils pour l'administration courante. Le landamman est à la tête de tous ces rouages si compliqués. Il y a pour les mariages des tribunaux mixtes desquels font partie des ecclésiastiques.

La rudesse du climat est une entrave à l'agriculture dans les rhodes intérieures; on n'y a introduit la culture de la pomme de terre que depuis 1808; jusque-là il n'y avait guère que des pâturages. La simplicité des mœurs est restée celle des anciens jours. La constitution repose sur le même principe que dans les rhodes extérieures, mais le grand conseil a cent vingt-quatre membres; il propose les projets de loi et le vote de l'impôt, et juge en dernier ressort les procès entre particuliers et les affaires criminelles. Le petit conseil est divisé en sections appelées conseils de semaine. Le clergé relève de l'évêché de Coire. On doit le service militaire à dix-huit ans. Le contingent des rhodes extérieures est de sept cent soixante et onze hommes et sept mille sept cent vingt francs; celui des rhodes intérieures de deux cents hommes et quinze cents francs.

Les changements opérés par suite de la révolution de 1830 ont été adoptés sans difficulté dans les rhodes intérieures, mais dans les rhodes extérieures le conseil se refusa d'abord à toute réforme. Un projet présenté en 1833 par une commission de révision échoua à l'assemblée de Hundwyl; enfin, le 1er août 1834, le peuple, réuni à Trogen, adopta une constitution plus appropriée aux besoins de l'époque; toutefois le principe de séparation entre les pouvoirs administratifs et judiciaires n'a point prévalu. L'instruction primaire a pris de grands développements; l'industrie, depuis quarante ans, s'est accrue considérablement, et l'esprit d'association, sous les auspices d'une compagnie fondée par Appenzell, de concert avec Saint-Gall, y a beaucoup contribué.

Le canton d'Appenzell n'a point d'antiquités romaines, bien que quelques chroniques assignent cette origine à une vieille tour voisine de Hérisau, qui n'est autre qu'un château du moyen âge, comme ceux de Rosenberg et de Rosenbourg qu'on voit près de la même ville. Le célèbre château de l'évêché, le vieux donjon de Clanx au-dessus d'Appenzell, n'a plus que des restes fort insignifiants; la plupart des autres ont totalement disparu. Il y a dans les arsenaux beaucoup de drapeaux conquis.

Gaïs, célèbre par les cures qu'on vient demander à ce séjour monotone, est au pied de l'escarpement méridional du Gæbris; il y a de jolies prairies qui contrastent par leur verdure avec ces

masses décharnées, mais l'absence des arbres jette beaucoup de tristesse dans l'âme des voyageurs; on y avale force verres de lait de chèvre et on se baigne dans le petit-lait; il y a aussi trois sources d'eaux minérales sulfureuses. On fait souvent des promenades vers les sommets voisins, d'où l'on jouit de points de vue admirables sur la vallée du Rhin et jusque sur les Grisons. Le plus fréquenté est le Stœss, où il y a une chapelle fondée en l'honneur de la grande victoire de 1405. En 1826, l'association patriotique de Sempach vint y célébrer une fête en commémoration de cette action héroïque. Le voyageur Simon remarque que le champ de bataille n'était pas commode pour les assaillants, qui avaient à gravir et à combattre en même temps sur une pente rapide de trois cents toises de haut. Nous lui emprunterons quelques détails sur les métairies du Gæbris. « Les vaches qui
« viennent matin et soir au chalet se
« faire traire, attirées par un peu de
« sel, étaient ici attachées chacune à la
« crèche par sa chaîne, leur poil lustré
« comme celui du cheval le mieux tenu.
« Quelques-unes portaient, suspendue
« au cou par un collier de cuir large
« et chargé d'ornements, une cloche
« de forme ovale aplatie et du diamètre
« d'un pied environ. Ce sont des ber-
« gers et non des bergères qui traient
« les vaches. Pendant l'opération, un
« d'eux entonne le ranz des vaches...
« Il y a, dans ces simples accents mo-
« notones et peu mélodieux en eux-mê-
« mes, un mélange d'expression plain-
« tive et douloureuse et d'âpreté sauvage
« dont l'effet est extraordinaire, et le
« cri aigu du refrain ressemble à celui
« dont les naturels de l'Amérique sep-
« tentrionale marquent leurs chants de
« guerre. Il est aisé de concevoir com-
« ment le ranz des vaches, lié aux sou-
« venirs du jeune âge, à ses attache-
« ments, à ses plaisirs, et rappelant les
« lieux, les choses, les personnes, peut
« affecter si puissamment les Suisses
« éloignés de leur pays... La meilleure
« vache avec son veau coûte dix louis;
« pendant les premiers mois, elle donne
« par jour huit à dix pots de lait. » On trouve dans ce même voyage des détails très-curieux sur la construction des chalets en bois de mélèze élevés sur un soubassement de pierre, chalets qui ne sont habités que par les bestiaux, et quelquefois servent de magasin ou de cave.

Dans ces solitudes, au milieu des roches décharnées, si la cloche lointaine vient retentir à l'oreille du pâtre ou du chasseur, il est saisi d'un sentiment religieux bien plus vif que l'habitant des cités. Pour lui, il y a tout un abîme entre l'office du hameau et la prière qu'il articule avec recueillement au haut des montagnes. La cloche de Gaïs est sonore; elle fait vibrer toutes ces vallées, elle rompt le silence solennel de ces alpes. La conviction des vérités de la religion est toute-puissante sur ce peuple qui a conservé une grande simplicité dans ses mœurs et dans ses jeux nationaux. Nous citerons une sorte de partie de barres entremêlée de joutes militaires; on l'appelle le jeu des chevaliers. Les habitants de Trogen et de Speicher se réunissent en corps d'armée; ceux de Gaïs et de Teufen se mettent à cinq cents pas de là; un homme sort des rangs, marche à l'ennemi en s'écriant : « Chevaliers, chevaliers, voici le capitaine! » Alors il court vers un but qu'un adversaire doit atteindre avant lui. Ces provocations durent jusqu'à ce que les deux troupes soient en course. Quiconque est attrapé et pris, doit rester à quelques pas assis, comme un prisonnier de la station ennemie. L'on continue jusqu'à ce que tout le monde soit ou prisonnier ou vainqueur, et la victoire générale dépend du plus grand nombre de ceux qui ont atteint le but sans être pris. Le jeu du cercle est à peu près le même : quelqu'un en fait le tour, et, frappant un de ceux qui le forment, il s'enfuit et franchit haies et fossés jusqu'à ce qu'il ait été rejoint ou qu'il ait épuisé son rival. La plupart des divertissements ont pour cause la gymnastique; il en est un qui consiste à soulever son adversaire par la boucle de sa culotte, à le renverser et à le contenir par terre. Le plus souvent il se relève et prend sa revanche, mais à une seconde chute il est déclaré vaincu.

Le village d'Appenzell, au pied du Sæntis, a un caractère particulier; ses maisons, d'un brun noir, sont répandues sur la rive gauche de la Sitter, au milieu de prairies et de vergers. L'église a été fondée en l'honneur de saint Maurice, par l'abbé de Saint-Gall, Norbert, en 1061, mais elle a été rebâtie dans le genre moderne en 1826 : la tour seule est restée, et contraste avec les malencontreux embellissements que substituent partout des temples grecs ou même des granges aux édifices du style religieux. L'église possède un tableau qui représente un trophée composé de tous les drapeaux conquis : au cimetière reposent les restes de l'infortuné landamman Sutter, dont nous avons raconté les malheurs. La chapelle de la Croix est incontestablement la plus ancienne du pays, mais c'est à tort qu'on veut en fixer la construction à l'an 647. Le couvent des capucins se livre à la singulière industrie d'élever des escargots pour les vendre. Il y a aussi des sœurs de Saint-François. L'hôtel de ville est d'une simplicité antique. Aux archives, on conserve les drapeaux pris sur l'ennemi : là sont une bannière de Constance, puis celles de Winterthur et de Feldkirch, ces deux dernières provenant de la victoire de Wolfhalden. Un drapeau du Tyrol porte l'inscription menaçante *Hundert teufel*, c'est-à-dire *cent diables*, ce qui ne l'empêcha pas d'être prise à Landeck, en 1407, par des gens plus diables que ceux qui la portaient. On y voit aussi deux drapeaux enlevés aux Vénitiens à la bataille d'Agnadel. Les bains et la source d'eau minérale sont fort négligés. Le Sæntis est une haute montagne où les troupeaux d'Appenzell vont passer l'été, tandis que le revers oriental appartient au Rheinthal : la paroi de roc qui revêt son incommensurable flanc s'appelle der Stiefel, *la Botte*. La superstition rapporte qu'un amman du Rheinthal, surnommé *Stiefelhanns* ou Jean de la Botte, y revient pour expier ses méfaits. Les ascensions au Sæntis ne sont pas sans danger : il n'y a pas bien longtemps qu'un colonel suisse vit son guide tué par la foudre; atteint lui-même, il avait été obligé de se traîner à travers les neiges, au risque de tomber dans les précipices, jusqu'à ce qu'enfin il parvint à découvrir un chalet qui le recueillit. Le Camor est aussi une montagne de la chaîne appelée Alpstein, mais il appartient pour la plus grande partie au Rheinthal, sur lequel il s'abaisse perpendiculairement : comme sa composition géologique est absolument la même que celle des couches du Vorarlberg, on suppose que le Rhin qui les sépare s'est violemment frayé un passage. Vers le nord, la pente est assez douce, et l'on y trouve beaucoup de métairies. Non loin de la cime est une grotte de quatre pieds d'ouverture nommée Wetterloch; les pierres qu'on y jette roulent pendant une minute, et, à en juger par le son, elles ont de grands intervalles à franchir et retombent en éclats : on pense que sa profondeur est au moins de six cents pieds. Il y a plusieurs points de vue dignes du Rigi : d'une part les alpes d'Appenzell, de l'autre le lac de Constance et la Souabe; enfin, à ses pieds, on a la tortueuse vallée du Rhin, et, vis-à-vis, le Vorarlberg et les glaciers du Tyrol.

L'un des objets les plus dignes d'être visités est Wildkirchlein ou la chapelle des rochers : on se réunit à Weisbad, autre lieu de cure par le petit-lait, fort bien approprié au repos des malades et au plaisir des voyageurs. En été, on y accourt de Gaïs et de Saint-Gall, et la place publique est toujours peuplée d'un monde fort élégant. De là on gravit un sentier pierreux, et, après quelques heures, on rencontre un pont de bois suspendu sur un horrible précipice; bientôt se présente l'ermitage taillé dans le roc vif : au dix-septième siècle, le bruit de sa clochette faisait mettre à genoux tous les bergers des Alpes; maintenant il n'y reste qu'un cabaret. Il y a dans ces voûtes quelques stalactites; mais il est assez difficile d'y arriver, parce qu'il faut gravir des quartiers de roc.

Hérisau est agréablement situé sur la rive droite de la Glatt, au confluent du Bruhlbach, et ces courants font mouvoir beaucoup de moulins et de fabriques. Le bourg est fort joli et compte deux mille trois cents habitants. On a aussi la prétention de posséder une tour romaine, mais elle est du moyen âge et sert de clocher à l'église. Les châteaux de Rosenberg et de Urstein ont fourni leurs belles ruines à des constructions modernes; il en reste bien peu de murailles; des ordres de l'autorité ont mis un terme à ces destructions. A un quart de lieue du bourg est un établissement de bains sous le nom de Heinrichsbad : quoique la source fût connue depuis longtemps, ce ne fut qu'en 1824 qu'un négociant appelé Henri Steiger y construisit des bains.

Outre les hommes que l'histoire nous a donné occasion de nommer, nous citerons Jean Grubenmann de Teufen, né en 1710, l'inventeur des ponts suspendus : il a construit ceux de Schaffhousen et de Wettingen; il a été l'architecte des églises de Teufen et de Wædenschwyl. Le chant et surtout le chant d'église est poussé à un haut degré de perfection dans l'Appenzell.

SAINT-GALL.

Le canton de Saint-Gall est le quatorzième pour le rang qu'il tient dans la fédération : à l'orient, il est séparé des Grisons, du Vorarlberg et de la Souabe, par le Rhin et le lac de Constance; à l'ouest, il confine à Zürich, Glarus et Schwytz; au sud, aux Grisons; au nord, à la Thurgovie, et, dans le centre de son territoire, il renferme et entoure de tous côtés l'Appenzell, qui appartenait à ses abbés, et qui se présente avec ses hautes montagnes comme une citadelle de la nature. L'aspect du territoire de Saint-Gall est en général fort gracieux; son sol est fertile et de cultures très-variées. La vigne prospère dans le Rheinthal, conquête autrefois de l'Appenzell sur les archiducs. Les collines du Toggenbourg sont aussi très-riches; mais au sud du canton sont les glaciers, les chamois, les ours, les lœmmergeyer. Les rivières principales sont la Linth, la Settir, la Tamina : le lac de Wallenstadt appartient à celui de Zürich, et celui de Constance appartient à Saint-Gall ou lui sert de frontière. L'élève du bétail est la principale industrie agricole; les forêts sont considérables, et on exploite aussi la tourbe. Les manufactures de drap et de flanelle, les blanchisseries, les tissages et surtout la broderie, occupent beaucoup de bras, et le commerce est très-actif, surtout au chef-lieu. On compte dans le canton quarante-huit mille cent neuf maisons assurées, et, d'après le recensement de 1831, la population y est de cent cinquante-six mille huit cent trente-quatre habitants, dont cent un mille neuf cent soixante et dix-sept catholiques et cinquante-quatre mille huit cent trente-sept réformés, indépendamment de celle du chef-lieu qui est de huit mille neuf cent six, ce qui en porte le chiffre total à cent soixante-cinq mille sept cent quarante âmes. Le clergé catholique compte, y compris les religieuses, trois cent cinquante-six personnes, tandis qu'il n'y a que soixante et dix pasteurs réformés. On exporte annuellement trois mille peaux de bœufs ou vaches, et deux mille peaux de chèvres. Les filatures ont quatre-vingt-huit mille broches.

Composé du territoire de l'ancienne abbaye du Rheinthal, des seigneuries de Sax, Sargans, Uznach, Werdenberg, du Gaster et du Toggenbourg, le canton est partagé en huit districts. Il n'y a de privilége de lieu, de naissance, de famille, ni de personnes : un décret du grand conseil peut conférer les droits de citoyen. Chaque commune politique (il y en a plusieurs réunies en une seule) élit un amman ou maire, et un conseil municipal de quatre à douze membres, selon la population, et les fonctions de ces magistrats durent six ans; mais ils sont rééligibles au renouvellement qui se fait par tiers et tous les deux ans. Cela n'empêche pas que chaque commune isolée ne se constitue une administration particulière. Dans chaque district, il y a un gouverneur nommé par le pouvoir central; il préside à l'administration et à la police, et remplit aussi les fonctions de juge instructeur. Le pouvoir souverain est confié à un grand conseil composé de cent cinquante membres; il se réunit deux fois l'an à Saint-Gall; ses sessions durent un mois, et peuvent être prolongées par le petit conseil. Le grand conseil délibère sur les projets de loi, se fait rendre compte de l'administration et des finances, vote l'impôt, fixe le nombre et le traitement des fonctionnaires, nomme les députés à la diète et leur donne ses instructions; il exerce aussi le droit de grâce, et choisit dans le sein du petit conseil deux landamman, l'un catholique, l'autre réformé. A Saint-Gall, comme dans beaucoup d'autres cantons, l'un de ces landamman préside le grand conseil et l'autre le petit, et ils alternent annuellement. Le grand conseil se compose d'au moins neuf membres pris dans le sein du petit, et propose les lois, qu'ensuite il fait exécuter. C'est le pouvoir le plus élevé en fait d'administration et de police. Il veille à l'organisation de l'armée et à la sûreté intérieure. Il y a un tribunal supérieur de treize membres devant lequel sont portés les appels. L'élection confère le titre de membre du grand conseil à quatre-vingt-quatre catholiques et à soixante-six réformés : on en sort après trois ans d'exercice, mais on peut être réélu. Chaque district a un corps électoral élu par les communes : celui-ci élit le grand conseil, qui, à son tour, élit le petit pour neuf ans, de façon à ce qu'à chaque révolution de trois ans il en sorte un tiers. On suit à peu près le même système pour l'élection des tribunaux de district. Les affaires litigieuses entre les deux religions sont terminées par des arbitres. Il y a des juridictions particulières pour les affaires matrimoniales, et pour l'instruction publique des réformés un conseil évangélique, enfin un synode pour les affaires ecclésiastiques. Les catholiques ont un conseil d'administration composé de quinze membres. Le canton a quatre couvents de moines et onze de religieuses. Saint-Gall fournit un contingent fédéral de deux mille six cent trente hommes et trente-neuf mille quatre cent cinquante francs de Suisse. Après l'anéantissement de l'acte de médiation, en 1814, deux partis se disputèrent le pouvoir, l'un entièrement démocratique, l'autre formé des anciens amis du dernier abbé Pancrace. Les prétentions respectives n'arrivaient pas à une solution satisfaisante. En 1830, le canton, qui avait été admis dans la fédération, en 1798, crut devoir, à l'exemple des autres, procéder à la réforme de sa constitution; il y eut des rassemblements, et principalement à Alstetten et dans le Rheinthal, dans le Toggenbourg et à Wattwyl, enfin à Rorschach. On décréta que le peuple nommerait une commission, et, malgré l'opposition de l'évêque de Coire, on proclama la souveraineté du peuple, l'égalité des citoyens; on défendit de porter des ordres étrangers, d'accepter des titres, des pensions ou des emplois; on consacra le droit de rachat des rentes et redevances, la liberté de la presse et le droit de pétition, la liberté individuelle, la publicité des débats, ainsi que la liberté du commerce et l'abolition de tous les monopoles. Par une nouvelle division territoriale, on répartit le canton en quinze districts; la représentation des catholiques au grand conseil fut augmentée de quatre membres, celle des réformés diminuée d'autant; le nombre des membres du petit fut réduit à sept. Le grand conseil fut désormais sous la direction d'un président, tandis que le petit fut présidé par un landamman; on restreignit la durée des pouvoirs à deux ans pour le grand conseil, à quatre pour le petit. Les tribunaux subirent des réformes analogues. Le revenu annuel est de deux cent vingt-huit mille florins; la dépense de cent quatre-vingt-dix mille. Il y a deux cent neuf écoles primaires alimentées par un fonds particulier; les gymnases et les écoles supérieures de Saint-Gall sont excellents.

La capitale du canton est située au milieu des montagnes, entre la Sitter et la Steinach : de nombreuses maisons de campagne et de beaux jardins en ornent les environs; les rues sont larges, propres et animées, et les maisons bien bâties. Voici la jolie description qu'en fait M. Théobald de Walsch, que nous avons eu plus d'une fois l'occasion de citer : « Le chef-lieu du can-
« ton de Saint-Gall offre à l'observa-
« teur deux parties bien distinctes,
« représentant deux époques qui ne le
« sont pas moins. Les bicoques étroi-
« tes, irrégulières, qui s'entassent tou-
« tes noircies par le temps dans l'en-
« ceinte resserrée des anciens murs,
« vous reportent au temps de la petite
« ville municipale ayant sans cesse à
« lutter contre des voisins envahis-
« seurs. Les habitations nouvelles qui
« forment le faubourg marquent l'é-
« poque industrielle : élégantes, pro-
« pres, confortables, elles sont un con-
« traste frappant avec leurs voisines.
« Ces charmantes demeures, entourées
« pour la plupart de jardins, respirent
« un sentiment de bien-être qui ne fait
« pas pencher la balance en faveur du
« bon vieux temps. On voit que les né-
« gociants et les fabricants de Saint-
« Gall ne se bornent pas à savoir faire
« travailler avantageusement leurs ca-
« pitaux, mais qu'ils possèdent, ce qui
« vaut mieux, l'art d'en jouir et de
« s'en faire honneur. C'est un effet
« étrange que celui que produit au pre-
« mier coup d'œil cette contrée, qui
« est, à la lettre, tapissée de percale et
« de mousseline qu'on étend sur le
« gazon pour la faire blanchir. Aussi
« loin que la vue peut atteindre, tout
« paraît blanc, et l'on dirait qu'il a
« neigé, par exception, dans le vallon
« spacieux au milieu duquel la ville est
« située. Une dame de ma connais-
« sance, en approchant de Saint-Gall,
« fut dupe d'une illusion analogue, et
« demanda quel était donc ce lac qu'elle
« apercevait à une certaine distance. »

L'antique abbaye n'existe plus; l'église a été rebâtie en 1755 : on l'a récemment ornée de belles peintures à fresque de Morato. La bibliothèque est devenue cantonale; c'est de là que le Pogge, au douzième siècle, retira la correspondance de Cicéron. A son retour de l'ambassade de Rome, Niebuhr s'arrêta quelque temps à Saint-Gall, mais il n'y put découvrir que les obscurs fragments du poëme de Merobaudes, qu'il publia en la même année 1823. Cette bibliothèque possède encore plus de mille manuscrits. L'abbaye est devenue le siége du gouvernement; néanmoins on en a réservé un corps de logis pour l'évêque de Coire. Les églises de Saint-Laurent et de Saint-Mangen sont les seules dont un antiquaire puisse s'occuper; elles servent au culte réformé. L'hospice des orphelins est un superbe édifice. Ébel prétend qu'il y avait de son temps trente à quarante mille brodeuses dans le canton; il y en a un très-grand nombre dans la ville, et les femmes y sont en général fort jolies.

Baigné par le Rhin dans toute sa longueur, le canton de Saint-Gall touche au beau lac de Constance et à celui de Zürich, et renferme en lui-même les sombres escarpements de celui de Wahlenstadt. La nature y présente tour à tour les sites les plus brillants et les plus majestueux. Rorschach, dernier séjour des abbés, est aujourd'hui un port florissant : du haut de ses collines fertiles, l'œil parcourt une plaine aquatique de plus de cinq lieues de largeur, et de lointaines embarcations arrivent de la Souabe ou de l'Autriche, ou bien c'est le rapide bateau à vapeur de Constance qui débarque ses nombreux voyageurs sur le seuil de la Suisse. Entre le canton d'Appenzell et celui de Zürich s'étend l'antique comté de Toggenbourg : nous avons parlé déjà de son vieux donjon, de ses tours, de ses anecdotes. La tradition et l'imagination brillante de Schiller y ont ajouté le charme d'une des plus belles ballades qu'il ait composées. Un chevalier, dont l'amour avait été froidement accueilli, part pour la terre sainte, et ses exploits portent si haut sa réputation, qu'il espère se faire un titre de sa gloire pour obtenir la main de celle qu'il aime. Il arrive la veille du jour où elle avait pris le voile. Désespéré, il fait bâtir un ermitage vis-à-vis du couvent : là il épiait chaque matin l'heure où la jeune fille objet de ses vœux venait à sa fenêtre... immobile, il l'attendait; mais un jour on le trouva, cadavre inanimé, étendu dans ce même lieu et le visage tourné vers cette même fenêtre.

La plus belle partie du canton est au sud; le lac de Wallenstadt et les hautes montagnes qui dominent la vallée jusqu'à Sargans et Ragatz feront à jamais l'admiration des voyageurs. Le lac est assez dangereux pour que le gouvernement ait cru devoir prendre des précautions extraordinaires : il défend aux bateliers de naviguer par certains vents; à la moindre apparence d'orage, ils doivent suivre la côte méridionale; mais la police ferait mieux d'étendre sa sollicitude à la forme des bateaux, qui n'ont presque pas de bord et qui risquent toujours d'être submergés. M. Simon fait remarquer que la construction en est faible autant que grossière, et qu'ils n'ont pas même de revêtement intérieur qui puisse défendre les planches contre les coups de pied des chevaux; enfin qu'ils marchent également mal à la voile et à la rame. Le côté du nord est très-escarpé : les roches ne sont pas semblables sur la rive opposée; les couches de même nature sont autrement disposées. Autrefois le lac baignait le petit bourg qui lui a donné son nom, mais il s'en est peu à peu retiré; il est long de quatre lieues et n'en a tout au plus qu'une de large. Malgré tous les dangers de cette navigation, on ne se souvient d'aucun événement tragique. Le lac ne gèle jamais; il abonde en poissons; on y pêche de grands saumons venus du Rhin et des truites de trente livres.

Sargans est un joli bourg rebâti en 1811, après un incendie; son antique château, assis sur une roche de marbre, est encore habitable, mais n'est plus habité. Jusqu'à la dernière guerre, c'était la demeure du bailli. On y jouit d'une vue magnifique sur le bassin du lac de Wallenstadt, dont cependant l'on est déjà fort éloigné, et sur le cours du Rhin qui passe auprès de Ragatz : le peu d'élévation du sol a fait conjecturer qu'autrefois ce fleuve avait un autre cours, et traversait les lacs de Wallenstadt et de Zürich, au lieu de passer entre le Schollberg et le Falkness. On admet que, dans ces temps anté-historiques, le pays compris entre Bade et Coire formait un lac, et l'on fait sur l'avenir de ce fleuve les plus beaux raisonnements; enfin l'on calcule à l'avance ce que produirait le plus léger éboulement du Schollberg. Ragatz est un fort joli village sur le bord de la Tamina, qui se précipite à travers un gouffre profond : là, de hautes montagnes presque verticales, de sombres forêts qui descendent jusqu'aux habitations, enfin de vieux châteaux qui mêlent aux teintes sévères de la nature la gravité et le vague des souvenirs : tels sont Freudenberg, Nydberg et Wartenstein. En été, Ragatz est la halte des voyageurs qui vont à Pfeffers : il y a deux chemins pour s'y rendre, l'un par Valenz; l'autre, en passant près de l'abbaye, s'attache au flanc escarpé de la montagne. L'abbaye n'offre rien qui doive longtemps arrêter les regards; cependant elle a été fondée en 720. Le bâtiment actuel est de 1665; il est revêtu de marbre en plusieurs endroits, et l'on voit à l'église d'assez beaux tableaux. L'abbé jouissait de l'immédiateté et était prince de l'Empire. Il y a encore des bénédictins, et les bains de Pfeffers leur appartiennent. Au treizième siècle, un chasseur vit sortir une fumée légère du fond d'un gouffre profond; il y descendit et découvrit la source : elle est dans une crevasse entre deux roches qui ont l'air de retomber l'une sur l'autre, au fond d'une déchirure qui pénètre à sept cents pieds, dans un lieu sous le sol, où le soleil ne pénètre jamais, si ce n'est en juillet et en août, de dix heures du matin à trois heures de l'après-midi. Là sont quatre bâtiments à la suite les uns des autres : le principal a six étages; les corridors servent de bazars, et l'on s'y promène quand il fait mauvais temps. Les religieux dirigent l'établissement, et l'on y est fort bien servi; cependant les vivres n'y peuvent descendre que par une poulie adaptée au sommet du roc. Toutes les communications se font par cette voie; il serait trop pénible d'escalader le roc; il est plus d'un endroit où ses degrés sont glissants. Dans l'étroite galerie où sont cachés ces bains, il y a une promenade fort périlleuse; le roc se rejoint au-dessus du cours de la Tamina, la voûte se ferme en grotte souterraine, laissant à peine pénétrer sur le cours bruyant de la Tamina un rayon de lumière. Aux parois humides du roc sont suspendues des planches retenues par des barres de fer; souvent il faut se courber vers le précipice pour trouver un passage; l'eau qui suinte sans cesse du rocher rend les planches très-glissantes, et si le pied manquait on tomberait à plus de quarante pieds dans ce torrent impétueux, sans secours possible, sans un rayon de jour pour se guider; aussi est-il défendu de s'aventurer sans guide vers la source de la Tamina, et la grotte est fermée à clef. Quant à celle des bains, elle est dans le bâtiment même; l'eau est claire et n'a ni couleur ni odeur; la température est de trente degrés; elle sert à la boisson et aux bains.

LES GRISONS.

Ce canton, adjoint à la fédération en 1798, y tient le quinzième rang. Jusque-là, ainsi que nous l'avons vu, il était république alliée de la Suisse, à laquelle le liaient d'anciens traités, mais il en était indépendant, et faisait souvent la guerre ou la paix pour son propre compte, ce qui l'exposait à de fréquentes invasions. Il a pour limites, à l'est, le Vorarlberg et le Tyrol; au sud, la Lombardie et l'ancien État de Venise; à l'ouest, les cantons du Tésin, d'Uri et de Saint-Gall; enfin, au nord, Glarus, Saint-Gall et le Vorarlberg. Sa plus grande longueur est de vingt-huit à trente lieues, sa plus grande largeur de dix-sept à vingt; on estime sa superficie à cent quarante milles d'Allemagne carrés. Il y règne la plus grande diversité de climat : sur les hautes montagnes des neiges éternelles, et dans beaucoup de vallées un ciel d'Italie; mais ce climat est fort sain partout où les marais ne gâtent point l'atmosphère par leurs exhalaisons : souvent aussi la chaleur concentrée dans des vallées trop profondes compromet la santé des habitants; mais ce sont de rares exceptions. Nulle part on ne trouve de si brusques transitions de la nature riante et fertile aux imposantes horreurs des montagnes et des glaciers; il n'y en a pas moins de deux cent quarante et un, et, en une multitude d'endroits, ces glaciers, s'attachant aux rochers, descendent à plusieurs milliers de pieds au-dessous de la ligne des neiges. La plupart sont fort vastes, et forment de véritables mers de glace. L'Inn porte leurs ondes au Danube et à la mer Noire; le Rhin les entraîne vers l'Océan septentrional; d'autres alimentent l'Adige, et d'autres encore le Poschiavino, la Mera, la Mœsa, l'Adda, et rejoignent le Tésin, le Pô et l'Adriatique : géographie vraiment poétique, science sublime qui élève l'imagination et la reporte aux extrémités de l'Europe; mais bientôt elle se concentre de nouveau et s'attache sans distraction aux beautés dont on est entouré. Les alpes Rhétiennes ne le cèdent point au Saint-Gothard; elles traversent les Grisons; elles rejoignent celles du Tyrol et de la Carinthie. Une chaîne latérale s'étend du Crispalt aux limites de Glarus et d'Uri jusqu'à l'extrémité du lac de Wallenstadt; une autre sépare de la Valteline Chiavenna, Bregell et la haute Engadine. La mémoire, parmi tant de noms, retient ceux de l'Adula, du Bernardin, du Splugen, du Septimer. Il y a beaucoup d'oiseaux dans les

Grisons, entre autres le lœmmergeyer et l'aigle. Le sanglier et le cerf sont très-communs, ainsi que les loups, les chamois et même les ours, dont on mange la chair. Les eaux sont fort poissonneuses, et le saumon remonte jusque dans les torrents.

L'élève du bétail y prospère comme dans tout le reste de la Suisse; on compte environ quatre-vingt-dix mille bêtes à cornes, cent mille moutons, soixante et dix mille chèvres, et une quantité infinie de porcs. Les chevaux n'y réussissent pas au même degré. On cultive le seigle, le maïs, l'orge, le chanvre. Il y a des endroits où l'amandier et le figuier croissent fort bien; mais le cerisier est l'arbre le plus utile, à cause de l'excellente liqueur qu'on exporte en grande quantité; la vigne a aussi ses succès, mais seulement à Mayenfeld et à Coire. L'agriculture ferait plus de progrès s'il n'y avait pas tant de terres communales et de pâturages, si les propriétés étaient plus divisées. Le bois est très-commun; on l'exporte en Tyrol et vers les lacs italiens; mais il y a un grand nombre de forêts dont on ne peut tirer parti parce qu'elles sont inaccessibles. Le transit est très-considérable, ainsi que le passage des voyageurs, qui, de Constance, se rendent en Italie. Du reste, l'industrie est peu prospère, et les mines mêmes sont incomplétement exploitées, encore ne le sont-elles guère que par des étrangers. Les revenus de l'État sont évalués à deux cent quinze mille neuf cent trente et un florins, la dépense à cent soixante-huit mille trois cent neuf; tel fut du moins le résultat des comptes présentés en 1829. Le nombre des habitants est de soixante et douze mille neuf cent quatre-vingt-deux, dont les deux tiers sont de la religion réformée; l'allemand est la langue parlée par environ vingt-six mille cinq cents; dix mille sont Italiens; enfin tous les autres ont un dialecte roman qui est fort ancien, et dans lequel des savants, entre autres Niebuhr, veulent reconnaître l'étrusque primitif, supposant que la Toscane a été conquise, dans les temps que l'histoire n'atteint pas, par les montagnards de la Rhétie, et que les Grecs venus d'Asie Mineure, et qui passent pour les fondateurs des villes étrusques, ne formaient qu'une petite minorité au milieu de ces grandes populations. D'autres auteurs pensent, au contraire, que les Rhétiens, et par conséquent une partie des Grisons, sont des Étrusques qui se sont retirés dans ces montagnes, lorsqu'ils furent expulsés de la plaine par les Gaulois Insubriens, fondateurs de Milan. Quoi qu'il en soit de ces hypothèses, la langue romane est exclusivement parlée à Ilanz et dans les environs.

Les Grisons se divisent en trois ligues: la grise, celle de la maison de Dieu, et les dix justices. Celles-ci sont encore divisées en une infinité de petits États, ayant chacun sa constitution particulière. Ce canton est donc une fédération de républiques dont le pouvoir souverain est le produit de la majorité de tous les suffrages collectifs. Les dix justices élisent leurs magistrats pour l'administration de la justice et de la police inférieure dans les communes. On y établit telles lois que l'on veut, pourvu qu'elles ne soient pas en opposition avec les lois générales qui régissent le canton; elles élisent leurs membres au grand conseil, et jouissent du droit d'accepter ou de rejeter les lois, les traités, les alliances qui ne leur conviennent pas. Chacune des justices peut changer sa constitution si les trois quarts des citoyens en sont d'avis: on soumet alors les dispositions nouvelles au grand conseil. Celui-ci est composé de soixante-cinq membres; le petit conseil assiste à ses délibérations avec voix consultative. Le grand conseil nomme les employés et les représentants du canton; il est juge souverain des contestations entre les communes, et reçoit les comptes du petit conseil. Il y a de plus une commission du gouvernement de neuf membres, aussi nommés par le grand conseil. Le petit n'a que trois membres qui exercent le pouvoir exécutif, administrent le pays et veillent à sa sûreté. Il y a un tribunal d'appel général pour tout le canton, ce qui n'empêche pas que, pour certains cas et dans certaines localités, il n'en existe d'autres. Il règne aussi quelque complication de compétence pour les affaires criminelles. On jouit des droits de citoyen dès qu'on entre dans sa dix-septième année; mais il faut vingt et un ans pour être éligible. Les deux tiers des dignités et des emplois appartiennent aux réformés. Les Grisons donnent deux mille hommes au contingent fédéral et douze mille francs de Suisse. Les communes ont le droit de conférer les places de pasteurs; mais un synode examine les sujets, et peut les suspendre et les exclure. Il y a un évêque à Coire; il dispose des cures, à l'exception de celles de Pusclave et de Brüs, qui appartiennent à l'évêché de Côme. Le canton a fait d'énormes dépenses pour l'établissement des routes du Splugen et du Bernardin; on a bâti aussi un très-beau pont sur la Plessure, à Coire.

Cette ville, appelée Quera en langue romane, et Chur en allemand, a quatre mille cinq cents habitants; elle est assez mal bâtie; les rues en sont étroites, les maisons irrégulières. Le palais épiscopal fait à lui seul toute la haute ville; il a son enceinte particulière dans l'enceinte générale, et les tours du moyen âge dont elles sont flanquées produisent un bel effet au milieu de ces hautes montagnes dont la ville est dominée. L'église passe pour être du neuvième siècle; on cite aussi celle de Saint-Martin, qui sert aujourd'hui aux réformés. On soutient que Coire renferme des monuments romains; entre autres, les tours appelées *Mascel* et *Spinvil*: on gratifie la première d'une ridicule étymologie; Mascel serait *Mars in oculis*. Celle du nom de la ville est au moins plausible: *Curia Rhætorum*. Constantin le Grand l'aurait ainsi appelée pendant son séjour. Il paraît certain que l'évêché y fut établi dès le milieu du cinquième siècle. Coire est la patrie d'Angélica Kaufmann, dont les tableaux sont si recherchés; elle y naquit en 1741; son père était meunier dans la forêt de Brigenz.

En descendant du Saint-Gothard vers l'antique abbaye de Dissentis, on marche à travers d'arides et profondes vallées, dont les flancs dépouillés n'offrent que de tristes pâturages. Le petit lac d'Oberalp est au pied de l'imposant glacier de Baduz, qui, de l'autre côté, envoie ses ondes à la source du Rhin antérieur. La naissance de ce fleuve majestueux a quelque chose de mystérieux; il semble que sa destinée, soit de n'avoir ni origine, ni embouchure bien connue : il se perd à sa fin, et ne se trouve pas quand on recherche le lieu d'où il sort; produit du tribut de ruisseaux et de glaciers, il part, majestueux déjà, de Reichenau; mais c'est quand il a rassemblé toutes ses ressources et réuni dans un seul lit ses ondes éparses, à la différence du Rhône qui jaillit de son glacier et court à travers le Valais, sans déguiser son origine ni son nom. Trois noms divers et tout autant de branches du fleuve se confondent en un seul. D'abord dans la vallée de Dissentis, non loin de l'abbaye, et quand les prairies ont pris la place du sol pierreux des montagnes, on voit accourir le Mittel-Rhein ou Rhin du milieu, qui se joint au Vorder-Rhein ou Rhin antérieur, issu des lacs de Toma et Palidulea, et grossi par les torrents de Cormica et Kämerthal. D'autres courants encore descendent de la vallée de Sumvix et de celle de Lugnez; mais la plus belle partie du Rhin, le Hinter-Rhein, s'élance du Rhinwald, derrière le Muscheilhorn et le Bernardin, reçoit à Tusis l'Albula qui vient de Davoz et de Domlessch, et va rejoindre aussi Reichenau. Le Rhin, qu'on me passe l'expression, y est constitué à Coire; il prend la Plessure, à quelques lieues plus loin la Lanquart, et désormais il sert de limite à la Suisse, et la sépare du Tyrol et du Vorarlberg jusqu'au lac de Constance. Les lieux que nous venons de nommer sur son passage méritent tous d'être visités, surtout la vallée de Lungnetz et les bains de Perd, situés au fond d'une gorge étroite ; ils ne sont guère fréquentés que par les habitants du pays. La vallée de Saint-Pierre est richement boisée : la Glenner mugit au fond d'un précipice affreux dont les bords sont revêtus de broussailles, ce qui empêche que l'escarpement ne donne des vertiges : c'est le chemin du Bernardin ; il faut, pour y parvenir, marcher souvent dans une neige ramollie ; et, tandis que le soleil darde ses feux brûlants sur la tête du voyageur, il souffre du froid, et perd la respiration à cause de la raréfaction de l'air. Là sont rassemblées, comme des débris de la nature, des roches en décomposition, à travers lesquelles s'infiltrent les eaux. Enfin on arrive à une grande route ; et, dans ces solitudes même, on retrouve la civilisation. Celle du Bernardin vient de la vallée appelée Rheinthal, et redescend dans celle de Misocco vers la Mœsa ; elle est partout à l'abri des avalanches, et partout la pente est douce et facile. La hauteur du col est de six mille quatre cent trente pieds ; vers le sud est le village du Bernardin, consistant en douze ou quinze misérables maisons seulement ; mais il y a des bains très-fréquentés dans la belle saison. Il n'a pas fallu moins de cinquante-deux ponts sur les précipices de Reichenau jusqu'à la Mœsa ; ils sont tous en pierre. Le roi de Sardaigne a contribué pour une forte somme à toutes ces dépenses, qui ont été principalement à la charge des cantons des Grisons et du Tésin.

La route du Bernardin communique avec ce canton et le lac Majeur ; mais il en est une autre encore qui se sépare de celle-ci, longtemps après avoir quitté le Rheinthal au village du Splugen, et descend dans les États d'Autriche en Lombardie. L'une aboutit au lac Majeur et à Bellinzona, l'autre au lac de Côme et à Chiavenna. Toutes deux sont des chefs-d'œuvre de l'art ; elles s'appuient à des murs de revêtement, passent dans des galeries de rochers, se plient et se replient sur elles-mêmes. Souvent un obstacle subit empêche d'en juger la direction ; le voyageur croirait alors que sa voiture va se précipiter dans ces abîmes, dont il ne devine pas encore le fond. Je ne connais rien d'étonnant comme la route de Chiavenna. A peine on a échappé à ces horreurs, que l'on se voit en Italie, sous un ciel du Midi. La ville est bien bâtie ; elle a six églises, un vieux fort que la tradition donne aux Gaulois, que les Lombards ont agrandi, un beau château, puis des caves dans le rocher ; usage assez général dans ces régions où il se fait des crevasses profondes, et des grottes dont les ouvertures servent d'abri et de lieu de repos aux propriétaires de ces jardins suspendus aux flancs des montagnes. La route du Splugen est garantie contre les avalanches ; elle est si douce que rarement il faut des chevaux d'aide. L'hospice est devenu une douane où les Autrichiens visitent les voyageurs. La vallée d'Avers offre aussi un passage, mais il n'y a point de route. La paroisse de Crista est à près de cinq mille pieds au-dessus du niveau de la mer. La Via Mala est commune à l'une et à l'autre route ; elle conduit au Splugen aussi bien qu'au Bernardin : on y entre du côté de Tusis, ou plutôt on s'y glisse entre deux parois de rochers immenses, presque inclinés l'un vers l'autre. Ce sont comme les portes de cette terrible solitude. Le Rhin disparaît en certains endroits ; c'est à peine si l'on voit l'ouverture de l'abîme au fond duquel ses ondes se brisent sur les pierres ; et il est descendu si loin dans ce gouffre, que souvent l'on voit, sans les entendre, bouillonner ses flots et son écume. En beaucoup d'endroits, l'ouverture qui permet de le deviner plutôt que de l'apercevoir, semble n'avoir que deux ou trois pieds de large : des troncs d'arbres renversés se prennent entre les rochers, et, couvrant le fleuve, font obstacle à la vue qui ne le retrouve qu'à quelque distance de là. Cette route est l'une des plus grandes merveilles de la Suisse ; ses ponts sont effrayants d'audace. Les travaux exécutés près de Tusis pour la construction de la nouvelle route, n'ont pas été favorables à ce que cette partie de la Via Mala avait de grandiose et de pittoresque. C'est un ravissant contraste que l'aspect subit de la vallée de Domleschg, l'une des plus vertes et des plus jolies des Grisons. Le Rhin, comme fatigué d'avoir été brisé et lancé de roc en roc, semble s'y reposer; il promène son onde avec quelque lenteur. Vingt-deux villages garnissent ses bords et le pied des montagnes, ou se disposent en amphithéâtre sur le Heinzenberg. Ce site romantique est animé encore par les vieux châteaux dont les ruines imposantes ont quelquefois reçu des habitations modernes : les manoirs de la plaine n'ont point été détruits, et les plus beaux sont ceux que baigne le Rhin. L'on arrive ainsi par Raezuns et Bonaduz jusqu'à Reichenau. La position de cette petite ville est impossible à décrire : le château est au confluent des deux Rhins; à la fin du siècle dernier, le bourgmestre de Coire, Tscharner, y établit un pensionnat : le célèbre Zschokke, l'historien de la Suisse, y donnait des leçons. Un jour, un jeune inconnu se présente, et demande à être reçu; il portait un petit paquet au bout d'un bâton. La fatigue dont il paraissait accablé, l'intérêt qu'inspirait un extérieur simple mais distingué, le firent accueillir; et M. Chabaud devint maître de littérature française et de mathématiques. Le duc d'Orléans demeura longtemps dans cette maison toujours ignoré, toujours sous le nom de M. de Chabaud-Latour, commandant des gardes nationales du Gard, comme lui fugitif, comme lui retiré en Suisse : les élèves qui étaient si fort attachés à lui, étaient loin de penser qu'un jour leur maître devrait à son patriotisme et à ses hautes qualités plus encore qu'à sa naissance, l'honneur de présider aux destinées de la grande nation pour laquelle il avait déjà combattu, et dont les armes alors jetaient la terreur dans ces vallées. Le souverain garde soigneusement encore dans les archives de la famille royale, le certificat délivré au professeur Chabaud, et sa bienveillance s'est attachée à un nom qui fut le sien.

ARGOVIE.

Ce canton, le seizième de la fédération, a pour limites, à l'est, le canton de Zürich; au sud, Zug et Lucerne; à l'ouest, Berne, Soleure et Bâle; au nord, le Rhin qui le sépare du grand-duché de Baden. Sa superficie est de trente-huit lieues carrées; le nombre de ses habitants de cent soixante-neuf mille neuf cent quarante-cinq; le sol est, en général, fort montueux, mais très-fertile. Le Jura s'abaisse toujours plus, et les cimes les plus élevées sont ici le Gyselfluh et le Wasserfluh, dont aucune ne dépasse deux mille neuf cents pieds au-dessus du niveau de la mer. Les principales rivières sont : l'Aar, la Limmath et la Reuss; il n'y a qu'un lac, c'est celui de Hallwyl. On récolte beaucoup de fruits, de vin et de céréales : le chanvre et le lin réussissent bien, et les prairies artificielles, jointes aux pâturages naturels, permettent d'élever un grand nombre de bestiaux. Dans les districts de Muri et de Baden il y a de la tourbe : le fer et les carrières de marbre et d'albâtre produisent des richesses minérales. Les eaux de Schinznach attirent un grand nombre d'étrangers; enfin de nombreuses voies de communication rendent le commerce florissant. Le drap, la toile, les rubans, les indiennes occupent les fabriques. Les habitants sont très-actifs, mais on leur reproche un esprit trop processif. Il y a deux cent quarante-trois communes qui, en y ajoutant les demeures isolées, comptent vingt mille cinq cent trente-trois maisons; les protestants sont en majorité. On a quatre mille trois cent soixante-quatre chevaux, vingt-sept mille cent dix-neuf vaches, sept mille neuf cent vingt-trois bœufs, quatre mille six cent quarante-quatre moutons, vingt-six mille cinq cent soixante et quatorze porcs, et environ dix-huit cents chèvres. En 1832, les revenus de l'État s'élevèrent à six cent dix-huit mille neuf cent cinquante-six francs, provenant des domaines, de la dîme, de la rente foncière, des impôts, droits régaliens, etc.

République indépendante dès l'année 1803, Aarau entra dans la ligue, mais n'y fut incorporé que plus tard. Ce canton, tel qu'il est aujourd'hui, se compose de l'Argovie inférieure, du comté de Baden, des bailliages libres du district de Zürich, appelé Kelleramt, enfin du Frickthal réuni à la Suisse en 1802. Il y a en tout onze districts. Le gouvernement est une démocratie représentative; le grand conseil exerce la souveraine puissance. Avant 1830, il se composait de cent cinquante membres, dont moitié catholiques. Les électeurs de district en nommaient quarante-huit; le grand conseil lui-même cinquante-deux; enfin cinquante étaient élus par un collège électoral composé de trente membres. Les fonctions étaient conférées pour douze ans, de manière à ce que tous les quatre ans il sortît du conseil le tiers des membres; mais, après une révolution de douze ans, le renouvellement devenait intégral. Dans l'Argovie, comme dans le reste de la Suisse, le grand conseil délibère sur les projets de loi, reçoit les comptes du petit conseil, vote les impôts, nomme les députés à la diète. Les réunions ont lieu deux fois par an dans Aarau; mais, à moins de prorogation prononcée par le petit conseil, elles ne peuvent durer plus d'un mois. La présidence appartient au bourgmestre en fonction; à son défaut, à son collègue. Le petit conseil est composé de treize membres élus pour douze ans dans le sein du grand conseil; il faut qu'il y ait au moins six catholiques et six réformés. Il exerce le pouvoir exécutif et administre; à raison de quoi ce petit conseil se partage en commissions ou sections, selon la nature des affaires. Il y a dans chaque district un grand bailli pour l'exécution des lois et la surveillance des employés inférieurs, et, de plus, un juge de paix qui juge et qui concilie. Le tribunal de première instance se compose du grand bailli et de quatre autres membres; le tribunal d'appel de treize magistrats, chaque religion devant y avoir au moins six membres. Le canton d'Argovie ne connaît ni privilége de naissance, ni privilége personnel; le service militaire est obligatoire pour tous. Il fournit deux mille quatre cent dix hommes au contingent fédéral, et cinquante-deux mille deux cent douze francs de Suisse.

Le clergé dépendait autrefois des évêchés de Bâle et de Constance; aujourd'hui il est soumis à un conseil ecclésiastique. Les célèbres abbayes de Muri et de Wettingen existent toujours. Les pasteurs réformés se réunissent tous les ans sous la présidence du bourgmestre de leur religion. Le gouvernement fait de grands sacrifices pour l'instruction publique. La maison de correction à Baden, et celle des aliénés à Kœnigsfelden, sont très-bien tenues. Aarau possède une école militaire pour l'exercice des troupes; et les bataillons de la milice y passent, chacun à son tour, un temps déterminé.

Le 6 décembre 1830, la ville fut occupée par des citoyens armés de Muri, Bremgarten, Baden et Lenzbourg; ils amenèrent avec eux leurs orateurs; et, sans commettre aucun désordre, ils exigèrent des changements dans la constitution, mais surtout le rapport d'un décret du grand conseil qui s'était constitué l'arbitre de ces changements : ce conseil fut obligé de s'assembler sur-le-champ et de se déclarer provisoire, en attendant que les élections eussent produit une assemblée constituante. Dès que cela fut fait, les insurgés se retirèrent en bon ordre : leur volonté fut exécutée, et voici quelles furent les principales modifications opérées par cette révision : souveraineté du peuple, égalité des citoyens, aptitude de tous aux emplois, à moins qu'étrangers à la Suisse ils n'aient pas encore six ans de résidence. Le nombre des membres du grand conseil est porté à deux cents. Chacun des quarante-huit districts en élit quatre : or, il faut que l'un de ces quatre puisse prouver qu'il possède une fortune de six mille francs, le second de quatre mille, le troisième de deux mille : quant au quatrième, il n'est pas nécessaire qu'il ait aucune ressource. Le grand conseil lui-même choisit les huit membres qui manquent encore au nombre total, en observant le plus possible de maintenir la balance égale entre les deux religions. Il n'y a point de cens électoral ; on n'exclut du droit de voter que les faillis, les mendiants et les repris de justice. Le grand conseil nomme le petit dans son sein, et les membres des tribunaux en choisissant indifféremment parmi tous les citoyens ; c'est lui qui fixe les traitements et les émoluments de tous les fonctionnaires. Si, dans le temps prescrit, le petit conseil ne rédige pas les projets de loi que lui a demandés le grand conseil, celui-ci a le droit d'initiative ; il élit un président qui a toujours le droit de le convoquer, quoique cette attribution appartienne plus spécialement au petit conseil. Ce dernier a neuf membres, y compris le landamman et le gouverneur ; ils ont tous séance au grand conseil, mais ils ne peuvent en être ni président ni vice-président. On a mis à la tête de chaque district un administrateur. Le tribunal supérieur n'a que neuf membres, non compris les suppléants. Au bout de dix ans, la constitution sera revue, modifiée et soumise de nouveau à l'approbation du peuple.

Le chef-lieu du canton paraît une fort jolie ville quand on n'en voit que les quartiers situés en dehors des murs ; mais tout ce qu'ils renferment est vieux et hideux ; elle est au milieu d'une plaine étroite, resserrée entre deux lignes de montagnes aux formes bizarres, et dont les roches se dessinent avec beaucoup de hardiesse en croupes et en pointes d'un aspect fort agréable. Aarau est entourée de belles maisons de campagne ; les quartiers neufs sont propres, spacieux, les maisons très-élégantes. Le pont couvert de l'Aar est fort bien construit ; une seule église reçoit les deux cultes. Les fabriques donnent un grand mouvement à la population. La bibliothèque publique est riche en manuscrits, et il existe une grande quantité de collections particulières d'histoire naturelle et d'objets d'art. Les sociétés savantes s'occupent de l'histoire nationale et de la propagation des connaissances usuelles. Aarau est la demeure du célèbre Zschokke, auquel on doit tant de bons écrits, et qui est à la fois romancier, historien et littérateur distingué. C'en est assez pour expliquer l'impulsion donnée à tous les genres de travaux. L'État a acquis la belle collection d'oryctognosie de M. Wanger, si riche en cristaux et en pétrifications. Les cabinets zoologiques et ornithologiques s'augmentent chaque année des dons que leur font les membres de la Société d'histoire naturelle. On y peut étudier des espèces que l'on chercherait en vain dans de plus grands établissements. Des squelettes d'oiseaux ont été ajoutés à cette collection.

Les palais du gouvernement et du grand conseil ont été bâtis tout récemment ; ils sont d'une noble simplicité. Ce fut dans Aarau que, le 25 janvier 1798, pour consolider la fédération contre l'idée révolutionnaire, les treize cantons et leurs alliés, moins celui de Bâle, firent de nouveau le serment mutuel. Plus tard, quand cette ville eut été le siége du gouvernement helvétique, elle devint l'objet de la haine publique ; et ce ne fut pas sans peine que, dans l'insurrection de 1802, les chefs parvinrent à empêcher qu'elle ne fût mise à feu et à sang. N'oublions pas de dire que la Gazette d'Aarau jouit d'un grand crédit en Suisse et en Allemagne, et qu'elle est presque la rivale de celle d'Augsbourg.

Le Frickthal est, sous le rapport pittoresque, fort peu digne de faire partie de la Suisse : rien de plus monotone et même de plus maussade que la route de Bâle à Schaffhousen, si l'on en excepte toutefois Rheinfelden. La situation de cette petite ville au milieu du fleuve, la vieille tour du château qui repose sur la pointe de l'île, et semble écraser le pont, comme si elle en chargeait les piliers, et la course rapide du Rhin, composent un fort joli tableau. Plus loin on admire aussi l'aspect de Seckingen, qui se présente avec son double clocher sur la rive badoise, au milieu d'une riche plaine que domine la route assez élevée du rivage suisse. C'est la patrie de l'illustre François de Seckingen, de ce chevaleresque héros de la réformation, dont l'histoire du seizième siècle a tant vanté les lumières et les exploits, et qui remplit toute l'Allemagne de sa renommée. A quelques lieues plus loin est Lauffenbourg, où le Rhin, encaissé et interrompu par des roches de granit, s'élance en écumant vers le bassin inférieur. Ce n'est point, il est vrai, une chute, c'est un gouffre de tourbillons et de mousse se brisant contre une multitude de rochers. Les saumons qui remontent le Rhin franchissent ces obstacles; quelquefois on les voit bondir, et, d'un vigoureux coup de queue, s'élancer vers la partie supérieure. C'est là qu'est organisée la capture de ces aventureux voyageurs; la ville même y a établi une pêche, qui rapporte environ quinze cents francs, ce qui suppose qu'il passe un nombre considérable de saumons : car beaucoup d'autres encore se font prendre dans les pays qui sont vers les sources du fleuve et dans les rivières affluentes : or il faut, pour cela, qu'il en arrive des caravanes fort populeuses. Le passage de Lauffenbourg n'interrompt pas la navigation d'une manière absolue comme la cataracte de Schaffhousen : on attache à un câble les embarcations qu'on veut faire descendre; à force de précautions on parvient à rétablir les communications. La ville est partagée en grand et petit Lauffenbourg : un pont les rejoint. La double enceinte et les tourelles du moyen âge qui l'entourent sont d'un effet très-pittoresque. Le Rhin embellit d'ailleurs toutes les contrées qu'il parcourt.

La route de Frick et de Hornussen, vers Aarau ou vers Brugg, n'a pas de compensation à son aridité : il semble que jamais on n'arrivera. Mais, au bout d'une journée de marche, on retrouve la Suisse dans toute sa majesté. Rien n'est plus beau dans la nature, plus grand dans l'histoire, que les confluents des rivières qui se réunissent dans l'Aar avant de porter au Rhin le tribut des Alpes. Non loin de Brugg, la Reuss s'avance avec calme vers le grand fleuve; ce n'est plus cette onde torrentueuse qui faisait mugir les Schellenen, ni cette rivière qui renaissait tout à coup avec vigueur dans le port de Lucerne; elle coule maintenant le long de collines boisées, et forme, avec le bassin de l'Aar, une sorte de presqu'île. Là sont les vestiges de l'antique Vindonissa, honorée d'une mention de Tacite : c'était comme la capitale des Romains dans ce pays. Les ruines en attestent la grandeur : elle couvrait tout le sol sur lequel sont aujourd'hui Brugg, Kœnigsfelden, Altenbourg, Fahrwindisch, Gebisdorf et Hausen. On voit les restes d'un vaste amphithéâtre, et les aqueducs romains conduisent encore l'eau de la montagne de Braunieg au couvent de Kœnigsfelden, à plus d'une lieue. On a découvert à Windisch, village dont le nom est évidemment la corruption de Vindonissa, des statuettes d'or et d'argent, et une immense quantité de médailles des empereurs, principalement de Vespasien. Attila et ses Huns détruisirent cette vaste cité : cependant il en resta encore une assez grande partie pour que l'on pût en faire le siège d'un évêché. En 594, le roi franc, Childebert, en acheva la destruction, et l'évêché fut transféré à Constance. On continue à faire des découvertes, à déchiffrer des inscriptions. On peut lire à ce sujet le bel ouvrage du savant Haller sur les antiquités de l'Helvétie; mais il est de 1811, et depuis, les objets les plus précieux pour la science ont accru les collections d'antiquités. Vindonissa figure dans les itinéraires sur la route de Milan à Mayence. Le couvent de Kœnigsfelden est en partie bâti de ses ruines. C'est là que la redoutable vengeance d'Agnès mêlait à la dévotion les sentiments les plus haineux : à quelques pas plus loin périt Albert, assassiné par son neveu : les lieux n'ont presque pas changé d'état, et le voyageur, qui s'est fait un compagnon de route de Jean de Müller, peut ranimer toutes ces scènes et ressusciter à son choix les temps les plus éloignés.

A quelque distance de là on rencontre la Limmath, dont le nom rappelle toujours Masséna et la bataille de géants qui délivra la Suisse de l'armée russe. Cette rivière est belle lorsqu'elle s'écoule par une pente assez rapide au pied des débris du château et devant les maisons élégantes du quartier des bains. C'est dans ce vieux donjon que deux Léopold méditèrent, l'un au commencement, l'autre à la fin du quatorzième siècle, la perte des Suisses. Le premier s'enfuit de Morgarten, le second demeura sur le champ de bataille de Sempach. Baden a aussi ses ruines et ses souvenirs romains. La chaleur des eaux est de 37 à 38 degrés. Les grands bains, situés sur la rive gauche, sont destinés à la bonne compagnie ; ceux de la rive droite ont de plus vastes bassins où se plongent pêle-mêle paralytiques et blessés. Ces pauvres gens sont secourus par le pasteur qui reçoit des dons de toutes les parties de la Suisse... Les femmes, qui veulent devenir enceintes, doivent aller s'asseoir dans le bain public sur le trou de sainte Vérène, et y rester plusieurs heures. La maison de correction de l'Argovie est située dans l'enceinte de la ville. Lorsqu'on descend de Brugg vers la rive droite de l'Aar, dont le rivage se serre peu à peu contre une colline, on aperçoit à sa gauche sur la hauteur le vieux manoir de l'illustre famille des Habsbourg ; puis, quand on pénètre plus avant dans le bois, on se sent comme suffoqué d'une forte odeur sulfureuse qui annonce le voisinage de la source. Schinznach a de fort beaux établissements ; l'auberge est vraiment un palais : aussi voit-on accourir de tous les pays d'Europe ceux qui ont à guérir des maladies cutanées ou des plaies invétérées. C'est à Schinznach que fut instituée, en 1760, la Société helvétique ; elle fut ensuite transférée à Olten.

Le canton d'Aarau ne renferme qu'un seul lac, celui de Hallwyl, qui a deux lieues de long sur une demi-lieue de large : ses bords sont charmants ; ils offrent les baies et les rades les plus pittoresques. Le vieux château de l'illustre famille de Hallwyl est situé à la pointe septentrionale du lac, dans une espèce d'île que forme l'Aabach en sortant du lac. On n'a point oublié que ce fut un Hallwyl qui commanda l'avant-garde à Morat.

THURGOVIE.

Ce canton, situé dans la Suisse orientale, a pour limites, à l'est, le lac de Constance ; au sud, le canton de Saint-Gall ; à l'ouest, celui de Zürich ; enfin, au nord, le Rhin le sépare du grand-duché de Baden. Il a de dix à quatorze lieues de long sur une largeur moyenne de quatre à cinq lieues. Ses limites sont en général fort pittoresques, et peu de points de vue sont comparables à ceux dont on jouit des hauteurs qui dominent le lac de Radolfszell et la délicieuse île de Reichenau. Nulle part l'œil n'est fatigué de l'aspect de plaines monotones : tout le pays est partagé en collines et en vallées fertiles, où l'on voit alterner les champs, la vigne, les vergers, les prairies, et les forêts même ont l'air de petits bosquets. Le climat est très-doux. Les rivières principales sont la Thur qui a nommé le canton, la Sitter qui s'y jette à Bischofszell, et la Murg qui baigne Frauenfeld, la capitale du canton. Il y a aussi quelques petits lacs intérieurs, tous fort poissonneux, par exemple celui de Steinegg ou de Hutwyl. En 1833, la population était de quatre-vingt-trois mille cinq cent quatre-vingt-quinze âmes, dont soixante-cinq mille deux cent quarante-deux réformés, et dix-huit mille trois cent cinquante-trois catholiques. L'élève des bestiaux est en grande prospérité : d'après les dernières données, la Thurgovie possède deux mille cinq cent cinquante-trois chevaux, huit mille sept cent soixante et douze bœufs, sept cent soixante-neuf bœufs gras, treize mille cinq cent cinquante-sept vaches, cinq mille cinq cent onze bêtes maigres, deux mille cent soixante et dix-neuf moutons, treize cent soixante et dix-huit chèvres, et dix-huit cent vingt-huit porcs. Le revenu total de l'État était, en 1829, de cent trois mille deux cent quatre-vingt-un florins. Le commerce est très-florissant, la fabrication très-active, les communications avec l'Allemagne sont rapides et peu coûteuses. Le canton de Thurgovie est le dix-septième de la fédération, dans laquelle il fut admis en 1798. Il est divisé en huit districts : Frauenfeld, Arbon, Bischofszell, Dissenhoven, Gottlieben, Steckborn, Tobel et Weinfelden; à leur tour, il sont répartis en trente-deux cercles, et les cercles en municipalités. Tous les citoyens ont des droits égaux : d'après l'ancienne constitution, il suffisait, pour faire partie des assemblées politiques, d'être majeur et de posséder une fortune de deux mille florins; on en n'exceptait que les repris de justice, les faillis, les interdits et les mendiants. Le conseil peut, par un décret, conférer les droits politiques à un étranger. Avant 1830, la souveraine puissance appartenait à un grand conseil de cent membres; il y avait, pour y entrer, un triple mode d'élection : les assemblées de cercle, un collége électoral spécial, enfin le grand conseil, faisaient des choix. Là, comme ailleurs, le petit conseil administre, exécute et rend compte au grand, qui dispose des biens, vote l'impôt, accorde les grâces, nomme les envoyés à la diète et leur donne des instructions. Il suffisait d'avoir trois mille florins de fortune pour être élu directement; au contraire, on en exigeait cinq mille de ceux que l'on présentait comme candidats. On était éligible à vingt-quatre ans, et les pouvoirs du grand conseil étaient conférés à ces membres pour huit ans; on le renouvelait par moitié tous les quatre ans, de sorte que les membres sortants pussent être réélus.

Le grand conseil choisissait dans son sein neuf membres pour composer le petit : nommés pour neuf ans, on les renouvelait par tiers de trois en trois ans; eux aussi pouvaient être réélus. Les conseils étaient alternativement présidés par les deux landamman; en cas d'empêchement, un landstatthalder, gouverneur ou bailli les remplaçait. Chaque cercle a son bailli pour l'administration, la police et la présidence des élections; chaque district a son grand bailli qui exerce ces mêmes fonctions dans un degré supérieur. Il préside aussi le tribunal de district ou de première instance qui est composé de six juges. Le tribunal supérieur en a treize élus par le grand conseil. Les catholiques n'entrent que pour un quart dans ce grand conseil. Le petit a deux tiers de réformés; les catholiques ont quatre membres dans le tribunal supérieur. Les catholiques et les réformés ont des tribunaux ecclésiastiques spéciaux pour juger les cas matrimoniaux, et même les infractions aux mœurs, quand elles ne sont pas de celles dont l'évêque connait immédiatement. Le contingent fédéral de la Thurgovie est de trois mille quarante hommes et de vingt-deux mille huit cents francs de Suisse.

Le 22 octobre 1830, plus de deux mille citoyens se réunirent à Weinfelden pour se concerter sur les articles que l'on soumettrait au grand conseil. On lui demanda la création d'une commission pour reviser la constitution. Après quelques hésitations, le grand conseil se déclara dissous, et, pour répondre aux vœux du peuple, en fit nommer un nouveau par les électeurs des trente-deux cercles. Dans le cours du mois suivant, on travailla à la refonte de la loi fondamentale : le pasteur Vornhauser, à Arbon, fut dans tous ces mouvements un modérateur et un homme de grande influence, et il empêcha le peuple de se livrer à des excès coupables. Voici les principes de la nouvelle constitution qui a été acceptée par les citoyens : le peuple se gouverne lui-même par ses représentants; il n'y a de priviléges de naissance ni de fortune; la censure est supprimée, la liberté du commerce est illimitée, les rentes sont rachetables; les districts nomment les membres du grand conseil, et peuvent choisir indifféremment dans leur sein ou au dehors; il y a soixante et dix-sept conseillers de la religion réformée, vingt-trois catholiques; les ecclésiastiques sont éligibles; les conseillers reçoivent une indemnité de séjour: tous les ans, on renouvelle la moitié du grand conseil, qui, tous les ans aussi, nomme un président et un vice-président. Le petit conseil n'est plus que de sept membres choisis par le grand, soit parmi ses membres, soit ailleurs; son président ne garde cette dignité que six mois; les autres n'ont que trois ans de fonctions, et se renouvellent tous les ans avec faculté d'être réélus. Dans chaque district, une espèce de préfet élu par les citoyens exécute et fait exécuter les lois au nom des membres du petit conseil. L'ordre judiciaire est ainsi constitué : un tribunal supérieur de onze membres, qui connaît en dernier ressort des affaires civiles et criminelles; un tribunal criminel composé d'un président et de six juges; un cabinet d'instruction composé de deux juges. Dans chaque cercle, il y a un tribunal dont les jugements sont soumis à la cassation de celui de district; enfin, dans chaque cercle, un juge de paix médiateur.

Frauenfeld est située au revers de l'Immenberg et du Wellenberg, sur la rive droite de la Murg, et sur un promontoire de rocher d'où elle domine la vallée; elle forme sur les deux côtés de la rue principale des carrés longs, et elle a trois jolis faubourgs. Avec ses annexes, Frauenfeld ne compte que douze cents âmes. Son château a conservé sa physionomie antique; ses tours délabrées, tapissées de lierre, pèsent sur une roche de soixante pieds d'escarpement, et la Murg vient se briser contre cette base inébranlable. On croit que le château date du onzième siècle; le fondateur était ou un des comtes de Kybourg ou un seigneur de leur alliance. Une tradition, dont plusieurs vitraux peints ont retenu les diverses scènes, veut qu'un comte de Sehen ait épousé contre le gré de son père, une fille du comte de Kybourg. Elle ajoute que le ravisseur se mit sous la protection de l'abbé de Reichenau et bâtit ce fort sur ses terres. Des Kybourg, Frauenfeld passa en la possession des Habsbourg. Au treizième siècle, elle est nommée parmi les possessions de l'Autriche; mais elle ne devint capitale que depuis l'instant où les confédérés s'en emparèrent; ils en firent la résidence habituelle de leurs baillis. Deux incendies, l'un en 1771, l'autre en 1788, la firent successivement rebâtir à neuf.

Il y a dans la Thurgovie beaucoup d'antiquités romaines : à Eschenz, au bord du lac de Radolfszell, apparaissent à chaque instant des médailles romaines, et, quand les eaux sont basses, on voit encore les restes d'un pont au moyen duquel les dominateurs de l'antiquité communiquaient avec l'autre rive, en passant par l'île de Werd. Dans le voisinage, on remarque aussi les fondations d'un castellum appelé *Gaunodurum*. On ne sait pas bien si la voûte sépulcrale, découverte il y a quelques années, est romaine, ou si elle appartient à l'époque des Mérovingiens. Dans le Buchenwald, près d'Altenklingen, il y a trois grandes tombelles en terres rapportées. Pfyn rappelle le nom latin *ad fines*, station de l'itinéraire; on y a découvert un sceau d'Antonin le Pieux et de l'impératrice Faustine, et beaucoup de médailles. En 1831, le soc d'une charrue heurta un vase contenant plus de six mille pièces d'argent et de cuivre; mais toutes ces richesses tombèrent entre les mains de spéculateurs ignorants. Arbon est l'Arbor-Felix de l'itinéraire.

Les restes de la voie militaire de Vitodurum (Winterthur) et de la station appelée *ad fines* sont visibles en beaucoup d'endroits, surtout entre Ellikon et Felben; il est des portions de cette route qui servent encore aux communications modernes. On trouve aussi de nombreux vestiges entre ad Fines et Arbor-Felix, Constantia, Gaunodurum et Castra-Rhætica. Des connaisseurs veulent que les fondations de l'église de Pfyn soient les débris d'un temple romain : l'endiguement du port à Arbon a évidemment ce caractère. La tour de Bischofszell est de 910, et servit de refuge à l'évêque Salomon à l'approche des Huns. Il y a d'ailleurs beaucoup de monuments religieux du dixième siècle et de temps antérieurs. On admire, dans le château de Liebenfels, des fresques et des arabesques qui ne peuvent être plus modernes que la fin du quinzième siècle.

Les annuaires du canton ont constaté un assez grand nombre d'illustrations locales : il en est toutefois qui se sont répandues au loin, et qui ont pris place dans l'histoire générale du monde savant, telle est celle de Dasypodius, qui a fait des lexiques, a écrit en grec, en latin, et compte parmi les réformateurs. Il enseignait en 1530, à Strasbourg, où il vécut et mourut. Son véritable nom est Stollfusz ; il en a fait une sonore traduction, selon l'usage du temps, comme OEcolampade qui s'appelait Hausschein, comme Melanchthon dont le nom était Schwarzerde ou terre noire. Il y a en Thurgovie plusieurs sociétés savantes ou d'utilité publique et de bienfaisance. La reine Hortense a fini ses jours à Arenenberg, délicieuse retraite, où son esprit, sa bonté attiraient une cour qui n'était plus composée de courtisans.

TESIN.

Ce canton, le dix-huitième de la fédération, n'y entra qu'à la révolution : jusque-là il était dans la sujétion la plus entière, et nous avons vu combien Uri faisait peser sur lui sa domination. Au sud-est, il confine au royaume Lombardo-Vénitien ; au sud-ouest, à celui de Sardaigne ; au nord-ouest, sa limite est le Valais ; Uri le borne au septentrion, et les Grisons au nord-est. Il a vingt-deux lieues de long, dix-huit de large, et trente-huit milles et demi d'Allemagne carrés. Le sol est chargé de montagnes, dont la plus haute est le Chimone di Chironico. On visite de préférence le Saint-Gothard et le Monte-Cenere. Rien n'est beau comme l'aspect des profondes vallées de Bellinzona, de Riviera ou de la Maggia. Le val Lévantine est comme une avenue frayée par le Tésin ; il gronde dans le précipice, il fend les rochers, et les arbres se suspendent aux rocs les plus escarpés ; puis, quand cette galerie s'élargit, quand elle donne accès aux feux du soleil, tout annonce au voyageur qu'il est sous le ciel d'Italie : le firmament est plus bleu, les prairies semblent plus vertes, les forêts plus vigoureuses, la vigne serpente avec plus de liberté ; elle enlace les habitations, et souvent d'un seul cep fait tout un berceau. Le goût semble guider la nature elle-même : la plus modeste chapelle plaît par sa grâce, soit qu'aventurée sur l'escarpement elle ait à peine la place nécessaire pour s'adosser contre ces parois immenses, soit qu'elle se cache au milieu des bosquets, au bord du torrent. Le Tésin, dans ces prairies, offre encore un aspect assez singulier : des poutres, disposées en forme de chevalet ou de trépied, divisent son cours pour arrêter le flottage des objets entraînés par le torrent. Nous avons dit déjà combien étaient belles les cascades qui se replient en serpents, tombent par étages, se précipitent en gerbes ou se croisent en nattes ; nous avons parlé de ces galeries de roc, de ces vallées qui s'ouvrent à deux mille pieds au-dessus des vallées principales ; et si nous avons fait assez pour la description écrite, nous sommes loin d'avoir rendu les sensations du spectateur de ces merveilles. Ce canton est celui qui renferme les plus grandes beautés ; il a d'ailleurs un caractère particulier ; la création, les hommes, le ciel même, tout est méridional, et la langue de l'Italie contribue éminemment à rappeler au voyageur qu'il entre désormais dans un monde nouveau pour lui. Quand il descend du Saint-Gothard, il plane sur tous les sommets, et jette à droite un avide coup d'œil sur le val Bedretta qui s'avance vers le Valais et rejoint la Furca; il s'arrête à Airolo, au double village d'Ambri, à la chapelle du Saalvedro, à la Calcagia, à la chute de Faido; puis il admire la fertilité de Giornico, et marche sur cette prairie inondée jadis par les Suisses pour placer leurs ennemis sur un miroir de glace; enfin il n'oublie ni Poleggio, ni sa chapelle interposée entre les cascades, ni les forêts de Pontirone, d'où les bûcherons précipitent le bois par des conduits suspendus à la roche. Tout est grand ici, souvenirs et nature, architecture géologique, entreprises de l'industrie humaine. Enfin Bellinzona s'offre aux regards : c'est une petite ville, chef-lieu du canton, assez laide à l'intérieur, mais animée par un continuel passage; elle ferme la vallée sans laisser aucune issue, élevant de part et d'autre ses murailles et ses créneaux en saillie jusqu'au sommet des montagnes, et montrant, à l'ouest, le château d'Unterwald; à l'est, celui d'Uri, et plus haut celui de Schwytz, noms qui rappellent les exploits de la conquête et la domination des vainqueurs; l'enceinte générale comprend ces enceintes particulières; le seul Schwytz apparaît comme une citadelle isolée. Du côté de la rivière, un beau pont semble conduire dans les entrailles de la terre, car il se termine par une tour qui est comme incrustée dans le roc : on n'en aperçoit pas la sortie, parce qu'il a fallu la pratiquer sur le côté. De la hauteur, la vue se promène par delà les prairies sur les derniers golfes du lac Majeur, dont les ondes brillantes s'agitent sous les feux du soleil, contraste admirable avec les escarpements du Monte-Cenere et les montagnes du val Verzasca et du val Maggia. L'église de Bellinzona est moderne; mais, comme la plupart des monuments religieux d'Italie, elle est d'un goût parfait. Le quartier du sud est maintenant fort joli; les maisons qui avoisinent l'enceinte du côté du Tésin et du côté de la route sont très-élégantes. Il y a de magnifiques tableaux à l'église. Outre les eaux du Tésin, le canton reçoit celles du Blagno, de la Mœsa, de la Tresa et de l'Ayno; il possède un golfe du lac Majeur et le lac Lugano. L'élève du bétail prospère dans les montagnes, surtout en ce qui concerne les moutons et les chèvres; les chevaux n'y réussissent pas. Il y a beaucoup de bêtes sauvages, et les ours viennent souvent la nuit vendanger tout une treille au détriment des propriétaires. L'orge, le seigle et le blé de Turquie, sont les céréales que l'on cultive le plus : le pauvre se nourrit plus particulièrement de la polenta. Le figuier, l'olivier, l'oranger viennent en pleine terre. Un usage bizarre est d'abandonner aux femmes la culture de la terre, pendant que la plupart des hommes émigrent non-seulement pour le commerce de la soie, qui est la principale affaire du canton, mais pour aller en Allemagne ou en France, en Hollande ou en Angleterre, ramoner les cheminées, raccommoder les vitres, ou faire le métier de maçon, de tailleur de pierre, de voiturier ou même de pâtre.

D'après le dernier recensement, il y a quatre-vingt-dix-neuf mille cinq cent trois habitants tous catholiques; il y faut ajouter environ deux mille étrangers; il n'y a pas moins de vingt-cinq vallées et deux cent soixante-huit communes. Le territoire se compose de sept bailliages italiens : Bellinzona, Riviera, Blagno, Lugano, Mendrisio, Locarno, Val-Maggia : les trois premiers appartenaient à Uri, Schwytz et Unterwald-Nid-demwald; les quatre derniers aux douze autres cantons, à l'exclusion d'Appenzell. Ils eurent des baillis jusqu'en 1798, et, en 1803, ils entrèrent dans la fédération, mais ne composèrent pas sur-le-champ une unité de territoire telle que nous la voyons, car ce territoire avait été d'abord partagé en deux cantons, dont les chefs-lieux étaient tantôt Lugano, tantôt Mendrisio. Les huit districts sont subdivisés en trente-huit cercles. Il n'y a de privilége de naissance, de lieux, de famille, de personnes, ni de place; les prêtres ne peuvent prendre part ni au pouvoir judiciaire, ni au pouvoir exécutif. Avant 1830, un grand conseil de soixante et seize membres exerçait, au nom des bourgeois, la souveraine puissance; l'initiative des lois était dévolue à un conseil d'État de onze membres choisis dans son sein; tout le soin de l'administration, la direction des affaires, la nomination des fonctionnaires, la convocation et la prorogation du grand conseil, reposaient sur ce conseil d'État. Deux landamman, élus chacun pour deux ans, présidaient alternativement l'un et l'autre; les membres du grand conseil étaient élus pour six ans, et les sessions se tenaient tantôt à Bellinzona, tantôt à Locarno, tantôt enfin à Lugano. Les communes élisent leurs magistrats; le grand conseil nomme les tribunaux de première instance et les treize membres du tribunal d'appel. Le contingent fédéral est de quatorze compagnies, chacune de cent vingt-quatre hommes, et de trente-sept soldats du train. Le canton donne en argent dix-huit mille quarante francs de Suisse. Pour les affaires ecclésiastiques, il est resté soumis aux évêques de Milan et de Côme. Il y a jusqu'à cinq cents prêtres séculiers, et deux cent quarante moines et religieuses, répartis dans vingt couvents. L'instruction publique, encore dans l'enfance, est en grande partie confiée au clergé.

La nouvelle constitution n'a point été le produit d'une commotion révolutionnaire, car elle a été adoptée dans les six premiers mois de 1830. Le grand conseil a désormais cent quatorze membres élus pour quatre ans et rééligibles; il se réunit toujours le premier dimanche de mai dans l'une des trois villes que nous venons de désigner; les membres de ce conseil ne peuvent accepter aucun emploi salarié. Le conseil d'État est réduit à neuf membres; il rend compte au grand conseil de son administration, et, présidé par un de ses membres, il dispose des troupes, fait la correspondance, entretient des relations avec les autres cantons, enfin se livre à tous les actes du pouvoir exécutif. Les tribunaux ont subi de légères modifications dans le personnel, mais le système général est resté le même.

Quand on vient de Côme, et que l'on croit avoir épuisé son admiration à contempler et les villas et la belle contrée du Lecco, on est agréablement surpris encore de toute la fraîcheur du paysage de Mendrisio. Cette frontière est délicieuse par l'aménité des sites, par l'élégance des habitations. Au bout de quelques heures, on arrive à Riva. Nouveau contraste : ce ne sont que roches sauvages, que bords escarpés; on ne voit de ce beau lac Lugano que le golfe le plus aride; mais bientôt le spectacle change en quelque sorte sous la rame du batelier : après avoir dépassé Melano, vous entrez dans le grand lac, et, laissant à votre gauche le golfe profond qui reçoit la Trésa, vous naviguez au milieu d'une belle verdure, et de promontoires chargés de villages et de villas; quelquefois la montagne laisse à peine place au rivage. Au pied du Salvador est une chapelle; non loin de là, les broussailles cachent des fourches patibulaires, et des serpents y font leur séjour redoutable. On assure que les grandes chaleurs et le soleil du midi leur rendent quelquefois ce lieu insupportable; alors on voit ces reptiles se glisser sur les ondes du lac, et franchir à la nage l'espace qui les sépare de la rive opposée. La rame cependant redouble d'efforts; on approche de Lugano, et le voyageur attardé peut voir, sous la douce clarté de la lune, la cime recourbée, noire et rocailleuse, du San-Salvador. Une chapelle le surmonte, lieu sublime, intermédiaire entre le ciel et la terre, sujet d'étonnement et de méditation. On tourne la base du Salvador ; en face de la poupe est Lugano, amphithéâtre qui ne donne place qu'à une double rue entre le lac et la montagne. Les couvents présentent de belles façades; les fidèles abondent à la prière du soir; les chants religieux et le tintement des cloches se marient bien au battement de l'onde, au bruit de la rame. Le lac est dangereux; le vent le change souvent en mer impétueuse; on redoute surtout celui du golfe Porlezzo. C'est à l'improviste qu'il s'élève, et le navigateur qui n'attend sa sécurité que de son entrée dans le port, peut s'imaginer, s'il est disposé à la rêverie, que c'est pour son salut que retentissent les refrains de l'oraison; mais, quand il aborde, l'illusion s'évanouit; les chrétiens sortent du temple, la foule s'écoule sans le regarder, un douanier lui demande la clef de ses effets, et les commissionnaires se les disputent pour les emporter.

Le golfe septentrional du lac Majeur pénètre aussi dans le canton du Tésin; il est près de Locarno et de Magadino, l'un des plus beaux ornements de la contrée; néanmoins, il faut l'avouer, cet embranchement n'est pas aussi gracieux que les rives d'Intra, ou le promontoire de Palanza; on est loin encore des îles Borromée, de leurs jardins artificiels, et le Tésin se montre plus beau à sa sortie, au port de Sesto-Calende, qu'à son entrée dans le lac : rien à Locarno ne ressemble aux délicieux coteaux de Belgirate, de Meina, d'Anghiera, d'Arona, si fière de la statue colossale de saint Charles Borromée. Cette statue, haute de plus de cent pieds, appartient à la gloire des artistes suisses; son auteur, Bernard Falcone de Lugano, s'est acquis par ce chef-d'œuvre imposant une réputation qui ne périra point. Grâce à son colosse, Arona est la Rhodes moderne. Une première échelle conduit l'étranger à la corniche du piédestal, une seconde aux jambes du saint, puis on grimpe, à l'intérieur, dans les plis de sa robe, en s'accrochant à des barres de fer qui rattachent les lames de cuivre à une pyramide dont on a fait un support à l'intérieur. De là on jouit de la vue la plus étendue au moyen d'une sorte d'œil-de-bœuf pratiqué dans le dos de la statue, et l'on peut s'asseoir dans la cavité qui forme le nez. On assure que deux Anglais ont déjeuné dans les narines du saint. Il étend sa main protectrice sur le lac et le bénit. Bernard Falcone eut pour collaborateur Siro Zanelli de Pavie.

Les cantines ou caves de montagnes sont des fentes ou des ouvertures que la nature a pratiquées dans les rochers; les habitants de Lugano les transforment en lieux de plaisance et y déposent leurs vins; ils viennent passer leurs loisirs dans les jardins qui tapissent la montagne. Il sort toujours de ces grottes un vent très-froid, ce qui fait qu'on les nomme cavernes d'Éole ou *cryptæ Æolicæ*. On construit des bâtiments devant ces ouvertures, et l'on dirige ses promenades vers ces abris pendant les grandes chaleurs.

Il y a peu de temps qu'en faisant des fouilles dans le district de Rovio, sur la rive gauche du lac de Lugano, on découvrit beaucoup d'urnes à dessins de fleurs élégantes; elles contenaient des cendres et des ossements humains. Stabio présente dans le mur de son église une belle inscription romaine parfaitement expliquée par le savant docteur Labus de Milan. Au village de Ligornetto, il y a une fontaine dite de Mercure avec une autre inscription. Les vieux châteaux sont très-nombreux dans le canton; plusieurs remontent à l'époque des Lombards ou leur sont attribués.

Les paysans et les paysannes portent des sandales et vont nu-pieds. Les costumes de femme sont jolis, et varient pour ainsi dire de district en district. Les plus remarquables sont ceux des vallées de Versasca, de la Maggia et d'Onsernone : un jupon assez court, un tablier serré à la taille par une ceinture, un corset de couleur vive boutonné sur le devant, une collerette, enfin, par-dessus le tout, une redingote ouverte du haut en bas. La coiffure est un bonnet noué en forme de mouchoir, dont les bouts retombent sur les épaules; ce bonnet est surmonté d'un chapeau assez grand. Dans quelques parties du canton, les femmes portent à leur vêtement de larges franges. Celles du val Marobbio ont un costume qui approche du froc des capucins. Les personnes qui ont quelque prétention suivent les modes françaises, ou portent des voiles très-longs, abandonnant ainsi le costume national, au grand détriment de la simplicité et de l'originalité antiques.

Le canton du Tésin a produit beaucoup d'érudits et d'artistes de renom. Lugano est une véritable pépinière d'architectes, et la Suisse tout entière aurait peine à citer un aussi grand nombre de peintres et de sculpteurs. Il y a beaucoup de sociétés savantes et d'encouragement à l'industrie. Chaque couvent a sa bibliothèque. Il paraît plusieurs journaux. Les jugements d'Ebel et de Bonstetten sur les usages et la vie domestique sont entachés d'exagération, et viciés par un esprit de dénigrement qu'on reconnaît à chaque ligne.

VAUD.

Le dix-neuvième canton de la fédération est celui de Vaud. Il a pour limites, à l'est, les cantons de Fribourg et Berne; au sud, le Valais, le lac Léman et le canton de Genève; à l'ouest, la France; au nord, le lac de Neufchâtel et le canton de Neufchâtel. C'est l'un des plus beaux et des plus riches de toute la Suisse. Ses vallées et ses collines produisent du vin et du blé en abondance, et de beaux pâturages couvrent les sommets des hautes montagnes. Les chaînes qui le traversent sont, d'une part, le Jura, de l'autre, les Alpes et, vers le milieu, le Jorat; les Diablerets portent d'éternelles neiges et des glaciers. Le Rhône sépare le pays de Vaud du Valais depuis Martigny jusqu'à son embouchure; il y a aussi d'autres rivières, telles que l'Avençon, l'Orbe, la Broye et la Sarine. Outre les lacs de Genève et de Neufchâtel, on visite ceux de Joux et de Bret. La végétation y est superbe : le blé de Turquie parvient à une hauteur qui fait l'étonnement des étrangers. Il y a des carrières de marbre et des salines. D'après le dernier recensement, la population est de cent soixante et dix-sept mille neuf cent quatre-vingt-treize âmes, dont trois mille trente-deux seulement sont catholiques. L'instruction primaire est florissante, car il y a, pour trois cent quatre-vingt-huit communes, six cent vingt-trois écoles, et une école normale érigée en 1833. L'académie ou école supérieure de Lausanne comptait deux cents élèves en 1832. D'après le cadastre de 1807, le canton a douze mille neuf cent cinquante jours de vignes; douze mille neuf cent quatre-vingts de jardins, vergers, chenevières; cent dix-huit mille cinq cents de prairies; cent quarante-huit mille sept cents de terres labourables; cent neuf mille neuf cent soixante de forêts; vingt-cinq mille cent de pâturages, etc., etc. En 1826, la race bovine offrait un chiffre de soixante et dix mille sept cent soixante-quatre; la race chevaline vingt et un mille cinq cent quarante-neuf; en moutons, soixante-cinq mille deux cent vingt-neuf; en chèvres, onze mille cent cinquante-six; en porcs, dix-neuf mille neuf cent vingt-sept. Pour les chevaux, la race est la même qu'à Fribourg : le gouvernement fait de grands sacrifices pour l'établissement de haras. Le produit des salines n'est que de quinze mille quintaux. L'industrie s'est portée principalement sur l'horlogerie, la bijouterie, et sur les fabriques de toiles. Aigle, Bex, Granson et Eschallens, qui étaient des bailliages bernois, font maintenant partie du canton. En 1798, il prit le nom du Léman qu'il ne garda que jusqu'en 1803. Il est divisé en dix-neuf districts, savoir : le pays Romand, Aigle, Avenches, Payerne, Moudon, Vevay, le Vaud, Lausanne, Morges, Aubonne, Rolle, Nyon, le val de Joux, Orbe, Yverdun, Granson, Oron, Echallens et Cossonex. Ces districts sont subdivisés en soixante cercles. Toute commune qui a moins de cinq cents habitants administre ses affaires en assemblée générale. Les autres ont un conseil. Il y a de plus une municipalité de deux à seize membres qui restent douze ans en fonctions, et qu'on renouvelle par tiers. Le syndic préside le conseil municipal et l'assemblée communale : c'est lui qui exécute les lois et les délibérations. Le juge de paix est médiateur pour les intérêts civils des citoyens : il est officier de police judiciaire, et même il se fait assister de quelques assesseurs pour juger des affaires civiles et de simple police. Le conseil d'État a ses délégués dans les districts, mais un seul de ces lieutenants peut en gouverner plusieurs : à lui sont confiées l'administration et la direction des autorités inférieures. Le grand conseil est composé de cent quatre-vingts membres dont les fonctions durent aussi douze ans. Il exerce la puissance législative, entend les comptes, nomme les députés à la diète, et leur donne des instructions. Il se réunit le premier lundi de mai; ses séances ne sont pas publiques, et durent un mois, à moins que le conseil d'État ne prolonge la session. Celui-ci compte treize membres du grand conseil; il a l'initiative des lois et le pouvoir administratif et exécutif. Il dispose de la force militaire, sauf à rendre compte de ses actes.

Les assemblées électorales des districts envoient au grand conseil soixante-trois membres (Lausanne en a quatre); cinquante-trois sont nommés par le grand conseil lui-même sur la présentation de candidats par les mêmes assemblées; enfin une commission électorale en désigne encore cinquante-quatre. Ainsi constitué, le grand conseil choisit dans son sein le conseil d'État pour douze ans, de manière à ce qu'il soit renouvelé par tiers à chaque période de quatre ans; il nomme aussi deux présidents appelés landamman pour quatre ans. Outre les justices de paix, il y a dix-neuf tribunaux de première instance et un tribunal d'appel dont les pouvoirs durent encore douze ans, rééligibles aussi par tiers et tous les quatre ans. Quatre de ses membres, réunis à un conseiller d'État président, décident des affaires contentieuses de l'administration.

Tel était l'état de la constitution et du gouvernement avant 1830 : alors des reproches amers furent adressés au grand conseil. On prétendit qu'il n'avait jamais entrepris sérieusement la réforme de la constitution. Beaucoup de citoyens confédérés se réunirent à Lausanne pour y rédiger une pétition : le peuple aussi s'attroupa : on demandait à grands cris la création d'une commission. Le grand conseil paraissant peu disposé à faire droit à ces réclamations, on planta des arbres de la liberté, on sonna le tocsin, et l'émeute pénétra jusque dans la salle des délibérations. Quand les insurgés se furent retirés à Montbenon, le conseil nomma enfin la commission. Voici les principaux traits de la constitution qu'il rédigea, et qui fut ensuite adoptée par le peuple.

Le pouvoir souverain appartient à l'universalité des citoyens qui l'exercent par représentation : tous sont égaux devant la loi. Il n'y a de privilége ni de naissance, ni de lieux, ni de personnes. La liberté individuelle est garantie, et nul ne peut être arrêté, hors les cas prévus par la loi. La constitution assure l'inviolabilité du domicile et la liberté de la presse, dont les abus sont réprimés par une loi spéciale. L'Église réformée est reconnue comme religion de l'État; on permet aux catholiques le libre exercice de leur culte; ils dépendent de l'évêque de Fribourg. Le droit de grâce est soumis à certaines restrictions ou conditions. Le canton est divisé en dix-neuf districts. Désormais les électeurs des soixante cercles nomment directement tous les membres du grand conseil, chacun dans la proportion de sa population, et pour cinq ans seulement. Il y a deux sessions au chef-lieu du canton; elles ont lieu en mai et en novembre. Neuf membres du grand conseil forment le conseil d'État; ils sont désignés pour six ans, et toujours rééligibles. Chacun des deux conseils élit son président pour l'année. Chaque district a son tribunal de première instance composé de neuf membres; chaque cercle son tribunal de paix, présidé par le juge de paix; quatre assesseurs siégent avec lui. Le tribunal d'appel est demeuré ce qu'il était. Les communes s'administrent en assemblée générale quand elles n'ont pas plus de six cents habitants; les autres ont des conseils de vingt-cinq à cent membres élus pour six ans. Le syndic est président; et, pour composer la municipalité, on lui adjoint de deux à seize collègues.

Vers le milieu du seizième siècle, on entreprit de creuser un canal entre la Venoge et l'Orbe, et d'unir ainsi le lac de Genève à celui de Neufchâtel, le Rhône avec le Rhin; mais les travaux ne sont exécutés qu'entre l'auberge d'Entreroches et Orbe. Dans ces derniers temps, il a été question de reprendre ces travaux; néanmoins rien n'est fait encore. En 1825, on a constaté le nombre des pauvres du canton : la statistique a fait connaître trois mille sept cent familles indigentes, en tout dix-sept mille quatre cents individus, dont à peu près dix-huit cents orphelins et six cent soixante enfants naturels; onze cent malades, et trois mille incapables de travail, à raison de leur âge ou trop tendre ou trop avancé. On applique chaque année trois cent cinquante mille francs de Suisse à les soulager, sans compter les produits de la bienfaisance particulière.

L'académie de Lausanne a douze professeurs qui enseignent les sciences et les langues anciennes et modernes; il y a dans le canton six colléges et beaucoup d'institutions particulières. Il n'y a peut-être pas en Europe de pays plus avancé sous le rapport de l'éducation : aussi la plupart des citoyens ont-ils des connaissances fort variées et un esprit très-cultivé. On rencontre en eux plus de politesse que d'empressement; leur caractère est, en général, réfléchi et sérieux... Les femmes sont belles, et leur costume est très-avantageux, sans présenter cependant ce mérite d'originalité qui frappe l'étranger dans les autres cantons. Le chapeau vaudois va fort bien, et le bonnet des jeunes filles semble ajouter quelque chose encore à leur beauté.

De Lausanne, de Vevay, de Montreux, on jouit de la plus belle vue qui puisse ranimer dans l'homme toutes les sensations de la nature si souvent négligées au milieu du bruit et des affaires; il est impossible de ne pas oublier tout en présence de ces merveilles. En face, de noirs rochers plongent à pic dans le lac, et se renversent par le reflet vers un ciel reflété comme eux dans ces ondes si claires et si douces, ou bien un brouillard épais se couche sur le lac, se rehausse vers les cimes, et, pour quiconque gravit ces montagnes, fait disparaître les profondeurs et s'étend en surface unie que l'on prendrait pour une mer supérieure, pour un lac superposé sur ce lac qu'on ne voit plus; souvent il suffit d'un rayon du soleil, d'un coup de vent pour emporter ces ondes en fumées légères : alors s'ouvrent des échappées de vue sur le Léman, sur les roches, sur les villes et les villages; puis ces ouvertures se referment, et se dégagent tour à tour. Quand les vapeurs se replient en ceinture et se posent sur les montagnes, elles se dissipent en flocons, et s'envolent avec une indicible légèreté. Ces effets sont si rapides quelquefois, que c'est à peine si l'on a le temps de les juger. Les Alpes du Chablais, Saint-Gengoulph et Meillerie, une route de Genève au Simplon, et de beaux noyers sur le rivage, voilà ce qui fait l'admiration du navigateur dont la barque s'approche de la Savoie. Ici la route est souvent assise sur des constructions voûtées, et l'on dirait, à voir les cintres profonds sur lesquels elle repose, qu'ils sont les portes d'une cité de pêcheurs. On aperçoit beaucoup de voiles de navires marchands; d'abord elles apparaissent comme des points à l'horizon, puis elles grandissent comme les vaisseaux qu'on observe en pleine mer, car ce lac n'a pas moins de quatorze lieues de longueur, et, à certains endroits, sa largeur est de près de quatre. Il a la forme d'un croissant. C'est du signal au-dessus de Lausanne qu'on en juge le mieux la figure et l'étendue; c'est de ce point aussi que les contrastes se font le mieux apprécier. Au sud, on devine Genève, au pied du Salève, et les yeux s'arrêtent avec complaisance sur les coteaux de l'ouest, où sont Nyon, Coppet, Rolle, Prangins, tandis que vers le Valais, la dent de Jamant et les Diablerets d'une part, et, de l'autre, la dent de Morcle et celle du Midi, attirent vers les hautes régions du ciel l'admiration du spectateur; au pied de la dent de Jamant, apparaissent Vevay, Montreux. C'est une délicieuse navigation que celle qui conduit à la tour du Peil, et de cette île à Chillon, à Villeneuve et à l'embouchure du Rhône; mais, si la tempête s'élève, si le lac se gonfle et s'agite, il faut se hâter de regagner le port; l'hirondelle de mer rase la surface de l'onde, et son cri plaintif et perçant est un conseil à ne pas dédaigner.

Avenches, en allemand Wiflisbourg, est l'ancien Aventicum, cité qui peut-être a précédé l'entrée des Romains, et qui fut colonie sous leur règne. Vespasien et Titus l'embellirent; mais, en l'an 307, elle fut ravagée par les Alemanni; rebâtie en 355, elle fut totalement renversée par Attila en 447. Les vicissitudes qu'elle a subies depuis que les ducs de Bourgogne l'ont rétablie ont beaucoup contribué à la disparition de ses monuments. Néanmoins il y a encore des restes d'amphithéâtres, d'aqueducs, des colonnes, des chapiteaux, des inscriptions. Le vieux château, élevé en 605 par le comte Vivilo, après avoir été la résidence des baillis jusqu'en 1798, sert aujourd'hui de maison d'aliénés. Les Romains avaient aussi une colonne équestre à Nyon ou Nion, en allemand Neuss; elle s'appelait Noviodunum. On y découvre toujours des antiquités qui, la plupart, sont conservées au musée de Genève. Les anciennes routes dont il reste des vestiges sont communément appelées Estras. Yverdun est l'Ébrodunum des Romains; Vevay s'appelait Viviscum. Cette jolie ville est bien bâtie, dans une situation charmante, sur le lac Léman. Le voyageur Simon a contesté, dans un ouvrage d'ailleurs excellent, la possibilité d'apercevoir Vevay et Clarens du haut des roches de Meillerie; il a, en conséquence, accusé Rousseau d'avoir peu connu les lieux dans lesquels il a fixé le séjour de Saint-Preux; mais l'erreur est au voyageur et non au grand peintre de la nature et du cœur humain. Les descriptions qu'il nous a données sont aussi vraies que ses sentiments. Clarens est un charmant village au pied du Châtelard, vieux château des sires de Gingins, qui sert encore à l'habitation, et qui appartenait, il y a peu d'années, à de riches particuliers. C'est un délicieux séjour. Nous avons décrit déjà et Villeneuve et le château de Chillon. Dans la branche méridionale du lac, notre imagination s'arrête à de nobles souvenirs: au château de Coppet reposent les restes de M. Necker et de madame de Staël, noms célèbres à jamais, dont l'un rappelle l'aurore de la révolution française, si pure encore de nuages, dont l'autre, surpassant de beaucoup la gloire paternelle, semble avoir accompli la mission de conquérir, à force de génie, et d'attribuer à son sexe le premier rang pour les productions intellectuelles. Bayle avait autrefois habité ce même château. Celui de Prangins fut naguère la retraite du comte de Survilliers, roi d'Espagne. Dans le dernier siècle, il avait été habité par Voltaire.

Les salines de Bex sont visitées souvent par des voyageurs qui se revêtent de la chemise du mineur. La galerie percée dans le roc vif est longue d'environ quatre mille pieds; une roue de trente-six pieds de diamètre fait agir les pompes destinées à extraire l'eau salée de puits très-profonds, et à l'élever au niveau de rigoles qui la conduisent au dehors. Un escalier de près de quatre cents marches taillées dans le roc communique avec la galerie, dite du fondement d'en haut, qui débouche dans un vallon étroit et sauvage.

On trouve sur les plages solitaires du lac des loutres qui pèsent jusqu'à vingt livres, et des rats d'eau. Les oiseaux aquatiques sont nombreux: on y voit le balbuzard ou aigle de mer, le martin-pêcheur ou merle bleu, et la cigogne qui se promène sur les bords marécageux de Villeneuve. Parmi les poissons du lac, on recherche beaucoup la féra. La légende veut qu'un évêque de Lausanne ait autrefois banni toutes les anguilles, et les plus vieux pêcheurs affirment n'en avoir jamais vu.

Beaucoup d'hommes marquants sont issus de ce canton : le cardinal Duperron, les réformateurs Viret et Farel, Bochat et Struve, le général Reynier, le pasteur Bridel, enfin le général Laharpe qui mourut le 30 mars 1838, à l'âge de quatre-vingt-quatre ans. Il était né à Rolle en 1754, avait fait ses études à Tubingen. Devenu précepteur d'Alexandre, qui depuis fut empereur de Russie, il revint dans sa patrie, et prit séance au directoire helvétique.

LE VALAIS.

C'est une longue et étroite galerie qui descend des sources du Rhône au lac de Genève, entre des montagnes immenses dont les roches perpendiculaires sont la plupart couronnées de glaciers, tandis que leur base repose sur un sol marécageux. Des deux côtés s'ouvrent de nombreuses vallées latérales, non moins profondes et souvent plus pittoresques. Deux peuples divers vivent ici à côté l'un de l'autre : une horde germanique est descendue des montagnes où sont les cantons primitifs; elle s'est répandue sur le haut Valais jusqu'au-dessous de Sierre (en allemand Sieders). Depuis le lac jusqu'à Sion, au contraire, les restes de l'antique population celtique sont entremêlés de Romains et de Bourguignons. La guerre se déclara entre ces deux races; et dans le Valais comme ailleurs, les Germains eurent l'avantage. La division territoriale en dizains a elle-même le caractère germanique. Depuis 1475 jusqu'à la révolution, le haut Valais était le pays dominant; et il reste toujours des traces de l'infériorité de la partie basse, qui est représentée dans une moindre proportion.

A l'est, le Valais confine au royaume Lombardo-Vénitien et aux cantons d'Uri et du Tésin; au sud, au Piémont; à l'ouest, à la Savoie; au nord, au lac de Genève, aux cantons de Vaud et de Berne. Sa superficie est évaluée, par approximation, à quatre-vingt-dix ou quatre-vingt-quinze milles carrés d'Allemagne. La grande vallée commence à la Furca, et du nord-ouest au sud-ouest s'abaisse sur Martigny, et de là vers le lac de Genève. Cette longueur est de trente-six lieues sur une de large. Depuis Saint-Maurice jusqu'au lac, le Rhône forme la limite des cantons de Vaud et du Valais. Près de la même ville les montagnes se rapprochent si fort que, pour fermer le pays tout entier, c'était assez d'une porte au bout du pont du Rhône. Il y a trois vallées latérales au nord et treize au sud. Celles-ci sont les plus grandes et pénètrent souvent dans cette chaîne jusqu'à huit à dix lieues. Les cimes s'élèvent de huit mille à quatorze mille pieds dans les airs; on voit beaucoup de glaciers suspendus, comme s'ils allaient s'ébouler sur la vallée. Ébel, l'auteur de l'excellent Manuel sur la Suisse, dit que le Valais est peut-être le pays le plus étonnant de l'Europe; il réunit tous les climats, tous ceux de l'Europe, depuis ceux de l'Islande jusqu'à ceux de la Sicile et de l'Afrique. La nature y est tantôt menaçante, horrible, sévère; tantôt bienfaisante, agréable et riante. On peut, jusqu'à un certain point, comparer la Valteline au Valais; mais il est plus remarquable et par la majesté de la nature et par les variétés de sa population. Il est beaucoup d'endroits où l'on moissonne en mai, d'autres où les récoltes ne sont rentrées qu'en octobre. A côté de districts où ne peut croître un seul fruit, il y en a d'autres où les amandes, les figues, les grenades, les asperges viennent en pleine terre. La vigne y prospère presque sans culture : on la voit serpenter sur le sol sans que l'on prenne soin de ses rameaux, et elle produit un vin qui approche de celui d'Espagne. Le muscat de Sierre est fort connu et fort recherché. Les chamois, les loups et même les ours sont assez nombreux ; le gibier abonde dans les forêts. Les montagnes recèlent de l'or, de l'argent, du cuivre, du fer et d'excellents charbons de terre. Le marbre est assez commun. Il y a des eaux minérales, et surtout à Glys et à Louèche. La culture est assez négligée, et l'on ne fait guère ce qu'il faudrait pour l'endiguement du Rhône et le desséchement des marais. On ne voit de prairies et de vignobles que dans le voisinage des villes et villages. L'élève du bétail est la principale industrie des habitants ; encore n'y mettent-ils ni l'activité ni l'intelligence nécessaires.

Le Valais est le vingtième canton pour le rang qu'il occupe dans la fédération ; il a près de cent trois mille deux cents habitants, et il est divisé en treize dizains, savoir : Conches, Brieg, Viége, Rarogne, Louèche, Sierre, Hérens, Conthay, Martigny, Entremont, Saint-Maurice, Monthey. Le haut Valais comprend les six premiers et la plus grande partie de celui de Hérens ; les autres appartiennent au bas Valais. Jusqu'en 1798, cette portion du pays était gouvernée par les baillis envoyés par le haut Valais. Les Valaisans sont en général doux et bons, mais la superstition et la paresse rabaissent leur caractère. Sion est la capitale où s'assemblent les autorités. La religion catholique est exclusivement celle de l'État ; c'est la seule qui ait un culte public. Le pouvoir souverain appartient au landrath ou diète composée des députés des dizains, au nombre de quatre pour chacun ; en second lieu, de l'évêque, dont le suffrage est compté pour celui de tout un dizain. La présidence de la diète et du conseil d'État appartient au grand bailli et au vice-bailli. Ceux-ci sont nommés par la diète qui choisit dans son sein ou au dehors ; et ces deux magistrats, réunis au trésorier et à deux autres membres, composent le conseil d'État qui siége à Sion. En lui résident le pouvoir exécutif, le soin de la police, la décision des contestations administratives, la correspondance avec la diète centrale, les autres cantons et l'étranger. Il dispose de la force militaire quand le repos public est compromis à l'intérieur ou à l'extérieur : néanmoins il est obligé de donner avis à tous les dizains des mesures qu'il a prises, et de convoquer une diète extraordinaire. La diète s'assemble régulièrement deux fois par an ; les membres du conseil d'État gardent leur place deux ans, et sont toujours rééligibles, à l'exception du grand bailli qui ne peut être réélu qu'après deux ans d'intervalle. Chaque commune a un conseil municipal ; chaque dizain un conseil particulier qui fait les nominations qui lui sont attribuées, détermine les dépenses, répartit les charges entre les communes, et règle les affaires qui concernent le dizain. Chaque dizain a un président et un vice-président ; ils convoquent le conseil, et sont de droit députés à la diète.

La forme du gouvernement est déclarée démocratique par la constitution promulguée le 12 mai 1815. Nul ne peut exercer les droits politiques s'il n'est âgé de dix-huit ans accomplis ; on n'est éligible qu'à vingt et un pour les fonctions de communes, à vingt-cinq pour celles de dizains. Les députés à la diète sont nommés par les conseils de dizains ; ils restent deux ans en place et sont toujours rééligibles : pour être nommé, il faut avoir rempli des fonctions législatives, administratives ou judiciaires dans le dizain, ou être gradué docteur dans les facultés de droit ou de médecine, ou enfin avoir occupé le grade d'officier dans les troupes de ligne. La diète a le pouvoir de faire grâce et de commuer les peines ; il entre exclusivement dans ses attributions de faire battre monnaie. Le vice-bailli, le trésorier et les conseillers d'État, sont de droit membres de la députation de leurs dizains à la diète. La diète fait toutes ses nominations au scrutin secret. Il faut avoir trente ans accomplis pour être grand bailli, vice-bailli ou trésorier. Des cinq membres du conseil d'État deux doivent toujours appartenir aux dizains occidentaux, et les trois autres aux huit dizains orientaux. Mais la proportion est loin d'être égale quant aux députés : ainsi, pour trente-deux mille cinq cents âmes, le haut Valais a trente-deux députés, et le bas n'en a que vingt pour une population de soixante-quatre mille sept cents. Cet état de choses a donné lieu jusqu'ici aux réclamations les plus vives. Les hauts Valaisans comprennent que si l'on mesurait la représentation à la population, ils ne seraient plus en majorité à la diète, ce qui va mal avec leurs idées de domination primitive. D'un autre côté, les bas Valaisans se soucient peu des réformes partielles qu'on leur propose, et veulent une réforme totale fondée sur le principe de l'égalité. Ces dispositions pourraient bien, un jour, compromettre le repos du canton par une sanglante explosion. Voici comment est constitué l'ordre judiciaire. Chaque commune peut avoir un juge de première instance, sous le nom de châtelain, devant lequel sont portées toutes les causes civiles, et qui, dans certaines limites, prononce en dernier ressort. Les châtelains restent deux ans en fonctions, et sont rééligibles. Dans chaque dizain il y a un juge supérieur, sous le titre de grand châtelain; il a un lieutenant ou vice-grand châtelain. Il est nommé par le conseil du dizain, comme le châtelain inférieur par le conseil de la commune. Les conditions d'éligibilité pour les grands châtelains sont les mêmes que pour le député. Dans les dizains qui, pour la convenance de leurs communes, ne veulent pas de châtelain, le grand châtelain et son lieutenant peuvent remplir les fonctions de juge de première instance. Les appels se portent au tribunal du dizain, qui est composé du grand châtelain, du lieutenant et de huit assistants choisis par le conseil parmi les anciens grands châtelains ou châtelains et leurs lieutenants, les notaires et les hommes les plus recommandables par leur moralité et leurs lumières. Le tribunal prononce en dernier ressort jusqu'à une somme déterminée; il a aussi des attributions de police et de justice criminelle; l'instruction est faite par le grand châtelain assisté de deux assesseurs. Il y a un tribunal suprême pour tout le canton; il juge, en dernier ressort, les affaires civiles et criminelles, et il est nommé par la diète : la création de notaires publics fait partie de ses attributions. Ce tribunal choisit son président et son greffier, dont le premier a titre de grand juge. Les fonctions judiciaires et administratives ne sont pas incompatibles. L'État supporte les frais de l'instruction publique dans les colléges de Sion, Saint-Maurice et Brieg. Il ne peut être fait de changements à la constitution que quand ils ont été adoptés dans deux diètes successives, et décrétés à la majorité de trente-neuf suffrages. Le Valais donne douze cent quatre-vingts hommes au contingent fédéral; et, en considération des malheurs qui ont affligé ce pays en 1798, la confédération n'exige en argent qu'une somme de neuf mille six cents francs de Suisse. L'évêque est élu par la diète valaisanne; il habite Sion, et s'appelle évêque de Sion. Ce sont les jésuites qui dirigent les écoles de Sion et de Brieg. Il y a beaucoup de couvents, sans compter ceux du Saint-Bernard et de Saint-Maurice; par exemple, des ursulines, et des moines de l'ordre de Cîteaux à Brieg.

Autrefois la superstition dominait tous les usages et toutes les lois; ainsi l'on forçait le débiteur insolvable à s'asseoir presque nu sur une pierre glacée; l'on intentait beaucoup de procès de magie et de sorcellerie. L'usage de la matze est connu : on enfonçait des clous dans une pièce de bois, et ce signe de réprobation était porté devant la maison de celui qu'on accusait; la matze avait un avocat qui citait l'ennemi public; pour se justifier, il développait les griefs de la multitude; alors il ne lui restait plus d'autre parti à prendre que de s'exiler; sinon son château ou sa maison n'était plus un asile qui pût le protéger. Ainsi furent traités les Rarogne, les Châtillon, les Supersax, etc. Nous avons eu occasion, dans le cours de cette histoire, de décrire Saint-Maurice et Pisse-Vache, ainsi que Martigny et Sion. Le Saint-Bernard aussi a fixé notre attention, et, grâce aux événements qui ont passé sous nos yeux, toute l'archéologie valaisanne a été successivement indiquée. Sion et sa double montagne occupent à peu près le centre du Valais; le château de Tourbillon et le fort Valère en chargent la crête; mais les rues de la ville sont étroites, sombres, malpropres, et la population est affligée de la présence d'impurs crétins, dont l'imbécillité et la laideur sont comme une insulte à la nature humaine. L'ermitage de Longeborgne est dans une vallée méridionale auprès de Sion. Il n'y a peut-être pas de pays où la religion ait mieux su profiter de la solitude pour élever l'âme au moyen des beautés de la nature; quand un torrent s'échappe d'une gorge solitaire, quand les bois tapissent des montagnes escarpées, on trouve toujours place pour loger dans le lieu le plus pittoresque une chapelle ou un ermitage. En pénétrant dans le vallon de Longeborgne, on aperçoit d'abord à la base de hautes parois qui de loin paraissent descendre dans le fleuve, des maisons de campagne, des vergers et des ceps dont les pampres touffus se mêlent et se croisent sans culture. Les habitations de Bramois sont éparses au milieu des prairies, et ses moulins tournent au bruit de la Borgne. Il faut en remonter le cours : là tout se rétrécit, se rapproche, s'élève ou s'abaisse; on voit que les rochers tombés dans le torrent seront bientôt suivis d'autres encore. La demeure de l'ermite est taillée dans le roc, ainsi que le double cintre qui reçoit deux autels. Les degrés et la chapelle ont pris une teinte luisante d'un brun tirant sur le jaune. L'humidité est telle qu'on a été obligé de supprimer le couvent qui était dans ce lieu : on dit qu'en 1574 les moines moururent tous. Il n'y a pas dix ans qu'un ermite tomba au fond de l'abîme, parce qu'une chaise qu'il portait avait heurté le roc. Il y a trois cents ans, dit une jolie tradition, le torrent grondait seul au milieu du désert; mais, du fond de cette gorge, Sion entendait retentir une invisible cloche; elle annonçait toujours l'heure des oraisons; et ce prodige, interprète de la volonté de Dieu même, ne s'arrêta que quand la piété eut obéi à la voix du miracle.

Entre Sion et Sierre la nature semble avoir voulu faire de l'antiquité, en imitant, par une série de tertres, parfaitement semblables, les tombelles des Celtes et des Germains; mais les proportions en sont souvent si fortes que l'illusion n'est pas possible. Le bourg de Faren, celui de Louèche et l'embouchure de la Dala offrent un bien bel aspect à celui qui gravit le chemin des bains. Tout à coup ce chemin se place au-dessus d'une paroi de rocher de plus de mille pieds d'élévation : une galerie le sillonne diagonalement comme une corniche inclinée : un petit toit abrite le voyageur contre les chutes de pierre. Deux taureaux, dit-on, se livraient un combat dans les prairies qui dominent la Dala, et l'un d'eux fut précipité de toute la hauteur du roc dans la rivière. Le village des bains de Louèche est situé dans un creux au-dessus duquel la Gemmi paraît s'élever perpendiculairement. Ses flancs sont inégalement rompus d'étage en étage. Les échancrures de leurs angles et quelques rainures parallèles en divisent la masse; un sentier la contourne, sentier dangereux pour quiconque a des vertiges. On raconte qu'un étranger arrivant du canton de Berne fut tellement effrayé de l'escarpement, qu'il fit un détour de soixante lieues plutôt que de descendre vers le village, terme de sa route. Les bains sont très chauds : on va chaque matin boire à la source; puis on se plonge dans un bassin coupé en quatre parties par une galerie croisée. On y est assis en chemise de flanelle, et la cure consiste à y siéger tous les jours une heure de plus, jusqu'à ce qu'enfin l'on diminue la dose dans la même proportion. Une des merveilles du canton c'est le chemin des échelles qui établit une communication entre Louèche et le village d'Albignon : elles sont au nombre de huit au-dessus d'un précipice affreux au fond duquel gronde la Dala : les enfants, les femmes chargées de paniers, les ivrognes même y passent sans cesse sans qu'il y ait eu jamais d'accident. Quand on séjourne à Brieg, où l'on voit le premier pont de la belle route du Simplon, il faut visiter le cours de la Massa, rivière qui en franchit une autre à quelques centaines de pieds d'élévation : un aqueduc porte d'un roc à l'autre le torrent tout entier; là, il sert à l'irrigation des prairies, tandis que l'autre torrent, passant sous cette arche, suit dans le fond la direction que lui a donnée la nature. La route du Simplon, terminée en octobre 1806, a vingt-cinq pieds de large; nulle part elle n'a plus de deux pouces et demi par toise. Elle compte neuf maisons de refuge, vingt-deux ponts et dix galeries percées dans le roc. Napoléon n'eût-il fait exécuter que ce monument, sa mémoire serait éternelle; car il suffirait pour immortaliser tout autre homme. Les Valaisannes sont, en général, fort bien; elles portent un petit chapeau de paille à bords relevés; on l'orne de rubans, de pièces de brocart, de dentelles : on y emploie le drap d'or et le drap d'argent; mais la paille et la forme ne varient pas, et les dames les mieux mises soumettent rarement leur coiffure à l'empire de la mode. Malheureusement, quand la fraîcheur du ruban l'emporte sur celle du visage, rien ne va plus mal que le joli chapeau valaisan.

NEUFCHATEL.

Les limites de son territoire sont, à l'est, le canton de Berne et le lac de Neufchâtel; au sud, le canton de Vaud; à l'ouest, la France (département du Doubs); au nord, encore le canton de Berne. Il a huit à neuf lieues de long et quatre à cinq de large; la superficie est de seize milles d'Allemagne carrés ou deux cent cinquante-six mille arpents. La plus grande partie de son sol s'enfonce dans les vallées du Jura, et le climat y est fort varié : froid dans les montagnes, il est doux vers le lac. Les monticules qui le bordent sont chargés de vignobles; les vallées produisent des céréales, et les sommets des pâturages. Les montagnes sont calcaires; on y exploite des mines de gypse, de fer et des houillères. Il y a dans celles du Locle des pyrites renfermant des parcelles d'or. Les herboristes recueillent sur le Jura des plantes aromatiques qui entrent dans la composition du thé suisse. Le canton est arrosé par la Thiele, la Broye, la Reuse et le Seyon. Le pays renferme cinquante-cinq mille deux cent dix-neuf habitants, la plupart de la religion réformée : il n'y a que deux mille catholiques dans les communes de Landeron, de Cressier et de Neufchâtel. Les curés sont nommés le premier par le canton de Berne, le second par le roi de Prusse, le troisième par le canton même. La langue du pays est le français. Il y a beaucoup d'activité et d'esprit inventif chez les Neufchâtellais, qui réussissent à tous les arts et à tous les métiers. L'horlogerie, la fabrication des dentelles, l'impression sur toile, la pêche, la navigation sont les principales branches de travail. Les denrées s'exportent avec beaucoup de succès, et notamment un excellent vin rouge que donnent les vignes plantées dans les terrains les plus pierreux. Le Locle et la Chaux-de-Fond expédient des montres jusqu'en Amérique. Il en est de même de la bijouterie. Il y a dans ce canton deux mille sept cent quarante et un chevaux ou mulets, quatre-vingt-un ânes, deux mille cinq cent trente-six bœufs, onze mille sept cent trente vaches. Les maisons, au nombre de sept mille neuf cent soixante-six, sont assurées pour dix-huit millions cinq cent quarante-trois mille huit cents francs. Dans la fédération, où il fut reçu en 1815, le canton de Neufchâtel occupe le vingt et unième rang; mais il n'a pas cessé d'être principauté soumise au roi de Prusse, dont la monarchie est tempérée par le pouvoir des états. Les dîmes et les redevances n'y sont pas rachetables comme dans le reste de la Suisse. Les états se composent des dix plus anciens membres du conseil d'État, de tous les présidents de district, dont le nombre ne doit pas dépasser vingt-quatre, et de trente membres élus par les divers districts. En cas de maladie ou d'absence, ils sont remplacés par des suppléants. Voici comme se fait l'élection : tous les citoyens qui ont atteint leur vingt-deuxième année, excepté les faillis et les repris de justice, nomment à la majorité des suffrages deux candidats par chaque place, et les assesseurs de justice choisissent parmi ceux-ci les trente députés; les autres sont de droit suppléants. Pour être éligible, il faut avoir vingt-cinq ans accomplis, et posséder dans le canton un bien libre de la valeur d'au moins mille livres tournois; il faut de plus être né sujet. Les quatre députés de la ville sont nommés par les quatre ministrals (grands et petits conseils de Neufchâtel), sous la présidence du maire. La députation aux états est conférée à vie, mais les conseillers d'État et autres fonctionnaires ne restent députés qu'autant qu'ils conservent les fonctions qui leur en confèrent la qualité. Le gouverneur de la principauté rassemble les états autant de fois qu'il le juge nécessaire, mais il ne doit pas s'écouler plus de deux ans entre la clôture d'une session et l'ouverture de l'autre. Avant l'ouverture de chacune, les députés prêtent serment, entre les mains du gouverneur, de voter conformément au bien de l'État, de ne faire partie d'aucune association dans laquelle on pourrait méditer une atteinte quelconque aux droits du roi de Prusse ou de ses successeurs, de soutenir, par tous les moyens possibles, l'honneur et le bien-être de la confédération suisse, enfin de n'accepter, ni pour eux ni pour les leurs, aucune pension de l'étranger. Quand le gouverneur, après avoir prononcé un discours, déclare la session ouverte, le procureur général expose les sujets qui doivent être mis en délibération. C'est le gouverneur qui recueille les voix, ou, en son absence, le chancelier, et les résolutions sont rédigées par un secrétaire du conseil d'État ou par une commission spéciale. Aucune loi ne peut être promulguée, modifiée ni abrogée, sans la délibération des états. Ils votent l'impôt, et veillent au maintien de la constitution du 14 juin 1814. D'autre part, nulle résolution des états ne peut être mise à exécution sans la sanction royale. Le roi s'est engagé à laisser à Neufchâtel tous ses priviléges, à ne le point conférer en fief ni en apanage à aucun prince de sa famille, à maintenir le libre exercice des deux cultes. Le clergé protestant se réunit en synode tous les ans, dans la capitale, sous la présidence d'un doyen qu'il élit. Le synode nomme et destitue les pasteurs, excepté celui de Neufchâtel. Les catholiques sont sous l'autorité de l'évêque de Fribourg. Tout citoyen peut émigrer sans perdre sa qualité; il peut même prendre du service militaire, pourvu que le pays qu'il va servir ne soit pas en guerre contre le roi de Prusse, en sa qualité de prince de Neufchâtel et Valangin. Tous sont admissibles à tous les emplois, moins celui de gouverneur. Sous le rapport de l'administration et du droit, on a maintenu le *statu quo* de 1815. Aucun sujet de la principauté ne peut être arrêté sans un jugement des quatre ministrals, et dans les autres cercles sans un jugement signé d'au moins cinq juges du lieu du délit. L'arrestation provisoire ne peut durer au delà de trois jours sans une décision sur l'instruction. Tous les habitants de dix-huit ans à cinquante sont obligés au service militaire, mais on ne peut les y appeler que pour la défense des frontières ou de l'ordre intérieur, ou pour le maintien des traités avec la confédération suisse. Les troupes sont sous le commandement du roi, qui se réserve le droit de lever un corps de quatre ou cinq cents hommes pour sa garde, où ils doivent jouir des mêmes priviléges. Le serment du roi, qui promet d'observer les lois et de conserver les libertés des Neufchâtellois, précède celui que chaque souverain nouveau a droit d'exiger d'eux à son avénement. Au roi appartient le pouvoir exécutif et le pouvoir judiciaire : c'est lui qui nomme le gouverneur, le chancelier et le conseil d'État composé de vingt et un membres. Le canton est divisé en vingt et une châtellenies, dont les châtelains et les maires sont également nommés par le roi. Les contestations judiciaires de quelque importance sont portées devant les cours d'appel qui siégent à Neufchâtel et à Valangin. Les revenus royaux consistent en rentes foncières, dîmes, péages, etc.; ils montent à cent cinquante mille francs de Suisse. Neufchâtel fournit au contingent fédéral neuf cent soixante hommes et dix-neuf mille deux cents francs de Suisse.

Nous avons vu, dans le cours de cette histoire, le roi de Prusse prendre l'initiative des réformes désirées par ses sujets, et la révolte comprimée après avoir été victorieuse. Le parti de la souveraineté du peuple se plaint toujours encore de ne pas voir le gouvernement de Neufchâtel reposer sur les mêmes bases que ceux de toute la république fédérative. Cet état mixte, cette dépendance envers un roi, cette association avec un peuple libre ont quelque chose d'étrange que l'esprit saisit difficilement, et qui serait tout à fait intolérable sans l'éloignement de la Prusse : heureusement pour ce canton la France permettrait difficilement d'envoyer assez de forces sur ses frontières pour menacer ou son territoire ou la liberté suisse. Sous l'empire, le maréchal Berthier fut prince de Neufchâtel et de Valangin, en vertu d'une cession faite par la Prusse en 1806. La terrasse du vieux château est ombragée de magnifiques tilleuls, dont l'un a dix-huit pieds de circonférence. La ville est bien bâtie; elle a une belle promenade au bord du lac; l'on y aperçoit les glaciers d'Uri et de Schwytz, le Titlis du canton d'Unterwald, et le mont Pilate de celui de Lucerne. Dans les belles soirées d'été, c'est un magnifique spectacle; il termine au loin l'horizon, tandis que l'œil se repose doucement sur la belle onde du lac, sur les coteaux riants où sont les villages de Peseux et Bolle, la petite ville de Boudry et le château de Beauregard. Dans l'hôtel de ville, à côté de plusieurs portraits de rois de Prusse, est celui de David Pury, qui légua à sa patrie une somme de cinq millions. Il avait amassé ses richesses en Angleterre et en Portugal, et mourut à Lisbonne en 1786. Selon ses intentions, la somme fut employée à améliorer l'instruction publique et à construire cet hôtel de ville. L'hôpital des orphelins, qui est un des plus beaux édifices, fut fondé, en 1810, par M. Pourtalès qui y dépensa sept cent mille francs; il est desservi par les sœurs grises. L'église renferme les tombes des anciens comtes de Neufchâtel avec seize statues de grandeur naturelle. Il s'est conservé un usage bien singulier, la fête des *armourins*. Le jour qui précède la foire d'automne en novembre, vingt-cinq à trente bourgeois, armés et cuirassés comme les chevaliers, vont, sous le commandement d'un membre du gouvernement, de l'hôtel de ville au château, au bruit des tambours et des fifres : le gouverneur les attend à la porte, et le conseil d'État les reçoit; le chef fait un discours dans lequel il remercie le prince de la bonne administration du pays, et on lui promet ordinairement de faire mettre sa harangue sous les yeux du roi. Après avoir accepté des rafraîchissements, le cortége reprend le chemin de l'hôtel de ville, et la cérémonie finit par un banquet et un bal.

De Saint-Blaise à Yverdun, le lac a neuf lieues de long; et de Neufchâtel à Cudrefin, deux de large. Il est de cent quatre-vingt-dix pieds plus élevé que le Léman. La Thièle le traverse et le réunit ensuite à celui de Bienne; il reçoit aussi la Broye, la Reuse, l'Orbe et le Seyon. Dans la haute antiquité, les deux lacs de Bienne et de Neufchâtel n'en faisaient qu'un seul. L'isthme qui les sépare entre le Tessenberg et le Jolimont n'a que deux lieues et demie. Lorsque le vent d'ouest agite la surface de l'onde, les flots sont très-dangereux. En 1795 et en

1830, le lac gela tout entier. Le fond est parsemé de troncs d'arbres que l'on croit reconnaître pour des marronniers et des châtaigners, et qui sont noirs comme l'ébène; on recherche beaucoup ces bois pour les ébénistes.

Motiers-Travers est un joli bourg de six à sept cents habitants, dans la vallée de la Reuse, avec des points de vue les plus variés; Rousseau y trouva un asile quand il fut expulsé d'Yverdun par les Bernois. C'est là qu'il rédigea ses lettres de la Montagne: ses ennemis ameutèrent la populace contre lui; une nuit on lança des pierres dans sa maison, et jusqu'à son lit. Il céda aux conseils de ses protecteurs, et partit pour Bienne. Des Anglais ont acheté tous les meubles de la chambre qu'il occupait. Non loin du sentier qui conduit à la Brévine, sur le Jura, est une glacière naturelle, cachée par des broussailles. On y descend au moyen d'une échelle. Le fond est une vaste couche de glace d'où s'élèvent plusieurs belles colonnes. Le canton de Neufchâtel offre encore d'autres bizarreries de la nature; par exemple, le Temple des Fées, grotte de la vallée de Verrières, dans laquelle on ne pénètre qu'en se baissant, mais qui bientôt se relève, s'élargit, se partage en trois galeries; l'une d'elles, celle du centre, a plus de deux cents pieds de long sur six de large. A l'extrémité, on jouit d'un beau coup d'œil sur la vallée de Sainte-Croix du district d'Yverdun. Le val du Locle, baigné par la Bied, était autrefois très-marécageux, parce que cette rivière y laissait des eaux stagnantes. On eut l'audace de percer un roc sur une longueur de mille pieds: l'eau se précipite maintenant avec fracas à travers cette galerie souterraine; les marais sont devenus des prairies, et trois moulins presque superposés les uns aux autres assourdissent de leurs battements quiconque vient visiter ce chef-d'œuvre de l'art humain, qui est dû à l'esprit entreprenant des frères Robert, bourgeois du Locle. Il est peu de voyageurs qui ne visitent le saut du Doubs, près du village des Brennets; on s'y rend dans une petite barque. La rivière, comme entravée par un obstacle inconnu, s'élargit malgré la profondeur de son lit, ses rives se dégagent de végétation, puis l'onde se jette brusquement en colonne écumeuse du haut d'un rocher de quatre-vingts pieds d'élévation. Ce bassin est animé. On y voit beaucoup d'écluses et de canaux, des moulins et un haut marteau. C'est la frontière de France. Il y a près de là une grotte vantée pour son bel écho : la nature y a placé des bancs et une table en rocher. A quelque distance des Brennets est le superbe bourg de la Chaux-de-Fond, qui a près de six mille habitants; on y voit six moulins souterrains, construits par Perret Gentil. L'église, de forme ovale, est élevée sur une éminence; elle offre un plafond voûté d'une construction ingénieuse. Les célèbres mécaniciens Jacques Droz, père et fils, étaient de ce bourg.

Valangin, situé au val de Ruz, n'a guère que quatre cents habitants; il est situé dans un gouffre sauvage. Le château qu'on voit au bord du Seyon était la résidence d'une branche de la maison de Neufchâtel; et le comté de ce nom fut vendu, en 1579, à la principauté. Telle est la raison qui fit prendre aux rois de Prusse, et, pendant quelques années, au maréchal Berthier, le titre de princes de Neufchâtel et de Valangin. Nous avons déjà parlé de David de Pury; il était né à Neufchâtel en 1708, et il avait fondé à la Caroline la colonie de Purybourg. On cite comme s'étant distingué le théologien Osterwald, qui fut pasteur à Bâle et publia un catéchisme, et Louis Bourguet, auteur d'un traité sur la formation des cristaux, savant que Leibnitz estimait beaucoup, etc. A la différence des autres cantons, Neufchâtel n'a point de costume national.

GENÈVE.

Ce canton est borné, au nord, par le canton de Vaud ; à l'est et au midi, par la Savoie (province de Carouge), et à l'ouest, par la France, pays de Gex, département de l'Ain. Il est long de cinq lieues et demie, large de deux et demie. Le sol pierreux, resserré entre le Jura et le Salève, doit sa fertilité plutôt à l'art qu'à la nature. Les prés, les champs, les vignobles sont entrecoupés d'une multitude de jolies maisons de campagne. Le lac, le Rhône et l'Arve, divisent le canton en trois parties à peu près égales, dont la ville occupe le centre. La population totale est, d'après les derniers recensements, de cinquante-six mille six cent cinquante-cinq âmes ; la ville en renferme à elle seule vingt-sept mille cent soixante et dix-sept. Les protestants composent les deux tiers de la population, et il n'y a guère de catholiques que dans les communes acquises par les traités de 1815. Le français est la langue de ce pays, où l'on est en général studieux, actif, instruit et éclairé. L'orfévrerie et la bijouterie l'emportent de beaucoup sur l'agriculture et l'élève du bétail ; il y a aussi beaucoup de fabriques de toile et de tissus de tout genre. En 1816, Genève obtint sur la Savoie Carouge et quelques autres communes, et sur la France une partie du petit pays de Gex. Néanmoins il n'y a pas de plus petit canton, et il n'occupe dans la fédération que le vingt-deuxième rang. La constitution actuelle est bien différente de l'ancienne. Il n'y a de privilége de lieux, de naissance ni de famille : tous les citoyens jouissent de droits égaux. Le pouvoir législatif est confié au conseil des représentants ; il est composé, y compris quatre syndics qui le président tour à tour, de deux cent soixante et dix-huit membres, lesquels doivent avoir atteint leur trentième année, et leur vingt-septième s'ils sont mariés. Tous les ans on en remplace trente, qui ne sont rééligibles qu'un an après leur sortie. Il ne peut pas y avoir plus de cinq membres de la même famille au conseil représentatif. Les syndics exercent l'initiative ; le conseil vote l'impôt, le modifie, le diminue, et il délibère également sur toutes les dépenses extraordinaires, lorsqu'elles dépassent six mille cinq cents francs de Suisse. Lui seul peut conclure des traités et des capitulations, sur la présentation du conseil d'État ; lui seul crée les emplois, les tribunaux, dispose de l'armée et des fortifications, et nomme les députés à la diète, en leur donnant des instructions. On ne peut toucher à la constitution que du consentement des deux tiers des voix dans chaque conseil. Le conseil représentatif se réunit régulièrement le premier lundi de mai ou en décembre : chaque session dure trois semaines, à moins que le conseil d'État ne la prolonge. Il peut aussi convoquer des réunions extraordinaires dont il fixe la durée. Les membres du conseil représentatif sont élus par un collége électoral, dans lequel votent tous les Genevois habitant le canton qui ont atteint leur vingt-cinquième année, et qui payent par eux-mêmes, leurs femmes ou leurs enfants, au moins vingt-cinq florins de contributions directes, environ douze francs de France. On en excepte les domestiques, les interdits, les faillis, les insolvables dont l'état est constaté par jugement, ceux qui reçoivent des secours des établissements de bienfaisance sans les restituer, et ceux qui ont subi un jugement infamant.

Le conseil d'État est composé de vingt-huit membres du conseil représentatif qui ont atteint leur trente-cinquième année. On comprend dans ce nombre les quatre syndics, le lieutenant, le trésorier, les deux secrétaires d'État qui ont voix délibérative, et les cinq conseillers d'État qui siégent dans le tribunal civil et dans le tribunal supérieur. Il ne peut y siéger que deux personnes de la même famille et du même nom, encore ne faut-il pas que ce soient père et fils, beau-père et gendre. Le conseil d'État jouit de l'initiative des lois et de toutes les mesures à soumettre au conseil représentatif ; à lui seul le soin des relations extérieures, l'exercice de la police et du pouvoir exécutif, et la surveillance des cultes. Il dirige l'instruction publique, nomme à tous les emplois, pour lesquels ce droit n'appartient pas au conseil représentatif ou à d'autres autorités ; c'est lui aussi qui prend soin des finances et qui organise une chambre des comptes, laquelle procède, sous sa surveillance, à l'examen de toute la comptabilité. Cette chambre peut se donner des adjoints qui n'ont que voix consultative ; elle est en même temps le conseil municipal de la ville ; outre le syndic, il y entre trois conseillers d'État, trois députés du conseil représentatif, et le conseil d'État y ajoute encore quatre conseillers municipaux âgés de vingt-sept ans au moins. La chambre des comptes prononce sur le contentieux administratif, sauf appel au conseil d'État. Celui-ci connaît en dernier ressort des contestations dont l'importance n'excède pas mille francs de Suisse. Si le taux est plus élevé, il a recours au tribunal supérieur. Le conseil d'État a le droit de faire arrêter et mettre en prison les personnes prévenues de crime, mais il faut que dans les vingt-quatre heures il les renvoie devant l'autorité compétente. Il surveille toutes les tutelles, l'examen et la nomination des avocats et notaires, les exercices du tir et de la navigation, etc., etc. Le traitement des conseillers d'État est de six cent cinquante francs de Suisse ; celui des syndics est double. Le tribunal d'audience est composé d'un lieutenant nommé pour un an, de six auditeurs et de deux secrétaires ; il juge en premier et dernier ressort les affaires de police. Chaque district a d'ailleurs son administrateur élu pour quatre ans ; il juge les affaires civiles et de police correctionnelle. Le tribunal civil a sept membres, dont le président et le premier juge sont pris dans le conseil d'État. Ces places sont conférées à vie. Le tribunal connaît en dernier ressort de ce que le tribunal d'audience et les administrateurs de justice ont jugé en première instance ; il connaît aussi des affaires correctionnelles de toute la république, excepté de celles qui sont attribuées aux juridictions que nous venons de nommer. L'appel de ses décisions n'est pas suspensif. Le tribunal supérieur a un président civil et un président criminel, huit juges et cinq suppléants ; il décide en appel des affaires civiles et de commerce, des affaires correctionnelles, et prononce souverainement sur toutes les causes criminelles avec réserve du recours. Le tribunal de recours se compose d'un syndic, de cinq conseillers d'État, des deux plus anciens membres du tribunal d'audience, du tribunal de commerce et de vingt-quatre membres du conseil représentatif ; il juge les recours ou les demandes en grâce en cas de peines afflictives et infamantes, sans pouvoir les aggraver ; il apprécie aussi les nullités de procédure. Le procureur d'État, choisi dans le sein du conseil représentatif, veille à la sûreté des biens des mineurs et de ceux de l'État ; il est en même temps accusateur public.

En cette année 1838, de nouveaux projets de lois sont présentés au conseil représentatif pour donner à la justice criminelle une autre organisation : un homme distingué par ses vastes connaissances et son patriotisme, M. Auguste Cramer, conseiller d'État et rapporteur, a publié récemment ce travail législatif digne de l'approbation des philosophes. L'un de ces projets remplace le tribunal de recours par un tribunal de cassation et un conseil des grâces, dont les membres seront élus pour huit ans par le conseil représentatif. Le conseil de grâce se composera de trois conseillers d'État et douze membres du conseil représentatif. Après ces lois d'organisation vient un projet complet de code d'instruction criminelle. L'idée religieuse a présidé à quelques améliorations ; on reçoit le serment des témoins, des experts et de l'interprète sur les saintes Écritures ; il y a de sages dispositions sur les extraditions ;

mais on n'admet pas le jury : dans une république, dit le rapport, les juges sont élus par la nation ou par les corps qui la représentent : aucune récompense n'est offerte au dévouement du juge, que la satisfaction d'avoir accompli son devoir. On nie que, dans les agitations politiques, le jury puisse être une garantie; les jurés désignés par le sort dans la nation ne représentent trop souvent que la passion et l'agitation qui fermentent dans les masses. Le même rapport donne à la magistrature une grande supériorité sur le jury pour la découverte de la vérité, pour les lumières, pour l'indépendance, etc. On maintient donc la cour criminelle. Ce projet peut blesser les idées reçues, mais on ne saurait nier que ce ne soit l'un des meilleurs documents législatifs que nous connaissions.

Le conseil de guerre est soumis au conseil d'État; il fait exécuter les lois et les règlements militaires, dirige la milice, les arsenaux, entretient les fortifications, etc. Le pays compte trente-sept mairies, chacune composée de plusieurs communes et hameaux administrés par un maire et un adjoint. Genève fournit huit cent quatre-vingts hommes au contingent fédéral et vingt-deux mille francs de Suisse. Tout Genevois âgé de vingt ans est soumis à l'obligation de se faire inscrire dans la milice. Le clergé réformé est sous la direction d'un synode, et, par un bref de 1819, le clergé catholique a été placé sous l'autorité de l'évêque de Lausanne qui réside à Fribourg. Il y a en tout vingt et un curés catholiques dirigés par trois archiprêtres qui résident à Genève, à Carouge et à Chêne. Les établissements d'instruction publique sont excellents, ainsi que ceux de bienfaisance. D'après les derniers calculs, il y a dans le canton cinq mille six cent cinquante-six bêtes à cornes, et l'élève du bétail fait de grands progrès. Les propriétés bâties sont assurées pour environ quarante-cinq millions de francs suisses. Genève administre parfaitement ses finances; elle a pour environ cinq cent trente mille francs de dépenses, et ses revenus sont de six cent mille francs, produit de divers impôts directs et indirects.

La ville ne se montre dans toute sa beauté que du côté du lac et vers l'entrée par la porte de Savoie. Il n'y a pas longtemps encore qu'elle a fait construire un quai magnifique, en dégageant la rive des maisons assez laides qui encombraient le port : elles ont été remplacées par de très-beaux édifices. Ici le Rhône, qui a disparu au Boveret, et dont on ne revoit point de trace dans tout le lac, reparaît tout à coup avec impétuosité, et, comme pour se dédommager, il se fraye deux routes à la fois; sa course est tellement rapide que l'on prend une sorte de vertige à le regarder du haut du pont. Les rues basses, celles qui sont parallèles au port, sont étroites et laides; elles ont inspiré aux voyageurs des descriptions très-défavorables; cependant il y a de l'injustice dans ces critiques, car elles ont du moins un aspect très-original : de longs piliers de bois s'élèvent du sol jusqu'à des toits tellement avancés qu'ils constituent une galerie couverte, mais couverte de si haut qu'il n'y a aucune idée de proportion. Ce qui restreint encore ces rues, c'est qu'elles sont encombrées d'une double rangée de boutiques qui les partage comme en trois avenues, dont les côtés sont très-populeux, tandis que les chars et les voitures roulent au centre. Cette triple répartition disparaît au premier étage, et, comme les maisons ont beaucoup d'élévation, leur alignement prend du contraste même quelque chose d'original et de bizarre. Il doit résulter de ces énormes avant-toits supportés par de grêles piliers, quelque obscurité dans les appartements. Le reste de la ville est sur une colline élevée de cent pieds au-dessus du lac, et les rues qui en descendent invitent plutôt à la course qu'à la marche, tant elles sont rapides. Genève est une ville magnifique dans la partie haute, et quiconque a vu la Corraterie, la Treille et la promenade Saint-Antoine, ne peut se lasser de l'admirer. Le beau quartier entoure la ville; ses promenades et ses rues sont comme l'arc dont les rues basses sont la corde. Il n'est pas une promenade d'où l'on ne jouisse d'une vue délicieuse. Du haut de la place Saint-Maurice ou promenade Saint-Antoine, on voit à ses pieds le lac s'élargir en s'éloignant, et sur ses rives fertiles des villes, des villages et de riches maisons de campagne; à droite, à travers l'ouverture qui sépare le Salève et les Voirons, la grande et imposante masse du Môle, et, dans le fond, les glaciers de la Savoie. A la Treille, on jouit d'une autre vue : ce sont des jardins et des avenues qui s'abaissent par terrasses; l'Arve et le Rhône joignent leurs ondes au pied des collines de Saint-Jean et de la Batie. Le paysage, enrichi de jolies maisons de campagne en partie cachées par les bosquets, est resserré d'une part par le Jura et par les flancs escarpés du Salève; quand on parcourt les remparts, on voit la pelouse du Mail, Plein-Palais, l'allée des grands Philosophes, et, dans le lointain, Carouge. La ville ne le cède en rien aux plus belles sous le rapport de l'architecture; il y a peu d'hôtels qui puissent le disputer à ceux de MM. Eynard, de Saussure et Saladin, peu d'édifices qui l'emportent sur le musée Rath; c'est à peine si l'on fait attention aux fortifications que les gazons et les jardins ont envahies sur plusieurs points : on les traverse pour aller visiter un beau pont de fil de fer qui conduit à la campagne.

L'île du Rhône a sept cent quatre-vingts pieds de long sur cent trente de large. Le quartier de la rive droite s'appelle Saint-Gervais; ce n'était autrefois qu'un faubourg; il est réuni à la ville par deux ponts en bois : les étrangers en vont admirer deux autres en fil de fer dont l'un joint la promenade Saint-Antoine à la place d'armes, et conduit sur les tranchées et aux villages de Malagnou, Florissant et Champel; l'autre va de la rue du Cendrier aux Paquis. Il y a dans Genève de très-beaux édifices : la façade moderne de Saint-Pierre est construite d'après le modèle du péristyle du Panthéon à Rome; on y montre les tombeaux d'Agrippa d'Aubigné, l'ami de Henri IV, et de Henri, duc de Rohan, gendre de Sully et chef du parti protestant. L'hôtel de ville offre cette singularité que l'on peut monter en char jusqu'aux étages les plus élevés; une machine hydraulique y entretient un réservoir qui reçoit les eaux du Rhône pour les cas d'incendie et pour l'usage de la ville. Le théâtre, l'observatoire, le musée, la porte neuve attirent tour à tour les regards des étrangers. Le jardin botanique, fondé par M. Eynard, est fort riche en végétaux exotiques. Tous ces lieux sont animés de la présence des étrangers; mais il n'en est pas ici comme des villes où les promenades, abandonnées par les habitants, ne semblent avoir été faites que pour y conduire les voyageurs : une sortie de spectacle, un but commun vers lequel on se presse ne remplissent pas nos boulevards d'une foule plus considérable que celle qui, par une belle soirée d'été, peuple la Treille et la Corraterie. Il n'y manque pas non plus d'équipages; c'est à peine si l'on peut se persuader qu'il n'y ait pas même trente mille âmes de population à Genève. Le musée Rath a été fondé en vertu des dernières volontés du lieutenant général de ce nom, mort au service de Russie : il avait légué l'usufruit de sa fortune à ses deux sœurs; mais elles firent sur-le-champ construire le musée sous la direction de M. Samuel Vaucher. La maison pénitentiaire devrait servir de modèle à toutes les prisons de l'Europe : quatre ailes en forme d'éventail partent du corps de logis principal dans lequel est placée l'administration; à travers d'imperceptibles ouvertures, on voit tout ce qui se passe dans les salles de travail. La peine des détenus n'est pas définitivement fixée; l'espérance leur inspire une bonne conduite : une commission de recours a droit de réduire la durée de leur détention. L'hôpital a reçu une excellente organisation; l'académie a douze professeurs; elle est très-fréquentée; la bibliothèque a trente mille deux cent quatre-vingts volumes et des manuscrits précieux, tels que des lettres de Calvin et des réformateurs suisses, puis un Quinte-Curce pris à Granson, dans la tente de Charles le Téméraire, et des comptes de Philippe-Auguste écrits sur bois avec un style. Le musée d'histoire naturelle et celui d'antiquités sont fort beaux. Les journaux littéraires de l'Europe entière viennent se placer sur le tapis vert de la société de lecture, qui a déjà une bibliothèque de dix-huit mille volumes. On fabrique à Genève plus de soixante et dix mille montres par an ; il y a des manufactures de tout genre, et, indépendamment de ce commerce, il se fait un transit considérable entre la France, la Suisse et l'Italie.

De Genève, les voyageurs font de nombreuses excursions dans la vallée de Chamouny; le Mont-Blanc est le roi de ces contrées; chacun veut présenter à ce souverain altier des montagnes le tribut de son hommage. On accourt de toutes les parties de l'Europe, on le contemple avec un respect mêlé de crainte; on l'admire de Servoz, on l'observe de Chamouny; mais l'audace s'affaiblit à mesure qu'on approche du but. On cite, on retient les noms des voyageurs hardis qui ont osé s'aventurer sur ces abîmes de glace. L'intérêt de la science y a conduit les Saussure, les Bourrit, etc., etc. Les voyageurs ordinaires, ceux qui n'ont pas de progrès à faire faire aux connaissances humaines, se contentent de l'ascension du Montanvert : pour eux, c'est assez d'avoir visité la mer de glace, et franchi les crevasses qui la sillonnent; ils vont jusqu'au *jardin* et s'en reviennent effrayés. On cueille des fraises sur les bords même de cet Océan de vagues cristalisées. Il semblerait, à voir cette mer, qu'elle ait été prise d'une gelée subite pendant la tempête. On sert des rafraîchissements dans le *Temple de la nature*, à l'aventureux piéton, qui, sans le secours d'aucun miracle, a parcouru, nouveau saint Pierre, la surface de flots, qui, jusqu'au dernier jour du monde resteront immobiles, au milieu des belles aiguilles d'Argentières, de Charmoz et du Dru. En quittant la Savoie, on regagne le Valais par le col de Balme, ou par la Tête-Noire, ou bien l'on rentre à Genève par Sallenche, Saint-Martin, Cluse et la Bonneville.

Carouge, qui n'était encore qu'un chétif village en 1780, compte trois mille six cents habitants : ce bourg n'a de remarquable qu'un beau pont de pierre sur l'Arve; il a été cédé à Genève en 1816. Versoix avait été bâti sous Louis XV, dans la vue de faire concurrence au commerce de Genève : les derniers traités lui ont donné cette ville, en éloignant la France du lac. Nous ne parlerons point de Ferney, parce qu'il n'est pas sur le territoire suisse.

Si on ôtait aux sciences et aux arts ce qu'ils doivent à Genève, ils en souffriraient d'irréparables pertes. Le grand nom de Rousseau domine toutes les réputations; madame de Staël vient se placer à côté de lui. C'est aussi la patrie des Saussure, des Candole, des Tronchin, des Jurieu, des Odier. Que d'autres noms encore à citer ! Comment oublier Sismondi, Picot, Pictet et leurs travaux historiques? Casaubon, à travers plusieurs siècles, inspire toujours le même respect aux philologues, et Burlamaqui aux publicistes. On n'en finirait pas, si l'on voulait seulement énumérer toutes les institutions d'utilité publique dont Genève a conçu l'heureuse pensée. La France naguère l'avait absorbée en elle-même, et réellement l'on ne peut voir dans ce pays, si français par les arts et le génie, qu'une parcelle de notre grande patrie vivant sous un autre régime, avec une plus entière liberté; mais toutes ses gloires nous appartiennent, toutes les nôtres l'enorgueillissent. Rousseau est notre plus grand prosateur, comme nos écrivains sont les modèles qu'étudie la jeunesse de Genève, et c'est par la description d'une ville presque française que nous avons terminé ce tableau général de la Suisse. Puisse cette fédération être aussi florissante dans l'avenir qu'elle fut grande dans le passé ! puisse-t-elle conserver sa religion, ses lois, ses mœurs, et ne subir l'influence du temps que pour les progrès et la prospérité.

FIN.

L'UNIVERS,

ou

HISTOIRE ET DESCRIPTION

DE TOUS LES PEUPLES,

DE LEURS RELIGIONS, MOEURS, INDUSTRIE, COSTUMES, ETC.

TYROL,

PAR M. DE GOLBÉRY,

CORRESPONDANT DE L'INSTITUT.

Ce pays, situé au sud de la Bavière, au nord de l'Italie, s'interpose entre les régions qui appartenaient à l'ancienne civilisation et l'antique Germanie. Les Alpes juliennes s'élèvent du sud jusqu'au Brenner, des portes de Vérone et des riantes contrées de Sirmione jusqu'aux siéges primitifs des Rhétiens, aïeux ou descendants des Étrusques, selon que la vérité appartient à l'un ou à l'autre des systèmes défendus avec une égale sagacité par des professeurs érudits. La Vindélicie était au septentrion, et s'étendait du Danube jusque sur la belle vallée de l'Inn. Dans le moyen âge, le Tyrol n'apparaît d'abord que comme un comté dont les possessions se groupent autour de Méran ; puis il devient principauté, change quelquefois de maîtres, et demeure désormais la propriété de l'Autriche, à laquelle le rattachent maintenant ses souvenirs, ses affections et d'héroïques sacrifices. C'est l'un des pays les plus remarquables de l'Allemagne, non-seulement par les beautés de la nature, mais par le caractère original et naïf de ses habitants. La Suisse n'est pas plus belle, le courage des Tyroliens n'est pas moins inébranlable que celui des défenseurs de la liberté; mais, au lieu d'employer leur énergie à s'affranchir, ils ont toujours fait consister leur principale vertu dans l'obéissance et la fidélité. En y comprenant le Vorarlberg, la principauté s'étend de l'Illyrie jusqu'au lac de Constance, et contient cinq cent seize milles d'Allemagne carrés, ayant sept cent soixante-deux mille cinquante âmes de population, réparties en vingt-deux villes, trente-six bourgs et trois mille cent cinquante villages ou hameaux. Les montagnes occupent les cinq sixièmes de la superficie, et l'on pourrait appeler le Tyrol la Suisse de l'Allemagne, car il est, en effet, le prolongement des pays que nous venons de décrire : mêmes glaciers, mêmes gouffres, mêmes cascades : l'avalanche menace des mêmes dangers, et cause des ravages et des malheurs pareils. Les roches sont de granit ou de calcaire primitif. Le Brenner, la plus célèbre des montagnes, n'en est pas la plus haute, car il n'a que six mille trois cent soixante pieds au-dessus du niveau de la mer. L'Orteles, au contraire, est un des pics les plus élevés de l'Europe : on évalue sa hauteur à quatorze mille huit cent quatorze pieds au-dessus du niveau de la mer ; il s'en faut donc de bien peu qu'il n'atteigne la même élévation que le Mont-Blanc. On ne se souvient pas qu'il ait été visité plus d'une fois ; mais, en 1804, un chasseur de chamois, Georges Pischler, du village de Passeyer, y parvint apres plusieurs essais infructueux ; toutefois il ne lui fut pas possible de s'y maintenir plus de quatre minutes ; le sang lui sortait par tous les pores, ainsi qu'à ses compagnons. Les glaciers de l'OEtzthal sont presque de même hauteur ; cette vallée, fort haute elle-même, offre peu de traces de végétation ; il y a des endroits où l'on n'est frappé que de la vue éblouissante de la neige ; tel est le pic qui domine d'une part l'Inn, de l'autre l'Adige. En général, ces glaciers forment une ligne transversale des sources de cette rivière jusqu'au Zillerthal. Du côté de Saltzbourg et des bains de Gastein, les Alpes s'enfoncent en Illyrie ; et le grand Glokner, élevé de douze mille sept cent cinquante-quatre pieds, est comme une colonne majestueuse qui marque la limite du Tyrol, du Saltzbourg et de la Carinthie. Il y a quelques montagnes de moindre grandeur, qui s'abaissent en forme de collines, et sont entrecoupées de vallées fertiles et pittoresques. A l'ouest le Vorarlberg donne naissance au Lech. L'Adige, l'Eisach, l'Isar, la Sill, la Drave, la Sarca et la Brenta sont les courants qui naissent dans le Tyrol. L'Inn lui est envoyé par la Suisse ; le Rhin baigne la frontière du Vorarlberg, enfin le lac de Garda enfonce dans ces montagnes sa pointe septentrionale. Gracieux et riant au midi, il prend dans le Tyrol les formes les plus sévères, tandis que le lac de Constance vient baigner Bregentz, sans perdre le caractère presque maritime qu'il a sur les bords de la Souabe et de la Suisse. L'air est très-froid dans les vallées, et les hivers sont très-longs, surtout dans Pusterthal. A Trente, à Rovérédo, et sur les bords du lac de Garda, les chaleurs de l'été sont souvent insupportables, au point que, pendant plusieurs mois, les habitants abandonnent leurs maisons pour aller se loger dans les crevasses de rochers. Le Sirocco ou Fœn produit les mêmes effets que dans la vallée d'Uri ; il règne, surtout à la fin de l'automne ; alors il fond les neiges, et les torrents grossis par les glaciers se jettent impétueux en dehors de leur lit. L'agriculture ne peut être florissante sur un sol presque tout entier composé de rochers; aussi ne doit-on admirer en Tyrol que l'infatigable travail de l'habitant. Ce n'est guère que dans le Winstgau, le Pusterthal et le pays de Sterzingen que réussissent les céréales et le maïs : il s'en faut de beaucoup que l'on en recueille assez pour suffire à la consommation. Les districts italiens cultivent le tabac. On récolte dans les environs de l'Adige de grandes quantités d'un vin assez agréable, mais il a le défaut de ne se point conserver. Les pommes de la vallée de l'Inn et celles du pays de Méran sont fort vantées ; on exporte ces dernières jusqu'à Saint-Pétersbourg. Boltzano produit chaque année quarante-huit mille citrons, et le district de Riva trente mille. Le midi du Tyrol est fécond en fruits des pays chauds ; tels que la grenade, la figue, l'orange, etc., etc. La soie y réussit à merveille. Les montagnes recèlent de l'or, de l'argent, du cuivre, du plomb, du fer, de l'albâtre, etc., etc. L'industrie est assez active : il y a des fabriques de draps, de toile, de fleurs artificielles. Le désavantage des importations qui sont beaucoup plus nombreuses que les exportations, est compensé par le transit entre l'Italie et l'Allemagne, qui est très-actif, surtout à raison de la facilité du passage du Brenner, le moins élevé de tous les cols des Alpes : on le franchit au moyen d'une route excellente, longue de quatre lieues, haute de quatre mille trois cent soixante et seize pieds.

Tous les ans, trente à quarante mille Tyroliens vont à l'étranger pour y vendre des images, des ouvrages en bois, des couvertures, etc., etc. ; ils acquièrent ainsi des gains qu'ils envoient ou qu'ils rapportent annuellement dans leurs foyers. Il y a tant de loyauté chez ces bonnes gens, que souvent il arrive que plusieurs familles remettent leurs marchandises à un seul homme qui les emporte toutes ; puis à son retour, il fait avec un louable désintéressement le compte de chacun. La probité est la vertu la plus commune en Tyrol ; et le vol y est si rare que beaucoup de personnes n'ont pas même de serrure à la porte de leur maison. La majorité des Tyroliens est de race allemande ; les autres, au nombre d'environ cent soixante mille, sont Italiens. Les caractères de ces diverses populations varient beaucoup selon les nations auxquelles ils appartiennent. L'ancienne constitution, confirmée en 1816, établit des assemblées provinciales. Les états sont divisés en quatre classes, comme autrefois : ce sont les prélats, les chevaliers, les bourgeois, les paysans. Quoique le Vorarlberg soit compris dans une même administration, il a ses états particuliers, sa diète et ses privilèges. Les revenus de l'État sont d'environ cinq à six millions. L'amour de la chasse est le caractère distinctif du Tyrolien, qui excelle dans l'art de viser juste, et s'exerce au tir dès sa plus tendre jeunesse. Le costume du chasseur est fort remarquable : un chapeau rond, surmonté d'une plume recourbée ; une veste rouge sur laquelle descendent en se croisant des bretelles noires, peintes de diverses figures en argent, une culotte noire et un justaucorps de même couleur. Il en est qui passent pour être doués de qualités surnaturelles : celui-ci n'a jamais manqué un ours ; il les poursuit dans leurs tanières, les attend au passage, les combat corps à corps, et se rit de leur fureur ; en vain ses armes seraient en défaut, il en triompherait toujours. Celui-là est préservé des atteintes de ses ennemis ; et les plus habiles tireurs ne l'atteindraient pas. La superstition est grande dans cette classe d'hommes. Les croyances aux génies, aux fantômes sont fort accréditées : que le vent agite le feuillage ; que, sur les pâles lueurs de son reflet, la lune jette l'ombre vacillante d'un arbrisseau ; que dans le lointain l'oiseau de nuit fasse entendre un cri plaintif, ce sont esprits qui révèlent leur présence et qu'il faut conjurer.

Que des feux follets parcourent le marais, ce sont les âmes des filles qui n'ont point trouvé de maris. Chaque maison se pourvoit d'une image révérée, sauvegarde du domicile. Les vertus de famille sont pratiquées religieusement ; rien n'égale le respect d'un fils tyrolien : la veuve souvent porte pendant toute sa vie le deuil de l'époux qu'elle aimait. Les malheurs publics sont généralement sentis ; longtemps après la guerre de 1809, la nation tout entière a continué à se vêtir de noir. La lutte est fort en usage dans le Tyrol ; et les lutteurs ont un costume particulier. L'adresse est autant que la force le but de leurs exercices ; ils se défont de ce qui pourrait entraver leurs mouvements, font entendre un cri de guerre, propre à les faire reconnaître, et mettent autant de plumes à leur chapeau qu'ils ont remporté de victoires. Le Tyrolien est fort industrieux ; la mécanique n'a point de secrets qu'il ne puisse pénétrer ; souvent le métayer ou le berger crée de petites machines hydrauliques pour battre le beurre ; quelquefois aussi le berceau d'un enfant est mis en mouvement par une petite roue qui plonge dans le ruisseau voisin de la maison.

Le Tyrol est comme une grande forteresse avec cinq portes : l'une vers Vérone, l'autre au Pusterthal, près de Draubourg, la troisième est au col de Stelfs, la quatrième est le défilé de Finstermunz, enfin la Scharnitz, autre défilé gardé par des ouvrages militaires, ouvre un accès vers la Bavière. Des roches grises et nues, sans aucune végétation, deux ou trois petites maisons, un pont-levis et des débris de murailles avec des bastions nouveaux, tel est l'aspect qui avertit le voyageur qu'il va franchir une frontière. Le double aigle d'Autriche, et les douaniers qui gardent l'entrée, font connaître suffisamment sous quelle domination l'on passe ; quant à la visite qu'ils devraient faire, ils en dispensent volontiers pour quelques pièces de monnaie. Ce défilé s'appelle *Porta Claudia* ; l'imagination se prend aux Romains, mais elle se trompe, car le fort avait été bâti par la duchesse Claudia ; il fut ensuite renversé par les Bavarois. Quand on a franchi ce défilé si facile à défendre, la verdure reparaît, les rochers se cachent derrière la forêt, mais on est toujours dans la solitude, jusqu'à ce qu'enfin l'on aperçoive le clocher de Seefeld et les ruines du château de Schlosberg.

C'est de la hauteur de Zirl un singulier aspect que celui des habitations collées aux rochers ou placées dans quelque enfoncement de ces masses granitiques. Ces églises, ces maisons ressemblent avec plus de vivacité et de fraîcheur aux plus belles décorations de théâtre ; on ne peut concevoir qu'il y ait là des demeures, ni que l'on y puisse arriver sans risquer sa vie à de continuels sauts périlleux. Cependant quand on est parvenu dans ces lieux escarpés, quand on voit ces vastes plans inclinés, qui semblaient si étroits, s'étendre en plateaux, on est frappé de la douceur de l'atmosphère, de la chaleur des rayons du soleil. Les rosiers y sont plus abondants, les champs plus fertiles ; tout se meut et s'agite d'une vie bien plus animée ; ce n'est que dans ces hauts lieux que le voyageur peut connaître le véritable aspect du Tyrol.

La Martinswand (paroi de Saint-Martin) est la plus belle des roches du pays : elle tombe perpendiculaire sur la rive gauche de l'Inn, et serre la route contre la rivière. A peu près au milieu de l'escarpement, il y a un calvaire au-devant d'une caverne : nul accès ne conduit à cette grotte qui porte encore le nom de Maximilien. Le roi des Romains s'était laissé emporter à l'ardeur de la chasse aux chamois ; son audace avait été poussée jusqu'à la témérité par la présence de quelques dames qui le regardaient du pied de la montagne. Il saute de rocher en rocher, se suspend aux moindres aspérités, et, sans tenir compte de la profondeur du précipice, ni de l'absence de tout point d'appui, il s'avance toujours au grand effroi de sa suite qui n'ose s'aventurer dans ces redoutables lieux. Cependant les crampons de fer qui assurent ses pas se brisent et l'abandonnent ; il n'y a plus pour lui de moyen d'avancer, et il ne peut revenir sur ses pas : il hésite longtemps, veut atteindre à la grotte, hésite encore, et s'élance enfin vers cet antre sauvage. Là plus d'espoir de retour ; la consternation est générale : le pasteur de Zirl est sorti de son église à la tête de ses fidèles : du fond de l'abîme il étend vers le roi des Romains la sainte hostie ; aucun secours ne semblait possible ; si Maximilien revenait, une chute horrible briserait ses membres sanglants ; s'il restait, la faim le consumerait avant qu'on pût le chercher ; il y demeura donc plusieurs jours. Les cloches sonnaient l'agonie ; le peuple agenouillé récitait les prières des mourants. Ne pouvant redescendre sur la terre, le prince implorait le ciel comme pour en obtenir un meilleur séjour. Tout à coup le hasard, ou plutôt la faveur du ciel amène un audacieux chasseur. Lips était son nom ; il apparaît au détour d'une roche ; et, surpris d'apercevoir un homme là où les chamois eux-mêmes hésitent à se hasarder, il s'écrie : *Holà, que fais-tu là ?* Puis, en voyant la foule prosternée, les bannières flottantes, les prêtres en prières, il brave tous les périls ; et, d'une main assurée, ramène Maximilien jusqu'au pied de la montagne. Pénétré de reconnaissance, ce prince embrasse son libérateur. *Que ton nom rappelle désormais ton action ; je le fais*, dit-il, *baron de Hohenfelsen (de Haute-Roche) ; et l'exclamation que t'inspira ma vue restera dans ce titre comme un monument du secours que tu m'as donné. Sois désormais le baron Hollauer de Hohenfelsen.*

Lorsque de la descente de Zirl on porte ses regards sur le cours de l'Inn et sur les prairies qu'elle arrose, on est frappé du contraste imposant de ce beau paysage, avec les montagnes sévères qui l'entourent : au sud, les Alpes et le Schœnenberg, croupe avancé du Brenner. Cette chaîne descend par degrés, et comme d'étage en étage ; elle offre plusieurs ouvertures ; quelques torrents sortent des vallées, et, vers les prairies qui en bordent la base, s'arrondissent en amphithéâtre d'une riche verdure et d'un beau climat; quelques anses solitaires, délicieux refuge d'abbayes, de vieux châteaux et de charmantes maisons de campagne; au nord, au contraire, il semble qu'il n'y ait point de transition entre la roche et la prairie : tout est perpendiculaire, ce sont des murailles sans régularité comme sans végétation; et les cimes tantôt échancrées, tantôt élancées ou recourbées, dominent à pic et à une prodigieuse élévation cette plaine étroite dont Inspruck occupe toute la largeur depuis la base d'une chaîne à la base de l'autre. Par delà les deux quartiers que rejoint le pont, se présente dans le lointain la jolie petite ville de Hall, au pied du Saltzberg; et, dans l'intervalle qui la sépare d'Inspruck, une multitude de villages; à droite, Ambras, magnifique château, autrefois le séjour heureux de Ferdinand et de Philippine Welser; du haut de la montagne brillent ses vitraux et la galerie octogone qui recouvre le faîte de l'édifice; à l'opposite, Weyerbourg, le château favori de l'empereur Maximilien; la couleur rouge de son toit se montre au milieu des vertes cimes des arbres et du feuillage de la montagne. Plus près de la ville, l'abbaye de Wilten, avec son église et ses édifices semblables à des palais. Inspruck est comme le centre de belles avenues qui en partent vers toutes les directions. Cette ville est vraiment le type du pays dont elle est la capitale : elle a essentiellement le caractère montagnard : à la naïveté qui est ici le fond de toutes choses, se mêle un mouvement semblable à celui des grandes cités : ses rues sont populeuses; et, dans le costume le plus recherché des dames, comme dans le simple vêtement des paysannes, et même à travers l'imitation des modes étrangères, domine toujours la physionomie nationale.

On veut que l'abbaye de Wilten ait été construite sur l'emplacement du Veldidena, colonie de vétérans romains. Depuis la chute de leur empire jusqu'au huitième siècle, cette malheureuse contrée fut sans cesse ravagée par les barbares. On vit se succéder les Huns, les Goths, les Lombards, les Francs, les Slaves. Il paraît que le *castrum ad Breones* dont parle Venantius Fortunatus était à Wilten; mais le christianisme fut souvent banni de ces contrées. Dans la suite, l'usage des empereurs d'aller se faire recevoir à Rome amena beaucoup de commerce dans ces vallées. Ce fut le grand passage de l'Allemagne à l'Italie : un pont sur l'Inn devenait nécessaire; autour de ce pont se groupèrent quelques maisons. Le village fut bientôt le marché auquel tout le pays venait s'approvisionner. Au onzième siècle, Inspruck ou Insbruck (pont sur l'Inn) était florissante par le transit; cette bourgade sortait de l'obscurité de ses origines, mais sans les éclairer d'une lumière précise. Un prêtre de l'abbaye de Wilten desservait la petite église du lieu toujours restreint à la rive gauche. Enfin Bertold d'Andechs, margrave d'Istrie et seigneur de cette contrée, obtint de l'abbé la permission de transférer les demeures sur ses terres au delà du pont. Il n'y avait plus de place entre l'Inn et les hauteurs de Hœtting. Othon Ier, duc de Méran, entoura la ville naissante d'un fossé, d'une muraille et de tours. Il y bâtit une résidence pour lui ; ce fut en 1234, à une époque où Frédéric II, de la maison de Souabe, constituait dans tout son empire un grand nombre de villes impériales. Le château d'Othon était néanmoins sur la rive gauche; on veut l'y reconnaître encore dans une maison qu'on appelle *Ottoburg* (château d'Othon); et le chiffre 1232, inscrit sur cette maison, prouve au moins que telle était l'opinion commune à l'époque où on l'a tracé. La branche d'Andechs s'était éteinte en la personne d'Othon II, qui mourut sans postérité ni descendance. Albert de Tyrol, son beau-père, lui succéda sur les bords de l'Adige. Après diverses transmissions, Inspruck appartint à Meinrad de Gœrz, qui avait épousé la mère du malheureux Conradin, infortuné prince qui vendit toutes ses possessions d'Allemagne afin de pouvoir reconquérir son royaume de Naples, et ne trouva au lieu de la victoire que l'échafaud. Ainsi c'est dans ces belles contrées qu'une mère au désespoir pleurait son royal fils ; ce fut pour obtenir du ciel le salut de son âme que, d'accord avec Meinrad, elle fonda le couvent de Stams. Cependant la population d'Inspruck croissait toujours. Les murailles ne renfermaient qu'un espace désormais trop petit : les faubourgs s'allongèrent vers Wilten ; les nobles y établissaient des jardins et des maisons ; et cinquante ans s'étaient à peine écoulés depuis la construction des murailles que déjà il y avait une ville neuve (Neustadt). Mais, en 1292, un violent incendie dévora presque toutes les maisons d'Inspruck, la plupart de bois. Pour ne plus manquer d'eau, Meinrad fit creuser un canal à la Sill ; il est aujourd'hui garni d'usines et de moulins. En 1315, en l'année même où Morgarten abaissait l'orgueil des ducs d'Autriche, et peu de mois auparavant, on célébrait dans la prairie de l'abbaye de Wilten le second mariage de Henri de Gœrz, souverain du Tyrol, veuf de la reine Anne, sœur de Winceslas, avec Adélaïde de Brunswick ; et, douze ans après, il se remaria encore, dans le même lieu, avec Béatrix, comtesse de Savoie. La célèbre princesse, si connue sous le nom de Maultasche, ou *bouche en sac*, à raison de la difformité de son visage, était fille de ce Henri et d'Adélaïde de Brunswick. L'histoire romaine ne proclame rien de la lubricité de Messaline que la Maultasche n'ait surpassé, et sa mémoire est encore dans toutes les traditions populaires, aussi vulgaire, aussi prodiguée qu'elle l'était elle-même. Ses vices n'avaient point encore éclaté à ce point lorsque Jean de Luxembourg, la voyant seule héritière du Tyrol et de la Carinthie, la rechercha pour son fils Jean Henri ; pour l'obtenir, il donna à l'empereur Henri quarante mille marcs d'argent ! Néanmoins le fiancé n'avait que huit ans, la fiancée était déjà nubile. Louis de Bavière et Frédéric, en nobles et généreux compétiteurs dont l'ambition laissa subsister l'amitié, étaient venus à Inspruck trois ans auparavant : la bataille de Muhldorf avait déjà terminé leur rivalité. Une suite nombreuse les accompagnait, et des ambassadeurs accoururent de toutes les villes d'Italie. Un nouvel incendie fut pour Henri l'occasion de nouveaux bienfaits ; il institua dans la ville neuve l'hôpital du Saint-Esprit, et mourut en 1335. Trois ans après, une calamité sans exemple jeta l'épouvante sur tout le Tyrol : au milieu des steppes brûlants de l'Asie les feux du soleil firent éclore des nuées entières de cigales : leur vol obscurcissait le jour ; elles passèrent sur la Hongrie, et s'abattirent toutes sur les vallées d'Inspruck et de Bolzano. Les plus riantes prairies et les champs les plus fertiles furent tout à coup dépouillés de végétation. En 1340, la ville fut encore réduite en cendres, et soixante habitants périrent sous les décombres. Alors le mariage de Marguerite (c'était le véritable nom de la Maultasche) était accompli ; on l'annula, et l'empereur Charles IV transféra ses droits à son second mari, Louis de Brandenbourg. Celui-ci régla les institutions du pays ; il renforça les murailles, et donna plus de hauteur aux tours. A sa mort, la princesse conserva la souveraineté de Hall et d'Inspruck : le fils qu'il avait laissé mourut à l'âge de vingt ans. Marguerite s'entoura d'un conseil de neuf seigneurs ; mais ils ne songèrent qu'à s'agrandir à ses dépens : alors elle conféra le gouvernement à son lieutenant Ulrich de Matsch, puis elle institua pour héritiers Rodolphe, Albert et Léopold d'Autriche, petit-fils de la sœur de son père. C'est à dater de ce moment et en vertu de cet acte qu'un lien indissoluble, un attachement invariable unirent à cette puissante maison les fidèles sujets tyroliens : plus d'une fois ils ont prouvé que rien ne leur coûtait pour défendre leurs souverains. Le testament rédigé à Bolzano est de 1363 ; en la même année encore elle quitta le pays, délia les états du serment de fidélité, et partit pour Vienne.

Cependant les ducs de Bavière, jaloux de cette disposition, avaient envoyé des troupes dans la vallée de l'Inn ; et, sans les bourgeois d'Inspruck et de Hall, c'en était fait de Rodolphe. Léopold III, après le partage de l'Autriche, eut le Tyrol : ce fut lui qui périt à Sempach, laissant quatre fils mineurs. En 1390, le feu fit encore des ravages affreux ; il endommagea même l'enceinte et les tours. Léopold IV, l'un des fils dont nous venons de parler, fut surnommé le Superbe ; il succéda à Albert l'aîné, et fit place à Frédéric IV *à la bourse vide* (mit der leeren Tasche). Ce fut le premier des Habsbourg d'Autriche qui établit à Inspruck sa demeure permanente. Il construisit son château sur la place même, et le recouvrit ensuite d'un toit d'or. Gendre de l'empereur Robert, il perdit sa femme après deux ans de mariage ; puis il se trama contre lui une conspiration à la tête de laquelle figurait son grand bailli Henri de Rottenbourg : suscités par lui, les ducs de Bavière firent plus d'une incursion dans la vallée de l'Inn ; il fut enfin obligé de s'exiler, et n'obtint qu'à ce prix la vie et la liberté.

Ce même Frédéric reçut l'empereur Sigismond, en 1413, au passage de ce prince pour se rendre en Italie ; mais il fut mal récompensé de son hospitalité et se vit à la fois excommunié et privé de ses États pour avoir favorisé l'évasion de Jean XXII (d'autres historiens l'appellent Jean XXIII. Nous suivons l'autorité de Jean de Müller). Lorsque ce malheureux pontife s'enfuit du concile de Constance, Frédéric le suivit et le protégea. Ernest bardé de fer, auquel la noblesse déféra le gouvernement du Tyrol, prit sa place. Ce fut à Inspruck que naquit l'empereur Frédéric, son premier fils ; mais le généreux Ernest ne tarda point à remettre son frère en possession de ses États ; il contribua beaucoup à faire lever le ban de l'Empire et l'excommunication sous le poids desquels gémissait l'infortuné prince. Il sut dompter les grands et réprimer leurs excès à une diète tenue à Méran ; mais Frédéric eut la douleur de perdre tous ses enfants. Il eut de sa seconde femme, Anna, duchesse de Brunswick, un fils, Sigismond, qui fut son héritier, la perdit aussi et languit encore cinq ans. Frédéric V d'Autriche fut désigné par les états pour être le tuteur du jeune Sigismond, selon l'usage de la maison d'Autriche de conférer toujours ce soin au plus âgé. Ce fut celui-là même qui se fit couronner empereur d'Allemagne, sous le nom de Frédéric IV, en 1440. Deux ans après, l'empereur chanta l'évangile à la messe de minuit, en qualité de diacre. Après l'expiration du délai fixé pour la tutelle, Frédéric ne voulant point rendre la liberté au jeune duc, le Tyrol s'arma, nomma un général, et dépêcha une ambassade à Nuremberg, où se tenait la diète, pour revendiquer de l'empereur les droits du légitime souverain. Cependant il n'y fut fait droit qu'en 1446. Lorsque Sigismond revint, il fut reçu avec enthousiasme ; bientôt il épousa dans Inspruck la princesse écossaise Éléonore, et confirma les franchises et les privilèges de la cité par un acte solennel ; il y ajouta l'avantage de tenir plusieurs foires et de nombreux marchés.

Les intrigues du cardinal Cusa compromirent bientôt cette prospérité des Tyroliens. Fils d'un pauvre pêcheur de Cus, dans le pays de Trèves, au bord de la Moselle, ce prêtre ambitieux était parvenu à écarter du siège de Brixen le chancelier du prince, Léonard Wissmayr, qui cependant avait été légitimement élu. Par suite de ses querelles avec Sigismond, il fit mettre tout le Tyrol en interdit par Calixte III. Énéas Sylvius, qui succéda à Calixte, sous le nom de Pie II, avait été le précepteur du duc ; il ne l'en excommunia pas moins, et défendit à tous de communiquer avec le Tyrol, soit sous prétexte de commerce, soit pour toute autre cause : il fallut beaucoup de temps et de négociations pour apaiser ces différends.

Christian, roi de Danemark, s'arrêta à Inspruck avec toute sa suite dans un voyage qu'il fit à Rome en

27ᵉ *Livraison.* (TYROL.)

1474. Il y eut trois jours de fêtes et de réjouissances. En la même année, Sigismond réunit les états : on y rendit beaucoup de lois utiles sur les finances, la police, le droit civil, etc. Frédéric IV ayant élevé l'Autriche au titre d'archiduché, Sigismond s'appela désormais archiduc. En 1484, il épousa en secondes noces Catherine, fille du duc de Saxe. Malheureusement il écoutait facilement de très-mauvais conseillers qui abusaient de l'extrême bonté de son cœur : il en résultait d'énormes abus et des plaintes tous les jours plus vives. Aussi le vit-on abdiquer en faveur de Maximilien, roi des Romains, qui lui assura un gros revenu dont il jouit encore quelques années. Il avait fait battre monnaie en grande quantité, par suite de la découverte des mines d'Erbstollen et de Falkenstein, près de Schwatz; aussi fut-il surnommé *le riche*.

Maximilien alla prendre possession du gouvernement en 1490 : après un veuvage de douze ans, il épousa la fille de Galéas Sforce, duc de Milan : c'était une belle princesse; la noce fut magnifiquement célébrée le 16 mars 1494, dans le château d'Inspruck qui venait d'être construit. Ce prince y paraissait très-souvent, et dans les moments où on s'y attendait le moins. Il y reçut une ambassade turque, et y donna asile à Louis Sforce, à sa femme et à ses enfants, quand Louis XII les eut chassés de leurs États. L'empereur organisa, en 1511, la défense du pays : à cet effet, il convoqua les états; et, dans cette assemblée, fut rédigée la célèbre charte connue sous le nom de *Landlibell*, où l'on a réglé le nombre d'hommes que doit fournir chaque district ou quartier. Il convoqua de nouveau les états en 1518, pour pourvoir à des embarras de finances. L'année suivante, il partit malade de sa résidence, et mourut à Wels, en Autriche.

L'empereur avait institué pour héritiers ses petits-fils Charles et Ferdinand. Le premier fut élu empereur; le second épousa, dans l'église de Saint-Jacques à Inspruck, la princesse Anna, et fut investi du gouvernement du Tyrol; à cette occasion, il vint visiter cette partie de l'Autriche.

La guerre, dite des paysans, qui suivit et accompagna les premiers mouvements de la réformation, étendit ses ravages jusque sur le Tyrol. Les habitants de la vallée de l'Adige obéissaient à un séditieux appelé Gaismayer; il osa présenter au prince une série de griefs et une demande d'abolition de toutes les redevances qui n'étaient pas perçues pour le souverain; il remit cette pièce à l'occasion d'une diète convoquée à Inspruck en 1525, et à laquelle Ferdinand avait eu soin de n'appeler ni les nobles ni les prêtres si odieux au peuple. Il fallut céder, du moins en partie, aux exigences des insurgés; mais les avantages qu'on leur avait conférés pour vingt-cinq ans cessèrent dès l'année 1532.

En 1544, une incursion subite des troupes de la ligue de Smalcalde força les états à entretenir à Zirl un corps de douze mille hommes, et la famille régnante à se retirer : vainqueur à la bataille de Muhlberg, Charles-Quint fit prisonnier l'électeur Jean Frédéric et Philippe de Hesse; il conduisit le second à Inspruck. Maurice de Saxe cependant se jeta à l'improviste dans la vallée de l'Inn, après s'être emparé du passage d'Ehrenberg : il fallut que, dans la nuit du 19 au 20 mai 1552, l'empereur, le roi des Romains et Jean Frédéric de Saxe lui-même prissent la fuite : l'empereur était malade, mais ne put s'arrêter qu'à Villach. Maurice entra dans Inspruck; d'abord l'ordre fut observé; mais, quand l'électeur fut parti pour Passau, ses soldats se livrèrent à toutes sortes d'excès, pillèrent les églises et les couvents; ouvrirent et profanèrent les tombes ducales de Stams. Après la convention de Passau, l'empereur revint à Inspruck. C'est dans le château de cette ville qu'il médita profondément sur les soins de la monarchie, sur l'inutilité de ses efforts, sur la vanité des choses humaines. C'est à Inspruck qu'il arrêta le projet de déposer la couronne des Césars, pour se réduire à l'état de simple religieux. En 1558, Ferdinand fut proclamé empereur. Cinq ans après, il vint à son château avec Maximilien, l'aîné de ses fils, déjà élu roi des Romains, et couronné roi de Bohême; en même temps l'empereur présenta aux états son second fils, Ferdinand, comme devant être leur souverain. Une peste épouvantable désola la ville en 1564 : le gouvernement se retira à Sterzing; les princesses à Méran. En 1566, Inspruck fut totalement submergé, et l'on parcourait ses rues en nacelle. A cette époque, la population, non compris les bourgs de Hœttingen et de Wilten, était de cinq mille cinquante âmes.

Un tremblement de terre de quarante secousses ébranla, en 1572, les murailles et tous les édifices d'Inspruck : hommes et animaux, tout s'enfuit dans les champs. C'était le 4 janvier; et, quoiqu'il fît un froid très-rigoureux, l'archiduc passa la nuit dans une grange : sauf quelques intervalles de repos, cette calamité dura environ quarante jours. Elle fut suivie d'une disette. La bienfaisance de Philippine Welser se manifestait partout; Ferdinand avait choisi sa première épouse dans la classe bourgeoise; il avait écouté son cœur, et dédaigné les obligations de son rang; et la fille d'un négociant d'Augsbourg partageait avec lui la puissance suprême. Le Tyrol est encore plein des souvenirs de cette heureuse union : on montre, on révère tous les lieux où séjourna Philippine. Il semblerait, à entendre les éloges qu'on lui prodigue, que ses bienfaits ont soulagé des infortunes récentes. A Ambras, est la chambre où la princesse se baignait; à Inspruck, la chapelle d'argent où elle repose. Ferdinand y est aussi; mais il s'était remarié deux ans après avoir perdu Philippine. Ce fut à Inspruck qu'il épousa Anne Catherine, fille du duc de Milan, Guillaume. Ce mariage était probablement commandé par des raisons politiques, car il ne cessa de pleurer amèrement sa première femme.

Maximilien, puis Léopold V furent les archiducs successeurs de Ferdinand. En 1622, Éléonore de Mantoue vint à Inspruck, où elle épousa l'empereur Ferdinand II. La cérémonie eut lieu à l'église du château. Quatre ans plus tard, Léopold, institué souverain héréditaire du Tyrol, y reçut Claude de Médicis, veuve du duc d'Urbin, qu'il épousa. On vante beaucoup la magnificence des fêtes dont ce mariage fut accompagné. Inspruck vit alors la première illumination. L'approche des Suédois jeta la terreur dans le pays; on recourut à des emprunts forcés, à des levées extraordinaires. L'archiduc courut à Ehrenberg pour aviser aux moyens de défense; mais l'ennemi ne vint point, et tout rentra dans l'ordre. Après une minorité, Ferdinand-Charles gouverna et épousa la princesse Anne de Toscane, nièce de sa mère qui, déjà malade, épuisée des fatigues de la régence, mourut deux mois après la signature du traité d'Osnabruck, voyant s'accomplir enfin les vœux qu'elle faisait depuis si longtemps pour le repos du monde. Ferdinand-Charles fit bâtir le théâtre : sous son gouvernement Inspruck fut visité par la reine Christine de Suède; il alla au-devant d'elle à cheval, avec toute sa suite. Un nonce du pape avait précédé son arrivée : il était accouru de Rome pour recevoir son abjuration; et, le 3 novembre 1654, cette cérémonie s'accomplit solennellement dans l'église du château à Inspruck. François Sigismond, frère de Ferdinand-Charles, lui succéda à défaut d'héritiers directs; on pense aujourd'hui que ce prince mourut empoisonné par son médecin Agricola, en haine de ce qu'il avait éloigné tous les Italiens de sa cour. L'opinion générale était que Sigismond s'était rendu malade en buvant frais à la chasse dans un instant où il était fort échauffé. L'archiviste Primisser a prouvé, il n'y a pas longtemps, qu'un poison lent devant opérer à point nommé, avait été administré à ce prince. En lui s'éteignit la race des souverains autrichiens du Tyrol, auxquels cette province était spécialement affectée.

L'empereur Léopold Ier régna sur l'Autriche antérieure; il vint à Inspruck en 1665, et reçut le serment des États. Les inondations et les tremblements de terre reparurent en 1669 et en 1670. La terre semblait prête à s'ouvrir ; le vent mugissait avec furie ; les animaux hurlaient, les cloches agitées sonnaient d'elles-mêmes, comme si elles eussent annoncé la fin du monde. Pâles et tremblants, les habitants attendaient le moment suprême. Il n'y avait pas une maison qui ne fût endommagée, et plusieurs étaient tombées en répandant leurs décombres sur le sol. La terreur fut telle qu'elle occasionna des maladies graves à quelques personnes ; d'autres périrent écrasées. La nature ne reprit son cours que lentement : les secousses se représentaient de temps à autre comme si la cause du mal subsistait toujours; elles se renouvelèrent pendant un an, mais sans produire d'autre effet que la consternation de ceux qui jugeaient l'avenir par le passé. Les princes, pour se garantir de pareils malheurs, firent construire, en 1675, un palais de bois. Pendant les années suivantes, les états du Tyrol furent souvent convoqués pour voter des subsides à l'empereur, qui leur donna pour gouverneur son frère Charles de Lorraine.

En 1689, un cruel et désastreux tremblement de terre fit beaucoup de victimes et renversa beaucoup de maisons. Les édifices publics furent plus maltraités que les autres. La guerre de la succession d'Espagne fut une nouvelle calamité ; Maximilien Emmanuel de Bavière prit de vive force Kufstein et Rattenberg, et fit son entrée à Inspruck le 26 juin 1703. Il voulait gravir le Brenner pour opérer sa jonction avec le duc de Vendôme, mais son avant-garde fut massacrée, et lui-même avec son corps d'armée fut contraint de céder à la résistance des paysans. Il ne put même faire connaître son arrivée au général français ; tous ses émissaires étaient pris, et pas un Tyrolien ne voulut consentir à s'enrichir au prix de la trahison. Averti en même temps du mauvais état de ses garnisons de Kufstein et de Scharnitz, il se replia du Brenner sur Inspruck, et bientôt il quitta cette ville pour rentrer dans ses États.

En 1711, Inspruck reçut dans ses murs l'empereur Charles VI et le prince Eugène : ils y méditèrent leurs plans de campagne. Désormais le Tyrol n'eut plus qu'une simple administration de régence : aussi la capitale perdit beaucoup de son éclat. Marie-Thérèse y vint en 1738 avec le grand-duc son époux et Charles de Lorraine. Devenue impératrice, elle consacra aux provinces du Tyrol une sollicitude particulière. En 1763, elle y célébra le mariage de son fils Léopold, grand-duc de Toscane, avec l'infante Marie-Louise d'Espagne. Deux ans après, on vit à Inspruck l'empereur François Ier et Joseph, roi des Romains. Le 18 août, en revenant du spectacle, ce souverain tomba mort dans les bras de son fils : les fêtes furent remplacées par un deuil général. Cet événement fut suivi et précédé de beaucoup d'autres calamités. Joseph II, empereur, s'arrêta à Inspruck au retour du voyage qu'il avait fait en France sous le nom du comte de Falkenstein. Pie VI, revenant de Vienne par Munich et Augsbourg, fut accueilli dans Inspruck avec enthousiasme. Le gouvernement de Joseph II ne fut pas très-favorable à cette ville ; peu à peu il fit transformer tous les couvents en casernes, et il transféra à Clagenfurt le siège de la cour d'appel. La dernière assemblée des états eut lieu sous Léopold II, son successeur ; on y résolut le rétablissement de l'université, et le souverain rappela la cour de justice. Il réparait toutes les plaies de ce pays quand la mort l'enleva le 1er mars 1792. En 1796, à l'approche d'une division française de l'armée d'Italie, le trésor d'Ambras, les archives et les collections furent emportés à Linz. D'un autre côté, l'aile droite de l'armée de Moreau s'avançait ; elle était déjà à Bregenz et à Fussen. Les Tyroliens prirent les armes, se défendirent vaillamment, et, cette fois, leur pays fut préservé d'invasion. Mais, en 1797, Joubert pénétra jusqu'au Brenner : le traité de Campo-Formio mit fin à ces inquiétudes. Deux ans après, les généraux Dessolles et Loison entrèrent dans le pays ; le tocsin sonna dans ces vallées, et tout prit les armes ; mais les Français étaient victorieux sur tous les points. Le traité de Lunéville amena la seule délivrance possible. La paix ne fut pas de durée ; à la fin de l'année 1805, le maréchal Ney célébrait un *Te Deum* en l'honneur de la soumission générale du Tyrol. Le traité de Presbourg en disposa en faveur du roi de Bavière, Maximilien Ier ; ce fut un bouleversement total des usages et du gouvernement. Le Tyrolien, sans doute, ne pouvait être insensible aux vertus d'un si digne monarque ; mais il était blessé dans son attachement héréditaire à la maison impériale, froissé dans ses habitudes. L'orgueil militaire s'accommodait mal de cette soumission à une puissance toujours détestée. Aussi, quand les Autrichiens reparurent à Brixen en 1809, le peuple se souleva, accourant en foule à Inspruck, dont le gouverneur se défendit en héros ; ce brave périt en voulant se faire jour pour opérer sa retraite ; mais ces joies ne furent pas de durée. Le duc de Dantzig et le général de Wrède emportèrent d'assaut la position de Steub ; ils entrèrent dans Inspruck, ce qui ne mit point fin à la guerre, car les Bavarois eurent encore bien des combats à soutenir. Il fallut quitter et reprendre la capitale ; on l'entoura de trois camps ; on se fit rendre toutes les armes du pays. Le duc de Dantzig étant allé à Sterzingen où il fut battu, le soulèvement fut universel. Les Bavarois, assaillis de tous côtés, furent obligés à la retraite. L'aubergiste de Sand, André Hofer de Passeyer, était l'âme de tous ces combats. Les chefs de l'insurrection avaient tous rendu hommage à son héroïsme ; tous s'étaient rangés sous ses ordres. Il fit à Inspruck son entrée solennelle. Mais l'armée bavaroise revint en force, et pénétra par tous les points dans le Tyrol. Les Tyroliens prirent ensuite une forte position sur l'Isel. Elle fut emportée d'assaut ; le courage ne pouvait rien contre la supériorité de la tactique et la prépondérance de l'artillerie. Il fallut reconnaître la souveraineté de la Bavière ; Inspruck perdit alors son université. Enfin, en 1814 seulement, ce pays retourna à ses anciens maîtres ; et souvent l'empereur François II vint convertir en véritable enthousiasme la joie sincère de ses fidèles sujets. On ne peut s'empêcher de reconnaître que, sous ce régime si paternel, le Tyrol a beaucoup gagné ; et la prospérité publique se manifeste en toute chose. Si la police autrichienne est sévère, incommode, ce n'est que pour l'étranger : l'habitant profite du repos assuré par sa vigilance ; et, comme il est d'un caractère paisible et peu soucieux d'agitations, il ne s'inquiète pas beaucoup des entraves apportées à l'introduction des journaux. Les conversations de table d'hôte sont fort réservées : il ne serait pas prudent d'y discuter les questions qui agitent l'Europe, ni de prôner le régime constitutionnel ; on pourrait avoir à terminer sa démonstration à la police, et recevoir l'intimation d'aller prêcher la propagande un peu plus loin. Mais ces désagréments, on ne les éprouve que par sa propre imprudence.

Il n'y a pas bien longtemps encore, les rues étaient malpropres, les auberges détestables, et le voyageur, une fois qu'il avait visité l'église des Franciscains, n'avait rien de mieux à faire que de s'éloigner promptement. Les maisons avaient en bas, des arcades surbaissées et des boutiques sombres, en haut, des gouttières qui versaient leurs eaux jusqu'au centre de rues étroites ; des quais sans pavé, et, pour ornements, des amas de fumier et des cloaques ; la ville neuve offrait seule quelques rues spacieuses et des maisons de bonne apparence. Aujourd'hui, Inspruck est presque belle ; déjà elle est propre, grâce à un pavé neuf et aux égouts qui emmènent les immondices ; elle a aussi de bons trottoirs. Les rives de l'Inn sont plantées de promenades publiques, et quelques édifices en construction promettent un aspect tout nouveau à ses principaux quartiers. Déjà le voyageur s'y complaît, et choisit cette cité pour centre de ses excursions vers les différentes parties du Tyrol septentrional. La principale auberge, celle de l'Aigle d'or, présente à l'extérieur des peintures originales et antiques; ses appartements et les corridors même sont tapissés de discours prononcés, à la fenêtre de cette maison, par le célèbre André Hofer : on y voit aussi des collections de papillons et de minéraux; partout on retrouve la mesure d'un géant du val di Ledro, qui fut autrefois domestique de l'auberge. La carte que l'aubergiste distribue en forme d'adresse, présente la topographie du Tyrol, avec un quatrain qui signifie qu'en ce monde chacun a ses prôneurs et ses détracteurs, et qu'à cet égard l'hôte de l'Aigle a le sort commun de tous les mortels. En général, on fait fort mauvaise chère dans le pays; les aliments sont substantiels, mais grossiers et mal accommodés : il est juste d'ajouter que les prix sont fort bas, et qu'il est assez difficile de dépenser six francs dans sa journée quand on se borne à ses repas.

Inspruck ne compte pas plus de dix mille âmes, mais l'on ne vit jamais tant de monuments dans une ville de si peu d'étendue. Les églises sont tellement nombreuses, qu'il serait fatigant de les nommer toutes. La curiosité des étrangers se porte principalement sur celle dite de la Cour (Hofkirch) ou des Franciscains. Le tombeau de Maximilien décore le centre de la nef : sur deux rangées parallèles s'alignent, jusqu'au chœur, de nombreuses statues d'airain : images de souverains de tous les temps, de tous les lieux; imposants par leur taille sévère, par la sombre couleur du métal, ils font, sur quiconque se présente au milieu de leur majestueuse assemblée, une indicible impression, surtout quand les derniers rayons du jour, affaiblis encore par les vitraux, éclairent la blanche et suppliante image de marbre de Maximilien, et quand cette lueur lugubre jette du vague sur les fantômes d'airain dont la gigantesque stature se confond dans les ténèbres, et devient plus incertaine à mesure que la nuit devient plus noire. Les visières sont mobiles; les rois et les reines ne sont point exaltés sur un piédestal : vous en êtes entouré, et, pour ainsi dire, pressé, et cependant le silence et l'immobilité ont un caractère sinistre, mystérieux, que la fraîcheur de ces voûtes sévères convertit en un véritable frisson. Il n'y a pas d'exemple, je crois, d'une pareille assemblée de rois : ce serait le sujet des très-beaux dialogues des morts. Nous allons décrire le monument où Maximilien voulait reposer, où cependant ses restes mortels ne sont pas encore. Si puissant quand il régnait, sa suppliante statue n'obtient pas même l'entrée de son tombeau; il reste à Wienerisch-Neustadt.

Le style de l'architecture n'est pas remarquable : l'église fut bâtie au seizième siècle par ordre de Ferdinand Ier; le portail est en colonnes de marbre; dix autres colonnes de marbre rouge séparent la nef des bas côtés. Mais l'art du fondeur et celui du statuaire ont rivalisé d'efforts pour l'illustration de ce lieu de dévotion.

Le tombeau de Maximilien repose sur trois degrés en marbre; il est haut de six pieds deux pouces, long de treize et large de sept pieds trois pouces. Une belle garniture de métal se compose d'armes et de trophées rangés autour des marches supérieures; au haut du monument, qui est aussi de marbre, l'empereur Maximilen est agenouillé sur un coussin. Cette statue fut d'abord modelée en bronze par Louis del Duca, Sicilien, en 1582. Aux angles sont des génies qui représentent les quatre vertus principales : la Justice, la Prudence, la Force et la Tempérance : ces chefs-d'œuvre sont de Lendenstreich. Les côtés ou faces des monuments sont divisés en divers carrés ou champs par seize piliers de marbre noir, et, sur une double rangée, ils offrent aux regards vingt-quatre tableaux, chacun de deux pieds de large sur un et demi d'élévation; ce sont des bas-reliefs qui rappellent les plus mémorables actions de Maximilien. Au-dessus de chacun est une inscription tracée sur un cartouche, en forme de bouclier; les cartouches sont de marbre noir et supportés par deux génies. Le tout est entouré d'une grille de fer, ouvrage étonnant d'un simple serrurier bohémien, lequel y a figuré toutes les armes des divers pays soumis à l'Autriche.

Les scènes tracées sur les bas-reliefs nous donnent Maximilien à tous les âges de sa vie, et la progression est toujours observée. D'abord il épouse, à dix-huit ans, Marie de Bourgogne, puis on le voit, à la bataille de Guinegate, chargeant à la tête de l'infanterie bourguignonne, et, dans le lointain, ses troupes vont occuper Cambrai. Son entrée dans Arras est remarquable par le fini et la beauté d'une figure de vivandière placée sur le premier plan. Le couronnement de l'empereur à Aix-la-Chapelle vient ensuite. Le cinquième tableau est la bataille de Caliano : on voit dans le lointain la ville de Rovérédo, et, sur le premier plan, la torrentueuse Adige serre le chemin et le rétrécit; les Vénitiens se précipitent sur un pont de bateau et tombent dans ses eaux. L'entrée de Maximilien à Vienne avec sa noble suite, la prise de Stuhlweissembourg en 1490, le retour de la princesse Marguerite, après que Charles VIII lui eut manqué de foi, l'expulsion des Turcs de la Croatie, la ligue conclue en 1495, contre la France, avec Alexandre VI, la république de Venise et le duc de Milan, l'investiture de Louis Sforce, enfin le mariage de Philippe le Beau, fils de Maximilien, avec Jeanne, héritière d'Aragon et de Castille, tels sont les sujets qui occupent les douze premiers tableaux.

Le treizième nous montre les Bohémiens battus à Ratisbonne; Maximilien, dont le cheval s'abat, est sauvé par le duc Éric de Brunswick. Une autre action de la guerre de succession de Bavière, et pareillement de l'an 1504, est le siége du beau château de Kufstein; on y voit un trait retenu par l'histoire : le commandant Pinznauer balaye de sa main les remparts, en dérision de l'artillerie ennemie. De ce côté de l'Inn, Maximilien met lui-même le feu aux pièces énormes qu'il a fait venir d'Inspruck. Le quinzième bas-relief est la soumission du duc Charles de Gueldres, qui, la tête nue, se jette aux pieds de l'empereur à cheval. La scène se passe dans un pays boisé, et, dans le lointain, on voit Arnheim en grande partie détruite. Une ligue formidable se conclut dans le cadre suivant : le roi d'Espagne, le pape, le roi de France et Maximilien, traitent à Cambrai de la perte de Venise. Les hautes parties contractantes se donnent allégoriquement la main; dans le fond, on aperçoit une ville que des troupes vénitiennes abandonnent en fuyant. L'occupation rapide des États de Venise, et Maximilien recevant les clefs des cités auprès de Padoue, viennent ensuite comme conséquence de la ligue; enfin, dans le dix-huitième tableau, Sforce est réintégré dans Milan; les Français partent d'un côté, les Suisses et Maximilien arrivent de l'autre. La seconde bataille de Guinegate, du 17 août 1513, est représentée dans le vingtième; l'empereur commande en personne la cavalerie, Henri VIII est à la tête de l'infanterie d'Angleterre. Après cette action, on voit les deux armées impériales et anglaises opérer leur jonction devant Térouenne déjà ébréchée. Dans le lointain, Tournai est la proie des flammes.

Le vingt et unième sujet nous reporte à Vicence : les Impériaux et les Espagnols forcent un défilé gardé par les Vénitiens, dont l'armée prend la fuite. Le vingt-deuxième est une sortie vigoureuse de la garnison allemande de Murano, sur le rivage de la mer. Le vingt-troisième représente les négociations pour le mariage de Ferdinand, petit-fils de Maximilien, avec la fille de Wladislas. Ce roi et l'empereur lui-même y figurent; mais la tête de Maximilien a été brisée par un vandalisme inexcusable, dans les agitations qui désolèrent Inspruck. Le dernier tableau est consacré à la belle défense de Vérone, par les Impériaux, contre les Vénitiens et les Français.

Ces quatre derniers ont été exécutés les premiers par les frères Abel de Cologne, en 1563. On ne saurait croire jusqu'à quel point on est frappé de la transition, et cependant il y a du mérite dans ces compositions, qui, si elles étaient vues avant les autres, pourraient plaire davantage. Malheureusement on suit l'ordre des faits, et l'on a déjà contemplé les ouvrages d'Alexandre Colin quand on arrive à ceux de ses deux prédécesseurs. Cet artiste, né à Malines, en l'année même où se commençait le chef-d'œuvre qu'il était destiné à terminer, fut appelé à Inspruck par l'empereur Ferdinand et s'y établit. Il mourut à l'âge de quatre-vingt-six ans; son portrait et celui de sa femme, sculptés par lui-même, sont attachés à la grille : on ne saurait louer assez dignement les chefs-d'œuvre de Colin. Il n'a pas mis moins d'art à conserver le type des physionomies nationales, qu'à préserver de confusion ces groupes innombrables : on distingue très-bien les Allemands des Français et des Italiens; les Turcs seraient reconnaissables sans le secours des costumes, qui sont néanmoins d'une grande précision. Les sièges et les batailles se multiplient sans monotonie, les armées se pressent sans désordre, et, sur le premier plan, tout est plein de vie et d'énergie; il suffit d'un nom pour que l'histoire parle en quelque sorte d'elle-même.

Les statues colossales qui entourent le tombeau sont au nombre de vingt-huit posées sur deux files, sans ordre chronologique : la plupart appartiennent à la maison d'Autriche, et en particulier à la famille de Maximilien. Elles ont été fondues par Georges Lœfler de Feldkirck et par ses fils. Il avait été arquebusier de Charles-Quint, et mourut à Inspruck dans un âge fort avancé. Clovis ouvre cette série de héros; le second est Philippe le Beau, fils de Maximilien, et roi d'Espagne. Rodolphe de Habsbourg, Albert le Sage, duc d'Autriche, et Théodoric, roi des Ostrogoths, vainqueur d'Odoacre, Ernest, surnommé l'Homme de fer, duc d'Autriche, grand-père de Maximilien, Théodebert, duc de Bourgogne, Arthur, fondateur de la Table ronde,

Sigismond, archiduc d'Autriche, Blanche-Marie Sforce, duchesse de Milan, seconde femme de Maximilien, l'archiduchesse Marguerite, fille de cet empereur, Cymburgis de Massovie, femme d'Ernest d'Autriche, et enfin Charles le Téméraire, composent la première moitié de cette imposante assemblée.

Son père, Philippe le Bon, Jeanne d'Aragon, inconsolable veuve du fils de Maximilien Philippe le Beau, Ferdinand le Catholique, Cunégonde, fille unique de Frédéric IV, mariée à Albert de Bavière, Éléonore de Portugal, épouse de Frédéric IV, Marie de Bourgogne, fille de Charles le Téméraire, Élisabeth de Bohême, femme d'Albert II, puis, tout à coup, un souvenir des croisades personnifié dans Godefroi de Bouillon; un autre pour l'histoire suisse, Albert Ier d'Autriche, assassiné par Jean, son neveu; après cela, le malheureux Frédéric à la bourse vide, mis au ban de l'empire et excommunié pour avoir fait évader le pape au concile de Constance, Léopold le Pieux, duc d'Autriche, Rodolphe le Grand, père de Rodolphe de Habsbourg, Léopold le Saint, devenu le patron de l'Autriche, dont il était margrave, l'empereur Frédéric IV, et enfin Albert II l'empereur, mort au village de Nesmel.

Un grand nombre de ces bronzes date de 1513, époque à laquelle n'était point construite l'église dans laquelle on les voit, car elle ne fut commencée qu'en 1553. Ferdinand les a fait compléter. Ce n'est pas tout encore : on admire au-dessus de la frise du chœur une multitude de saints dont les petites statues font face à la nef, et semblent protéger la tombe de Maximilien. Il n'est pas une de ces puissances célestes qui n'ait aussi régné sur la terre : on y retrouve Clovis et saint Richard d'Angleterre; il y a cependant quelques prélats et quelques prêtres. Lorsqu'on a fait le tour de ce tombeau et que déjà l'on est revenu près d'Albert II, on se trouve posé sur une pierre sépulcrale, où le nom vénéré de Hofer, héros villageois, marque la place accordée à ses restes; sa statue en marbre blanc est placée tout près de là, dans une niche, et cette fois l'humble paysan, tombé pour la patrie, est devenu dans la mort l'égal des rois dont il a défendu la cause. Ce monument fut inauguré le 5 mai 1834; il est très-beau, et cependant le voisinage de tant de chefs-d'œuvre ne lui est pas favorable. L'impression de l'étranger était plus profonde lorsque, après avoir passé en revue ce régiment d'illustres héros couronnés, on lui disait : « Vous êtes sur la sépulture de Hofer. » Alors il s'inclinait vers l'inscription à demi-effacée, il en déchiffrait avec soin les caractères, et ce néant d'une gloire récente parlait à son imagination bien plus haut que ne le fait le monument lui-même : André Hofer était grand, même de l'absence de son effigie. Un artiste, dont la conception avait été rejetée par l'empereur, eut la faiblesse d'en mourir de chagrin. Le bon François néanmoins avait eu raison de ne point vouloir de ce génie de la Renommée couronnant pompeusement le héros; il valait mieux cent fois le montrer à la postérité dans son vêtement de paysan. On reproche à la statue préférée le défaut absolu de ressemblance; il y a, du reste, quelque mérite dans l'exécution; l'ouvrage est du professeur Schaller.

En face de la statue de Hofer, à droite du portail, est l'escalier qui conduit à la chapelle d'argent, ainsi nommée à cause d'une statue de la Vierge et de quelques ornements du maître-autel : on y arrive au moyen de vingt-cinq degrés de marbre blanc. L'archiduc Ferdinand fit construire cette chapelle, en 1558, pour y disposer un lieu de sépulture pour lui-même et pour Philippine Welser. Un marbre noir, appliqué à la paroi de la chapelle, se recourbe en forme de voûte et reçoit l'image de ce prince, sculptée en marbre blanc. Il est couché et revêtu de ses insignes d'archiduc, les mains levées au ciel. Le piédestal est fort bas et chargé d'écussons. Une inscription latine au-dessus du monument rappelle toutes les actions de Ferdinand. Un calvaire est au sommet de la voûte; la Vierge, saint Jean, saint Léopold, etc., sont près du Christ. L'archiduc est encore représenté à genoux et priant devant son propre tombeau. Philippine Welser est du même côté; c'est aussi un beau marbre blanc placé dans une niche de marbre noir. Les génies de la mort renversent leurs torches. L'archiduchesse est couchée, vêtue des habits qu'on lui avait mis à son lit de parade. Quelques inscriptions d'un style simple rappellent ses bienfaits. Les deux sépultures sont dues encore au ciseau de Colin. Près de là est un bel orgue de bois dont le pape Jules II avait fait cadeau à l'archiduc.

Un nouveau musée appelé le *Ferdinandeum* réunit de précieuses collections d'histoire naturelle et surtout d'oryctognosie. Il y a de belles pétrifications de mammifères et de coquillages; la flore du Tyrol et les papillons attirent l'attention des connaisseurs. On garde, comme singularité, un pigeon empaillé à quatre ailes. Ce musée possède des objets curieux sous le rapport industriel; par exemple, le fusil fabriqué par un paysan du Pusterthal; il y a incrusté des ouvrages d'ivoire qui révèlent, ainsi que les ciselures, un goût parfait joint à une grande habileté. On rapporte que des Anglais qui avaient trouvé ce paysan à l'ouvrage lui en offrirent des sommes considérables; mais le patriotisme de ce bon villageois n'en était point satisfait; il fallait que ce chef-d'œuvre appartînt à son pays. Quand il l'apporta au musée, on lui demanda quel prix il y mettait; il déclara y avoir employé un an, et se contenta d'un florin par jour. Chaque contrée y a livré avec empressement ses produits : près des ouvrages en bois de Græden, on admire les soieries de Rovérédo. Les artistes tyroliens qui sont à l'étranger s'empressent d'envoyer leurs tableaux : c'est là seulement qu'on peut voir un portrait de Hofer bien ressemblant.

L'arc de triomphe qui décore l'entrée méridionale de la ville est consacré à la gloire de Marie-Thérèse et de Joseph II; il est orné de belles colonnes d'ordre ionique et construit en marbre rouge, dans lequel sont incrustés de beaux médaillons en marbre blanc. Du côté de la ville sont les effigies de Marie-Thérèse et de Joseph II; et à l'opposite les portraits de l'infortunée Marie-Antoinette et de Marie-Christine. Ce monument fut élevé par l'ingénieur Walter, en 1765. Quant aux bas-reliefs, ils sont dus à un artiste qui jouit de quelque célébrité : ce fut Hagenauer qui les posa en 1774. Depuis, on a changé la destination de la façade intérieure : tout y rappelle la mort de l'empereur François Ier. Au-dessus de l'attique, une femme abaisse sur la tête de cet empereur une couronne étoilée; Saturne est assis à côté de lui : ce dieu laisse tristement tomber sa faux, comme lui-même obéissait à regret à l'inflexible destin. A peine le voyageur a-t-il admiré ce monument, à peine a-t-il fait quelques centaines de pas dans la ville, que ses regards sont frappés de la vue d'un autre objet mémorable : la colonne de Sainte-Anne qui s'élève entre deux fontaines, et qui est destinée à perpétuer le souvenir de l'évacuation d'Inspruck par les Bavarois, pendant la guerre de la succession d'Espagne. Pour se délivrer de ces hôtes incommodes, les états du Tyrol avaient fait vœu d'ériger ce monument en l'honneur de l'immaculée conception. La Vierge est sur la colonne, et la base est ornée des portraits de saint George, de saint Vigile, de saint Cassian et de sainte Anne : cette dernière lui a donné son nom, parce que l'inauguration eut lieu le jour de la fête de cette sainte.

Il y a peu de sites aussi agréables que celui du petit village de Hœtting, au delà du pont de l'Inn; il fait presque partie de la ville, tant il est près du quartier qui s'élève sur la rive gauche; à peine si quelques prairies l'en séparent. Hœtting est au pied de la grande paroi de rochers qui borde le fleuve : son église est fort ancienne, et l'on y remarque le tombeau de Lœfler, de celui qui a fait la plupart des bronzes de l'église des Franciscains. Le tombeau est l'ouvrage de son fils; il renferme aussi les cendres de sa femme : c'est un très-beau travail. Le Père éternel apparaît dans toute sa majesté au milieu des génies; plus bas, le Sauveur est attaché sur la croix : on y voit saint Jean, la Vierge et la Madelaine, puis, dans l'attitude de la prière, le fondeur Lœfler et sa femme. On visite encore à côté de l'église l'atelier de cet artiste célèbre. Quand les cloches s'ébranlent, la tour éprouve un balancement si violent, que l'on croirait qu'elle va s'écrouler : les habitants sont les seuls qui n'en soient pas effrayés. Hœtting est le lieu d'où l'on jouit le mieux de la vue d'Inspruck et des montagnes méridionales.

L'antique château de Weyersbourg attire les étrangers, qui viennent y admirer les belles sculptures d'Albert Durer et les peintures de Holbein. La tradition parle d'un revenant terrible dont l'ombre haletante fait chaque nuit le tour des murailles, et demande des prières qui assurent enfin son repos. Non loin de là, un serpent élève sa crête verdâtre au-dessus d'un étang : ce reptile à l'œil enflammé, à la dent venimeuse, présente la clef d'un trésor aux passants effrayés. Maximilien préférait ce séjour à toutes ses autres résidences. Ambras est un château que l'on aperçoit de toute la contrée. Avant de se confondre dans l'Inn, la Sill se précipite en cascade des hauteurs avancées du Brenner; elle est entourée d'une belle végétation. Il y a non loin du château un lieu appelé Tummelplatz, parce qu'au moyen âge les chevaliers y exerçaient leurs chevaux. Aujourd'hui un souvenir affreux domine cette tradition et l'efface : on se rappelle seulement qu'en 1799 un hôpital existait à Ambras, que les morts étaient enterrés sur cette colline, et que trop souvent des fournisseurs avides ont fait ensevelir avec les morts des malades et des mourants; dans l'horreur des nuits, c'en était assez de la première pelletée de terre pour mettre un terme à leurs cris importuns. La crainte de l'épidémie était un merveilleux auxiliaire à ces cruautés. Ainsi furent inhumés plus de huit mille individus, la plupart étrangers ou inconnus. Aujourd'hui, tous les arbres portent des *ex voto;* il y a partout des pierres sépulcrales, des croix et d'autres ornements funéraires; une chapelle découverte et un calvaire sont placés sous le dôme formé par des chênes et des tilleuls. La foi attire les pèlerins; on les voit souvent agenouillés à la prestigieuse clarté de la lune.

Ambras est du treizième siècle; ses murailles sont bien conservées; les portes, les fenêtres, les appartements paraissent encore habitables; nulle part il n'y a de ruines, rien n'est abandonné; Ambras semble conserver le moyen âge tout entier. Là se trouvaient les trésors de l'histoire; mais, à l'approche des Français, on retira toutes les collections que Ferdinand y avait amassées; les plus belles années de cet archiduc s'écoulèrent dans Ambras. A la diète d'Augsbourg, en 1548, il avait connu Philippine Welser; âgé de dix-neuf ans seulement, il l'épousa en secret, et cette union, qu'il n'osa révéler de longtemps, dura trente et un ans. Tout est rempli de souvenirs de cette femme bienfaisante autant qu'elle était belle : là sa tour favorite, là le cabinet des bains, où une tradition affligeante prétend qu'on lui donna la mort en lui ouvrant les veines. On voit encore de beaux tableaux à Ambras, et surtout des portraits; ils occupent toute une galerie fort longue. On montre près de là une fenêtre d'où l'illustre Wallenstein encore enfant se laissa tomber pendant son sommeil. Peu s'en est fallu que l'un des plus illustres guerriers de l'Europe ne pérît ignoré sur le plancher de cette galerie, mais il se releva sans avoir éprouvé le moindre mal. Tout est en général si bien disposé, qu'on croirait le propriétaire absent, et qu'on serait moins étonné peut-être de le voir rentrer avec son chevaleresque cortége, que d'apprendre que trois siècles nous en séparent. Il y a dans la cour une grande salle d'armes antique, puis une autre où sont rangés des chevaux empaillés : là se trouve celui que montait Maximilien à Guinegate, celui de Charles-Quint, celui de Ferdinand. Leurs états de service sont dans la mémoire du concierge, et l'idée que ce corps que l'on touche est celui-là même qui agissait, qui chargeait dans ces grandes batailles, a quelque chose de saisissant; les âges semblent se rapprocher; la pose noble et hardie de ces chevaux, le souvenir précis qui se rattache à leur nom plaisent à l'imagination, et donnent à l'histoire une action que les livres ne peuvent lui rendre. Le château est octogone; sur la crête du toit on a pratiqué une galerie sur laquelle on en fait le tour. Il serait impossible d'imaginer une plus belle vue; l'œil s'arrête alternativement sur Hall, sur Inspruck, sur la pelouse si verte que traverse l'Inn de l'une à l'autre ville, enfin sur ces âpres rochers qui séparent cette vallée de la Bavière. On a quelque peine à descendre de ce lieu, et l'on se décide avec regret à reprendre le chemin d'Inspruck.

Les souverains du Tyrol avaient trois palais dans cette ville : l'un, appelé Ottoburg, est une vieille tour pentagone, ainsi nommée parce que Otton Ier, duc de Méran, la fit construire. La seconde résidence est la maison qu'on appelle encore aujourd'hui *das goldene Daechli*, le petit toit d'or, parce que Frédéric à la bourse vide, voulant prouver qu'il ne méritait pas ce nom, fit dorer les tuiles d'une aile de son château. Trois statues représentent Maximilien Ier et ses deux femmes, Marie de Bourgogne et Marie-Blanche de Milan. Le troisième palais est sur la place publique qui sert de promenade; il n'a rien de remarquable, non plus que la statue équestre de Léopold V, l'époux de la duchesse Claudia, fondue en bronze par un artiste tyrolien, en 1797.

Les représentations théâtrales ont un caractère singulier; c'est de l'histoire traditionnelle entremêlée de sujets religieux, c'est une poésie naïve et populaire qui est à peu près semblable à ce que nous conjecturons des atellanes de l'Italie antique; mais dans le village de Büchsenhaufen, lieu de plaisance voisin d'Inspruck, il y a un théâtre où les filles seules sont admises à jouer : elles s'acquittent fort bien des rôles de chevaliers, de tyrans ou de vieillards. La plupart des sujets sont pris à la Bible ou à la légende ; c'est par exemple sainte Geneviève ou la vertu de Joseph en Égypte. La directrice, veuve d'un cordonnier, est elle-même l'auteur des pièces, et les représentations ont lieu dans l'après-midi. Des tableaux mimiques occupent le public pendant les entr'actes.

La partie inférieure de la vallée de l'Inn est fort agréable et surtout très-bien cultivée ; les bases des montagnes s'écartent, la plaine s'élargit. Les montées sont bien boisées ; il n'y a plus de ces formes heurtées, de ces roches arides ; à l'exception du Saltzberg, tout est vert. Le fleuve lui-même prend un caractère plus imposant par sa largeur ; les villages se pressent les uns contre les autres, interrompus seulement par des vergers et des champs : tout annonce l'aisance et la propreté. Les petites villes de Hall, de Schwatz et de Rattenberg, sont en harmonie avec l'aspect général du pays, et la pittoresque citadelle de Kufstein ferme la vallée vers la frontière de Bavière.

Hall a un aspect antique ; à l'exception de quelques réparations, tout est resté dans le même état, et si, par une subite résurrection, les citoyens du quinzième siècle pouvaient y reparaitre, ils croiraient avoir dormi seulement quelques heures. Les murailles et les tours n'ont rien perdu de leur hauteur ; les rues sont toujours aussi étroites ; les portes, garnies de leur défense, semblent attendre l'ennemi et le défier ; enfin les fossés ont conservé toute leur profondeur. L'exploitation des salines est la principale industrie ; on y fait venir, au moyen de conduits, le sel dissous dans l'eau : il arrive du Saltzberg à plus de trois lieues. Les chaudières qui le remettent à l'état solide ont chacune la grandeur d'une chambre ; on les remplit d'eau salée à huit pouces de haut, et, pendant trois heures, elle cuit sans interruption jusqu'à ce qu'elle soit réduite, ou plutôt évaporée à deux pouces et demi ; alors on attire vers les bords, au moyen d'une pelle de bois, le sel qui s'est posé au fond. Chaque opération donne de vingt à vingt-quatre quintaux, de sorte que chaque chaudière peut en produire en un jour cent soixante et dix. Le Saltzberg est percé intérieurement de longues galeries, que l'on parcourt à la lueur de la lampe, non sans quelque frayeur : ce sont des roches brillantes, des plaines immenses recevant et renvoyant la lumière aux yeux éblouis de l'étranger. Quand les masses brisées par le mineur gisent sur le sol en suffisante quantité, on dirige les sources vers ce point ; elles dissolvent le sel, en séparent les parties terreuses et s'écoulent vers la ville. Souvent, lorsque dans une avenue souterraine on est paisiblement occupé à contempler les cristaux, il se fait un bruit sourd lointain, mais toujours grossissant ; enfin on dirait qu'un torrent mugit sous ces grottes mystérieuses ; effrayé, l'on interroge son guide, et celui-ci, pour produire plus d'effet, entraîne le questionneur en le saisissant par la main, et le collant à la muraille, il lui interdit le moindre mouvement. Tout à coup on voit passer, avec la rapidité de l'éclair, une suite de chars emportant des matériaux : ils sont conduits par des jeunes gens auxquels il ne faut pas moins d'audace que d'habileté. Les roues courent dans des rainures dans lesquelles il faut les maintenir ; le moindre accident, le moindre choc jette le conducteur à bas de son char, et il est rare alors qu'il ne soit pas grièvement blessé ainsi que ses successeurs ; car la rapidité de la descente est telle, qu'il est impossible d'arrêter le convoi.

Autant les contrées sont belles, autant est horrible la partie comprise entre la vallée de l'Inn et le Pinzgau ; ce ne sont que tourbes, marais, misère et maladies. Il vaut mieux s'arrêter dans l'Achenthal, qui a un beau lac, ou dans le Zillerthal, l'une des plus délicieuses parties du Tyrol. Sur le chemin qui y conduit, entre Inspruck et Hall, on voit, à l'ouest du village de Sollstein, une roche singulière : elle ressemble à une femme assise qui s'inclinerait pour donner le sein à son enfant. On l'appelle la femme Hütt, et voici ce que rapporte la tradition à cet égard : C'était une princesse puissante qui régnait sur le pays, à une époque où tous les fruits du Midi enrichissaient le sol. Fière de ces richesses, elle ne connut plus de bornes à ses dépenses ; et pour donner accès à son château, qui était à ce même endroit où on la voit immobile aujourd'hui, elle fit accaparer tous les fromages de la vallée et en fit construire un escalier ; elle se servait de pain blanc pour nettoyer les langes de son enfant. Le ciel en fut si courroucé, qu'il la changea en pierre. Les avalanches de rochers et les torrents dévastèrent la vallée, qui demeura longtemps inculte, et, bien que la culture en ait repris possession, la fertilité ancienne n'est jamais revenue. Aussi la femme Hütt est toujours à la même place, et derrière elle, à la frontière de Bavière, une aride vallée sans habitations et sans végétation, où l'on ne voit que des débris et des pierres qui en encombrent le fond.

Une des plus belles contrées du Tyrol est le Zillerthal, dans lequel on pénètre près de Schwatz, jolie ville située sur la rive de l'Inn. Non loin de là, à Strass, deux grandes roches semblent avoir été séparées par une commotion du globe ; c'est comme le portail de la vallée : elle est assez large et entourée de collines d'une riche verdure, car la culture tapisse les montagnes jusqu'au sommet. Dans le lointain est le village de Schlitters ; mais la vue n'est jamais fort étendue, à cause des détours fréquents que fait la route en montant et en descendant à la base de ces hauteurs. On aperçoit successivement plusieurs villages ; enfin, après avoir traversé Zell, le paysage se rétrécit, et bientôt deux embranchements s'enfoncent l'un à droite, vers l'agreste village de Duchs, l'autre vers l'abrupte paroi de Gerlos. Les habitants de ces vallées ont un caractère de physionomie riant, ils sont gais et communicatifs : on les considère généralement comme les plus beaux hommes du Tyrol ; mais cette grande taille va mal aux femmes ; leur gorge est pendante et comprimée sous une large pièce d'estomac ; leurs camisoles sont évasées et si larges que, de la hanche aux épaules, elles paraissent être tout d'une pièce ; sur un vêtement d'un bleu foncé est un fichu noir, le tout surmonté d'un chapeau d'homme. La population du Zillerthal jouit en général de l'avantage d'avoir de fort belles dents, à la différence des habitants des autres parties du Tyrol ; mais ils mâchent, pour les entretenir, une sorte de poix d'un goût fort désagréable. L'émigration des hommes est très-fréquente ; ils parcourent l'Allemagne, l'Italie, et font souvent de très-bonnes affaires. L'un d'eux rapporta, il y a deux ans, le corps d'un saint que le pape lui avait donné : le clergé du pays vint le recevoir au son des cloches, et il rentra triomphant dans le village de ses pères. C'est quelque chose de fort animé que la fête patronale de Zell. La jeunesse d'Inspruck y court en joyeuse confrérie qui se donne le titre de *peuple* (das Volk); on y exécute des danses extraordinaires. Tout se fait ici avec une vivacité étonnante ; soit que le Tyrolien danse ou travaille, soit qu'il se réjouisse ou s'afflige, c'est toujours avec une sorte de passion. Il a des instants d'extase, et les cris de joie qui lui échappent lorsque, frappant du pied, il part avec sa danseuse, le montrent dans toute son originalité, non moins que les ondulations du chant qui se répètent d'une montagne à l'autre ; ils prennent, reprennent une même phrase musicale, la reproduisent en fausset, et la renvoient aux échos des vallées. La foi antique a été fort ébranlée dans le Zillerthal : il renferme une grande quantité de *séparatistes :* c'est ainsi qu'on nomme ceux qui ont demandé le culte protestant. La rigueur ni la persuasion n'ont eu d'effet : on leur a signifié qu'ils pourraient émigrer vers celles des provinces d'Autriche, où le culte protestant est toléré ; mais, ne voulant pas s'expatrier, ils sont entièrement en dehors de toute religion, et ne font ni baptiser leurs enfants, ni bénir leurs mariages : aussi le gouvernement a-t-il soin de ne nommer à cette cure de Zell qu'un prêtre fort conciliant. La vallée de Zell garde un usage bien bizarre : on se passionne pour une sorte de lutte qu'on appelle *Raufen*; elle consiste à entraîner violemment son adversaire, en ne se saisissant mutuellement que par le doigt du milieu ; chacun emploie ses efforts à ne pas bouger de sa place. Souvent un homme seul dans les montagnes fait retentir un cri aigu et provocateur ; ce cri ne s'adresse à personne en particulier, mais il interroge quiconque en aura l'oreille frappée, et c'est un point d'honneur d'y répondre quand on l'a entendu ; alors les deux adversaires marchent l'un sur l'autre ; ils s'avertissent du chemin qu'il faut suivre en répétant encore leur provocation. On rapporte qu'un jour l'un de ces jeunes gens qui acceptent les défis marchait dans la société d'un vieillard ; la voix lointaine appelle à la lutte : il répond : mais, au détour d'une roche, il reconnaît son intime ami, celui dont il veut épouser la sœur ; il hésite, mais il n'était pas seul, une fausse honte le gagne. La lutte commence sans hostilité d'abord ; le témoin encourage, conseille, excite : on se traîne, on se tire à droite, à gauche, on s'abaisse, on se relève ; enfin on s'échauffe, il y a un vainqueur ; mais le vaincu, saisi par le milieu du corps et jeté sur terre, mord dans son dépit le nez de son adversaire. L'impassible témoin juge dans son expérience qu'il est conforme aux règles du combat de s'emporter le nez, non moins que de se crever un œil ; et, tandis que le nez de l'un reste entre les dents de l'autre, le pouce du vainqueur défiguré éborgne le rancunier vaincu. L'impassible vieillard déclare qu'il a été satisfait à l'honneur. Cela est-il beaucoup plus absurde que le duel ? Les habitants du Zillerthal ont encore une autre manie bien étrange, c'est de faire combattre entre eux des béliers ; et, de commune à commune, il y a un grand orgueil à posséder le plus beau ; il faut qu'ils aient des cornes et une barbe à l'abri de la critique ; et les combats de coqs ne sont pas plus de faveur en Angleterre. En 1834, Zell et le village de Fugen engagèrent environ mille écus dans un de ces paris ; les béliers étaient d'égale force, la victoire resta indécise, mais la bataille devint générale et sanglante pour les spectateurs. Le Tyrolien aime la gageure ; souvent les procès se jugent par un coup de dé ; on appelle *aushopsen* cette manière de juger les contestations. Les peintres accourent de tous côtés dans le Zillerthal, et l'on fait volontiers une excursion de Munich à Kufstein, Schwatz, Hall et Inspruck, pour rentrer en Bavière par l'Oberinthal, Reuten et Füssen.

La route du Brenner est tantôt pittoresque, tantôt aride ; elle est belle tant qu'on s'élève au-dessus de la vallée de l'Inn, et que, dans le fond des forêts, au-dessus de la cime des arbres, on voit dans les airs briller les glaciers du Stubay. Après avoir gravi l'Isel, on monte le Schœnberg ; on passe à Mattrey, à Steinach, enfin l'on est au pied du Brenner, que la route contourne plutôt qu'elle ne le franchit. Sur le versant méridional est un petit lac assez poissonneux ; mais rien n'est pittoresque dans ce col des Alpes ; la vue est toujours bornée, et le principal mérite de ce passage est d'être sans danger et d'être praticable en toute saison, ce qui est d'autant plus important que c'est la grande route de Hambourg à Vérone. L'Eisach, qui donne son nom à toute la vallée jusqu'à Bolzano (en allemand Botzen), descend écumeuse et mugissante des sommités du Brenner, se brise contre les rochers qui souvent se rapprochent au point de lui disputer le passage : aussi la route s'établit-elle à côté de belles pelouses, de bosquets entrecoupés de prairies. Avant de descendre à Mauls, assez joli village, on a passé à Sterzing, vieille bourgade aux toits pointus, aux gouttières bizarres et prolongées. A droite sont les hauteurs qui conduisent au pic du Jauchen, d'où l'on peut gagner la vallée de Passeyer. On entrevoit diverses sommités des Alpes juliennes, mais elles n'ont pas ce caractère grandiose qu'on ne peut se lasser d'admirer en Suisse. Quelques croix placées sur la descente du Brenner rappellent des malheurs arrivés aux voyageurs; et, chose étrange, il y en a quelques-unes qui sont destinées à abreuver les passants; ainsi, l'un de ces crucifix rend un beau filet d'eau par le nombril; près de Sterzing, on montre une chapelle devant laquelle l'armée française a été frappée d'immobilité; si bien que, voulant marcher, elle ne faisait que marquer le pas. Plus loin, il y a si peu de place pour la route entre l'Eisach et la montagne, que l'on a taillé dans le roc des abris où les voitures peuvent se retirer en cas de rencontre pour se donner un passage libre. A une lieue de Mauls, on établit une forteresse destinée à rendre le Tyrol imprenable; des milliers de Croates travaillent à démolir une montagne, à briser ses blocs pour livrer ces matériaux à ceux qui en font des tours et des remparts et des aqueducs. Toute cette population provisoire campe ici dans des baraques de bois; les fours, les cuisines, les allées, les venues des hommes qui travaillent, des femmes qui préparent leurs repas, rappellent les descriptions qu'on avait faites des ateliers de la tour de Babel. Il faut, pour pénétrer dans les nombreux souterrains déjà creusés, une permission du gouverneur d'Inspruck. La forteresse nouvelle est voisine du village d'Unterau, sur le chemin de Brixen.

Cette ville est dans une belle situation; la vallée s'élargit, les coteaux sont fertiles. Les clochers sont presque aussi nombreux que les habitations : leur forme et leur disposition ont quelque chose d'original : ainsi l'on voit s'élever à côté de la double flèche de la cathédrale, la flèche d'une autre église; et, contre l'usage qui veut que le chœur soit tourné vers l'orient, les deux nefs s'en vont en sens inverse l'une de l'autre. Le point de vue le plus favorable est au confluent de la Rienz et de l'Eisach. Brixen est très-petite, et n'a tout au plus que trois mille cinq cents habitants. Cependant elle est le siége d'un évêché, d'un grand chapitre, d'un séminaire, et l'on n'y compte pas moins de cinq couvents; il n'est donc pas étonnant de voir désertes les rues d'une cité qui ne compte presque pour habitants que des reclus. On veut que saint Cassian ait fondé cet évêché dès l'an 360. Le nom italien de Brixen est *Bressanona*. Déjà le climat se rapproche de celui de l'Italie; la vigne réussit; toutes les habitations sont ombragées de beaux arbres; le noyer et le châtaignier bordent les chemins. La ville est mal bâtie, et surtout mal pavée. Il y a, dans l'église cathédrale, un beau Christ de Schœpf et quelques autres tableaux du peintre allemand Unterberger, qui vécut à Rome, et qui est connu des artistes sous le nom de Christoforo. C'est à Brixen que se tint le concile qui, en 1080, déposa Grégoire VII.

De Brixen on se rend dans la vallée de Puster et dans l'Enneberg, où l'on parle une langue assez semblable à celle du pays de Grœden : le nom local de la vallée est Maro, en latin Marubium, que l'on fait dériver de Mons Mariæ; il n'y a entre elle et Grœden que les districts de Cufidaun et Kolfuschg. Là se voient des merveilles qui n'appartiennent qu'au Tyrol : les dolomites, ainsi nommées parce que le naturaliste Dolomieu fut le premier à les décrire. Ce sont des roches élevées verticalement du sein de la terre, à pointes acérées, ciselées, dentelées comme des scies, et d'une couleur très-blanche. On en peut voir la description dans une lettre qu'il adressa à la Pérouse; il paraît que ces produits volcaniques ont été lancés comme ceux du Vésuve, comme les blocs du lac d'Albe. Léopold de Buch a consacré de savantes recherches à ce sujet. L'aspect de ces masses étonne toujours : il y a des obélisques, des tours, des murailles à face polie, qui cependant dépassent les montagnes de plusieurs milliers de pieds. Les crevasses de ces roches ressemblent à des ouvertures de fours immenses. Ces beautés de la nature s'étendent jusqu'à la vallée de

Fassa, qu'elles dominent entre Grœden et Enneberg, en s'élevant de neuf à dix mille pieds dans les airs ; mais la dolomite se retrouve dans toute la chaîne méridionale jusqu'au lac de Garda, quoique sous des formes moins grandes. Tout le sol de l'Enneberg est volcanique, et les secousses sont toujours fréquentes : souvent les arbres éclatent, les roches se brisent, des gouffres se forment ; cependant les habitants chérissent une patrie qui ne leur offre que des périls, la cultivent sans relâche, et vivent sans souci d'un avenir auquel ils paraissent ne pas penser.

Sur la limite de la vallée d'Ampezza est le célèbre Sasso di Stria, ou Roche des Sorcières, que l'on appelle aussi Sas de Glatscha, parce qu'il portait, dit-on, un glacier. Le ruisseau Ru da Ganna a vu autrefois une bande de sauvages nés des amours du diable avec les sorcières. Le héros de cette vallée est un archer habile, un chevalier de la fin du dix-septième siècle ; on cite de lui le trait suivant : il se rendait souvent au château de Beutelstein pour y voir sa dame ; et, pendant ce temps, il abandonnait ses guerriers campés dans le voisinage. Ses ennemis l'observèrent et coupèrent un pont sur lequel il fallait qu'il franchît un abîme de mille pieds ; quand il arriva, il hésita ; mais, voyant derrière lui cette troupe hostile, il enfonce ses éperons dans le flanc de son cheval ; le robuste animal atteint de ses pieds de devant la rive opposée, et parvient à se hisser d'efforts en efforts au haut de l'escarpement. Le chevalier s'arrête alors, descend et baise les pieds du cheval en raillant ses ennemis décontenancés. Qui s'attendrait à trouver à Campolongo une précieuse relique de l'art du Titien ? Pendant un voyage d'hiver, ce grand peintre se vit retenu au col de San Lucca par le danger des avalanches ; il habita le Widum, maison curiale, et paya l'hospitalité par une belle peinture à fresque représentant la mort qui moissonne toutes les grandeurs humaines. Malheureusement ce chef-d'œuvre a été repeint ; on a vainement essayé de faire disparaître le badigeon ; il n'y a plus guère du Titien qu'un pied de la mort et quelques couronnes. Une compagnie qui établit des routes et des canaux a acheté les bois voisins de Brixen, et s'occupe de canaliser l'Eisach : on y établit des écluses et des dignes ; on en ôte les rochers afin de rendre la rivière flottable ; seize scieries façonnent les troncs d'arbres qui doivent ensuite être portés par le courant jusqu'à l'Adige. Toutefois on reproche aux entreprises particulières peu de solidité ; et les protestations des propriétaires du vignoble ont prouvé déjà que les fonds sont menacés par le défaut de précaution et l'imprévoyance des ingénieurs italiens.

A l'endroit où la vallée de Brixen se resserre est le bourg de Klausen (Chiusa de Bressanone), appelé au moyen âge Clausina ou Clausium ; ce n'est qu'une longue et étroite rue sur le bord de l'Eisach ; et du haut de la roche se présente une vieille tour aux créneaux pittoresques, c'est le château de Sehen, au-dessous duquel est un couvent de capucins, où l'on fait voir de beaux tableaux. En face, sur la hauteur opposée, est le beau castel de Griesbruck. Le passage qui suit Klausen est assez dangereux ; souvent des morceaux de rochers, que l'infiltration des eaux détache, tombent dans le précipice où marche le voyageur. Ces vallées profondes, ces vieux châteaux, et Colmann et Trotsbourg, et le bruissement de l'Eisach, sont fort beaux, tout cela n'est pas le Tyrol ; mais le Tyrol, ce sont les hautes plaines dont l'étranger ne soupçonne pas même l'existence, plateaux presque aériens, plages supérieures qui reçoivent la culture sur ces pics que l'on prend pour des sommets isolés ; là sont des ruisseaux, des rivières, là, des villages et des champs, là des montagnes sur les montagnes, des glaciers sur les roches, et des aiguilles sur les glaciers ; mais les descriptions de ces lieux inconnus ne nous arrivent jamais, parce que la curiosité s'arrête devant l'obstacle, parce qu'on ne suit que la route, parce qu'il faut des auberges à ces amis de la nature, et qu'on ne les arrache pas facilement à leur guide imprimé, dont la loi est invariablement de passer de l'Adige à la Piave, à la Brenta, ou de remonter le cours de l'Eisach, le Brenner, ou de se diriger vers le Glockner et Gastein.

Avant de continuer notre description du Tyrol, nous dirons quels sont ces bains si pittoresques que tous les étrangers veulent connaître. Au milieu de sauvages vallées, dans un lieu humide de la poussière d'un torrent, au fond d'une retraite où tout est solitude et désert, la masse immense du Graukogel laisse échapper de ses flancs de gneiss et de granit trois sources bouillonnantes. Dans un temps où la foi naissante s'entourait de mythologie, un conte populaire a mêlé la voix de la tradition au fracas dont une triple cascade fait retentir l'écho des rochers. Grâce à ce que ces lieux ont d'imposant, il semble que dans la solennité des nuits d'été cette tradition se raconte d'elle-même, car le merveilleux des faits trouve moins d'incrédulité devant le merveilleux de la nature. Dans les premiers temps du christianisme, un cerf blessé avait dérobé sa trace à l'avide chasseur; on le vit un jour tremper et retremper ses plaies dans ces eaux salutaires, et l'homme, instruit par l'instinct de l'animal, y établit d'abord un ermitage où saint Primus et saint Félicien, qui sont les patrons de Gastein, chantèrent les louanges du Seigneur; aussi furent-ils tout-puissants pour maintenir l'abondance de cette source; et le diable s'étant avisé de vouloir la transférer à Hof ou à Badenbrücke, où l'air est moins humide, où les promenades seraient plus commodes, le malin esprit n'y put faire œuvre. On assure que l'intérêt des aubergistes a merveilleusement secondé la résistance que les saints n'ont cessé d'opposer aux projets du démon. Les eaux minérales de Gastein ont la limpidité d'une source. Celle de l'édifice épiscopal, que l'on appelle ambitieusement le palais, a trente-trois degrés; celle de l'auberge en a trente-sept, et il lui en reste encore vingt-huit quand on l'a laissée toute la nuit dans le bassin. Quant à leurs vertus, ces eaux se rapprochent beaucoup de celles de Pfeffers, avec lesquelles elles ont d'ailleurs plus d'un rapport. On y accourt pour se purifier le sang, pour guérir d'anciennes plaies mal fermées; salutaires pour les suites de la guerre, elles corrigent aussi les effets d'un amour trop sensuel; enfin elles promettent une postérité aux époux stériles. Pour mettre tant de bienfaits à portée de la classe pauvre, il a été fondé un hôpital où, depuis le quinzième siècle, on reçoit les étrangers moyennant un salaire modique; on y donne même de l'argent à ceux qui sont privés de toute ressource. La cascade est entourée de quelques chétives cahutes qui reposent sur le rocher; on lui accorde jusqu'à quatre cents pieds d'élévation.

Replaçons-nous au centre du Tyrol: il est difficile de trouver quelque chose de plus original que la petite plaine de Bolzano qui divise toutes les montagnes de l'Eisach, de la Telfer, de l'Adige. On voit devant soi les antiques tourelles de cette cité moitié germaine, moitié italienne. Au fond de la vallée de l'Adige, des sommités chargées presque toujours d'une neige récente, dont la blancheur fait d'autant mieux ressortir les roches noirâtres qui s'élèvent derrière Méran. En face de Bolzano, sur les sommets du sud, l'antique castel de Sigmundskrone, ou couronne de Sigismond. Les montagnes de la rive droite de l'Adige enserrent le lit de cette rivière, et plongent presque verticalement sur la route; mais, chose bizarre, les vallées, au lieu de s'ouvrir, comme partout, à la base des montagnes, apparaissent toujours au haut de quelque roche: ce sont comme de longues fissures depuis le sommet jusqu'au milieu de l'escarpement. Toujours une chapelle, un vieux château, et souvent l'un et l'autre, sont placés sur une aire étroite en avant de ces galeries, comme pour en dérober l'entrée à tous les regards.

L'église est presque une cathédrale

28ᵉ *Livraison.* (TYROL.)

en miniature; il y a beaucoup d'élégance dans ses proportions; elle est recouverte de tuiles vernissées en diverses couleurs, et son toit jette beaucoup d'éclat sous les feux du soleil. Les places sont assez bien bâties, ainsi que les rues principales. Il règne beaucoup d'activité industrielle à Bolzano; les chaudronniers vous assourdissent et les fabricants de chandelle vous empestent dans certains quartiers. Tout se fait dans les rues : là sont les blanchisseuses, les tailleurs, les barbiers, etc., etc., tous aux portes de leurs maisons. La vie est bien moins domestique que publique. Le dimanche attire sur la route et sur les promenades la population entière : on voit alors les costumes tout à fait bizarres de jeunes femmes coiffées d'un chapeau d'homme et vêtues d'ailleurs comme on l'est généralement à la ville depuis que la mode a si fort étendu son empire. Néanmoins les anciens et les vieilles conservent encore les vêtements nationaux, en sorte que le même groupe, la même famille offrent un mélange singulier de costumes appartenant à différentes époques et à différents pays, et que souvent même, dans une seule personne, on voit régner à la fois la mode et l'usage du lieu. La bonne compagnie paraît fort nombreuse pour une ville aussi petite. Le commerce a enrichi beaucoup de négociants, qui ne manquent pas de se faire appeler *Herr von*, se gratifiant ainsi de la noble particule, et joignant, par une sotte manie, une noblesse usurpée à une richesse légitimement acquise.

Il y a beaucoup de maisons d'une architecture extraordinaire : les appartements sont rangés autour d'une immense salle ouverte par le haut jusqu'au toit; du milieu partent des colonnes que supportent un autre toit central supérieur à celui du pourtour, en laissant place entre l'un et l'autre aux rayons du soleil et à l'air, de même qu'à la neige et à la pluie. Les chaleurs sont insupportables en été, parce qu'il n'y a presque pas de courants d'air dans la vallée, et que le vent du nord passe de l'Eisach à l'Adige en effleu-

rant à peine Bolzano. L'hiver exagère aussi ses rigueurs, à cause des hautes montagnes qui environnent ce bassin. Le Telferbach, qui vient du Sarnthal, passe près de la ville. Ce torrent brave toutes les digues et se jette dans l'Eisach, qui elle-même s'écoule dans l'Adige à une lieue plus loin.

Le caractère des habitants est encore allemand; cependant il s'y mêle quelque chose d'italien qui sied bien aux femmes; c'est une double nationalité, des connaissances plus variées, des études plus faciles. Il en est ainsi de tous les pays frontières où la basse classe ne sait d'une langue que ce qu'il lui en faut pour l'empêcher de bien posséder l'autre, tandis que l'éducation multiplie les moyens et les ressources intellectuelles de la classe moyenne. La société est fort animée et fort gaie; on a surtout la passion du théâtre et de la danse; mais, au commencement de l'été, on s'empresse de quitter la ville pour se réfugier sur les hauteurs et y chercher le frais : on appelle cette jouissance la *fraîcheur d'été* (*Sommerfrische*); et elle est prescrite, comme moyen d'entretenir la santé, surtout aux femmes et aux enfants, ne fût-ce que pour huit ou quinze jours. On gravit ces montagnes à cheval; on se rend à Oberbotzen, où il y a de charmantes maisons et de très-bonnes auberges. Là, tout se passe dans la plus entière intimité, et toute circonstance devient fête. Les chefs de famille, retenus en ville par leurs affaires, emmènent leurs amis dans le sein de leurs familles dès qu'ils en ont le loisir. C'est un véritable besoin pour eux. Les Tyroliens qui sont loin de leur patrie font souvent de fort longs voyages pour jouir quelques jours seulement de la *Sommerfrische*. Ce genre de vie est fort coûteux, parce qu'il faut tout faire venir, à grand'peine et à grand prix, par des sentiers difficiles.

Quoique le commerce de Bolzano soit déchu de ce qu'il était autrefois, il y a encore beaucoup de riches : ils aiment avec passion les parties de campagne, et c'est une chose bien originale que de voir les dames élégantes et les hommes en frac noir danser, à une hauteur de quatre mille pieds, les valses de Strauss, puis revenir, à la rouge lueur des flambeaux, sur le bord des précipices, et se perdre dans les étroites vallées comme des gnomes et des esprits lutins. Toutefois les processions, les chants religieux et les prédications en plein air sont d'un effet bien plus majestueux. Les parures des dames, les vêtements des paysans endimanchés, les drapeaux flottants, le son des boites et les échos lointains composent un ensemble impossible à décrire. Dans le fond, l'Eisach s'écoule comme un filet d'argent, et sur la route qui la borde d'imperceptibles voitures courent à travers le pays, emportant les voyageurs qui s'imaginent le connaître sans avoir rien vu de ces admirables scènes, ni de ses mœurs, ni de sa religion.

Une des plus belles excursions que l'on puisse faire est celle de la vallée d'Eppan : on s'approche des rocs pittoresques de Mendola, masse de porphyre près de laquelle s'ouvre un défilé qui semble ignoré du reste de la terre. Une série non interrompue de jolies habitations s'étend l'espace de plusieurs lieues jusqu'au château de Haut-Eppan, qui domine toute la vallée de l'Adige jusqu'à Meran, et d'où la vue se porte vers le pays de Passeyer. De l'autre côté, on aperçoit les montagnes de Trente, et derrière Eppan est le majestueux calvaire d'où l'on admire les coteaux fertiles qui entourent le val de Fiemme et la haute paroi qui le sépare du val di Fassa. Vers le sud, se présente une montagne bien noire, c'est le Grinmerjoch, puis un grand édifice à la façade blanche, c'est le couvent de Weisenstein, pèlerinage très-fréquenté. Si de sombres nuages chargent le ciel, si la clarté en est obscurcie, ce paysage prend une teinte sombre et mélancolique, dont tous les peintres seraient jaloux de bien rendre l'effet.

Sigmundskrone est l'un des nombreux châteaux bâtis par Sigismond : en abdiquant en faveur de Maximilien, il s'était réservé Sigmundsbourg, Sigmundskrone, Sigmundseck, Sigmundsried, Sigmundsfreud et Sigmundslust; c'étaient tout autant de résidences pour ses plaisirs : la plupart sont accessibles; le premier sert de magasin à poudre et de garnison à quelques invalides. Griess est presque un faubourg de Bolzano; il a une des plus belles églises du Tyrol; on y visite de très-belles peintures à fresque. La superstition n'a point encore permis d'abandonner le dangereux usage de sonner les cloches pendant l'orage : à Moritzing, la foudre frappa les sonneurs, perça la voûte de la nef, renversa le tableau du maître-autel, éteignit la lampe éternelle, fit sauter une porte de fer, et traversa de part en part un missel. Les ordres de l'autorité ne purent anéantir l'usage; seulement, pour se préserver, les sonneurs se placèrent en dehors de l'église, derrière un rempart de terre, et tenant à la main un câble qui leur permettait de rester à une distance convenable. Cette fois, le câble servit de conducteur, et la foudre vint les chercher dans leur asile. Ce double avertissement n'empêche pas qu'on ne sonne encore, en dépit de toutes les prohibitions.

A quelque distance de là est un vieux château dont on ne peut concevoir ni la construction ni l'existence. Comment imaginer, en effet, que depuis des siècles il se maintienne au haut d'une aiguille de rocher? Les habitants affirment qu'il est impossible d'y monter. Le Greifenstein, c'est son nom, est connu dans toute la contrée sous le nom de Sau-Schloss, château du porc; en voici la raison. Guillaume de Starkenbourg, l'un de ses maîtres, portait dans tout le Tyrol le meurtre, l'incendie, la dévastation; nul n'osait l'attaquer dans ce lieu redoutable qui lui servait de retraite. On lui dépêcha un jour le bourgmestre de Bolzano pour lui présenter une humble supplique : quoique Guillaume lui eût donné un sauf-conduit, il le fit précipiter dans l'abîme par des gens secrètement apostés pour le guetter à son retour. La ville envoya dix citoyens au château pour s'informer de la cause de son absence; on pensait que Guillaume le retenait captif; mais, chemin faisant, on aperçut son cadavre sanglant et mutilé, et on le rapporta avec de grandes démonstrations de douleur. L'orgueil et les excès du chevalier grandissaient toujours; il avait accueilli un Italien appelé Jacomel qui se vantait d'avoir inventé une nouvelle manière de tuer, et qui accompagnait partout son hôte. Cependant les habitants de Bolzano entreprirent un blocus, dans la vue d'affamer le château; mais le seigneur, pour leur prouver qu'il ne manquait de rien, fit jeter du haut des remparts un porc gras, aux grands éclats de rire de ses soldats. Le château du porc a été construit dans la haute antiquité de la Rhétie; il a appartenu aux seigneurs d'Eppan, puis aux évêques de Bolzano, aux Greifenstein, enfin aux Starkenbourg. Guillaume, délivré de ses ennemis, fit incendier Meran et Bolzano; après quoi, le duc Frédéric d'Autriche lui fit subir un siége de deux ans. Il s'évada pendant une nuit nébuleuse, et ses soldats se rendirent. Plus d'une fois, il essaya d'empoisonner Frédéric, mais ce fut en vain. Il lui intenta ensuite un procès à Vienne et le gagna. Le duc d'Autriche n'en tint compte, et depuis lors Greifenstein resta entre les mains des souverains du Tyrol.

De Bolzano, on va visiter Grœden, en passant par Steg, le long de l'Eisach, et de là on gravit la chaîne centrale où l'on découvre comme un monde nouveau : ce sont de vastes plaines entrecoupées de collines, peuplées de nombreux villages, parcourues par d'impétueux torrents, qui se précipitent ensuite de toute la hauteur des rochers dans la resplendissante Eisach, qui se montre à une immense profondeur, et promène dans la vallée ses longues et brillantes sinuosités au milieu de hautes parois de porphyre. Celles-ci, que du fond de la vallée on regardait avec une véritable frayeur, n'apparaissent plus ici que comme le support, ou, en quelque sorte, le contre-fort de ce paysage en relief qui occupe le sommet des montagnes : c'est comme un pays superposé à un autre. Plus on s'élève, plus à l'opposite, sur l'autre chaîne, se découvrent de beautés : là sont le Ritten et ses beaux pâturages, là les jardins de plaisance des habitants de Bolzano, là les forêts de la Mendola et les montagnes du val di Non, le Tobal à la cime crochue, les roches du Vintzgau et les glaciers de l'Orteles; enfin le pittoresque Schlern, qui pèse sur la chaîne que l'on gravit, élevant au-dessus des arbres de la forêt sa double crête.

Le bain de Ratzes est situé si haut, que l'on ne conçoit pas que les malades puissent rassembler assez de force pour y parvenir. Il y a néanmoins de petites voitures à l'usage de ceux qui ne peuvent se mouvoir; on les appelle bändl; deux roues supportent le siége; celles de derrière sont remplacées par un arbre traînant qui crée un obstacle à la rapidité des descentes. On peut juger des secousses qui font sauter à chaque pas le patient. Le bâtiment renferme jusqu'à soixante baigneurs, la plupart campagnards; le beau monde n'a point ici d'accès. On prétend que, sur six cents personnes environ qui ont recours chaque année aux bains de Ratzes, la cure est efficace pour au moins quatre cents. Il y a une source ferrugineuse et une source sulfureuse : on voit les malades entourer celle où l'on boit, et se remplir d'eau à grandes rasades. C'est un beau coup d'œil que celui des pointes du Schlern dorées par l'aurore, et dans le fond des vallées encore assombries par la nuit, on distingue les créneaux du vieux castel de Hauenstein assis sur les flancs de la roche opposée. Là vivait un troubadour allemand, un prédécesseur de François de Seckingen, un guerrier comme lui : c'était Oswald de Wolkenstein. Dans l'obscurité, on voit de blanches robes passer rapidement à travers les ombres, puis l'on entend retentir les cordes d'un instrument. Au temps des victoires d'Appenzell, l'enthousiasme de la liberté avait gagné les Tyroliens : alors Oswald de Wolkenstein possédait deux châteaux, celui de Hauenstein et celui de Kastelruth; Aichach et Trostbourg appartenaient à ses frères Léonard et Michel. Ils entrèrent tous trois dans la ligue.

Oswald avait visité la terre sainte et le nord de l'Afrique; il parcourut avec l'empereur Sigismond plusieurs contrées de l'Europe. Plus tard, il fut assiégé dans Greifenstein par Frédéric d'Autriche : en repoussant un assaut, il fut atteint d'une flèche qui lui creva l'œil droit; puis il fit la guerre aux Hussites... enfin, dans sa retraite, à Hauenstein, le génie de la poésie l'inspira; il chanta surtout la reine d'Aragon. Il reste deux volumes in-folio de poésies d'Oswald de Wolkenstein.

Après avoir tourné la base du Saltria et du Buflatsch, sommités rivales du Schlern, on descend par Puffels dans une vallée profonde sillonnée par trois torrents : tout à coup la roche blanchâtre se couvre de jolis tapis de verdure; là sont de rustiques maisons aux vitres luisantes, aux portes vertes, aux toits rouges; elles apparaissent de côté et d'autre sur les hauteurs : c'est le village de Grœden, le berceau ou le refuge de l'Étrurie, selon les divers systèmes des savants. Mais cette révolution pourrait bien avoir une date plus récente; on serait tenté de le croire au seul nom de la langue qui sert de preuve à ces hypothèses : en effet, on l'appelle *ladine*, et on y retrouve une multitude de formes et d'inflexions qui ont plutôt rapport au type des langues romanes qu'à aucune de celles de l'antiquité; il y a même des traces de l'article dont nous nous servons encore en français; ainsi l'œil est l'*ouedl*; le corps, l'*corp*; le père, l'*pér*; l'ours, la *lors*, etc., etc.

Les habitants se distinguent par l'adresse et la promptitude avec laquelle ils découpent en bois les diverses figures d'animaux, qui se vendent ensuite comme jouets d'enfants à tous les marchés de l'Allemagne. Cette industrie, qui date de 1703, n'est point guidée par l'art du dessin : le goût et le sentiment du vrai sont les seuls guides de ces Phidias rustiques, et ils ne parlent qu'avec dédain de l'école de dessin qu'on a récemment fondée pour eux, disant que leur talent s'inspire et ne s'apprend pas. Cependant leurs devanciers, devenus leurs maîtres, avaient pris à Venise des notions des arts d'imitation. La spéculation fut un puissant stimulant, et dans la vallée il n'est presque pas une main qui ne se soit mutilée ou cicatrisée par quelque maladresse d'apprentissage. Il y a des dépôts de ces sculptures à Venise, à Messine, à Cadix, et jusqu'à Philadelphie. Non loin de Grœden est le village de Castelruth, dont la tour élancée domine, sur une descente rapide, la vallée de l'Eisach. Là se fait adorer une singulière sainte, une sainte barbue, dont la statue même pousse et repousse la plus longue barbe dont puisse triompher un rasoir. Les habitants ne racontent le fait qu'avec réserve et mystère. Sainte *Kumnerniss* était, au moyen âge, une danseuse entourée d'hommages; les amants ne cessaient de tendre des pièges à sa vertu; pour les punir, elle supplia le ciel de la rendre laide, et il eut la générosité de la gratifier d'une barbe de sapeur qui la rendit à une parfaite sécurité. On a la prétention de rattacher à la période romaine l'origine du village. De là, on redescend à Colmann ou à Trostbourg; mais le chemin est effrayant d'escarpement, et l'on préfère ordinairement revenir à Bolzano par un assez long détour.

La route de Trente par Salurn, le long de l'Adige, offre plus d'une singularité; à l'ouest, les rouges déchirures d'une inculte et haute paroi de porphyre, et les flancs rocailleux de la grande Mendola, où quelques vieux châteaux se présentent sur des corniches. Celui de Salurn, au contraire, repose sur une roche qui naît subitement du sol, comme si elle se fût élancée, à la manière des décorations de théâtre, pour recevoir les majestueuses murailles dont la base s'identifie avec elle. A l'opposite, des coteaux cultivés, des habitations et la jolie vallée de Fiemme. La langue italienne remplace l'allemand après Salurn, et l'Adige, compagne inséparable de la route, jette ses ondes contre les roches qui encombrent son lit. Ici le bourg de Caldern, là celui de Tramin. La vigne est la principale richesse du pays; le raisin y est excellent. Les villages sont moins pittoresques et surtout moins rustiques que dans la partie allemande : c'est le plus souvent une longue rue de maisons de pierres noircies par le temps et fort malpropres; l'aspect en est triste, parce que les fenêtres sont la plupart dépourvues de carreaux. L'habitant, mal vêtu, a du moins le mérite de la sobriété; mais, dans son orgueil, il se croit supérieur au Tyrolien allemand, qu'il appelle dédaigneusement *porco tedesco*. Ici commence la culture du mûrier, qui souvent se montre dépouillé de feuilles, car elles sont arrachées pour la nourriture du ver à soie. Ces squelettes végétaux font un triste contraste avec la fraîcheur du paysage.

Quelques relations nous disent que les Alpes des environs de Trente, couvertes de neige toute l'année, sont si hautes et si escarpées, qu'elles semblent inaccessibles et paraissent toucher aux cieux. Cependant les nombreux clochers de cette ville célèbre se présentent au milieu d'une plaine fertile dont les Alpes semblent respecter la culture, en n'élevant autour d'elle que des montagnes d'une médiocre élévation. La tradition remonte aux anciens Tusci pour les honorer de la fondation de la ville ; Pline, Strabon, Ptolémée en font mention. Les Goths, les Lombards s'y sont succédé, puis les empereurs, les ducs de Bavière, jusqu'à ce que l'évêque de ce siége, devenu prince, en fît un petit État indépendant de soixante et dix lieues carrées, et de cent cinquante mille habitants. Il a été depuis englobé dans les possessions autrichiennes. Une haute muraille entoure Trente; l'Adige forme un des côtés de cette enceinte. Les rues sont spacieuses, mais irrégulières; on y voit encore des maisons fort antiques : leurs vieilles peintures contrastent avec les façades des palais modernes ; puis, de distance en distance, apparaît au milieu de la rue une tour dans le genre de celles du moyen âge. Ce n'est point, comme le dit le voyageur Mercey, une série d'innombrables palais, de terrasses, de dômes resplendissants, de flèches élancées, etc., etc. C'est une vieille ville entrecoupée de constructions plus modernes ; c'est un mélange de différents âges, de goût et de vétusté, d'élégance et de laideur ; et les débris du passé ne sont pas séparés, relégués dans ce que partout on appelle la *ville vieille;* la *ville neuve* n'est pas un quartier ; elles sont l'une et l'autre confondues, dans la même rue, sur le même alignement. Le plus beau monument que l'on doive visiter n'est pas l'église de Sainte-Marie Majeure, où se tint le concile, où l'on voit encore tous les portraits des prélats sur le tableau de cette illustre assemblée. L'antiquaire et l'architecte se dirigeront vers la cathédrale, qui est l'un des ouvrages les plus remarquables du style lombard ou byzantin. Cependant il s'y trouve aussi quelques ornements du style gothique, tels qu'une magnifique rosace au-dessus du portail, et une chapelle pratiquée dans l'un des bas côtés, mais elle est trop surchargée d'ornements. Le portail serait la plus belle partie de cette église, s'il n'offrait trop de disparates : ainsi l'on voit s'élever une tour de son flanc gauche, tandis qu'à la droite la façade s'abaisse sans grâce, et même sans solidité. En général, le côté droit est déparé par des constructions d'assez mauvais goût; mais les bas côtés de la gauche sont surmontés par de belles rangées d'arceaux à plein cintre; et d'élégantes galeries s'en vont rejoindre un vieil édifice qui est au moins contemporain de la cathédrale même. Le chœur se termine en une triple abside. Trois rangs d'arceaux le décorent, et ceux de l'étage supérieur se séparant de l'édifice, composent une belle galerie semblable à celle du latéral gauche ; enfin une tour octogone s'élève majestueusement au-dessus de la croix. L'intérieur n'a pas un caractère moins grandiose : la nef est haute et étroite ; les bas côtés ont plus d'élévation qu'on ne leur en donne communément ; l'ensemble est sombre et religieux. Partout ailleurs, les piliers qui séparent la nef des bas côtés sont lourds et écrasés ; ici, au contraire, ils s'élancent si haut qu'ils sont d'un très-bon effet, et leurs colonnes engagées paraissent se diriger avec beaucoup de grâce vers les arceaux qui se dessinent en festons entre les bas côtés et la nef. Telle est la métropole où fut célébré l'accomplissement des destinées de l'Église; c'est dans ce lieu, en effet, que le concile termina les séances qu'il avait commencées à Sainte-Marie Majeure; et l'on alla processionnellement de l'une à l'autre pour rendre à Dieu de solennelles actions de grâces d'avoir à jamais repoussé les doctrines nouvelles. La cathédrale est dédiée à l'évêque et martyr saint Vigile, qui vécut à la fin du quatrième siècle : on le célèbre avec une pompe extraordinaire le 26 juin : Trente prend alors l'aspect d'une grande ville. Des cafés s'ouvrent sur les promenades; il y a feu d'artifice, opéra, équipages; tous les campagnards sont dans la ville; on se presse autour des boutiques. Les dames rivalisent de parure; on court, on crie, on se heurte, on se foule dans les rues; le vin et la bière coulent à grands flots; l'église est ornée de tapis, le chœur de draperies : là est le trône du prince évêque; là sont les vases précieux et les saintes reliques exposés aux regards du peuple.

A Saint-Pierre, on conserve la sèche momie de saint Simonin, enfant de trois ans, que les juifs, s'il en faut croire la tradition, ont étranglé il y a plusieurs siècles, tandis qu'une vieille le piquait avec un stylet pour recueillir son sang dans un vase. Ce sujet est représenté en sculpture à la maison que l'enfant habitait, puis encore à celle où se commit le crime : la superstition et la haine populaire ont fait subir d'affreux supplices aux juifs accusés de ces infamies, et ces massacres ont eu lieu dans beaucoup de pays; le quatorzième siècle a vu périr ainsi des populations entières. La bêtise dégénère souvent en férocité. L'orgue de Sainte-Marie Majeure a été cause aussi d'un grand malheur; on veut que le diable se soit fait le collaborateur de l'ouvrier, et ils accomplirent un chef-d'œuvre; mais les habitants de Trente firent crever les yeux de l'artiste, dans la crainte qu'il n'enrichît une autre ville d'un instrument aussi parfait. L'artiste dissimula sa colère, et demanda, pour toute grâce, d'être conduit encore une fois à l'orgue pour réparer un petit défaut que lui seul connaissait; mais, dès qu'il y fut arrivé, il brisa et dérangea plusieurs tuyaux... On l'emmena de force, et ce chef-d'œuvre resta pour l'admiration de tous, jusqu'à ce qu'enfin le feu du ciel le réduisit en poussière. L'instrument qu'on y a substitué est un des meilleurs de l'Italie; on croirait entendre le hautbois, la flûte, la clarinette; l'orchestre est complet, et l'illusion ne permet pas de supposer qu'il n'y ait pour la produire qu'un orgue.

Le théâtre a quatre rangs de loges, garnies de rideaux et de glaces, éclairées par des bougies et meublées comme des boudoirs; mais l'éclat de ces loges fait remarquer plus désagréablement l'obscurité qui règne dans la salle. On en voit d'autant mieux les dames; quant aux hommes du parterre, ils vont et viennent, parlent et rient sans égard pour ceux qui voudraient écouter le récitatif; et le silence ne s'établit que pour les morceaux favoris. C'est à peu près comme dans les débats parlementaires, où le peuple législatif se met en continuelles allées et venues, en conversations bruyantes, pendant qu'un orateur sans crédit occupe la tribune. Qu'une voix puissante annonce l'harmonie de la parole, c'est le moment solennel; à la chambre comme au théâtre d'Italie, chacun reprend sa place en attendant un nouveau récitatif ou un nouveau discours écrit qui rende à chacun sa vagabonde et bruyante liberté.

Les cérémonies religieuses l'emportent de beaucoup à Trente sur toutes les autres : le jour de Saint-Vigile on a soin de faire venir le prédicateur le plus célèbre des environs : après le sermon, l'église se vide rapidement; chacun court à la place où il pourra le plus commodément voir défiler la procession, tandis que du portail principal sortent les bannières flottantes et les longues files du cortége. Les capucins marchent les premiers, leur croix est ornée des plus belles fleurs ; après eux viennent les franciscains encore plus nombreux, puis les séminaristes, enfin les curés, le chapitre et le prince évêque, qui n'est que le fils d'un simple cultivateur. Les chanoines portent chacun des vases précieux renfermant des reliques de saint Vigile : un écrin de cristal contient la langue de ce bienheureux, qui fut si éloquent et si assidu à la conversion des païens. On promène aussi le cercueil d'argent sous un baldaquin. La main est d'une énorme dimension, ainsi que la langue ; et la légende dit que de cette main le saint se fit une ouverture à travers les rochers, et les partagea pour se frayer un passage au moment où il était poursuivi dans une impasse. Ce passage sert encore à ceux qui vont visiter Stenico ; et, à cet égard, Vigile fut le bienfaiteur de Trente qui en tire ses meilleures provisions. Les représentations populaires qui attirent la foule sur la place publique, ont aussi pour sujet diverses scènes de la vie du saint ; c'est une biographie peinte sur toile, c'est une tenture en forme de temple ; au centre est le cercueil ; et du faîte de l'édifice improvisé, Vigile distribue sa bénédiction : le tout est entouré de fusées et de pièces d'artifice ; et, quand vient la nuit, les boîtes, les pétards, les soleils partent, se meuvent, et vont se perdre dans les nuages, aux acclamations générales. L'aigle du Tyrol, le chiffre de l'empereur, enfin le temple lui-même resplendissant et coulant en torrents de flamme, forment le bouquet dont la bruyante explosion laisse ensuite tout le monde dans l'obscurité. Une fondation pourvoit à ces frais, quoiqu'une narration vulgaire prétende qu'ils sont supportés par les habitants d'une vallée voisine, descendants des meurtriers de saint Vigile. La route de Trente à Roveredo a le caractère du paysage italien. La vigne grimpe jusqu'au sommet du mûrier, et suspend ses festons d'un arbre à l'autre. Le saule pleureur et l'acacia bordent le chemin, et la tête des cyprès se montre élancée comme un minaret de l'Orient. Déjà l'on voit çà et là des oliviers : les maisons assez négligées paraissent ne servir que d'abri momentané contre le mauvais temps ; le ciel est si bleu, le soleil si chaud, qu'il semble que chacun veuille vivre uniquement pour la nature et d'une vie toute extérieure. On n'entend plus parler allemand, on se nourrit de pâtes et de riz. Le commerce s'agite dans ces vallées ; et de grands bâtiments aux fenêtres multipliées, aux étages superposés,`reçoivent les produits du ver à soie ; ce sont des *filandes*. L'Adige devient navigable ; mais les murs dans lesquels le chemin est emprisonné dérobent souvent le paysage au voyageur ; et, lorsqu'il veut voir autre chose que les hauteurs, il faut qu'il se dresse dans sa voiture. C'est ainsi qu'il arrive à Roveredo sans connaître beaucoup les châteaux pittoresques au pied desquels il a passé. Là, du moins, quand il a traversé le Corso il admire les palais Alberti et Federigotti ; malgré leur magnificence ils sont tristes : presque tous les volets sont fermés, quelquefois les vitres sont brisées ; on trouve la demeure déserte ; cependant, par une porte latérale, on monte à un étage supérieur, où vit dans la solitude le vieux seigneur ou la douairière avec ses filles, pendant que l'héritier du nom achève de se ruiner au service d'Autriche, sur la frontière de Turquie ou de Russie. Les appartements splendides sont montrés aux voyageurs, qui ne voudraient pas de la pauvre retraite où languissent sous un toit ceux dont il envie l'opulence de parade. Il en est ainsi de la plupart des palais que l'on montre dans le nord de l'Italie, à Gênes, à Milan, à Vicence, à Venise.

Les faubourgs de Roveredo sont fort agréables, mais l'intérieur de la ville est mal bâti : il y a cependant une place Saint-Marc, et même une rue de Rialto, comme à Venise, noms ambitieux appliqués à l'angle de quelques masures. La salle de spectacle est à l'auberge de la Couronne, et elle est fort jolie. Le vin d'Isera, tout près de Roveredo, fait la gloire du Tyrol; on y boit aussi le vino santo, ainsi nommé parce qu'on ne le fait qu'à Noël; le Montepulciano et l'Aleatico, qu'on recherche en Bavière, ne sont pas autre chose que des vins du Tyrol. Les femmes sont charmantes au Corso: partout elles effacent les beautés des environs, et c'est grand dépit parmi celles de Trente quand elles arrivent aux solennités de Saint-Vigile, car les regards ne sont plus que pour elles. Plus de vingt mille personnes vivent ici du commerce et de la fabrication de la soie. C'est d'Ala, petite ville voisine, qu'est venue d'abord cette industrie. Au seizième siècle, le curé fit à deux Génois fugitifs la proposition d'exercer chez lui leur profession, et ils établirent la première filature au presbytère. Cent ans plus tard, il y eut déjà trois cents métiers; mais, sous Joseph II, des restrictions de tout genre firent dépérir la prospérité d'Ala; Roveredo gagna ce que perdit sa rivale: toutefois elle ne fabrique point l'étoffe; c'est à Milan que sont envoyés les produits des Filandes, c'est là que se font les tissus.

Gracieux autour de Roveredo, le paysage reprend son escarpement, ses forêts, ses vieux donjons sur la route d'Ala. Le vieux château de Sabionera, le joli village au clocher effilé, qui s'interpose sur une verte pelouse entre lui et l'Adige, les habitations du rivage, les barques qui suivent son cours, contrastent si bien avec les cannelures et les pointes des montagnes! Et par delà ces montagnes l'imagination cherche déjà le golfe septentrional du beau lac de Garda; mais on reste encore dans la vallée de l'Adige. On traverse le village de Peri, on arrive sur le célèbre plateau de Rivoli; et Napoléon, Masséna, les exploits des soldats français, et ces batailles de géants du temps de la république, élèvent l'âme aux plus sublimes impressions. C'est ici que le brave Lasalle répondit au vieux général autrichien qui l'interrogeait sur l'âge de Bonaparte: *Il a l'âge qu'avait Scipion quand il vainquit Annibal;* et trois armées autrichiennes trouvèrent des défaites dignes d'être comparées à celles de Zama; admirables campagnes, commencements d'une gloire qui ne finira jamais.

Entre Ala et Pieve sont les effrayants débris d'une chute de montagnes qu'on appelle Lavini di Marco: beaucoup de savants ont disserté sur cette avalanche; mais le Dante lui a imprimé un caractère d'éternelle célébrité: il dit, dans le douzième chant de son Enfer:

> Qual et quella ruina che nel fianco
> Di qua da Trento l'Adice percosse.
> O per tremuoto, o per sostegno manco
> Che da cima del monte, onde si mosse
> Al piano e si la roccia discoscesa
> Ch' alcuna via darrebbe a chi sufosse.

Ces fragments de roches remplissent tout le fond de la vallée sur l'espace de quatre milles d'Italie, et jusqu'à Mori. Il a fallu, pour ouvrir une route à travers les ruines de la nature et pour ressaisir un peu de terrain propre à la culture, les efforts de plusieurs générations. La terre végétale y a été amenée par les pluies, et le travail des habitants a contribué à cette amélioration par la direction laborieusement donnée aux eaux des vallées affluentes. Toutefois c'est un sol bien aride; et, s'il porte quelques ceps et quelques mûriers, le contraste n'en est que plus frappant, surtout quand on détourne les regards de cet éboulement pour les porter sur les coteaux opposés où la végétation est si belle, où les cultures les plus variées s'élèvent d'étage en étage. Mariani, chroniqueur du septième siècle, attribue ce désastre à un tremblement de terre, dont il reporte la date à l'année 369; mais il y a lieu de douter de l'assertion, faute d'autre mention qui confirme la sienne; tandis que l'histoire a retenu le souvenir d'une commotion générale arrivée sept ans plus tard, en 376. Alors furent renversées beaucoup de villes; des îles disparurent sous les eaux; la mer franchit ses limites et jeta ses flots sur la côte. Il serait possible, néanmoins, que l'éboulement de San-Marco remontât à l'an 217 avant Jésus-Christ. On y rapporte un passage de Cicéron sur les prodiges qui marquèrent cette époque; et l'on a pour narrateurs Valère Maxime, Tite-Live, Florus, Silius Italicus. De cette époque au douzième siècle, la conjecture a de quoi s'exercer, mais elle ne sait où se fixer. Les récits sont très-nombreux, les traditions très-flottantes. Le comte Giovanelli a résumé les unes et les autres dans un excellent mémoire, où sont réunies aussi les opinions des géologues sur les causes de la catastrophe : la conclusion est que la chronique de Fulde dit vrai, en attribuant l'événement à l'an 883 ; ce fut alors, ajoute-t-il, que l'Adige refoulée forma un lac, et que la vallée prit le nom de Lagarina, nom dont la racine est évidemment Lago. Après ces impressions de la nature, de la poésie et de l'héroïsme, on arrive à la Chiusa de Valorgne, étroit passage où les montagnes se rapprochent de l'Adige, et se tranchent perpendiculaires en rocs muraillés, comme si on eût démoli une enceinte pour se frayer, à travers une brèche, l'accès de cette forteresse qu'on appelle le Tyrol. L'aspect de cette vallée Lagarina est bien différent des vertes prairies de l'Inn. La porte du Tyrol est assez semblable à une coulisse de théâtre : une cascade, une chapelle sont près de là. La scène change à l'issue du défilé : tout est plaine ; l'étendue succède presque sans transition à une sorte de captivité : on est en Lombardie, pays admirable de richesse, de fraîcheur, qu'aucun obstacle n'empêche de parcourir en tout sens, tandis que les Alpes d'où l'on vient de s'échapper retombent à pic sur le sol, sans que l'on puisse à quelque distance reconnaître l'ouverture d'où l'on est sorti.

Pour visiter le lac de Garda et les sombres rives qui l'enserrent du côté du Tyrol, il convient de faire une excursion à Vérone, et de se diriger ensuite sur Desenzano et Peschiera. Et comment ne se point arrêter devant les monuments de la grandeur romaine. L'amphithéâtre antique de Vérone est encore un magnifique édifice, quoique l'enceinte extérieure soit considérablement endommagée : des arcades qui surmontaient le pourtour, deux seulement sont encore debout ; mais à l'intérieur tout est conservé, tout est majestueux. Les souterrains circulaires, où se tenaient les gladiateurs, où l'on entretenait les animaux destinés au combat, sont intacts : les degrés où se plaçaient les spectateurs semblent disposés pour leur arrivée : avec un peu d'illusion on se croirait le premier venu ; on attendrait la foule empressée qui doit garnir l'immense étendue de l'édifice ; mais souvent un théâtre en bois, une salle provisoire détruisent l'illusion, et nous rappellent que la grandeur des temps passés a fait place à Polichinelle. D'ailleurs on a surchargé le suggestum du magistrat romain d'une laide balustrade ; et les monarques des congrès se sont assis il y a peu d'années, à l'endroit où se plaçaient, il y a beaucoup de siècles, les chefs qui dirigeaient les destinées du peuple-roi. On aime, à Vérone, les souvenirs mélancoliques de Roméo et Juliette ; et même la tradition a dépassé la réalité ; dans un faubourg lointain, on vient visiter une pierre assez semblable à une auge, que l'on décore du nom de cercueil de Juliette. Les tombeaux des familles de ces deux amants laissent au voyageur des impressions plus profondes ; ni la vue de l'arc de triomphe de Gallien, ni les créneaux de l'enceinte du moyen âge ne donnent une si agréable rêverie. Si la patrie de Catulle on se rend au lac de Garda, on admire, après un trajet de quelques lieues, cette onde si limpide qui se repose en quelque sorte sur les prairies et les vergers de Desenzano jusqu'à Peschiera ; elle entoure et réfléchit dans sa douce transparence la délicieuse presqu'île de Sirmione, dépositaire des tendres inspirations du poëte romain et des ruines de sa maison. Des colonnes de marbre rappellent le séjour de Julien. L'histoire est riche dans ces contrées ; elle a possédé des empereurs de la maison de Souabe ; et des rois et héros français, Louis XII, Bayard, Gaston, sont venus à Peschiera. Bonaparte a combattu dans ses environs, à Lonato, à Castiglione. Quand la nuit s'abaisse des cimes du Monte-Baldo sur les ondes du lac, quand l'oiseau aquatique rase leur surface de son aile rapide, il est doux de se placer sur les remparts de cette forteresse : seulement on regrette de voir la sentinelle autrichienne se promener au bord du Mincio, qui s'écoule du lac vers la patrie de Virgile.

Au nord, c'est un tout autre spectacle, le lac y est âpre et sévère ; il divise les bases énormes des monts du Tyrol, se glisse dans leurs anfractuosités, baigne de ses ondes rembrunies les rochers du Monte-Baldo, reçoit le Ponal et la Sarca, et se rétrécit incessamment jusqu'au vieux castel de Penede, d'où la vue s'échappe à travers une double roche et plonge sur ses derniers récifs. Ici les souvenirs sont vagues et confus : c'est la sauvage Rhétie dont l'histoire n'a retenu que le nom. A Nago, une montagne blanche, escarpée, descend verticale sur la rive ; là sont le port de Torbole, la vallée de la Sarca ; et plus loin, sur les bords de cette rivière, le château et le village d'Arco, dont le climat est salutaire, où les orangers, les citronniers croissent en pleine terre. La route de Riva est tout à coup interceptée par une roche qui descend dans le lac ; on ne sait pas où l'on passera, et l'on est fort étonné d'apercevoir une percée dans cette roche, et une grille dont un douanier garde la clef ; sa maison est taillée dans la pierre, et n'a de maçonnerie que la façade. En général, l'extérieur de ces petites bourgades italiennes est fort joli, mais l'intérieur n'y répond jamais : ce sont des rues étroites, des maisons noires et sales, et cependant on lit en grosses lettres les noms les plus harmonieux, la Contrada di Nereidi, la Florida, etc., etc.

Le lac est souvent agité de tempêtes qui naissent on ne sait pourquoi. Le Toscano et le Sovero sont les vents qui produisent les plus grands dégâts : les vagues se lèvent alors presque aussi grandes que celles de la mer : l'obscurité produite par les nuages permet à peine de distinguer les objets les plus voisins, excepté quand les éclairs sillonnent la surface des eaux en furie : c'est un horrible spectacle, et le danger est souvent bien grand. Cela n'empêche que le lac ne soit parcouru par un joli bateau à vapeur, et que de nombreuses barques ne le visitent en tout sens. L'effet apparent est plus terrible que la réalité, et les malheurs sont fort rares.

La Sarca apporte beaucoup moins d'eau dans le lac qu'il n'en rend par le Mincio ; ce qui a fait soupçonner à Pline que celui-ci était le produit de sources souterraines ; celles de la Sarca sortent du glacier qui domine le val di Non, au delà d'Arco. Les seigneurs d'Arco ou de l'arc ont fondé ce castel au douzième siècle ; en 1413, l'empereur Sigismond érigea leurs terres en comté. La famille d'Arco est aujourd'hui en Bavière. Le Ponal est une rivière qui passe du lac Ledro dans celui de Garda ; il s'y précipite en cascade, dont la masse, grossie par les eaux pluviales, frappe l'onde avec une telle violence qu'il est imprudent d'approcher de trop près. C'est un tonnerre perpétuel ; la course est si impétueuse qu'elle entraîne des rochers dont la chute produit de violentes secousses. Souvent on gravit la hauteur pour mieux jouir du coup d'œil de ce phénomène et de la vue du lac si agité sous les pieds de l'observateur, si tranquille, si placide au delà du cercle d'action du Ponal.

Il est bien rare que le voyageur qui a traversé le Tyrol ne fasse point une excursion du lac de Garda vers Venise, en traversant Vérone, Vicence, Padoue, en suivant les bords enchantés de la Brenta, où sont tant de beaux édifices dus au génie de Palladio, et que l'on est d'autant plus empressé de contempler qu'on sort des rues étroites, sales et sombres de Padoue. Cette ville n'a guère d'autre mérite que d'avoir été la patrie de Tite-Live, dont on prétend posséder la dépouille mortelle dans l'immense *salone* de l'hôtel de ville, tombeau mensonger, relique sans réalité, offerte à la crédulité des ignorants. Mais c'est un jour à jamais solennel, et qui doit marquer dans la vie de quiconque a été favorisé d'un beau ciel et d'un temps calme, que celui où l'on arrive au port de Fusine ; là, sur cette vaste étendue des lagunes, une grande cité semble sortir du sein des eaux. Ces dômes dorés et resplendissants qui s'élèvent au-dessus de l'azur des mers, ces innombrables palais et cette multitude de gondoles qui vont, viennent et se croisent pour chercher des passagers et des marchandises, produisent une impression qu'il est aussi impossible d'oublier qu'il le serait de la communiquer à qui ne l'a pas éprouvée. On aime à se reporter au modeste commencement de ce prodige. A l'approche des barbares, les habitants d'Aquilée s'enfuirent sur quelques îlots où ils établirent leurs demeures : ce fut d'abord comme une cité de castors : ils n'avaient plus de territoire. Ils se livrèrent au commerce ; la navigation l'étendit, et les lois sages et sévères d'une ville, firent bientôt de cet établissement une république. La richesse amena la puissance ; Venise put disputer aux despotes de l'Orient les débris de l'ancien monde classique ; elle devint le centre des arts et des lettres, et ne craignit point de soutenir les efforts de l'empire tudesque qui succédait à celui des Césars, ni d'opposer le courage de ses guerriers aux chevaleresques exploits de Nemours, de Louis XII, de Bayard ; mais aujourd'hui tout est changé : le soldat autrichien passe avec une ignorante fierté à côté des palais noircis des Dandolo, des Gritti, des Falieri : quelques-uns de ces palais sont devenus des auberges, d'autres ont conservé leurs riches collections de tableaux, de sculptures et d'antiquités. Tout languit et s'endort sous le joug étranger : la population dont l'activité animait naguère ce puissant État, est réduite à moins de moitié : cependant tout ce qui ornait autrefois la ville l'embellit encore. C'est toujours Venise, mais Venise en un jour de deuil ; nulle ruine particulière n'explique la ruine générale, c'est Corinthe soumise, déserte, mais Mummius n'en a pas encore enlevé les statues. Il faudrait la vie d'un artiste pour voir en détail les églises, les palais, les tableaux, les bas-reliefs ; et celui qui ne fait que traverser Venise, ou ne lui donne que peu de jours, en rapporte une fatigue d'admiration et une sensation semblable à celle de l'imprudent qui s'est troublé la vue pour avoir fixé son regard sur le disque éblouissant du soleil.

Il ne peut être ici question de description d'aucune de ses merveilles. C'est donc sans parler de la place ni de l'église Saint-Marc, du grand canal ni du palais des doges, ni même du pont de Rialto, que nous rentrerons dans le Tyrol, après avoir débarqué à Maestre, et visité Trévise, Feltre, Montebello, Bassano, duchés devenus de simples dignités nominales pour une gloire française ; ils appartiennent encore à notre histoire quand déjà ils n'appartiennent plus à ceux pour lesquels un héros les avait créés. Possagno, la patrie de Canova, est aussi sur le chemin du val Sugana ; il y a fait construire une église. Primolano est à l'entrée de cette vallée, sur la frontière du Tyrol : avant d'y arriver, on passe sous la roche qui porte le château de Covelo, où l'on ne peut entrer qu'en se faisant hisser au moyen d'une corde. Les canons même y ont été introduits ainsi. Le défilé est très-célèbre : c'est comme une porte ; et la Brenta n'est pas moins emprisonnée, pas moins écumeuse que l'Adige. La garnison possède une bonne source ; et les magasins, les arsenaux sont dans des grottes naturelles. Sur la frontière aussi, et dans les étroites vallées qui bordent le Tyrol, sont les *sette communi*, les sept communes dont les habitants sont d'origine germanique, ce qu'il est facile de reconnaître à leur idiome. Quelques-uns veulent que ce soient les descendants des Cimbres vaincus à Vérone par Marius : d'autres y voient des Thuringiens battus à Tolbiac par Clovis : on a beaucoup disserté sur ce sujet. La race y est grande, forte et belle ; les hommes émigrent beaucoup, mais reviennent toujours dans leur sauvage patrie. Pergina est sur le chemin de Trente, avec son entourage grandiose de roches acérées jetées dans les nues; on les voit au fond du précipice, et l'on n'y descend qu'avec étonnement. Il n'y a plus alors qu'une seule montagne à franchir, et l'on revoit Trente que l'on avait quittée pour le lac de Garda.

Le val di Non est au nord-ouest de Trente; c'est celui que parcourt la Noce, qui se jette dans l'Adige près de Saint-Michel. La nature y est fort belle; mais les habitants ont une réputation de brigandage qui a fait dire que ce pays était un morceau du ciel tombé sur la terre, mais que si l'un de ses habitants avait affaire à dix diables, il sortirait vainqueur de la lutte. Se commet-il un meurtre, un assassinat dans la vallée de l'Adige, on est à peu près sûr, à l'avance, que l'auteur du crime est sorti du val de Non. Il s'en faut de beaucoup que le Tyrol méridional soit, comme la Suisse, un pays de sécurité; il est fort dangereux de s'y aventurer la nuit. La superstition a établi ici quelque chose d'analogue au célèbre Blocksberg, résidence des sorcières allemandes. Le diable tient aussi sa cour près de Revo, sur le Roveno, à peu près au centre du val di Non. Il y a d'autres traditions merveilleuses: une noble dame, Anne d'Alessandri, assassinée par son mari, le 5 mai 1615, était ressuscitée quinze jours après; elle habita d'abord Coredo, mais elle rentra dans son château di Non. L'évêque de Trente envoya un inquisiteur pour constater le fait. Des témoins gagnés ayant attesté le sortilége, la malheureuse fut condamnée au feu. On ajoute que ce forfait est dû à l'accusation d'un mari cruel, qui choisit cet horrible moyen de se débarrasser d'une compagne qu'il haïssait. La Noce sépare la langue italienne de la langue allemande: un village appelé *Metzo Lombardico*, un autre du nom de *Deutsch-Metz* portent chacun les caractères de la nation à laquelle ils appartiennent. Ici propreté, aisance et gaieté, là misère, saleté et malice. Au-dessus de Deutsch-Metz est un vieux château, celui de Kron-Metz: sur ses créneaux éboulés surplombent des roches pesantes, comme si elles allaient échapper à l'instant même pour écraser les débris de ces tours: mais il y a des siècles qu'elles font vainement cette menace.

Près des sources de la Noce est le val di Sol, en allemand Sultzberg, puis le val Rabbi, où il y a des eaux minérales assez semblables aux eaux de Seltz. On est aux limites de la Valteline, sur le versant méridional de la chaîne qui se rattache à l'Orteles: là sont les derniers glaciers tyroliens. Le château moderne des comtes de Brandis est près de Tisens, sur le Gampen. Les débris de l'ancien château rappellent un récent désastre: encore habité il y a cinquante ans, la vieille tour s'écroula sur les habitants, écrasant la mère, les enfants, leur précepteur et tous les domestiques. Le maître du logis étant absent, ne connut son malheur qu'à l'aspect du désastre. On passe devant ce séjour de deuil pour se rendre à Meran, véritable métropole, premier anneau de la chaîne généalogique du comté. Aujourd'hui encore la vallée supérieure de l'Adige est appelée *Mutterländchen*, petite patrie, ou *Landl*, diminutif de *pays*, d'où vient que l'on a donné le nom de *landler* à ces airs de danse tyrolienne dont la mélodie est si fraîche et la mesure si vive. Meran était appelée la ville, comme les Romains disaient *urbs* en parlant de Rome. Le comté primitif ne s'étendait que sur une partie du territoire de Bolzano, et de l'autre côté jusqu'à Pontalto dans l'Engadine. Le val de Meran est entouré de hauteurs boisées; il est fertile et présente au voyageur qui descend du Gampen un magnifique aspect. L'Adige n'est encore qu'un ruisseau. Meran est adossée à la montagne; elle est flanquée de vieilles tours et entourée d'antiques castels. Le plus remarquable est celui de Tiriolis ou Teriolis. Ce nom est devenu celui de tout le pays, à mesure que les seigneurs de ce canton ont étendu leur domination: toutefois il y a quelque divergence sur l'orthographe et l'étymologie. Beaucoup d'anciens titres écrits portent *Ty-*

rolis; et c'est là, nous le pensons, la véritable orthographe, celle qui rappelle le plus fidèlement les origines : aussi les meilleurs écrivains l'ont-ils adoptée, sans tenir compte de l'*i* qui veut expulser l'*y*. Je ne sais même si l'on ne pourrait pas prétendre que les Tyrrhéniens sont pour quelque chose dans le nom du Tyrol. S'il est vrai que les ancêtres des Étrusques en sont sortis, ou si les Étrusques, chassés des rives du Pô par les Gaulois, se sont retirés dans la vallée de l'Adige, ils ont pu y porter leur nom ou le conserver; ainsi, dans l'une et l'autre hypothèse, la principale syllabe aurait passé dans le nom du peuple antique, qui est resté si original aux environs de Grœden. Au surplus, c'est une question sur laquelle les historiens ne donnent pas de solution, pas plus que les chartes du moyen âge. C'est en 1140 que Teriolis paraît pour la première fois sous la forme actuelle. Il n'y avait pas beaucoup de positions romaines dans la contrée; on ne cite guère, entre Teriolis, que Veldidena et Massiacum : toute notre science, à cet égard, est due aux itinéraires : or, il paraît que Massiacum était près de Schwatz, dans la vallée de l'Inn. Au centre du Tyrol, près de Meran, était le castrum Majense ou Maya, dont quelques-uns font une colonie romaine, et qui occupait le sol sur lequel est maintenant Obermaïs; elle fut détruite par un éboulement de montagne. Meran est exposée aux vents du Vintschgau et de la vallée de Passeyer; cependant le climat y est fort doux; les matinées sont fraîches et les journées très-chaudes. La ville n'a guère qu'une rue longue et étroite avec des arcades surbaissées : les faubourgs sont plus jolis. Les habitants se promènent sur une terrasse qui domine la Passer : peu sociables entre eux, ils accueillent volontiers les étrangers. Du pont de la Passer, près de la ville, on aperçoit une multitude de châteaux, Tyrol, Aur, Josephsberg, Forst, Zenoberg, Lœwenberg, Brandis, Fragsbourg, Katzenstein, Neuberg, Schenna, Rubein, Rametz, Knillenberg, Winkel, Labers, et à l'extrémité de l'horizon, à l'endroit où la chaîne de la Mendola présente les formes les plus grotesques, s'avance sur une saillie le château de Hohen-Eppan. Telle est l'historique ceinture des forêts : les bas-fonds sont garnis de villages; là sont Algund, Gratsch, Saint-Pierre, Tyrol, Marling et les charmantes fermes du Freiberg. Néanmoins il n'y a guère de promenades que l'on puisse entreprendre autrement qu'à pied. On visite volontiers le triple village de Lana, au pied du Gampen, à l'entrée de la vallée d'Ulten, dans laquelle sont des bains très-fréquentés, quoiqu'ils soient encaissés dans les rochers au point de ne permettre aucun exercice aux promeneurs. On a découvert à la Tœll (Teloneum) beaucoup d'antiquités romaines. Au dixième siècle, cette montagne avait encore ses inscriptions et ses pierres milliaires. On les fit transporter au château de Marœtsch, près Bolzano : elles étaient relatives à la construction de la route au temps de Drusus. En 1700, il y avait un autel de Diane au sommet; il est maintenant à la bibliothèque d'Inspruck.

Le château appelé Saint-Zenoberg ou de la montagne de Saint-Zenon, a été la résidence de Henri, qui prenait le titre de roi de Bohême, à cause des prétentions de sa femme, Anne de Bohême. Ce fut le père de Marguerite, la célèbre Maultasche, qui naquit d'un second lit, et eut pour mère Adélaïde de Brunswick. Nous avons déjà parlé de ses difformités physiques et morales; toutefois il y a quelque doute sur les premières. La tradition, qui la fait si laide et la gratifie d'une bouche en sac, se fonde uniquement sur le nom lui-même; mais ce nom existait avant elle, et déjà il était celui d'un château qui lui appartenait dans les environs de Terlan, et dont elle affectionnait beaucoup le séjour. D'autres disent que le nom de Maultasche est resté à Marguerite d'un soufflet qu'elle avait reçu de son beau-frère, parce que, dans le langage du pays, on appelle ainsi les soufflets. Quant à ses vices, la tradition en a perpétué le souvenir : beaucoup de chroniqueurs lui imputent ce que l'on a reproché à plusieurs princesses du moyen âge : elle avait, dit-on, choisi quelques jeunes gens dont elle se servait pour satisfaire sa lubricité ; et quand elle s'était rassasiée de plaisir, elle les étranglait de sa main dans le lit où elle les avait reçus. On montre encore, dans le château de Saint-Pierre, une chambre obscure où la fit renfermer son premier mari qui voulait réprimer ses désordres ; mais elle parvint à s'évader.

Saint-Zenoberg et Tyrol ont chacun un beau portail, décoré de figures emblématiques : l'illustre M. de Hammer, auteur des *Sources de l'Orient*, a prouvé que ces représentations ne sont pas de vaines imaginations des artistes, pas plus que celles du même genre qu'on voit dans les églises du douzième et du treizième siècles ; ce sont de véritables symboles d'une doctrine mystérieuse, d'un gnosticisme opposé aux enseignements publics de la révélation. Les lions, les hyènes, les griffons sont des allégories au pouvoir temporel et à l'Église. Le dragon dévore l'homme, qui périrait si la science de la *Gnosis* ne le sauvait : le bon principe, le serpent, est opposé au mauvais principe, le dragon. Le gnostique est toujours représenté combattant ; il terrasse un lion et un sanglier : l'un le pouvoir temporel, l'autre le pouvoir spirituel. Le centaure indique le gnostique se mêlant aux créatures de ce monde, en tant qu'il peut s'en servir pour parvenir à son but. Les reliefs de ces portails méritent d'être visités. L'intérieur du Tyrol n'a plus rien qui soit digne d'attention.

Schenna, vieille résidence des comtes de Lichtenstein, à l'entrée de la vallée de Passeyer, est encore habité ; ses rondes murailles et ses terrasses s'élèvent fort haut sur les flancs d'une immense montagne. Ce castel a encore ses ponts, ses portes, ses voûtes profondes ; les salles d'armes, les cachots et les remparts semblent construits d'hier. Non loin de là le vieux donjon de Rametz a été converti en une villa italienne. Fragsbourg (Trifragium) domine encore les châteaux réunis de Katzenstein et de Neuberg ; mais ils ont tous changé de maîtres, à l'exception de celui de Tyrol qui appartient encore aux empereurs d'Autriche. L'intérieur de Fragsbourg est toujours ce qu'il était au moyen âge, avec ses meurtrières, ses petites fenêtres, ses portraits de famille. Les bancs entourent les murailles ; les tables sont fixées devant ces siéges, immobiles comme eux, et les dimanches une messe dite dans la chapelle, à côté de ce grand salon, appelle les paysans d'alentour, et l'après-dînée est consacrée à des danses, dont le châtelain permet le divertissement à sa suite rustique et aux amis qui le viennent visiter. Du reste, la vie est fort solitaire et fort calme : les mœurs simples et naïves des campagnards sont d'un autre âge et contribuent à cette illusion de féodalité antique.

Les arts mécaniques sont instinctivement pratiqués par les Tyroliens de la vallée de Meran : on cite un cultivateur d'Obermaïs, Antoine Immhofer, qui excelle à fabriquer des instruments à vent en ébène et en argent dont il invente toutes les pièces, ce qui ne l'empêche pas de servir de valet de ferme à son père. Un autre, qui dès l'âge de quatre ans perdit la vue, se mit à découper du bois : dès son enfance, il fit des petits chevaux et des jouets. Un jour, il voulut sculpter un crucifix, et il y parvint en observant les formes du Christ par le seul moyen du toucher ; enfin il réussit si bien qu'il en fit son métier, et que les commandes se succédèrent pour divers ouvrages d'art, tels qu'un saint Charles Borromée pour l'évêque de Brixen, statue de trois pieds et demi dont on vante beaucoup la beauté. Aujourd'hui Kleinhanns (Petitjean) vit heureux et dans la pratique de la vertu aux environs d'Inspruck où il a amassé quelque bien. Le Tyrolien est également bon peintre ; la nature lui a donné de si beaux modèles, qu'il en est aisément inspiré ; mais le plus souvent il se borne à décorer de ses tableaux les églises du voisinage.

C'est par Saint-Léonard, chef-lieu de la vallée de Passeyer, qu'il convient d'aller aux glaciers de l'OEtzthal : d'abord de petits coteaux boisés conduisent à Rabenstein, au pied du *Timbl-Joch*, ou col du Timbl. Le long d'épouvantables rochers se glisse un sentier qui atteint le village de Zwiselsstein. Dès lors on sent que l'on est arrivé dans une autre atmosphère. l'Achenbach, qui se précipite de chute en chute dans ces lieux sauvages, est un courant produit par la fonte des neiges; il passe sous les voûtes de glace, et le bruit de sa course retentit comme gronde le tonnerre; c'est à peine si l'on s'entend à côté de ce torrent. Il faut le suivre l'espace de trois à quatre lieues. Près de ces glaces éternelles est le triste village de Fend, souvent détruit par les avalanches. Tout est grand et solennel dans ces solitudes, le mugissement du vent, le bruit des eaux, les pentes resplendissantes des glaciers. La cloche du soir et les derniers rayons du jour! impressions magiques, sujet de profondes méditations qui ne sont pas dans le domaine des hommes quand ils vivent loin de ces grandes scènes. Qui croirait qu'un lac qui semble dormir immobile au milieu de ces frimas, jette parfois de terribles inondations dans les vallées. De là au glacier du Finail, il n'y a plus qu'une demi-lieue : les guides usent ordinairement de la précaution d'attacher les voyageurs les uns aux autres. On voit devant soi comme une muraille de cristal entourée d'un tapis de neige. A une lieue plus loin est une petite chapelle de pierre avec une cheminée où l'on fait du feu pour se chauffer. Enfin cette mer de glace se termine par le lac de Gurglen avec ses vagues ballantes et ses jolis îlots, tandis que dans le lointain sont les glaciers de Stubay. Le tableau est entouré de nombreux pics abrupts, sombres, déchirés. Les glaciers du Gebatsch ne sont que la prolongation de ceux de l'OEtz, et font, comme eux, amphithéâtre autour du Fenderthal; on ne voit d'ailleurs que le ciel qui paraît beaucoup plus bleu, et la neige sur laquelle on marche : l'impression en est terrible. Ce n'est qu'après être arrivé avec beaucoup de difficultés sur le Rattenkogel qu'on peut apercevoir une vallée, et l'exclamation du voyageur est à peu près celle du marin, quand après une longue navigation il s'écrie avec enthousiasme *terre! terre!*

Lorsqu'on pénètre dans la vallée de Passeyer, vers le château de Jauchenberg, on voit sur la grève, à côté du torrent, l'auberge célèbre que le héros du Tyrol, André Hofer, avait reçue de ses pères. C'était un homme vertueux, mais pauvre, obligé, pour nourrir sa famille, à des courses et à des travaux multipliés. La profession d'aubergiste n'y suffisant pas, il avait entrepris de transporter à dos de bêtes de somme les hommes et les marchandises qui devaient gravir le Jauchen. Hofer était d'un caractère loyal, d'un courage éprouvé, mais il avait dans l'esprit quelque chose d'aventureux et d'inspiré : âgé de quarante ans au moment où l'Autriche voulut insurger le Tyrol, il fut choisi pour agent et bientôt pour chef. Il alla secrètement à Vienne. Le conseil de guerre s'assembla sous son humble toit; les paysans coururent aux armes, et bientôt le succès répondit à leur enthousiasme. Après quelques actions glorieuses, Hofer entra dans Inspruck; il habita le château impérial, fit battre monnaie, exerça tous les droits de la souveraineté, mais ne prit d'autre titre que *monseigneur l'aubergiste de Sand*. Il ne changea rien à son genre de vie, se faisant apporter à dîner d'un petit cabaret voisin, et recevant à sa table des gens de sa classe. Il ne voulait pas aller au théâtre, mais n'en empêchait pas ses officiers, sauf à les faire appeler quand il avait besoin d'eux. Les actes de son gouvernement ont quelque chose de noble et de rustique à la fois. Il se croyait appelé à la réforme des mœurs et de la décence publique. Une dame avait à lui présenter un placet; malheureusement la mode présidait à sa toilette, et sa robe ne montait pas assez haut : *Va t'habiller*, s'écria le souverain villageois, *et tu reviendras ensuite me parler*. Il avait avec lui une garde de beaux hommes, tous de la vallée de Passeyer, et les chargeait de toutes les commissions les plus délicates : se déclarait-il une querelle, c'était un de ces chasseurs qui allait l'apaiser, car on les respectait, et nul n'aurait osé opposer de la résistance à leurs ordres. Ce sont ces mêmes chasseurs aussi qui coupaient impitoyablement les boucles de la chevelure des dames, et cela ne se faisait pas toujours avec beaucoup de ménagement. Un jour, Hofer, ému des larmes d'un plaideur qui avait perdu son procès, cassa le jugement; mais ce fut bien autre chose quand accourut la partie adverse; de nouvelles larmes amenèrent une nouvelle décision : la sentence du juge fut confirmée. Il portait à sa bretelle une image de la Vierge en guise d'amulette, et priait souvent avec une véritable ferveur. La seconde insurrection lui fut en quelque sorte imposée; il prit le commandement, reparut dans Inspruck et en fut bientôt repoussé. Pendant longtemps, il se tint à Sterzing, refusant de croire à la paix, espérant toujours l'arrivée des Autrichiens, et taxant de mensongères toutes les nouvelles qu'on lui apportait. Obligé de fuir, il s'était retiré dans les montagnes, en échelonnant des gardes pour le prévenir en cas de danger. On a accusé un prêtre appelé Donay d'avoir indiqué sa retraite; mais cette accusation, accueillie par plusieurs ouvrages, est injuste : personne en Tyrol ne l'admet, et l'on sait qu'un de ses ennemis, qui habitait aussi le val de Passeyer, s'est seul rendu coupable de cette indignité. Hofer, arrêté avec sa femme et un jeune enfant, fut conduit à Mantoue par des soldats italiens. Rejoint par sa famille dans la solitude, il avait renvoyé ses quatre filles à Saint-Martin, dans la vallée. Il se conduisit avec une rare fermeté : *Priez*, disait-il à son secrétaire et à sa femme, *priez, souffrez avec patience, c'est le moyen que Dieu vous remette vos péchés*. A Bolzano, on sépara Hofer de sa femme et de son fils; son secrétaire seul fut emmené avec lui et plongé dans un même cachot. Le captif conservait toute sa résignation, et surtout sa dévotion à la Vierge. Il inspirait beaucoup d'intérêt aux habitants de Mantoue, et l'on dit que la ville offrit cinq mille écus pour racheter sa vie. Dans un mémoire de son secrétaire, on lit que le commandant lui promit sa grâce s'il consentait à entrer au service de France, et que Hofer s'y refusa. Le conseil de guerre tint sa séance dans la prison même, et le secrétaire fut traîné dans un autre cachot. Le 20 février, au point du jour, des prêtres entrèrent dans ces réduits; ils passèrent de celui de Hofer à celui de Dœnninger, apportant à celui-ci de l'argent et un billet par lequel le condamné annonçait qu'il allait mourir. A onze heures du matin, son malheureux ami entendit la détonation, et le jour suivant la grâce parvint au commandant... tardive clémence, dont l'arrivée plus prompte eût sauvé d'une tache sanglante un règne qui n'aurait pas dû punir l'héroïsme. Heureux celui au nom duquel s'accomplissait cet attentat, si, quelques années plus tard, il eût trouvé beaucoup de Hofer parmi les citoyens dont il avait fait ses sujets, s'il n'eût éteint dans la plus vaillante nation de l'univers jusqu'à la volonté de défendre une patrie qui n'appartenait plus qu'à lui seul. Hofer ne perdit pas un seul instant sa fermeté : quelques heures avant sa mort, il écrivit à M. de Puhler, à Neumarkt, une lettre que l'on conserve encore au Ferdinandeum, à Inspruck; elle est absolument sans orthographe; le héros recommande à cet ami sa femme et ses enfants : *C'est à neuf heures*, dit-il, *qu'avec l'aide de tous les saints j'irai vers Dieu*.

Pendant longtemps, et surtout après les événements de 1814, les Anglais voyageurs visitaient ardemment l'auberge de Hofer, où vit encore sa veuve anoblie par l'Autriche. La maison a été décorée; il y a même à l'extérieur des bustes et des portraits de son héroïque maître. Une enseigne, au bout d'un long bras de fer, porte ces noms : *André de Hofer et Anna de Hofer, née Ladurner*. Ses filles sont élevées à

29ᵉ *Livraison*. (TYROL.)   29

Vienne, et écrivent : *A madame Nannette de Hofer, à Passeyer*. On ne se fait point à l'idée d'une correspondance en français, entre ces victimes du despotisme français, et quoique, sans doute, notre langue ne fût employée que sur l'adresse, c'est un déplorable contre-sens. La veuve a dans sa vieillesse une grande dignité de caractère; elle se dérobe volontiers aux importunités des curieux, quoiqu'elle dirige toujours son auberge, dont un gendre est le propriétaire. Tous ces détails sont empruntés à l'excellent voyage en Tyrol de M. Auguste Lewald.

En remontant le cours de l'Adige, deux issues s'offrent au voyageur qui ne craint pas d'affronter les escarpements de montagne : l'une conduit, à travers l'antique Vintschgau (Finisgowe), vers le col de Bormio et dans la Valteline; l'autre est le chemin du Vorarlberg. Quand on se dirige vers l'Italie, il faut gravir la rocailleuse vallée de Stelfs, et s'avancer vers le Giogo di Stivio : c'est ainsi que l'on nomme dans le pays ce passage, plus généralement connu sous le nom de col de Bormio. La route est l'une des plus étonnantes que l'on connaisse ; partout l'on est garanti du danger et du vertige par des enrochements de rocs immenses. Stelfs est, avec ses jardins et ses maisons collées perpendiculairement les unes au-dessus des autres à ces masses géologiques, comme un bourg peint sur toile, comme une tapisserie suspendue à la roche. Les avalanches ravagent tous les ans ces tristes habitations; plus on s'avance et plus elles sont rares, et, peu à peu, s'évanouit la végétation; enfin il n'y a plus que des pierres, qu'un gazon grisâtre et stérile, un torrent qui gronde en s'échappant des glaciers, et des ponts bien solides qui en assurent le passage. C'est dans ces lieux qu'est le petit village du Trofoi, qui a bien son église, mais qui est obligé d'enterrer ses morts à Stelfs, le sol refusant de s'ouvrir pour eux. Il faut faire venir de cinq lieues toutes les provisions. La route se courbe et se recourbe cent fois, toujours soutenue par des murailles, et toujours de nouveaux escarpements appellent de nouveaux détours. Dans le fond sont des roches couvertes de neige; il faut les franchir aussi; mais tous les obstacles sont vaincus devant ce chef-d'œuvre de l'art. On voit à ses pieds, à une immense profondeur, la chapelle des Trois-Fontaines au-dessous de l'Orteles : on aperçoit jusque dans les airs les belles et vertes crevasses du glacier, qui se dessinent si audacieuses sur la blancheur des neiges. Les cantonnières ou maisons de refuge s'échelonnent jusqu'à l'autre versant du col : on y trouve les employés de la route et un asile avec quelques rafraîchissements. Des glacis ou remparts sont placés de distance en distance pour rompre les avalanches et leur donner une direction. La pointe de l'Orteles est si blanche, si reluisante, si gracieuse dans sa majesté, qu'on la croirait polie de main d'homme. Cependant les galeries couvertes se succèdent ; elles ont des meurtrières, comme dans les vieux châteaux ; mais ici le principal but est de donner du jour à ces souterrains artificiels. Là, sont des toits robustes, des contreforts, des poutres assemblées par des barres de fer, précautions nécessaires à la sécurité publique. Il y avait autrefois une poste dans ces lieux : en une nuit d'hiver le maître de la maison reposait sur son lit, au premier étage; deux valets veillaient au rez-de-chaussée. A son arrivée, le postillon de Bormio trouva cette habitation couverte de décombres et de neige, et sur le maître s'était écroulé, avec les débris de la maison, un énorme rocher. Les valets avaient été préservés par les poutres de l'étage supérieur; car en s'abattant, elles les avaient couverts comme le ferait un toit en tuiles inclinées. On a transféré, depuis, cet établissement sur le plateau; la limite du Tyrol et de la Lombardie est marquée par une colonne en cône tronqué. L'église solitaire de Santa-Maria et le village de Spondalonga sont toujours au milieu des neiges : enfin reparaît la région des rochers; ce sont les mêmes gouffres, les mêmes ouvrages que de l'autre côté. Spondalonga est entouré de belles cascades, et, de distance en distance, on aperçoit dans le roc des ouvertures comme des bouches de canon : ce sont les galeries qu'il faudra traverser, véritables tunnel, toujours plus belles, toujours plus étonnantes. La source de l'Adda est à la troisième; elle est d'un aspect fort pittoresque, et la verdure qui commence à renaître, l'aspect de la Valteline qui se développe de plus en plus aux regards du voyageur, l'indemnisent richement des fatigues qu'il a si longtemps éprouvées. On arrive aux sources des bains de Bormio, séjour peu agréable, misérables huttes, mais beaucoup plus fréquenté depuis l'achèvement de la route.

Il est une autre route non moins remarquable, celle qui conduit du haut Vinschgau à l'Engadine. Cette partie du Tyrol était, au temps de Drusus, habitée par les Venonètes ou Venostes, et les modernes ont fait de ce nom Vintzgau, puis Vinschgau. Drusus y fit passer une route qu'il fortifia de tours et de remparts : souvent on découvre des médailles et des vestiges d'antiquité. Les noms mêmes ont quelque chose d'étrange, et il est aisé d'apercevoir que de ceux de Mals, Glurns, Naturns, Nanders, il s'est échappé quelque voyelle : au moyen âge Glurns est appelé Gelurnum ou Glorium. Le haut Vinschgau est boisé, autant que la route de Bormio est aride; l'Adige, simple ruisseau, naît dans les alpestres prairies de Reschen, et bientôt forme trois petits lacs sur une étroite plaine de bruyères comprise entre les montagnes. On appelle cette petite vallée Malserhaide. Les lacs se suivent de très-près sur la gauche du chemin, et sont régulièrement disposés entre Glurns et Nanders. Ici s'élève l'Orteles avec toute la série des glaciers. C'est chose impossible à décrire que le son des cloches du soir, quand un ciel chargé de nuages dérobe à la vue les sommités des glaciers, quand le tintement des sonnettes agitées par la course des chèvres annonce que le troupeau dispersé se réunit et se rapproche pour échapper à l'orage. Ici les habitations sont assez pressées les unes contre les autres, les terres sont cultivées et les bois épais; le contraste avec les autres parties du Vinschgau est complet. Glurns est entouré de murailles; sur la montagne qui domine le bourg est le vieux château de Rotund, puis le village de Laatsch, enfin Mals, où l'on garde encore les pièces d'un procès intenté, en 1519, contre les souris. Nous avons déjà cité les faits relatifs aux vuares excommuniés à Lausanne. Celui-ci est à peu près semblable. Un particulier de Stelfs était le demandeur; il conclut, pour commencer, à ce que le juge nommât un défenseur aux souris, ce qui fut fait avec la plus grande solennité. Un bourgeois de Glurns fut chargé de ce soin, et il en fut rédigé acte formel devant témoins. La commune de Stelfs, au nom de laquelle s'intentait l'action, fut également pourvue d'un avocat, et l'on fixa pour l'audience le jour de Saint-Simon Saint-Jude. Les souris furent hautement accusées de dégâts notables aux récoltes; il y eut enquête, plaidoirie, défense; enfin les souris furent condamnées à délaisser dans la quinzaine les champs des plaignants. On eut soin toutefois d'épargner les souris enceintes; on ménagea aussi l'enfance.

Mals est assez bien bâti. On fait volontiers des excursions, dont cette ville est le point de départ, soit vers les Grisons, soit vers les jolies vallées de Planail et de Matsch, terminées par un beau glacier, le Langtaufer. Il n'y a que peu de distance de Matsch à Sulden, où sont de gigantesques masses de glaces semblables à des cristaux. Ces glaciers gagnent souvent du terrain dans les vallées étroites d'alentour, sur le flanc de l'Orteles, au nordest; et il y a peu d'années qu'un déplacement subit, une commotion violente jeta la terreur dans l'âme des pauvres montagnards. Après le village de Haid la végétation s'affaiblit. Graun est situé au bord du troisième lac : on y jouit de la vue de la vallée de Langtaufer, galerie étroite entre de rocailleuses et arides montagnes. Plus loin que Reschen, quand on a passé les sources de l'Adige, tout devient sauvage; les pics se succèdent, se dépassent et se croisent dans les formes les plus heurtées et les plus bizarres; enfin l'on aperçoit Nanders et son château, siége du tribunal du pays. On est à plus de trois mille pieds d'élévation au-dessus du niveau de la mer. Les légumes ne sont pas encore à leur maturité au mois de juin. Nanders est fort joliment bâti, comme presque tous les bourgs de la vallée supérieure de l'Inn. Quand on a dépassé celui-ci, la route commence à descendre; elle est serrée entre des rochers toujours plus hauts, toujours plus âpres; tel est le défilé de Finstermunz, que l'on vient de fortifier encore par des ouvrages d'art construits avec une inconcevable audace. Souvent les ingénieurs s'aventurent sur des pointes de rochers d'où il leur est fort difficile de redescendre, et l'on en cite un pour lequel s'est en quelque sorte reproduite l'aventure de Maximilien à la Martinswande. Cet officier était arrivé si haut, qu'on ne l'entendait pas crier : heureusement il fut aperçu par quelques voituriers qui allèrent le secourir. C'est un coup d'œil bien pittoresque que celui dont on jouit au détour d'un rocher, quand les habitations bizarres de Finstermunz se présentent aux regards : on voit deux maisons serrées contre l'Inn, et sur un rocher à la demeure du préposé à la surveillance de la route. Sur la rivière est un pont couvert d'où s'élève une haute tour, défense de cette limite sauvage, entre le Tyrol et l'Engadine. Les sentiers sont tous interdits : la prohibition est écrite sur le territoire autrichien; elle a pour but d'empêcher la contrebande, qui ne s'en fait pas moins avec beaucoup d'audace. Lorsque l'on continue à suivre les bords de l'Inn, on arrive à Martinsbruck, charmant village suisse dans une délicieuse situation. L'architecture n'est plus celle du Tyrol; déjà les petites fenêtres se succèdent de manière à occuper toute la façade; déjà les toits aplatis se chargent de tuiles; il y a plus d'aisance, plus de politesse, plus de gaieté. A une lieue et demie plus loin règne la langue romande.

Au contraire, si l'on descend vers Landeck, l'Engadine devient de plus en plus gracieuse : les roches se retirent peu à peu. En passant le pont de l'Inn, on se trouve sur le champ de bataille de Flies, où les Tyroliens défendirent vaillamment leur patrie en 1703. La route de Landeck à l'ouest varie beaucoup les sites; toujours étroite, toujours collée à la montagne, elle s'élève et s'abaisse tour à tour. Imst était célèbre au dernier siècle par le commerce que ses habitants faisaient de serins des Canaries qu'ils élevaient avec un soin extraordinaire : ils emportaient ensuite leurs élèves emplumés dans toute l'Europe; mais cette industrie a cessé; les grandes guerres qui se sont succédé à la fin du siècle ont mis fin à ces courses qui se faisaient par quelques-uns pour tous. Lorsqu'un voyageur revenait, tous les propriétaires étaient convoqués à l'auberge, chacun recevait son compte, puis on allait à l'église; après le service divin, un repas terminait la liquidation.

La route se divise bientôt : l'un de ses embranchements s'attache au cours de l'Inn, et va rejoindre Inspruck; l'autre, non moins pittoresque, gagne la Bavière par Nassereith et Kempten. Non loin de Füssen est le couvent de Stams, que l'on aperçoit au fond d'une sombre vallée. On rapporte un singulier effet d'avalanche : la maison du chasseur, à deux lieues au-dessus du couvent, servait d'habitation à une famille; il n'y était resté que de jeunes enfants. Leur frère, qui a quelque expérience déjà, croit apercevoir des pronostics de danger; il observe, il passe la nuit à veiller; tout à coup il court réveiller ses sœurs; à peine est-il entré dans la maison qu'elle est écrasée. Il semblait que ces infortunés fussent perdus sans ressource; mais au couvent on remarque que le torrent s'est arrêté, phénomène qui annonce toujours une perturbation de la nature. L'abbé envoie à la petite maison, elle a disparu sous les neiges, on n'en retrouve plus la trace. Pendant deux jours on la cherche, et toujours de nouvelles avalanches dispersaient les travailleurs : nul n'osait s'aventurer au secours de ces infortunés, ensevelis déjà depuis quatre jours. Cependant la piété de l'abbé ne se rebute pas : on n'a pu sauver les vivants, on enterrera du moins les morts ; enfin, le cinquième jour, on retrouve le toit ; on le découvre avec précaution ; et d'abord on est frappé de la vue de deux jeunes filles dont les cadavres sanglants annoncent qu'elles ont péri au premier choc. Dès lors plus d'espoir : on travaille avec ardeur ; la hache sépare les poutres, lorsqu'au milieu du bruit les accents plaintifs d'une voix éteinte révèlent l'existence du jeune homme. Il craignait qu'on ne l'atteignît ; on travaille avec d'autant plus de soin ; enfin on le retire de ce lieu d'horreur. Le malheureux ne savait ce qu'était devenue sa sœur aînée : néanmoins on la trouva dans sa chambre en un indicible état de faiblesse. Un paysan eut l'audace de se glisser sous les décombres pour en retirer un autre enfant ; le saisit par les pieds, mais ne put plus reculer ; il fallut encore travailler pour les dégager tous deux. Le jeune homme raconta qu'au moment de la chute, il avait voulu grimper sur le fourneau ; mais que sa jambe se trouva prise, en sorte qu'il demeura quatre-vingt-quatre heures suspendu dans cette position. Ses membres gelés furent atteints de gangrène, et il mourut peu de jours après sa délivrance. Les deux filles se rétablirent. Avant de mourir, l'infortuné raconta que le temps lui avait paru si court qu'il pensait avoir été délivré la nuit même où s'était passé l'événement ; il se nourrissait en suçant de la neige à travers une crevasse. Quand on parvint jusqu'à lui, il crut voir le ciel entr'ouvert, et l'assemblée des saints. La jeune fille disait avoir éprouvé une sorte d'engourdissement qui ne laissait point d'accès au désespoir : seulement elle espérait que l'on rendrait les derniers devoirs à son corps. Le couvent de Stams est fort beau ; l'église a quelques bons tableaux et renferme la tombe du fondateur Meinhard, duc de Carinthie, comte de Tyrol, qui bâtit cet asile en 1272.

Le Vorarlberg signifie pays situé devant l'Arlberg ; cette montagne est appelée en Tyrol Adlerberg, ou Montagne de l'aigle ; on la franchit aujourd'hui par une assez belle route : au quatorzième siècle, un homme pieux, orphelin trouvé autrefois dans le désert, y fonda un hospice : Je fus, dit-il dans l'acte de fondation, trouvé dans ces lieux par un bon vieillard qui avait neuf enfants ; je fus le dixième. Il nous ordonna de voyager pour gagner notre vie. J'allai garder des troupeaux pour deux florins par an. Cependant j'étais tous les jours témoin de malheurs causés par les avalanches ; on trouvait sans cesse des cadavres déchirés par les oiseaux de proie, défigurés par la gelée. J'offris quinze florins que j'avais gagnés par plusieurs années de travail, à celui qui voudrait établir un asile au haut de l'Adlerberg : tous s'y refusèrent. J'invoquai donc saint Christophe, et je me dévouai. Dès la première année je sauvai sept personnes, et Dieu m'a fait la grâce jusqu'ici d'en conserver cinquante.

Léopold, duc d'Autriche, s'associa à cet indigent bienfaiteur de l'humanité, et le secourut. Le livre des statuts de la confrérie est un des monuments les plus curieux de cette époque : il est écrit sur parchemin ; beaucoup de princes y ont accédé en y faisant peindre leurs sceaux. Le fondateur, qui se nommait humblement l'*enfant trouvé*, parcourut la Croatie, la Bohême, l'Allemagne, pour y recueillir des aumônes qu'il distribuait ensuite aux malheureux qu'il retirait des neiges, car il faisait, avec son valet, des rondes nocturnes pour sauver les imprudents voyageurs. Modeste mais sublime origine d'une fondation pieuse, par un homme qui ne possédait pas de quoi se nourrir lui-même.

Les jeunes gens de l'Engadine ont, comme ceux de la Suisse, l'habitude de faire à leurs maîtresses des visites lointaines et nocturnes ; mais, quand la malice s'en aperçoit, on ne néglige rien pour surprendre les amants. Une fois qu'on les a découverts, on élève sur une perche des habits de la couleur et de la forme de ceux que porte le galant, et l'on plante cette perche à côté de la demeure de la jeune fille qui est fort confuse de voir son secret divulgué. Quand un étranger vient au village pour y courtiser une paysanne, on le laisse arriver paisiblement ; mais on le guette au départ, puis on l'accable de risées, et on entasse sur lui les branches de sapin qui sont devant chaque maison, comme provision de bois de chauffage ; après sa mésaventure, il n'en est que plus aimé de sa maîtresse. Aux environs de Bregenz on est plus rude : l'amant qui n'est pas du village est plongé dans la fontaine la tête la première ; puis on le chasse après lui avoir attaché au cou une clochette de vache.

On traverse Bludenz, plusieurs villages et Bregenz, et l'on est au bord du lac de Constance, aux limites de la Suisse et du Vorarlberg. Il y a deux ans que la montagne de Saint-Gebhard menaça Bregenz de l'écraser sous ses débris : des bruits souterrains mugissaient pendant les nuits ou retentissaient comme les éclats d'une forte canonnade ; et chaque matin, pendant plusieurs semaines, on voyait de nouveaux fragments éboulés. L'autorité a fait faire des investigations sur la cause et les suites probables de ce phénomène, et tout est rentré dans l'ordre. La vue dont on jouit sur le Gebhardberg est magnifique : on distingue les glaciers de l'Arlberg, le Sentis, les montagnes de Saint-Gall et tout le lac de Constance. On garde à Bregenz les tableaux faits par Angélica Kaufmann, lorsque, âgée de quatorze ans seulement, elle essayait son talent dans la maison paternelle.

Avec un peu d'ambition de langage on appelle ce lac la mer de Souabe ; puis l'on compare Lindau à Venise, parce que cette ville est bâtie au milieu des eaux, et ne tient à la terre que par un pont ; mais elle n'a ni les façades du Palladio ni les belles coupoles de Sansovino, ni cet aspect majestueux d'une vaste cité s'élevant au milieu des lagunes. Telle qu'elle est, elle présente encore assez de beautés : tout l'espace qui la sépare de Bregenz est bordé de jardins et de jolies villas. Il y a dans ces contrées beaucoup de mouvement, beaucoup d'étrangers.

Nous avons parcouru les nombreuses vallées du Tyrol du nord au sud, du sud à l'est, puis nous nous sommes avancés vers l'Engadine, et nous avons retrouvé la Suisse après avoir touché d'une part l'Italie, de l'autre le Vorarlberg. Il est difficile de se faire de toutes ces contrées si étroites, si variées, une idée d'ensemble. Les montagnes ont ce caractère mystérieux qui échappe à la pensée générale ; elles ne comportent que des souvenirs aussi vagues qu'ils sont imposants. Les cartes du Tyrol peuvent seules y suppléer ; il faut incessamment s'y reporter ; il faut rapprocher ses impressions de l'habile tracé d'un berger, dont les observations et les mesures servent encore de base à toutes les études géographiques du Tyrol. A Oberporfès, village voisin d'Inspruck, naquit, en 1723, Pierre Anich, fils d'un simple paysan ; il passa les vingt-huit premières années de sa vie à seconder son père dans ses travaux rustiques, mais il avait un goût décidé pour la science. Les jésuites d'Inspruck lui donnèrent des notions de mathématiques et de mécanique. Ce jeune homme entreprit un globe céleste et un globe terrestre, et fabriqua lui-même plusieurs instruments : recommandé à Marie-Thérèse par ses maîtres, il fut chargé par elle de faire la carte du Tyrol septentrional. Toutefois l'entreprise offrait encore d'autres difficultés que celles de la science : les montagnards superstitieux y résistaient ; la vie de Pierre Anich fut plus d'une fois en danger. Ce travail ne parut que huit ans après sa mort, arrivée le 1er septembre 1766 : il n'en fut point récompensé, et l'on n'accorda qu'un tombeau à celui que le génie n'avait pu préserver du besoin.

FIN.

TABLE DES MATIÈRES

PAR ORDRE CHRONOLOGIQUE.

	Pages.
Description générale.	1
Temps antéhistoriques; apparition des Cimbres. (Av. J. C. 100.)	2
Silanus battu; massacre des légions de Lucius Cassius.	3
Orgetorix prépare une grande migration; il se tue avant l'époque fixée pour le départ. (50.)	4 et 5
César dompte les Véragres et les Nantuates. Combat de Sergius Galba attaqué dans son camp à Octodurus.	6
Fondation d'Augusta Rauracorum sous Auguste, par Munatius Plancus.	7
Bataille livrée aux Helvétiens par Cæcina, lieutenant de Vitellius, parce qu'ils restaient fidèles à Galba: supplice de Julius Alpinus d'Aventicum.	ibid.
Règne de Vespasien; colonie envoyée à Aventicum.	8
Première invasion de barbares. (An de J. C. 162.)	9
Massacre de la légion thébaine, près d'Agaunum (Saint-Maurice). (301.)	ibid.
Description de la cascade de Pisse-Vache.	10
Désastre d'Arbetion, près de Bregenz. Expédition de Julien. (354.)	11
Attila. (450.)	ibid.
Ravages des Ostrogoths, des Visigoths; domination des Francs, étendue à toute la Suisse. (534.)	13
Établissement des Lombards à Bellinzona; ils sont battus près de Bex. (574.)	ibid.
Theudelane, petite-fille de Brunehaut; reçoit d'elle le pays de Vaud et l'Uechtland. Fondation des abbayes de Moutier et de Sainte-Ursanne, sous Dagobert.	ibid.
Marius, évêque d'Avenches, transfère ce siège à Lausanne.	14
Fondation de Saint-Gall: Saint-Columban à Schaffhousen; Saint-Fridolin à Seckingen. Origine de Glarus, de Zürich.	ibid.

	Pages.
Incursion des Arabes; ils sont massacrés à Dissentis. Fondation d'Einsiedelu par Meinrad. Monastère de Lucerne, donné à l'abbaye de Murbach, en Alsace, par Pepin.	15
Louis le Débonnaire, Lothaire et Louis. — Boson, couronné roi de Bourgogne.	ibid.
Guerre du roi Rodolphe contre l'empereur Arnolphe.	
Rodolphe II: Suisse alémanique sous les officiers de la chambre; bataille contre les Souabes, près de Vitodurum. Rodolphe épouse Berthe, fille de son vainqueur.	17
Wufflens.	ibid.
Invasion des Magyares.	18
Conrad, fils de Rodolphe, proclamé roi. (937.)	ibid.
Invasion des Sarrasins.	ibid.
Berthe fait bâtir la tour de Gourze; elle fonde Payerne.	ibid.
Bernard de Menthon. Fondation du Saint-Bernard.	ibid.
Rodolphe III, institue pour héritier du royaume de Bourgogne, l'empereur Henri II, qui fait valoir son droit par les armes.	20
Maison de Habsbourg.	ibid.
Rodolphe III, après la mort de Henri II, institue roi de Bourgogne le nouvel empereur Conrad II. Il meurt. (1032.)	21
Eudes de Champagne s'empare de la Suisse française: guerre que lui fait l'empereur. Henri III, fils de Conrad, est élu roi de Bourgogne.—Henri IV.— Berthold de Zæhringen combat l'empereur. La guerre est continuée par son fils. Investiture conférée par l'empereur à la famille de Zæhringen.	22
Fondation de l'abbaye de Muri par Ida de Lorraine.	23
Fondation d'Engelberg. (1083.)	ibid.
Saint-Alban, Bellelay, Interlacken.	ibid.

TABLE DES MATIÈRES

	Pages.
Les Zæhringen, landgraves de Bourgogne; ils administrent pour l'empereur le royaume d'Arles, les chapitres de Sion, Genève et Lausanne.	23
Berchtold IV crée beaucoup de villes, parmi elles Fribourg. (1179.)	24
Berchtold V entoure de murailles Moudon et Berne. (vers 1200.) — Cunon de Bubenberg.	ibid.
Collision entre le duc de Zæhringen et la maison de Savoie, qui s'était emparée d'une partie des biens de Saint-Maurice.	25
Origines de Schwytz.	26
L'abbé d'Einsiedeln est en contestation avec Schwytz pour des pâturages. L'affaire est portée devant Henri V à Bâle. L'advocatie de l'abbaye de Murbach, en Alsace, rend les Habsbourg puissants à Lucerne : Othon IV leur confère le gouvernement des trois cantons forestiers. (1114.)	28
Les droits des Zæhringen sur la Bourgogne passent aux Kybourg.	ibid.
Lois de Berne, Oberland bernois.	29
Fondation de l'église de Lausanne. Guerre entre Faucigny qui soutenait la Savoie, et Jean de Cossonay, élu évêque en concurrence avec Philippe de Savoie. (1239.)	ibid.
Pierre de Savoie étend sa domination sur le Valais, sur Genève.	30
Rodolphe de Habsbourg.	32
Intervention d'Amédée de Savoie dans les affaires de Genève.	ibid.
Rodolphe de Habsbourg fait en vain le siége de Berne. (1288.)	36
Il fait une nouvelle tentative l'année suivante. Saint-Gall, Appenzell, les Werdenberg.	38
Les Habsbourg investis des droits de l'abbaye de Murbach ; commencement de la confédération.	39
Entreprises de la maison de Savoie pour reprendre ce que Rodolphe lui avait enlevé.	40
Victoire des Bernois au Donnerbühl sur les comtes de Savoie (1303). Expédition de l'empereur Albert contre Zürich.	41
Gesler de Brunek est nommé gouverneur, ainsi que Bérenger de Landenberg. — Wolfenschies. — Insultes, outrages aux habitants.	43
Werner d'Attinghausen, Erni-Anderhalde. — Stauffacher, — Serment du Grutli.	44

	Pages.
Gesler tué par Guillaume Tell.	44
Surprise du château de Rozberg ; prise de Schwanau. (1308.)	45
Albert assassiné par Jean de Souabe, son neveu. (1308.)	47
Cruautés d'Agnès : monastère de Kœnigsfelden ; violences de Schwytz contre les religieux.	48
Bataille de Morgarten. (1315.)	49
Victoire dans l'Unterwald sur le comte de Strasberg.	51
Glarus recherche l'amitié des cantons.	52
Les Suisses soutiennent Louis de Bavière.	53
Première expédition au delà du Saint-Gothard.	54
Lucerne accède à la ligue (1332) : complot découvert ; affaires de Genève.	57
Zürich. Rodolphe Broun.	58
Zürich entre dans la confédération. (1351.)	62
Zug entre dans la confédération. (1352.)	64
Bataille de Laupen gagnée par les Bernois. (1339.)	69
Bubenberg, Erlach.	70
Paix d'Ueberstorf, en 1341.	71
Diverses expéditions et médiations de Berne. Fribourg, Soleure, Bienne, Avenches, Payerne, sollicitent le droit de bourgeoisie.	72
Erlach périt assassiné dans son château, par son gendre.	ibid.
Berne entre dans la confédération.	ibid.
Expédition contre l'évêque de Bâle, au sujet de Bienne.	73
Troubles à Berne.	ibid.
État de Saint-Gall, des Grisons, du Valais.	75
Tremblements de terre qui renversent Bâle, le 8 novembre 1356.	77
Enguerrand de Coucy : incursion dans l'Argovie.	79
Combat de Butisholz, où ses soldats sont taillés en pièces.	80
Rodolphe de Kybourg surprend Soleure. Berne acquiert la ville de Burgdorf.	81
Ligue de Souabe, appelée association du Lion.	82
Guerre avec Léopold d'Autriche, au sujet d'un nouveau péage établi à Rothenbourg ; tous les seigneurs se joignent au duc d'Autriche.	ibid.
Bataille de Sempach. 9 juin 1386.	83

PAR ORDRE CHRONOLOGIQUE.

	Pages.
Bataille de Næfels. 9 avril 1388.	87
Siége de Rapperschwyl.	88
Berne et Soleure prennent Buren.	ibid.
Paix de sept ans.	89
Intrigues de Léopold pour détacher Zürich de la confédération.	90
Incendie de Berne.	ibid.
Combat singulier entre Gérard d'Étavayer et Othon de Granson.	91
Expéditions des Suisses sur Faido et sur Domo d'Ossola. (1411.)	94
Ligue des Grisons.	95
Appenzell. (1403.) Bataille du Speicher.	96
Bataille du Stœss. (1405.)	97
Bataille de Wolfs-Halde.	98
Expédition d'Appenzell en Tyrol. (1406.)	ibid.
Contre les nobles de Thurgovie.	ibid.
Siége de Bregenz : échec éprouvé devant cette place en 1408.	ibid.
Paix avec l'Autriche, prolongée pour cinquante ans, le 28 mai 1414.	100
Concile de Constance. (1414.)	101
Séjour de l'empereur Sigismond à Berne. Jean XXII, autrement dit XXIII, abdique; sa fuite.	103
Frédéric excommunié : les Suisses marchent à la conquête de Baden, qui lui appartenait.	105
Expédition contre Feldkirch. (1417.)	107
La Matze est portée à Guichard de Raron.	108
Les Bernois veulent le rétablir.	110
Résistance. Thomas in der Bündt bat les Bernois.	111
Le contingent de Schwytz arrête le désastre.	ibid.
La garnison suisse de Bellinzona est surprise.	ibid.
Bataille d'Arbedo, le 30 juin 1422; défaite des Suisses.	116
Ils dégagent Domo d'Ossola.	117
On décrète à Berne la fondation de la cathédrale.	118
Affaires de Bâle.	120
Ligue des Grisons, le 15 mars 1424.	121
Désastre des Vénitiens dans la Valteline.	124
Ligue d'Appenzell déclarée légale.	125
Frédéric de Tockenbourg attaque les habitants; combat de Gossau.	127
Intervention des confédérés; paix de Beckenried.	ibid.
Différends au sujet de la succession du comte de Tockenbourg.	128

	Pages.
Guerre entre Zürich et Schwytz à ce sujet.	133
Bataille sur l'Etzel. (1440.)	134
Grande peste.	135
Expédition de Schwytz et Glarus sur Sargans.	137
Tentatives de pacification : l'armée de Zürich se retire de l'Etzel.	ibid.
Zürich attaqué de toutes parts.	139
Conclusion de la paix.	ibid.
Prise et reprise du château de Laufen, au-dessus de la chute du Rhin.	141
Zürich ligué avec l'Autriche.	144
Les confédérés lui font la guerre.	
Batailles de Freyenbach et du Hirtzel.	148
Bataille aux portes de Zürich. (1443.)	150
Siége de Rapperschwyl.	152
Prise du château de Greifensée : horribles exécutions.	154
Expédition du dauphin, fils de Charles VII.	156
Bataille de Saint-Jacques. (1444.)	157
Paix conclue à Ensisheim.	160
Nouvelles batailles entre Schwytz et Zürich, à Pfeffikon.	161
Bataille de Ragatz.	163
Arbitrage entre Zürich et les cantons. (1450.)	ibid.
Séparation du concile. Æneas Sylvius.	167
Guerre entre la Savoie et Fribourg.	ibid.
Défaite des nobles à Schambs.	169
Saint-Gall acquiert le comté de Tockenbourg.	171
Prospérité de Bâle.	172
Conquête de la Thurgovie.	173
Rapperschwyl pris à l'aide de la faction dite des Turcs. (1458.)	ibid.
Siége de Winterthür.	174
Des Suisses se joignent au comte de Charolais (Charles le Téméraire) dans la guerre du bien public.	ibid.
Expédition des Suisses au secours de Mulhousen. (1468.)	176
Charles le Téméraire.	177
L'empereur Frédéric vient à Bâle.	178
Hagenbach, gouverneur de la haute Alsace; ses crimes; son supplice.	180
Vengeance de Charles le Téméraire : ses différends avec René.	181
Combat d'Héricourt.	182
Pontarlier pris et repris; exploits de Diesbach.	ibid.
Les Lombards envoient des renforts à Charles.	185
Le duc de Bourgogne traverse la Lorraine.	186

TABLE DES MATIÈRES

	Pages.
Surprise de Granson ; héroïsme de la garnison suisse.	187
Bataille de Granson, 3 mars 1476.	189
Nouveaux préparatifs de Charles de Bourgogne.	191
Revue générale près de Lausanne.	192
Belle défense de Morat par Adrien de Bubenberg.	194
Bataille de Morat, 22 juin 1476.	195
Les héros de Morat se rendent auprès de Louis XI.	198
Siége de Nancy par les Bourguignons.	199
Bataille de Nancy, 15 janvier 1477.	201
Mort de Charles le Téméraire.	202
Fribourg déclaré entièrement libre.	204
Expédition contre Bellinzona et Locarno.	ibid.
Bataille de Giornico, 28 déc. 1487.	205
Conspiration contre Lucerne : supplice de Peter am Stalden.	206
Dissensions à la conférence de Stanz : intervention du respectable Nicolas de Flue. (1481.)	207
Expédition des Grisons dans la Valteline. (1487.)	208
Huit mille Suisses combattent pour Charles VIII contre le duc de Bretagne, à la bataille de Saint-Aubin.	ibid.
Histoire de Waldmann. (1489.)	209
Troubles au sujet de la translation de l'abbaye de Saint-Gall à Rorschach.	210
Cinq mille confédérés suivent Charles VIII dans son expédition de Naples. (1494.)	211
Guerre de Souabe.	212
Combat de Luciensteig. (1499.)	ibid.
De Frastenz.	213
De Bruderholz.	ibid.
Du Schwaderloch.	214
Expédition dans le Hégau.	ibid.
Combat de Malserheide contre les Tyroliens.	ibid.
Prise de Stockach.	215
Bataille de Dornach, 22 juillet 1499.	ibid.
Les Suisses livrent Sforze aux Français.	217
Affaires d'Italie.	218
Victoire des Suisses sur les Français à Novarre.	220
Expédition contre Dijon.	ibid.
Nouvelle armée française en Italie : les Suisses se retirent à Verceil.	221
Bataille de Marignan, gagnée contre eux par François Ier, les 18 et 19 septembre 1515.	222

	Pages.
Paix avec quelques cantons ; les Suisses se divisent.	224
Renouvellement de l'alliance éternelle.	225
Les Suisses vont au secours de Bayard à Mézières.	ibid.
Divers combats dans le Milanais.	226
Bataille de Bicocca : exploits de Lautrec.	228
Désastre au passage de la Sésia : mort de Bayard.	229
Bataille de Pavie, 2 février 1525.	230
Les Suisses marchent au secours d'Ulrich de Wurtemberg.	231
Commencements des dissensions religieuses.	234
Érasme, Béatus Rhénanus, Zwingli.	235
Anabaptistes ; leurs excès.	236
Pillage de la chartreuse d'Ettingen.	237
Conférence de Baden. Décision contraire à Zwingli.	ibid.
— de Berne, où Zwingli vient.	238
Le pasteur Kayser arrêté et brûlé vif par Schwytz.	239
Ligue des cantons catholiques avec le Valais.	240
Hostilités. L'armée de Zürich vient à Cappel avec Zwingli.	ibid.
Pendant qu'on négocie, les catholiques se renforcent.	ibid.
Accommodement.	241
Genève, défendue contre la noblesse et la Savoie.	ibid.
Secours aux Grisons contre Jean de Médicis.	242
Nouvelles hostilités des catholiques, 8 juin 1531.	243
Bataille de Cappel, Zwingli est tué. (1524.)	ibid.
L'ennemi près de Zürich.	244
L'armée protestante reçoit des renforts ; retraite des catholiques.	ibid.
Combat de Blikenstorf. Protestants vaincus. La paix.	245
Réformation introduite à Genève.	246
Conquêtes des Bernois dans le pays de Vaud.	247
Traité avec Henri II, connu sous le nom de *Capitulation*.	ibid.
Tentative du duc de Savoie sur Genève.	248
Saint Charles Borromée. (1574.)	ibid.
Le duc de Savoie tente de nouveau la prise de Genève.	249
Mulhousen et Appenzell ; troubles.	ibid.
Intrigues de l'Espagne dans les Grisons.	250

Garnisons autrichiennes à Mayenfeld et à Coire. 252
Les protestants s'enfuient dans les bois, d'où ils reviennent armés de bâtons, et battent les Autrichiens. ibid.
Intervention de la France. 254
Nouvelle invasion d'Autrichiens. ibid.
Le duc de Rohan vient occuper le pays. 254
Il bat les Autrichiens dans la Valteline. (1635.) ibid.
L'indépendance de la Suisse reconnue dans le traité de Westphalie. 255
Insurrection de l'Entlibuch contre Lucerne. (1653.) 256
Fermentation des paysans dans toute la Suisse : insurrections. ibid.
Leuenberger et Schybi, qui en sont les chefs, sont vaincus et décapités. 258
Querelles religieuses. ibid.
Bataille de Vilmergen, gagnée par les catholiques. (1656.) 259
Construction de Huningue; réclamations de Bâle. (1679.) 260
Désordres à Bâle sur la constitution. 261
Les habitants du Tockenbourg opprimés par l'abbé. ibid.
Les cantons de Zürich et Berne interviennent; ils soutiennent Lucerne, et les cantons catholiques sont pour l'abbé. 262
Bombardement de Wyl. (1712.) 264
Cruautés de la multitude envers le commandant Felber. ibid.
Prise de Baden par les réformés. 265
Combat de Muri. ibid.
Défaite des catholiques à Vilmergen. (1712.) 266
Les cantons primitifs renouvellent le serment du Grutli le 24 juin 1713. 268
Différends et factions de l'Appenzell et de Zug. 269
Conspiration de Henzi à Berne. (1749.) 270
Rébellion du val Lévantine, comprimée par Uri. (1755.) 271
Clémence du roi de Prusse à l'égard de Neufchâtel. (1766.) ibid.
Injuste supplice du bailli Suter du Rheinthal. (1784.) 272
Aristocratie de Fribourg; les secrets. 273
Hostilités des insurgés. Chenaux est tué. 274
Affaire de Nancy. Suisses du régiment de Châteauvieux. 275

Entrée des Français à Porentrui. (1792.) 276
Le pays de Vaud, Genève, la révolution. 277
Les campagnards de Zürich revendiquent leurs droits. ibid.
Oppression plus forte : condamnation du trésorier Bodmer. (1795.) 278
Bonaparte choisi pour médiateur entre les Grisons et la Valteline. (1797.) 279
Entrée des Français dans le pays de Vaud. 280
Le général Schauenbourg vient par l'Erguel, et prend Soleure. 281
Prise de Fribourg par Brune. ibid.
Bataille de Neueneck gagnée par Schauenbourg. (1798.) 282
Les Français entrent dans Berne. ibid.
Nouvelle constitution. 283
Aarau est le chef-lieu. 284
Schwytz résiste avec l'Unterwald. ibid.
Les insurgés prennent Lucerne, battent les Français à Rothenthurm et à Morgarten. ibid.
Genève se réunit à la France. 285
Insurrection du Valais : Sion abandonnée au pillage. ibid.
Combats du Rotzloch : Autrichiens dans les Grisons. 286
Mouvements insurrectionnels. ibid.
Combats entre les Français et les Autrichiens : Masséna évacue Zürich. 287
Arrivée des Russes. Lecourbe sur la Furca. 288
Bataille de Zürich : défaite des Russes. (1799.) 290
Réaction du 18 brumaire : unitaires et fédéralistes. 291
Le Valais, république séparée; 17 août 1802. 294
Nouvelles insurrections : le général Andermatt envoyé contre Schwytz et Unterwald, puis contre Zürich et Baden. 295
Schwytz décrète l'abolition de la constitution helvétique. ibid.
Médiation. Conférences de Paris. Le premier consul. 296
Insurrection du cordonnier Willi de Horgen. 297
Neufchâtel, principauté de Berthier. (1806.) 298
Réunion du Valais à la France. (1810.) ibid.
Violation du territoire suisse par les alliés, décembre 1813. ibid.

TABLE DES MATIÈRES

	Pages.
Prétentions des cantons à reprendre leurs anciennes possessions.	299
Troubles et guerre civile : les paysans escaladent Soleure.	300
Retour de Napoléon : la Suisse dans la coalition.	ibid.
A Besançon, les troupes refusent de marcher.	ibid.
Renouvellement de l'alliance éternelle, le 7 août 1815.	ibid.
Circonscriptions ecclésiastiques.	301
Conséquences de la révolution de 1830.	302
Insurrection de Neufchâtel. (1831).	303
Bâle-campagne ; nouvel État.	304
Conférence de Sarnen.	305
Diète de Zürich : les Sarniens n'y viennent point.	ibid.
Schwytz envoie six cents hommes à Kusnacht.	306
Nouvelle bataille entre Bâle-campagne et Bâle-ville. (1832).	ibid.
Dissolution de la conférence de Sarnen. (1833.)	307
Révision du pacte fédéral.	ibid.
Analyse de la nouvelle constitution de M. Rossi.	308

DESCRIPTION PAR CANTONS.

	Pages.
Uri.	308
Schwytz.	313
Unterwalden.	320
Lucerne.	325
Zürich.	329
Zug.	334
Glarus.	338
Berne.	342
Soleure.	355
Fribourg.	360
Bâle.	363
Schaffhousen.	367
Appenzell.	371
Saint-Gall.	375
Les Grisons.	379
L'Argovie.	383
La Thurgovie.	387
Le Tésin.	390
Canton de Vaud.	394
Le Valais.	398
Neufchâtel.	402
Genève.	406

LE TYROL.

	Pages.
Introduction. Description générale.	411
Zirl, la Martinswand.	414
Origine d'Inspruck ; son histoire.	415
Tombeau de Maximilien.	424
Statues de l'église des franciscains.	ibid.
Autres monuments d'Inspruck.	425
Hœttingen ; château de Weyersburg.	426
Ambras.	427
Hall.	428
Zillerthal.	429
Route du Brenner.	430
Brixen.	431
Le Sasso de Stria. Klausen.	432
Bains de Gastein.	433
Bolzano.	ibid.
Vallée d'Eppan, château de Greifenstein.	435
Bains de Ratzes.	436
Grœden, langue ladine, château de Salurn.	437
Trente ; fête de Saint-Vigile.	438
Roveredo.	440
Lavini di san Marco.	441
Chiusa de Valorgne, Vérone, lac de Garda.	442
Nago, Torbole, Arco, Padoue, Venise.	443
Primolano.	444
Val di Non, val di Sol, val de Méran.	445
Château de Tyrol.	ibid.
Schenna, Saint-Zenoberg, la Maultasche.	446
Arts mécaniques pratiqués par les Tyroliens.	447
Glaciers de l'Œtzthal, vallée de Passeyer, André Hofer.	448
Route de la Valteline, l'Orteles.	450
Route de l'Engadine, Mals.	451
Finstermunz, Landeck, avalanche.	452
Vorarlberg, hospice de l'Adlerberg.	453
Bludenz, Lindau, Pierre Anich.	454

FIN DE LA TABLE DES MATIÈRES.

JURA

Château de Wyflens.   Schloss Wyflens.

SUISSE

SUISSE.

Martigny

SUISSE.

Château de Habsbourg — Canton de Lucerne.

SUISSE.

BURGLEN.

Maison de Guillaume Tell.

LAC DES QUATRE CANTONS. VIERWALDSTÄTTER SEE.

KÜSSNACHT.

Tour de Gessler.   Gessler's Thurm.

Fontaine de Guillaume Tell
ALTORF   Tell's Brunnen

SUISSE.

SUISSE.

Genève

Tour du Grand St Cristophe à Berne.

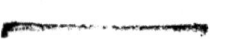

SUISSE.

SUISSE.

Handeck.

SUISSE.

Château de Vauflavins (Canton de N'tal.)

SUISSE

SUISSE

SUISSE.

Chapelle de Guillaume Tell.

SUISSE.

SUISSE.

Nyon (Champ de Bataille.)

SUISSE.

Rapperschwyll (Lac de Zurich).

SUISSE.

Bregenz. (Lac de Constance.)

Vue de la Ville et du Château de Baden. (Canton d'Argovie.)

SUISSE.

Wildkirchlein.

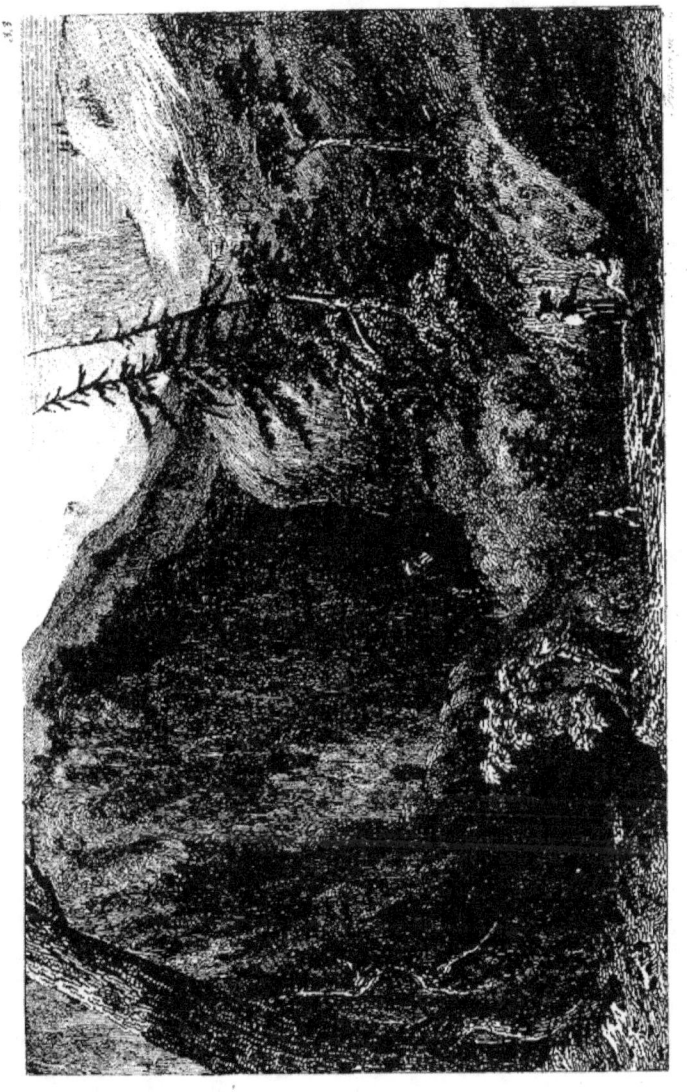

SUISSE.

Bains de Pierre.

SUISSE.

Pont sur le Rhin.

Abbaye d'Einsiedeln.

SUISSE

Chemin des Echelles

SUISSE

Porte de Spiegen

Chemin de Weglis au Rigi.

MER DE GLACE.

Montanvert.

LAUTERBRUNNEN. LAUTERBRUNNEN.

Cascade de Calcaggia. Fall des Calcaggia.

Porte de Rochers.

SUISSE

Pont de Montreu.
(Vaud)

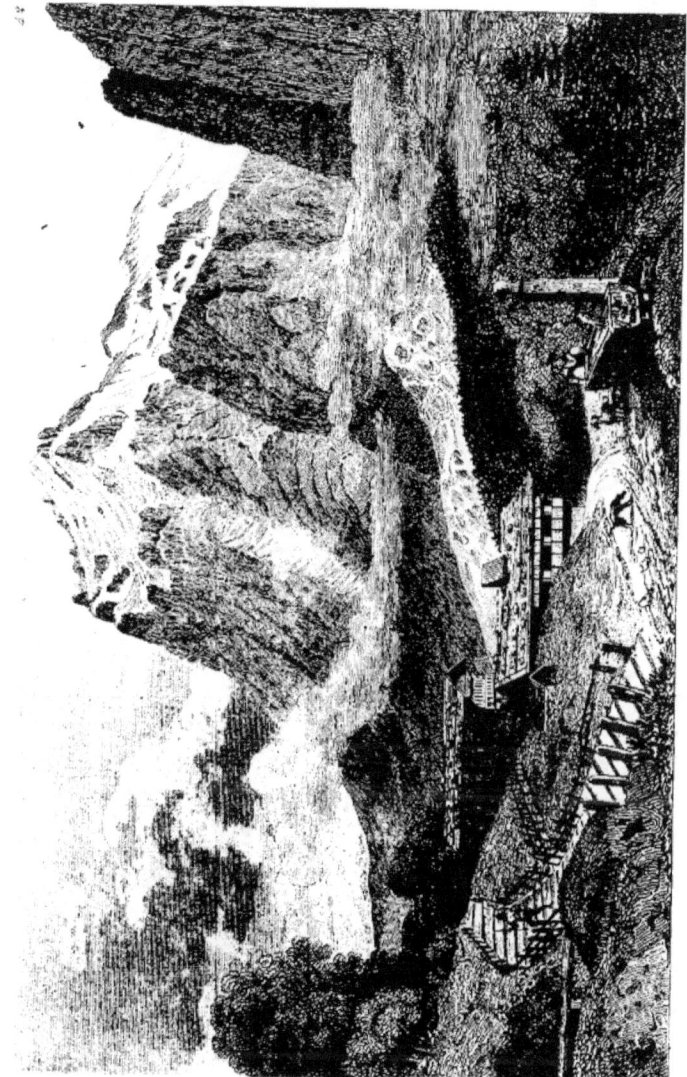

SUISSE.

Château d'Aigenstein (Canton de Bâle, usque de Berne)

SUISSE.

Chapelle et ancien château de Verbourg.

Ancien Evêché de Bâle, Canton de Berne.

SUISSE.

SUISSE.

Environs de Genève.

SUISSE

Lugano (Lac de Lugano)

SUISSE.

Pont du Diable (Uri)

SUISSE.

Galerie de Gondo (Valais)

SUISSE.

SUISSE.

Auberge à Livtauve.

SUISSE.

SUISSE. Interlachen

SUISSE.

Pont de la Russie.

SUISSE

SUISSE.

SUISSE.

Guillaume d'Affri de Fribourg,
célèbre par la défense de Morat en 1476
contre le Duc de Bourgogne.

SUISSE. (Canton de Lucerne.)

SUISSE (Canton de Berne)

Hôtel de Ville de Berne

SUISSE.

Erasme.

SUISSE.

Cathédrale de Berne.

SUISSE.

SUISSE.

SUISSE

SUISSE.

Hôtel de Ville et Cathédrale de Lausanne.

SUISSE.

SUISSE

Holbein.

TYROL.

TYROL.

TYROL.

TYROL.

TYROL.

TYROL.

TYROL

Inspruck

www.ingramcontent.com/pod-product-compliance
Lightning Source LLC
Chambersburg PA
CBHW050127240426
43673CB00043B/1580